VERLAG
ÖSTERREICH

Maximilian Fuchs
Franz Marhold
Michael Friedrich

Europäisches Arbeitsrecht

6. Auflage

2020

Handbuch

VERLAG
ÖSTERREICH

em. Univ.-Prof. Dr. Maximilian Fuchs
Ehemals Inhaber des Lehrstuhls für Bürgerliches Recht, Deutsches und Europäisches Arbeits- und Sozialrecht, Katholische Universität Eichstätt-Ingolstadt. Bis 2018 war er Mitglied des Kuratoriums des Instituts für Arbeitsrecht und Arbeitsbeziehungen in der Europäischen Union in Trier. Er ist Analytical Expert des EU-Netzwerks Free Movement of Workers and Social Security Coordination (MoreS).

o. Univ.-Prof. Dr. Franz Marhold
Vorstand des Departments für Unternehmensrecht, Arbeits- und Sozialrecht und Vorstand des Instituts für Österreichisches und Europäisches Arbeits- und Sozialrecht der Wirtschaftsuniversität Wien, Rechtsanwalt und Partner der Herbst Kinsky Rechtsanwälte GmbH.

ao. Univ.-Prof. PD (WU) Dr. Michael Friedrich
Institut für Arbeitsrecht und Sozialrecht, Karl-Franzens-Universität Graz, Österreich
Rechtsanwalt (RAK Braunschweig) in Graz.

www.verlagoesterreich.at
Gedruckt in Ungarn

Satz: Grafik & Design, Claudia Gruber-Feigelmüller, 3580 Horn, Österreich
Druck: Prime Rate Kft., 1044 Budapest, Ungarn

Gedruckt auf säurefreiem, chlorfrei gebleichtem Papier

Bibliografische Information der Deutschen Nationalbibliothek
Die Deutsche Nationalbibliothek verzeichnet diese Publikation in der Deutschen Nationalbibliografie; detaillierte bibliografische Daten sind im Internet über http://dnb.d-nb.de abrufbar.

ISBN 978-3-7046-7836-2 5. Auflage Verlag Österreich
ISBN 978-3-7046-8579-7 6. Auflage Verlag Österreich

Vorwort zur 6. Auflage

Die Neuauflage des Werkes spiegelt die Entwicklungen des Europäischen Arbeitsrechts seit dem Erscheinen der Vorauflage im Jahr 2017 wider. Wie in jeder Neuauflage musste ganz besonderes Gewicht auf die Rechtsprechung des Gerichtshofs der Europäischen Union gelegt werden, die auch in den zurückliegenden Jahren wieder zahlreich ergangen ist. Sie reicht von weiteren Präzisierungen im Antidiskriminierungsrecht bis zu Arbeitszeit- und Urlaubsfragen. Kaum ein Gebiet des Europäischen Arbeitsrechts ist ausgespart geblieben. Wie in den Vorauflagen liegt ein Schwerpunkt der Darstellung im Verhältnis des Europäischen zum Deutschen und Österreichischem Arbeitsrecht sowohl in Gesetzgebung als auch Judikatur.

Von besonderer Bedeutung sind die Entwicklungen im Recht der Entsendungen. Dieser Abschnitt wurde von a.o.Univ.-Prof. Dr. *Michael Friedrich* bearbeitet, den wir als Co-Autor herzlich begrüßen. An der jetzt vorgelegten Auflage haben unsere wissenschaftlichen MitarbeiterInnen wesentlichen Anteil gehabt. Dr. *Marta Glowacka*, Mag. *Ines Kager*, *Felicia Kain*, LL.M. (WU), Dr. *Erika Kovács*, und Mag. *Peter Schöffmann* haben die Neuauflage mit großem Einsatz unterstützt.

Regensburg/Wien/Graz, Juli 2020

Maximilian Fuchs
Franz Marhold
Michael Friedrich

Inhaltsverzeichnis

Abkürzungsverzeichnis

aA	andere Ansicht
aaO	am angeführten Ort
ABGB	Allgemeines Bürgerliches Gesetzbuch (Österreich)
ABl	Amtsblatt
abl	ablehnend
ABlEG	Amtsblatt der Europäischen Gemeinschaften
ABlEU	Amtsblatt der Europäischen Union
Abs	Absatz
AEntG	Arbeitnehmer-Entsendegesetz (Deutschland)
AETR	Europäisches Übereinkommen über die Arbeit des im internationalen Straßenverkehr beschäftigten Fahrpersonals
AEUV	Vertrag über die Arbeitsweise der Europäischen Union
aF	alte Fassung
AFG	Arbeitsförderungsgesetz (Deutschland)
AG	a) Aktiengesellschaft b) Die Aktiengesellschaft (Zeitschrift)
AIB	Arbeitsrecht im Betrieb (Zeitschrift)
AMFG	Arbeitsmarktförderungsgesetz (Österreich)
Anm	Anmerkung
AöR	Archiv des öffentlichen Rechts (Zeitschrift)
AP	Nachschlagewerk des Bundesarbeitsgerichts (seit 1954; vorher Arbeitsrechtliche Praxis)
APS	Ascheid/Preis/Schmidt, Großkommentar zum Kündigungsrecht
Arb	Sammlung arbeitsrechtlicher Entscheidungen (Österreich)
ArbGG	Arbeitsgerichtsgesetz (Deutschland)
AR-Blattei SD	Arbeitsrechts-Blattei Systematische Darstellung
AuR	Arbeit und Recht (Zeitschrift)
ArbVG	Arbeitsverfassungsgesetz (Österreich)
ArbZG	Arbeitszeitgesetz (Deutschland)
arg	argumento (folgt aus)

Art	Artikel
ASoK	Arbeits- und Sozialrechtskartei (Zeitschrift)
AÜG	Arbeitnehmerüberlassungsgesetz (Deutschland)
AÜG	Arbeitskräfteüberlassungsgesetz (Österreich)
AüS	Abkommen über die Sozialpolitik
AufenthG	Aufenthaltsgesetz (Deutschland)
Aufl	Auflage
AuslBG	Ausländerbeschäftigungsgesetz (Österreich)
AVRAG	Arbeitsvertragsrechts-Anpassungsgesetz (Österreich)
AZG	Arbeitszeitgesetz (Österreich)
BABl	Bundesarbeitsblatt
BAG	Bundesarbeitsgericht
BAGE	Entscheidungen des Bundesarbeitsgerichts (Entscheidungssammlung)
BB	Betriebs-Berater (Zeitschrift)
Bd	Band
ber	bereinigt, berichtigt
BeschFG	Beschäftigungsförderungsgesetz (Deutschland)
BetrAV	Betriebliche Altersversorgung (Zeitschrift)
BetrAVG	Gesetz zur Verbesserung der betrieblichen Altersversorgung (Deutschland)
BetrVG	Betriebsverfassungsgesetz (Deutschland)
BG	Die Berufsgenossenschaft (Zeitschrift)
BGB	Bürgerliches Gesetzbuch (Deutschland)
BGBl	Bundesgesetzblatt
BR-Drucks	Drucksache des Deutschen Bundesrates
Brüssel I-VO	Verordnung über die gerichtliche Zuständigkeit und die Anerkennung und Vollstreckung von Entscheidungen in Zivil- und Handelssachen
BSG	Bundessozialgericht
bspw	beispielsweise
bzw	beziehungsweise
CEEP	Centre européen des entreprises publiques
CGT	Confédération générale du travail (französische Gewerkschaft)
Ch	Chapter (Kapitel)
CMLRev	Common Market Law Review (Zeitschrift)
DB	Der Betrieb (Zeitschrift)
ders	derselbe

dh	das heißt
dies	dieselbe(n)
DM	Deutsche Mark
DNotZ	Deutsche Notar Zeitschrift
Dok	Dokument
DRdA	Das Recht der Arbeit (Zeitschrift)
Dr soc	Droit social (Zeitschrift)
DStR	Deutsches Steuerrecht (Zeitschrift)
EAB	Europäische Arbeitsbehörde
EAS	Europäisches Arbeits- und Sozialrecht, Rechtsvorschriften, Systematische Darstellungen und Entscheidungen
EBRG	Europäisches Betriebsräte-Gesetz (Deutschland)
EC	European Community
ECLI	European Case Law Identifier
ecolex	Fachzeitschrift für Wirtschaftsrecht
EEA	Einheitliche Europäische Akte
EFTA	European Free Trade Association
EG	Europäische Gemeinschaft
EGB	Europäischer Gewerkschaftsbund
EGBGB	Einführungsgesetz zum Bürgerlichen Gesetzbuch (Deutschland)
EGMR	Europäischer Gerichtshof für Menschenrechte
EGKS	Europäische Gemeinschaft für Kohle und Stahl
EGV	Vertrag zur Gründung der Europäischen Gemeinschaft
Einl	Einleitung
ELLJ	European Labour Law Journal
ELJ	European Law Journal (Zeitschrift)
ELRev	European Law Review (Zeitschrift)
EMRK	Konvention zum Schutz der Menschenrechte und Grundfreiheiten
endg	endgültig
ErfK	Erfurter Kommentar zum Arbeitsrecht
ES	Entscheidungssammlung
etc	et cetera
ETUC	European Trade Union Confederation
EU	Europäische Union
EuGE I	Gericht erster Instanz
EuGH	Gerichtshof der Europäischen Union
EuGVVO/	Verordnung über die gerichtliche Zuständigkeit und die

EuGVO	Anerkennung und Vollstreckung von Entscheidungen in Zivil- und Handelssachen
EuGVÜ/GVÜ	Europäisches Übereinkommen über die gerichtliche Zuständigkeit und die Vollstreckung gerichtlicher Entscheidungen in Zivil- und Handelssachen
EuR	Europarecht (Zeitschrift)
EURATOM	Europäische Atomgemeinschaft
EURES	European Employment Services
EuroAS	Informationsdienst Europäisches Arbeits- und Sozialrecht (Zeitschrift)
EUV	Vertrag über die europäische Union
EuZA	Europäische Zeitschrift für Arbeitsrecht
EuZW	Europäische Zeitschrift für Wirtschaftsrecht
EVÜ	Römer Übereinkommen des auf vertragliche Schuldverhältnisse anzuwendende Recht
EWG	Europäische Wirtschaftsgemeinschaft
EWGV	Vertrag zur Gründung der Europäischen Wirtschaftsgemeinschaft
EWiR	Entscheidungen zum Wirtschaftsrecht (Zeitschrift)
EWR	Europäischer Wirtschaftsraum
EWS	Europäisches Wirtschafts- und Steuerrecht
EzA	Entscheidungen zum Arbeitsrecht
f	folgende
FA	Beilage zu Fachanwalt Arbeitsrecht
FE	Fundatio Europaea (Europäische Stiftung)
ff	fortfolgende
FIFA	Fédération Internationale de Football Association
Fn	Fußnote
FS	Festschrift
GA	Generalanwalt
GAin	Generalanwältin
GAD	Gesetz über den Auswärtigen Dienst (Deutschland)
gem	gemäß
GeS aktuell	Zeitschrift für Gesellschafts- und Steuerrecht
GesRZ	Der Gesellschafter (Zeitschrift)
GewO	Gewerbeordnung (Deutschland)
GewO	Gewerbeordnung (Österreich)
GG	Grundgesetz (Deutschland)
GleichbG	Gleichbehandlungsgesetz (Österreich)

GmbH	Gesellschaft mit beschränkter Haftung
GmbHR	GmbH Rundschau
GPR	Zeitschrift für das Privatrecht der Europäischen Union
GRC	Charta der Grundrechte der Europäischen Union
GüKG	Güterkraftverkehrsgesetz (Deutschland)
GWB	Gesetz gegen Wettbewerbsbeschränkungen (Deutschland)
Halbs	Halbsatz
Hg	Herausgeber
Hk-ZPO	Handkommentar Zivilprozessordnung
hM	herrschende Meinung
HRG	Hochschulrahmengesetz (Deutschland)
IAO	Internationale Arbeitsorganisation
IESG	Insolvenz-Entgeltsicherungsgesetz (Österreich)
IJCL	International Journal of Comparative Labour Law and Industrial Relations (Zeitschrift)
ILO	International Labour Organization
infas	Informationen aus dem Arbeits- und Sozialrecht (Zeitschrift)
IPR	Internationales Privatrecht
IPRax	Praxis des internationalen Privatrechts (Zeitschrift)
idF	in der Fassung
ILJ	Industrial Law Journal (Zeitschrift)
ILR	International Labour Review (Zeitschrift)
IntGesR	Internationales Gesellschaftsrecht
iSd	im Sinne des (der)
iSv	im Sinne von
iVm	in Verbindung mit
JCMS	Journal of Common Market Studies (Zeitschrift)
JRP	Journal für Rechtspolitik
KOM	Kommissionsdokumente
krit	kritisch
KSchG	Kündigungsschutzgesetz (Deutschland)
KsZW	Kölner Schrift zum Wirtschaftsrecht (Zeitschrift)
LAG	Landesarbeitsgericht
leg cit	legis citatae (der zitierten Vorschrift)
LG	Landgericht
lit	litera (Buchstabe)

MLR	Marburg Law Review (Zeitschrift)
MünchArbR	Münchener Handbuch Arbeitsrecht
MünchKomm	Münchener Kommentar zum Bürgerlichen Gesetzbuch
MünchKomm-AktG	Münchener Kommentar zum Aktiengesetz
MünchKomm-IPR	Münchener Kommentar zum internationalen Privatrecht
MünchKomm-ZPO	Münchener Kommentar zur Zivilprozessordnung
MuSchG	Mutterschutzgesetz (Deutschland)
MSchG	Mutterschutzgesetz (Österreich)
mwN	mit weiteren Nachweisen
NachwG	Nachweisgesetz (Deutschland)
NachwG	Nachweisgesetz (Österreich)
Nds GVBl	Niedersächsisches Gesetzes- und Verordnungsblatt
NJW	Neue Juristische Wochenschrift (Zeitschrift)
NotBZ	Zeitschrift für notarielle Beratungs- und Beurkundungspraxis
Nr	Nummer
NVwZ	Neue Zeitschrift für Verwaltungsrecht
NZA	Neue Zeitschrift für Arbeitsrecht
NZG	Neue Zeitschrift für Gesellschaftsrecht
NZWehrr	Neue Zeitschrift für Wehrrecht
OECD	Organization for Economic Cooperation and Development
OEEC	Organization for European Economic Cooperation
öarr	österreichisches Archiv für Recht & Religion (Zeitschrift)
ÖGB	Österreichischer Gewerkschaftsbund
ÖJZ	Österreichische Juristen-Zeitung
OGH	Oberster Gerichtshof
OLG	Oberlandesgericht
RdA	Recht der Arbeit (Zeitschrift)
RdW	Recht der Wirtschaft (Zeitschrift)
RFG	Recht und Finanzen für Gemeinden (Zeitschrift)
RIW	Recht der Internationalen Wirtschaft (Zeitschrift)
RL	Richtlinie
Rn	Randnummer
Rom I-VO	Verordnung über das auf vertragliche Schuldverhältnisse anzuwendende Recht

Rom II-VO	Verordnung über das auf außervertragliche Schuldverhältnisse anzuwendende Recht
Rs	Rechtssache
Rspr	Rechtsprechung
S	Seite
s	siehe
SAE	Sammlung arbeitsrechtlicher Entscheidungen (Zeitschrift)
SCE	Societas Cooperativa Europaea (Europäische Genossenschaft)
SCE-RL	Richtlinie über das Statut der Europäischen Genossenschaft hinsichtlich der Beteiligung der Arbeitnehmer
SCE-VO	Verordnung über das Statut der Europäischen Genossenschaft
SD	Systematische Darstellung
SE	Societas Europaea
SE-RL	Richtlinie über des Statuts der Europäischen Gesellschaft hinsichtlich der Beteiligung der Arbeitnehmer
SE-VO	Verordnung über das Statut der Europäischen Gesellschaft
SEW	Tijdschrift voor Europees en economisch recht (Zeitschrift)
SGB III	Sozialgesetzbuch Drittes Buch Arbeitsförderung
SGB V	Sozialgesetzbuch Fünftes Buch Gesetzliche Krankenversicherung
SJZ	Süddeutsche Juristenzeitschrift
Slg	Sammlung der Rechtsprechung des EuGH
sog	sogenannte
SPE	Societas Privata Europaea (Europäische Privatgesellschaft)
SR	Soziales Recht (Zeitschrift)
st	ständig
StGG	Staatsgrundgesetz über die allgemeinen Rechte der Staatsbürger (Österreich)
taxlex	Zeitschrift für Steuer und Beratung
TVG	Tarifvertragsgesetz (Deutschland)
TzBfG	Teilzeit- und Befristungsgesetz (Deutschland)
u	und
ua	unter anderem
ua	und andere
uä	und Ähnliche
UA	Unterabsatz

UEAPME	Union européenne de l'artisanat et des petites et moyennes entreprises
UK	United Kingdom
UmwG	Umwandlungsgesetz (Deutschland)
UNICE	Union des industries de la Communauté Européenne
UrlG	Urlaubsgesetz (Österreich)
usw	und so weiter
uU	unter Umständen
uvm	und viele mehr
VBG	Vertragsbedienstetengesetz (Österreich)
VfGH	Verfassungsgerichtshof
vgl	vergleiche
vH	vom Hundert
VO	Verordnung
Vorbem	Vorbemerkung
wbl	Zeitschrift für österreichisches und europäisches Wirtschaftsrecht
WSI-Mitteilungen	Mitteilungen des Wirtschafts- und Sozialwissenschaftlichen Instituts des deutschen Gewerkschaftsbundes
WM	Zeitschrift für Wirtschafts- und Bankrecht
ZAR	Zeitschrift für Ausländerrecht und Ausländerpolitik
ZAS	Zeitschrift für Arbeitsrecht und Sozialrecht
zB	zum Beispiel
ZESAR	Zeitschrift für europäisches Sozial- und Arbeitsrecht
ZEuS	Zeitschrift für europarechtliche Studien
ZfA	Zeitschrift für Arbeitsrecht
ZfRV	Zeitschrift für Rechtsvergleichung
ZGR	Zeitschrift für Unternehmens- und Gesellschaftsrecht
ZHR	Zeitschrift für das gesamte Handels- und Wirtschaftsrecht
ZIAS	Zeitschrift für ausländisches und internationales Arbeits- und Sozialrecht
Ziff	Ziffer
ZIP	Zeitschrift für Wirtschaftsrecht
ZPO	Zivilprozessordnung (Deutschland)
ZPO	Zivilprozessordnung (Österreich)
ZRP	Zeitschrift für Rechtspolitik
ZVB	Zeitschrift für Vergaberecht und Beschaffungspraxis
zT	zum Teil

Lehrbücher zum Europäischen Arbeitsrecht

Deutschsprachige Lehrbücher:

Hantel, Europäisches Arbeitsrecht, 2. Aufl 2019
Hießl/Runggaldier, Grundzüge des europäischen Arbeits- und Sozialrechts, 4. Aufl 2014
Kocher, Europäisches Arbeitsrecht, 2016
Riesenhuber, Europäisches Arbeitsrecht, 2009
Schlachter/Heinig (Hg), Europäisches Arbeits- und Sozialrecht. Enzyklopädie Europarecht, Bd 7, 2016
Schrammel/Windisch-Graetz, Europäisches Arbeits- und Sozialrecht, 2. Aufl 2018
Thüsing, Europäisches Arbeitsrecht, 3. Aufl 2017

Englischsprachige Lehrbücher:

Barnard, EU Employment Law, 4. Aufl 2012
Bercusson, European Labour Law, 2. Aufl 2009
Blanpain, European Labour Law, 14. Aufl 2014
Davies, EU Labour Law, 2012
Kenner, EU Employment Law, 2. Aufl 2020
Riesenhuber, European Employment Law, 2012
Watson, EU Social and Employment Law, 2. Aufl 2014

Französischsprachige Lehrbücher:

Hennion/Le Barbier-Le Bris/Del Sol/Lhernould, Droit social européen et international, 3. Aufl 2017
Robin-Olivier, Manuel en droit européen du travail, 2016
Rodière, Droit social de l'Union Européenne, 2. Aufl 2014
Servais, Droit social de l'Union Européene, 3. Aufl 2017
Schmitt, Droit du Travail de l'Union Européenne, 2011
Teyssié, Droit européen du travail, 6. Aufl 2019

Italienischsprachige Lehrbücher:

Arrigo, Diritto del lavoro dell'Unione Europea, 2018
Carinci/Pizzoferrato, Diritto del lavoro dell'Unione Europea, 2015
Giubboni, Diritto del lavoro europeo, 2018
Roccella/Treu,/Aimo/Izzi, Diritto del lavoro dell'Unione Europea, 8. Aufl 2019

Erster Teil Funktion und Aufgabe des Europäischen Arbeitsrechts

Literatur: *Adinolfi*, Free movement and access to work of citizens of the newMember States: The transitional measures, CMLRev 2005, 469 ff; *Amoroso*, Rivista italiana di diritto del lavoro, 2015, 327 ff; *Arrigo*, Il diritto del lavoro dell'Unione europea, Bd I, 1998, Bd II, 2001; *Baer*, Grundrechtecharta ante portas, ZRP 2000, 361; *Balze*, Die sozialpolitischen Kompetenzen der Europäischen Union, 1994; *Barnard*, The Economic Objectives of Article 119, in: *Hervey/O'Keeffe* (Hg), Sex Equality Law in the European Union, 1996; *dies*, The United Kingdom, the social chapter und the Amsterdam Treaty, ILJ 1997, 275 ff; *dies*, The Financial Crisis and the Euro Plus Pact: A Labour Lawyer's Perspective, ILJ 2012, 98; *Baums* (Hg), Unternehmens-Mitbestimmung der Arbeitnehmer im Recht der EU-Mitgliedstaaten, 2004; *Baylos Grau/Caruso/D'Antona/Sciarra* (Hg), Dizionario di Diritto del Lavoro Comunitario, 1996; *Bercusson*, European Labour Law, 2. Aufl 2009, 59; *Biagi*, Forms of Employee Representation at the Workplace, in: *Blanpain* (Hg), Comparative Labour Law and Industrial Relations in Industrialized Market Economies, 10. Aufl 2010, 523 ff; *ders*, L'impatto della European Employment Strategy sul ruolo del diritto del lavoro e delle relazioni industriali, Rivista italiana di diritto del lavoro, 2000; *Birk*, Freizügigkeit der Arbeitnehmer und Harmonisierung des Arbeitsrechts, in: *Lenz* (Hg), EG-Handbuch Recht im Binnenmarkt, 2. Aufl 1994, S 365 ff; *Bitsch*, Histoire de la construction européenne, 2008; *Bodewig/Voß*, Die „offene Koordinierung" in der Europäischen Union – „schleichende Harmonisierung" oder notwendige „Konsentierung" zur Erreichung der Ziele der EU?, EuR 2003, 310 ff; *Boelaert-Suominen*, Non-EU nationals and Council Directive 2003/109/EC on the status of third-country nationals who are long-term residents: Five paces forward and possibly three paces back, CMLRev 2005, 1011 ff; *Blanpain* (Hg), Employment Policies and Multilevel Governance, 2009; *Brandes*, System des europäischen Arbeitsschutzrechts, 1999; *Bronzini*, Corte di giustizia: verso la sindacabilità delle misure di austerity?, Rivista italiana di diritto del lavoro, 2017, 220; *Callies*, Perspektiven des EURO zwischen Solidarität und Recht, ZEuS, 2011, 213; *Clauwaert/Schömann,* The Crisis and National Labour Law Reforms, ELLJ 2012, 54 ff; *Cosio/Foglia*, Il diritto del lavoro nell'Unione Europea, 2011; *Davies*, EU Labour Law, 2012; *Davies/Lyon-Caen/Sciarra/Simitis* (Hg), European Community Labour Law: Principles and Perspectives, Liber amicorum Lord Wedderburn of Charlton, 1996; *Deakin*, The Lisbon Treaty, the Viking and Laval Judgments and the Financial Crisis: In Search of new Foundations for Europe's ‚Social Market Economy', in: *Bruun/Lörcher/Schömann* (Hg), The Lisbon Treaty and Social Europe, 2012, 19 ff; *Degimbe*, La politique sociale européenne, 1999; *Fehrenbacher*, Die Freizügigkeitsregelungen im Rahmen der EU-Erweiterung und ihre ausländerrechtlichen Folgen, ZAR 2004, 22 ff; *Dougan*, The Treaty of Lisbon 2007: Winning Minds, not Hearts, CMLRev 45 (2008), 617*Eichhorst/Rhein*, Die Europäische Beschäftigungsstrategie – Beispiel der Methode der offenen Koordinierung, in: *Deutscher Sozialrechtsverband* (Hg), Offene Methode der Koordinierung im Sozialrecht, 2005, 53 ff; *Fischer-Lescano*, Competences of the Troika, in: *Schoemann* ua (Hg), Economic and financial crisis and collective labour law in Europe, 2014, 55 ff; *Fuchs*, Internationaler Wettbewerbals Anliegen des Europäischen Arbeits- und Sozialrechts, in: *Schuster* (Hg), Die Unternehmung im internationalen Wettbewerb, 1994; *ders*, Die Bilanz des Europäischen Arbeitsrechts, ZESAR 2004, 5 ff und 104 ff; *ders*, The Bottom Line of European Labour Law (Part I, Part II), IJCL 2004, 155 ff und 423 ff; *ders*, Wohin steuert das europäische Arbeitsrecht?, ZESAR 2016, 7 ff; *ders*, The implementation of Directive 2008/104/EC on temporary agency work in the UK and Germany, EJSL 2013, 156 ff; *Gagawczuk*, Grünbuch Arbeitsrecht, DRdA 2007, 256 ff; *Gilles*, Das Zustandekommen und die Durchführung von Sozialpartnervereinbarungen im Rahmen des europäischen sozialen Dialogs, 1999; *Giubboni*, Diritti sociali e mercato, 2003; *ders*, Social rights and market freedom in the European Constitution, 2008; *ders*, Cittadinanza, lavoro e diritti sociali nella crisi europea, RDSS 2013, 491 ff; *Hallstein*, Die europäische Gemeinschaft, 5. Aufl 1979; *Hanau*, Die Europäische Grundrechtecharta – Schein und Wirklichkeit im Arbeitsrecht, NZA 2010, 1 ff; *Hanau/Steinmeyer/Wank*, Handbuch des europäischen Arbeits- und Sozialrechts, 2002; *Hedemann-Robinson*, An overview of recent legal developments at Community level in relation to third country nationals resident within the European Union, with particular reference to the case law of the European Court of Justice, CMLRev 2001, 525 ff; *Heer-Reißmann*, Straßburg oder Luxemburg? – Der EGMR zum Grundrechtsschutz bei Verordnungen der EG in der Rs Bosphorus, NJW 2006, 192 ff; *Hennion/Le Barbier-Le Bris/Del Sol*, Droit social européen et international, 2010; *Horst*, Die gescheiterte Novellierung der Arbeitszeitrichtlinie, Arbeitspapiere zur europäischen Integration, 2011; *Höland*, Arbeitsrecht im erweiterten Europa, in: FS Wißmann, 2005, 559 ff*International Labour Office*, Social Aspects of European Economic Co-operation, 1956; *Joerges/Rödl*, Social Market Economy as „Europe's Social Model", EUI Working Paper Law No. 2004/8; *Kerschen/Omarjee*, La stratégie européennne pour l'emploi, Dr Soc 2010, 223 ff; *Kilpatrick*, Constitutions, social rights and sovereign debt states in Europe, EUI Working Paper 34/2015; *Kollonay-Lehoczky/Lörcher/Schoemann* (Hg), The Lisbon Treaty and the Charter of Fundamental Rights of the European Union, in: *Bruun/Lörcher/Schoemann*, The Lisbon Treaty and Social Europe, 2012, 61 ff; *Krebber*, Arbeitsrechtsspezifische Grundrechte, in: *Schlachter/Heinig* (Hg), Europäisches Arbeits- und Sozialrecht, § 2 Rn 17; *Kube*, Rechtsfragen der völkervertraglichen Euro-Rettung, WM 2012, 245; *Kuhn*, Die soziale Dimension der Europäischen Gemeinschaft, 1995; *Küsters*, Die Gründung der Europäischen Wirtschaftsgemeinschaft, 1982; *Lang/Bergfeld*, Zur „offenen Methode der Koordinierung" als Mittel der Politikgestaltung in der Europäischen Union, EuR 2005, 381 ff; *Langer*, Primärrechtliche Regelungen der Dienstleistungsfreiheit, Niederlassungsfreiheit und Freizügigkeit der Arbeitnehmer, NZA-Beilage 2/2005, 83 ff; *Lhernould/Kessler*, Droit social et politiques sociales communautaires, 2003; *Losch/Radau*, Die soziale Verfassungsaufgabe der Europäischen Union, NVwZ 2003, 1440 ff; *Manzella/Melograni/Paciotti/Rodotà*, Riscrivere i diritti in Europa, 2001; *Martínez-Yáñez*, Rethinking the role of employment and social policy coordination competences in a deeper economic union, ELLJ 2016, 523 ff; *Mestitz*, Zur Wirkungsgeschichte des Arbeitsrechts, in: *Steindl* (Hg), Wege zur Arbeitsrechtsgeschichte, 1984; *Mirando Boto*, Las Competencias de la Comunidad Europea en Materia Social, 2009; *Niedenhoff*, Mitbestimmung in den Staaten der Europäischen Union, 2. Aufl 1995; *Nogler*, Das italienische Arbeitsrecht im Kontext der Krise – Teil 1, ArbuR 2014, 58 ff; *Oetker*, Europarechtliche Grundlagen des Arbeitsrechts, in: *Richardi/Wlotzke/Wissmann/Oetker* (Hg), MünchArbR, Bd 1, 3. Aufl 2009, § 10; *O'Leary*, The Free Movement of Persons and Services, in: *Craig/De Búrca*, The Evolution of EU Law, 2. Aufl 2011; *Piehl/Timmann* (Hg), Der Europäische Beschäftigungspakt, 2000; *Prassl*, Contingent crisis, permanent reforms: rationalizing labour market reforms in the European Union, ELLJ 2014, 211 ff; *Pache*, Die Europäische Grundrechtscharta – ein Rückschritt für den Grundrechtsschutz in Europa?, EuR 2001, 475 ff; *Prechal/de Vries*, Viking/Laval en de grondslagen van het internemarktrecht, SEW 2008, 425 ff; *Preis*, Grünbuchund Flexicurity, in: FS Birk, 2008, 625; *Preis/Bütefisch*, Arbeitsrecht als Gegenstand des Gemeinschaftsrechts – das Europäische Arbeitsrecht, in: *Preis/Oetker* (Hg), EAS B 1100; *Reichold*, Betriebsverfassung als Sozialprivatrecht, 1995; *Rengeling/Szczekalla*, Grundrechte in der Europäischen Union, 2004; *Risak* in: Kommentar zum europäischen Arbeitsrecht, Art 1 RL 2010/18/EU; *Rudolf* in: *Meyer* (Hg), Kommentar zur Charta der Grundrechteder EU, 4. Aufl 2014, Art 27 Rn 1 ff und 19 ff; *Ruffert* in: *Calliess/Ruffert* (Hg), EUV/AEUV, Art 3 EUV; Schlachter/Heinig (Hg.), Europäisches Arbeits- und Sozialrecht, 2016; *Schmitt*, La recomposition du droit du travail de l'Union Européenne, Droit Social 2016, 703 ff; *Schulte*, „Ein Blick über den Tellerrand" – Europäische Beschäftigungspolitik, in: Festgabe Bieback, 2010, 281 ff; *Sciarra*, *dies.* EU Commission Green Paper 'Modernising labour law to meet the challanges of the 21st century', ILJ 2007, 375 ff; *dies*, L'Europa e il lavoro. Solidarietà e conflitto in tempo di crisi, 2013; dies., Solidarity and Conflict, 2018; *Sciarra/Caruso* (Hg), Il lavoro subordinato, in: *Ajani/Benacchio*, Trattato di diritto privato dell'Unione europea, Bd V, 2009, 641 ff; *Servais*, Droit social de l'Union Europèene, 2008;*Seifert*, Neue Formen der Wirtschaftssteuerung in der EU und das Arbeitsrecht in den Mitgliedstaaten, SR 2014, 14 ff; *Simitis/Lyon-Caen*, Community Labour Law, in: Liber amicorum Lord Wedderburn of Charlton, 1996; *Skouris*, , Die Europäische Grundrechte-Charta in der Rechtsprechung des EuGH, AuR 2015, 294 ff; *Steinmeyer*, Der Vertrag von Amsterdam und seine Bedeutung für das Arbeits- und Sozialrecht, RdA 2001, 10 ff; *Streeck*, Gekaufte Zeit, 2013; *Supiot*, The transformation of work and the future of labour law in Europe: A multidisciplinary perspective, ILR 1999, 31 ff; *Syrpis*, The Treaty of Lisbon: Much Ado ... but about what?, ILJ 2008, 219 ff; *Von der Groeben*, Deutschland und Europa in einem unruhigen Jahrhundert, 1995; *Watson*, EU Social and Employment Policy, 2009; *Weber*, Die Europäische Grundrechtscharta – Auf dem Weg zu einer europäischen Verfassung, NJW 2000, 537 ff; *ders*, Die Reform der Wirtschafts- und Währungsunion in der Finanzkrise, EuZW 2011, 935 ff; *Weidenfeld/Wessels*, Europa von A bis Z, 12. Aufl 2011; *Weiss*, Workers' Participation in the European Union, in: Liber amicorum Lord Wedderburn of Charlton, 1996, 213; *ders*, Europäisches Sozialmodell quo vadis?, in: *Kohte/Absenger* (Hg), Menschenrechte und Solidarität im internationalen Diskurs, FS für Höland, 2015, 366; *ZAAR* (Hg), Das Grünbuch und seine Folgen – Wohin treibt das europäische Arbeitsrecht, 2008; *Zachert*, Die Arbeitnehmergrundrechte in der Europäischen Grundrechtscharta, NZA 2001, 1041 ff.

I. Freizügigkeit der Arbeitnehmer

Die Idee einer europäischen Integration im Anschluss an die Erfahrungen des Zweiten Weltkriegs war mit unterschiedlichen Vorstellungen verbunden.[1] Trotz der unterschiedlichen Vorstellungen, die die Diskussionen der damaligen Zeit geprägt haben, lassen sich doch zwei zentrale Aspekte hervorheben, die allen Personen und Organisationen gemeinsam waren, die für die Verwirklichung einer europäischen Integration eintraten. Nach den verheerenden Auswirkungen des Zweiten Weltkriegs war klar, dass eine wie auch immer geartete europäische Gemeinschaft ganz wesentlich einen Beitrag zur Friedenssicherung leisten, vor allem eine Überbrückung des Gegensatzes zwischen Deutschland und Frankreich erreichen müsste. Dazu waren Anstrengungen auf vielen Gebieten, der Politik, der Kultur, der menschlichen Begegnung, notwendig. Allen war aber auch klar, dass das Ziel nur durch eine wirtschaftliche Kooperation der europäischen Staaten erreicht werden konnte. Und so ist die Gründung der ersten europäischen Gemeinschaft, der Europäischen Gemeinschaft für Kohle und Stahl (EGKS), gerade dem Ziel verpflichtet gewesen, einen Beitrag zur Friedenssicherung, insbesondere zur Aussöhnung zwischen Deutschland und Frankreich, zu leisten, wenngleich der Inhalt der Gemeinschaft ein ausschließlich ökonomischer war.[2]

Als man Mitte der 50er Jahre an die Verwirklichung des Gedankens einer Europäischen Wirtschaftsgemeinschaft ging, war die Idee der Friedenssicherung nach wie vor gegenwärtig, das Hauptaugenmerk lag aber jetzt auf der Konstituierung eines Gemeinsamen Marktes. Das heißt, „wirtschaftlich gesehen erschien es evident, dass man nicht zu einer Abschließung und Autarkie nationaler Märkte kleineren oder mittleren Umfangs zurückkehren durfte, sondern die Voraussetzungen für einen großen europäischen Markt mit freiem Verkehr der Personen, Güter und Kapitalien zu schaffen hatte, um Wachstum und Produktivität der europäischen Wirtschaft zu stärken, um im Wettbewerb mit den Vereinigten Staaten von Amerika und dem sich schnell erholenden Japan bestehen zu können“.[3]

---

1 Vgl *Bitsch*, Histoire de la construction européenne, 2008, 31 ff.

2 Vgl dazu die berühmte Schumann-Erklärung (damaliger französischer Außenminister) vom 9.5.1950, in der es heißt: „Die Zusammenlegung der Produktion von Kohle und Stahl wird sofort die Errichtung gemeinsamer Basen der wirtschaftlichen Entwicklung als erste Etappe der europäischen Föderation sicherstellen. [...] Auf diese Weise wird einfach und schnell die Interessenfusion verwirklicht, die für die Schaffung einer wirtschaftlichen Gemeinschaft unentbehrlich ist, und das Ferment einer viel größeren und tieferen Gemeinschaft zwischen Staaten gelegt, die sich lange in blutigem Streit entgegenstanden“.

3 *Von der Groeben*, Jahrhundert, 270.

In dem vorstehenden Zitat kommt eine gemeinsame Überzeugung zum Ausdruck, die in der damaligen Zeit unbestritten war und deren Richtigkeit bis zum heutigen Tage von niemandem bestritten wird. Wenn man an einen Gemeinsamen Markt denkt, der aus den nationalen Wirtschaften der Mitgliedstaaten besteht, so mag man damit in erster Linie Waren und Kapital meinen. Aber untrennbar mit der Konstituierung eines Gemeinsamen Markts ist das grenzübergreifende Angebot und die Nachfrage nach Arbeit, sei es Arbeit, die in abhängiger Stellung erbracht wird, sei es Arbeit von Selbständigen, verbunden. Deshalb wurde im Vertrag zur Gründung der Europäischen Wirtschaftsgemeinschaft (EWGV), der am 1. 1. 1958 in Kraft trat, in Art 3 lit c die Beseitigung der Hindernisse für den freien Personen-, Dienstleistungs- und Kapitalverkehr zwischen den Mitgliedstaaten als eine wesentliche Aufgabe der Tätigkeit der Gemeinschaft festgeschrieben.

So einfach und bestechend die Idee einer umfassenden Faktormobilität war, so wenig war speziell für die grenzüberschreitende Migration von Arbeitnehmern klar, wie und in welchem Umfang solche Arbeitskräftebewegungen vonstatten gehen sollten. Die Vorstellung eines Grenzen negierenden europäischen Arbeitsmarkts war keineswegs allgemein akzeptierte Auffassung der einzelnen Mitgliedstaaten.

Eine wichtige Rolle für die künftige Entwicklung kam dem so genannten Spaak-Bericht zu.[4] Das Kapitel des Spaak-Berichts über die Freizügigkeit der Arbeitnehmer[5] gibt die Unsicherheit der damaligen Zeit über die Entwicklung eines europäischen Arbeitsmarkts wieder. Deshalb wird einleitend betont, dass es unerlässlich sei, die Vorurteile, die der Freizügigkeit der Arbeitnehmer im Wege stehen, zu zerstreuen und hervorzuheben, dass ein Zustrom von Arbeitskräften ein wichtiger Faktor für die wirtschaftliche Expansion eines Lands sei. Ferner wird betont, dass die Angst vor umfassenden Wanderbewegungen der Arbeitskräfte nicht begründet sei. Schon innerhalb eines Landes werde ein berufsmäßig bedingter Wohnsitzwechsel mit Zurückhaltung betrachtet. In Hinblick auf den in allen Ländern der Gemeinschaft bestehenden Wohnungsmangel würde dies erst recht für die in-

4 Am 1.6.1955 fand eine Konferenz der Außenminister der EGKS-Staaten in Messina statt. Dort wurde ein Ausschuss unter Leitung des belgischen Außenministers Paul Henri Spaak mit dem Ziel eingesetzt, die Möglichkeiten einer umfassenden Wirtschaftsintegration zu prüfen. 1956 wurde der später berühmt gewordene Spaak-Bericht vorgelegt. Auf der Basis der darin unterbreiteten Vorschläge kam es im März 1957 zum Abschluss der – nach dem Tagungsort benannten – so genannten Römischen Verträge, mit denen die EWG und die Europäische Atomgemeinschaft (EURATOM) gegründet wurden. Ausführlich zu Inhalt und Bedeutung des Spaak-Berichts *Küsters*, Europäische Wirtschaftsgemeinschaft, 1982, 13 ff.

5 Vgl 2. Teil, I.

ternationale Arbeitsmigration gelten. Deshalb seien in den meisten Ländern auch Bestrebungen „auf die Entwicklung und die Schaffung von Beschäftigungsmöglichkeiten an Ort und Stelle gerichtet".[6] Es gab aber auch zahlreiche Länder wie die Niederlande, Deutschland und Italien, die sehr stark das Konzept eines gemeinsamen Markts mit möglichst wenigen Beschränkungen für Arbeitnehmer favorisierten.[7] Solche Auffassungen entsprachen der vorherrschenden ökonomischen Theorie. Ihr zufolge ist Freizügigkeit der Arbeitnehmer eine Frage der effizienten Ressourcenallokation.[8] Erwartet wird ein Fluss des Arbeitskräftepotenzials aus Ländern mit niedrigeren Löhnen in solche mit höheren, so dass sich die Grenzproduktivität der Arbeit innerhalb des Wirtschaftsraums ausgleicht. Die Mobilität des Produktionsfaktors Arbeit verlangt also die Existenz von Freizügigkeitsregeln.[9]

Der Spaak-Bericht schloss sich solchen ökonomischen Theorien an, die zuvor schon in die Vorschläge der OEEC (heute OECD) eingeflossen waren. Der Bericht verlangt (S 95), „den Begriff der Freizügigkeit richtig zu interpretieren: Sie schließt das Recht ein, sich in jedem Land der Gemeinschaft um die tatsächlich angebotenen Stellen zu bewerben ohne irgendwelche Beschränkungen, die nicht auch für die einheimischen Arbeitnehmer gelten, in diesem Land zu verbleiben, wenn tatsächlich eine Beschäftigung erlangt wurde".

Diese Vorstellungen haben sich schließlich durchgesetzt. Art 48 EWGV bestimmte, dass bis zum Ende der Übergangszeit[10] innerhalb der Gemeinschaft die Freizügigkeit der Arbeitnehmer hergestellt wird. Diese umfasst die Abschaffung jeder auf der Staatsangehörigkeit beruhenden unterschiedlichen Behandlung der Arbeitnehmer und das Recht auf freien Zugang zu allen tatsächlich angebotenen Stellen in einem anderen Mitgliedstaat. Walter Hallstein, der erste Präsident der Europäischen Kommission, hat in diesem Zusammenhang davon gesprochen, dass der Vorrang des nationalen Arbeitsmarkts abgeschafft und an seine Stelle der Vorrang des gemeinschaftlichen Arbeitsmarkts getreten sei.[11] Da die Verwirklichung des Rechts der

6 Hier bringt der Bericht die allgemein verbreitete Ansicht zum Ausdruck, dass Arbeitslosigkeit wesentlich durch Schaffung von Arbeitsplätzen vor Ort und nicht durch Suche nach Arbeit über die Grenzen hinweg reduziert werden soll, ebenso *Davies* in: *McCarthy* (Hg), 319.

7 Vgl dazu *Küsters*, Europäische Wirtschaftsgemeinschaft, 359 f.

8 Vgl dazu *O'Leary* in: *Craig/De Búrca* (Hg), 499 ff.

9 *Oppermann/Classen/Nettesheim*, Europarecht, § 27 Rn 1.

10 Das war gem Art 8 EWGV der 31.12.1969.

11 *Hallstein*, Europäische Gemeinschaft, 203 f. An gleicher Stelle beschreibt *Hallstein* eindrucksvoll den Rahmen der Freizügigkeit: „Bei der Freizügigkeit handelt es sich um viel mehr als um Bewegungsfreiheit. Es geht auch um die Nicht-Diskriminierung von fremden Staatsangehörigen aus der Gemeinschaft in Bezug auf Be-

Freizügigkeit nicht sofort, sondern bis zum Ende der Übergangszeit vonstatten gehen sollte, gingen die Überlegungen dahin, zunächst den qualifizierteren Arbeitnehmern das Recht der Freizügigkeit zuzugestehen und erst in einem zweiten Schritt den sonstigen Arbeitnehmern.[12]

Ein wesentlicher Aspekt der Freizügigkeitsregeln war die Gleichbehandlung von Arbeitnehmern auf dem Gebiet des Rechts der Sozialen Sicherheit. Art 51 EWGV verlangte deshalb, dass der Rat mit einer Verordnung die Grundlagen dafür schafft, dass eine Koordinierung der Systeme sozialer Sicherheit erfolgt und jegliche Diskriminierung zwischen In- und EG-Ausländern vermieden wird. Der Rat ist diesem Auftrag aus Art 51 EWGV durch die VO (EWG) Nr 1408/71 vom 14. 6. 1971 über die Anwendung der Systeme der sozialen Sicherheit auf Arbeitnehmer und Selbständige sowie deren Familienangehörige, die innerhalb der Gemeinschaft zu- und abwandern, nachgekommen.[13] Da dieses Lehrbuch allgemein auf das europäische Arbeitsrecht beschränkt ist, bleibt dieser Bereich des EU-Sozialrechts ausgeklammert.[14]

II. Harmonisierung nationaler Arbeitsrechte als Wettbewerbsproblem

Die Vorschriften über die Arbeitnehmerfreizügigkeit (Art 45 ff AEUV) lassen die nationalen Arbeitsrechtsordnungen in ihrem Inhalt unberührt. Lediglich eine diskriminierungsfreie Gestaltung der Rechtsvorschriften wird verlangt. Von keinem Mitgliedstaat wurde bei den Beratungen über die Römischen Verträge die Schaffung eines Europäischen Arbeitsrechts im Sinne eines Arbeitnehmerschutzrechts nach dem Muster des Arbeitsrechts in den einzelnen Mitgliedstaaten gefordert. Vielmehr stellte sich die Frage, ob das Nebeneinander verschiedenartiger Arbeitsrechtssysteme im Hinblick auf das Prinzip der Wirtschaftsintegration hinzunehmen war.

---

schäftigung, Entlohnung ua Arbeitsbedingungen. Es geht um das Recht, sich um Arbeit zu bewerben, sich im anderen Land zur Arbeit aufzuhalten und auch darin unter Einhaltung bestimmter Bedingungen zu bleiben. Alle Arbeitnehmer aus der Gemeinschaft können den Gewerkschaften ihres Beschäftigungslandes beitreten und in die betrieblichen Personalvertretungen gewählt werden. Sie werden steuerlich und sozialrechtlich gleich den Inländern behandelt. Sie können ihre Familienmitglieder nachkommen lassen, haben Recht auf Wohnraum und zum Erwerb von Grundeigentum".

12 Vgl dazu *Küsters*, Europäische Wirtschaftsgemeinschaft, 175 f.

13 ABlEG 1997 Nr L 28/4. Die VO (EWG) Nr 1408/71 ist mit Wirkung zum 1.5.2010 durch die VO (EG) Nr 883/2004 abgelöst worden.

14 Zu den Grundlagen des Europäischen Sozialrechts vgl *Fuchs*, Einführung, in: *Fuchs* (Hg), Rn 31 ff.

Die französischen Verhandlungsführer sahen in einer sozialen Harmonisierung eine der entscheidenden Voraussetzungen für die Errichtung des Gemeinsamen Marktes, da nur auf diesem Weg gleiche Chancen für den Wettbewerb innerhalb der Gemeinschaft bestünden, wenn durch Angleichung sozialpolitischer Regelungen in den einzelnen Mitgliedstaaten eine gleichmäßige Belastung der Unternehmen gewährleistet sei. Frankreich befürchtete, dass seine Unternehmen wegen der gegenüber anderen Ländern relativ höheren Arbeitskosten in einen Wettbewerbsnachteil gerieten. Demgegenüber vertrat die deutsche Delegation die Auffassung, dass arbeitsrechtliche Standards und Sozialleistungen nicht als (vom Gesetzgeber geschaffene) künstliche, sondern als natürliche standortbedingte Kosten anzusehen seien, die keinerlei Wettbewerbsverfälschung zur Folge hätten und deswegen auch nicht im Wege einer Harmonisierung angeglichen werden müssten.[15] Unterstützung erhielt diese Position durch eine Studie, die im Auftrag des Internationalen Arbeitsamts zu dem Thema „Soziale Aspekte von Problemen der europäischen Wirtschaftskooperation“ erstellt worden war (sog Ohlin-Report).[16] Darin war die Auffassung vertreten worden,[17] dass internationale Unterschiede im allgemeinen Kostenniveau pro Arbeitszeiteinheit keine harmonisierenden Maßnahmen erforderlich machten, um eine größere Freiheit des internationalen Handels herbeizuführen. Die Expertengruppe argumentierte, dass durch höhere Arbeitskosten in einzelnen Ländern der internationale Wettbewerb nicht gefährdet sei, solange die höheren Arbeitskosten eine größere Produktivität widerspiegelten. Unterschiedliche Produktivitätsniveaus spiegelten sich in unterschiedlichen Wechselkursen wider. Bei Fortbestehen unterschiedlicher Produktivität in den einzelnen Mitgliedstaaten sei sogar ein unterschiedliches Wohnniveau notwendig, um eine zutreffende Ressourcenallokation zu ermöglichen. Allerdings kam es zu einem Zugeständnis bezüglich der französischen Forderungen. Die Lohngleichheit von Mann und Frau wurde in Art 119 EWGV festgeschrieben.[18] Ferner wurde in Art 120 EWGV die Regelung niederge-

15 *Barnard*, EU Employment Law, 6.

16 *International Labour Office*, Social Aspects of European Economic Co-operation, 1956.

17 Vgl 40 ff des Reports.

18 Frankreich hatte die geringsten Lohndifferenziale bei der Entlohnung von Männern und Frauen, nämlich lediglich 7 Prozent im Vergleich zu 20 bis 40 Prozent in den Niederlanden und Italien. Diese extremen Unterschiede zu den Nachbarländern brachte Frankreich vor allem in solchen Produktionsbereichen in eine schwierige Situation, deren Anteil an weiblichen Arbeitskräften besonders hoch war, wie in der Textil- und Elektroindustrie, vgl zu diesen Zahlen und zur Situation in Frankreich im Vergleich zu Nachbarländern *Barnard* in: *Hervey/O'Keeffe* (Hg), 324 ff.

legt, wonach die bestehende Gleichwertigkeit der Ordnungen über die bezahlte Freizeit beizubehalten sei, eine Bestimmung, die aber nie praktische Bedeutung erlangt hat.

Im Übrigen brachten Art 117 und 118 EWGV klar zum Ausdruck, dass keine Rechtsgrundlage für den Erlass bindender Rechtsakte zur Harmonisierung des Arbeitsrechts bestehen soll. Art 117 EWGV besagte lediglich, dass die Mitgliedstaaten sich über die Notwendigkeit einig sind, auf eine Verbesserung der Lebens- und Arbeitsbedingungen der Arbeitskräfte hinzuwirken und dadurch auf dem Wege des Fortschritts ihre Angleichung zu ermöglichen. Sie sind der Auffassung, dass sich eine solche Entwicklung sowohl aus dem eine Abstimmung der Sozialordnungen begünstigenden Wirken des Gemeinsamen Markts als auch aus den in diesem Vertrag vorgesehenen Verfahren sowie aus der Angleichung ihrer Rechts- und Verwaltungsvorschriften ergeben wird. Daraus ist die Vorstellung und Hoffnung abzulesen, die die Gründerväter hatten, dass allein durch das segensreiche Wirken des Gemeinsamen Markts eine Harmonie im Sinne einer Harmonisierung nach oben sich ergeben würde.[19] Von daher leuchtet auch ohne weiteres die Bestimmung des Art 118 EWGV ein, wonach auf dem Gebiet des Arbeitsrechts und der Arbeitsbedingungen die Kommission eine enge Zusammenarbeit zwischen den Mitgliedstaaten anstrebt, zu diesem Zweck aber lediglich Untersuchungen, Stellungnahmen und die Vorbereitung von Beratungen vorgesehen sind.

Resümee: Die Vorschriften des EWGV spiegeln die vorherrschende ökonomische Doktrin wider, wonach grundsätzlich eine Angleichung von Arbeitskosten nicht wünschenswert ist. Wettbewerbsverzerrungen werden nur befürchtet im Hinblick auf die unterschiedliche Entlohnung von Mann und Frau sowie beim bezahlten Urlaub. Insofern geben Art 119 und 120 EWGV Meinungen wieder, wie sie sowohl im Ohlin-Report wie im Spaak-Report vertreten wurden.[20]

---

19 Vgl in diesem Sinn *Simitis/Lyon-Caen* in: Liber amicorum Lord Wedderburn of Charlton, 1, 5, die auch auf die Vorstellungen des Spaak-Berichts hinweisen, wo geäußert ist, dass die Harmonisierung sich teilweise aus der Entwicklung des Marktes selbst, dem Zusammenspiel der Wirtschaftskräfte und den Beziehungen zwischen den Beteiligten ergeben würde.

20 Vgl bezüglich der Notwendigkeit von Regelungen zur Lohngleichheit von Mann und Frau die Ausführungen im Ohlin-Report, *International Labour Office*, 64: „A certain distortion of international competition arises from differences in the extent to which the principle of equal pay for men and women applies in different countries. Countries in which there are large sex differentials will pay relatively low wages in industries employing a large proportion of female labour, and these industries will enjoy what might be considered a special advantage over their competitors abroad, where differentials according to sex are smaller or non-existant. A

III. Wettbewerbspolitisch motiviertes Europäisches Arbeitsrecht

Wie gezeigt, hat der Gedanke, dass aus Gründen der Wettbewerbsgleichheit eine Harmonisierung des Arbeitsrechts der einzelnen Mitgliedstaaten herbeizuführen ist, grundsätzlich keine Anerkennung gefunden. Eine bedeutsame Ausnahme wurde allerdings für das Prinzip der Lohngleichheit von Mann und Frau gemacht. Die Verneinung der Notwendigkeit einer Rechtsangleichung auf dem Gebiet des Arbeitsrechts schließt aber nicht aus, dass punktuell und partiell Rechtsangleichung auch auf dem Gebiet des Arbeitsrechts gefordert ist. Sowohl der Ohlin-Report als auch der Spaak-Bericht hatten einzelne Fälle und Situationen als möglich angesehen, bei denen arbeits- und sozialrechtliche Regelungen zu nicht hinzunehmenden Wettbewerbsverzerrungen führen könnten, wenngleich diese Fälle als selten angesehen wurden.[21] Da es sich nach allgemeiner Auffassung um Ausnahmesituationen handelte, wurde im EWGV auch keine besondere Rechtsangleichungsnorm für das Arbeitsrecht vorgesehen. Vielmehr mussten sich notwendige Korrekturen nationaler Arbeitsrechte in den allgemeinen normativen Rahmen der Rechtsangleichung einfügen.

Dh, die Möglichkeit zur Rechtsangleichung auf dem Gebiet des Arbeitsrechts durch den europäischen Gesetzgeber konnte nur dann bestehen, wenn die Voraussetzungen des Art 100 EWGV [Art 115 AEUV] erfüllt waren. Der Richtlinienerlass des Rates nach dieser Vorschrift ist danach nur zulässig, wenn es um die Angleichung solcher Rechts- und Verwaltungsvorschriften der Mitgliedstaaten geht, die sich unmittelbar auf die Errichtung oder das Funktionieren des Gemeinsamen Markts auswirken. Damit dient Rechtsangleichung nicht der üblichen Erleichterung des Ablaufs privatwirtschaftli-

---

policy of gradual reduction of these differentials would tend to prevent this". S ferner Spaak-Report, 67; EuGH Rs 43/75 (Defrenne II), EU:C:1976:56, wo zu Art 119 EWGV ausgeführt ist, dass die Vorschrift einem doppelten Zweck dient: „Einerseits soll er mit Rücksicht auf den unterschiedlichen Entwicklungsstand der Sozialgesetzgebung in den einzelnen Mitgliedstaaten verhindern, dass die in denjenigen Mitgliedstaaten, die den Grundsatz der Entgeltgleichheit tatsächlich verwirklicht haben, ansässigen Unternehmen im innergemeinschaftlichen Wettbewerb gegenüber den Unternehmen benachteiligt werden, die in Staaten ansässig sind, welche die Lohndiskriminierung zum Nachteil der weiblichen Arbeitskräfte noch nicht beseitigt haben. Andererseits dient diese Bestimmung den sozialen Zielen der Gemeinschaft, die sich ja nicht auf eine Wirtschaftsunion beschränkt, sondern, wie die Präambel des Vertrages hervorhebt, zugleich durch gemeinsames Vorgehen den sozialen Fortschritt sichern und die st Besserung der Lebens- und Beschäftigungsbedingungen der europäischen Völker anstreben soll" (Satz 9 f).

21 Vgl *International Labour Office*, 42 ff; Spaak-Bericht, 66 f.

cher Austauschvorgänge im internationalen Umfeld, sondern verfolgt in erster Linie die ökonomischen Motive der Wettbewerbsfreiheit und -gleichheit.[22] Speziell für das Arbeitsrecht bedeutet dies, dass mit einer Rechtsangleichung nach Art 115 AEUV unterschiedliche nationale arbeitsrechtliche Vorschriften beseitigt werden sollen, die geeignet sind, Wettbewerbsverzerrungen im europäischen Waren- und Dienstleistungsverkehr zu erzeugen.[23] Es geht um den Abbau so genannter nicht-tarifärer Handelshemmnisse in arbeitsrechtlicher Gestalt mit dem Ziel, für eine wettbewerbsneutrale Ausgestaltung der Arbeitsrechtsordnungen der Mitgliedstaaten zu sorgen.[24] Art 115 AEUV eröffnet der Normgebung des Rates der Europäischen Union ein weites Tätigkeitsfeld. In sachlicher Hinsicht kommen alle arbeitsrechtlichen Materien als Gegenstand der Harmonisierung in Betracht.[25]

Ein gutes Beispiel dafür, wie die Ermächtigungsgrundlage des Art 100 EWGV konkret umgesetzt wurde, insbesondere welche Vorüberlegungen eine Rolle spielten, zeigt die Richtlinie des Rates 75/129/EWG zur Angleichung der Rechtsvorschriften der Mitgliedstaaten über Massenentlassungen.[26] Diese Richtlinie ist aus Erfahrungen mit dem niederländischen AKZO-Konzern hervorgegangen. Dieser wollte wegen mangelnder Rentabilität Zweigwerke in den Niederlanden und Deutschland schließen. Da die jeweiligen Vorschriften über Massenentlassungen in diesen Ländern eine schnelle Entlassung der Arbeitskräfte nicht zuließen, entschloss sich der Konzern, stattdessen eine Niederlassung in Belgien zu schließen, da das belgische Recht die sofortige Beendigung der Arbeitsverhältnisse gegen Abfindung erlaubte.[27] Mit der Richtlinie über Massenentlassungen wollte der europäische Gesetzgeber beträchtliche Unterschiede im Bereich des Massenkündigungsschutzes beseitigen, da diese geeignet sind, Disparitäten in den Wettbewerbsbedingungen zu schaffen.[28]

Birk[29] hat für diese Art der Rechtsangleichung von einer „wettbewerbspolitisch motivierten Harmonisierung" gesprochen. Das wettbewerbspolitisch motivierte Harmonisierungskonzept hat eine große Bedeutung in der Entwicklung des Europäischen Arbeitsrechts gehabt.[30] Zu beachten ist, dass

22 Vgl *Tietje* in: *Grabitz/Hilf/Nettesheim* (Hg), Art 114 AEUV, Rn 25 ff.
23 *Buchner*, ZfA 1993, 279 ff.
24 Vgl *Birk*, RdA 1992, 68 ff.
25 *Birk*, EuR 1990 (Beiheft 1), 17 ff.
26 ABlEG 1975 Nr L 48/29, zu dieser Richtlinie s unten 2. Teil, III.C.2.
27 S dazu *Jansen*, EuR 1990 (Beiheft 1), 9 f.
28 *Becker*, NJW 1976, 2057 ff.
29 *Birk* in: *Lenz* (Hg), 369.
30 Vgl dazu und allgemein zur Bedeutung der Wettbewerbssicherung durch Arbeits- und Sozialrecht den Beitrag von *Fuchs* in: *Schuster* (Hg), 39 ff.

für die Rechtsangleichung auf der Basis des Art 115 AEUV das Einstimmigkeitsprinzip gilt. Alle Mitgliedstaaten müssen also einer solchen Rechtsangleichung ihre Zustimmung geben. Daran hat sich bis auf den heutigen Tag nichts geändert. Zwar wurde im Zuge der Umsetzung der Einheitlichen Europäischen Akte (in Kraft getreten am 1. 7. 1987) Art 100a EWGV [Art 114 AEUV] eingefügt, der ein Beschlussverfahren mit qualifizierter Mehrheit ermöglicht. Allerdings gilt die Ermächtigungsnorm des Art 100a Abs 1 EWGV nach Abs 2 dieser Vorschrift ausdrücklich nicht für Bestimmungen über die Freizügigkeit und Bestimmungen über die Rechte und Interessen der Arbeitnehmer. Die Einfügung des Art 100a Abs 2 EWGV geht auf britische Intervention zurück, weil die dortige Regierung grundsätzlich einer Ausdehnung sozialpolitischer Aktivitäten auf EG-Ebene entgegentreten wollte.[31] Diese Regelung ist auch im AEUV beibehalten worden (vgl Art 114 Abs 2 AEUV). Mit dem Abkommen über die Sozialpolitik (AüS) und seine Einfügung in den EG-Vertrag durch den Vertrag von Amsterdam in Art 137 EG[32] hat die wettbewerbspolitisch motivierte Rechtsetzung an Bedeutung verloren.

IV. Elemente eines kollektiven Europäischen Arbeitsrechts

In den nationalen Rechtsordnungen umfasst das kollektive Arbeitsrecht das Koalitionsrecht, das Tarifvertrags- und Arbeitskampfrecht sowie das Recht der Mitbestimmung (Unternehmens-, betriebliche Mitbestimmung). Kollektives Arbeitsrecht erfüllt einen spezifischen Zweck. Die Gestaltung der Arbeitsbedingungen allein der Vertragsfreiheit von Arbeitgeber und Arbeitnehmer zu überlassen, wäre, wie die historische Erfahrung lehrt, keine Garantie für eine angemessene Vertragsgestaltung. Typischerweise befindet sich der Arbeitnehmer gegenüber dem Arbeitgeber in einer unterlegenen Situation. Kollektives Arbeitsrecht hat deshalb die Aufgabe, die im Arbeitsverhältnis – in der Diktion der modernen Vertragsrechtsterminologie – „typischerweise gestörte Vertragsparität“ auszugleichen.[33]

31 Vgl dazu *Bercusson*, European Labour Law, 59.

32 S dazu unten VIII.F.2.

33 Vgl *Hromadka/Maschmann*, Arbeitsrecht, § 11 Rn 8. Treffend ist die Formulierung von *Marhold/Friedrich*, Arbeitsrecht, 413: „Die besondere Bedeutung der Verbände im Arbeitsleben beruht historisch gesehen auf der Notwendigkeit, durch Zusammenschlüsse der Arbeitnehmer in Verbänden wirtschaftliche Ungleichgewichtssituationen zu Lasten der Arbeitnehmer auszugleichen. Die Übertragung der Rechtsetzungsbefugnis im Arbeitsleben auf Verbände stellt jene Gleichgewichtssituation wieder her, die dem liberalen Vertragsmodell entspricht und auf einzelvertraglicher Ebene nicht gewährleistet ist“.

Hat schon der europäische Gesetzgeber im EWGV keine Rechtsetzungskompetenz für das Individualarbeitsrecht vorgesehen, so gilt dies erst recht für den Bereich des kollektiven Arbeitsrechts. Zwar hat auch dieses im EWGV Erwähnung gefunden. Das Gebiet des Koalitionsrechts und der Kollektivverhandlungen zwischen Arbeitgebern und Arbeitnehmern wird in Art 118 EWGV als Aufgabe der Kommission angesehen, für die Gestaltung der nationalen Systeme auf diesem Gebiet aber keine Rechtsetzungskompetenz eingeräumt. Und während auf dem Gebiet des Individualarbeitsrechts auf dem oben beschriebenen Weg[34] zahlreiche gemeinschaftsrechtliche Rechtsangleichungsmaßnahmen getroffen wurden, ist auf dem Gebiet des kollektiven Arbeitsrechts, das gelegentlich zu Recht auch als Arbeitsverfassungsrecht bezeichnet wird,[35] keine Maßnahme der Rechtsangleichung getroffen worden. Der Hauptgrund ist in der Heterogenität der verschiedenen Systeme kollektiven Arbeitsrechts in Europa zu sehen.[36] Äußerst unterschiedlich sind die faktischen Beziehungen, also die Wahrnehmung kollektiver Aktionsformen und Instrumente.[37] Völlig verschieden sind aber auch Struktur und Inhalt von Kollektivverhandlungen, Arbeitskampfrecht und die Beteiligungsformen der Arbeitnehmer an unternehmerischen Entscheidungen. Auch der Grad der rechtlichen Regelung kollektiver Arbeitsbeziehungen kennzeichnet die einzelnen Rechtsordnungen. Vor diesem Hintergrund mag es dann verblüffend erscheinen, dass gerade auf dem Gebiet des kollektiven Arbeitsrechts – wie im Folgenden zu zeigen sein wird – Entwicklungen stattgefunden haben, die – wie einige sagen – zur Begründung eines neuen Modells europäischen Arbeitsrechts geführt haben.

A. Der soziale Dialog

Um die neue Rolle zu verstehen, die Arbeitgeberverbänden und Gewerkschaften auf europäischer Ebene zukommen sollte, muss ein Blick auf die Situation der Europäischen Gemeinschaft Mitte der 80er Jahre geworfen worden. Ende der 70er und Anfang der 80er Jahre war die Aktivität der Europäischen Gemeinschaft auf dem Gebiet der Sozialpolitik praktisch zum Stillstand gekommen. Die meisten Länder hatten angesichts der Internationalisierung und Globalisierung der Wirtschaft und der Konkurrenz

34 S oben III.

35 Vgl zu dieser Begrifflichkeit *Marhold/Friedrich*, Österreichisches Arbeitsrecht, 2.

36 Sehr treffend und eingehend dazu *Roccella/TreuAimo/Izzi*, Diritto del lavoro, 419 ff.

37 Also das, was man im Englischen üblicherweise als „industrial relations“ bezeichnet.

mit Japan und den Vereinigten Staaten eine Abstinenz auf dem Gebiet der Sozialpolitik zT im eigenen Land, vor allem aber erst recht auf europäischer Ebene gefordert. Die Rede war deshalb von einer Eurosklerose.[38] Flexibilisierung und Deregulierung des Arbeitsrechts waren – nicht zuletzt unter dem Einfluss der von Margaret Thatcher geführten britischen Regierung – die Orientierungsrichtlinien geworden. Eine Kehrtwendung erfolgte allmählich unter französischem Einfluss. Mitterand hatte Anfang der 80er Jahre ein Memorandum an den Rat gerichtet mit dem Inhalt der Schaffung eines europäischen Sozialraums. Mit ihm sollten drei Ziele verbunden sein:[39] Förderung der Beschäftigungsmöglichkeiten durch die Gemeinschaft, verstärkte Zusammenarbeit zwischen Unternehmensleitungen und Gewerkschaften auf Gemeinschaftsebene und die Verbesserung von Informations- und Konsultationsverfahren auf dem Gebiet des Sozialschutzes. Als 1984 eine neue Kommission unter der Leitung von Jacques Delors berufen wurde, wurden diese Ideen unmittelbar umgesetzt. Delors verband seine Idee eines europäischen Sozialraums mit dem anderen großen Gedanken dieser Jahre, der Verwirklichung des Konzepts eines Europäischen Binnenmarktes. Seine Stoßrichtung war die Verhinderung eines Sozialdumpings mit Wettbewerbsvorteilen für Länder, die eine solche Politik verfolgten:[40] „[...] die positiven Auswirkungen dieses großen Marktes würden verloren gehen, wenn einige Mitgliedstaaten versuchen sollten, sich gegenüber anderen Wettbewerbsvorteile um den Preis eines sozialen Rückschritts zu verschaffen".[41]

Delors war sich aber bewusst, dass eine Politik der arbeits- und sozialrechtlichen Harmonisierung in traditionellem Stile keinen Erfolg haben würde. Er favorisierte vielmehr die Idee eines sozialen Dialogs, durch den in den Bereichen wie Beschäftigung und den Bedingungen am Arbeitsplatz durch Verhandlungen zwischen Arbeitnehmer- und Arbeitgeberorganisationen auf europäischer Ebene konsensuelle Lösungen gefunden werden sollten.[42] In der Umsetzung dieser Gedanken kam es zu den so genannten Gesprächen von Val Duchesse,[43] zu denen die EG-Kommission die Vertreter der großen europäischen Arbeitgeber- und Arbeitnehmerorganisationen UNICE, CEEP und EGB[44] eingeladen hatte. Außerdem wurden zwei Ar-

38 Vgl zu dieser Phase der europäischen sozialpolitischen Entwicklung *Hervey*, European Social Law and Policy, 17 ff.

39 Vgl dazu *Hervey*, European Social Law and Policy, 1998, 20.

40 Vgl Bulletin EG, Beilage 4/85, 34.

41 Ausführlich zu Begriff und politischer Vorstellung eines europäischen Sozialraums *Kuhn*, Soziale Dimension, 1995, 295 ff.

42 *Gilles*, Sozialpartnervereinbarungen, 46.

43 Ein Schloss in der Nähe von Brüssel.

44 Zu diesen s unten 2. Teil, III.A.2.

beitsgruppen „Makroökonomie“ und „Neue Technologien und sozialer Dialog“ eingesetzt.[45]

Offizielle und primärrechtliche Anerkennung fand diese neu entwickelte Strategie in Art 118b EWGV: „Die Kommission bemüht sich darum, den Dialog zwischen den Sozialpartnern auf europäischer Ebene zu entwickeln, der, wenn diese es für wünschenswert halten, zu vertraglichen Beziehungen führen kann“. Diese Bestimmung war mit Wirkung zum 1. 7. 1987 aufgrund der EEA in den EWGV aufgenommen worden. Art 118b EWGV aF [Art 155 EUV] besitzt lediglich programmatischen Charakter, enthält keine Kompetenz zum Erlass verbindlicher Rechtsakte.[46]

Die Vorschrift des Art 118b EWGV ist oft etwas geringschätzig behandelt worden, weil aus ihr keine echte Vertragskompetenz erwuchs. In der Tat konnten Vereinbarungen iSd Art 118b EWGV [Art 155 EUV] keinerlei Rechtswirkung außerhalb der vertragschließenden Beteiligten haben. Wenn man allein darauf abstellte, würde man aber der Idee des sozialen Dialogs nicht gerecht werden. Die Jahre 1985 bis 1990 haben gezeigt, dass es sehr wichtig sein kann, wenn die Sozialpartner an einem Tisch sitzen und über grundlegende Fragen nachdenken. Dies fördert die Gemeinsamkeit, weil man nur auf diesem Weg auch von den Schwierigkeiten anderer Länder erfährt. Aber in der Tat konnte die Entwicklung an dieser Stelle nicht stehen bleiben. Die Sozialpartner, die sich auf reiche Erfahrungen bei der Ausübung von Kollektivautonomie in den Mitgliedsländern stützen konnten, verlangten nach einer stärkeren Beteiligung an der Gestaltung der arbeitsrechtlichen Beziehungen auf Gemeinschaftsebene. Es entstand – wie es ein französischer Autor einmal ausgedrückt hat[47] – die Idee einer „verhandelten Gesetzgebung“ (*législation négociée*), dh, die Sozialpartner trachteten danach, in den Bereichen, in denen sie ein gemeinschaftsrechtliches Tätigwerden forderten, Vereinbarungen zu treffen, deren Inhalt zur Grundlage eines gemeinschaftsrechtlichen Rechtsaktes (in der Regel eine Richtlinie) werden sollte. Diese Bemühungen haben Ausdruck in einer Vereinbarung der Sozialpartner auf Gemeinschaftsebene vom 31. 10. 1991 gefunden, in der sie die aktive Mitwirkung der Sozialpartner im Rahmen der gemeinschaftlichen Gesetzgebung vorschlugen.[48]

Die Anerkennung dieser Forderungen erfolgte im Zuge der Verhandlungen über den Vertrag über die Europäische Union (nach dem Tagungsort

45 Ausführlich zu den Aktivitäten dieser Arbeitsgruppen *Gilles*, Sozialpartnervereinbarungen, 47 f.

46 *Balze*, Sozialpolitische Kompetenzen, 189.

47 Vgl *Degimbe*, La politique sociale européenne, 1999, 188.

48 Vgl dazu *Gilles*, Sozialpartnervereinbarungen, 50.

Vertrag von Maastricht genannt). Die Art und Weise, wie das von den Sozialpartnern proklamierte Ziel erreicht werden konnte, hing wesentlich mit den politischen Verhältnissen der Europäischen Gemeinschaft zu Beginn der 90er Jahre zusammen. Die Kommission hatte eine Erweiterung der Kompetenzen der Europäischen Gemeinschaft auf dem Gebiet der Sozialpolitik gefordert, einschließlich einer erweiterten Anwendung des Prinzips der Entscheidung aufgrund qualifizierter Mehrheit, und die Anerkennung von Kollektivverträgen.[49] Das Europäische Parlament hatte ebenfalls die Anerkennung von europäischen Tarifverträgen auf der Basis des Art 118b EWGV [Art 155 EUV] gefordert. Generell sollte verhindert werden, dass sich – wie Jacques Delors es ausdrückte – die Schere zwischen wirtschaftlicher und sozialer Entwicklung immer weiter öffnete. Die Bemühungen scheiterten jedoch am eindeutigen Veto des Vereinigten Königreichs, das sich gegen jegliche Ausdehnung der sozialpolitischen Kompetenzen der EG sperrte.

Ein Ausweg aus dem Dilemma bot das Protokoll über die Sozialpolitik und das Abkommen zwischen den Mitgliedstaaten der EG mit Ausnahme des Vereinigten Königreichs über die Sozialpolitik vom 7. 2. 1992.[50] Art 3 und 4 dieses Abkommens stellten den sozusagen vorläufigen Höhepunkt in der Entwicklung des sozialen Dialogs dar. Diese Bestimmungen verschafften den Sozialpartnern bei der Rechtsetzung durch Rat und Kommission eine formale Position mit einem Anhörungsrecht. Dabei wurde ihnen sogar die Möglichkeit eingeräumt, das Verfahren an sich zu ziehen und eine Vereinbarung über den Gegenstand zu treffen, der durch die Richtlinie geregelt werden soll. Durch den Vertrag von Amsterdam sind diese Regelungen durch Art 138 f EG übernommen worden und haben schließlich Eingang in Art 154 f AEUV gefunden.[51]

B. Beteiligung von Arbeitnehmervertretern an unternehmerischen Entscheidungen

Wie ein Unternehmen organisiert, geführt und auf dem Markt platziert werden soll, darüber hat der Unternehmer zu entscheiden.[52] Er bestimmt den Einsatz der Ressourcen, damit auch den Einsatz des Faktors Arbeitskraft. Mit dem Instrument des Arbeitsvertrags ist Arbeitgeber und Arbeitnehmer das juristische Instrument an die Hand gegeben, diesen Einsatz, dh die Erbringung der Arbeitsleistung, rechtsverbindlich zu bestimmen.

49 Vgl Bulletin EG, Beiheft 2/91, 124–130.

50 Vgl dazu unten F.

51 S dazu unten Zweiter Teil, III. A. 2. und 3.

52 Nach wie vor anschaulich und plakativ die Betonung der Unternehmerrolle bei *Schumpeter*, Kapitalismus, Sozialismus und Demokratie, 214 ff.

Dass diese rein individualistische Betrachtungsweise des Arbeitsverhältnisses aber längst der Vergangenheit angehört, muss heute nicht mehr besonders betont werden. In allen Mitgliedstaaten der Europäischen Union ist – allerdings historisch nicht gleichzeitig – die Einsicht gewachsen, dass die Organisation des Arbeitsprozesses nicht allein im Belieben des Unternehmers steht, sondern Arbeitnehmer an dem Entscheidungsprozess beteiligt werden müssen. Die Begründungen für die Notwendigkeit der Beteiligung von Arbeitnehmern sind unterschiedlich. Mitbestimmung wird zT als gesellschaftliches Leitprinzip betrachtet, das für viele Sektoren des Lebens gilt und damit auch Geltung für das Arbeits- und Wirtschaftsrecht beansprucht.[53] Häufig verbindet sich das Prinzip auch mit demokratietheoretischen Vorstellungen, sodass Mitbestimmung unter dem Aspekt der Demokratisierung der Wirtschaft („industrial democracy") betrachtet wird.[54] Aus ökonomischer Sicht wird Mitbestimmung aber auch unabhängig vom Partizipationsgedanken als Instrument effizienter Ressourcennutzung (Humankapital) betrachtet.[55]

So wie die Begründungsansätze für Mitwirkungsrechte der Arbeitnehmer am Arbeitsplatz auseinander gehen, so unterschiedlich sind auch die Vorstellungen über die richtige rechtliche Regelung der Mitwirkungsbefugnisse. Dies gilt schon für Vorstellungen innerhalb eines Landes. Erst recht gilt dies, wenn man den Blick über die Grenzen und in die einzelnen Mitgliedstaaten der Europäischen Union richtet. Reichweite und Instrumente der Arbeitnehmermitwirkung divergieren erheblich.[56]

Diese Ausgangslage muss man sich vergegenwärtigen, wenn man das Erreichte oder nicht Erreichte an rechtlicher Fixierung zu diesen Fragen auf europäischer Ebene zutreffend beurteilen will. Jede Regelung auf europäischer Ebene stößt auf nationale Gegebenheiten und Interessen. Für das Tätigwerden der Gemeinschaft bot sich zunächst – von den primärrechtlichen Grundlagen her gedacht – nur die Anlehnung an den Gedanken der Wettbewerbsverzerrung, also das Funktionieren des Gemeinsamen Marktes (Art 115 AEUV), an. Man konnte argumentieren, dass in Ländern mit einer schwachen Ausprägung der Arbeitnehmermitwirkung geringere Kosten für die Unternehmen und damit Wettbewerbsvorteile verbunden seien, während umgekehrt in Ländern mit einer starken Mitwirkung der Arbeitneh-

53 Vgl dazu *Preis*, Kollektivarbeitsrecht, § 142 II.

54 Zu den historischen Wurzeln dieses Gedankens in Deutschland vgl *Reichold*, Betriebsverfassung, 222 ff.

55 S dazu *Bertelsmann Stiftung/Hans-Böckler-Stiftung* (Hg), Mitbestimmung, 55 ff.

56 Vgl *Biagi* in: *Blanpain* (Hg), 523 ff; *Niedenhoff*, Mitbestimmung; *Rebhahn* in: *Rieble* (Hg), 41 ff; *Baums* (Hg), Unternehmens-Mitbestimmung der Arbeitnehmer, 2004.

mer Nachteile verbunden wären. Dies könne auch für Standortentscheidungen von Bedeutung sein.[57]

Erst sehr viel später brach sich der Gedanke der Notwendigkeit einer stärkeren Beteiligung der Arbeitnehmer als ein Recht der Betroffenen Bahn. Die größte Schubkraft ging von den Anstrengungen um die Verwirklichung des Binnenmarkts aus. In dem Augenblick, in dem die Verwirklichung des Binnenmarkts nicht mehr als eine rein ökonomische Veranstaltung betrachtet wurde, sondern die Idee einer Sozialunion stärker in den Mittelpunkt der Diskussion rückte, hatte auch die Forderung nach einer stärkeren Partizipation der Arbeitnehmer in Betrieben und Unternehmen größere Realisierungschancen erlangt. Sichtbarsten Ausdruck fanden diese Entwicklungen in der Gemeinschaftscharta der Sozialen Grundrechte der Arbeitnehmer vom 9. 12. 1989,[58] in der die Unterrichtung, Anhörung und Mitwirkung der Arbeitnehmer zu einem Grundrecht ausformuliert wurde (Nr 17 und 18).

Rückschauend betrachtet kann man sagen, dass die EG in der Vergangenheit drei strategische Konzepte entwickelt hat, um eine Arbeitnehmerbeteiligung zu fördern:[59]

- **Anhörungs- und Beratungsrechte von Arbeitnehmervertretern bei bestimmten Entscheidungen**

Die rechtspolitischen Überlegungen des Gemeinschaftsgesetzgebers zielten auf eine – punktuelle – Beteiligung von Arbeitnehmervertretern bei solchen Angelegenheiten, die für die betroffenen Arbeitnehmer von besonderer Tragweite sind. Deshalb wurden Anhörungs- und Beratungsrechte vorgesehen bei sog Massenentlassungen, bei Betriebs- und Unternehmensübertragungen und bei der Organisation und Durchführung des Arbeitsschutzes (vgl dazu unten 2. Teil, III.B.1). Das Recht auf Unterrichtung und Anhörung der Arbeitnehmer in Unternehmen ist in Art 27 der Charta der Grundrechte der EU als soziales Grundrecht ausgestaltet.[60] Unter Bezugnahme auf die Gemeinschaftscharta der sozialen Grundrechte der Arbeitnehmer hat der Rat den Auftrag zur Schaffung von Informationsrechten der Arbeitnehmer mit der RL 2002/14/EG zur Festlegung eines allgemeinen Rahmens für die Unterrichtung und Anhörung der Arbeitnehmer in der EG umgesetzt (vgl dazu unten 2. Teil, III.B.2). Eine spezielle Ausprägung der Anerken-

57 Vgl zu dieser Argumentationsweise *Weiss* in: Liber amicorum Lord Wedderburn of Charlton, 214.
58 Näher zur Gemeinschaftscharta s unter G.
59 Die folgende Unterscheidung folgt *Weiss* in: Liber amicorum Lord Wedderburn of Charlton, 216 ff.
60 Ausführlich dazu *Rudolf* in: *Meyer* (Hg), Art 27 Rn 1 ff und 19 ff.

nung von Informationsrechten der Arbeitnehmer ist in der RL 2004/25/EG betreffend Übernahmeangebote zu sehen, in der die Organe der betroffenen Gesellschaften zur Unterrichtung der Arbeitnehmervertreter verpflichtet werden (vgl dazu unten 2. Teil, III.B.1e).

– **Institutionelle Vorkehrungen der Information und Konsultation von Arbeitnehmervertretern in europaweit tätigen Unternehmen oder Unternehmensgruppen**

In Zeiten der Internationalisierung und Globalisierung der Wirtschaft werden unternehmerische Entscheidungen häufig in einem transnationalen Kontext gefällt. Die in nationalen Rechtsordnungen vorgesehenen Beteiligungsrechte der Arbeitnehmer, die eben nur national zugeschnitten sind, greifen dann häufig nicht.[61] Deshalb gab es seit langem Bemühungen, dieser Internationalisierung der Unternehmensentscheidungen auf Seiten der Arbeitnehmer durch Informationsrechte Rechnung zu tragen. Diese Bemühungen haben ein konkretes Ergebnis durch die Richtlinie über die Einsetzung eines europäischen Betriebsrats oder die Einführung eines Unterrichtungs- und Anhörungsverfahrens (RL 94/45/EG) gehabt (vgl dazu unten 2. Teil, III.B.3).

– **Mitbestimmung der Arbeitnehmer in Unternehmensorganen**

Man könnte von einer unendlichen Geschichte der Versuche sprechen, eine Arbeitnehmerrepräsentation in Unternehmensorganen gemeinschaftsrechtlich zu verankern. Diese Versuche reichen bis in die späten sechziger Jahre des vergangenen Jahrhunderts zurück. Die Bemühungen stießen aber auf das vorerwähnte Problem höchst unterschiedlicher Traditionen in den einzelnen Ländern. Erschwerend kam von Anfang an hinzu, dass in Europa zwei grundlegend verschiedene Organisationsmodelle von Aktiengesellschaften bestehen. Während das monistische Modell nur ein zentrales Leitungsorgan kennt, den Verwaltungsrat, zeichnet sich das dualistische System durch die Existenz von Leitungsorgan (Vorstand) und Kontrollorgan (Aufsichtsrat) aus. Eine Harmonisierung der nationalen Mitbestimmungsregeln ist bis heute nicht gelungen. Ebensowenig ist es gelungen, ein originäres Mitbestimmungsmodell für europäische Gesellschaftsformen zu finden. Dennoch ist die Europäische Aktiengesellschaft (Societas Europaea, SE) nach jahrzehntelangem Ringen Wirklichkeit geworden und eine Gründung seit dem 8. 10. 2004 möglich (vgl dazu unten 2. Teil, III.B.4). Die europäische Lösung der Mitbestimmungsfrage besteht – vereinfacht gesagt – in einer Kombination von Erhaltungsprinzip, das bisherige Mitbestimmungsstandards der Grün-

61 Vgl dazu *Marhold/Friedrich*, Österreichisches Arbeitsrecht, 619.

dungsgesellschaften auf die Europäische Gesellschaft transformiert, und Verhandlungsgrundsatz, der Unternehmensleitung und Arbeitnehmern die Möglichkeit gibt, in vorgegebenem Rahmen selbst über die Mitbestimmung zu entscheiden. Dieser Ansatz verhalf nach der Europäischen Aktiengesellschaft auch der Europäischen Genossenschaft (Societas Cooperativa Europaea, SCE) als zweiter europäischer Gesellschaftsform zum Durchbruch (vgl dazu unten 2. Teil, III.B.5). Mit der RL 2005/56/EG vom 26. 10. 2005 konnte auf gleicher Grundlage zuletzt auch das Problem der Mitbestimmung bei Verschmelzung von Kapitalgesellschaften aus verschiedenen Mitgliedstaaten gelöst werden (vgl dazu unten 2. Teil, III.B.6). Verblieben ist die Aufgabe der Lösung des mitbestimmungsrechtlichen Problems bei grenzüberschreitender Verlegung des Satzungssitzes einer Gesellschaft innerhalb der Gemeinschaft (vgl dazu unten 2. Teil, III.B.7.a). Für die grenzüberschreitende Verlegung des Verwaltungssitzes hat der EuGH zwar die europäischen Grenzen auf der Grundlage der Niederlassungsfreiheit geöffnet, über die mitbestimmungsrechtlichen Auswirkungen dieser Rechtsprechung wird nunmehr aber lebhaft diskutiert (vgl dazu unten 2. Teil, III.B.7.b).

V. Arbeitsschutzrecht

Das Arbeitsschutzrecht war – historisch gesehen – die erste Stufe der Entwicklung des Arbeitsrechts. Es waren öffentlich-rechtliche Vorschriften über Höchstgrenzen der Arbeitszeit, Kinderbeschäftigungsverbote, Regelung der Beschäftigung von Frauen usw, die in der zweiten Hälfte des 19. Jahrhunderts den Kern dessen darstellten, was wir später als Arbeitsschutzrecht bezeichnen.[62] Wenn wir vor diesem Hintergrund nun erneut die Frage stellen, ob die elementare Bedeutung des Arbeitsschutzes für die Arbeitnehmer auch bei der Gründung der Europäischen Wirtschaftsgemeinschaft ein entscheidender Aspekt gewesen sein könnte, entsprechende Regelungen im EWGV vorzusehen, so muss die Frage entschieden verneint werden. Zwar spricht Art 118 EWGV den Gesundheitsschutz bei der Arbeit ebenso wie die Verhütung von Berufsunfällen und Berufskrankheiten an. Diese Bereiche werden aber lediglich als eine Aufgabe der Europäischen Gemeinschaft genannt, eine echte Rechtsetzungsbefugnis wird aber nicht verankert. Die Kommission soll lediglich in enger Verbindung mit den Mitgliedstaaten durch Untersuchungen, Stellungnahmen und die Vorbereitung von Beratungen auf diesem Sektor tätig werden.

Nach dem, was wir bislang über die Entwicklung des Europäischen Arbeitsrechts gesagt haben, überrascht diese Haltung der Gründerväter der

62 Vgl *Mestitz* in: *Steindl* (Hg), 10 f.

Europäischen Wirtschaftsgemeinschaft nicht mehr. Nachdem eine explizite sozialpolitische Verantwortung der Europäischen Wirtschaftsgemeinschaft mehrheitlich abgelehnt worden war, dahingehende Vorstellungen Frankreichs keinerlei Chance auf Verwirklichung hatten, war es nur konsequent, dass auch beim Arbeitsschutz Rechtsetzungskompetenzen nicht verliehen wurden. Wenn wir auf das (vorläufige) Ende der Entwicklung blicken, stellen wir allerdings fest, dass sich eine reiche und umfassende europäische Gesetzgebung auf dem Gebiet des Arbeitsschutzes herausgebildet hat. Wie kam es, dass nach einer anfänglich praktisch völligen Abstinenz des europäischen Gesetzgebers sich ein solch ausgeprägtes System des Arbeitsschutzes entwickeln konnte?

Ausschlaggebend waren vor allem zwei Aspekte. Auf den ersten Aspekt wurde schon indirekt aufmerksam gemacht, als auf die Aufgabenzuweisung des Gesundheitsschutzes bei der Arbeit bzw der Verhütung von Berufsunfällen und Berufskrankheiten in Art 118 EWGV hingewiesen wurde. Wenngleich damit keine Rechtsetzungskompetenzen verbunden waren, so war doch unmissverständlich zum Ausdruck gebracht worden, dass der Arbeitsschutz ein Anliegen der Gemeinschaft sein sollte. Damit war trotz der fast ausschließlichen Ausrichtung auf wirtschaftspolitische Fragen bei der Konstituierung der Europäischen Wirtschaftsgemeinschaft doch auch ein Element sozialpolitischer Natur in den EWGV aufgenommen worden. Diese Festlegung des EWGV konnte auf Dauer nicht übergangen werden, musste vielmehr Eingang in zunächst vor allem die Aktivitäten der Kommission finden. Dass solche Bemühungen erfolgreich sein konnten, hing auch mit der wachsenden Erkenntnis zusammen, dass unabhängig von der persönlichen Betroffenheit der Menschen auch aus ökonomischen Gründen Handlungsbedarf bestand. Eine beredte Sprache spricht hierbei etwa das Memorandum der Kommission zur Rahmenrichtlinie 89/931/EWG.[63]

Der zweite Gesichtspunkt, aus dem heraus es möglich war, eine Arbeitsschutzgesetzgebung auf europäischer Ebene zu entwickeln, lag – wie könnte es anders sein – im Wettbewerbsaspekt. Länder mit einem relativ niedrigen Arbeitsschutzstandard verschaffen ihren Arbeitgebern Wettbewerbsvorteile gegenüber Arbeitgebern in Ländern, die ein höheres Schutzniveau festgelegt haben. Vor diesem Hintergrund konnte die Arbeitsschutzgesetzgebung der Europäischen Gemeinschaft relativ erfolgreich vonstattengehen, weil angesichts eines relativ hohen Schutzstandards auch das Vereinigte Königreich eine solche Politik unterstützte.[64]

63 KOM (1988) 74 endg.

64 Vgl dazu *Barnard*, EU Employment Law, 501.

Angesichts der schwachen normativen Position, die der Arbeitsschutz im EWGV besaß, überrascht es nicht, dass in den ersten Jahren nach der Gründung der EWG die Aktivitäten ganz im Rahmen dessen blieben, was Art 118 EWGV ermöglichte. Im Jahre 1957 wurde nicht zuletzt unter dem Eindruck eines schweren Grubenunglücks in Italien, bei dem 264 Arbeiter infolge eines Grubenbrands starben, noch auf der Basis des EGKS ein ständiger Ausschuss für Sicherheit in Bergwerken gegründet, der 1974 einen erweiterten Auftrag für die gesamte Arbeitssicherheit erhielt.[65] Zahlreiche Stellungnahmen und Empfehlungen, insbesondere auch auf dem Sektor der Berufskrankheiten, wurden von der Kommission verfasst. Ein entscheidender Durchbruch in der Entwicklung eines Arbeitsschutzkonzepts wurde mit dem sozialpolitischen Aktionsprogramm des Jahres 1974 erreicht.[66]

Sichtbarster Ausdruck der Bemühungen um die Initiierung eines besseren Arbeitsschutzes war die Einrichtung eines beratenden Ausschusses für Sicherheit, Hygiene und Gesundheitsschutz am Arbeitsplatz.[67] Mit der Existenz dieses Gremiums war gleichzeitig der Grundstein für die Entwicklung von Arbeitsschutzrichtlinien gelegt. Da eine ausdrückliche Richtlinienkompetenz für den Erlass von Richtlinien auf dem Gebiet des Arbeitsschutzes fehlte, kam als Rechtsgrundlage nur die allgemeine Ermächtigung zur Rechtsangleichung nach Art 100 EWGV [Art 115 AEUV] in Betracht. Ob Art 100 EWGV aber wirklich die Grundlage für diese Richtlinien sein konnte, darf bezweifelt werden. Betrachtet man die Begründungen der in der zweiten Hälfte der 70er Jahre verabschiedeten Richtlinien[68] oder auch die erste große Rahmenrichtlinie des Rates vom 27. 11. 1980,[69] so stellt man fest, dass fast in gleicher Weise stereotyp zur Begründung auf die Entschließung des Rates über ein Aktionsprogramm der Europäischen Gemeinschaften für Sicherheit und Gesundheitsschutz am Arbeitsplatz verwiesen wird und im Anschluss daran jeweils gesagt wird, dass alles getan werden müsse, um auf dem Wege des Fortschritts die Angleichung der Rechts- und Verwaltungsvorschriften der Mitgliedstaaten zu ermöglichen, wie sie in Art 117 EWGV vorgesehen war. Ebenso wird lediglich behauptet, dass sich die in Betracht gezogenen Maßnahmen unmittelbar auf das Funktionieren des Gemeinsamen Markts auswirken würden. Damit sollte offensichtlich das Vorliegen der Voraussetzungen des Art 100 EWGV bejaht werden. In Wirklich-

65 Vgl dazu *Roccella/Treu/Aimo/Izzi*, Diritto del lavoro, 356 f.

66 Vgl ABlEG 1974 Nr C 13/1.

67 S dazu *Brandes*, Europäischen Arbeitsschutzrecht, 24 ff.

68 Vgl etwa RL 77/576/EWG zur Angleichung der Rechts- und Verwaltungsvorschriften der Mitgliedstaaten über die Sicherheitskennzeichnung am Arbeitsplatz vom 25.7.1977, ABlEG 1977 Nr L 229/12.

69 ABlEG 1980 Nr L 327/08.

keit zeigt sich darin die Aporie des damaligen Rechtszustandes, der im Grunde genommen für eine Richtlinienkompetenz nichts hergab.

Dies änderte sich erst durch die Einheitliche Europäische Akte (EEA) 1986. Mit ihr erhielt der Arbeitsschutz eine normative Basis im EWGV. Der neu eingefügte Art 118a lautete:[70]

> (1) Die Mitgliedstaaten bemühen sich, die Verbesserung insbesondere der Arbeitsumwelt zu fördern, um die Sicherheit und Gesundheit der Arbeitnehmer zu schützen, und setzen sich die Harmonisierung der in diesem Bereich bestehenden Bedingungen bei gleichzeitigem Fortschritt zum Ziel.
>
> (2) Als Beitrag zur Verwirklichung des Ziels gem Abs 1 erlässt der Rat auf Vorschlag der Kommission in Zusammenarbeit mit dem Europäischen Parlament und nach Anhörung des Wirtschafts- und Sozialausschusses unter Berücksichtigung der in den einzelnen Mitgliedstaaten bestehenden Bedingungen und technischen Regelungen mit qualifizierter Mehrheit durch Richtlinien Mindestvorschriften, die schrittweise anzuwenden sind.

Damit war für die EG eine sichere Ermächtigungsgrundlage zur Rechtsetzung auf dem Gebiet des Arbeitsschutzes geschaffen. Deshalb und auch weil die EEA ein Klima geschaffen und das Verständnis geweckt hatte, dass die EG sich auch als Sozialunion entwickeln müsse, kam es sehr rasch zu einer Abfolge zahlreicher Richtlinien zum Arbeitsschutz.[71] Unterstrichen und komplettiert wurde diese Entwicklung durch die Gemeinschaftscharta der sozialen Grundrechte der Arbeitnehmer vom 9. 12. 1989. Im Abschnitt Gesundheitsschutz und Sicherheit in der Arbeitsumwelt (Nr 19) heißt es, dass jeder Arbeitnehmer in seiner Arbeitsumwelt zufrieden stellende Bedingungen für Gesundheitsschutz und Sicherheit vorfinden muss. Es sind geeignete Maßnahmen zu ergreifen, um die Harmonisierung der auf diesem Gebiet bestehenden Bedingungen auf dem Wege des Fortschritts weiterzuführen. Gleichzeitig wird betont, dass die Vorschriften über die Verwirklichung des Binnenmarkts zu diesem Schutz beizutragen haben. Kapitel 10. Gesundheitsschutz und Sicherheit am Arbeitsplatz des Aktionsprogramms der Kommission der Europäischen Gemeinschaften zur Anwendung der Gemeinschaftscharta der sozialen Grundrechte vom 29. 11. 1989[72] präzisiert das Anliegen der Gemeinschaftscharta. Dieses soll durch eine zweigleisige Strategie verwirklicht werden.[73] Danach soll der Gesundheitsschutz und die Sicherheit am Arbeitsplatz zum einen durch technische Vorschriften über Stoffe und Ausrüstungen, die von den Arbeitnehmern benutzt werden, ge-

70 Mit geringfügiger Wortlautänderung ist der frühere Art 118a Abs 1 und 2 EWGV heute Bestandteil von Art 153 Abs 1, 2 und 5 AEUV.

71 S dazu unten 2. Teil, IV.

72 KOM (89) 568 endg.

73 Vgl dazu auch *Barnard*, EU Employment Law, 506 f.

währleistet werden. Zum anderen sollen spezifische Bestimmungen über den Schutz des Arbeitnehmers in seiner Arbeitsumwelt erlassen werden. Die hiermit festgelegte Zweigleisigkeit hat in der Folgezeit zu unterschiedlichen Typen von Richtlinien geführt.[74]

VI. Die Ermächtigung der EU zu arbeitsrechtlicher Normgebung

A. Protokoll und Abkommen über die Sozialpolitik

Wie gezeigt bedeutete das Fehlen einer genuin arbeitsrechtlichen Ermächtigung im EWGV und EGV, dass arbeitsrechtliche Normen auf den Wettbewerbsaspekt gerichtet werden mussten, um in Art 100 EWGV bzw Art 94 EG eine rechtliche Grundlage zu finden. Eine Erweiterung der sozialpolitischen Kompetenzen der EG scheiterte am Widerstand des Vereinigten Königreichs. Gegen Ende der 80er und zu Beginn der 90er Jahre des vergangenen Jahrhunderts gab es dennoch Gegenkräfte, die in großer Weitsicht für eine künftige gedeihliche Entwicklung der EG die Notwendigkeit betonten, das Defizit an sozialpolitischer Kompetenz abzubauen. Der damalige Kommissionspräsident Jacques Delors und der Ratsvorsitzende, der holländische Ministerpräsident Lubbers, unterbreiteten den übrigen Mitgliedstaaten (außer dem Vereinigten Königreich) den Vorschlag, eine rechtliche Grundlage zu schaffen, die es diesen Ländern gestattete, in begrenzten Bereichen sozialpolitisch tätig zu werden. Dies war die Geburtsstunde des Protokolls des EUV über die Sozialpolitik und des Abkommens zwischen den Mitgliedstaaten der Europäischen Gemeinschaft mit Ausnahme des Vereinigten Königreichs über die Sozialpolitik.[75] Die Tätigkeitsgebiete des Art 2 AüS enthielten einen Kanon von sozialpolitischen Bereichen, darunter auch zahlreiche arbeitsrechtliche Themenbereiche. Das erste bedeutsame Rechtsdokument, das auf Art 2 AüS gestützt wurde, war die RL 94/45/EG über die Einsetzung eines Europäischen Betriebsrats.[76]

B. Der Vertrag von Amsterdam

Der Vertrag von Amsterdam brachte die Übernahme der Vorschriften des Abkommens über die Sozialpolitik in einen Titel XI. Sozialpolitik, allgemeine und berufliche Bildung und Jugend (Art 136 ff EG). Möglich war dies

74 S im Einzelnen dazu unten 2. Teil, IV.

75 ABlEG Nr C 191/68. Ausführlich zur Entstehungsgeschichte *Balze*, Die sozialpolitischen Kompetenzen der Europäischen Union, 1994, 252 ff.

76 Vgl dazu unten 2. Teil, III. B. 3.

geworden durch den Regierungswechsel im Vereinigten Königreich im Jahr 1997.[77] Der neugeschaffene Art 137 EG [Art 153 AEUV] beinhaltete keine pauschale Ermächtigung zum Erlass arbeitsrechtlicher Vorschriften. In Art 137 Abs 1 EG waren aber der Arbeitsschutz (lit a), die Arbeitsbedingungen (lit b), der Schutz der Arbeitnehmer bei Beendigung des Arbeitsvertrags (lit d), Unterrichtung und Anhörung der Arbeitnehmer (lit e) sowie die Vertretung und kollektive Wahrnehmung der Arbeitnehmer- und Arbeitgeberinteressen einschließlich der Mitbestimmung zu Gegenständen der Rechtsetzung geworden. Allerdings schränkte Art 137 Abs 2 EG die Rechtsetzung durch Richtlinien auf den Erlass von Mindestvorschriften ein, die schrittweise anzuwenden sind.[78] Für den Bereich der Gleichbehandlung von Mann und Frau im Arbeitsleben einschließlich des Grundsatzes des gleichen Entgelts bei gleicher oder gleichwertiger Arbeit wurde in Art 141 EG [Art 157 AEUV] eine ausdrückliche Rechtsgrundlage geschaffen. Aus dem AüS übernommen wurden auch die Vorschriften über den sozialen Dialog (Art 138 f EG). Alle arbeitsrechtlichen Richtlinien der EG, die nach der Änderung des EGV durch den Vertrag von Amsterdam erlassen wurden, sind auf Art 137 EG gestützt. Das zeigt, dass der Umweg, der früher über die Vorschrift der Rechtsangleichung (Art 115 AEUV) genommen wurde, heute an Bedeutung verloren hat. Art 137 EG wurde damit aber nicht zur ausschließlichen Ermächtigungsgrundlage, vielmehr blieben die anderen Bestimmungen, die arbeitsrechtliche Rechtsetzung ermöglichten, als arbeitsrechtliche Ermächtigungsgrundlagen im Sinne binnenmarktbezogener Maßnahmen aufrechterhalten.[79]

C. Der Vertrag von Lissabon

Der Vertrag von Lissabon[80] hat in vielen Bereichen zu Umgestaltungen des bisherigen EGV geführt. Hinsichtlich der Befugnisse und Inhalte arbeitsrechtlicher Normgebung führt Titel X. Sozialpolitik das bisherige Sozialkapitel des EGV fort (vgl Art 151 ff AEUV). Die inhaltlichen Änderungen in diesem Abschnitt sind geringfügiger Natur.[81] Wenn auch einschneidende Änderungen nicht vorgenommen wurden, so sollte man doch bestimmte Festlegungen nicht unterschätzen, die auf die allgemeine Werteordnung eu-

77 Vgl *Barnard*, ILJ 1997, 275 ff.

78 Vgl zur Bedeutung des Vertrags von Amsterdam für das Arbeitsrecht *Steinmeyer*, RdA 2001, 10 ff.

79 Vgl dazu *Rebhahn/Reiner* in: *Schwarze (Hg)*, Rn 23 ff, beschreiben Grundlagen für die sozialpolitische Rechtsetzung neben Art 153 AEUV.

80 ABlEU 2007 Nr C 306.

81 Vgl dazu etwa *Syrpis*, ILJ 2008, 219 ff.

ropäischer Rechtsgestaltung und Politik Einfluss nehmen wollen.[82] So ist in der Neufassung des Art 3 Abs 3 EUV über die bisherige Formulierung hinaus der Europäische Binnenmarkt auf die nachhaltige Entwicklung Europas auf der Grundlage eines ausgewogenen Wirtschaftswachstums und von Preisstabilität und auf eine in hohem Maße wettbewerbsfähige soziale Marktwirtschaft verpflichtet worden, die auf Vollbeschäftigung und sozialen Fortschritt abzielt. Der Begriff der sozialen Marktwirtschaft ist für die Terminologie des Primärrechts ein Novum und sollte sichtbar machen, dass eine reine Marktorientierung hinter den Zielsetzungen zurückbleibt. In diesem Zusammenhang kommt den neuen horizontalen Sozialklauseln der Art 8 und 9 AEUV besondere Bedeutung zu. Art 8 verlangt von der Union bei all ihren Tätigkeiten, Ungleichheiten zu beseitigen und die Gleichstellung von Männern und Frauen zu fördern. Art 9 widmet sich den Komponenten sozialen Schutzes. Die Union muss danach den Erfordernissen im Zusammenhang mit der Förderung eines hohen Beschäftigungsniveaus, mit der Gewährleistung eines angemessenen sozialen Schutzes, mit der Bekämpfung der sozialen Ausgrenzung sowie mit einem hohen Niveau der allgemeinen und beruflichen Bildung und des Gesundheitsschutzes Rechnung tragen. Und mit der Neugestaltung von Art 6 EUV und der in ihr vorgenommenen Aufwertung der Charta der Grundrechte der EU ist die vielleicht sogar bedeutsamste Neuerung und Unterstreichung der sozialen Dimension verfügt worden.[83]

Die vorbezeichneten Änderungen und Neuerungen haben zu einer verstärkten Diskussion darüber geführt, inwieweit im Zuge des Vertrags von Lissabon ein neues Kapitel in der Ausrichtung der Sozialpolitik und damit auch des europäischen Arbeitsrechts aufgeschlagen wurde. In der Debatte über die Grundprinzipien der europäischen Wirtschaftsverfassung wird üblicherweise darauf hingewiesen, dass die Gründerväter bei der Entscheidung über den EWG-Vertrag von einer Konzeption des Ordoliberalismus ausgegangen sind.[84] Auf einen einfachen Nenner gebracht lässt sich das Konzept dahingehend formulieren, dass die europäische Wirtschaftsordnung eine von staatlicher Intervention weitestgehend freie Form des Wirtschaftens ermöglicht und sich die Aktivitäten und Maßnahmen der supranationalen Organe auf die Sicherstellung eines unverfälschten Wettbewerbs beschränken. Die soziale Dimension wird dabei nicht ausgeklammert, aber in die Zuständigkeit der Mitgliedstaaten verlegt.

82 Vgl dazu *Roccella/Treu/Aimo/Izzi*, Diritto del lavoro, 28 ff.

83 S dazu ausführlich unten VII.

84 Vgl eingehend hierzu *Joerges/Rödl*, Social Market Economy as „Europe's Social Model" EUI Working Paper Law No. 2004/8.

Seit Mitte der 80er Jahre des vergangenen Jahrhunderts und den dabei begonnenen Bemühungen um die Vollendung des Binnenmarkts ist eine Ablösung des Modells des Ordoliberalismus erfolgt, die zu einer Zurückdrängung nationaler Gestaltungsmöglichkeiten führt.[85] Davon ist auch ganz wesentlich die Rechtsprechung. des EuGH beeinflusst worden. Wenn wir bereits einen zeitlichen Sprung in die Rechtsprechung des neuen Millenniums machen, sind es insbesondere die Entscheidungen in den Rs Laval, Viking und Rüffert, die als Beleg für diese Änderung der grundsätzlichen Orientierung der Wirtschaftsverfassung gedeutet werden.[86] Mit dem Vorrang, der in diesen Entscheidungen den Grundfreiheiten (Dienstleistungsfreiheit, Niederlassungsfreiheit) eingeräumt wurde, sind das nationale Arbeitsrecht und damit die Interessen der Arbeitnehmer zurückgedrängt worden.[87] Diese Tendenz ist – bedingt durch die weltweite Finanzkrise – durch fiskal- und haushaltspolitische Maßnahmen verstärkt worden.[88]

Vor diesem Hintergrund ist vor allem aus den Reihen derer, die diese Entwicklung kritisch verfolgt haben, die Aufnahme des Terminus der sozialen Marktwirtschaft in Art 3 EUV mit besonderer Aufmerksamkeit betrachtet und mit besonderem Gewicht versehen worden. Es ist gesagt worden, dass die Hinwendung zu einer sozialen Marktwirtschaft als Beleg für die Wandlungen der Unionsteleologie anzusehen ist, die durch die Anerkennung sozialer Zielsetzungen die Rolle des Einzelnen in den Vordergrund rückt.[89] Allerdings wird dabei auch vermerkt, dass mit dem Hinweis auf die in hohem Maße bestehende Wettbewerbsfähigkeit ein anderes, diametral entgegenstehendes Unionsziel bezeichnet wird, so dass von einer offenen Konstruktion der europäischen sozialen Marktwirtschaft (nicht gleichzusetzen mit dem deutschen Modell der sozialen Marktwirtschaft)[90] auszugehen ist und es darauf ankommen wird, wie die Union ihre Kompetenzen im Hinblick auf das Ziel des Art 3 Abs 3 EUV ausfüllen wird und einen Ausgleich zwischen dem marktwirtschaftlichen Prinzip und der sozialen Integration Europas herbeiführen kann. Wie dies geschehen könnte, ist naturgemäß offen. Deakin hat für den Vorschlag eines „human-developmental view“ geworben. Danach solle ein rechtlicher Rahmen geschaffen werden,

85 Vgl dazu *Joerges/Rödl*, Social Market Economy as „Europe's Social Model“ EUI Working Paper Law No. 2004/8, 7 ff.

86 Vgl zu diesen Entscheidungen ausführlich unten 2. Teil, III. C. 2.

87 Eingehend zu dieser Rspr und den in ihr enthaltenen Axiomen *Deakin* in: *Bruun/Lörcher/Schömann* (Hg), 24 ff.

88 S dazu unten VIII.

89 *Terhechte* in: *Grabitz/Hilf/Nettesheim* (Hg), Bd I, EUV/AEUV, Art 3 EUV Rn 47.

90 Ebenso *Ruffert* in: *Calliess/Ruffert* (Hg), EUV/AEUV, Art 3 EUV Rn 38.

in dem sich individuelle Fähigkeiten (capabilities), als substanzielle ökonomische Freiheiten verstanden, entfalten können. Märkte ua Mechanismen ökonomischer Koordination sollten in dieser Sichtweise als mögliche Mittel zur Erreichung dieses Zwecks betrachtet und gestaltet werden und nicht als Zwecke für sich selbst. Das Gleiche solle für soziale Rechte und redistributive Mechanismen des Welfare-Staats gelten.[91]

VII. Soziale Grundrechte

Das europäische Arbeitsrecht hat sich – wie gezeigt[92] – als ein Annex des Freizügigkeitsrechts und als ein Instrument zur Verhinderung von Wettbewerbsverzerrungen entwickelt. Europäisches Arbeitsrecht hat sich demzufolge wesentlich nur dann und in dem Umfang entfalten können, wie dies zur Konstituierung eines europäischen Arbeitsmarkts notwendig war. Diese Orientierung arbeitsrechtlicher Regulierung auf das „wirtschaftlich Notwendige“ hat kritische Stimmen laut werden lassen, die für eine stärkere soziale Flankierung der Entwicklung der Europäischen Gemeinschaft plädieren. Erster sichtbarer Ausdruck dieser Forderungen war die am 9. 12. 1989 feierlich von elf Mitgliedstaaten der Europäischen Gemeinschaft (mit Ausnahme des Vereinigten Königreichs) in Straßburg verabschiedete Gemeinschaftscharta der Sozialen Grundrechte der Arbeitnehmer. In der Präambel heißt es ua: „Mit ihr soll zum anderen feierlich bekräftigt werden, dass bei der Durchführung der Einheitlichen Akte die soziale Dimension der Gemeinschaft vollauf berücksichtigt ist und die sozialen Rechte der Erwerbstätigen in der Europäischen Gemeinschaft, insbesondere der Arbeitnehmer und der Selbständigen daher auf den geeigneten Ebenen weiter zu entwickeln sind“. Titel I der Charta enthält die Auflistung von 26 sozialen Grundrechten.[93]

Im Rahmen der Verhandlungen über den Vertrag von Maastricht wurde das AüS, das dem Protokoll (Nr 14) über die Sozialpolitik im Anhang zum EG beigefügt ist, verabschiedet. Diese Vereinbarung sollte ein Fortschreiten des mit der Gemeinschaftscharta eingeschlagenen Wegs ohne das Vereinigte Königreich ermöglichen. In den Jahren nach der Ratifizierung des Vertrags von Maastricht verstärkten sich die Bemühungen um eine Positivierung so-

91 Vgl *Deakin* in: *Bruun/Lörcher/Schömann* (Hg), 36 ff.

92 Vgl oben unter I. und II.

93 Zu einer knappen Darstellung der Entstehungsgeschichte und des Inhalts der Charta s *Kuhn*, Soziale Dimension, 50 ff; zu einer ausführlichen historischen und inhaltlichen Darstellung der Charta s *Bercusson*, European Labour Law, 139 ff.

zialer Grundrechte.[94] Ein im Zuge des zweiten sozialen Aktionsprogramms der Kommission 1995 ins Leben gerufenes Comité des Sages (Komitee der Weisen) plädierte in seinem Bericht für eine partielle Überführung der Gemeinschaftscharta der Sozialen Grundrechte der Arbeitnehmer in die Gemeinschaftsverträge.[95]

Der Amsterdamer Vertrag integrierte das Protokoll über die Sozialpolitik und das AüS – denen Großbritannien nunmehr beitrat – unter Einbeziehung der Art 117 ff aF in Art 136 ff EG [Art 151 ff AEUV], ohne gleichwohl deren Rechtsqualität – als lediglich unverbindliche Programmsätze – zu verändern.

A. Die Charta der Grundrechte der Europäischen Union (GRC)

Ein ernsthafter Versuch, soziale Arbeitnehmergrundrechte auf Gemeinschaftsebene wirksam und transparent – dh ohne ein System komplizierter Verweisungen auf verschiedene europäische Rechtsdokumente[96] – zu kodifizieren, wurde 1999 unternommen, als durch den Europäischen Rat ein Konvent unter dem Vorsitz des früheren deutschen Bundespräsidenten Roman Herzog zur Erarbeitung einer Charta der Grundrechte der Europäischen Union eingesetzt wurde.[97] Die vom Konvent erarbeitete „Charta der Grundrechte" wurde von den Staats- und Regierungschefs am 8. 12. 2000 im Rahmen des Gipfels über den Vertrag von Nizza feierlich proklamiert.[98] In die Charta sind zahlreiche Arbeitnehmergrundrechte[99] aufgenommen worden. Regelungstechnisch ist der Konvent so verfahren, dass er bei der Gestaltung der Arbeitnehmergrundrechte zum einen übernommen hat, was in der Rechtsprechung des EuGH zu einzelnen Bereichen judiziert worden war. Zum anderen kam es im Konvent darauf an, Grundrechte möglichst in Anlehnung an die EMRK, die Gemeinschaftscharta der Sozialen Grund-

94 Vgl zu einer konzisen Darstellung der Entwicklung der Diskussion und Bemühungen seit dieser Zeit *Sciarra* in: *Alston* (Hg), 473 ff. Zu einer wichtigen Schrift zur Begründung sozialer Grundrechte aus dieser Zeit s *Blanpain/Hepple/Sciarra/Weiss*, Fundamental Social Rights: Proposals for the European Union, 1996.

95 Vgl *Kommission der EG* (Hg), Für ein Europa der politischen und sozialen Grundrechte. Bericht des Komitees der Weisen, 1996.

96 Vgl dazu Arbeitsdokument des EP „Soziale Grundrechte in Europa", Reihe soziale Angelegenheiten, Soci 104 DE, 1999, 40.

97 Vgl dazu *Weber*, NJW 2000, 537 ff.

98 Vgl ABlEG 2000 Nr C 364/1.

99 Vgl *Zachert*, NZA 2001, 1041 ff. Zu den Arbeitnehmergrundrechten im Einzelnen vgl *Meyer*, Kommentar zur Charta der Grundrechte der EU.

rechte der Arbeitnehmer und an die Europäische Sozialcharta zu formulieren.

Die wichtigsten Arbeitnehmergrundrechte sind im Kapitel III. Gleichheit (Art 20 ff) und im Kapitel IV. Solidarität (Art 27 ff) verankert.[100] Exemplarisch seien die folgenden Bestimmungen hervorgehoben:

Die Charta verbürgt in Art 31 unter dem Titel „Gerechte und angemessene Arbeitsbedingungen" das „Recht auf gesunde, sichere und würdige Arbeitsbedingungen". Jeder Arbeitnehmer hat außerdem das „Recht auf eine Begrenzung der Höchstarbeitszeit, auf tägliche und wöchentliche Ruhezeiten sowie auf bezahlten Jahresurlaub". Damit erhalten wesentliche Aspekte der Arbeitsumwelt und des Schutzes der Gesundheit und der Sicherheit der Arbeitnehmer den Status eines Grundrechts.[101] Art 32 umfasst das Verbot der Kinderarbeit und den Schutz der Jugendlichen am Arbeitsplatz. Art 30 enthält das Recht der Arbeitnehmer auf Schutz bei ungerechtfertigter Entlassung. Art 28 garantiert das Recht auf Kollektivverhandlungen und Kollektivmaßnahmen. Art 27 sichert Arbeitnehmern – nach Maßgabe des Gemeinschaftsrechts und der einzelstaatlichen Rechtsvorschriften – auf allen Ebenen eine rechtzeitige Unterrichtung und Anhörung zu. Art 21 enthält schließlich ein umfassendes Diskriminierungsverbot. Der Entwurf eines Vertrags über eine Verfassung für Europa sah die weitgehend unveränderte Aufnahme der Charta der Grundrechte im Teil II vor.[102] Da der Verfassungsvertrag nicht ratifiziert werden konnte, konnte ihm zunächst kein Verfassungs(vertrags)rang zukommen.

Es ist eine heftige Diskussion darüber in Gang gekommen, ob der Charta lediglich die Eigenschaft einer bedeutsamen politischen Deklaration zukommt oder ob sie darüber hinaus auch eine rechtliche Bedeutung hat.[103] Zunächst wurde eine rechtliche Verbindlichkeit der Charta verneint, weil sie noch nicht in die Verträge eingefügt war.[104] Eine Antwort auf die Frage der Rechtsverbindlichkeit konnte naturgemäß letztlich nur von der Rechtsprechung des EuGH erwartet werden. Die Heranziehung einer Bestimmung

100 Vgl zu einer Erläuterung der einzelnen Grundrechte *Riesenhuber*, Europäisches Arbeitsrecht, § 2 Rn 19 f und 34 ff; *ders*, European Employment Law, § 2, 45 ff.

101 *Von der Groeben/Schwarze*, Vertrag über die EU und Vertrag zur Gründung der EG, Art 137 Rn 17.

102 Vgl dazu *Losch/Radau*, NVwZ 2003, 1440.

103 Zur Diskussion in Deutschland vgl *Baer*, ZRP 2000, 364; *Callies*, EuZW 2001, 267; *Pache*, EuR 2001, 485; *Schwarze*, EuZW 2001, 517. Ein sehr instruktiver Band, der die italienische Diskussion widerspiegelt, ist *Manzella/Melograni/Paciotti/Rodotà*, Riscrivere i diritti in Europa, 2001.

104 Vgl ausführlich zum Meinungsstreit die Mitteilung der Kommission zum Status der Grundrechtscharta der Europäischen Union, KOM (2000) 644 endg.

der Charta im Rahmen der Auslegung von Vorschriften durch den Generalanwalt in der Rs BECTU[105] blieb zunächst eine vereinzelte Meinungsäußerung. Es dauerte bis zum Jahr 2006, bis der EuGH selbst die Weichen in Richtung einer rechtlichen Relevanz der Charta zu stellen begann. In einem Verfahren, in dem es um das Recht auf Familienzusammenführung (RL 2003/86/EG) ging, führte der Gerichtshof zur rechtlichen Bedeutung der Charta aus:[106]

> „Was die Charta anbelangt, so wurde sie am 7. 12. 2000 in Nizza vom Parlament, vom Rat und von der Kommission feierlich proklamiert. Auch wenn es sich dabei nicht um ein bindendes Rechtsinstrument handelt, wollte der Gemeinschaftsgesetzgeber doch die Bedeutung anerkennen, indem er in der zweiten Begründungserwägung der Richtlinie ausgeführt hat, dass diese nicht nur die in Art 8 EMRK, sondern auch die in der Charta anerkannten Grundsätze beachtet. Im Übrigen wird mit der Charta, wie sich aus ihrer Präambel ergibt, in erster Linie das Ziel verfolgt, die Rechte [zu bekräftigen], die sich vor allem aus den gemeinsamen Verfassungstraditionen und den gemeinsamen internationalen Verpflichtungen der Mitgliedstaaten, aus dem Vertrag über die Europäische Union und den Gemeinschaftsverträgen, aus der [EMRK], aus den von der Gemeinschaft und dem Europarat beschlossenen Sozialchartas sowie aus der Rechtsprechung des Gerichtshofs und des Europäischen Gerichtshofs für Menschenrechte ergeben."

In der Entscheidung Laval hat der EuGH das Recht auf Kollektivverhandlungen[107] und in der Rs Viking das Streikrecht neben anderen Rechtsquellen auch aus Art 28 der Charta der Grundrechte der Europäischen Union hergeleitet.[108] In der Rs Mono Car[109] hat der EuGH den Grundsatz des effektiven gerichtlichen Rechtsschutzes ua auch auf Art 47 der Charta der Grundrechte der Europäischen Union gestützt.

Der EuGH hat Grundrechte angesichts des Fehlens eines geschriebenen Katalogs von Grundrechten auf europäischer Ebene als Teil der sog allgemeinen Rechtsgrundsätze des Gemeinschaftsrechts entwickelt und geschützt.[110] Allgemeine Rechtsgrundsätze dienen dem EuGH als Auslegungsinstrument, vornehmlich bei der Kontrolle von Rechtsakten und Maßnahmen durch die Institutionen der EU und der Mitgliedstaaten, wenn sie Gemeinschaftsrecht umsetzen.[111] Mit der Verabschiedung der Gemeinschaftscharta der sozialen Grundrechte der Arbeitnehmer und der feierlichen Proklamation der Charta der Grundrechte der Europäischen Union ist

105 GA Tizzano, Rs C-173/99 (BECTU), EU:C:2001:81 Rn 26.
106 EuGH Rs C-540/03 (Parlament ./. Rat), EU:C:2006:429 Rn 38.
107 EuGH Rs C-341/05 (Laval), EU:C:2007:809 Rn 19 f.
108 EuGH Rs C-438/05 (Viking), EU:C:2007:772 Rn 43 f.
109 EuGH Rs C-12/08 (Mono Car Styling), EU:C:2009:466.
110 Vgl dazu *Herdegen*, Europarecht, 14. Aufl 2012, § 8 Rn 15 ff.
111 Vgl dazu *Watson*, EU Social and Employment Law, Rn 268 ff.

dem EuGH eine – wie er selbst formuliert hat – Inspirationsquelle bei der Rechtskontrolle der Gemeinschaftsorgane und bei der Fortentwicklung des Gemeinschaftsrechts erwachsen.[112] Man kann sagen, dass ein Grundrecht, das in der Charta enthalten ist, die unwiderlegliche Vermutung beinhaltet, dass es bereits von den allgemeinen Rechtsgrundsätzen geschützt ist.[113]

1. Die Gleichrangigkeit von Verträgen und Charta

Mit dem Inkrafttreten des Vertrags von Lissabon[114] ist eine neue Rechtslage entstanden. Art 6 EUV idF des Vertrags von Lissabon lautet: „Die Union erkennt die Rechte, Freiheiten und Grundsätze an, die in der Charta der Grundrechte der Europäischen Union vom 7. Dezember 2001 in der am 12. Dezember 2007 in Straßburg angepassten Fassung niedergelegt sind; die Charta der Grundrechte und die Verträge sind rechtlich gleichrangig."

In den Urteilen der Rs Laval und Viking[115] hat der Gerichtshof den Vorrang der Grundfreiheiten der Dienstleistungs- und Niederlassungsfreiheit vor dem Grundrecht auf Streik betont. Ein solcher Vorrang kann wegen Art 6 EUV nunmehr nicht mehr aufrechterhalten werden. Schon nach bisherigem Recht war dieses Rangverhältnis fragwürdig. In der Rs Kommission ./. Deutschland hat die Generalanwältin diese Problematik eingehend untersucht und ist zu dem Ergebnis gekommen, dass ein solches hierarchisches Prinzip abzulehnen ist.[116] Die Generalanwältin sieht die Lösung bei Kollision von Grundfreiheit und Grundrecht in der Suche nach einem angemessenen Ausgleich zwischen beiden Rechtspositionen. Diese Suche ist von der Erkenntnis geleitet, dass die Verwirklichung einer Grundfreiheit ein legitimes Ziel darstellt, das einem Grundrecht Grenzen setzen kann. Umgekehrt ist aber auch die Verwirklichung eines Grundrechts als legitimes Ziel anzuerkennen, das eine Grundfreiheit einschränken kann.[117] In dem Bemühen um einen angemessenen Ausgleich zwischen Grundrecht und Grundfreiheit kommt dem Verhältnismäßigkeitsgrundsatz richtungweisende Bedeutung zu. Eine Beschränkung einer Grundfreiheit durch ein Grundrecht darf nicht über das hinausgehen, was zur Durchsetzung des Grundrechts geeignet, erforderlich und angemessen ist. Umgekehrt darf auch die Beschränkung eines Grundrechts durch eine Grundfreiheit nicht weiter gehen,

112 EuGH Rs C-540/03 (Parlament ./. Rat), EU:C:2006:429 Rn 38.
113 So *Dougan*, CMLRev 45 (2008), 662.
114 ABlEU 2007 Nr C 306.
115 Siehe zu Sachverhalt und Urteilsgründen ausführlich unten Zweiter Teil, III. C. 2.
116 Vgl GA in Trstenjak, EuGH Rs C-271/08 (Kommission ./. Deutschland), EU:C:2010:183 Rn 183 ff.
117 Rn 188 der Schlussanträge.

als zur Durchsetzung der Grundfreiheit geeignet, erforderlich und angemessen.[118]

Die Generalanwältin kann sich für ihre Auffassung auf maßgebliche Stimmen der Literatur berufen. In der verfassungsrechtlichen Literatur ist das Kollisionsproblem zweier Grundrechte ein wohlbekanntes Phänomen und Problem, das im Wege der Konkordanz gelöst werden muss.[119] Dieses im Rahmen der nationalen Grundrechtediskussion entwickelte Prinzip findet sich häufig auch in der gemeinschaftsrechtlichen Literatur, die die Generalanwältin heranzieht.[120] Sie konnte sich aber auch auf das Urteil in der Rs Schmidberger[121] stützen. Die von den zuständigen Behörden eines Mitgliedstaats genehmigte Versammlung beeinträchtigte die Warenverkehrsfreiheit (Art 34 und 35 AEUV), war aber dennoch im Hinblick auf die Grundrechte der freien Meinungsäußerung und der Versammlungsfreiheit nach der vom EuGH vorgenommenen Abwägung der bestehenden Interessen gerechtfertigt. Insofern trifft es zu, wenn der Generalanwalt betont, dass eine Bestätigung dieser von der Gleichrangigkeit von Grundrechten und Grundfreiheiten geprägten Herangehensweise, wobei zur Aufhebung von Kollisionen zwischen der Ausübung von Grundfreiheiten und der Ausübung von Grundrechten auf den Verhältnismäßigkeitsgrundsatz abgestellt wird, keine vollständige Neuorientierung der Rechtsprechung darstellt. Vielmehr bedeute dies eine Rückkehr zu den Wertungen, die bereits im Urteil Schmidberger enthalten waren.[122]

Mit Recht konnte der Generalanwalt zur Untermauerung seiner These auch auf die Bestimmung des Art 52 der Charta der Grundrechte verweisen.[123] Danach muss jede Einschränkung der Ausübung der in dieser Charta anerkannten Rechte und Freiheiten gesetzlich vorgesehen sein und den Wesensgehalt dieser Rechte und Freiheiten achten. Unter Wahrung des Grundsatzes der Verhältnismäßigkeit dürfen Einschränkungen nur vorgenommen werden, wenn sie erforderlich sind und den von der Union anerkannten, dem Gemeinwohl dienenden Zielsetzungen oder den Erfordernissen des Schutzes der Rechte und Freiheiten anderer tatsächlich entsprechen.

118 Rn 91 der Schlussanträge.

119 Vgl *Sachs*, Grundgesetz. Kommentar, Vor Art 1 Rn 120 ff; *Jarass/Pieroth*, Grundgesetz, Vorbem vor Art 1 Rn 52.

120 Gemeint sind *Skouris*, DÖV 2006, 93 ff; *Prechal/de Vries*, SEW 2008, 434 f; *Rengeling/Szczekalla*, Grundrechte in der Europäischen Union, Rn 1008.

121 EuGH Rs C-112/00 (Schmidberger), EU:C:2003:333.

122 Rn 193 der Schlussanträge.

123 Vgl Rn 190 der Schlussanträge.

2. Der Anwendungsbereich der Charta (Art 51 GRC)

Trotz dieser Gleichrangigkeit muss jedoch die Einschränkung in Art 6 Abs 1 UA 3 EUV gesehen werden. Danach werden die in der Charta niedergelegten Rechte, Freiheiten und Grundsätze gem den allgemeinen Bestimmungen des Titels VII der Charta ausgelegt. Das bedeutet insbesondere gem Art 51 der Charta, dass sie für die Organe, Einrichtungen und sonstigen Stellen der Union unter Wahrung des Subsidiaritätsprinzips und für die Mitgliedstaaten ausschließlich bei der Durchführung des Rechts der Union gilt. Deshalb ist zT geäußert worden, dass die rechtliche Relevanz der Charta der Grundrechte der Europäischen Union durch den Vertrag von Lissabon an der bisherigen Rechtslage kaum etwas ändern dürfte.[124] Dabei wird auch auf den Text der Präambel Bezug genommen, wo es heißt, dass die Charta unter Achtung der Zuständigkeiten und Aufgaben der Union und des Subsidiaritätsprinzips die Rechte, die sich vor allem aus den gemeinsamen Verfassungstraditionen und den gemeinsamen internationalen Verpflichtungen der Mitgliedstaaten, aus der EMRK, aus den von der Union und dem Europarat beschlossenen Sozialchartas sowie aus der Rechtsprechung des EuGH und des EGMR ergeben, bekräftige. Das deutet in der Tat darauf hin, dass hier nicht das Entstehen neuer Rechte, sondern die Bekräftigung bestehender Rechte im Vordergrund steht. Es gibt aber auch optimistischere Ansätze und Entwürfe für eine Aufwertung und entschiedenere Rolle der Charta.[125]

Wir sind noch weit von einer dogmatisch befriedigenden Lösung entfernt.[126] Die weitere Entwicklung und die praktische Relevanz der Charta wird vermutlich stark von der Rechtsprechung des EuGH abhängen. Auch hinsichtlich der Einschätzung der Rechtsprechung des Gerichtshofs gehen die Meinungen auseinander. Der Präsident des Gerichtshofs *Skouris* hat in einem ausführlichen Beitrag einen historisch-dogmatischen Rahmen der bisherigen Charta-Rechtsprechung des EuGH abgesteckt.[127] Neben der Darstellung der Etappen, die die Charta in der Entwicklung der Rechtsprechung des EuGH genommen hat, insbesondere die Phase, in der der EuGH die GRC als Auslegungshilfe benutzte, konzentriert sich der Beitrag auf zwei Entscheidungsgruppen.[128] Mit der ersten Gruppe wird auf eine Viel-

124 Vgl in diesem Sinne *Syrpis*, 231 f; zu einer weiteren Einschätzung s *Hanau*, NZA 2010, 1 ff.

125 Vgl in diesem Sinne die ausführliche Präsentation und Interpretation der Charta bei *Kollonay-Lehoczky/Lörcher/Schoemann* in: *Bruun/Lörcher/Schoemann* (Hg), 61 ff.

126 Vgl zum Meinungsstand etwa *Kingreen* in: *Calliess/Ruffert*, EUV/AEUV, Art 5 GRC, Rn 13 ff.

127 *Skouris*, AuR 2015, 294 ff.

128 *Skouris*, AuR 2015, 295 f.

zahl von meist Kammerbeschlüssen des Gerichtshofs verwiesen, mit denen der EuGH seine offensichtliche Unzuständigkeit hinsichtlich der ihm vorgelegten Fragen betont hat. *Skouris* spricht von einer weitverbreiteten Tendenz nationaler Gerichte, die Grundrechte-Charta zum Hauptinstrument des Grundrechtsschutzes in Europa zu erheben. Verwiesen wird auf die entschiedene Haltung des Gerichtshofs, Art 51 Abs 2 GRC zu respektieren, wonach die Charta den Geltungsbereich des Unionsrechts nicht über die Zuständigkeiten der Union hinaus ausdehne und dass sie weder neue Zuständigkeiten und Aufgaben für die Union begründe, noch die in den Verträgen festgelegten Zuständigkeiten und Aufgaben ändere. In den Worten von *Skouris*, dem EuGH soll lediglich die Funktion zukommen, das Unionsrecht zwar an der GRC zu prüfen, aber eben in den Grenzen der der EU übertragenen Kompetenzen. Damit will *Skouris* auch solchen Stimmen begegnen, die befürchten, dass der EuGH den Anwendungsbereich der GRC zu Lasten der nationalen Grundrechtssysteme einschließlich der EMRK über Gebühr ausweiten würde.[129]

Hinsichtlich der zweiten Gruppe von Entscheidungen verweist *Skouris* auf Urteile, in denen der Gerichtshof in strikter Anwendung des Art 51 Abs 1 Satz 1 GRC den Anwendungsbereich auf Fallgestaltungen beschränkt, in denen eine beanstandete nationale Regelung in den Anwendungsbereich des Unionsrechts eintritt.[130] Bei der materiellen Grundrechtsauslegung sieht *Skouris* die eindeutige Tendenz der Rechtsprechung des EuGH dahin, Kontinuität zu wahren, dh die Charta nicht zum Anlass zu nehmen, um das Grundrechtssystem in der EU von Grund auf neu zu reformieren. Das macht er insbesondere an den Entscheidungen Mangold[131] und der Rs Kücükdeveci[132] deutlich, die von den gleichen Grundsätzen geprägt sind, obwohl vor dem Ausspruch der letzten Entscheidung das Inkrafttreten der GRC lag. In der Rs Kücükdeveci, bei der es wie in der Rs Mangold um die Diskriminierung wegen Alters ging, wurde das Ergebnis wesentlich aus der RL 2000/78/EG hergeleitet und Art 6 Abs 1 EUV iVm Art 21 Abs 1 der Charta lediglich ergänzend und verstärkend herangezogen.[133] In der Rs

129 *Skouris* verweist in diesem Zusammenhang auf BVerfGE 133, 316 sowie *Kirchhof*, NVwZ 2014, 1537 ff, und *Kingreen*, JZ 2013, 803.

130 In diesem Zusammenhang wird insbesondere die (zu strafrechtlichen Normen) ergangene Entscheidung in der Rs Åkerberg Fransson hervorgehoben, EuGH Rs C-617/10, EU:C:2013:105.

131 EuGH Rs C-144/04 (Mangold), EU:C:2005:709.

132 EuGH Rs C-555/07 (Kücükdeveci), EU:C:2010:21.

133 EuGH Rs C-555/07 (Kücükdeveci), EU:C:2010:21 Rn 22. Ähnlich ist der EuGH in der Rs Chatzi (C-149/10, EU:C:2010:534) verfahren, indem er das Ergebnis aus der RL 96/34/EG ableitete und durch Art 24 GRC bestätigt sah.

AMS[134] hatte der Gerichtshof über Art 27 der Charta zu befinden, eine Vorschrift, in der das Recht von Arbeitnehmerinnen und Arbeitnehmern auf eine rechtzeitige Unterrichtung und Anhörung verankert ist. Art 27 der Charta ist eine typische Vorschrift, bei der die konkrete Verwirklichung des Rechts von weiteren Vorschriften des Unionsrechts und den einzelstaatlichen Rechtsvorschriften und Gepflogenheiten abhängig ist. Der Gerichtshof hat es deshalb abgelehnt, in Art 27 der Charta ein subjektives Recht zu sehen, auch nicht iVm – in diesem Fall – nationalen Vorschriften französischen Rechts, jedenfalls soweit es um Rechtsstreitigkeiten zwischen Privaten geht.

Die Charta der Grundrechte der EU enthält nicht nur Rechte zugunsten der Arbeitnehmer, sondern auch der Arbeitgeber. Und dass die Wahrnehmung dieser Rechte durch Arbeitgeber streitentscheidenden Charakter erlangen kann, zeigt eine Entscheidung aus dem Jahr 2013.

EuGH Rs C-426/11 (Alemo-Herron):[135] Eine englische Einrichtung öffentlichen Rechts L übertrug einen Teilbetrieb im Jahr 2002 auf ein privates Unternehmen C. Im Mai 2004 übertrug C den Betrieb auf P. Nach dem englischen Recht der Umsetzung der RL 2001/23 gehen sämtliche Rechte und Pflichten des Veräußerers aus dem Vertrag auf den Erwerber über. Ferner besteht nach englischem Recht die Möglichkeit, in den Arbeitsvertrag eine Klausel aufzunehmen, wonach kollektivvertragliche Regelungen Bestandteil des Arbeitsvertrags werden. Zum Zeitpunkt des Betriebsübergangs von L auf C galt der Kollektivvertrag vom 1. 4. 2002 bis 31. 3. 2004. Im Juni 2004 wurde ein neuer Kollektivvertrag geschlossen, der rückwirkend zum 1. 4. 2004 in Kraft trat. Da P diesen Kollektivvertrag als für sich nicht verbindlich ansah, klagten die Arbeitnehmer.

Der Oberste Gerichtshof des Vereinigten Königreichs betrachtet die vorbesprochenen Regelungen als einen dynamischen Schutz der Arbeitnehmer und sah deshalb die Wirksamkeit der Regelung im Hinblick auf das Urteil Werhof[136] als problematisch an. Deshalb legte er dem EuGH die Frage der Vereinbarkeit der englischen Regelung mit der RL 2001/23 vor.

Der Gerichtshof wiederholte zunächst die Grundsätze aus dem Urteil in der Rs Werhof. Allerdings wurde auch Art 8 RL 2001/23 in Bezug genom-

---

134 EuGH Rs C-176/12 (Association de médiation sociale, AMS), EU:C:2014:2; NZA 2014, 193, s dazu auch unten 2. Teil, III. B. 2. a).

135 EU:C:2013:521, NZA 2013, 835. Ausführlich zu dieser Entscheidung *Naber/Krois*, ZESAR 2014, 121 ff.

136 EuGH Rs C-499/04 (Werhof), EU:C:2006:168. Siehe zu diesem Urteil auch unten 2. Teil II. C. 3. e). In diesem Urteil, das einen deutschen Streitfall betraf, hatte der Gerichtshof Art 3 Abs 1 RL 2001/23 dahingehend ausgelegt, dass der Erwerber, der nicht Partei eines den Veräußerer bindenden Kollektivvertrags ist, auf den der Arbeitsvertrag verweist, an Kollektivverträge, in dem zum Zeitpunkt des Unternehmensübergangs geltenden Nachfolgen, nicht gebunden ist.

men, wonach die Richtlinie die Möglichkeiten der Mitgliedstaaten einschränkt, für die Arbeitnehmer günstigere Rechts- und Verwaltungsvorschriften anzuwenden oder für die Arbeitnehmer günstigere Kollektivverträge oder andere zwischen den Sozialpartnern abgeschlossene Vereinbarungen, die für die Arbeitnehmer günstiger sind, zu fördern oder zuzulassen. Eine solche Fallgestaltung lag hier vor, da der nach Betriebsübergang geschlossene Kollektivvertrag für die Arbeitnehmer günstiger war. Jedoch betont der Gerichtshof, dass die RL 2001/23 nicht nur dem Schutz der Arbeitnehmerinteressen diene, sondern sie solle auch einen gerechten Ausgleich zwischen den Interessen der Arbeitnehmer einerseits und denen des Erwerbers andererseits gewährleisten.[137] Hierzu gehörten insbesondere auch die Möglichkeit, den Erwerber in die Lage zu versetzen, die für die Fortsetzung seiner Tätigkeit erforderlichen Anpassungen vorzunehmen. Dies gelte umso mehr, als hier ein Übergang von einer juristischen Person des öffentlichen Rechts auf eine juristische Person des Privatrechts vorliege. Dies erfordere beträchtliche Anpassungen. Und eine Klausel, die dynamisch auf nach dem Übergang des betreffenden Unternehmens verhandelte und geschlossene Kollektivverträge verweist, könnte den Handlungsspielraum, den ein privater Erwerber benötigt, um diese Anpassungsmaßnahmen zu ergreifen, erheblich einschränken.

An dieser Stelle folgt eine wichtige Weichenstellung in der Begründung des Gerichtshofs. Er betont, dass nach ständiger Rechtsprechung die Bestimmungen der RL 2001/23 im Einklang mit den Grundrechten auszulegen sind, wie sie in der Charta der Grundrechte der EU anerkannt werden.[138] Und in diesem Zusammenhang verweist der Gerichtshof auf das in Art 16 der Charta verankerte Recht der unternehmerischen Freiheit. Dieses Grundrecht umfasse insbesondere die Vertragsfreiheit. Mit Blick auf Art 3 RL 2001/23 folge daraus, dass es dem Erwerber möglich sein müsse, im Rahmen eines zum Vertragsabschluss führenden Verfahrens, an dem er beteiligt ist, seine Interessen wirksam geltend zu machen und die für die Entwicklung der Arbeitsbedingungen seiner Arbeitnehmer bestehenden Faktoren mit Blick auf seine künftige wirtschaftliche Tätigkeit auszuhandeln. Genau dies sei P im vorliegenden Verfahren jedoch verwehrt worden, und er hätte weder die Möglichkeit gehabt, im Rahmen eines zum Vertragsabschluss führenden Verfahrens seine Interessen wirksam geltend zu machen, noch die Möglichkeit, die Entwicklung der Arbeitsbedingungen seiner arbeitnehmerbestimmenden Faktoren mit Blick auf seine künftige wirtschaftliche Tä-

137 Vgl zum Folgenden Rn 25 ff des Urteils Alemo-Herron.

138 Vgl Rn 30 des Urteils Alemo-Herron. Der Gerichtshof verweist auf das Urteil in der Rs C-179/11 (Cimade und GISTI), EU:C:2012:594; NVwZ 2012, 1529.

tigkeit auszuhandeln. Auch wenn Art 8 den Mitgliedstaaten die Möglichkeiten gibt, für Arbeitnehmer günstigere Übergangsbedingungen vorzusehen, so dürfe jedenfalls nicht der Wesensgehalt des Rechts auf unternehmerische Freiheit beeinträchtigt werden. Damit konnte die englische Regelung keinen Bestand haben.

Der EuGH hat seine Rechtsauffassung in einem ähnlich gelagerten Fall aus dem deutschen Arbeitsrecht bestätigt. In der Rs Asklepios lautete die Frage, ob Art 3 RL 2001/23/EG iVm Art 16 GRC dahin auszulegen ist, dass sich im Fall eines Betriebsübergangs die Fortgeltung der sich für den Veräußerer aus einem Arbeitsvertrag ergebenden Rechte und Pflichten auf die zwischen dem Veräußerer und dem Arbeitnehmer privatautonom vereinbarte Klausel erstreckt, wonach sich ihr Arbeitsverhältnis nicht nur nach dem zum Zeitpunkt des Übergangs geltenden Kollektivvertrag, sondern auch nach den diesen nach dem Übergang ergänzenden, ändernden und ersetzenden Kollektivverträgen richtet.[139] Unter Verweis auf die Grundsätze der Rs Alemo-Herron verlief die Argumentation in gleicher Weise, allerdings mit einem anderen Ergebnis. Die deutsche Regelung konnte Bestand haben, weil nach deutschem Arbeitsrecht der Erwerber sowohl einvernehmliche als auch einseitige Anpassungsmöglichkeiten besaß.

Die Entscheidung in der Rs Alemo-Herron ist, zT sehr scharf kritisiert worden,[140] weil die Anwendung von Art 16 GRC im Widerspruch mit Art 51 Abs 1 Satz 1 GRC stand. Da eine entsprechende Bindung des Erwerbers an Kollektivverträge von der Betriebsübergangsrichtlinie nicht verlangt werde und die Anordnung dieser Bindung daher eine dem Arbeitnehmerschutz dienende überschießende Umsetzung darstelle, hätten die Voraussetzungen der Anwendung des Art 51 Abs 1 Satz 1 GRC nicht vorgelegen.[141]

Auf gleicher Linie liegt die Entscheidung in der Rs AGET Iraklis.[142] Hierzu ist zu Recht kritisch vermerkt worden, dass die im Hinblick auf Art. 16 GRC vorgenommene Einschränkung des nach der RL 98/59 vorgesehenen Massenkündigungsschutzes den Minimalschutz der RL zugunsten des Unternehmergrundrechts umgestaltet, und dies, obwohl Art 5 RL 98/59 das

139 EuGH Rs C-680/15 und C-681/15 (Asklepios), EU:C:2017:317.

140 *Weatherill*, Use and Abuse of EU's Charter of Fundamental Rights, in: European Review of Contract Law, 2014, 167; *Prassl*, Freedom of Contract as a General Principle of EU Law? in: Industrial Law Journal, 2013, 434 ff. Sie wird auch in der (heftig kritisierten Logik der Urteile Viking und Laval gesehen, vgl. hierzu *Giubboni*, Diritto del Lavoro Europeo, 2017, S. 74 f.Und die Kritik würde sich deshalb in gleicher Weise auf die Rs Asklepios erstrecken müssen.

141 So die Kritik bei *Krebber* in: *Schlachter/Heinig* (Hg), § 2 Rn 17.

142 EuGH Rs C-201/15, EU:C:2016:972.

Günstigkeitsprinzip für nationale Regelungen im Sinne eines über das Niveau der RL hinausgehenden Kündigungsschutzes verankert.[143]

Ohne die Voraussetzungen des Art 51 Abs 1 Satz 1 GRC zu thematisieren, scheint für den Gerichtshof ausreichend, dass es einen mittelbaren Zusammenhang dergestalt gibt, dass die am Unionsgrundrecht zu messende Frage im Anwendungsbereich von Unionsrecht liegt. Ausgeschlossen von einer Überprüfung wegen Art 51 Abs 1 Satz 1 GRC blieben dann nur diejenigen Bereiche, bei denen es an einer Harmonisierung durch das EU-Recht fehlt.[144] Ein Beispiel für die Nichtzulässigkeit einer Prüfung anhand einer Vorschrift der GRC wegen Fehlens der Voraussetzungen des Art 51 Abs 1 Satz 1 GRC liefert in anschaulicher Weise das Urteil in der Rs Hernández.[145] Das spanische Arbeitnehmerstatut gibt Arbeitnehmern, deren Arbeitgeber insolvent geworden ist, das Recht, vom spanischen Staat die Zahlung des nach dem 60. Werktag nach Einleitung des Kündigungsschutzverfahrens fällig gewordene Arbeitsentgelt zu verlangen, falls die Kündigung rechtswidrig ist. Diese Regelung gilt aber nicht, wenn die Kündigung nichtig ist. Das vorlegende spanische Gericht, das über den Antrag der Kläger auf Zahlung des Arbeitsentgelts durch den zuständigen Fonds zu entscheiden hat, möchte vom EuGH wissen, ob die Ungleichbehandlung von Arbeitnehmern, die eine rechtswidrige Kündigung erhalten haben, und Arbeitnehmern, die eine nichtige Kündigung erhalten haben, als Verstoß gegen den in Art 20 GRC verankerten Grundsatz anzusehen ist.

Das spanische Gericht hat mit seiner ersten Vorlagefrage zu Recht eine Antwort darüber verlangt, ob die einschlägige Regelung des Arbeitnehmerstatuts in den Anwendungsbereich der Insolvenzschutz-RL 2008/94/EG fällt. In anderen Worten, im Hinblick auf Art 51 Abs 1 Satz 1 GRC könnte der Gerichtshof nur dann eine Prüfung von Art 20 GRC vornehmen, wenn mit der Regelung des Arbeitnehmerstatuts die Durchführung des Rechts dieser RL erfolgt wäre. Der Gerichthof verneint das Vorliegen der Voraussetzungen des Art 51 GRC, da die spanische Regelung nicht in den Anwendungsbereich der RL 2008/94/EG fällt.[146] Das in Frage stehende Arbeitsentgelt fällt zunächst nicht unter Art 1 Abs 1, 3 und Art 4 Abs 2 RL 2008/94/EG. Vielmehr handelt es sich um eine gegenüber den nach Art 3 RL 2008/94/EG erforderlichen Maßnahmen, die alle Mitgliedstaaten treffen müssen, Vergünstigung für die Arbeitnehmer. Art 11 RL 2008/94/EG schränkt ausdrücklich nicht die Möglichkeit der Mitgliedstaaten ein, für die Arbeitneh-

143 So *Giubboni*, Diritto del lavoro europeo, S. 46 f.

144 So die Argumentation bei *Krebber* (Fn 142) Rn 39.

145 EuGH Rs C-198/13, EU:C:2014:2055.

146 Vgl Rn 37 ff des Urteils Hernández.

mer günstige Rechtsvorschriften anzuwenden oder zu erlassen. Folglich – so der Gerichtshof – verleihe diese Bestimmung den Mitgliedstaaten keine im Recht der Union begründete Rechtsetzungsbefugnis, sondern beschränke sich auf die in den Kapiteln I und II der RL 2008/94/EG vorgesehenen Befugnisse darauf, die nach nationalem Recht bestehende Befugnis der Mitgliedstaaten anzuerkennen, solche günstigeren Bestimmungen außerhalb der mit dieser Richtlinie festgelegten Regelung vorzusehen. Allein der Umstand, dass die in Rede stehende Regelung in einen Bereich fällt, in dem die Union nach Art 153 Abs 2 AEUV über Zuständigkeiten verfügt, führe nicht zur Anwendbarkeit der Charta. Schließlich bestehe auch durch die spanische Regelung nicht das Risiko, dass die Verfolgung des Ziels des Grundrechtsschutzes im Unionsrecht verhindert wird, indem der Grundrechtsschutz, der je nach dem betreffenden nationalen Recht unterschiedlich sein kann, die Einheit, den Vorrang und die Wirksamkeit des Unionsrechts beeinträchtige.

Die (strenge) Argumentation und enge Interpretation des EuGH in der Rs Hernández wirft allerdings die Frage auf, warum der Gerichtshof diese Argumentationslinie nicht bereits in der Rs Alemo-Herron und Asklepios befolgt hat.[147] Es ist deshalb abzuwarten, ob der Gerichtshof in Zukunft diese stringentere Argumentation wie in der Rs Hernández aufrechterhalten wird oder ob er einen mittelbaren Zusammenhang mit dem jeweiligen europäischen Rechtsakt als ausreichend gelten lässt. Die letzte Lösung würde sicherlich den Anwendungsbereich des Art 51 Abs 1 Satz 1 GRC und damit die Effektivität der GRC erweitern.

Die jüngste Rechtsprechung des EuGH hat zu einer weitgehenden Klärung der Rechtslage beigetragen, jedenfalls in dem Sinne, dass ersichtlich wird, wie der Gerichtshof die Bestimmungen der Charta methodisch aufgreift. Namentlich Urteile zum deutschen Urlaubsrecht[148] sind wegweisend geworden. Gegenstand dieser Rechtsprechung war die Vorschrift des § 7 Abs 4 BUrlG, wonach sich der Urlaubsanspruch des Arbeitnehmers in einen Anspruch auf Urlaubsabgeltung verwandelt, wenn der Urlaub ganz oder teilweise wegen der Beendigung des Arbeitsverhältnisses nicht mehr genommen werden kann. Dieser Anspruch ist auch vererblich, wenn der Arbeitnehmer während des Bestehens des Arbeitsverhältnisses stirbt. Stirbt der Arbeitnehmer aber während des Arbeitsverhältnisses, ohne dass eine Beendigung des Arbeitsverhältnisses eingetreten wäre, hätte dieser im Zeit-

147 Darauf hat zu Recht *Krebber* in: *Schlachter/Heinig* (Hg), § 2 Rn 37 hingewiesen.
148 Siehe dazu auch unten 2. Teil IV. B.6.d

punkt seines Todes nur einen Urlaubsanspruch gehabt, der wegen dessen höchstpersönlicher Natur nicht auf die Erben übergehen kann[149].

Diese Rechtsauffassung hatte vor dem EuGH keinen Bestand, vielmehr betonte dieser im Hinblick auf Art 7 Abs 2 RL 2003/88/EG die Vererblichkeit des Anspruchs auch für diesen Fall[150]. Daraufhin legte das BAG dem EuGH die Rechtsache zu erneuter Klärung vor[151], denn das vom EuGH befürwortete Ergebnis einer Vererblichkeit des Anspruchs war nach deutschem Recht ausgeschlossen. Das BAG wollte deshalb vor diesem Hintergrund eine explizite Antwort hierzu und verband damit die Anschlussfrage, ob bei Bejahung der Vererbung des Anspruchs dies auch für ein Arbeitsverhältnis zwischen zwei Privatpersonen gelte.

Der EuGH hielt seine Rechtsauffassung zu Art 7 Abs 2 RL 2003/88/EG in vollem Umfang aufrecht[152]. Die Besonderheit dieser Entscheidung liegt darin, dass der EuGH – wie durch die Vorlagefrage veranlasst – auch den in Art 31 Abs 2 GRC verankerten Anspruch auf bezahlten Jahresurlaub als Prüfungsmaßstab herangezogen hat. Art 31 Abs 2 GRC hat gemäß Art 6 Abs EUV den gleichen Rang wie Vertragsbestimmungen und das in ihm verbürgte Grundrecht findet auf alle unionsrechtlich geregelten Fallgestaltungen Anwendung, da die in Frage stehende deutsche Regelung in Umsetzung der RL 2003/88/EG ergangen ist (Art 51 Abs 1 GRC).[153] In seiner Begründung greift der Gerichtshof auf die Erläuterungen zu Art 31 GRC zurück, die gemäß Art 6 Abs 1 Unterabsatz 3 EUV und Art 52 Abs 7 GRC bei deren Auslegung zu berücksichtigen sind. Daraus ergibt sich, dass Art 31 Abs 2 GRC sich an der ursprünglichen RL 93/104/EG und der diese Richtlinie später kodifizierenden RL 2003/88/EG orientiert. Der in Art 7 RL 2003/88/EG verankerte Anspruch auf eine finanzielle Vergütung für bei Beendigung des Arbeitsverhältnisses nicht genommenen Jahresurlaub kann nur unter Einhaltung der in Art 52 Abs 1 GRC vorgesehenen strengen Bedingungen und insbesondere nur unter Achtung seines Wesensgehalts beschränkt werden. Folglich können die Mitgliedsstaaten nicht von dem sich aus Art 7 RL 2003/88 in Verbindung mit Art 31 Abs 2 GRC ergebenen Grundsatz abweichen, wonach ein erworbener Anspruch auf bezahlten Jahresurlaub nach Ablauf des Bezugszeitraumes und/oder eines im nationalen Recht festgelegten Übertragungszeitraums nicht erlischt, wenn der Arbeitnehmer nicht in der Lage war, seinen Urlaub zu nehmen. Unter Hinweis auf

149 So die ständige Rechtsprechung des BAG, vgl BAG NZA 2012, 326; NZA 2013, 678.
150 Vgl EuGH Rs C 118/13 (Bollacke), EU: C: 2014: 1755 Rn 21 ff.
151 BAG NZA 2017, 204.
152 Vgl dazu EuGH Rs C-569/16 (Bauer und andere), EU: C: 2018: 881 Rn 35–50.
153 Vgl Rn 51–53 des Urteils Bauer.

das Urteil in der Rs Bollacke wird noch einmal betont, dass die Mitgliedsstaaten auch nicht entscheiden dürfen, dass die Beendigung des Arbeitsverhältnisses durch Tod rückwirkend zum vollständigen Verlust des vom Arbeitnehmer erworbenen Anspruchs auf bezahlten Jahresurlaub führt, da dieser Anspruch über den Urlaubsanspruch als solchen hinaus einen zweiten Aspekt von gleicher Bedeutung umfasst, nämlich den Anspruch auf Bezahlung, der es rechtfertigt, dass dem Arbeitnehmer oder seinen Rechtsnachfolgern eine finanzielle Vergütung für bei Beendigung des Arbeitsverhältnisses nicht genommenen Jahresurlaub gewährt wird. Art 31 Abs 2 GRC hat danach zur Folge, dass die Mitgliedsstaaten keine Regelung erlassen dürfen, die für den Arbeitnehmer dazu führt, dass sein Tod ihm rückwirkend die zuvor erworbenen Ansprüche auf bezahlten Jahresurlaub und damit seinen Rechtsnachfolgern die finanzielle Vergütung nimmt, die als vermögensrechtliche Komponente dieser Anspruch an deren Stelle tritt[154].

Mit der zweiten Vorlagefrage zielte das BAG auf die Problematik der horizontalen Geltung von Art 7 RL 2003/88/EG und Art 31 Abs 2 GRC. Konkret geht es darum, wie zu verfahren ist, wenn eine nationale Regelung nicht im Einklang mit den EU Vorschriften ausgelegt werden kann, die dahin auszulegen sind, dass sie zur Folge haben, dass das nationale Gericht diese nationale Regelung unangewendet zu lassen hat und der Rechtsnachfolger des verstorbenen Arbeitnehmers von dessen früherem Arbeitgeber eine finanzielle Vergütung von dem Arbeitnehmer gemäß diesen Bestimmungen erworbenen und nicht mehr genommenen bezahlten Jahresurlaub erhalten muss. Hierzu wiederholt der Gerichtshof seine ständige Rechtsprechung zur unmittelbaren Anwendbarkeit nicht oder fehlerhaft umgesetzter Richtlinien.[155] Da die Richtlinie 2003/88/EG den Anspruch nicht von Bedingungen abhängig macht und hinreichend genau bestimmt ist, und der Arbeitgeber, die Stadt Wuppertal, eine öffentliche Einrichtung darstellt, konnte sich die Klägerin Bauer unmittelbar auf die RL hinsichtlich des vererblichen Anspruchs berufen.

Für die Klägerin *Broßonn* ergab sich aber eine andere rechtliche Situation, weil der Arbeitgeber ihres verstorbenen Ehemannes eine Privatperson war. Konsequent verneint der Gerichtshof die Möglichkeit der Berufung auf die Richtlinie[156]. Der EuGH untersucht deshalb die Tragweite von Art 31 Abs 2 GRC um zu klären ob sich daraus die Notwendigkeit ergibt, der Klägerin zu einem durch Vererbung entstandenen Anspruch zu verhelfen. In seiner eingehenden Begründung[157]....

154 Vgl Rn 58–61 des Urteils Bauer.
155 Vgl Rn 66–75.
156 Vgl Rn 76 bis 78 des Urteils Bauer.
157 Vgl Rn 79–92.

In seiner eingehenden Begründung betont der Gerichtshof, dass das Recht auf bezahlten Jahresurlaub nicht mit Art 7 RL 93/104 und Art 7 RL 2003/88 selbst eingeführt wurde, sondern seinen Ursprung in verschiedenen völkerrechtlichen Verträgen und als wesentlicher Grundsatz des Sozialrechts der Union zwingenden Charakter habe. Das Recht auf bezahlten Jahresurlaub, das in Art 31 Abs 2 GRC für jede Arbeitnehmerin und jeden Arbeitnehmer verankert ist, ist infolgedessen, was sein Bestehen selbst anbelangt, zugleich zwingend und nicht von Bedingungen abhängig, da die Charta nicht durch unionsrechtliche oder nationalrechtliche Bestimmungen konkretisiert werden muss. Folglich verleiht Art 31 Abs 2 GRC schon für sich allein den Arbeitnehmern ein Recht, das sie in einem Rechtsstreit gegen ihren Arbeitgeber in einem vom Unionsrecht erfassten und daher in den Anwendungsbereich der Charta fallenden Sachverhalt als solches geltend machen können[158]. Daraus leitet der EuGH ab, dass Art 31 Abs 2 GRC die Folge hat, dass zum einen das nationale Gericht eine nationale Regelung wie die in den Ausgangsverfahren fragliche unangewendet lassen muss, die für den Arbeitnehmer dazu führt, dass ihm aufgrund seines Todes rückwirkend die zuvor erworbenen Ansprüche auf bezahlten Jahresurlaub und damit seinen Rechtsnachfolgern die finanzielle Vergütung genommen wird, die als vermögensrechtliche Komponente dieser Ansprüche an deren Stelle tritt. Zum anderen können sich die Arbeitgeber nicht auf eine solche nationale Regelung berufen, um sich der Zahlung dieser finanziellen Vergütung zu entziehen, zu der sie die Achtung des in dieser Bestimmung gewährleisteten Grundrechts verpflichtet. Nach Auffassung des EuGH steht diese Wirkung von Art 31 Abs 2 GRC nicht im Widerspruch zu Art 51 Abs 1 GRC, wonach die Charta für die Organe, Einrichtungen und sonstigen Stellen der Union unter Wahrung des Subsidiaritätsprinzips und für die Mitgliedsstaaten ausschließlich bei der Durchführung des Unionsrechts gilt. Denn Art 51 Abs 1 GRC enthalte keine Regelung darüber, ob Privatpersonen gegebenenfalls unmittelbar zur Einhaltung einzelner Bestimmungen der Charta verpflichtet sein können und können demnach nicht dahin ausgelegt werden, dass dies kategorisch ausgeschlossen wäre.[159]

Somit ergibt sich für den vorgelegten Streitfall, dass allemal das nationale Gericht die nationale Regelung unangewendet lassen muss und dafür Sorge zu tragen hat, dass der Rechtsnachfolger von dem Arbeitgeber eine finanzielle Vergütung für den von dem Arbeitnehmer gemäß diesen Bestimmungen

158 Vgl Rn 85 des Urteils Bauer, wobei auch auf die Parallele Problematik in der Rs C-414/16 (Egenberger) EU: C: 2018: 257 Rn 76 hingewiesen wird.

159 Rn 87 f des Urteils Bauer, wo auch die Übereinstimmung mit der Rs C-414/16 (Egenberger), EU:C:2018:257 Rn77 hervorgehoben wird.

erworbenen und vor seinem Tod nicht mehr genommenen bezahlten Jahresurlaub erhält. Diese Verpflichtung ergibt sich aus Art 7 RL 2003/88 und 31 Abs 2 GRC, wenn sich in dem Rechtsstreit der Rechtsnachfolger und ein staatlicher Arbeitgeber gegenüberstehen, und aus Art 31 Abs 2 GRC, wenn sich in dem Rechtsstreit der Rechtsnachfolger und ein privater Arbeitgeber gegenüberstehen.

Was die dogmatisch-konstruktive Begründung im Hinblick auf Art 51 Abs 1 GRC anbelangt, sind kritische Einwände erhoben worden[160]. In der Tat ist angesichts des klaren Wortlauts des Art 51 Abs 1 GRC und die darin namentlich erfassten Adressaten auch die Auffassung gut vertretbar, dass es sich um eine abschließende Aufzählung handelt. Insofern hätte man durchaus einen umfassenderen Begründungsaufwand seitens des Gerichtshofs erwarten können. Der Gerichtshof hat aber auch in einer Folgeentscheidung unterstrichen, dass er diesen dogmatischen Weg gehen will. In der Rs Cresco ging es um eine österreichische gesetzliche Regelung, der zufolge der Karfreitag für Angehörige bestimmter Kirchen ein bezahlter Feiertag mit einer Ruhezeit von 24 Stunden ist. Arbeitet ein Angehöriger einer dieser Kirchen an diesem Tag dennoch, so hat er Anspruch auf ein zusätzliches Feiertagsentgelt. Der Kläger ist Arbeitnehmer bei Cresco, einer privaten Detektei, und gehört keiner der von der gesetzlichen Vorschrift erfassten Kirchen an. Er steht auf dem Standpunkt, dass ihm für seine an einem Karfreitag geleistete Arbeit das Feiertagsentgelt in diskriminierender Weise vorenthalten wurde.

In seiner Entscheidung[161] zog der Gerichtshof naheliegender Weise als Prüfungsmaßstab das Diskriminierungsverbot aus Gründen der Religion nach der RL 2000/78/EG heran.[162] Mit eingehender Begründung kam der Gerichtshof zu dem Ergebnis, dass eine unmittelbare Diskriminierung aus Gründen der Religion vorliegt und dafür auch kein Rechtfertigungsgrund besteht.[163] Damit stellte sich aber wiederum das Problem, ob der Kläger sich auf den Verstoß gegen die RL 2000/78 berufen und damit den Anspruch auf Feiertagsentgelt durchsetzen kann, da es sich bei Cresco um einen privaten Arbeitgeber handelt. Der Gerichtshof verneint die unmittelbare Wirkung der Richtlinie, verlangt die RL-konforme Auslegung, betont aber gleichzeitig, dass es keinenfalls zu einer Auslegung contra legem kommen dürfe. Für diesen Fall der Unmöglichkeit einer richtlinienkonformen Auslegung wird darauf hingewiesen, dass die RL 2000/78 den Grundsatz der Gleichbehand-

160 Vgl etwa *Schlachter*, in: ZESAR 2019, 53 (57f).
161 EuGH Rs C-193/17 (Cresco), EU:C:2019:43. Die Entscheidung wird oft auch als Karfreitagsentscheidung tituliert.
162 Vgl zu der Entscheidung und der Begründung hierzu näher unten II.B.3.cc.
163 Vgl Rn 36–69 des Urteils Cresco.

lung in Beschäftigung und Beruf, der seinen Ursprung in verschiedenen völkerrechtlichen Verträgen und den gemeinsamen Verfassungstraditionen der Mitgliedsstaaten hat, nicht selbst aufstellt, sondern in diesem Bereich, wie aus ihrem Titel und ihrem Art 1 hervorgeht, lediglich einen allgemeinen Rahmen zur Bekämpfung verschiedener Formen der Diskriminierung erschaffen soll. Allerdings, so wird betont, dass das Verbot jeder Diskriminierung wegen der Religion oder Weltanschauung als allgemeiner Grundsatz des Unionsrechts zwingenden Charakter hat. Dieses in Art 21 Abs 1 GRC niedergelegte Verbot verleihe schon für sich allein dem Einzelnen ein Recht, dass er in einem Rechtsstreit, der einen vom Unionsrecht erfassten Bereich betrifft, als solches geltend machen kann. Art 21 GRC unterscheidet sich in seiner Bindungswirkung grundsätzlich nicht von den einzelnen Bestimmungen der Gründungsverträge, die verschiedene Formen der Diskriminierung auch dann verbieten, wenn sie aus Verträgen zwischen Privatpersonen resultieren[164].

Aus Art 21 GRC leitet der Gerichtshof im Wege der Auslegung ab, dass, solange der betroffene Mitgliedsstaat seine Regelung, nach der nur den Arbeitnehmern, die bestimmten christlichen Kirchen angehören, der Anspruch auf einen Feiertag am Karfreitag zusteht, nicht zur Widerherstellung der Gleichbehandlung geändert hat, ein privater Arbeitgeber, der dieser Regelung unterliegt, verpflichtet ist, auch seinen anderen Arbeitnehmern das Recht auf einen Feiertrag am Karfreitag zu gewähren.

B. Die Europäische Menschenrechtskonvention (EMRK)

Schon frühzeitig hat der EuGH bei seiner Entwicklung von Grundrechtsstandards auf die EMRK zurückgegriffen.[165] Dabei hat er die Bestimmungen der EMRK als allgemeine Rechtsgrundsätze des Gemeinschaftsrechts angesehen.[166] Diese Rechtsauffassung ist später in Art 6 Abs 3 EUV aufgenommen worden, wonach die Grundrechte, wie sie in der EMRK gewährleistet sind, als allgemeine Grundsätze Teil des Unionsrechts sind. Damit ist aber auch ein mögliches Kollisionsproblem zwischen der Rechtsprechung des EuGH und dem EGMR entstanden.[167] Zu dem Verhältnis von EuGH und EGMR hat die Entscheidung des EGMR in der Rs Bosphorus[168] wichtige

164 Vgl Rn 75–77 des Urteils, wobei auch hier wieder auf die Rs C-414/16 (Egenberger), EU:C:2018:257 Rn 77 verwiesen wird.

165 Vgl EuGH Rs 44/79 (Hauer), EU:C:1979:290 Rn 13 ff.

166 Ausführlich dazu *Herdegen*, Europarecht, § 3 Rn 11 ff.

167 Vgl dazu *Streinz*, Europarecht, Rn 257 ff.

168 EGMR, Rs 45036/98 (Bosphorus ./. Irland) = NJW 2006, 197 ff.

Grundsätze entwickelt.[169] In einer neueren Entscheidung hat der EGMR diese Grundsätze aufgegriffen und weiter präzisiert. Gemeint ist die Entscheidung des EGMR in der Rs Michaud ./. Frankreich.[170] Gegenstand dieses Verfahrens war die bei Umsetzung einer EU-Richtlinie normierte Verpflichtung eines Anwalts, den Verdacht der Geldwäsche gegen einen Mandanten mitzuteilen. Da diese Mitteilungspflicht einen Eingriff in die durch Art 8 EMRK geschützte Vertraulichkeit privater Mitteilungen darstellte, stellte sich die Frage der Rechtfertigung dieses Eingriffs. Hierbei berief sich die französische Regierung darauf, dass sie aufgrund der Umsetzungspflicht der EU-Richtlinie zu dieser Maßnahme verpflichtet gewesen sei und die EU einen der Konvention vergleichbaren Rechtsschutz gewährleiste. Die letztgenannte Bemerkung zielt auf die in der Rs Bosphorus entwickelten Grundsätze.

In geradezu lehrbuchmäßiger Darstellung entfaltet der EGMR das Prüfungsschema betreffend den Rechtsschutz nach EU-Recht durch den Europäischen Gerichtshof und den Rechtsschutz nach der EMRK. Zunächst wird der Grundsatz erneut formuliert, wonach es mit Ziel und Zweck der Konvention unvereinbar wäre,

> „einen Konventionsstaat völlig aus seiner Verantwortung nach der Konvention zu entlassen, wenn es um die Erfüllung von Verpflichtungen aus seiner Zugehörigkeit zu einer internationalen Organisation geht, auf die er einen Teil seiner Souveränität übertragen hat. Die Garantien der Konvention können nicht nach freiem Belieben begrenzt oder ausgeschlossen werden, was ihren zwingenden Charakter beseitigen und ihre praktische Bedeutung und Wirksamkeit untergraben würde. Die Staaten bleiben, anders ausgedrückt, nach der Konvention für Maßnahmen verantwortlich, die sie zur Erfüllung internationaler rechtlicher Verpflichtungen treffen, einschließlich solcher, die sich aus der Mitgliedschaft in einer internationalen Organisation ergeben, auf die sie einen Teil ihrer Souveränität übertragen haben“.[171]

Allerdings wird auch klargestellt,

> „dass eine zur Erfüllung solcher Verpflichtungen getroffene Maßnahme gerechtfertigt ist, solange die Organisation die Grundrechte sowohl durch materielle Regeln als auch durch ein Verfahren zur Kontrolle ihrer Einhaltung mindestens gleichwertig wie die Konvention schützt. Der Rechtsschutz muss also nicht identisch, aber vergleichbar sein. Dabei versteht sich, dass die Feststellung eines gleichwertigen Schutzes nicht endgültig sein kann, sondern unter Berücksichtigung jeder erheblichen Änderung beim Grundrechtsschutz erneut geprüft werden muss. Wenn sich zeigt, dass die internationale Organisation einen solchen gleichwertigen Schutz bietet, gilt die Vermutung, dass sich der Staat den Anforderungen der Konvention nicht entzogen hat, wenn er lediglich den rechtlichen Verpflichtungen nachkommt, die sich für ihn aus seiner Mitgliedschaft in der Organisation ergeben.

169 Vgl *Heer-Reißmann*, NJW 2006, 192 ff.
170 EGMR, Rs 12323/11 = NJW 2013, 3423.
171 EGMR, Rs 12323/11 (Michaud ./. Frankreich), Rn 102.

> Die Staaten bleiben aber für alle Handlungen verantwortlich, die sich nicht zwingend aus ihren völkerrechtlichen Verpflichtungen ergeben, insbesondere, wenn sie einen Ermessensspielraum hatten [...]. Im Übrigen kann die Vermutung widerlegt werden, wenn für einen bestimmten Fall anzunehmen ist, dass der Schutz der Konventionsrechte offensichtlich unzureichend ist. Dann müsste das Interesse an internationaler Zusammenarbeit wegen der Rolle der Konvention als ein Verfassungsinstrument des europäischen ordre public' im Bereich des Menschenrechtsschutzes zurückstehen".[172]

Vor dem Hintergrund der in diesem Abschnitt besprochenen Rechtsentwicklungen hat man von einer Konstitutionalisierung des Europäischen Arbeitsrechts gesprochen.[173] Damit will man einen Trend sichtbar machen, der nicht mehr das Ungleichgewicht zwischen Arbeitgeber und Arbeitnehmer[174] als Ratio für Notwendigkeit und Gestaltung des Europäischen Arbeitsrechts sieht, womit die übliche Begründung nationaler Arbeitsrechte erfolgt. Der neue Trend betont demgegenüber die durch die einzelnen Rechtsdokumente geschaffene Werteordnung und die aus ihr entspringenden Grundrechte, die durch den Vertrag von Lissabon endgültig zu rechtlicher Verbindlichkeit erhoben wurden.

Nunmehr bestimmt Art 6 Abs 2 EUV, dass die Union der EMRK beitritt. Wenn diese Verpflichtung erfüllt sein wird, sind sowohl die Organe der EU wie auch die Mitgliedstaaten an die EMRK gebunden und können auch Urteile des EuGH durch den EGMR überprüft werden. Wie sich dieser Beitritt gestalten wird, ist noch nicht geklärt.[175] Der EuGH hat hierzu ein Gutachten erstattet.[176] Dieses Gutachten wird zum Teil sehr kritisch gesehen.[177] Art 52 Abs 3 GRC betont die gleiche Bedeutung und Tragweite von Grundrechten der Charta, die den durch die EMRK zum Schutz der Menschenrechte und Grundfreiheiten garantierten Rechte entsprechen. Danach bestimmen die jeweiligen Schrankenbestimmungen der EMRK auch das Maß der Einschränkbarkeit der GRC-Garantien.[178] Gemäß Art 52 Abs 3 Satz 2

172 EGMR, Rs 12323/11 (Michaud ./. Frankreich), Rn 103. Auf der Basis dieser Grundsätze führte der EGMR aus, weshalb im konkreten Fall eine Prüfung durch den EGMR notwendig war. Zur Bedeutung der EMRK im Zusammenhang mit den Urteilen Laval und Viking s unten 2. Teil, III. C. 2.

173 Vgl *Davies*, EU Labour Law, 20 ff.

174 Der Arbeitnehmer verstanden als der typischerweise Schwächere im Rahmen der vertragsrechtlichen Beziehung.

175 Vgl dazu etwa *Skouris*, AuR 2015, 297.

176 EuGH, Gutachten 2/13 (EMRK-Beitritt), EU:C:2014:2454.

177 Vgl *Streinz*, Europarecht, Rn 216, der von einer äußerst zweifelhaften Begründung des EuGH spricht, wohl um seine eigene Kontrolle durch den EGMR zu verhindern und damit den Beitritt auf unabsehbare Zeit blockiert.

178 *Oppermann/Classen/Nettesheim*, Europarecht, § 17 Rn 20.

GRC kann das Unionsrecht einen weitergehenden Schutz gewähren. In neueren Urteilen hat der EuGH bereits diese Entsprechung der Grundrechte beider Rechtsquellen gemäß Art 52 Abs 3 GRC unterstrichen.[179]

Es ist ein Rechtszustand erreicht, der mit dem Begriff des Arbeitsvölkerrechts treffend gekennzeichnet ist.[180] Soziale Rechte werden in einem europäischen Mehrebenensystem geschützt, das unterschiedliche Regelungen unterschiedlichen Gerichten zuweist (EGMR,EuGH). An diesem Geschehen sind aber auch die höchsten nationalen Gerichte, allen voran die Verfassungsgerichte, als bedeutsame Akteure der Bestimmung sozialer Rechte beteiligt. Damit kann es auch zu Auslegungsdivergenzen kommen, obwohl die Erwartungen an den Schutz der sozialen Rechte aus der Perspektive der Betroffenen auf einen Gleichlauf gerichtet sind. [181]

Ein besonderes Konfliktsfeld in der Auslegung von europäischen Vorschriften ist durch die Rspr. des EuGH in den Rs Laval und Viking entstanden.[182] Im Bezug auf das Streikrecht der betroffenen Arbeitnehmer und Gewerkschaften hatte der EuGH den Marktfreiheiten den Vorrang eingeräumt, ohne Reichweite und Schranken des Grundrechts unter Beachtung des Arbeitsvölkerrechts zu entwickeln.[183] Eine Berücksichtigung von Art. 11 EMRK und der hierzu ergangenen Rspr des EGMR wäre hier nötig gewesen und hätte möglicherweise zu einem anderen Ergebnis geführt.[184]

179 Vgl die arbeitsrechtlichen Urteile betreffend das Verbot für Arbeitnehmer, ein islamisches Kopftuch zu tragen, in denen die Entsprechung des Rechts der Religionsfreiheit nach Art 10 GRC und Art 9 EMRK betont wird, EuGH Rs C-157/15 (Achbita), EU:C:2017:203 Rn 27, und EuGH Rs C-188/15 (Bougnaoui), EU:C:2017:204 Rn 29.

180 Vgl. dazu *Schlachter*, Der Einfluss des Arbeitsvölkerrechts auf das nationale Recht, in: Soziales Recht, 2017, 111ff.

181 Ein beredtes Beispiel für einen solchen Konflikt sind arbeitsgerichtliche Verfahren, die in Deutschland von Arbeitnehmern gegen kirchliche Arbeitgeber geführt wurden, weil sich wegen ihrer Religion bzw wegen Verstößen gegen Kirchenrecht diskriminiert sahen. Lange Zeit hatten solche Klagen keinen Erfolg, weil das BVerfG den Kirchen ein weitreichendes Selbstbestimmungsrecht einräumte vgl. etwa BVerfGE 137, 273= NJW 2014,1387). Erst ein Vorlageverfahren des BAG (BAGE 154, 285 = NZA 2019,455) zur Auslegung von Art. 4 RL 2000/78 brachte eine Wende (EuGH Rs C-414/16 (Egenberger), EU:C:2018:257) Vgl auch den Fall eines Chefarztes eines katholischen Krankenhauses, dem nach Scheidung und Wiederheirat gekündigt worden war (EuGH Rs C-68/17 (IR), EU:C:2018:696).

182 Vgl dazu ausführlich unten III.C.2.

183 *Schlachter*, Der Einfluss des Arbeitsvölkerrechts auf das nationale Recht, in: Soziales Recht, 2017, 111 (116).

184 Ausführlich zu dieser Problematik *Sciarra*, Solidarity and Conflict, S 129 ff.

VIII. Der Einfluss der europäischen Beschäftigungs-, Wirtschafts- und Stabilitätspolitik auf das Arbeitsrecht der Mitgliedstaaten

A. Das Kapitel über Beschäftigung im AEUV

Beschäftigungspolitik war seit jeher eine Domäne der Mitgliedstaaten der Europäischen Union. Der EG sah keinerlei Kompetenz für ein Tätigwerden der Gemeinschaft vor. Die alarmierenden Zahlen über Arbeitslosigkeit haben jedoch zu einem Umdenken geführt. Die Regierungschefs der Mitgliedstaaten haben sich dafür entschieden, Beschäftigungspolitik auch als ein im EG-Vertrag zu verankerndes Anliegen der Europäischen Gemeinschaft zu betrachten.

Durch den Vertrag von Amsterdam (und ihm folgend den Vertrag von Lissabon) wurde deshalb ein neuer Titel VIII. Beschäftigung (Art 145 bis 150 AEUV) aufgenommen. Die wichtigsten Koordinaten dieser Verantwortung der Europäischen Gemeinschaft sind:[185]

- Entwicklung einer koordinierten Beschäftigungsstrategie (Art 145 AEUV)
- Gemeinschaftsrechtliche Vorgaben für die Beschäftigungspolitik der Mitgliedstaaten (Art 146 AEUV)
- Gemeinschaftsrechtliche Förderung der Zusammenarbeit der Mitgliedstaaten (Art 147 AEUV)
- Prüfung der Beschäftigungslage in der Gemeinschaft durch den Europäischen Rat/Festlegung von beschäftigungspolitischen Leitlinien (Art 148 AEUV)
- Anreizmaßnahmen zur Förderung der Zusammenarbeit zwischen den Mitgliedstaaten (Art 149 AEUV)
- Einsetzung eines Beschäftigungsausschusses (Art 150 AEUV).

In der Literatur wird immer wieder der unverbindliche Charakter dieser neuen Bestimmungen hervorgehoben.[186] Denn in Art 149 UA 2 AEUV ist der Grundsatz, dass die Vorschriften keinerlei Harmonisierung der Rechts- und Verwaltungsvorschriften der Mitgliedstaaten bedeuten sollen, zum Ausdruck gebracht. Bei den Vorschriften der Art 145 bis 150 AEUV handelt es sich deshalb um ausgesprochenes soft law.[187]

---

185 Zu einer Darstellung des Spektrums der Inhalte und Probleme der neuen Vorschriften s die Beiträge in *Piehl/Timmann* (Hg), Der Europäische Beschäftigungspakt, 2000; *Lesch*, Das Parlament, 2000, Beilage 14–15, 3 ff; *Heinze*, EWS 2000, 526 ff; *Oetker* in: MünchArbR, Bd 1, § 10 Rn 12 ff; *Weidenfeld/Wessels*, Europa von A bis Z, 89 ff; *Schulte*, in: Festgabe Bieback, 2010, 281 ff.

186 Vgl etwa *Steinmeyer*, RdA 2001, 21 f.

187 Kritisch deshalb *Bercusson*, European Labour Law, 183.

Dies schließt andererseits nicht aus, dass diese programmatischen Vorschriften letztlich sich auch in der Gestaltung nationalen Arbeitsrechts niederschlagen können. Man denke insbesondere an die in Art 148 AEUV vorgesehenen beschäftigungspolitischen Leitlinien. So sehen etwa die beschäftigungspolitischen Leitlinien für 1998[188] die Verbesserung der Beschäftigungsfähigkeit, die Entwicklung des Unternehmergeistes, die Förderung der Anpassungsfähigkeit der Unternehmen und ihrer Arbeitnehmer sowie den Ausbau der Maßnahmen für Chancengleichheit vor.[189] Es liegt nahe, darin die Förderung eines Konvergenzprozesses zu sehen, der auf rechtliche Realisierung in den einzelnen Mitgliedstaaten zielt, auch wenn eine Verbindlichkeit auf europäischer Ebene nicht normiert ist.[190] Auch diese Leitlinien sind nicht unmittelbar verbindlich. Sie respektieren wie die gesamten Vorschriften über die Beschäftigung das Prinzip der Subsidiarität. Das nimmt ihnen aber nicht ihre Relevanz und Bedeutung. Wie erste rechtsvergleichende Untersuchungen zeigen, haben die neuen Vorschriften und insbesondere die Beschäftigungsrichtlinien zu zahlreichen arbeitsrechtlichen Änderungen in den einzelnen Mitgliedstaaten geführt.[191] Dabei wird die Erwartung ausgesprochen, dass die einzelnen Mitgliedstaaten ihr Arbeitsrecht durchforsten und notfalls neu gestalten, um neben dem üblichen Schutzzweck des Arbeitsrechts auch den beschäftigungsfördernden Aspekt stärker in den Mittelpunkt zu rücken. Hoffnungen werden dabei insbesondere auch auf das Recht der Kollektivvereinbarungen gesetzt, bei denen der Aspekt der Beschäftigungsförderung im Gegensatz zur Vergangenheit stärkere Berücksichtigung finden soll.[192] Es bleibt abzuwarten, ob sich die beschäftigungspolitischen Instrumente und Bemühungen in den Arbeitsrechtsordnungen der Mitgliedstaaten niederschlagen werden.[193] Es scheint jedenfalls nicht völlig ausgeschlossen, dass der mit Hilfe des Art 148 AEUV angelegte Systemwettbewerb der Mitgliedstaaten in der Arbeitsmarkt- und Beschäftigungspolitik durch Angleichung nationaler Zielsetzungen im Ergebnis mit-

188 ABlEG 1998 Nr C 30/1.

189 Die durch den Vertrag von Amsterdam geschaffenen Leitlinien der Europäischen Beschäftigungsstrategie (EBS) sind im Jahre 2003 im Lichte der Ziele von Lissabon grundlegend überarbeitet und vereinfacht worden; ausführlich dazu: *Eichhorst/Rhein* in: *Deutscher Sozialrechtsverband* (Hg), 53 ff. Zur zukünftigen Zielsetzung vgl die Sozialpolitische Agenda, KOM (2005) 33 endg.

190 Vgl *Coen* in: *Lenz/Borchardt* (Hg), EUV/AEUV/GRCh, Art 148 AEUV Rn 4.

191 Vgl zu einer solchen Untersuchung *Biagi*, L'impatto della European Employment Strategy, 414 ff.

192 Vgl *Seifert*, IJCL 1999, 343 ff.

193 *Supiot*, ILR, 1999, 31 ff; zur bisherigen Evaluation der Europäischen Beschäftigungsstrategie s *Watson*, EU Social and Employment Policy, 143 f.

tel- bis langfristig eine ähnliche Wirkung entfalten kann wie eine Vereinheitlichung durch Rechtsangleichung.[194]

B. Die Lissabon-Strategie

Der Europäische Rat hat im März 2000 bei seiner Tagung in Lissabon für die Union ein neues strategisches Ziel formuliert, in dessen Rahmen Beschäftigung, Wirtschaftsreform und sozialer Zusammenhalt als Bestandteil einer wissensbasierten Wirtschaft gestärkt werden sollten.[195] Auf dem Gebiet der Arbeits- und Sozialpolitik zielte das Dokument auf die Modernisierung des europäischen Sozialmodells.[196] Wesentlicher Bestandteil der Reformvorschläge war die Entwicklung einer aktiven Beschäftigungspolitik.[197] Reduzierung der Qualifikationsdefizite und die Idee lebenslangen Lernens waren zentrale Aspekte, wovon man sich Anpassungsfähigkeit und damit die Verbesserung der Beschäftigungsfähigkeit erhoffte. Ein Appell wurde an die Sozialpartner gerichtet, die über Innovationen nachdenken und für eine flexible Gestaltung der Arbeitszeiten sorgen sollten, wobei auch ein Wechsel zwischen Ausbildung und Beschäftigung erfolgen sollte. In methodischer Hinsicht wurde die Offene Methode der Koordinierung propagiert.[198] Mit ihr sollten bewährte Praktiken verbreitet und eine größere Konvergenz in Bezug auf die wichtigsten Ziele der EU hergestellt werden, gemeinsame Ziele und Richtlinien für die Mitgliedstaaten formuliert und durch nationale Aktionspläne realisiert werden.[199]

Unter dem Titel „Modernisierung des Arbeitsrechts zur Bewältigung der Herausforderungen des 21. Jahrhunderts“ hat die EU-Kommission im Jahr 2006 ein Grünbuch vorgelegt, mit dem Ziel, eine öffentliche Debatte darüber einzuleiten, wie durch Weiterentwicklung des Arbeitsrechts positive

194 Vgl *Von der Groeben/Schwarze*, Vertrag über die EU und Vertrag zur Gründung der EG, Art 128 Rn 4 f, mit weiteren Erläuterungen zum sog „Luxemburg-Prozess“. Die Europäische Beschäftigungsstrategie ist als Paradebeispiel der Bemühungen der Mitgliedstaaten anzusehen, im Wege der sog offenen Methode der Koordinierung nationale Anstrengungen flexibel zu koordinieren und das Lernen von „guten Praktiken“ zu unterstützen; sehr instruktiv: *Eichhorst/Rhein* in: *Deutscher Sozialrechtsverband* (Hg), 53 ff.

195 Schlussfolgerungen des Vorsitzes, Europäischer Rat (Lissabon) 23. und 24. März 2000, SN 100/00.

196 Vgl zu einer umfassenden Darstellung des Dokuments *Barnard*, EC Employment Law, 132 ff.

197 Schlussfolgerungen des Vorsitzes, Europäischer Rat (Lissabon) 23. und 24. März 2000, SN 100/00, Rn 28 ff.

198 KOM (2001) 428 endg S 18; *Bodewig/Voß*, EuR 2003, 310 ff; *Lang/Bergfeld*, EuR 2005, 381 ff; *Kerschen/Omarjee*, Dr Soc 2010, 223 ff.

199 KOM (2002) 629 endg.

Wirkungen im Hinblick auf das Ziel der Lissabon-Strategie erzielt werden können, nachhaltiges Wachstum und gleichzeitig mehr und bessere Arbeitsplätze zu schaffen.[200] Mit diesem Grünbuch ist es der Kommission sicherlich gelungen, auf breiter Ebene zahlreiche Akteure zu veranlassen, Stellung zu nehmen. Allerdings waren die Antworten durchwegs kritisch.[201] Wenn die Kommission ein Dokument vorlegt, das bestenfalls mit Zurückhaltung, überwiegend aber mit (zT schroffer) Ablehnung beantwortet wird, sowohl von den nationalen wie supranationalen Sozialpartnern, aber auch der Wissenschaft, ist dies ein signifikanter Beleg dafür, dass gegenwärtig kein Konsens darüber in Sicht ist, wie sich europäisches Arbeitsrecht fortentwickeln könnte. Man gewinnt den Eindruck, dass die maßgeblichen Kreise eher auf Reformen des Arbeitsrechts im nationalen Recht bauen. Insofern ist die Diskussion um das Grünbuch im Sande verlaufen.

C. Strategie Europa 2020

Es entspricht einhelliger Meinung, dass die Lissabon-Strategie ihre Ziele nicht erreicht hat und als gescheitert zu betrachten ist.[202] Sie wurde deshalb vom Europäischen Rat in einem Beschluss vom 17. 6. 2010 durch die Strategie Europa 2020 ersetzt.[203] Die Strategie Europa 2020 setzt auf drei sich gegenseitig verstärkende Prioritäten:

- intelligentes Wachstum: Entwicklung einer auf Wissen und Innovation gestützten Wirtschaft
- nachhaltiges Wachstum: Förderung einer Ressourcen schonenden, ökologischeren und wettbewerbsfähigeren Wirtschaft
- integratives Wachstum: Förderung einer Wirtschaft mit hoher Beschäftigung und ausgeprägtem sozialen und territorialen Zusammenhalt

Das letztgenannte Ziel (integratives Wachstum) wird in dem Dokument näher spezifiziert.[204] Die Erwerbstätigenquote beträgt in Europa im Jahr 2018

200 KOM (2006) 708 endg.

201 Vgl zu einem Überblick der Reaktionen *Preis* in: FS Birk, 2008, 628 f; *Gagawczuk*, DRdA 2007, 256 ff; *Sciarra*, ILJ 2007, 375 ff; *Bercusson*, European Labour Law, 641 ff; *ZAAR* (Hg), Das Grünbuch und seine Folgen – Wohin treibt das europäische Arbeitsrecht, 2008.

202 *Sciarra*, L'Europa e il lavoro, 32.

203 Vgl Mitteilung der Kommission „Europa 2020. Eine Strategie für intelligentes, nachhaltiges und integratives Wachstum", KOM (2010) 2020 endg.

204 Vgl Mitteilung der Kommission „Europa 2020. Eine Strategie für intelligentes, nachhaltiges und integratives Wachstum", KOM (2010) 2020 endg, 21 ff.

68,6 %[205], welche im Vergleich zwar deutlich über den 59,9 %[206] in den USA im selben Jahr liegt, aber keinesfalls Anlass gibt, das genannte Ziel als erreicht anzusehen. Ob dies bis Ende 2020 bewerkstelligt werden kann, ist höchst fraglich. Die Beschäftigungsquote von Frauen und älteren Arbeitskräften ist auffallend niedrig. Wie bereits bei der Finanzkrise im Jahr 2008, wurden besonders junge Menschen hart von der Corona-Krise getroffen. 2008 waren mehr als 21 Prozent von ihnen arbeitslos, im März 2020 waren es in den EU-27 15,2 %.[207] Rund 80 Millionen Menschen verfügen nur über geringe bzw grundlegende Qualifikationen. In der Strategie Europa 2020 wurde prognostiziert, dass die Zahl der Arbeitsplätze für Hochqualifizierte um 16 Millionen steigen, die für Geringqualifizierte dagegen um 12 Millionen sinken. Das Armutspotenzial stieg ebreits im Zuge der Finanzkrise stark, in der Corona-krise verhält es sich nicht anders.

Angesichts dieser beklemmenden Ausgangslage kommen Zweifel auf, ob es gelingen wird, Abhilfe zu schaffen. Was von der Kommission an Ideen und Reformvorschlägen angesprochen wird, geht kaum über das hinaus, was nicht schon in der Vergangenheit in der Diskussion war und ihren Niederschlag in vielen Dokumenten gefunden hat.[208] Flexicurity-Konzepte werden unterstrichen und ihre Umsetzung durch die Mitgliedstaaten angemahnt, um die Segmentierung der Arbeitsmärkte abzubauen und Übergänge sowie die Vereinbarkeit von Berufs- und Privatleben zu erleichtern. Aber eine Konkretisierung dieser Gedanken bleibt aus. Ähnliches gilt für andere Vorschläge. Möglicherweise werden die integrierten Leitlinien[209] mehr an Konkretisierung erbringen.

D. Wirtschafts- und stabilitätspolitische Maßnahmen während der Finanzkrise

Die globale Finanzkrise, die 2008 einsetzte, hat auf EU-Ebene eine nie dagewesene, ja geradezu als hektisch zu bezeichnende Aktivität heraufbeschworen. Mitgliedstaaten, die am Rande des Staatsbankrotts waren, drohten auch andere Mitgliedstaaten in den Abgrund zu ziehen. Die Organe der EU, einschließlich der Europäischen Zentralbank, im Verbund mit den Mitglied-

205 https://de.statista.com/statistik/daten/studie/162718/umfrage/erwerbstaetigenquote-in-der-eu/ (26.5.2020).
206 https://wko.at/statistik/laenderprofile/lp-usa.pdf (26.5.2020).
207 https://de.statista.com/infografik/21820/jugendarbeitlosenquote-in-ausgewaehlten-eu-laendern/ (27.5.2020).
208 Ebenso *Roccella/TreuAQimo/Izzi*, Diritto del lavoro, 33.
209 Vgl Mitteilung der Kommission „Europa 2020. Eine Strategie für intelligentes, nachhaltiges und integratives Wachstum", KOM (2010) 2020 endg, 32 f.

staaten waren aufgefordert, die drohenden Gefahren für die wirtschaftliche und finanzielle Stabilität der Mitgliedstaaten abzuwehren. Da die Krise ganz wesentlich auch von den Banken verursacht worden war, galt verständlicherweise das Hauptaugenmerk dem Finanzsektor. Im Zuge der zu ergreifenden Maßnahmen mussten indes alle Bereiche von Politik und Wirtschaft einbezogen werden, die einen Einfluss auf das Krisengeschehen, aber auch auf die Konsolidierung von Wirtschaft und Finanzen hatten und haben. Folglich standen auch die Arbeitsmärkte und damit indirekt auch das Arbeitsrecht im Visier der politischen und gesetzgeberischen Maßnahmen. Die Literatur zum europäischen Arbeitsrecht hat diese Zusammenhänge genau verfolgt.[210] Die EU-Maßnahmen haben die Arbeits- und Sozialrechtspolitik der Mitgliedstaaten in den Krisenzeiten erheblich beeinflusst und zu zT weit reichenden Einschnitten in die bestehenden Arbeitsrechtsordnungen geführt.[211] Aus der Vielzahl der ergriffenen Rechtsakte seien hier nur folgende herausgegriffen:

1. Euro-Plus-Pakt (EPP)

Am 24./25. 3. 2011 hat der Europäische Rat als Antwort auf die Krise zur Wahrung der Finanzstabilität und als Fundament für ein intelligentes, nachhaltiges, sozial integratives und beschäftigungswirksames Wachstum ein umfassendes Maßnahmenpaket verabschiedet, das seither unter dem Terminus Euro-Plus-Pakt bekannt geworden ist.[212] Die betroffenen Mitgliedstaaten haben sich verpflichtet, ausgehend von den Indikatoren und Grundsätzen des Paktes konkrete Maßnahmen anzukündigen, die innerhalb von zwölf Monaten durchzuführen sind. Vor diesem Hintergrund hat man zu

---

210 S etwa *Barnard*, ILJ 2012, 98; *Sciarra*, L'Europa e il lavoro, 2013, 9 ff; *Seifert*, SR 2014, 14 ff.

211 *Clauwaert/Schömann*, ELLJ 2012, 54 ff; *Seifert*, SR 2014, 14 ff, zeigt sehr anschaulich (19 ff), wie in einzelnen Ländern auf Grund von Maßnahmen auf EU-Ebene Änderungen der Mindestlohngesetzgebung, des Kündigungsschutzrechts und des Systems der Kollektivverhandlungen vorgenommen wurden. Ein besonders markantes Beispiel ist die Einflussnahme der Europäischen Zentralbank (EZB) auf die Gestaltung des italienischen Arbeitsrechts. In einem Schreiben vom 4.8.2011 forderte die EZB-Führung die italienische Regierung auf, das Kollektivvertragssystem im Sinne einer Verlagerung der Vertragsabschlüsse auf die betriebliche Ebene zu ändern. Außerdem sollte das Kündigungsrecht geändert werden. Beiden Forderungen kam der italienische Gesetzgeber nach, vgl dazu *Nogler*, ArbuR 2014, 58 ff.

212 Vgl EUCO 10/1/11 REV 1, Anlage I, 13 ff. Plus bedeutet, dass sich neben den Mitgliedstaaten der Eurozone Bulgarien, Dänemark, Lettland, Litauen, Polen und Rumänien angeschlossen haben.

Recht von einer Wende in der wirtschaftlichen Governance der EU gesprochen.[213] Der EPP hat alle zu ergreifenden Maßnahmen auf vier zentrale Ziele verpflichtet:

- Förderung der Wettbewerbsfähigkeit
- Förderung der Beschäftigung
- weiterer Beitrag zur langfristigen Tragfähigkeit der öffentlichen Finanzen
- Stärkung der Finanzstabilität

Die Relevanz dieser Ziele für den Bereich der Arbeits- und Sozialrechtsentwicklung ergibt sich vor allem im Hinblick auf die ersten drei genannten Ziele.

a) Förderung der Wettbewerbsfähigkeit

Hierzu lassen die Erläuterungen des Europäischen Rates keinen Zweifel, dass im Hinblick auf den Anpassungsbedarf zur Förderung der Wettbewerbsfähigkeit der Lohngestaltung eine entscheidende Rolle zukommt.[214] Löhne müssten sich entsprechend der Produktivität entwickeln. Deshalb müssten die Lohnstückkosten über einen Zeitraum hinweg beobachtet und mit den Entwicklungen in anderen Ländern des Euro-Währungsgebiets und in den wichtigsten vergleichbaren Handelspartnerländern verglichen werden. Für jedes Land werden die Lohnstückkosten für die Wirtschaft insgesamt und für jeden wichtigen Sektor bewertet. Starke und anhaltende Steigerungen können zu einer Aushöhlung der Wettbewerbsfähigkeit führen. Zwar wird betont, dass jedes Land hierfür selbst verantwortlich sein müsse, doch sollte dabei die besondere Aufmerksamkeit Maßnahmen gelten,

> „mit denen unter Achtung der nationalen Gepflogenheiten in Bezug auf den sozialen Dialog und die Beziehungen zwischen den Sozialpartnern sichergestellt wird, dass die Kosten sich entsprechend der Produktivität entwickeln, wie bspw:
> - Überprüfung der Lohnbildungsverfahren und erforderlichenfalls des Grades der Zentralisierung im Verhandlungsprozess und der Indexierungsmechanismen unter Wahrung der Autonomie der Sozialpartner in den Tarifverhandlungen;
> - Sicherstellung, dass die Tarifabschlüsse im öffentlichen Sektor den auf eine Steigerung der Wettbewerbsfähigkeit gerichteten Anstrengungen im Privatsektor förderlich sind (eingedenk der wichtigen Signalwirkung der Löhne im öffentlichen Sektor)“.[215]

213 *Sciarra*, L'Europa e il lavoro, 2013, 18.
214 Vgl EUCO 10/1/11 REV 1, Anlage I, 16 f.
215 EUCO 10/1/11 REV 1, Anlage I, 16.

b) Förderung der Beschäftigung

Hierzu betont der EPP die Bedeutung eines gut funktionierenden Arbeitsmarkts für die Wettbewerbsfähigkeit der Eurozone-Mitgliedstaaten. Als wichtige Indikatoren werden Quoten der Langzeit- und der Jugendarbeitslosigkeit sowie Erwerbsquoten bezeichnet.[216] Unter Betonung der Eigenverantwortlichkeit der Mitgliedstaaten wird besondere Aufmerksamkeit verlangt im Hinblick auf Arbeitsmarktreformen zur Förderung der Flexicurity, zur Bekämpfung von Schwarzarbeit und zur Steigerung der Erwerbsbeteiligung, im Hinblick auf lebenslanges Lernen sowie Steuerreformen, insbesondere die Senkung der Besteuerung des Faktors Arbeit, damit sich arbeiten lohnt, sowie Maßnahmen, die die Erwerbstätigkeit von Zweitverdienern erleichtern.

c) Verbesserung der langfristigen Tragfähigkeit der öffentlichen Finanzen

Hierbei werden insbesondere mit Blick auf die demografische Entwicklung die Bereiche der Renten-, Gesundheitsfürsorge- und Sozialleistungssysteme angesprochen. Besondere Aufmerksamkeit wird hier für die Anpassung der Rentensysteme an die nationale demografische Situation (Anpassung des tatsächlichen Renteneintrittsalters an die Lebenserwartung oder durch Erhöhung der Erwerbsquote) sowie die Begrenzung von Vorruhestandsregelungen und die Nutzung gezielter Anreize für die Beschäftigung älterer Arbeitnehmer hervorgehoben.

2. Europäischer Stabilitätsmechanismus (ESM)

Zu den Beschlüssen des Gipfels des Europäischen Rates vom 24./25. 3. 2011 gehörte auch die Initiative zur Schaffung eines ESM.[217] Der Europäische Rat hatte Einvernehmen über die Notwendigkeit erzielt, dass die Mitgliedstaaten der Eurozone einen ESM in gegenseitigem Einvernehmen aktivieren können, wenn dies unabdingbar ist, um die Finanzstabilität des Euro-Währungsgebiets insgesamt zu wahren. Dabei wird ausgeführt: „Der Zugang zur Finanzhilfe des ESM wird unter strengen Auflagen im Rahmen eines makroökonomischen Anpassungsprogramms und auf der Grundlage einer rigorosen Prüfung der Tragbarkeit der Staatsverschuldung gewährt, die die Kommission zusammen mit dem IWF und im Benehmen mit der EZB durchführt. Von dem begünstigten Mitgliedstaat wird verlangt, dass er – unter Berücksichtigung der spezifischen Gegebenheiten und in voller Übereinstimmung

216 EUCO 10/1/11 REV 1, Anlage I, 17.
217 Vgl die Einzelheiten in EUCO 10/1/11 REV 1, Anlage II, 21 ff.

mit der Praxis des IWF für eine Beteiligung des Privatsektors in angemessener Form Sorge trägt". Um dieses Ziel zu erreichen, hat man in Art 136 AEUV folgenden Absatz eingefügt: „Die Mitgliedstaaten, deren Währung der Euro ist, können einen Stabilitätsmechanismus einrichten, der aktiviert wird, wenn dies unabdingbar ist, um die Stabilität des Euro-Währungsgebiets insgesamt zu wahren. Die Gewährung aller erforderlichen Finanzhilfen im Rahmen des Mechanismus wird strengen Auflagen unterliegen."

Auf dieser Basis ist der Vertrag zur Einrichtung des ESM geschlossen worden, dessen Vertragsparteien die ESM-Mitglieder sind. Mit Recht ist gesagt worden, dass aufgrund dieser Vertragskonzeption eine Umgestaltung der bisherigen Wirtschafts- und Währungsunion stattgefunden hat.[218] Denn der ESM ist außerhalb des bisherigen institutionellen EU-Rahmens gestaltet worden. Aufgrund von Art 12 des Vertrags hat der ESM einen intensiven Lenkungs- und Gestaltungseinfluss auf die Geschehnisse in den betreffenden Mitgliedstaaten. Ist es nämlich zur Wahrung der Finanzstabilität des Euro-Währungsgebiets insgesamt und seiner Mitgliedstaaten unabdingbar, kann der ESM einem ESM-Mitglied unter strengen, dem gewählten Finanzhilfeinstrument angemessenen Auflagen Stabilitätshilfe gewähren. Diese Auflagen können von einem makroökonomischen Anpassungsprogramm bis zur kontinuierlichen Erfüllung zuvor festgelegter Anspruchsvoraussetzungen reichen.

Der Vertrag ist Gegenstand mehrerer Verfassungsbeschwerden vor dem deutschen Bundesverfassungsgericht geworden. Das Bundesverfassungsgericht hat zunächst in einer Eilentscheidung[219] schließlich mit endgültiger Entscheidung vom 18. 3. 2014 keinen Verstoß gegen zentrale Normen des GG gesehen.[220]

Auch dem EuGH sind Fragen hinsichtlich der Rechtmäßigkeit des ESM vorgelegt worden. In der Rs Pringle hat ein irisches Gericht Bedenken gegen die Einrichtung des ESM außerhalb des Rahmens der Union angemeldet, was die Gefahr begründe, dass der ESM dem Anwendungsbereich der Charta entzogen sei. Deshalb könne die Errichtung des ESM Art 47 GRC beeinträchtigen, die für jede Person einen effektiven gerichtlichen Rechtsschutz gewährleiste.[221] Der Gerichtshof hat eine Überprüfung anhand der Charta abgelehnt, da die Mitgliedstaaten mit der Errichtung des ESM nicht iSv Art 51 Abs 1 GRC das Recht der Union ausführten, für dessen Errichtung der EUV und der AEUV der Union keine spezielle Zuständigkeit ein-

218 *Calliess*, ZEuS, 2011, 277 ff; *Kube*, WM 2012, 247.
219 BVerfG 12.9.2012, 2 BvR 1390/12 ua NJW 2012, 3145 ff.
220 BVerfG 18.3.2014, 2 BvR 1390/12 ua Rn 176 ff.
221 EuGH Rs C-370/12 (Pringle), EU:C:2012:756 Rn 178.

räumt.[222] Diese Rechtsauffassung ist zu Recht deutlicher Kritik unterzogen worden.[223] Soweit nationale Gerichte eine Überprüfung von Gesetzen bzw Maßnahmen anhand der Charta wünschten, die aufgrund des ESM ergangen waren, haben diese Vorlageverfahren keinen Erfolg gehabt, hat sich der Gerichtshof als offensichtlich unzuständig erklärt, weil diese Gesetze nicht Unionsrecht umsetzen.[224] Die an dem Urteil in der Rs Pringle geübte Kritik scheint einen gewissen Nachhall in einer späteren Entscheidung des Gerichtshofs gehabt zu haben. In einem bei dem Gericht anhängigen Verfahren, hatte ein in Zypern ansässiges Unternehmen gegen eine Maßnahme zyprischer Stellen auf der Basis des ESM gegen die Kommission und die EZB geklagt, weil dadurch das Wertpapierdepot einen hohen Wertverlust erlitten hatte.[225] Das Gericht hatte den Antrag unter Berufung auf die Grundsätze des Urteils in der Rs Pringle abgewiesen. Diese Rechtsauffassung hat der EuGH abgelehnt:[226] „Ferner ist darauf hinzuweisen, dass zwar die Mitgliedstaaten im Rahmen des ESM-Vertrags nicht das Recht der Union durchführen, so dass die Charta in diesem Rahmen nicht für sie gilt (hier wird auf das Urteil Pringle verwiesen, M.F.), das die Charta jedoch, wie der Generalanwalt in seinen Schlussanträgen ausgeführt hat, für die Organe der Union auch dann gilt, wenn sie außerhalb des unionsrechtlichen Rahmens handeln. Im Übrigen muss die Kommission im Rahmen der Annahme eines MoU (Memorandum of Understanding) […] sowohl nach Art 17 Abs 1 EUV, der ihr die allgemeine Aufgabe überträgt, die Anwendung des Unionsrechts zu überwachen, als auch nach Art 13 Abs 3 und 4 des ESM-Vertrags, der ihr aufgibt, über die Vereinbarkeit der vom ESM geschlossenen MoU mit dem Unionsrecht zu wachen […] sicherstellen, dass ein solches MoU mit den in der Charta verbürgten Grundrechten vereinbar ist." Dementsprechend prüfte der Gerichtshof in seinem Berufungsurteil die Rechtmäßigkeit der Maßnahme im Hinblick auf das Eigentumsrecht des Art 17 GRC, kam aber zu dem Ergebnis, dass der Eingriff in das Eigentumsrecht gerechtfertigt war. Immerhin wird damit die Hoffnung ausgedrückt, dass der Gerichtshof nicht einen völligen Freiraum hinsichtlich der Garantien der GRC bei der Durchführung von Maßnahmen der Unionspolitiken akzeptiert.[227]

222 Vgl Urteil in der Rs Pringle Rn 180.

223 Vgl *Fischer-Lescano* in: *Schoemann* ua (Hg), 55 ff; *Kilpatrick*, Constitutions, social rights and sovereign debt states in Europe, EUI Working Paper 34/2015.

224 Vgl dazu etwa EuGH Rs C-128/12 (Sindicato dos Bancarios), EU:C:2013:149.

225 Der Kläger (und weitere Kläger) beriefen sich für den Schadensersatzanspruch auf die Verletzung ihres Eigentumsrechts aus Art 17 GRC (EuGH Rs C-8/15 P (Ledra Advertising ./. Kommission/EZB), EU:C:2016:701).

226 Vgl Urteil in der Rs Ledra Advertising Rn 67.

227 Vgl in diesem Sinne *Bronzini* in: Rivista italiana di diritto del lavoro, 2017, 224 f.

E. Folgen für die Entwicklung der nationalen Arbeitsrechtsordnungen

Die vorangegangene Darstellung hat gezeigt, dass über währungs-, haushalts- und stabilitätspolitische Maßnahmen auch die Gestaltung und die Inhalte der nationalen Arbeitsrechtsordnungen betroffen sind. Dabei ist zu erwähnen, dass die Darstellung der getroffenen Maßnahmen keineswegs vollständig ist. Zu erwähnen wären ferner die fünf Verordnungen und eine Richtlinie (so genannter Six-Pack), mit denen haushaltspolitische Anforderungen und haushaltspolitische Überwachung der Mitgliedstaaten reglementiert wurden.[228] In diesem Rahmen ist auch auf den zwischen allen Mitgliedstaaten bis auf Tschechien und das Vereinigte Königreich geschlossenen Fiskalpakt[229] hinzuweisen, in dem sich die Mitgliedstaaten verpflichten, möglichst ausgeglichene Staatshaushalte anzustreben.[230] Schließlich sollte in diesem Zusammenhang Erwähnung finden, was unter dem Begriff Memorandum of Understanding (MoU) Praxis geworden ist. Diese Memoranda stehen im Zusammenhang mit Krediten, die an einzelne Mitgliedstaaten vergeben wurden, die sich unter den Rettungsschirm (bail-out) begeben haben. Diese Kredite werden nur unter strengen Auflagen und abschnittsweise vergeben, wobei eine strenge Kontrolle stattfindet und in den Memoranda angemahnt wird, wenn bestimmte Maßnahmen nicht befolgt werden. Solche

---

228 VO (EU) Nr 1173/2011 des Europäischen Parlaments und des Rates vom 16.11.2011 über die wirksame Durchsetzung der haushaltspolitischen Überwachung im Euro-Währungsgebiet, ABlEU 2011 Nr L 306/1; VO (EU) Nr 1174/2011 des Europäischen Parlaments und des Rates vom 16.11.2011 über Durchsetzungsmaßnahmen zur Korrektur übermäßiger makroökonomischer Ungleichgewichte im Euro-Währungsgebiet, ABlEU 2011 Nr L 306/8; VO (EU) Nr 1175/2011 des Europäischen Parlaments und des Rates vom 16.11.2011 zur Änderung der VO (EG) Nr 1466/1997 des Rates über den Ausbau der haushaltspolitischen Überwachung und der Überwachung und Koordinierung der Wirtschaftspolitiken, ABlEU 2011 Nr L 306/12; VO (EU) Nr 1176/2011 des Europäischen Parlaments und des Rates vom 16.11.2011 über die Vermeidung und Korrektur makroökonomischer Ungleichgewichte, ABlEU 2011 Nr L 306/25; VO (EU) Nr 1177/2011 des Rates vom 8.11.2011 zur Änderung der VO (EG) Nr 1467/1997 über die Beschleunigung und Klärung des Verfahrens bei einem übermäßigen Defizit, ABlEU 2011 Nr L 306/33; RL 2011/85/EU des Rates vom 8.11.2011 über die Anforderungen an die haushaltspolitischen Rahmen der Mitgliedstaaten, ABlEU 2011 Nr L 306/41. Zu einer Übersicht über die Maßnahmen s *Weber*, EuZW 2011, 935 ff.

229 Vertrag über die Stabilität, Koordinierung und Steuerung in der Wirtschafts- und Währungsunion.

230 Vgl zur Vereinbarkeit des Fiskalpaktes mit dem französischen Recht: Conseil constitutionnel, 9.8.2012, N° 2012-653 DC, Journal Officiel 11.8.2012, 13282.

Maßnahmen schließen naturgemäß auch Änderungen des nationalen Arbeits- und Sozialrechts ein.[231]

In der arbeits- und sozialpolitischen Literatur sind diese Entwicklungen aufmerksam verfolgt worden.[232] Ein zentraler Kritikpunkt ist das Fehlen einer Verbindung von Wirtschafts- und Währungspolitik einerseits und Sozialpolitik andererseits. Dies war besonders augenfällig im Hinblick auf die arbeitsrechtlichen Forderungen des EPP, die gerade für Griechenland katastrophal waren.[233] Mit Blick auf den ESM, aber nicht nur auf diesen, lässt sich insbedondere die Marginaliserung der Sozialpartner beklagen. Hier hätte in der Tat das Modell der Art 154 ff AEUV hilfreich sein können.[234]

Bevorzugtes Terrain für arbeitsrechtliche Maßnahmen war das Kündigungsrecht.[235] Ihre Bewertung fällt naturgemäß unterschiedlich aus. Es überwiegen freilich kritische Töne. Zwar wird gesehen, dass in den einzelnen Regelwerken immer wieder auch die Autonomie der Mitgliedstaaten betont wird.[236] Auf der anderen Seite ist nicht zu verkennen, dass die Mitgliedstaaten sich auch dort zu Maßnahmen entschlossen sehen, wo sie rein rechtlich ihre Autonomie wahrnehmen könnten.[237] Die in den zurückliegenden Krisenjahren beschlossenen und durchgeführten Maßnahmen beunruhigen in ihrer Vielzahl und in der Schnelligkeit, mit der sie über die Bühne

---

231 Vgl MoU für Irland, abrufbar unter: http://ec.europa.eu/economy_finance/assistance_eu_ms/ireland/index_en.htm; für Portugal abrufbar unter: http://ec.europa.eu/economy_finance/assistance_eu_ms/portugal/index_en.htm.

232 Ausführlich zum gesamten Spektrum der Probleme *Seifert*, SR 2014, 19 ff; *Schmitt*, Droit Social 2016, 710 ff spricht von einer „recomposition" des europäischen Arbeitsrechts, wobei dieses einer höherrangigen Zwecksetzung unterworfen wird, der ökonomischen Rationalität, die das freie Spiel des Marktes einfordert; *Sciarra*, Solidarity and Conflict, S 29 ff.

233 Vgl dazu *Sciarra*, Solidarity and Conflict, S 31 f.

234 In diesem Sinn Sciarra, Solidarity and Conflict, S 38.

235 *Prassl*, ELLJ 2014, 211 ff. Zu den weitreichenden Änderungen im italienischen Kündigungsrecht s *Amoroso* in: Rivista italiana di diritto del lavoro, 2015, 327 ff.

236 *Barnard*, EU Employment Law, 136, die auf Art 1 Abs 3 der VO (EU) Nr 1176/2011 (eine der Verordnungen des Six-Pack) verweist, wo es heißt: „Bei der Anwendung dieser VO wird Art 152 AEUV uneingeschränkt eingehalten, und die im Rahmen dieser Verordnung ausgesprochenen Empfehlungen beachten die nationalen Gepflogenheiten und Einrichtungen für die Lohnbildung. Diese Verordnung berücksichtigt Art 28 der Charta der Grundrechte der EU und beeinträchtigt dementsprechend nicht das Recht, gemäß den nationalen Rechtsvorschriften und Gepflogenheiten Tarifverträge auszuhandeln, abzuschließen oder durchzusetzen oder kollektive Maßnahmen zu ergreifen."

237 Vgl *Giubboni*, RDSS 2013, 520, der auf die einschneidenden Änderungen des Arbeits- und Sozialrechts in Italien und Spanien in den Jahren 2011 und 2012 hinweist.

gebracht werden. Und so wird kritisch zu diesen Entwicklungen vermerkt, dass sie zwar als Krisengesetzgebung entstanden sind, aber bei genauerer Betrachtung einer Tendenz folgen, die von einem Autor wie folgt gekennzeichnet wurde:[238]

„Die Vorschriften, denen die Fiskalpolitik der Mitgliedstaaten zu gehorchen hat, werden immer detaillierter. Ihre Einhaltung wird als Gegenleistung für allfällige Rettungsmaßnahmen der europäischen ‚Staatengemeinschaft' und insbesondere für deren von den ‚Märkten' durch Drohungen erzwungene Bereitschaft gefordert, öffentliche und private Kreditrisiken zu vergemeinschaften. Die nationalen Regierungen werden immer weiter verschärften Verpflichtungen zu einem immer weitergehenden Umbau ihrer jeweiligen Wirtschafts-, Sozial- und Rechtsordnungen unterworfen. [...] Auch sollen sie Wege finden, ihre Lohnfindungssysteme an von der EU definierte makroökonomische Stabilitätsziele anzupassen, und sich zu diesem Zweck in die Lage versetzen, ‚reformierend' in ihre jeweils eigenen nationalen Institutionen einzugreifen, notfalls auch gegen den Widerstand der Bevölkerung und ungeachtet sowohl der Tarifautonomie als auch der europäischen Kompetenzordnung. [...] Die europäischen Institutionen, seien es bestehende oder neu für diesen Zweck einzurichtende, erhalten immer umfangreichere Rechte, die Wirtschafts-, Sozial- und Finanzpolitik der Mitgliedstaaten zu überwachen und zu begutachten, zunehmend auch schon im Vorfeld anstehender Entscheidungen, einschließlich solcher der nationalen Parlamente".[239]

Der Europäische Gewerkschaftsbund hat sich in einer Entschließung vom 5./6. 7. 2012 für einen Sozialpakt für Europa stark gemacht, in dem bei Anerkennung einer koordinierten Wirtschaftspolitik und dem Ziel gesunder Staatsfinanzen aber beklagt wird, dass die jüngst eingeführten Maßnahmen der wirtschaftlichen Steuerung die sozialen Errungenschaften der letzten zehn Jahre ausgehöhlt hätten, eine nachhaltige Entwicklung sowie den Wirtschaftsaufschwung im Keim erstickt und die öffentliche Daseinsvorsorge zerstört hätten. Insbesondere wendet man sich gegen staatliche Eingriffe in die Tarifautonomie.

F. Die Zukunft des europäischen Arbeitsrechts

1. Die europäische Gesetzgebung zwischen Stagnation und Fortschritt

Brian Bercusson hat in seiner postum 2009 erschienenen Auflage seines Lehrbuchs[240] am Ende drei Kapitel den „Futures of European labour law"

238 *Streeck*, Gekaufte Zeit, 2013, 153 f.

239 Zu einer ähnlichen Kritik s auch *Giubboni*, RDSS 2013, 519 f.

240 *Bercusson*, European Labour Law.

gewidmet, in denen er künftige Szenarien aus der Betrachtung der Vergangenheit entwickelt. Er sieht die Entwicklung des europäischen Arbeitsrechts mit großer Skepsis und knüpft sie an die Abhängigkeit von der Agenda dreier institutioneller Akteure: Die Agenda der Kommission unter dem Aspekt der Modernisierung (iSd Grünbuchs), die Agenda des Gerichtshofs (verbunden mit der Hoffnung auf den Einfluss der Charta der Grundrechte) und die Agenda der Mitgliedstaaten und des Europaparlaments (in der Hoffnung der Verwirklichung der dem Vertrag von Lissabon innewohnenden sozialen Dimension und der sozialen Gerechtigkeit).

Seit dem Erscheinen des Lehrbuchs sind acht Jahre vergangen. Im Folgenden soll versucht werden, aus der Betrachtung der Vergangenheit, die weit früher als 2009 beginnen muss, eine Einschätzung der Entwicklung des europäischen Arbeitsrechts vorzunehmen. Dass das europäische Arbeitsrecht keine geschlossene Regelung der Arbeitsbeziehungen darstellt, wie es die nationalen Arbeitsrechtsordnungen tun, ist hinlänglich bekannt. Europäisches Arbeitsrecht hat fragmentarischen Charakter. Dennoch hat der europäische Gesetzgeber bedeutsame Rechtsakte erlassen, die für relevante Teile des Arbeitsrechts prägend geworden sind. Diese Entwicklung einer normativen Intervention in das mitgliedstaatliche Arbeitsrecht durch Rechtsakte ist aber mit Beginn des neuen Millenniums, vielleicht noch etwas genauer gesagt dem Jahr 2002, in eine Stagnation geraten.[241] Dieser Vorstellung möchte man sogleich widersprechen wollen, weil die Vielzahl der Rechtsakte, die nach diesem Zeitpunkt ergangen sind, den Beweis des Gegenteils belegen könnte. Dabei muss aber beachtet werden, dass es dabei häufig nur um bloße Aktualisierungen bestehender Rechtsakte ohne nennenswerte substanzielle Änderungen ging, wobei meist die Einarbeitung von Entscheidungen des Europäischen Gerichtshofs Anlass einer Neuregelung war. Diese Strategie hat schon mit der Neufassung der Betriebsübergangsrichtlinie RL 2001/23/EG begonnen[242] und wurde mit der RL 2003/88/EG über bestimmte Aspekte der Arbeitszeitgestaltung[243] fortgesetzt. Ähnliches lässt sich für die RL 2006/54/EG zur Verwirklichung des Grundsatzes der Chancengleichheit und Gleichbehandlung von Männern und Frauen in Arbeits- und Beschäftigungsfragen sagen, mit denen die RL 76/2007/EWG die RL 86/378/EWG, die RL 75/117/EWG sowie die RL 97/80/EG zusam-

241 Ebenso *Schmitt*, Droit Social 2016, 709, die gleichfalls den Beginn der Blockade des „processus d'harmonisation sociale" in diesen Zeitraum verlegt. Zur Begründung dieser These greife ich vielfach auf meinen Beitrag „Wohin steuert das europäische Arbeitsrecht?", ZESAR 2016, 8 ff, zurück.

242 Vgl Erwägungsgrund 1 der Präambel.

243 Vgl Erwägungsgrund 1 der Präambel.

mengefasst wurden. Die Notwendigkeit hierzu war aufgrund neuerlicher Änderungen dieser genannten Richtlinien notwendig geworden.[244]

Das Urteil über die RL 2008/104/EG über Leiharbeit ist eher ambivalent. Zwar hat der europäische Gesetzgeber mit der Verankerung des Prinzips der Gleichbehandlung in Art 5 RL 2008/104/EG eine substanzielle Neuerung bewirkt, zu der die Sozialpartner nicht in der Lage waren. Aber man muss gleich hinzufügen, dass die Einführung des Prinzips der Gleichbehandlung in Art 5 Abs 1 bis 5 konsequent verwässert und eingeschränkt wurde, was wiederum auf die sehr unterschiedlichen Vorstellungen einzelner (mächtiger) Mitgliedstaaten zurückzuführen ist.[245] Ein schwedischer Autor hat diese Art der Gesetzgebung ironisch-kritisch kommentiert.[246]

DieVO 492/2011/EG, die die VO 1612/68 ablöste, hat nur zu einer Aktualisierung durch Bereinigung geführt.[247] In diese Reihe von Rechtsakten gehört auch die RL 2014/54/EG über Maßnahmen zur Erleichterung der Ausübung der Rechte, die Arbeitnehmern im Rahmen der Freizügigkeit zustehen.[248] Die Richtlinie ist rein prozeduraler Natur und will die nach Art 4 RL 2014/54/EG zu schaffenden Stellen zur Förderung und Sicherstellung der Rechte betroffener Arbeitnehmer mit der Erfüllung von Fördermaßnahmen betrauen.

Als wichtiger Fortschritt muss indes die RL 2014/67/EG zur Durchsetzung der RL 96/71/EG über die Entsendung von Arbeitnehmern im Rahmen der Erbringung von Dienstleistungen betrachtet werden. Sie bezweckt die Sicherung der Ziele der RL 96/71, dh den Schutz der entsandten Arbeitnehmer und die Verhinderung des Missbrauchs der Rechtsfigur der Entsendung, um einen fairen Wettbewerb zu gewährleisten. In Art 4 gestaltet und

244 Vgl dazu Erwägungsgrund 1 der Präambel und *Mohr* in: EUArbR, Art 1 RL 2006/54 Rn 2.

245 Vgl dazu *Fuchs*, EJSL 2013, 156 ff.

246 S *Eklund*, Who is afraid of the temporary agency work directive?, in: Skrifter till Anders Viktorins minne, 2009, 156: „Die Richtlinie ist voll von Löchern wie ein Schweizer Käse. Es ist eine Art Rahmenrichtlinie, die individuelle Lösungen für die verschiedenen Länder sucht, die Einwände gegen die Richtlinie erhoben haben. So wird eine Lösung für Deutschland angeboten, eine andere für Schweden und eine dritte für das Vereinigte Königreich. Aus diesem Grund kann man die Richtlinie mit einem Stück Schweizer Käse vergleichen, in dessen Löchern die verschiedenen Vereinbarungen für den Arbeitsmarkt geschaffen werden können, ganz nach dem Maß der verschiedenen Mitgliedstaaten (Übersetzung M.F.)."

247 In Erwägungsgrund 1 der Präambel heißt es, dass die VO 1612/68/EG mehrfach und erheblich geändert wurde, so dass aus Gründen der Klarheit und der Übersichtlichkeit eine Kodifizierung der gesamten Verordnung angezeigt ist.

248 Sie brachte so wenig Neues, dass in Deutschland bisher eine Umsetzung nicht als notwendig angesehen wurde.

konkretisiert sie den Begriff der Entsendung, indem sie die Kriterien des Entsenderechts aus der KoordinierungsVO 883/2004 übernimmt. Und in ihrem prozeduralen Teil hat die RL in Art 7 explizit die Prüfverantwortung der Entsendevoraussetzungen dem Träger des Aufnahmemitgliedstaats auferlegt.

Einen echten Fortschritt der Gesetzgebung stellt die Verabschiedung der RL 2018/57 dar.[249] Angesichts des erheblichen Widerstands mittel- und osteuropäischer Staaten war lange Zeit nicht abzusehen, ob die Bemühungen um eine Revision der RL 96/71 Erfolg haben könnten. Mit der neuen RL 2018/957 konnte die Geltung des – verkürzt gesprochen – equal-pay-Prinzip vom ersten Tag der Entsendung an durchgesetzt werden. Und dem Missbrauch in Form von sehr langen Entsendezeiten zur Ausnützung günstiger arbeitsrechtlicher Regelungen des Entsendestaates wurde durch die zwingende Anwendung der Arbeitsbedingungen des Gastlandes nach mehr als 12 Monaten Entsendezeit ein gewisser Riegel vorgeschoben.

Eine weitere bedeutsame Regelung wurde mit der RL 2019/1152 betreffend transparente Arbeitsbedingungen geschaffen.[250] Mit ihr wurde die Nachweisrichtlinie 91/533 aufgehoben. In der Präambel der neuen RL wird auf die tiefgreifenden Veränderungen auf den Arbeitsmärkten aufgrund der demografischen Entwicklung und der Digitalisierung hingewiesen, die zur Entstehung neuer Formen der Beschäftigung geführt haben In dieser sich wandelnden Arbeitswelt bestehe daher eine größere Notwendigkeit für Arbeitnehmer, umfassend über ihre wesentlichen Arbeitsbedingungen unterrichtet zu sein, was zeitnah und schriftlich in einer für Arbeitnehmer leicht zugänglichen Form erfolgen sollte. Ausserdem sei es angemessen, Arbeitnehmern in der Union außerdem eine Reihe neuer Mindestrechte zu gewähren, die darauf abzielen, die Sicherheit und die Vorhersehbarkeit in Arbeitsverhältnissen zu verbessern und dabei gleichzeitig eine Aufwärtskonvergenz in den Mitgliedstaaten herbeizuführen und die Anpassungsfähigkeit des Arbeitsmarktes zu erhalten.[251]

Die am 1. 8. 2019 in Kraft getretene RL 2019/1158[252] führt die RL 2010/18 zur Durchführung der Rahmenvereinbarung über den Elternurlaub unter deren Aufhebung fort. Die bemerkenswerteste Neuerung ist die Einführung eines Vaterschafts- und Urlaubs für pflegebedürftige Angehörige.

249 RL zur Änderung der RL 96/71 über die Entsendung von Arbeitnehmern im Rahmen der Erbringung von Dienstleistungen, ABl L 173/16 vom 9.7.2018

250 Zur RL über transparente und vorhersehbare Arbeitsbedingungen in der EU, ABl L 186/105 vom 11.7.2019.

251 Erwägungsgrund Nr.4 der Präambel.

252 RL zur Vereinbarkeit von Beruf und Privatleben für Eltern und pflegende Angehörige, ABl L 188/79 v 12.7.2019.

Wie gezeigt hat es in den letzten beiden Jahrzehnten wenige Rechtsakte mit substanziellen Neuregelungen arbeitsrechtlicher Natur auf europäischer Ebene gegeben. Dafür lassen sich eine Reihe von Faktoren anführen. Ganz entscheidendes Gewicht kommt dabei sicherlich den Schwierigkeiten des Entscheidungsprozesses mit dem Ziel der Erreichung notwendiger Mehrheiten zu. Auch wenn heute nicht mehr das Einstimmigkeitsprinzip gilt, sondern gemäß Art 153 AEUV qualifizierte Mehrheit ausreichend ist, ist es angesichts der Zahl von bis zum Austritt des Vereinigten Königreichs 28 Mitgliedstaaten schwierig, den nötigen Konsens zu erreichen. Zutreffend hat Weiss darauf hingewiesen, dass in den Anfangszeiten des europäischen Projekts die ökonomische Situation in den Mitgliedstaaten relativ homogen war, die aktuelle Wirtschaftslage aber von großen Unterschieden gekennzeichnet ist. Und gerade in einem so sensiblen und konfliktträchtigen Bereich wie dem Arbeitsrecht führe diese Heterogenität zu höchst unterschiedlichen Interessen der einzelnen Mitgliedstaaten, dass selbst eine qualifizierte Mehrheit kaum mehr zustande kommen kann.[253] Ein besonders anschauliches Beispiel für das Scheitern von Reformprozessen aufgrund mangelnder Mehrheitsverhältnisse stellten die Versuche zur Änderung der RL 2003/88/EG über Fragen der Arbeitszeit dar.[254] Auch der Entscheidungsprozess selbst hat nunmehr gegenüber früher zusätzliche Hürden zu nehmen. Mit dem Protokoll über die Anwendung der Grundsätze der Subsidiarität und der Verhältnismäßigkeit zum Lissabon-Vertrag[255] ist die europäische Gesetzgebung erschwert worden, weil nach dem Vorschlag der Kommission gleichzeitig die nationalen Parlamente eingeschaltet werden müssen und ein Drittel der Stimmen aller Mitgliedstaaten zur Zurückweisung des Vorschlags führt.[256] Aufgrund von Art 154 und 155 AEUV und mit dem darin vorgesehenen Gesetzgebungsmodell durch Rahmenvereinbarungen der europäischen Sozialpartner waren große Hoffnungen verbunden, zumal sich in den 90er Jahren mit der Rahmenvereinbarung über Teilzeit und befristete Arbeitsverhältnisse das Modell Bahn zu brechen schien. Wenn man einmal von marginalen Änderungen bereits bestehender Rahmenvereinbarungen absieht, kann man sagen, dass seit 17 Jahren kein solcher Rechtsakt mehr zustande gekommen ist.[257]

253 *Weiss* in: *Kohte/Absenger* (Hg), 2015, 368.

254 Umfassend dazu *Horst*, Die gescheiterte Novellierung der Arbeitszeitrichtlinie, Arbeitspapiere zur europäischen Integration, 2011.

255 Protokoll Nr 1 und 2.

256 Vgl dazu sehr prägnant und kritisch *Weiss* in: *Kohte/Absenger* (Hg), 369.

257 Schon 2009 sprach *Bercusson* von einem absturzmäßigen Niedergang des sozialen Dialogs nach den verbindlichen Vereinbarungen in der Zeit von 1996 bis 1999, s *Bercusson*, European Labour Law, 562 und 635. Ebenso pessimistisch *Weiss* in: *Kohte/Absenger* (Hg), 370: „Dieser gesetzgeberische Sonderweg für das Arbeits-

In einer Zeit ausbleibender Gesetzgebung kommt naturgemäß dem Gerichtshof der Europäischen Union große Bedeutung zu. Dabei richtet sich der Blick auf den Gerichtshof in der Erwartung, dass die GRC ein stärkeres Gewicht in seiner Rechtsprechung bekommt. Beim jetzigen Stand der Entwicklung ist allerdings nicht abzusehen, inwieweit die Heranziehung der Charta Auswirkungen in der Rechtsprechung des Gerichtshofs haben wird, wobei die in Art 51 GRC enthaltene Beschränkung der Charta als Prüfungsmaßstab sicherlich einen wesentlichen Faktor darstellt.

Mit Blick auf die Entwicklungen des europäischen Arbeitsrechts in den beiden ersten Jahrzehneten des neuen Milleniums haben viele Autoren ihre große Skepsis zum Ausdruck gebracht.[258] In dem führenden italienischen Lehrbuch über das europäische Arbeitsrecht wird von einer Aufweichung der Rechtsinhalte und dem Entstehen von soft law gesprochen, gekennzeichnet durch Leitlinien und Benchmarks, und die Autoren sehen diese Entwicklung wesentlich politisch motiviert, dh aus der Notwendigkeit, fortwährende nationale Widerstände gegen normative Gemeinschaftsakte zu umgehen, in der Hoffnung, so die Schwierigkeiten legislativer Harmonisierung, aber auch die zu konstatierenden Schwächen der Praxis des sozialen Dialogs zu überwinden.[259]

Wenn wir europäisches Arbeitsrecht als die Beeinflussung des nationalen Arbeitsrechts durch den europäischen Gesetzgeber im Wege von Verordnungen und Richtlinien begreifen, so haben die im Zuge der Bewältigung der Finanzkrise ergangenen Rechtsakte und ergriffenen Maßnahmen in das arbeitsrechtliche Geschehen eine neue Dimension hineingewebt.[260] Diese Rechtsakte und Maßnahmen haben primär Bereiche betroffen und erfasst, die durch die europäische Wirtschafts- und Währungsunion markiert sind. In ihrem Gefolge haben sie aber auch entweder direkt oder indirekt Einfluss auf die nationalen Arbeitsrechts- und Sozialrechtsordnungen genommen. Zudem sind dabei Akteure in Aktion getreten, denen keine europäische Rechtsetzungskompetenz, jedenfalls nicht auf dem Gebiet des Arbeitsrechts, zukommt.[261] Betroffen waren vor allem solche Mitgliedstaaten der EU, die in wirtschaftlicher Bedrängnis finanzielle Unterstützung von der

recht berechtigt zu keinerlei Hoffnungen im Hinblick auf die Entwicklung des europäischen Sozialmodells".

258 *Weiss* in: *Kohte/Absenger* (Hg), 370 schreibt: „Arbeitsrechtliche EU-Gesetzgebung, so will es scheinen, wird künftig eher eine Rarität bleiben und ganz sicher nicht in höchst kontroverse Bereiche wie etwa Bestandsschutz vorstoßen."

259 *Roccella/Treu/Aimo/Izzi*, Diritto del lavoro, S. 19.

260 S dazu oben.

261 Vgl zu den Mechanismen und Kompetenzen auf diesem Gebiet *Martínez-Yáñez*, ELLJ, 2016, 523 ff.

EU erhalten wollten. Im Mittelpunkt stand dabei Griechenland,[262] aber auch Italien musste Eingriffe in das nationale Arbeitsrecht, insbesondere das Kündigungsrecht und das kollektive Arbeitsrecht, akzeptieren.[263]

Bei aller berechtigtigten Skepsis und Kritik der Entwicklungen dürfen andererseits auch die gesetzgeberischen Aktivitäten der Jahre 2018 und 2019 nicht ausser Acht gelassen werden. Und nicht vergessen werden sollte die Rolle des Gerichtshofs der EU. Zahlreiche Entscheidungen sind zuletzt ergangen, die konsequent nationales Arbeitsrecht auf den europäischen Prüfstand gestellt haben, mit Ergebnissen, die bei den Mitgliedstaaten und ihren maßgeblichen Kreisen nicht durchweg Beifall gefunden haben.[264] Besondere Beachtung verdient der Zugriff des EuGH auf die GRC.[265]

2. Die Säule sozialer Rechte

Ein neuer Versuch, die Arbeitsrechtsentwicklung (sowie den Sozialschutz) auf europäischer Ebene voranzutreiben, wurde durch die Einführung einer Säule sozialer Rechte unternommen. Sie wurde im April 2017 in einer Mitteilung der Kommission vorgestellt.[266] Sie wurde vom Kommissionspräsidenten Juncker mit den Worten eingeleitet: „Wir müssen die Arbeiten an einem fairen und wahrhaft europäischen Arbeitsmarkt vorantreiben. In diesem Zusammenhang möchte ich eine europäische Säule sozialer Rechte entwickeln, die die sich verändernden Realitäten in den europäischen Gesellschaften und in der Arbeitswelt widerspiegeln und die uns als Kompass für eine erneute Konvergenz innerhalb des Euro-Raums dienen kann. Diese europäische Säule sozialer Rechte sollte das ergänzen, was wir gemeinsam zum Schutze der Arbeitnehmer in der EU erreicht haben. Ich glaube, wir tun gut daran, mit dieser Initiative innerhalb des Euro-Raums zu beginnen und anderen EU-Mitgliedstaaten anzubieten, sich anzuschließen, wenn sie es wünschen."

Die Säule sozialer Rechte[267] besteht aus zwanzig festgeschriebenen Grundsätzen und Rechten, die in drei Kategorien unterteilt sind:

- Chancengleichheit und Arbeitsmarktzugang
- faire Arbeitsbedingungen
- Sozialschutz und soziale Inklusion.

262 Vgl dazu *Aliprantis*, AuR 2016, 180 ff.

263 Vgl dazu *Nogler*, AuR 2014, 141.

264 Man denke etwa an die Urteile EuGH Rs C-55/18 (CCOO), EU:C:2019:402 (Arbeitszeiterfassung); Rs C-414/16 (Egenberger), EU:C:2018:257 (Ungleichbehandlung wegen Religion); Rs C-68/17 (IR), EU:C:2018:696 (Kündigung wegen Wiederheirat nach Scheidung).

265 S. dazu oben VII.A.

266 KOM (2017) 250 endg.

267 Zu einer ausführlichen Darstellung s *Eichenhofer*, ZESAR 2018, 401 ff.

Die Säule sozialer Rechte wird von der Kommission als Empfehlung (Art 292 AEUV) ausgesprochen. Unter 3. der Mitteilung legt die Kommission den politischen und rechtlichen Charakter der Säule dar. Dabei weist sie darauf hin, dass für Gebiete wie das Arbeitsrecht Mindestlöhne, Bildung und Erziehung, Gesundheitsfürsorge sowie die Organisation der Sozialschutzsysteme in erster Linie oder sogar ausschließlich die Mitgliedstaaten und in vielen Bereichen die Sozialpartner zuständig sind. Sie tragen deshalb auch auf diesen Gebieten, die zur europäischen Säule sozialer Rechte gehören, die finanzielle Hauptlast. Dies entspreche den Grundsätzen der Subsidiarität und der Verhältnismäßigkeit im Verhältnis von Union und Mitgliedstaaten. Klargestellt wird auch, obwohl dies durch den Charakter einer Empfehlung bereits festgelegt ist, dass die in der Säule festgeschriebenen Grundsätze und Rechte für die Bürgerinnen und Bürger, für Behörden sowie für die Sozialpartner auf allen Ebenen von Interesse sind, aber nicht unmittelbar durchsetzbar, vielmehr müssen sie auf der geeigneten Ebene in entsprechende Maßnahmen und/oder separate Rechtsvorschriften umgesetzt werden. Betont wird auch der Zusammenhang mit dem Europäischen Semester für die Koordinierung der Wirtschaftspolitik. Soziale Erwägungen – so die Mitteilung – würden seit Amtsantritt der gegenwärtigen Kommission in das Europäische Semester für die Koordinierung der Wirtschaftspolitik aufgenommen und verstärkt berücksichtigt. Die Analyse und die Empfehlungen würden die Grundsätze der Säule widerspiegeln und sie durch Bewertung, Überwachung und Vergleich der Fortschritte bei ihrer Umsetzung fördern. In einer Reihe von Bereichen würden ein Benchmarking und der Austausch bewährter Verfahren durchgeführt, etwa bei den Beschäftigungsschutzgesetzen, bei den Leistungen bei Arbeitslosigkeit, bei Mindestlöhnen, beim Mindesteinkommen und bei Kompetenzen. Wichtig ist die Betonung, dass die europäische Säule sozialer Rechte als Teil der Bemühungen um einen neuen Konvergenzprozess innerhalb der Wirtschafts- und Währungsunion angesehen wird. Hierzu sind ein qualitativ hochwertiges System der allgemeinen und beruflichen Bildung sowie gut funktionierende Arbeitsmärkte notwendig, die eine reibungslose Ressourcenallokation ermöglichen, aber auch die Einrichtung gut konzipierter Sozialschutzsysteme für eine wirksame automatische Stabilisierung, zur Verhütung und Verringerung von Armut und zur Unterstützung der Wiedereingliederung in den Arbeitsmarkt.

Der Realisierung der Säule sozialer Rechte soll begleitend eine Arbeitsunterlage der Kommissionsdienststellen dienen.[268] Das Dokument ist so aufgebaut, dass es die Elemente zu den drei Kapiteln Chancengleichheit und Arbeitsmarktzugang, faire Arbeitsbedingungen und Sozialschutz ein-

268 SWD (2017) 201 endg.

schließlich soziale Inklusion auflistet. Dabei wird einem einheitlichen Schema gefolgt: Zunächst wird der Besitzstand der Union zu dem jeweiligen Element dargestellt, in einem zweiten Schritt die Grundsätze und Rechte der Säule vorgestellt, die in der Regel über den Acquis communautaire hinausgehen und schließlich die mögliche Umsetzung der Säule skizziert.

Vor dem Hintergrund, dass der EuGH in seiner Rspr zur Begründung und Ausgestaltung wesentlicher Grundsätze des Sozialrechts der Union verschiedene rechtlich unverbindliche Quellen herangezogen hat, wird in der Literatur vertreten, dass auch die Säule sozialer Rechte als Auslegungshilfe zur Bestimmung wesentlicher Grundsätze des Sozialrechts der EU Berücksichtigung finden könnte.[269] Dieser Auffassung kann durchaus beigepflichtet werden. Da die Säule den Charakter einer Empfehlung hat und von der Kommission der rechtliche Charakter unterstrichen wurde, könnte der EuGH sie als Auslegungsinstrument benutzen so wie er das in der Vergangenheit bei Empfehlungen getan hat.[270]

Die Errichtung einer Säule sozialer Rechte ist sicherlich ein begrüßenswertes Unternehmen. Ihre Begründung verschweigt die Defizite des bisherigen Rechtszustands auf dem Gebiete des europäischen Arbeitsrechts nicht. Und auch die Zielrichtung zu den einzelnen Bereichen verdient Zustimmung und Unterstützung. Die gesamte Anlage und die Umsetzung der Säule bringen aber auch deutlich zum Ausdruck, dass die Kommission eine Lösung durch Rechtsetzung auf europäischer Ebene, wie sie bis etwa das Jahr 2002 und danach immer wieder vereinzelt möglich war, gar nicht erst ins Kalkül gezogen hat[271]. Die Dokumente zur Säule sozialer Rechte wollen aber zumindest der Resignation entgegenwirken. Auch wenn die politischen Umstände und die Situation der Europäischen Union im Moment wenig Anlass zur Hoffnung geben, wird der Versuch unternommen, an die zuständigen nationalen Instanzen zu appellieren, ihren Beitrag zu einem sozialen Europa zu leisten.[272]

Dass die Kommission es mit der Säule ernst meint, zeigt ihr Vorschlag vom März 2018 für eine Empfehlung des Rates zum Zugang zum Sozialschutz für Arbeitnehmer und Selbständige.[273] Hierbei wird Grundsatz 12

269 In diesem Sinne *Mulder,* ZESAR 2019, 212 ff.

270 Vgl etwa EuGH Rs C-322/88 (Grimaldi), EU:C:1989:646 Rn 18 ff betreffend die Europäische Liste der Berufskrankheiten und die Empfehlung 66/262 der Kommission vom 20.7.1966.

271 Daran ist zu Recht Kritik geübt worden, vgl Lörcher, AuR 2017, 387 ff.

272 Vgl zu einer ausgewogenen Einschätzung des Ansatzes der Säule sozialer Rechte *Schmitt,* Droit social, 715 f.

273 KOM (2018) 132 endg. Ausführlich zu diesem Vorschlag *Maier/Wolfgarten/Wölfle,*ZESAR, 2018, 259 ff.

der Säule aufgegriffen, wonach unabhängig von der Art und Dauer ihres Beschäftigungsverhältnisses Arbeitnehmer und Arbeitnehmerinnen und unter vergleichbaren Bedingungen Selbständige das Recht auf angemessenen Sozialschutz haben sollen. Angesichts der zunehmenden Ausweitung der gig Economy[274] kann dies nicht genug unterstrichen werden. Dies hat auch der Rat mit der Annahme des Vorschlags zum Ausdruck gebracht[275] In ihrer 28 Erwägungsgründe umfassenden Präambel macht die Empfehlung sichtbar, wie wichtig die Realisierung ihrer Ziele angesichts der zunehmenden atypischen Beschäftigungsformen von Arbeitnehmern in der gig economy und der Tatsache ist, dass Selbständige in einigen Mitgliedstaaten vollständig vom formellen Zugang zu wichtigen Sozialschutzsystemen ausgeschlossen sind.[276]

3. Die Europäische Arbeitsbehörde (EAB)

a) Zur Entstehungsgeschichte

Im März 2018 hat die EU-Kommission einen Vorschlag zur Errichtung einer EAB unterbreitet.[277] In der Begründung wird betont, dass die EU ein umfangreiches Regelwerk für die Freizügigkeit von Arbeitnehmern, die Entsendung von Arbeitnehmern und zur Koordinierung der sozialen Sicherheit geschaffen habe. Allerdings bestünden Bedenken im Hinblick auf die Einhaltung und wirksame Durchsetzung von EU-Bestimmungen, die das Vertrauen und die Fairness im Binnenmarkt zu gefährden drohen. Bedenken werden insbesondere im Hinblick auf mobile Arbeitnehmer geäußert, die oftmals Missbrauch zum Opfer fallen oder denen Rechte verweigert werden, sowie auf Unternehmen, die in einem ungewissen oder unklaren geschäftlichen Umfeld und unter ungleichen Ausgangsbedingungen operieren. Deshalb versteht sich die EAB als Institution, die weitreichende Non-Compliance bei der Verwirklichung der Arbeitnehmerfreizügigkeit und der Anwendung der Entsenderegeln beseitigen will. Das Kommissionspapier betrachtet die Errichtung der Behörde auch unter dem Blickwinkel des Subsidiaritätsprinzips als notwendig. Sie sieht die Bereitstellung hochwertiger und aktueller Informationen und Dienste gegenüber der Öffentlichkeit über deren Rechte und Pflichten bei grenzüberschreitenden Sachverhalten nur als auf der Unionsebene erreichbar an. Das Gleiche gilt für die

274 Zur Thematik etwa *Crouch,* Will the gig economy prevail?, 2019; Rechtsvergleichend s *Waas,* AuR 2018, 548 ff.

275 Empfehlung des Rates vom 8.11.2019 zum Zugang zum Sozialschutz für Arbeitnehmer und Selbständige, ABlEU Nr L 387/1.

276 Vgl Erwägungsgrund 19.

277 KOM (2018) 131.

dringend notwendige Zusammenarbeit zwischen den Mitgliedstaaten bei der Anwendung von Unionsrecht, die auf eine supranationale Koordinierung angewiesen ist.

Die Kommission hat zur Vorbereitung ihres Vorschlags für die Errichtung einer EAB eine öffentliche Konsultation durchgeführt.[278] Sie konnte eine breite Zustimmung bei den Antworten konstatieren. Nach der Durchführung einer intensiven Folgenabschätzung[279] hat die Kommission im März 2018 ihren Vorschlag zur Errichtung einer EAB vorgelegt.

Interessant sind hierzu die Stellungnahmen der Europäischen Sozialpartner, EGB und Business Europe. In seinem Beschluss vom 12. April 2018 unterstützt der EGB die Errichtung einer – wie er sich ausdrückt – starken EAB. Er begrüßt die Ziele der EAB wie insbesondere die Forderung von Information im Kampf gegen Missbrauch und Betrug. Es dürfe aber keinesfalls zu einer Einmischung in Angelegenheiten führen, für die Sozialpartner auf nationaler Ebene zuständig sind.[280] Im Übrigen erwartet der EGB eine stärkere Rolle der EAB ebenso wie der europäischen und nationalen Sozialpartner. Das macht der Beschluss insbesondere bei den konzertierten und gemeinsamen Inspektionen auf europäischer Ebene fest. Im Gegensatz zur Kommission wünscht sich der EGB den obligatorischen Charakter solcher Inspektionen und befürwortet ein Antragsrecht der Gewerkschaften.

Business Europe stand der Errichtung der EAB ablehnend gegen über. Es bezweifelt den Mehrwert einer neuen Behörde zur Lösung der Probleme, bevorzugt vielmehr die Stärkung der Kooperation und Koordination der bestehenden Institutionen, insbesondere der Verwaltungskommission der Koordinierung der sozialen Sicherheit und von EURES.

Im Februar 2019 konnte im Trilog eine Einigung über die Errichtung der EAB erreicht werden und im April 2019 wurde die Verordnung zur Errichtung einer EAB vom EP und dem Rat beschlossen. Rechtliche Grundlage der EAB ist die am 20. Juni 2019 erlassene Verordnung (EU) 2019 /1149 zur Errichtung einer EAB und zur Änderung der Verordnungen (EG) 883/2004, (EU) 492/2011 und (EU) 2016/589 sowie zur Aufhebung des Beschlusses (EU) 2016/344.[281] Auf Grund des in Art 43 VO 2019 /1149 vorgeschriebenen Sitzabkommens ist, ist die slowakische Hauptstadt Bratislava als Sitz

278 Der allergrößte Teil der 8.809 eingegangenen Antworten stimmte überein, weil sie aus einer vom Europäischen Gewerkschaftsbund initiierten Kampagne herrührten.

279 Vgl dazu Impact Assessment SWD (2018) 68.

280 *"Assistance by the ILA is welcomed; respect for national industrial systems is an absolute ETUC red line."*

281 ABl L 2019/186, 21 vom 11.7.2019.

der EAB bestimmt worden. Die EAB hat ihre Tätigkeit im November 2019 aufgenommen.

b) Die wesentlichen Ziele und Aufgaben der EAB

Das erste der in Art 2 der VO 2019/1149 formulierten Ziele der EAB besteht in der Erleichterung des Zugangs zu Informationen über Rechte und Pflichten in Verbindung mit der unionsweiten Arbeitskräftemobilität sowie über einschlägige Dienste. Die Konkretisierung dieses Ziels erfolgt in den Art 5-7, wobei der Koordinierung von EURES besondere Bedeutung zukommt.

Das zweite Ziel ist auf die Zusammenarbeit der Mitgliedstaaten bei der grenzüberschreitenden Durchsetzung einschlägiger Unionsvorschriften gerichtet. Zentraler Punkt ist dabei die Unterstützung bei der Durchführung gemeinsamer Kontrollen. Sie sollen aber nicht verbindlich angeordnet werden können, sondern setzen die Zustimmung des jeweiligen Mitgliedstaats voraus.[282]

Ein drittes Ziel und Aufgabenfeld weist der EAB eine Vermittlerrolle bei Streitigkeiten zwischen ein oder mehreren Mitgliedstaaten über die Anwendung von Unionsrecht zu. Hierzu sieht Art 13 ein Mediationsverfahren vor, das auf Antrag eines oder mehrerer Mitgliedstaaten von der EAB eingeleitet werden kann. Auch dieses Verfahren kann aber nur bei Zustimmung jedes betroffenen Mitgliedstaats durchgeführt werden.

Sehr wichtig ist schließlich die vierte Zielsetzung, die in der Unterstützung der Zusammenarbeit der Mitgliedstaaten bei der Bekämpfung nicht angemeldeter Erwerbsarbeit besteht. Institutionell ist diese Aufgabe der Europäischen Plattform zur Stärkung der Zusammenarbeit bei der Bekämpfung nicht angemeldeter Erwerbstätigkeit überantwortet.[283]

c) Die Administration der EAB

Die Verwaltung der EAB, die eine eigene Rechtspersönlichkeit besitzt (Art. 3), besteht aus dem Verwaltungsrat, dem Exekutivdirektor und einer Gruppe der Interessenträger. Letztere ist der EAB angegliedert und hat beratende Funktion.[284] Wie aus der Präambel hervorgeht[285], soll die EAB über eine eigens geschaffene Gruppe der Interessenträger unmittelbar auf das Fachwissen einschlägiger Interessenträger zurückgreifen. Die Mitglieder der Gruppe sollen Vertreter der Sozialpartner auf Unionsebene sein, darun-

282 S dazu die Art 8 und 9.
283 Vgl dazu Art 12 und 16 der VO 2019/ 1149.
284 S Art 23 VO 2019/1149.
285 Erwägungsgrund 33 der Präambel.

ter anerkannte branchenspezifische Sozialpartner der Union, die Branchen vertreten, die in besonderem Maße von Problemen der Arbeitskräftemobilität betroffen sind.

Die Errichtung der EAB ist mit Hoffnungen, aber auch mit Skepsis begleitet worden. Ob sie zu einer effizient gesteuerten Freizügigkeit und zu einer wirksamen Durchsetzung von Vorschriften, insbesondere in dem von Mißbrauch geprägten Entsendesektor beitragen kann oder eher Parallelstrukturen ohne Mehrwert entstehen,[286] bleibt abzuwarten. Denn die machtvollen Befugnisse, die der EGB gefordert hatte, sind der EAB nicht zugeteilt worden. Und die Bedenken, die Business Europe zu seiner Forderung nach einem Ausbau und Verstärkung bestehender Strukturen an Stelle einer weiteren Behörde formuliert hatte, haben Gewicht. Auch im Schrifttum wird diese Gefahr gesehen.[287]

4. Brexit und das europäische Arbeitsrecht

Das Vereinigte Königreich hat die EU gemäß Art 50 EUV zum 31. 1. 2020 verlassen. Bis zum Ende dieses Jahres läuft eine Übergangsfrist, in der das EU-Recht weiterhin Bestand hat. Dann endet eine Geschichte, in der ein Mitgliedstaat sehr lange gebraucht hat (was allerdings auch an dem Nein de Gaulles lag), um sich überhaupt zur Mitgliedschaft in der EG anzuschließen. Im Zeitpunkt des Beitritts (1973) war das Land genauso gespalten wie heute.[288] Die Zugehörigkeit zur EG/EU ist nie eine Herzensangelegenheit der Regierenden, aber ebenso wenig großer Teile der Bevölkerung gewesen. Am 1. Februar 2020 schrieb ein namhafter Journalist in der Financial Times, dass sich Großbritannien auch nach dem Beitritt im Jahr 1973 nicht davon überzeugt hatte, warum es das gemacht hatte. Das ist gerade auch mit Blick auf das Europäische Arbeits- und Sozialrecht zu betonen. Interessanterweise war die Mehrheit der Labour Party gegen den Beitritt, da sie Nachteile für die Arbeitnehmer befürchtete, insbesondere auch im Hinblick auf das Sozialrecht, von dem sie eine stärkere Beitragsbelastung und eine Abkehr von dem Beveridgemodell der sozialen Sicherheit befürchtete.

Auf dem Gebiet des Europäischen Arbeitsrechts hat sich das Vereinigte Königreich fast immer als Gegner europäischer Rechtssetzung erwiesen. Das gilt im Besonderen für die Regierungszeit *Margaret Thatchers*. Sie hatte ja im eigenen Land die Gewerkschaften massiv bekämpft und ihre Rechte beschnitten. Augenfälligster Beweis für die grundlegenden Differenzen während ihrer Regierungszeit gegenüber den sozialpolitischen Aktivitäten

286 So die Formulierung bei *Wolfgarten*, ZESAR 2019, 414 (419).
287 Vgl etwa *Ojeda Avilés*, Trabajo y Derecho, 2020, 58 ff.
288 Vgl dazu *Edgerton*, The Rise and Fall of the British Nation, 2019, S 271 ff.

auf europäischer Ebene war das Fernbleiben des Vereinigten Königreichs von der im Jahr 1989 von den übrigen 14 Mitgliedstaaten in Straßburg verabschiedeten Gemeinschaftscharta der sozialen Grundrechte der Arbeitnehmer. Die spätere Regierung Blair übernahm zwar den arbeitsrechtlichen acquis communitaire. Zu Beginn des neuen Milleniums tat sich diese Regierung jedoch insbesondere dadurch hervor, dass sie die Verabschiedung verschiedener Richtlinienvorschläge blockierte, zB die Richtlinie für die Anhörung und Unterrichtung der Arbeitnehmer, deren Verabschiedung sie erst nach Erhalt zahlreicher Konzessionen zustimmte. In gleicher Weise blockierte sie über Jahre hinweg die Verabschiedung der Leiharbeitsrichtlinie, bis sie Konzessionenn erhielt, insbesondere die Möglichkeit einer Wartezeit für die Geltung des Gleichbehandlungsgrundsatzes.

Der Austritt des Vereinigten Königreichs aus der EU wurde von einem Austrittsabkommen mit der EU begleitet,[289], das mit dem European Union (Withdrawal Agreement) Act 2020 in britisches Recht umgesetzt wurde. Unter dem Blickwinkel des Europäischen Arbeitsrechts ist Teil II des Austrittsabkommens von besonderer Bedeutung, insbesondere die Art 10–24. Der persönliche Anwendungsbereich dieser Vorschriften erfasst alle Unionsbürger, die ihr Recht auf Aufenthalt im Vereinigten Königreich vor Ende des Übergangszeitraums im Einklang mit Unionsrecht ausgeübt haben und danach weiter dort wohnen bleiben oder Unionsbürger, die ihr Recht als Grenzgänger vor dem Ende der Übergangszeit nach Unionsrecht wahrgenommen haben (Art. 10 Abs. 1 lit. a),[290]. Erfasst sind naturgemäß auch britische Staatsangehörige, die ihr Recht auf Aufenthalt in einem Mitgliedstaat vor Ende des Übergangszeitraums im Einklang mit dem Unionsrecht ausgeübt haben und danach weiter dort wohnen; Für diesen Personenkreis gilt ein umfassendes Diskriminierungsverbot in Anlehnung an Art 18 AEUV (Art 11).

Art 13 und 14 verschaffen diesem Personenkreis das Recht auf Ein-und Ausreise sowie den Aufenthalt im Vereinigten Königreich bzw. in einem anderen Aufnahmestaat unter weitgehender Anwendung der nach bisherigem Unionsrecht geltenden Vorschriften des Art 45 AEUV und der RL 2004/38. Ähnlich wie die gestuften Aufenthaltsrechte nach der RL 2004/38 normiert das Austrittsabkomen in Art 15 ein Daueraufenthaltsrecht, das wie die Vorschriften der Art 16 ff RL 2004/38 einen ununterbrochenen[291] recht-

---

289 S Abkommen über den Austritt des Vereinigten Königreichs Großbritannien und Nordirland aus der Europäischen Union und der Europäischen Atomgemeinschaft, ABl v 31.1.2020 L 29/7.

290 Für Familienangehörige gelten zahlreiche Einschränkungen, vgl Art 10 Abs 1 lit e) und f).

291 Unschädlich sind Zeiten der Unterbrechung nach Art 15 Abs 2 des Abkommens iVm Art 16 Abs 3 und Art 21 RL 2004/38.

mäßigen fünfjährigen Aufenthalt im Vereinigten Königreich voraussetzt. Für Unionsbürger, die einen rechtmäßigen Aufenthalt von weniger als fünf Jahren zurückgelegt haben, eröffnet Art 16 das Recht auf Daueraufenthalt unter den Voraussetzungen des Art 15 zu erwerben, sobald sie die erforderlichen Aufenthaltszeiten vollendet haben. Bei beiden Konstellationen des Aufenthaltsrehcts werden Zeiten des rechtmäßigen Aufenthalts oder der Erwerbstätigkeit im Einklang mit dem Unionsrecht vor und nach Ende des Übergangszeitraums angerechnet.[292]. Eine Änderung des Status, zB als Student, Arbeitnehmer, Selbständiger oder Nichterwerbsperson ändert am Erwerb der Rechte nichts (Art 17).

Von Unionsbürgern, die einen neuen Aufenthaltsstatus nach den vorbezeichneten Vorschriften erwerben wollen, kann nach Art 18 eine Antragstellung verlangt werden. Dieser Antrag muss bis spätestens 30. Juni 2021 gestellt werden. Während des Übergangszeitraums kann kann gestattet werden, dass ab dem Tag des Inkrafttretens dies Abkommens, also ab 1. 2. 2020 auf freiwilliger Basis ein Antrag auf einen Aufenthaltsstatus nach Art 18 gestellt wird. Ein solches interesse eines Unionsbürgers ist naheliegend, um Klarheit hinsichtlich des Aufenthaltsrehcts zu schaffen.

Entsprechend diesen Statusregelungen im Austrittsabkommen hat das Vereinigte Königreich in einem EU Settlement Scheme zwei Arten von Status für einen Verbleib von Unionsbürgern und ihnen Gleichgestellten vorgesehen. Der *settled status* setzt voraus, dass die betroffene Person am 31. 12. 2020 seinen Wohnsitz im Vereinigten Königreich und davor fünf Jahre dort gewohnt hat.[293] Wer den *settled status* erlangt hat, ist berechtigt, dauerhaft dort Aufenthalt zu nehmen.

Vorausgesetzt eine Person hat am 31. 1. 2020 seinen Wohnsitz im Vereinigten Königreich, aber der Wohnsitz besteht kürzer als fünf Jahre, erhält sie *pre-settled status.* Mit dem Zeitpunkt der Erlangung dieses status wird die Berechtigung erworben, so lange im Land zu verbleiben, bis die 5-Jahresfrist erreicht ist. In diesem Zeitpunkt wandelt sich der *pre-settled* status in den *settled status.*

Jede der beiden Statuskonstellationen berechtigt die Inhaber zu abhängiger oder selbständiger Tätigkeit im Vereinigten Königreich, zur Inanspruchnahme des Nationalen Gesundheitsdienstes (NHS), zur Aufnahme oder Forstsetzung einer Ausbildung, Zugang zu bestimmten Leistungen und Pensionen, wenn die dafür vorgesehenen Leistungsvoraussetzungen erfüllt sind, und das Reisen in und außerhalb des Vereinigten Königreichs.

292 Vgl Art 15 Abs 1 S 2 und Art 16 S 2.
293 Sog continuous residence.

Für die Zeit nach dem 31. 1. 2020 hat die britische Regierung bereits einen Gesetzentwurf für ein neues Einwanderungsrecht vorgelegt.[294] Teil 1 s 1 des Entwurfs verfügt die Beendigung des gesamten EU-Freizügigkeitsrechts, einschließlich aller Vorschriften, welche die Einwanderung zum Inhalt haben. Die betroffenen Vorschriften des EU-Rechts werden im Anhang 1 aufgelistet. Der Beginn der Aufhebung des EU-Rechts wird gemäß s 8 einer gesonderten Regelung des Secretary of State vorbehalten. In der Gesetzesbegründung wird der Wille der Regierung bekundet, den neuen Rechtszustand am 1. 1. 2021 eintreten zu lassen.[295]Von diesem Zeitpunkt an bedürfen alle Unionsbürger zur Ausübung einer abhängigen Beschäftigung oder einer selbständigen Tätigkeit eine Einreise-und Arbeitserlaubnis, soweit sie nicht *pre-settled* oder *settled status* besitzen. In der Gesetzesbegründung wird auf das Manifest der Regierung aus dem Jahr 2019 hingewiesen, wonach ein neues Punktesystem für Einwanderer geschaffen werden soll, „to attract the brightest and best talents from around the world."[296] Hierzu wurde das Migration Advisory Committee (MAC) zu einem Bericht mit Empfehlungen aufgefordert. Dieser wurde am 28. 1. 2020 vorgelegt.[297] Das umfangreiche Papier sieht ein sehr differenziertes Punktesystem vor, das auf dem Vorliegen bestimmter jobrelevanter Kriterien, einschließlich der Beherrschung der englischen Sprache basiert. Grundsätzlich müssen alle Bewerber ein Jobangebot sowie ein Gehalt von mindestens 25 000 £ vorweisen. Bei Mangelberufen kann das Minimum niedriger angesetzt werden.

294 Immigration and Social Security Co-ordination (EU Withdrawal) Bill 2019-21.
295 Explanatory Note, Policy background, Nr 8.
296 Explanatory Note, Policy background, Nr 11.
297 MAC, A Point-Based System and Salary Thresholds for Immigration, 2020.

Zweiter Teil Regelungsbereiche des Europäischen Arbeitsrechts

Literatur: *Adinolfi*, Free movement and access to work of citizens of the new Member States: The transitional measures, CMLRev 2005, 469 ff; *Barnard,* The Substantive Law of the EU – The Four Freedoms, 6. Aufl 2019; *Becker,* Arbeitnehmerfreizügigkeit, in: *Ehlers* (Hg), Europäische Grundrechte und Grundfreiheiten, 4. Aufl 2014, § 9, S 355 ff; *Birk* in: *Lenz* (Hg), EG-Handbuch, 2. Aufl 1994; *Blanpain/Schmidt/Schweibert*, Europäisches Arbeitsrecht, 2. Aufl 1996; *Bleckmann*, Europarecht, 6. Aufl 1997; *Boelaert-Suominen*, Non-EU nationals and Council Directive 2003/109/EC on the status of third-country nationals who are long-term residents: Five paces forward and possibly three paces back, CMLRev 2005, 1011 ff; *Bonnechère*, The right of residence in the context of freedom of movement in the community, in: *Carlier/Verwilghen* (Hg), Thirty years of free movement of workers in Europe, 2011, 166 f; *Breitenmoser/Weyeneth,* Die Abkommen zwischen der Schweiz und der EU, EuZW 2012, 854 ff; *Broberg/Christensen,* Free Movement in the European Union, 5. Aufl 2016, 595 ff; *Carlier/Verwilghen*, Thirty years of free movement of workers in Europe, 2000; *Carrera*, What does free movement mean in theory and practice in an enlarged EU, ELJ 2005, 699 ff; *Craig/de Búrca*, EU Law, 6. Aufl 2015; *Dienelt* in *Renner/Bergmann/Dienelt* (Hg), Ausländerrecht, 13. Aufl 2020, § 6 FreizüG/EU; *Crouch*, Will the gig economy prevail?, 2019; *Delfino*, Work in the Age of collaborative economy, ELLJ 2018, 346; *Dullinger,* Arbeitnehmerbegriff(e) des Unionsrechts und das österreichische Arbeitsrecht, ZAS 2018, 4; *Epiney*, Das Verbot der Diskriminierung aus Gründen der Staatsangehörigkeit im Personenfreizügigkeitsabkommen, SJZ 2009, Nr 2, 25 ff; *Fairhurst/Vincenzi*, Law of the European Community, 4. Aufl 2003; *Fehrenbacher*, Die Freizügigkeitsregelungen im Rahmen der EU-Erweiterung und ihre ausländerrechtlichen Folgen, ZAR 2004, 22 ff; *Forsthoff* in: *Grabitz/Hilf/Nettesheim* (Hg), Recht der Europäischen Union, 68. Lfg 2019, 60; *Födermayr*, Ausgewählte Rechte türkischer Staatsbürger und ihrer Familienangehörigen nach ARB 1/80, ZESAR 2013, 67; *Franz*, Arbeitsmarktökonomik, 8. Aufl 2013; *Franzen* in: *Streinz*, EUV und EGV-Kommentar, 3. Aufl 2018; *Friedrich*, (Europäisches) Arbeitsrecht und Privatisierungen eines Landeskrankenhauses in: Ziegerhofer/Ferz/Polaschek (Hg),FS Pichler, 2017; *Fuchs*, Arbeitsmigration im Spannungsfeld von nationalstaatlicher und europarechtlicher Regelung, in: *Konzen/Krebber/Raab/Veit/Waas* (Hg), FS Birk, 2008, 115 ff; *ders*, Die Bedeutung und der Einfluss der Arbeitnehmerfreizügigkeit auf das nationale Arbeits-, Sozial- und Steuerrecht, in: *Devetzi/Janda*, FS Eichenhofer, 2015, 172 ff; *ders* in: *Fuchs* (Hg), Europäisches Sozialrecht, 7. Aufl 2018, Art 61 ff VO (EG) Nr 883/2004; *Fuchs/Rutz*, Die Geltung der Arbeitnehmerfreizügigkeit für Beamte, FS Krause, 2006, 267 ff;

Gagel, Freizügigkeitshemmnisse im Konzept der Leistungen bei Arbeitslosigkeit, in: *Schulte/Barwig* (Hg), Freizügigkeit und soziale Sicherheit, 1999; *Giubboni*, La nozione comunitaria di lavoro subordinato, in: *Sciarra/Caruso* (Hg), Il lavoro subordinato, in: *Ajani/Benacchio*, Trattato di diritto privato dell'Unione europea, Bd V, 2009; *Groenendijk*, The growing relevance of Article 39 EC Treaty for third country immigrants, in: *Carlier/Verwilghen* (Hg), Thirty years of free movement, 2000, 207 ff; *Groß*, Das Gesetz über die allgemeine Freizügigkeit von Unionsbürgern, ZAR 2005, 81 ff; *Hailbronner*, Die Unionsbürgerschaft und das Ende rationaler Jurisprudenz durch den EuGH?, NJW 2004, 2185 ff; *Handoll*, Free Movement of Persons in the EU, 1995; *Hießl/Runggaldier*, Grundzüge des europäischen Arbeits- und Sozialrechts, 4. Aufl 2014, 14 ff; *Husmann*, Arbeitnehmerfreizügigkeitsregeln in Assoziationsabkommen der EG, ZAR 2009, 305 ff; *Igl/Ludwig*, Präzisierung der unionsrechtlichen Anforderungen an die Heilberufe, Medizinrecht 2014, 214 ff; *Junker*, Die Einflüsse des europäischen Rechts auf die personelle Reichweite des Arbeitnehmerschutzes, EuZA 2016, 184 ff; *Kluth/Rieger*, Die neue EU-Berufsanerkennungsrichtlinie, EuZW 2005, 486 ff; *Kommission der Europäischen Union*, Bekräftigung der Freizügigkeit der Arbeitnehmer: Rechte und wesentliche Entwicklungen, KOM (2010) 373 endg; *Langer*, Primärrechtliche Regelungen der Dienstleistungsfreiheit, Niederlassungsfreiheit und Freizügigkeit der Arbeitnehmer, NZA-Beilage 2/2005, 83 ff; *Liebman*, Debating the Gig Economy, Crowdwork and New Forms of Work, in: Soziales Recht, 2017; *Lyon-Caen/Lyon-Caen*, Droit social international et européen, 8. Aufl 1993; *Meyer*, Kommentar zur Charta der Grundrechte der EU, 4. Aufl 2014, Art 29; *Minderhoud/Trimikliniotis*, Rethinking the free movement of workers: the European challenges ahead, 2009; *O'Leary*, The Free Movement of Persons and Services, in: *Craig/de Búrca* (Hg), The Evolution of EU Law, 2. Aufl 2011, 499 ff; *Pottschmidt*, Arbeitnehmerähnliche Personen in Europa, Die Behandlung wirtschaftlich abhängiger Erwerbstätiger im Europäischen Arbeitsrecht sowie im (Arbeits-)Recht der EU-Mitgliedstaaten, 2006; *Preis*, § 611 a BGB – Potenziale des Arbeitnehmerbegriffs, NZA 2018, 817; *Reichold*, Europäische Freizügigkeit und nationales Arbeitsrecht, 1997; *Rinck*, Der Arbeitnehmerbegriff im Wandel – Entwicklung und Perspektiven, RdA 2019, 127; *Rodière*, Droit social de l'Union Européenne, 3. Aufl 2008, Rn 174 ff; *Rossi*, The Taxation Aspects of the Free Movement of Persons, in: *Carlier/Verwilghen* (Hg), Thirty Years of Free Movement, 2000; *Schiek*, Europäisches Arbeitsrecht, 4. Aufl 2020; *Schneider/Wunderlich* in: *Schwarze* (Hg), EU-Kommentar, 4. Aufl 2019, Art 45 AEUV; *Seyr* in: *Lenz/Borchardt* (Hg), EUV/AEUV/GRCh, 6. Aufl 2012, Art 56 AEUV; *Schubert*, Neue Beschäftigungsformen in der digitalen Wirtschaft – Rückzug des Arbeitsrechts?, RdA 2019; *Steinmeyer* in: *Fuchs* (Hg), Europäisches Sozialrecht, 7. Aufl 2018, VO (EU) Nr 492/2011; *Straubhaar*, International Labour Migration within a Common Market, JCMS 1988, 45 ff; *Stoor*, Social Rights of Workers and Citizens, in: *Carlier/Verwilgen* (Hg), Thirty Years of Free Movement of Workers in Europe, 2000; *Szymanski*, Gli approcci alla platform economy nel diritto del lavoro americano, in: Diritti Lavori Mercati, 2019 ; *Terhechte*, Arbeitnehmerfreizügigkeit, in: *Schlachter/Heinig*, Europäisches Arbeits- und Sozialrecht, 2016, § 1, 51 ff; *Touffait*, La jurisprudence de la cour de justice de CE en matière de circulation des travailleurs européens qui se déplacent, in: Mélanges offerts à P.H. Teitgen, 1984; *Tscherner*, Arbeitsbeziehungen und Europäische Grundfreiheiten, 2012; *Van der Mei*, Free Movement of Persons Within the European Community, 2003; *Viciconte*, Il sistema generale del riconoscimento dei titoli professionali, in: *Nogler* (Hg), Le attività autonome, in: *Ajani/Benacchio*, Trattato di diritto privato dell'Unione Europea, Bd VI, 2009; *Waas*, Zur rechtlichen Qualifizierung von Beschäftigten in der „Gig Economy" – ein Blick in das Ausland, in: Arbeit und Recht, 2018, 548 ff; *Waltermann*, Arbeitsrecht, 19. Aufl 2018; *Wank*, Die personellen Grenzen des Europäischen Arbeitsrechts: Arbeitsrecht für Nicht-Arbeitnehmer?, EuZA 2008, 172; *Weerth* in: *Lenz/Borchardt* (Hg), EUV/AEUV/GRCh, 6. Aufl 2012, Art 45 AEUV; *Wienbracke*, Innerhalb der Union ist die Freizügigkeit der Arbeitnehmer gewährleistet, EuR 2012, 483; *Weatherill/Beaumont*, EU Law, 3. Aufl 1999; *Wilson*, Die Rechte von Drittstaatsangehörigen nach Gemeinschaftsrecht – Unter besonderer Berücksichtigung des Verhältnisses des Titels IV EG zum EG-Personenfreizügigkeitsrecht und des EuGH-Urteils „Mary Carpenter", 2007.

I. Das Recht der Freizügigkeit der Arbeitnehmer

Die Regelungen über die Freizügigkeit im AEUV müssen vor dem Hintergrund der Bedeutung gesehen werden, die schon von den Gründervätern der Schaffung eines europäischen Arbeitsmarktes beigemessen worden war. Aus der Sicht der ökonomischen Theorie ist die Freizügigkeit der Arbeitnehmer eine Frage der effizienten Ressourcenallokation. Erwartet wird ein Fluss des Arbeitskräftepotenzials aus Ländern mit niedrigeren Löhnen in solche mit höheren Löhnen, sodass sich die Grenzproduktivität der Arbeit innerhalb des Wirtschaftsraums ausgleicht. Die Mobilität des Produktionsfaktors Arbeit ist also das wesentliche Ziel der Freizügigkeitsregeln.[1]

Um zu zeigen, welche tatsächlichen Ströme des Arbeitskräftepotenzials stattfinden, darf darauf hingewiesen werden, dass nach der von der EU geführten Statistik (EUROSTAT) vor 1960 eine halbe Million Arbeitnehmer in einem anderen Mitgliedsland der EG Arbeit aufnahm, die Zahl sich bis 1980 auf 830.000 steigerte, dann bis zum Beginn der 80er Jahre konstant blieb und danach auf 650.000 abnahm.[2] Die berufliche Mobilität innerhalb der EU ist auch weiterhin relativ gering. Gerade einmal 4,2 % der EU-Bevölkerung im erwerbsfähigen Alter leben und arbeiten in einem anderen Mitgliedstaat.[3] Von den insgesamt in der Bundesrepublik Deutschland bestehenden 33.407.262 sozialversicherungspflichtigen Beschäftigungen werden nur 4.172.615 von Ausländern ausgeübt, darunter 2.237,141 von EU-Staatsangehörigen.[4] Die Attraktivität und Bereitschaft, in einem fremden

1 *Oppermann/Classen/Nettesheim*, Europarecht, 7. Aufl 2016, § 27 Rn 1.
2 Vgl *Straubhaar*, JCMS 1988, 45 ff.
3 *Europäische Kommission*, 2019 Annual Report on intra-EU Labour Mobility, https://ec.europa.eu/social/main.jsp?catId=738&langId=de&pubId=8242&further Pubs=yes, 18.
4 Bundesagentur für Arbeit, Beschäftigte nach Staatsangehörigkeiten in Deutschland, Stichtag 30.6.2019, https://statistik.arbeitsagentur.de/nn_31966/SiteGlobals/

Land zu arbeiten, wird offensichtlich nur in geringem Maße durch Freizügigkeitsregeln bestimmt. Zwar sind diese eine unverzichtbare Voraussetzung für die Möglichkeit grenzüberschreitender Tätigkeit. Andere Faktoren spielen aber eine entscheidende Rolle: soziale und kulturelle Unterschiede, Sprachbarrieren, Wohnungsprobleme und vor allem unterschiedliche Ausbildungsstandards.[5] Dies erklärt, weshalb es nur zu einer vergleichsweise geringen Arbeitskräftebewegung zwischen den europäischen Mitgliedstaaten kommt. Laut dem Eurobarometer von 2011 haben 53 % der EU-Bürger kein Interesse daran, in einem anderen Mitgliedstaat zu arbeiten; für 15 % gibt es zu viele Hürden, die mit einer Arbeit im EU-Ausland verbunden sind.[6]

A. Die Struktur der Bestimmungen über die Freizügigkeit

1. Primäres Gemeinschaftsrecht

Die Bestimmungen über die Freizügigkeit der Arbeitnehmer sind in den Art 45–48 AEUV enthalten. Das Recht der Freizügigkeit wurde schrittweise eingeführt. Art 45 Abs 1 AEUV bestimmt, dass innerhalb der Gemeinschaft die Freizügigkeit der Arbeitnehmer gewährleistet ist. Von Anfang an gehörte das Recht der Freizügigkeit zum Konzept des Gemeinsamen Marktes bzw seit dem 31. 12. 1992 des Binnenmarkts. Dieser umfasst gem Art 26 Abs 2 AEUV einen Raum ohne Binnengrenzen, in dem der freie Verkehr von Waren, Personen, Dienstleistungen und Kapital gem den Bestimmungen der Verträge gewährleistet ist. Zusammen mit der Niederlassungsfreiheit der Selbständigen bildet die Freizügigkeit der Arbeitnehmer das Recht des freien Verkehrs von Personen.

Vor diesem Hintergrund wird deutlich, dass die Grundfreiheiten nicht um ihrer selbst willen geschaffen wurden, sondern funktional sind, dh der Verwirklichung des Binnenmarktes dienen. Aus diesem Grund werden die Grundfreiheiten gelegentlich auch als Marktfreiheiten bezeichnet.[7] Deshalb unterscheidet sich die Grundfreiheit des Art 45 AEUV in ihrem Wesensgehalt vom Grundrecht der Freizügigkeit, wie wir es von den nationa-

---

Forms/Rubrikensuche/Rubrikensuche_Suchergebnis_Form.html?view=processForm&resourceId=210358&input_=&pageLocale=de&topicId=746984&region=&year_month=201906&year_month.GROUP=1&search=Suchen.

5 *O'Leary* in *Craig/de Búrca* (Hg), 499 ff.

6 Internal Market: Awareness, Perceptions and Impacts, Special Eurobarometer 363, September 2011, 35, http://ec.europa.eu/public_opinion/archives/ebs/ebs_363_en.pdf.

7 Ausführlich zum Konzept der Marktfreiheiten Herdegen, Europarecht, § 14 Rn 1 ff.

len Verfassungen her kennen. So bestimmt Art 11 des deutschen GG[8]: „Alle Deutschen genießen Freizügigkeit im ganzen Bundesgebiet". Diese verfassungsrechtlichen Verbürgungen gewährleisten also die Freizügigkeit unabhängig davon, zu welchem Zweck das Recht der Freizügigkeit ausgeübt wird. Demgegenüber gewährt Art 45 AEUV das Freizügigkeitsrecht nur, wenn es der Ausübung einer Arbeitnehmertätigkeit dient.[9]

Kern des Rechts der Freizügigkeit ist das in Art 45 Abs 2 AEUV enthaltene Verbot der Diskriminierung von ausländischen Arbeitnehmern in einem Mitgliedstaat. Art 45 Abs 2 AEUV ist eine Ausprägung des allgemeinen in Art 18 AEUV enthaltenen Diskriminierungsverbotes. In Art 45 Abs 3 AEUV ist das Freizügigkeitsrecht von Arbeitnehmern näher spezifiziert. Es beinhaltet danach insbesondere das Recht, sich um tatsächlich angebotene Stellen zu bewerben und sich zu diesem Zweck im Hoheitsgebiet des betreffenden Mitgliedstaates frei zu bewegen, das Recht zum Aufenthalt in einem Mitgliedstaat und schließlich sogar ein Verbleiberecht nach Beendigung der Beschäftigung.

Der EuGH hat Art 45 AEUV direkte Wirkung zuerkannt,[10] dh, das Recht der Freizügigkeit gilt in dem von Art 45 AEUV bestimmten Umfang ohne Rücksicht auf die Umsetzung der Grundsätze durch sekundäres Gemeinschaftsrecht bzw die Umsetzung in nationales Recht. In dem bekannten Urteil Bosman[11] hat der EuGH die Geltung der direkten Wirkung des Art 45 AEUV auch auf kollektive Regelungen privater Verbände ausgedehnt und im Urteil Angonese[12] anerkannt, dass auch Privatpersonen, vor allem der Arbeitgeber, unmittelbar an das Diskriminierungsverbot gebunden sind.

Auf bloße Inlandssachverhalte finden die Vorschriften zur Arbeitnehmerfreizügigkeit keine Anwendung[13]:

8 Eine entsprechende Regelung findet sich für Österreich in Art 4 StGG.

9 Allerdings ist zu beachten, dass der durch den Vertrag über die Europäische Union eingefügte Art 18 EG [Art 21 AEUV] jedem Unionsbürger das Recht gewährt, sich im Hoheitsgebiet der Mitgliedstaaten frei zu bewegen und aufzuhalten, vorbehaltlich der in diesem Vertrag und in den Durchführungsvorschriften vorgesehenen Beschränkungen und Bedingungen. Der EuGH hat dieser Bestimmung iVm dem allgemeinen Diskriminierungsverbot in Art 18 AEUV erhebliches Gewicht verliehen, indem auch Nichtarbeitnehmern der Zugang zu sozialen Leistungen der Mitgliedstaaten eröffnet wurde, (vgl dazu *Fuchs* in: *Fuchs* (Hg), Europäisches Sozialrecht, 656). Kritisch zu dieser Rspr *Hailbronner*, NJW 2004, 2185 ff.

10 Vgl etwa EuGH Rs 167/73 (Kommission/Frankreich), EU:C:1974:35; Rs 36/74 (Walrave), EU:C:1974:140; Rs C-281/98 (Angonese), EU:C:2000:296.

11 EuGH Rs C-415/93, EU:C:1995:463.

12 EuGH Rs C-281/98, EU:C:2000:296.

13 Vgl *Langer* in Fuchs (Hg), Art 45 AEUV Rn 6.

EuGH, Rs 175/78 (Saunders)[14]: Eine britische Staatsbürgerin erhielt in einem britischen Strafverfahren die Auflage, drei Jahre nicht nach England oder Wales zurückzukehren, nachdem sie sich entschieden hatte, nach Nordirland zu ziehen. Als sie gegen diese Auflage verstieß, legte das damit befasste Gericht das Verfahren dem EuGH vor, da es von einer Beschränkung der Arbeitnehmerfreizügigkeit ausging.

Der EuGH setzte sich mit der Frage auseinander, ob die Einschränkung der Freizügigkeit im Inland mit dem Verbot der Diskriminierung aufgrund der Staatsangehörigkeit aus Art 18 AEUV [Art 7 EWGV] vereinbar ist. Er kam jedoch zu dem Ergebnis, dass die Freizügigkeitsregelungen nicht die Befugnis der Mitgliedsstaaten beschränken sollen, die interne Freizügigkeit für ihre eigenen Staatsangehörigen strafrechtlich zu regeln.

„Die Bestimmungen des Vertrages über die Freizügigkeit der Arbeitnehmer können deshalb nicht auf Sachverhalte angewandt werden, die einen Mitgliedstaat rein intern betreffen, das heißt, denen jeglicher Bezug zu irgendeinem der Tatbestände fehlt, die das Gemeinschaftsrecht regelt".[15]

Aus diesem Grund ist eine sogenannte Inländerdiskriminierung, also die Schlechterstellung der eigenen Staatsangehörigen im Vergleich zu EU-Ausländern europarechtlich zulässig.[16] Die Rechtsprechung hat diesen Grundsatz nicht auf den Bereich des Strafrechts beschränkt, sondern geht auch bei anderen Hindernissen – wie etwas Berufszulassungsvoraussetzungen – von einer Nichtanwendung der Freizügigkeitsrechte auf interne Situation aus.[17]

Der EuGH stellt keine zu hohen Anforderungen an das Kriterium der Grenzüberschreitung.[18] Der grenzüberschreitende Charakter des Sachverhalts muss nicht unmittelbar mit der Arbeitnehmertätigkeit zusammenhängen. Schon früh hat der EuGH entschieden, dass die Freizügigkeitsrechte auch auf EU-Staatsangehörige Anwendung finden, die rechtmäßig im Hoheitsgebiet eines anderen Mitgliedstaats gewohnt und dort eine nach dem Unionsrecht anerkannte berufliche Qualifikation erworben haben, selbst wenn sie später nur in ihrem Herkunftsland beruflich tätig werden.[19]

Allerdings muss der Grenzübertritt denjenigen betreffen, dem das Freizügigkeitsrecht zusteht. Relevant ist dies insbesondere für das Aufenthaltsrecht von Familienangehörigen.[20] In der Rs Morson und Jhanhan[21] hat er

14 EuGH Rs C-175/78 (Saunders), EU:C:1979:88.

15 EuGH Rs C-175/78 (Saunders), EU:C:1979:88, Rn 11.

16 Vgl *Terhechte* in Schlachter/Heinig (Hg), § 1 Rn 32.

17 EuGH Rs C-180/83 (Moser), EU:C:1984:233.

18 Vgl die ausführliche Darstellung von *Steinmeyer* in Franzen/Gallner/Oetker (Hg), Art 45 AEUV Rn 35 ff.

19 EuGH Rs C-19/92 (Kraus), EU:C:1993:125, Rn 15 f mwN, für die Rechtsprechung zur Niederlassungsfreiheit.

20 Siehe unter (2. Teil, D.1.b).

21 EuGH Rs C-35 und 36/82 (Morson und Jhanjan), EU:C:1982:368.

EuGH klargestellt, dass die Regeln über die Freizügigkeit keine Anwendung finden, wenn Arbeitnehmer niemals ihr Recht auf Freizügigkeit innerhalb der Union ausgeübt haben.

Ergänzt und vervollständigt wird das Freizügigkeitsrecht in Art 48 AEUV durch dessen Ausdehnung auf den Bereich der sozialen Sicherheit. Wer in verschiedenen Ländern eine Arbeitnehmertätigkeit ausgeübt hat, soll im Bereich der sozialen Sicherheit, insbesondere der Sozialversicherung, keine Nachteile durch die grenzüberschreitende Tätigkeit haben. Deshalb schreibt Art 48 lit a AEUV vor, dass Zeiten, die für den Erwerb und die Aufrechterhaltung der Leistungsansprüche sowie für deren Berechnung eine Rolle spielen, zusammengerechnet werden müssen. Art 48 lit b AEUV sieht ferner den Export von Leistungen in Mitgliedstaaten vor, wenn der Sitz des Trägers und der Wohnsitz des Berechtigten auseinanderfallen. Art 48 AEUV ist als Ermächtigungsgrundlage für den europäischen Gesetzgeber formuliert. Im Gegensatz zu Art 45 AEUV kommt dieser Vorschrift keine unmittelbare Wirkung zu.[22]

2. Sekundäres Gemeinschaftsrecht

Der Gemeinschaftsgesetzgeber hat in Art 45 AEUV die Grundlagen des Freizügigkeitsrechts geschaffen. Er war sich jedoch bewusst, dass die in dieser Vorschrift festgeschriebenen Prinzipien einer näheren Konkretisierung bedurften. Deshalb hat er in Art 46 AEUV eine Ermächtigung zum Erlass von Richtlinien oder Verordnungen geschaffen, in denen die erforderlichen Maßnahmen zur Herstellung der Freizügigkeit der Arbeitnehmer verankert werden sollten. Auf der Basis dieser Ermächtigungsgrundlage sind folgende Verordnungen bzw Richtlinien ergangen, die das Freizügigkeitsrecht der Arbeitnehmer näher ausgestalten:[23]

- RL 2004/38/EG über das Recht der Unionsbürger und ihrer Familienangehörigen, die sich im Hoheitsgebiet frei bewegen und aufhalten, vom 29. 4. 2004[24] (sog Unionsbürgerrichtlinie).
- VO (EU) Nr 492/2011 über die Freizügigkeit der Arbeitnehmer innerhalb der Union vom 5. 4. 2011[25]. Diese Verordnung, auch Freizügigkeits-VO genannt, konkretisiert insbesondere das Diskriminierungsverbot und den Gleichbehandlungsgrundsatz des Art 45 Abs 2 AEUV. Sie

22 EuGH Rs C-379/09 (Casteels), EU:C:2011:131.

23 Vgl zur Entwicklung der Sekundärrechtsnormen im Bereich der Arbeitnehmerfreizügigkeit: *Rodière*, Droit social de l'Union Européenne, Rn 174 ff.

24 ABlEG 2004 Nr L 229/35. Mit Ablauf der Umsetzungsfrist dieser RL am 30.4.2006 sind die Vorgänger-RL 68/360/EWG (ABlEG 1968 Nr L 257/13) und 64/221/EWG (ABlEG 1964 Nr L 56/850) gegenstandslos geworden.

25 ABlEU 2011 Nr L 141/1.

kodifiziert die Vorgänger-VO (EWG) Nr 1612/68 (ABlEG 1968 Nr L 257/2) neu, ohne inhaltliche Änderungen herbeigeführt zu haben.
- RL 2014/54/EU über Maßnahmen zur Erleichterung der Ausübung der Rechte, die Arbeitnehmern im Rahmen der Freizügigkeit zustehen, vom 16. 4. 2014.[26]

B. Der persönliche Geltungsbereich der Vorschriften über die Arbeitnehmerfreizügigkeit

1. Der Begriff des Arbeitnehmers

Art 45 Abs 1 AEUV betont die Gewährleistung der Freizügigkeit der Arbeitnehmer. Somit stellt sich die Frage, wie der Arbeitnehmerbegriff zu bestimmen ist. Denkbar ist, dass das jeweilige nationale Arbeitsrecht die begriffliche Festlegung trifft. Viele Regierungen hatten sich ursprünglich hierfür ausgesprochen.

a) Auslegung durch den EuGH

Dieser Auffassung trat der EuGH jedoch in der Rs Levin entgegen:

EuGH, Rs 53/81 (Levin):[27] Frau Levin, britische Staatsangehörige, beantragte eine Aufenthaltserlaubnis für die Niederlande. Ua begründete sie ihren Antrag damit, dass sie eine unselbständige Erwerbstätigkeit aufgenommen habe. Die zuständigen niederländischen Behörden lehnten den Antrag ab, da Frau Levin nur geringe Einkünfte aus ihrer Erwerbstätigkeit beziehe, die nicht die Höhe des gesetzlichen Mindestlohns erreichten.

Die niederländischen Behörden gingen also davon aus, dass angesichts der geringen Einkünfte bei Frau Levin die Arbeitnehmereigenschaft zu verneinen sei. In dem Verfahren vor dem EuGH trug die niederländische Regierung auch vor, dass der Begriff des Arbeitnehmers dem nationalen Recht zu entnehmen sei, solange es keine gemeinschaftsrechtliche Bestimmung gebe. Dieser Vorstellung von der nationalen Zuständigkeit bei der Bestimmung des Arbeitnehmerbegriffs trat der EuGH entgegen:

„[…] dürfen die Begriffe ‚Arbeitnehmer' und ‚Tätigkeit im Lohn- und Gehaltsverhältnis' nicht durch Verweisung auf die Rechtsvorschriften der Mitgliedstaaten definiert werden; sie haben vielmehr eine gemeinschaftsrechtliche Bedeutung. Andernfalls würde die Einhaltung der gemeinschaftsrechtlichen Vorschriften über die Freizügigkeit der Arbeitnehmer vereitelt, denn der Inhalt dieser Begriffe könnte ohne Kontrolle durch die Gemeinschaftsorgane einseitig durch nationale Rechtsvorschriften festgelegt und verändert werden; jeder Staat wäre somit in der Lage, bestimmten Personengruppen nach Belieben den Schutz des Vertrages zu entziehen."[28]

26 ABlEU 2014 Nr L 128/8.
27 EuGH Rs C-53/81 (Levin), EU:C:1982:105.
28 EuGH Rs C-53/81 (Levin), EU:C:1982:105 Rn 11.

Der EuGH betont, dass alle Formen von Arbeitnehmertätigkeit in den Schutz der Freizügigkeit einzubeziehen sind (Dauerarbeitnehmer, Saisonarbeitnehmer, Grenzarbeitnehmer, vor allem auch Teilzeitarbeitnehmer).

> „Die Teilzeitbeschäftigung stellt für eine große Anzahl von Personen ein wirksames Mittel zur Verbesserung ihrer Lebensbedingungen dar, auch wenn sie möglicherweise zu Einkünften führt, die unter dem liegen, was als Existenzminimum angesehen wird. Deshalb wäre die praktische Wirksamkeit des Gemeinschaftsrechts beeinträchtigt und die Erreichung der Vertragsziele in Frage gestellt, wenn allein die Personen in den Genuss der mit der Freizügigkeit der Arbeitnehmer zuerkannten Rechte kämen, die einer Vollzeitbeschäftigung nachgehen und daher ein Arbeitseinkommen beziehen, das mindestens dem in der betreffenden Branche garantierten Mindesteinkommen entspricht.“[29]

Der EuGH macht nur eine kleine Einschränkung bezüglich der Teilzeitbeschäftigungen. Er will solche Tätigkeiten vom Anwendungsbereich der Freizügigkeitsregeln ausnehmen, die einen so geringen Umfang haben, dass sie sich als völlig untergeordnet und unwesentlich darstellen. Denn aus dem Grundsatz der Freizügigkeit der Arbeitnehmer sowie aus der Stellung der diesbezüglichen Bestimmungen innerhalb des Systems des Vertrages folge, dass diese Bestimmungen nur die Freizügigkeit von Personen gewährleisten, die im Wirtschaftsleben tätig sind oder sein wollen. Auch Berufspraktikanten sind daher vom Arbeitnehmerbegriff erfasst.[30]

Die Rechtsprechung des EuGH zum Arbeitnehmerbegriff lässt sich insgesamt dahingehend zusammenfassen, dass Arbeitnehmer ist, wer eine (a) wirtschaftliche Leistung für einen anderen (b) nach dessen Weisungen (c) gegen Vergütung erbringt.[31] Demnach sind folgende Kriterien zur Auslegung heranzuziehen: Entgeltlichkeit[32], Wirtschaftliche Tätigkeit[33], Tatsächliche und echte Tätigkeit[34], Weisungsunterworfenheit[35] und Gegenstand der Tätigkeit[36].[37]

29 EuGH Rs C-53/81 (Levin), EU:C:1982:105 Rn 15.

30 EuGH Rs C-27/91 (Le Manoir), EU:C:1991:441.

31 Ausführlich zur Rechtsprechung des EuGH *Blanpain/Schmidt/Schweibert*, Europäisches Arbeitsrecht, 186 ff; *Forsthoff* in Grabitz/Hilf/Nettesheim (Hg), 60. EL 2016, Art 45 Rn 66 ff.

32 EuGH Rs C-36/74 (Walrave), EU:C:1974:140 Rn 4/10.

33 EuGH Rs C-196/87 (Steymann), EU:C:1988:475 Rn 10; EuGH Rs C-176/96 (Lehtonen), EU:C:2000:201 Rn 43.

34 EuGH Rs C-432/14 (O), EU:C:2015:643 Rn 22.

35 EuGH Rs C-66/85 (Lawrie-Blum), EU:C:1986:284 Rn 17.

36 EuGH Rs C-232/09 (Danosa), EU:C:2010:674 Rn 47; EuGH C-229/14 (Balkaya), EU:C:2015:455 Rn 38.

37 *Dullinger*, Arbeitnehmerbegriff(e) des Unionsrechts und das österreichische Arbeitsrecht, ZAS 2018, 4 (6 ff).

Der EuGH hat entschieden, dass auch Vorstandsmitglieder von Kapitalgesellschaften von dieser Definition erfasst sind, wenn die betreffende Person ihre Tätigkeit nach Weisung oder unter Aufsicht eines anderen Gesellschaftsorgans ausübt und als Gegenleistung dafür ein Entgelt erhält.[38] Zu den wirtschaftlichen Tätigkeiten gehören auch sportliche Tätigkeiten, soweit sie wirtschaftlicher Natur sind.[39] Dies gilt insbesondere für Profisportler.[40]

Die gleichen Überlegungen (nämlich: Liegt eine wirtschaftliche Aktivität vor?) müssen auch bei Tätigkeiten im Rahmen religiöser Gemeinschaften angestellt werden, vgl:

> EuGH, Rs 196/87 (Steymann):[41] Der Kläger, ein deutscher Staatsangehöriger, war in den Niederlanden Mitglied der religiösen Bhagwan-Vereinigung. Er führte am Gebäude dieser Vereinigung bestimmte Klempnerarbeiten aus sowie Hausarbeiten allgemeiner Art. Unabhängig von Art und Umfang seiner Tätigkeit sorgte die Vereinigung in jedem Fall für seinen Lebensunterhalt.

Der EuGH bejaht die Möglichkeit des Vorliegens einer wirtschaftlichen Tätigkeit:

> „In einem Fall wie dem vom vorlegenden Gericht geschilderten kann nicht von vornherein ausgeschlossen werden, daß die von den Mitgliedern dieser Vereinigung verrichteten Arbeiten einen Teil des Wirtschaftslebens im Sinne von Artikel 2 EWG-Vertrag ausmachen. Soweit nämlich diese Arbeiten, mit denen der Bhagwan-Vereinigung die wirtschaftliche Unabhängigkeit gesichert werden soll, ein wesentliches Element der Teilnahme an dieser Vereinigung darstellen, können die Leistungen, die diese Vereinigung ihren Mitgliedern gewährt, als mittelbare Gegenleistung für deren Arbeiten angesehen werden."[42]

Ähnlich wie im deutschen[43] und österreichischen[44] Recht fallen unter den Arbeitnehmerbegriff des Freizügigkeitsrechts nicht Beschäftigungen, bei denen der Rehabilitationszweck im Vordergrund steht:

---

38 EuGH Rs C-232/09 (Danosa), EU:C:2010:674; Die Entscheidung erging zum Begriff der schwangeren Arbeitnehmerin iSd RL 92/85/EWG über die Durchführung von Maßnahmen zur Verbesserung der Sicherheit und des Gesundheitsschutzes von schwangeren Arbeitnehmerinnen, Wöchnerinnen und stillenden Arbeitnehmerinnen am Arbeitsplatz, der EuGH bezieht sich aber in der Entscheidung auf den unionsrechtlichen Arbeitnehmerbegriff im Zusammenhang mit der Arbeitnehmerfreizügigkeit, Rn 39.

39 Vgl EuGH Rs C-36/74 (Walrave), EU:C:1974:140.

40 Vgl dazu die – weiter unten noch zu besprechende – Entscheidung des EuGH Rs C-415/93 (Bosman), EU:C:1995:463; vgl auch EuGH Rs C-519/04 (Meca-Medina und Majcen), EU:C:2006:492; *Köhler*, Der Arbeitnehmerbegriff im Sport, 2009.

41 EuGH Rs C-196/87 (Steymann), EU:C:1988:475.

42 EuGH Rs C-196/87 (Steymann), EU:C:1988:475 Rn 12.

43 Vgl BAG AP SGB V § 74 Nr 1 und 2.

44 *Löschnigg*, Arbeitsrecht, Rn. 4/057.

EuGH, Rs 344/87 (Bettray):[45] Der Kläger, deutscher Staatsangehöriger, war aufgrund seiner Drogenabhängigkeit im Rahmen der Regelung der WSW in den Niederlanden für einen unbefristeten Zeitraum eingestellt worden. Die WSW ist eine Regelung über die Arbeitsbeschaffung zur Erhaltung, Wiederherstellung oder Förderung der Arbeitsfähigkeit von Personen, die infolge von Umständen, die in ihrer Person begründet liegen, für längere Zeit nicht in der Lage sind, eine Tätigkeit unter normalen Umständen auszuüben.

Der EuGH hat unter Berufung auf seine bisherige Rechtsprechung zum Arbeitnehmerbegriff das Vorliegen der Voraussetzungen einer Arbeitnehmertätigkeit verneint:

„dagegen ist festzustellen, daß die im Rahmen der WSW ausgeübten Tätigkeiten nicht als tatsächliche und echte wirtschaftliche Tätigkeiten angesehen werden können, da sie nur ein Mittel der Rehabilitation oder der Wiedereingliederung der Arbeitnehmer in das Arbeitsleben darstellen und die entgeltliche Arbeit, die auf die körperlichen und geistigen Möglichkeiten des Einzelnen zugeschnitten ist, den Betroffenen früher oder später wieder in die Lage versetzen soll, einer gewöhnlichen Beschäftigung nachzugehen oder eine Lebensweise zu finden, die so normal wie möglich ist.“[46]

In der Rs Trojani[47] hatte der EuGH einen Fall zu entscheiden, in dem jemand in Belgien in ein Heim der Heilsarmee aufgenommen wurde, wo er für seine Unterkunft und etwas Taschengeld im Rahmen eines individuellen Projekts der gesellschaftlichen und beruflichen Eingliederung etwa 30 Stunden je Woche verschiedene Leistungen erbrachte. In Anlehnung an seine bisherige Rechtsprechung betonte der EuGH, dass dem Kläger die Arbeitnehmereigenschaft nur dann zuerkannt werden könne, wenn festgestellt wird, dass es sich bei der fraglichen unselbständigen Tätigkeit um eine tatsächliche und echte Tätigkeit, wie sie auf dem Beschäftigungsmarkt üblich ist, handle. Hierzu könnten die für das Wohnheim geltende Regelung und dessen Praxis, der Inhalt des Projekts für die Wiedereingliederung in die Gesellschaft sowie die Art der Leistungen und die Modalitäten ihrer Erbringung berücksichtigt werden.

Nach Auffassung des EuGH ist der gemeinschaftsrechtliche Begriff des Arbeitnehmers, da er den Anwendungsbereich der Grundfreiheit festlegt, weit auszulegen. Es kommt deshalb nicht darauf an, welcher Rechtsnatur (privatrechtlich oder öffentlich-rechtlich) das Beschäftigungsverhältnis ist. Deshalb hat der EuGH auch einen Studienreferendar, der im Beamtenverhältnis beschäftigt wurde, als Arbeitnehmer iSd Art 45 AEUV angesehen, da er die objektiven Kriterien des gemeinschaftsrechtlichen Arbeitnehmerbe-

45 EuGH C-344/87 (Bettray), EU:C:1989:226.
46 EuGH Rs C-344/87 (Bettray), EU:C:1989:226 Rn 17.
47 EuGH Rs C-456/02, EU:C:2004:488.

griffs erfüllt, nämlich während einer bestimmten Zeit für einen anderen nach dessen Weisungen Leistungen erbringt, für die er als Gegenleistung eine Vergütung erhält.[48] Im Rahmen eines Rechtsstreits über das Bestehen eines Arbeitsverhältnisses zwischen einem italienischen Doktoranden und einem zur Max-Planck-Gesellschaft zur Förderung der Wissenschaften eV gehörenden Max-Planck-Institut hat der EuGH seine Judikatur bekräftigt. Das Vorbringen des Doktoranden, dass er in gleicher Weise wie deutsche Doktoranden mit einem Vertrag über eine BAT IIa/halbe Stelle behandelt worden sei, denen solche Verträge, die ua den Vorteil eines Anschlusses an das System der sozialen Sicherheit umfasst hätten, vorbehalten gewesen seien, hat der Gerichtshof zurückgewiesen:[49]

> „Während aus dem Vorstehenden folgt, dass Herrn Raccanellis Arbeitnehmereigenschaft im Sinne des Art 39 EG [Art 45 AEUV] objektiv anhand der [...] genannten Kriterien zu prüfen ist, kann ein Vergleich zwischen der von ihm geleisteten Arbeit und der Arbeit, die von einem Forscher geleistet wird oder zu leisten ist, der eine Promotion auf der Grundlage eines mit der MPG geschlossenen BAT/2-Arbeitsvertrags vorbereitet, keinen Aufschluss über diese Eigenschaft geben. [...] [E]in Forscher, der sich in einer Lage wie derjenigen des Klägers des Ausgangsverfahrens befindet, also auf der Grundlage eines mit der Max-Planck-Gesellschaft zur Förderung der Wissenschaften eV geschlossenen Stipendienvertrags eine Promotion vorbereitet, [ist] nur dann als Arbeitnehmer im Sinne des Art 39 EG [Art 45 AEUV] anzusehen [...], wenn er seine Tätigkeit während einer bestimmten Zeit nach der Weisung eines zu diesem Verein gehörenden Instituts ausübt und als Gegenleistung für diese Tätigkeit eine Vergütung erhält. Es ist Sache des vorlegenden Gerichts, die tatsächlichen Prüfungen vorzunehmen, deren es zur Beurteilung der Frage bedarf, ob dies in der bei ihm anhängigen Rechtssache der Fall ist."

Eine Frau behält den Status als Arbeitnehmerin auch dann bei, wenn sie im Spätstadium einer Schwangerschaft ihre Tätigkeit aufgrund der Belastungen aufgibt, solange sie innerhalb eines angemessenen Zeitraums nach der Geburt wieder eine Tätigkeit aufnimmt:

> EuGH, Rs C-507/12 (Saint Prix)[50]: Geklagt hatte eine französische Staatsbürgerin, der im Vereinigten Königreich eine Einkommensbeihilfe vor der Geburt ihres Kindes versagt wurde, weil sie nicht als Arbeitnehmerin iSd Art. 45 AEUV angesehen wurde und ihr daher auch kein Aufenthaltsrecht im Vereinigten Königreich zugestanden hätte. Die Klägerin hatte ihre Arbeit als Kindergärtnerin aufgrund

48 Vgl EuGH Rs C-66/85 (Lawrie-Blum), EU:C:1986:284; zur Arbeitnehmerstellung eines Universitätsprofessors EuGH Rs C-178/04 (Marhold), EU:C:2005:164; zur Geltung der Arbeitnehmerfreizügigkeit für Beamte *Fuchs/Rutz* in FS Krause, 2006, 267 ff.

49 EuGH Rs C-94/07 (Raccanelli), EU:C:2008:425 Rn 36 f = ZESAR 2009, 289 mit Anm *Horn*.

50 EuGH Rs C-507/12 (Saint Prix), EU:C:2014:2007.

der körperlichen Belastung im sechsten Monat ihrer Schwangerschaft aufgegeben. Drei Monate nach der Geburt nahm sie erneut eine Tätigkeit auf.

Die zwingende Unterbrechung einer Tätigkeit anlässlich der Geburt eines Kindes führt nicht dazu, dass die Betroffene nicht mehr in den Arbeitsmarkt integriert sei, auch wenn sie dem Arbeitsmarkt tatsächlich für mehrere Monate nicht zur Verfügung steht. Dabei verwies der EuGH auch auf den unionsrechtlichen Schutz der Mutterschaft.[51]

Gegen die Konzeption des Arbeitnehmerbegriffs durch den EuGH ist kritisch eingewandt worden, dass er einer Logik des Marktes folge und den traditionellen Schutzcharakter des Arbeitsrechts vernachlässige.[52] Dieser Kritik kann nicht gefolgt werden. Die drei vom Gerichtshof als konstitutiv betrachteten Elemente des Arbeitnehmerbegriffs zeigen sich durchaus im Einklang mit dem, was in der einen oder anderen Form die nationalen Arbeitsrechtsordnungen als relevant ansehen, um die Erbringung einer Dienstleistung für einen anderen als abhängige Arbeit zu qualifizieren. Es ist geradezu ein Vorzug der vom EuGH vertretenen Rechtsauffassung, dass sie eine Elastizität beinhaltet, die den mitgliedstaatlichen Festlegungen Raum und Entfaltung lässt. So ist zu Recht von einer Komplementarität zwischen der unionsrechtlichen Wahrnehmung der Interpretationshoheit und den Kompetenzen der dortigen Gesetzgeber und – so muss man hinzufügen: der Gerichte – gesprochen worden.[53]. Die Tauglichkeit des vom EuGH gewählten Lösungsansatzes erweist sich auch in der aktuellen Diskussion über die neuen Arbeitsformen des GigEconomy (s dazu unter b).

b) Arbeitnehmer im Sinne anderer unionsrechtlicher Vorschriften

Die vorangegangenen begrifflichen Überlegungen dürfen nicht den Blick dafür verstellen, dass es hierbei ausschließlich um den Begriff des Arbeitnehmers im Zusammenhang mit der Anwendung der Vorschriften über die Freizügigkeit ging. Das schließt nicht aus, dass andere Bereiche des Gemeinschaftsrechts andere Begriffselemente enthalten. Genau genommen lassen sich drei Arbeitnehmerbegriffe unterscheiden.[54]

Neben dem Arbeitnehmerbegriff iSd Vorschriften über die Freizügigkeit ist der Begriff des Arbeitnehmers iSd Vorschriften über die Koordinierung der sozialen Sicherheit zu sehen. Obwohl es auch hier um die Sicherung der

51 EuGH Rs C-507/12 (Saint Prix), EU:C:2014:2007 Rn 40 ff.

52 Vgl zu solchen Stimmen Giubboni, Diritto del lavoro europeo, S 125.

53 *Giubboni*, Diritto del lavoro europeo, S 126.

54 Eingehend hierzu *Giubboni*, La nozione comunitaria di lavoratore subordinato, in: *Sciarra/Caruso* (Hg), Il lavoro subordinato, in: *Ajani/Benacchio*, Trattato di diritto privato dell'Unione europea, Bd V, 2009, 45 ff; *Junker*, EuZA 2016, 184 ff.

Freizügigkeit von Arbeitnehmern geht und die VO (EG) Nr 883/2004 ihre Ermächtigungsgrundlage in Art 48 AEUV und damit systematisch im Bereich der Regelungen über die Freizügigkeit hat, bedarf der Bereich der sozialen Sicherheit eines anderen als des arbeitsrechtlichen Arbeitnehmerbegriffs. Während die Vorgängerverordnung VO (EWG) Nr 1408/71 den Arbeitnehmer im Hinblick darauf definierte, ob die betreffende Person gegen ein Risiko versichert ist, das von den Zweigen eines Systems der sozialen Sicherheit für Arbeitnehmer erfasst ist, verzichtet die VO (EG) Nr 883/2004 auf den Begriff des Arbeitnehmers und bezieht sich auf die Versicherung nach einem System der sozialen Sicherheit.

Eine dritte Kategorie stellt der Arbeitnehmerbegriff iSd der sekundärrechtlichen Harmonisierung des Arbeitsrechts dar. Für die zur Harmonisierung erlassenen Verordnungen und Richtlinien ist der Arbeitnehmer insbesondere vom Selbstständigen abzugrenzen. Diese Abgrenzung ist hinsichtlich der Freizügigkeit von geringerer Bedeutung, da die Freizügigkeit der Selbstständigen durch die Niederlassungsfreiheit (Art 49 ff AEUV) und die Dienstleistungsfreiheit (Art 56 ff AEUV) ähnlich zur Arbeitnehmerfreizügigkeit gewährleistet wird. Ein einheitlicher Arbeitnehmerbegriff für alle sekundärrechtlichen Rechtsakte der Harmonisierung existiert nicht. Der EuGH legt jeden Rechtsakt gesondert aus. Dabei findet allerdings eine Anlehnung an die Rechtsprechung zur Arbeitnehmerfreizügigkeit statt.[55]

Schließlich gibt es Richtlinien, die die Konkretisierung des Arbeitnehmerbegriffs dem nationalen Recht überlassen.[56] Ein Beispiel hierfür ist Art 2 Nr 1 lit d RL 2001/23/EG betreffend die Wahrung von Ansprüchen beim Übergang von Unternehmen, Betrieben oder Unternehmens- und Betriebsteilen. Nach der darin enthaltenen Legaldefinition ist Arbeitnehmer jede Person, die in dem betreffenden Mitgliedstaat aufgrund des einzelstaatlichen Arbeitsrechts geschützt ist. Das Beispiel zeigt, dass es Bereiche gibt, derer sich das europäische Arbeitsrecht annimmt, aber nicht in einer Weise, dass es zu einer völligen begrifflichen Harmonisierung kommt. Es leuchtet ein, dass der Begriff des Arbeitnehmers im Rahmen der Betriebsübergangsrichtlinie den nationalen Besonderheiten Rechnung tragen muss. Denn wenn – als die wichtigste Rechtsfolge – die Fortsetzung des Arbeitsverhältnisses angeordnet wird, ist dies nur sinnvoll, wenn nach dem jeweiligen nationalen Recht auch zuvor ein Arbeitsverhältnis vorgelegen hat.[57]

55 Vgl *Junker*, EuZA 2016, 191 f.

56 Eine Aufzählung der derzeit geltenden Richtlinien, die einen solchen Verweis enthalten findet sich bei *Junker*, EuZA 2016, 205 f.

57 Vgl EuGH Rs 105/84 (Danmols Inventar), EU:C:1985:331.

c) Der Arbeitnehmerbegriff in der GigEconomy

ca) Lösungsansätze in der internationalen Diskussion

Unter dem Begriff gig-economy[58]ist eine weltweit geführte Diskussion auch und gerade in der arbeitsrechtlichen Literatur entbrannt.[59] Der Kern des arbeitsrechtlichen Diskurses dreht sich um die Frage, ob die herkömmlichen Kriterien des Arbeitnehmerbegriffs geeignet sind, die neuen Arbeitsformen adäquat zu erfassen. Rechtsvergleichende Beiträge zeigen ein intensives Ringen um eine dogmatische Klärung, aber die Ansätze und Lösungen ergeben ein höchst uneinheitliches Bild.[60] Das gilt auch für die ohnehin gegenwärtig noch sehr spärliche Rspr. Das zeigt sich auch in solchen Ländern, in denen Gig Arbeit schon weit verbreitet ist wie in den USA.[61] Ein aufschlussreiches Beispiel bildet eine viel beachtete Entscheidung des kalifornischen Supreme Court.[62] Bislang wurde in Kalifornien zur Abgrenzung des Selbständigen (independent contractor) vom Arbeitnehmer (employee) ein 13 oder 14 Punktetest zur Anwendung gebracht. Der Supreme Court sah diesen Test als mit neuen Arbeitsformen nicht mehr in Einklang zu bringend an und entwarf einen Prüftest, der unter der Bezeichnung ABC-Test bekannt geworden ist.[63] Als erstes hat der Auftraggeber die Beweislast dafür, dass eher die Voraussetzungen eines independent contractor als die eines Arbeitnehmers vorliegen. Um dieser Beweislast zu entsprechen, muss der Auftraggeber A) beweisen, dass der Beauftragte bei der Verrichtung der Arbeit nicht unter seiner Kontrolle und Leitung steht, und zwar sowohl nach dem Vertrag als auch nach der tatsächlichen Ausführung, und B) dass die zu verrichtende Arbeit außerhalb des Geschäftsfelds des Auftraggebers („outside the usual course of the hiring entity's business“) steht und C) dass der Beauftragte gewöhnlich in einem auf selbständiger Basis betriebenem Handwerk, Beschäftigung oder Geschäft tätig ist, das der ausgeführten Arbeit entspricht. Der kalifornische

58 Ursprünglich und auch heute noch wird mit gig ein meist kurzfristig anberaumter Liveauftritt eines Musikers oder einer Musikergruppe bezeichnet.

59 Zu den wichtigsten Koordinaten dieser Diskussion s *Crouch*, Will the gig economy prevail?, 2019.

60 Vgl etwa *Liebman*, Debating the Gig Economy, Crowdwork and New Forms of Work, in: Soziales Recht, 2017, 221 ff; *Waas*, Zur rechtlichen Qualifizierung von Beschäftigten in der „Gig Economy“ – ein Blick in das Ausland, in: Arbeit und Recht, 2018, 548 ff.

61 Vgl. dazu *Szymanski*, Gli approcci alla platform economy nel diritto del lavoro americano, in: Diritti Lavori Mercati, 2019, 527 ff.

62 Dynamex Operations East, Inc. v. Superior Court,4 Cal.5th 903 (2018).

63 S dazu näher *Szymanski*, Gli approcci, in: Diritti Lavori Mercati, 2019, 527 (539 f).

Gesetzgeber hat die Entscheidung Dynamix kodifiziert.[64] Der Meinungsstreit in den USA ist nach wie vor vielstimmig.[65]

Uneinigkeit dahingehend, ob die neuen Arbeitsformen mit dem Instrumentarium herkömmlicher Abgrenzungsstrategien rechtlich zutreffend erfasst werden können oder ob es der Intervention des Gesetzgebers bedarf, kennzeichnet auch die Diskussionen in den Mitgliedstaaten der EU.

In Deutschland besteht eine besondere Situation insofern, als im Gegensatz zu fast allen anderen Mitgliedstaaten der EU eine Legaldefinition des Arbeitnehmerbegriffs in dem zum 1. 4. 2017 eingefügten § 611 a BGB verankert wurde. Wie bei einer Kodifizierung, die im Wesentlichen die Rspr. des BAG wiedergibt, haben Zustimmung und Kritik gleichermaßen die Raktion im Schrifftum bestimmt. Was die Tauglichkeit der neuen Vorschrift zur Erfassung der neuen Arbeitsformen anbelangt, wird ihr durchaus Potenzial zuerkannt, insofern als eine flexible Handhabung der begrifflichen Elemente durch den Rekurs auf die Eigenart der Tätigkeit und die Notwendigkeit einer Gesamtbetrachtung ermöglicht wird. Das gilt auch für das in allen Arbeitsrechtsordnungen als zentral angesehene Weisungsrecht, da aus der Bestimmung des § 611 a BGB folgt, dass weder örtliche, zeitliche noch inhaltliche Weisungsbindung konstitutive Voraussetzung für die Arbeitnehmereigenschaft sind." Auch wer am anderen Ende der Welt arbeitet, kann fremdbestimt und damit persönlich abhängig sein".[66] Die zahlreichen Beiträge zur Qualifizierung der Arbeit in der Gig Economy betonen unterschiedliche Aspekte der bestehenden Rechtslage , fordern Weiterentwicklung bestehender rechtlicher Regelungen[67], betonen aber auch die Notwendigkeit differenzierender Regelungen, die eine unterschiedliche rechtliche Einordnung ermöglichen, um der Vielfalt der Arbeitsformen Rechnung zu tragen.[68] Vielleicht darf man mit einer Stimme aus der Richterschaft des BAG resümieren, dass § 611 a BGB als eine taugliche Grundlage für die Bewältigung der Arbeitsformen der GigEco-

64 Wobei einige Berufsgruppen wie Ärzte, Anwälte usw ausgenommen wurden.

65 Vgl dazu *Szymanski*, Gli approcci, in: Diritti Lavori Mercati, 2019, 527 (544 ff).

66 *Preis*, § 611 a BGB – Potenziale des Arbeitnehmerbegriffs, NZA 2018, 817 (823 f).

67 Interessant der Vorschlag von Preis, das Heimarbeitsgesetz zu reaktivieren, *Preis*, § 611 a BGB, NZA 2018, 817 (825).

68 Vgl in diesem Sinn ***Schubert***, Neue Beschäftigungsformen in der digitalen Wirtschaft – Rückzug des Arbeitsrechts? RdA 2019, 131.

nomy angesehen wird.[69] Eines der wenigen bislang vorliegenden Urteile scheint dies zu bestätigen.[70]

Auch in anderen Ländern scheint die Auffassung vorzuherrschen, dass die Einordnung der neuen Arbeitsformen mit dem herkömmlichen dogmatischen Gerüst bewältigt werden kann.[71] Und es zeigt sich, dass die Kriterien, die in den einzelnen Mitgliedstaaten in der Rspr zugrunde gelegt werden, auffallen viele Gemeinsamkeiten aufweisen. Das trifft auch für die Rspr-Tendenzen im Vereinigten Königreich zu. Bemerkenswert sind hierbei die Entscheidungen zur rechtlichen Einordnung von Fahrern des Fahrdienstes Uber, die als Arbeitnehmer angesehen wurden.[72]

cb) Die rechtliche Situation nach dem EU-Recht

Vor dem soeben dargestellten Hintergrund der Entwicklungen in den Mitgliedstaaten ist nunmehr die Frage anzuschließen, wie die rechtliche Qualifizierung der Arbeitsformen der GigEconomy bei Anwendung des EU-Rechts zu erfolgen hat, wenn Rechtsstreitigkeiten anstehen, bei denen Vorschriften zum Zuge kommen, die einen europarechtlich definierten Arbeitnehmerbegriff erfordern, wie dies etwa für die Arbeitnehmerfreizügigkeit in Art 45 AEUV der Fall ist. Dass die Antwort auf diese Frage mit viel Unsicherheit beladen ist, leuchtet ein, da wir uns nicht auf gesichertem Gelände bewegen können.

Ausgangspunkt muss naturgemäß der unionsrechtliche Begriff des Arbeitnehmers sein, wie er in der Rspr des EuGH geformt worden ist. Vorweg sei bemerkt, dass sich hierbei auch schwierige Probleme des Verhältnisses zu nationalen Festlegungen des Arbeitnehmerbegriffs ankündigen. So ist im

---

69 *Rinck*, Der Arbeitnehmerbegriff im Wandel – Entwicklung und Perspektiven, RdA 2019, 127 (129): „Die von § 611a BGB vorgegebenen Kriterien sind – bei entsprechender Auslegung – hinreichend flexibel, um auch die neuen Arbeitsformen in der digitalen Arbeitswelt bewerten zu können. Insbesondere kommt es auf die Eingliederung in den Betrieb nicht an. Über das Kriterium der Fremdbestimmung bleibt auch ein Spielraum für die Fälle, in denen das Kriterium der Weisungsgebundenheit an seine Grenzen stößt.

70 Vgl LAG Hessen NZA-RR 2019, 505. Der Kläger hatte sich auf einer Internetplattform als Busfahrer beworben. Das beklagte Busunternehmen vereinbarte mit ihm eine Busreise nach Ungarn. Hierzu wurde dem Kläger von Mitarbeitern des Beklagten auf einem Rastplatz ein Bus übergeaben. Vereinbart war eine Vergütung in Höhe von 1480 €.

71 Vgl zu den Ländern Frankreich, Italien, Spanien und Vereinigtes Königreich *Waas*, Zur rechtlichen Qualifizierung, Arbeit und Recht, 2018, 548 (550–552).

72 Uber B.V. and Others v Mr Y Aslam and Others, 26 October 2016, [2017] IRLR 4. Ausführlich dazu Waas Zur rechtlichen Qualifizierung, Arbeit und Recht, 2018, 548 (551 f).

deutschen arbeitsrechtlichen Schrifttum im Zuge der Einführung des § 611 a BGB beklagt worden, dass es versäumt wurde, eine Harmobisierung des nur national geprägten Arbeitnehmerbegriffs mit dem unonsrechtlichen Begriff herbeizuführen.[73] Es wir sogar die Auffassung vertreten, dass angesichts der bisherigen und vor allem jüngsten Tendenzen ein mitgliedstaatlicher Arbeitnehmerbegriff nicht mehr vorstellbar wäre.[74]

Die folgenden Ausführungen sollen ausgehend von der bisher vorliegenden Rspr des EuGH einige darin enthaltene Elemente aufgreifen, um sie mit Besonderheiten neuer Arbeitsformen der GigEconomy konfrontieren zu können.[75] Für die Arbeit auf Abruf (Job on call) hat der EuGH entschieden, dass die Beschäftigungsbedingungen auf der Basis einer Arbeit auf Abruf es grundsätzlich nicht verbieten, die betreffende Person als Arbeitnehmer iSd Art 45 AEUV anzusehen.[76] Gleichzeitig betont der EuGH aber auch, dass das nationale Gericht bei der Bewertung von Arbeit auf Abruf die Unregelmäßigkeit und die beschränkte Dauer der im Rahmen eines Vertrags über Gelegenheitsarbeit tatsächlich erbrachten Leistungen zu berücksichtigen hat. Der Umstand, dass der Betreffende im Rahmen seiner Tätigkeit nur sehr wenige Stunden gearbeitet hat, könne ein Anhaltspunkt dafür sein, dass die ausgeübten Tätigkeiten nur untergeordnet und unwesentlich sind. Andererseits könne das Gericht aber auch den Umstand berücksichtigen, dass sich der Betreffende zur Arbeit auf Abruf des Arbeitgebers zur Verfügung halten muss.[77]

Bei Plattformarbeit erfolgt die Bezahlung meist durch den Konsumenten an den Plattformbetreiber. Der Plattformbetreiber leitet das Entgelt, abzüglich einer Vermittlungsgebühr, an den möglichen Arbeitnehmer weiter. Das

---

73 *Rinck*, Der Arbeitnehmerbegriff im Wandel, RdA 2019, 127 (129).

74 *Preis*, § 611 a BGB, NZA 2018, 817 (824) sieht diese Tendenz insbesondere darin, dass der in Art 1 der Nachweis-RL 91/533 enthaltene Rückverweis auf den mitgliedstaatlichen Arbeitnehmerbegriff durch eine Kodifikation des als *Lawrie-Blum-Formel* bekannten Begriffsverständnisses zum autonomen Arbeitnehmerbegriff der Arbeitnehmerfreizügigkeit in Art 1 RL 2019/1152 über transparente und vorhersehbare Arbeitsbedingungen in der EUabgelöst wird. Das LAG rückte als Prüfungsmaßstab für das Vorliegen der Arbeitnehmereigenschaft die Kriterien des § 611 a BGB in den Mittelpunkt der Prüfung. Nach Auffassung des LAG sprach es tendenziell gegen die Arbeitnehmereigenschaft, weil die geschäftliche Beziehung nur wenige Tage andauern sollte und eine Eingliederung in den Geschäftsbetrieb des Auftraggebers nicht stattgefunden hat.

75 Auch die Kommission hat etwas Ähnliches schon vor einigen Jahren unternommen, s KOM (2016) 356 endg.

76 Vgl EuGH Rs C-357/89 (Raulin), EU:C:1992:87; Das Urteil ist zu einem Vertrag nach niederländischem Recht („oproepcontract“) ergangen.

77 EuGH Rs C-357/89 (Raulin), EU:C:1992:87 Rn 14.

Kriterium der Entgeltlichkeit wird selten Probleme bereiten, weil der EuGH bei der Beurteilung der Form des Entgelts sehr großzügig ist. Er bejahte die Entgeltlichkeit bei klassischen Entlohnungsformen ebenso wie bei Bezahlung durch Gewinnbeteiligung, Naturalentlohnung oder Auszahlung durch einen Dritten.[78]

Auch das Element der wirtschaftlichen Tätigkeit wird in der Regel nicht problematisch sein. Da die meisten Arbeiten auf Plattformen auch bezahlt werden, sind diese unstrittig Teil des Wirtschaftslebens, weil die Vergütung die Gegenleistung für die verrichtete Arbeit darstellt.[79]

Das Kriterium der tatsächlichen und echten Tätigkeit wird erfüllt, falls diese Tätigkeiten keinen *„so geringen Umfang haben, dass sie sich als völlig untergeordnet und unwesentlich darstellen“* [80]. Dabei wird neben dem Recht auf bezahlten Urlaub oder Krankenstand insbesondere auf die Anzahl der gearbeiteten Stunden als auch auf die Höhe des Bezuges abgestellt. In zeitlicher Hinsicht zog der EuGH in der Rs *Genc* eine Untergrenze von 5,5 Stunden pro Woche.[81] Während dieses Kriterium in herkömmlichen Beschäftigungsverhältnissen meist erfüllt wird, ist dies in der GigEconomy nicht immer der Fall. Dies liegt darin begründet, dass die meisten Plattformarbeiter keine fixe Arbeitszeit haben. Falls die Plattformarbeit als Nebenjob ausgeführt wird, kommt es durchaus vor, dass diese 5,5 Stunden nicht erreicht werden.

Die Beurteilung der Weisungsunterworfenheit bringt wohl die meisten Herausforderungen mit sich. Gemäß der EuGH-Rspr ist es entscheidend, ob eine Person einem Unterordnungsverhältnis unterliegt. Dieses Verhältnis wird anhand aller bekannten Merkmale beurteilt, die die Beziehung zwischen Arbeitnehmer und Arbeitgeber definieren oder beeinflussen. Dabei sind sowohl bestehende Verträge als auch faktische Gegebenheiten zu berücksichtigen. Ein Crowdworker kann die Arbeitszeit, den Arbeitsort und den Arbeitsinhalt meist nur indirekt beeinflussen. Er entscheidet selbst, wann er in der App online geht. Sobald er dies tut, werden ihm Arbeitsort und Arbeitszeit jedoch meist zugeteilt. Dahingehend ist es relevant, ob Plattformarbeiter an monatliche Mindestaktivitäten gebunden sind, etwaige Inaktivität in irgendeiner Weise sanktioniert wird oder ob Aufträge auch abgelehnt werden können. Im Hinblick auf die Kontrollunterworfenheit spielen Kundenbewertungen eine Rolle. In vielen Apps können beispiels-

78 EuGH Rs C-3/87 (Agegate), EU:C:1989:650 Rn 36; EuGH Rs C-456/02 (Trojani), EU:C:2004:488 Rn 22; EuGH Rs C-229/14 (Balkaya), EU:C:2015:455 Rn 22 (51);

79 EuGH Rs C-196/87 (Steymann), EU:C:1988:475 Rn 10; EuGH Rs C-176/96 (Lehtonen), EU:C:2000:201 Rn 43.

80 EuGH Rs C-432/14 (O), EU:C:2015:643 Rn 22.

81 EuGH Rs C-561/14 (Genc), EU:C:2016:247 Rn 15 f.

weise Sterne für die erbrachte Leistung vergeben werden. Der Plattformbetreiber kann die Arbeit somit kontrollieren. Hierüber müssen wir sprechen-Oft werden Profile mit höheren Bewertungen weiter vorne angezeigt. Dies stellt eine wenn auch keine klassische

Disziplinarmaßahme dar. Bei einigen Plattformen erfolgt die Arbeit auf der Basis vorgefertigter Verträge. Bei Uber haben die Fahrer zum Beispiel nicht die Möglichkeit den Fahrpreis selbst zu bestimmen, dieser wird von der Plattform generiert.

In die arbeitsrechtliche Diskussion ist auch das Urteil des Gerichtshofs betreffend den Fahrdienst Uber eingeflossen.[82] Diese Entscheidung betraf ausschließlich die Frage, ob der Fahrdienst Uber von den primärrechtlichen Vorschriften über die Dienstleistungsfreiheit und dem diese begleitenden Sekundärrecht erfasst ist. Diese Frage wurde negativ verbeschieden, weil der Service als Verkehrsdienstleistung iSd Art 58 AEUV einzustufen war, und deshalb der Anwendungsbereich weder des Art 56 AEUV noch der RL 2006/123 und der RL 2000/131 gegeben war. Wenn in der arbeitsrechtlichen Literatur diese Entscheidung mit Aufmerksamkeit bedacht worden war, so lag dies darin, dass in der Begründung Aspekte angesprochen und Aussagen getroffen wurden, deren arbeitsrechtliche Relevanz offenkundig waren.[83] Schon in den Schlussanträgen des GA ist die arbeitsrechtliche Dimension sichtbar geworden. Der GA trifft eine Reihe von Feststellungen, deren arbeitsrechtliche Relevanz offenkundig ist. So wird etwa eine indirekte Festsetzung der Arbeitszeit durch Uber gesehen, weil die meisten Fahrer ihre Tätigkeit als einzige oder als ihren Hauptberuf ausüben.[84] Betont wird auch, dass Uber den Preis für den erbrachten Dienst festsetze.[85] Und die Untersuchung des Fahrbetriebs mündet in die Feststellung ein[86]: Uber kontrolliert somit alle relevanten Aspekte eines Dienstes im Personennahverkehr: natürlich den Preis, aber auch die sicherheitsspezifischen Mindestbedingungen mittels der Anforderungen an Fahrer und Fahrzeuge, den Zugang zum Beförderungsangebot durch den Anreiz für die Fahrer, sich zu Spitzenzeiten und an Orten massiver Nachfrage bereit zu halten, das Verhalten der Fahrer durch das Bewertungssystem und schließlich die Möglichkeit des Ausschlusses von der Plattform. … Uber kontrolliert somit die wirtschaftlich relevanten Faktoren der im Rahmen ihrer Plattform angebotenen Beförderungsdienstleistung. Obwohl diese Kontrolle nicht im Wege einer hierar-

---

82 EuGH Rs C-434/15 (Asociación Profesional), EU:C:2017:981.

83 Eingehend hierzu *Delfino*, Work in the Age of collaborative economy between innovation and tradition, ELLJ 2018, 346 ff.

84 Rn 47 der Schlussanträge.

85 Rn 49 der Schlussanträge.

86 Rn 51 und 52 der Schlussanträge.

chischen Unterordnung klassischer Art vonstattengeht, darf man sich gleichwohl vom äußeren Erscheinungsbild nicht irreführen lassen. Eine mittelbare Kontrolle, wie sie von Uber ausgeübt wird, die auf finanziellen Anreizen und einer dezentralisierten Bewertung durch die Fahrgäste mit einer entsprechenden Größenkostenersparnis beruht, erlaubt ein genauso effektives Management, wenn nicht mehr, wie eine Kontrolle, die auf den förmlichen Weisungen eines Arbeitgebers gegenüber seinen Arbeitnehmern sowie auf der unmittelbaren Überwachung ihrer Ausführung beruht. Trotz dieses Ergebnisses möchte der GA aber nicht so verstanden werden, dass die Fahrer zwangsläufig als Arbeitnehmer anzusehen seien, vielmehr könnten diese ihre Dienste auch als selbständige Unternehmer erbringen, die in ihrem Namen als Subunternehmer auftreten.[87]

In die gleiche Richtung zielt der die Urteilsbegründung des Gerichtshofs, wenn sie auch deutlich komprimierter formuliert[88]: Zudem übt Uber einen entscheidenden Einfluss auf die Bedingungen aus, unter denen diese Fahrer die Leistung erbringen. Dabei ist insbesondere klar ersichtlich, dass Uber durch die gleichnamige Anwendung zumindest den Höchstpreis für die Fahrt festsetzt, dass diese Gesellschaft den Preis beim Kunden erhebt und danach einen Teil davon an den nicht berufsmäßigen Fahrer des Fahrzeugs überweist und dass sie eine gewisse Kontrolle über die Qualität der Fahrzeuge und deren Fahrer sowie über deren Verhalten ausübt, die gegebenenfalls zu ihrem Ausschluss führen kann.

Man kann aus diesen Ausführungen von GA und Gerichtshof ersehen, dass der Rechtstreit zwar primär einen dienstleistungsrechtlichen Streitgegenstand hatte, dass aber dabei Feststellungen getroffen werden, die Aufschluss darüber geben, wie beide Institutionen die Rechtsbeziehungen zwischen einem Träger einer Plattform und den Personen, die die darin vorgesehenen Dienste leisten, erfassen. Die oben beschriebenen konstitutiven Elemente des vom EuGH entwickelten Arbeitnehmerbegriffs sind sowohl beim GA wie beim Gerichtshof präsent. Neben der ohnehin unproblematischen Erbringung einer wirtschaftlichen Leistung kommt den beiden anderen Elementen - Leistung unter Weisung eines anderen sowie die Vergütung zentrale Bedeutung bei. Damit scheint es durchaus angebracht zu folgern, dass die neuen Arbeitsformen bei künftigen Vorlageverfahren ihre rechtliche Qualifizierung durchaus in den Bahnen der bisherigen Rspr. erfahren werden[89], was tätigkeitsbezogene Spezifizierungen und Präzisierungen selbstverständlich nicht ausschließt.

87 Rn 54 der Schlussanträge.
88 Rn 39 des Urteils.
89 So auch *Delfino*, Work in the Age of collaborative economy, ELLJ 2018, 346 (348 f).

Die Verrichtung von Arbeit kann durch abhängige oder selbständige Tätigkeit geschehen. Die Abgrenzung erfolgt üblicherweise im Ausschlussverfahren mit der vorrangigen Prüfung der Voraussetzungen des Arbeitnehmerbegriffs. Sind diese nicht erfüllt, liegt automatisch die Form selbständiger Arbeit vor. Deshalb wird meist von einer eigenständigen Definition selbständiger Arbeit abgesehen.[90] Umso bemerkenswerter ist es deshalb, dass der EuGH einen Kriterienkatalog formuliert hat, wenn auch nur in einer einzigen Entscheidung.[91]. Der Gerichtshof nimmt Bezug auf seine st Rspr zum Arbeitnehmerbegriff und damit auch auf das zentrale Merkmal der Weisungsabhängigkeit, woraus im Umkehrschluss zu folgern ist, dass „eine Tätigkeit, die jemand nicht im Rahmen eines Unterordnungsverhältnisses ausübt, als selbständige Tätigkeit iSv Art 52 EG [jetzt Art 49 AEUV] anzusehen ist“[92]. Bei dieser Charakterisierung lässt es der EuGH aber nicht bewenden, sondern er präzisiert die tatbestandlichen Voraussetzungen, indem er Elemente der Selbständigkeit hinzufügt[93]. Danach liegt eine selbständig ausgeübte Erwerbstätigkeit vor, wenn nachgewiesen ist, dass der Dienstleistende sie wie folgt ausübt:

- nicht im Rahmen eines Unterordnungsverhältnisses in Bezug auf die Wahl dieser Tätigkeit, die Arbeitsbedingungen und das Entgelt,
- in eigener Verantwortung und
- gegen ein Entgelt, das ihm vollständig und unmittelbar gezahlt wird.

Der Gerichtshof fügt hinzu, dass in jedem Einzelfall anhand der vorgelegten Beweiselemente zu prüfen ist, ob diese Voraussetzungen erfüllt sind.

Der EuGH unterstreicht damit auch beim Begriff der Selbständigkeit, dass er gemeinschaftsrechtlich zu bestimmen ist. Das erste Element muss wohl dahingehend verstanden werden, dass es für eine selbständige Tätigkeit konstitutiv ist, dass der Dienstverpflichtete in Wahrnehmung seiner uneingeschränkten Vertragsfreiheit tätig werden kann, also sowohl hinsichtlich der Auswahl des Vertragspartners wie des Inhalts seiner Tätigkeit und der Vergütung. Selbständige Tätigkeit ist also maßgeblich durch privatautonome Entscheidungen charakterisiert, deren Inhalt im Konsens mit dem anderen Vertragspartner getroffen werden, ohne dass die eine oder andere Sei-

---

90 Ein interessantes Beispiel einer Definition liefert Art 1 des spanischen Statuts der selbständigen Arbeit, wonach Selbständige natürliche Personen sind, „die ihre Tätigkeit gewöhnlich persönlich, direkt, auf eigene Rechnung und außerhalb der Leitung und Organisation einer anderen Person mit Gewinnerzielungsabsicht ausüben.“

91 EuGH Rs C-268/99 (Jany), EU:C:2001:616

92 Rn 34 des Urteils Jany.

93 Vgl Rn 71 der Urteils Jany.

te Bedingungen einseitig vorgeben kann. Dem Vertragswillen der Parteien kommt also eine wesentliche Bedeutung zu[94].

Das vorbesprochene Urteil Jany hat nicht von ungefähr bei britischen Autoren besondere Beachtung gefunden, weil der Begriff des self-employed im Arbeitsrecht des Vereinigten Königreichs eine große Rolle spielt.[95] Um sich auf die Grundfreiheiten aus Art 49 und 56 AEUV berufen zu können, besteht ein starkes Bedürfnis nach Rechtsklarheit hinsichtlich der Eigenschaft als Selbständiger. Das Urteil bietet dazu eine sehr lehrreiche Darstellung, weil es wie kein anderes die Abgrenzungsproblematik bei gleichzeitiger Betrachtung der Voraussetzungen des Arbeitnehmerbegriffs und des Begriffs der Selbständigkeit vollzieht. Es erweitert den Fundus an Prüfkriterien, weil der Blickwinkel des Selbständigenprofils stärker zum Vorschein kommt als dies üblicherweise im Rahmen des Arbeitnehmerbegriffs der Fall ist.

d) Berufung auf Art 45 AEUV durch den Arbeitgeber

Vom Wortlaut her ist das Freizügigkeitsrecht des Art 45 AEUV an Arbeitnehmer adressiert. Auf die Bestimmung können sich jedoch auch Arbeitgeber berufen, vgl:

> EuGH, Rs C-350/96 (Clean Car Autoservice):[96] Die Clean Car Autoservice GesmbH ist eine Gesellschaft österreichischen Rechts mit Sitz in Wien. Ihre Anmeldung einer Gewerbeausübung wurde vom Landeshauptmann von Wien mit der Begründung zurückgewiesen, ihr Geschäftsführer wohne nicht in Österreich, was aber nach den gewerberechtlichen Vorschriften notwendig sei.

Das vorlegende österreichische Gericht fragte den EuGH, ob darin ein Verstoß gegen Art 45 AEUV liege und ob sich auf diese Bestimmung auch ein Arbeitgeber berufen könne. Hierzu führte der EuGH aus:

> „Diese Rechte stehen zweifellos den unmittelbar genannten Personen, den Arbeitnehmern, zu. Andererseits ist Artikel 48 [Art 45 AEUV] kein Hinweis darauf zu entnehmen, daß sich nicht auch andere Personen, insbesondere Arbeitgeber, auf sie berufen könnten. Zudem kann das Recht der Arbeitnehmer, bei Einstellung und Beschäftigung nicht diskriminiert zu werden, nur dann seine volle Wirkung entfalten, wenn die Arbeitgeber ein entsprechendes Recht darauf haben, Arbeitnehmer nach Maßgabe der Bestimmungen über die Freizügigkeit einstellen zu können. Diese Bestimmungen würden nämlich leicht um ihre Wirkung gebracht, wenn die Mitgliedstaaten die dort enthaltenen Verbote schon dadurch umgehen könnten, daß sie den Arbeitgebern die Einstellung eines Arbeitnehmers verböten,

---

94 Damit ist allerdings nicht ausgesagt, dass der EuGH ausschließlich auf das vertraglich Vereinbarte abstellen will. Die Möglichkeit des Missbrauchs und der Scheinselbständigkeit ist auch dem EuGH geläufig, vgl dazu etwa EuGH, Rs C-161/07 (Kommission/Österreich), Slg 2008, I-10671 Rn 37.

95 Vgl dazu *Barnard*, EU Employment Law, 4. Aufl 2012, S 151 f.

96 EuGH Rs C-350/96 (Clean Car Autoservice), EU:C:1998:205

der gewisse Voraussetzungen nicht erfüllte, die, wenn er unmittelbar zu ihrer Erfüllung verpflichtet würde, Beschränkungen seines Rechts auf Freizügigkeit nach Artikel 48 EG-Vertrag [Art 45 AEUV] darstellen würden."[97]

Aus diesen Gründen bejahte der EuGH die Vorlagefrage, so dass sich in Zukunft auch Arbeitgeber auf das Freizügigkeitsrecht im Hinblick auf den Einsatz von Arbeitnehmern berufen können. Auch private Arbeitsvermittler können die Garantien der Arbeitnehmerfreizügigkeit für sich in Anspruch nehmen. Im Rahmen eines Rechtsstreits zwischen ITC, einem privaten Arbeitsvermittler, und der Bundesagentur für Arbeit wegen deren Weigerung, die Auszahlung auf einen Vermittlungsgutschein an ITC vorzunehmen, weil die Arbeitsstelle, die ITC dem Arbeitsuchenden vermittelt hatte, nicht in Deutschland sozialversicherungspflichtig war, hat der EuGH wie folgt judiziert:[98]

„Es steht zwar fest, dass die Freizügigkeitsrechte des Art 39 EG [Art 45 AEUV] den Arbeitnehmern einschließlich der Arbeitsuchenden zustehen [...], doch ist dieser Vorschrift kein Hinweis darauf zu entnehmen, dass sich nicht auch andere Personen auf sie berufen könnten [...]. [...]

Es kann daher nicht ausgeschlossen werden, dass sich ein privater Arbeitsvermittler unter bestimmten Umständen auf die Rechte berufen kann, die Art 39 EG [Art 45 AEUV] unmittelbar den Arbeitnehmern der Gemeinschaft einräumt.

Das Recht der Arbeitnehmer, eine Tätigkeit im Lohn- oder Gehaltsverhältnis im Hoheitsgebiet eines anderen Mitgliedstaats aufzunehmen und auszuüben, ohne diskriminiert zu werden, kann nämlich nur dann seine volle Wirkung entfalten, wenn auch die Vermittler, wie zB ein privater Arbeitsvermittler, ein entsprechendes Recht haben, den Arbeitnehmern zu helfen, unter Beachtung der Bestimmungen über die Freizügigkeit einen Arbeitsplatz zu erlangen.

Diese Auslegung der genannten Bestimmungen ist erst recht unter Umständen geboten, wie sie im Ausgangsverfahren vorliegen, in dem ein privater Arbeitsvermittler einen Vermittlungsvertrag mit einem Arbeitsuchenden aufgrund eines diesem ausgestellten Vermittlungsgutscheins geschlossen hat, nach dem sich die Bundesagentur verpflichtet, die für den privaten Arbeitsvermittler anfallenden Gebühren zu übernehmen, wenn dieser dem Arbeitsuchenden einen bestimmte Voraussetzungen erfüllenden Arbeitsvertrag vermittelt. Unter diesen Umständen ist es Sache des privaten Arbeitsvermittlers und nicht des Arbeitsuchenden, von der Bundesagentur die Übernahme der Vermittlungsgebühr zu verlangen."

2. EU-Staatsangehörige

Das Recht auf Freizügigkeit können nur solche Arbeitnehmer in Anspruch nehmen, die die Unionsbürgerschaft besitzen. Unionsbürger ist gem Art 20 Abs 1 Satz 2 AEUV, wer die Staatsangehörigkeit eines Mitgliedstaats besitzt.

97 EuGH Rs C-350/96 (Clean Car Autoservice), EU:C:1998:205 Rn 19 ff.

98 EuGH Rs C-208/05 (ITC Innovative Technology Center GmbH), EU:C:2007:16 Rn 22 ff = ZESAR 2007, 286 mit Anm *Mair*.

Wer nicht EU-Staatsangehöriger ist, kann sich nur dann auf das Recht der Freizügigkeit berufen, wenn spezielle Regelungen dies vorsehen. Zu denken ist dabei etwa an das Abkommen über den Europäischen Wirtschaftsraum (EWR)[99] oder das am 1. Juni 2002 in Kraft getretene Abkommen über die Freizügigkeit EG-Schweiz.[100]

a) Übergangsvorschriften

Die Verträge für die EU-Osterweiterung 2004 sahen für eine Übergangszeit von längstens sieben Jahren erhebliche Beschränkungen der Arbeitnehmerfreizügigkeit vor.[101] Aufgrund der Befürchtungen insbesondere Deutschlands und Österreichs wurden in die Beitrittsakte Bestimmungen aufgenommen, die den Arbeitsmarkt für Arbeitnehmer aus den MOE-Staaten nur eingeschränkt öffneten, wenn die alten Mitgliedstaaten einen solchen ungehinderten Zustrom nicht wünschten.[102] Die in den Beitrittsakten enthaltenen Übergangsmaßnahmen besagten, dass bis zum Ende eines Zeitraums von zwei Jahren nach dem Tag des Beitritts die Art 1 bis 6 der VO (EU) Nr 492/2011, also der Freizügigkeitsverordnung, die einen ungehinderten und diskriminierungsfreien Zutritt zum Arbeitsmarkt jedes Mitgliedstaats eröffnet, suspendiert werden. Stattdessen konnten die Mitgliedstaaten die Anwendung ihrer nationalen oder sich aus bilateralen Abkommen ergebenden Maßnahmen beibehalten. Diese Möglichkeit konnte um weitere drei, sodann um weitere zwei Jahre ausgedehnt werden (2+3+2-Modell). Das bedeutet, dass grundsätzlich in Abweichung von dem, was Art 45 AEUV fordert, für Staatsangehörige aus Beitrittsländern eine Arbeitsgenehmigung erforderlich war.

b) Assoziationsabkommen

Noch nicht abschließend geklärt ist die Frage, inwieweit sich Arbeitnehmer aus solchen Ländern, mit denen die EU Assoziationsabkommen[103] abgeschlossen hat, auf die Freizügigkeitsvorschriften des AEUV berufen kön-

99 ABlEG 1994 Nr L 1/3.

100 ABlEG 2002 Nr L 114/1; vgl *Breitenmoser/Weyeneth,* EuZW 2012, 854 ff; *Epiney*, SJZ 2009, Nr 2, 25 ff.

101 Ausführlich dazu *Adinolfi*, CMLRev 2005, 469 ff; *Fehrenbacher*, ZAR 2004, 22 ff; *Langer*, NZA-Beilage 2/2005, 83 ff.

102 Die Rechtsgrundlage hierfür ist in Art 24 iVm den einschlägigen Anhängen der Beitrittsakte zu finden, ABlEG 2003 Nr L 236/33. Für Bulgarien und Rumänien: Art 20 des Protokolls über den Beitritt Bulgariens und Rumäniens iVm Anhang VI bzw VII, vgl ABlEU 2005 Nr L 157/29.

103 Die Ermächtigung zum Abschluss von Assoziationsabkommen ist in Art 217 AEUV verankert.

nen.[104] Spezielle Regelungen bestehen auf Grund des Assoziationsratsbeschlusses Nr 1/80 (= ARB 1/80) für türkische Arbeitnehmer in Europa. Der Zugang für türkische Arbeitnehmer[105] zum Arbeitsmarkt der Mitgliedstaaten der EU ist wie folgt geregelt: Für die erstmalige Beschäftigung ist eine Arbeitserlaubnis erforderlich, deren Erteilung sich ausschließlich nach dem Recht der Mitgliedstaaten beurteilt.[106] Hat ein türkischer Arbeitnehmer eine Beschäftigung ausgeübt, gestaltet sich die Rechtsposition nach dem in Art 6 Abs 1 ARB 1/80 niedergelegten Schema:

- nach einem Jahr ordnungsgemäßer Beschäftigung erlangt der Arbeitnehmer den Anspruch auf Erneuerung seiner Arbeitserlaubnis bei dem gleichen Arbeitgeber,
- nach drei Jahren ordnungsgemäßer Beschäftigung hat der Arbeitnehmer das Recht, sich für den gleichen Beruf bei einem Arbeitgeber seiner Wahl auf ein unter normalen Bedingungen unterbreitetes und bei den Arbeitsämtern eingetragenes anderes Stellenangebot zu bewerben,[107]
- nach vier Jahren ordnungsgemäßer Beschäftigung erhält der Arbeitnehmer uneingeschränkten Zugang zu jeder abhängigen Beschäftigung.

Wie der EuGH festgestellt hat, folge aus der Systematik und der praktischen Wirksamkeit dieses mit Art 6 Abs 1 ARB 1/80 geschaffenen Systems einer abgestuften Eingliederung in den Arbeitsmarkt des Aufnahmemitgliedstaats, dass die in den drei Gedankenstrichen dieser Bestimmung jeweils aufgestellten Bedingungen von den Betroffenen nacheinander erfüllt werden müssen. Jede andere Lösung würde die Kohärenz des Systems zerstören.[108] Art 13 ARB 1/80 beinhaltet eine Stillhalteklausel, der zufolge keine neuen Vorschriften erlassen werden dürfen, die verglichen mit den im Zeitpunkt des Inkrafttretens der Stillhalteklausel geltenden für den Betroffenen ungünstig sind. Art 13 ARB 1/80 ist unmittelbar anwendbar.[109]

In ständiger Rechtsprechung hat der EuGH festgestellt, dass Art 6 Abs 1 ARB 1/80 in den Mitgliedstaaten unmittelbare Wirkung hat, so dass türkische Staatsangehörige, die die genannten Voraussetzungen erfüllen, sich unmittelbar auf die Rechte berufen können, die ihnen die einzelnen Bestim-

104 *Husmann*, ZAR 2009, 305 ff.

105 Der Arbeitnehmerbegriff wird wie bei Art 45 AEUV bestimmt: EuGH Rs C-1/97 (Birden), EU:C:1998:568 Rn 24; *Födermayr*, ZESAR 2013, 69.

106 EuGH Rs C-237/91 (Kus), EU:C:1992:527; C-210/97 (Akmann), EU:C:1998:555.

107 Vorbehaltlich des den Arbeitnehmern aus den Mitgliedstaaten einzuräumenden Vorrangs.

108 EuGH Rs C-230/03 (Sedef), EU:C:2006:5 Rn 37.

109 EuGH Rs C-192/89 (Sevince), EU:C:1990:322 Rn 18.

mungen dieses Absatzes verleihen.[110] Art 6 Abs 1 3. Spiegelstrich ARB 1/80 gibt türkischen Arbeitnehmern nach vier Jahren ordnungsgemäßer Beschäftigung freien Zugang zu jeder von ihnen gewählten Beschäftigung im Lohn- oder Gehaltsverhältnis. Allerdings beschränkt sich die Freizügigkeit auf den jeweiligen Aufnahmemitgliedstaat. In diesem Falle müssen die Art 45–48 AEUV und die dazu entwickelten Grundsätze als Leitlinien für die Behandlung türkischer Arbeitnehmer herangezogen werden.[111]

Der Umstand, dass einem türkischen Staatsangehörigen gestattet worden ist, als Aupair-Kraft oder als Student in das Hoheitsgebiet eines Mitgliedstaats einzureisen, kann ihm nicht die Eigenschaft als „Arbeitnehmer" nehmen und ihn nicht von der Zugehörigkeit zum regulären Arbeitsmarkt iSv Art 6 Abs 1 ARB 1/80 ausschließen. Dieser Umstand hindert den betreffenden Staatsangehörigen daher nicht daran, sich auf diese Vorschrift zu berufen, um eine Erneuerung seiner Arbeitserlaubnis zu erhalten und in den Genuss eines dementsprechenden Aufenthaltsrechts zu kommen.[112]

Unterbrechungen der Arbeit wirken sich grundsätzlich nachteilig auf den Erwerb der Rechtspositionen aus. Eine ordnungsgemäße Beschäftigung ist grundsätzlich nur die ununterbrochene Beschäftigung. Allerdings sieht Art 6 Abs 2 ARB 1/80 Ausnahmen vor. Jahresurlaub, Mutterschaft, kurze Krankheit und Arbeitsunfall führe nicht zu einer Unterbrechung, diese Zeiten sind den Zeiten ordnungsgemäßer Beschäftigung gleichgestellt (S 1). Zeiten langer Krankheit und unverschuldeter Arbeitslosigkeit werden so behandelt, dass sie auf Grund vorheriger Beschäftigungszeit erworbener Ansprüche nicht beeinträchtigen (S 2). Strittig war, welchen Einfluss es auf die aus Art 6 Abs 1 ARB 1/80 resultierenden Rechte hat, wenn der türkische Staatsangehörige wegen der Verbüßung einer Freiheitsstrafe dem Arbeitsmarkt längere Zeit nicht mehr zur Verfügung steht. Die deutsche und die österreichische Regierung haben in der Vergangenheit die Auffassung vertreten, dass in einem solchen Falle die Arbeitslosigkeit, die aus dieser Inhaftierung resultiere, nicht als unverschuldet iSv Art 6 Abs 2 S 2 ARB 1/80 an-

110 EuGH Rs C-192/89 (Sevince), EU:C:1990:322; Rs C-355/93 (Eroglu), EU:C:1994:369; zur unmittelbaren Wirkung von Art 7 Abs 1 ARB Nr 1/80 s EuGH Rs C-351/95 (Kadiman), EU:C:1997:205 Rn 28; Rs C-325/05 (Derin), EU:C:2007:442 Rn 47, st Rspr; zu Art 7 Abs 1 1. Spiegelstrich EuGH Rs C-337/07 (Altun), EU:C:2008:744; zu Art 7 Abs 1 2. Spiegelstrich EuGH Rs C-453/07 (Er), EU:C:2008:524; zur unmittelbaren Wirkung von Art 13 ARB Nr 1/80 s EuGH Rs C-192/89 (Sevince), EU:C:1990:322, Rn 26; stRsp Rs C-242/06 (Sahin), EU:C:2009:554.

111 EuGH Rs C-171/95 (Tetik), EU:C:1997:31 Rn 28.

112 EuGH Rs C-294/06 (Payir ua), EU:C:2008:36; vgl auch EuGH Rs C-14/09 (Genc), EU:C:2010:57, zum Entfallen des Aufenthaltszwecks der Einreise in den Aufnahmemitgliedstaat.

gesehen werden könne. Dieser Auffassung ist der EuGH entgegengetreten. Der EuGH betont, dass aus der unmittelbaren Wirkung des Art 6 Abs 1 ARB 1/80 nicht nur folge, dass der Betroffene hinsichtlich der Beschäftigung ein individuelles Recht herleiten könne, sondern dass die praktische Wirksamkeit dieses Rechts außerdem zwangsläufig die Existenz eines entsprechenden Aufenthaltsrechts voraussetze, das vom Fortbestehen der Voraussetzungen für den Zugang zu diesen Rechten unabhängig sei. Nur für die Phase der Entstehung der nach Maßgabe der Dauer der Ausübung einer ordnungsgemäßen Beschäftigung im Lohn- oder Gehaltsverhältnis schrittweise erweiterten Rechte, die in Art 6 Abs 1 ARB 1/80 festgelegt sind, und damit nur für die Zwecke der Berechnung der insoweit erforderlichen Beschäftigungszeiten sehe Art 6 Abs 2 vor, dass sich verschiedene Fälle der Unterbrechung der Arbeit auf diese Zeiten auswirkten. Nur wenn der Betroffene dem regulären Arbeitsmarkt des Aufnahmemitgliedstaats endgültig nicht mehr angehört, weil er objektiv keine Möglichkeit mehr hat, sich in den Arbeitsmarkt wieder einzugliedern, oder wenn er den Zeitraum überschritten hat, der angemessen ist, um nach dem Ende seiner Inhaftierung eine neue Beschäftigung im Lohn- oder Gehaltsverhältnis zu finden, könnten die Rechte aus Art 6 Abs 1 (nach Art 14 Abs 1) ARB 1/80 eingeschränkt werden.[113]

Auch bezüglich des Inhalts von Arbeitsverträgen sind die Vorschriften des ARB 1/80, insbesondere das in Art 10 Abs 1 verankerte Gleichbehandlungsgebot zu beachten.[114]

c) Unionsrechtliche Regelungen für Drittstaatsangehörige

Seit Jahren gibt es eine intensive Diskussion darüber, ob das Freizügigkeitsrecht auch auf Drittstaatsangehörige ausgedehnt werden soll, die sich rechtmäßig in einem Mitgliedstaat aufhalten.[115] Die Problematik wird immer drängender, wenn man bedenkt, dass sich am 1. Januar 2018 die Zahl der Drittstaatsangehörigen in den Mitgliedstaaten der EU auf etwa 22,3 Millionen Menschen belief. Dies stellt einen Anteil von 4,4% der Gesamtbevölkerung dar.[116] Die Forderung nach einer Ausdehnung des Freizügigkeitsrechts

113 EuGH Rs C-373/03 (Aydinli), EU:C:2005:434; Rs C-383/03 (Dogan), EU:C:2005:436; zum Verlust des vom Recht nach Art 7 Abs 1 2. Spiegelstrich abgeleiteten Aufenthaltsrechts, EuGH Rs C-349/06 (Polat), EU:C:2007:581.

114 Näheres dazu unter E.

115 Vgl *Davy* in: FS Eichenhofer, 2015, 123 ff; *Wilson*, Die Rechte von Drittstaatsangehörigen, 2007.

116 https://ec.europa.eu/eurostat/statistics-explained/index.php/Migration_and_migrant_population_statistics.

auf Drittstaatsangehörige wird vor allem in der Wissenschaft erhoben.[117] Die Organe der EU sind diesem Drängen schrittweise für bestimmte in der Union lebende Drittstaatsangehörige nachgekommen. An einheitlichen Regeln für Drittstaatsangehörige fehlt es allerdings. Ein Richtlinienvorschlag der Kommission aus dem Jahr 2001 bezüglich einer allgemeinen Regelung der Bedingungen für die Einreise und den Aufenthalt von Drittstaatsangehörigen scheiterte.[118] Art 45 Abs 2 der Charta der Grundrechte der EU bestimmt, dass Staatsangehörigen dritter Länder, die sich rechtmäßig im Hoheitsgebiet eines Mitgliedstaats aufhalten, gem dem AEUV Freizügigkeit und Aufenthaltsfreiheit gewährt werden kann. Damit wird an die der Union durch Art 77 und 79 AEUV erteilte Zuständigkeit bzgl der Grenzschutz- und Einwanderungspolitik angeknüpft. Gem Art 79 Abs 5 AEUV behalten die Mitgliedstaaten allerdings das Recht zu bestimmen, wie viele Drittstaatsangehörige sie zum Zwecke der Erwerbstätigkeit aufnehmen möchten. Daher kann auf Unionsebene nicht festgelegt werden, unter welchen Voraussetzungen Drittstaatsangehörigen auf jeden Fall der Zugang zum Arbeitsmarkt eines Mitgliedstaates offen steht.

Im Jahr 2003 wurden zwei Richtlinien erlassen, die die Rechtsstellung der langfristig aufenthaltsberechtigten Drittstaatsangehörigen[119] einerseits sowie deren Familienangehörigen[120] andererseits regeln.[121] Zu dieser Gruppe zählen jedenfalls all diejenigen Drittstaatsangehörigen, die sich ununterbrochen mindestens fünf Jahre lang im Hoheitsgebiet eines Mitgliedstaats aufgehalten haben (Art 4 Abs 1 RL 2003/109/EG). Ausweislich der Erörterungsgründe ist es Ziel dieser Richtlinien, die Rechtsstellung von Drittstaatsangehörigen an diejenigen der Staatsangehörigen der Mitgliedstaaten anzunähern und den Personen, die sich über einen längeren Zeitraum in einem Mitgliedstaat rechtmäßig aufgehalten haben und einen langfristigen Aufenthaltstitel besitzen, in diesem Mitgliedstaat eine Reihe einheitlicher Rechte zu gewähren, die denjenigen der Unionsbürger so nah wie möglich sind. Dazu gehört es auch, die Familienzusammenführung zu gewährleisten, um dadurch ein Familienleben zu ermöglichen. Durch die RL 2011/51/

117 Vgl *Groenendijk* in Carlier/Verwilghen (Hg), 207 ff.

118 KOM (2001) 386 endg Ausführlich hierzu *Barnard,* EU Employment Law, 184 f.

119 RL 2003/109/EG vom 25.11.2003 betreffend die Rechtsstellung der langfristig aufenthaltsberechtigten Drittstaatsangehörigen, ABlEG 2004 Nr L 16/44. Zu einer kritischen Auseinandersetzung dazu vgl *Boelaert-Suominen*, CMLRev 2005, 1011 ff.

120 RL 2003/86/EG vom 22.9.2003 betreffend das Recht auf Familienzusammenführung, ABlEG 2003 Nr L 251/12.

121 Vgl zu beiden Richtlinien *Rodière*, Droit Social de l'Union Européenne, Rn 203 ff; *Barnard,* EU Employment Law, 182 ff.

EU[122] wurde der Anwendungsbereich der RL 2003/109/EG auf Personen, die internationalen Schutz iSd RL 2011/95/EU[123] genießen, erweitert.

Daneben sind mittlerweile fünf Richtlinien in Kraft, die Drittstaatsangehörigen, die unter bestimmten Voraussetzungen eine Tätigkeit in einem EU Mitgliedstaat aufnehmen, ähnliche Gleichbehandlungsrechte gewähren:

- RL 2009/50/EG[124] für hochqualifizierte Beschäftigte, die eine sog Blue Card erhalten,
- RL 2011/98[125] für Arbeitnehmer, die sich rechtmäßig in einem Mitgliedstaat der EU aufhalten,
- RL 2014/36/EU[126] für Saisonarbeitnehmer,
- RL 2014/66/EU[127] für die unternehmensinterne Entsendung vom Führungskräften, Spezialisten und Trainees und
- RL 2016/801/EU[128] für Forscher, Praktikanten, Freiwillige und Au-pair-Kräfte.

---

122 RL 2011/51/EU vom 11.5.2011 zur Änderung der Richtlinie 2003/109/EG zur Erweiterung ihres Anwendungsbereichs auf Personen, die internationalen Schutz genießen, ABlEU 2011 Nr L 132/1.

123 RL 2011/95/EU vom 13.12.2011 über Normen für die Anerkennung von Drittstaatsangehörigen oder Staatenlosen als Personen mit Anspruch auf internationalen Schutz, für einen einheitlichen Status für Flüchtlinge oder für Personen mit Anrecht auf subsidiären Schutz und für den Inhalt des zu gewährenden Schutzes, ABlEU 2011 Nr L 337/9, die ebenfalls Regelungen bezüglich der Gewährleistung des Familienlebens trifft, ersetzt RL 2004/83/EG vom 29.4.2004 über Mindestnormen für die Anerkennung und den Status von Drittstaatsangehörigen oder Staatenlosen als Flüchtlinge oder als Personen, die anderweitig internationalen Schutz benötigen, und über den Inhalt des zu gewährenden Schutzes, ABlEG 2004 Nr L 304.

124 RL 2009/50/EG vom 23.5.2009 über die Bedingungen für die Einreise und den Aufenthalt von Drittstaatsangehörigen zur Ausübung einer hochqualifizierten Beschäftigung, ABlEU 2009 Nr L 155/17.

125 RL 2011/98/EU vom 13.12.2011 über ein einheitliches Verfahren zur Beantragung einer kombinierten Erlaubnis für Drittstaatsangehörige, sich im Hoheitsgebiet eines Mitgliedstaats aufzuhalten und zu arbeiten, sowie über ein gemeinsames Bündel von Rechten für Drittstaatsarbeitnehmer, die sich rechtmäßig in einem Mitgliedstaat aufhalten, ABlEU 2011 Nr L 343/1.

126 RL 2014/36/EU vom 26.2.2014 über die Bedingungen für die Einreise und den Aufenthalt von Drittstaatsangehörigen zwecks Beschäftigung als Saisonarbeitnehmer, ABlEU 2014 Nr L 94/375.

127 RL 2014/66/EU vom 15.4.2014 über die Bedingungen für die Einreise und den Aufenthalt von Drittstaatsangehörigen im Rahmen eines unternehmerischen Transfers, ABlEU 2014 Nr L 157/1.

128 RL 2016/801/EU vom 11.5.2016 über die Bedingungen für die Einreise und den Aufenthalt von Drittstaatsangehörigen zu Forschungs- oder Studienzwecken, zur Absolvierung eines Praktikums, zur Teilnahme an einem Freiwilligendienst,

Diese Richtlinien harmonisieren vorrangig unter welchen Voraussetzungen ein Einreise- und Aufenthaltsrecht für Drittstaatsangehörige besteht.[129]

Durch die RL 2011/98/EU[130] wird vorgeschrieben, das Verfahren zur Beantragung einer Aufenthalts- und Arbeitserlaubnis für Drittstaatsangehörige zu vereinheitlichen.[131] Die Richtlinie gilt allerdings nicht für Saisonarbeitnehmer und entsandte Arbeitnehmer, da die RL 2014/36/EU und die RL 2014/66/EU hierfür eigene Vorschriften enthalten. Unter welchen Voraussetzungen eine solche Erlaubnis erteilt wird, ist weiterhin Entscheidung der Mitgliedstaaten. Darüber hinaus schreibt die Richtlinie umfassende Gleichbehandlungsrechte für alle Drittstaatsangehörigen vor, die in einem Mitgliedstaat als Arbeitnehmer tätig sind. Gem Art 12 RL 2011/98/EU gilt das Gleichbehandlungsrecht hinsichtlich der Arbeitsbedingungen, der Vereinigungsfreiheit, dem Zugang zu allgemeiner und beruflicher Bildung, der Anerkennung von beruflichen Befähigungsnachweisen, der sozialen Sicherungssysteme iSd VO (EG) Nr 883/2004, der Steuervergünstigungen für Arbeitnehmer, dem Zugang zu Waren, Dienstleistungen und Wohnraum und dem Beratungsdienst der Arbeitnehmer. Ausnahmen können vorgesehen werden für Arbeitnehmer, denen eine Erlaubnis nur für höchstens 6 Monate erteilt wurde. Die Richtlinie gilt nicht für entsandte Arbeitnehmer, Saisonarbeiter und Au-pairs und für solche Drittstaatsangehörigen, die bereits aus anderen EU-rechtlichen Regelungen Rechte ableiten (Art 3 Abs 2). Des Weiteren dehnt die VO (EG) Nr 1231/2010[132] den Anwendugs-

---

Schüleraustauschprogrammen oder Bildungsvorhaben und zur Ausübung einer Au-pair-Tätigkeit, ABlEU 2016 Nr L 132/21. Die Richtlinie ist bis zum 23.5.2018 umzusetzen.

129 Vgl ausführlich zu diesem Sekundärrecht European Commission (Hg) MoveS Analytical Report on the legal situation of third-country workers in the EU as compared to EU mobile workers, 2018.

130 RL 2011/98/EU vom 13.12.2011 über ein einheitliches Verfahren zur Beantragung einer kombinierten Erlaubnis für Drittstaatsangehörige, sich im Hoheitsgebiet eines Mitgliedstaats aufzuhalten und zu arbeiten, sowie über ein gemeinsames Bündel von Rechten für Drittstaatsarbeitnehmer, die sich rechtmäßig in einem Mitgliedstaat aufhalten, ABlEU 2011 Nr L 343/1.

131 In Deutschland ist das Verfahren bereits seit 2005 vereinheitlicht. In Österreich wurde die Richtlinie mit dem Bundesgesetz, mit dem das Ausländerbeschäftigungsgesetz und das Behinderteneinstellungsgesetz geändert werden, BGBl I 72/2013, umgesetzt, wobei die meisten Aufenthaltstitel bereits vorher eine Arbeitserlaubnis mit sich brachten.

132 Verordnung (EU) Nr 1231/2010 des europäischen Parlaments und des Rates vom 24. November 2010 zur Ausdehnung der Verordnung (EG) Nr 883/2004 und der Verordnung (EG) Nr 987/2009 auf Drittstaatsangehörige, die ausschließlich aufgrund ihrer Staatsangehörigkeit nicht bereits unter diese Verordnungen fallen, Abl 2010 Nr L 344/1.

bereich der VO (EG) Nr 883/2004 und deren Durchführungs-VO (EG) Nr 987/2009 auch auf Drittstaatsangehörige aus, die ausschließlich aufgrund ihrer Staatsangehörigkeit nicht bereits unter diese Verordnungen fallen. Ein Recht auf Freizügigkeit nach Art 45 AEUV steht Drittstaatsangehörigen allerdings nicht zu. Die Richtlinien 2003/109/EG, 2009/50/EG, 2014/66/EU und 2016/801/EU sehen Bedingungen vor, unter denen sich Drittstaatsangehörige innerhalb der EU über die Grenzen des Aufnahmestaates hinweg frei bewegen können. Den Familienangehörigen iSd RL 2003/86/EG und sonstigen Arbeitnehmern aus Drittstaaten kommt dieses Recht nicht zu.

3. Ausschluss der öffentlichen Verwaltung

Art 45 Abs 4 AEUV schließt die Anwendung des Freizügigkeitsrechts für Beschäftigungen in der öffentlichen Verwaltung aus. Der Wortlaut der Bestimmung könnte die Vermutung nahelegen, dass jegliche Beschäftigung in der öffentlichen Verwaltung automatisch zu einer Nichtanwendung des Art 45 AEUV führt. Eine solche grammatikalische Auslegung würde indes der Funktion und Systematik der Freizügigkeitsbestimmungen nicht gerecht werden. Diese Auffassung liegt auch der Rechtsprechung des EuGH zugrunde:

> EuGH Rs C-66/85 (Lawrie-Blum):[133] Die Klägerin, britische Staatsangehörige, wurde, nachdem sie die Prüfung für das Lehramt an Gymnasien abgelegt hatte, vom Schulamt wegen ihrer Staatsangehörigkeit nicht zum Vorbereitungsdienst zugelassen. Dieser Vorbereitungsdienst, das Referendariat, durch den die Befähigung für die Laufbahn des höheren Schuldienstes an Gymnasien erworben wird, ist die Voraussetzung, um später als Lehrer im Schuldienst tätig werden zu können. Die Klägerin sieht in der Abweisung einen Verstoß gegen Art 45 AEUV. Die Schulbehörde hat sich demgegenüber auf Art 45 Abs 4 AEUV berufen.

Dass die Tätigkeit als Studienreferendar eine Beschäftigung als Arbeitnehmer iSd Art 45 AEUV darstellt, wurde bereits oben bejaht.[134] Es kam hier deshalb allein darauf an, ob es sich bei der in Aussicht genommenen Tätigkeit als Studienreferendar um eine Beschäftigung in der öffentlichen Verwaltung iSv Art 45 Abs 4 AEUV handelte. Der EuGH verneinte die Frage:

> „Für die Entscheidung dieser Frage ist darauf hinzuweisen, dass Artikel 48 Absatz 4 [Art 45 Abs 4 AEUV] als Ausnahme vom Grundprinzip der Freizügigkeit und der Nichtdiskriminierung der Arbeitnehmer in der Gemeinschaft so auszulegen ist, daß sich seine Tragweite auf das beschränkt, was zur Wahrung der Interessen, die diese Bestimmung den Mitgliedstaaten zu schützen erlaubt, unbedingt erforderlich ist. Wie der Gerichtshof in seinem Urteil […] in der Rechtssache

133 EuGH Rs 66/85 (Lawrie-Blum), EU:C:1986:284.
134 S oben 2. Teil, I.B.1.a).

307/84 (Kommission/Frankreich, Slg 1986, 1725) ausgeführt hat, kann der Zugang zu einigen Stellen nicht deshalb eingeschränkt werden, weil in einem bestimmten Mitgliedstaat die Personen, die diese Stelle annehmen können, in das Beamtenverhältnis berufen würden. Würde man nämlich die Anwendung des Artikel 48 Absatz 4 von der Rechtsnatur des Verhältnisses zwischen dem Arbeitnehmer und der Verwaltung abhängig machen, so gäbe man damit den Mitgliedstaaten die Möglichkeit, nach Belieben die Stellen zu bestimmen, die unter diese Ausnahmebestimmung fallen. Wie der Gerichtshof bereits in seinen Urteilen [...] ausgeführt hat, sind unter der Beschäftigung in der öffentlichen Verwaltung im Sinne von Artikel 48 Absatz 4, die vom Geltungsbereich der Absätze 1 bis 3 dieses Artikels ausgenommen ist, diejenigen Stellen zu verstehen, die eine unmittelbare oder mittelbare Teilnahme an der Ausübung hoheitlicher Befugnisse und an der Wahrnehmung solcher Aufgaben mit sich bringen, die auf die Wahrung der allgemeinen Belange des Staates oder anderer öffentlicher Körperschaften gerichtet sind und die deshalb ein Verhältnis besonderer Verbundenheit des jeweiligen Stelleninhabers zum Staat sowie die Gegenseitigkeit von Rechten und Pflichten voraussetzen, die dem Staatsangehörigkeitsband zugrunde liegen. Ausgenommen sind nur die Stellen, die in Anbetracht der mit ihnen verbundenen Aufgaben und Verantwortlichkeiten die Merkmale der spezifischen Tätigkeiten der Verwaltung auf den genannten Gebieten aufweisen können."[135]

Diese engen Voraussetzungen wurden für den Fall des Studienreferendars verneint.[136] Ein Blick in die Kommentarliteratur[137] zeigt, dass der EuGH in zahlreichen Fällen ebenso entschieden hat, so etwa hinsichtlich der Tätigkeit als Musiker in einem Orchester des Theaters oder der Oper[138], der Tätigkeit als Krankenschwester bzw Krankenpfleger in öffentlichen Krankenhäusern[139], der Tätigkeit als Lehrkraft[140].

Methodisch lässt sich eine enge Interpretation dadurch verwirklichen, dass bei der begrifflichen Bestimmung eine funktionelle Betrachtungsweise anstelle einer institutionellen oder strukturellen bevorzugt wird.[141] Entscheidend ist also nicht die institutionelle Zuordnung eines Arbeitsplatzes zur öffentlichen Verwaltung, sondern, wie vom EuGH ausgeführt, die (unmittelbare oder mittelbare) Teilnahme an der Ausübung hoheitlicher Befugnisse und die Wahrnehmung solcher Aufgaben, die auf die Wahrung der allgemeinen Belange des Staates oder anderer öffentlicher Körperschaften gerichtet sind.

135 EuGH Rs 66/85 (Lawrie-Blum), EU:C:1986:284 Rn 26 f.
136 Zur Rechtsprechung des EuGH s *Friedrich*, Privatisierungen, 2001, 26 ff.
137 Vgl *Weerth* in Lenz/Borchardt (Hg), EUV/AEUV/GRCh, Art 45 AEUV Rn 85; *Franzen* in Streinz (Hg), EUV und EGV-Kommentar, Art 39 Rn 152 ff.
138 EuGH Rs C-290/94 (Kommission/Griechenland), EU:C:1996:265.
139 EuGH Rs C-307/84 (Kommission/Frankreich), EU:C:1986:222.
140 EuGH Rs C-4/91 (Bleis), EU:C:1991:448.
141 EuGH Rs C-114/97 (Kommission/Spanien), EU:C:1998:519.

Strittig ist, mit welcher Intensität hoheitliche Befugnisse Teil der Tätigkeit sein müssen, um den Ausnahmetatbestand des Art 45 Abs 4 AEUV annehmen zu können. Dem EuGH zufolge kann der Rückgriff auf die in Art 45 Abs 4 AEUV vorgesehene Ausnahme von der Freizügigkeit der Arbeitnehmer nicht allein damit gerechtfertigt werden, dass nach dem nationalen Recht den Inhabern der fraglichen Stellen hoheitliche Befugnisse zugewiesen sind. Hinzukommen müsse, dass diese Befugnisse von den Stelleninhabern tatsächlich regelmäßig ausgeübt werden und nicht nur einen sehr geringen Teil ihrer Tätigkeit ausmachen.[142] Diese Rechtsprechung erging im Hinblick auf Kapitäne und Erste Offiziere von Handelsschiffen, denen hoheitliche (polizeiliche) Befugnisse verliehen werden, um die Sicherheit auf Schiffen zu gewährleisten.[143]

C. Räumlicher Anwendungsbereich

Die Art 45 ff AEUV gelten in räumlicher Hinsicht für sämtliche Gebiete, die Art 52 EUV, Art 355 AEUV im Einzelnen festlegen. Darüber hinaus können die Freizügigkeitsvorschriften unter bestimmten Voraussetzungen auch dann zum Zuge kommen, wenn die Arbeit außerhalb des abgesteckten Gemeinschaftsgebietes geleistet wird. So hat der EuGH festgestellt, dass Personen, die berufliche Tätigkeiten teilweise oder vorübergehend außerhalb des Gebiets der Gemeinschaft ausüben, die Eigenschaft von im Hoheitsgebiet eines Mitgliedstaats beschäftigten Arbeitnehmern besitzen, sofern das Arbeitsverhältnis einen räumlichen Bezug zum Gebiet der Gemeinschaft oder doch eine hinreichend enge Verbindung mit diesem Gebiet aufweist.[144] Der EuGH hat bspw eine Verbindung mit dem Gemeinschaftsgebiet bejaht, wenn ein Arbeitnehmer, der Staatsangehöriger eines Mitgliedstaats ist, eine Dauertätigkeit im Lohn- oder Gehaltsverhältnis auf einem Schiff ausübt, das die Flagge eines anderen Mitgliedstaats führt. Da ein Schiff zum Hoheitsgebiet eines Staats gehört und im konkreten Falle dieses Schiff unter der Flagge eines Mitgliedstaats der Europäischen Union fuhr, wurde eine hinreichend enge Verbindung mit dem niederländischen Hoheitsgebiet und damit zu den Innengrenzen der Europäischen Union angenommen.

---

142 Siehe auch *Fuchs/Rutz*, Die Geltung der Arbeitnehmerfreizügigkeit für Beamte, FS Krause, 2006, 267 ff.

143 EuGH Rs C-405/01 (Marina Mercante Española), EU:C:2003:515; Rs C-47/02 (Anker/RAS/Snoek), EU:C:2003:516; Rs C-447/07 (Kommission/Italien), EU:C:2008:502; Rs C-94/08 (Kommission/Spanien), EU:C:2008:648.

144 Vgl EuGH Rs 36/74 (Walrave), EU:C:1974:140; Rs C-9/88 (Lopes da Veiga), EU:C:1989:346; Rs C-60/93 (Aldewereld), EU:C:1994:271.

Auch in der Rs Boukhalfa[145] ging der EuGH von einer hinreichenden engen Verbindung zum Gebiet eines Mitgliedstaats aus:

> Die Klägerin, eine belgische Staatsangehörige, war bei der deutschen Botschaft in Algier als Passstellenhilfskraft beschäftigt. Das Arbeitsverhältnis wurde in Algerien begründet. Die Klägerin war bereits zuvor dort ansässig und hielt sich dauernd in Algerien auf. Die Klägerin wurde als nicht entsandte Beschäftigte nicht-deutscher Staatsangehörigkeit iSd Gesetzes über den Auswärtigen Dienst (GAD) beschäftigt. Das Arbeitsverhältnis wurde nach der Ortsüblichkeit gestaltet. Die Klägerin verlangte nach einigen Jahren Gleichbehandlung mit deutschen nicht entsandten Angestellten. Diese werden aufgrund einer Vorschrift des GAD nach dem Tarifvertrag zur Regelung der Arbeitsbedingungen der bei den Auslandsvertretungen der Bundesrepublik Deutschland beschäftigten deutschen nicht entsandten Angestellten (TVAng Ausland) beschäftigt. Eine Beschäftigung nach diesem Tarifvertrag wäre für die Klägerin günstiger als nach der Ortsüblichkeit gewesen. Die Beklagte lehnte das Verlangen der Klägerin ab. Die Klägerin war der Auffassung, die Beschäftigung nach der Ortsüblichkeit verstoße gegen das in Art 45 Abs 2 AEUV und Art 7 Abs 1 und 4 VO (EU) Nr 492/2011 enthaltene Diskriminierungsverbot. Danach sei eine Ungleichbehandlung von Arbeitnehmern verschiedener Mitgliedstaaten der Europäischen Union aufgrund der Staatsangehörigkeit untersagt.

Den Einwand der deutschen Regierung, die Arbeitsbedingungen der Klägerin unterlägen algerischem Recht, wies der EuGH mit der Begründung zurück, dass das algerische Recht nur in Anwendung von Vorschriften des GAD maßgebend sei, dessen Unvereinbarkeit mit dem Gemeinschaftsrecht im Ausgangsverfahren aber gerade geltend gemacht werde. Ebenso wurde der Einwand der deutschen Regierung, die Klägerin habe ihren Wohnsitz schon vor Abschluss des Arbeitsvertrags in Algerien gehabt und der Arbeitsvertrag sei in Algerien geschlossen worden, als nicht geeignet betrachtet, den Bezug zum Gemeinschaftsgebiet in Frage zu stellen. Der EuGH führte wörtlich aus:

> „Im vorliegenden Fall gilt ausweislich der Akten deutsches Recht für mehrere Teilfragen bezüglich der Lage der Klägerin. Erstens wurde ihr Arbeitsvertrag nach dem Recht des Mitgliedstaats geschlossen, der sie beschäftigt; ihre Arbeitsbedingungen bestimmen sich nur aufgrund einer Verweisung dieses Rechts nach algerischem Recht. Zweitens enthält der Vertrag eine Klausel, nach der der Gerichtsstand für alle sich aus dem Vertrag ergebenden Streitigkeiten zwischen den Parteien Bonn und später Berlin ist. Drittens gehört die Klägerin hinsichtlich der Rentenversicherung dem deutschen Sozialversicherungssystem an, sie ist in Deutschland, wenngleich nur beschränkt, einkommensteuerpflichtig.“[146]

Die Rechtsprechung des EuGH zur Geltung der Freizügigkeitsvorschriften bei einem Arbeitsort außerhalb des Gemeinschaftsgebiets kann dahinge-

145 EuGH Rs C-214/94 (Boukhalfa), EU:C:1996:174.
146 EuGH Rs C-214/94 (Boukhalfa), EU:C:1996:174 Rn 16.

hend zusammengefasst werden, dass es für den hinreichend engen Bezug zum Recht eines Mitgliedstaats der Europäischen Union wesentlich auf folgende Kriterien ankommt: Falls für das Arbeitsverhältnis das Arbeitsrecht eines EU-Beschäftigungsstaats gilt, gelten die Art 45 ff AEUV. Falls nicht, kann sich wegen eines hinreichend engen Bezugs die Anwendung des Gemeinschaftsrechts daraus ableiten, dass der Gerichtsstand eines Mitgliedstaats vereinbart ist, der Arbeitnehmer dem Sozialversicherungssystem eines EU-Mitgliedstaats angehört und dort der Einkommensteuerpflicht unterliegt.

D. Das Recht der Ein- und Ausreise und des Aufenthalts

1. Rechte der Arbeitnehmer

Aus Art 45 Abs 3 lit a–c AEUV ergeben sich die Rechte auf Ein- und Ausreisefreiheit und das Aufenthaltsrecht, um sich auf Arbeitsstellen zu bewerben und eine Beschäftigung als Arbeitnehmer auszuüben. Der besondere Charakter des EU-Aufenthaltsrechts ist immer wieder hervorgehoben worden. Er ist durch die Ausgestaltung echter subjektiver Rechte der Betroffenen gekennzeichnet. Während ansonsten das nationale Ausländerrecht Ausländer nicht als Rechtssubjekte, sondern als Objekt von Interessen des jeweiligen Staats behandelt, vermittelt das europäische Freizügigkeitsrecht dem Betroffenen subjektive Rechtspositionen, die nicht dem Ermessen der nationalen Ausländerbehörden unterliegen.[147] Aus dem Wortlaut der Bestimmungen ergibt sich eindeutig der zweckgebundene Konnex zwischen Freizügigkeits- und Aufenthaltsrecht mit der Suche bzw Ausübung einer Arbeitnehmertätigkeit.

Die näheren Einzelheiten dieser Rechte ergeben sich aus der auf Art 46 AEUV gestützten Unionsbürgerrichtlinie 2004/38/EG. In Deutschland wird die aufenthaltsrechtliche Stellung der Unionsbürger durch das Gesetz über die allgemeine Freizügigkeit von Unionsbürgern (FreizügigkeitsG/EU)[148] geregelt. Die Unionsbürgerrichtlinie ist in Österreich im Wesentlichen im Ausländerbeschäftigungsgesetz (AuslBG)[149] umgesetzt.

a) Ein- und Ausreisefreiheit (Art 4 und 5 RL 2004/38/EG)

Art 4 und 5 RL 2004/38/EG verankern das Recht der Ein- und Ausreisefreiheit unabhängig vom Zweck der Reise. Selbstverständlich beinhalten diese Bestimmungen auch das Ein- und Ausreiserecht zum Zwecke der Aufnah-

147 Sehr prägnant in diesem Sinne *Bonnechère* in Carlier/Verwilghen (Hg), 166 f.
148 BGBl I 2004, 1950; vgl dazu *Groß*, ZAR 2005, 81 ff.
149 BGBl Nr 218/1975.

me und Ausübung einer Beschäftigung im Lohn- oder Gehaltsverhältnis. Für die Aus- und Einreise bedarf es lediglich eines gültigen Personalausweises oder Reisepasses. Visa oder ähnliche Dokumente dürfen nicht verlangt werden (Art 4 Abs 1 UA 2, Art 5 Abs 1 UA 2 RL 2004/38/EG).

b) Aufenthaltsrecht (Art 6 ff RL 2004/38/EG)

Die RL 2004/38/EG differenziert drei Formen des Aufenthalts, nämlich den Aufenthalt bis zu drei Monaten (Art 6), den Aufenthalt über drei Monate (Art 7) und den sog Daueraufenthalt (Art 16 ff). Von der Arbeitnehmereigenschaft des Unionsbürgers abhängig ist jedoch nur das Aufenthaltsrecht nach Art 7 der Unionsbürgerrichtlinie. Alle anderen Formen stellen primär auf die Unionsbürgerschaft ab. Sie sind also nicht Ausdruck der Arbeitnehmerfreizügigkeit, sondern der allgemeinen Freizügigkeit der Unionsbürger.

Denjenigen Unionsbürgern, die sich zum Zwecke der Aufnahme einer Beschäftigung in den Mitgliedstaat begeben haben, garantiert Art 7 RL 2004/38/EG ein Aufenthaltsrecht im gesamten Hoheitsgebiet des Aufnahmemitgliedstaates (Art 22 RL 2004/38/EG). Dieses besteht so lange, wie der Arbeitnehmer in einem Beschäftigungsverhältnis steht (Art 14 Abs 2 RL 2004/38/EG) oder weiterhin mit begründeter Aussicht auf Erfolg Arbeit sucht (Art 14 Abs 4 RL 2004/38/EG). Art 7 Abs 3 RL 2004/38/EG stellt folgende Zeiten den Beschäftigungszeiten gleich: vorübergehende Arbeitsunfähigkeit (lit a), ordnungsgemäß bestätigte unfreiwillige Arbeitslosigkeit für maximal sechs Monate (lit c) oder ohne zeitliche Beschränkung, wenn der Arbeitnehmer vorher mehr als ein Jahr beschäftigt war (lit b), und Zeiten der Berufsausbildung, die mit der früheren beruflichen Tätigkeit im Zusammenhang stehen muss, es sei denn der Betroffene hat vorher seinen Arbeitsplatz unfreiwillig verloren (lit d).

Was insbesondere die tatbestandliche Reichweite des Art 7 Abs 3 lit c) RL 2004/38 betrifft, war Gegenstand einer grundlegenden Entscheidung in:

> EuGH, Rs C-483/17 (Tarola):[150] Der Kläger Tarola, rumänischer Staatsangehöriger, stellte in Irland einen Antrag auf einen Zuschuss für Arbeitsuchende bzw auf ergänzende Sozialhilfeleistungen. Da er in diesem Zeitpunkt arbeitslos war, war streitig, ob er die Erwärbstätigeneigenschaft iS des Art 7 Abs 3 RL 2004/38 besaß. Die Ermittlung der vorausgegangenen selbständigen und unselbständigen Tätigkeiten des Klägers verlief unübersichtlich. Das vorlegende irische Gericht hat in tatsächlicher Hinsicht letztlich angenommen, dass Tarola im Zeitpunkt der Antragstellung zwei Wochen „anders als mit einem befristeten Vertrag erwerbstätig war" und dann unfreiwillig arbeitslos wurde, sodass die Vorlagefrage dahingehend formuliert wurde, ob der Kläger unter die Bestimmung des Art 7 Abs 3 lit c) RL 20004/38 fiel.

150 EU:C:2019:309.

Bei seiner Antwort konnte der Gerichtshof den Tatbestand des Art 7 Abs 3 lit b) ausschließen, da eine einjährige Vorbeschäftigung nicht gegeben war. Im Rahmen von lit c) konnte die erste Variante ebenfalls ausgeschlossen werden, da der Kläger im fraglichen Zeitraum nicht aufgrund eines befristeten Arbeitsvertrags tätig war. Die zweite Variante stellt lediglich auf das Bestehen unfreiwilliger Arbeitslosigkeit ab, die im Laufe der ersten zwölf Monate eintritt. Der Gerichtshof äußert hierzu[151], dass der Bestimmung weder zu entnehmen ist, ob sie auf Arbeitnehmer oder auf selbständige oder auf beide Kategorien von Erwerbstätigen anwendbar ist, noch, ob sie befristete Verträge mit einer Laufzeit von mehr als einem Jahr, unbefristete Verträge oder jede andere Art von Verträgen oder Tätigkeiten betrifft, noch schließlich ob sich die dort genannten zwölf Monate auf den Zeitraum des Aufenthalts oder der Beschäftigung des betreffenden Erwerbstätigen im Aufnahmemitgliedsstaat beziehen.

Da das Unionsrecht einheitlich auszulegen und anzuwenden ist, bringt der Gerichtshof den gesamten Auslegungskanon in Stellung, wie er in zahlreichen Entscheidungen entwickelt wurde.[152] Kurz zusammengefasst orientiert sich der EuGH am Wortlaut, dem Zusammenhang und den Zielen der Vorschrift, sowie dem Gedanken der praktischen Wirksamkeit. Vor dem Hintergrund einer abgestuften Normierung der Aufrechterhaltung der Erwerbstätigeneigenschaft in Art 7 Abs 3 RL 2004/38 versieht der Gerichtshof die zweite Variante des Absatzes 3 lit c) mit dem Inhalt, dass er Situationen betrifft, in denen ein Erwerbstätiger aus von seinem Willen unabhängigen Gründen gezwungen war, seine Erwerbstätigkeit im Aufnahmemitgliedsstaat vor Ablauf eines Jahres zu beenden, unabhängig von der Art der ausgeübten Erwerbstätigkeit und der Art des hierzu geschlossenen Arbeitsvertrages, das heißt unabhängig davon, ob er eine Erwerbstätigkeit als Arbeitnehmer oder Selbständiger ausgeübt hat und ob er einen befristeten Vertrag mit einer Laufzeit von über einem Jahr, einen unbefristeten Vertrag oder jede andere Art von Vertrag geschlossen hat.

Einzige Voraussetzung für das Entstehen des Aufenthaltsrechts ist, dass der Unionsbürger gegenüber den Behörden des Aufnahmemitgliedstaats glaubhaft macht, dass er sich zur Ausübung einer wirtschaftlichen Tätigkeit im Hoheitsgebiet aufhält. Nach Art 8 Abs 1 RL 2004/38/EG ist der Aufnahmestaat jedoch berechtigt, von den Wanderarbeitnehmern zu verlangen, sich bei der zuständigen Behörde anzumelden. Diese Meldepflicht entspricht in Deutschland der polizeilichen Meldepflicht für Inländer. Zweck dieser Anmeldeverpflichtung ist es, dem Interesse des Mitgliedstaats Rech-

151 Vgl Rn 35 des Urteils.
152 Vgl Rn 36–38 des Urteils.

nung zu tragen, die Bevölkerungswanderung innerhalb seines Hoheitsgebiets zu verfolgen. In Bezug auf das Aufenthaltsrecht hat die Anmeldung und auch die Anmeldebescheinigung nach Art 8 Abs 2 RL 2004/38/EG hingegen rein deklaratorische Wirkung (Art 25 Abs 1 RL 2004/38/EG). Zur Bearbeitung der erfolgten Anmeldung durch die zuständige Behörde dürfen die Mitgliedstaaten nur die Vorlage eines gültigen Personalausweises bzw Passes und einer Einstellungserklärung des Arbeitgebers bzw einer Beschäftigungsbescheinigung verlangen (Art 8 Abs 3 UA 2 RL 2004/38/EG).

Mit dieser rechtlichen Ausgestaltung des Aufenthaltsrechts der Unionsbürger, die bereits die RL 68/360/EWG kennzeichnete, deren Grundsätze auch nach dem In-Kraft-Treten der RL 2004/38/EG Geltung beanspruchen, wurden alle früheren administrativen Beschränkungen, die in den einzelnen Ländern vorherrschten, ungültig. Das Recht der Ein- und Ausreise für EU-Staatsangehörige zur Wahrnehmung der Freizügigkeit ist ein direkt aus dem Primärrecht (Art 45 AEUV) abgeleitetes Recht, das deshalb nicht durch administrative Regelungen der Mitgliedstaaten zurückgenommen werden darf. Damit stand lange Zeit in Frage, ob die Mitgliedstaaten überhaupt noch gewisse Anforderungen an EU-Ausländer bei der Einreise stellen dürfen:

> EuGH, Rs C-265/88 (Messner):[153] Messner, ein deutscher Staatsangehöriger, war zur Aufnahme einer Arbeitnehmertätigkeit nach Italien eingereist. Er hatte es versäumt, die nach italienischem Recht vorgeschriebene Aufenthaltsanzeige innerhalb von drei Tagen nach der Einreise zu erstatten. Gegen ihn wurde deshalb ein Strafverfahren eingeleitet, wobei eine Freiheitsstrafe von bis zu drei Monaten oder Geldstrafe von bis zu 400.000 Lire drohten. Das vorlegende italienische Strafgericht fragte den EuGH, ob diese Regelungen mit dem Recht der Freizügigkeit im Einklang waren.

Unter Berufung auf frühere Urteile hat der EuGH betont, dass das Gemeinschaftsrecht den Mitgliedstaaten trotz der Postulierung der Freizügigkeit und des darin enthaltenen Rechts, zu einem im Vertrag vorgesehenen Zweck in das Hoheitsgebiet der Mitgliedstaaten einzureisen, nicht die Befugnis zum Erlass von Maßnahmen genommen hat, die ihnen die genaue Kenntnis der Bevölkerungsbewegungen in ihrem Hoheitsgebiet ermöglichen soll. Anzeigepflichten stehen deshalb durchaus im Einklang mit dem Recht der Freizügigkeit. Dennoch ist zu beachten:

> „Ein derartiger Verstoß könne sich aber aus den gesetzlichen Formalitäten ergeben, wenn diese so beschaffen seien, daß sie die vom Vertrag gewollte Freizügigkeit oder das den Angehörigen der Mitgliedstaaten verliehene Recht beschränkten, zu den vom Gemeinschaftsrecht zugelassenen Zwecken in das Hoheitsgebiet jedes anderen Mitgliedstaates einzureisen und sich dort aufzuhalten“.[154]

153 EuGH Rs C-265/88 (Messner), EU:C:1989:632.

154 EuGH Rs C-265/88 (Messner), EU:C:1989:632 Rn 8.

Die Frist, innerhalb derer sich ein Ausländer anzumelden hat, muss also angemessen sein. Die Angemessenheit hat der EuGH im konkreten Falle für eine Dreitagesfrist verneint. Weiter stand in Frage, wie Sanktionen zu beurteilen sind, wenn ein EU-Ausländer, der in einem anderen Mitgliedstaat arbeiten will, zulässige Einreiseformalitäten missachtet:

EuGH, Rs 157/79 (Pieck):[155] Pieck, ein niederländischer Staatsangehöriger, sollte wegen Verstoßes gegen das britische Ausländerrecht mit einer Strafsanktion bedacht werden, da er es versäumt hatte, sich eine gültige Aufenthaltserlaubnis iSv Art 4 RL 68/360/EWG zu beschaffen.

Zunächst einmal betont der EuGH, dass die Ausstellung der in Art 4 RL 68/360/EWG vorgesehenen besonderen Aufenthaltsbescheinigung nur deklaratorisch wirkt und einer Aufenthaltserlaubnis, wie sie für sonstige Ausländer im Allgemeinen vorgesehen ist und für deren Erteilung den innerstaatlichen Stellen ein Ermessensspielraum zusteht, nicht gleichgestellt werden kann.[156] Art 25 Abs 1 der Unionsbürgerrichtlinie stellt dies nun ausdrücklich hinsichtlich sämtlicher aufenthaltsrechtlicher Dokumente klar. Weiter war in der Rs Pieck zu entscheiden, welche Sanktionen dann ergriffen werden dürfen, wenn ein EU-Ausländer die nach Gemeinschaftsrecht zulässigen nationalen Formalitäten bei der Einreise missachtet:

„Unter den Sanktionen für die Nichtbeachtung jener Formalitäten, die ein unter dem Schutz des Gemeinschaftsrechts stehender Arbeitnehmer zum Nachweis seines Aufenthaltsrechts zu befolgen hat, steht die Ausweisung sicherlich im Widerspruch zu den Vorschriften des Vertrages, da eine derartige Maßnahme, wie der Gerichtshof bereits in anderen Fällen festgestellt hat, eine Verneinung eben des Rechts beinhaltet, das durch den Vertrag eingeräumt und garantiert wird. Was andere Sanktionen wie Geld- oder Freiheitsstrafen anbelangt, so dürfen die innerstaatlichen Stellen zwar für Verstöße gegen Vorschriften über die Aufenthaltserlaubnis Sanktionen verhängen, die denen entsprechen, die bei geringfügigen Vergehen von Inländern gelten; es wäre jedoch unzulässig, hieran eine Sanktion zu knüpfen, die gegenüber der Schwere des Vergehens so unverhältnismäßig wäre, dass sie zum Hindernis für die Freizügigkeit der Arbeitnehmer würde. Dies wäre insbesondere der Fall, wenn eine derartige Sanktion auch Freiheitsstrafen umfassen würde.“[157]

Diese Rechtsprechung hat in Art 8 Abs 2 RL 2004/38/EG Eingang gefunden, wonach die Frist für die Anmeldung mindestens drei Monate ab dem Zeitpunkt der Einreise betragen muss und die Nichterfüllung der Anmeldepflicht mit verhältnismäßigen und nicht diskriminierenden Sanktionen geahndet werden kann.

155 EuGH Rs 157/79 (Pieck), EU:C:1980:179.
156 EuGH Rs 157/79 (Pieck), EU:C:1980:179 Rn 13.
157 EuGH Rs 157/79 (Pieck), EU:C:1980:179 Rn 18 f.

2. Rechte der Familienangehörigen

Das Freizügigkeitsrecht wäre unvollkommen, wenn es nicht auch die familiäre Situation der Arbeitnehmer berücksichtigen würde. Es ist von vielen Autoren immer wieder hervorgehoben worden, dass das Gemeinschaftsrecht den Wanderarbeitnehmer nicht als bloße Arbeitskraft, sondern in seiner personellen und familiären Komplexität sieht und der Europäische Gerichtshof alles getan hat, um Hindernisse zu beseitigen, die sich der Mobilität der Arbeitnehmer im Hinblick auf die Bedingungen der Integration der Familie in das Leben des Aufnahmestaats entgegenstellen.[158]

Der rechtliche Rahmen, den das Sekundärrecht im Hinblick auf Familienangehörige geschaffen hat, sieht wie folgt aus:
- Ein- und Ausreisefreiheit, Art 4 Abs 1 und Art 5 Abs 1 RL 2004/38/EG
- Aufenthaltsrecht, Art 6 ff RL 2004/38/EG
- Recht auf Daueraufenthalt, Art 16 ff RL 2004/38/EG
- Recht auf Erwerbstätigkeit, Art 23 RL 2004/38/EG
- Integration der Kinder, Art 10 VO (EU) Nr 492/2011

Im Übrigen findet die Richtlinie 2014/54/EU gem ihres Art 1 S 2 auch auf Familienangehörige Anwendung.

Als Familienangehörige in diesem Sinne gelten gem Art 2 Nr 2 lit a und b RL 2004/38/EG der Ehegatte oder der Lebenspartner, sofern nach den Rechtsvorschriften des Aufnahmemitgliedstaats die eingetragene Lebenspartnerschaft der Ehe gleichgestellt ist. In Deutschland ist dies nach dem Lebenspartnerschaftsgesetz[159] der Fall. Darüber hinaus bezeichnet Art 2 Nr 2 lit c und d RL 2004/38/EG als Familienangehörige alle Verwandten in gerader absteigender Linie, die das 21. Lebensjahr noch nicht vollendet haben, und alle Verwandten in gerader absteigender oder aufsteigender Linie, denen Unterhalt gewährt wird, sowohl des Unionsbürgers selber als auch seines Ehegattens bzw soweit gleichgestellt seines Lebenspartners. Damit bezieht die RL 2004/38/EG einen weiteren Kreis von Familienangehörigen ein als dies bei Art 10 VO (EG) 1612/68 der Fall war. Irrelevant ist die Staatsangehörigkeit des Familienangehörigen, da aus Gründen der familiären Integration alle Familienangehörigen in den Genuss des Aufenthaltsrechts kommen sollen. Bei der Beurteilung, ob dem Familienangehörigen Unterhalt gewährt wird, kommt es darauf an, dass regelmäßig Zuwendungen gemacht werden, wodurch zum Zeitpunkt der Beantragung des Nachzugs ein tatsächliches Abhängigkeitsverhältnis zwischen den Verwandten

158 Vgl in diesem Sinne *Touffait* in Mélanges offerts à P. H. Teitgen, 1984, 312.
159 BGBl I 2001, 266.

besteht, nicht aber darauf, ob der Verwandte ohne die Zuwendungen eine andere Möglichkeit hätte, seinen Lebensunterhalt zu bestreiten.[160]

a) Ein- und Ausreisefreiheit (Art 4 und 5 RL 2004/38/EG)

Diejenigen Familienangehörigen, die Unionsbürger sind, genießen in gleicher Weise das Recht auf Freizügigkeit wie der Arbeitnehmer. Dieses Recht stellt ein eigenes Recht des Angehörigen dar, so dass es insofern keiner abgeleiteten Rechtsposition bedarf. Art 4 Abs 1 und Art 5 Abs 1 RL 2004/38/EG stellen jedoch klar, dass auch Familienangehörige, die nicht die Unionsbürgerschaft besitzen, am Freizügigkeitsrecht des Arbeitnehmers teilhaben. Das Zielland ist hier jedoch berechtigt, ein sog Einreisevisum[161] bzw den Besitz einer gültigen Aufenthaltskarte nach Art 10 RL 2004/38/EG zu fordern.

b) Aufenthaltsrecht (Art 6 ff RL 2004/38/EG)

Das Aufenthaltsrecht der Familienangehörigen richtet sich seit dem 1. 5. 2006 ebenfalls nach den Vorschriften der Unionsbürgerrichtlinie. Zuvor war es in Art 10 VO (EWG) Nr 1612/68 geregelt. Die zu dieser Vorschrift entwickelten Grundsätze behalten jedoch weiterhin Geltung, so dass auf die dazu ergangene Rechtsprechung des EuGH zurückgegriffen werden kann.

Art 7 Abs 1 lit d und Abs 2 RL 2004/38/EG garantiert Familienangehörigen von Unionsbürgern, unabhängig von ihrer eigenen Staatsangehörigkeit, ein Aufenthaltsrecht, wenn sie diese begleiten oder ihnen nachziehen. Wie Art 7 Abs 1 RL 2004/38/EG klar zu erkennen gibt, handelt es sich beim Aufenthaltsrecht der Familienangehörigen um vom Arbeitnehmer abgeleitete Rechte. Dabei genügt es aber nicht, dass die Person, die das Recht vermittelt, als Arbeitnehmer tätig ist. Wie sich aus dem Wortlaut des Abs 1 ergibt („Aufenthalt im Hoheitsgebiet eines anderen Mitgliedstaats“), fallen bloße Inlandssachverhalte nicht unter die Bestimmung.

> EuGH, Rs 35 und 36/82 (Morson und Jhanjan):[162] Die Kläger beantragten eine Aufenthaltserlaubnis für die Niederlande, um sich bei ihren Kindern, die die niederländische Staatsangehörigkeit besitzen und für ihren Unterhalt aufkommen, niederzulassen. Die Kinder üben eine Arbeitnehmertätigkeit in den Niederlanden aus und sind zu keiner Zeit in einem anderen Mitgliedstaat beschäftigt gewesen.

Der EuGH stellt Art 7 RL 2004/38/EG wieder in den Zusammenhang der Gesamtsystematik der Vorschriften über die Freizügigkeit und betont, dass es die Zielsetzung dieser Vorschriften ist, zur Beseitigung aller Hindernisse

160 EuGH Rs C-423/12 (Reyes), EU:C:2014:16.
161 Vgl VO (EG) Nr 539/2001.
162 EuGH Rs C-35 und 36/82 (Morson und Jhanjan), EU:C:1982:368.

für die Errichtung eines Gemeinsamen Markts beizutragen, indem die Staatsangehörigen der Mitgliedstaaten die Möglichkeit haben, sich im Hoheitsgebiet dieser Staaten frei zu bewegen, um sich wirtschaftlich zu betätigen.

> „Daraus ergibt sich, dass die Vorschriften des EWG-Vertrags über die Freizügigkeit der Arbeitnehmer und die zu ihrer Durchführung erlassene Regelung nicht auf Sachverhalte angewandt werden können, die keinerlei Berührungspunkte mit irgendeinem der Sachverhalte aufweisen, auf die das Gemeinschaftsrecht abstellt. Dies ist sicherlich bei Arbeitnehmern der Fall, die niemals das Recht auf Freizügigkeit innerhalb der Gemeinschaft ausgeübt haben.“[163]

Diese Rechtsprechung wurde durch Art 3 Abs 1 RL 2004/38/EG umgesetzt, der bestimmt, dass diese Richtlinie für jeden Unionsbürger gilt, der sich in einen anderen als den Mitgliedstaat, dessen Staatsangehörigkeit er besitzt, begibt oder sich dort aufhält, sowie für seine Familienangehörigen, die ihn begleiten oder ihm nachziehen. So gewährt Art 7 RL 2004/38/EG auch dann kein Aufenthaltsrecht, wenn zwar der Unionsbürger von seiner Freizügigkeit Gebrauch gemacht hat, der Familienangehörige selbst aber im Herkunftsmitgliedstaat bleiben möchte.[164] Ebenso wenig gewährt die RL 2004/38/EG ein Aufenthaltsrecht für Familienangehörige im Beschäftigungsstaat, wenn ein Unionsbürger als Grenzgänger dort arbeitet, seinen Wohnsitz aber weiterhin in seinem Herkunftsstaat hat.[165]

Die Aufenthaltsrechte der Familienangehörigen, die die Unionsbürgerschaft besitzen, und derjenigen, die Drittstaatsangehörige sind, unterscheiden sich in ihrer Ausgestaltung nicht. Der EuGH hat zu den Aufenthaltsrechten der Familienangehörigen, die Drittstaatsangehörige sind, in der Rs Metock ua[166] wie folgt Stellung genommen:

> „Die Richtlinie 20004/38/EG […] steht der Regelung eines Mitgliedstaats entgegen, wonach sich der mit einem Unionsbürger, der sich in einem Mitgliedstaat aufhält, dessen Staatsangehörigkeit er nicht besitzt, verheiratete Drittstaatsangehörige vor seiner Einreise in den Aufnahmemitgliedstaat rechtmäßig in einem anderen Mitgliedstaat aufgehalten haben muss, um sich auf die Bestimmungen dieser Richtlinie berufen zu können. Art 3 Abs 1 der RL 2004/38/EG ist dahingehend auszulegen, dass sich der mit einem [solchen] Unionsbürger […] verheiratete Drittstaatsangehörige, der diesen Unionsbürger begleitet oder ihm nachzieht, auf die Bestimmungen der Richtlinie berufen kann, unabhängig davon, wo und wann ihre Ehe geschlossen wurde oder wie der betreffende Drittstaatsangehörige in den Aufnahmemitgliedstaat eingereist ist.“[167]

163 EuGH Rs C-35 und 36/82 (Morson und Jhanjan), EU:C:1982:368 Rn 16 f.
164 EuGH Rs C-40/11 (Iida), EU:C:2012:691.
165 EuGH Rs C-457/12 (S. und G.), EU:C:2014:136.
166 EuGH Rs C-127/08, EU:C:2008:449.
167 EuGH Rs C-127/08 (Metock ua), EU:C:2008:449 Leitsatz 1 und 2.

Die übereinstimmende Ausgestaltung der Aufenthaltsrechte der Familienangehörigen, die die Unionsbürgerschaft besitzen, und derjenigen, die Drittstaatsangehörige sind, lässt sich damit erklären, dass es sich nicht um eigene Rechte der Familienangehörigen, sondern um abgeleitete Rechte handelt. Hauptzweck dieser Regelungen ist es, die Freizügigkeit des Unionsbürgers zu gewährleisten. Allein ihm sollen also zunächst diese Rechte zugutekommen. Unterschiede bestehen jedoch hinsichtlich der Verwaltungsformalitäten. Während Familienangehörige, die die Unionsbürgerschaft besitzen, ebenso wie der Arbeitnehmer selbst nur zur Anmeldung nach Art 8 RL 2004/38/EG verpflichtet sind, treffen die Familienangehörigen, die Drittstaatsangehörige sind, umfangreiche Verwaltungsformalitäten. Gem Art 9 Abs 2 RL 2004/38/EG haben sie innerhalb von drei Monaten ab dem Zeitpunkt der Einreise eine Aufenthaltskarte für Familienangehörige eines Unionsbürgers zu beantragen, die ihnen durch den Aufnahmemitgliedstaat ausgestellt wird. Diese ist, abhängig von der Aufenthaltsdauer, längstens fünf Jahre gültig (Art 11 Abs 1 RL 2004/38/EG). Die Aufenthaltskarte berechtigt auch zur Einreise in andere Mitgliedsstaaten.[168]

Art 12 Abs 1 und Art 13 Abs 1 RL 2004/38/EG stellen klar, dass Familienangehörige, die selbst Unionsbürger sind, bei Tod oder Wegzug des Arbeitnehmers (Art 12) bzw bei Scheidung, Auflösung oder Beendigung der Ehe oder Partnerschaft (Art 13) im Aufnahmemitgliedstaat verbleiben können, wenn sie ein eigenständiges Recht auf Aufenthalt nach Art 7 RL 2004/38/EG besitzen. Dies ergibt sich bereits aus Art 7 RL 2004/38/EG. Art 12 Abs 1 und 13 Abs 1 haben insofern nur deklaratorische Bedeutung. Anders verhält es sich bei Familienangehörigen, die nicht die Staatsbürgerschaft eines Mitgliedstaates besitzen. Diese leiten ihr Aufenthaltsrecht vom Unionsbürger ab. Sie können jedoch unter bestimmten Voraussetzungen ein eigenständiges Aufenthaltsrecht erwerben, wenn der Unionsbürger verstirbt (Art 12 Abs 2) oder die Ehe bzw die eingetragene Partnerschaft endet (Art 13 Abs 2). Dies gilt jedoch nicht, wenn der Unionsbürger aus dem Aufnahmemitgliedstaat wegzieht. In diesem Fall müssen drittstaatsangehörige Familienangehörige zusammen mit dem Unionsbürger das Aufnahmeland verlassen.

Soweit es sich um Familienangehörige handelt, die nicht die in Art 7 Abs 1 RL 2004/38/EG geforderten Verwandteneigenschaften aufweisen, appelliert Art 3 Abs 2 RL 2004/38/EG an die Mitgliedstaaten, den Zugang dieses Personenkreises zu begünstigen, wenn der betreffende Arbeitnehmer ihnen Unterhalt gewährt oder im Herkunftsland in häuslicher Gemeinschaft

168 EuGH Rs C-202/13 (McCarthy), EU:C:2014:2450.

mit ihnen lebt. Hierzu hat der EuGH in der Rs Lebon[169] festgestellt, dass es auf die bloße tatsächliche Unterhaltsgewährung ankommt, nicht aber darauf, ob ein Rechtsanspruch auf Unterhalt besteht oder der Betroffene in der Lage wäre, seinen Lebensunterhalt durch Ausübung einer entgeltlichen Tätigkeit zu bestreiten. In diesem Zusammenhang neu ist der Appell, auch die Familienangehörigen zu begünstigen, die aus schwerwiegenden gesundheitlichen Gründen der persönlichen Pflege durch den Unionsbürger bedürfen (Art 3 Abs 2 lit a RL 2004/38/EG).

c) Unterricht und Berufsausbildung für Kinder (Art 10 VO (EU) Nr 492/2011)

Um die eingangs angesprochene Integration der Familienangehörigen des Arbeitnehmers zu fördern, dehnt Art 10 VO (EU) Nr 492/2011 das Freizügigkeitsrecht auch auf das Recht der Kinder aus, am allgemeinen Unterricht sowie an der Lehrlings- und Berufsausbildung teilzunehmen. Auch für Art 10 gilt, dass es sich um abgeleitete Rechte handelt. Die Eltern oder ein Elternteil müssen als Arbeitnehmer in dem Mitgliedstaat tätig sein. Deshalb begründet die Bestimmung keinen Anspruch für ein Kind eines Arbeitnehmers, das geboren wurde, als dieser Arbeitnehmer bereits nicht mehr im Gastland arbeitete oder wohnte.[170]

Im Übrigen legt der EuGH Art 10 VO (EU) Nr 492/2011 extensiv aus und schafft damit einen weiten Anwendungsbereich. So hat der EuGH in der viel beachteten Rs Casagrande[171] das Recht aus Art 10 VO (EU) Nr 492/2011 auch auf den Anspruch auf Ausbildungsförderung ausgedehnt. In diesem Urteil, wie dann in späteren Urteilen, hat der EuGH sehr stark auf die sechste Begründungserwägung der VO (EU) Nr 492/2011 abgestellt, die lautet:

> „Damit das Recht auf Freizügigkeit nach objektiven Maßstäben in Freiheit und Menschenwürde wahrgenommen werden kann, […] müssen alle Hindernisse beseitigt werden, die sich der Mobilität der Arbeitnehmer entgegenstellen, insbesondere in Bezug auf das Recht des Arbeitnehmers, seine Familie nachkommen zu lassen, und die Bedingungen für die Integration seiner Familie im Aufnahmeland."[172]

Folglich interpretiert der Gerichtshof Art 10 so, dass diese Bestimmung nicht nur auf die Zulassungsbedingungen, sondern auch auf die allgemeinen Maßnahmen abzielt, welche die Teilnahme am Unterricht erleichtern sollen.

169 EuGH Rs C-316/85, EU:C:1987:302.
170 EuGH Rs C-197/86 (Brown), EU:C:1988:323.
171 EuGH Rs C-9/74, EU:C:1974:74.
172 EuGH Rs C-9/74 (Casagrande), EU:C:1974:74 Rn 3, unter Verweis auf den fünften Erwägungsgrund der damaligen VO (EWG) Nr 1612/68.

Wird den Inländern eine Ausbildungsförderung auch im Falle eines Studiums im Ausland gewährt, so muss eine solche auch den Kindern von Wanderarbeitnehmern unabhängig davon gewährt werden, wo diese ihr Studium aufnehmen, selbst wenn sie hierzu in ihr Herkunftsland zurückkehren.[173]

Unter Berufung auf den Integrationsgedanken hat der EuGH die Rechtsstellung aus Art 10 VO (EU) Nr 492/2011 auch einem Kind gewährt, dessen Eltern aus dem Aufnahmeland in das Ursprungsland mit ihm zusammen zurückgekehrt waren, das Kind aber in das Aufnahmeland zurückkommen musste, weil es nur dort ungehindert sein Studium fortsetzen konnte.[174] In der gleichen Entscheidung hat der Gerichtshof auch festgestellt, dass sich der Begriff „allgemeiner Unterricht" auf jede Form von Unterricht, sowohl berufs- als auch allgemeinbildender Art, erstreckt, also auch ein Universitätsstudium einschließt. In dem vieldiskutierten Fall Baumbast[175] betont der EuGH, dass die Staatsangehörigkeit des Kinds keine Rolle spielt. Kinder mit einer Drittstaatsangehörigkeit kommen ebenfalls in den Genuss des Rechts aus Art 10 VO (EU) Nr 492/2011. Ferner dehnt der EuGH das Aufenthaltsrecht auf den geschiedenen, die Personensorge wahrnehmenden Elternteil aus, wenn es diesem möglich ist, bei dem Kind zu wohnen, damit dieses die Schulausbildung im Aufnahmemitgliedstaat vollenden kann. Die Rechte aus Art 10 VO (EU) Nr 492/2011 stehen dem im Aufnahmemitgliedstaat wohnenden Kind sogar dann zu, wenn es mit der Ausbildung erst zu einem Zeitpunkt beginnt, in dem der Elternteil, von dem es dieses Recht ableitet, nicht mehr als Wanderarbeitnehmer im Aufnahmemitgliedstaat tätig ist. Entscheidend ist, dass das Kind im Aufnahmemitgliedstaat seinen Wohnsitz genommen hat, während einer seiner Elternteile dort ein Aufenthaltsrecht als Wanderarbeitnehmer hatte.[176] Art 10 VO (EU) Nr 492/2011 gewährt somit dem in Ausbildung befindlichen Kind und dem Elternteil, dass die elterliche Sorge wahrnimmt, ein Aufenthaltsrecht unabhängig davon, ob ausreichende Existenzmittel und ein umfassender Krankenversicherungsschutz vorhanden sind. Die Voraussetzungen der RL 2004/38/EG müssen in diesem Fall nicht zusätzlich erfüllt sein.[177]

In der Rs Gaal[178] entschied der EuGH, dass für den Begriff des Kinds in Art 10 VO (EU) Nr 492/2011 nicht die Altersgrenzen des Art 2 Nr 2 lit c RL 2004/38/EG gelten. Der EuGH begründet das Ergebnis mit Wortlaut und Geist der Bestimmung, die es Studenten ermöglichen müsse, ihr Studi-

173 EuGH Rs C-308/89 (di Leo), EU:C:1990:400.
174 EuGH Rs C-389/87 und 390/87 (Echternach und Moritz), EU:C:1989:130.
175 EuGH Rs C-413/99, EU:C:2002:493.
176 EuGH Rs C-480/08 (Teixeira), EU:C:2010:83.
177 EuGH Rs C-310/08 (Ibrahim), EU:C:2010:80.
178 EuGH Rs C-7/94, EU:C:1974:74.

um fortzusetzen, wenn deren Studium sich bereits in einem fortgeschrittenen Stadium befinde, auch wenn sie schon 21 Jahre oder älter sind und von den Eltern keinen Unterhalt mehr erhalten. In einem solchen Fall hat auch ein Elternteil, dessen Anwesenheit und Fürsorge das Kind zur erfolgreichen Fortsetzung seiner Ausbildung bedarf, bis zum Abschluss der Ausbildung ein abgeleitetes Aufenthaltsrecht.[179]

Art 10 VO (EU) Nr 492/2011 adressiert die darin genannten Rechte nur an Kinder, nicht an Ehegatten. Diese können aber uU ihr Recht auf Gleichbehandlung und damit zu ihren Gunsten das Diskriminierungsverbot des Art 18 AEUV geltend machen:

Vgl EuGH, Rs 152/82 (Forcheri)[180]: Frau *Forcheri*, eine italienische Staatsangehörige, die mit einem bei der Kommission in Brüssel beschäftigten Beamten verheiratet war, hatte eine bestimmte Ausbildung in Brüssel durchlaufen, die sie auf den Beruf der Sozialhelferin vorbereiten sollte. Bei ihrer Einschreibung musste sie eine zusätzliche, als Studiengebühr für ausländische Studenten bezeichnete Einschreibegebühr zahlen.

Der EuGH sah es als einen Verstoß gegen das Diskriminierungsverbot des Art 18 AEUV an, wenn ein Mitgliedstaat Bildungsveranstaltungen durchführt, bei denen er die Entrichtung einer Studiengebühr von der Staatsangehörigkeit des Teilnehmers abhängig macht.

E. Verbot der Ausländerdiskriminierung/Gebot der Gleichbehandlung

Gem Art 45 Abs 2 AEUV umfasst die Freizügigkeit der Arbeitnehmer die Abschaffung jeder auf der Staatsangehörigkeit beruhenden unterschiedlichen Behandlung der Arbeitnehmer der Mitgliedstaaten in Bezug auf Beschäftigung, Entlohnung und sonstige Arbeitsbedingungen. Art 45 Abs 2 AEUV ist als *lex specialis* gegenüber der Vorschrift des Art 18 AEUV, in dem das allgemeine Verbot der Diskriminierung aus Gründen der Staatsangehörigkeit verankert ist, als eigenständige Grundlage nur auf Fallgestaltungen anzuwenden, für die der AEUV keine besonderen Diskriminierungsverbote vorsieht.[181] Für die Freizügigkeit der Arbeitnehmer ist dieser Grundsatz durch Art 45 Abs 2 AEUV durchgeführt und konkretisiert worden. Auf Art 18 AEUV ist deshalb bei Fragen der Arbeitnehmerfreizügigkeit nicht einzugehen.[182] Das Diskriminierungsverbot bzw Gleichbehand-

179 EuGH Rs C-529/11 (Alarape), EU:C:2013:290.

180 EuGH Rs C-205 bis 215/82 (Deutsche Milchkontur GmbH), EU:C:1983:205.

181 EuGH Rs C-100/01 (Oteiza Olazabal), EU:C:2002:712, Rn 25; Rs C-387/01 (Weigel), EU:C:2004:256 Rn 57.

182 EuGH Rs C-40/05 (Lyyski), EU:C:2007:10 Rn 34.

lungsgebot in Art 45 Abs 2 AEUV wird in Art 7 Abs 1 VO (EU) Nr 492/2011 und ebenso in Art 24 RL 2004/38/EG sekundärrechtlich fortgeschrieben.[183] Damit ist gewährleistet, dass im Hinblick auf die Begründung, den Inhalt und die Beendigung von Arbeitsverhältnissen, einschließlich der beruflichen Wiedereingliederung bei Arbeitslosigkeit, Inländer und EU-Ausländer völlig gleichgestellt sind. Wie eine solche Gleichstellung herbeizuführen ist, zeigt der nachstehende Fall:

EuGH, Rs 15/69 (Ugliola):[184] Herr *Ugliola* war bei einem deutschen Arbeitgeber beschäftigt. Er musste seine Arbeit für mehr als ein Jahr unterbrechen, weil er in Italien seinen Wehrdienst abzuleisten hatte. § 1 Abs 1 des deutschen Arbeitsplatzschutzgesetzes bestimmt, dass während des Wehrdiensts das Arbeitsverhältnis ruht. § 6 Abs 1 des gleichen Gesetzes ordnet an, dass der Arbeitnehmer, der im Anschluss an den Wehrdienst die Arbeit wieder aufnimmt, keinerlei berufliche und betriebliche Nachteile wegen der Ableistung des Wehrdiensts haben darf, vielmehr die Zeit des Wehrdiensts auf die Berufs- und Betriebszugehörigkeit angerechnet wird. Der deutsche Arbeitgeber lehnte die Berücksichtigung der Ableistung des italienischen Wehrdiensts ab.

Der EuGH verweist auf die Bestimmung des Art 45 Abs 2 AEUV, wonach die Freizügigkeit der Arbeitnehmer die Abschaffung jeder auf der Staatsangehörigkeit beruhenden unterschiedlichen Behandlung von Arbeitnehmern der Mitgliedstaaten in Bezug auf Beschäftigung, Entlohnung und sonstige Arbeitsbedingungen vorschreibt. Das Sozialrecht der Gemeinschaft beruhe auf dem Grundsatz, dass die Rechtsordnung eines jeden Mitgliedstaats den in dessen Hoheitsgebiet beschäftigten Angehörigen der anderen Mitgliedstaaten alle Rechtsvorteile gewähren müsse, die sie den eigenen Staatsangehörigen einräumt. Deshalb verlangte der EuGH im konkreten Fall, dass für den italienischen Arbeitnehmer auch die Ableistung des Wehrdiensts in Italien wie die Ableistung des Wehrdiensts in Deutschland behandelt werden müsse.

Die genannten Vorschriften verbieten jede unmittelbare, aber auch jede mittelbare Diskriminierung.[185] Unmittelbare Diskriminierung bedeutet, dass die Staatsangehörigkeit als Differenzierungskriterium bei Arbeitsbedingungen benutzt wird. Das am häufigsten zitierte Beispiel einer unmittelbaren Diskriminierung war eine frühere Bestimmung des französischen Code du travail maritime 1926, wonach das Verhältnis von französischen Seeleuten auf Handelsschiffen zu Seeleuten anderer Staatsangehörigkeit drei

183 Vgl zur Vereinbarkeit von Art 24 Abs 2 RL 2004/38/EG mit Art 18 iVm Art 45 AEUV EuGH Rs C-22/08 und C-23/08 (Vatsouras und Koupatantze), EU:C:2009:344.

184 EuGH Rs C-15-69 (Ugliola), EU:C:1969:46.

185 Vgl *Schiek*, Europäisches Arbeitsrecht, 222 ff.

zu eins sein musste.[186] Unmittelbare Diskriminierungen können auch bei der Anwendung von internationalen Abkommen entstehen, da diese in der Regel nur auf die Staatsangehörigen der vertragsschließenden Parteien Anwendung finden. Art 45 Abs 2 AEUV verpflichtet die Mitgliedstaaten dazu, Abkommen zugunsten aller Wanderarbeitnehmer anzuwenden, solange eine Ungleichbehandlung nicht durch die Gefährdung des Gleichgewichts und der Gegenseitigkeit des Abkommens gerechtfertigt ist.[187]

Eine mittelbare Diskriminierung (auch versteckte Diskriminierung genannt) liegt vor, wenn Regelungen so gestaltet sind, dass sie zwar unabhängig von der Staatsangehörigkeit gelten, aber überwiegend doch EU-Ausländer betreffen. In der Rs Spotti[188] war eine italienische Lektorin nach dem Hochschulrahmengesetz befristet an der Universität Passau beschäftigt, wobei diese Befristung allein aufgrund ihrer Tätigkeit gegeben war, während für andere deutsche wissenschaftliche Mitarbeiter eine Befristung nur zulässig ist, wenn die Befristung durch einen sachlichen Grund gerechtfertigt ist. Der EuGH sah hierin eine mittelbare Diskriminierung. Eine mittelbare Diskriminierung liegt auch vor, wenn tatbestandliche Voraussetzungen leichter von Inländern zu erfüllen sind oder sonst die Gefahr begründen, sich besonders zum Nachteil von EU-Ausländern auszuwirken.[189] Eine häufige Form mittelbarer Diskriminierung sind Wohnsitzklauseln:

> EuGH, Rs 152/73 (Sotgiu):[190] Herr *Sotgiu*, ein italienischer Staatsangehöriger, war bei der Deutschen Bundespost beschäftigt. Seine Familie lebte in Italien. Während die deutschen Arbeitnehmer, wenn sie ihre Familie an einem anderen Wohnort in der Bundesrepublik Deutschland hatten, eine Trennungsentschädigung von 10 DM kalendertäglich erhielten, bekamen Arbeitnehmer, deren Familie in einem anderen Land lebte, nur eine Trennungsentschädigung in Höhe von 7,50 DM. Das alles war in einem Rundschreiben des Bundesinnenministeriums geregelt.

Das vorlegende Gericht hatte beim EuGH angefragt, ob eine unterschiedliche Behandlung wegen des Wohnsitzes in einem anderen Mitgliedstaat einen Verstoß gegen Art 45 AEUV bzw Art 7 VO (EU) Nr 492/2011 darstellt. Dazu erwog der EuGH:

> „Die Vorschriften über die Gleichbehandlung sowohl des Vertrages als auch des Artikels 7 der Verordnung Nr 1612/68 [VO (EU) Nr 492/2011] verbieten nicht nur offensichtliche Diskriminierungen aufgrund der Staatsangehörigkeit, sondern

186 In der Entscheidung des EuGH Rs 167/73 (Kommission/Frankreich), EU:C:1974:35, wurde diese französische Bestimmung als Verstoß gegen das Diskriminierungsverbot für unzulässig erklärt; vgl dazu auch unten 2. Teil, I., J.

187 EuGH Rs C-55/00 (Gottardo), EU:C:2002:16.

188 EuGH Rs C-272/92, EU:C:1993:848.

189 Vgl EuGH Rs C-276/07 (Delay), EU:C:2008:282; s dazu *Schneider/Wunderlich* in: *Schwarze* (Hg), EU-Kommentar, Art 45 AEUV Rn 37.

190 EuGH Rs 152/73 (Sotgiu), EU:C:1974:13.

auch alle versteckten Formen der Diskriminierung, die durch die Anwendung anderer Unterscheidungsmerkmale tatsächlich zu dem gleichen Ergebnis führen. Diese Auslegung, die geboten ist, um die Wirksamkeit eines der Grundprinzipien der Gemeinschaft zu wahren, ist ausdrücklich anerkannt in der fünften Begründungserwägung der Präambel zur Verordnung Nr 1612/68 [Erwägungsgrund 6 VO (EU) Nr 492/2011], wonach die Gleichbehandlung der Arbeitnehmer ‚tatsächlich und rechtlich' sichergestellt werden muß. Es ist also nicht ausgeschlossen, daß Unterscheidungsmerkmale wie der Herkunftsort oder der Wohnsitz eines Arbeitnehmers in ihren tatsächlichen Auswirkungen je nach den Umständen auf eine Diskriminierung aufgrund der Staatsangehörigkeit hinauslaufen können, die nach dem Vertrag und der Verordnung verboten ist."[191]

Stets muss aber bei der mittelbaren Diskriminierung geprüft werden, ob nicht die unterschiedliche Behandlung durch objektive Gesichtspunkte gerechtfertigt ist. Hierzu hat der EuGH im konkreten Fall ausgeführt:

„Dies wäre allerdings nicht der Fall, wenn die Voraussetzungen für die Gewährung einer Trennungsentschädigung und einzelne Bestimmungen über ihre Zahlung den sachlichen Unterschieden der Lage Rechnung tragen, in der sich die Arbeitnehmer befinden, je nachdem, ob sie im Zeitpunkt ihrer Anstellung für eine bestimmte Tätigkeit ihren Wohnsitz im Inland oder im Ausland haben. Unter diesem Gesichtspunkt kann der Umstand, daß die Trennungsentschädigung für Arbeitnehmer mit Wohnsitz im Inland nur vorübergehend gewährt wird und mit einer Verpflichtung zum Umzug an den Arbeitsort verbunden ist, während sie an Arbeitnehmer gleich welcher Staatsangehörigkeit, die ihren Wohnsitz im Ausland haben, auf unbeschränkte Zeit und ohne Verpflichtung zum Umzug gewährt wird, einen berechtigenden Grund für die unterschiedliche Höhe der Zahlung darstellen."[192]

Auch bei Vorhandensein eines berechtigten Zwecks, der mit dem AEUV vereinbar ist, und bei Vorliegen zwingender Gründe des Allgemeininteresses ist stets der Verhältnismäßigkeitsgrundsatz zu beachten. Dh die Anwendung der konkreten Maßnahme muss geeignet sein, die Verwirklichung des in Rede stehenden Zwecks zu gewährleisten und darf nicht über das hinaus gehen, was zur Erreichung dieses Zwecks erforderlich ist.[193]

Das Verbot unmittelbarer und mittelbarer Diskriminierungen gilt nicht nur für staatliche Regelungen. Wie sich aus Art 7 Abs 4 VO (EU) Nr 492/2011 ergibt, sind diskriminierende Regelungen auch in Tarif- oder Einzelarbeitsverträgen oder sonstigen Kollektivvereinbarungen nichtig. Hierzu liegt eine umfangreiche Rechtsprechung des EuGH vor.[194]

---

191 EuGH Rs 152/73 (Sotgiu), EU:C:1974:13 Rn 11.

192 EuGH Rs C-152/73 (Sotgiu), EU:C:1974:13 Rn 12.

193 Vgl EuGH Rs C-19/92 (Kraus), EU:C:1993:125 Rn 32; Rs C-224/01 (Köbler), EU:C:2003:513 Rn 77; Rs C-109/04 (Kranemann), EU:C:2005:187 Rn 33; Rs C-40/05 (Lyyski), EU:C:2007:10 Rn 38.

194 Vgl exemplarisch EuGH Rs C-419/92 (Scholz), EU:C:1994:62 (Bewerber wurden nach einem Punktsystem bewertet, das nur frühere Zeiten im italienischen öffent-

Dass der EuGH nicht geneigt ist, nationalen Sonderinteressen Rechnung zu tragen, sondern vielmehr die Messlatte zulässiger objektiver Rechtfertigung unterschiedlicher Behandlung sehr hoch legt, zeigt der interessante Fall der österreichischen Vertragslehrer:

EuGH, Rs C-195/98 (ÖGB):[195] In Österreich gibt es zwei Gruppen von Bundesbediensteten. Die Beamten und die Vertragsbediensteten, die auf der Grundlage eines privatrechtlichen Arbeitsvertrags tätig sind. Ihre Rechtsstellung unterliegt dem VBG. Dieses regelt ua, welche Zeiten einer früheren Beschäftigung für das Aufrücken in eine nächsthöhere Entlohnungsstufe Berücksichtigung finden können. Danach werden Beschäftigungszeiten im Dienstverhältnis zu einer inländischen Gebietskörperschaft in vollem Umfang berücksichtigt, während Beschäftigungszeiten in einem anderen Mitgliedstaat zur Gänze nur berücksichtigt werden, wenn daran ein öffentliches Interesse besteht und die zuständigen Behörden ihre Zustimmung erteilt haben. Andernfalls kommt nur eine Berücksichtigung zur Hälfte in Betracht, wobei auch hier besondere Voraussetzungen in zeitlicher Hinsicht gegeben sein müssen. In dem vom ÖGB gegen die Republik Österreich angestrengten Verfahren wollte dieser geprüft wissen, ob die österreichischen Regelungen des VBG im Einklang mit Art 45 AEUV und Art 7 VO (EU) Nr 492/2011 stehen.

In früheren Fällen hatte der EuGH nationale Regelungen, die die Anrechnung von Beschäftigungszeiten in anderen Mitgliedstaaten ausschlossen, für unvereinbar mit Art 45 AEUV erklärt.[196] In diesem Fall lag die Besonderheit darin, dass das österreichische Recht keinen vollen Ausschluss vorsah, son-

---

lichen Dienst berücksichtigte); Rs C-15/96 (Schöning-Kougebetopoulou), EU:C:1998:3 (Für die von der Zurücklegung bestimmter Beschäftigungszeiten abhängige tarifliche Höhergruppierung wurden Tätigkeiten im Ausland nicht angerechnet.); Rs C-35/97 (Kommission/Frankreich), EU:C:1998:431 (Anrechnung beitragsfreier Zeiten im Vorruhestand für eine tarifvertraglich geregelte zusätzliche Altersvorsorge); Rs C-400/02 (Merida), EU:C:2004:537 (Bei einer tarifvertraglich vorgesehenen Leistung wird die fiktive Lohnsteuer abgezogen, obwohl nach dem Doppelbesteuerungsabkommen eine Besteuerung im Beschäftigungsstaat nicht vorgenommen werden darf.); Rs C-172/11 (Erny), EU:C:2014:157 (Bei einem Aufstockungsbetrag im Falle von Altersteilzeit, der zum Teil aus öffentlichen Mitteln finanziert wird, wird die fiktive Lohnsteuer abgezogen, obwohl nach dem Doppelbesteuerungsabkommen eine Besteuerung im Beschäftigungsstaat nicht vorgenommen werden darf; der Aufstockungsbetrag fällt als Entgeltbestandteil in den sachlichen Anwendungsbereich von Art 45 AEUV und Art 7 Abs 4 VO 492/2011); Rs C-379/09 (Casteels), EU:C:2011:131 (Für die Frage nach den Ansprüchen aus einer Zusatzrente nach deutschem Recht wurden die bei demselben Unternehmen in Betriebsstätten außerhalb Deutschlands geleisteten Dienstzeiten nicht berücksichtigt.).

195 EuGH Rs C-195/98 (Österreichischer Gewerkschaftsbund), EU:C:2000:655.

196 Vgl EuGH Rs C-419/92 (Scholz), EU:C:1994:62; Rs C-371/04 (Kommission ./. Italienische Republik), EU:C:2006:668 (Berücksichtigung von Berufserfahrung und Dienstalter im italienischen öffentlichen Dienst beschäftigter EG-Arbeitneh-

dern unter bestimmten Voraussetzungen sogar eine volle Berücksichtigung ermöglichte, zumindest aber eine Anrechnung zur Hälfte. Konnte nicht wenigstens eine solche differenzierte Regelung Wortlaut und Geist des Art 45 AEUV entsprechen? Der EuGH verneinte dies (vgl Rn 48 und 51):

„Die Unterschiede zwischen dem öffentlichen Dienst in Österreich und in anderen Mitgliedstaaten können sodann keine unterschiedlichen Bedingungen für die Anrechnung früherer Dienstzeiten rechtfertigen. Insbesondere können sie nicht erklären, warum die in einem anderen Mitgliedstaat als in der Republik Österreich zurückgelegten Zeiten von besonderer Bedeutung für die Verwendung des Betroffenen sein müssen, während dies für in Österreich zurückgelegte Zeiten nicht verlangt wird. [...]

Auf die zweite Vorlagefrage ist daher zu antworten, dass Artikel 48 EG-Vertrag [Art 45 AEUV] und Artikel 7 Absätze 1 und 4 der Verordnung [VO (EU) Nr 492/2011] einer nationalen Bestimmung wie § 26 VBG über die Anrechnung früherer Beschäftigungszeiten zum Zweck der Festsetzung der Entlohnung der Vertragslehrer und Vertragsassistenten entgegenstehen, wenn die Anforderungen an die in anderen Mitgliedstaaten zurückgelegten Zeiten strenger sind als diejenigen, die für an vergleichbaren Einrichtungen des betreffenden Mitgliedstaats zurückgelegte Zeiten gelten.“[197]

Das vorlegende Gericht hatte dem EuGH auch noch die Frage gestellt, ob Zeiten in anderen Mitgliedstaaten zeitlich unbegrenzt berücksichtigt werden müssen oder nur bestimmte Jahre. Hintergrund der Fragestellung war die Tatsache, dass die Republik Österreich in dem Verfahren vorgetragen hatte, dass nur Beschäftigungszeiten seit dem Beitritt der Republik Österreich zur Europäischen Union Berücksichtigung finden könnten. Aber auch diese Einschränkung lehnte der EuGH im Hinblick auf die Grundfreiheit aus Art 45 AEUV ab.

Der EuGH ist bei der Frage der Anrechnung von Vorbeschäftigungszeiten sogar noch einen Schritt weitergegangen:

EuGH, Rs C-514/12 (Zentralbetriebsrat Salzburger Landeskliniken):[198] Das Salzburger Landesvertragsbedienstetengesetz sah eine Regelung vor, wonach bei der Berechnung des Stichtags für das Vorrücken in die nächsthöhere Entlohnungsstufe andere als beim Land Salzburg zurückgelegte Dienstzeiten – unabhängig davon, ob diese im In- oder Ausland zurückgelegt wurden – nur zu 60% berücksichtigt wurden. Der Zentralbetriebsrat der gemeinnützigen Salzburger Landeskliniken Betriebs GmbH klagte auf Feststellung, dass die Vordienstzeiten, die von Dienstnehmern innerhalb der Union bzw des EWR erbracht wurden, unionsrechtskonform zu 100% anzuerkennen seien.

mer aus einer vergleichbaren Tätigkeit in der öffentlichen Verwaltung eines anderen Mitgliedstaats) = ZESAR 2007, 77 mit Anm *Baumgärtner*.

197 EuGH Rs C-195/98 (ÖGB), EU:C:2000:655 Rn 48 und 51.

198 EuGH Rs C-514/12 (ZBR Salzburger Landeskliniken), EU:C:2013:799.

Zunächst stellte sich die Frage, ob es sich hierbei überhaupt um eine Diskriminierung iSd Art 45 Abs 2 AEUV handele, da die Vorschrift Vordienstzeiten im In- und Ausland unterschiedslos behandelte. Der EuGH stellt hierzu fest:

„Im vorliegenden Fall kann sich die im Ausgangsverfahren in Rede stehende nationale Regelung dadurch, dass nach ihr nicht sämtliche von Wanderarbeitnehmern bei Arbeitgebern mit Sitz in einem anderen Mitgliedstaat als der Republik Österreich zurückgelegten berufseinschlägigen Vordienstzeiten angerechnet werden, stärker auf Wanderarbeitnehmer als auf inländische Arbeitnehmer auswirken, indem sie Wanderarbeitnehmer besonders benachteiligt, denn diese werden vor dem Eintritt in den Dienst des Landes Salzburg sehr wahrscheinlich Berufserfahrung in einem anderen Mitgliedstaat als der Republik Österreich erworben haben."[199]

Zudem sieht der EuGH in der Regelung eine Beschränkung der Arbeitnehmerfreizügigkeitder beim Land Salzburg beschäftigten Dienstnehmer:

„Außerdem weist das vorlegende Gericht darauf hin, dass diese Regelung die Dienstnehmer, die, nachdem sie zunächst im Dienst des Landes Salzburg und danach für andere Arbeitgeber gearbeitet hätten, in den Dienst des Landes Salzburg zurückgekehrt seien, in gleicher Weise berühre, da sämtliche von ihnen bis zum Wiedereintritt in den Landesdienst zurückgelegten Dienstzeiten nur zu 60 % angerechnet würden. Damit ist die Regelung geeignet, die bereits beim Land Salzburg beschäftigten Dienstnehmer davon abzuhalten, von ihrem Recht auf Freizügigkeit Gebrauch zu machen."[200]

Das vorlegende Gericht ging davon aus, dass mit der Regelung die Treue zum Arbeitgeber honoriert werden sollte. Der EuGH hält es zwar für möglich, hierin einen zwingenden Grund des Allgemeininteresses anzuerkennen, erklärt die Regelung aber für ungeeignet, die Diensttreue zu würdigen, da dem Land Salzburg viele Arbeitgeber zugerechnet werden könnten, bei denen die Dienstzeiten volle Berücksichtigung finden würden.

Zurückgelegte Dienstzeiten spielen nach österreichischem Recht für die Urlaubsdauer eine bedeutende Rolle. Gemäß § 2 Abs 1 UrlG beträgt das Urlaubsmaß bei einer Dienstzeit von weniger als 25 Jahren 30 Werktage und erhöht sich nach Vollendung des 25 Jahres auf 36 Werktage. Dienstzeiten bei demselben Arbeitgeber sind zusammenzurechnen, sonstige im Inland zugebrachte Dienstzeiten werden nur bis zum Höchstmaß von 5 Jahren angerechnet. Über diese Regelung entbrannte ein Rechtsstreit, der von einem Betriebsrat im Rahmen eines besonderen Verfahrens initiiert wurde.

EuGH, Rs C-437/17 (Gemeinsamer Betriebsrat):[201], Die Klage, die sich gegen den Arbeitgeber Eurothermen Ressort richtet, betrifft Ansprüche von Arbeitnehmern, die Vordienstzeiten bei anderen Arbeitgebern im Hoheitsgebiet anderer Mitglieds-

199 EuGH Rs C-514/12 (ZBR Salzburger Landeskliniken), EU:C:2013:799 Rn 28.
200 EuGH Rs C-514/12 (ZBR Salzburger Landeskliniken), EU:C:2013:799 Rn 29.
201 EU:C:2019:193.

staaten als der Republik Österreich zurückgelegt haben, auf bezahlten Jahresurlaub. Die Argumentation des Betriebsrats geht dahin, dass Vordienstzeiten, die bei anderen, in anderen Mitgliedsstaaten ansässigen Arbeitgebern zurückgelegt worden sind, auf 5 Jahre beschränkt werden, was eine Beschränkung der Arbeitnehmerfreizügigkeit iS des Art 45 AEUV darstelle. Der OGH hat dem EuGH die Frage vorgelegt, ob die einschlägigen gesetzlichen Urlaubsregelungen, wonach einem Arbeitnehmer, der insgesamt 25 Dienstjahre aufweist, diese aber nicht beim selben österreichischen Arbeitgeber absolviert hat, ein Jahresurlaub nur im Ausmaß von 5 Wochen gebührt, im Einklang mit Art 45 AEUV und Art 7 Abs 1 VO 492/2011 stehen.

Der Gerichtshof präzisiert zunächst den rechtlichen Hintergrund der Fragestellung dahingehend, dass die gesetzlichen Urlaubsregelungen zum einen Vordienstzeiten bei allen Arbeitgebern erfassen, unabhängig davon ob sie in Österreich oder im Ausland zurückgelegt wurden. Das bedeutet aber auch, dass eine Ungleichbehandlung nur insoweit vorliegt, als eine Unterscheidung zwischen Arbeitnehmern getroffen wird, die an das Kriterium der Dienstzeit bei ihrem derzeitigen Arbeitgeber anknüpft. Zeiten, die bei einem oder mehreren früheren Arbeitgebern zurückgelegt wurden, werden nur mit höchstens 5 Berufsjahren berücksichtigt, sodass ein Arbeitnehmer, der insgesamt 25 Berufsjahre aufweist und davon mindestens 20 bei seinem derzeitigen Arbeitgeber zurückgelegt hat Anspruch auf 6 Wochen bezahlten Jahresurlaub hat, während ein Arbeitnehmer, der insgesamt 25 Berufsjahre aufweist, davon aber keine 20 bei seinem derzeitigen Arbeitgeber zurückgelegt hat, Anspruch auf lediglich 5 Wochen bezahlten Jahresurlaub hat. Daraus folgt, dass die Regelung unterschiedslos für alle Arbeitnehmer mit mindestens 25 Berufsjahren gilt, ohne dass es auf die Staatsangehörigkeit ankommt, sodass eine unmittelbare Diskriminierung ausscheidet.

Der klagende Betriebsrat meint indes, dass eine mittelbare Diskriminierung vorläge, weil die allermeisten österreichischen Arbeitnehmer in Österreich wohnten und dort in das Berufsleben eingetreten seien, sodass sie leicht 25 Jahre lang ununterbrochen im Dienst ein- und desselben Arbeitgebers verbleiben und damit Anspruch auf eine sechste Woche Jahresurlaub erwerben könnten. Hingegen treten Arbeitnehmer anderer Mitgliedsstaaten üblicherweise in ihrem Herkunftsmitgliedsstaat in das Berufsleben ein und wechseln erst im weiteren Verlauf ihres Berufslebens zu einem österreichischen Arbeitgeber. Für sie sei es daher schwerer, die maßgeblichen Dienstzeiten zu erreichen.

Mit diesem Argument konnte der Betriebsrat allerdings nicht durchdringen. Für die Annahme einer mittelbaren Diskriminierung iS von Art 45 Abs 2 AEUV in Verbindung mit Art 7 Abs 1 VO 492/2011 wäre es notwendig, dass sich die Regelung ihrem Wesen nach stärker auf Arbeitnehmer, die Staatsangehörige anderer Mitgliedsstaaten sind, als auf inländische Arbeitnehmer auswirken könne. Hierzu äußert der Gerichtshof, dass entgegen dem Vorbringen des Betriebsrats von Eurothermen und auch der beteiligten Kommission aus dem Vorlagebeschluss nichts ergebe, das darauf hindeute, dass österreichische Arbeitnehmer üblicherweise 25 Jahre im Dienst ihres derzeitigen Arbeitgebers verbleiben. Folglich sei nicht nachgewiesen, dass diese Regelung speziell österreichische Arbeitnehmer gegenüber Arbeitnehmern aus anderen Mitgliedsstaaten bevorzuge.[202] Bezüglich der Frage, ob in der Urlaubsregelung nicht eine Beschränkung der Arbeitnehmerfreizügigkeit gesehen werden könne, siehe unten F.

Welch komplexe Fragestellungen die Berücksichtigung fremdländischer Zeiten zur Begründung bzw Höhe von Ansprüchen erreicht hat, zeigt der folgende Fall

> EuGH, Rs C-703/17 (Krah):[203] Die Universität Wien beschloss im November 2011, einschlägige Vordienstzeiten von Senior Lecturers/Postdocs im Ausmaß von höchstens 4 Jahren anzurechnen, wenn das Dienstverhältnis am 1. 10. 2011 oder später begonnen hat. Eine Unterscheidung zwischen in Österreich zurückgelegten Zeiten und im Ausland zurückgelegten Zeiten bei der Anrechnung der einschlägigen Vordienstzeiten wurde nicht vorgenommen. Bei der Klägerin Krah wurden im Zusammenhang mit ihrer rückwirkenden Einstufung ab 1. Oktober 2010 einschlägige Vordienstzeiten von 4 Jahren angerechnet und sie wurde damit gemäß den Bedingungen eines Kollektivvertrags in die Gehaltsgruppe B1 eingestuft. Krah, die früher 5 Jahre lang als Lehrbeauftragte an der Universität München gearbeitet hatte, klagte auf Anrechnung aller ihrer Vordienstzeiten, nämlich 8,5 Jahren an der Universität Wien und 5 Jahre an der Universität München mit dem Ziel der Einstufung in eine höhere Gehaltsstufe. Das Oberlandesgericht Wien als Berufungsinstanz legte dem EuGH die Frage vor, ob es im Einklang mit Art 45 AEUV, Art 7 Abs 1 VO 492/2011 und den Art 20 und 21 GRC stehe, wenn facheinschlägige Vordienstzeiten eines Mitglieds des Lehrpersonals, unabhängig davon, ob es sich um Zeiten der Beschäftigung bei der Universität Wien oder bei anderen in- oder ausländischen Universitäten oder vergleichbaren Einrichtungen handle, nur bis zur Gesamtdauer von 3 bzw 4 Jahren anrechenbar sind.

In seiner Antwort reduziert der Gerichtshof zunächst den Prüfungsmaßstab auf Art 45 AEUV und Art 7 Abs 1 VO 492/2011, weil die Art 20 und 21 GRC hinter den speziellen Gleichbehandlungsnormen zurücktreten. Da der Beschluss der Universität Wien auf alle bei der Universität Wien beschäftigten Arbeitnehmer ungeachtet ihrer Staatsangehörigkeit unterschiedslos anwendbar ist, scheidet eine unmittelbar auf der Staatsangehörigkeit beruhende Diskriminierung aus.

202 Der Gerichtshof verneint auch, dass aus dem oben besprochenen Urteil Rs C-514/12 (Zentralbetriebsrat Salzburger Landeskliniken) etwas Gegenteiliges ableiten lasse, weil die beiden Sachverhalte nicht vergleichbar seien, vgl Rn 33 des Urteils gemeinsamer Betriebsrat.

203 EU:C:2019:850.

Eine mittelbare Diskriminierung würde dann vorliegen, wenn der Beschluss seinem Wesen nach auf Arbeitnehmer, die Staatsangehörige anderer Mitgliedsstaaten sind, sich stärker auswirken kann als auf inländische Arbeitnehmer. Die Verneinung dieser Frage folgt ganz dem Begründungsmuster der oben besprochenen Entscheidung in der Rs gemeinsamer Betriebsrat.[204] Bezüglich der Frage ob eine Beschränkung der Arbeitnehmerfreizügigkeit in dem Beschluss liegen könnte, siehe unten F.

Das Verbot der Ausländerdiskriminierung erfasst auch den Zugang zu Koalitionen und die koalitionsmäßige Betätigung. Deshalb bestimmt Art 8 VO (EU) Nr 492/2011, dass auch Arbeitnehmer aus anderen EU-Mitgliedstaaten in dem Beschäftigungsstaat Anspruch auf Gleichbehandlung hinsichtlich der Zugehörigkeit zu Gewerkschaften und der Ausübung gewerkschaftlicher Rechte einschließlich des Wahlrechts sowie des Zugangs zur Verwaltung oder Leitung von Gewerkschaften haben.

EuGH, Rs C-465/01 (Kommission ./. Republik Österreich):[205] Nach österreichischem Recht sind die Kammern für Arbeiter und Angestellte und die entsprechende Bundeskammer berufen, die sozialen, wirtschaftlichen, beruflichen und kulturellen Interessen der Arbeitnehmer und Arbeitnehmerinnen zu vertreten und zu fördern. Es handelt sich um Einrichtungen des öffentlichen Rechts, bei denen grundsätzlich alle Arbeitnehmer beitragspflichtige Mitglieder sind. Das passive Wahlrecht setzt die österreichische Staatsbürgerschaft voraus. Wegen dieses Erfordernisses hat die Kommission ein Vertragsverletzungsverfahren nach Art 258 AEUV gegen die Republik Österreich eingeleitet.

Unter Berufung auf ähnliche Fälle, die das Land Luxemburg betrafen,[206] vertrat der EuGH auch in der vorbezeichneten Angelegenheit die Auffassung, dass mit dem Merkmal der österreichischen Staatsangehörigkeit als Voraussetzung für das passive Wahlrecht zu den Arbeiterkammern der Fall einer unmittelbaren Diskriminierung und damit eines Verstoßes gegen Art 45 Abs 2 AEUV, Art 8 VO (EU) Nr 492/2011 vorliege. Der Vortrag der österreichischen Regierung, dass die Arbeiterkammern in Österreich öffentlich-rechtliche Einrichtungen darstellten, rechtfertigt nach Auffassung des EuGH keine gegenteilige Annahme. Die Nichtanwendung der Regeln des Art 45 AEUV erlaube allenfalls, ausländische Arbeitnehmer von bestimmten Tätigkeiten der fraglichen Einrichtung auszuschließen, die als solche tatsächlich eine unmittelbare Teilnahme an der Ausübung hoheitlicher Befugnisse mit sich bringe, nicht aber die Statuierung des Staatsangehörig-

204 Vgl Rn 32-38 des Urteils Krah.
205 EuGH Rs C-465/01 (Kommission/Österreich), EU:C:2004:530.
206 EuGH Rs C-213/90 (Asti I), EU:C:1991:291; Rs C-118/92 (Asti II), EU:C:1994:198.

keitserfordernisses bei jeder Mitwirkung an einer öffentlich-rechtlichen Einrichtung wie den österreichischen Arbeiterkammern.

Gleichbehandlungsgebote finden sich auch in den unionsrechtlichen Vorschriften über Drittstaatsangehörige sowie in den Abkommen, die die EU mit Drittstaaten geschlossen hat. Für türkische Arbeitnehmer sieht Art 10 Abs 1 ARB1/80 vor:

> „Die Mitgliedstaaten der Gemeinschaften räumen den türkischen Arbeitnehmern, die ihrem regulären Arbeitsmarkt angehören, eine Regelung ein, die gegenüber den Arbeitnehmern aus der Gemeinschaft hinsichtlich des Arbeitsentgelts und der sonstigen Arbeitsbedingungen jede Diskriminierung aufgrund der Staatsangehörigkeit ausschließt."

So hatte der EuGH bereits im Vorfeld zur Rs C-465/01 zu entscheiden, ob die Regelungen über die Wahlen der Kammern für Arbeiter und Angestellte mit Art 10 Abs 1 ARB 1/80 vereinbar sind:

> EuGH, Rs C-171/01 (Wählergruppe Gemeinsam):[207] Die Wählergruppe „Gemeinsam Zajedno/Birlikte Alternative und Grüne GewerkschafterInnen/UG" hatte bei der Wahl für die Vollversammlung der Arbeiterkammer des Lands Vorarlberg einen Wahlvorschlag eingereicht, der unter anderem fünf türkische Staatsangehörige umfasste. Diese wurden von der Hauptwahlkommission allein auf Grund des Fehlens der österreichischen Staatsbürgerschaft mangels Wählbarkeit vom Wahlvorschlag gestrichen. Die Wählergruppe focht darauf hin unter Berufung auf Art 10 Abs 1 ARB 1/80 die Gültigkeit der Wahl an.

Der EuGH stellte zunächst in Anlehnung an seine Rechtsprechung zur unmittelbaren Anwendung von Bestimmungen in Abkommen mit Drittstaaten[208] fest, dass sich türkische Staatsangehörige direkt auf Art 10 Abs 1 ARB 1/80 berufen können:

> „Insoweit ist festzustellen, dass diese Bestimmung in klaren, eindeutigen und unbedingten Worten das Verbot für die Mitgliedstaaten aufstellt, türkische Wanderarbeitnehmer, die ihrem regulären Arbeitsmarkt angehören, hinsichtlich des Arbeitsentgelts und der sonstigen Arbeitsbedingungen aufgrund ihrer Staatsangehörigkeit zu diskriminieren.
> Dieses Gleichbehandlungsgebot begründet eine Verpflichtung zur Herstellung eines ganz bestimmten Ergebnisses und ist seinem Wesen nach geeignet, von Einzelnen vor einem nationalen Gericht geltend gemacht zu werden, damit dieses Gericht diskriminierende Vorschriften der Regelung eines Mitgliedstaats unangewandt lässt [...]."[209]

207 EuGH Rs C-171/01 (Wählergruppe Gemeinsam), EU:C:2003:260.

208 Der EuGH bejaht eine unmittelbare Wirkung, „wenn sie unter Berücksichtigung ihres Wortlauts und im Hinblick auf den Gegenstand und die Natur des Abkommens eine klare und eindeutige Verpflichtung enthält, deren Erfüllung oder deren Wirkungen nicht vom Erlass eines weiteren Aktes abhängen", Rs C-12/86 (Demirel), EU:C:1987:400, Rn 14.

209 EuGH Rs C-171/01 (Wählergruppe Gemeinsam), EU:C:2003:260 Rn 57 f.

Sodann setzte sich der EuGH mit der Frage auseinander, ob die zu Art 45 Abs 2 AEUV ergangene Rechtsprechung auf Art 10 Abs 1 ARB 1/80 übertragbar sei. Hiergegen wurde eingewandt, dass sich die herangezogene Rechtsprechung zur luxemburgischen Regel auf die VO (EG) Nr 1612/68 [VO (EU) Nr 492/2011] bezog. An einer solchen konkretisierenden Vorschrift fehle es im vorliegenden Fall. Der EuGH ließ den Einwand nicht gelten, da die Verordnung Ausdruck desselben allgemeinen Verbots der Diskriminierung aus Gründen der Staatsangehörigkeit sei, das zu den fundamentalen Grundsätzen des Unionsrechts gehört. Im Übrigen sprach er Art 10 Abs 1 ARB 1/80 dieselbe Wirkung wie Art 45 Abs 2 AEUV zu:

> „Auch wenn Artikel 10 Absatz 1 des Beschlusses Nr 1/80 keinen Grundsatz der Freizügigkeit der türkischen Arbeitnehmer in der Gemeinschaft aufstellt, während Artikel 48 EG-Vertrag [Art 45 AEUV] für die Gemeinschaftsangehörigen den Grundsatz der Freizügigkeit der Arbeitnehmer verankert, so gewährt doch dieser Artikel 10 Absatz 1 den Arbeitnehmern türkischer Staatsangehörigkeit, die rechtmäßig in einem Mitgliedstaat beschäftigt sind, ein Recht auf Gleichbehandlung hinsichtlich des Arbeitsentgelts und der sonstigen Arbeitsbedingungen, das den gleichen Umfang hat wie das den Staatsangehörigen der Mitgliedstaaten durch Artikel 48 Absatz 2 EG-Vertrag mit ähnlichen Worten zuerkannte Recht."[210]

Das BAG hatte bereits im Jahr 2000 einer türkischen Lektorin ein Recht auf Gleichbehandlung aus Art 10 ARB 1/80 zuerkannt und in Anlehnung an die Rs Spotti[211] die Befristung ihres Vertrages für unwirksam erklärt.[212]

F. Beschränkungsverbot

Das Recht der Freizügigkeit erschöpft sich nicht in dem unter E. besprochenen Gebot der Gleichbehandlung bzw Verbot der Diskriminierung. Der EuGH hat zunehmend die Grundfreiheiten über das Diskriminierungsverbot hinaus mit einem Beschränkungsverbot ausgestattet. Zuerst ist dies auf dem Gebiet der Warenverkehrsfreiheit geschehen. Berühmt ist hierbei die Entscheidung in der Rs Rewe (allgemein besser bekannt unter der Bezeichnung Cassis de Dijon).[213] Diese Konzeption der Grundfreiheiten ist sodann auf die Dienstleistungsfreiheit der Art 56 ff AEUV ausgedehnt worden. Für diese bedeutet das Verbot, dass die Tätigkeit des in einem anderen Mitglied-

210 EuGH Rs C-171/01 (Wählergruppe Gemeinsam), EU:C:2003:260 Rn 89. So hatte der EuGH zuvor bereits zum Gleichbehandlungsgebot im mit Polen geschlossenen Europa-Abkommen entschieden, Rs C-162/00 (Pokrzeptowicz-Meyer), EU:C:2002:57 Rn 41.

211 EuGH Rs C-272/92, EU:C:1993:848, s oben.

212 BAG 22.3.2000, 7 AZR 226/98, NZA 2000, 831.

213 EuGH Rs C-120/78, EU:C:1979:42.

staat ansässigen Dienstleistungserbringers nicht unterbunden, behindert oder weniger attraktiv gemacht werden darf bzw im Anschluss an die neuere Rechtsprechung jede Regelung verboten ist, die die Leistung von Diensten zwischen Mitgliedstaaten im Ergebnis gegenüber der Leistung von Diensten im Inneren eines Mitgliedstaats erschwert.[214] Der EuGH hat diese Linie beibehalten. Dem Gedanken der Effektivierung der Grundfreiheiten durch die Statuierung von Beschränkungsverboten will er auch im Bereich der Freizügigkeit Geltung verschaffen. Danach stehen die Vorschriften über die Freizügigkeit Regelungen entgegen, die einen Staatsangehörigen eines Mitgliedstaats daran hindern, von der Freizügigkeit Gebrauch zu machen, auch wenn die Regelung unabhängig von der Staatsangehörigkeit des Arbeitnehmers gilt.[215] Die Problematik soll an folgendem Beispiel verdeutlicht werden:

EuGH, Rs C-415/93 (Bosman):[216] Im Streit zwischen dem belgischen Fußballprofispieler Bosman und verschiedenen belgischen Fußballverbänden ging es um Regelungen, die in internationalen Vereinbarungen der FIFA enthalten waren und Transferzahlungen beim Wechsel eines Fußballspielers zu einem anderen Verein vorsahen. Wurden diese Transferzahlungen nicht geleistet, so bestanden Möglichkeiten, den aufnehmenden Verein mit Geldstrafen zu belegen bzw Spiele bei Einsatz des Transferspielers zu Gunsten der gegnerischen Mannschaft zu werten. Der Fußballspieler Bosman berief sich darauf, dass er durch diese Regelungen in seinem Recht der Freizügigkeit, nämlich von einem Fußballverein zu einem anderen zu wechseln, behindert werde.

Der EuGH hat sich ausdrücklich auf das für die Niederlassungsfreiheit grundlegende Urteil in der Rs Daily Mail[217] bezogen, in dem er darauf hingewiesen hatte,

„daß die Vertragsbestimmungen über die Niederlassungsfreiheit zwar insbesondere die Vergünstigung der Inländerbehandlung im Aufnahmemitgliedstaat sicherstellen sollen, daß sie es aber dem Herkunftsstaat auch verbieten, die Niederlassung eines seiner Staatsangehörigen oder einer nach seinem Recht gegründeten Gesellschaft […] in einem anderen Mitgliedstaat zu beeinträchtigen. Die durch die Artikel 52 ff des Vertrages [Art 49 ff AEUV] garantierten Rechte wären ihrer Substanz beraubt, wenn der Herkunftsstaat den Unternehmen verbieten könnte, sein Hoheitsgebiet zu verlassen, um sich in einem anderen Mitgliedstaat anzusiedeln. Die gleichen Erwägungen gelten im Zusammenhang mit Artikel 48 des Vertrages [Art 45 AEUV] bei Regeln, die die Freizügigkeit der Staatsangehörigen eines Mit-

214 In diesem Sinne unter Auswertung der Rspr des EuGH *Seyr* in: *Lenz/Borchardt* (Hg), Art 56 AEUV Rn 19.

215 Vgl *Weerth* in Lenz/Borchardt (Hg), Art 45 AEUV Rn 38; vgl aus der neueren Rsp: EuGH Rs C-232/01 (van Lent), EU:C:1979:42; Rs C-109/04 (Kranemann), EU:C:2005:187.

216 EuGH Rs C-415/93 (Bosman), EU:C:1995:463.

217 EuGH Rs C-81/87, EU:C:1988:456.

gliedstaats beeinträchtigen, die in einem anderen Mitgliedstaat eine unselbständige Tätigkeit ausüben wollen.“[218]

Die Anwendung dieser Grundsätze auf den Rechtsstreit Bosman bedeutete:

„Es trifft zu, dass die in den Ausgangsrechtsstreitigkeiten in Rede stehenden Transferregeln auch für die Wechsel von Spielern zwischen Vereinen gelten, die im selben Mitgliedstaat unterschiedlichen nationalen Verbänden angehören, und dass die Wechsel zwischen Vereinen, die demselben nationalen Verband angehören, entsprechenden Regeln unterliegen. [...] Es sind diese Regeln jedoch geeignet, die Freizügigkeit der Spieler, die ihre Tätigkeit in einem anderen Mitgliedstaat ausüben wollen, dadurch einzuschränken, dass sie die Spieler sogar nach Ablauf der Arbeitsverträge mit den Vereinen, denen sie angehören, daran hindern oder davon abhalten, diese Vereine zu verlassen.“

Das Beschränkungsverbot spielt vor allem dann eine Rolle, wenn es um die Frage geht, ob der Arbeitnehmer beim Wegzug aus einem Mitgliedstaat benachteiligt wird. Instruktiv hierfür ist der Rechtsstreit zwischen dem ÖGB und der Republik Österreich, bei dem die Neubesoldungsordnung für Vertragsbedienstete des Öffentlichen Dienstes zu überprüfen war:

EuGH, Rs C-24/17 (ÖGB):[219] Der Schwerpunkt der Entscheidung lag auf der Prüfung von Vorschriften,die im Hinblick auf das Verbot der Altersdiskriminierung zweifelhaft waren. Im letzten Teil seiner Entscheidung[220] musste sich der Gerichtshof mit der Überprüfung einer Bestimmung der neuen Besoldungsordnung befassen, die vorsah, dass zur Bestimmung des Besoldungsdienstalters Vordienstzeiten, die in einem Dienstverhältnis zu genau bezeichneten Dienstgebern außerhalb Österreichs zur Gänze anzurechnen sind, während Dienstverhältnisse mit anderen Dienstgebern außerhalb Österreichs nur bei Ausübung einer einschlägigen Berufstätigkeit und nur bis zum Ausmaß von insgesamt höchstens 10 Jahren angerechnet werden können. Damit stellte sich die Frage der Kompatibilität dieser Bestimmung im Hinblick auf Art 45 AEUV in Verbindung mit Art 7 Abs 1 VO 492/2011.

Angesichts der Tatsache, dass die in Frage stehende Regelung sowohl für EU-Ausländer wie österreichische Vertragsbedienstete betraf, konnte der Gerichtshof das Vorliegen einer unmittelbaren oder mittelbaren Diskriminierung aus Gründen der Staatsangehörigkeit verneinen. Vielmehr war der Möglichkeit einer unzulässigen Beschränkung der Arbeitnehmerfreizügigkeit nachzugehen. Mit anderen Worten war zu prüfen, ob die besoldungsrechtliche Regelung Staatsangehörige eines anderen Mitgliedsstaates daran hindern oder davon abhalten kann, in Österreich eine Tätigkeit aufzunehmen. Ausgangspunkt der Betrachtung war dabei, dass nach der einschlägigen Regelung Personen mit einer Berufserfahrung von mehr als 10 Jahren

218 EuGH Rs C-415/93 (Bosman), EU:C:1995:463 Rn 97.
219 EU:C:2019:373.
220 Vgl Rn 67ff des Urteils.

bei diesen anderen Arbeitgebern wegen der niedrigeren Gehaltsstufe, in die sie eingestuft werden, davon abgehalten werden können, sich auf eine Stelle als österreichischer Vertragsbediensteter zu bewerben. Sie werden nämlich bei einer einschlägigen Berufserfahrung von mehr als 10 Jahren in die gleiche Gehaltsstufe eingestuft wie ein Arbeitnehmer, der eine gleichartige Erfahrung von 10 oder weniger Jahren erworben hat. Eine solche Regelung ist daher geeignet, die Freizügigkeit weniger attraktiv zu machen.

Damit setzt die übliche Rechtfertigungsprüfung unter dem Gesichtspunkt der Verhältnismäßigkeit ein. Die österreichische Regierung hatte hierzu vorgetragen, dass es in der Rechtsprechung des Gerichtshofs anerkannt sei, die Honorierung der in dem betreffenden Bereich erworbenen Berufserfahrung als ein legitimes Ziel der Entgeltpolitik zu verfolgen und außerdem die Treue der Vertragsbediensteten zu honorieren. Dem entgegnet der EuGH indes mit dem Hinweis, dass solche Erfahrungen bei der Einstufung und der Berechnung eines Gehalts eines Vertragsbediensteten zur Gänze berücksichtigt werden müssten. Bei der nach der nationalen Vorschrift vorgesehenen teilweisen Berücksichtigung fehle es an der Eignung, das genannte Ziel zu verwirklichen. Angesichts der Vielzahl der im neuen Besoldungsrecht aufgeführten Arbeitgeber solle eine größtmögliche Mobilität der Beschäftigung innerhalb einer Gruppe rechtlich eigenständiger Arbeitgeber gewährleistet werden und nicht die Treue eines Bediensteten gegenüber einem bestimmten Arbeitgeber honoriert werden. Damit scheidet die Annahme aus, dass die zeitliche Begrenzung durch zwingende Gründe des Allgemeininteresses gerechtfertigt sei. Der Gerichtshof bejaht damit einen Verstoß dieser Regelung gegen Art 45 AEUV und Art 7 Abs 1 VO 492/2011.

Beschränkungen können sich auch aus steuerrechtlichen Regelungen ergeben:

> In der Rs Terhoeve[221] klagte ein niederländischer Staatsangehöriger, der innerhalb eines Jahres für 10 Monate in das Vereinigte Königreich entsandt wurde und dort für diese Zeit seinen Wohnsitz nahm. Die Tatsache, dass er in diesem Zeitraum nichtgebietsansässiger Steuerpflichtiger war, führte dazu, dass er im betreffenden Jahr Sozialversicherungsbeiträge zu zahlen hatte, die über dem Höchstbeitrag zur Sozialversicherung lagen, den gebietsansässige Steuerpflichtige zu zahlen haben.

Der EuGH stellte einen Verstoß gegen Art 45 AEUV fest:

> „Ein Staatsangehöriger eines Mitgliedstaats könnte davon abgehalten werden, den Mitgliedstaat, in dem er wohnt, zu verlassen, um im Sinne des Vertrages einer abhängigen Beschäftigung in einem anderen Mitgliedstaat nachzugehen, wenn er zur Zahlung höherer Sozialbeiträge, als wenn er seinen Wohnort das ganze Jahr über im selben Mitgliedstaat beibehält, verpflichtet wird, ohne insoweit in den Genuß

221 EuGH Rs C-18/95 (Terhoeve), EU:C:1999:22.

zusätzlicher, diese höhere Belastung ausgleichender Sozialleistungen zu kommen."[222]

Einen ähnlichen Fall stellt die Rs Biehl[223] dar, in der es um eine luxemburgische Regelung ging, nach der vom Arbeitgeber zu viel einbehaltene Lohnsteuern nur erstattet wurden, wenn der Arbeitnehmer das gesamte Jahr über gebietsansässiger Steuerpflichtiger war. Der EuGH sieht hierin eine mittelbare Ungleichbehandlung, da es bei Wanderarbeitnehmern wahrscheinlicher ist, dass sie nur während eines Teils des Jahrs gebietsansässige Steuerpflichtige sind. Geklagt hat eine deutscher Staatsbürger, der einige Zeit in Luxemburg gewohnt und gearbeitet hatte, bevor er wieder nach Deutschland zurückgekehrt ist. Gleichzeitig ist in der Regelung aber auch eine Beschränkung der Arbeitnehmerfreizügigkeit zu sehen, vor allem in Fällen, in denen luxemburgische Staatsbürger innerhalb eines Jahres ihren Wohnsitz zwecks Arbeitsaufnahme in einen anderen Mitgliedstaat verlegen möchten.

In der Rs Gouvernement de la Communauté française und Gouvernement wallon[224] ging es um ein im flämischen Teil Belgiens eingerichtetes Pflegeversicherungssystem. In diesem System waren alle im flämischen Teil Belgiens lebenden Personen sowie die in diesem Teil arbeitenden aber in einem anderen Mitgliedstaat lebenden Personen pflichtversichert, soweit der belgische Staat gem der VO (EWG) Nr 1408/71 zuständig war. Die in der zweisprachigen Hauptstadt Brüssel lebenden Personen konnten sich freiwillig versichern. Der EuGH sah hierin eine Beschränkung der Arbeitnehmerfreizügigkeit:[225]:

> „Wanderarbeitnehmer und -selbständige, die eine abhängige Beschäftigung oder eine selbständige Erwerbstätigkeit in einem dieser beiden Gebiete ausüben oder ausüben wollen, könnten nämlich davon abgehalten werden, von ihrer Freizügigkeit Gebrauch zu machen und ihren Herkunftsmitgliedstaat zu verlassen, um sich in Belgien aufzuhalten, weil eine Wohnsitznahme in bestimmten Teilen des belgischen Staatsgebiets den Verlust der Möglichkeit mit sich bringen würde, in den Genuss von Leistungen zu kommen, die sie andernfalls hätten beanspruchen können."

Die Arbeitnehmerfreizügigkeit ist auch dann noch betroffen, wenn der Arbeitnehmer bei der Rückkehr in sein Heimatland und Beendigung seiner Berufstätigkeit schlechter gestellt wird. In der Rs Kohll und Kohll-Schlesser[226] hat der EuGH eine Beschränkung der Arbeitnehmerfreizügigkeit in

222 EuGH Rs C-18/95 (Terhoeve), EU:C:1999:22 Rn 40.

223 EuGH Rs C-175/88, EU:C:1990:186.

224 EuGH Rs C-212/06, EU:C:2008:178 = ZESAR 2009, 132 mAnm *Wallrabenstein*.

225 EuGH Rs C-212/06 (Gouvernement de la Communauté française und Gouvernement wallon), EU:C:2008:178 Rn 48.

226 EuGH Rs C-300/15, EU:C:2016:361.

Regelungen gesehen, nach denen eine Steuergutschrift für ein Ruhegehalt aus einem anderen Mitgliedsstaat mangels inländischer Lohnsteuerkarte nicht gewährt werden konnte. Geklagt hatte ein luxemburgischer Staatsbürger, der in den Niederlanden gearbeitet hatte und im Ruhestand nach Luxemburg zurückgekehrt war.

Der EuGH hat mittlerweile bei ganz unterschiedlichen Regelungen einen beschränkenden Charakter festgestellt.[227] Eine Regelung, nach der im Falle der Verlegung des Wohnsitzes ins Ausland sämtliche nicht verrechneten Einkünfte in die Besteuerungsgrundlage des letzten Veranlagungszeitraums als gebietsansässiger Steuerpflichtiger einzubeziehen sind, kann Arbeitnehmer davon abhalten, von ihrer Arbeitnehmerfreizügigkeit Gebrauch zu machen, da ihnen ein finanzieller Nachteil dadurch entsteht, dass die Steuerschuld vorzeitig fällig wird.[228] Die Anknüpfung der Bewilligung einer Entschuldung an ein Wohnsitzerfordernis ist geeignet, einen zahlungsunfähigen Arbeitnehmer davon abzuhalten, in einem anderen Mitgliedstaat eine Arbeitnehmertätigkeit aufzunehmen.[229] Sogar der Aufschub einer Besteuerung des Wertzuwachses beim Tausch von Gesellschaftsanteilen, der an das Wohnsitzerfordernis anknüpft, beschränkt die Arbeitnehmerfreizügigkeit.[230] Eine Einschränkung der Arbeitnehmerfreizügigkeit ist auch dann bereits gegeben, wenn für Beamte der Wechsel zur Europäischen Union oder einer anderen internationalen Organisation, die ein einem anderen Mitgliedstaat ansässig ist, unattraktiver ist als der Wechsel zu einer anderen innerstaatlichen Körperschaft.[231]

In der oben unter E. besprochenen Entscheidung Krah prüfte der EuGH im Anschluss an die Verneinung einer mittelbaren Diskriminierung eine mögliche Beschränkung der Arbeitnehmerfreizügigkeit, die nach Art 45 Abs 1 AEUV verboten wäre.[232] Hierbei greift der Gerichtshof auf die herkömmliche Formulierung zurück, wonach das Recht der Freizügigkeit aus Art 45 AEUV jeder nationalen Maßnahme entgegen steht, die geeignet ist, die Ausübung der durch diese Vorschrift verbürgten Grundfreiheit durch

227 EuGH Rs C-385/00 (de Groot), EU:C:2002:750 (ledigliche partielle Berücksichtigung von persönlichen steuerlichen Vorteilen, da im selben Jahr Einkünfte aus unselbstständiger Tätigkeit in einem anderen Mitgliedstaat versteuert wurden); EuGH Rs C-464/02 (Kommission/Dänemark), EU:C:2005:546 (zusätzliche Zulassungssteuer für im Niederlassungsstaat des Arbeitgebers zugelassene Fahrzeuge, die von Grenzgängern auch in ihrem Wohnsitzstaat genutzt werden).

228 EuGH Rs C-269/09 (Kommission/Königreich Spanien), EU:C:2012:439.

229 EuGH Rs C-461/11 (Radziejewski), EU:C:2012:704.

230 EuGH Rs C-503/14 (Kommission/Portugal), EU:C:2016:979.

231 EuGH Rs C-515/14 (Kommission/Zypern), EU:C:2016:30.

232 Vgl dazu Rn 39 ff des Urteils Krah.

die Unionsangehörigen zu behindern oder weniger attraktiv zu machen. Ebenso wird aber auch betont, dass das Primärrecht der Union einem Arbeitnehmer nicht garantieren könne, dass ein Umzug in einen anderen Mitgliedsstaat als seinen Herkunftsmitgliedsstaat in sozialer Hinsicht neutral ist, da ein solcher Umzug aufgrund der Unterschiede, die zwischen den Systemen und den Rechtsvorschriften der Mitgliedsstaaten bestehen, für die betreffende Person je nach Einzelfall Vorteile oder Nachteile in diesem Bereich haben kann. Art 45 AEUV verschafft einem solchen Arbeitnehmer nicht das Recht, sich im Aufnahmemitgliedsstaat auf die Arbeitsbedingungen zu berufen, die ihm im Herkunftsmitgliedsstaat nach den dortigen nationalen Rechtsvorschriften zustanden. Vielmehr garantiert das Unionsrecht nur, dass Arbeitnehmer, die im Gebiet eines anderen Mitgliedsstaates als ihres Herkunftsmitgliedsstaats eine Tätigkeit ausüben, denselben Bedingungen unterliegen, wie die Arbeitnehmer, für die das innerstaatliche Recht des Aufnahmemitgliedsstaates gilt.

Im vorliegenden Fall würde die Anrechnung der gesamten gleichwertigen Berufserfahrung, die Arbeitnehmer an einer Universität in einem anderen Mitgliedsstaat als Österreich erworben haben, bewirken, dass für Arbeitnehmer anderer Staatsangehörigkeit und längerer Tätigkeit als 4 Jahre auf der Stelle eines Senior Lecturers/Postdocs an einer oder mehreren Universitäten oder vergleichbaren Einrichtungen in ihrem Herkunftsmitgliedsstaats, bei ihrer Gehaltseinstufung die gleichen Bedingungen gelten, wie für Arbeitnehmer, die die Tätigkeit eines Senior Lecturers/Postdocs insgesamt genauso lange an der Universität Wien ausgeübt haben. Der EuGH leitet hieraus eine Relevanz für Ausländer ab, sich an der Universität zu bewerben und ihren Mitgliedsstaat zu verlassen. Sollte sich – so der EuGH – herausstellen, dass die Klägerin an der Universität München eine Tätigkeit ausgeübt hat, die im Wesentlichen derjenigen gleichwertig ist, die sie als Senior Lecturer/Postdoc an der Universität Wien ausübt, was vom vorlegenden Gericht zu überprüfen ist, läge in der Tatsache, dass diese Berufserfahrung nicht zur Gänze angerechnet wird, eine Behinderung der Freizügigkeit. [233]

Der EuGH untersucht im Folgenden die Rechtfertigung der Beschränkung unter dem Gesichtspunkt der Verhältnismäßigkeit, wobei zunächst nach legitimen Zielen zu fragen ist bzw nach einer Rechtfertigung wegen zwingender Gründe des Allgemeininteresses. Das von der Universität Wien vorgetragene Argument, dass über den Zeitraum von 4 Jahren hinaus kein

---

233 Vgl aber Rn 50 ff des Urteils, in dem ein Unterschied zu Tätigkeiten gemacht wird, die, ohne gleichwertig zu sein, für die Ausübung der Tätigkeit eines Senior Lecturers/Post docs schlicht nur nützlich wären.

weiterer positiver Aspekt auf die Qualität der universitären Lehre eintrete, wurde vom Gerichtshof nicht akzeptiert.[234]
Keine Beschränkung der Freizügigkeit ist allerdings darin zu sehen, dass einem Arbeitnehmer im Falle einer Eigenkündigung nicht die für andere Fälle der Beendigung des Arbeitsverhältnisses vorgesehene Abfertigung zu zahlen ist, auch wenn die Kündigung durch die Aufnahme einer Arbeitnehmertätigkeit in einem anderen Mitgliedstaat motiviert ist.[235] Zulässig ist auch eine unterschiedliche Besteuerung von beschränkt Steuerpflichtigen,[236] solange Grenzgänger, die in ihrem Wohnsitzstaat keine Einkünfte erzielen, die Möglichkeit haben, im Beschäftigungsstaat unbeschränkt besteuert zu werden.[237]

Steht eine Beeinträchtigung der Freizügigkeit der Arbeitnehmer fest, so stellt sich als nächstes die Frage nach möglichen Rechtfertigungsgründen. Im Fall Bosman hatten die betroffenen Fußballverbände sowie einige nationale Regierungen vorgetragen, die Transferregeln seien durch das Bestreben gerechtfertigt, das finanzielle und sportliche Gleichgewicht zwischen den Vereinen aufrechtzuerhalten und die Suche nach Talenten sowie die Ausbildung der jungen Spieler zu unterstützen. Der EuGH hat diese Argumente nicht als Grundlage für Rechtfertigungsgründe anerkannt. Er geht davon aus, dass die sportliche Zukunft der jungen Spieler unmöglich mit Sicherheit vorhergesehen werden kann und sich nur eine begrenzte Anzahl der Spieler einer beruflichen Tätigkeit widmet. Somit sind die Entschädigungen durch ihren Eventualitäts- und Zufallscharakter gekennzeichnet und auf jeden Fall unabhängig von den tatsächlichen Kosten, die den Vereinen bei der Ausbildung sowohl der künftigen Berufsspieler als auch derjenigen, die nie Berufsspieler werden, entstünden.[238]

Der EuGH hat die Rechtsprechung in der Rs Bosman mehrfach bestätigt.[239] In der Rs Olympique Lyonnais SASP[240] hat er entschieden, dass eine Regelung, die eine Ausbildungsentschädigung für den Fall vorsieht, dass ein

234 Vgl zu einer ausführlichen Besprechung des Urteils Burger-Ehrnhofer, ASoK 2019, 442 ff. Die Autorin vermerkt zurecht, dass die Entscheidung eine Inländerdiskriminierung bewirkt, deren Bewältigung jenseits des EU-Rechts durch nationale Gerichte bzw im konkreten Falle wegen der kollektivvertraglichen Regelung auch durch die Kollektivvertragsparteien bewältigt werden müssen, vgl dazu S 446 ff des Beitrags.
235 EuGH Rs C-190/98 (Graf), EU:C:2000:49.
236 EuGH Rs C-632/13 (Hirvonen), EU:C:2015:765.
237 EuGH Rs C-169/03 (Wallentin), EU:C:2004:403.
238 EuGH Rs C-415/93 (Bosman), EU:C:1995:463.
239 EuGH Rs C-176/96 (Lehtonen), EU:C:2000:201; Rs C-162/00 (Pokrzeptowicz-Meyer), EU:C:2002:57; Rs C-438/00 (Kolpak), EU:C:2003:255.
240 EuGH Rs C-325/08, EU:C:2010:143 Rn 45.

Nachwuchsfußballer nach Abschluss seiner Ausbildung seinen ersten Profivertrag mit einem Verein eines anderen Mitgliedstaats abschließt, grundsätzlich durch den Zweck gerechtfertigt werden kann, die Anwerbung und Ausbildung von Nachwuchsspielern zu fördern. Eine solche Regelung muss jedoch für das Erreichen dieses Zwecks tatsächlich geeignet und verhältnismäßig im Hinblick auf diesen Zweck sein. Die Höhe der Entschädigung ist unter Berücksichtigung der Kosten zu ermitteln, die den Vereinen für die Ausbildung sowohl der zukünftigen Berufsspieler als auch derjenigen, die nie Berufsspieler werden, entstehen.

Das Kammergericht Berlin hat dem Europäischen Gerichtshof die Frage vorgelegt, ob das Gesetz über die Mitbestimmung der Arbeitnehmer im Einklang mit Art 18 und Art 45 AEUV steht (Vorlagebeschluss vom 16. 10. 2015, 14 W 89/15):

> Der Antragsteller ist Anteilseigner der Antragsgegnerin (TUI AG), eines Konzerns, der in Deutschland etwas mehr als 10.000 Personen und in den übrigen Mitgliedstaaten der EU knapp 40.000 Personen beschäftigt. Der Antragsteller macht die unzutreffende Zusammensetzung des Aufsichtsrats der Antragsgegnerin geltend, da diese nur aus Mitgliedern bestehen dürfe, die die Anteilseigner der Gesellschaft bestimmt hätten. Für seine Zusammensetzung hätte die deutsche Regelung über die Arbeitnehmermitbestimmung nicht angewendet werden dürfen, weil sie gegen Art 18 und Art 45 AEUV verstoße. Die deutschen Rechtsvorschriften bewirkten eine Diskriminierung aus Gründen der Staatsangehörigkeit iSv Art 18 AEUV, indem Arbeitnehmer, die in einem anderen Mitgliedstaat beschäftigt seien und bei denen es sich in der Regel nicht um Deutsche handeln würde, anders als die in Deutschland beschäftigten Arbeitnehmer das Aufsichtsorgan der Antragsgegnerin nicht wählen und ihm nicht angehören dürften. Der Verstoß gegen Art 45 AEUV liege darin begründet, dass Arbeitnehmer davon abgehalten würden, sich um tatsächlich angebotene Stellen im Hoheitsgebiet der Mitgliedstaaten frei zu bewegen, weil sie dadurch den Verlust der Mitgliedschaft in einem Aufsichtsorgan erleiden würden. Vor diesem Hintergrund hat das Kammergericht die Frage gestellt: „Ist es mit Art 18 AEUV (Diskriminierungsverbot) und Art 45 AEUV (Freizügigkeit der Arbeitnehmer) zu vereinbaren, dass ein Mitgliedstaat das aktive und passive Wahlrecht für die Vertreter der Arbeitnehmer in das Aufsichtsorgan eines Unternehmens nur solchen Arbeitnehmern einräumt, die in Betrieben des Unternehmens oder in Konzernunternehmen im Inland beschäftigt sind?“

In einer umfassenden Prüfung hat der GA für den Gerichtshof die Argumentationsbasis geliefert,[241] welche dieser in seinem Urteil auch übernommen hat.[242] Dazu gehörte zunächst das Ausscheiden von Art 18 AEUV als Prüfungsmaßstab, weil Art 45 Abs 2 AEUV das speziellere Recht zur Prüfung einer Diskriminierung wegen der Staatsangehörigkeit sei. Die ers-

241 GA Rs C-566/15 (Erzberger), EU:C:2017:347.
242 EuGH Rs C-566/15 (Erzberger), EU:C:2017:562.

te Hürde, die im Hinblick auf Art 45 AEUV zu nehmen war, betrifft die Frage, ob die Fallgestaltung einen Bezug zum Unionsrecht aufweist, also ein grenzüberschreitendes Element vorliege. Ebenso wie der GA trifft der EuGH hierzu eine Unterscheidung zwischen den Arbeitnehmern, die bei den Tochtergesellschaften mit Sitz in einem anderen Mitgliedstaat beschäftigt sind, und den im Inland beschäftigten Arbeitnehmern. Für die erstgenannte Gruppe verneint der GA das Vorliegen eines grenzüberschreitenden Elements, bejaht es aber für die im Inland beschäftigten Arbeitnehmer.[243]

Im Hinblick auf diese Gruppe der Beschäftigten prüft der Gerichtshof folgerichtig das Vorliegen einer Beschränkung der Arbeitnehmerfreizügigkeit nach der bekannten Formel, dass nationale Bestimmungen, die einem Arbeitnehmer, der Staatsangehöriger eines Mitgliedstaats ist, daran hindern oder davon abhalten, sein Herkunftsland zu verlassen, Beeinträchtigungen dieser Freiheit darstellen, auch wenn sie unabhängig von der Staatsangehörigkeit der betreffenden Arbeitnehmer angewandt werden. Art 45 AEUV stehe jeder Maßnahme entgegen, die, auch wenn sie ohne Diskriminierung aus Gründen der Staatsangehörigkeit gilt, geeignet ist, die Ausübung der durch den Vertrag garantierten Grundfreiheiten durch die Unionsangehörigen zu behindern oder weniger attraktiv zu machen.[244] Das Primärrecht der Union könne jedoch einem Arbeitnehmer nicht garantieren, dass ein Umzug in einen anderen Mitgliedstaat als seinen Herkunftsmitgliedstaat in sozialer Hinsicht neutral ist, da ein solcher Umzug aufgrund der Unterschiede, die zwischen den Systemen und den Rechtsvorschriften der Mitgliedstaaten bestehen, für die betreffende Person je nach Einzelfall Vorteile oder Nachteile in diesem Bereich haben kann.[245] Insoweit bleibe es den Mitgliedstaaten mangels Harmonisierungs- oder Koordinierungsmaßnahmen auf Unionsebene in dem betreffenden Bereich grundsätzlich unbenommen, die Anknüpfungskriterien des Anwendungsbereichs ihrer Rechtsvorschriften zu bestimmen, sofern diese Kriterien objektiv und nicht diskriminierend sind. Vor diesem Hintergrund sieht der EuGH weder den Wechsel eines Arbeitnehmers zu einer ausländischen Tochter, auch wenn dieser Arbeitnehmer ein Aufsichtsratsmandat ausgeübt hat, nicht als Behinderung der durch Art 45 AEUV gewährleisteten Arbeitnehmerfreizügigkeit an.[246]

243 Vgl Rn 28–30 des Urteils Erzberger.
244 Vgl Rn 33 des Urteils Erzberger.
245 Rn 34 des Urteils Erzberger.
246 Rn 37–41 des Urteils Erzberger.

G. Soziale und steuerliche Vergünstigungen Art 7 Abs 2 VO (EU) Nr 492/2011

Die Vorschrift des Art 7 Abs 2 VO (EU) Nr 492/2011 füllt eine wichtige Lücke in der arbeitsrechtlichen Gleichstellung inländischer und ausländischer Arbeitnehmer. Eine solche Gleichstellung darf sich nicht auf arbeitsrechtliche Ansprüche und Leistungen im engeren Sinne beschränken. Die Rechtsposition eines Arbeitnehmers wird nämlich wesentlich auch durch weitere Gegebenheiten bestimmt, die einerseits sozialrechtlicher, andererseits steuerrechtlicher Natur sind. Erst die Mitberücksichtigung dieser Bereiche führt zu einer echten Gleichstellung zwischen inländischen und ausländischen Arbeitnehmern.

1. Soziale Vergünstigungen

Die Problematik und Reichweite des Begriffs der sozialen Vergünstigungen soll an folgender grundlegenden Entscheidung verdeutlicht werden:

> EuGH, Rs 32/75 (Cristini):[247] Die Klägerin *Cristini*, italienische Staatsangehörige, Witwe eines Arbeitnehmers ebenfalls italienischer Staatsangehörigkeit, übt selbst keine Arbeitnehmertätigkeit aus. Sie hat vier Kinder. Im Jahre 1971 beantragte sie bei den französischen Staatsbahnen (SNCF) für sich selbst und ihre Kinder die Erteilung einer Ermäßigungskarte für kinderreiche Familien. Diese wurde der Klägerin versagt, weil nach einer einschlägigen Gesetzesregelung solche Ermäßigungen für kinderreiche Familien nur für französische Staatsbürger vorgesehen waren.

Der EuGH vertritt die Auffassung, dass der Begriff der sozialen Vergünstigung weit auszulegen ist, um die Gleichbehandlung mit inländischen Arbeitnehmern zu erreichen. Demnach umfasst der Begriff der sozialen Vergünstigung alle Sozialleistungen, die – ob sie an einen Arbeitsvertrag anknüpfen oder nicht – den inländischen Arbeitnehmern wegen ihrer objektiven Arbeitnehmereigenschaft oder einfach wegen ihres Wohnsitzes im Inland gewährt werden und deren Ausdehnung auf Arbeitnehmer, die Staatsangehörige eines anderen Mitgliedstaats sind, deshalb als geeignet erscheint, deren Mobilität in der Gemeinschaft zu fördern.

Angesichts einer so weiten Fassung des Begriffs verwundert es nicht, dass der EuGH die Fahrpreisermäßigungen für kinderreiche Familien unter den Begriff der sozialen Vergünstigung subsumiert. Fraglich war aber, ob das Recht auf diese soziale Vergünstigung auch von der Witwe geltend gemacht werden konnte, da nach Art 7 Abs 2 VO (EU) Nr 492/2011 der Anspruch vom Wortlaut her nur dem Arbeitnehmer selbst zusteht. Dazu der EuGH:

---

247 EuGH Rs C-32/75 (Cristini), EU:C:1975:120.

„Geist und Zweck der gemeinschaftlichen Rechtsvorschriften über die Freizügigkeit der Arbeitnehmer würde es zuwiderlaufen, wollte man den Hinterbliebenen eine solche Vergünstigung nach dem Tode des Arbeitnehmers entziehen, obgleich sie den Hinterbliebenen eines Inländers gewährt wird.“[248]

Aus diesem Urteil wird klar, dass der EuGH sowohl im Hinblick auf den Begriff der sozialen Vergünstigung wie auch im Hinblick auf den Kreis der berechtigten Personen einen weiten Anwendungsbereich der Vorschrift des Art 7 Abs 2 VO (EU) Nr 492/2011 zugrunde legt. Ein Blick in die Kommentarliteratur zeigt,[249] dass der EuGH für eine breite Palette von Maßnahmen den Charakter einer sozialen Vergünstigung bejaht hat, etwa bei zinslosen Geburtsdarlehen, Geburtsbeihilfen oder Unterstützungsleistungen bei Arbeitslosigkeit infolge von Flächenstilllegungen in der Landwirtschaft. Die Grenzen des Anwendungsbereichs werden sichtbar bei Entscheidungen, in denen der EuGH auch immaterielle Leistungen einbezogen hat, wie etwa das Aufenthaltsrecht für den Lebenspartner in der Rs Reed[250] oder das Recht auf Benutzung einer bestimmten Sprache im Rahmen eines Strafverfahrens.[251] Der EuGH hat die Altersversorgungszulage nach § 79 des deutschen Einkommensteuergesetzes (so genannte Riester-Rente) nicht als steuerliche, sondern als soziale Vergünstigung angesehen. Dass diese Zulage nur Personen zusteht, die in Deutschland unbeschränkt steuerpflichtig sind, hat der Gerichtshof als mittelbare Diskriminierung angesehen, weil darin ein nach Art 45 AEUV unzulässiges Wohnsitzerfordernis liegt. Eine objektive Rechtfertigung dafür besteht nicht.[252] Auch hier zeigt sich wieder deutlich die Absicht des EuGH, die Integration des Wanderarbeitnehmers in die Gesellschaft des Aufnahmelands so weit wie möglich voranzutreiben.[253]

Dass der EuGH in der Entscheidung Cristini auch in personeller Hinsicht den Anwendungsbereich des Art 7 Abs 2 VO (EU) Nr 492/2011 erweitert hat, wird in der Literatur als konsequent angesehen, da das Grundrecht auf Freizügigkeit des Arbeitnehmers seine Schranken nicht darin finden könne, dass seinen Familienangehörigen eine Leistung versagt wird, die in einem vergleichbaren Fall den Angehörigen eines Inländers gewährt werden würde.[254] Allerdings darf nicht übersehen werden, dass trotz der exten-

---

248 EuGH Rs C-32/75 (Cristini), EU:C:1975:120.

249 Vgl *Weerth* in Lenz/Borchardt (Hg), Art 45 AEUV Rn 49.

250 EuGH Rs C-59/85, EU:C:1986:157.

251 EuGH Rs C-137/84 (Mutsch), EU:C:1985:335.

252 EuGH Rs C-269/07 (Kommission/Deutschland), EU:C:2009:527, Rn 37 ff; vgl zur Problematik unzulässiger Wohnsitzerfordernisse Rs C-212/05 (Hartmann), EU:C:2007:437 (Erziehungsgeld für Ehefrau).

253 Vgl *Stoor* in Carlier/Verwilgen (Hg), 117.

254 Vgl *Steinmeyer* in: *Fuchs* (Hg), Art 7 VO (EU) Nr 492/2011 Rn 14 ff.

siven Auslegung die Rechte der Familienangehörigen aus Art 7 Abs 2 VO (EU) Nr 492/2011 nur vom Arbeitnehmer selbst abgeleitet werden können. Wenn – wie etwa in der Rs Mora Romero[255] – der betreffende Arbeitnehmer schon vor dem Beitritt seines Herkunftsstaats zur Gemeinschaft verstorben ist, kann sich später der Sohn nicht auf die Rechte aus Art 7 Abs 2 VO (EU) Nr 492/2011 berufen.

Dass eine soziale Vergünstigung vom Wohnsitz in dem betreffenden Land abhängig gemacht wird, ist dann kein Verstoß gegen Art 7 Abs 2 VO (EU) Nr 492/2011, wenn das Wohnsitzelement nicht der einzige Anknüpfungspunkt ist, sondern auch die Arbeitnehmereigenschaft genügt. Dabei kann im Fall eines gebietsfremden Arbeitnehmers das Fehlen einer ausreichend ins Gewicht fallenden Erwerbstätigkeit in dem betreffenden Mitgliedstaat ein zulässiger Rechtfertigungsgrund für die Versagung der fraglichen sozialen Vergünstigung sein.[256] Ein Wohnsitzerfordernis ist grundsätzlich gerechtfertigt, wenn es sich um Sozialleistungen handelt, für die nach den koordinierungsrechtlichen Vorschriften der VO (EG) Nr 883/2004 der Wohnsitzstaat zuständig ist. Allerdings ist dann im Einzelfall festzustellen, ob der betroffene Arbeitnehmer nicht unverhältnismäßig in seinem Recht auf Gleichbehandlung aus Art 7 Abs 2 VO (EU) Nr 492/2011 iVm Art 45 Abs 2 AEUV eingeschränkt ist.[257]

Schwierigkeiten bereitet immer wieder die häufig anzutreffende Konstellation, dass ein EU-Staatsangehöriger im EU-Ausland gearbeitet hat und danach ein Studium aufnehmen will, wofür er in dem betreffenden Mitgliedstaat eine Studienbeihilfe beantragt. Die Berufung des Betroffenen auf sein Recht aus Art 7 Abs 2 VO (EU) Nr 492/2011 könnte an der nach Aufgabe der Tätigkeit fehlenden Arbeitnehmereigenschaft scheitern.

> EuGH, Rs 39/86 (Lair):[258] Die französische Klägerin hatte in der Bundesrepublik Deutschland 2 1/2 Jahre als Bankangestellte gearbeitet. Danach war sie ca 3 Monate arbeitslos und nahm dann im Wintersemester an der Universität Hannover ein Studium der Romanistik und Germanistik auf, das zu einem berufsqualifizierenden Abschluss führte. Die Universität versagte ihr die beantragte Studienförderung, da sie nicht die gesetzlichen Voraussetzungen eines 5-jährigen Aufenthalts in der Bundesrepublik Deutschland und Erwerbstätigkeit erfüllt hatte.

Der EuGH begegnet der im Verfahren von einigen Regierungen vorgetragenen Auffassung, das Recht aus Art 7 Abs 2 VO (EU) Nr 492/2011 könne wegen der fehlenden Arbeitnehmereigenschaft nicht geltend gemacht werden, mit dem Hinweis auf die Vorschriften des Art 45 Abs 3 lit a und b

255 EuGH Rs C-131/96, EU:C:1997:317.
256 EuGH Rs C-213/05 (Geven), EU:C:2007:438.
257 EuGH Rs C-287/05 (Hendrix), EU:C:2007:494.
258 EuGH Rs C-39/86 (Lair), EU:C:1988:322.

AEUV, in denen auch dem nichtberufstätigen EU-Bürger das Recht der Freizügigkeit zuerkannt wird, sowie mit Art 7 Abs 3 VO (EU) Nr 492/2011, wonach die ausländischen Arbeitnehmer mit dem gleichen Recht und unter den gleichen Bedingungen wie die inländischen Arbeitnehmer Berufsschulen und Umschulungszentren in Anspruch nehmen können.[259] Daraus folgert der EuGH:

> „Daher ist festzustellen, dass bestimmte mit der Arbeitnehmereigenschaft zusammenhängende Rechte den Wanderarbeitnehmern auch dann garantiert sind, wenn diese nicht in einem Arbeitsverhältnis stehen. Im Bereich der Hochschulausbildungsförderung setzt ein solcher Zusammenhang zwischen der Arbeitnehmereigenschaft und einer Förderung, die für den Lebensunterhalt und die Ausbildung zur Durchführung eines Hochschulstudiums gewährt wird, jedoch eine Kontinuität zwischen der zuvor ausgeübten Berufstätigkeit und dem aufgenommenen Studium in dem Sinne voraus, dass zwischen dem Gegenstand des Studiums und der früheren Berufstätigkeit ein Zusammenhang bestehen muss. Eine solche Kontinuität kann allerdings nicht verlangt werden im Falle eines Wanderarbeitnehmers, der unfreiwillig arbeitslos geworden ist und den die Lage auf dem Arbeitsmarkt zu einer beruflichen Umschulung in einem anderen Berufszweig zwingt."[260]

Der EuGH trägt aber den Sorgen der Mitgliedstaaten dahingehend, dass diese Rechtssituation missbräuchlich ausgeübt werden könnte, indem sich Arbeitnehmer in einen anderen Mitgliedstaat begeben, um dort nach einer nur sehr kurzen Berufstätigkeit eine Förderung für Studenten in Anspruch nehmen zu können, dadurch Rechnung, dass er darauf hinweist, dass solche Missbräuche durch die in Rede stehenden gemeinschaftsrechtlichen Bestimmungen nicht gedeckt sind.[261]

In einem neueren Urteil hat der EuGH die Grundsätze der Rs Lair voll bestätigt.[262] Dabei hat der Gerichtshof betont, dass allein der Umstand, dass ein Arbeitsvertrag von vornherein als befristeter Vertrag geschlossen wurde, nicht zwingend zu dem Schluss verleiten darf, dass der in Rede stehende Arbeitnehmer bei Vertragsablauf automatisch freiwillig arbeitslos geworden sei. Dies würde zu wenig berücksichtigen, dass in bestimmten Berufszweigen viel mit befristeten Arbeitsverträgen gearbeitet werde, und zwar aus verschiedenen Gründen wie dem saisonalen Charakter der Arbeit, der Konjunkturempfindlichkeit des fraglichen Markts oder der fehlenden Flexibilität des nationalen Arbeitsrechts. Deshalb müssen bei der Prüfung, ob die Arbeitslosigkeit freiwillig oder unfreiwillig war, Umstände wie die Gepflogenheiten in dem Sektor der fraglichen Wirtschaftstätigkeit, die Möglichkeiten, in diesem Sektor eine nichtbefristete Beschäftigung zu finden, ein beste-

259 EuGH Rs C-39/86 (Lair), EU:C:1988:322 Rn 32 ff.
260 EuGH Rs C-39/86 (Lair), EU:C:1988:322 Rn 36 f.
261 EuGH Rs C-39/86 (Lair), EU:C:1988:322 Rn 43.
262 EuGH Rs C-413/01 (Ninni-Orasche), EU:C:2003:600.

hendes Interesse, nur ein befristetes Arbeitsverhältnis einzugehen, oder die Existenz von Verlängerungsmöglichkeiten des Arbeitsvertrags berücksichtigt werden.[263]

Eine Berufung auf Art 7 Abs 2 VO (EU) Nr 492/2011 ist allerdings möglich, wenn ein ausländischer Student während seines Studiums eine Teilzeitbeschäftigung ausübt, die sich nicht auf Grund ihres geringen Umfangs als vollständig untergeordnet und unwesentlich darstellt. Für eine Beurteilung der Arbeitnehmereigenschaft iSd Art 45 AEUV kann es insoweit nicht auf die ursprüngliche Absicht bei der Einreise ankommen.[264]

Ein häufiger Streitpunkt im Rahmen des Art 7 Abs 2 VO (EU) Nr 492/2011 sind auch Studienbeihilfen, die den Kindern von Wanderarbeitnehmern gewährt werden sollen. Der nachfolgende Fall verdeutlicht die Problematik:

> EuGH, Rs C-20/12 (Giersch ua):[265] Die Kläger beantragten eine finanzielle Studienbeihilfe nach luxemburgischem Recht. Sie alle wohnten nicht in Luxemburg und wollten auch ihr Studium in anderen Ländern fortsetzen. Sie beriefen sich dabei darauf, dass ein Elternteil von ihnen in Luxemburg arbeite. Die Anträge wurden abgelehnt, weil nach den einschlägigen Vorschriften die Studienbeihilfe nur Studierenden gewährt wird, wenn es sich um Staatsangehörige eines Mitgliedstaats der Europäischen Union mit Wohnsitz im Großherzogtum Luxemburg handelt.

Der EuGH konnte sich weitestgehend auf sein Urteil in einem Vertragsverletzungsverfahren gegen die Niederlande[266] beziehen, das eine Regelung betraf, nach der Studienbeihilfen für ein Studium im Ausland nur gewährt werden, wenn der Betroffene sich vor Studienbeginn drei von sechs Jahren in den Niederlanden rechtmäßig aufgehalten hat. Hierin sah der EuGH einen Verstoß gegen Art 45 AEUV und Art 7 Abs 2 VO (EU) Nr 492/2011.

Dass es sich bei Studienbeihilfen um eine soziale Vergünstigung handelt, war aufgrund bisheriger Entscheidungen leicht zu bejahen. In einem solchen Fall könne sich das unterhaltsberechtigte Kind selbst auf Art 7 Abs 2 VO (EU) Nr 492/2011 berufen, um eine Studienfinanzierung unter den gleichen Voraussetzungen zu erhalten, wie sie für die Kinder inländischer Arbeitnehmer gelten. Vor diesem rechtlichen Hintergrund haben sich die Kläger mit Blick auf das luxemburgische Wohnsitzerfordernis auf das Vorliegen einer mittelbaren Diskriminierung berufen. In einer sehr ausführlichen Begründung hat der EuGH die Voraussetzungen einer mittelbaren Diskriminierung bejaht und sich damit der Frage zugewandt, ob diese nicht objektiv gerechtfertigt ist. Getreu seiner nunmehr langjährigen und gefestigten

263 EuGH Rs C-413/01 (Ninni-Orasche), EU:C:2003:600 Rn 42 ff.
264 EuGH Rs C-46/12 (N.), EU:C:2013:97.
265 ABlEU 2013 Nr C 225/24.
266 EuGH Rs C-542/09 (Kommission/Niederlande), EU:C:2012:346.

Rechtsprechung zur objektiven Rechtfertigung von Beschränkungen von Grundfreiheiten prüfte der Gerichtshof, ob es für die Ungleichbehandlung ein legitimes Ziel gibt, zu dessen Erreichung die Beschränkung geeignet und erforderlich ist.[267] Der Gerichtshof bejaht das Vorliegen eines legitimen Ziels, nämlich die auch von der Europäischen Kommission als wünschenswert angesehene Steigerung des Anteils von Hochschulabsolventen in einem Mitgliedstaat, und sah auch die Geeignetheit des Wohnsitzerfordernisses hierfür als gegeben. Mit einleuchtenden Gründen verneinte der EuGH aber die Erforderlichkeit der Voraussetzung eines Wohnsitzes und zeigte eine Reihe von Möglichkeiten auf, wie das Ziel auch mit weniger einschneidenden Möglichkeiten erreicht werden könne.

Luxemburg hatte daraufhin sein Recht zur Gewährung von Studienbeihilfen geändert und an die Voraussetzung geknüpft, dass eine ununterbrochene Dauer von mindestens 5 Jahren der Erwerbstätigkeit der Eltern des Studierenden gegeben war. Auch diese Regelung hielt aber einer Überprüfung des Europäischen Gerichtshofs nicht stand.[268] Auch eine daraufhin vom Luxemburger Gesetzgeber vorgenommene Gesetzesänderung führte nicht zur gewünschten Kompatibilität mit Art 45 Abs 2 AEUV in Verbindung mit Art 7 Abs 2 VO 492/2011.

EuGH, Rs C-410/18 (Aubriet):[269] Der Kläger *Aubriet*, ein bei seinem Vater in Frankreich wohnender französischer Staatsangehöriger, schrieb sich als Studierender in Straßburg ein. Er beantragte für sein Studium eine finanzielle Beihilfe bei dem für diese Leistungen in Luxemburg zuständigen Ministerium für Hochschulbildung und Forschung. Hintergrund für diese Leistung war die Tatsache, dass der Vater des Klägers seit über 20 Jahren, allerdings mit Unterbrechungen, in Luxemburg tätig war. Der beklagte Luxemburgische Träger lehnte den Antrag unter Berufung auf eine einschlägige Gesetzesvorschrift ab, wonach die Gewährung der Studienbeihilfe an Kinder von Erwerbstätigen, die Luxemburgische Staatsangehörige oder Angehörige eines anderen Mitgliedsstaates der EU sind, davon abhängt, dass der Erwerbstätige während eines rückwirkend ab dem Zeitpunkt der Antragstellung berechneten Referenzzeitraums von 7 Jahren, mindestens 5 Jahre lang in Luxemburg als Arbeitnehmer oder Selbständiger tätig war.

Wie schon bei den vorangegangenen Entscheidungen läuft auch die neue Entscheidung auf eine Prüfung anhand des Verhältnismäßigkeitsgrundsatzes hinaus.[270] Das Ziel Luxemburgs, ein hohes Ausbildungsniveau der gebietsansässigen Bevölkerung zu gewährleisten, wird als legitim anerkannt, gleichzeitig aber auch betont, dass die bisherige Rechtsprechung in dem Umstand, dass Wanderarbeitnehmer und Grenzgänger Zugang zum Ar-

267 EuGH Rs C-20/12 (Giersch ua), EU:C:2013:411 Rn 47 ff.
268 S EuGH Rs C-238/15 (Bragança, Linares, Verruga), EU:C:2016:949.
269 EU:C:2019:582.
270 Siehe dazu Rn 31–47 des Urteils.

beitsmarkt eines Mitgliedsstaates gefunden haben, grundsätzlich ein hinreichendes Band der Integration in die Gesellschaft dieses Staates sei, das es ihnen erlaube, hinsichtlich sozialer Vergünstigungen in den Genuss der Gleichbehandlung mit inländischen Arbeitnehmern zu kommen. Sie trügen mit den von Ihnen gezahlten Steuern und Sozialabgaben zur Finanzierung der sozialpolitischen Maßnahmen dieses Staates bei, so dass ihnen diese Maßnahmen unter den gleichen Bedingungen zugutekommen müssen, wie inländischen Arbeitnehmern. Dies schließe aber eine objektive Rechtfertigung für eine unterschiedliche Behandlung nicht aus. Hierzu hatte die Luxemburgische Regierung vorgetragen, dass die gegenüber der früheren Version des Gesetzes nunmehr kurze Unterbrechungen der Erwerbstätigkeit von Grenzgängern berücksichtigt werden könnten und zwei Jahre Unterbrechungen der Beschäftigung unschädlich seien. Andererseits beseitigten aber längerdauernde Unterbrechungen die Verbundenheit der Grenzgänger und ihrer studierenden Kinder mit Luxemburg.

Diese Argumente lies der Gerichtshof nicht gelten. Er greift die Tatsache auf, dass die staatliche finanzielle Studienbeihilfe verweigert wird, obwohl der Vater des Klägers in den Jahren vor der Beantragung der Beihilfe durch seinen Sohn dauerhaft, weitaus länger als die Mindestdauer von 5 Jahren unselbständig tätig und in den 23 Jahren vor der Beantragung 17 Jahre steuerpflichtig war und Beiträge entrichtete. Deshalb reiche die bloße Berücksichtigung des während des Referenzzeitraums von 7 Jahren ausgeübten Tätigkeit nicht aus, um den Grad der Verbundenheit mit dem luxemburgischen Arbeitsmarkt umfassend zu beurteilen. Deshalb wird die Luxemburgische Regelung als eine Beschränkung angesehen, die über das hinausgeht, was zur Erreichung des legitimen Ziels erforderlich ist. Damit steht die Regelung im Widerspruch zu Art 45 AEUV und Art 7 Abs 2 VO 492/2011.

2. Steuerliche Vergünstigungen

Die Problematik der Vorschrift des Art 7 Abs 2 VO (EU) Nr 492/2011, soweit sie steuerliche Vergünstigungen betrifft, ist vor dem Hintergrund der desolaten Situation mangelnder Steuerharmonisierung auf europäischer Ebene zu sehen.[271] Während man steuerrechtliche Kompetenzen der EU im Bereich der indirekten Besteuerung auf Güter geschaffen hat (Art 110 ff AEUV), ist es bislang auf dem Gebiet direkter Besteuerung, die für den Bereich der Freizügigkeit von Personen von elementarer Bedeutung ist, nicht dazu gekommen. So verbleibt der Rechtspraxis bei der Anwendung des Art 7 Abs 2 VO (EU) Nr 492/2011 und der Rechtsprechung des EuGH die

271 Vgl *Rossi* in Carlier/Verwilghen (Hg), 127 f.

undankbare Aufgabe, die unterbliebene Steuerharmonisierung wenigstens dadurch auszugleichen, dass diskriminierende Behandlungen steuerrechtlicher Art unterbleiben.[272]

Die bisherige Rechtsprechung des EuGH zum Begriff der steuerlichen Vergünstigungen liegt im Spannungsfeld zwischen einerseits der Notwendigkeit, diskriminierende steuerrechtliche Behandlungen von Wanderarbeitnehmern zu verhindern und auf der anderen Seite berechtigte Interessen der jeweiligen nationalen Steuergesetzgebung anzuerkennen.[273] Die Problematik mag folgender Fall verdeutlichen:

EuGH, Rs C-204/90 (Bachmann):[274] Der deutsche Staatsangehörige *Bachmann*, der in Belgien beschäftigt war, hatte sich gegen die Weigerung der belgischen Steuerbehörden zur Wehr gesetzt, den Abzug von in Deutschland gezahlten Beiträgen im Rahmen von Kranken- und Invaliditätsversicherungsverträgen sowie eines Lebensversicherungsvertrags vom Gesamtbetrag seiner Erwerbseinkünfte zu gestatten. Die belgischen Steuerbehörden beriefen sich auf eine Vorschrift des belgischen Steuergesetzbuchs, wonach nur Beiträge, die an einen von Belgien anerkannten Versicherungsverein auf Gegenseitigkeit gezahlt wurden, sowie die in Belgien gezahlten Beiträge zu Versicherungen für den Fall des Alters und des vorzeitigen Todes abgezogen werden können.

Es leuchtet ein, dass der Kläger hier im Hinblick auf die Versagung des üblicherweise möglichen Sonderausgabenabzugs benachteiligt ist. Deshalb konstatiert auch der EuGH die Gefahr, dass sich die fraglichen Bestimmungen besonders zum Nachteil der Arbeitnehmer auswirken, die in aller Regel Staatsangehörige anderer Mitgliedstaaten sind. Es stellt sich die Anschlussfrage, ob das Verhalten der belgischen Steuerbehörden objektiv gerechtfertigt sein kann. Der EuGH prüft das von der belgischen Regierung ins Spiel gebrachte Prinzip der Kohärenz der Steuerregelung. Konkret war es so, dass nach belgischem Recht ein Zusammenhang zwischen der Abzugsfähigkeit der Beiträge und der Besteuerung der von den Versicherten in Erfüllung der Versicherungsverträge für den Fall des Alters und des Todes zu zahlenden Beträge bestand. Würde die Weigerung der belgischen Steuerbehörden nicht zulässig sein, so würde in der Konsequenz dieser vom belgischen Steuerrecht geschaffene und einleuchtende Zusammenhang ausgehebelt werden. Deshalb sieht der EuGH hier einen objektiven Rechtfertigungsgrund als gegeben an.

Häufiger Streitfall ist die Versagung von für nicht getrennt lebende Ehegatten bestehenden Einkommensteuervergünstigungen gegenüber EU-

272 Vgl *Weatherill/Beaumont*, EU Law, 630 f.

273 Vgl zu einer genauen Analyse der Rechtsprechung des EuGH *Rossi* in Carlier/Verwilghen (Hg), 130 ff.

274 EuGH Rs C-204/90 (Bachmann), EU:C:1992:35.

Ausländern, die nicht im Beschäftigungsstaat wohnen. Grundsätzlich hat der EuGH entschieden, dass sich Gebietsansässige und Gebietsfremde im Hinblick auf die direkten Steuern in der Regel nicht in einer vergleichbaren Situation befinden, da das Einkommen, das ein Gebietsfremder im Hoheitsgebiet eines Staates erzielt, meist nur einen Teil seines Gesamteinkommens darstellt. Die persönliche Steuerkraft des Gebietsfremden, die sich aus der Berücksichtigung seiner Gesamteinkünfte sowie seiner persönlichen Lage und seines Familienstands ergibt, kann am leichtesten an dem Ort beurteilt werden, an dem der Mittelpunkt seiner persönlichen Interessen und seiner Vermögensinteressen liegt. Dieser Ort ist in der Regel der ständige Aufenthaltsort des Betroffenen.[275] Eine diskriminierende Unterscheidung zwischen Gebietsansässigen und Gebietsfremden wäre nur dann gegeben, wenn der Gebietsfremde in seinem Wohnsitzstaat keine nennenswerten Einkünfte hat und sein zu versteuerndes Einkommen im Wesentlichen aus einer Tätigkeit bezieht, die er im Beschäftigungsstaat ausübt. In diesem Fall ist der Wohnsitzstaat nämlich nicht in der Lage, ihm die Vergünstigungen zu gewähren, die sich aus der Berücksichtigung seiner persönlichen Lage und seines Familienstands ergeben. Zwischen der Situation eines solchen Gebietsfremden und der eines Gebietsansässigen, der eine vergleichbare, nicht selbständige Beschäftigung ausübt, besteht kein objektiver Unterschied, der eine Ungleichbehandlung hinsichtlich der Berücksichtigung der persönlichen Lage und des Familienstandes des Steuerpflichtigen bei einer Besteuerung rechtfertigen könnte.[276]

Art 7 Abs 2 VO (EU) Nr 492/2011 betrifft nur die Gleichbehandlung der ausländischen Arbeitnehmer im Aufnahmestaat. Steuerrechtliche Nachteile können aber auch im Heimatland entstehen, nämlich im Vergleich zu Inländern, die im Inland arbeiten, während der Arbeitnehmer eine Beschäftigung in einem anderen Mitgliedsstaat aufnimmt. Solche Benachteiligungen verstoßen unmittelbar gegen das Beschränkungsverbot des Art 45 AEUV. Der EuGH hat auf dieser Grundlage bereits eine Reihe von nationalen Vorschriften des Steuerrechts mit dem EU-Recht für unvereinbar erklärt.[277] Eine für Betroffene sehr nachhaltige Regelung besteht darin, dass zwar das aufgrund von Doppelbesteuerungsabkommen im Ausland erzielte Einkommen nicht der Einkommensteuer unterworfen wird, aber die Bruttoeinkünfte im Rahmen der Berechnung des Progressionsvorbehaltes bei der Be-

---

275 EuGH Rs C-279/93 (Schumaker), EU:C:1995:31 Rn 22.

276 EuGH Rs C-279/93 (Schumaker), EU:C:1995:31 Rn 36 f; Rs C-87/99 (Zurstrassen), EU:C:2000:251; Rs C-182/06 (Lakebrink), EU:C:2007:452; Rs C-391/97 (Gschwind), EU:C:1999:409 (hier hat der EuGH die Diskriminierung verneint, weil das Familieneinkommen im Wesentlichen im Wohnsitzstaat lag).

277 Vgl dazu oben F., insbesondere die dort erwähnten Urteile.

rechnung des auf das zu versteuernde Einkommen anwendbaren Steuersatzes berücksichtigt werden. Vorsorgeaufwendungen können nicht in Abzug gebracht werden, wenn sie in unmittelbarem wirtschaftlichen Zusammenhang mit steuerfreien Einnahmen stehen.[278] Diese Regelung hat der Gerichtshof als eine nicht gerechtfertigte Beschränkung und deshalb als Verstoß gegen Art 45 AEUV angesehen.[279]

H. Maßnahmen zur Durchsetzung

Allein die Einräumung der vorgenannten Rechte, beseitigt noch nicht von sich aus die Hürden, denen Arbeitnehmer bei der Ausübung ihrer Arbeitnehmerfreizügigkeit begegnen können. Bürokratische Verfahren, die Zeit und Geld kosten, können die Arbeitsaufnahme in einem anderen Land ebenfalls unattraktiv machen. Die RL 2014/54/EU verpflichtet daher die Mitgliedstaaten, Maßnahmen zu treffen, die den Arbeitnehmern und ihren Familienangehörigen die Ausübung ihrer Rechte erleichtern. Hierzu gehört auch eine verbesserte Informationspolitik, Art 10 RL 2014/54/EU.

Zur Förderung der Arbeitnehmerfreizügigkeit sind gem Art 4 Abs 1 und Abs 2 RL 2014/54/EU Kontaktstellen einzurichten, die die Arbeitnehmer und ihre Familien unterstützen, die Gewährleistung der Arbeitnehmerfreizügigkeit überwachen und ggf Kontakt zu den entsprechenden Stellen in den anderen Mitgliedstaaten aufnehmen. Hierzu müssen nicht zwingend neue Stellen geschaffen werden. Die Aufgaben können auch bestehenden Stellen mit entsprechender Zielsetzung übertragen werden.

Gem Art 3 Abs 1 RL 2014/54/EU müssen Mitgliedsstaaten auch bei bereits erledigten Diskriminierungen oder Beschränkungen dem Arbeitnehmer eine gerichtliche Feststellung der Verletzung der Arbeitnehmerfreizügigkeit ermöglichen. Fristen, die hierfür vorgesehen werden können, dürfen nicht dazu führen, dass die Ausübung der Rechte praktisch unmöglich wird, Abs 5. Außerdem ist Verbänden, vor allem den Sozialpartnern, die Möglichkeit einzuräumen, Wanderarbeitnehmer innerhalb eines gerichtlichen Verfahrens zu unterstützen, Art 3 Abs 2 RL 2014/54/EU. Die Richtlinie war bis zum 21. 5. 2016 in nationales Recht umzusetzen, Art 8 Abs 1 Uabs 1 RL 2014/54/EU.

Ein weiteres Hindernis für Wanderarbeitnehmer stellen Urkunden dar, die bei öffentlichen Stellen vorgelegt werden müssen, ua um die Voraussetzungen für die mit der Arbeitnehmerfreizügigkeit verbundenen Rechten nachzuweisen. Hierbei werden häufig Übersetzungen oder Beglaubigungen

278 So die deutsche steuerrechtliche Regelung in § 10 Abs 2 EStG.
279 EuGH Rs C-20/16 (Bechtel), EU:C:2017:488.

verlangt. Die VO (EU) 2016/1191[280] schränkt entsprechende Erfordernisse allgemein für die Ausübung von Freizügigkeitsrechten ein.

I. Das Verbleiberecht

Das Verbleiberecht richtet sich ausschließlich nach den Vorschriften der RL 2004/38/EG.[281] Die Gewährung eines Verbleiberechts trägt dem Interesse von Arbeitnehmern Rechnung, die aufgrund ihrer Beschäftigung in einem bestimmten Mitgliedstaat sich so weit in das Leben der Gesellschaft integriert haben, dass es ihrem Wunsch entspricht, auch nach Beendigung der Beschäftigung in diesem Land zu verbleiben. Die RL 2004/38/EG erkennt an, dass das Verbleiberecht des Arbeitnehmers sich ebenso auf seine Familienangehörigen erstrecken muss bzw beim Tode des Arbeitnehmers im Verlauf seines Erwerbslebens auch den Angehörigen seiner Familie zuerkannt werden muss. Mit dieser Begründung ist bereits die Struktur des Verbleiberechts vorgegeben.

1. Verbleiberecht des Arbeitnehmers

Das Verbleiberecht des Arbeitnehmers ist in Art 17 RL 2004/38/EG verankert. Entsprechend dem Ziel dieser Vorschrift, nämlich die Freizügigkeitsregelung des Art 45 AEUV zu spezifizieren, genießen Arbeitnehmer gegenüber anderen Unionsbürgern erhebliche Vergünstigungen. Während letztere ein Daueraufenthaltsrecht nur erwerben, wenn sie einen Aufenthalt von 5 Jahren im Aufnahmemitgliedstaat nachweisen können (Art 16 Abs 1 RL 2004/38/EG), haben Arbeitnehmer, die sich auf Art 17 berufen können, die Möglichkeit, ein dauerhaftes Aufenthaltsrecht bereits nach geringerer Verweildauer zu erwerben. Art 17 RL 2004/38/EG unterscheidet vier Fallgestaltungen. Grundsätzlich lässt sich sagen, dass das Verbleiberecht an einen gewissen Grad der Integration des Arbeitnehmers in die Gesellschaft des Wohnsitzstaats geknüpft wird, welche das Zurücklegen bestimmter Be-

---

280 VO (EU) Nr 2016/1191 zur Förderung der Freizügigkeit von Bürgern durch die Vereinfachung der Anforderungen an die Vorlage bestimmter öffentlicher Urkunden innerhalb der Europäischen Union und zur Änderung der Verordnung (EU) Nr 1024/2012.

281 Die Präzisierung des Verbleiberechts erfolgte ursprünglich in Umsetzung des Auftrags aus Art 45 Abs 3 lit d AEUV in der VO (EWG) Nr 1251/70 der Kommission vom 29.6.1970 über das Recht der Arbeitnehmer, nach Beendigung einer Beschäftigung im Hoheitsgebiet eines Mitgliedstaates zu verbleiben (sog Verbleibe-VO), ABlEG 1970 Nr L 142/24. Diese Verordnung wurde durch die VO (EG) Nr 635/2006 der Kommission vom 25. April 2006 (ABlEU 2006 Nr L 112/9) aufgehoben.

schäftigungs- bzw Aufenthaltszeiten erfordert. Demnach besteht das Verbleiberecht, wenn

- der Arbeitnehmer im Zeitpunkt der Aufgabe der Beschäftigung das im betreffenden Staat vorgeschriebene Rentenalter erreicht hat oder seine Erwerbstätigkeit im Rahmen einer Vorruhestandsregelung aufgibt und dort mindestens in den letzten zwölf Monaten eine Beschäftigung ausgeübt und sich dort seit mindestens drei Jahren ständig aufgehalten hat (Abs 1 lit a),
- der Arbeitnehmer die Beschäftigung infolge dauernder Arbeitsunfähigkeit aufgibt, wenn er sich seit mindestens zwei Jahren im Hoheitsgebiet dieses Mitgliedstaats ununterbrochen aufgehalten hat (Abs 1 lit b),[282] oder
- der Arbeitnehmer drei Jahre im Hoheitsgebiet eines Mitgliedstaats beschäftigt ist und sich dort aufhält, auch wenn er seinen Wohnsitz im ersten Mitgliedstaat beibehalten hat und in der Regel jeden Tag oder mindestens einmal in der Woche dorthin zurückkehrt (Abs 1 lit c).

Das Verbleiberecht des Arbeitnehmers besteht in den Fällen des Abs 1 lit a und b ohne Rücksicht auf Wohnsitz und Beschäftigungsdauer, wenn der Ehegatte die Staatsangehörigkeit des betreffenden Mitgliedstaats besitzt oder sie durch Eheschließung mit dem Arbeitnehmer verloren hat (Abs 2).

2. Verbleiberecht der Familienangehörigen

Auch Familienangehörige, die nicht die Staatsangehörigkeit eines Mitgliedstaats besitzen, können ein Daueraufenthaltsrecht auf Grund der Unionsbürgerrichtlinie erwerben, wenn sie sich rechtmäßig fünf Jahre lang ununterbrochen im Aufnahmemitgliedstaat aufgehalten haben (Art 18 RL 2004/38/EG). Abweichend dazu knüpft Art 17 Abs 3 RL 2004/38/EG das Verbleiberecht von Familienangehörigen an das Verbleiberecht des Arbeitnehmers an. Es ist also ein von diesem abgeleitetes Verbleiberecht.

Stirbt der Arbeitnehmer im Laufe seines Erwerbslebens, ohne schon das Verbleiberecht in dem betreffenden Mitgliedstaat erlangt zu haben, dann gibt der Verordnungsgeber den Familienmitgliedern dennoch das Recht, sich dort ständig aufzuhalten, wenn der Arbeitnehmer sich im Zeitpunkt seines Tods seit mindestens zwei Jahren im Hoheitsgebiet dieses Mitgliedstaats ununterbrochen aufgehalten hat,[283] er infolge eines Arbeitsunfalls oder

282 Die Voraussetzung des ständigen Aufenthalts entfällt, wenn die dauernde Arbeitsunfähigkeit durch Arbeitsunfall oder Berufskrankheit eintritt und ein Anspruch auf Rente gegen den Träger des Mitgliedstaates besteht.

283 Dieser zweijährige Aufenthalt muss dem Tod des Arbeitnehmers unmittelbar vorhergehen, EuGH Rs C-257/00 (Givane ua), EU:C:2003:8.

einer Berufskrankheit gestorben ist oder sein überlebender Ehegatte die Staatsangehörigkeit dieses Mitgliedstaats besitzt oder sie durch Eheschließung mit dem Arbeitnehmer verloren hat (Art 17 Abs 4 RL 2004/38/EG).

Im Gegensatz zur früheren Regelung des Art 5 Verbleibe-VO macht Art 17 RL 2004/38/EG das Verbleiberecht nicht mehr von einer Ausübungshandlung seitens des Arbeitnehmers abhängig. Vielmehr stellt dort das Verbleiberecht der Arbeitnehmer eine Unterform des Daueraufenthaltsrechts nach Art 16 RL 2004/38/EG dar. Dieses „elementare und persönliche Recht auf Aufenthalt erwächst den Unionsbürgern unmittelbar aus dem Vertrag und hängt nicht von der Einhaltung von Verwaltungsverfahren ab“.[284] Zwar ist in Art 20 RL 2004/38/EG das Verfahren zur Ausstellung einer Daueraufenthaltskarte für Familienangehörige, die nicht die Staatsangehörigkeit eines Mitgliedstaats besitzen, vorgesehen. Diese hat jedoch keine konstitutive Wirkung. Dem Arbeitnehmer bzw den berechtigten Familienangehörigen ist eine Aufenthaltserlaubnis für das gesamte Hoheitsgebiet des Mitgliedstaats zu erteilen, die automatisch alle zehn Jahre verlängerbar ist (Art 19 und 20 RL 2004/38/EG). Teil des Verbleiberechts ist auch das Gleichbehandlungsgebot. Personen, die das Recht haben, im Beschäftigungsland zu verbleiben, müssen genauso behandelt werden, wie die nicht mehr erwerbstätigen inländischen Arbeitskräfte. Dieses Gleichbehandlungsgebot wird in Art 24 RL 2004/38/EG festgeschrieben.

J. Beschränkung des Bleiberechts aus Gründen der öffentlichen Sicherheit, Ordnung und Gesundheit

Art 45 Abs 3 AEUV stellt das Freizügigkeitsrecht unter den Vorbehalt von Gründen der öffentlichen Ordnung, Sicherheit und Gesundheit. Damit erkennt das Gemeinschaftsrecht die nationalen Bedürfnisse auf dem Gebiet der öffentlichen Ordnung und Sicherheit an. Die Anerkennung dieses Bedürfnisses ist nicht auf den Bereich der Freizügigkeit der Arbeitnehmer beschränkt. Vielmehr finden wir diese Einschränkung auch im Recht der anderen Marktfreiheiten.[285] Der Vorbehalt aus Gründen der öffentlichen Ordnung, Sicherheit und Gesundheit ist sekundärrechtlich durch die Art 27 ff der Unionsbürgerrichtlinie konkretisiert.[286] Die Vorschriften sollen materiell-rechtlich den Vorbehalt des Art 45 Abs 3 AEUV konkretisieren, aber

284 Erwägungsgrund Nr 11 RL 2004/38/EG.

285 Für die Warenverkehrsfreiheit in Art 36 AEUV, für die Niederlassungs- und Dienstleistungsfreiheit in Art 52 Abs 1 AEUV.

286 Zuvor geregelt in der auf der Grundlage von Art 56 EWGV [Art 52 AEUV] erlassenen RL 64/221/EWG vom 25.2.1964 zur Koordinierung der Sondervorschriften für die Einreise und den Aufenthalt von Ausländern, soweit sie aus Gründen

auch dafür Sorge tragen, dass bei Beschränkungen der Freizügigkeit dem Betreffenden Verfahrensgarantien eingeräumt werden, um die Einschränkungen einer Überprüfung zuführen zu können. Der EuGH hat die Funktion und Aufgabenstellung der Vorgänger-RL 64/221/EWG wie folgt beschrieben:

> „Die RL 64/221/EWG koordiniert das nationale Ausländerrecht, soweit es Angehörige anderer Mitgliedstaaten betrifft, und will so diese Personen dagegen schützen, dass die Befugnisse, die aus den ausnahmsweise aus Gründen der öffentlichen Ordnung, Sicherheit oder Gesundheit gerechtfertigten Beschränkungen folgen, in einer Weise ausgeübt werden, die über die Erfordernisse hinausgeht, welche die Rechtfertigung für eine Ausnahme von dem fundamentalen Grundsatz der Freizügigkeit sind.“[287]

1. Materielles Recht

Aus Art 27 Abs 1 iVm Art 14 Abs 4 RL 2004/38/EG ergibt sich, dass die Beschränkungen aus Gründen der öffentlichen Ordnung, Sicherheit oder Gesundheit alle Bereiche der Freizügigkeit betreffen, also Ausreise, Einreise und Aufenthalt, einschließlich Verbleib der Arbeitnehmer und ihrer Familienangehörigen. In Art 27 Abs 1 RL 2004/38/EG wird ausdrücklich klargestellt, dass Einschränkungen nicht zur Verfolgung wirtschaftlicher Zwecke erfolgen dürfen.[288] Auch Daueraufenthaltsberechtigte können aus Gründen der öffentlichen Ordnung, Sicherheit oder Gesundheit ausgewiesen werden (Art 28 Abs 2 RL 2004/38/EG). Aufgrund der bereits erworbenen starken Rechtsposition dieses Personenkreises sind hieran jedoch erhöhte Anforderungen zu stellen, so dass eine Ausweisung nur aus zwingenden Gründen der öffentlichen Ordnung oder Sicherheit möglich ist. Mit Hilfe des Art 28 RL 2004/38/EG soll ein erhöhter Schutz gegen Ausweisung gewährleistet werden, indem die Mitgliedstaaten gehalten sind, vor dem Erlass einer Ausweisungsverfügung gegen einen Unionsbürger oder einen seiner Familienangehörigen den Grad der Bindung des Betreffenden im Aufnahmemitgliedstaat (wie zB die Dauer des bisherigen Aufenthalts, sein Alter und seinen Gesundheitszustand) zu beachten. Damit folgt der Richtliniengeber der Rechtsprechung des EuGH,[289] wonach eine Maßnahme, mit der eine der

---

der öffentlichen Ordnung, Sicherheit und Gesundheit gerechtfertigt sind, ABlEG 1964, 850.

287 EuGH C-Rs 30/77 (Bouchereau), EU:C:1977:172 Satz 15 bis 18.

288 Vgl EuGH Rs C-360/89 (Kommission/Italien), EU:C:1992:235 (Unzulässigkeit der Einschränkung der Niederlassungsfreiheit aus Gründen des Schutzes kleiner und mittlerer Unternehmen).

289 Vgl EuGH Rs C-55/94 (Gebhard), EuGH EU:C:1995:411; Rs C-19/92 (Kraus), EU:C:1993:125; EuGH Rs C-100/01 (Olazabal), EU:C:2002:712.

durch den Vertrag garantierten grundlegenden Freiheiten eingeschränkt wird, nur gerechtfertigt sein kann, wenn sie den Grundsatz der Verhältnismäßigkeit beachtet.

a) Öffentliche Sicherheit und Ordnung

Der Begriff der öffentlichen Sicherheit und Ordnung wird in der RL 2004/38/EG nicht definiert. Fehlt es aber an einer gemeinschaftsweit formulierten Definition, so könnte die Versuchung nahe liegen, die Auslegung des Begriffs dem nationalen Recht zu überantworten. Dies kann freilich nicht zulässig sein, denn sonst hätten es die Mitgliedstaaten in der Hand, das Freizügigkeitsrecht nach ihren Vorstellungen einschränkend oder ausdehnend zu handhaben. Auf der anderen Seite darf nicht übersehen werden, dass der Vorbehalt aus Gründen der öffentlichen Ordnung, Sicherheit oder Gesundheit gerade im Hinblick auf nationale Interessen im Primärrecht verankert wurde. Also kann eine Auslegung der Begriffe nicht ganz ohne die Berücksichtigung solcher nationalen Aspekte erfolgen. Die Bewältigung dieser Schwierigkeiten hat der Richtliniengeber einmal durch die Fassung des Art 27 Abs 2 RL 2004/38/EG zu erreichen versucht. Zum anderen hat der EuGH in seiner Rechtsprechung einen Kompromiss angestrebt.

Art 27 Abs 2 RL 2004/38/EG liefert trotz des Verzichts auf eine definitorische Klärung der Begriffe öffentliche Ordnung und Sicherheit wichtige Anhaltspunkte und Maßstäbe für die Beurteilung beschränkender Maßnahmen. UA 1 Satz 1 verlangt, dass ausschließlich das persönliche Verhalten der in Betracht kommenden Einzelpersonen ausschlaggebend sein darf. Da häufig bei der Prüfung strafrechtlich relevante Verhaltensweisen eine Rolle spielen, bestimmt Satz 2 ausdrücklich, dass strafrechtliche Verurteilungen allein ohne weiteres freizügigkeitsbeschränkende Maßnahmen nicht begründen können. Die Vorschrift des Art 3 RL 64/221/EWG hat durch die Rechtsprechung des EuGH relativ klare Konturen erhalten, welche auch zukünftig bei der Auslegung des Art 27 RL 2004/38/EG Geltung beanspruchen werden:

> EuGH, Rs 41/74 (van Duyn):[290] Frau *van Duyn*, niederländische Staatsangehörige, wurde eine Stelle als Sekretärin bei der Church of Scientology in England angeboten. Als sie auf dem Flughafen Gatwick ankam, wurde sie von Einwanderungsbeamten nach dem Zweck ihrer Einreise befragt. Dabei stellte sich heraus, dass sie eine praktizierende Scientologin war und beabsichtigte, als Arbeitnehmerin bei einer Scientology-Einrichtung im Vereinigten Königreich zu arbeiten. Frau van Duyn wurde die Einreise versagt.

Im Verfahren ergab sich, dass die britische Regierung die Tätigkeit der Scientology als sozialschädlich ansah, dass es aber keine Rechtsgrundlage für

290 EuGH Rs C-41/74 (van Duyn), EU:C:1974:133.

ein Verbot der Ausübung der Scientology gebe. Es stellte sich deshalb die Frage, ob hier Gründe der öffentlichen Ordnung und Sicherheit ein Einreiseverbot rechtfertigen. Hierzu erwog der EuGH:

> „Der Begriff der öffentlichen Ordnung ist im Gemeinschaftsrecht, namentlich wenn er eine Ausnahme von dem wesentlichen Grundsatz der Freizügigkeit der Arbeitnehmer rechtfertigt, eng zu verstehen; daher darf seine Tragweite nicht von jedem Mitgliedstaat einseitig ohne Nachprüfung durch die Organe der Gemeinschaft bestimmt werden. Dennoch können die besonderen Umstände, die möglicherweise die Berufung auf den Begriff der öffentlichen Ordnung rechtfertigen, von Land zu Land und im zeitlichen Wechsel verschieden sein, so dass insoweit den zuständigen innerstaatlichen Behörden ein Beurteilungsspielraum innerhalb der durch den Vertrag gesetzten Grenzen zuzubilligen ist. Haben die zuständigen Behörden eines Mitgliedstaates ihre Haltung gegenüber der Betätigung einer bestimmten Organisation eindeutig festgelegt und diese Betätigung als eine Gefahr für die Gesellschaft bezeichnet, haben sie ferner Verwaltungsmaßnahmen ergriffen, um die genannte Betätigung zu bekämpfen, so ist der Mitgliedstaat also nicht verpflichtet, sie auch noch gesetzlich zu verbieten, um sich auf die öffentliche Ordnung berufen zu können, wenn eine solche Maßnahme den Umständen nach unzweckmäßig erscheint.“[291]

Diese Entscheidung des EuGH ist in der Literatur kritisiert worden, weil sie die Zugehörigkeit zu einer Organisation und nicht das individuelle Verhalten zum Anknüpfungspunkt nahm. Außerdem handelte es sich um eine Organisation, die nicht verboten war, bei deren Zugehörigkeit den Staatsangehörigen des Vereinigten Königreichs keinerlei Konsequenzen drohten. Die Church of Scientology genoss auch einen „charitable status“, sodass ihr Steuerprivilegien zustanden.[292] In späteren Entscheidungen hat der EuGH tatsächlich dem in der Entscheidung van Duyn relativ weit gefassten Beurteilungsspielraum der nationalen Behörden engere Grenzen gezogen:[293]

> EuGH, Rs 115/81 und 116/81 (Adoui):[294] Frau *Adoui*, französische Staatsangehörige, beantragte bei der Stadt Lüttich eine Aufenthaltserlaubnis für Belgien. Diese Erlaubnis wurde ihr mit der Begründung versagt, ihr Aufenthalt sei aus Gründen der öffentlichen Ordnung unerwünscht, weil sie in einer in sittlicher Hinsicht bedenklichen Bar arbeite, in der die Serviererinnen sich im Fenster zur Schau stellten und die Möglichkeit besäßen, mit den Kunden allein zu sein. Prostitution ist in Belgien allerdings nicht verboten, lediglich die Ausbeutung der Prostitution durch Dritte und bestimmte Formen der Aufforderung zur Prostitution.

Auf der Basis der van Duyn-Entscheidung hätte auch hier das Verhalten der belgischen Behörden als im Einklang mit dem Gemeinschaftsrecht stehend angesehen werden können, da Prostitution als im Widerspruch zur öffentli-

---

291 EuGH Rs C-41/74 (van Duyn), EU:C:1974:133 Rn 18, 19.

292 Vgl zu dieser Kritik *Fairhurst/Vincenzi*, Law of the European Community, 323 f.

293 Vgl *Dienelt* in: *Renner/Bergmann/Dienelt*, § 6 FreizüG/EU, Rn 28 ff.

294 EuGH Rs C-115/81 und 116/81 (Adoui), EU:C:1982:183.

chen Ordnung angesehen wird, auch wenn gegen belgische Prostituierte nicht vorgegangen werden kann.[295] Der EuGH entschied jedoch entgegengesetzt:

> „Die in den Artikeln 48 und 56 EWG-Vertrag [Art 45 und 52 AEUV] enthaltenen Vorbehalte erlauben es den Mitgliedstaaten, gegenüber den Staatsangehörigen anderer Mitgliedstaaten aus den in diesen genannten Gründen [...] Maßnahmen zu ergreifen, die sie bei ihren eigenen Staatsangehörigen insoweit nicht anwenden könnten, als sie nicht die Befugnis haben, diese aus dem nationalen Hoheitsgebiet zu entfernen oder ihnen die Einreise in das nationale Hoheitsgebiet zu untersagen. Auch wenn dieser Unterschied in der Behandlung, der mit dem Wesen der zu ergreifenden Maßnahmen zusammenhängt, somit hingenommen werden muß, so ist doch zu unterstreichen, daß die für den Erlaß dieser Maßnahmen zuständige Stelle eines Mitgliedstaats die Ausübung ihrer Befugnisse nicht auf eine Beurteilung bestimmter Verhaltensweisen stützen darf, die zur Folge hätte, daß gegenüber Staatsangehörigen anderer Mitgliedstaaten ein willkürlicher Unterschied gemacht wird [...] Auch wenn das Gemeinschaftsrecht den Mitgliedstaaten hinsichtlich der Beurteilung von Verhaltensweisen, die als im Widerspruch zur öffentlichen Ordnung stehend angesehen werden können, keine einheitliche Wertskala vorschreibt, so ist doch festzustellen, daß ein Verhalten nicht als hinreichend schwerwiegend betrachtet werden kann, um im Gebiet eines Mitgliedstaats Beschränkungen der Einreise oder des Aufenthalts eines Angehörigen eines anderen Mitgliedstaats zu rechtfertigen, wenn der erstgenannte Staat gegenüber dem gleichen Verhalten, das von eigenen Staatsangehörigen ausgeht, keine Zwangsmaßnahmen oder andere tatsächliche und effektive Maßnahmen zur Bekämpfung dieses Verhaltens ergreift."[296]

Daraus zieht der EuGH weitreichende Konsequenzen und formuliert den Grundsatz,

> „daß ein Mitgliedstaat nicht aufgrund des in den Art 48 und 56 EWG Vertrag [Art 45 und 52 AEUV] enthaltenen Vorbehalts der öffentlichen Ordnung Staatsangehörige eines anderen Mitgliedstaats aus seinem Hoheitsgebiet entfernen oder ihnen die Einreise in sein Hoheitsgebiet verweigern darf, wegen eines Verhaltens, das bei den Angehörigen des erstgenannten Mitgliedstaats keine Veranlassung zu Zwangsmaßnahmen oder zu anderen tatsächlichen und effektiven Maßnahmen zur Bekämpfung dieses Verhaltens gibt."[297]

Gem Art 27 Abs 1 Satz 2 RL 2004/38/EG scheidet eine Einschränkung der Freizügigkeitsrechte zu wirtschaftlichen Zwecken aus. In der Rs Aladzhov[298] hatte sich der EuGH mit der Frage auseinanderzusetzen, ob das Vorliegen einer höheren Abgabenschuld ein Ausreiseverbot gegen den Schuldner aus Gründen der öffentlichen Ordnung rechtfertigt:

---

295 Ebenso *Fairhurst/Vincenzi*, Law of the European Community, 324.
296 EuGH Rs C-115/81 und 116/81 (Adoui), EU:C:1982:183 Rn 7, 8.
297 EuGH Rs C-115/81 und 116/81 (Adoui), EU:C:1982:183 Rn 9.
298 EuGH Rs C-434/10, EU:C:2011:750.

Der bulgarische Staatsbürger Herr *Aladzhov* war einer von drei Geschäftsführern einer Gesellschaft, die dem bulgarischen Staat Mehrwertsteuer, Zölle und darauf entfallende Zinsen in Höhe von umgerechnet ca 20.000 € schuldete. Gegen Herrn Aladzhov wurde verfügt, bis zur Tilgung der Forderung des Staats oder bis zur Stellung einer Sicherheit für die gesamte Forderung das Land nicht zu verlassen. Herr Aladzhov wehrte sich gegen diese Verfügung unter anderem mit der Begründung, dass er auch als Verkaufsleiter einer anderen Gesellschaft im Bereich des Imports tätig ist, für die er auf zahlreiche Auslandsreisen gehen müsse.

Der EuGH schließt die Rechtfertigung eines Ausreiseverbots mit einer Abgabenschuld nicht grundsätzlich aus:

„Da [...] die Beitreibung öffentlich-rechtlicher Forderungen [...] die Finanzierung des Handelns des betreffenden Staates nach Maßgabe von Entscheidungen sicherstellen soll, die ua Ausdruck seiner allgemeinen Wirtschafts- und Sozialpolitik sind [...], können die von den öffentlichen Behörden zur Sicherstellung dieser Beitreibung getroffenen Maßnahmen auch nicht grundsätzlich als Maßnahmen angesehen werden, die ausschließlich zu wirtschaftlichen Zwecken im Sinne des Art 27 Abs 1 der Richtlinie 2004/38 erlassen wurden.“[299]

Allerdings fordert der EuGH das Vorliegen einer tatsächlichen, gegenwärtigen und erheblichen Gefahr, die ein Grundinteresse der Gesellschaft berührt. Eine solche könne sich etwa aus der Höhe der Abgabenschuld oder den Erfordernissen der Bekämpfung von Steuerhinterziehung ergeben. Auf jeden Fall aber darf eine solche Verfügung nicht automatisch auf Grund einer bestimmten Abgabenschuld ergehen, sondern bedarf der Berücksichtigung des persönlichen Verhaltens des Betroffenen im Einzelfall.

b) Das persönliche Verhalten des Betroffenen

Schwierigkeiten bereitete in der Vergangenheit auch immer wieder die Auslegung und Tragweite des Begriffs des persönlichen Verhaltens der in Betracht kommenden Einzelperson (Art 27 Abs 2 RL 2004/38/EG). In Anlehnung an die Rechtsprechung des EuGH zur Vorgängerregelung des Art 3 Abs 1 RL 64/221/EWG wird dieser Begriff nun in Art 27 Abs 2 UA 2 RL 2004/38/EG umschrieben. Danach muss das persönliche Verhalten eine tatsächliche, gegenwärtige und erhebliche Gefahr darstellen, die ein Grundinteresse der Gesellschaft berührt. Sehr instruktiv zu dieser Problematik ist die Entscheidung

EuGH, Rs 67/74 (Bonsignore):[300] Herr *Bonsignore*, italienischer Staatsangehöriger, war unerlaubterweise in den Besitz einer Feuerwaffe gelangt. Er wurde von einem deutschen Schöffengericht wegen Verstoßes gegen das Waffengesetz verurteilt. Wegen fahrlässiger Tötung wurde er zwar für schuldig erkannt, doch wurde

299 EuGH Rs C-434/10 (Aladzhov), EU:C:2011:750 Rn 38.
300 EuGH Rs C-67/74 (Bonsignore), EU:C:1975:34,.

gegen ihn keine Strafe verhängt, da dies im Hinblick auf die Folgen seiner Tat, unter der er schwer leide, sinnlos gewesen wäre. Die Verwaltungsbehörden haben die daraufhin erfolgte Ausweisung mit generalpräventiven Argumenten begründet. Es sollte eine Abschreckungswirkung in Einwandererkreisen im Hinblick auf die zunehmenden Gewalttätigkeiten in Ballungsgebieten erzielt werden.

Der EuGH betont in Bezug auf die Vorschrift des Art 3 und die Ziele der RL 64/221/EWG, wie sie in der Präambel zum Ausdruck kommen, dass es darum gehe, bei der Anwendung des fundamentalen Grundsatzes der Freizügigkeit und der Beseitigung jeglicher Diskriminierung von Staatsangehörigen anderer Mitgliedstaaten eine Koordinierung der Maßnahmen zur Aufrechterhaltung der öffentlichen Ordnung und Sicherheit herbeizuführen. Dann aber müsse gelten:

> „Bei dieser Betrachtungsweise führt Art 3 RL 64/221/EWG zu der Erkenntnis, daß gegenüber den Staatsangehörigen der Mitgliedstaaten der Gemeinschaft bei Maßnahmen zur Aufrechterhaltung der öffentlichen Ordnung und Sicherheit vom Einzelfall losgelöste Erwägungen nicht entscheidend ins Gewicht fallen dürfen. Dies ist namentlich dem Erfordernis des ersten Absatzes zu entnehmen, wonach ‚ausschließlich das persönliche Verhalten' der Betroffenen ausschlaggebend sein darf. Da Abweichungen von den Regeln über die Freizügigkeit eng auszulegende Ausnahmevorschriften sind, drückt der Begriff des ‚persönlichen Verhaltens' die Forderung aus, daß eine Ausweisungsmaßnahme nur auf Gefährdungen der öffentlichen Ordnung und Sicherheit abstellen darf, die von der betroffenen Einzelperson ausgehen könnten."[301]

In der bedeutenden Rs Rutili[302] hat der EuGH klargestellt, dass nicht jeder Verstoß gegen die öffentliche Ordnung oder Sicherheit freizügigkeitsbeschränkende Maßnahmen rechtfertigt. Vielmehr dürfen Beschränkungen der betreffenden Personen nur dann ergriffen werden, „wenn ihre Anwesenheit oder ihr Verhalten eine tatsächliche und hinreichend schwer wiegende Gefährdung der öffentlichen Ordnung darstellt".[303] Diese Auffassung hat der EuGH seiner ständigen Rechtsprechung zugrunde gelegt.[304] Gleichzeitig hat er betont, dass die Beschränkungen der ausländerpolizeilichen Befugnisse der Mitgliedstaaten sich als eine besondere Ausprägung eines allgemeinen Grundsatzes darstellten, der in den Art 8, 9, 10 und 11 der von allen

301 EuGH Rs C-67/74 (Bonsignore), EU:C:1975:34, Rn 6.

302 EuGH Rs C-36/75, EU:C:1975:137 (*Rutili* war ein italienischer Staatsangehöriger, dem der Aufenthalt in einer bestimmten Region Frankreichs auf Grund seiner aktiven politischen und gewerkschaftlichen Tätigkeit verboten wurde.).

303 EuGH Rs C-36/75 (Rutili), EU:C:1975:137 Rn 26, 28.

304 Vgl EuGH Rs C-482/01 und C-493/01 (Orfanopoulos und Oliveri), EU:C:2004:262 Rn 66; Rs C-33/07 (Jipa), EU:C:2008:396 (bzgl eines Ausreiseverbots, das verhängt wurde, weil der Staat des Ausreiseziels zuvor eine Rückführung wegen der Gefährdung der öffentlichen Ordnung verfügt hatte) Rn 23.

Mitgliedstaaten ratifizierten EMRK und in Art 2 des in Straßburg unterzeichneten Protokolls Nr 4 zu dieser Konvention verankert ist, die gleichlautend bestimmen, dass die zum Schutz der öffentlichen Sicherheit und Ordnung vorgenommenen Einschränkungen der in den genannten Artikeln zugesicherten Rechte nicht den Rahmen dessen überschreiten dürfen, was für diesen Schutz „in einer demokratischen Gesellschaft“ notwendig ist.[305]

Der Grundsatz, dass strafrechtliche Verurteilungen allein ohne weiteres freizügigkeitsbeschränkende Maßnahmen nicht begründen können (Art 27 Abs 2 UA 2 Satz 2 RL 2004/38/EG), wurde vom EuGH in der Rs Bouchereau konkretisiert.[306] Der französische Staatsangehörige Bouchereau, der in England lebte, sollte, nachdem er wegen mehrerer Drogendelikte bestraft worden war, ausgewiesen werden. Der EuGH betonte, dass dieser Grundsatz dergestalt anzuwenden sei, dass von den nationalen Behörden eine spezifische Prüfung unter dem Blickwinkel der dem Schutz der öffentlichen Ordnung innewohnenden Interessen verlangt wird, die nicht notwendigerweise mit den Beurteilungen übereinstimmen müssen, auf denen die strafrechtliche Verurteilung beruht. Eine frühere strafrechtliche Verurteilung dürfe nur insoweit berücksichtigt werden, als die ihr zugrunde liegenden Umstände ein persönliches Verhalten erkennen lassen, das eine gegenwärtige Gefährdung der öffentlichen Ordnung darstelle.[307] Diese Rechtsprechung hat in Art 27 Abs 2 RL 2004/38/EG Eingang gefunden, indem dessen UA 2 Satz 2 bestimmt, dass vom Einzelfall losgelöste oder auf Generalprävention verweisende Begründungen nicht zulässig sind. Zudem beruht auch die Regelung des Art 33 RL 2004/38/EG, die sich mit der Ausweisung als Strafe oder Nebenstrafe zu einer Freiheitsstrafe befasst, letztlich auf den vom Gerichtshof vorgegebenen Strukturen. Deutlich wird dies vor allem in dessen Abs 2, der die Mitgliedstaaten zu einer erneuten Überprüfung der Ausweisungsverfügung verpflichtet, wenn diese mehr als zwei Jahre nach ihrem Erlass vollstreckt wird.

Wenn es um die Verweigerung der Einreise oder die Erteilung der ersten Aufenthaltserlaubnis im Hinblick auf das Bestehen von Krankheiten oder Gebrechen geht, bestimmt Art 29 Abs 1 RL 2004/38/EG, dass nur diejenigen Krankheiten berücksichtigt werden dürfen, die epidemisches Potenzial iSd einschlägigen Rechtsinstrumente der Weltgesundheitsorganisation haben oder sonstige übertragbare, durch Infektionserreger oder Parasiten verursachte Krankheiten sind. Eine ärztliche Untersuchung des Betroffenen ist

305 EuGH Rs C-36/75 (Rutili), EU:C:1975:137 Rn 32.
306 EuGH Rs C-30/77, EU:C:1977:172.
307 Vgl EuGH Rs C-482/01 und C-493/01 (Orfanopoulos und Oliveri), EU:C:2004:262; EuG HRs C-50/06 (Kommission/Niederlande), EU:C:2007:325.

nur zulässig, wenn ernsthafte Anhaltspunkte dies rechtfertigen (Art 29 Abs 3 RL 2004/38/EG),[308] zB dadurch, dass sich offenbare Symptome zeigen. Die Mitgliedstaaten dürfen diese strenge Handhabung auch nicht dadurch unterlaufen, dass sie Routinekontrollen zur Aufdeckung solcher Krankheiten durchführen. Tritt die Krankheit oder das Gebrechen erst nach Ablauf einer Frist von drei Monaten ab dem Zeitpunkt der Einreise auf, ist eine Ausweisung ausgeschlossen (Art 29 Abs 2 RL 2004/38/EG).

2. Verfahrensrecht

Art 30 bis 33 RL 2004/38/EG enthalten Verfahrensgarantien zugunsten der von freizügigkeitsbeschränkenden Maßnahmen Betroffenen.[309] Nach Art 15 RL 2004/38/EG finden diese Garantien sinngemäß auch auf jede andere Entscheidung Anwendung, die die Freizügigkeit beschränkt. Art 30 RL 2004/38/EG sieht die Pflicht zur Verbescheidung vor, wenn die Freizügigkeit oder das Aufenthaltsrecht aus Gründen der öffentlichen Ordnung beschränkt wird. Art 30 Abs 2 RL 2004/38/EG statuiert einen Begründungszwang, damit der Betroffene die Möglichkeit hat, seine Verteidigung darauf einzurichten.[310] Zudem sind die Mitgliedstaaten verpflichtet, den Betroffenen gegen beschränkende Maßnahmen Rechtsbehelfe bei einem Gericht und gegebenenfalls bei einer Behörde des Aufnahmestaats zu garantieren (Art 31 Abs 1 RL 2004/38/EG). Wichtig ist, dass nach Art 30 Abs 3 Satz 2 RL 2004/38/EG mindestens ein Monat zwischen dem Zugang der Mitteilung und dem beabsichtigten Ausweisungstermin liegen muss. Dies ist eine Bestätigung der Rechtsauffassung, dass sich der Betroffene bis zur Entscheidung über die Erteilung oder Verweigerung der Aufenthaltserlaubnis vorläufig im Hoheitsgebiet aufhalten darf. Zudem ist eine Ausweisung grundsätzlich[311] dann unzulässig, wenn der Betroffene um vorläufigen

308 Dem liegt die Rechtsprechung des EuGH in den Rs C-321/87 (Kommission/Belgien), EU:C:1989:176, und EuGH Rs C-68/89 (Kommission/Niederlande), EU:C:1991:226, zugrunde.

309 Vgl ausführlich zum Verfahrensrecht mit Bezug auf die Vorgängervorschriften in der RL 64/221/EWG: *Rodière*, Droit social de l'Union Européenne, Rn 243 ff.

310 Auf eine Verpflichtung der Behörden, diese Mitteilung in die Muttersprache des Betroffenen zu übersetzen, hat der Richtliniengeber allerdings verzichtet, vgl KOM (2001) 257 endg zu Art 28 Nr 1 RL 2004/38/EG.

311 Ausnahmen davon bestehen, wenn die Entscheidung, mit der die Ausweisung verfügt wurde, sich auf eine frühere gerichtliche Entscheidung stützt oder die Betroffenen bereits früher die Möglichkeit hatten, eine gerichtliche Überprüfung zu beantragen, oder die Entscheidung, mit der die Ausweisung verfügt wurde, auf zwingenden Gründen der öffentlichen Sicherheit iSd Art 28 Abs 3 RL 2004/38/EG beruht.

Rechtschutz ersucht hat und über diesen Antrag noch nicht entschieden wurde[312] (Art 31 Abs 2 RL 2004/38/EG). Zwar können die Mitgliedstaaten dem Betroffenen verbieten, sich während des anhängigen (gerichtlichen) Verfahrens in ihrem Hoheitsgebiet aufzuhalten, dürfen ihn jedoch nicht daran hindern, sein Verfahren selbst zu führen, es sei denn, die öffentliche Ordnung oder Sicherheit kann durch sein persönliches Erscheinen ernsthaft gestört werden (Art 31 Abs 4 RL 2004/38/EG).

Art 32 RL 2004/38/EG sieht iSd Rechtsprechung des EuGH in den bereits oben zitierten Rs Adoui,[313] wonach die Mitgliedstaaten kein Aufenthaltsverbot auf Lebzeiten verhängen dürfen, vor, dass der Betroffene jedenfalls drei Jahre nach Vollstreckung des Aufenthaltsverbots einen Antrag auf dessen Aufhebung unter Hinweis darauf einreichen kann, dass eine materielle Änderung der Umstände eingetreten ist, die das Aufenthaltsverbot gerechtfertigt haben. Der EuGH führte dazu aus:

> „Was die Möglichkeit für jemanden, der aus dem Hoheitsgebiet eines Mitgliedstaates ausgewiesen worden ist, angeht, erneut in das Hoheitsgebiet des betreffenden Staates einzureisen und dort eine neue Aufenthaltserlaubnis zu beantragen, so ist zu unterstreichen, daß jeder Staatsangehörige eines Mitgliedstaats, der in einem anderen Mitgliedstaat eine Arbeit suchen möchte, erneut eine Aufenthaltserlaubnis beantragen kann. Wird ein solcher Antrag nach einer angemessenen Frist gestellt, so ist er von der zuständigen Verwaltungsbehörde des Aufnahmestaats zu prüfen, die insbesondere das Vorbringen des Betroffenen berücksichtigen muß, mit dem eine materielle Änderung der Umstände, die die erste Ausweisung gerechtfertigt hatten, nachgewiesen werden soll."[314]

K. Ungehinderter Zugang zu Arbeitsplätzen

In den vorausgehenden Abschnitten wurde gezeigt, dass das Freizügigkeitsrecht einerseits die Überwindung nationaler aufenthaltsrechtlicher Hindernisse bei Ein- und Ausreise sowie Aufenthalt, andererseits die Verankerung eines Diskriminierungsverbots im Rahmen bestehender Arbeitsverhältnisse beinhaltet. Darin erschöpft sich aber das Freizügigkeitsrecht nicht. Wenn man generell als ein wesentliches Anliegen und Ziel der Vorschriften über die Grundfreiheiten die Überwindung nationalen Protektionismus ansehen kann, so kann als spezifische Aufgabe der Vorschriften über die Freizügigkeit neben den vorgenannten beiden Zielen die Beseitigung protektionistischer Regelungen und Maßnahmen auf dem Gebiet der nationalen Arbeitsmärkte genannt werden. So wie die Mitgliedstaaten in der Vergangenheit versucht haben, die Produkte und Dienstleistungen des eigenen Lands zu

312 Vgl EuGH Rs C-136/03 (Dörr und Ünal), EU:C:2005:340.
313 EuGH Rs C-115/81 und 116/81, EU:C:1982:183.
314 EuGH Rs C-115/81 und 116/81 (Adoui), EU:C:1982:183 Rn 12.

bevorzugen, so haben sie auch versucht, auf dem Arbeitsmarkt den eigenen Staatsangehörigen den Vorrang einzuräumen.

Man braucht sich nur das Spektrum der Vorschriften und Maßnahmen in den Mitgliedstaaten anzusehen, welche die Regulierung des Arbeitsmarkts betreffen, um dann zu verstehen, welche Maßnahmen der europäische Gesetzgeber ergreifen musste, um die Bevorzugung der jeweiligen Staatsangehörigen eines Mitgliedstaats zu beseitigen und damit dem Gedanken der Errichtung eines europäischen Arbeitsmarkts zum Durchbruch zu verhelfen. Dabei lassen sich zwei Bereiche unterscheiden, in denen wesentliche Weichenstellungen für die Abschottung nationaler Arbeitsmärkte vor ausländischer Konkurrenz getroffen werden.

Ein erster Bereich betrifft Einschränkungen der individuellen Arbeitsvertragsfreiheit im Zusammenhang mit der grenzüberschreitenden Anbahnung von Arbeitsverhältnissen. Besonders bedeutsam in diesem Zusammenhang ist die Notwendigkeit der Erteilung einer vorhergehenden Arbeitserlaubnis für den Abschluss von Arbeitsverträgen.[315] Eine in der Vergangenheit ebenfalls verbreitete Steuerungsmaßnahme zur Förderung des nationalen Arbeitsmarkts war die Kontingentierung oder Reservierung von Arbeitsplätzen zugunsten der eigenen Staatsangehörigen. So gab es früher eine Bestimmung im französischen Seearbeitsgesetzbuch, wonach das Verhältnis von französischen Seeleuten auf Handelsschiffen zu Seeleuten anderer Staatsangehörigkeit drei zu eins zu sein hatte. Und schließlich kann sich das Bestehen von Qualifikationsprofilen und -anforderungen als ein wesentliches Zugangshindernis für ausländische Arbeitnehmer zum nationalen Arbeitsmarkt darstellen. Wenn die Ausübung einer Arbeitnehmertätigkeit von Qualifikationserfordernissen abhängig gemacht wird, die ganz nach den Gegebenheiten des jeweiligen Beschäftigungslandes geformt sind, kann darin eine faktische Beschäftigungssperre für Ausländer liegen. Dies gilt vor allem auch für die gegenseitige Anerkennung von Zeugnissen, Diplomen etc.

Ein zweiter wichtiger Bereich, dessen Ausgestaltung für die Frage, ob ein grenzüberschreitender Austausch von Arbeitskräften zustande kommt, eine entscheidende Rolle spielt, ist der Bereich der Arbeitssuche und der (institutionalisierten) Arbeitsvermittlung. Wenn der Suchprozess zwischen Arbeit-

---

315 Nach § 4 Abs 3 des deutschen AufenthG dürfen Ausländer eine Beschäftigung nur dann ausüben, wenn die Beschäftigung vom Aufenthaltstitel erlaubt wird. Dies ist von der Zustimmung der Bundesagentur für Arbeit abhängig, die ihre Zustimmung gem § 39 Abs 2 AufenthG nur geben darf, wenn keine nachteiligen Auswirkungen auf den deutschen Arbeitsmarkt zu befürchten sind. Entsprechende Regelungen finden sich im österreichischen Recht in § 3 Abs 2 iVm § 4 Abs 1 und 2 sowie § 4b AuslBG.

gebern und Arbeitnehmern[316] nicht ungehindert verlaufen kann, ist der ohnehin schon schwierige Austausch von Arbeitskräften über Grenzen hinweg mit einer weiteren Hypothek belastet. Das Gleiche gilt für eine diesen Suchprozess unterstützende öffentliche Arbeitsvermittlung, die sich ganz auf die eigenen Staatsangehörigen konzentriert. Wenn man bedenkt, dass die für die Bundesrepublik Deutschland zuständige Arbeitsvermittlung durch die Bundesagentur für Arbeit im Jahr circa 3 Millionen Arbeitsverhältnisse vermitteln hilft, dann kann daraus auch die Bedeutung von Einschränkungen abgelesen werden, die sich ergeben, wenn diese Arbeitsvermittlung nur das nationale Angebot von Arbeitskräften beachten würde.

Im Folgenden wird zu zeigen sein, dass das europäische Freizügigkeitsrecht sich gerade vor dem soeben beschriebenen Hintergrund nationaler Beschränkungen des Arbeitsmarktes versteht. Es zielt darauf ab, diese Beschränkungen für EU-Ausländer außer Kraft zu setzen, um die Möglichkeit der Konstituierung eines europäischen Arbeitsmarktes rechtlich zu eröffnen. Die Freiheit des Arbeitsmarkts und der Zugang zu Arbeitsplätzen werden primärrechtlich begründet und sekundärrechtlich näher spezifiziert. Art 45 Abs 3 lit a AEUV statuiert das Recht der Arbeitnehmer, sich um tatsächlich angebotene Stellen zu bewerben. Art 46 AEUV erteilt die Ermächtigung, durch Richtlinien oder Verordnungen alle erforderlichen Maßnahmen zu ergreifen, um die Freizügigkeit der Arbeitnehmer iSd Art 45 AEUV herzustellen. Dabei zählt Art 46 lit a–d AEUV in einem nicht abschließenden[317] Katalog die wichtigsten Maßnahmen und Bereiche auf, in denen es darum geht, den freien Zugang zu Arbeitsplätzen zu gewährleisten und eine darauf gerichtete Länder übergreifende Zusammenarbeit bei der Arbeitsvermittlung herbeizuführen. Die Umsetzung und Sicherung eines freien Zugangs zu Arbeitsplätzen erfolgt durch die auf Art 46 AEUV gestützte VO (EU) Nr 492/2011, kurz genannt Freizügigkeitsverordnung. Erst mit ihrer Vorgänger-VO (EWG) Nr 1612/68 sind die rechtlichen Rahmenbedingungen für die Entwicklung eines europäischen Arbeitsmarktes geschaffen worden.[318]

316 Vgl zur Bedeutung des Suchprozesses für den Arbeitsmarkt: *Franz*, Arbeitsmarktökonomik, 214 ff.

317 Vgl Formulierung „insbesondere".

318 Vgl *Lyon-Caen/Lyon-Caen*, Droit social international et européen, Rn 266: „Ainsi on a pu dire du règlement 1612/68 qu'il consacrait l'existence d'un véritable marché européen de l'emploi".

1. Sicherung der Arbeitsvertragsfreiheit

Arbeitsvertragsfreiheit bedeutet in erster Linie die Freiheit, sich den Vertragspartner frei suchen zu können (Abschlussfreiheit). Diese Freiheit ist im deutschen und österreichischen Arbeitsrecht vorgesehen.[319] Rechtlich erfolgt diese Sicherstellung durch Art 1–3 VO (EU) Nr 492/2011. Art 1 VO (EU) Nr 492/2011 verankert den Grundsatz, dass Staatsangehörige eines Mitgliedstaats eine Tätigkeit im Lohn- oder Gehaltsverhältnis im Hoheitsgebiet eines anderen Mitgliedstaats nach dem für die Arbeitnehmer dieses Staats geltenden Recht und den Verwaltungsvorschriften aufnehmen und ausüben können. Damit ist der Grundsatz des gleichberechtigten Zugangs zu verfügbaren Stellen ausgesprochen. Das Recht zur Anbahnung von Arbeitsverträgen und das Recht zum Abschluss des Arbeitsvertrags, ohne dass sich Diskriminierungen ergeben dürfen, ist in Art 2 VO (EU) Nr 492/2011 ausgesprochen. Art 3 Abs 1 VO (EU) Nr 492/2011 setzt alle mitgliedstaatlichen Vorschriften außer Kraft, die in irgendeiner Weise Stellenangebote und Arbeitsgesuche, überhaupt den Zugang zur Beschäftigung von irgendwelchen Bedingungen abhängig machen, die für Inländer nicht gelten. Damit sind automatisch alle administrativen Beschränkungen, wie insbesondere eine Arbeitserlaubnis für EU-Ausländer, aufgehoben.

Das Verbot quotenmäßig einschränkender Bestimmungen (Kontingentierung von Arbeitsplätzen) ist in Art 4 VO (EU) Nr 492/2011 normiert. Danach finden Rechtsvorschriften, durch welche die Beschäftigung von ausländischen Arbeitnehmern zahlen- oder anteilmäßig nach Unternehmen, Wirtschaftszweigen, Gebieten oder im gesamten Hoheitsgebiet beschränkt wird, auf Staatsangehörige der übrigen Mitgliedstaaten keine Anwendung.[320] Die in der Rs Bosman zur Prüfung gestellte Regelung internationaler Fußballverbände, wonach bei Vereinsspielen nur eine bestimmte Anzahl von Ausländern eingesetzt werden konnte, stellte einen solchen Verstoß gegen Art 4 VO (EU) Nr 492/2011 dar.[321]

2. Diskriminierungsfreie Qualifikationsanforderungen

Große Schwierigkeiten bereitet nach wie vor der Bereich der Qualifikationsanforderungen. Berufe und Berufsbilder haben sich oft über viele Jahr-

319 Vgl *Waltermann*, Arbeitsrecht, Rn 90; *Marhold/Friedrich*, Österreichisches Arbeitsrecht, 11 f.

320 So hat der EuGH in der Rs C-167/73 (Kommission/Frankreich), EU:C:1974:35, auch die bereits erwähnte Kontingentierung im französischen Seearbeitsrecht, s dazu E., für unzulässig erklärt. Vgl dazu *Lyon-Caen/Lyon-Caen*, Droit social international et européen, Rn 268.

321 EuGH Rs C-415/93 (Bosman), EU:C:1995:463 Rn 118 ff. Zur verbotenen Beeinträchtigung der Freizügigkeit der Arbeitnehmer nach Art 45 AEUV s oben F.

zehnte, ja Jahrhunderte in einem spezifischen nationalen Kontext entwickelt. Daraus sind häufig formalisierte Berufsbildungsordnungen hervorgegangen. Wäre es den Mitgliedstaaten überlassen, für die Aufnahme eines Berufs jeweils die nationalen Vorschriften zugrunde zu legen, würde in vielen Fällen daraus eine Zugangssperre zu dem jeweiligen Arbeitsplatz für Ausländer resultieren. Dies stünde mit dem Gedanken eines europäischen Arbeitsmarkts und seiner Realisierung durch Freizügigkeitsvorschriften nicht im Einklang.

a) Sprachkenntnisse

Einige Fragenkreise sind von der Freizügigkeitsverordnung erfasst. Ein wichtiges Problem stellt das Erfordernis von Sprachkenntnissen bei der Ausübung einer Arbeitnehmertätigkeit dar. Art 3 Abs 1 UA 2 VO (EU) Nr 492/2011 erklärt ausdrücklich das im UA 1 enthaltene Gleichbehandlungsgebot bei Inländern und Ausländern nicht gültig für Bedingungen, welche die in Anbetracht der Besonderheit der zu vergebenden Stelle erforderlichen Sprachkenntnisse betreffen. Damit ist zum Ausdruck gebracht, dass allein die Postulierung eines Spracherfordernisses nicht schon als diskriminierend betrachtet werden kann, wenn die konkrete Stelle ein bestimmtes Niveau der Sprachbeherrschung erfordert. Andererseits wird durch UA 2 nicht ein Freibrief ausgestellt, der dem durchaus naheliegenden Versuch, Spracherfordernisse aus protektionistischen Gründen zu normieren, Vorschub leisten würde. In einem solchen Falle würde eine mittelbare Diskriminierung vorliegen. Die Problematik, um die es bei Spracherfordernissen geht, zeigt der berühmte Fall Groener:

> EuGH, Rs C-379/87 (Groener):[322] Frau *Groener*, eine niederländische Staatsangehörige, arbeitete als Teilzeitlehrerin an einem College für berufliche Bildung in Dublin. Nach zwei Jahren bewarb sie sich um eine Vollzeitstelle. Sie wurde abgelehnt, weil sie einen mündlichen Test in der irischen Sprache nicht bestand. Dieser Test war sowohl für irische wie für sonstige Staatsangehörige vorgesehen, obwohl der Unterricht nicht in Irisch, sondern ausschließlich in Englisch gegeben wurde. Ihre Eingabe an den zuständigen Minister, auf dieses Spracherfordernis zu verzichten, wurde mit der Begründung abgelehnt, dass dies nur möglich wäre, wenn andere qualifizierte Bewerber nicht vorhanden wären.

Der EuGH akzeptierte die von der irischen Regierung verfolgte Politik, verlangte gleichzeitig aber auch eine diskriminierungsfreie Anwendung der Bestimmungen:

> „Der EWG-Vertrag steht nicht dem entgegen, daß ein Mitgliedstaat eine Politik zum Schutz und zur Förderung seiner National- und ersten Amtssprache betreibt.

322 EuGH Rs C-379/87 (Groener), EU:C:1989:599.

Die Durchführung dieser Politik darf jedoch eine Grundfreiheit wie die Freizügigkeit der Arbeitnehmer nicht beeinträchtigen. Die Maßnahmen zur Durchführung einer solchen Politik dürfen somit in keinem Fall außer Verhältnis zu dem verfolgten Ziel stehen. Ihre Anwendung darf nicht zur Diskriminierung von Angehörigen anderer Mitgliedstaaten führen. Dem Unterricht kommt bei der Durchfuhrung einer solchen Politik erhebliche Bedeutung zu. Die Dozenten spielen eine wesentliche Rolle, nicht nur durch ihren Unterricht, sondern auch durch ihre Teilnahme am täglichen Leben der Schule und durch ihre privilegierten Beziehungen zu ihren Schülern. In diesem Zusammenhang ist es daher nicht unvernünftig, von ihnen eine gewisse Kenntnis der ersten Nationalsprache zu verlangen. Angemessene Kenntnisse einer solchen Sprache sind also, sofern das Niveau der verlangten Kenntnisse nicht außer Verhältnis zu dem verfolgten Ziel steht, in Anbetracht der Besonderheit der zu vergebenden Stelle im Sinne des Artikels 3 Absatz 1 Unterabsatz 2 VO Nr 1612/68 [VO (EU) Nr 492/2011] erforderlich. Im Übrigen verlangt das Gemeinschaftsrecht, daß der Minister die ihm vom nationalen Recht eingeräumte Befugnis, vom Nachweis der Sprachkenntnisse zu befreien, wenn kein anderer voll qualifizierter Bewerber um die fragliche Stellung zur Verfügung steht, ohne Diskriminierung ausübt. Dem Diskriminierungsverbot widerspricht es auch, wenn die fraglichen Sprachkenntnisse auf dem nationalen Hoheitsgebiet erworben werden müssen. Auch verlangt es, daß den Angehörigen der anderen Mitgliedstaaten die Möglichkeit eingeräumt wird, sich der mündlichen Prüfung erneut zu stellen, wenn sie nicht bestanden haben, aber sich erneut um die Stelle eines lecturer oder assistant lecturer bewerben."[323]

Nicht zulässig ist es allerdings die Möglichkeiten des Nachweises der Sprachkenntnisse auf eine bestimmte staatliche Bescheinigung zu beschränken.[324]

b) Anerkennung von Berufsqualifikationen (RL 2005/36/EG)

Unabhängig von Sprachproblemen gilt nach Art 6 Abs 1 VO (EU) Nr 492/2011 ein gleicher Maßstab bei der Einstellung und Anwerbung von ausländischen und inländischen Arbeitnehmern hinsichtlich des Gesundheitszustands, des Berufs oder sonstiger Anforderungen. Der Wortlaut der Vorschrift verlangt Gleichbehandlung zwischen Inländern und EU-Ausländern. Damit sind die entscheidenden Probleme aber noch nicht gelöst. Denn die bloße Gleichbehandlung kann bereits eine Diskriminierung des Ausländers bedeuten. Man nehme an, bei der Einstellung eines Rechtsanwalts in Deutschland wird von einem französischen Staatsangehörigen der nach

---

323 EuGH Rs C-379/87 (Groener), EU:C:1989:599 Rn 19 ff. Zu Recht ist bemerkt worden, dass hier der EuGH offensichtlich sehr stark von allgemeinen politischen Überlegungen bestimmt war, wie sie von der Kommission, der französischen Regierung und dem GA im Rahmen des Verfahrens vorgetragen worden waren, die sich für die Bedeutung und Betonung unterschiedlicher Kulturen und Identitäten und den Schutz von Minderheitensprachen innerhalb der Gemeinschaft eingesetzt hatten, vgl dazu *Craig/de Búrca*, EU Law.

324 EuGH, Rs C-317/14 (Kommission/Belgien), EU:C:2015:63.

deutschem Recht erforderliche Erwerb der Eignung für das Richteramt verlangt. Das wäre zwar eine Gleichbehandlung, würde aber in ganz vielen Fällen dazu führen, dass ein französischer Staatsangehöriger nicht in der Lage wäre, einen Rechtsanwaltsberuf in Deutschland als Arbeitnehmer auszuüben. Mit diesem Beispiel nähern wir uns dem allgemeinen und sehr schwierigen Problem der Anerkennung von im Ausland erworbenen Qualifikationen, Zeugnissen und Diplomen.

Diese Problematik haben die Römischen Verträge nur im Rahmen der Niederlassungsfreiheit, jetzt Art 49 ff AEUV, erfasst. In Art 53 Abs 1 AEUV ist bestimmt, dass der Rat Richtlinien für die gegenseitige Anerkennung der Diplome, Prüfungszeugnisse und sonstigen Befähigungsnachweise erlässt, um die Aufnahme und Ausübung selbständiger Tätigkeiten zu erleichtern. Deshalb waren es zunächst auch vornehmlich Selbständige, die sich gegen nationale Beschränkungen in der Ausübung ihrer Niederlassungs- bzw Dienstleistungsfreiheit zur Wehr gesetzt haben:

> EuGH, Rs C-58/98 (Corsten):[325] Der Kläger, ein selbständiger Architekt, beauftragte ein in den Niederlanden ansässiges Unternehmen mit Estricharbeiten in Deutschland. Das mit diesen Arbeiten beauftragte Unternehmen führte in den Niederlanden zulässigerweise solche Arbeiten aus, war aber in Deutschland nicht in die Handwerksrolle eingetragen. Die zuständige deutsche Ordnungsbehörde verhängte gegen den Kläger ein Bußgeld wegen Verstoßes gegen die deutschen Rechtsvorschriften zur Bekämpfung der Schwarzarbeit. Danach begeht derjenige eine Ordnungswidrigkeit, der ein Unternehmen, das nicht in die Handwerksrolle eingetragen ist, mit selbständigen Handwerksarbeiten beauftragt.

Angesichts einer nur sehr rudimentären Regelung über die Angleichung von Berufsqualifikationen zur damaligen Zeit entschied der EuGH in den meisten Fällen auf der Basis von Grundsätzen, wie sie für die Warenverkehrsfreiheit in der Rs Cassis de Dijon[326] entwickelt worden waren.[327] Dieses Prüfungsschema wandte der EuGH im Rahmen des Beschränkungsverbots des Art 56 AEUV an. Das Erfordernis, wonach ein Unternehmen, das in einem Mitgliedstaat ansässig ist und in einem anderen Mitgliedstaat als Dienstleistender eine handwerkliche Tätigkeit ausüben möchte, der Verpflichtung zur Eintragung in die Handwerksrolle des letztgenannten Mitgliedstaats unterliegt, ist eine solche Beschränkung. Unter Berufung auf zahlreiche andere Entscheidungen zu Art 56 AEUV kann bei fehlender Harmonisierung eine Beschränkung des freien Dienstleistungsverkehrs nur durch Regelungen gerechtfertigt werden, die auf zwingenden Gründen des Allgemeininteresses

325 EuGH Rs C-58/98 (Corsten), EU:C:2000:527.
326 EuGH Rs 120/78 (Rewe), EU:C:1979:42.
327 Vgl zu diesem Rechtsprechungsansatz *Viciconte* in Nogler (Hg), in Ajani/Benacchio, Bd VI, 207 ff.

beruhen und für alle im Hoheitsgebiet des Aufnahmelandes tätigen Personen oder Unternehmen gelten, und soweit dieses Interesse nicht durch Vorschriften geschützt wird, denen der Dienstleistende in dem Mitgliedstaat unterliegt, in dem er ansässig ist.[328] Der Gerichtshof erkennt den Sinn der deutschen Regelung, nämlich die Erhaltung des Leistungsstandards und der Leistungsfähigkeit des Handwerks, durchaus als solche zwingende Gründe des Allgemeininteresses an. Er verneint aber die Verhältnismäßigkeit der Regelung, weil eine Prüfung bereits nach niederländischem Recht stattgefunden hat. Außerdem sieht der Gerichtshof es als problematisch an, dass ein so weitgehendes mit Kosten verbundenes Erfordernis wie die Eintragung in die Handwerksrolle ohne Unterschied danach eingefordert wird, ob das Unternehmen in einem Mitgliedstaat niedergelassen ist oder nur vorübergehend eine Dienstleistung ausgeübt wird.

Nachdem die RL 89/48/EWG[329] bereits einen wichtigen Schritt zu einer Verwirklichung des Prinzips der gegenseitigen Anerkennung unternommen hatte, hat erst die Richtlinie 2005/36/EG über die Anerkennung von Berufsqualifikationen[330] die notwendigen Konsequenzen gezogen. Diese Richtlinie hat auch für Arbeitnehmer Bedeutung, weil sie in Art 2 bestimmt, dass die Richtlinie für jeden Staatsangehörigen eines Mitgliedstaats gilt, der einen geregelten Beruf in einem anderen Staat als Selbständiger oder als abhängig Beschäftigter ausüben will. Eine Art 53 Abs 1 AEUV vergleichbare Bestimmung fehlt im Rahmen der Vorschriften über die Freizügigkeit. Zum Teil wird die Auffassung vertreten, dass es sich dabei um eine unbewusste Lücke handle. Angesichts des Wunsches der Verfasser des AEUV zur lückenlosen Regelung der Freiheit des Personenverkehrs müsse man Art 53 AEUV auch auf die Arbeitnehmer anwenden.[331] Dieser Auffassung ist zu folgen. Freizügigkeit und Mobilität der Arbeitskräfte hängen in modernen Industriestaaten mit ihren meist staatlich geregelten Ausbildungsordnungen in einem hohen Maße von der gegenseitigen Anerkennung der erworbenen Abschlüsse der beruflichen Bildung ab.[332] Da der AEUV eine allgemeine Harmonisierung des Berufsausbildungsrechts nicht beinhaltet, ist es naheliegend, für Berufe, für die auf der Basis des Art 53 AEUV eine gegenseitige Anerkennung unter bestimmten Voraussetzungen vorgesehen ist, diese auch für den Bereich der Arbeitnehmer heranzuziehen.

---

328 EuGH Rs C-58/98 (Corsten), EU:C:2000:527 Rn 35.

329 Richtlinie über eine allgemeine Regelung zur Anerkennung der Hochschuldiplome, die eine mindestens dreijährige Berufsausbildung abschließen, ABlEG 1989 Nr L 19/16.

330 ABlEG 2005 Nr L 255/22; Dazu ausführlich *Kluth/Rieger*, EuZW 2005, 486 ff.

331 Vgl *Bleckmann*, Europarecht, Rn 1563.

332 So zutreffend *Birk* in Lenz (Hg), EG-Handbuch, 374.

Der Leitgedanke bei der Gestaltung der RL 2005/36/EG findet sich knapp zusammengefasst in der Präambel. Dort heißt es:[333]

„Für die Berufe, die unter die allgemeine Regelung zur Anerkennung von Ausbildungsnachweisen – nachstehend ‚allgemeine Regelung' genannt – fallen, sollten die Mitgliedstaaten die Möglichkeiten behalten, das Mindestniveau der notwendigen Qualifikation festzulegen, um die Qualität der in ihrem Hoheitsgebiet erbrachten Leistungen zu sichern. Nach den Art 10, 39 und 43 des Vertrags [Art 4 Abs 3 UA 1 und 2 EUV, Art 45 und 49 AEUV] sollten sie einem Angehörigen eines Mitgliedstaats jedoch nicht vorschreiben, dass er Qualifikationen, die sie in der Regel durch schlichte Bezugnahme auf die in ihrem innerstaatlichen Bildungssystem ausgestellten Diplome bestimmen, erwirbt, wenn die betreffende Person diese Qualifikationen bereits ganz oder teilweise in einem anderen Mitgliedstaat erworben hat. Deshalb sollte vorgesehen werden, dass jeder Aufnahmemitgliedstaat, in dem ein Beruf reglementiert ist, die in einem anderen Mitgliedstaat erworbenen Qualifikationen berücksichtigen und dabei beurteilen muss, ob sie den von ihm geforderten Qualifikationen entsprechen. Dieses allgemeine System zur Anerkennung steht jedoch dem nicht entgegen, dass ein Mitgliedstaat jeder Person, die einen Beruf in diesem Mitgliedstaat ausübt, spezifische Erfordernisse vorschreibt, die durch die Anwendung der durch das Allgemeininteresse gerechtfertigten Berufsregeln gerechtfertigt sind. Diese betreffen insbesondere die Regeln hinsichtlich der Organisation des Berufs, die beruflichen Standards, einschließlich der standesrechtlichen Regeln, die Vorschriften für die Kontrolle und die Haftung. Schließlich zielt diese Richtlinie nicht auf einen Eingriff in das berechtigte Interesse der Mitgliedstaaten ab, zu verhindern, dass einige ihrer Staatsangehörigen sich in missbräuchlicher Weise der Anwendung des nationalen Rechts im Bereich der Berufe entziehen."

Die Richtlinie trägt den elementaren Grundsätzen Rechnung, die der EuGH in der vorbesprochenen Entscheidung sowie vielen anderen Entscheidungen unter dem Aspekt entwickelt hatte, dass Beschränkungen der Mitgliedstaaten nur aus zwingenden Gründen des Allgemeininteresses gerechtfertigt sein können, wenn sie verhältnismäßig sind. Für reglementierte Berufe[334] werden deshalb zum einen Marktzugangsregelungen bei Ausübung einer Dienstleistungsfreiheit[335] und im Falle der Niederlassung[336] getroffen. Nach Art 3 Abs 1 lit a) RL 2005/36/EG ist „reglementierter Beruf" eine berufliche Tätigkeit oder eine Gruppe beruflicher Tätigkeiten, bei der die Aufnahme oder Ausübung oder eine der Arten der Ausübung direkt oder indirekt durch Rechts- und Verwaltungsvorschriften an den Besitz bestimmter Berufsqualifikationen gebunden ist.

333 Erwägungsgrund Nr 11.
334 S dazu die Definition in Art 3 Abs 1 lit a RL 2005/36/EG.
335 Vgl dazu Art 5 ff.
336 Art 10 ff.

Keine Anwendung findet die RL 2005/36/EG gem ihrem Art 2 Abs 3 auf reglementierte Berufe, für die in einem gesonderten gemeinschaftlichen Rechtsakt andere spezifische Regelungen unmittelbar für die Anerkennung von Berufsqualifikationen festgelegt wurden. Damit sind Rechtsanwälte von den Regelungen der Richtlinie nicht betroffen. Bei ihnen richtet sich die Qualifikationsanerkennung zwecks Niederlassung nach der RL 98/5/EG.[337] RL 77/249/EWG[338] enthält darüber hinaus Regeln, nach denen in anderen Mitgliedstaaten niedergelassene Anwälte im Rahmen der Dienstleistungsfreiheit tätig werden können. Außerdem schließt Art 2 Abs 4 RL 2005/36/EG[339] durch Hoheitsakte bestellte Notare aus dem Anwendungsbereich der Richtlinie aus.

Solange es an einer Harmonisierung der Voraussetzungen für den Zugang zu einem Beruf fehlt, dürfen die Mitgliedstaaten festlegen, welche Kenntnisse und Fähigkeiten zu dessen Ausübung notwendig sind, und zB die Vorlage eines Diplomzeugnisses verlangen, mit dem diese Kenntnisse und Fähigkeiten bescheinigt werden.[340] Die Mitgliedstaaten müssen aber ihre Befugnisse in diesem Bereich unter Beachtung der durch den AEUV garantierten Grundfreiheiten ausüben.[341] Insbesondere dürfen die hierzu ergehenden nationalen Rechtsvorschriften keine ungerechtfertigte Behinderung der tatsächlichen Ausübung der durch Art 45 AEUV garantierten Grundfreiheiten darstellen.[342] Nach der Rechtsprechung des Gerichtshofs können sich nationale Qualifikationsvoraussetzungen, selbst wenn sie ohne Diskriminierung aufgrund der Staatsangehörigkeit angewandt werden, dahin auswirken, dass sie die Ausübung dieser Grundfreiheiten beeinträchtigen, wenn die fraglichen nationalen Vorschriften, die von dem Betroffenen in einem anderen Mitgliedstaat bereits erworbenen Kenntnisse und Fähigkeiten unberücksichtigt lassen.[343] Ist nach dem nationalen Recht die Aufnahme eines Berufs vom Besitz eines Diploms oder einer beruflichen Qualifikation oder von Zeiten praktischer Erfahrung abhängig, müssen sämtliche Diplome, Prüfungszeugnisse oder sonstigen Befähigungsnachweise sowie die einschlägige Erfahrung des Betroffenen in der Weise berücksichtigt werden, dass sie die durch diese Nachweise und diese Erfahrung belegten

337 ABlEG 1998 Nr L 77/36.

338 ABlEG 1977 Nr L 78/17.

339 Nachträglich eingefügt durch die RL 2013/35/EU, ABlEU 2013 Nr L 179/1.

340 EuGH Rs C-345/08 (Peśla), EU:C:2009:771 Rn 34.

341 EuGH Rs C-575/11 (Nasiopoulos), EU:C:2013:430 Rn 20.

342 EuGH Rs C-19/92 (Kraus), EU:C:1993:125 Rn 28; EuGH Rs C-345/08 (Peśla), EU:C:2009:771 Rn 35.

343 EuGH Rs C-313/01 (Morgenbesser), EU:C:2003:612 Rn 62; EuGH Rs C-345/08 (Peśla), EU:C:2009:771 Rn 36.

Fachkenntnisse mit den nach nationalem Recht vorgeschriebenen Kenntnissen und Fähigkeiten vergleichen.[344]

Für den Bereich der Dienstleistungsfreiheit ist in Art 5 RL 2005/36/EG das Prinzip der gegenseitigen Anerkennung dadurch verwirklicht, dass Einschränkungen unzulässig sind, wenn der Dienstleister zur Ausübung desselben Berufs rechtmäßig in einem anderen Mitgliedstaat niedergelassen ist sowie für den Fall, dass sich der Dienstleister in einen anderen Mitgliedstaat begibt, wenn er diesen Beruf mindestens zwei Jahre während der vorhergehenden zehn Jahre im Niederlassungsmitgliedstaat ausgeübt hat, sofern der Beruf dort nicht reglementiert ist. In den weiteren Vorschriften des Titels II sind insbesondere die Befreiung von Zulassungs- und Mitgliedschaftsregelungen vorgesehen sowie Informationspflichten, die dem Grundsatz der Verhältnismäßigkeit Rechnung tragen.

Soweit der Bereich der Niederlassungsfreiheit betroffen ist, ist ebenfalls dem Prinzip der Gegenseitigkeit Rechnung getragen. In Art 13 RL 2005/36/EG ist bestimmt, dass bei Abhängigkeit der Aufnahme oder Ausübung eines reglementierten Berufs in einem Aufnahmemitgliedstaat von bestimmten Berufsqualifikationen dieser Staat auch Befähigungs- oder Ausbildungsnachweise eines anderen Mitgliedstaats akzeptiert. Bei signifikantem Abweichen der Berufsqualifikationen kann der Aufnahmestaat aber sog Ausgleichsmaßnahmen verlangen (Art 14 RL 2005/36/EG).

Mit der RL 2013/55/EU[345] soll das Berufsanerkennungsrecht überarbeitet und der Verwaltungsaufwand in Verbindung mit der Anerkennung von Berufsqualifikationen verringert werden. Die entscheidenden Neuregelungen in der RL 2013/55/EU sind dreierlei Natur:

– Abbau von Verwaltungshindernissen/Verwaltungsvereinfachung:
  Durch die Richtlinie wurde unter anderem ein Europäischer Berufsausweis[346] ins Leben gerufen. Zweck dieses Berufsausweises ist es, das Anerkennungsverfahren zu vereinfachen und die finanzielle und operative Effizienz zu steigern, wovon Berufsangehörige und zuständige Behör-

344 EuGH Rs C-313/01 (Morgenbesser), EU:C:2003:612 Rn 57 und 58; EuGH Rs C-298/14 (Brouillard), EU:C:2015:652; Diese Entscheidung ist auch besonders instruktiv, um zu sehen, wie diese Vergleichsprüfung auszusehen hat.

345 Richtlinie 2013/55/EU zur Änderung der Richtlinie 2005/36/EG über die Anerkennung von Berufsqualifikationen und der Verordnung (EU) Nr 1024/2012 über die Verwaltungszusammenarbeit mit Hilfe des Binnenmarkt-Informationssystems („IMI-Verordnung"), ABlEU 2013 L 354/132.

346 Vgl dazu Art 4 lit a–f RL 2013/55/EU. Näher geregelt in der DurchführungsVO (EU) Nr 2015/983 betreffend das Verfahren zur Ausstellung des Europäischen Berufsausweises und die Anwendung des Vorwarnmechanismus gemäß der Richtlinie 2005/36/EG, ABlEU L 159/27.

den profitieren sollen.[347] Derzeit können Europäische Berufsausweise für Krankenpfleger, Apotheker, Physiotherapeuten, Bergführer und Immobilienmakler ausgestellt werden.[348]

- Aktualisierung von Berufsanforderungen:
  Zahlreiche Bestimmungen der RL 2013/55/EU tragen den Entwicklungen der verschiedenen reglementierten Berufe Rechnung. Besondere Aufmerksamkeit ist dabei den Berufen zuteil geworden, die die öffentliche Gesundheit oder Sicherheit berühren.[349] In diesem Bereich, aber auch bei anderen Berufen ist das Bemühen erkennbar, verbraucherschutzrechtliche Gesichtspunkte stärker zum Tragen zu bringen.
- Verbesserung des Informationsflusses/Nutzung von IMI:
  Die Administration der Berufsanerkennung ist vom Vorhandensein gesicherten Informations- und Datenmaterials abhängig. In diesem Zusammenhang ist insbesondere der neu eingefügte Art 21a RL 2005/36/EU von Bedeutung, der jeden Mitgliedstaat verpflichtet, der Kommission die von ihm erlassenen Rechts- und Verwaltungsvorschriften über die Ausstellung von Ausbildungsnachweisen in den unter dieses Kapitel fallenden Berufen mitzuteilen. Diese Meldung, wie viele andere Informationen nach der Richtlinie, werden über das IMI übermittelt. Besonders wichtig erscheint die Regelung im Bereich der Gesundheitsberufe, für die ein besonderer Vorwarnmechanismus erforderlich ist. Hierbei geht es darum, dass alle Mitgliedstaaten gewarnt werden sollen, wenn ein Berufsangehöriger aufgrund des Vorliegens von disziplinarischen Sanktionen oder einer strafrechtlichen Verurteilung nicht mehr das Recht hat, in einem Mitgliedstaat die beruflichen Tätigkeiten auszuüben.[350]

Soweit Berufserfahrung als Qualifikationserfordernis vorgesehen ist, ist für die in Anhang IV bezeichnete Tätigkeiten eine automatische Gleichstellung vorgesehen (Art 16 ff RL 2005/36/EG). Im Hinblick auf die Begründung der Präambel ist auch das Verbot des sog „qualification shopping" verständlich. Die Anerkennung eines Titels im Ursprungsland ist danach ausgeschlossen, wenn der Antragsteller den Weg zur Erlangung eines vergleichbaren Titels im Ausland gewählt hat, weil dort die Erwerbsvoraussetzungen günstiger sind. Dieser Weg soll nur unter erschwerten Voraussetzungen möglich sein (vgl Erwägungsgrund Nr 12 der Präambel der RL 2005/36/EG).

347 Vgl Erwägungsgrund Nr 4 der Richtlinie.

348 Anhang I DurchführungsVO (EU) Nr 2015/983.

349 Vgl zu den Neuerungen für die Heilberufe: *Igl/Ludwig*, Medizinrecht 2014, 214 ff.

350 Vgl zu diesem Anliegen Erwägungsgrund Nr 29 der Richtlinie.

Bei der Frage, inwieweit die Mitgliedstaaten Befähigungs- bzw Ausbildungsnachweise anerkennen müssen oder Ausgleichsmaßnahmen verlangen dürfen, kann auf die vor Erlass der Richtlinien ergangene Rechtsprechung zu Arbeitnehmertätigkeiten, die nicht von speziellen Richtlinien erfasst waren, zurückgegriffen werden:

EuGH, Rs 222/86 (UNECTEF):[351] Ein belgischer Staatsangehöriger, der ein belgisches Fußballtrainerdiplom besaß, trainierte in Frankreich eine französische Mannschaft. Der französische Minister für Sport erkannte das Diplom nicht an. Da er seine Trainertätigkeit dennoch fortsetzte, wurde er mit Sanktionen belegt.

Unter Betonung, dass das Recht der Freizügigkeit der Arbeitnehmer von den Mitgliedstaaten im Hinblick auf ihre Verpflichtung aus Art 4 Abs 3 EUV effektiv umzusetzen ist, verlangt der EuGH bei Berufen, bei denen es bislang an einer Harmonisierung fehlt, folgende Beurteilung:

> „Da das Verfahren zur Anerkennung der Gleichwertigkeit das Erfordernis der für die Ausübung eines bestimmten Berufs verlangten Befähigung mit den Geboten der Freizügigkeit der Arbeitnehmer in Einklang bringen muß, muß es den innerstaatlichen Behörden ermöglichen, objektiv festzustellen, ob ein ausländisches Diplom seinem Inhaber die gleichen Kenntnisse und Fähigkeiten wie das innerstaatliche Diplom oder diesem zumindest gleichwertige Kenntnisse und Fähigkeiten bescheinigt. Diese Beurteilung der Gleichwertigkeit eines ausländischen Diploms muss ausschließlich danach erfolgen, welches Maß an Kenntnissen und Fähigkeiten dieses Diplom unter Berücksichtigung von Art und Dauer des Studiums und der praktischen Ausbildung, deren Abschluss es bescheinigt, bei seinem Besitzer vermuten lässt."[352]

Der EuGH hat diese Argumentationslinie bis heute beibehalten. Zuletzt hat der Gerichtshof in der Rs Peśla[353], bei der es um die Zulassung eines polnischen Staatsangehörigen zum juristischen Vorbereitungsdienst in einem deutschen Bundesland ging, die vorzitierten Grundsätze bestätigt und präzisiert. Bei fehlender Harmonisierung der Bedingungen für den Zugang zu einem Beruf können die Mitgliedstaaten festlegen, welche Kenntnisse und Fähigkeiten zur Ausübung dieses Berufs notwendig sind, und zu deren Bescheinigung die Vorlage von Diplomen verlangen. Das Bestehen dieser Befugnis darf aber nicht zu einer ungerechtfertigten Behinderung der durch die Art 45 und 49 AEUV garantierten Grundfreiheiten führen. Daher muss bei der Prüfung der Zulassung eines EU-Staatsangehörigen die berufliche Qualifikation des Betroffenen in der Weise berücksichtigt werden, dass die in seinen Dokumenten bescheinigte Qualifikation und einschlägige Berufserfahrung mit der nach nationalem Recht verlangten beruflichen Qualifika-

351 EuGH Rs 222/86 (UNECTEF), EU:C:1987:442.
352 EuGH Rs 222/86 (UNECTEF), EU:C:1987:442 Rn 13.
353 EuGH Rs C-345/08 (Peśla), EU:C:2009:771 Rn 34 ff.

tion verglichen wird. Ergibt dieser Vergleich eine Gleichwertigkeit, muss die Zulassung erfolgen. Stellt sich jedoch heraus, dass die Kenntnisse und Fähigkeiten einander nur teilweise entsprechen, so kann der Aufnahmemitgliedstaat von dem Betroffenen den Nachweis verlangen, dass er die fehlenden Kenntnisse und Fähigkeiten erworben hat. Damit konnte der polnische Kläger nicht mit dem Vorbringen durchdringen, allein wegen des Ausbildungsniveaus und des zeitlichen Ausbildungsaufwands des polnischen Studiums sei eine weitere Eignungsprüfung unzulässig. Art 45 AEUV gebietet auch nicht, dass der Aufnahmemitgliedstaat bei der Gleichwertigkeitsprüfung niedrigere Anforderungen an den ausländischen Bewerber stellt. Allerdings steht Art 45 AEUV einer Lockerung der Anforderungen nicht entgegen und darüber hinaus darf die Möglichkeit einer teilweisen Anerkennung von nachgewiesenen Qualifikationen des Bewerbers nicht lediglich fiktiv bleiben, was vom vorlegenden Gericht zu prüfen ist.

3. Recht der Familienangehörigen auf berufliche Tätigkeit

Wie oben gezeigt[354] haben Familienangehörige iSd Art 2 Nr 2 RL 2004/38/EG eines EU-Staatsangehörigen ein vom Arbeitnehmer abgeleitetes Ein- und Ausreiserecht sowie ein Aufenthaltsrecht. Damit wäre aber das Freizügigkeitsrecht noch nicht vollkommen. Möglicherweise könnte ein Arbeitnehmer seinen Wunsch, in einem anderen Mitgliedstaat der EU zu arbeiten, deshalb nicht realisieren wollen, weil ein ihn begleitender Familienangehöriger in diesem Staat auf eine Erwerbstätigkeit verzichten müsste. Dieses Hindernis wird jedoch durch die Vorschrift des Art 23 RL 2004/38/EG beseitigt. Danach können die Familienangehörigen eines Arbeitnehmers oder Selbständigen ihrerseits im gesamten Hoheitsgebiet des fremden Mitgliedstaats irgendeine Tätigkeit im Lohn- oder Gehaltsverhältnis ausüben. Dieses Recht zur Arbeitnehmertätigkeit haben die Familienangehörigen ohne Rücksicht auf ihre Staatsangehörigkeit. Die Probleme bei der Anwendung dieser Vorschrift zeigt folgender richtungweisende Fall:

> EuGH, Rs 131/85 (Gül):[355] Herr *Gül* war der Ehemann einer britischen Staatsangehörigen, die in Deutschland als Friseurin arbeitete. Er selbst, zypriotischer Staatsangehöriger, hatte sein Medizinstudium in Istanbul absolviert und dort seine Ermächtigung erhalten, als Arzt tätig zu sein. Nachdem Herr Gül bereits einige Jahre aufgrund befristeter Erlaubnisse als Arzt in deutschen Krankenhäusern tätig gewesen war, beantragte er eine dauernde Erlaubnis für seine Tätigkeit als Arzt. Diese wurde ihm von dem zuständigen Regierungspräsidenten versagt, weil nach der deutschen Bundesärzteordnung nur Deutsche und Staatsangehörige von EG-Mitgliedstaaten die Approbation erhalten konnten.

354 D.2.
355 EuGH Rs 131/85 (Gül), EU:C:1986:200.

Der EuGH hat zunächst die Auffassung des zuständigen Regierungspräsidenten zurückgewiesen, wonach aus Art 23 RL 2004/38/EG kein Recht auf die Ausübung einer bestimmten Tätigkeit abzuleiten sei. Demgegenüber hat der EuGH zu Recht festgestellt, dass die bezeichnete Vorschrift keinerlei Berufe von der Ausübung durch Familienangehörige ausnehme. Die zweite Frage, die das deutsche Verwaltungsgericht dem EuGH vorlegte, zielte darauf, ob die nach Art 23 RL 2004/38/EG berechtigte Person aus einem Drittstaat sich auf Art 3 Abs 1 UA 1 VO (EU) Nr 492/2011 berufen kann. Im Falle der Bejahung dieser Frage würde dies bedeuten, dass im konkreten Fall Herrn Gül die Approbation als Arzt unter den gleichen Voraussetzungen erteilt werden müsste wie deutschen Antragstellern.[356] Der EuGH hat die Frage mit folgender Begründung bejaht:

> „Wie die Kommission zu Recht vorgetragen hat, sind die Rechte des Ehegatten des Wanderarbeitnehmers aufgrund der Artikel 10 und 11 der Verordnung Nr 1612/68 [Art 6 ff, 23 RL 2004/38/EG] an die Rechte geknüpft, die dieser Arbeitnehmer nach Artikel 48 EWG-Vertrag [Art 45 AEUV] und nach den Artikeln 1 ff der Verordnung hat. Soweit sich der Ehegatte auf diese abgeleiteten Rechte berufen kann und diese den Zugang zu einer Tätigkeit im Lohn- oder Gehaltsverhältnis nach Artikel 11 umfassen, muß er diese Tätigkeit unter denselben Voraussetzungen ausüben können, unter denen der Arbeitnehmer, dem das Recht auf Freizügigkeit zusteht, seine Tätigkeit ausübt. Artikel 3 Absatz 1 [VO (EU) Nr 492/2011] verpflichtet insoweit die Behörden des Aufnahmemitgliedstaats zu einer Behandlung, die diesen Ehegatten nicht benachteiligt. Die ‚Inländerbehandlung', auf die insoweit die Arbeitnehmer der Mitgliedstaaten Anspruch haben, erstreckt sich ebenso auf ihre Ehegatten."[357]

Zu beachten ist, dass Art 10 VO (EU) Nr 492/2011 für Kinder eines Staatsangehörigen eines Mitgliedstaats ausdrücklich das Recht zur diskriminierungsfreien Teilnahme an der Lehrlings- und Berufsausbildung sicherstellt.[358]

4. Arbeitssuche

Dem Abschluss eines Arbeitsvertrags zwischen Arbeitgeber und Arbeitnehmer geht ein Suchprozess voraus. Dieser kann rein individuell zwischen den beiden potenziellen Vertragschließenden erfolgen. Es werden Stellenangebote und Arbeitsgesuche ausgetauscht. Bei grenzüberschreitender Anbahnung des Arbeitsverhältnisses können damit auch Reisen in andere Mitgliedstaaten verbunden sein.

---

356 Im Ergebnis würde dies auf eine strikte Anwendung der automatischen Anerkennung von ärztlichen Qualifikationen und Diplomen gem der RL 2005/36/EG hinauslaufen.

357 EuGH Rs 131/85 (Gül), EU:C:1986:200 Rn 20.

358 S dazu oben D.2.c).

a) Recht der Ein- und Ausreise und des Aufenthalts

Das europäische Freizügigkeitsrecht sorgt dafür, dass diese Möglichkeiten ungehindert genutzt werden können. Art 2 VO (EU) Nr 492/2011 bestimmt, dass Staatsangehörige eines Mitgliedstaats und jeder im Hoheitsgebiet eines Mitgliedstaats tätige Arbeitgeber Stellenangebote und Arbeitsgesuche austauschen können, ohne dass sich Diskriminierungen daraus ergeben dürfen. Auch ist das Recht zur Ein- und Ausreise bzw das Aufenthaltsrecht für die Zeit der Arbeitssuche gewährleistet. Wie weit dieses Recht geht, bedurfte allerdings der Konkretisierung:

> EuGH, Rs C-292/89 (Antonissen):[359] Herr Antonissen, ein belgischer Staatsangehöriger, reiste in das Vereinigte Königreich ein. Dort wollte man ihn nach einiger Zeit ausweisen, nachdem er wegen eines Drogendelikts strafrechtlich verurteilt worden war. Herr Antonissen hielt die Ausweisungsverfügung für unzulässig, da er sich auf Arbeitssuche befände und deshalb das Recht der Freizügigkeit einer Ausweisung entgegenstünde.

In dem Verfahren wurde die Auffassung geäußert, dass Art 45 AEUV den Unionsangehörigen Freizügigkeit im Gebiet der Mitgliedstaaten nur gewähre, um sich um tatsächlich angebotene Stellen zu bewerben (Abs 3 lit a und b), das Aufenthaltsrecht in diesen Staaten aber an die Beschäftigung gebunden sei (Abs 3 lit c). Der EuGH hat diese Auffassung zurückgewiesen:

> „Nach der ständigen Rechtsprechung des Gerichtshofes gehört die Freizügigkeit nämlich zu den Grundlagen der Gemeinschaft; die einschlägigen Bestimmungen sind daher weit auszulegen. [...] Im Übrigen würde eine enge Auslegung des Artikels 48 Absatz 3 [Art 45 Abs 3 AEUV] die Chancen eines Arbeit suchenden Angehörigen eines Mitgliedstaats vermindern, in den anderen Mitgliedstaaten eine Stelle zu finden; sie nähme dieser Bestimmung damit ihre praktische Wirksamkeit. Artikel 48 Absatz 3 ist daher dahin auszulegen, daß er die Rechte, die den Angehörigen der Mitgliedstaaten im Rahmen der Freizügigkeit der Arbeitnehmer zustehen, nicht abschließend aufführt; zu dieser Freiheit gehört auch das Recht der Angehörigen der Mitgliedstaaten, sich in den anderen Mitgliedstaaten frei zu bewegen und sich dort aufzuhalten, um eine Stelle zu suchen.“[360]

Damit ist allerdings noch nicht die Frage einer zeitlichen Begrenzung dieses Rechts zur Arbeitssuche beantwortet. Hierzu stellt der EuGH fest, dass ein Zeitraum von sechs Monaten als grundsätzlich ausreichend erscheine, um den Betroffenen zu erlauben, im Aufnahmemitgliedstaat von Stellenangeboten Kenntnis zu nehmen, die ihren beruflichen Qualifikationen entsprechen, und sich gegebenenfalls um solche Stellen zu bewerben. Eine solche zeitliche Begrenzung gefährde daher nicht die praktische Wirksamkeit des Grundsatzes der Freizügigkeit. Erbringe der Betroffene freilich nach Ablauf

359 EuGH Rs C-292/89 (Antonissen), EU:C:1991:80..
360 EuGH Rs C-292/89 (Antonissen), EU:C:1991:80 Rn 11 ff.

dieses Zeitraums den Nachweis, dass er weiterhin und mit begründeter Aussicht auf Erfolg Arbeit suche, so dürfe er vom Aufnahmemitgliedstaat nicht ausgewiesen werden.[361] Diese Rechtsprechung ist mittlerweile so in Art 14 Abs 4 lit b RL 2004/38/EG normiert. Eine Verpflichtung Arbeitsuchender, das Hoheitsgebiet eines anderen Mitgliedstaats automatisch nach Ablauf von drei Monaten zu verlassen, hat der EuGH aus teleologischen Gründen abgelehnt.[362]

b) Europäisierung der Arbeitsvermittlung

Wenn von der individuellen Arbeitssuche und Anbahnung von Arbeitsverhältnissen die Rede ist, darf in einem weiteren Schritt nicht außer Acht gelassen werden, dass eine große Anzahl von Arbeitsverträgen aufgrund der Vermittlung durch öffentliche und private Stellen zustande kommt. Man darf davon ausgehen, dass für die grenzüberschreitende Anbahnung von Arbeitsverhältnissen die Einschaltung von Arbeitsvermittlungsinstitutionen vielleicht noch größere Bedeutung hat als im rein nationalen Rahmen. Von daher ist es für die Beurteilung der Funktionsweise eines europäischen Arbeitsmarkts und der Frage des ungehinderten grenzüberschreitenden Zugangs zu Arbeitsplätzen von erheblicher Bedeutung, dass nach der Rechtsprechung des EuGH in der Rs ITC auch private Arbeitsvermittler die Garantien der Arbeitnehmerfreizügigkeit für sich in Anspruch nehmen können.[363]

Es wurde oben bereits erwähnt, dass sowohl das deutsche wie österreichische Arbeitsförderungsrecht prinzipiell der Förderung des nationalen Arbeitsmarkts verpflichtet ist. Die Beschäftigung von Ausländern ist deshalb an eine besondere Prüfungspflicht und die Erteilung einer Arbeitserlaubnis gebunden. Für EU-Ausländer verbietet aber Art 46 AEUV solche Einschränkungen. Sowohl das deutsche wie das österreichische Recht tragen diesem Rechtszustand auch durch die Beseitigung von Arbeitserlaubnissen für EU-Ausländer Rechnung.[364]

Das EU-Primärrecht belässt es aber nicht nur bei der Aufforderung zur Beseitigung aller Beschränkungen bei der Wahl des Arbeitsplatzes. In Art 46 lit a AEUV wird auch die Sicherstellung einer engen Zusammenarbeit zwi-

361 EuGH Rs C-292/89 (Antonissen), EU:C:1991:80 Rn 21; bestätigt in EuGH Rs C-171/91 (Tsiotras), EU:C:1993:215, Rn 13; EuGH Rs C-138/02 (Collins), EU:C:2004:172 Rn 37.

362 EuGH Rs C-344/95 (Kommission/Belgien), EU:C:1997:81.

363 EuGH Rs C-208/05 (ITC Innovative Technology Center GmbH), EU:C:2007:16, Rn 22 ff = ZESAR 2007, 286 mit Anm *Mair*. Vgl dazu oben B.1.c).

364 Vgl für das deutsche Recht § 4 Abs 1 AufenthG, für das österreichische Recht § 1 Abs 2 lit l und m AuslBG.

schen den einzelstaatlichen Arbeitsverwaltungen verlangt. Damit haben sich bereits die Gründerväter die Europäisierung der Arbeitsvermittlung zum Ziel gesetzt. Art 29 der Charta der Grundrechte der EU bestimmt, dass jede Person das Recht auf Zugang zu einem unentgeltlichen Arbeitsvermittlungsdienst hat.[365]

Umgesetzt wurde dieses primärrechtliche Ziel ansatzweise bereits in der VO (EWG) 1612/68 über die Freizügigkeit der Arbeitnehmer. Aufgrund einer Entscheidung 93/569 der Kommission vom 22. 10. 1993 zur Durchführung der vorbezeichneten Vorschriften[366] wurde unter der Bezeichnung EURES (European Employment Services) ein europäisches Informationsnetz für Fragen der Beschäftigung geschaffen[367], das mit der Entscheidung 2003/8 EG erstmals umgestaltet und auf eine neue Grundlage gestellt wurde, um es zu konsolidieren und zu stärken. Diese Rechtsgrundlagen wurden in die novellierte FreizügigkeitsVO Nr 492/2011 aufgenommen (Art 11–20). Kernpunkte waren die Institutionaliserung der Zusammenarbeit zwischen den Mitgliedstaaten und der Kommission, die Übermittlung von Stellenangeboten und Arbeitsgesuchen sowie die Schaffung eines im Rahmen der Kommission gegründeten Koordinierungsbüros für den Ausgleich von Stellenangeboten und Arbeitsgesuchen.

Im Zuge der Umsetzung des vom Europäischen Rat im Juni 2012 beschlossenen Paktes für Wachstum und Beschäftigung wurde eine weitreichende Neugestaltung von EURES in Angriff genommen, um die transnationale und grenzüberschreitende geografische Mobilität der Arbeitskräfte zu erhöhen und gleichzeitig die Mobilität unter fairen Bedingungen und geltenden Arbeitsnormen zu gewährleisten.[368] Die Neuerungen wurden in der VO 2016/589 verankert.[369] Gewissermaßen das Hauptinstrument von EURES ist die in Art 17 ff VO 2016/589 institutionalisierte gemeinsame Plattform, für die jeder Mitgliedstaat genau bezeichnete Informationen zur Verfügung stellen muss. Mit der Errichtung der Europäischen Arbeitsbehörde ist ein Zuständigkeitswechsel eingetreten. Gemäß Art 6 VO 2019/1149 verwaltet die EAB das Europäische Koordinierungsbüro gemäß Art 7 VO 2016/589 mit Ausnahme des technischen Betriebs und Ausbaus des EURES-Portals und der damit zusammenhängenden IT-Dienste, die weiterhin von der Kommission verwaltet werden

365 Ausführlich dazu: *Meyer*, Kommentar zur Charta der Grundrechte der EU, Art 29 Rn 1 ff.

366 Vgl ABlEG 1993 Nr L 274/32.

367 Vgl zu Inhalt und Funktionsweise EURES-Satzung, ABlEG 2003 Nr C 106/3.

368 Vgl ABl L 328 v 28.11.2012 S 21.

369 Vgl VO 2016/589 über ein Europäisches Netz der Arbeitsvermittlungen (EURES) ua, ABl L 107 vom 24.6.2016, S 1.

c) Abschaffung staatlicher Vermittlungsmonopole

Erwähnung finden sollte an dieser Stelle auch eine wichtige Veränderung auf dem Gebiet der Arbeitsvermittlung, die ebenfalls durch europäisches Recht beeinflusst wurde. Den Hintergrund bilden hierfür aber nicht die Vorschriften über die Freizügigkeit, sondern über den Wettbewerb (Art 101 ff AEUV). Eingeleitet durch die Entscheidung des EuGH in der Rs Höfner und Elser[370] und präzisiert durch die das italienische Arbeitsvermittlungsmonopol betreffende Entscheidung in der Rs Job Centre[371] sind die nationalen Alleinvermittlungsmonopole der öffentlichen Vermittlungsinstitutionen gefallen. Der EuGH vertrat die Auffassung, dass es sich bei staatlichen Vermittlungsstellen um Unternehmen iSd Art 101 und 102 AEUV handle. Das alleinige staatliche Vermittlungsmonopol werde einem ausgedehnten und differenzierten Markt wie der Vermittlung von Arbeitnehmern nicht gerecht, könne den Bedarf nicht völlig befriedigen, so dass ein Verstoß gegen Art 106 AEUV vorliege. Deshalb mussten alle nationalen Vorschriften geändert werden, die öffentliche Arbeitsvermittlungsmonopole vorsahen. Zulässig ist aber nach wie vor, die private Arbeitsvermittlung erlaubnispflichtig zu machen, insbesondere um die Zuverlässigkeit privater Arbeitsvermittler überprüfen zu können.[372]

d) Arbeitslosenunterstützung

Das letzte Glied, auf das in der Präsentation des rechtlichen Rahmens eines europäischen Arbeitsmarkts hinzuweisen ist, ist schließlich die Flankierung der Arbeitssuche durch Geldleistungen der Arbeitslosenunterstützung.

> Ein Beispiel: A, ein Politologe in Wien, ist nach dreijähriger Tätigkeit bei einem Forschungsinstitut, das aufgelöst wurde, arbeitslos. Er meldete sich in Wien arbeitslos und erhielt Arbeitslosengeld. Nachdem sich Vermittlungsbemühungen erfolglos über einen Monat hinzogen, entschloss er sich, nach München zu ziehen

370 EuGH Rs C-41/90, EU:C:1991:161.

371 EuGH Rs C-55/96, EU:C:1997:603.

372 Das war die ursprüngliche Regelung in Deutschland, vgl § 291 SGB III aF. Mittlerweile ist die private Arbeitsvermittlung nur noch für die Vermittlung in das Ausland außerhalb der EU erlaubnispflichtig, vgl § 292 SGB III. In Österreich wurden die §§ 17–17e AMFG durch BGBl I 2002/68 aufgehoben. Nunmehr bedarf gem § 4 Abs 1 Nr 4 AMFG iVm § 97 Abs 1 GewO derjenige, der eine private Arbeitsvermittlung betreibt, einer Gewerbeberechtigung. Gem § 97 Abs 2 Nr 1 GewO sind bei natürlichen Personen dafür Staatsangehörigkeit und Wohnsitz in einem EWR Vertragsstaat notwendig, gem § 97 Abs 2 Nr 2 bei juristischen Personen der Sitz bzw die Hauptniederlassung in einem EWR Vertragsstaat sowie die Staatsangehörigkeit und der Wohnsitz durch ein Organ oder vertretungsbefugten Gesellschafter in einem EWR Vertragsstaat.

und meldete sich dort beim Arbeitsamt in der Hoffnung, in München bessere Vermittlungschancen vorzufinden.

Das Beispiel zeigt, dass eine Arbeitssuche bei Arbeitslosigkeit im Ausland in der Regel nur dann für die Betroffenen möglich ist, wenn sie ihren Anspruch auf Arbeitslosengeld gegen den ursprünglichen Versicherungsträger nicht verlieren. Dies wird durch Art 64 VO (EG) Nr 883/2004 gewährleistet.[373] Nach dieser Vorschrift ist der Anspruch auf Arbeitslosengeld allerdings zeitlich auf drei Monate begrenzt, gerechnet von dem Zeitpunkt an, in dem der Betroffene das Gebiet des bisher zuständigen Trägers verlassen hat. Er ist also gezwungen, innerhalb dieser drei Monate zurückzukehren, wenn er den weiteren Anspruch auf Arbeitslosengeld nicht verlieren will.[374]

Zudem müssen Leistungen im Bereich der Arbeitsvermittlung diskriminierungsfrei gewährt werden. In der Rs Caves Krier Frères[375] hat der EuGH eine Regelung, nach der dem Arbeitgeber eine Beihilfe zur Einstellung von Arbeitslosen, die mindestens das 45. Lebensjahr vollendet haben, nur gewährt wird, wenn der eingestellte Arbeitslose im selben Mitgliedstaat als arbeitssuchend gemeldet ist, für mit Art 45 AEUV unvereinbar erklärt.[376] Genauso sind Überbrückungsgelder für junge Menschen bei der Suche nach ihrer ersten Beschäftigung diskriminierungsfrei zu gewähren. Eine Anforderung, die sich auf die zumindest teilweise Absolvierung der schulischen Ausbildung im betreffenden Mitgliedstaat bezieht, stellt eine mittelbare Diskriminierung auf Grund der Staatsangehörigkeit dar, die nicht dadurch gerechtfertigt werden kann, dass eine hinreichende Verbindung zum Arbeitsmarkt nachgewiesen werden soll, da diese auch durch andere Kriterien gegeben sein kann.[377]

373 Ausführlich zu den EU-rechtlichen Vorschriften der Koordinierung der Leistungen bei Arbeitslosigkeit *Fuchs* in Fuchs (Hg), Art 61 ff VO (EG) Nr 883/2004.

374 Diese Regelung der zeitlichen Limitierung des Bezugs von Arbeitslosenunterstützung im Ausland ist immer wieder kritisiert worden, vgl *Gagel* in: *Schulte/Barwig* (Hg), 181.

375 EuGH Rs C-379/11, EU:C:2012:798: Geklagt hatte ein luxemburgischer Arbeitgeber, der eine luxemburgische Staatsangehörige eingestellt hatte, die ihren Wohnsitz in Deutschland hatte, zuvor aber bereits als Grenzgängerin in Luxemburg tätig gewesen war.

376 Der EuGH hat hierin eine mittelbare Diskriminierung auf jeden Fall dann gesehen, wenn sich nur Arbeitslose mit Wohnsitz im betreffenden Mitgliedstaat arbeitssuchend melden können.

377 EuGH Rs C-258/04 (Ioannidis), EU:C:2005:559; EuG HRs C-367/11 (Prete), EU:C:2012:668.

II. Individualarbeitsrecht

A. Abschluss und Inhalt des Arbeitsvertrags

Bereits bei der Begründung von Arbeitsverhältnissen werden die nationalen Rechtsordnungen durch europarechtliche Vorgaben geprägt. In diesem Zusammenhang kam bei Abschluss eines Arbeitsvertrags vor allem der RL 91/533/EWG[378] (sog Nachweisrichtlinie) besondere Bedeutung zu. Sie wurde am 20. 6. 2019 durch die RL 2019/1152/EU[379] (sog Transparenzrichtlinie) ersetzt, die bis zum 1. 8. 2022 umzusetzen ist. Bezüglich des Inhalts von Arbeitsverhältnissen macht das europäische Arbeitsrecht dem nationalen Gesetzgeber zusätzlich punktuelle Vorgaben, deren Umsetzung der Rechtsangleichung dienen soll. So sind die Mitgliedstaaten verpflichtet, im Bereich der Teilzeitarbeit (RL 97/81/EG)[380] im Hinblick auf befristete Verträge (RL 1999/70/EG)[381], ebenso wie im Bereich der Leiharbeit durch die RL 2008/104/EG[382], die europarechtlichen Vorschriften umzusetzen. Des Weiteren werden sowohl der Abschluss als auch der Inhalt von Arbeitsverträgen durch die sog Gleichbehandlungsrichtlinien[383] beeinflusst.

1. Transparente und vorhersehbare Arbeitsbedingungen (RL 2019/1152/EU)

Literatur: *Henssler/Pant*, Europäisierter Arbeitnehmersbegriff – Regulierung der typischen und atypischen Berschäftigung in Deutschlang und der Union, RdA 2019, 321 ff; *Kolbe*, Vom Nachweis zur Transparenz der Arbeitsbedingungen, EuZA 2020, 35 ff; *Kolbe*, 700 RL (EU) 2019/1152, in: *Franzen/Gallner/Oetker*, Kommentar zum europäischen Arbeitsrecht, 3. Auflage 2020; *Maul-Sartori*, Die neue Arbeitsbedingungenrichtlinie, NZA 2019, 1161 ff; *Schöffmann*, Die neue Transparenzrichtlinie, ZAS 2019, 244 ff.

Zur Nachweisrichtlinie (RL 91/533/EWG):

Däubler, EG-Arbeitsrecht auf dem Vormarsch, NZA 1992, 577 ff; *European Commission*, Commission Staff Working Document, REFIT Evaluation of the 'Written Statement Directive' (Directive 91/533/EEC), Brussels, 26. 4. 2017 – SWD (2017) 205 final; *Friese*, Der Nachweis der wesentlichen Regelungen des Arbeitsvertrages, in: EAS B 3050, 2010; *Kolbe*, 430 RL 91/533/EWG, in: *Franzen/Gallner/Oetker*, Kommentar zum europäischen Arbeitsrecht, 3. Auflage 2020; *Maul-Sartori*, Europäische arbeitsverhältnisbezogene Informationsrechte, 2008; *Oetker*, § 10 Europarechtliche Grund-

378 ABlEG 1991 Nr L 288/32.
379 ABlEU 2019 Nr L 186/105.
380 ABlEG 1998 Nr L 14/9.
381 ABlEG 1999 L 175/43.
382 ABlEG 2008 L 327/9.
383 Siehe dazu das Kapitel Antidiskriminierung unter II.B.

lagen des Arbeitsrechts, in: *Richardi/Wlotzke* (Hg), MünchArbR, 3. Aufl 2009, Rn 26; *Riesenhuber*, Europäisches Arbeitsrecht, 2009, § 12; *Thüsing*, Europäisches Arbeitsrecht, 3. Auflage 2017, § 8; *Tillmans*, § 13 Nachweis von Arbeitsbedingungen, in: *Schlachter/Heinig* (Hg): Europäisches Arbeits- und Sozialrecht (EnzEuR Bd 7), 2016.

Zur Umsetzung der Nachweisrichtlinie in Deutschland durch das Nachweisgesetz:

Birk, Das Nachweisgesetz zur Umsetzung der Richtlinie 91/533/EWG in das deutsche Recht, NZA 1996, 281 ff; *Hanau/Steinmeyer/Wank*, Handbuch des Europäischen Arbeits- und Sozialrechts, 2002, § 18 Rn 1 ff; *Höland*, Das neue Nachweisgesetz – Arbeits- und zivilrechtliche Fragen, ArbuR 1996, 87 ff; *Lörcher*, Die EG-Nachweisrichtlinie (91/533/EWG) und ihre Umsetzung in innerstaatliches Recht, ArbuR 1994, 450 ff; *Melms/Weck*, Rechtsprechungsübersicht zum Nachweisgesetz, RdA 2006, 171 ff; *Preis*, Das Nachweisgesetz - lästige Förmelei oder arbeitsrechtliche Zeitbombe?, NZA 1997, 10 ff; *Preis*, Kommentierung zum 510. Nachweisgesetz, in: Erfurter Kommentar zum Arbeitsrecht, 17. Aufl 2017; *Richardi*, Formzwang im Arbeitsverhältnis, NZA 2001, 57 ff; *Schwarze*, Praktische Handhabung und dogmatische Einordnung des Nachweisgesetzes, ZfA 1997, 43; *Wank*, Das Nachweisgesetz, RdA 1996, 21 ff; *Weber*, Materielle und prozessuale Folgen des Nachweisgesetzes bei Nichterteilung des Nachweises, NZA 2002, 641 ff.

Zur Umsetzung der Nachweisrichtlinie in Österreich durch § 2 AVRAG:

Binder/Mair, § 2 AVRAG, in: *Binder/Burger/Mair*, 3. Aufl 2017; *Egger*, Das Arbeits- und Sozialrecht der EU und die österreichische Rechtsordnung, 2. Aufl 2005, 353 ff; *Gruber*, Mangelhafter Dienstzettel – Nichtigkeit als Rechtsfolge?, ecolex 2000, 57 ff; *Holzer/Reissner*, AVRAG, 2. Aufl 2006, 55 mwN; *Reissner* § 2 AVRAG, in: *Neumayr/Reissner* (Hg), Zeller Kommentar zum Arbeitsrecht, 3. Aufl 2018.

Die RL 91/533/EWG vom 14. 10. 1991 über die Pflicht des Arbeitgebers zur Unterrichtung des Arbeitnehmers über die für seinen Arbeitsvertrag oder sein Arbeitsverhältnis geltenden Bedingungen, die bis zum 30. 6. 1993 von den Mitgliedstaaten in das nationale Recht umzusetzen war, sollte die Vorschriften über die Form von Arbeitsverhältnissen harmonsieren, die einige Mitgliedstaaten angesichts der zunehmenden Vielfalt von Arbeitsverhältnissen zum Schutz der Arbeitnehmer vor Unkenntnis ihrer Rechte und für eine transparentere Gestaltung der Arbeitsverhältnisse getroffen haben. Zugleich diente die Nachweisrichtlinie der Umsetzung von Punkt 9 der Gemeinschaftscharta der sozialen Grundrechte der Arbeitnehmer, welcher die Regelung der Arbeitsbedingungen eines jeden abhängig Beschäftigten der Europäischen Union entsprechend der Gegebenheiten der einzelnen Länder durch Gesetz, Tarifvertrag oder Beschäftigungsvertrag vorsieht.[384]

384 Besondere – über jene der RL 91/533/EWG hinausgehende – Informationspflichten enthält Art 9 RL 2002/15/EG zur Regelung der Arbeitszeit von Personen, die Fahrtätigkeiten im Bereich des Straßentransports ausüben.

Die RL 2019/1152/EU vom 20. Juni 2019 über transparente und verlässliche Arbeitsbedingungen in der Europäischen Union (sog Transparenzrichtlinie; oder auch Arbeitsbedinungenrichtlinie[385]) ersetzt die Nachweisrichtlinie nicht nur, sondern entwickelt sie wesentlich weiter. Dabei soll sie die Grundsätze sicherer und anspassungsfähiger Beschäftigung (Nr 5) und der Transparenz der Beschäftigungsbedinungen und des Kündigungsschutzes (Nr 7) der Europäischen Säule sozialer Rechte verwirklichen.[386] Die Richtlinie ist bis zum 1. 8. 2022 ins nationale Recht umzusetzen (Art 21 Abs 1).

a) Von der Richtlinie erfasste Arbeitsverhältnisse

Art 1 Abs 2 der Transparenzrichtlinie erfasst jeden Arbeitnehmer, „der nach den Rechtsvorschriften, Kollektiv- bzw Tarifverträgen oder Gepflogenheiten in dem jeweiligen Mitgliedstaat einen Arbeitsvertrag hat oder in einem Arbeitsverhältnis steht, wobei die Rechtsprechung des Gerichtshofs zu berücksichtigen ist." Die Richtlinie verweist zunächst auf das nationale Recht, erkennt aber an, dass die Auslegung des Arbeitnehmerbegriffs durch die Rechtsprechung des EuGH beschränkt wird.[387] Sie weicht damit vom Kommissionsvorschlag ab, der einen autonomen Arbeitnehmerbegriff festlegt und dabei auf die *Lawrie-Blum*-Formel verweist.[388]

Bemerkenswertweise legt die Richtlinie, die zu berücksichtigende Rechtsprechung im Erwähungsgrund 8 gleich selbst fest und stellt hier vor allem auch klar, dass die Scheinselbstständigkeit ein Missbrauch des Status der selbstständigen Erwerbstätigkeit ist und tatsächlich die typischen Kritierien für das Vorliegen eines Arbeitsverhältnisses ausschlaggebend sind. Die Ermittlung des Vorliegens eines Arbeitsverhältnisses solle sich an den Fakten orientieren und nicht an der Bezeichnung des Verhältnisses durch die Parteien.

Im Hinblick auf die Rechtsprechung des EuGH zur Befristungsrichtlinie[389] erfasst die Transparenzrichtlinie wohl nicht nur (privatrechtliche) Beschäftigungsverhältnisse zu Gebietskörperschaften, sondern auch öffentlich-rechtliche Dienstverhältnisse. Darauf weist gerade Art 1 Abs 6 hin, der für Beamte lediglich eine (Teil-)Ausnahmemöglichkeit hinsichtlich Kapitel III (Art 8 bis 14) der Transparenzrichtlinie vorsieht. Weiterhin kritisch zu

385 *Maul-Sartori*, NZA 2019, 1161.
386 *Schöffmann*, ZAS 2019, 244.
387 *Henssler/Pant* sprechen hier von einer „inkorporierten Auslegungsschranke" (RdA 2019, 321 [328]).
388 *Schöffmann*, ZAS 2019, 244 [245].
389 EuGH Rs C-444/09 (Gavieiro Gavieiro) und C-456/09 (Torres), EU:C:2010:819.

sehen ist daher die Bereichsausnahme des § 1 Abs 2 des österreichischen Arbeitsvertragsrechts-Anpassungsgesetzes (AVRAG), derzufolge Arbeitsverhältnisse zu Ländern, Gemeindeverbänden und Gemeinden, der land- und forstwirtschaftlichen Arbeiter iSd Landarbeitsgesetzes 1984 sowie zu Stiftungen, Anstalten und Fonds, auf die das Vertragsbedienstetengesetz (VBG) anzuwenden ist, nicht erfasst werden. Darüber hinaus normiert § 1 Abs 2 AVRAG eine Ausnahme für Arbeitsverhältnisse zum Bund, auf die dienstrechtliche Vorschriften anzuwenden sind, welche den Inhalt der Arbeitsverhältnisse zwingend regeln. Auch wenn die Bereichsausnahme für sich genommen nicht als europarechtswidrig zu werten ist, bleibt die Verpflichtung des nationalen (Landes-)Gesetzgebers bestehen, auch für diese Arbeitnehmer die Transparenzrichtlinie umzusetzen.[390]

Den Mitgliedstaaten steht es jedoch gem Art 1 Abs 3 der Transparenzrichtlinie frei, Arbeitsverhältnisse vom Anwendungsbereich der Richtlinie auszunehmen, deren im Voraus festgelegte und tatsächlich geleistete Arbeitszeit in einem Referenzzeitraum von vier aufeinanderfolgenden Wochen im Durchschnitt nicht mehr als drei Stunden wöchentlich beträgt.. Die Ausnahmebestimmung findet aber auf jene Beschäftigungsverhältnisse keine Anwendung, bei denen vor dem Beschäftigungsbeginn kein garantierter Umfang bezahlter Arbeit festgelegt wurde.

Zudem bestehen Ausnahme für Hausangestellte. Die Mitgliedstaaten können entscheiden die Art 12 (Übergang zu anderen Arbeitsformen), 13 (Pflichtfortbildungen) und 15 Abs 1 lit a (Rechtsvermuung, wenn kein Dienstzettel ausgestellt wird) der Transparenzrichtlinie für die Beschäftigungsverhältnisse nicht umzusetzen. Grund dafür ist, dass diese Beschäftigungsverhältnisse durch die besondere Beziehung zum Privatbereich des Arbeitgebers gekennzeichnet sind, weshalb der Vertrag in der Regel weniger formal abgeschlossen wird. Darüber hinaus beschäftigt der Arbeitgeber überwiegend nur einzelne Hausangestellte, wodurch der Informationsaufwand besonders hoch und gleichzeitig seine Informationskompetenz gering ist.[391]

b) Unterrichtungsverpflichtung des Arbeitgebers über die wesentlichen Punkte des Arbeitsvertrags

Der Arbeitgeber ist gem Art 3 iVm Art 4 Abs 1 der Nachweisrichtlinie verpflichtet „über die wesentlichen Aspekte des Arbeitsverhältnisses zu unterrichten“. Für die Informationspflicht setzt Art 4 Abs 2 der Transparenz-

390 *Holzer/Reissner*, AVRAG, 46 ff.

391 *Friese*, EAS B 3050 Rn 12 ff; *Däubler*, NZA 1992, 578.

richtlinie einen Mindestumfang fest. Die Schriftstücke müssen mindestens folgende Angaben enthalten:[392]

- die Personalien der Parteien;
- den Arbeitsort; falls es sich nicht um einen festen oder vorherrschenden Arbeitsort handelt: den Hinweis darauf, dass der Arbeitnehmer grundsätzlich an verschiedenen Orten tätig wird oder ihren bzw seinen Arbeitsort frei wählen kann, sowie den Sitz des Unternehmens oder gegebenenfalls den Wohnsitz des Arbeitgebers;
- entweder die Funktionsbezeichnung, den Grad sowie die Art oder Kategorie der Arbeit, die dem Arbeitnehmer bei der Einstellung zugewiesen wurden, oder eine kurze Charakterisierung oder Beschreibung der Arbeit;
- den Zeitpunkt des Beginns des Arbeitsverhältnisses;
- bei befristeten Arbeitsverhältnissen: das Enddatum oder die erwartete Dauer des Arbeitsverhältnisses;
- bei Leiharbeitnehmern: die Identität der entleihenden Unternehmen, wenn und sobald bekannt;
- gegebenenfalls die Dauer und die Bedingungen der Probezeit;
- gegebenenfalls den Anspruch auf vom Arbeitgeber bereitgestellte Fortbildung;
- die Dauer des bezahlten Urlaubs, auf den der Arbeitnehmer Anspruch hat, oder, falls dies zum Zeitpunkt der Unterrichtung nicht angegeben werden kann, die Modalitäten der Gewährung und der Festlegung dieses Urlaubs;
- das bei der Kündigung des Arbeitsverhältnisses vom Arbeitgeber und vom Arbeitnehmer einzuhaltende Verfahren, einschließlich der formellen Anforderungen und der Länge der Kündigungsfristen, oder, falls die Kündigungsfristen zum Zeitpunkt der Unterrichtung nicht angegeben werden können, die Modalitäten der Festsetzung der Kündigungsfristen;
- die Vergütung, einschließlich des anfänglichen Grundbetrags, sofern vorhanden anderer Bestandteile, die getrennt anzugeben sind, und der Periodizität und der Art der Auszahlung der Vergütung, auf die der Arbeitnehmer Anspruch hat;
- falls die Arbeitsmuster völlig oder größtenteils vorhersehbar sind: die Länge des Standardarbeitstages oder der Standardarbeitswoche des Arbeitnehmers sowie gegebenenfalls die Modalitäten und die Vergütung von Überstunden und, sofern zutreffend, etwaige Modalitäten von Schichtänderungen;

392 Zur einzelnen Ausgestaltung der Mindestangaben siehe in Detail *Kolbe* in: *Franzen/Gallner/Oetker* 2016, Rn 13 ff.

- besondere Informationen zu Arbeitsmustern, garantierter Vergütung und Referenzstunden, soweit es sich um besonders flexible Arbeitszeitmodelle handelt;
- gegebenenfalls die Angabe der Kollektiv- bzw. Tarifverträge, in denen die Arbeitsbedingungen des Arbeitnehmers geregelt sind, oder bei außerhalb des Unternehmens durch einzelne paritätische Stellen oder Institutionen abgeschlossenen Kollektiv- bzw Tarifverträgen: Angabe solcher Stellen oder paritätischen Institutionen, in deren Rahmen sie abgeschlossen wurden;

falls der Arbeitgeber dafür zuständig ist: die Identität der Sozialversicherungsträger, die die Sozialbeiträge im Zusammenhang mit dem Arbeitsverhältnis und einem gegebenenfalls vom Arbeitgeber gewährten Sozialversicherungsschutz erhalten.Die Informationen sind bis zum siebten Kalendertag nach Aufnahme des Beschäftigungsverhältnisses schriftlich zu erteilen. Einzelne könne bis zu einen Monat nach dem ersten Arbeitstag bereitgestellt werden (Art 4 Abs 2).

Dabei genügt gem Art 4 Abs 3 der Transparenzrichtlinie betreffend die Angaben über die Dauer der Probezeit, den Anspruch auf vom Arbeitgeber bereitgestellte Fortbildung, den Jahresurlaub, die Kündigungsfristen und dabei einzuhaltenden Verfahren, die Vergütung,die Arbeitszeit und den Sozialversicherungsträger gegebenenfalls ein Hinweis auf die Rechts- oder Verwaltungsvorschriften bzw die Satzungs- oder Tarifvertragsbestimmungen, die für die entsprechenden Bereiche gelten. Der nationale Gesetzgeber hat die vergleichbare Bestimmung der Nachweisrichtlinie mit § 2 NachwG in Deutschland bzw § 2 AVRAG in Österreich im Wesentlichen wortgleich übernommen bzw den nationalen Gegebenheiten unionsrechtskonform angepasst. Zusätzlich zu den Anforderungen des Art 4 Abs 2 der Transparenzrichtlinie muss gem Art 7 Abs 1 bei Arbeitnehmern, die ihre Arbeit in einem oder mehreren anderen Ländern als dem Mitgliedstaat, dessen Rechtsvorschriften und/oder Praxis der Arbeitsvertrag oder das Arbeitsverhältnis unterliegt, ausüben, der schriftliche Nachweis die folgenden Angaben enthalten:

- das Land oder die Länder, in dem bzw in denen die Arbeit geleistet werden soll und geplante Dauer dieser Tätigkeit;
- Währung, in der das Arbeitsentgelt ausgezahlt wird;
- gegebenenfalls die mit dem Auslandsaufenthalt verbundenen Vorteile in Geld und in Naturalien;
- gegebenenfalls die Bedingungen für die Rückführung des Arbeitnehmers.

Die Unterrichtung über die Währung des auszuzahlenden Entgelts sowie die mit dem Auslandsaufenthalt verbundene Vorteile kann durch einen Hinweis auf die Rechts- und Verwaltungsvorschriften bzw die Satzungs- oder

Tarifvertragsbestimmungen erfolgen. Die Dokumente müssen vor der Abreise des Arbeitnehmers in dessen Besitz gelangen.

Der EuGH versteht Art 4 Abs 2 RL 2019/1152/EU als demonstrative Aufzählung (arg „mindestens"). Demzufolge können sich aus der Generalklausel des Art 4 Abs 1, wonach der Arbeitgeber den Arbeitnehmer „über die wesentlichen Punkte des Arbeitsvertrags oder des Arbeitsverhältnisses in Kenntnis zu setzen" hat, über den Katalog des Abs 2 hinausgehende Informationspflichten ergeben.[393]

c) Unterrichtungsverpflichtung des Arbeitgebers über die Änderungen der Arbeitsbedingungen

Ändern sich die Arbeitsbedingungen, über die der Arbeitgeber gem Art 4 Abs 2 und Art 7 der Transparenzrichtlinie zu informieren verpflichtet ist, so muss er gem Art 6 bei erster Gelegenheit, spätestens aber an dem Tag, an dem diese Änderungen wirksam werden (Abs 1 leg cit), diese dem Arbeitnehmer schriftlich bestätigen, es sei denn, dass die Änderung auf geänderten Rechts- oder Verwaltungsvorschriften beruht (Abs 2 leg cit).

d) Rechtswirkungen des schriftlichen Nachweises der Arbeitsbedingungen

Nach der Nachweisrichtlinie war es möglich die Informationspflicht auch durch einen schriftlichen Arbeitsvertrag, ein Anstellungsschreiben oder durch ein (oder mehrere) andere(s) Schreiben zu erfüllen, soweit diese Schriftstücke alle wesentlichen Informationen enthielten. Dies wurde durch Art 3 Abs 1 RL 91/533/EWG klargestellt.

Eine solche ausdrückliche Regel fehlt in der Transparenzrichtlinie. Sie legt aber als „Form der Unterrichtung" allgemein ein Dokument fest. Unstrittig fallen auch der Arbeitsvertrag, das Anstellungsschreiben oder sonstige Schriftstücke und den Begriff des „Dokuments", soweit sie schriftlich sind. Unterschriftlichkeit iSd Schriftformerfordernisse des Bürgerlichen Rechts (§ 886 ABGB oder § 126 BGB) ist dabei aber nicht erforderlich.[394]

Die Transparenzrichtlinie sieht für den Nachweis selbst keine Beweisregelung vor, sodass die nationalen Beweislastregelungen eingreifen.[395] Für die schriftliche Aufzeichnung gilt demnach die gleiche Richtigkeitsvermutung,

393 Dies wurde – hinsichtlich der Nachweisrichtlinie – für die Möglichkeit der Anordnung von Überstunden bejaht (EuGH Rs C-350/99 [Lange], EU:C:2001:84). Eine diesbezügliche Informationspflicht findet sich nunmehr ausdrücklich in Art 4 Abs 2 lit l der Transparenzrichtlinie.

394 *Schöffmann*, ZAS 2019, 244 [247].

395 Zur Nachweisrichtlinie EuGH Rs C-350/99 (Lange), EU:C:2001:84; OGH 9 Ob A 328/00a ZAS 2002/13 = DRdA 2002, 64.

die auch einem vom Arbeitgeber nach innerstaatlichem Recht ausgestelltem und übermitteltem Dokument zukommt. Dem Arbeitgeber steht die Möglichkeit des Gegenbeweises offen.[396] Der schriftliche Nachweis hat lediglich deklaratorische Wirkung und somit auf die Wirksamkeit des Arbeitsverhältnisses keinerlei Auswirkungen.[397]

Fehlt hingegen der Nachweis, ordnet Art 15 Abs 1 lit a zu Gunsten des Arbeitnehmers die Vermutung der für ihn günstigeren Regel an. Diese Vermutung kann jedoch vom Arbeitgeber widerlegt werden. Die Transparenzrichtlinie kann daher gerade nicht so ausgelegt werden, dass das Fehlen einer ordnungsgemäßen Unterrichtung des Arbeitnehmers über einen wesentlichen Punkt des Arbeitsverhältnisses die Unwirksamkeit dieses Punkts zur Folge hat. da sie den Mitgliedstaaten die Befugnis belässt die in einem solchen Fall geltenden angemessenen Sanktionen zu bestimmen, sofern der Arbeitnehmer seine Rechte gerichtlich geltend machen kann.[398]

e) Mindestanforderungen an die Arbeitsbedingungen

Kapitel III der Transparenzrichtlinie geht über den Inhalt der Nachweisrichtlinie weit hinaus. Es werden nicht nur formelle Informationspflichten geschaffen, sondern den Arbeitnehmer kommen materielle Mindestarbeitsbedinungen zu.

Art 8 der Transparenzrichtlinie beschränkt Probezeiten im Beschäftigungsverhältnis auf höchstens sechs Monate. Die Probezeit gestattet es dem Arbeitgeber zu überprüfen, ob der Arbeitnehmer für die Stelle auch tatsächlich geeignet ist. Eine konkrete Definition gibt die Richtlinie aber nicht vor. In der Regel fehlt während der Probezeit aber der allgemeine Bestandschutz und Kündigungen sind häufig unter Einhaltung einer verkürzten Frist möglich.[399] In Ausnahmefällen können die Mitgliedstaaten längere Probezeiten

396 EuGH Rs C-253/96 bis 256/96 (Kampelmann ua gegen Landschaftsverband Westfalen-Lippe), EU:C:1997:585.

397 Konstitutive Wirkung kommt allein dem Arbeitsvertrag zu; zur Abgrenzung zwischen Dienstzettel und Arbeitsvertrag siehe OGH 9 Ob A, 250/99a, DRdA 2000, 534 = RdW 2000/475 = ASoK 2000, 330 = ecolex 2000/190; OGH 9 Ob A 86/01i DRdA 2003/3 = ASoK 2002, 348 = wbl 2002/257 = RdW 2002/463 = ecolex 2002/86 sowie OGH 9 Ob A 43/04w ARD 5515/5/04 = RdW 2004/558; zur Frage, ob von der Unterfertigung des Dienstzettels durch den Arbeitnehmer auf eine Änderung des Arbeitsvertrags geschlossen werden kann, siehe OGH 9 Ob A 267/01g DRdA 2003/8 = wbl 2002/158 = RdW 2002/464 = infas 2002, A 21 sowie OGH 9 Ob A 43/04w ARD 5515/5/04 = RdW 2004/558.

398 EuGH Rs C-350/99 (Lange), EU:C:2001:84.

399 *Kolbe* in: *Franzen/Gallner/Oetker*, Art 8 RL 1152/2019/EU Rn 4; *Schöffmann*, ZAS 2019, 244 [249].

festsetzen, wenn dies durch die Art der Tätigkeit gerechtfertigt oder im Interesse des Arbeitnehmers ist.

Nach Art 9 darf der Arbeitgeber seinem Arbeitnehmer die Aufnahme einer Nebenbeschäftigung nicht verbieten. Die Mitgliedstaaten dürfen aber Ausnahmen festlegen, wenn eine Nebenbeschäftigung aus objektiven Gründen unvereinbar erscheint. Dazu zählt allen voran die Aufnahme einer Beschäftigung bei einem konkurrierenden Unternehmen.

Art 10 und 11 befassen sich mit flexiblen Arbeits(zeit)modellen, wo die Zeiten der Arbeitsleistung im wesentlichen Umfang nicht vorhersehbar sind. In Österreich spielen diese Bestimmungen keine wesentliche Rolle, weil Abrufverträge unzulässig sind.[400] Hingegen ist Arbeit auf Abruf in Deutschlang innerhalb bestimmter Schrank zulässig (§ 12 TzBfG). Nach Art 10 Abs 1 lit b der Transparenzrichtlinie hat der Arbeitgeber innerhalb einer angemessenen Ankündigungsfrist über einen Arbeitsauftrag zu informieren. Die Länge dieser Ankündigungsfrist darf entsprechend den Erfordernissen des betreffenden Sektors unterschiedlich sein, solange ein angemessener Schutz der Arbeitnehmer sichergestellt ist. Nach § 12 Abs 3 TzBfG ist der Arbeitnehmer nur dann zur Arbeitsleistung verpflichtet, wenn der Arbeitgeber ihm die Lage seiner Arbeitszeit jeweils mindestens vier Tage im Voraus mitteilt. Ob es sich dabei um eine „angemessene Ankündigungsfrist" handelt, wird wohl früher oder später der EuGH beurteilen müssen.[401] Art 11 ordnet Maßnahmen zum Schutz gegen Missbrauch von Abrufverträgen an. Besonders notorische sind hier die *zero-hour contracts* im Vereinigten Königreich. Die Mitgliedstaaten müssen – sofern sie solche Verträge überhaupt zulassen – deren Anwendung und Dauer beschränken, Vermutungsregeln hinsichtlich eines garantieren Mindestarbeitsausmaßes oder gleichwertige Maßnahmen ergreifen.

Nach einer Beschäftigungsdauer von sechs Monaten erhalten Arbeitnehmer das Recht, um eine Arbeitsform mit vorhersehbaren und sichereren Arbeitsbedinungen zu ersuchen (Art 12). Dieses Ersuchen ist vom Arbeitgeber schriftlich zu beantworten.

f) Rechtsschutz

Gem Art 16 der Transparenzrichtlinie sind die Mitgliedstaaten verpflichtet, die notwendigen Vorschriften zu erlassen, damit jeder Arbeitnehmer, der sich durch die Nichterfüllung der Verpflichtungen aus der Transparenzrichtlinie beschwert fühlt, seine Rechte nach etwaiger Befassung anderer zuständiger Stellen gerichtlich geltend machen kann. Nach Art 19 der Trans-

400 OGH 8 ObA 116/04 y DRdA 2005, 183.
401 Dafür *Maul-Sartori*, NZA 2019, 1161 [1167].

parenzrichtlinie haben die Mitgliedstaaten Sanktionen für den Fall der Nichterfüllung der Verpflichtungen aus der Richtlinie festzulegen. Diese müssen wirksam, angemessen und abschreckend sein. Hierfür kommen insbesondere ein (uU pauschalierter) Schadenersatz oder eine Verwaltungsstrafe.[402] Die Mitgliedstaaten haben nach Art 18 auch einen Motivkündigungsschutz für den Fall vorzusehen, dass der Arbeitnehmer wegen der Inanspruchnahme von Rechten aus der Richtlinie gekündigt werden soll. Arbeitnehmer, die der Ansicht sind, von einer solchen Kündigung aus verpöntem Motiv betroffen zu sein, können vom Arbeitgeber eine schriftliche Begründung der Kündigung verlangen. Die Transparenzrichtlinie fordert zudem, dass in einem darauffolgenden Kündigungsschutzverfahren der Arbeitnehmer lediglich zur Glaubhaftmachung des (verpönten) Kündigungsgrundes ist und die Beweislast sodann auf den Arbeitgeber übergeht.

2. Teilzeitarbeit (RL 97/81/EG)403

Literatur: *Burger*, Neues zum AÜG, in: *Wachter/Burger* (Hg), Aktuelle Entwicklungen im Arbeits- und Sozialrecht, 2013, 3 ff; *Davies*, The implementation of the directive on temporary agency work in the UK, ELLJ 2010, 307 ff; *Egger*, Das Arbeits- und Sozialrecht der EU und die österreichische Rechtsordnung, 2. Aufl 2005, 370 ff; *Hamann*, Die Reform des AÜG im Jahr 2011, RdA 2011, 321 ff; *Hießl/Runggaldier*, Grundzüge des europäischen Arbeits- und Sozialrechts, 4. Aufl 2014, 82 ff; *Jung*, Die EG-Grundsätze der Nichtdiskriminierung bei befristeten Arbeitsverhältnissen und Teilzeit, BG 2000, 354 ff; *Kietaibl* in: *Franzen/Gallner/Oetker*, Kommentar zum europäischen Arbeitsrecht, 3. Auflage 2020, S 943 ff; *Mitter*, Europäisches Rahmenabkommen über Teilzeitarbeit, RdW 1997, 538 ff; *Mosler*, Beschäftigung nach Bedarf – arbeitsrechtliche Grenzen der flexiblen Teilzeitarbeit, DRdA 2002, 461 ff; *Pietras*, Der Teilzeitanspruch gemäß § 8 TzBfG und das deutsche internationale Privatrecht, NZA 2008, 1051 ff; *Rieble/Vielmeier*, Umsetzungsdefizite der Leiharbeitsrichtlinie, EuZA 2011, 474 ff; *Riesenhuber*, Europäisches Arbeitsrecht, 2009, § 16; *Standeker*, Haben teilzeitbeschäftigte Arbeitnehmer einen gemeinschaftsrechtlichen Anspruch auf gleiches Entgelt wie vergleichbare Vollzeitbeschäftigte? – Keine Kompetenz der EU für Entgeltfragen, ASoK 2003, 80 ff; *Thüsing*, Europäisches Arbeitsrecht, 3. Aufl 2017, § 4 Rn 4 ff; *ders*, Europarechtlicher Gleichbehandlungsgrundsatz als Bindung des Arbeitgebers?, ZIP 2005, 2149 ff; *Ulber*, Teilzeit, in: *Schlachter/Heinig*, Europäisches Arbeits- und Sozialrecht, 2016, § 14, S 555 ff; *Waas*, Gesetzlicher Anspruch auf Teilzeitarbeit in den Niederlanden, NZA 2000, 583 ff;

402 Zur Nachweisrichtlinie vgl *Friese*, EAS B 3050 Rn 65 ff; *Lörcher*, ArbuR 1994, 454 f.

403 ABlEG 1998 Nr L 14/9; siehe auch RL 98/23/EG zur Ausdehnung der RL 97/81/EG zu der von UNICE, CEEP und EGB geschlossenen Rahmenvereinbarung über Teilzeitarbeit auf das Vereinigte Königreich Großbritannien und Nordirland, ABlEG 1998 Nr L 131/10.

Die Teilzeitarbeit ist im europäischen Arbeitsrecht nicht allein unter dem Gesichtspunkt der Gleichbehandlung der Geschlechter relevant, sie wurde mit der RL 97/81/EG auch einer allgemeinen Regelung zugeführt. Gem Art 1 dieser Richtlinie soll mit ihr die am 6. Juni 1997 zwischen den europäischen Sozialpartnern (UNICE, CEEP, EGB) geschlossene Rahmenvereinbarung über Teilzeitarbeit durchgeführt werden, die somit Rechtsverbindlichkeit erlangt.

a) Anwendungsbereich

§ 3 der Rahmenvereinbarung definiert den Begriff des Teilzeitbeschäftigten als einen „Arbeitnehmer, dessen normale, auf Wochenbasis oder als Durchschnitt eines bis zu einem Jahr reichenden Beschäftigungszeitraums berechnete Arbeitszeit unter der eines vergleichbaren Vollzeitbeschäftigten liegt". Als vergleichbare Vollzeitbeschäftigte definiert § 3 einen Vollzeitbeschäftigten „desselben Betriebs mit derselben Art von Arbeitsvertrag oder Beschäftigungsverhältnis, der in der gleichen oder einer ähnlichen Arbeit/Beschäftigung tätig ist, wobei auch Betriebszugehörigkeitsdauer und die Qualifikation/Fertigkeiten sowie andere Erwägungen heranzuziehen sind". Fehlen im selben Betrieb vergleichbare Vollzeitbeschäftigte, so ist der Vergleich anhand des anwendbaren Tarifvertrages oder, in Ermangelung eines solchen, anhand der gesetzlichen oder tarifvertraglichen Bestimmungen oder nationalen Gepflogenheiten vorzunehmen.

Die Mitgliedstaaten können jedoch gem § 2 Nr 2 der Rahmenvereinbarung aus sachlichen Gründen Teilzeitbeschäftigte, die nur gelegentlich arbeiten, ganz oder teilweise vom Anwendungsbereich der Regelungen ausnehmen. Wesentlich erscheint in diesem Zusammenhang jedoch eine regelmäßige Überprüfung dahingehend, ob die sachlichen Gründe, die dem Ausschluss zugrunde liegen, weiterhin vorliegen.

Ein Arbeitnehmer mit einem Arbeitsvertrag, demzufolge sich das Ausmaß und die Ausgestaltung der Arbeitszeit nach dem Arbeitsanfall richten und im Einzelfall erst einvernehmlich zwischen den Arbeitsvertragsparteien festgelegt werden („Beschäftigung nach Bedarf" aufgrund eines Rahmenarbeitsvertrages), fällt somit in den Anwendungsbereich der RL 97/81/EG, wenn

- er nach den Rechtsvorschriften, Tarifverträgen oder Gepflogenheiten in dem jeweiligen Mitgliedstaat einen Arbeitsvertrag hat oder in einem Arbeitsverhältnis steht,
- er ein Arbeitnehmer im Sinne von § 3 Nr 1 dieser Rahmenvereinbarung ist, dessen normale auf Wochenbasis oder als Durchschnitt eines bis zu

einem Jahr reichenden Beschäftigungszeitraums berechnete Arbeitszeit unter der eines vergleichbaren Vollzeitbeschäftigten liegt, und
- bei Teilzeitbeschäftigten, die nur gelegentlich arbeiten, der Mitgliedstaat diese Arbeitnehmer nicht gem § 2 Nr 2 dieser Rahmenvereinbarung ganz oder teilweise ausgeschlossen hat.[404]

In der Rs O'Brien[405] urteilte der EuGH, dass es grundsätzlich Sache der Mitgliedstaaten sei, den Arbeitnehmer-Begriff nach der Rahmenvereinbarung über Teilzeitarbeit im Anhang der RL 97/81/EG zu definieren, dies allerdings nicht dazu führen dürfe, dass Personen willkürlich von dem Schutz ausgeschlossen werden, der durch die Richtlinie gewährt wird. Im gegenständlichen Fall ging es konkret um die Frage, ob es sich nach nationalem Recht bestimmt, ob Richter in ihrer Gesamtheit als Beschäftigte, die einen Arbeitsvertrag haben oder in einem Arbeitsverhältnis stehen, anzusehen sind, oder eine unionsrechtliche Bestimmung in diesem Zusammenhang besteht. Weiters wollte der Supreme Court of the United Kingdom wissen, ob das nationale Recht hinsichtlich der Gewährung von Pensionsansprüchen zwischen Vollzeit- und Teilzeitrichtern bzw zwischen unterschiedlichen Arten von Teilzeitrichtern differenzieren darf. Hinsichtlich der zweiten Frage entschied der EuGH dahingehend, dass das nationale Recht für die Zwecke des Zugangs zum Altersversorgungssystem nicht zwischen Vollzeit- und auf der Basis von Tagesgebühren vergüteten Teilzeitrichtern unterscheiden darf, „es sei denn, dass objektive Gründe eine solche unterschiedliche Behandlung rechtfertigen", wobei diese Beurteilung vom vorlegenden Gericht vorzunehmen sei.

b) Grundsatz der Gleichbehandlung

Ein wesentlicher Regelungsbereich der Richtlinie liegt im Grundsatz der Nichtdiskriminierung von Teilzeitbeschäftigten, welchen § 4 TzBfG[406] in Deutschland bzw § 19d Abs 6 AZG[407] in Österreich schon zuvor auf nationaler Ebene normiert hat. Gem § 4 der Rahmenvereinbarung dürfen Teilzeitbeschäftigte „in ihren Beschäftigungsbedingungen nur deswegen, weil sie teilzeitbeschäftigt sind, gegenüber vergleichbaren Vollzeitbeschäftigten nicht schlechter behandelt werden, es sei denn, die unterschiedliche Behandlung ist aus objektiven Gründen gerechtfertigt." Wo dies angemessen

404 EuGH Rs C-313/02 (Wippel), EU:C:2004:607.
405 EuGH Rs C-393/10 (O'Brien), EU:C:2012:110.
406 Das Teilzeit- und Befristungsgesetz (TzBfG) wurde zur Umsetzung der RL 97/81/EG erlassen.
407 Zur Vereinbarkeit von § 3 AZG mit den Regelungen der RL 97/81 siehe EuGH Rs C-313/02 (Wippel), EU:C:2004:607.

ist, gilt der Pro-rata-temporis-Grundsatz, § 4 Nr 2 der Rahmenvereinbarung, wonach das Entgelt Teilzeitbeschäftigter pro Zeiteinheit jenem der Vollzeitbeschäftigten entsprechen muss. Somit ist für die Unzulässigkeit einer Diskriminierung von Teilzeitbeschäftigten nicht mehr erforderlich, dass diese überwiegend die Arbeitnehmer eines Geschlechts betrifft. Dennoch hat durch das Diskriminierungsverbot der Teilzeitarbeitsrichtlinie die Rechtsprechung zur mittelbaren Diskriminierung aufgrund des Geschlechts nicht jegliche Bedeutung verloren.[408]

Im Zusammenhang mit der Frage der Rechtfertigung einer Ungleichbehandlung von Teilzeitbeschäftigten gegenüber Vollzeitbeschäftigten, hat der EuGH in der Rs Zentralbetriebsrat der Landeskrankenhäuser Tirols[409] festgehalten, dass eine nationale Regelung, wonach bei einer Änderung des Beschäftigungsausmaßes von Vollzeit auf Teilzeit das Ausmaß des noch nicht verbrauchten Erholungsurlaubs in der Art angepasst wird, dass der von einem Arbeitnehmer in der Zeit der Vollbeschäftigung erworbene Anspruch auf bezahlten Jahresurlaub reduziert wird oder der Urlaub nur mehr mit einem geringeren Urlaubsentgelt verbraucht werden kann, unionsrechtswidrig ist. Zudem wurde betont, dass der in der Rahmenvereinbarung festgelegte Pro-rata-temporis-Grundsatz zwar auf die Gewährung des Jahresurlaubs für eine Zeit der Teilzeitbeschäftigung anzuwenden ist, jedoch nachträglich nicht auf einen Jahresurlaub angewandt werden kann, der in einer Zeit der Vollbeschäftigung erworben wurde. In der erwähnten Entscheidung bestätigte der EuGH, dass dies nur gilt, wenn der Arbeitnehmer tatsächlich nicht die Möglichkeit hatte, diesen Anspruch auszuüben. Umgekehrt muss im Falle einer Erhöhung der Arbeitszeit der bis zu dem Zeitpunkt erworbene und noch nicht genommene Urlaubsanspruch nicht hochgerechnet werden.[410]

c) Überprüfung der Beschränkungen

Um die Entwicklung der Teilzeitarbeit auf freiwilliger Basis zu fördern und zu einer flexiblen Organisation der Arbeitszeit beizutragen, fordert § 5 Nr 1 der Rahmenvereinbarung die Mitgliedstaaten bzw auch die Sozialpartner dazu auf, Hindernisse rechtlicher oder verwaltungstechnischer Natur bzw Hindernisse im tarifvertraglich vorgesehenen Verfahren, die die Teilzeitarbeitsmöglichkeiten beschränken können, zu identifizieren, zu prüfen und gegebenenfalls zu beseitigen. So wurden in den Rs Michaeler und Subito

408 Vgl *Kietaibl* in: *Franzen/Gallner/Oetker*, Art 1 RL 97/81/EG Rn 10 ff.
409 EuGH Rs C-486/08 (Zentralbetriebsrat der Landeskrankenhäuser Tirols), EU:C:2010:215.
410 EuGH Rs 219/14 (Greenfield), EU:C:2015:745.

GmbH und Volgger[411] italienische Bestimmungen, die einen Arbeitgeber dazu verpflichten, eine Ablichtung des Teilzeitvertrags innerhalb von 30 Tagen an die Verwaltung zu übersenden und bei Unterlassung eine Geldstrafe vorsahen, als Hindernis der Förderung von Teilzeitarbeit und als Verstoß gegen die Richtlinie gesehen. Weiters hat der EuGH in der Rs Bruno ua festgehalten, dass eine Regelung des italienischen Staates, die dazu führt, dass arbeitsfreie Zeiträume bei vertikaler Teilzeitarbeit nicht als den Rentenanspruch begründende Beitragszeiten berücksichtigt werden, insbesondere mit dem Grundsatz der Nichtdiskriminierung nicht vereinbar und als Hindernis iSd § 5 Nr 1 zu werten ist.[412]

Die Weigerung eines Arbeitnehmers, von einem Vollzeit- in ein Teilzeitarbeitsverhältnis oder umgekehrt zu wechseln, soll gem § 5 Nr 2 keinen Kündigungsgrund darstellen.[413] Hierdurch wird jedoch das Recht zur Kündigung aus anderen Gründen – also vor allem aus betrieblichen oder sonstigen personenbedingten Gründen – entsprechend den nationalen gesetzlichen und tariflichen Vorschriften nicht berührt.

Zudem werden in § 5 Nr 3 die Arbeitgeber dazu aufgefordert, durch bestimmte Verhaltensweisen die Attraktivität der Teilzeitarbeit zu steigern. Demnach sollte der Arbeitgeber, sofern dies möglich ist, Anträge von Vollzeitbeschäftigten auf Verringerung ihrer Arbeitszeit bzw Anträge von Teilzeitbeschäftigten auf Erhöhung ihrer Arbeitszeit bis hin zur Vollzeit berücksichtigen. Darüber hinaus ist der Arbeitgeber dazu angehalten, die rechtzeitige Information zur Möglichkeit des Wechsels von einem Teilzeit- in ein Vollzeitarbeitsverhältnis oder umgekehrt zu gewährleisten und den Arbeitnehmervertretern geeignete Informationen über Teilzeitarbeit im Unternehmen zur Verfügung zu stellen. Schließlich sollte er Maßnahmen, die den Zugang zur Teilzeitarbeit auf allen Ebenen des Unternehmens einschließlich der qualifizierten und leitenden Stellungen erleichtern, und soweit möglich, auch Maßnahmen, die den Zugang von Teilzeitbeschäftigten zur beruflichen Bildung erleichtern, zur Förderung des beruflichen Fortkommens und der beruflichen Mobilität in Erwägung ziehen.

d) Günstigere nationale Regelungen

Den Mitgliedstaaten steht es jedoch ebenso wie den Sozialpartnern gem § 6 Nr 1 der Rahmenvereinbarung frei, günstigere Bestimmungen beizubehalten oder einzuführen. In Deutschland[414] wurde mit § 8 TzBfG ebenso wie in

411 EuGH Rs C-55/07 und C-56/07 (Michaeler ua), EU:C:2008:248.
412 EuGH Rs C-395/08 und C-396/08 (Bruno ua), EU:C:2010:329.
413 § 11 TzBfG erklärt eine solche Kündigung ausdrücklich für unwirksam.
414 Ausführlich dazu *Kliemt*, NZA 2001, 64 ff; *Pietras*, NZA 2008, 1051 ff.

den Niederlanden[415] ein Anspruch auf Verringerung der Arbeitszeit eingeführt, der im Vergleich zu den Vorgaben der Richtlinie für die Arbeitnehmer günstiger ist. Zudem enthält § 6 Nr 2 der Rahmenvereinbarung eine sog „Nichtrückschrittsklausel". Demnach darf eine Verringerung des allgemeinen Schutzniveaus der Arbeitnehmer auf dem Gebiet der Teilzeitarbeit nicht damit gerechtfertigt werden, dass damit die Rahmenvereinbarung umgesetzt werden soll.

3. Befristete Arbeitsverträge (RL 1999/70/EG)

Literatur: *Aimo*, In Search of a ‚European Model' for Fixed-term Work in the name of the Principle of Effectiveness, ELLJ 2016, 232 ff; *Birk*, § 19 Arbeitsrechtliche Regelungen der Europäischen Union, in: *Richardi/Wlotzke* (Hg), MünchArbR, 2. Aufl 2000; *Brose*, Befristungsrecht, in: *Preis/Sagan*, Europäisches Arbeitsrecht, 2. Auflage 2019, § 13; *Chandna-Hoppe*, Das Befristungsrecht im Wandel – Unionsrechtlicher Rahmen, verfassungsrechtliche Implikationen und mögliche Gesetzesänderungen, ZfA 2020, 70 ff; *Egger*, Das Arbeits- und Sozialrecht der EU und die österreichische Rechtsordnung, 2. Aufl 2005, 374 ff; *Hießl/Runggaldier*, Grundzüge des europäischen Arbeits- und Sozialrechts, 4. Aufl 2014, 85 ff; *Jörchel*, Befristungsrecht – Ein Zwischenstopp, NZA 2012, 1065 ff; *Kamanabrou*, Befristung, in: *Schlachter/Heinig*, Europäisches Arbeits- und Sozialrecht, 2016, § 15, S 587 ff; *Krebber*, Die unionsrechtlichen Vorgaben zur Zulässigkeit der Befristung von Arbeitsverhältnissen, EuZA 2017, 3 ff; *ders*, 500 RL 1999/70/EG, in: *Franzen/Gallner/Oetker*, Kommentar zum europäischen Arbeitsrecht, 3. Auflage 2020; *Riesenhuber*, Europäisches Arbeitsrecht, 2009, § 17; *Rolfs/de Groot*, Die Befristung von Arbeitsverträgen in der Rechtsprechung des EuGH, ZESAR 2009, 5 ff; *Röthel*, Europäische Rechtssetzung im sozialen Dialog – Zur Richtlinie 1999/70/EG über befristete Arbeitsverhältnisse, NZA 2000, 65 ff; *Thüsing*, Europäisches Arbeitsrecht, 3. Aufl 2017, § 4 Rz 25 ff.

Ebenso wie auf dem Gebiet der Teilzeitarbeit wurde mit der RL 1999/70/EG[416] auf dem Gebiet der befristeten Arbeitsverträge eine europarechtliche Regelung für sog „atypische Arbeitsverhältnisse"[417] geschaffen, mit der die Rahmenvereinbarung der europäischen Sozialpartner EGB, UNICE und CEEP über befristete Arbeitsverhältnisse vom 18. 3. 1999 vollumfänglich übernommen wurde (vgl Art 1 RL 1999/70/EG).[418] Die RL 1999/70/EG stützt sich auf Art 155 Abs 2 AEUV und war bis zum 10. 7. 2001 in nationales Recht umzusetzen.[419] Ziel der Rahmenvereinbarung – und somit auch

415 Vgl dazu *Waas*, NZA 2000, 583.

416 ABl 1999 L 175/43.

417 In Nr 6 der allgemeinen Erwägungen zur Rahmenvereinbarung der europäischen Sozialpartner, die mit der RL 1999/70/EG durchgeführt wird, wird der unbefristete Arbeitsvertrag als übliche Form des Beschäftigungsverhältnisses bezeichnet.

418 *Birk* in: *Richardi/Wlotzke*, MünchArbR, Rn 88.

419 Dies ist in Deutschland bereits durch das TzBfG, welches das BeschFG mit Wirkung zum 1.1.2001 aufgehoben hat, erfolgt.

der RL 1999/70/EG – ist gem § 1, durch die Anwendung des Grundsatzes der Nichtdiskriminierung die Qualität befristeter Arbeitsverhältnisse zu verbessern sowie Rahmenbedingungen zu schaffen, die den Missbrauch durch aufeinanderfolgende befristete Arbeitsverträge oder -verhältnisse verhindern. Zudem dient sie auch der Verbesserung der Chancengleichheit zwischen Frauen und Männern, da weit mehr als die Hälfte der befristet beschäftigten Arbeitnehmer Frauen sind.[420]

a) Anwendungsbereich

Als „befristet beschäftigter Arbeitnehmer" gilt gem § 3 Nr 1 jede Person, die direkt mit einem Arbeitgeber einen Arbeitsvertrag oder ein Arbeitsverhältnis abgeschlossen hat, dessen Ende durch objektive Bedingungen wie das Erreichen eines bestimmten Datums, die Erfüllung einer bestimmten Aufgabe oder das Eintreten eines bestimmten Ereignisses festgelegt wird. Als befristet beschäftigte Arbeitnehmer gelten daher nicht nur Arbeitnehmer aufgrund eines Arbeitsvertrags, dessen Ende kalendermäßig bestimmt ist. Vielmehr fallen unter den Anwendungsbereich der Richtlinie auch sogenannte „unecht" befristete Arbeitsverhältnisse, bei denen das Ende lediglich objektiv bestimmbar sein muss, sowie auflösend bedingte Arbeitsverhältnisse.[421]

In § 2 der Rahmenvereinbarung wird im Zusammenhang mit dem Anwendungsbereich derselben jedoch zugleich auf die nationalen gesetzlichen, tarifvertraglichen oder nach den Gepflogenheiten der Mitgliedstaaten geltenden Definitionen verwiesen, die der Definition eines „befristet beschäftigten Arbeitnehmers" zugrunde zu legen sind. Daher sind die Richtlinie 1999/70 und die Rahmenvereinbarung auf alle Arbeitnehmer anwendbar, die entgeltliche Arbeitsleistungen im Rahmen eines mit ihrem Arbeitgeber bestehenden befristeten Arbeitsverhältnisses erbringen, und zwar ohne danach zu unterscheiden, ob sie an einen öffentlichen oder an einen privaten Arbeitgeber gebunden sind.[422]

Dies kann nur dahingehend verstanden werden, dass einerseits die betroffenen Personen nach nationalem Recht als Arbeitnehmer geschützt sein müssen, andererseits die Befristung des Arbeitsvertrags oder -verhältnisses nach nationalem Recht auch zulässig sein muss, damit es von der Rahmenvereinbarung erfasst ist.[423] Nach Anhörung der Sozialpartner können die

420 Vgl Nr 9 der allgemeinen Erwägungen zur Rahmenvereinbarung vom 18.3.1999.
421 § 3 Abs 1 TzBfG spricht auch von „zweckbefristeten" Arbeitsverhältnissen.
422 EuGH Rs C-444/09 (Gavieiro Gavieiro) und C-456/09 (Torres), EU:C:2010:819.
423 Vgl auch *Birk* in: *Richardi/Wlotzke*, MünchArbR, § 19 Rn 99 ff.

Mitgliedstaaten Berufsausbildungsverhältnisse und Auszubildendensysteme/Lehrlingsausbildungssysteme sowie Arbeitsverhältnisse im Rahmen von öffentlichen oder von der öffentlichen Hand geförderten beruflichen Ausbildungs-, Eingliederungs- oder Umschulungsprogrammen vom Anwendungsbereich der Richtlinie ausschließen.[424]

b) Grundsatz der Gleichbehandlung

Der wesentliche Schutzzweck der Richtlinie bzw des Rahmenvertrags über befristete Arbeitsverhältnisse, der sich sowohl an die Gesetzgeber als auch an die Sozialpartner richtet, äußert sich dementsprechend ebenso wie bei der RL 97/81/EG über Teilzeitarbeit in einem Diskriminierungsverbot. Gem § 4 Nr 1 der Rahmenvereinbarung dürfen befristet beschäftigte Arbeitnehmer in ihren Beschäftigungsbedingungen[425] allein aufgrund der Tatsache, dass sie in einem befristeten Arbeitsvertrag oder -verhältnis beschäftigt sind, gegenüber vergleichbaren Dauerbeschäftigten nicht schlechter behandelt werden, es sei denn, die unterschiedliche Behandlung wird durch sachliche Gründe gerechtfertigt.[426] Bei befristet beschäftigten gilt ebenso wie bei teilzeitbeschäftigten Arbeitnehmern, sofern dies angemessen ist, gem § 4 Nr 2 der Rahmenvereinbarung der Pro-rata-temporis-Grundsatz. Ausdrücklich gelten gem § 4 Nr 4 der Rahmenvereinbarung hinsichtlich bestimmter Beschäftigungsbedingungen – hier ist insbesondere an den Zugang zu einer betrieblichen Altersversorgung zu denken – für befristet beschäftigte Arbeitnehmer dieselben Betriebszugehörigkeitszeiten wie für Dauerbeschäftigte, sofern nicht sachliche Gründe eine unterschiedliche Berechnung der Betriebszugehörigkeitszeiten rechtfertigen.[427]

---

424 Bezugnehmend auf befristete Arbeitsverhältnisse eines Leiharbeitnehmers, der einem entleihenden Unternehmen durch ein Leiharbeitsunternehmen zur Verfügung gestellt wird, hat der EuGH entschieden, dass diese nicht in den Anwendungsbereich der Rahmenvereinbarung und damit auch nicht in den Anwendungsbereich der Richtlinie 1999/70 fallen, EuGH Rs C-290/12 (Della Rocca), EU:C:2013:235.

425 Der EuGH zieht bei dem Begriff „Beschäftigungsbedingungen" Parallelen zu Art 157 AEUV, womit etwa Ansprüche auf Altersversorgung unter den Begriff „Beschäftigungsbedingungen" fallen, EuGH Rs C-395/08 und C-396/08 (Bruno ua), EU:C:2010:329. Darüber hinaus erachtet der EuGH auch eine Entschädigung, die ein Arbeitgeber einem Arbeitnehmer aufgrund der rechtswidrigen Aufnahme einer Befristungsklausel in seinen Arbeitsvertrag zu zahlen hat, als „Beschäftigungsbedingung", EuGH Rs C-361/12 (Carratù), EU:C:2013:830.

426 Dies sieht jetzt auch in Deutschland § 4 Abs 2 TzBfG vor. Die österreichische Umsetzung findet sich in § 2b Abs 1 AVRAG wieder.

427 EuGH Rs C-177/10 (Rosado Santana), EU:C:2011:557.

Als Vergleichspersonen im Rahmen des Diskriminierungsverbotes nach § 4 Nr 1 der Rahmenvereinbarung[428] (sogenannte „vergleichbare Dauerbeschäftigte") gelten gem § 3 Nr 2 der Rahmenvereinbarung Arbeitnehmer desselben Betriebs, die aufgrund eines unbefristeten Arbeitsvertrages oder -verhaltnisses mit der gleichen oder einer ähnlichen Arbeit beschäftigt sind.[429] Bei dem vorzunehmenden Vergleich sind die Qualifikationen sowie die Fähigkeiten der Arbeitnehmer angemessen zu berücksichtigen. Bei fehlenden vergleichbaren Dauerbeschäftigten im selben Betrieb erfolgt der Vergleich anhand des auf diesen Bereich anwendbaren Tarifvertrags, in Ermangelung desselben anhand der gesetzlichen oder tarifvertraglichen Bestimmungen oder Gepflogenheiten des jeweiligen Mitgliedstaats.[430]

c) Verhinderung von Kettenbefristungen

Neben dem Diskriminierungsverbot liegt der zweite wesentliche Schutzzweck der RL 1999/70/EG in der Beschränkung der Aneinanderreihung von befristeten Arbeitsverhältnissen durch § 5 der Rahmenvereinbarung. Dies dient in erster Linie dazu, die Umgehung zwingender gesetzlicher Schutzvorschriften – insbesondere des Kündigungsschutzes – zu verhindern. Dementsprechend werden die Mitgliedstaaten dazu verpflichtet, nach Anhörung der Sozialpartner eine oder mehrere der folgenden Bedingungen festzulegen, unter denen eine mehrfache Befristung zulässig ist:

- es werden sachliche Gründe verlangt, die eine Verlängerung der befristeten Arbeitsverträge oder -verhältnisse rechtfertigen;[431]
- es wird eine maximal zulässige Gesamtdauer der aufeinanderfolgenden Arbeitsverträge oder -verhältnisse festgelegt;
- es wird eine höchstzulässige Anzahl der Verlängerungen befristeter Arbeitsverträge oder -verhältnisse festgelegt.[432]

---

428 Zur Anwendbarkeit und Auslegung von § 4 der Rahmenvereinbarung: EuGH Rs C-302/11 bis C-305/11 (Valenza ua), EU:C:2012:646; EuGH Rs C-158/16 (Vega Gonzáles), ECLI:EU:C:2017:1014.

429 EuGH Rs C-273/10 (Montoya Medina), EU:C:2011:167.

430 Vgl auch § 3 Abs 2 TzBfG.

431 Dies sieht in Deutschland nun § 14 Abs 1 TzBfG vor. In Österreich verlangt die Rechtsprechung für die Aneinanderreihung von befristeten Arbeitsverhältnissen ebenfalls das Vorliegen eines anhand des Einzelfalls zu bestimmenden sachlichen Grundes, da anderenfalls der zwingende Kündigungsschutz umgangen werde (vgl OGH 22.5.2002 9 Ob A 80/02h; erneut bestätigend OGH 9 Ob A 142/12s wbl 2013, 527 = ÖZPR 2013, 172 = infas 2013, 192).

432 Eine Kombination aus maximal zulässiger Gesamtdauer und maximaler Anzahl der Befristungen sieht § 14 Abs 2 TzBfG vor.

So entschied der EuGH in der Rs Marrosu und Sardino[433] erstmals, dass eine italienische Regelung, die aufeinanderfolgende befristete Arbeitsverträge und -verhältnisse im öffentlichen Sektor zulässt, ohne dass diese in unbefristete Arbeitsverträge oder -verhältnisse umgewandelt werden, nicht gegen § 5 der Rahmenvereinbarung verstößt. Er betonte jedoch, dass die Regelung wirksame Maßnahmen vorsehen müsse, aufgrund derer ein Missbrauch verhindert und gegebenenfalls geahndet wird. In der Rs Kücük betonte der EuGH erneut, dass

> „Paragraf 5 Nr 1 Buchst a der Rahmenvereinbarung über befristete Verträge keine allgemeine Verpflichtung der Mitgliedstaaten aufstellt, die Umwandlung befristeter in unbefristete Arbeitsverträge vorzusehen, wie er auch nicht im Einzelnen vorschreibt, unter welchen Bedingungen befristete Verträge geschlossen werden können, und den Mitgliedstaaten in diesem Bereich einen gewissen Spielraum belässt.“[434]

Den Mitgliedstaaten obliegt es festzulegen, wann befristete Arbeits- oder Beschäftigungsverhältnisse als „aufeinanderfolgend“ zu betrachten sind und wann sie als unbefristet zu gelten haben. Damit bleibt den Mitgliedstaaten die Möglichkeit offen, ab einem gewissen Zeitraum zwischen Ende des vorherigen und Abschluss des anschließenden befristeten Arbeitsverhältnisses die mehrfache Befristung von Arbeitsverträgen dem Schutz der Richtlinie zu entziehen. Den Mitgliedstaaten bleibt es dementsprechend überlassen, speziell in Branchen, in denen typischerweise nur während einer Saison gearbeitet wird (Gastronomie in Ferienorten, Baugewerbe), Kettenarbeitsverträge mit längeren Unterbrechungen zuzulassen.[435]

Unter welchen Voraussetzungen die erstmalige Befristung eines Arbeitsverhältnisses zulässig ist, regelt die Richtlinie nicht. In die Beurteilung einzubeziehen ist jedoch, dass der EuGH ursprünglich in der Rs Adeneler bei einem Zeitraum zwischen befristeten Arbeitsverhältnissen, der 20 Werktage nicht übersteigt, diese als aufeinanderfolgend gewertet hat.[436] In weiterer Folge erachtete der EuGH einen Zeitraum von drei Monaten zwischen den Arbeitsverhältnissen als ausschlaggebend.[437]

---

433 EuGH Rs C-53/04, EU:C:2006:517; siehe auch EuGH Rs C-180/04 (Vassallo), EU:C:2006:518; Rs C-378/07 bis C-380/07 (Angelidaki ua) EU:C:2009:250 und EuGH Rs C-586/10 (Kücük), EU:C:2012:39.

434 EuGH Rs C-586/10 (Kücük), EU:C:2012:39.

435 Vgl OGH 8 Ob A 58/98g; sowie OGH 9 Ob A 102/12h ecolex 2013, 458 = DRdA 2013, 433.

436 EuGH Rs C-212/04 (Adeneler ua), EU:C:2006:443; *Bohr/Kämpfer*, ecolex 2008/873.

437 EuGH Rs C-378/07 bis C-380/07 (Angelidaki ua), EU:C:2009:250.

d) Informations- und Konsultationspflichten

Die §§ 6 und 7 der Rahmenvereinbarung sehen Informations- und Konsultationsverpflichtungen des Arbeitgebers vor. Der befristet beschäftigte Arbeitnehmer ist über freiwerdende Stellen im Unternehmen oder Betrieb zu unterrichten, damit er die Chance auf einen „sicheren unbefristeten Arbeitsplatz“ hat, wobei die Information auch durch Aushang an einer geeigneten Stelle im Unternehmen oder Betrieb erfolgen kann. Des Weiteren sollen die Arbeitgeber befristet beschäftigten Arbeitnehmern zur Förderung ihrer Fertigkeiten, ihres beruflichen Fortkommens und ihrer beruflichen Mobilität den Zugang zu angemessenen Aus- und Weiterbildungsmöglichkeiten erleichtern. Darüber hinaus sind befristet beschäftigte Arbeitnehmer entsprechend den nationalen Rechtsvorschriften bei der Berechnung der Schwellenwerte für die Einrichtung von Arbeitnehmervertretungen in den Unternehmen zu berücksichtigen. Zusätzlich sollen die vorhandenen Arbeitnehmervertretungen, wenn möglich, von den Arbeitgebern angemessen über befristete Arbeitsverhältnisse im Unternehmen informiert werden.

e) Günstigere nationale Regelungen

Den Mitgliedstaaten ist es gem § 8 der Rahmenvereinbarung unbenommen, günstigere Bestimmungen für die Arbeitnehmer beizubehalten oder einzuführen. Jedoch darf die Rahmenvereinbarung bzw die RL 1999/70/EG nicht zum Anlass genommen werden, das Niveau des Arbeitnehmerschutzes in diesem Regelungsbereich zu senken. In jenen Fällen, in denen die Verminderung des Schutzes aber in keinerlei Zusammenhang mit der Umsetzung der Rahmenvereinbarung steht, erachtet der EuGH eine solche für nicht rechtswidrig. So stellte er etwa in der Rs Mangold[438] zum deutschen TzBfG fest, dass

> „die schrittweise Herabsetzung des Alters, ab dem der Abschluss befristeter Verträge uneingeschränkt möglich ist, nicht durch das Erfordernis der Umsetzung der Rahmenvereinbarung, sondern durch die Notwendigkeit gerechtfertigt ist, die Beschäftigung älterer Arbeitnehmer in Deutschland zu fördern.“

4. Schutz der Leiharbeitnehmer (RL 2008/104/EG)

Literatur: *Ahlberg* in: *Ahlberg ua* (Hg), Transnational Labour Regulation, 2008, 119; *Blanke*, Der Gleichbehandlungsgrundsatz in der Arbeitnehmerüberlassung, DB 2010, 1528 ff; *Boemke/Sachadae,* „Im Westen nichts Neues“, EuZA 2015, 313; *Bruckmüller*,

438 EuGH Rs C-144/04 (Mangold), EU:C:2005:709; dazu – allerdings fokussiert auf die antidiskriminierungsrechtlichen Aspekte der Entscheidung – *Thüsing*, ZIP 2005, 2149.

Zugang zu Wohlfahrtseinrichtungen und –maßnahmen für überlassene Arbeitskräfte, ecolex 2013, 549 ff; *Burger*, Neues zum AÜG, in: *Wachter/Burger* (Hg), Aktuelle Entwicklungen im Arbeits- und Sozialrecht 2013, 3 ff; *Davies*, The implementation of the directive on temporary agency work in the UK, ELLJ 2010, 307 ff; *Eklund*, Who is afraid of the Temporary Agency Work Directive?, in: *Eklund/Hager/Kleineman/Wängberg* (Hg), Skrifter till Anders Victorins minne, 2009, 156; *Franzen*, Die europarechtlichen Grundlagen der grenzüberschreitenden Arbeitnehmerüberlassung, ZAS 2011, 255 ff; *Forst*, Leiharbeit, in: *Schlachter/Heinig*, Europäisches Arbeits- und Sozialrecht, 2016, § 16, S 613 ff; *Franzen*, Verwirrung über Befristung und Leiharbeit im Unionsrecht, EuZA 2013, 433 ff; *ders*, Die europarechtlichen Grundlagen der grenzüberschreitenden Arbeitnehmerüberlassung, ZAS 2011, 255 ff; *Fuchs*, Das Gleichbehandlungsgebot in der Leiharbeit nach der neuen Leiharbeitsrichtlinie, NZA 2009, 57 ff; *ders*, The implementation of Directive 2008/104/EC on temporary agency work in the UK and in Germany – A lesson about the evolution and effectiveness of EU labour legislation, EJSL 2012, 171 ff;*ders*, Das Gleichbehandlungsgebot in der Leiharbeit nach der neuen Leiharbeitsrichtlinie, NZA 2009, 57 ff; *Geppert*, Das Phänomen Arbeitskräfteüberlassung – Entstehung, Entwicklung und Probleme, DRdA 2011, 507 ff; *Hamann*, Die Richtlinie Leiharbeit und ihre Auswirkungen auf das nationale Recht der Arbeitnehmerüberlassung, EuZA 2009, 287 ff; *Krause*, Tarifverträge zur Begrenzung der Leiharbeit und zur Durchsetzung des Equal-Pay-Grundsatzes, Rechtsgutachten erstattet im Auftrag des Hugo Sinzheimer Instituts für Arbeitsrecht, Juni 2012, 20 ff; *Kusternigg*, Ab 1. 1. 2013 neue Pflichten für Überlasser und Beschäftiger, ASoK 2013, 42 ff; *Leighton/Wynn*, Classifying Employment Relationships, ILJ 2011, 5 ff; *Lembke*, AÜG-Reform 2017, NZA 2017, 1 ff; *ders*, Aktuelle Brennpunkte in der Zeitarbeit, BB 2010, 1533 ff; *Marhold*, Betriebsvereinbarungen für überlassene Arbeitnehmer, ASoK 2008, 162 ff; *Rauch*, Angemessenes Entgelt bei Arbeitskräfteüberlassung, ecolex 2013, 676 ff; *Rebhahn/Schörghofer*, Werkvertrag und Arbeitskräfteüberlassung im Lichte des Urteils Vicoplus, wbl 2012, 372; *Rebhahn/Schörghofer/Kolbe*, 620 RL 2008/104/EG, in: *Franzen/Gallner/Oetker*, Kommentar zum europäischen Arbeitsrecht, 3. Auflage 2020; *Rieble/Vielmeier*, Umsetzungsdefizite der Leiharbeitsrichtlinie, EuZA 2011, 474 ff; *Riesenhuber*, Europäisches Arbeitsrecht, 2009, § 18; *Sansone*, §12 Leiharbeit, in: *Preis/Sagan*, Europäisches Arbeitsrecht, 2. Auflage 2019; *Schlitzer*, Die Umsetzung der Leiharbeitsrichtlinie, infas 2013, 9 ff; *Schmitt*, Leiharbeit durch Rotkreuzschwestern, ZESAR 2017, 167 ff; *Schörghofer*, Zur Umsetzung der Leiharbeits-RL im AÜG, ZAS 2012, 336 ff; *Schörghofer*, Grenzfälle der Arbeitskräfteüberlassung (2015); *Schrank*, Die wichtigsten Neuerungen zur Arbeitskräfteüberlassung (Teil 1 und 2), RdW 2013, 31 ff und 84 ff; *Schrattbauer/Goricnik*, Wesentliche Änderungen durch die Novellierung des Arbeitskräfteüberlassungsgesetzes (AÜG), wbl 2013, 121 ff; *Schüren*, Tarifunfähigkeit der Tarifgemeinschaft Christlicher Gewerkschaften für die Leiharbeitsbranche, NZA 2008, 453 ff; *Schüren/Wank*, Die neue Leiharbeitsrichtlinie und ihre Umsetzung in deutsches Recht, RdA 2011, 1 ff; *Thüsing*, Europäisches Arbeitsrecht, 3. Aufl 2017, § 4 Rn 41 ff; *Urban-Crell/Schulz*, Arbeitnehmerüberlassung und Arbeitsvermittlung, 2003; *Waas*, Die Richtlinie des Europäischen Parlaments und des Rates über Leiharbeit, ZESAR 2009, 207 ff; *ders*, Der Gleichbehandlungsgrundsatz im neuen Arbeitnehmerüberlassungsgesetz, ZESAR 2012, 7 ff; *Wank*, Die Neufassung des AÜG, Jahrbuch des Arbeitsrechts 49, 2012, 23 ff; *Zappalà*, The Temporary Agency Worker's Directive, ILJ 2003, 310 ff.

Neben dem Schutz von Teilzeitarbeitnehmern und Arbeitnehmern in befristeten Arbeitsverhältnissen hat der Europäische Gesetzgeber mit der RL 2008/104/EG[439] (Leiharbeitsrichtlinie) auch Regelungen im Bereich der Leiharbeit getroffen. Der Gesetzgebungsprozess hat sich aber in diesem Fall deutlich länger hingezogen als bei den zuvor vorgestellten Richtlinien. Fast 30 Jahre hat es gedauert, bis es zu einer Richtlinie kommen konnte.[440] Wenn Entscheidungsprozesse auf europäischer Ebene so lange dauern, deutet das immer darauf hin, dass die nationalen Vorschriften, auf die sich das europäische Regelungswerk bezieht, erheblich divergieren.[441] Dass die Richtlinie überhaupt zustande gekommen ist, hat natürlich zunächst einmal damit zu tun, dass in allen Mitgliedstaaten der EU Leiharbeit im Grundsatz akzeptiert ist. Zeigten die meisten Gesetzgeber in früheren Zeiten ein gewisses Misstrauen gegenüber der Leiharbeit, ist sie seit Ende der 90er Jahre als bedeutsames beschäftigungspolitisches Instrument anerkannt. Die Zahl der Leiharbeitnehmer in der EU ist seitdem rasant angestiegen.[442]

Die Kommission legte bereits im Jahre 1990 drei Richtlinienentwürfe über atypische Arbeitsverhältnisse vor, die die Teilzeitarbeit, die befristeten Arbeitsverträge und die Leiharbeit regeln sollten.[443] Realisiert werden konnte nur der Erlass der RL 91/383/EWG vom 25. 6. 1991 zur Ergänzung der Maßnahmen zur Verbesserung der Sicherheit und des Gesundheitsschutzes von Arbeitnehmern mit befristetem Arbeitsverhältnis oder Leiharbeitsverhältnis.[444] Nach dem erfolgreichen Abschluss von Rahmenvereinbarungen über Teilzeit und befristete Arbeitsverhältnisse nahmen die Sozialpartner die Verhandlungen über die Leiharbeit im Mai 2000 auf. Es konnte allerdings keine Einigung hinsichtlich des Gleichbehandlungsgrundsatzes erzielt werden.[445] Der „vergleichbare Arbeitnehmer“ im Sinne dieser Diskriminierungsverbote sollte nach Auffassung des Europäischen Gewerkschaftsbundes ein Arbeitnehmer des entleihenden Unternehmens sein, der die gleiche Arbeit oder eine ähnliche Arbeit verrichtet. Demgegenüber war es Standpunkt der Arbeitgeberverbände, einen vergleichbaren Arbeitnehmer des verleihenden Unternehmens als Grundlage des Vergleichs zu nehmen. Zur Rechtfertigung ihres Standpunkts trugen sie vor, dass die Gegenposition

439 ABlEU 2008 Nr L 327/9.

440 Die ersten Entschließungen der Kommission gehen auf das Jahr 1980 zurück.

441 Vgl zu einer Übersicht der Rechtsvorschriften in den Ländern der EU *Eurofund*, Temporary agency work in an enlarged European Union, Luxemburg 2006, 13 ff.

442 *Eurofund*, Report Temporary Agency Work in the European Union, 4, http://www.eurofound.europa.eu/ewco/reports/TN0408TR01/TN0408TR01.pdf.

443 KOM (1990) 228 endg.

444 ABlEG 1991 Nr L 206/19.

445 Vgl KOM (2002) 149 endg; *Barnard*, EU Employment Law, 445 f.

insbesondere in denjenigen Ländern nicht gerechtfertigt sei, in denen die Leiharbeitnehmer mit dem Verleiher einen unbefristeten Vertrag schließen und auch in Zeiten bezahlt würden, in denen eine Überlassung nicht gelingt.

Aufgrund des Scheiterns einer Rahmenvereinbarung zwischen den europäischen Sozialpartnern hat sich die Kommission veranlasst gesehen, einen eigenen Entwurf zu erarbeiten.[446] Dieser wurde allerdings, besonders durch das Vereinigte Königreich[447], sechs Jahre lang im Rat blockiert. Erst als die britischen Sozialpartner, die Confederation of British Industry (CBI) und der Trade Union Congress (TUC), im Mai 2008 eine gemeinsame Bekanntmachung ausgearbeitet hatten, konnte Übereinstimmung darüber erzielt werden, wie eine faire Behandlung von Leiharbeitnehmern im Vereinigten Königreich vorangetrieben werden sollte. Beibehalten wurde die Position, die wichtige Flexibilität nicht aufzugeben. Daher sollte ein Anspruch auf Gleichbehandlung erst nach einem zwölfwöchigen Einsatz des Leiharbeitnehmers entstehen. Auf dieser Grundlage teilte der zuständige britische Minister mit, dass die britische Regierung nun daran arbeiten werde, dass die Übereinkunft zwischen CBI und TUC im Vereinigten Königreich gesetzlich verankert werde und Hoffnung auf eine Einigung über die Leiharbeitsrichtlinie auf EU-Ebene bestehe. Es dauerte nicht lange, bis die eben geschilderte Hoffnung Realität wurde. Im Sog dieser Entwicklungen erreichten die europäischen Arbeitsminister am 9. 6. 2008 eine Einigung über die Leiharbeitsrichtlinie, die als RL 2008/104/EG am 19. 11. 2008 verabschiedet wurde.

Die Richtlinie stützte sich auf Art 137 Abs 2 EG [Art 153 Abs 2 AEUV] und war nach Art 11 RL 2008/104/EG bis zum 5. 12. 2011 von den Mitgliedstaaten umzusetzen. Der 23. Erwägungsgrund der RL 2008/104/EG sieht als Ziel die Schaffung eines auf Gemeinschaftsebene harmonisierten Rahmens zum Schutz der Leiharbeitnehmer vor, der auf Ebene der Mitgliedstaaten nicht ausreichend verwirklicht werden kann und daher wegen des Umfangs und der Wirkung der Maßnahmen besser auf Gemeinschaftsebene – und zwar durch Einführung von Mindestvorschriften – zu verwirklichen ist. Damit soll dem Flexibilitätsbedarf von Unternehmen und den Bedürfnissen von Arbeitnehmern, Beruf und Privatleben zu vereinbaren,

---

446 Vorschlag für eine Richtlinie des Europäischen Parlaments und des Rates über die Arbeitsbedingungen von Leiharbeitnehmern vom 20.3.2002, KOM (2002) 149 endg: Eine detaillierte Analyse des Entwurfs findet sich bei *Zappalà*, The Regulation of Temporary Work in the Light of Flexicurity, Working Paper C.S.D.L.E. "Massimo D'Antona" No 21/2003, http://aei.pitt.edu/1632/1/n21_zappala.pdf. Der Vorschlag wurde durch KOM (2002) 701 endg unter Einarbeitung von Wünschen des Parlaments geändert: *Zappalà*, ILJ 2003, 310 ff.

447 *Davies*, ELLJ 2010, 308.

entsprochen und die Schaffung von Arbeitsplätzen und die Teilnahme am und die Eingliederung in den Arbeitsmarkt ermöglicht werden (11. Erwägungsgrund der Richtlinie). Neben der Harmonisierung der nationalen Rechtsvorschriften legt die Richtlinie einen diskriminierungsfreien, transparenten und verhältnismäßigen Rahmen zum Schutz der Leiharbeitnehmer fest und wahrt gleichzeitig die Vielfalt der Arbeitsmärkte und der Arbeitsbeziehungen. Damit sollen im Wesentlichen die Arbeits- und Beschäftigungsbedingungen für Leiharbeitnehmer zumindest denjenigen entsprechen, die für Arbeitnehmer gelten würden, wenn sie von dem entleihenden Unternehmen für den gleichen Arbeitsplatz eingestellt werden würden (12. und 14. Erwägungsgrund der Richtlinie).

In Deutschland wurde die Richtlinie durch das Erste Gesetz zur Änderung des Arbeitnehmerüberlassungsgesetzes – Verhinderung von Missbrauch der Arbeitnehmerüberlassung (AÜG) – weitestgehend umgesetzt.[448] In Österreich hat eine Umsetzung erst zum 1. 1. 2013 stattgefunden, die ebenfalls noch Nachbesserungsbedarf aufweist.[449]

a) Anwendungsbereich

Art 1 Abs 1 RL 2008/104/EG definiert den Anwendungsbereich der Leiharbeitsrichtlinie. Dieser umfasst demnach Arbeitnehmer, die mit einem Leiharbeitsunternehmen einen Arbeitsvertrag geschlossen haben oder ein Beschäftigungsverhältnis eingegangen sind und durch das Leiharbeitsunternehmen entleihenden Unternehmen vorübergehend zur Verfügung gestellt werden, um unter deren Aufsicht und Leitung zu arbeiten. Der Arbeitnehmerbegriff leitet sich dabei aus dem nationalen Arbeitsrecht der Mitgliedstaaten ab, womit öffentlich-rechtliche Bedienstete und Beamte – zumindest in Deutschland und Österreich –, sofern sie nicht dem nationalen Arbeitsrecht unterfallen, vom Anwendungsbereich der Richtlinie ausgenommen sind (Art 3 Abs 1 lit a RL 2008/104/EG). Allerdings dürfen durch Art 3 Abs 2 UA 2 RL 2008/104/EG Teilzeitbeschäftigte und befristet beschäftigte Arbeitnehmer durch die nationale Begriffsbestimmung nicht ausgenommen werden. Sie fallen daher zwingend in den Anwendungsbereich der Richtlinie. Die Richtlinie lässt in Art 1 Abs 3 jedoch den Mitgliedstaaten die Mög-

---

448 BGBl I 2011, 642; ausführlich hierzu: *Wank,* Neufassung des AÜG 23 ff; *Hamann,* RdA 2011, 321 ff; *Rieble/Vielmeier,* EuZA 2011, 474 ff. Zuletzt geändert durch das Gesetz zur Änderung des Arbeitnehmerüberlassungsgesetzes und anderer Gesetze vom 21.2.2017, BGBl I 2017, 258.

449 BGBl I 2012/98; ausführlich hierzu: *Burger* in: *Wachter/Burger* (Hg), 3 ff; *Schörghofer,* ZAS 2012, 336 ff; *Schlitzer,* infas 2013, 9 ff; *Schrank,* RdW 2013, 31 ff und 84 ff.

lichkeit offen, nach Anhörung der Sozialpartner Arbeitsverträge oder Beschäftigungsverhältnisse, die im Rahmen eines spezifischen öffentlichen oder von öffentlichen Stellen geförderten beruflichen Ausbildungs-, Eingliederungs- und Umschulungsprogramms geschlossen wurden, aus dem Anwendungsbereich der Richtlinie zu nehmen.

Der EuGH schränkt die Möglichkeit der Mitgliedsstaaten, über die nationale Definition des Arbeitnehmers den Anwendungsbereich der Richtlinie zu begrenzen, jedoch deutlich ein:

> EuGH, Rs C-216/15 (Ruhrlandklinik):[450] Eine Schwesternschaft des Deutschen Roten Kreuz e.V. setzt Vereinsmitglieder als Pflegepersonal in einer stationären Klinik der Ruhrland gGmbH auf der Grundlage eines Gestellungsvertrages ein. Nach deutschem Recht wird die Mitgliedschaft in einer Schwesternschaft nicht als Arbeitsverhältnis behandelt. Nach der Mitgliederordnung der Schwesternschaft erhalten die Mitglieder eine monatliche Vergütung entsprechend der Tätigkeit, Reise- und Umzugskostenerstattungen, eine Anwartschaft auf ein zusätzliches Ruhegeld, bezahlten Erholungsurlaub und Fortzahlung der Vergütung bei Arbeitsunfähigkeit. Die eingesetzten Mitglieder unterliegen den fachlichen und organisatorischen Weisungen der Ruhrlandklinik. Der Betriebsrat der Ruhrlandklinik verweigerte die Zustimmung zum Einsatz einer Roten-Kreuz-Schwester, weil er hierin eine unzulässige nicht vorübergehende Arbeitnehmerüberlassung iSd § 1 Abs 1 S 1 und 2 AÜG aF sah.

Der EuGH beruft sich auf seine allgemeine Rechtsprechung zum Begriff des Arbeitsverhältnisses.[451] Da Art 1 Abs 1, Art 3 Abs 1 lit b RL 2008/104/EG für den Leiharbeitnehmer keinen Arbeitsvertrag voraussetzen, sondern ein Beschäftigungsverhältnis ausreichen lassen, steht es der Anwendung der Richtlinie nicht entgegen, das ein Rechtsverhältnis nach nationalem Recht nicht als Arbeitsverhältnis angesehen wird. Der Unionsgesetzgeber habe die Bestimmung des Arbeitnehmers nicht einseitig den Mitgliedsstaaten überlassen, sondern in Art 3 Abs 1 lit a RL 2008/104/EG selbst umrissen. Entscheidendes Kriterium für einen Arbeitnehmer iSd Richtlinie ist demnach, ob die Person durch das mitgliedstaatliche Recht einen Schutz erhält, der vergleichbar ist mit dem Schutz für Arbeitnehmer iSd mitgliedstaatlichen Rechts:

> „Nach ständiger Rechtsprechung des Gerichtshofs besteht das wesentliche Merkmal eines Arbeitsverhältnisses darin, dass eine Person während einer bestimmten Zeit für eine andere Person nach deren Weisung Leistungen erbringt, für die sie als Gegenleistung eine Vergütung erhält, […].[452] Nach alledem ist der Begriff „Arbeitnehmer" im Sinne der Richtlinie 2008/104 dahin auszulegen, dass er jede Person

450 EU:C:2016:883.

451 Wobei er sich ausdrücklich nur auf die Rs C-232/09 (Danosa), EU:C:2010:674, zur Mutterschutzrichtlinie 92/85/EWG bezieht, Rn 27 der Entscheidung.

452 EuGH Rs C-216/15 (Ruhrlandklinik), EU:C:2016:883 Rn 27.

> erfasst, die eine Arbeitsleistung erbringt, d. h., die während einer bestimmten Zeit für eine andere Person nach deren Weisung Leistungen erbringt, für die sie als Gegenleistung eine Vergütung erhält, und die aufgrund dieser Arbeitsleistung in dem betreffenden Mitgliedstaat geschützt ist, wobei die rechtliche Einordnung ihres Beschäftigungsverhältnisses nach nationalem Recht, die Art der zwischen den beiden Personen bestehenden Rechtsbeziehung und die Ausgestaltung des Beschäftigungsverhältnisses unerheblich sind.[453]"

Damit weicht der EuGH die Unterscheidung[454] zwischen Richtlinien, bei denen ein europarechtlicher Arbeitnehmerbegriff zu Grunde zu legen ist, und Richtlinien, die die Bestimmung der betroffenen Arbeitnehmer den Mitgliedsstaaten überlassen, auf.[455]

Umstritten ist, wie das Merkmal „vorübergehend" auszulegen ist. Vor Umsetzung der Richtlinie war in Deutschland seit Streichung der Höchstüberlassungsfristen im Jahr 2003[456] auch die dauerhafte Überlassung von Leiharbeitnehmern möglich.[457] Die Richtlinie verbietet eine dauerhafte Überlassung nicht ausdrücklich. Aus dem Gebot in Art 5 Abs 5, Missbrauch vor allem durch aufeinanderfolgende Überlassungen zu verhindern, lässt sich aber schließen, dass ein dauerhafter Einsatz von Leiharbeitnehmern auf demselben Arbeitsplatz nicht der Zielsetzung der Richtlinie entspricht. Die Mitgliedstaaten haben aber einen weiten Handlungsspielraum bei der Ausgestaltung des Merkmals „vorübergehend".[458] Mittlerweile sieht das deutsche Recht wieder eine Überlassungshöchstdauer von 18 Monaten vor.[459]

Keine Anwendung auf die Leiharbeit findet die Rahmenvereinbarung über befristete Arbeitsverträge, weder im Verhältnis zwischen Leiharbeitnehmer und Leiharbeitsunternehmen noch zwischen Leiharbeitnehmer und entleihendem Unternehmen.[460] Der EuGH geht davon aus, dass es sich bei der Leiharbeit um ein komplexes und spezifisches arbeitsrechtliches Konstrukt handelt, für das die Rahmenvereinbarung keine spezifischen Bestimmungen vorsieht. Hierbei stützt er sich auf die Präambel der Rahmenvereinbarung, die in ihrem Absatz 4 vorsieht, dass Arbeitnehmer in befristeten Arbeitsverhältnissen, die einem Unternehmen von einer Leiharbeitsagentur zur Verfügung gestellt werden, nicht unter den Anwendungsbereich der

453 EuGH Rs C-216/15 (Ruhrlandklinik), EU:C:2016:883 Rn 43.

454 S oben, I.B.1.b).

455 Kritisch zu der Auslegung des EuGH in dieser Sache: *Schmitt,* Leiharbeit durch Rotkreuzschwestern, ZESAR 2017, 172 f; *Ulrici*, EuZW 2017, 70 ff.

456 Durch das Erste Gesetz für moderne Dienstleistungen am Arbeitsmarkt, BGBl I 2002, 4607.

457 Vgl BAG 25.1.2005, 1 ABR 61/03 NZA 2005, 1199 ff.

458 Vgl zur Auslegung des Merkmals „vorübergehend" *Hamann,* RdA 2011, 324 ff.

459 § 1 Abs 1 S 3, Abs 1b AÜG.

460 EuGH Rs 290/12 (Della Rocca), EU:C:2013:235.

Rahmenvereinbarung fallen, da die Sozialpartner für die Leiharbeit eine eigene Vereinbarung schließen wollten. Das hindert die Mitgliedstaaten allerdings nicht daran, ihre Regelungen für befristete Arbeitnehmer auch auf Leiharbeitnehmer anzuwenden.[461]

Als Leiharbeitsunternehmen werden natürliche und juristische Personen bezeichnet, die nach einzelstaatlichem Recht mit Arbeitnehmern Arbeitsverträge abschließen oder Beschäftigungsverhältnisse eingehen, um sie natürlichen oder juristischen Personen als entleihenden Unternehmen zu überlassen, damit sie dort unter deren Aufsicht und Leitung vorübergehend arbeiten (vgl Art 3 Abs 1 lit b und d RL 2008/104/EG). In den Anwendungsbereich der Richtlinie fallen als Leiharbeitsunternehmen und entleihendes Unternehmen sowohl private als auch öffentliche[462] Unternehmen. Voraussetzung ist eine wirtschaftliche Tätigkeit des Unternehmens, Erwerbszwecke müssen jedoch nicht verfolgt werden (Art 1 Abs 2 RL 2008/104/EG). Damit sind auch gemeinnützige Unternehmen vom Anwendungsbereich der Richtlinie erfasst.[463]

Art 3 RL 2008/104/EG definiert den Begriff des Leiharbeitnehmers (lit c) als Arbeitnehmer, der mit einem Leiharbeitsunternehmen einen Arbeitsvertrag abgeschlossen hat oder ein Beschäftigungsverhältnis eingegangen ist und die Überlassung (lit e) als den Zeitraum, während dessen der Leiharbeitnehmer dem entleihenden Unternehmen zur Verfügung gestellt wird.

b) Überprüfung der Beschränkungen

Die Mitgliedstaaten sind nach Art 4 Abs 2 RL 2008/104/EG verpflichtet zu überprüfen, ob Verbote oder Einschränkungen des Einsatzes von Leiharbeit, die in den einzelnen Mitgliedstaaten durch Gesetz[464], Tarifverträge oder

461 *Franzen,* EuZA 2013, 434. So nimmt das deutsche TzBfG Leiharbeitnehmer nicht aus seinem Anwendungsbereich heraus, das österreichische Recht sieht hingegen in § 11 Abs 2 Ziff 4 AÜG vor, dass Leiharbeitsverhältnisse nur im Falle des Vorliegens eines sachlichen Grundes befristet werden dürfen.

462 Aufgrund des in § 1 Abs 2 Ziff 1 des österreichischen AÜG vorgesehenen Ausschlusses der Überlassung von Arbeitskräften im öffentlichen Dienstrecht besteht noch vereinzelter Anpassungsbedarf.

463 In der Rs C-216/15 (Ruhrlandklinik), EU:C:2016:883 Rn 44 ff, betont der EuGH, dass es nicht darauf ankommt, ob der Verleiher mit der Überlassung Erwerbszwecke verfolgt.

464 Vgl in Deutschland § 1b AÜG und § 1 Abs 2 Ziff 3 GüKG, die einen Verstoß gegen Art 4 der RL darstellen: *Hamann,* RdA 2011, 329 f. Das Verbot der Arbeitskräfteüberlassung in Betrieben, die von Streik oder Aussperrung betroffen sind (§ 11 Abs 5 dt AÜG, § 9 österr AÜG) wird hingegen aus Gründen des Allgemeininteresses nicht gegen Art 4 RL 2008/104/EG verstoßen.

Gepflogenheiten bestehen, aus Gründen des Allgemeininteresses gerechtfertigt sind. Art 4 Abs 1 RL 2008/104/EG zufolge ist Leiharbeit grundsätzlich erlaubt ist und darf nur unter den Bedingungen des Schutzes der Leiharbeitnehmer, der Erfordernisse von Gesundheitsschutz und Sicherheit am Arbeitsplatz, der Notwendigkeit des reibungslosen Funktionierens des Arbeitsmarkts oder der Vorbeugung eventuellen Missbrauchs beschränkt werden. Die Überprüfung solcher Einschränkungen und Verbote kann auch den Sozialpartnern überlassen werden, wenn diese durch Tarifverträge festgelegt wurden (Abs 3).

In dieser Hinsicht, stellt sich die Frage, inwiefern Regelungen von konkreten Gründen der Überlassung[465] oder die Festlegung einer Höchstüberlassungsdauer[466], wie es sie in vielen Mitgliedstaaten gibt, mit Art 4 Abs 1 RL 2008/104/EG vereinbar sind. Der EuGH hätte zu dieser Frage in der Rs 533/13 (AKT)[467] Stellung nehmen können. Das finnische Arbeitsgericht hatte die Frage vorgelegt, ob Einschränkungen, wie sie im finnischen Recht in Form von Überlassungsgründen und dem Verbot der längerfristigen Überlassung bestehen, nach Art 4 Abs 1 RL 2008/104/EG zulässig sind. Die Frage war aber letzten Endes nicht zu entscheiden, da der EuGH die Ansicht vertritt, dass Art 4 Abs 1 RL 2008/104/EG keine unmittelbare Wirkung dahingehend entfaltet, dass die nationalen Gerichte ungerechtfertigte Einschränkungen unangewendet lassen müssen:

> „[…] Art. 4 Abs. 1 der Richtlinie 2008/104 in Verbindung mit den anderen Absätzen dieses Artikels [ist] nur an die zuständigen Behörden des Mitgliedstaats gerichtet […], indem ihnen auferlegt wird, ihre nationalen Regelungen zu überprüfen, damit sie sicherstellen, dass die Verbote oder Einschränkungen des Einsatzes von Leiharbeit aus Gründen des Allgemeininteresses gerechtfertigt sind, und die Kommission über die Ergebnisse dieser Überprüfung zu informieren. Solche Verpflichtungen können von den nationalen Gerichten nicht erfüllt werden.“[468]

Der Generalanwalt ging in seinen Schlussanträgen davon aus, dass entsprechende Regelungen iSd Art 4 Abs 1 RL 2008/104/EG gerechtfertigt sein könnten, die konkrete Überprüfung jedoch Sache der mitgliedsstaatlichen Gerichte wäre.[469]

---

465 Beispielsweise im französischen Recht Art L 1251-6 und -7 code du travail.

466 Beispielsweise im deutschen Recht § 1 Abs 1 S 3, Abs 3 AÜG, im französischen Recht Art L 1251-12 code du travail, die jeweils im Regelfall eine Überlassung nur für 18 Monate zulassen.

467 EU:C:2015:173.

468 EuGH Rs 533/13 (AKT), EU:C:2015:173 Rn 28. Kritisch zu der Entscheidung *Albers*, ZESAR 2015, 347; *Boemke/Sachadae*, EuZA 2015, 313.

469 Schlussanträge GA Szpunar, Rs 533/13 (AKT), EU:C:2014:2392 Rn 116 ff.

Von der Richtlinie unberührt bleiben nationale Anforderungen hinsichtlich der Eintragung, Zulassung, Zertifizierung, finanziellen Garantie und Überwachung der Leiharbeitsunternehmen (Art 4 Abs 4 RL 2008/104/EG). Die österreichische Anforderung der Gewerbeberechtigung für das Überlassen von Arbeitskräften zur Arbeitsleistung an Dritte nach § 135 Abs 1 der österreichischen GewO und das deutsche Erfordernis einer Erlaubnis zur Arbeitnehmerüberlassung nach § 1 Abs 1 Satz 1 AÜG widersprechen daher nicht der Richtlinie.

c) Grundsatz der Gleichbehandlung

Im Zentrum der gesamten RL 2008/104/EG steht Art 5, der das Diskriminierungsverbot von Leiharbeitnehmern regelt.[470] Dieser sieht in Abs 1 UA 1 vor, dass die wesentlichen Arbeits- und Beschäftigungsbedingungen der Leiharbeitnehmer während der Dauer ihrer Überlassung mindestens denjenigen entsprechen müssen, die für sie gelten würden, wenn sie von dem entleihenden Unternehmen unmittelbar für den gleichen Arbeitsplatz eingestellt worden wären. War im Vorschlag der Kommission[471] noch ein Rechtfertigungsgrund aus sachlichen Gründen vorgesehen, gilt das Gleichbehandlungsgebot mit Ausnahme der in den folgenden Absätzen genannten Abweichungen nun ausnahmslos. Vergleichsmaßstab bildet ein hypothetisch im Unternehmen des Entleihers beschäftigter Arbeitnehmer, sodass der Gleichbehandlungsgrundsatz unabhängig davon gilt, ob das konkrete Entleihunternehmen einen vergleichbaren Arbeitnehmer beschäftigt oder nicht. In Deutschland ist der Gleichbehandlungsgrundsatz in § 8 AÜG verankert, in Österreich findet er sich in den §§ 6, 6a und 10 AÜG[472], wobei sowohl das deutsche AÜG als auch § 10 österr AÜG als Vergleichsmaßstab den tatsächlich im Betrieb des Entleihers beschäftigten vergleichbaren Arbeitnehmer heranziehen und insofern der richtlinienkonformen Auslegung bedürfen.

Was unter „wesentlichen Arbeits- und Beschäftigungsbedingungen" zu verstehen ist, definiert Art 3 Abs 1 lit f RL 2008/104/EG. So handelt es sich dabei um die Arbeits- und Beschäftigungsbedingungen, die durch Gesetz, Verordnung, Verwaltungsvorschriften, Tarifvertrag und/oder sonstige ver-

470 Ebenso *Riesenhuber*, Europäisches Arbeitsrecht, § 18, 339; *Franzen*, ZAS 2011, 255 ff; *Waas*, ZESAR 2009, 209 f.

471 KOM (2002) 149 endg, 23; zur Entwicklung des Gleichbehandlungsgebots *Fuchs*, NZA 2009, 57 ff; *Geppert*, DRdA 2011, 515 ff.

472 Gem § 10 Abs 1 Satz 1 AÜG hat der Leiharbeitnehmer Anspruch auf ein angemessenes, ortsübliches Entgelt. Zur Frage des angemessenen Entgelts *Rauch*, ecolex 2013, 676 ff; *Kusternigg*, ASoK 2013, 42 ff.

bindliche Bestimmungen allgemeiner Art, die im entleihenden Unternehmen gelten, festgelegt sind und sich auf die Arbeitszeit, Überstunden, Pausen, Ruhezeiten, Nachtarbeit, Urlaub, arbeitsfreie Tage sowie das Arbeitsentgelt beziehen. Was unter dem Begriff „Arbeitsentgelt“ zu verstehen ist, bestimmt sich gem Art 3 Abs 2 UA 1 RL 2008/104/EG nach nationalem Recht.

In Art 5 Abs 1 UA 2 RL 2008/104/EG wird besonders das Diskriminierungsverbot für im entleihenden Unternehmen geltende Regeln in Bezug auf den Schutz schwangerer und stillender Frauen, den Kinder- und Jugendschutz (lit a) sowie die Gleichbehandlung von Männern und Frauen und sämtliche Maßnahmen zur sonstigen Diskriminierungsbekämpfung (lit b) hervorgehoben. Bei dem in der Richtlinie festgelegten Gleichbehandlungsgebot handelt es sich um Mindeststandards, wodurch für Leiharbeitnehmer national günstigere Bestimmungen keinen Verstoß gegen die Richtlinie darstellen.[473]

Die Abs 2 bis 4 des Art 5 RL 2008/104/EG regeln die Ausnahmen vom Gleichbehandlungsgebot. So können in Bezug auf das Arbeitsentgelt die Mitgliedstaaten nach Anhörung der Sozialpartner vom Grundsatz des Abs 1 abweichen, wenn die Leiharbeitnehmer, die in einem unbefristeten Vertrag zu einem Leiharbeitsunternehmen stehen, in der Zeit zwischen den Überlassungen bezahlt werden (Abs 2). In diesem Fall liegt eine sachliche Begründung vor, da die während der Überlassung bestehende Schlechterstellung der Leiharbeitnehmer mit Ende der Überlassung und der daraufhin entstehenden Zahlungsverpflichtung des Leiharbeitsunternehmens gerechtfertigt werden kann. Die Leiharbeitnehmer sind somit auch in dem Zeitraum, in dem sie bei keinem entleihenden Unternehmen tätig sind, sozial abgesichert.

Die wichtigste Ausnahmeregelung ist in Art 5 Abs 3 RL 2008/104/EG enthalten. Vor dem Hintergrund der Wahrung der Autonomie der Sozialpartner, wie sie in Erwägungsgrund 16 und 19 dargelegt ist, können Mitgliedstaaten nach Anhörung der Sozialpartner diesen die Möglichkeit einräumen, auf der geeigneten Ebene und nach Maßgabe der von den Mitgliedstaaten festgelegten Bedingungen Tarifverträge aufrechtzuerhalten oder zu schließen, die unter Achtung des Gesamtschutzes von Leiharbeitnehmern Regelungen in Bezug auf die Arbeits- und Beschäftigungsbedingungen von Leiharbeitnehmern enthalten können, welche von den in Abs 1 aufgeführten Regelungen abweichen können.

Der deutsche Gesetzgeber hat von dieser Ausnahme in § 8 Abs 2 bis 4 AÜG Gebrauch gemacht, die erlauben, dass ein Tarifvertrag vom Gleichbe-

473 Ebenso *Riesenhuber*, Europäisches Arbeitsrecht, § 18, 340; *Geppert*, DRdA 2011, 507 ff.

handlungsgebot abweichende Regelungen zulässt. Nichttarifgebundene Arbeitgeber und Arbeitnehmer können darüber hinaus die Anwendung abweichender Regelungen eines Tarifvertrags, in deren Geltungsbereich sie fallen, vereinbaren. Die Abweichungsmöglichkeit vom Gleichbehandlungsgrundsatz gilt nicht für solche Leiharbeitnehmer, die in den letzten sechs Monaten vor der Überlassung an den Entleiher aus einem Arbeitsverhältnis bei diesem oder einem Arbeitgeber innerhalb des Konzerns des Entleihers ausgeschieden sind. Der geringe Organisationsgrad der Arbeitnehmer in der Leiharbeitsbranche führte allerdings dazu, dass die Arbeitgeber in der Lage waren, deutlich nach unten abweichende Löhne durchzusetzen.[474] Mit einer Lohnuntergrenze nach § 3a AÜG hat der Gesetzgeber den Tarifparteien bei der Abweichung vom Gleichbehandlungsgrundsatz eine Grenze gesetzt. Angesichts der zT erheblichen Lohnunterschiede zwischen Stammpersonal und Leiharbeitnehmern ist allerdings zu bezweifeln, dass § 3a AÜG einen hinreichenden Gesamtschutz gewährleistet.[475] Allein die Einführung eines Mindestlohns kann auch noch keinen Gesamtschutz bezüglich der weiteren in Art 3 Abs 1 lit f RL 2008/104/EG aufgeführten Arbeitsbedingungen gewährleisten. Hätte der europäische Gesetzgeber eine Lohnuntergrenze als Gesamtschutz im Sinn gehabt, hätte er dies zum Ausdruck gebracht, wie dies etwa in Art 3 Abs 1 lit c Entsenderichtlinie[476] der Fall ist. Aufschlussreich ist hierzu auch der Bericht der Expertengruppe zur Umsetzung der Leiharbeitsrichtlinie, der davon ausgeht, dass Abweichungen vom Gleichbehandlungsgrundsatz nur möglich sind, wenn die hierdurch für die Arbeitnehmer entstehenden Nachteile durch andere Vorteile, bspw Weiterbildungsmöglichkeiten, ausgeglichen werden.[477] Mittlerweile hat der deutsche Gesetzgeber die Möglichkeit, durch Tarifvertrag vom Gleichbehandlungsgrundsatz abzuweichen, auf 9 bzw 15 Monate beschränkt. Dennoch ist fraglich, ob die deutsche Regelung zum Gleichbehandlungsgrundsatz vor dem EuGH Bestand haben würde,[478] da fast zwei Drittel der Leiharbeitsverhältnisse bereits innerhalb von 6 Monaten beendet wird.[479]

474 Vgl im Detail *Urban-Crell/Schulz*, Arbeitnehmerüberlassung und Arbeitsvermittlung, Rn 164; *Ahlberg* in: *Ahlberg ua* (Hg), 131; *Schüren*, NZA 2008, 454.

475 *Blanke*, DB 2010, 1531; *Waas*, ZESAR 2012, 9; aA *Lembke*, BB 2010, 1540.

476 RL 96/71/EG.

477 *Report Expert Group,* Transposition of Directive 2008/104/EC on Temporary Agency Work, Social Europe 2011, 24.

478 Vgl zur Richtlinienkonformität der deutschen Ausnahmeregelung: *Fuchs,* EJSL 2012, 171 f; *Waas,* ZESAR 2012, 9 f; *Wank,* Die Neufassung des AÜG, in: Jahrbuch des Arbeitsrechts 2012, 29 ff.

479 Bundesagentur für Arbeit, Arbeitsmarkt in Zahlen – Beschäftigungsstatistik – Leiharbeitnehmer und Verleihbetriebe, 1. Halbjahr 2016, Tab. 3.1, https://statistik.

Der im geänderten Vorschlag der Kommission[480] zur Richtlinie noch nicht enthaltene Abs 4 ermöglicht in UA 1 eine weitere Abweichung von Abs 1 für den Fall, dass Leiharbeitnehmern ein angemessenes Schutzniveau gewährt wird und in dem Mitgliedstaat entweder kein gesetzliches System vorhanden ist, durch welches Tarifverträge allgemeine Gültigkeit erlangen, oder kein gesetzliches System bzw Gepflogenheit zur Ausweitung von deren Bestimmungen auf alle vergleichbaren Unternehmen in einem bestimmten Sektor oder bestimmten geographischen Gebiet existiert. Solche Mitgliedstaaten, wie zB das Vereinigte Königreich, können, sofern Leiharbeitnehmern ein angemessenes Schutzniveau gewährt wird, nach Anhörung der Sozialpartner auf nationaler Ebene und auf der Grundlage einer von ihnen geschlossenen Vereinbarung in Bezug auf die wesentlichen Arbeits- und Beschäftigungsbedingungen von Leiharbeitnehmern vom Gleichbehandlungsgebot abweichen. Die Regelungen müssen gem Abs 4 UA 2 mit den gemeinschaftlichen Bestimmungen in Einklang stehen und hinreichend präzise und leicht zugänglich sein, damit die betroffenen Sektoren und Firmen ihre Verpflichtungen bestimmen und einhalten können.

In Abs 4 UA 1 Satz 2 ist, um der Vereinbarung der britischen Sozialpartner gerecht zu werden, ausdrücklich vorgesehen, dass auch eine Wartezeit bis zum Einsetzen des Gleichbehandlungsgrundsatzes vorgesehen werden kann. Die im Rahmen der Umsetzung der Richtlinie im Vereinigten Königreich erlassenen Temporary Agency Work Regulations (TAWR) nutzen diese Ermächtigung zur Abweichung in den Art 7 ff TAWR.[481] Bedingung für die Anwendung des Gleichbehandlungsgrundsatzes ist die Erfüllung einer zwölfwöchigen Wartezeit. Art 7 Abs 2 TAWR setzt für die erfolgreiche Absolvierung der Wartezeit voraus, dass der Leiharbeitnehmer auf derselben Stelle bei demselben Entleiher durchgehend zwölf Kalenderwochen arbeitet, wobei dies während eines oder mehrerer Einsätze erfolgen kann. Ob diese Art der Umsetzung den Vorgaben der RL gerecht wird, darf bezweifelt werden. Sicherlich ermöglicht Art 5 Abs 4 RL 2008/104/EG die Festlegung einer Wartezeit, aber Ausnahmevorschriften sind eng auszulegen und die Anforderung, dass dieselbe Arbeit abgeleistet werden muss, geht sicherlich einen Schritt weiter.

Der Richtlinienvorschlag sah noch eine Möglichkeit zur Ausnahme vom Gleichbehandlungsgrundsatz für Leiharbeitsverhältnisse vor, die nicht län-

arbeitsagentur.de/Statistikdaten/Detail/201606/iiia6/beschaeftigung-anue-anue/anue-d-0-201606-xlsx.xlsx.

480 KOM (2002) 701 endg.

481 Art 10 TAWR enthält im Übrigen eine Ausnahme vom Gleichbehandlungsgrundsatz für Leiharbeitnehmer, die einen unbefristeten Arbeitsvertrag mit dem Verleiher haben und auch in verleihfreien Zeiten bezahlt werden.

ger als sechs Wochen dauerten. Sie wurde als nicht dem *Flexicurity*-Gedanken entsprechend verworfen, da in vielen Mitgliedstaaten ein Großteil der Überlassungen den Sechswochenzeitraum nicht überschreitet.[482]

Abschließend sieht Art 5 Abs 5 RL 2008/104/EG für die Mitgliedstaaten die Verpflichtung vor, erforderliche Maßnahmen gem ihrer nationalen Rechtsvorschriften und/oder Gepflogenheiten zu ergreifen, um eine missbräuchliche Anwendung des Art 5 und insbesondere aufeinander folgende Überlassungen, mit denen die Richtlinie umgangen werden soll, zu verhindern. Die Mitgliedstaaten sind gehalten, die Kommission über die ergriffenen Maßnahmen zu unterrichten.

Der Schutz der Leiharbeitnehmer soll in erster Linie durch die Garantie des Gleichbehandlungsgrundsatzes gewährleistet werden und somit zu dem, was als Arbeitsqualität bezeichnet wird, beitragen. Die vielseitigen Ausnahmemöglichkeiten des Art 5 führen allerdings dazu, dass mitunter nicht einmal die Hälfte der in einem Mitgliedstaat beschäftigten Leiharbeitnehmer in den Genuss des Gleichbehandlungsgrundsatzes kommt. Wenn wir den Statistiken für das Vereinigte Königreich trauen können, werden 50% der Leiharbeitnehmer nicht vom Gleichbehandlungsgrundsatz profitieren, da ihre Überlassung vor Ablauf der Zwölfwochengrenze endet.[483] Eine Studie in Deutschland belegt, dass der Gleichbehandlungsgrundsatz fast komplett durch Tarifverträge und deren Bezugnahme in den Arbeitsverträgen ausgehebelt wird.[484] Der schwedische Arbeitsrechtler *Ronny Eklund* sagt in Bezug auf Erwägungsgrund 23, der die Schaffung eines harmonisierten, gemeinschaftsweiten Rahmens für den Schutz von Leiharbeitnehmern ankündigt, die Richtlinie sei von den auf die Mitgliedstaaten individuell zurecht geschnittenen Regelungen durchlöchert wie Schweizer Käse, da es für jedes Land, das Einwände gegen die Richtlinie vorgebracht hat, eine eigene Ausnahme gibt.[485] Trotz dieser vielen Ausnahmen hat die Richtlinie aber die Sensibilität für das Problem der unterschiedlichen Behandlung in der Leiharbeit gestärkt. In vielen Ländern, wie in Deutschland, war der Gleichbehandlungsgrundsatz vor Beginn der europäischen Debatte komplett unbekannt. Seitdem spielt er eine wichtige Rolle bei kollektiven Verhandlungen auf Betriebsebene.

---

482 *Zappalà*, The Regulation of Temporary Work in the Light of Flexicurity, Working Paper C.S.D.L.E. "Massimo D'Antona" No 21/2003, http://aei.pitt.edu/1632/1/n21_zappala.pdf, S 23.

483 *Davies*, ELLJ 2010, 314; *Leighton/Wynn*, ILJ 2011, 8.

484 *Krause*, Rechtsgutachten erstattet im Auftrag des Hugo Sinzheimer Instituts für Arbeitsrecht, Juni 2012, 20 ff, http://www.hugo-sinzheimer-institut.de/fileadmin/user_data_hsi/Veroeffentlichungen/HSI_Schriftenreihe/Ruediger_Krause.pdf.

485 *Eklund* in: *Eklund/Hager/Kleineman/Wängberg* (Hg), 156.

d) Zugang zu Beschäftigung, Gemeinschaftseinrichtungen und beruflicher Aufstieg

Art 6 RL 2008/104/EG sieht Maßnahmen vor, mit welchen die Qualität der Beschäftigung von Leiharbeitnehmern verbessert und der Zugang zu unbefristeten und hochwertigen Arbeitsverhältnissen ermöglicht werden soll.[486] Um dies bewerkstelligen zu können, müssen die Leiharbeitnehmer über offene Stellen im entleihenden Unternehmen unterrichtet werden (Art 6 Abs 1). Diese Unterrichtung kann durch allgemeine Bekanntmachung an einer geeigneten Stelle in dem Unternehmen erfolgen, in dessen Auftrag und unter dessen Aufsicht die Leiharbeitnehmer arbeiten. Wie diese Informationspflicht auszusehen hat und wer ihr letztendlich nachkommen muss – Leiharbeitsunternehmen oder entleihendes Unternehmen – regelt die Richtlinie nicht.[487] Zwingend mit der Informationspflicht muss die Möglichkeit einhergehen, dass Leiharbeitnehmer die offenen Stellen annehmen und nicht durch Klauseln davon abgehalten werden können, die den Abschluss eines Arbeitsvertrags oder die Begründung eines Beschäftigungsverhältnisses zwischen entleihendem Unternehmen und dem Leiharbeitnehmer verbieten oder anderweitig verhindern. Die Mitgliedstaaten sind daher nach Art 6 Abs 2 UA 1 RL 2008/104/EG verpflichtet, erforderliche Maßnahmen zu ergreifen, damit solche Klauseln nichtig sind oder für nichtig erklärt werden können. Unberührt bleiben nationale Bestimmungen, aufgrund derer Leiharbeitsunternehmen für die dem entleihenden Unternehmen erbrachten Dienstleistungen in Bezug auf Überlassung, Einstellung und Ausbildung der Leiharbeitnehmer eine angemessene Vergütung erhalten (Art 6 Abs 2 UA 2).

Des Weiteren sieht Art 6 Abs 3 RL 2008/104/EG ein Verbot von Vermittlungsprovisionen vor, die Leiharbeitsunternehmen von Leiharbeitnehmern für den Abschluss eines Arbeitsvertrags oder Beschäftigungsverhältnisses mit dem entleihenden Unternehmen verlangen. Ebenso darf für die Überlassung an ein entleihendes Unternehmen allein kein Entgelt gefordert werden.

Leiharbeitnehmern wird durch Art 6 Abs 4 RL 2008/104/EG der gleiche Zugang zu den Gemeinschaftseinrichtungen in den entleihenden Unternehmen, insbesondere zu Gemeinschaftsverpflegung, Kinderbetreuungseinrichtungen und zu Beförderungsmitteln, ermöglicht wie unmittelbar von

486 Siehe hierzu KOM (2002) 149 endg.

487 *Hamann*, EuZA 2009, 315 f, verweist hierzu auf den Änderungsantrag 46 des Berichts des Ausschusses für Beschäftigung und soziale Angelegenheiten des Europäischen Parlaments vom 23.10.2002, Dok A5–0356/2002 endg.

dem Unternehmen beschäftigten Arbeitnehmern. Jedoch kann eine unterschiedliche Behandlung hier aus objektiven Gründen gerechtfertigt werden.

Letztendlich sollen die Mitgliedstaaten geeignete Maßnahmen treffen oder den Dialog zwischen den Sozialpartnern fördern, damit der Zugang für Leiharbeitnehmer zu Fort- und Weiterbildungsangeboten wie auch zu Kinderbetreuungseinrichtungen in den Leiharbeitsunternehmen – auch in der Zeit zwischen den Überlassungen – verbessert wird, um die berufliche Entwicklung und Beschäftigungsfähigkeit der Leiharbeitnehmer zu fördern (Art 6 Abs 5 lit a RL 2008/104/EG). Ebenso soll der Zugang der Leiharbeitnehmer zu Fort- und Weiterbildungsangeboten der Arbeitnehmer des entleihenden Unternehmens verbessert werden (lit b). In diesem Bereich ist der deutsche Gesetzgeber bislang untätig geblieben.[488] In Österreich verpflichtet § 12 Abs 5 AÜG sowohl das Leiharbeitsunternehmen als auch das Entleihunternehmen, Aus- und Weiterbildungsmöglichkeiten von überlassenen Arbeitskräften zu fördern. Zudem wurde ein von den Leiharbeitsunternehmen zu finanzierender Sozial- und Weiterbildungsfonds für Leiharbeitnehmer eingerichtet, §§ 22a ff AÜG, der die Leiharbeitnehmer in verleihfreien Zeiten unter anderem durch die Finanzierung von Weiterbildungsmaßnahmen unterstützen soll.

e) Betriebsverfassungsrechtliche Regelungen

Sowohl Art 7 als auch Art 8 der Richtlinie behandeln betriebsverfassungsrechtliche Angelegenheiten. So sind nach Art 7 Abs 1 RL 2008/104/EG Leiharbeitnehmer unter den Bedingungen, die die Mitgliedstaaten festlegen, im Leiharbeitsunternehmen bei der Berechnung des Schwellenwerts für die Einrichtung der Arbeitnehmervertretungen zu berücksichtigen.[489] Des Weiteren können die Mitgliedstaaten vorsehen, dass Leiharbeitnehmer im entleihenden Unternehmen bei der Berechnung des Schwellenwerts im gleichen Maße berücksichtigt werden wie Arbeitnehmer, die das entleihende Unternehmen für die gleiche Dauer unmittelbar beschäftigen würde (Art 7 Abs 2 RL 2008/104/EG). Entscheidet sich ein Mitgliedstaat für die Option nach Abs 2, trifft ihn keine Verpflichtung auch Abs 1 umzusetzen (Art 7 Abs 3).

Gemäß Art 8 RL 2008/104/EG hat das entleihende Unternehmen der Arbeitnehmervertretung angemessene Informationen über den Einsatz von Leiharbeitnehmern im Unternehmen vorzulegen.

---

488 Vgl *Hamann*, EuZA 2009, 320 ff.

489 Den Anforderungen der Richtlinie entsprechend § 14 Abs 1 des deutschen AÜG; auch die in Österreich getroffene Rechtslage wird als ausreichend betrachtet, vgl hierzu *Marhold*, ASoK 2008, 162 ff.

f) Sanktionen

Gem Art 10 RL 2008/104/EG sind die Mitgliedstaaten verpflichtet, geeignete Maßnahmen im Falle eines Verstoßes gegen die nach der Richtlinie einzuführenden Regelungen zu ergreifen. Konkrete Sanktionen schreibt die Richtlinie nicht vor. So sind die Mitgliedstaaten frei darin zu bestimmen, ob und in welchen Fällen ein Arbeitsverhältnis zwischen Arbeitnehmer und Arbeitgeber fingiert wird. Auf jeden Fall müssen Sanktionen vorgesehen werden, die wirksam, angemessen und abschreckend sind (Abs 2 Satz 3).

B. Antidiskriminierung (RL 2006/54/EG, RL 2000/43/EG, RL 2000/78/EG)

Literatur: *Baer*, Europäische Richtlinien gegen Diskriminierung, ZESAR 2004, 204 ff; *Bieback*, Art 19, 157 AEUV – Das Recht zur Gleichbehandlung im Sozialrecht, in: *Fuchs* (Hg), Europäisches Sozialrecht, 6. Aufl 2013, 574 ff; *ders*, Schutz vor Diskriminierungen gegenüber Systemen der sozialen Sicherheit: Altes und neues Diskriminierungsrecht der Richtlinie 79/7/EWG und der Richtlinie 2000/43/EG und das deutsche Sozialrecht, in: *Rust* et al. (Hg), Die Gleichbehandlungsrichtlinien der EU und ihre Umsetzung in Deutschland, 2003, 93 ff; *Blanpain*, European Labour Law, 14. Aufl 2013, Ch 6; *ders/Kahil-Wolff,* Kommentierung der Richtlinie des Rates 79/7/EWG, der Richtlinie 2006/54/EG und der Richtlinie 2000/43/EG in: Fuchs (Hg), Europäisches Sozialrecht, 7. Aufl. 2018, 834 ff; *Brodil*, Differenzierung nach Behinderungen, in: *Tomandl/Schrammel* (Hg), Arbeitsrechtliche Diskriminierungsverbote, 2005, 63 ff; *Deinert*, Sozialer Dialog und Zielvereinbarungen als Wege zur Antidiskriminierung, in: *Rust* et al. (Hg), Die Gleichbehandlungsrichtlinien der EU und ihre Umsetzung in Deutschland, 381 ff; *Egger*, Die neuen Antidiskriminierungsrichtlinien der EU, DRdA 2003, 302 ff; *Eichinger*, Grundsatz der Gleichbehandlung hinsichtlich des Zugangs zur Beschäftigung, zur Berufsausbildung und zum beruflichen Aufstieg sowie in Bezug auf die Arbeitsbedingungen, in: EAS B 4200; *dies*, Diskriminierung aufgrund der Weltanschauung: auch eine politische Angelegenheit?, RdW 2009, 768 ff; *dies*, Belästigung wegen ethnischer Zugehörigkeit nach dem Ende des Arbeitsverhältnisses, DRdA 2013/16; *Falke*, Der soziale Dialog. Neue Säule des Schutzes vor Diskriminierung, ZESAR 2004, 244 ff; *Franke/Merx*, Die Umsetzung der Vorgaben der EG-Gleichbehandlungsrichtlinien in ausgewählten Mitgliedstaaten, ZESAR 2005, 321 ff; *Franzen*, in: *Franzen/Gallner/Oetker* (Hg), Kommentar zum europäischen Arbeitsrecht, 2016, Art 157 AEUV, 169 ff; *Fuchs*, Die Bilanz des Europäischen Arbeitsrechts, ZESAR 2004, 111 ff; *Gerlach*, Gleichbehandlung und Umverteilung, DRdA 2004, 221 ff; *Göbel-Zimmermann/Marquardt*, Diskriminierung aus Gründen der „Rasse" und wegen der ethnischen Herkunft im Spiegel der Rechtsprechung zum AGG, ZAR 2012, 369; *Grünberger*, Nichtdiskriminierungsrecht, in: *Preis/Sagan* (Hg), Europäisches Arbeitsrecht, 2015, § 3, 115 ff; *Hanau/Thüsing*, Europarecht und kirchliches Arbeitsrecht, 2001; *Hopf*, Belästigungsschutz neu, RdW 2004, 548 ff; *Hießl/Boot*, The Application of the EU Framework for Disability Discrimination in 18 EU Countries, European Labour Law Journal 2013, 119 ff; *Huster*, Gleichheit im Mehrebenensystem: Die Gleichheitsrechte der Europäischen Union in systematischer und kompetenzrechtlicher Hinsicht, EuR 2010, 325 ff; *Huster/Kießling*, § 6 Sozialrechtliches Antidiskriminierungsrecht, in: *Schlachter/Heinig* (Hg), Europäisches Arbeits- und Sozialrecht, 2016, 293 ff; *Kandler*, Sanktionsregelungen für Verstöße gegen die EG-Gleichbehandlungsrichtlinie (76/207/EWG) im deutschen Recht, 2003; *Karasz*, Diskriminierung aufgrund der ethnischen Zugehörigkeit bei der Gewährung sozialer Vergünstigungen, DRdA 2014/15; *Karl*, Differenzierung nach persönlichen Lebensumständen, in: *Tomandl/Schrammel* (Hg), Arbeitsrechtliche Diskriminierungsverbote, 43 ff; *Kietaibl*, Gleichbehandlungspflichten in der betrieblichen Altersvorsorge, in: *Schrammel* (Hg), Betriebspensionsrecht, 2015, 99 ff; *Kletecka*, Durchsetzung der Differenzierungsverbote, in: *Tomandl/Schrammel* (Hg), Arbeitsrechtliche Diskriminierungsverbote, 93 ff; *Klumpp*, Diskontinuität und ihre Folgen für das Antidiskriminierungsrecht, NZA 2005, 848 ff; *Kocher*, Arbeitsrechtlicher Diskriminierungsschutz, in: *Schlachter/Heinig* (Hg), Europäisches Arbeits- und Sozialrecht, 2016, § 5, 219 ff; *dies*, Europäisches Arbeitsrecht, 2016, 98 ff; *Kovács*, Kopftuchverbot am Arbeitsplatz? – Rechtfertigungsmöglichkeiten im Unionsrecht, ASoK 2016, 440 ff; *dies*, Generelles Neutralitätsgebot versus Kopftuchverbot am Arbeitsplatz, ASoK 2017, 122 ff; *Kohlbacher*, Diskriminierung durch ungleiches Pensionsantrittsalter – wie lange noch?, ZESAR 2015, 210 ff; *Krebber*, in: *Calliess/Ruffert* (Hg), EUV/AEUV, 5. Aufl 2016, Art 157 AEUV; *Lenz/Borchardt* (Hg), EU-Verträge Kommentar, 6. Aufl 2013, Art 157; *Loosschelders*, Keine unionsrechtliche Pflicht der Mitgliedstaaten zur Gewährung von Strafschadensersatz bei Diskriminierung aufgrund des Geschlechts, GPA 2016, 179; *Marhold*, Differenzierung nach dem Alter, in: *Tomandl/Schrammel* (Hg), Arbeitsrechtliche Diskriminierungsverbote, 2005, 83 ff; *ders*, The Principle of Equality in the EU Charter of Fundamental Rights and Age Discrimination: Hungarian and Austrian Experiences. European Labour Law Journal 2016, 321 ff; *Marhold-Weinmeier*, Belästigung wegen Rasse und ethnischer Herkunft, ASoK 2014, 40 ff; *Mayr*, Feiertage und Diskriminierung aufgrund der Religion im österreichischen Arbeitsrecht, ecolex 2004, 428 ff; *ders*, Diskriminierungen aufgrund des Alters im österreichischen Arbeitsrecht, ASoK 2003, 289 ff; *Mohr*, in: *Franzen/Gallner/Oetker* (Hg), Kommentar zum europäischen Arbeitsrecht, 3. Aufl. 2020, 1087 ff, 1579 ff; *Picker*, Antidiskriminierung im Zivil- und Arbeitsrecht, ZfA 2005, 167 ff; *Oetker* (Hg), Recht der Gleichbehandlung von Männern und Frauen in der Europäischen Union, 1996; *Pöschl*, Verfassungsrechtliche Gleichheit, arbeitsrechtliche Gleichbehandlung, unionsrechtliche Antidiskriminierung, RdA 2013, 467 ff; *Preis/Reuter*, § 6 Verbot der Altersdiskriminierung, in: *Preis/Sagan* (Hg), Europäisches Arbeitsrecht, 2019, 305ff; *Rebhahn* (Hg), Gleichbehandlungsgesetz Kommentar, 2005; *ders*, Das Diskriminierungsverbot des Artikels 21 GRC aufgrund des Vermögens als verfassungsgesetzlich gewährleistetes Recht, JRP 2012, 386 ff; *ders*, Benachteiligung wegen islamischen Gesichtsschleiers oder Kopftuchs, DRdA 2017/7; *Riesenhuber*, Europäisches Arbeitsrecht, 2009, §§ 8–11; *Runggaldier*, Grundzüge des europäischen Arbeitsrechts und des europäischen Sozialrechts, 2004, 77 ff; *Rust*, Konsequenzen einer Nichtumsetzung des Richtliniengleichbehandlungsrechts der Europäischen Union, ZESAR 2005, 197 ff; *Schlachter* in: Erfurter Kommentar zum Arbeitsrecht, 20. Aufl 2020, Art 157; *dies*, Benachteiligung wegen besonderer Verbindungen statt Zugehörigkeit zu einer benachteiligten Gruppe, RdA 2010, 104 ff; *dies*, Das Verbot der Altersdiskriminierung und der Gestaltungsspielraum der Tarifvertragsparteien, 2014; *Schulte*, Anwendung der RL 2000/43/EG des Rates vom 29. 06. 2000 zur Anwendung des Gleichbehandlungsgrundsatzes ohne Unterschied der Rasse oder der ethischen Herkunft, EuroAS 2007, 15 ff; *J. Schubert, Jens M.* in: *Däubler/Hjort/Schubert/Wolmerath* (Hg), Arbeitsrecht 4. Aufl 2017,

AEUV Artikel 157; *Sprenger*, Anforderungen an Verbote des islamischen Kopftuchs und anderer Formen des offenen religiös-weltanschaulichen Bekenntnisses am Arbeitsplatz, EuZA 2017, 352 ff; *Steinmeyer*, Gleichbehandlung und private betriebliche Alterssicherung – eine unendliche Geschichte?, NZA 2004, 1257 ff; *Sturm*, Die Änderung der Gleichbehandlungsrichtlinie, DRdA 2003, 83 ff; *Thüsing*, Europäisches Arbeitsrecht, 2011, § 3; *ders*, Gleichbehandlung männlicher und weiblicher Arbeitnehmer: Ausnahmen bei Maßnahmen zur Förderung der Chancengleichheit – Anmerkung zu EuGH-Urteil vom 19. 3. 2002, Rs C-476/99, DB 2002, 1450 ff; *ders*, Europarechtlicher Gleichbehandlungsgrundsatz als Bindung des Arbeitgebers?, ZIP 2005, 2149; *ders*, Diskriminierung wegen politischer Überzeugung, Religion und Weltanschauung, in: *Tomandl/Schrammel* (Hg), Arbeitsrechtliche Diskriminierungsverbote, 2005, 1 ff; *ders*, Der Fortschritt des Diskriminierungsschutzes im Europäischen Arbeitsrecht – Anmerkungen zu den Richtlinien 2000/43/EG und 2000/78/EG, ZfA 2001, 397 ff; *ders*, Handlungsbedarf im Diskriminierungsrecht, NZA 2001, 1061 ff; *Windisch-Graetz*, § 17, in: *Rebhahn* (Hg), Kommentar zum Gleichbehandlungsgesetz, 2005; *dies*, § 17 GlBG, in: *Neumayr/Reissner* (Hg), Zeller Kommentar zum Arbeitsrecht, 3. Aufl 2095 ff; *dies*, Probleme der Mehrfachdiskriminierung in der Arbeitswelt, DRdA 2005, 238 ff; *dies*, Das Diskriminierungsverbot aufgrund der sexuellen Orientierung, ZAS 2004, 58 ff; *Winkler*, Die neuen europäischen Gleichbehandlungsregeln, ZAS 2004, 52 ff.

Zur nationalen Umsetzung in Deutschland:

Ahrendt, in *Schaub* (Hg), Arbeitsrechts-Handbuch, 18. Aufl 2019, § 36; *Bauer/Thüsing/Schunder*, Entwurf eines Gesetzes zur Umsetzung europäischer Antidiskriminierungsrichtlinien, NZA 2005, 32 ff; *Beck*, Auswahlrichtlinie, Namensliste, Altersgruppenbildung und Altersdiskriminierung, NZA 2009, 577 ff; *Belling*, Umsetzung der Antidiskriminierungsrichtlinie im Hinblick auf das kirchliche Arbeitsrecht, NZA 2004, 885 ff; *Hadeler*, Die Revision der Gleichbehandlungsrichtlinie 76/207/EWG – Umsetzungsbedarf für das deutsche Arbeitsrecht, NZA 2003, 77 ff; *Husmann*, Die EG-Gleichbehandlungsrichtlinien 2000/2002 und ihre Umsetzung in das deutsche, englische und französische Recht, ZESAR 2005, 107 ff u 167 ff; *König*, Handlungsbedarf bei der Umsetzung des Altersdiskriminierungsverbots?, ZESAR 2005, 218 ff; *Körner*, Umsetzung der Gleichbehandlungsrichtlinien der EU – Probleme im Versicherungsrecht, ZESAR 2005, 225 ff; *dies*, Diskriminierung von älteren Arbeitnehmern – Abhilfe durch das AGG?, NZA 2008, 497 ff; *Leder*, Das Diskriminierungsverbot wegen einer Behinderung, 2006; *Leuchten*, Der Einfluss der EG-Richtlinien zur Gleichbehandlung auf das deutsche Arbeitsrecht, NZA 2002, 1254 ff; *Pallasch*, Diskriminierungsverbot wegen Schwangerschaft bei der Einstellung, NZA 2007, 306 ff; *Raasch*, Diskriminierungsschutz auf neuen Wegen: Verbandsbeteiligung und Antidiskriminierungsstelle im Entwurf eines deutschen Antidiskriminierungsgesetzes, ZESAR 2005, 209 ff; *von Roetteken*, Unionsrechtliche Aspekte des Schadenersatzes und der Entschädigung bei Diskriminierungen, NZA-RR 2013, 337 ff; *Sacksofsky*, Positive Maßnahmen und Verfassungsrecht, ZESAR 2004, 208 ff; *Linck*, in *Schaub* (Hg), Arbeitsrechts-Handbuch, 18. Aufl 2019, § 112; *Schiek*, Gleichbehandlungsrichtlinie der EU – Umsetzung im deutschen Arbeitsrecht, NZA 2004, 873 ff; *Schlachter*, AGG §§ 6–10 AGG, in: Erfurter Kommentar zum Arbeitsrecht, 20. Aufl 2020; *Steinau-Steinrück/Schneider/Wagner*, Der Entwurf eines Antidiskriminierungsgesetzes: Ein Beitrag zur Kultur der Antidiskriminierung?, NZA 2005, 28 ff; *Thüsing*, §§ 6–10 AGG, in: Münchener Kommentar zum BGB, 8. Aufl 2018; *ders*, Handlungsbedarf im Diskriminierungsrecht, NZA 2001, 1061 ff; *Wiedemann/Thüsing*, Der Schutz älterer Arbeitnehmer und die Umsetzung der Richtlinie 2000/78/EG, NZA 2002, 1234 ff.

Zur Umsetzung in Österreich durch das Gleichbehandlungsgesetz:

Auer-Mayer, Kündigung wegen langer Krankheit – Diskriminierungsverbot und Verpflichtung zu „angemessenen Maßnahmen", DRdA 2015, 110 ff; *Egger*, Das Arbeits- und Sozialrecht der EU und die österreichische Rechtsordnung, 2. Aufl 2005, 436 ff; *Eichinger*, Rechtsfragen zum Gleichbehandlungsgesetz, 1993; *dies*, Diskriminierung wegen Religion oder Weltanschauung bei der Begründung des Arbeitsverhältnisses, DRdA 2006, 245 ff; *Gerhartl*, Probleme des Diskriminierungsschutzes behinderter Arbeitnehmer, RdW 2007, 416 ff; *ders*, Diskriminierung aufgrund von Religion oder Weltanschauung, RdW 2007, 676 ff; *Glowacka*, Altersdiskriminierung wegen längerer Vorrückungszeiträume am Beginn der Karriere?, ZESAR 2016, 150 ff; *dies*, Vordienstzeiten- und Vorrückungsregelungen - Diskriminierung aufgrund des Alters und/oder des Geschlechts, in: *Krömer/Mitschka/Niksova/Pfalz* (Hg), Arbeitsrecht und Arbeitswelt im europäischen Wandel, 143 ff; *Hopf/Mayr/Eichinger* (Hg), GlBG Gleichbehandlung – Antidiskriminierung – Ergänzungsband zur Novelle 2011, 2011; *Kapuy*, Unionswidrigkeit des unterschiedlichen Pensionsantrittsalters von Männern und Frauen?, ZAS 2015, 222 ff; *Karl*, Karfreitag: Zulässiges Feiertagsprivileg oder verbotene Diskriminierung?, RdW 2016, 615 ff; *Kaupa*, Ein weiteres Puzzleteil im Antidiskriminierungsrecht, DRdA 2008, 544 ff; *Mair*, Krankheitsbedingte Auflösung eines Probearbeitsverhältnisses als unzulässige Diskriminierung?, DRdA 2016, 250 ff; *Marhold*, Religiös motivierte Bekleidung und Schadenersatz bei Mehrfachdiskriminierung, ZAS 2017, 42 ff; *Marhold-Weinmeier*, Feiertagsentgelt für Arbeitsleistungen am Karfreitag: Diskriminierung aufgrund der Religion? – Vorabentscheidungsverfahren, ASoK 2017, 236; *Mayr*, Diskriminierungen aufgrund des Alters im österreichischen Arbeitsrecht – Der Inhalt des neuen Diskriminierungsverbotes, ASoK 2003, 289 ff; *ders*, Feiertage und Diskriminierung aufgrund der Religion im österreichischen Arbeitsrecht, ecolex 2004, 428 ff; *Mazal*, Gleichbehandlung: Diskriminierung oder positive Maßnahme – Überlegungen zum „Karfreitagsproblem", ZAS 2016, 272 ff; *Naderhirn*, Die geplante Neuregelung des Gleichbehandlungsgesetzes – Einige (Auslegungs-)Probleme des Entwurfs, RdW 2003, 635 ff; *Naderhirn*, Die Neuregelung der Gleichbehandlung – Ein Überblick über die wesentlichen Punkte, RFG 2004/50; *Rebhahn*, Korrektur einer Diskriminierung im Arbeitsleben für die Vergangenheit, wbl 2012, 481 und 552; *Rosenmayr/Sacherer*, Gleichbehandlungsgesetz 2011 – Die wichtigsten Neuerungen im Überblick, ZAS 2011, 10; *Stalder*, Spannungsfelder und Perspektiven der Umsetzung der europäischen Antidiskriminierungsrichtlinien, JRP 2002, 227 ff.

Dem Umfang der Rechtsvorschriften nach zu urteilen, kommt den Regelungen zur Gleichbehandlung die größte Bedeutung im europäischen Arbeitsrecht zu. Diese kam schon frühzeitig dadurch zum Ausdruck, dass die primärrechtliche Vorschrift des Art 119 EG aF[490], der von den Mitgliedstaaten die Sicherstellung des gleichen Entgelts bei gleicher oder gleichwertiger

490 Später Art 141 EG bzw nun Art 157 AEUV.

Arbeit für Männer und Frauen vorsieht, in der Rechtsprechung des EuGH[491] als Gemeinschaftsgrundsatz verstanden wird, wodurch der auch im Gemeinschaftsrecht geltende allgemeine Gleichheitssatz speziell ausgeprägt wird. Art 119 EG aF wird daher zumeist auch als Gemeinschaftsgrundrecht bezeichnet.[492] Da Art 119 EG aF als Sondervorschrift jedoch nur die Gleichbehandlung der Geschlechter in Bezug auf das Entgelt regelte, darüber hinaus aber nicht dahingehend ausgelegt werden konnte, dass auch die Gleichbehandlung der Geschlechter in Bezug auf sonstige Arbeitsbedingungen erfasst wäre, war schon vor Abschluss des Vertrages von Amsterdam erkennbar, dass sein Anwendungsbereich durch zahlreiche Richtlinien teils konkretisiert werden musste und teils auch erweitert wurde. Zudem sind im Bereich der Gleichbehandlung der Geschlechter eine Vielzahl von Empfehlungen und Entschließungen ergangen.[493]

Mit Inkrafttreten des Vertrags von Amsterdam wurde die Bedeutung der Gleichbehandlung von Männern und Frauen noch bestärkt und in Art 2 EG die Gleichstellung von Männern und Frauen ausdrücklich als Gemeinschaftsziel definiert. Art 8 AEUV verpflichtet die Mitgliedstaaten ebenfalls, die Gleichbehandlung von Männern und Frauen bei sämtlichen ihrer Tätigkeiten zu fördern. Die sachliche Bedeutung des Art 119 EG aF wurde durch Art 141 EG des Vertrags von Amsterdam erheblich erweitert. Beschränkte sich Art 119 EG aF allein auf das Gebot der Entgeltgleichheit für Mann und Frau, so enthält nun Art 157 AEUV, der durch den Vertrag von Lissabon Art 141 EG ersetzte,[494] in Abs 3 und 4 eine Ermächtigungsgrundlage für „Maßnahmen zur Gewährleistung der Anwendung des Grundsatzes der Chancengleichheit und der Gleichbehandlung von Männern und Frauen in Arbeits- und Beschäftigungsfragen, einschließlich des Grundsatzes des gleichen Entgeltes bei gleicher oder gleichwertiger Arbeit“ des Europäischen Parlaments und des Rates sowie eine Ausnahmevorschrift für bestimmte Maßnahmen der positiven Geschlechterdiskriminierung. Nach heutigem Verständnis wird diese Gleichbehandlungsgebot von Männern und Frauen von Art 21 und 23 der Charta der Grundrechte der Europäischen Union konkretisiert.[495] Demnach sind Diskriminierungen „insbesondere wegen

491 Grundlegend EuGH Rs C-149/77 (Defrenne III), EU:C:1978:130.

492 Vgl *Krebber* in: *Calliess/Ruffert* (Hg), Art 157 AEUV Rn 3; *Schlachter*, EAS B 4100 Rn 1.

493 Die wesentlichen Entschließungen und Empfehlungen sind abgedruckt bei *Doralt* (Hg), EU-Arbeitsrecht Kodex, 11. Aufl 2016.

494 In Folge wird Art 141 EG nicht mehr erwähnt und nur noch auf Art 157 AEUV verwiesen, welcher bis auf geringfügige Änderungen in Abs 3, mit Art 141 EG wortident ist.

495 Vgl *Franzen* in: *Franzen/Gallner/Oetker* (Hg), Art 157 AEUV, 172.

des Geschlechts, der Rasse, der Hautfarbe, der ethnischen oder sozialen Herkunft, der genetischen Merkmale, der Sprache, der Religion oder der Weltanschauung, der politischen oder sonstigen Anschauung, der Zugehörigkeit zu einer nationalen Minderheit, des Vermögens, der Geburt, einer Behinderung, des Alters oder der sexuellen Ausrichtung" verboten. Nach der Rechtsprechung des EuGH verleiht Art 21 Abs 1 GRC ein subjektives Recht auf Gleichbehandlung.[496]

Art 157 AEUV wird nach wie vor durch eine Vielzahl von Richtlinien konkretisiert. So diente etwa die RL 75/117/EWG[497] vom 10. 2. 1975 der Angleichung der Rechtsvorschriften der Mitgliedstaaten über die Anwendung des Grundsatzes des gleichen Entgelts für Männer und Frauen. Die RL 76/207/EWG[498] vom 9. 2. 1976, geändert durch die RL 2002/73/EG[499], regelte wiederum den gleichen Zugang von Männern und Frauen zur Beschäftigung, zur Berufsbildung und zum beruflichen Aufstieg sowie in Bezug auf die Arbeitsbedingungen im Generellen. Im Bereich der betrieblichen Systeme der sozialen Sicherheit wurde die RL 86/378/EWG[500] vom 24. 7. 1986, geändert durch die RL 96/97/EG[501], erlassen. Um die innerstaatlichen Vorschriften hinsichtlich der Beweislast bei Diskriminierung aufgrund des Geschlechts anzugleichen, verabschiedeten die Mitgliedstaaten am 15. 12. 1997 die RL 97/80/EG.[502]

Anlässlich vieler Änderungen der genannten Richtlinien und aufgrund der Rechtsprechung des EuGH erfolgte letztlich aus Gründen der Klarheit die Zusammenfassung der wichtigsten Bestimmungen in einer einheitlichen Richtlinie, die den Grundsatz der Gleichbehandlung von Männern und Frauen garantieren sollte. Dementsprechend wurde am 5. 7. 2006 vom Europäischen Parlament und dem Rat die RL 2006/54/EG[503] zur Verwirklichung des Grundsatzes der Chancengleichheit und Gleichbehandlung von Männern und Frauen in Arbeits- und Beschäftigungsfragen erlassen, welche es bis 15. 8. 2008 in den Mitgliedstaaten umzusetzen galt. Sie fasst nun die RL 76/207/EWG, die RL 86/378/EWG sowie die RL 75/117/EWG und die RL 97/80/EG zusammen, welche mit 15. 8. 2009 aufgehoben wurden. Seit dem Inkrafttreten der RL 2010/41/EG gilt Entsprechendes auch für selb-

---

496 EuGH Rs C-176/12 (Association de médiation sociale), EU:C:2014:2; *Grünberger* in: *Preis/Sagan* (Hg), Europäisches Arbeitsrecht, 2015, 122.
497 ABlEG 1975 Nr L 45/19.
498 ABlEG 1976 Nr L 39/40.
499 ABlEG 2002 Nr L 269/15.
500 ABlEG 1986 Nr L 225/40.
501 ABlEG 1997 Nr L 46/20.
502 ABlEG 1998 Nr L 14/6.
503 ABlEG 2006 Nr L 204/23.

ständig Erwerbstätige. Jegliche unmittelbare oder mittelbare Diskriminierung aufgrund des Geschlechts im öffentlichen oder privaten Sektor, etwa in Verbindung mit der Gründung, Einrichtung oder Erweiterung eines Unternehmens, der Aufnahme eines Unternehmens bzw der Aufnahme oder der Ausweitung von selbständiger Tätigkeit hat daher zu unterbleiben.[504]

Neben dem Verbot der Diskriminierung aufgrund des Geschlechts, hat die Gemeinschaft die RL 2000/78/EG[505] des Rates vom 27. 11. 2000 zur Festlegung eines allgemeinen Rahmens für die Verwirklichung der Gleichbehandlung in Beschäftigung und Beruf und die RL 2000/43/EG[506] des Rates vom 29 .6. 2000 zur Anwendung des Gleichbehandlungsgrundsatzes ohne Unterschied der Rasse[507] oder der ethnischen Herkunft erlassen. So sind Diskriminierungen aufgrund der Religion, einer Behinderung, des Alters, der sexuellen Orientierung sowie aufgrund der ethnischen Herkunft oder der Rasse verboten.[508]

Hinsichtlich der Festlegung des gleichen Entgelts und der betrieblichen Altersvorsorge spielt Art 157 AEUV vor allem in der Rechtsprechung nach wie vor eine große Rolle.[509]

1. Chancengleichheit und Gleichbehandlung der Geschlechter in Arbeits- und Beschäftigungsfragen (RL 2006/54/EG)

a) Der persönliche Anwendungsbereich der RL 2006/54/EG

Die RL 2006/54/EG dient der Verwirklichung des Grundsatzes der Chancengleichheit und Gleichbehandlung von Männern und Frauen in Arbeits- und Beschäftigungsfragen. Zu diesem Zweck regelt die Richtlinie den Zugang zur Beschäftigung einschließlich des beruflichen Aufstiegs sowie zur

504 ABlEG 2010 Nr L 180/4.

505 ABlEG 2000 Nr L 303/16.

506 ABlEG 2000 Nr L 180/22.

507 Siehe in diesem Zusammenhang auch die RL 2004/113/EG zur Verwirklichung des Grundsatzes der Gleichbehandlung von Männern und Frauen beim Zugang zu und bei der Versorgung mit Gütern und Dienstleistungen, ABlEG 2004 Nr L 373/37.

508 Anlässlich der Umsetzung wurde das österreichische Gleichbehandlungsgesetz in seiner alten Fassung (BGBl 107/1979) in „Bundesgesetz über die Gleichbehandlungskommission und die Gleichbehandlungsanwaltschaft" (BGBl I 107/2013) umbenannt, welches nunmehr die genannten Stellen und das anzuwendende Verfahren regelt. Parallel wurde das „Bundesgesetz über die Gleichbehandlung" (Art 1 BGBl I 66/2004) erlassen, welches das materielle Gleichbehandlungsrecht beinhaltet.

509 Auf die Rolle des Art 157 AEUV wird unter II.B.1.b.) bzgl der Bestimmungen zu gleichem Entgelt für Männer und Frauen näher eingegangen.

Berufsbildung (Art 1 lit a und in Titel II, Kapitel 3), die Arbeitsbedingungen einschließlich des Entgelts (Art 1 lit b und in Kapitel II, Kapitel 1) und die betrieblichen Systeme der sozialen Sicherheit (Art 1 lit c und in Titel II, Kapitel 2).

Die Richtlinie enthält in Art 2 Abs 1 weiters Legaldefinitionen der unmittelbaren und mittelbaren Diskriminierung, der Belästigung und der sexuellen Belästigung, des Entgelts und der betrieblichen Systeme der sozialen Sicherheit.

In Kapitel 3 des Titels III der Richtlinie werden unter dem Begriff „Allgemeine horizontale Bestimmungen“ die gemeinsamen Bestimmungen der Vorgängerrichtlinien zusammengefasst. So haben die Mitgliedstaaten nun nach Art 23 RL 2006/54/EG dafür Sorge zu tragen, dass Rechts- und Verwaltungsvorschriften, die dem Gleichbehandlungsgrundsatz zuwiderlaufen, aufgehoben werden (lit a). Art 23 lit b RL 2006/54/EG bestimmt, dass Bestimmungen in Arbeits- und Tarifverträgen, Betriebsordnungen und Statuten der freien Berufe und der Arbeitgeber- und Arbeitnehmerorganisationen und allen sonstigen Vereinbarungen und Regelungen, die nicht mit dem Gleichbehandlungsgrundsatz vereinbar sind, nichtig sind, für nichtig erklärt oder geändert werden können. Weiters müssen Maßnahmen getroffen werden, um sicherzustellen, dass betriebliche Systeme der sozialen Sicherheit, die solche Bestimmungen enthalten, nicht durch Verwaltungsmaßnahmen genehmigt oder für allgemeinverbindlich erklärt werden können (lit c).

Durch Art 29 RL 2006/54/EG werden die Mitgliedstaaten verpflichtet, das Ziel der Gleichstellung von Männern und Frauen bei der Formulierung und Umsetzung von Rechts- und Verwaltungsvorschriften, Politiken und Tätigkeiten in den in dieser Richtlinie genannten Bereichen aktiv zu berücksichtigen. Ergänzend hierzu „ersuchen“ die Mitgliedstaaten gem Art 26 RL 2006/54/EG in Einklang mit ihren nationalen Rechtsvorschriften, Tarifverträgen oder Gepflogenheiten die Arbeitgeber und die für Berufsbildung zuständigen Personen, wirksame Maßnahmen zu ergreifen, um allen Formen der Diskriminierung aufgrund des Geschlechts und insbesondere Belästigung und sexueller Belästigung am Arbeitsplatz sowie beim Zugang zur Beschäftigung, zur Berufsbildung und zum beruflichen Aufstieg vorzubeugen.[510]

Um Verstöße gegen die nationalen Vorschriften, die die Richtlinie umsetzen, zu verhindern, müssen die Mitgliedstaaten Regeln festlegen, die entsprechende Sanktionen vorsehen und dadurch die Gleichbehandlung garantieren. Diese Sanktionen, die auch Schadenersatzleistungen an die Opfer

510 Siehe hierzu auch die sechste und siebte Begründungserwägung der RL 2006/54/EG, die namentlich präventive Maßnahmen fordert.

umfassen können, müssen wirksam, verhältnismäßig und abschreckend sein (Art 25 RL 2006/54/EG).[511]

Von der Richtlinie werden alle beruflichen Tätigkeiten erfasst, unabhängig davon, ob es sich um Tätigkeiten in persönlicher Abhängigkeit, um selbständig Erwerbstätige einschließlich der freien Berufe oder um privatrechtliche Arbeits- bzw öffentlich-rechtliche[512] Dienstverhältnisse handelt.[513] Lediglich Art 24 RL 2006/54/EG ist in seinem Anwendungsbereich (Entlassungen und Benachteiligungen durch den Arbeitgeber aufgrund von Beschwerden oder Einleitung eines Verfahrens) auf Arbeitnehmer beschränkt. Betreffend Fragen des gleichberechtigten Zugangs zur Erwerbstätigkeit sind denknotwendigerweise auch Arbeitsuchende von der Richtlinie erfasst.[514]

Die Mitgliedstaaten müssen nach Art 30 RL 2006/54/EG dafür sorgen, dass die durch diese Richtlinie ergehenden Maßnahmen allen Betroffenen in geeigneter Form und gegebenenfalls in den Betrieben bekannt gemacht werden.

b) Gleiches Entgelt für Männer und Frauen

Literatur: *Aubauer/Kaszanits*, Keine mittelbare Diskriminierung durch Nichtanrechnung der Elternkarenz bei dienstzeitabhängigen Ansprüchen – EuGH: Nichtanrechnung der Elternkarenz, aber Anrechnung des Präsenz- bzw Zivildienstes bei der Berechnung der Abfertigung alt kein Verstoß gegen Art 141 EG, ASoK 2004, 250 ff; *Birk*, Arbeitsrechtliche Regelungen der Europäischen Union, in: *Richardi/Wlotzke* (Hg), Münchner Kommentar zum Arbeitsrecht, 2. Aufl 2000, § 19 Rn 306 ff; *Coen* in: *Lenz/Borchardt* (Hg), EU-Verträge Kommentar, 6. Aufl 2013, Art 157; *Dieball*, Gleichstellung der Geschlechter im Erwerbsleben – Neue Vorgaben des EG-Vertrages, EuR 2000, 274 ff; *Egger*, Das Arbeits- und Sozialrecht der EU und die österreichische Rechtsordnung, 2. Aufl 2006, 403 ff; *Joussen*, Europäische Vorgaben für Unisex-Tarife im Betriebsrentenrecht, ZESAR 2004, 315 ff; *Kietaibl*, Gleichbehandlungspflichten in der betrieblichen Altersvorsorge, in: *Schrammel* (Hg), Betriebspensionsrecht, 2015, 99 ff; *Kocher*, Arbeitsrechtlicher Diskriminierungsschutz, in: *Schlachter/Heinig* (Hg), Europäisches Arbeits- und Sozialrecht, 2016, § 5 Rn 56 ff; *dies*, Europäisches Arbeitsrecht, 2016, 101 ff; *Krebber*, in: *Calliess/Ruffert* (Hg), EUV/AEUV, 5. Aufl 2016, Art 157 AEUV; *Oetker* (Hg), Recht der Gleichbehandlung von Männern und Frauen in der Europäischen Union, 1996; *ders*, § 12 Europarechtliche Grundlagen des Arbeitsrechts Münchener Handbuch zum Arbeitsrecht, Band 1: Individualarbeitsrecht I, 4. Auflage 2018; *Pirstner*, Schwedische Vorschriften zur Frauenförderung –

511 Zu den Sanktionen und Schadenersatzleistungen siehe f).

512 EuGH Rs C-476/99 (Lommers), EU:C:2002:183; sowie EuGH Rs C-186/01 (Dory), EU:C:2003:146.

513 EuGH Rs C-248/83 (Kommission ./. Deutschland), EU:C:1985:214; EuGH Rs C-1/95 (Gerster), EU:C:1997:452; EuGH Rs C-79/99 (Schnorbus), EU:C:2000:676; sa RL 2010/41/EG, ABlEG 2010 Nr L 180/4.

514 *Eichinger*, EAS B 4200 Rn 21 mwN.

Vorrang von Frauen mit geringerer Qualifikation gemeinschaftsrechtskonform?, DRdA 2000, 549 ff; *Preis/Mallossek*, Überblick über das Recht der Gleichbehandlung von Männern und Frauen im Gemeinschaftsrecht, EAS B 4000 Rn 52 ff; *Rebhahn*, Die Arbeitnehmerbegriffe des Unionsrechts in der neueren Judikatur des EuGH, EuZA 2012, 3 ff; *Riesenhuber*, Europäisches Arbeitsrecht, 2009, § 9; *Schlachter*, AEUV Art 157 in: Erfurter Kommentar zum Arbeitsrecht, 17. Aufl 2017; *Steinmeyer*, Gleichbehandlung und private und betriebliche Alterssicherung – eine unendliche Geschichte?, NZA 2004, 1257 ff; *Sturm*, Bedarfsarbeitsverträge sind gemeinschaftsrechtskonform – EuGH 12. 10. 2004, C-313/02 (Wippel), ecolex 2004, 958 ff; *ders*, Geschlechtsdifferenziertes Bezugsalter für Sozialplanleistungen – EuGH 9. 12. 2004, Rs C-19/02 (Hlozek), ecolex 2005, 58 ff; *Thüsing*, Grundsatz des gleichen Entgelts für Männer und Frauen – Anmerkung zu EuGH-Urteil vom 17. 9. 2002, Rs C-320/00, DB 2002, 2599 ff; *Urlesberger*, Das unterschiedliche Pensionsantrittsalter als Rechtfertigungsgrund für weitere Ungleichbehandlungen? – Zugleich eine Besprechung von EuGH 19. 12. 2004, C-19/02 (Hlozek), ZAS 2005/21.

Gem Art 157 AEUV ist von den Mitgliedstaaten der Grundsatz des gleichen Entgeltes für Männer und Frauen herzustellen. Sah Art 119 EG aF den Grundsatz des gleichen Entgeltes dem Wortlaut nach nur für gleiche Arbeiten vor und wurde dieser Grundsatz allein durch die Rechtsprechung des EuGH auch auf gleichwertige Arbeiten ausgedehnt, so verlangt Art 157 AEUV mittlerweile ausdrücklich gleiches Entgelt für gleiche oder gleichwertige Arbeit.

Die RL 75/117/EWG zur Angleichung der Rechtsvorschriften der Mitgliedstaaten über die Anwendung des Grundsatzes des gleichen Entgelts für Männer und Frauen, welche nun in Art 4 RL 2006/54/EG zu finden ist, konkretisierte diesen Grundsatz. Die ursprüngliche Bedeutung der RL 75/117/EWG war jedoch gering. In seiner Rechtsprechung stützte der EuGH seine Ergebnisse nämlich in der überwiegenden Anzahl der Fälle auf Art 157 Abs 1 AEUV.

aa) Persönlicher Anwendungsbereich des Art 157 AEUV

Obwohl sich Art 157 Abs 1 AEUV dem Wortlaut nach nur an die Mitgliedstaaten richtet, soll ihm unmittelbare Wirkung zukommen.[515] Art 157 Abs 1 AEUV begründet somit ein subjektives Recht eines jeden Arbeitnehmers,[516] für gleiche oder gleichwertige Arbeit gleiches Entgelt zu erhalten. Auf dieses Recht kann er sich vor jedem nationalen Gericht unmittelbar berufen. Art 157 AEUV ist somit nicht allein für öffentlich-rechtliche Arbeitgeber verbindlich, sondern erstreckt sich auch „auf alle die abhängige Erwerbstä-

515 Dies galt ebenso bereits für die Vorgängervorschriften Art 119 EG aF bzw Art 141 EG, s EuGH Rs C-43/75 (Defrenne II), EU:C:1976:56 Rn 4 ff; EuGH Rs C-320/00 (Lawrence), EU:C:2002:498.

516 Vgl ausführl *Rebhahn*, EuZA 2012, 3 ff.

tigkeit kollektiv regelnden Tarifverträge und alle Verträge zwischen Privatpersonen".[517] Art 157 Abs 1 AEUV kommt dementsprechend auch eine unmittelbar horizontale Wirkung zu.

Da sich die Betroffenen auf den in Art 157 Abs 1 AEUV normierten Grundsatz im Falle von jenen Diskriminierungen berufen können, die ihren Ursprung unmittelbar in Rechtsvorschriften oder in Tarifverträgen haben, so wie in dem Falle, dass die Arbeit in ein und demselben privaten oder öffentlichen Betrieb oder Dienst verrichtet wird, soll Art 157 Abs 1 AEUV auch dann anwendbar sein, wenn Männer und Frauen ihre Arbeit für verschiedene Arbeitgeber verrichten. Nur wenn sich die bei den Entgeltbedingungen für Arbeitnehmer, die gleiche oder gleichwertige Arbeit verrichten, festgestellten Unterschiede nicht auf ein und dieselbe Quelle zurückführen lassen, fehlt eine für die Ungleichbehandlung verantwortliche Einheit. Diese Konstellation ist nicht von Art 157 Abs 1 AEUV erfasst, sodass sich Arbeit und Entgelt solcher Arbeitnehmer nicht auf der Grundlage dieser Bestimmung miteinander vergleichen lassen.[518]

Der Arbeitnehmer- und Arbeitgeberbegriff des Art 157 AEUV ist identisch mit dem in den Freizügigkeitsregelungen der Art 45 ff AEUV, somit gemeinschaftsrechtlich zu interpretieren.[519] Nach dem EuGH ist eine weite Auslegung geboten und demgemäß als Arbeitnehmer iSd Art 157 Abs 1 AEUV anzusehen, wer während einer bestimmten Zeit für einen anderen nach dessen Weisung Leistungen erbringt, für die er als Gegenleistung eine Vergütung erhält, es sei denn, bei diesen Leistungen handelt es sich um keine tatsächlichen und echten Tätigkeiten oder um Tätigkeiten von so geringem Umfang, dass sie sich als völlig untergeordnet und unwesentlich darstellen. Auf eine im Voraus bestimmte feste Arbeitszeit kommt es nicht an.[520] Für die Anwendung der genannten Bestimmung ist auch die Art des Rechtsverhältnisses zwischen den Parteien unerheblich.[521] Als Arbeitnehmer werden ebenfalls Beamte[522] von Art 157 AEUV erfasst, grundsätzlich jedoch nicht – im Gegensatz zu einigen gleichbehandlungsrechtlichen Richtlinien – Selb-

517 EuGH Rs C-43/75 (Defrenne II), EU:C:1976:56 Rn 38 f; EuGH Rs C-381/99 (Brunnhofer), EU:C:2001:358; EuGH Rs C-320/00 (Lawrence), EU:C:2002:498; EuGH Rs C-284/02 (Land Brandenburg ./. Sass), EU:C:2004:722 mwN.

518 EuGH Rs C-320/00 (Lawrence), EU:C:2002:498; bestätigt in EuGH Rs C-256/01 (Allonby), EU:C:2004:18.

519 *Krebber* in: *Calliess/Ruffert* (Hg), Art 157 AEUV Rn 12 f.

520 EuGH Rs C-313/02 (Wippel), EU:C:2004:607.

521 EuGH Rs C-256/01 (Allonby), EU:C:2004:18 mwN.

522 EuGH Rs C-366/99 (Griesmar), EU:C:2001:648; EuGH Rs C-206/00 (Mouflin), EU:C:2001:695; EuGH Rs C-4/02 (Schönheit) und Rs C-5/02 (Becker), EU:C:2003:583; EuGH Rs C-501/12 bis C-506/12, C-540/12 und C-541/12 (Specht ua), EU:C:2014:2005 Rn 36 f.

ständige. Die formale Einstufung als Selbständiger nach innerstaatlichem Recht allein verhindert aber nicht, dass jemand als Arbeitnehmer im Sinne von Art 157 Abs 1 AEUV einzustufen ist, wenn dessen Selbständigkeit lediglich fiktiv ist und damit ein Arbeitsverhältnis im Sinne dieses Artikels zu verschleiern versucht wird.[523]

bb) Der Entgeltbegriff des Art 157 AEUV

In Art 157 AEUV ist ausschließlich die Gleichbehandlung der Geschlechter in Bezug auf das Entgelt geregelt. Da nach der Rechtsprechung des EuGH Art 157 Abs 1 AEUV nicht dahingehend ausgelegt werden kann, dass darüber hinaus auch die Gleichheit der sonstigen Arbeitsbedingungen geboten ist, kommt dem Begriff des Entgeltes entscheidende Bedeutung zu. Liegt nämlich keine Diskriminierung in Bezug auf das Entgelt vor, so käme allenfalls eine Diskriminierung bei den Arbeitsbedingungen in Betracht, die anhand der Art 14 ff RL 2006/56/EG zu beurteilen wäre. Der Entgeltbegriff dient daher der Abgrenzung des Art 157 AEUV gegenüber der RL 2006/56/EG, die den Anwendungsbereich der Geschlechtergleichbehandlung über Art 157 AEUV hinaus erweitert.

Gem Art 157 Abs 2 AEUV fallen unter den Begriff des Entgelts „die üblichen Grund- oder Mindestlöhne und Gehälter sowie alle sonstigen Vergütungen, die der Arbeitgeber aufgrund des Dienstverhältnisses dem Arbeitnehmer unmittelbar oder mittelbar in bar oder in Sachleistungen zahlt". Der Entgeltbegriff des Art 157 AEUV ist somit weit zu fassen. Sein Gegenstand sind alle gegenwärtigen oder künftigen in bar oder Sachleistungen gewährten Vergütungen, die dem Arbeitnehmer wenigstens mittelbar aufgrund des Beschäftigungsverhältnisses gewährt werden.[524] Er beinhaltet neben dem als Gegenleistung für die erbrachte Arbeit zu leistenden eigentlichen Arbeitsentgelt auch sämtliche Nebenbestandteile wie Prämien, Zuschläge und Zulagen, vom Arbeitgeber gewährte Vergünstigungen oder Gratifikationen. Voraussetzung ist jedoch, dass diese Leistungen unmittelbar oder mittelbar auf dem Arbeitsverhältnis beruhen. Auf die Rechtsnatur oder den Grund der Leistung kommt es dabei nicht an, sofern sie nur im Zusammenhang mit dem Dienstverhältnis steht.[525]

---

523 EuGH Rs C-256/01 (Allonby), EU:C:2004:18.

524 EuGH Rs C-381/99 (Brunnhofer), EU:C:2001:358; EuGH Rs C-256/01 (Allonby), EU:C:2004:18 mwN.

525 Zuletzt EuGH Rs C-333/97 (Lewen), EU:C:1999:512; EuGH Rs C-147/02 (Alabaster), EU:C:2004:192. Ob der systematische Zusammenhang gegeben ist, prüft der EuGH in drei Schritten, s EuGH Rs 124/11 (Dittrich), EU:C:2012:771, Rn 35 ff.

Dementsprechend sind auch jährliche Sonderzuwendungen jeder Art unstrittig dem Entgeltbegriff zu unterstellen. Zu Art 45 AEUV entschied der EuGH etwa in der Rs Marhold[526], dass diese Bestimmung einer nationalen Regelung entgegenstehe, derzufolge ein Beamter, der vor dem 31.1. des folgenden Jahres aus dem öffentlichen Dienst ausscheidet und ein öffentlich-rechtliches Dienstverhältnis zu einem anderen Mitgliedstaat eingeht, keinen Anspruch auf eine jährliche Sonderzuwendung hat, während dieser Anspruch einem Beamten zusteht, der ein neues öffentlich-rechtliches Dienstverhältnis im Inland eingeht.

Insbesondere können auch Leistungen, die der Arbeitgeber freiwillig gewährt, Entgelt iSd Art 157 AEUV sein.[527] Entgeltcharakter haben darüber hinaus mitunter Leistungen, die aus Anlass der Beendigung des Arbeitsverhältnisses erbracht werden. Neben den arbeitsvertraglichen Ansprüchen fallen daher auch gesetzliche, tarifvertragliche oder Ansprüche aus Betriebsvereinbarung, sofern sie ihren Ursprung im Arbeitsverhältnis haben, in den Anwendungsbereich des Art 157 AEUV. Als Entgelt sind dementsprechend vor allem Vergünstigungen zu qualifizieren, die dem Arbeitnehmer vom Arbeitgeber aufgrund von Rechtsvorschriften zur Sicherung des Einkommens gewährt werden, selbst wenn diese ihre arbeitsvertraglichen Pflichten nicht wahrnehmen können.[528]

In der Rechtsprechung des EuGH[529] wurden als Entgelt iSv Art 157 AEUV bisher bspw anerkannt: Entgeltfortzahlung im Krankheitsfall,[530] Entgeltfortzahlung bei Mutterschaft, ohne dass sich jedoch aus Art 157 AEUV ein Anspruch auf Mutterschaftsgeld in einer bestimmten Höhe herleiten ließe,[531] Abfindungen bei Beendigung des Arbeitsverhältnisses,[532] Übergangsgeld bei Beendigung des Arbeitsverhältnisses,[533] Überbrückungszahlungen aufgrund einer Betriebsvereinbarung bis zur Erlangung einer ge-

526 EuGH, 10.3.2005, Rs C-178/04 (Marhold ./. Baden-Württemberg), EU:C:2005:164, ASoK 2005, 235; siehe hiezu auch die Festrede des Präsidenten des EFTA-Gerichtshofes Prof. Dr. *Carl Baudenbacher* anlässlich der Verleihung des Herbert-Batliner-Europapreises für Verdienste um den Kleinstaat, dokumentiert und herausgegeben durch das Herbert-Batliner-Europainstitut in Salzburg (2004).

527 EuGH Rs 12/81 (Garland), EU:C:1982:44 Rn 10.

528 EuGH Rs C-342/93 (Gillespie), EU:C:1996:46 Rn 13 mwN; siehe auch EuGH Rs C-284/02 (Land Brandenburg ./. Sass), EU:C:2004:722.

529 Vgl die ausführliche Übersicht bei *Krebber* in: *Calliess/Ruffert* (Hg), Art 157 AEUV Rn 23 f.

530 EuGH Rs C-171/88 (Rinner-Kühn), EU:C:1989:328.

531 EuGH Rs C-342/93 (Gillespie), EU:C:1996:46 Rn 14; EuGH Rs C-147/02 (Alabaster), EU:C:2004:192.

532 Zuletzt EuGH Rs C-173/91 (Kommission ./. Belgien), EU:C:1993:64.

533 EuGH Rs C-33/89 (Kowalska), EU:C:1990:265.

setzlichen Pension,[534] im Rahmen eines durch Tarifvertrag geschaffenen betrieblichen Rentensystems gezahlte Altersrenten,[535] vom letzten Arbeitgeber zu zahlende zusätzliche Entschädigungen zur Arbeitslosenunterstützung bis zum Anspruch auf eine gesetzliche Altersrente,[536] Alterspensionen für Staatsbedienstete,[537] Beamtenpensionen,[538] Altersruhegehälter für Beamte,[539] Aufwandsentschädigungen bei Betriebs-[540] und Personalratsschulungen,[541] vergünstigte Bahnreisen[542] sowie ein vom Dienstalter abhängig gemachter „quasiautomatischer" Aufstieg in eine höhere Vergütungsgruppe,[543] da dieser mit einer Gehaltserhöhung gleichzusetzen ist.

Dass ein Rahmenarbeitsvertrag, demzufolge eine Beschäftigung lediglich nach Bedarf, Ausmaß und Ausgestaltung der Arbeitszeit nach einvernehmlicher Festlegung durch die Arbeitsvertragsparteien im Einzelfall erfolgt, für den betroffenen Arbeitnehmer finanzielle Auswirkungen haben kann, führt allerdings noch nicht dazu, dass dieser Vertrag ohne weiteres in den Anwendungsbereich des Art 157 AEUV oder des Art 4 RL 2006/56/EG fällt. Schließlich beruhen diese Vorschriften auf dem engen Zusammenhang zwischen der Art der Arbeitsleistung und der Höhe des Entgelts des Arbeitnehmers.[544]

Schwierigkeiten bereitet der Entgeltbegriff im Zusammenhang mit der Altersversorgung.[545] Der EuGH hatte sich schon mehrfach mit diesbezüglichen Fragen auseinanderzusetzen. Er differenziert dabei danach, ob es sich um ein System der gesetzlichen oder der betrieblichen Altersversorgung handelt. Keine Anwendung soll nach der ständigen Rechtsprechung des EUGH Art 157 AEUV finden, wenn es sich um ein System der gesetzlichen Altersversorgung handelt:

EuGH, Rs 80/70 (Defrenne I):[546] Zwar sind „Vergütungen, die ihrer Natur nach Leistungen der sozialen Sicherheit sind, grundsätzlich nicht vom Entgeltbegriff

534 EuGH Rs C-19/02 (Hlozek), EU:C:2004:779.
535 EuGH Rs C-379/99 (Menauer), EU:C:2001:527.
536 EuGH Rs C-166/99 (Defreyn), EU:C:2000:411.
537 EuGH Rs C-351/00 (Niemi), EU:C:2002:480.
538 EuGH Rs C-366/99 (Griesmar), EU:C:2001:648; EuGH Rs C-206/00 (Mouflin), EU:C:2001:695.
539 EuGH Rs C-4/02 (Schönheit) und Rs C-5/02 (Becker), EU:C:2003:583.
540 Zuletzt EuGH Rs C-457/93 (Lewark), EU:C:1996:33.
541 EuGH Rs C-278/93 (Freers und Speckmann), EU:C:1996:83.
542 Zuletzt EuGH Rs C-249/96 (Grant), EU:C:1998:63.
543 EuGH Rs C-184/89 (Nimz), EU:C:1991:50.
544 EuGH Rs C-313/02 (Wippel), EU:C:2004:607.
545 Ausführlich dazu *Bieback* in: *Fuchs* (Hg), Art 157 AEUV Rn 15 ff.
546 EuGH Rs 80/70 (Defrenne I), EU:C:1971:55 Rn 7 ff; bestätigt durch EuGH Rs C-200/91 (Coloroll), EU:C:1994:348 Rn 64.

auszuschließen, jedoch können unmittelbar durch Gesetz geregelte, keinerlei vertragliche Vereinbarungen innerhalb des Unternehmens oder in dem betroffenen Gewerbezweig zulassende Sozialversicherungssysteme oder -leistungen, insbesondere Altersrenten, die zwingend für allgemein umschriebene Gruppen von Arbeitnehmern gelten, nicht in den Entgeltbegriff einbezogen werden, wie er in Art 119 [Art 157 AEUV] begrenzt ist. Denn diese Regelungen sichern den Arbeitnehmern Ansprüche aus gesetzlichen Systemen, an deren Finanzierung Arbeitnehmer, Arbeitgeber und gegebenenfalls die öffentliche Hand in einem Maße beteiligt sind, das weniger vom Dienstverhältnis zwischen Arbeitgeber und Arbeitnehmer als von sozialpolitischen Erwägungen abhängt. Der Arbeitgeberanteil an der Finanzierung solcher Systeme stellt daher keine unmittelbare oder mittelbare Zahlung an den Arbeitnehmer dar. Letzterer wird im Übrigen normalerweise die gesetzlich vorgeschriebenen Leistungen nicht aufgrund des Arbeitgeberbeitrags, sondern allein deshalb erhalten, weil er die gesetzlichen Voraussetzungen des Leistungsanspruchs erfüllt."

Zuletzt bestätigte dies der EuGH in der Rs Moreno:

EuGH, Rs C-385/11 (Moreno):[547] Es ist darauf hinzuweisen, dass „unter den Begriff „Entgelt" im Sinne von Art 157 Abs 2 AEUV Versorgungsbezüge fallen, die von dem Beschäftigungsverhältnis zwischen Arbeitnehmer und Arbeitgeber abhängen, ausgenommen Versorgungsbezüge aus einem gesetzlichen System, zu deren Finanzierung Arbeitnehmer, Arbeitgeber und eventuell die öffentliche Hand in einem Maße beitragen, das weniger von einem Beschäftigungsverhältnis abhängt, sondern vielmehr durch sozialpolitische Erwägungen bestimmt wird. Daher können unmittelbar durch Gesetz geregelte, keinerlei vertragliche Vereinbarungen innerhalb des Unternehmens oder in dem betroffenen Gewerbezweig zulassende Sozialversicherungssysteme oder -leistungen, wie zB Altersrenten, die zwingend für allgemein umschriebene Gruppen von Arbeitnehmern gelten, nicht in den Entgeltbegriff einbezogen werden."

Leistungen aus der gesetzlichen Sozialversicherung fallen somit nicht unter den Begriff des Entgelts nach Art 157 AEUV, im Unterschied zu solchen aus Versorgungseinrichtungen, die von der ehemaligen Beschäftigung des Betroffenen abhängen. Entscheidend ist also die Tatsache, dass die Rente dem Arbeitnehmer aufgrund des Dienstverhältnisses mit seinem früheren Arbeitgeber gezahlt wird.[548]

Arbeitgeberbeiträge zu einer betrieblichen Altersversorgung sind damit ebenso wie Ansprüche aus dem Versorgungssystem als Entgelt iSd Art 157 AEUV zu qualifizieren.[549] Sogar der Anspruch, in ein Versorgungssystem mit einbezogen zu werden, wird vom Entgeltbegriff des Art 157 AEUV erfasst. Schließlich hat der Anschluss an das Versorgungssystem Einfluss auf den Anspruch auf Leistungen aus der betrieblichen Altersver-

547 EU:C:2012:746.

548 EuGH Rs C-50/99 (Podesta), EU:C:2000:288 mwN.

549 Grundlegend EuGH Rs C-170/84 (Bilka), EU:C:1986:204.

sorgung sowie dessen Höhe und beeinflusst somit auch das Entgelt.[550] Dies gilt unabhängig von der jeweiligen Ausgestaltung des betrieblichen Altersversorgungssytems, und zwar selbst dann, wenn das Betriebsrentensystem die staatliche Altersversorgung ergänzen soll[551] oder sogar an die Stelle eines gesetzlichen Rentensystems tritt, sofern es nicht aus öffentlichen Mitteln finanziert wird.[552] Zudem ist es für die Anwendbarkeit des Art 157 AEUV ohne Bedeutung, ob die betriebliche Altersversorgung unmittelbar durch das Unternehmen oder durch ein „Pensionsinstitut" – bspw eine Pensionskasse – erfolgt. Das „Pensionsinstitut" ist ebenso unmittelbar an Art 157 AEUV gebunden. Auch wenn die betriebliche Altersversorgung nationalen gesetzlichen Regelungen unterliegt und dementsprechend ausgestaltet ist, so findet sie ihre Grundlage entweder in einer einseitigen Entscheidung des Arbeitgebers oder in einer kollektivrechtlichen Vereinbarung, welcher der Arbeitsvertrag zugrunde liegt. Die Leistung ist daher nicht unmittelbar gesetzlichen Ursprungs, sondern hat einen erheblichen Bezug zum Arbeitsvertrag.

Ebenfalls als Entgelt qualifizierte der EuGH daher auch die in einem betrieblichen Pensionssystem vorgesehene Hinterbliebenenpension:

> EuGH, Rs C-109/91 (Ten Oever):[553] „Dieser Auslegung steht nicht entgegen, dass die Hinterbliebenenrente ihrem Begriff gemäß nicht dem Arbeitnehmer, sondern dem Hinterbliebenen gezahlt wird. Denn der Anspruch auf eine solche Leistung ist auf Vergütung gerichtet, die ihren Ursprung in der Zugehörigkeit des Ehegatten des Hinterbliebenen zu dem Rentensystem hat, so dass der Hinterbliebene den Rentenanspruch im Rahmen des Beschäftigungsverhältnisses zwischen seinem Ehegatten und dessen Arbeitgeber erwirbt und ihm Rente aufgrund des Beschäftigungsverhältnisses seines Ehegatten gezahlt wird."

> EuGH, Rs C-379/99 (Menauer):[554] „Daraus folgt, dass der überlebende Ehegatte des verstorbenen Arbeitnehmers sich für die Anerkennung seines Anspruchs auf eine Hinterbliebenenrente dem Grunde und der Höhe nach auf Artikel 119 EG-Vertrag [nunmehr Art 157 AEUV] berufen kann. […] Da diejenigen, die mit der Verwaltung eines Betriebsrentensystems betraut sind, Leistungen zu erbringen haben, die ein Entgelt im Sinne von Artikel 119 EG-Vertrag darstellen, haben sie folglich den in dieser Vorschrift niedergelegten Grundsatz des gleichen Entgelts ungeachtet ihrer Rechtsform und unabhängig davon zu beachten, in welcher Wei-

550 Ständige Rechtsprechung, vgl EuGH Rs C-57/93 (Vroege), EU:C:1994:352; EuGH Rs C-128/93 (Fisscher), EU:C:1994:353; zuletzt wieder EuGH Rs C-256/01 (Allonby), EU:C:2004:18.

551 EuGH C-200/91 (Coloroll), EU:C:1994:348 Rn 61 ff; ähnlich EuGH Rs C-50/99 (Podesta), EU:C:2000:288 (Zusatzrentensysteme).

552 EuGH Rs C-262/88 (Barber), EU:C:2010:795.

553 EU:C:1993:833; EuGH Rs C-147/95 (Evrenopoulos), EU:C:1997:201; EuGH Rs C-117/01 (K.B.), EU:C:2004:7.

554 EU:C:2001:527 Rn 19 u 23 f.

se sie mit der Verwaltung dieses Rentensystems betraut sind. Diese Feststellung gilt auch für Pensionskassen deutschen Rechts wie die beklagte Pensionskasse. Da diese mit der Verwaltung von Betriebsrentensystemen betraut sind und den bei ihnen versicherten Arbeitnehmern und deren anspruchsberechtigten Angehörigen Leistungen zu gewähren haben, die, wie in den Randnummern 17 und 18 dieses Urteils hervorgehoben worden ist, in den Anwendungsbereich des Artikels 119 EG-Vertrag fallen, sind sie verpflichtet, den in dieser Vorschrift niedergelegten Grundsatz des gleichen Entgelts zu beachten, ohne dass es dabei auf ihre rechtliche Selbständigkeit oder ihre Eigenschaft als Versicherungsunternehmen ankommt."

Durch den Ausschluss des hinterbliebenen Lebenspartners von der Bezugsberechtigung wird Art 157 AEUV hingegen nicht verletzt, da es dem nationalen Gesetzgeber freisteht, bestimmte Vorteile verheirateten Paaren vorzubehalten.[555] Zusätzliche Leistungen, die auf freiwilligen Beitragszahlungen der Arbeitnehmer beruhen, fallen nicht in den Anwendungsbereich des Art 157 AEUV.[556]

cc) Gleiche oder gleichwertige Arbeit

Art 157 Abs 1 AEUV verlangt mittlerweile ausdrücklich, dass für Männer und Frauen das gleiche Entgelt nicht nur für gleiche, sondern auch für gleichwertige Arbeit zu zahlen ist. Diese Ausdehnung auf gleichwertige Arbeit war jedoch schon in der Rechtsprechung des EuGH zu Art 119 EG aF anerkannt, zumal der ehemalige Art 1 RL 75/117/EWG, der nun in Art 4 RL 2006/54/EG zu finden ist, bei der Auslegung des Art 119 EG aF zu berücksichtigen war. Definitionsmerkmale dafür, wann zwei Arbeiten gleich bzw gleichwertig sind, lassen sich jedoch weder in Art 157 AEUV noch in Art 4 RL 2006/54/EG finden. Auch auf Grundlage der Rechtsprechung des EuGH scheint eine abschließende Wertung über die Vergleichbarkeit von Arbeiten nicht möglich, diese nennt aber zumindest entsprechende Beurteilungskriterien.

EuGH, Rs C-427/11 (Kenny):[557] Der Gerichtshof hat mehrfach ausgesprochen, dass „zur Feststellung, ob Arbeitnehmer gleiche oder als gleichwertig anerkannte Arbeit verrichten, zu prüfen ist, ob diese Arbeitnehmer unter Zugrundelegung einer Gesamtheit von Faktoren, wie Art der Arbeit, Ausbildungsanforderungen und Arbeitsbedingungen, als in einer vergleichbaren Situation befindlich angesehen werden können". Wenn verschiedene Arbeitnehmergruppen, die nicht dieselbe Berufsberechtigung oder -qualifikation für die Ausübung ihres Berufs besitzen, eine anscheinend identische Tätigkeit ausüben, ist also zu prüfen, ob sie – unter Berücksichtigung der Art der Aufgaben, die den einzelnen Arbeitnehmergruppen jeweils übertragen werden können, der an die Ausübung dieser Tätigkeiten ge-

555 EuGH Rs C-117/01 (K.B.), EU:C:2004:7, wobei im konkreten Fall allerdings eine Verletzung des Art 12 EMRK bejaht wurde.
556 EuGH C-200/91 (Coloroll), EU:C:1994:348 Rn 90 ff.
557 EuGH Rs C-427/11 (Kenny), EU:C:2013:122, NZA 2013, 315.

knüpften Ausbildungserfordernisse und der Arbeitsbedingungen, unter denen die Tätigkeiten ausgeübt werden – eine gleiche Arbeit im Sinne von Art 141 EG ausüben. Die Berufsausbildung stellt nämlich nicht nur einen Faktor dar, der eine unterschiedliche Vergütung für Arbeitnehmer, die die gleiche Arbeit verrichten, objektiv rechtfertigen kann. Sie gehört vielmehr auch zu den Kriterien, anhand deren sich feststellen lässt, ob die Arbeitnehmer die gleiche Arbeit verrichten.

Eine zulässige Variante zur Begriffsdefinition ist der Vergleich mit höherwertigen Tätigkeiten. Da Art 157 AEUV verbietet, jemanden, der gleiche oder gleichwertige Arbeit verrichtet, geringer zu entlohnen, muss Art 157 AEUV jedenfalls auch verbieten, dass jemand, der eine höherwertige Arbeit verrichtet, geringer entlohnt wird.[558] Wäre dies nicht der Fall, hätte der Arbeitgeber schließlich die Möglichkeit, Art 157 AEUV dadurch zu umgehen, dass bestimmten Arbeitnehmern zusätzliche oder schwerere Aufgaben übertragen werden, mit dem Ziel diese in Folge niedriger zu entlohnen. Art 157 AEUV würde durch diese Vorgehensweise zweifelsfrei unterlaufen. Die für die Beurteilung herangezogenen Vergleichsgruppen müssen dabei eine ausreichende Zahl von Personen umfassen, damit sichergestellt werden kann, dass nicht nur rein zufällige oder konjunkturelle Erscheinungen widergespiegelt werden. Allein aus dem Umstand, dass zwei Arbeitnehmer nach dem für ihr Beschäftigungsverhältnis geltenden Tarifvertrag in dieselbe Tätigkeitsgruppe eingestuft sind, kann noch nicht gefolgert werden, dass die beiden Arbeitnehmer gleiche oder gleichwertige Arbeit iSd Art 157 AEUV verrichten. Die Begriffe „gleiche Arbeit“, „gleicher Arbeitsplatz“ und „gleichwertige Arbeit“ hängen ausschließlich mit den tatsächlich verrichteten Arbeiten zusammen und werden anhand der weiter oben beispielhaft genannten Faktoren wie Art der Arbeit, Ausbildungsanforderungen und Arbeitsbedingungen beurteilt.[559] Die entsprechenden Feststellungen sind durch das nationale Gericht zu treffen[560], wobei es der EuGH bspw für zulässig erachtete, dass ein nationales Gericht unter Zugrundelegung der angeführten Faktoren die Tätigkeiten von Logopäden und Apothekern als gleichwertig betrachtete.[561]

558 EuGH Rs C-157/86 (Murphy), EU:C:1988:62.

559 EuGH Rs C-381/99 (Brunnhofer), EU:C:2001:358; zuletzt EuGH Rs C-427/11 (Kenny), EU:C:2013:122, NZA 2013, 315.

560 EuGH Rs C-400/93 (Royal Copenhagen), EU:C:1995:155 Rn 32 ff; EuGH Rs C-309/97 (Wiener Gebietskrankenkasse), EU:C:1999:241 Rn 17; EuGH Rs C-427/11 (Kenny), EU:C:2013:122, NZA 2013, 315; vgl auch die Empfehlung der Europäischen Kommission vom 7.3.2014 zur Stärkung des Grundsatzes des gleichen Entgelts für Frauen und Männer durch Transparenz, C(2014) 1405 final, Nr 10, 8, wonach die Mitgliedstaaten Inhalt des Begriffs der Gleichwertigkeit präzisieren können.

561 EuGH Rs C-127/92 (Enderby), EU:C:1993:859.

Keine gleiche Arbeit liegt etwa vor, wenn eine dem ersten Anschein nach identische Tätigkeit über einen erheblichen Zeitraum von Arbeitnehmern mit unterschiedlicher Berufsberechtigung ausgeübt wird. So ist es zB gerechtfertigt, bei von einer Gebietskrankenkasse beschäftigten Psychotherapeuten danach zu differenzieren, ob sie ein abgeschlossenes Psychologiestudium oder ein abgeschlossenes Medizinstudium haben, da Ärzte aufgrund ihrer Ausbildung eine Berufsberechtigung besitzen, die über die eines Psychologen hinausgeht.[562]

dd) Unmittelbare und mittelbare Diskriminierung beim Entgelt

Art 157 AEUV verbietet die „Diskriminierung aufgrund des Geschlechts" in Bezug auf das Entgelt. Art 157 Abs 2 Satz 2 AEUV konkretisiert dieses Gebot der Entgeltgleichheit jedoch nur dahingehend, dass das Entgelt für eine nach Akkord bezahlte Arbeit aufgrund der gleichen Maßeinheit festgesetzt werden muss und dass für eine nach Zeit bezahlte Arbeit das Entgelt bei gleichem Arbeitsplatz gleich hoch sein muss. Weder Art 157 AEUV noch Art 4 RL 2006/54/EG definieren darüber hinaus den Begriff der Diskriminierung aufgrund des Geschlechts näher.

In Art 4 RL 2006/54/EG wird jedoch die Rechtsprechung des EuGH in der Rs Jenkins[563] berücksichtigt, wonach nicht nur die unmittelbare, sondern auch die mittelbare Diskriminierung und somit jede sachlich nicht zu rechtfertigende Ungleichbehandlung bei der Entlohnung verboten ist.[564]

Ebenso wie beim Zugang zur Beschäftigung liegt eine unmittelbare Diskriminierung bezüglich des Entgelts vor, wenn allein das Geschlecht Anknüpfungspunkt für eine Ungleichbehandlung bei der Entlohnung ist. Hierbei lässt sich die Diskriminierung anhand der Tatbestandsmerkmale „gleiches Entgelt" und „gleiche Arbeit" offensichtlich ermitteln.[565] Der Forderung des Art 157 AEUV und des Art 4 RL 2006/54/EG wird nur dann entsprochen, wenn die Gleichbehandlung für jeden einzelnen Lohnbestand-

562 EuGH Rs C-309/97 (Wiener Gebietskrankenkasse), EU:C:1999:241 Rn 19 ff.

563 EuGH Rs 96/80 (Jenkins), EU:C:1981:80.

564 In der Entscheidung Defrenne II, EU:C:1976:56 Rn 16 ff hatte der EuGH bei der Anwendung des Art 141 EG [Art 157 AEUV] noch einen Unterschied gemacht, ob es sich um unmittelbare, offene Diskriminierungen, die sich schon anhand der in der Vorschrift verwendeten Merkmale „gleiche Arbeit" und „gleiches Entgelt" allein feststellen lassen, oder um mittelbare, versteckte Diskriminierungen, die nur nach Maßgabe eingehender gemeinschaftsrechtlicher oder innerstaatlicher Durchführungsvorschriften festgestellt werden können, handelt. Vgl weiters EuGH Rs 129/79 (Macarthys Ltd./Smith), EU:C:1980:103 Rn 10.

565 Vgl EuGH Rs C-177/88 (Dekker), EU:C:1990:383.

teil gewährleistet ist[566], wobei allerdings etwa eine Zulage für ungünstige Arbeitszeit bei der Berechnung des zu vergleichenden Entgelts nicht zu berücksichtigen ist.[567] Mit Art 157 AEUV war es dementsprechend nicht zu vereinbaren, dass eine Frau einen geringeren Wochenlohn als Lagerverwalterin erhielt als ihr männlicher Vorgänger, der für den Arbeitgeber die gleiche Arbeit geleistet hatte.[568] Ebenso wird der Grundsatz des gleichen Entgelts für Männer und Frauen durch eine Bestimmung verletzt, wonach das Recht auf Versetzung in den Ruhestand mit sofortigem Pensionsanspruch nur weiblichen Beamten gewährt wird, deren Ehegatten eine Behinderung oder eine unheilbare Krankheit haben, während dieses Recht den männlichen Kollegen nicht zusteht.[569] Fälle einer unmittelbaren Diskriminierung aufgrund des Geschlechts sind – nicht zuletzt als Folge der gemeinschaftsrechtlichen Gleichbehandlungsvorschriften – jedoch insgesamt eher selten. Die Frage einer unmittelbaren Diskriminierung stellt sich in der Rechtsprechung des EuGH überwiegend bei der Ungleichbehandlung von Schwangeren.

EuGH, Rs C-66/96 (Pedersen):[570] Nach einer dänischen Regelung waren die Arbeitgeber von der Lohnfortzahlung im Krankheitsfall befreit, wenn die Fehlzeiten darauf beruhten, dass die Schwangerschaft eine Krankheit, die nicht mit der Schwangerschaft zusammenhängt, wesentlich verschlimmert, oder wenn die Krankheit durch die Schwangerschaft verursacht wurde oder wenn die Schwangerschaft selbst einen krankhaften Verlauf nimmt, dass eine Weiterbeschäftigungen ohne Gefahr für Mutter und Kind nicht möglich wäre. Die Mütter erhielten dann nur ein geringeres Tagegeld durch die zuständige Behörde.

Der EuGH kam zu einem differenzierten Ergebnis, je nachdem ob Ursache für die Fehlzeiten übliche Schwangerschaftsbeschwerden oder krankhafte Zustände, die ihre Ursache (auch) in der Schwangerschaft haben, waren.

Er stellte zunächst fest, dass die Schwangerschaft selbst nicht mit einem krankhaften Zustand gleichzustellen sei. Jedoch könne es aufgrund der Schwangerschaft zu Beschwerden und Komplikationen kommen, welche die Frau zwingen, sich strenger ärztlicher Überwachung zu unterziehen und sich in jeder Hinsicht zu schonen. Erhalten alle aufgrund eines krankhaften Zustandes fehlenden Arbeitnehmer Lohnfortzahlung in voller Höhe, nicht aber jene Frauen, deren Arbeitsunfähigkeit auf einen mit der Schwangerschaft zusammenhängenden krankhaften Zustand zu-

566 EuGH Rs C-381/99 (Brunnhofer), EU:C:2001:358.
567 EuGH Rs C-236/98 (JämO), EU:C:2000:173.
568 EuGH Rs 129/79 (Macarthys Ltd./Smith), EU:C:1980:103 Rn 16.
569 EuGH Rs C-206/00 (Mouflin), EU:C:2001:695.
570 EuGH Rs C-66/96 (Pedersen), EU:C:1998:549; hingegen ist eine Regelung, derzufolge die Lohnfortzahlung wegen schwangerschaftsbedingter Krankheit ebenso wie im Fall einer anderen Krankheit nach einer bestimmten Frist gekürzt wird, gemeinschaftskonform, EuGH Rs C-191/03 (McKenna), EU:C:2005:513.

rückzuführen ist, so beruht die schlechtere Entlohnung auf der Schwangerschaft und stellt eine mit Art 141 EG [Art 157 AEUV] nicht zu vereinbarende Diskriminierung dar. Sind die Fehlzeiten jedoch auf gewöhnliche Schwangerschaftsbeschwerden zurückzuführen, ohne dass die Arbeitnehmerin im Übrigen arbeitsunfähig ist, bzw darauf zurückzuführen, dass der Arzt die Schonung des ungeborenen Kindes empfohlen hat, ohne dass ein krankhafter Zustand im eigentlichen Sinne oder ein besonderes Risiko für das ungeborene Kind besteht, steht Art 141 EG dem Entfall der Lohnfortzahlung nicht entgegen. Der Verlust des Entgelts beruht hier nämlich in erster Linie nicht auf der Schwangerschaft, sondern auf der freien Entscheidung der Arbeitnehmerin, nicht zu arbeiten.

Aber auch eine nationale Vorschrift, wonach eine günstigere Berechnung der Altersrente lediglich für Beamtinnen, die Kinder bekommen haben, herangezogen wird, verstößt gegen den Grundsatz des gleichen Entgelts, soweit sie männliche Beamten, die nachweisen können, dass sie die Erziehung ihrer Kinder wahrgenommen haben, von dieser Vergünstigung ausschließt.[571]

Der Begriff der mittelbaren Diskriminierung ist primärrechtlich nicht näher definiert, war aber Gegenstand einer Vielzahl von Entscheidungen.[572] Im Gegensatz zur unmittelbaren Diskriminierung wird bei einer mittelbar diskriminierenden Regelung nicht an das Geschlecht als solches, sondern an geschlechtsunspezifische Kriterien als Unterscheidungsmerkmale angeknüpft. Findet eine dem Anschein nach neutrale Regelung aufgrund bestimmter Gegebenheiten tatsächlich auf erheblich mehr Angehörige eines bestimmten Geschlechts Anwendung und ist sie nicht gerechtfertigt, so liegt ein Verstoß gegen das Gleichbehandlungsgebot vor.[573] Dieses durch die Rechtsprechung geprägte Verständnis von der mittelbaren Diskriminierung fand erstmals in der RL 97/80/EG in Art 2 Abs 2, nun in Art 2 Abs 1 lit b RL 2006/54/EG als Begriffsbestimmung geringfügig geändert, Niederschlag. Demnach liegt eine mittelbare Diskriminierung dann vor, wenn dem Anschein nach neutrale Vorschriften, Kriterien oder Verfahren, Personen eines Geschlechts in besonderer Weise gegenüber Personen des anderen Geschlechts benachteiligen können, es sei denn, die betreffenden Vorschriften, Kriterien oder Verfahren sind durch ein rechtmäßiges Ziel sachlich gerechtfertigt und die Mittel sind zur Erreichung dieses Ziels angemessen und erforderlich. Die ursprünglich in Art 2 Abs 2 RL 97/80/EG geforderte Benachteiligung eines „erheblich höheren Anteils der Angehörigen eines Geschlechts“ wurde in die Definition der RL 2006/54/EG nicht übernommen.

Wesentlicher Anwendungsfall der mittelbaren Diskriminierung ist die Schlechterbehandlung von Arbeitnehmern, die in Teilzeit beschäftigt sind,

571 EuGH Rs C-366/99 (Griesmar), EU:C:2001:648.
572 Vgl die Übersicht bei *Coen* in: *Lenz/Borchardt* (Hg), Art 157 AEUV.
573 Siehe etwa EuGH Rs C-313/02 (Wippel), EU:C:2004:607 mwN.

sind doch in vielen Beschäftigungsbereichen über 90% aller in Teilzeit beschäftigten Arbeitnehmer Frauen. Ausgangspunkt der Rechtsprechung zur mittelbaren Diskriminierung bei Teilzeitarbeit war die Entscheidung Jenkins, die die Frage nach geringerem Stundenlohn für Teilzeitarbeitnehmer zum Gegenstand hatte.

EuGH, Rs 96/80 (Jenkins):[574] Art 157 AEUV verbietet lediglich Unterschiede in der Behandlung, die auf dem unterschiedlichen Geschlecht der Arbeitnehmer beruhen. „Daher stellt die Tatsache, dass für Teilzeitarbeit ein geringerer Stundenlohn gezahlt wird als für Vollzeitarbeit, nicht für sich alleine eine nach Art 119 [Art 157 AEUV] verbotene Diskriminierung dar, wenn die Stundensätze ohne Unterscheidung nach dem Geschlecht für die Arbeitnehmer der beiden Gruppen gelten. Wird eine solche Unterscheidung nicht getroffen, so verstößt der Umstand, dass für eine nach Zeit bezahlte Arbeit ein je nach Anzahl der wöchentlichen Arbeitsstunden unterschiedlicher Stundenlohn gezahlt wird, somit nicht gegen den in Art 119 EWG-Vertrag niedergelegten Grundsatz des gleichen Entgeltes, soweit die unterschiedliche Entlohnung der Teilzeitarbeit und der Vollzeitarbeit auf Faktoren beruht, die nichts mit einer Diskriminierung aufgrund des Geschlechts zu tun haben. Dies kann insbesondere dann der Fall sein, wenn der Arbeitgeber dadurch, dass er für die Teilzeitarbeit einen geringeren Stundenlohn zahlt als für Vollzeitarbeit, aus objektiv gerechtfertigten wirtschaftlichen Gründen das Ziel verfolgt, unabhängig vom Geschlecht des Arbeitnehmers einen Anreiz zur Vollzeitarbeit zu geben. Stellt sich dagegen heraus, dass ein erheblich geringerer Prozentsatz der weiblichen Arbeitnehmer als der männlichen Arbeitnehmer die Mindestzahl der Wochenstunden leistet, welche die Voraussetzung für den Anspruch auf den Stundenlohn zum vollen Satz ist, so steht das ungleiche Entgelt dann im Widerspruch zu Art 119 EWG-Vertrag, wenn – unter Berücksichtigung der Schwierigkeiten, die weibliche Arbeitnehmer haben, um diese Mindeststundenzahl pro Woche leisten zu können – die Lohnpolitik des betreffenden Unternehmens nicht durch Umstände zu erklären ist, die eine Diskriminierung aufgrund des Geschlechts ausschließen." Dies festzustellen sei aber Sache des nationalen Gerichts.

Die vorangehend zitierten Aussagen zur mittelbaren Diskriminierung von Teilzeitbeschäftigten wurden in der Rs Bilka[575] dahingehend präzisiert, dass ein Verstoß gegen Art 157 AEUV vorliegt, wenn von der Maßnahme wesentlich mehr Frauen als Männer betroffen sind, es sei denn, es besteht ein Rechtfertigungsgrund.

Auf Grundlage dieser Rechtsprechung hat der EuGH – vorbehaltlich einer möglichen Rechtfertigung[576] – ua folgende Benachteiligungen von Teilzeitbeschäftigten als mittelbare Diskriminierung, die mit Art 157 AEUV unvereinbar sind, angesehen:

574 EuGH Rs C-96/80 (Jenkins), EU:C:1981:80 Rn 10 ff.
575 EuGH Rs C-170/84 (Bilka), EU:C:1986:204.
576 Zu den möglichen Rechtfertigungsgründen siehe unter 2. Teil, II.B.1b.ee.

Geringerer Stundenlohn für Teilzeitbeschäftigte,[577] Ausschluss von Teilzeitbeschäftigten vom Zugang zur betrieblichen Altersversorgung,[578] Ausschluss der Teilzeitbeschäftigten aus der Lohnfortzahlung nach dem früheren deutschen Lohnfortzahlungsgesetz,[579] geringere Lohnfortzahlung für Teilzeitbeschäftigte, von der Arbeitsleistung gem § 37 Abs 6 deutsches BetrVG freigestellte Betriebsratsmitglieder,[580] Ausschluss von Teilzeitbeschäftigten von einer jährlichen Sonderzuwendung,[581] geringere Anrechnung von Vordienstzeiten von Teilzeitbeschäftigten bei der Einreihung in ein Gehaltsschema,[582] den Ausschluss von Teilzeitbeschäftigten vom Anspruch auf ein Übergangsgeld bei Beendigung des Arbeitsverhältnisses[583] sowie Mehrarbeiten von Teilzeitbeschäftigten bis zur Stundenzahl von Vollzeitbeschäftigten zu einem geringerem Satz als dem, der innerhalb der individuellen Arbeitszeit eines Vollzeitbeschäftigten geschuldet wird.[584]

Ebenso kann ein System der beruflichen Einstufung, das bei der Festlegung der Lohnstufen das Kriterium der muskelmäßigen Beanspruchung oder Belastung oder das Kriterium des Schweregrads der Arbeit berücksichtigt, unter bestimmten Voraussetzungen mittelbar diskriminierend wirken, da bei einer Differenzierung nach Kriterien wie der Muskelkraft regelmäßig aufgrund biologischer Unterschiede diese deutlich mehr Männer als Frauen erfüllen. Gem Art 4 Satz 2 RL 2006/54/EG, der den Grundsatz der Entgeltgleichheit gem Art 157 AEUV konkretisiert, müssen solche Systeme beruflicher Einstufungen zur Festsetzung des Entgelts „auf für männliche und weibliche Arbeitnehmer gemeinsamen Kriterien beruhen und so beschaffen sein, dass Diskriminierungen aufgrund des Geschlechts ausgeschlossen werden."

EuGH, Rs 237/85 (Rummler):[585] „Wenn auch ein bestimmtes Kriterium, wie das der erforderlichen muskelmäßigen Anstrengung, tatsächlich männliche Arbeitnehmer begünstigen kann, da davon auszugehen ist, dass ihre Körperkräfte im Allgemeinen größer sind als die der weiblichen Arbeitnehmer, so ist es doch bei der Prüfung, ob es diskriminierend ist, innerhalb des Systems beruflicher Einstufung in seiner Gesamtheit unter Berücksichtigung der anderen Kriterien zu beurteilen, die bei der Festlegung der Lohnstufen eine Rolle spielen. Ein System ist nicht allein deswegen diskriminierend, weil bei einem seiner Kriterien auf Eigen-

577 EuGH Rs C-96/80 (Jenkins), EU:C:1981:80.

578 EuGH Rs C-179/84 (Bilka), EU:C:1986:204; EuGH Rs C-246/96 (Magorrian), EU:C:1997:605; zuletzt EuGH Rs C-50/96 (Deutsche Telekom AG ./. Schröder), EU:C:2000:72 uvm.

579 EuGH Rs C-171/88 (Rinner-Kühn), EU:C:1989:328.

580 EuGH Rs C-360/90 (Bötel), EU:C:1992:246.

581 EuGH Rs C-281/97 (Krüger), EU:C:1999:396.

582 EuGH Rs C-185/89 (Nimz), EU:C:1991:50; EuGH Rs C-1/95 (Gerster), EU:C:1997:452; EuGH Rs C-243/95 (Hill und Stapleton), EU:C:1998:298.

583 EuGH Rs C-33/89 (Kowalska), EU:C:1990:265.

584 EuGH Rs C-300/06 (Voß), EU:C:2007:757.

585 EuGH Rs C-237/85 (Rummler), EU:C:1986:277.

> schaften abgestellt wird, die Männer eher besitzen. Ein System der beruflichen Einstufung muss jedoch, um insgesamt nicht diskriminierend zu sein und damit den Grundsätzen der Richtlinie zu entsprechen, so ausgestaltet sein, dass es, wenn die Art der in Frage stehenden Tätigkeiten es zulässt, als gleichwertig anerkannte Arbeitsplätze umfasst, bei denen andere Kriterien berücksichtigt werden, hinsichtlich derer die weiblichen Arbeitnehmer besonders geeignet sein können." Jedoch dürfen Kriterien wie die Körperkraft, um nicht in unzulässiger Weise diskriminierend zu wirken, nur angeführt werden, wenn sie „den zu verrichtenden Tätigkeiten entsprechen, wenn diese ihrer Natur nach eine besondere körperliche Anstrengung erfordern oder wenn sie körperlich schwer sind."

Auch sah der EuGH[586] in der Verwendung des Unterscheidungskriteriums der Flexibilität eines Arbeitnehmers einen Verstoß gegen Art 157 AEUV, wenn dieses dahingehend ausgelegt wird, dass damit die Anpassungsfähigkeit an unterschiedliche Arbeitszeiten und -orte und nicht die Qualität der Arbeit belohnt werden soll. Hierin könne nämlich eine Benachteiligung der weiblichen Arbeitnehmer liegen,

> „die aufgrund der häufig ihnen obliegenden Aufgaben in Haushalt und Familie ihre Arbeit weniger leicht als männliche Arbeitnehmer flexibel gestalten können".

Ebenfalls als mit Art 157 AEUV nicht vereinbar sah der EuGH[587] eine Regelung an, derzufolge ein Beamter seinen Anspruch auf eine Auslandszulage verliert, „wenn er durch die Eheschließung mit einer Person, welche die Voraussetzung für die Gewährung dieser Zulage im Zeitpunkt der Eheschließung nicht erfüllt, die Eigenschaft als Familienvorstand nicht erwirbt". Eine verheiratete Beamtin war jedoch nur in jenen Ausnahmefällen als Familienvorstand anzusehen, in denen ihr Ehegatte schwer krank oder erwerbsunfähig war. Zwar sei es grundsätzlich gerechtfertigt, die Auslandszulage zu streichen, wenn durch die Heirat der Zustand des Lebens in der Fremde beendet wäre. Jedoch darf dies de facto nicht nur für ein Geschlecht gelten. Insofern liegt eine willkürliche Ungleichbehandlung vor.

Sofern tatsächlich erheblich mehr Frauen als Männer diese Kriterien erfüllen, können darüber hinaus auch dem Grunde nach geschlechtsneutrale Differenzierungskriterien wie Telearbeit, Zweitberufe, diskontinuierliche Beschäftigung oder befristete Arbeitsverhältnisse eine mittelbare Diskriminierung bewirken.[588] Umgekehrt führt es allerdings zu einer mittelbaren Benachteiligung des männlichen Geschlechts, wenn die nationale Rechtslage es

586 EuGH Rs C-109/88 (Danfoss), EU:C:1989:383 Rn 17 ff.

587 EuGH Rs C-20/71 (Sabbatini-Bertoni), EU:C:1972:48.

588 Vgl *Krebber* in: *Calliess/Ruffert* (Hg), Art 157 AEUV Rn 42; vgl zur mittelbaren Diskriminierung aufgrund des Kriteriums befristeter Arbeitsverhältnisse – jedoch iZm sonstigen Beschäftigungsbedingungen – kürzlich EuGH C-274/18 (Schuch-Ghannadan), EU:C:2019:828.

bspw Frauen im Vergleich zu Männern erleichtert, die Voraussetzungen zur Erlangung erhöhter Versorgungsbezüge durch die Unterbrechung der Erwerbstätigkeit zur Kindererziehung zu erfüllen.[589] Auch das Abstellen auf die Berufsausbildung kann zu einer mittelbaren Diskriminierung führen, sofern weibliche Arbeitnehmer geringere Möglichkeiten haben, eine gründliche Berufsausbildung zu erhalten oder diese Möglichkeit in geringerem Maße genutzt haben. Dies darf jedoch nicht gelten, wenn diese Ausbildung für die übertragenen Aufgaben tatsächlich von Bedeutung ist.[590]

Keine mittelbare Diskriminierung im Zusammenhang mit Teilzeitbeschäftigung sah der EuGH[591] hingegen in einer Regelung, nach der ein Überstundenzuschlag erst gebührt, wenn die tarifvertraglich festgelegte Regelarbeitszeit überschritten wird. Der Teilzeitbeschäftigte erhält nämlich ebenso wie der Vollzeitbeschäftigte für jede gearbeitete Stunde bis zum Erreichen der Regelarbeitszeit die gleiche Vergütung. Ebenfalls keine mittelbare Diskriminierung liegt nach Ansicht des EuGH[592] bei einer Regelung vor, der zufolge Kleinbetriebe bis zu einer bestimmten Anzahl an Beschäftigten vom Kündigungsschutz ausgenommen sind und bei der Berechnung der Arbeitnehmeranzahl Teilzeitbeschäftigte, deren wöchentliche Arbeitszeit 10 Stunden oder deren monatliche Arbeitszeit 45 Stunden nicht übersteigt, nicht berücksichtigt werden. Hier sei das Differenzierungskriterium, das letztendlich zur Benachteiligung führt, nicht mittelbar das Geschlecht, sondern die Beschäftigung in einem Kleinbetrieb. Eine mittelbare Diskriminierung hätte allenfalls angenommen werden können, wenn tatsächlich erheblich mehr Frauen als Männer in Kleinbetrieben beschäftigt gewesen wären, was jedoch nicht der Fall war.

Ebenso liegt nach der Rechtsprechung des EuGH[593] keine mittelbare Diskriminierung vor, wenn beim Aufstieg in eine höhere Gehaltsgruppe auf die Anciennität, also allein auf das Dienstalter abgestellt wird. Zwar sei es nicht ausgeschlossen, dass Frauen hierdurch benachteiligt werden, da sie weniger lange auf dem Arbeitsmarkt sind bzw (aus geschlechtsspezifischen Gründen) ihre Berufstätigkeit häufiger unterbrechen müssen. Jedoch geht mit der Anciennität auch die Berufserfahrung einher, die den Arbeitnehmer

589 EuGH C-173/13 (Leone), EU:C:2014:2090.

590 EuGH Rs C-109/88 (Danfoss), EU:C:1989:383 Rn 23.

591 EuGH Rs C-399/92, C-409/92, C-425/92, C-34/93, C-50/93, C-78/93, (Helmig ua), EU:C:1994:415.

592 EuGH Rs C-189/91 (Kirsammer-Hack), EU:C:1993:907 Rn 20 ff.

593 EuGH Rs C-109/88 (Danfoss), EU:C:1989:383 Rn 24; ebenso in C-17/05 (Cadman), EU:C:2006:633, wobei dem Arbeitnehmer Möglichkeiten eingeräumt werden, Anhaltspunkte zu liefern, die geeignet sind, ernstliche Zweifel in dieser Hinsicht aufkommen zu lassen.

befähigt, seine Arbeit besser zu verrichten. Derartige Qualitätsmerkmale muss der Arbeitgeber bei der Entlohnung berücksichtigen dürfen.

Der EuGH[594] sah auch keine mittelbare Diskriminierung aufgrund des Geschlechtes darin, dass vom Arbeitgeber eine Fahrvergünstigung nur für Ehegatten eines Arbeitnehmers bzw dessen verschiedengeschlechtlichen Lebenspartner, mit dem er mindestens zwei Jahre eine ernsthafte Beziehung führte, und nicht für gleichgeschlechtliche Lebenspartner gewährt wurde. Art 157 AEUV verbietet nämlich nur Differenzierungen, die auf dem Geschlecht beruhen, wovon eine Ungleichbehandlung aufgrund der sexuellen Ausrichtung jedoch nicht erfasst wird.[595] Letztendlich trifft diese Ungleichbehandlung gleichgeschlechtliche Paare beiderlei Geschlechts. Auch wenn Art 19 AEUV seit dem Vertrag von Amsterdam eine Ermächtigungsgrundlage für den Rat für Vorkehrungen, die zur Bekämpfung von Diskriminierungen aufgrund der sexuellen Ausrichtung geeignet sind, enthält, wird die diesbezügliche Rechtsprechung auch zukünftig Bestand haben. Wenngleich die sexuelle Ausrichtung als schützenswertes Rechtsgut anerkannt ist, bedeutet dies nicht, dass dadurch der sachliche Anwendungsbereich des Art 157 AEUV über den Wortlaut hinaus erweitert werden muss.

Aus der Bedeutung des Art 157 AEUV als Grundrecht schließt der EuGH, dass sich dessen Anwendungsbereich nicht auf Diskriminierungen beschränke, die ihre Ursache in der Zugehörigkeit zu dem einen oder dem anderen Geschlecht haben. Auch eine aus Anlass einer Geschlechtsumwandlung getroffene Diskriminierung beruhe hauptsächlich, wenn auch nicht ausschließlich, auf dem Geschlecht.[596]

ee) Rechtfertigungsgründe für Ungleichbehandlungen

Grundsätzlich kann es in Einzelfällen gerechtfertigt sein, dass Männer und Frauen beim Entgelt, sei es unmittelbar oder mittelbar, unterschiedlich behandelt werden. Im Gegensatz zu Art 14 Abs 2 RL 2006/54/EG ist in Art 157 AEUV kein Katalog von ausdrücklichen Regelungen enthalten, der Rechtfertigungsgründe für eine Ungleichbehandlung der Geschlechter in Bezug auf das Entgelt anführt. Mit dem Vertrag von Amsterdam wurde lediglich mit Art 141 Abs 4 EG, nun in Art 157 Abs 4 AEUV, eine Regelung zur positiven Diskriminierung getroffen,[597] auf die auch Art 3 RL 2006/54/EG Bezug nimmt. In der Rechtsprechung des EuGH[598] hat aber bereits bei

---

594 EuGH Rs C-249/96 (Grant), EU:C:1998:63.

595 Vgl auch BAG EzA Nr 72 zu Art 3 GG (mit Anm *Marhold*).

596 EuGH Rs C-13/94 (P./S.), EU:C:1996:170.

597 Siehe dazu auch unter 2. Teil, II.B.1h.

598 Vgl EuGH Rs C-236/98 (JämO), EU:C:2000:1739 sowie EuGH Rs C-127/92 (Enderby), EU:C:1993:859 mwN aus der Rspr.

der Definition der mittelbaren Diskriminierung die sachliche Rechtfertigung Berücksichtigung gefunden.[599] Demnach soll keine mittelbare Diskriminierung vorliegen, wenn die betreffenden Vorschriften, Kriterien oder Verfahren angemessen und notwendig sind und der Arbeitgeber sie „durch objektive Faktoren rechtfertigen kann, die nichts mit einer Diskriminierung aufgrund des Geschlechts zu tun haben".[600] Zwar soll es grundsätzlich Aufgabe der nationalen Gerichte sein festzustellen, ob objektive Rechtfertigungsgründe tatsächlich vorliegen,[601] der EuGH hat jedoch in einer Reihe von Urteilen Hinweise zur Beurteilung des Umfangs der Rechtfertigungsgründe gegeben. Der Arbeitgeber kann sich dabei vor allem auf bestimmte wirtschaftliche Erfordernisse, die mit der Führung seines Unternehmens zusammenhängen, zur Rechtfertigung einer Ungleichbehandlung bei seiner Lohnpolitik berufen.

> EuGH, Rs 170/84 (Bilka): „Stellt das vorlegende Gericht fest, dass die von der Beklagten gewählten Mittel einem wirklichen Bedürfnis des Unternehmens dienen und für die Erreichung dieses Zieles geeignet und erforderlich sind, so reicht der Umstand, dass diese Maßnahmen eine wesentlich größere Anzahl von weiblichen als von männlichen Arbeitnehmern treffen, für die Feststellung, dass sie eine Verletzung des Art 141 EG [Art 157 AEUV] darstellen, nicht aus."

Jedoch darf sich der Arbeitgeber nicht auf verallgemeinernde Aussagen bspw dahingehend, dass Teilzeitbeschäftigte in einem anderen Maße als Vollzeitbeschäftigte in den Betrieb eingegliedert und mit diesem verbunden seien, beschränken.[602] Vielmehr muss in jedem Einzelfall nachgewiesen werden, dass ein konkreter betrieblicher Grund das geringere Entgelt rechtfertigt. Im Einzelfall wurde vom EuGH eine Rechtfertigung der Ungleichbehandlung grundsätzlich für möglich gehalten bei

- einer generellen Personalpolitik, wenig Teilzeitkräfte zu beschäftigen, sofern es besondere betriebliche Erfordernisse hierfür gibt, bspw weil mit Teilzeitkräften nicht gewährleistet ist, zu sämtlichen Ladenöffnungszeiten ausreichend Personal zu haben;[603]
- einem Abstellen auf die Berufsausbildung, wenn sie für die übertragenen Aufgaben von Bedeutung ist;[604]

---

599 Zum praktisch wenig bedeutsamen Fall der Rechtfertigung einer unmittelbaren Diskriminierung vgl *Krebber* in: *Calliess/Ruffert* (Hg), Art 157 AEUV Rn 58.

600 So auch EuGH Rs C-381/99 (Brunnhofer), EU:C:2001:358; EuGH Rs C-4/02 (Schönheit) und Rs C-5/02 (Becker), EU:C:2003:583.

601 Ständige Rechtsprechung, grundlegend EuGH Rs C-170/84 (Bilka), EU:C:1986:204.

602 EuGH Rs C-171/88 (Rinner-Kühn), EU:C:1989:328 Rn 13 f.

603 EuGH Rs C-170/84 (Bilka), EU:C:1986:204.

604 EuGH Rs C-309/97 (Wiener Gebietskrankenkasse), EU:C:1999:241 Rn 19; EuGH Rs C-109/88 (Danfoss), EU:C:1989:383 Rn 23.

- einem Abstellen auf die Flexibilität oder die Anpassungsfähigkeit von Arbeitszeiten und -orten, wenn diese für die übertragenen spezifischen Aufgaben von Bedeutung ist;[605]
- einem Abstellen auf die Dauer der Beschäftigungszeit, sofern das dadurch erworbene besondere Erfahrungswissen für die konkrete Tätigkeit von Bedeutung ist;[606]
- einem Abstellen auf Kriterien, die die Qualität der geleisteten Arbeit bewerten;[607]
- einer Verkürzung der Arbeitszeit gegenüber der normalen Tagesarbeitszeit.[608]

Hingegen wurden vom EuGH folgende pauschale Begründungen zur Rechtfertigung einer Ungleichbehandlung als mit Art 157 AEUV unvereinbar abgelehnt:
- geringere Eingliederung in das und geringere Verbundenheit mit dem Unternehmen von Teilzeitbeschäftigten;[609]
- Vollzeitbeschäftigte hätten generell mehr Erfahrungswissen als Teilzeitbeschäftigte und würden schneller Fähigkeiten und Fertigkeiten für ihre Tätigkeiten hinzu gewinnen;[610]
- die unterschiedlichen Entgelte für gleichwertige Tätigkeiten seien in Tarifverhandlungen festgelegt worden, die von denselben Parteien, aber unabhängig voneinander geführt wurden, auch wenn jede dieser tarifvertraglichen Regelungen für sich genommen nicht diskriminierend ist.[611]

Unzulässig ist darüber hinaus, dass ein Arbeitgeber, der einer Arbeitnehmerin bei gleichem Arbeitsplatz bzw für gleichwertige Arbeit von Beginn an ein geringeres Entgelt als einem männlichen Arbeitnehmer zahlt, dies mit Faktoren rechtfertigt, die erst nach Dienstantritt der Arbeitnehmer bekannt werden und erst während der Durchführung des Arbeitsvertrages beurteilt werden können, wie etwa mit einem Unterschied in der persönlichen Leistungsfähigkeit der Betroffenen oder in der Qualität ihrer Leistungen.[612]

---

605 EuGH Rs C-127/92 (Enderby), EU:C:1993:859 Rn 25.

606 EuGH Rs C-184/89 (Nimz), EU:C:1991:50.

607 EuGH Rs C-109/88 (Danfoss), EU:C:1989:383 Rn 20.

608 EuGH Rs C-236/98 (JämO), EU:C:2000:173.

609 EuGH Rs C-171/88 (Rinner-Kühn), EU:C:1989:328 Rn 13 f.

610 EuGH Rs C-184/89 (Nimz), EU:C:1991:50 Rn 14; die Beurteilung eines Zusammenhangs zwischen Dauer der Beschäftigung und dem jeweiligen Kenntnis- und Erfahrungsstand des Arbeitnehmers unterliege nämlich einer individuellen Beurteilung und kann nicht ohne weiteres angenommen werden; zuletzt in EuGH Rs C-274/18 (Schuch-Ghannadan), EU:C:2019:828 Rn 39 mwN.

611 EuGH Rs C-127/92 (Enderby), EU:C:1993:859 Rn 22.

612 EuGH Rs C-381/99 (Brunnhofer), EU:C:2001:358.

Einen großzügigeren Maßstab legt der EuGH bei der Rechtfertigung von Ungleichbehandlungen an, wenn sich das Gleichbehandlungsgebot gegen den jeweiligen nationalen Gesetzgeber richtet.[613] Danach soll eine mittelbare Diskriminierung nicht nur durch objektive Faktoren, die nicht diskriminierend sind, gerechtfertigt werden können. Vielmehr kann eine mittelbar diskriminierende Regelung auch gerechtfertigt sein, wenn das gewählte Mittel einem notwendigen Ziel der Sozialpolitik dient und zur Erreichung dieses Ziels geeignet und erforderlich ist.[614] Dabei verfügen die Mitgliedstaaten, da die Sozialpolitik in deren Kompetenzbereich fällt, über einen weiten Ermessensspielraum.[615] Eine Ungleichbehandlung von Männern und Frauen kann gegebenenfalls auch mit anderen Gründen gerechtfertigt werden, als jenen, die beim Erlass der Maßnahme, mit der sie eingeführt wurde, angeführt worden sind.[616] Folgende mittelbare Diskriminierungen sah der EuGH durch solche Ziele der Sozialpolitik bspw als gerechtfertigt an:

- Gewährung des Existenzminimums als Arbeitslosengeld unabhängig vom Vermögen ausschließlich an ältere Arbeitnehmer, um die Wiedereingliederung arbeitsloser Arbeitnehmer in den Arbeitsmarkt sicherzustellen;[617]
- die Ausnahme von geringfügig Beschäftigten von der Sozialversicherungspflicht, wenn dies der Förderung der Existenz und des Angebots von geringfügig Beschäftigten diene, sofern eine soziale Nachfrage nach solchen Arbeitnehmern bestehe und daher durch die Maßnahme auf zunehmende Schwarzarbeit und andere Umgehungstatbestände (zB Scheinselbständigkeit) reagiert werden solle;[618] diese Arbeitnehmer dann jedoch auch von einem tarifvertraglichen Anspruch auf eine jährliche Sonderzahlung auszunehmen, ist mit keinem sozialpolitischen Zweck zu rechtfertigen;[619]
- Ausnahme von Betrieben mit weniger als sechs Arbeitnehmern vom Kündigungsschutzgesetz, um kleinere Unternehmen zu entlasten.[620]

---

613 Vgl *Birk* in: MünchArbR, § 19 Rn 323 f; *Krebber* in: *Calliess/Ruffert* (Hg), Art 157 AEUV Rn 57 ff.

614 Vgl EuGH Rs C-278/93 (Freers und Speckmann), EU:C:1996:83 Rn 28 mwN aus der Rspr; zuletzt EuGH Rs C-427/11 (Kenny), EU:C:2013:122, NZA 2013, 415.

615 Vgl nur EuGH Rs C-8/94 (Laperre), EU:C:1996:36 Rn 18 mwN aus der Rspr.

616 EuGH Rs C-4/02 (Schönheit) und Rs C-5/02 (Becker), EU:C:2003:583.

617 EuGH Rs C-8/94 (Laperre), EU:C:1996:36 Rn 15 ff.

618 EuGH Rs C-444/93 (Megner und Scheffel), EU:C:1995:442; EuGH Rs C-317/93 (Nolte), EU:C:1995:438 Rn 29 ff.

619 EuGH Rs C-281/97 (Krüger), EU:C:1999:396 Rn 27 ff.

620 EuGH Rs C-189/91 (Kirsammer-Hack), EU:C:1993:907.

Hingegen stellen allgemeine Haushaltserwägungen kein von der Sozialpolitik verfolgtes Ziel dar, das eine Diskriminierung aufgrund des Geschlechts rechtfertigen könnte.[621]

ff) Rechtsfolgen des Verstoßes gegen das Gleichbehandlungsgebot gem Art 157 AEUV

Verstößt der Arbeitgeber gegen das Gebot der Entgeltgleichheit gem Art 157 AEUV, so hat der diskriminierte Arbeitnehmer grundsätzlich einen Anspruch auf das höhere Entgelt. Auch wenn im Ergebnis eine Gleichbehandlung dadurch herbeigeführt werden könnte, dass die aufgrund des Geschlechts bevorzugt behandelten Arbeitnehmer lediglich das niedrigere Entgelt der diskriminierten Arbeitnehmer erhalten, darf nach ständiger Rechtsprechung des EuGH[622] eine Angleichung zumindest so lange nur nach oben stattfinden, als der Verursacher der Diskriminierung keine Angleichungsmaßnahmen zur Beseitigung vorgenommen hat. Die bisherigen Regelungen fungieren dabei rechtssystematisch bis zur Umsetzung des Gleichheitsgebots als Bezugssystem.[623] Bei Fehlen eines solchen Bezugssystems, bspw weil wie in der Rs Specht ua[624] alle Arbeitnehmer zu einem gewissen Zeitpunkt zur Gruppe der benachteiligten Personen gehören, entfällt die verpflichtende Angleichung nach oben. Wird durch die Angleichungsmaßnahmen die Ungleichbehandlung beseitigt, kann das Entgelt für die Zukunft, solange es dem Gleichbehandlungsgrundsatz entspricht, auch auf niedrigerem Niveau festgesetzt werden.[625] Die Herabsetzung des Entgeltes ist allerdings nur unter Beachtung des Vertrauensgrundsatzes zulässig.[626] Dieses Ergebnis entspricht auch dem Zweck des Art 157 AEUV, verlangt die Bestimmung doch „nur" die Gleichbehandlung der Geschlechter in Bezug auf das Entgelt, nicht aber ein bestimmtes Entgeltniveau.

621 EuGH Rs C-343/92 (Roks), EU:C:1994:71 Rn 34 ff; EuGH Rs C-104/98 (Buchner), EU:C:2000:276; ähnlich EuGH Rs C-4/02 (Schönheit) und Rs C-5/02 (Becker), EU:C:2003:583 („Zweck, die öffentlichen Ausgaben zu begrenzen").

622 Vgl nur EuGH Rs C-33/89 (Kowalska), EU:C:1990:265 Rn 17 ff mwN.

623 Vgl EuGH Rs C-18/95 (Terhoeve), EU:C:1999:22, EuZW 1999, 380; zuletzt Rs C-501/12 bis C-506/12, C-540/12 und C-541/12 (Specht ua), EU:C:2014:2005 Rn 36 f.

624 Rs C-501/12 bis C-506/12, C-540/12 und C-541/12 (Specht ua), EU:C:2014:2005; Vgl auch *Schlachter* in: ErfK, 17. Aufl, AEUV Art 157 Rn 24.

625 Vgl EuGH Rs C-200/91 (Coloroll), EU:C:1994:348; EuGH Rs C-408/92 (Smith ua), EU:C:1994:349; EuGH Rs C-28/93 (van den Akker), U:C:1994:351; zuletzt Rs C-501/12 bis C-506/12, C-540/12 und C-541/12 (Specht ua), EU:C:2014:2005 Rn 36 f; *Schlachter* in: ErfK, 17. Aufl 2017, Art 157 AEUV Rn 24.

626 Vgl nur. *Schlachter* in: ErfK, 17. Aufl, AEUV Art 157 Rn 24.

Für den Anspruch auf Angleichung ist es ohne Bedeutung, ob die Diskriminierung allein auf das Verhalten des Arbeitgebers oder auf den Staat zurückzuführen ist, wenn letzterer eine gleichheitswidrige Norm erlassen hat. Auch wenn sich der Arbeitgeber nach nationalem Recht gesetzeskonform verhält, ist er verpflichtet, für in der Vergangenheit liegende Sachverhalte die Angleichung nach oben vorzunehmen, ohne dass ihm aus der Sicht des Europarechts ein Regressanspruch gegen den säumigen Staat zustünde.[627]

Im Übrigen ist das nationale Gericht verpflichtet, einen Verstoß gegen Art 157 AEUV festzustellen und die diskriminierende Vorschrift nicht anzuwenden. Stattdessen ist in jenen Fällen das Gleichbehandlungsgebot nach Art 157 AEUV unmittelbar anzuwenden. Dies gilt auch für tarifvertragliche Regelungen, sind die Mitgliedstaaten gem Art 23 lit b RL 2006/54/EG doch ausdrücklich dazu verpflichtet, sicherzustellen, dass Bestimmungen in Tarifverträgen, Lohn- und Gehaltstabellen oder -vereinbarungen sowie „Einzelvereinbarungen", die dem Gleichbehandlungsgebot widersprechen, nichtig sind oder für nichtig erklärt werden können.

Die Beweislast für das Vorliegen einer Diskriminierung beim Entgelt aufgrund des Geschlechts trifft grundsätzlich den Arbeitnehmer, der sich diskriminiert glaubt und deshalb gegen seinen Arbeitgeber Klage auf Beseitigung dieser Diskriminierung erhebt. Hierbei genügt eine Art Anscheinsbeweis, wie der EuGH schon im Falle der Rs C-381/99 (Brunnhofer) [628] aussprach und durch Rs C-427/11 (Kenny)[629] erneut bestätigte:

> „Vorab ist darauf hinzuweisen, dass es nach den üblichen Beweisführungsregeln grundsätzlich dem Arbeitnehmer, der sich auf Grund seines Geschlechts hinsichtlich des Arbeitsentgelts für diskriminiert hält, obliegt, vor dem nationalen Gericht nachzuweisen, dass die Voraussetzungen, unter denen das Vorliegen einer nach Art. EGV Artikel 141 EG und der Richtlinie 75/117/EWG verbotenen das Entgelt betreffenden Ungleichbehandlung vermutet werden kann, erfüllt sind.
>
> Es ist folglich Sache dieses Arbeitnehmers, mit allen rechtlich vorgesehenen Mitteln zu beweisen, dass sein Arbeitgeber ihm ein niedrigeres Entgelt zahlt als seinen zum Vergleich herangezogenen Kollegen und dass er tatsächlich die gleiche oder eine gleichwertige, mit deren Arbeit vergleichbare Arbeit verrichtet, so dass er dem ersten Anschein nach Opfer einer nur mit dem unterschiedlichen Geschlecht erklärbaren Diskriminierung ist.
>
> Falls der Arbeitnehmer den Beweis erbringt, dass die Kriterien für das Vorliegen einer unterschiedlichen Entlohnung eines Mannes und einer Frau sowie einer vergleichbaren Arbeit im konkreten Fall erfüllt sind, so spräche ein erster Anschein für eine Diskriminierung. Es obläge dann dem Arbeitgeber, zu beweisen,

627 *Birk* in: MünchArbR, § 19 Rn 326; *Krebber* in: *Calliess/Ruffert* (Hg), Art 157 AEUV Rn 67 f.

628 EU:C:2001:358.

629 EU:C:2013:122, NZA 2013, 315; vl auch EuGH Rs C-415/10 (Meister), EU:C:2012:217; sa 2. Teil, II.B.1.g.

dass nicht gegen den Grundsatz des gleichen Entgelts für Männer und Frauen verstoßen wurde, indem er mit allen rechtlich vorgesehenen Mitteln insbesondere nachweist, dass die von den beiden betroffenen Arbeitnehmern tatsächlich ausgeübten Tätigkeiten in Wirklichkeit nicht vergleichbar sind oder dass die festgestellte unterschiedliche Entlohnung durch objektive Faktoren, die nichts mit einer Diskriminierung auf Grund des Geschlechts zu tun haben, gerechtfertigt ist."

c) Gleichbehandlung und betriebliche Altersversorgung

Literatur: *Birk*, Diskriminierung von Frauen und älteren Arbeitnehmern in der betrieblichen Altersversorgung bei beitragsorientierter Gestaltung, Betriebliche Altersversorgung, BetrAV 2003, 197 ff; *Drs*, Handbuch Betriebspensionsrecht, 2013; *Fuchs* (Hg), Europäisches Sozialrecht, 6. Aufl 2013, *Joussen*, Europäische Vorgaben für Unisex-Tarife im Betriebsrentenrecht, ZESAR 2004, 315 ff; *Kietaibl*, Gleichbehandlungspflichten in der betrieblichen Altersvorsorge, in: *Schrammel* (Hg), Betriebspensionsrecht, 2015, 99 ff; *Kirschbaum*, Neues zur Gleichbehandlung der Geschlechter bei Betriebspensionen, ZAS 1995, 37 ff; *Langohr-Plato*, Auswirkungen des europarechtlichen Lohngleichheitsgrundsatzes auf das deutsche Betriebsrentenrecht, EuZW 1995, 239 ff; *Mayer*, Arbeitsrechtliche Gleichbehandlungspflichten und Differenzierungsmöglichkeiten bei der betrieblichen Altersvorsorge, in: *Urnik/Pfeil* (Hg), Betriebliche Altersvorsorge in der Krise, 2013, 63 ff; *Raschauer*, Das österreichische System der betrieblichen Altersvorsorge am Maßstab unions- und verfassungsrechtlicher Vorgaben, SPRW 2012, 52; *Rebhahn*, Korrektur einer Diskriminierung im Arbeitsleben für die Vergangenheit (Teil I und II), wbl 2012, 481 und 552; *Steinmeyer*, Gleichbehandlung und private betriebliche Alterssicherung – eine unendliche Geschichte?, NZA 2004, 1257 ff; *Sturm*, Geschlechtsdifferenziertes Bezugsalter für Sozialplanleistungen, ecolex 2005, 58; *Urlesberger*, Das unterschiedliche Pensionsantrittsalter als Rechtfertigungsgrund für weitere Ungleichbehandlungen?, ZAS 2005, 21; *Weinmeier*, EU und Betriebspensionen; Zur Frage des Stichtages für die Beseitigung von Diskriminierungen aufgrund des Geschlechts, RdW 1995, 306 ff; *Wöss*, Neueste Rechtsprechung des EuGH zur Anwendbarkeit von Art 119 EG-Vertrag bei Betriebspensionen, DRdA 1995, 75 ff.

Wie bereits erwähnt, fallen sowohl die Arbeitgeberbeiträge zur betrieblichen Altersversorgung als auch die Leistungen aus der betrieblichen Altersversorgung selbst unter den Entgeltbegriff des Art 157 AEUV und sind daher am Gleichbehandlungsgebot dieser Vorschrift zu messen.[630] Zudem ist die Gleichbehandlung bei betrieblichen Systemen der sozialen Sicherheit mit der RL 86/378/EWG[631] (Betriebspensionsrichtlinie), die als Folge der Rechtsprechung mit der RL 96/97/EG[632] erhebliche Änderungen erfahren

630 Siehe dazu ausführlich oben unter 2. Teil, II.B.1b.bb.

631 ABlEG 1986 Nr L 225/40; siehe auch die RL 2003/41/EG des Europäischen Parlaments und des Rates vom 3. Juni 2003 über die Tätigkeiten und die Beaufsichtigung von Einrichtungen der betrieblichen Altersversorgung, ABlEG 2003 Nr L 235/10.

632 ABlEG 1997 Nr L 46/20.

hat und nun letztendlich in den Art 5 ff RL 2006/54/EG aufgegangen ist, einer sekundärrechtlichen Regelung zugeführt. Gerade in diesen Änderungen der Betriebspensionsrichtlinie zeigt sich jedoch, dass die Bedeutung des Gleichbehandlungsgrundsatzes für die betriebliche Altersversorgung im Wesentlichen durch die Rechtsprechung des EuGH zu Art 157 AEUV geprägt wurde. Des Weiteren werden Ansprüche aus der betrieblichen Altersversorgung auch von der RL 98/49/EG[633] zur Wahrung ergänzender Rentenansprüche von Arbeitnehmern und Selbständigen, die innerhalb der Gemeinschaft zu- und abwandern, erfasst.[634] Ziel dieser Richtlinie ist, die Ansprüche von Anspruchsberechtigten aus ergänzenden Rentensystemen, die von ihrem Recht auf Freizügigkeit innerhalb der Gemeinschaft Gebrauch machen, zu schützen, um somit Hindernisse für die Freizügigkeit zu beseitigen. Zu diesem Zweck werden die Mitgliedstaaten gem Art 4 RL 98/49/EG vor allem verpflichtet, die erforderlichen Maßnahmen zu treffen, um die Aufrechterhaltung erworbener Rentenansprüche für Anspruchsberechtigte eines ergänzenden Rentensystems sicherzustellen, für die als Folge eines Wechsels von einem Mitgliedstaat in einen anderen keine weiteren Beiträge in dieses System gezahlt werden. Dies muss in gleichem Umfang geschehen wie für anspruchsberechtigte Personen, für die keine Beiträge mehr gezahlt werden, die jedoch im selben Mitgliedstaat verbleiben.

Die Rechtsprechung des EuGH hat sich vielfach unter Gleichbehandlungsgesichtspunkten mit Systemen der betrieblichen Altersversorgung auseinandergesetzt, wobei vor allem der Frage, inwieweit und unter welchen Voraussetzungen ein unterschiedliches Pensionsalter von Männern und Frauen gerechtfertigt ist, besondere Bedeutung zukam.[635] Als Ausgangspunkt dieser Rechtsprechung ist die Entscheidung Barber anzusehen, die in einer Vielzahl weiterer Entscheidungen des EuGH eine Konkretisierung erfuhr.[636] In dieser Entscheidung stellte der EuGH erstmals ausdrücklich fest, dass die Festlegung unterschiedlicher Altersgrenzen für Männer und Frauen, um Leistungen aus betrieblichen Pensionssystemen zu erhalten, nicht mit Art 157 AEUV vereinbar sei.[637]

633 ABlEG 1998 Nr L 209/46.

634 Vgl ausführlich zur RL 98/49/EG *Steinmeyer* in: *Fuchs* (Hg), RL 98/49/EG.

635 Bei gesetzlichen Systemen der Alterssicherung, die vom Entgeltbegriff des Art 157 AEUV nicht erfasst sind, steht es gem Art 7 lit a RL 79/7/EWG den Mitgliedstaaten frei, die Festsetzung des Rentenalters vom Gleichbehandlungsgrundsatz auszunehmen. Siehe jedoch auch EuGH Rs C-356/09 (Kleist), EU:C:2010:703.

636 Vgl die Rechtsprechungsübersicht in den Begründungserwägungen zur RL 96/97/EWG.

637 Zur Problematik, ob mit einem Verstoß gegen Art 157 AEUV automatisch eine „Angleichung nach oben“ vorzunehmen ist, ob also Männer bei einem höheren

EuGH, Rs C-262/88 (Barber):[638] Davon ausgehend, dass Systeme der betrieblichen Altersversorgung, die ohne Beteiligung der öffentlichen Hand vom Arbeitgeber oder von diesem und den Arbeitnehmern finanziert werden, als Entgelt zu werten seien, stellte der EuGH fest, dass Art 157 AEUV jede das Entgelt betreffende Ungleichbehandlung von Männern und Frauen ohne Rücksicht darauf, woraus sich diese Ungleichbehandlung ergibt, verbietet. „Daher verstößt die Festsetzung eines je nach dem Geschlecht unterschiedlichen Rentenalters für die Zahlung von Renten im Rahmen eines an die Stelle des gesetzlichen Systems getretenen betrieblichen Systems gegen Art 141 [Art 157 AEUV], selbst wenn dieser Unterschied im Rentenalter von Männern und Frauen der insoweit für das nationale gesetzliche System geltenden Regelung entspricht."

Jedoch beschränkte der EuGH nicht zuletzt aufgrund der fatalen finanziellen Auswirkungen für manche Systeme der betrieblichen Altersversorgung die Wirkung seines Urteils und somit die unmittelbare Wirkung des Art 157 AEUV bezüglich der betrieblichen Altersversorgung in zeitlicher Hinsicht, indem er es jedem verwehrte, sich auf die unmittelbare Wirkung des Art 157 AEUV zu berufen, „um mit Wirkung von einem vor Erlass des Urteils (am 17. 5. 1990) liegenden Zeitpunkt einen Rentenanspruch aus der betrieblichen Altersversorgung geltend zu machen".[639] Mit anderen Worten:

EuGH, Rs C-109/91 (Ten Oever):[640] „die Gleichbehandlung auf dem Gebiet der beruflichen Renten (kann) nur für Leistungen geltend gemacht werden, die für Beschäftigungszeiten nach dem 17. Mai 1990 [...] geschuldet werden".

EuGH, Rs C-50/99 (Podesta):[641] „Art 119 EG-Vertrag [Art 157 AEUV] steht einer Ungleichbehandlung männlicher und weiblicher Arbeitnehmer in diesen Systemen [Zusatzrentensystemen] hinsichtlich des Alters, von dem an ihre Ehepartner nach ihrem Tode eine Hinterbliebenenrente beanspruchen kann, entgegen, wobei die Gleichbehandlung auf dem Gebiet der beruflichen Renten nur für Leistungen geltend gemacht werden kann, die für Beschäftigungszeiten nach dem 17. Mai 1990 – dem Tag der Verkündung des Urteils Barber (Rechtssache C-262/88) – geschuldet werden, und die Gleichbehandlung in diesen Systemen demgemäß ab diesem Datum wiederherzustellen ist."

Somit kommt der Grundsatz des gleichen Entgelts für gleiche Arbeit im Regelfall für Anwartschaften, die vor diesem Zeitpunkt erworben wurden bzw für die aus diesen Anwartschaften erworbenen Pensionsansprüche, deren Leistungsbeginn vor dem 17. 5. 1990 lag, nicht zum Tragen. Eine Ausnahme hiervon besteht nur in den Fällen, in denen vor diesem Zeitpunkt

---

Pensionsalter automatisch zum niedrigeren Pensionsalter der Frauen die gleichen Leistungen der betrieblichen Altersversorgung erhalten müssen, siehe oben unter 2. Teil, II.B.1b.ff.

638 EU:C:2010:795.

639 EuGH Rs C-262/88 (Barber), EU:C:2010:795 Rn 45.

640 EU:C:1993:833 Rn 19; vgl auch EuGH Rs C-152/91 (Neath), EU:C:1993:949.

641 EU:C:2000:288.

bereits Klage erhoben oder ein sonstiges Rechtsmittel eingelegt worden ist.[642]

Die zeitliche Beschränkung sah der EuGH vor allem deshalb für geboten, da sich sowohl in Art 7 Abs 1 lit a RL 79/7/EWG[643] bei gesetzlichen Systemen der sozialen Sicherheit als auch in Art 9 lit a RL 86/378/EWG in ihrer damaligen Fassung bei betrieblichen Systemen der sozialen Sicherheit Regelungen fanden, nach denen bei der Festlegung des Rentenalters die Mitgliedstaaten nicht bzw noch nicht an den Gleichbehandlungsgrundsatz gebunden waren, zudem die RL 86/378/EWG gem Art 8 auch insgesamt erst bis zum 1. 1. 1993 umzusetzen war.

> „Angesichts dieser Bestimmungen durften die Mitgliedstaaten und die Betroffenen vernünftigerweise annehmen, dass Art 141 EG [Art 157 AEUV] nicht für Renten gelte, die aufgrund eines an die Stelle des gesetzlichen Systems getretenen betrieblichen Systems gezahlt würden, und dass Ausnahmen vom Grundsatz der Gleichbehandlung von Männern und Frauen in diesem Bereich nach wie vor zulässig seien. Unter diesen Umständen schließen es zwingende Gründe aus, dass Rechtsverhältnisse, deren Wirkungen sich in der Vergangenheit erschöpft haben, in Frage gestellt werden, wenn dies rückwirkend das finanzielle Gleichgewicht zahlreicher an die Stelle des gesetzlichen Systems getretener Versorgungssysteme stören könnte“.[644]

Die Rückwirkung des Urteils Barber auszuschließen bezweckte somit vor allem auch, den Wertungswiderspruch zwischen Primär- und Sekundärrecht auszugleichen.

Die Einschränkung der Auswirkungen des Urteils Barber in zeitlicher Hinsicht wurde in das Protokoll Nr 33 zu Artikel 157 des Vertrags über die Arbeitsweise der Europäischen Union übernommen. Für Mitgliedstaaten, die am 17. 5. 1990 noch nicht der europäischen Gemeinschaft, am 1. 1. 1994 aber dem EWR beigetreten waren wie bspw Österreich, wurde anstelle des 17. 5. 1990 als maßgeblicher Stichtag der 1. 1. 1994 festgelegt.[645]

Der deutsche Gesetzgeber reagierte auf die Rechtsprechung des EuGH sowie die Vorgaben der damaligen RL 96/97/EG, indem er männlichen Arbeitnehmern gem § 30a BetrAVG unter bestimmten Voraussetzungen die Möglichkeit einräumte, ebenso wie Frauen bereits mit 60 Jahren Leistungen der betrieblichen Altersversorgung für nach dem 17. 5. 1990 zurückgelegte Zeiten in Anspruch zu nehmen.

---

642 EuGH Rs C-166/99 (Defreyn), EU:C:2000:411.

643 ABlEG 1979 Nr L 6/24.

644 EuGH C-262/88 (Barber), EU:C:2010:795 Rn 43 f.

645 EuGH Rs C-351/00 (Niemi), EU:C:2002:480; vgl zu den Auswirkungen in Österreich *Kirschbaum*, ZAS 1995, 41 f; *Gruber*, ecolex 1995, 275 ff; *Weinmeier*, RdW 1995, 306 ff mwN.

Die komplizierten Auswirkungen der zeitlichen Beschränkung bei der Anwendung des Gleichbehandlungsgrundsatzes bei Betriebspensionen für die Praxis liegen auf der Hand: möchte ein Mann einen betrieblichen Pensionsanspruch zu dem Zeitpunkt geltend machen, zu dem ihn eine Frau geltend machen könnte, so ist bei der Berechnung danach zu differenzieren, ob die Beschäftigungs- und Anwartschaftszeiten vor oder nach dem 17. 5. 1990 liegen. Nur für Leistungen und Anwartschaften nach diesem Zeitpunkt sind Männer und Frauen gleich zu behandeln. Somit kommt es letztendlich zu einer Berechnung von zwei Teilpensionen, die eine für Zeiten nach dem 17. 5. 1990, deren Höhe ausgehend vom gleichen Anfallsalter für Männer und Frauen berechnet werden muss, die andere für die vorherigen Zeiten, bei denen das geschlechtsspezifische Anfallsalter maßgeblich ist. Zu einer tatsächlichen Gleichbehandlung von Männern und Frauen bei der betrieblichen Altersversorgung wird es daher de facto erst kommen, wenn kein Arbeitnehmer mehr beschäftigt ist, der Anwartschaften vor diesem Stichtag erworben hat, also voraussichtlich kaum vor 2030.[646]

In Folgeentscheidungen hat der EuGH die Auswirkungen der Entscheidung Barber in vielen Punkten präzisiert. Zunächst schloss er daraus, dass ein generelles Verbot der Ungleichbehandlung von Männern und Frauen bei betrieblichen Systemen der sozialen Sicherheit bestehe. Dieses Verbot beschränke sich insbesondere nicht auf mit dem Sachverhalt in der Rs Barber vergleichbare Konstellationen, dass das System der betrieblichen Altersversorgung an die Stelle der gesetzlichen Altersversorgung, die europarechtskonform ein unterschiedliches Rentenalter vorsieht, getreten ist und diesen nationalen Regelungen entsprechend unterschiedliche Rentenalter vorsieht.[647]

Zur zeitlichen Beschränkung der Wirkungen der Entscheidung Barber stellte der EuGH[648] in zwei Fällen, in denen verheiratete Frauen von der Einbeziehung in ein betriebliches Pensionssystem ausgeschlossen waren, fest, dass auch Sachverhalte vor dem 17. 5. 1990 von Art 157 AEUV erfasst sind, wenn es sich um Fragen des Anschlusses an bzw der Zulassung zu einem System der betrieblichen Altersversorgung, welche untrennbar mit der Leistung aus dem Betriebsrentensystem verbunden sind, handelt. Diesbezüglich konnte der Arbeitgeber nicht auf die Rechtmäßigkeit seines Handelns vertrauen, da der EuGH bereits in der Entscheidung Bilka aus dem Jahre 1984 die Anwendbarkeit des Art 157 AEUV auf die Teilnahme an Sys-

646 Vgl *Kirschbaum*, ZAS 1995, 40 f.

647 EuGH Rs C-110/91 (Moroni), EU:C:1993:926.

648 EuGH Rs C-128/93 (Fisscher), EU:C:1994:353 Rn 16 ff; EuGH Rs C-57/93 (Vroege), EU:C:1994:352 Rn 19 ff; vgl auch den Ausschluss von Teilzeitbeschäftigten von der betrieblichen Altersversorgung betreffend EuGH Rs C-270/97, C-271/97 (Sievers ua), EU:C:2000:76.

temen der betrieblichen Altersversorgung bejaht hatte.[649] Insofern ist jede geschlechtsspezifische Diskriminierung bei der Einbindung in einen betrieblichen Pensionsplan verboten. Den diskriminierten Arbeitnehmern steht somit ein rückwirkender Anspruch auf Anschluss an das System der betrieblichen Altersversorgung zu. Jedoch haben sie gegebenenfalls die Arbeitnehmerbeiträge für den Rückwirkungszeitraum nachzuentrichten.[650]

Hängt die Leistung aus dem betrieblichen Pensionssystem nicht von der Dauer der Beschäftigung ab, so sind die Leistungen stets anzugleichen, wenn das die Leistung auslösende Ereignis nach dem 17. 5. 1990 liegt.[651]

In der Rs Deutsche Telekom AG[652] räumt der EuGH dem sozialen Zweck des Art 157 AEUV Vorrang gegenüber drohenden Wettbewerbsverzerrungen ein:

> „Das Gemeinschaftsrecht und insbesondere das Verbot der Diskriminierung aufgrund der Staatsangehörigkeit und Artikel 119 EG-Vertrag [Art 157 AEUV] […] stehen Vorschriften eines Mitgliedstaats, in denen ein Gleichheitsgrundsatz aufgestellt wird, aufgrund dessen teilzeitbeschäftigte Arbeitnehmer einen Anspruch auf rückwirkenden Anschluss an ein Betriebsrentensystem und auf eine Rente aus diesem System haben, ungeachtet der Gefahr von Wettbewerbsverzerrungen zwischen den Wirtschaftsteilnehmern der verschiedenen Mitgliedstaaten zum Nachteil der im erstgenannten Mitgliedstaat niedergelassenen Arbeitgeber nicht entgegen. Zum einen kann nämlich die Anwendung nationaler Rechtsvorschriften nicht allein deshalb als Verstoß gegen das Diskriminierungsverbot angesehen werden, weil andere Mitgliedstaaten weniger strenge Vorschriften anwenden. Zum anderen hat der wirtschaftliche Zweck des Artikels 119 des Vertrages, der darin besteht, Wettbewerbsverzerrungen zwischen den in verschiedenen Mitgliedstaaten niedergelassenen Unternehmen zu beseitigen, gegenüber dem sozialen Ziel dieser Vorschrift, das Ausdruck des Grundrechts ist, nicht aufgrund des Geschlechts diskriminiert zu werden, nur nachgeordnete Bedeutung."

Eine Angleichung der Beschäftigungszeiten nach dem 17. 5. 1990 kann im Grunde nach unten wie auch nach oben geschehen.[653] Wurden die gebotenen Maßnahmen zur Gleichbehandlung aber nicht rechtzeitig gesetzt, kann für den bereits verstrichenen Zeitraum zwischen 17. 5. 1990 und dem Inkrafttreten der Maßnahme keine Angleichung zu Lasten der zuvor bevorzugten Gruppe geregelt werden.

> EuGH, Rs C-171/18 (Safeway): Art 119 EG-Vertrag sei demnach schon nach seiner Präambel mit der Angleichung der Arbeitsbedingungen unter den Geschlechtern im Wege des Fortschritts verknüpft. Mit diesem Ziel wie auch etwa mit dem

649 EuGH Rs C-50/96 (Deutsche Telekom AG ./. Schröder), EU:C:2000:72.

650 Vgl zuletzt EuGH Rs C-270/97, C-271/97 (Sievers ua), EU:C:2000:76 Rn 43 mwN.

651 EuGH Rs C-200/91 (Coloroll), EU:C:1994:348.

652 EuGH Rs C-50/96 (Deutsche Telekom AG ./. Schröder), EU:C:2000:72.

653 Vgl zuletzt EuGH Rs C-171/18 (Safeway), EU:C:109:839 Rn 18 mwN.

Urteil in der Rs C-408/92 (Avdel Systems) sei „unvereinbar, den Verantwortlichen des betreffenden Rentensystems zu ermöglichen, eine gegen Art. 119 EG-Vertrag verstoßende Diskriminierung durch eine Maßnahme zu beenden, mit der das NRA [Normalrentenalter] der Mitglieder dieses Systems rückwirkend an das NRA der Angehörigen der bis dahin benachteiligten Gruppe angeglichen wird. Dies würde nämlich bedeuten, dass die Verantwortlichen sich der Pflicht entziehen könnten, eine Diskriminierung unverzüglich und vollständig zu beseitigen, sobald sie festgestellt wird. Auch würde dadurch sowohl die Pflicht unterlaufen, den Angehörigen der benachteiligten Gruppe – in Bezug auf die Rentenansprüche für die Beschäftigungszeiten zwischen dem Tag der Verkündung des Urteils vom 17. Mai 1990 der Rs Barber und dem Tag des Erlasses der Maßnahmen zur Wiederherstellung der Gleichberechtigung – dasselbe NRA zu gewähren wie den Angehörigen der bis dahin bevorzugten Gruppe, als auch das Verbot, den bis dahin begünstigten Personen ihre Vergünstigungen für die Vergangenheit zu entziehen. Schließlich würde die bis zum Erlass dieser Maßnahmen geschaffene Unsicherheit in Bezug auf die Reichweite der Rechte der Mitglieder den Grundsatz der Rechtssicherheit verletzen."[654]

Keinen Verstoß gegen Art 157 AEUV sieht der EuGH in den Fällen als gegeben, in denen die Ungleichbehandlung aufgrund versicherungsmathematischer Faktoren gerechtfertigt ist (vgl auch Art 9 Abs 1 lit h, i und j RL 2006/54/EG).[655]

EuGH, Rs C-152/91 (Neath):[656] Herr *Neath* war an ein System der betrieblichen Altersversorgung angeschlossen, das den Arbeitnehmern, die das Rentenalter erreicht hatten, einen bestimmten Prozentsatz ihres letzten Einkommens pro Beschäftigungsjahr gewährte. Dieses System der betrieblichen Altersversorgung wurde sowohl durch Arbeitnehmer- als auch durch Arbeitgeberbeiträge finanziert. Während die Arbeitnehmeranteile für Männer und Frauen einen gleich hohen Prozentsatz ihres Einkommens betrugen, waren die vom Arbeitgeber zu leistenden Anteile für Frauen höher als für Männer. Dies war auch darauf zurückzuführen, dass bei der Finanzierung dieses Systems unter anderem auch die höhere Lebenserwartung von Frauen als versicherungsmathematischer Faktor berücksichtigt wurde.

Der EuGH begründete sein Ergebnis, dass versicherungsmathematische Faktoren eine Ungleichbehandlung rechtfertigen können, wie folgt:

„Im Rahmen eines betrieblichen Versorgungssystems mit feststehenden Leistungen [...] bezieht sich die vom Arbeitgeber gegenüber seinen Arbeitnehmern eingegangene Verpflichtung auf die Zahlung einer Rente ab einem bestimmten Zeit-

654 EU:C:109:839 Rn 41.

655 Siehe die Bewertung der versicherungsmathematischen Faktoren bei der Richtlinie 2004/113/EG zur Verwirklichung des Grundsatzes der Gleichbehandlung von Männern und Frauen beim Zugang zu und bei der Versorgung mit Gütern und Dienstleistungen und EuGH Rs C-236/09 (Test-Achats), EU:C:2011:100.

656 EU:C:1993:949 Rn 30 ff; vgl auch EuGH Rs C-200/91 (Coloroll), EU:C:1994:348 Rn 72 ff.

punkt, die nach Kriterien festgesetzt ist, die bereits bei der Übernahme der Verpflichtung bekannt waren, und die ein Entgelt im Sinne von Art 119 [Art 157 AEUV] darstellt. Dagegen erstreckt sich diese Verpflichtung nicht notwendig auf die Modalitäten der Finanzierung, die zur Gewährleistung der regelmäßigen Zahlung der Rente gewählt wurde; diese Modalitäten fallen somit nicht in den Anwendungsbereich von Art 119. In beitragsgebundenen Systemen wird die Finanzierung durch Beiträge der Arbeitnehmer und der Arbeitgeber sichergestellt. Die Arbeitnehmerbeiträge sind ein Bestandteil des Entgelts des Arbeitnehmers, da sie den Arbeitslohn, bei dem es sich definitionsgemäß um Entgelt handelt, beeinflussen; sie müssen daher für männliche und weibliche Arbeitnehmer gleich hoch sein, was im Ausgangsverfahren der Fall ist. Etwas anderes gilt für die Arbeitgeberbeiträge, die dazu bestimmt sind, die zur Deckung der Kosten der zugesagten Renten unerlässliche finanzielle Grundlage zu ergänzen, und die damit deren zukünftige Zahlung gewährleisten, die den Gegenstand der vom Arbeitgeber eingegangenen Verpflichtung bildet." Im Gegensatz zu der Zahlung der Renten selbst fallen daher aus versicherungsmathematischen Gründen für Männer und Frauen unterschiedliche Arbeitgeberbeiträge nicht unter den Anwendungsbereich des Art 157 AEUV.

Mangels einer Diskriminierung sah der EuGH[657] keinen Verstoß gegen Art 157 AEUV, wenn ein Arbeitgeber Überbrückungsrenten für den Fall gewährt, dass ein Arbeitnehmer aus gesundheitlichen Gründen in den Vorruhestand tritt, um den Einkommensverlust auszugleichen, den er erleidet, da er das gesetzliche Rentenalter noch nicht erreicht hat. Ist das gesetzliche Rentenalter für Frauen niedriger als für Männer, so ist es zulässig, die Überbrückungsrente für Frauen mit Erreichen des niedrigeren Rentenalters zu kürzen, während die Überbrückungsrente für Männer erst mit Erreichen des höheren Rentenalters gekürzt wird. Dies hat zwar zur Folge, dass isoliert betrachtet die Arbeitnehmerin eine niedrigere Überbrückungsrente bekommt. Mit Erreichen des niedrigeren gesetzlichen Rentenalters wird die Lage der Frauen jedoch mit der Lage der Männer des gleichen Alters, die noch keinen Anspruch auf die gesetzliche Rente haben, nicht mehr vergleichbar. Würde Frauen nämlich die Überbrückungsrente bis zum für die Männer maßgeblichen Rentenalter gewährt, ständen sie in einer Gesamtbetrachtung bevorzugt da, zumal der Zweck der Überbrückungshilfe bei ihnen nicht mehr erfüllt ist. Diese Wertung kommt auch in Art 8 Abs 2 RL 2006/54/EG zum Ausdruck.

Aus ähnlichen Erwägungen sah der EuGH die Regelung eines Sozialplanes als mit Art 157 AEUV und Art 4 RL 2006/54/EG vereinbar an, die eine Ungleichbehandlung von Männern und Frauen hinsichtlich des Alters vorsieht, von dem an ein Anspruch auf Überbrückungsgeld (bis zur Erlangung des Anspruchs auf eine gesetzliche Alterspension) besteht, weil (und wenn) sich Männer und Frauen aufgrund des in einem Mitgliedstaat geltenden Sys-

657 EuGH Rs C-132/92 (Birds Eye Walls Ltd.), EU:C:1993:868.

tems der vorzeitigen Alterspension in einer unterschiedlichen Situation befinden.[658]

Haben Männer und Frauen hingegen zu gleichen Bedingungen Anspruch auf ein flexibles Rentenalter, so ist dies aus gleichbehandlungsrechtlichen Aspekten ebenfalls nicht zu beanstanden (vgl Art 13 RL 2006/54/EG).

EuGH, Rs C-256/01 (Allonby):[659] Artikel 141 Absatz 1 EG [Art 157 Abs 1 AEUV] ist dahin auszulegen, „dass eine Frau unter Umständen wie den im Ausgangsverfahren gegebenen nicht berechtigt ist, sich auf den Grundsatz des gleichen Entgelts zu berufen, um einem durch eine staatliche Regelung geschaffenen Betriebsrentensystem für Lehrkräfte beitreten zu können, dem nur Lehrkräfte, die aufgrund eines Arbeitsvertrags beschäftigt sind, beitreten können, und dabei zum Vergleich das ein solches Beitrittsrecht einschließende Entgelt heranzuziehen, das ein bei ihrem früheren Arbeitgeber beschäftigter Mann für die gleiche oder eine gleichwertige Arbeit erhält."

d) Gleichbehandlung hinsichtlich des Zugangs zur Beschäftigung

Gem Art 14 Abs 1 RL 2006/54/EG beinhaltet der Grundsatz der Gleichbehandlung von Männern und Frauen, dass weder im öffentlichen, noch im privaten Sektor (einschließlich öffentlicher Stellen) eine unmittelbare oder mittelbare Diskriminierung aufgrund des Geschlechts erfolgen darf.

Zunächst ist dies hinsichtlich der Zugangsbedingungen zu unselbständiger oder selbständiger Erwerbstätigkeit, unabhängig von Tätigkeitsfeld und beruflicher Position einschließlich des beruflichen Aufstiegs der Fall. Nach dem ausdrücklichen Wortlaut der Richtlinie bezieht sich das Diskriminierungsverbot auch auf Auswahlkriterien und Einstellungsbedingungen (Art 14 Abs 1 lit a RL 2006/54/EG). Darüber hinaus erfasst die Richtlinie auch Regelungen, die in engem Zusammenhang mit dem Zugang zur Beschäftigung stehen, so bspw staatliche Leistungen, die einen Anreiz zur Annahme einer gering bezahlten Beschäftigung bieten,[660] oder die Ausschreibung von Arbeitsplätzen.[661] Ferner ist auch jede Diskriminierung in Bezug auf den Zugang zu allen Formen und allen Ebenen der Berufsberatung, der Berufsausbildung, der beruflichen Weiterbildung und der Umschulung einschließlich der praktischen Berufsberatung untersagt (Art 14 Abs 1 lit b RL

---

658 EuGH Rs C-19/02 (Hlozek), EU:C:2004:779; kritisch dazu *Urlesberger*, ZAS 2005, 21; siehe zu dieser Entscheidung auch *Sturm*, ecolex 2005, 58.

659 EuGH Rs C-256/01 (Allonby), EU:C:2004:18.

660 EuGH Rs C-116/94 (Meyers), EU:C:1995:247.

661 EuGH Rs C-248/83 (Kommission ./. Deutschland), EU:C:1985:214 Rn 43. Eine Verpflichtung der Mitgliedstaaten, eine geschlechtsneutrale Stellenausschreibung gesetzlich zwingend zu regeln, sah der EuGH jedoch nicht.

2006/54/EG).[662] Gem Art 14 Abs 1 lit c RL 2006/54/EG, die unmittelbare Wirkung entfaltet,[663] dürfen Beschäftigungs- und Arbeitsbedingungen einschließlich der Entlassungsbedingungen sowie das Arbeitsentgelt (nach Maßgabe des Art 4) nicht diskriminierend sein. Schließlich verbietet die RL (Art 14 Abs 1 lit d) auch unmittelbare und mittelbare Diskriminierungen hinsichtlich der Mitgliedschaft und Mitwirkung in einer Arbeitnehmer- oder Arbeitgeberorganisation oder einer Organisation, deren Mitglieder einer bestimmten Berufsgruppe angehören, einschließlich der Inanspruchnahme der Leistungen solcher Organisationen. Ergänzend bestimmt Art 2 Abs 2 lit b RL 2006/54/EG, dass auch die Anweisung zur Diskriminierung einer Person aufgrund des Geschlechts als Diskriminierung iSd Richtlinie zu werten ist.

aa) Unmittelbare Diskriminierungen beim Zugang zur Beschäftigung

Nach der Legaldefinition des Art 2 Abs 1 lit a RL 2006/54/EG liegt eine „unmittelbare Diskriminierung“ vor, wenn eine Person aufgrund ihres Geschlechts in einer vergleichbaren Situation eine weniger günstige Behandlung erfährt, als eine andere Person erfährt, erfahren hat oder erfahren würde. Somit hängt das Vorliegen einer unmittelbaren Diskriminierung beim Zugang zur Beschäftigung von der Frage ab,

> „ob es sich bei dem wesentlichen Grund für die Verweigerung der Einstellung um einen Grund handelt, der unterschiedslos für Arbeitnehmer beiderlei Geschlechts oder aber ausschließlich für eines der beiden Geschlechter gilt“.[664]

Eine unmittelbare Diskriminierung liegt insbesondere in einem generellen Beschäftigungsverbot für Frauen.[665] Unmittelbar diskriminiert wird aber etwa auch eine Frau, die aufgrund ihrer durch den Mutterschaftsurlaub bedingten Abwesenheit benachteiligt wird (hier: Nachteile hinsichtlich der Voraussetzungen für ihren Zugang zu einer höheren Stufe der beruflichen Rangordnung), da dies gerade wegen ihrer Schwangerschaft und wegen dieses Urlaubs geschieht.[666]

662 Vgl EuGH Rs C-595/12 (Napoli), EU:C:2014:128, NZA 2014, 715, zur Möglichkeit der Teilnahme an Weiterbildungsmaßnahmen.

663 Vgl EuGH Rs C-595/12 (Napoli), EU:C:2014:128 Rn 51, NZA 2014, 715.

664 EuGH Rs C-177/88 (Dekker), EU:C:1990:383 Rn 10.

665 So stellte der EuGH Rs C-203/03 (Kommission ./. Österreich), EU:C:2005:76 eine Vertragsverletzung Österreichs fest, zumal in den §§ 8 und 31 der Druckluft- und Taucherarbeiten-Verordnung ein generelles Beschäftigungsverbot von Frauen bei untertägigen Bergbau, sowie Arbeiten in Druckluft und bei Taucherarbeiten aufrechterhalten wurde.

666 EuGH Rs C-284/02 (Land Brandenburg ./. Sass), EU:C:2004:722.

Unzulässig sind neben dem Abstellen auf das Geschlecht als solches auch Unterscheidungskriterien, die ausschließlich von einem Geschlecht erfüllt werden können. Die wesentliche Bedeutung der unmittelbaren Diskriminierung beim Zugang zur Beschäftigung liegt daher in den Fällen, in denen eine Schwangerschaft der wesentliche Grund für eine Ungleichbehandlung ist. In diesem Zusammenhang ist das Urteil in der Rs Dekker[667] als grundlegend anzusehen.

Frau *Dekker* hatte sich als Sozialarbeiterin bei einer gemeinnützigen Stiftung beworben und wurde von der Auswahlkommission, der sie mitgeteilt hatte, dass sie im dritten Monat schwanger sei, als am besten qualifizierter Bewerber vorgeschlagen. Dennoch wurde ihre Bewerbung abgelehnt. Der Arbeitgeber begründete dies damit, dass nach den anzuwendenden niederländischen Vorschriften der Arbeitgeber den fortzuzahlenden Lohn nicht von der Sozialversicherung erstattet bekommt, wenn bei der Einstellung erkennbar ist, dass der Arbeitnehmer innerhalb von sechs Monaten arbeitsunfähig wird. Da die maßgeblichen Vorschriften eine Ausnahme hiervon für eine Arbeitsunfähigkeit aufgrund von Schwangerschaft nicht vorsahen, sei es unmöglich, für die Zeiten ihrer Schwangerschaft eine Vertretung zu finanzieren.

Der EuGH stellte dazu fest,

„dass die Verweigerung der Einstellung wegen Schwangerschaft nur Frauen gegenüber in Betracht kommt und daher eine unmittelbare Diskriminierung aufgrund des Geschlechts darstellt. Eine Verweigerung der Einstellung aufgrund der finanziellen Auswirkungen der Fehlzeiten wegen Schwangerschaft ist als eine Weigerung anzusehen, die im Wesentlichen ihren Grund in der Schwangerschaft als solcher hat. Eine solche Diskriminierung kann auch nicht mit dem finanziellen Nachteil gerechtfertigt werden, den der Arbeitgeber im Fall der Einstellung einer schwangeren Frau während der Mutterschaft erleiden würde."

Der EuGH kam zu dem Ergebnis, dass ein Arbeitgeber, der eine Frau allein aufgrund der Befürchtung, durch ihre Schwangerschaft Nachteile zu erleiden, nicht einstellt, gegen Art 14 RL 2006/54/EG verstößt. Am Umstand der geschlechtsspezifischen Diskriminierung änderte sich auch nichts, wenn der Arbeitgeber an Stelle der schwangeren Frau eine andere Frau einstellt. Auch die Nichterneuerung eines befristeten Vertrages kann unter bestimmten Umständen als Einstellungsverweigerung angesehen werden.[668] Somit fällt in den Anwendungsbereich jede Diskriminierung, die einen Arbeitnehmer treffen kann, weil er ein bestimmtes Geschlecht hat.[669]

667 EuGH Rs C-177/88, EU:C:1990:383; bestätigt durch EuGH Rs C-179/88 (Handels- og Kontorfunktionærernes Forbund ./. Hertz), EU:C:1990:384; Rs C-421/92 (Habermann-Beltermann), EU:C:1994:187 und zuletzt Rs C-207/98 (Mahlburg), EU:C:2000:64.

668 EuGH Rs C-438/99 (Jiménez Melgar), EU:C:2001:509.

669 *Egger*, 424.

Keine unmittelbare Diskriminierung sah der EuGH[670] hingegen in hessischen Regelungen, nach denen für den vorrangigen Zugang zum juristischen Vorbereitungsdienst unter anderem auch die Erfüllung des Wehr- oder Ersatzdienstes begünstigend berücksichtigt wird, was zu einer bevorzugten Aufnahme von männlichen Bewerbern führte. Hier könne der Vorteil des in diesen Vorschriften vorgesehenen Vorrangs nicht als unmittelbar auf dem Geschlecht der Betroffenen beruhend angesehen werden. Unmittelbar diskriminierend seien nur solche Vorschriften, „die nicht gleichermaßen für Männer und Frauen gelten".

bb) Mittelbare Diskriminierungen beim Zugang zur Beschäftigung

Eine Definition der mittelbaren Diskriminierung findet sich in Art 2 Abs 1 lit b RL 2006/54/EG. Eine solche ist anzunehmen, „wenn dem Anschein nach neutrale Vorschriften, Kriterien oder Verfahren Personen des einen Geschlechts in besonderer Weise gegenüber Personen des anderen Geschlechts benachteiligen können, es sei denn, die betreffenden Vorschriften, Kriterien oder Verfahren sind durch ein rechtmäßiges Ziel sachlich gerechtfertigt und die Mittel sind zur Erreichung dieses Ziels angemessen und erforderlich". Früher wurde auf die Legaldefinition des Art 2 Abs 1 RL 97/80/EG[671] über die Beweislast bei Diskriminierungen aufgrund des Geschlechts – die in die RL 2006/54/EG eingearbeitet wurde – zurückgegriffen, die sich an den grundlegenden Aussagen der vorangegangenen Rechtsprechung des EuGH orientiert. Eine mittelbare Diskriminierung war danach gegeben, „wenn dem Anschein nach neutrale Vorschriften, Kriterien oder Verfahren einen wesentlich höheren Anteil der Angehörigen eines Geschlechts benachteiligen, es sei denn, die betreffenden Vorschriften, Kriterien oder Verfahren sind angemessen und notwendig und sind durch nicht auf das Geschlecht bezogene sachliche Gründe gerechtfertigt".

Der EuGH[672] sah in der oben angesprochenen hessischen Regelung, nach der beim vorrangigen Zugang zum juristischen Vorbereitungsdienst die Erfüllung der Wehr- oder Ersatzdienstpflicht begünstigend berücksichtigt wurde, eine mittelbare Diskriminierung, da Frauen keiner solchen Dienstpflicht unterliegen und ihnen daher die begünstigende Wirkung in der Regelung nicht zugute kommen kann.

Hauptanwendungsfall der mittelbaren Diskriminierung aufgrund des Geschlechts ist die Benachteiligung von Teilzeitbeschäftigten gegenüber Vollbeschäftigten, sofern überwiegend ein Geschlecht – zumeist Frauen –

670 EuGH Rs C-79/99 (Schnorbus), EU:C:2000:676 Rn 30 ff.
671 ABlEG 1998 Nr L 14/6.
672 EuGH Rs C-79/99 (Schnorbus), EU:C:2000:676 Rn 35 ff.

im Anwendungsbereich der jeweiligen Regelung in Teilzeitbeschäftigung steht.[673] Über eine mittelbare Diskriminierung von Teilzeitbeschäftigten beim Zugang zur Beschäftigung hatte der EuGH in der Rs Kording zu urteilen.

> EuGH, Rs C-100/95 (Kording):[674] Der Fall Kording betraf die Berufsvoraussetzungen für Steuerberater. Gem dem deutschen Steuerberatungsgesetz konnten von der Steuerberatungsprüfung, die Zugangsvoraussetzung für die Beschäftigung als Steuerberater ist, „ehemalige Beamte und Angestellte des gehobenen Dienstes der Finanzverwaltung“ befreit werden, „die mindestens 15 Jahre auf dem Gebiet der von den Bundes- oder Landesfinanzbehörden verwalteten Steuern als Sachbearbeiter ... tätig gewesen sind“. Bei Teilzeitbeschäftigten mit Ermäßigung bis höchstens auf die Hälfte der regelmäßigen Arbeitszeit verlängerte sich die Gesamtdauer entsprechend, Teilzeitbeschäftigung unter der Hälfte der regelmäßigen Arbeitszeit wurde überhaupt nicht berücksichtigt. Der Anteil der Frauen unter den Teilzeitbeschäftigten betrug über 92%.

Der EuGH sah eine diskriminierende Wirkung darin,

> dass Teilzeitbeschäftigte erheblich länger gearbeitet haben mussten als Vollzeitbeschäftigte, um eine Befreiung von der Steuerberaterprüfung zu erhalten. Da diese diskriminierende Wirkung trotz ihrer neutralen Formulierung tatsächlich wesentlich mehr Frauen als Männer betrifft, sah der EuGH grundsätzlich einen Verstoß gegen das Gleichbehandlungsgebot der RL. Jedoch sei es Sache des vorlegenden Gerichts festzustellen, ob diese Vorschrift des Steuerberatungsgesetzes möglicherweise „durch objektive Faktoren gerechtfertigt ist, die nichts mit einer Diskriminierung aufgrund des Geschlechts zu tun haben“.[675]

Der EuGH[676] wertete weiters eine tarifvertragliche Regelung für den öffentlichen Dienst, die männlichen wie weiblichen Beschäftigten die Inanspruchnahme von Altersteilzeitarbeit nur bis zu dem Zeitpunkt erlaubt, in dem erstmals eine ungekürzte Rente aus der gesetzlichen Altersversorgung in Anspruch genommen werden kann, als Verstoß gegen den Grundsatz der Gleichbehandlung, wenn die Gruppe der Personen, die eine solche Rente bereits mit Vollendung des 60. Lebensjahres beziehen können, fast ausschließlich aus Frauen besteht, während die Gruppe, die eine solche Rente erst mit Vollendung des 65. Lebensjahres beziehen kann, fast ausschließlich aus Männern besteht. Etwas anderes würde nur gelten, wenn die unterschiedliche Behandlung der beiden Gruppen von Arbeitnehmern durch objektive Faktoren gerechtfertigt wäre, die nichts mit einer Diskriminierung

673 Zur Problematik der mittelbaren Diskriminierung insbesondere von Teilzeitbeschäftigten siehe ausführlich unten unter 2. Teil, II.B.1b.dd.

674 EU:C:1997:453.

675 Zur möglichen Rechtfertigung der Ungleichbehandlung von Männern und Frauen beim Berufszugang siehe die nächsten Abschnitte.

676 EuGH Rs C-187/00 (Kutz-Bauer), EU:C:2003:168.

aufgrund des Geschlechts zu tun haben.[677] Letzteres ist vom nationalen Gericht zu prüfen.[678] Nach dem EuGH bieten allerdings Haushaltserwägungen keine sozialpolitische Rechtfertigung einer diskriminierenden Regelung; weder als Hoheitsträger noch als Arbeitgeber konne man eine Diskriminierung allein damit rechtfertigen, dass die Beseitigung einer solchen mit zusätzlichen Kosten verbunden wäre.[679]

In der Rs Steinicke[680] hat der EuGH eine nationale Regelung, wonach Altersteilzeit nur einem Beamten bewilligt werden kann, der in den letzten fünf Jahren insgesamt mindestens drei Jahre vollzeitbeschäftigt gewesen ist, als mit der Gleichbehandlungsrichtlinie unvereinbar gehalten, wenn (und weil) wesentlich mehr Frauen als Männer teilzeitbeschäftigt sind. Auch hier wurden Haushaltserwägungen nicht als Rechtfertigung für eine Diskriminierung anerkannt. Der EuGH hat aber anklingen lassen, dass er geneigt wäre, beschäftigungspolitische Ziele (Förderung der Einstellungen) als Rechtfertigung zu tolerieren; im gegenständlichen Fall qualifizierte er aber die diesbezügliche Behauptung als zu allgemein, um vernünftigerweise die Annahme zu begründen, dass die gewählten Mittel zur Verwirklichung dieses Ziels geeignet sind oder sein können.

Eine griechische Regelung, wonach nur Raumpfleger und damit nur Frauen mit unbefristetem Vertrag für eine Teilzeitbeschäftigung eingestellt werden, stellte nach dem EuGH[681] nicht als solche eine unmittelbare Diskriminierung aufgrund des Geschlechts zu Lasten der Frauen dar. Der spätere Ausschluss von der Möglichkeit einer Eingliederung in das planmäßige Personal durch eine anscheinend geschlechtsneutrale Bezugnahme auf eine Gruppe von Arbeitnehmern, die aufgrund einer nationalen Regelung mit Gesetzeskraft ausschließlich aus Frauen besteht, stellt jedoch eine unmittelbare Diskriminierung aufgrund des Geschlechts dar. Damit keine solche stattfindet, muss das kennzeichnende Merkmal der Gruppe, zu der der ausgeschlossene Arbeitnehmer gehört, diesen Arbeitnehmer in eine Situation versetzen, die sich im Hinblick auf die Eingliederung objektiv von der Situation der Arbeitnehmer unterscheidet, die eingegliedert werden können.

In der Rs Kalliri entschied der EuGH über die Mindestkörpergröße für den Zugang zur griechischen Polizeischule. Bewerber wurden – geschlechterunabhängig – nur dann berücksichtigt, wenn sie zumindest 1 Meter 70

677 So auch EuGH Rs C-243/95 (Hill und Stapleton), EU:C:1998:298 sowie EuGH Rs C-226/98 (Jorgensen), EU:C:2000:191.

678 EuGH Rs C-77/02 (Steinicke), EU:C:2003:458;

679 EuGH Rs C-187/00 (Kutz-Bauer), EU:C:2003:168; zuletzt EuGH Rs C-417/13 (Starjakob), EU:C:2015:35 Rn 39.

680 EuGH Rs C-77/02 (Steinicke), EU:C:2003:458.

681 EuGH Rs C-196/02 (Nikoloudi), EU:C:2005:141.

groß waren. Der EuGH stellte eine mittelbare Ungleichbehandlung fest. Zwar sei die körperliche Eignung für den Polizeidienst ein rechtmäßiges Ziel, eine Mindestkörpergröße aber nicht erforderlich. Es sind vielmehr spezifische Eignungsprüfungen erforderlich.[682]

cc) Ausnahmen vom Gleichbehandlungsgrundsatz

Die Gleichbehandlungsrichtlinie verbietet nicht jegliche Ungleichbehandlung. In Art 14 Abs 2 RL 2006/54/EG ist abschließend angeführt, welche Fälle der Ungleichbehandlung von Männern und Frauen keine verbotenen Diskriminierungen darstellen. Als Ausnahme vom in der Richtlinie verankerten individuellen Recht auf Gleichbehandlung ist Art 14 Abs 2 RL 2006/54/EG nach der ständigen Rechtsprechung des EuGH[683] eng auszulegen. Der EuGH berücksichtigt bei der Festlegung der Reichweite der Ausnahmen den Grundsatz der Verhältnismäßigkeit. Danach dürfen die Ausnahmen nicht über das hinausgehen, was zur Erreichung des mit der Ausnahmeregelung verfolgten Zieles angemessen und erforderlich ist.

i) Geschlechtsbezogenes Merkmal als wesentliche und entscheidende berufliche Anforderung

Zunächst steht es gem Art 14 Abs 2 RL 2006/54/EG den Mitgliedstaaten frei, im Hinblick auf den Zugang zur Beschäftigung einschließlich der zu diesem Zweck erfolgenden Berufsbildung vorzusehen, dass eine Ungleichbehandlung wegen eines geschlechtsbezogenen Merkmals keine Diskriminierung darstellt, wenn das betreffende Merkmal aufgrund der Art einer bestimmten beruflichen Tätigkeit oder der Bedingungen ihrer Ausübung eine wesentliche und entscheidende berufliche Anforderung darstellt, sofern es sich um einen rechtmäßigen Zweck und eine angemessene Anforderung handelt. Als Beispiele für solche Tätigkeiten, bei denen das Geschlecht aufgrund biologischer Gegebenheiten notwendige Voraussetzung für die Einstellung ist, seien nur ein Arbeitsverhältnis von einem Fotomodell für Damenwäsche oder einem Schauspieler, der an einer Bühne das Rollenfach eines Vaters übernehmen soll, angeführt.

In der Rs Kommission ./. Vereinigtes Königreich[684] hat der EuGH festgestellt, dass eine generelle Ausnahme vom Diskriminierungsverbot für Beschäftigungsverhältnisse in einem Privathaushalt oder in Kleinunternehmen mit nicht mehr als fünf Arbeitnehmern nicht mit Art 2 Abs 2 RL 76/207/EWG [nunmehr Art 14 Abs 2 RL

682 EuGH Rs C-409/16 (Kalliri), ECLI:EU:C:2017:767.

683 Vgl nur EuGH Rs C-222/84 (Johnston), EU:C:1986:206 Rn 36; EuGH Rs C-273/97 (Sirdar), EU:C:1999:523 Rn 23.

684 EuGH Rs C-165/82, EU:C:1983:311.

2006/54/EG] zu rechtfertigen sei. Dem Einwand, dass gerade Tätigkeiten in einem Privathaushalt eine sehr enge persönliche Beziehung zwischen dem Arbeitgeber und dem Arbeitnehmer erfordere und der Arbeitgeber daher auch das Geschlecht des Arbeitnehmers zur Voraussetzung für die Einstellung machen können müsse, hielt der EuGH entgegen, dass zwar Art 2 Abs 2 auch den Ausgleich zwischen dem Grundsatz der Gleichbehandlung und dem grundlegenden Prinzip der Achtung des Privatlebens berücksichtige. Insofern sei es unbestreitbar, dass das Geschlecht „für bestimmte Beschäftigungen in Privathaushalten eine entscheidende Rolle spielt. Dies gilt jedoch nicht für alle … Beschäftigungen". Auch stelle nicht in jedem Kleinbetrieb „das Geschlecht des Arbeitnehmers aufgrund der Art seiner Tätigkeit oder der Bedingungen ihrer Ausübung eine unabdingbare Voraussetzung" dar. Eine generelle Ausnahme von privaten Haushalten und Kleinbetrieben wurde daher als unverhältnismäßig angesehen. Hingegen wurde eine Ausnahme vom Gleichbehandlungsgrundsatz zum Zugang der Beschäftigung einer Hebamme als zulässig erachtet, da „persönliche Empfindsamkeiten in den Beziehungen zwischen der Hebamme und ihrer Patientin eine bedeutende Rolle spielen können".

Aufgrund der Eigenart der Tätigkeiten sah es der EuGH[685] auch als gerechtfertigt an, als Aufsichtspersonal in Haftanstalten für Männer hauptsächlich Männer und in Haftanstalten für Frauen hauptsächlich Frauen einzustellen. Für mit der Leitung von Strafanstalten betraute Personen, deren Tätigkeit keinen regelmäßigen Kontakt mit Häftlingen erfordert, wurde das Geschlecht hingegen nicht als unabdingbare Voraussetzung anerkannt. Vielmehr führte der EuGH in Rs C-416/13 Pérez[686] aus, dass nicht der Grund auf den sich die Ungleichbehandlung gestützt ist, sondern ein mit diesem Grund im Zusammenhang stehendes Diskriminierungsmerkmal selbst eine wesentliche und entscheidende berufliche Anforderung darstellen muss.

Besondere Bedeutung kam in der Rechtsprechung des EuGH der nicht ganz unproblematischen Frage zu, inwieweit sich mit Art 14 Abs 2 RL 2006/54/EG rechtfertigen lässt, Frauen vom Dienst mit der Waffe auszuschließen, ob also das männliche Geschlecht notwendige Voraussetzung für den Dienst an der Waffe ist. Erstmalig in einer Reihe nur auf den ersten Blick widersprüchlicher Urteile hatte sich der EuGH in der Rs Johnston[687] mit dieser Frage auseinanderzusetzen.

Frau *Johnston* war als Hilfspolizistin in Nordirland beschäftigt. Wegen der schweren inneren Unruhen und mehrerer Anschläge auf Polizisten wurde die Polizei in Nordirland, die bis dahin regelmäßig unbewaffnet war, in zunehmendem Ausmaß bewaffnet. Frauen sollten jedoch nicht mit Schusswaffen ausgerüstet und auch nicht an Schusswaffen ausgebildet werden. In Einheiten wie der von Frau *Johnston*, in denen das häufige Tragen von Waffen erforderlich war, sollten Frauen nur

685 EuGH Rs C-318/86 (Kommission ./. Frankreich), EU:C:1988:352.
686 EuGH Rs C-416/13 (Pérez), EU:C:2014:2371 Rn 36.
687 EuGH Rs C-222/84, EU:C:1986:206.

noch eingestellt werden bzw Verträge mit Frauen nur noch verlängert werden, wenn diese weiblichem Personal vorbehaltene Aufgaben wahrnehmen sollten. Mit einer Ausnahme wurde jedoch weibliches Personal weder neu eingestellt noch Verträge mit Frauen verlängert. Auch Frau *Johnston* wurde die Ausbildung an der Waffe und die Verlängerung ihres Vertrages allein deshalb, weil sie eine Frau war, verweigert.

Der EuGH vertrat die Ansicht,

> dass sich das beklagte Vereinigte Königreich zur Rechtfertigung dieser offensichtlichen Diskriminierung zwar nicht unmittelbar darauf berufen könne, dass eine derartige Diskriminierung zur Aufrechterhaltung der Staatssicherheit oder zum Schutz der öffentlichen Ordnung erforderlich sei. Im Gegensatz zu einigen Schutzklauseln des EWG-Vertrages enthalte die Gleichbehandlungsrichtlinie zu diesem Zweck nämlich keine Ausnahmen. Jedoch könne der Schutz der öffentlichen Sicherheit bei der Frage Berücksichtigung finden, inwieweit „das Geschlecht aufgrund der Bedingungen, unter denen die Tätigkeit als Polizist ausgeübt wird, eine unabdingbare Voraussetzung für diese berufliche Tätigkeit darstellt“. Daher sei es gerechtfertigt, „in einer innenpolitischen Situation, die durch häufige Anschläge gekennzeichnet ist, die allgemeinen polizeilichen Aufgaben mit Schusswaffen ausgerüsteten Männern vorzubehalten“.

Ebenso sah der EuGH in der Rs Sirdar[688] den Ausschluss von Frauen vom Zugang zu den Royal Marines, einer kleinen Eliteeinheit der britischen Armee, deren Angehörige in vorderster Front eingreifen und „allseitig verwendbar“ sein müssen, als durch Art 14 Abs 2 RL 2006/54/EG gerechtfertigt an.

Hingegen stellte der EuGH in der Rs Kreil[689] fest, dass eine deutsche Bestimmung, wonach Frauen bei der Bundeswehr vom Dienst mit der Waffe vollständig ausgeschlossen sind und ihnen daher nur der Zugang zum Sanitäts- und Militärmusikdienst eröffnet ist, nicht durch Art 14 Abs 2 RL 2006/54/EG gerechtfertigt ist.

> „In Anbetracht seiner Reichweite kann ein solcher Ausschluss, der für nahezu alle militärischen Verwendungen in der Bundeswehr gilt, nicht als Ausnahmemaßnahme angesehen werden, die durch die spezifische Art der betreffenden Beschäftigungen oder die besonderen Bedingungen ihrer Ausübung gerechtfertigt wäre. Die Ausnahmen im Sinne von Artikel 2 Abs 2 der RL [Art 14 Abs 2 RL 2006/54/EG] können aber nur spezifische Tätigkeiten betreffen“.

Im Ergebnis sah der EuGH einen so weitreichenden Ausschluss als nicht verhältnismäßig an, da er zur Erreichung des mit ihm verfolgten Zieles, die öffentliche Sicherheit zu gewährleisten, nicht angemessen bzw erforderlich ist.

688 EuGH Rs C-273/97, EU:C:1999:523.
689 EuGH Rs C-285/98, EU:C:2000:2.

In der Rs Dory[690] hatte sich der EuGH mit der Frage zu beschäftigen, ob die auf männliche Staatsbürger beschränkte Wehrpflicht der Gleichbehandlungsrichtlinie widerstrebt.

In diesem Verfahren machte Herr *Dory* geltend, die Wehrpflicht führe dazu, dass während ihrer Erfüllung ein Berufsverbot bestehe, und sie verzögere den Einstieg in das Berufsleben. Sie falle daher unter die RL 2006/54/EG und stelle eine nach dieser verbotene Diskriminierung dar. Jedenfalls sei sie mit dem in Art 8 AEUV verankerten allgemeinen Grundsatz der Gleichstellung von Männern und Frauen unvereinbar.

Der EuGH führte aus, dass

„die Entscheidungen der Mitgliedstaaten hinsichtlich der Organisation ihrer Streitkräfte zwar nicht vollständig der Anwendung des Gemeinschaftsrechts entzogen sein [können], insbesondere wenn es um die Wahrung des Grundsatzes der Gleichbehandlung von Männern und Frauen im Zusammenhang mit Arbeitsverhältnissen geht, vor allem beim Zugang zu militärischen Berufen. Daraus folgt jedoch nicht, dass Entscheidungen der Mitgliedstaaten hinsichtlich der militärischen Organisation, die die Verteidigung ihres Hoheitsgebiets oder ihrer unabdingbaren Interessen zum Ziel haben, unter das Gemeinschaftsrecht fallen. Es ist nämlich Sache der Mitgliedstaaten, die die geeigneten Maßnahmen zur Gewährleistung ihrer inneren und äußeren Sicherheit zu ergreifen haben, die Entscheidungen über die Organisation ihrer Streitkräfte zu treffen, wie der Gerichtshof in den Urteilen Sirdar (Randnr. 15) und Kreil (Randnr. 15) ausgeführt hat".

Im Ergebnis hegte der EuGH gegen die in Deutschland bestehende Wehrpflicht der männlichen Staatsbürger keine Bedenken:

„Die Entscheidung der Bundesrepublik Deutschland dafür, ihre Verteidigung teilweise mit einer Wehrpflicht zu sichern, ist Ausdruck einer solchen Entscheidung hinsichtlich der militärischen Organisation, auf die das Gemeinschaftsrecht demzufolge nicht anwendbar ist. Die auf Männer beschränkte Wehrpflicht bedeutet zwar in der Regel für die Betroffenen eine Verzögerung in ihrer beruflichen Laufbahn, auch wenn der Wehrdienst es einzelnen Einberufenen ermöglicht, eine Zusatzausbildung zu erhalten oder später eine militärische Laufbahn einzuschlagen. Die Verzögerung in der beruflichen Laufbahn der Einberufenen ist aber eine unvermeidbare Konsequenz der Entscheidung des Mitgliedstaats hinsichtlich der militärischen Organisation und führt nicht dazu, dass diese Entscheidung in den Anwendungsbereich des Gemeinschaftsrechts fällt. Denn es wäre ein Eingriff in die Zuständigkeiten der Mitgliedstaaten, wenn nachteilige Auswirkungen auf den Zugang zur Beschäftigung zur Folge hätten, dass der betroffene Mitgliedstaat gezwungen wäre, die im Wehrdienst bestehende Verpflichtung auf Frauen auszudehnen und ihnen somit dieselben Nachteile beim Zugang zur Beschäftigung aufzuerlegen oder die Wehrpflicht abzuschaffen. Nach alledem ist auf die Frage des vorlegenden Gerichts zu antworten, dass das Gemeinschaftsrecht der Wehrpflicht nur für Männer nicht entgegensteht."

690 EuGH Rs C-186/01, EU:C:2003:146.

ii) *Nationale Vorschriften zum Schutz der Frau insbesondere bei Schwangerschaft und Mutterschaft*

Die RL 2006/54/EG hält in Art 28 Abs 1 fest, dass sie nicht den Vorschriften zum Schutz der Frau, insbesondere bei Schwangerschaft und Mutterschutz, entgegensteht. Art 28 Abs 2 bestimmt, dass diese Richtlinie die Bestimmungen der Richtlinien 96/34/EG (ElternurlaubsRL) und 92/85/EWG (MutterschutzRL) nicht berührt dh im Fall einer möglichen Ungleichbehandlung aufgrund einer Schwangerschaft oder Mutterschaft auch diese Richtlinien berücksichtigt werden müssen.

Nach wie vor räumt die Richtlinie den Mitgliedstaaten ein gewisses Beurteilungsermessen hinsichtlich der sozialen Maßnahmen, „die sie ergreifen, um im Rahmen der Richtlinie den Schutz der Frau bei Schwangerschaft und Mutterschaft zu gewährleisten", ein.[691] Aus der besonderen Hervorhebung der Schwangerschaft und Mutterschaft schließt der EuGH,[692]

> „dass die RL zum einen die körperliche Verfassung der Frau" – insbesondere während und nach der Schwangerschaft[693] – „und zum anderen die besondere Beziehung zwischen Mutter und Kind schützen will. Somit können Frauen nicht unter Berufung auf diese Bestimmung der RL mit der Begründung von einer Beschäftigung ausgeschlossen werden, dass die öffentliche Meinung für sie einen im Verhältnis zu Männern stärkeren Schutz gegen Gefahren fordere, die Männer und Frauen in gleicher Weise betreffen und die sich von den besonderen Schutzbedürfnissen der Frau, wie sie in der RL ausdrücklich erwähnt sind, unterscheiden." Da bspw Frauen bei der Ausübung ihres Dienstes bei der Polizei den gleichen Risiken ausgesetzt sind wie Männer, sah der EuGH nicht die Möglichkeit, einen völligen Ausschluss von Frauen von solchen Tätigkeiten mit Art 28 Abs 1 RL 2006/54/EG zu rechtfertigen.

Letztendlich erfasst somit die Ausnahmeregelung des Art 28 Abs 1 RL 2006/54/EG nur Vorschriften, die Schutz bei frauenspezifischen Risiken und Gefahren gewähren sollen, nicht aber vor Gefahren und Risiken, die unabhängig vom Geschlecht bestehen. Eine Ungleichbehandlung im Hinblick auf nicht frauentypische Eigenschaften vermag diese Vorschrift daher nicht zu rechtfertigen.[694]

> EuGH, Rs C-284/02 (Land Brandenburg ./. Sass):[695] „Das Gemeinschaftsrecht [verlangt] im Fall eines vom nationalen Recht zum Schutz der körperlichen Verfassung der Frau und der besonderen Beziehungen zu ihrem Kind in der Zeit nach der Schwangerschaft und der Entbindung vorgesehenen Mutterschaftsurlaubs,

---

691 EuGH Rs C-184/83 (Hofmann), EU:C:1984:273 Rn 27.

692 EuGH Rs C-22/84 (Johnston), EU:C:1986:206 Rn 44; siehe auch EuGH Rs C-366/99 (Griesmar), EU:C:2001:648 mwN.

693 Vgl EuGH Rs C-421/92 (Habermann-Beltermann), EU:C:1994:187 Rn 21 mwN aus der EuGH-Rechtsprechung.

694 EuGH Rs C-312/86 (Kommission ./. Frankreich), EU:C:1988:485.

695 EuGH Rs C-284/02 (Land Brandenburg ./. Sass), EU:C:2004:722.

dass die Inanspruchnahme dieses gesetzlichen Schutzurlaubs zum einen weder das Arbeitsverhältnis der betreffenden Frau noch die Anwendung der damit verknüpften Rechte unterbricht und zum anderen nicht zu einer Benachteiligung der Frau führt."

Beim Zugang zur Beschäftigung gewinnt Art 28 Abs 1 RL 2006/54/EG vor allem Bedeutung bei der Frage, inwieweit ein Arbeitgeber die Nichteinstellung einer schwangeren Frau allein damit begründen darf, dass ein Beschäftigungsverbot für Schwangere für die konkrete Tätigkeit besteht.

EuGH, Rs C-207/98 (Mahlburg):[696] Frau *Mahlburg*, die bisher nur einen befristeten Arbeitsvertrag als Krankenschwester hatte, hatte sich innerhalb eines Krankenhauses auf eine hausinterne Stellenausschreibung für eine unbefristete Stelle als OP-Schwester beworben. Zum Zeitpunkt ihrer Bewerbung war Frau *Mahlburg* schwanger. Ihre Bewerbung wurde mit der Begründung abgelehnt, dass sie gem der §§ 3 bis 5 des deutschen Mutterschutzgesetzes wegen der Infektionsgefahr in diesen Bereichen nicht beschäftigt werden dürfe. Im Gegensatz zu der Entscheidung Dekker beruhte hier die unmittelbare Diskriminierung jedoch nicht auf der Schwangerschaft allein, sondern auf dem Beschäftigungsverbot für werdende Mütter, das an die Schwangerschaft anknüpft.

Der EuGH kam in der Rs Mahlburg zu dem Ergebnis,

„dass die Anwendung der Vorschriften zum Schutz der werdenden Mutter für diese keine Nachteile beim Zugang zur Beschäftigung mit sich bringen darf und einem Arbeitgeber nicht erlaubt, die Einstellung einer Schwangeren deshalb abzulehnen, weil er diese aufgrund eines aus der Schwangerschaft folgenden Beschäftigungsverbots auf dem auf unbestimmte Zeit zu besetzenden Arbeitsplatz nicht von Anfang an und für die Dauer der Schwangerschaft beschäftigen darf".

Es wäre auch widersprüchlich und mit dem Schutzzweck der Richtlinie nicht zu vereinbaren, wenn die Ausnahmevorschrift des Art 28 Abs 1 RL 2006/54/EG, die den Mitgliedstaaten die Möglichkeit offenhalten soll, besondere Schutzvorschriften zugunsten der Frauen bei Schwangerschaft und Mutterschaft zu erlassen, dazu herangezogen werden könnte, eine zu Lasten von diesen besonders schützenswerten Frauen getroffene Maßnahme beim Zugang zur Beschäftigung zu rechtfertigen. Daher ist es auch ausgeschlossen, dass ein unbefristetes Arbeitsverhältnis mit einer zum Zeitpunkt des Vertragsschlusses Schwangeren, deren Tätigkeit unter ein – grundsätzlich gem Art 28 Abs 1 RL 2006/54/EG zulässiges – Nachtarbeitsverbot[697] für Schwangere fällt, wegen eines Verstoßes gegen ein gesetzliches Verbot für nichtig erklärt wird oder wegen Irrtums über eine wesentliche Eigenschaft der Arbeitnehmerin bei Vertragsschluss angefochten wird.[698] Es wäre auch

696 EuGH Rs C-207/98 (Mahlburg), EU:C:2000:64.

697 Zur Unzulässigkeit eines generellen Nachtarbeitsverbotes für Frauen siehe unter 2. Teil, II.B.1e.aa.

698 EuGH Rs C-421/92 (Habermann-Beltermann), EU:C:1994:187.

unverhältnismäßig, aufgrund eines zeitlich beschränkten Beschäftigungsverbotes einen unbefristeten Arbeitsvertrag der Nichtigkeit oder Anfechtbarkeit auszusetzen.

Eine unmittelbare Diskriminierung aufgrund des Geschlechts stellt nicht nur die Verweigerung der Einstellung wegen einer Schwangerschaft oder die Entlassung aus diesem Grund dar, sondern auch die deswegen erfolgende Auflösung eines Probearbeitsverhältnisses. Eine richtlinienkonforme Auslegung des österreichischen Gleichbehandlungsgesetzes gebietet daher, die Sanktion des Gleichbehandlungsgesetzes auch dann anzuwenden, wenn der Grund für die Auflösung eines Probedienstverhältnisses in der Schwangerschaft einer Arbeitnehmerin gelegen ist.[699] Entsprechendes gilt für die Auflösung eines Lehrverhältnisses während der Probezeit.[700]

Art 15 RL 2006/54/EG konkretisiert nunmehr die im Einleitungssatz programmatisch angesprochenen Regelungen. So haben Frauen im Mutterschaftsurlaub nach Ablauf des Mutterschaftsurlaubes auch Anspruch darauf, an ihren früheren Arbeitsplatz oder einen gleichwertigen Arbeitsplatz unter Bedingungen, die für sie nicht weniger günstig sind, zurückzukehren, und darauf, dass ihnen auch alle Verbesserungen der Arbeitsbedingungen, auf die sie während ihrer Abwesenheit Anspruch gehabt hätten, zugute kommen.

EuGH, Rs C-294/04 (Herrero):[701] Frau *Herrero* wurde während ihres Mutterschaftsurlaubes auf eine Beamtenstelle einer Verwaltungshilfskraft versetzt. Dem von ihr gestellten Antrag auf Verschiebung des Antrittes auf Ende des Mutterschaftsurlaubes wurde zwar stattgeben, bei der Berechnung des Dienstalters wurde diese Zeit hingegen nicht berücksichtigt, da das Dienstalter nach der nationalen Bestimmung erst ab dem Zeitpunkt des Dienstantrittes berechnet wurde.

Der EuGH stellte in seinem Urteil fest,

> „dass die Richtlinie 76/207 [nun die RL 2006/54/EG] einer nationalen Regelung entgegensteht, die einer Arbeitnehmerin im Mutterschaftsurlaub im Hinblick auf die Bedingungen für den Zugang zur Beamtenlaufbahn nicht dieselben Rechte zuerkennt wie die, die den übrigen erfolgreichen Bewerbern desselben Einstellungsauswahlverfahrens zuerkannt werden, indem der Dienstantritt dieser Arbeitnehmerin auf das Ende des Mutterschaftsurlaubs verschoben wird, ohne die Dauer dieses Urlaubs für die Berechnung ihres Dienstalters zu berücksichtigen".

Diese Rechtsprechung wurde vom EuGH in Rs C-595/12 (Napoli)[702], bestätigt und dahingehend konkretisiert, dass eine Regelung Art 15 der RL 2006/54/EG entgegensteht, die

699 OGH 9 ObA 4/05m ecolex 2006, 28 mwN aus der Literatur.
700 OGH 9 ObA 87/15g ecolex 2015, 1089 = wbl 2016, 34 = DRdA 2016, 235 (*Mayr*).
701 EU:C:2006:109.
702 EuGH Rs C-595/12 (Napoli), EU:C:2014:128 Rn 33, 36.

> „eine Frau im Mutterschaftsurlaub von einer Berufsausbildung ausschließt, die Teil ihres Beschäftigungsverhältnisses und vorgeschrieben ist, um endgültig auf eine Beamtenstelle ernannt werden und damit in den Genuss verbesserter Beschäftigungsbedingungen gelangen zu können, die ihr dabei aber das Recht garantiert, an der nächsten organisierten Ausbildung teilzunehmen, deren Zeitpunkt jedoch ungewiss ist."

Die ungünstige Behandlung einer Frau im Zusammenhang mit Schwangerschaft oder Mutterschaftsurlaub im Sinne der RL 92/85/EWG wird ausdrücklich als Diskriminierung im Sinne des Art 2 Abs 2 lit c RL 2006/54/EG gesehen. Das Recht der Mitgliedstaaten, eigene Rechte auf Vaterschaftsurlaub und/oder Adoptionsurlaub anzuerkennen, bleibt unberührt.

In der Rs Busch[703] hatte sich der EuGH mit der Frage der Unterrichtung des Arbeitgebers von der Schwangerschaft zu beschäftigen:

> „Artikel 2 Absatz 1 der RL 76/207 [Art 14 Abs 1 RL 2006/54/EG] […] ist dahin auszulegen, dass er dem entgegensteht, dass eine Arbeitnehmerin, die mit Zustimmung ihres Arbeitgebers vor dem Ende ihres Erziehungsurlaubs an ihren Arbeitsplatz zurückkehren möchte, verpflichtet ist, dem Arbeitgeber mitzuteilen, dass sie schwanger ist, wenn sie wegen bestimmter gesetzlicher Beschäftigungsverbote ihre Tätigkeit nicht in vollem Umfang ausüben kann. Berücksichtigt ein Arbeitgeber die Schwangerschaft einer Arbeitnehmerin als Grund für die Ablehnung ihrer Rückkehr an ihren Arbeitsplatz vor dem Ende des Erziehungsurlaubs, so stellt dies eine unmittelbare Diskriminierung aufgrund des Geschlechts dar. Die Arbeitnehmerin ist nicht verpflichtet, dem Arbeitgeber mitzuteilen, dass sie schwanger ist, da dieser bei der Anwendung der Arbeitsbedingungen ihre Schwangerschaft nicht berücksichtigen darf."

Nach dem EuGH kann eine solche Diskriminierung auch nicht damit gerechtfertigt werden, dass ein vorübergehendes Verbot die Arbeitnehmerin daran hindere, bestimmte Arbeitsleistungen, für die sie eingestellt wurde, zu erbringen. Ebenso wenig genügen finanzielle Aspekte zur Rechtfertigung.

e) Gleichbehandlung hinsichtlich sonstiger Arbeitsbedingungen

In einem aufrechten Arbeitsverhältnis wird die Anwendung des Grundsatzes der Gleichbehandlung der Geschlechter, wenn es sich nicht um Entgeltfragen im Sinne des Art 157 AEUV handelt,[704] vor allem durch die Art 14 ff

703 EuGH Rs C-320/01 (Busch), EU:C:2003:114; der Fall wurde auch im Lichte der RL 92/85 über die Durchführung von Maßnahmen zur Verbesserung der Sicherheit und des Gesundheitsschutzes von schwangeren Arbeitnehmerinnen, Wöchnerinnen und stillenden Arbeitnehmerinnen am Arbeitsplatz geprüft.

704 Soweit es sich bei einer vermögenswerten Leistung um „Entgelt" handelt, kann sie nicht als Arbeitsbedingung iSd Gleichbehandlungsrichtlinie gewertet werden; vgl EuGH Rs C-166/99 (Defreyn), EU:C:2000:411; EuGH Rs C-236/98 (JämO), EU:C:2000:173.

RL 2006/54/EG gewährleistet. Diese erstrecken den Grundsatz der Gleichbehandlung neben dem Zugang zur Beschäftigung einschließlich des Aufstiegs und den Zugang zur Berufsbildung auch auf die Arbeitsbedingungen. Der materielle Regelungsgehalt, der bislang in Art 3 RL 76/207/EWG idF RL 2002/73/EG integriert war, findet sich nun in Art 14 RL 2006/54/EG. Gem Art 14 Abs 1 lit c RL 2006/54/EG beinhaltet der Grundsatz der Gleichbehandlung hinsichtlich der Arbeitsbedingungen einschließlich der Entlassungsbedingungen, dass Männern und Frauen dieselben Bedingungen ohne Diskriminierung aufgrund des Geschlechts gewährt werden. Zu diesem Zweck werden die Mitgliedstaaten verpflichtet, dem widersprechende Rechts- und Verwaltungsvorschriften zu beseitigen bzw gleichheitswidrige kollektivrechtliche oder einzelvertragliche Vereinbarungen für nichtig zu erklären (Art 23 lit a und b RL 2006/54/EG).

aa) Diskriminierungen hinsichtlich der Arbeitsbedingungen

Eine nähere Definition des Begriffs der Arbeitsbedingungen enthält die Richtlinie nicht. Nach der Rechtsprechung des EuGH ist er weit zu fassen:

> EuGH, Rs C-116/94 (Meyers):[705] Würde man den Begriff der Arbeitsbedingungen „auf die Arbeitsbedingungen beschränken, die im Arbeitsvertrag enthalten sind oder vom Arbeitgeber im Rahmen des Beschäftigungsverhältnisses angewendet werden, so liefe das darauf hinaus, dass Situationen, die unmittelbar auf dem Arbeitsverhältnis beruhen, dem Anwendungsbereich der RL entzogen würden“.

Vom Anwendungsbereich des Art 14 Abs 1 lit c RL 2006/54/EG werden neben den rechtlichen auch die faktischen Rahmenbedingungen des Arbeitsverhältnisses erfasst, sofern letztere rechtlich beeinflussbar sind.[706]

> EuGH, Rs C-236/98 (Jämställdhetombudsmannen):[707] „Die Tatsache, dass die Aufstellung bestimmter Beschäftigungsbedingungen finanzielle Auswirkungen haben kann, ist kein hinreichender Grund dafür, diese Bedingungen in den Geltungsbereich des Artikels 119 [Art 157 AEUV] fallen zu lassen, der auf dem engen Zusammenhang zwischen der Art der Arbeitsleistung und der Höhe des Arbeitsentgelts beruht […]. Daher betrifft die Arbeitszeitverkürzung die Arbeitsbedingungen, so dass sie unter die RL 76/207 [nun RL 2006/54] fällt […].“

Der Gleichbehandlung bezüglich der Arbeitsbedingungen kam in der bisherigen Rechtsprechung des EuGH im Zusammenhang mit zwei Themenbereichen besondere Bedeutung zu: dem Mütterkarenzurlaub und dem Nachtarbeitsverbot für Frauen, wobei gerade bei Fragen den Mütterkarenzurlaub betreffend zu berücksichtigen ist, dass gem Art 28 Abs 1 die RL 2006/54/EG

705 EuGH Rs C-116/94 (Meyers), EU:C:1995:247 Rn 25.
706 Vgl *Eichinger*, EAS B 4200 Rn 127.
707 EuGH Rs C-236/98 (JämO), EU:C:2000:173.

Vorschriften zum Schutz der Frau, insbesondere bei Schwangerschaft und Mutterschaft, nicht entgegensteht.[708]

EuGH, Rs 163/82 (Kommission ./. Italien):[709] Das italienische Recht sah vor, dass Mütter von Adoptivkindern für die ersten drei Monate nach tatsächlicher Aufnahme des Kindes in die Familie einen Anspruch auf Mutterschaftsurlaub und Mutterschaftsgeld haben. Vätern stand dieses Recht nicht zu.

Der EuGH sah diese Ungleichbehandlung als gerechtfertigt an,

„denn sie geht auf das legitime Bestreben zurück, die Umstände, unter denen das Kind in die Adoptivfamilie aufgenommen wird, für diesen sehr schwierigen Zeitraum soweit wie möglich denjenigen anzugleichen, unter denen das Neugeborene Aufnahme in die Familie findet".

Dass generell Männer beim Anspruch auf Mutterschaftsurlaub nicht mit Frauen gleichzustellen sind, stellte der EuGH kurze Zeit später nochmals in der Rs Hofmann klar:

EuGH, Rs 184/83 (Hofmann):[710] Herr *Hofmann* war Vater eines unehelichen Kindes, das er anerkannt hatte. Nach Ablauf der achtwöchigen gesetzlichen Schutzfrist zugunsten der Mutter ließ er sich ohne Entgelt beurlauben, um das Kind zu betreuen. Zugleich verlangte er von der Barmer Ersatzkasse für die Dauer des im Mutterschutzgesetz vorgesehenen Mutterschaftsurlaubs Mutterschaftsgeld, was jedoch abgelehnt wurde, da nur Müttern dieser Anspruch zustehe. Herr *Hofmann* machte geltend, dass der Mutterschaftsurlaub vor allem den Interessen des Kindes gelte, da er fakultativ sei, auch nicht zwingenden biologischen Erfordernissen der Frau Rechnung trage, zudem von einer gewissen Beschäftigungszeit vor der Entbindung abhängig sei, worin sich zeige, dass er nicht im Interesse der Mutter notwendig sei, da sonst jede berufstätige Mutter den Anspruch haben müsse. Dennoch sah der EuGH vor allem in Hinblick auf Art 2 Abs 3 der RL 76/207/EWG [Art 28 Abs 1 der RL 2006/54/EG] den Ausschluss der Männer als gerechtfertigt an, da auch der nach Ablauf der Schutzfrist gewährte Mutterschaftsurlaub den Schutz der Frau sowohl hinsichtlich der Folgen der Schwangerschaft als auch hinsichtlich der Mutterschaft bezweckt.

Derselben Argumentation folgte der EuGH in der Rs Betriu Montull:

EuGH, Rs C-5/12 (Betriu Montull):[711] Einem spanischen Arbeitnehmer wurde eine finanzielle Leistung, die den aufgrund des Mutterschaftsurlaubs eintretenden Einkommensverlust kompensieren soll, verwehrt, da er nach der spanischen Gesetzeslage keinen originären Anspruch auf Mutterschaftsurlaub – und der damit einhergehenden Leistung bei Mutterschaft – hatte. Das spanische Arbeitnehmerstatut sieht die Aussetzung des Arbeitsvertrages der Kindesmutter für einen Zeitraum von 16 aufeinanderfolgenden Wochen vor, wobei die ersten sechs Wochen nach der Geburt als obligatorischer Urlaub der Mutter zustehen. Der die Arbeit-

708 Zur Unterrichtung des Arbeitgebers von der Schwangerschaft siehe oben d) ccb).
709 EuGH Rs 163/82 (Kommission ./. Italien), EU:C:1983:295.
710 EuGH Rs C-184/83 (Hofmann), EU:C:1984:273.
711 EuGH Rs C-5/12 (Betriu Montull), EU:C:2013:571.

nehmereigenschaft besitzende Kindesvater kann im Anschluss an die sechs Wochen mit Zustimmung der Kindesmutter nur dann einen Mutterschaftsurlaub in Anspruch nehmen, sofern die Kindesmutter ebenfalls die Arbeitnehmereigenschaft besitzt und keine Gefahr für die Gesundheit der Mutter besteht.

Der EuGH erkennt in dieser Regelung eine Ungleichbehandlung aufgrund des Geschlechts, welche jedoch gerechtfertigt ist,

„da dieser Mutterschaftsurlaub „zum einen den Schutz der körperlichen Verfassung der Frau während und nach der Schwangerschaft und zum anderen den Schutz der besonderen Beziehung zwischen der Mutter und ihrem Kind während der an Schwangerschaft und Entbindung anschließenden Zeit [gewährleisten soll], damit diese Beziehung nicht durch die Doppelbelastung infolge der gleichzeitigen Ausübung eines Berufes gestört wird“.

Dass Vorteile für Mütter, die ihnen infolge einer Schwangerschaft gewährt werden auch zu einer unzulässigen Diskriminierung von Männern führen können, sofern eine Tätigkeit ebenso gut von Vätern erfüllt werden kann, stellte der EuGH im Urteil Álvarez fest, in dem er sich mit der Frage nach einem „Stillurlaub“, welcher ausschließlich Frauen gewährt wurde, befasste.

EuGH, Rs C-104/09 (Álvarez):[712] Gegenstand des Verfahrens war eine spanische Regelung, wonach weibliche Arbeitnehmer in den ersten neun Monaten nach der Geburt eines Kindes einen „Stillurlaub“ nehmen können, während männliche Arbeitnehmer diesen nur beanspruchen können, wenn die Kindesmutter abhängig beschäftigt und nicht selbständig tätig ist. Der EuGH entschied, dass eine derartige Ungleichbehandlung aufgrund des Geschlechts weder mit dem Schutz der Frau noch der Förderung der Chancengleichheit für Männer und Frauen gerechtfertigt werden könne. Da der Stillurlaub nicht mehr an das Stillen geknüpft sei, könne er als reine Zeit der Kinderbetreuung und als eine Maßnahme, um das Berufs- und Familienleben in Einklang zu bringen, angesehen werden. Der Umstand, dass allein die abhängig beschäftigte Mutter Inhaberin des Urlaubsanspruchs ist, während dem Vater kein unmittelbarer Anspruch zusteht, kann nach Ansicht des EuGH zu einer Verfestigung der herkömmlichen Rollenverteilung zwischen Mann und Frau führen, indem den Männern weiterhin eine im Hinblick auf die Wahrnehmung ihrer Elternschaft subsidiäre Rolle gegenüber den Frauen zugewiesen wird.

Eine Rechtfertigung des Ausschlusses von Männern von den Begünstigungen der nationalen mutterschutzrechtlichen Bestimmungen ist auch in Anbetracht der RL 2010/18/EG[713] (RL über den Elternurlaub) fraglich, sieht doch § 2 der Rahmenvereinbarung der europäischen Sozialpartner, die mit der Elternurlaubsrichtlinie durchgeführt wird, für Männer und Frauen ein

712 EuGH Rs C-104/09 (Álvarez), EU:C:2010:561.

713 ABlEU 2010 Nr L 68/13; ebenso regelt die neue Richtlinie 2019/1158 zur Vereinbarkeit von Beruf und Privatleben die Vorgaben für den Elternurlaub gleichberechtigt für beide Geschlechter, s dazu ausführlich unten, Punkt cc).

individuelles Recht auf Elternurlaub[714] – und nicht auf Mutterschaftsurlaub – im Falle der Geburt oder Adoption eines Kindes vor, wobei die Voraussetzungen und Modalitäten von den Mitgliedstaaten unter Einhaltung der Mindestanforderungen der Richtlinie zu regeln sind.[715]
Der Mutterschutz darf jedoch auch nicht dazu führen, dass Frauen aufgrund der Inanspruchnahme dieses Schutzes benachteiligt werden.[716]

EuGH, Rs C-136/95 (Thibault):[717] Eine französische kollektivrechtliche Regelung sah vor, dass jeder Arbeitnehmer, der innerhalb eines Jahres mehr als sechs Monate an einem Arbeitsplatz beschäftigt war, einen Anspruch hatte, von seinem Vorgesetzten beurteilt zu werden. Von dieser Beurteilung war auch die Möglichkeit des beruflichen Aufstiegs abhängig. Frau *Thibault* war die Beurteilung verweigert worden, weil sie aufgrund ihres Mutterschaftsurlaubs innerhalb des Jahres keine sechs Monate an dem Arbeitsplatz beschäftigt war.

Dies sah der EuGH mit Art 14 Abs 1 RL 2006/54/EG unvereinbar an.

Zwar verfügen die Mitgliedstaaten „hinsichtlich der sozialen Maßnahmen, mit denen sie im Rahmen der Richtlinie den Schutz der Frau bei Schwangerschaft und Mutterschaft gewährleisten, sowie in Bezug auf die Art der Schutzmaßnahmen und ihrer Anwendungsmodalitäten über einen Spielraum. Ein solcher Spielraum ist jedoch im Rahmen der Richtlinie wahrzunehmen; er darf nicht zu einer Behandlung führen, die eine Arbeitnehmerin in Bezug auf ihre Arbeitsbedingungen benachteiligt. Daher wird eine Frau, die in Bezug auf ihre Arbeitsbedingungen dadurch benachteiligt wird, dass ihr wegen ihrer durch den Mutterschaftsurlaub bedingten Abwesenheit der Anspruch auf jährliche Beurteilung und demzufolge eine Möglichkeit zum beruflichen Aufstieg genommen wird, wegen ihrer Schwangerschaft und ihres Mutterschaftsurlaubs“ unmittelbar aufgrund ihres Geschlechts diskriminiert.

Mit einem ähnlichen Sachverhalt beschäftigte sich der EuGH im Fall Riežniece:

EuGH, Rs C-7/12 (Riežniece):[718] Nachdem Frau *Riežniece*, eine lettische Staatsbürgerin, aus ihrem Elternurlaub zurückgekehrt war, war ihre Stelle in der öffentlichen Verwaltung von der Streichung bedroht. Auf Grund einer Beurteilung ihrer Arbeit und Qualifikation, welche auf den Ergebnissen der letzten Beurteilung vor

714 Auf Grundlage von § 2 Nr 1 der ursprünglichen Rahmenvereinbarung über den Elternurlaub hat der EuGH in der Rs Chatzi entschieden, dass eine Mehrlingsgeburt kein Recht auf eine der Zahl der geborenen Kinder entsprechende Zahl von Elternurlauben eröffnet. Die nationalen Gesetzgeber sind jedoch angehalten, ein System des Elternurlaubs zu schaffen, das Eltern eine Behandlung gewährleistet, die ihren besonderen Bedürfnissen gebührend Rechnung trägt, vgl EuGH Rs C-149/10 (Chatzi), EU:C:2010:534.

715 Vgl dazu *Eichinger*, EAS B 4200 Rn 82.

716 Vgl den Zugang zur Beschäftigung betreffend auch EuGH Rs C-207/98 (Mahlburg), EU:C:2000:64 Rn 27.

717 EuGH Rs C-136/95 (Thibault), EU:C:1998:178.

718 EuGH Rs C-7/12 (Riežniece), EU:C:2013:41.

der Inanspruchnahme ihres Elternurlaubs basierte, erhielt sie die schlechteste Gesamtnote. Folglich wurde die Stelle von Frau Riežniece gestrichen und sie stimmte einer Versetzung auf einen neuen Arbeitsplatz zu. Dieser wurde wenig später aufgrund einer landesweiten Rezession ebenfalls gestrichen und das Dienstverhältnis mit Frau Riežniece beendet.

Der EuGH stellte fest:

„dass die Richtlinie 76/207 – unter der Voraussetzung, dass eine sehr viel höhere Zahl von Frauen als von Männern Elternurlaub in Anspruch nimmt, was das nationale Gericht zu prüfen hat – und die Rahmenvereinbarung über Elternurlaub dahin auszulegen sind, dass sie dem entgegenstehen, dass bei der Beurteilung von Arbeitnehmern im Rahmen der Streichung von Beamtenstellen aufgrund einer landesweiten wirtschaftlichen Rezession ein Arbeitnehmer, der Elternurlaub genommen hat, in seiner Abwesenheit auf der Grundlage von Grundsätzen und Beurteilungskriterien beurteilt wird, die ihn gegenüber Arbeitnehmern, die keinen Elternurlaub in Anspruch genommen haben, benachteiligen [...]".

Gem Art 15 RL 2006/54/EG haben Frauen im Mutterschaftsurlaub nach Ablauf des Mutterschaftsurlaubes Anspruch darauf, an ihren früheren Arbeitsplatz oder einen gleichwertigen Arbeitsplatz unter Bedingungen, die für sie nicht weniger günstig sind, zurückzukehren, und darauf, dass ihnen auch alle Verbesserungen der Arbeitsbedingungen, auf die sie während ihrer Abwesenheit Anspruch gehabt hätten, zugute kommen.

Das Recht der Mitgliedstaaten, eigene Rechte auf Vaterschaftsurlaub und/oder Adoptionsurlaub anzuerkennen, bleibt unberührt.[719]

EuGH, Rs C-284/02 (Land Brandenburg ./. Sass):[720] „Das Gemeinschaftsrecht [verlangt] im Fall eines vom nationalen Recht zum Schutz der körperlichen Verfassung der Frau und der besonderen Beziehungen zu ihrem Kind in der Zeit nach der Schwangerschaft und der Entbindung vorgesehenen Mutterschaftsurlaubs, dass die Inanspruchnahme dieses gesetzlichen Schutzurlaubs zum einen weder das Arbeitsverhältnis der betreffenden Frau noch die Anwendung der damit verknüpften Rechte unterbricht und zum anderen nicht zu einer Benachteiligung der Frau führt."

Sollte der jeweilige Mitgliedstaat allerdings einen besonderen Vaterschafts- und/oder Adoptionsurlaub vorsehen, gelten bei der Rückkehr an den Arbeitsplatz gem Art 16 der RL 2006/54/EG dieselben Maßstäbe wie bei Art 15 Rl 2006/54/EG.[721]

Die ungünstige Behandlung einer Frau im Zusammenhang mit ihrer Schwangerschaft oder einem Mutterschaftsurlaub iSd RL 92/85/EWG wird ausdrücklich als Diskriminierung iSd RL 2006/54/EG gesehen (Art 2 Abs 2 lit c).

719 Zuletzt vgl EuGH Rs C-363/12 (Z), EU:C:2014:159 Rn 62.
720 EuGH Rs C-284/02 (Land Brandenburg ./. Sass), EU:C:2004:722.
721 EuGH Rs C-363/12 (Z), EU:C:2014:159 Rn 62.

So steht Richtlinie 92/85/EWG beispielsweise der Abberufung einer schwangeren Geschäftsführerin entgegen, da es sich bei einer solchen um eine unzulässige Diskriminierung aufgrund des Geschlechts handeln kann.

EuGH, Rs C-232/09 (Danosa):[722] Frau *Danosa*, welche alleinige Geschäftsführerin der lettischen LKB Lizings SIA gewesen war, wurde von dieser Tätigkeit abberufen. Frau Danosa behauptete, dass die Abberufung rechtswidrig erfolgte mit der Begründung, dass sie zum Zeitpunkt der Abberufung schwanger gewesen war und als Arbeitnehmerin iSd Unionsrechts anzusehen sei. Folglich würde das in Art 10 der Richtlinie 92/85/EWG verankerte Kündigungsverbot auf ihren Fall Anwendung finden. Die beklagte Partei brachte vor, dass für Mitglieder der Unternehmensleitung einer Kapitalgesellschaft ein anderes Schutzniveau gelte und berief sich auf eine nationale Regelung, die es der Gesellschafterversammlung gestattet, sich jederzeit von weiblichen Geschäftsführern – ungeachtet einer Schwangerschaft – zu trennen.

Der EuGH verweist in seiner Entscheidung auf den in Art 10 der RL 92/85/EWG besonderen Schutz für Frauen, welcher sich in einem Kündigungsverbot während der Zeit vom Beginn der Schwangerschaft bis zum Ende des Mutterschaftsurlaubs manifestiert. Vorausgesetzt das vorlegende Gericht erkennt, dass Frau *Danosa* unter den Begriff der schwangeren Arbeitnehmerin iSd Richtlinie 92/85 fällt und der Abberufungsbeschluss aus Gründen erging, die wesentlich mit ihrer Schwangerschaft zusammenhängen, kommt der EuGH zu dem Ergebnis, dass „ein solcher Beschluss, auch wenn er gemäß den nationalen Rechtsvorschriften, die die Abberufung eines Mitglieds der Unternehmensleitung ohne Einschränkung zulassen, getroffen wurde, mit dem Kündigungsverbot nach Art 10 dieser Richtlinie unvereinbar wäre".

Der Begriff Schwangerschaft umfasst auch eine (kurz bevorstehende) In-vitro-Fertilisation.[723]

Immer häufiger im Mittelpunkt von Rechtsstreitigkeiten vor dem EuGH steht zudem die Frage, ob eine Diskriminierung wegen des Geschlechts iSd Richtlinie 2006/54 vorliegt, wenn einer Frau, deren Kind im Rahmen einer Ersatzmuttervereinbarung geboren wurde und die seit der Geburt die Sorge für dieses Kind ausübt, ein Mutterschafts- und/oder Adoptionsurlaub verweigert wird, so auch im Vorabentscheidungsersuchen eines Arbeitsgerichtes in Newcastle upon Tyne.

EuGH, Rs C-167/12 (CD)[724]: Am 26. August 2011 brachte eine Ersatzmutter das Kind der aus dem Vereinigten Königreich stammenden C.D. zur Welt. C. D. begann innerhalb von einer Stunde nach der Geburt das Kind als Mutter zu versor-

722 EuGH Rs C-232/09 (Danosa), EU:C:2010:674.

723 Vgl EuGH Rs-C 506/06 (Mayr), EU:C:2008:119.

724 EuGH Rs C-167/12 (CD), EU:C:2014:169; vgl ein Vorabentscheidungsersuchen des irischen Equality Tribunal in einem vor dem EuGH anhängigen Rechtsstreit, welcher ebenfalls die Thematik der Ersatzmutterschaft zum Gegenstand hat, EuGH Rs C-363/12 (Z), EU:C:2014:159.

gen und zu stillen. Wenige Monate nach der Geburt übertrug ein britisches Gericht gemäß der britischen Regelung über Ersatzmutterschaft mit Zustimmung der Ersatzmutter die volle und dauerhafte elterliche Verantwortung für das Kind auf C.D. und ihren Lebensgefährten. Da der öffentliche Arbeitgeber der C.D. die Ansicht vertrat, dass diese keinen Rechtsanspruch auf bezahlten Mutterschafts- oder Adoptionsurlaub habe, da sie weder das Kind geboren noch ein solches adoptiert habe, erhob C.D. Klage vor einem britischen Gericht. Mit dessen Vorlagefrage wollte das Gericht unter anderem wissen, ob angesichts der Weigerung des Arbeitgebers, einer intendierten Mutter, die ein Kind im Rahmen einer Ersatzmuttervereinbarung bekommen hat, Mutterschaftsurlaub zu gewähren, ein Verstoß gegen Art 14 der Richtlinie 2006/54/EG vorliege.

Generalanwältin Kokott kam in ihren Schlussanträgen vom 26. 9. 2013[725] zu Recht zu dem Ergebnis, dass

„[...] keine Anhaltspunkte für eine unmittelbare oder für eine mittelbare Diskriminierung im Sinne von Art 2 Abs 1 der Richtlinie 2006/54 ersichtlich [sind]. Die Klägerin des Ausgangsverfahrens hat jedenfalls nicht aufgrund ihres Geschlechts gegenüber männlichen Kollegen Nachteile erlitten, sondern höchstens deshalb, weil sie sich ihren Kinderwunsch mit Hilfe einer Ersatzmutter erfüllt hat. Eine etwaige Benachteiligung wäre in diesem Fall aber nur gegenüber anderen Frauen denkbar, die nicht auf eine Ersatzmutter zurückgegriffen haben, und es ginge jedenfalls nicht um die in der Richtlinie 2006/54 thematisierte Chancengleichheit und die Gleichbehandlung von Männern und Frauen. [...] Daher ist von keinem Verstoß gegen Art 14 der Richtlinie 2006/54 auszugehen."

Einen anderen Maßstab legt der EuGH an, sofern eine Ungleichbehandlung bezüglich sonstiger Arbeitsbedingungen vorliegt, die nicht auf Schwangerschaft oder Mutterschaft beruht und daher keine Rechtfertigung in den Schutzbestimmungen finden kann. Ein generelles besonderes Schutzbedürfnis der Frau erkennt er insbesondere im Zusammenhang mit einem Verbot der Nachtarbeit für Frauen, über das er mehrfach zu urteilen hatte, nicht an.

EuGH, Rs C-345/89 (Stoeckel):[726] Nach französischem Recht durften Frauen in Fabriken, Manufakturen und Werkstätten gleich welcher Art generell nicht in Nachtarbeit beschäftigt werden. Jedoch sah die Vorschrift eine Reihe von Ausnahmen bspw für leitende Stellen oder technische Stellen mit besonderer Verantwortung vor. Aufgrund wirtschaftlicher Schwierigkeiten sah sich die SA Suma, deren Direktor Herr *Stoeckel* war, gezwungen, einen ununterbrochenen Schichtbetrieb mit Nachtarbeit einzuführen, da er anderenfalls ca 200 Arbeitnehmer hätte kündigen müssen. Um Frauen und Männern die gleichen Chancen einzuräumen, sah ein Abkommen zwischen der SA Suma und den Gewerkschaften vor, dass sämtliche Stellen Frauen und Männern zugänglich seien, wenn sich – wie es der Fall war – die Mehrheit der Frauen hierfür aussprechen würde. Im anschließenden Strafverfahren gegen Herrn *Stoeckel* wegen unerlaubter Beschäftigung von Frauen in Nacht-

725 Vgl die Schlussanträge der Generalanwältin *Kokott* in der vor dem EuGH anhängigen Rs C-167/12 (CD), EU:C:2014:169.

726 EuGH Rs C-345/89 (Stoeckel), EU:C:1991:324.

arbeit machte die französische Regierung geltend, das Nachtarbeitsverbot für Frauen entspreche dem allgemeinen Ziel, die weiblichen Arbeitskräfte zu schützen, und besonderen sozialen Erwägungen, die zum Beispiel mit der Gefahr von Überfällen und mit der höheren Arbeitsbelastung von Frauen innerhalb der Familie zusammenhingen.

Diese allgemein gehaltenen Ziele sah der EuGH nicht für geeignet an, die Ungleichbehandlung von Männern und Frauen zu rechtfertigen.

„Welche Nachteile aber auch immer mit Nachtarbeit verbunden sein mögen, es ist nicht ersichtlich, dass – außer im Fall der Mutterschaft und Schwangerschaft – die Gefahren, denen Frauen durch Nachtarbeit ausgesetzt sind, sich allgemein ihrem Wesen nach von denen unterscheiden, denen auch Männer ausgesetzt sind." Insbesondere könne der Gefahr von nächtlichen Überfällen auch durch geeignete Maßnahmen begegnet werden, die den Grundsatz der Gleichbehandlung nicht beeinträchtigen. Auch habe die Richtlinie nicht zum Gegenstand, „die internen Verhältnisse der Familie zu regeln oder die Aufgabenverteilung der Eltern zu ändern." An der Gleichheitswidrigkeit änderten auch die zahlreichen Ausnahmen vom Nachtarbeitsverbot nichts, da das Nachtarbeitsverbot für Frauen als allgemeiner Grundsatz bestehen bliebe, zudem auch die Ausnahmen „eine Quelle von Diskriminierungen" sein könnten.

Der EuGH hatte es in der Entscheidung Stoeckel trotz eines Hinweises des Generalanwalts versäumt, dazu Stellung zu nehmen, dass der französischen Regelung die ILO-Konvention Nr 89 von 1948, welche Frankreich unterzeichnet hatte, zugrunde lag, welche ein Verbot der Nachtarbeit für Frauen in der Industrie vorsah. Gem Art 351 AEUV (Ex-Art 301 EGV) bleiben zwar die Rechte und Pflichten aus Übereinkünften mit Drittstaaten vor dem 1. Januar 1958 durch den EG-Vertrag unberührt. Jedoch sind die Mitgliedstaaten verpflichtet, alle rechtmäßigen Mittel anzuwenden, um Unvereinbarkeiten dieser Übereinkommen mit dem EG-Vertrag zu beseitigen. Dieser Problematik nahm sich der EuGH erst in der Rs Levy an, die dieselben Vorschriften wie in der Rs Stoeckel betraf:

EuGH, Rs C-158/91 (Levy):[727] Das nationale Gericht ist verpflichtet, „für die volle Beachtung des Art 5 der RL 76/207/EWG [nun Art 14 Abs 1 lit c RL 2006/54/EG] zu sorgen, indem es jede entgegenstehende Bestimmung des nationalen Rechts unangewendet lässt, es sei denn, dass die Anwendung dieser Bestimmung zur Erfüllung von Verpflichtungen des betroffenen Mitgliedstaates erforderlich ist, die sich aus einer vor Inkrafttreten des EWG-Vertrages mit dritten Staaten geschlossene Übereinkunft ergibt." Auch wenn die Gleichbehandlung von Männern und Frauen ein in der Gemeinschaftsrechtsordnung anerkanntes Grundrecht sei, könne dies nicht ausreichen, die Erfüllung internationaler Übereinkünfte auszuschließen,

727 EuGH Rs C-158/91 (Levy), EU:C:1993:332; vgl zu einer ähnlichen belgischen Vorschrift, die zwar ein generelles Nachtarbeitsverbot für Männer und Frauen vorsah, jedoch bei den Ausnahmen zwischen den Geschlechtern differenzierte, auch EuGH Rs C-13/93 (Minne), EU:C:1994:39.

zumal die Verwirklichung des Gleichbehandlungsgrundsatzes auch auf Gemeinschaftsebene nur schrittweise erfolge und ein Tätigwerden des Rates durch den Erlass von RL erfordere, die wiederum Ausnahmen zuließen. Die Mitgliedstaaten seien dann aber gem Art 351 Abs 2 AEUV verpflichtet, die Unvereinbarkeiten zwischen den internationalen Übereinkünften und dem Gemeinschaftsrecht zu beseitigen, was in Bezug auf das Nachtarbeitsverbot für Frauen bedeute, dieses Verbot entweder auch auf Männer auszudehnen oder die frühere Übereinkunft zu kündigen.

Hingegen verstößt ein Nachtarbeitsverbot für Frauen nicht gegen Art 14 Abs 1 lit c RL 2006/54/EG, wenn dieses mit dem Schutz der Frauen bei Schwangerschaft und Mutterschaft gem Art 28 Abs 1 RL 2006/54/EG gerechtfertigt werden kann, wenn das Nachtarbeitsverbot also zum Schutz der körperlichen Verfassung der Frau oder der besonderen Beziehung zwischen Mutter und Kind notwendig ist.[728] So sieht auch Art 7 RL 92/85/EWG vor, dass die Mitgliedstaaten die erforderlichen Maßnahmen treffen, damit Frauen während der Schwangerschaft und einem festzulegenden Zeitraum nach der Entbindung nicht in Nachtarbeit beschäftigt werden. Insofern sind dem Verbot der Beschäftigung Schwangerer in Nachtarbeit gem § 8 des deutschen MuSchG[729] und § 6 des österreichischen MSchG keine Bedenken entgegenzubringen.

Nach dem EuGH ist auch die Bereitstellung von Kindertagesstättenplätzen zugunsten der Arbeitnehmer an ihrem Arbeitsort oder andernorts durch den Arbeitgeber eine Arbeitsbedingung iSd Richtlinie. Doch tolerierte der EuGH eine Regelung, die solche Kindertagesstättenplätze den weiblichen Arbeitnehmern vorbehielt:

EuGH, Rs C-476/99 (Lommers):[730] „Artikel 2 Absätze 1 und 4 der RL 76/207 [Art 14 Abs 1 RL 2006/54/EG] […] steht einer Regelung nicht entgegen, die ein Ministerium eingeführt hat, um einer erheblichen Unterrepräsentation von Frauen bei seinen Beschäftigten entgegenzuwirken, und bei der in einem Kontext, der durch das erwiesenermaßen unzureichende Angebot an angemessenen und erschwinglichen Kinderbetreuungseinrichtungen gekennzeichnet ist, die begrenzte Zahl der seinem Personal von ihm zur Verfügung gestellten subventionierten Kindertagesstättenplätze den weiblichen Beamten vorbehalten wird, während die männlichen Beamten nur in Notfällen, deren Vorliegen der Arbeitgeber beurteilt, Zugang zu diesen Plätzen haben. Dies gilt jedoch nur insoweit, als die damit zugunsten der männlichen Beamten vorgesehene Ausnahme insbesondere dahin ausgelegt wird, dass sie alleinerziehenden männlichen Beamten den Zugang zu diesem Kinderbetreuungssystem zu den gleichen Bedingungen eröffnet wie den weiblichen Beamten."

728 EuGH Rs C-13/93 (Minne), EU:C:1994:39 Rn 11 ff; vgl auch EuGH Rs C-207/98 (Mahlburg), EU:C:2000:64 Rn 25.
729 *Schlachter* in: ErfK, 17. Aufl 2017, § 8 MuSchG Rn 3.
730 EuGH Rs C-476/99 (Lommers), EU:C:2002:183.

Begründet wurde diese Entscheidung mit der Idee der positiven Diskriminierung:

> „Nach ständiger Rechtsprechung hat diese Vorschrift den bestimmten und begrenzten Zweck, Maßnahmen zuzulassen, die zwar dem Anschein nach diskriminierend sind, tatsächlich aber in der sozialen Wirklichkeit bestehende faktische Ungleichheiten beseitigen oder verringern sollen. Sie lässt nationale Maßnahmen im Bereich des Zugangs zur Beschäftigung einschließlich des Aufstiegs zu, die Frauen spezifisch begünstigen und ihre Fähigkeit verbessern sollen, im Wettbewerb auf dem Arbeitsmarkt zu bestehen und unter den gleichen Bedingungen wie Männer eine berufliche Laufbahn zu verfolgen […].“

Durch die RL 2006/54/EG ist nun auch geklärt, dass unter den Begriff der Arbeitsbedingungen auch Fälle der sexuellen Belästigung fallen, welche in Art 2 Abs 1 lit d definiert wird.[731] Vor Erlassung der Richtlinie schloss die Kommission in den Erwägungsgründen zur Empfehlung 92/131/EWG[732] (Empfehlung und Verhaltenskodex gegen sexuelle Belästigung) zumindest nicht aus, dass unerwünschtes Verhalten sexueller Natur oder ein sonstiges Verhalten aufgrund der Geschlechtszugehörigkeit, das die Würde von Frauen und Männern am Arbeitsplatz beeinträchtigt, auch schon von Art 3 RL 76/207/EWG idF 2002/73/EG erfasst hätte werden können, wobei Art 3 Abs 1 lit c RL 76/207/EWG idF 2002/73/EG wohl die größte praktische Bedeutung zugekommen wäre.[733] So wurde durch die Empfehlung 92/131/EWG der bezweckte Schutz auf nationaler Ebene in Deutschland durch das Gesetz zum Schutz der Beschäftigten vor sexueller Belästigung am Arbeitsplatz (Beschäftigtenschutzgesetz),[734] in Österreich durch das Gleichbehandlungsgesetz schon vor der Erlassung der RL 2006/54/EG gewährt. Diskriminierung wegen der sexuellen Orientierung verbietet nunmehr die RL 2000/78/EG.[735]

bb) Vereinbarkeit von Beruf und Privatleben (RL 2019/1158)

Zur Durchführung der von den europäischen Sozialpartnern geschlossenen und überarbeiteten Rahmenvereinbarung über den Elternurlaub und zur Aufhebung der Richtlinie 96/34/EG wurde 2010 die Richtlinie 2010/18/EU[736] des Rates erlassen, deren Ziel bereits eine Verbesserung der Vereinbar-

---

731 Dies gilt auch bezüglich der Beweislastregeln, s Rs C-303/06 (Coleman), EU:C:2008:415 Rn 61.

732 ABlEG 1992 Nr L 49/1.

733 Vgl ausführlich *Eichinger*, EAS B 4200 Rn 128 mwN.

734 BGBl 1994, 1406.

735 Siehe dazu 2. Teil, II.B.3c.dd.

736 Richtlinie 2010/18/EU des Rates vom 8. März 2010 zur Durchführung der von BUSINESSEUROPE, UEAPME, CEEP und EGB geschlossenen überarbeiteten

keit von Beruf, Familie und Privatleben war.[737] Da diese Problematik noch immer vor allem Mütter und damit weibliche Erwerbstätige trifft, soll nunmehr durch die Richtlinie 2019/1158 (Vereinbarkeits-RL oder Work-Life-Balance Richtlinie)[738] ein weiterer Schritt im Zusammenhang mit der Verantwortung der Politik zur Förderung der Geschlechtergleichstellung durch bessere Vereinbarkeit von Beruf und Privatleben. Um diese Zielsetzung zu erreichen, soll vor allem die Erwerbstätigkeit der Frauen und die Aufteilung von Betreuungs- und Pflegeaufgaben zwischen Männern und Frauen gefördert und dadurch auch die Einkommens- und Entgeltschere zwischen den Geschlechtern geschlossen werden. Durch die RL 2010/18/EU zum Elternurlaub gewährleistete Rechte sollen gestärkt und erweitert werden. Dazu werden Mindestvorschriften für Vaterschafts- und Elternurlaub und Urlaub für pflegende Angehörige sowie flexible Arbeitsregelungen für Arbeitnehmer der genannten Gruppen festgelegt (Artikel 1).

Der persönliche Anwendungsbereich der Richtlinie ist in dessen Artikel 2 geregelt und umfasst alle Arbeitnehmer, Männer wie Frauen, die nach der die Rechtsprechung des Gerichtshofs berücksichtigenden Definition im Recht, in den Kollektiv- bzw Tarifverträgen oder den Gepflogenheiten jedes einzelnen Mitgliedstaats einen Arbeitsvertrag haben oder in einem Beschäftigungsverhältnis stehen.

Der Vaterschaftsurlaub nach Artikel 4 bezeichnet das Recht eines Vaters, anlässlich der Geburt dessen Kindes zehn Tage Urlaub zu nehmen. Den Mitgliedstaaten steht es dabei frei, dieses Recht so auszugestalten, dass der Urlaub teilweise auch bereits vor der Geburt, ausschließlich danach oder in flexibler Form genommen werden kann. Dieser Anspruch ist jedenfalls nicht an eine vorherige Beschäftigungs- oder Betriebszugehörigkeitsdauer geknüpft und muss unabhängig vom Ehe- oder Familienstand des Vaters gewährt werden. Der Arbeitnehmer soll in dieser Zeit in der Höhe bezahlt oder vergütet werden, die ihm im Fall einer Unterbrechung seiner Tätigkeit aus Gründen im Zusammenhang mit seinem Gesundheitszustand zustünde (Artikel 8). Dieser Anspruch darf höchstens von einer vorangegangenen Beschäftigungsdauer von sechs Monaten vor der Geburt abhängig gemacht werden.

Weiters sollen die Mitgliedstaaten die notwendigen Maßnahmen ergreifen, dass jeder Arbeitnehmer einen eigenen Anspruch auf vier Monate Elter-

Rahmenvereinbarung über den Elternurlaub und zur Aufhebung der Richtlinie 96/34/EG (ABl. L 68 vom 18.3.2010, S. 13).

737 RL 2010/18/EU, ErwGr 8.

738 Richtlinie (EU) 2019/1158 des Europäischen Parlaments und des Rates vom 20. Juni 2019 zur Vereinbarkeit von Beruf und Privatleben für Eltern und pflegende Angehörige und zur Aufhebung der Richtlinie 2010/18/EU des Rates.

nurlaub hat, der zu nehmen ist, bevor das Kind ein bestimmtes Alter, das maximal acht Jahre beträgt, erreicht. Davon dürfen zwei Monate jedenfalls nicht übertragbar sein.[739] Als Voraussetzung für diesen Anspruch darf höchstens eine Beschäftigungs- oder Betriebszugehörigkeitsdauer von einem Jahr vorgesehen werden.

Die Mitgliedstaaten sollen auch gewährleisten, dass die Beantragung einer flexiblen Form des Elternurlaubs möglich ist. Ein Arbeitgeber soll die Gewährung des Elternurlaubs zwar in einem vernünftigen zeitlichen Rahmen aufschieben dürfen, bei der Prüfung von Anträgen auf Elternzeit auf Vollzeitbasis muss er aber vor einer Aufschiebung nach Möglichkeit eine flexible Form des Elternurlaubs anbieten. Für den nach Artikel 5 Abs 2 unübertragbaren Elternurlaub (zwei Monate) ist vom jeweiligen Mitgliedstaat eine Bezahlung oder Vergütung festzulegen, durch die die Inanspruchnahme durch beide Elternteile erleichtert wird.

Hinzu kommt auch ein Anspruch auf Urlaub für pflegende Angehörige; auch diese Last wird im Familienverband vor allem von der weiblichen Bevölkerung getragen. Arbeitnehmern soll demnach ermöglicht werden, fünf Arbeitstage pro Jahr zur Pflege von Angehörigen zu nehmen. Unter „pflegende Angehörige“ fallen jene Arbeitnehmer, die Angehörige[740] „oder eine im gleichen Haushalt wie der Arbeitnehmer lebende Person, der bzw. die aus schwerwiegenden medizinischen Gründen gemäß der Definition in jedem Mitgliedstaat, auf erhebliche Pflege oder Unterstützung angewiesen ist“, pflegen müssen (Artikel 3).

Aus dringenden familiären Gründen im Falle höherer Gewalt, insbesondere, wenn eine Erkrankung oder ein Unfall die unmittelbare Anwesenheit der Arbeitnehmer erfordern, soll über die genannten Urlaube hinaus ein (von den Mitgliedstaaten zeitlich beschränkbarer) Anspruch auf Arbeitsfreistellung eingeräumt werden.

Zur besseren Vereinbarkeit von Familie und Beruf sollen Arbeitnehmer mit Kindern (mindestens bis zum Alter von acht Jahren) und pflegende Angehörige gemäß Artikel 19 außerdem das Recht haben, flexible Arbeitsregelungen für Betreuungs- und Pflegezwecke zu beantragen. Dem Arbeitnehmer soll die Möglichkeit gegeben werden, sein Arbeitsmuster etwa durch Nutzung von Telearbeit oder flexiblen Arbeitsplänen oder der Reduzierung

739 Im Gegensatz dazu garantierte die RL 2010/18/EU einen individuellen Anspruch für Männer und Frauen auf einen Erziehungsurlaub von drei Monaten anlässlich der Geburt eines Kindes. Diese waren nicht übertragbar und bis zum 8. Lebensjahr des Kindes einzulösen.

740 Gemäß Artikel 3 fallen darunter Sohn, Tochter, Mutter, Vater, Ehepartner oder, sofern das nationale Recht diese Partnerschaften vorsieht, Partner in einer eingetragenen Partnerschaft.

der Arbeitszeiten anzupassen. Der Arbeitgeber muss bei der Prüfung des Antrags die Bedürfnisse des Arbeitnehmers genauso wie seine eigenen berücksichtigen und jede Aufschiebung bzw Ablehnung begründen.

Damit den Anspruchsberechtigten aus der Inanspruchnahme ihrer Rechte aber kein Nachteil entsteht, sind die Mitgliedstaaten außerdem gehalten, den Bestand von erworbenen Ansprüchen sowie die Rückkehr auf den früheren oder einen gleichwertigen Arbeitsplatz sicherzustellen. Als Diskriminierungsverbot ist sodann in Artikel 11 noch breiter geregelt, dass Arbeitnehmer aufgrund der Beantragung oder Inanspruchnahme eines Urlaubs gemäß Artikel 4, 5 und 6, einer Arbeitsfreistellung nach Artikel 7 oder aufgrund der Inanspruchnahme der Rechte gemäß Artikel 9 keine Schlechterstellung erfahren dürfen. Gemäß Art 12 soll weiters ein besonderer Kündigungsschutz für diesbezügliche Motivkündigungen vorgesehen und die Beweislast aufseiten des Arbeitnehmers insofern erleichtert werden, als dieser bloß Tatsachen anzuführen hat, die darauf schließen lassen, dass die Beendigung aus den genannten Gründen erfolgt ist. Dem Arbeitgeber soll sodann der Nachweis des Gegenteils obliegen.[741]

Abgesehen davon soll die Wirksamkeit der Richtlinie aber ebenso durch Sanktionen (Artikel 13), sonstige notwendige Maßnahmen zum Schutz vor Benachteiligung oder negativen Konsequenzen für Arbeitnehmer oder Arbeitnehmervertreter, die aufgrund dieser Richtlinie im Unternehmen Beschwerde eingereicht oder ein Gerichtsverfahren angestrengt haben (Artikel 14), die Zuständigkeit der Gleichbehandlungsstellen nach Artikel 20 der Richtlinie 2006/54/EG auch für Fragen im Zusammenhang mit Diskriminierung, die unter diese Richtlinie fallen (Artikel 15), sowie eine Nicht-Rückschritts-Klausel[742] (Artikel 16) gewährleistet werden.

Die Mitgliedstaaten haben die neue Work-Life-Balance Richtlinie grundsätzlich bis 2. 8. 2022, hinsichtlich der in Artikel 8 Abs 3 geforderteten Festlegung einer Bezahlung oder Vergütung, die die Inanspruchnahme von Elternurlaub durch beide Elternteile erleichtert, aber bis zum 2. 8. 2024 umzusetzen.[743]

741 ErwGr 48; vgl dazu auch die ähnliche Beweislastregel in Art 19 der RL 2006/54/EG.

742 Dazu näher *Schrittwieser*, Work-Life-Balance Richtlinie: Ein Schritt in Richtung sozialeres Europa?, DRdA-infas 2019, 369(371).

743 Zum konkreten Anpassungsbedarf in Österreich vgl ebenfalls *Schrittwieser*, Work-Life-Balance Richtlinie, DRdA-infas 2019, 369(371); in Deutschland: *Melle*, EU-Richtlinie zur Vereinbarkeit von Beruf und Privatleben – Anpassungsbedarf bei flexiblen Arbeitsbedingungen und noch mehr?, SPA 2019, 14; *Dahm*, Die neue Richtlinie zur Vereinbarkeit von Beruf und Privatleben für Eltern und pflegende Angehörige – Erforderliche Neuerungen im deutschen RechtEuZA 2020, 19.

cc) Diskriminierungen hinsichtlich der Entlassungsbedingungen

Gem Art 14 Abs 1 lit c RL 2006/54/EG werden vom Begriff der Arbeitsbedingungen ausdrücklich auch die Entlassungsbedingungen erfasst. Der Begriff der Entlassungsbedingungen ist nach ständiger Rechtsprechung weit zu fassen[744] und erfasst keinesfalls entsprechend der österreichischen Diktion nur Beendigungen des Arbeitsverhältnisses aus wichtigem Grund. Er erfasst neben der einseitigen Beendigung des Arbeitsverhältnisses durch ordentliche oder außerordentliche Kündigung (Entlassung) durch den Arbeitgeber[745] auch die Anfechtung des Arbeitsvertrages[746] sowie die Festsetzung bestimmter obligatorischer Voraussetzungen für die Beendigung des Arbeitsverhältnisses, bspw durch eine Altersgrenze.[747] Sogar wenn die Beendigung des Arbeitsverhältnisses aufgrund einer Regelung über das freiwillige Ausscheiden unter Gewährung einer Geldleistung erfolgt, fällt sie in den Anwendungsbereich des Art 14 Abs 1 lit c RL 2006/54/EG.[748]

Von besonderer praktischer Relevanz ist die Problematik, unter welchen Voraussetzungen die Beendigung eines Arbeitsverhältnisses einer Schwangeren mit Art 14 Abs 1 lit c RL 2006/54/EG vereinbar sein kann.[749] Dabei ist von dem Grundsatz auszugehen, dass eine Entlassung allein aufgrund der Schwangerschaft jedenfalls eine unmittelbare Diskriminierung aufgrund des Geschlechts ist, da nur Frauen aus diesem Grund entlassen werden können.[750] Insbesondere können auch schwangerschaftsbedingte Fehlzeiten von Frauen nicht mit Fehlzeiten von Männern (oder nicht schwangeren Frauen) verglichen werden, die aus medizinischen oder anderen Gründen unfähig sind, ihre arbeitsvertraglichen Aufgaben zu erfüllen.[751]

Problematisch ist es jedoch, wenn Frauen aufgrund nationaler Vorschriften, die geschlechtsneutral gehalten sind, zwar krankheitsbedingt entlassen werden, die Ursache für die Krankheit aber in der Schwangerschaft bzw der

744 Vgl etwa EuGH Rs C-614/11 (Kuso), EU:C:2013:544, NZA 2013, 1071 Rn 36; Rs C-356/09 (Kleist), EU:C:2010:703 Rn 26; Rs 207/04 (Vergani), EU:C:2005:495 Rn 27; Rs C-262/84 (Beets-Proper), EU:C:1986:86 Rn 36 oder Rs 152/84 (Marshall I), EU:C:1986:84 Rn 34.

745 Vgl zur Rechtfertigung der Ausnahme von Kleinbetrieben vom deutschen Kündigungsschutzgesetz EuGH Rs C-189/91 (Kirsammer-Hack), EU:C:1993:907; siehe auch oben 2. Teil, II.B.1.b)ee).

746 EuGH Rs C-421/92 (Habermann-Beltermann), EU:C:1994:187.

747 EuGH Rs C-152/84 (Marshall I), EU:C:1986:84.

748 EuGH Rs C-19/81 (Burton), EU:C:1982:58 Rn 9.

749 Siehe dazu auch oben unter 2. Teil, II.B.1.d)cc)ii).

750 Grundlegend EuGH Rs C-179/88 (Handels- og Kontorfunktionærernes Forbund ./. Hertz), EU:C:1990:384 Rn 13; vgl die Rechtsprechungsübersicht bei EuGH Rs C-394/96 (Brown), EU:C:1998:331 Rn 16.

751 EuGH Rs C-32/93 (Webb), EU:C:1994:300.

Entbindung liegt. In der Rechtsprechung des EuGH ist es von entscheidender Bedeutung, zu welchem Zeitpunkt die Krankheit, die ihre Ursache in der Schwangerschaft hat, auftritt.

EuGH, Rs 179/88 (Hertz):[752] Frau *Hertz* war aufgrund einer komplizierten Schwangerschaft bereits während der Schwangerschaft in Absprache mit ihrem Arbeitgeber krank gemeldet. Nach ihrem Mutterschaftsurlaub nahm sie ihre Beschäftigung wieder auf. Ein halbes Jahr danach traten, unbestritten als Folge ihrer Schwangerschaft, gesundheitliche Probleme auf, aufgrund derer sie innerhalb eines Jahres an 100 Arbeitstagen krank gemeldet war. Sie wurde daraufhin von ihrem Arbeitgeber wegen ihrer Fehlzeiten unter Einhaltung der Kündigungsfrist entlassen, wobei es der Praxis des Arbeitgebers entsprach, jeden Arbeitnehmer mit vielen krankheitsbedingten Fehlzeiten zu entlassen.

Davon ausgehend, dass Entlassungen allein aufgrund der Schwangerschaft mit der RL 2006/54/EG nicht vereinbar sind, stellte der EuGH fest, dass eine Entlassung einer Arbeitnehmerin aufgrund häufiger Fehlzeiten wegen Krankheit, die nicht durch Schwangerschaft oder Entbindung verursacht sind, jedenfalls keine unmittelbare Diskriminierung aufgrund des Geschlechts darstelle, sofern Männer auch aufgrund dieser Fehlzeiten entlassen werden. Die Richtlinie betrifft aber auch nicht den Fall,

„dass eine Krankheit durch Schwangerschaft oder Entbindung verursacht worden ist. Sie lässt jedoch [gem Art 28 Abs 1 RL 2006/54/EG] nationale Vorschriften zu, die den Frauen besondere Rechte wegen Schwangerschaft und Mutterschaft, so zum Beispiel einen Anspruch auf Mutterschaftsurlaub, sichern. Daraus folgt, dass die Frau während dieses ihr nach nationalem Recht zustehenden Urlaubs dagegen gesichert ist, aufgrund ihres Fernbleibens von der Arbeit entlassen zu werden". Die Regelung der Dauer des Mutterschaftsurlaubs ist jedoch Sache der Mitgliedstaaten. „Bei Krankheiten, die erst nach dem Mutterschaftsurlaub auftreten, besteht kein Anlass, zwischen durch Schwangerschaft oder Entbindung verursachten Krankheiten und anderen Krankheiten zu unterscheiden [...] Männliche und weibliche Arbeitnehmer sind nämlich im gleichen Maß dem Krankheitsrisiko ausgesetzt. Wenn auch bestimmte Gesundheitsstörungen spezifisch für das eine oder das andere Geschlecht sind, kommt es lediglich darauf an, ob eine Frau unter den gleichen Voraussetzungen wie ein Mann aufgrund von Fehlzeiten wegen Krankheit entlassen wird; ist dies der Fall, liegt keine unmittelbare Diskriminierung aufgrund des Geschlechts vor."

Eine unmittelbare Diskriminierung aufgrund des Geschlechts liegt bei einer krankheitsbedingten Entlassung auch dann nicht vor, wenn die durch die Schwangerschaft oder Entbindung verursachte Krankheit zwar bereits während des Mutterschaftsurlaubs aufgetreten ist, aber nach Ablauf des Mutterschaftsurlaubs noch fortdauert.[753] Während der Dauer der Schwangerschaft

752 EuGH Rs C-179/88 (Handels- og Kontorfunktionærernes Forbund ./. Hertz), EU:C:1990:384.

753 EuGH Rs C-400/95 (Larsson), EU:C:1997:259.

rechtfertigen Fehlzeiten aufgrund einer durch die Schwangerschaft verursachten Krankheit eine Entlassung insbesondere im Hinblick auf Art 10 RL 92/85/EWG jedoch nicht, da hier die Entlassung mit den Risiken zusammenhängt, die mit einer Schwangerschaft verbunden sind, sodass diese als hauptsächlicher Grund für die Entlassung anzusehen ist.[754]

Eine Entlassung im Sinne des Art 14 Abs 1 lit c RL 2006/54/EG während der Schwangerschaft ist selbst dann nicht zu rechtfertigen, wenn sie aufgrund eines Beschäftigungsverbotes zum Schutze der Schwangeren, welches durch Art 28 Abs 1 RL 2006/54/EG gerechtfertigt ist, ausgesprochen wurde.

EuGH, Rs C-421/92 (Habermann-Beltermann):[755] Der Arbeitgeber von Frau *Habermann-Beltermann* hatte das auf unbestimmte Zeit eingegangene Arbeitsverhältnis mit ihr angefochten, da sie, was beide Parteien nicht wussten, zum Zeitpunkt des Vertragsabschlusses schwanger war und daher aufgrund eines gesetzlichen Nachtarbeitsverbots für Schwangere die vereinbarte Tätigkeit nicht ausüben durfte.

Der EuGH sah die Anfechtungsmöglichkeit eines unbefristeten Arbeitsvertrages aufgrund einer – zunächst unerkannten – Schwangerschaft, die für die Dauer der Schwangerschaft zu einem Beschäftigungsverbot führte, als mit der Gleichbehandlungsrichtlinie nicht vereinbar an.

Innerhalb eines auf unbeschränkte Zeit abgeschlossenen Arbeitsverhältnisses „wirkt das Nachtarbeitsverbot nur für eine gegenüber der Gesamtdauer des Vertrages beschränkte Zeit und es würde dem mit Art 2 Abs 3 der RL [Art 28 Abs 1 RL 2006/54/EG] verfolgten Schutzzweck zuwider laufen und dieser Bestimmung ihre praktische Wirksamkeit entziehen, wenn man es zuließe, dass der Vertrag wegen der zeitweiligen Verhinderung der schwangeren Arbeitnehmerin, die Nachtarbeit zu verrichten, für die sie eingestellt wurde, für nichtig erklärt oder angefochten werden könnte."

Des Weiteren liegt die Bedeutung der verbotenen geschlechtsspezifischen Diskriminierung bei Entlassungen in Sachverhaltskonstellationen, in denen das unterschiedliche gesetzliche Rentenalter für Männer und Frauen Ursache für eine im Vergleich zu Männern frühere Beendigung des Arbeitsverhältnisses von Frauen ist. Dafür gibt es zahlreiche Beispiele in der Judikatur des EuGH:

EuGH, Rs 152/84 (Marshall I):[756] Frau *Marshall* wurde kurz vor Vollendung ihres 62. Lebensjahres von ihrem Arbeitgeber entlassen, obwohl sie ihren Willen bekundet hatte, bis zur Vollendung ihres 65. Lebensjahres ihren Arbeitsplatz beizubehalten. Der einzige Grund für die Entlassung war, dass der Arbeitgeber die Politik verfolgte, Arbeitsverhältnisse zu beenden, wenn die Arbeitnehmer das Alter er-

754 EuGH Rs C-394/96 (Brown), EU:C:1998:331.
755 EuGH Rs C-421/92 (Habermann-Beltermann), EU:C:1994:187.
756 EuGH Rs C-152/84 (Marshall I), EU:C:1986:84.

reichten, von dem an die Sozialversicherung die Renten auszahlte. Dieses war nach den nationalen rentenrechtlichen Vorschriften der Fall für Männer ab dem 65. Lebensjahr und für Frauen ab dem 60. Lebensjahr, wobei aber keine gesetzliche Verpflichtung bestand, in diesem Alter auch in Rente zu gehen.

Der EuGH sah in dieser Entlassungspolitik trotz gewisser Ausnahmeregelungen, die jedoch im Ermessen des Arbeitgebers standen, eine durch Art 14 Abs 1 lit c RL 2006/54/EG verbotene Diskriminierung.

Insbesondere könne die in Art 1 Abs 2 der RL 76/207/EWG vorgesehene Ausnahme für das Gebiet der sozialen Sicherheit, die wie jede Ausnahme vom Grundsatz der Gleichbehandlung eng auszulegen sei, die Ungleichbehandlung nicht rechtfertigen. Die Ausnahme in Art 7 der RL 79/7/EWG zur sozialen Sicherheit, wonach ausdrücklich ein unterschiedliches Rentenalter für Männer und Frauen zulässig ist, gelte daher nur für die Festsetzung des Rentenalters, für die Gewährung der Altersrente oder Ruhestandsrente und etwaige Auswirkungen daraus auf andere Leistungen der sozialen Sicherheit, nicht aber für Entlassungsbedingungen, die einzig am Maßstab der RL 2006/54/EG zu messen seien.

Konsequenterweise sieht der EuGH in einer automatischen Beendigung des Arbeitsverhältnisses bei Erreichen des für Männer und Frauen unterschiedlichen Rentenalters einen Verstoß gegen Art 14 Abs 1 lit c RL 2006/54/EG.[757]

EuGH, Rs C-356/09 (Kleist):[758] Frau *Kleist* war als leitende Ärztin bei der österreichischen Pensionsversicherungsanstalt angestellt. Der auf ihr Arbeitsverhältnis anzuwendende Kollektivvertrag legte das Anfallsalter für den Anspruch auf Alterspension für Männer und Frauen unterschiedlich fest. So können Frauen nach österreichischem Recht bereits ab dem 60. Lebensjahr, Männer hingegen erst ab dem 65. Lebensjahr eine Regelaltersrente beziehen. Nachdem sie nach Erreichung des 60. Lebensjahres nicht in Pension gehen wollte, wurde sie „in den Ruhestand versetzt“. Ihre Kündigung wurde durch das Erfordernis, jungen Menschen einen Arbeitsplatz zu verschaffen und deren Beschäftigung zu fördern, gerechtfertigt.

Für den EuGH stellte die Kündigung eine verbotene unmittelbare Diskriminierung auf Grund des Geschlechts dar, die weder mit dem unterschiedlichen Rentenalter noch mit dem Argument der Beschäftigungsförderung gerechtfertigt werden könne. Die Argumentation der Pensionsversicherungsanstalt, dass die Republik Österreich gemäß der in Art 7 Abs 1 lit a der RL 79/7/EWG vorgesehenen Ausnahme vom Grundsatz der Gleichbehandlung ein System einrichten wollte, das einen Unterschied in Bezug auf das gesetzliche Pensionsalter für Männer und Frauen vorsieht, um die gesellschaftliche, familiäre und ökonomische Benachteiligung der Frauen auszugleichen, geht dem EuGH zufolge ins Leere. Der Gerichtshof betonte erneut, dass diese Ausnahme angesichts der grundlegenden Bedeutung des

757 EuGH Rs C-262/84 (Beets-Proper), EU:C:1986:86.
758 EuGH Rs C-356/09 (Kleist), EU:C:2010:703.

Grundsatzes der Gleichbehandlung eng auszulegen sei. Zudem handle es sich im vorliegenden Fall um Entlassungsbedingungen iSd Art 3 Abs 1 lit c der RL 76/207/EWG und nicht um die in Art 7 Abs 1 lit a der RL 79/7/EWG genannten Auswirkungen, weshalb diese Ausnahme nicht zu Anwendung kommt.

Das Urteil in der Rs Kuso weist erhebliche Ähnlichkeiten mit der vorgenannten Entscheidung auf:

EuGH, Rs C-614/11 (Kuso)[759]: Das befristete Arbeitsverhältnis von Frau *Kuso*, einer Angestellten der niederösterreichischen Landes-Landwirtschaftskammer, endete gemäß ihrem Arbeitsvertrag am letzten Tag des Jahres, in dem sie das Pensionsantrittsalter[760] erreichte, automatisch durch Zeitablauf. Ihrem Ansuchen auf Beschäftigung auch über das Pensionsantrittsalter hinaus wurde nicht stattgegeben. Die Landes-Landwirtschaftskammer war der Ansicht, dass Art 3 Abs 1 lit c der RL 76/207/EWG, welcher ausschließlich Entlassungen betreffe, nicht anwendbar sei, da das Arbeitsverhältnis von Frau *Kuso* nicht durch Kündigung beendet wurde.

Der EuGH hält fest, dass die Beendigung des Arbeitsverhältnisses durch Zeitablauf einer Entlassung iSd Art 3 Abs 1 lit c der RL 76/207/EWG gleichzusetzen ist. Er kommt weiters zu dem Ergebnis, dass die vorliegende Ungleichbehandlung eine nach der Richtlinie 76/207/EWG verbotene unmittelbare Diskriminierung aufgrund des Geschlechts darstellt, da sich die Ungleichbehandlung nach der nationalen Regelung unmittelbar auf das Geschlecht stützt, sich die männlichen und die weiblichen Arbeitnehmer in einer vergleichbaren Situation befinden und die Richtlinie 76/207/EWG für eine unmittelbare Diskriminierung keine Ausnahmeregelung enthält.

In der Rs Burton hat der EuGH hingegen eine Regelung, wonach jeder Arbeitnehmer innerhalb von fünf Jahren vor Erreichen des Rentenalters, welches für Männer und Frauen unterschiedlich war, beim freiwilligen Ausscheiden eine Leistung des Arbeitgebers erhielt, nicht als Diskriminierung gesehen, da die Leistungen für beide Geschlechter gleich berechnet wurden und eine Ungleichbehandlung ausschließlich deshalb erfolgte, weil die Leistungen an das gem Art 7 RL 79/7/EWG zulässigerweise unterschiedlich festgelegte Rentenalter gebunden war.

f) Verstöße gegen den Gleichbehandlungsgrundsatz, Schadenersatz

Nach Art 25 RL 2006/54/EG haben die Mitgliedstaaten die Regeln für die Sanktionen festzulegen, die bei einem Verstoß gegen die einzelstaatlichen Vorschriften zur Umsetzung der Gleichbehandlungsrichtlinie zu verhängen sind, und alle erforderlichen Maßnahmen zu treffen, um deren Anwendung

759 EU:C:2013:544, NZA 2013, 1071.

760 Zur Höhe des unterschiedlichen Pensionsantrittsalters für Männer und Frauen siehe EuGH Rs C-356/09 (Kleist), EU:C:2010:703.

zu gewährleisten. Die Sanktionen müssen wirksam, verhältnismäßig und abschreckend sein.

Art 23 lit a RL 2006/54/EG legt den Mitgliedstaaten die Verpflichtung auf, die notwendigen Maßnahmen zu treffen, um sicherzustellen, dass die Rechts- und Verwaltungsvorschriften beseitigt werden, die mit dem Grundsatz der Gleichbehandlung nicht zu vereinbaren sind. Zudem müssen die Mitgliedstaaten gem Art 17 RL 2006/54/EG innerstaatliche Vorschriften vorsehen, damit jeder, der sich durch eine Diskriminierung beschwert fühlt, seine Rechte auf dem Gerichts- und/oder Verwaltungsweg sowie – wenn die Mitgliedstaaten es für angezeigt halten – in Schlichtungsverfahren geltend machen kann, selbst wenn das Verhältnis, während dessen die Diskriminierung vorgekommen sein soll, bereits beendet ist.

Die Mitgliedstaaten sind weiters nach Art 18 RL 2006/54/EG verpflichtet Schadenersatz- und Entschädigungsansprüche vorzusehen. Es besteht keine Verpflichtung zur Gewährung von Strafschadenersatz,[761] ist jedoch einer Person durch eine Diskriminierung in Form eines Verstoßes gegen Art 14 RL 2006/54/EG ein Schaden entstanden, so hat dieser tatsächlich und wirksam ausgeglichen oder ersetzt zu werden, wobei dies auf eine abschreckende und dem erlittenen Schaden angemessene Art und Weise geschehen muss.[762] Dabei darf ein solcher Ausgleich oder eine solche Entschädigung nur in den Fällen durch eine im Voraus festgelegte Höchstgrenze begrenzt werden, in denen der Arbeitgeber nachweisen kann, dass der einem/einer Bewerber/in durch die Diskriminierung entstandene Schaden allein darin besteht, dass die Berücksichtigung seiner/ihrer Bewerbung verweigert wird.

Für die Unterstützung der diskriminierten Person haben die Mitgliedstaaten vorzusehen, dass sich auch Verbände, Organisationen und andere juristische Personen zur Durchsetzung der Ansprüche am Gerichts- und/oder Verwaltungsverfahren beteiligen können (Art 17 Abs 2 RL 2006/54/EG).

Der EuGH[763] schließt daraus,

> „dass die Mitgliedstaaten verpflichtet sind, Maßnahmen zu ergreifen, die hinreichend wirksam sind, das Ziel der RL zu erreichen, und dafür Sorge zu tragen, dass die Betroffenen sich vor den nationalen Gerichten tatsächlich auf diese Maßnahmen berufen können."

Die Wahl der Maßnahmen bei einem Verstoß gegen den Gleichbehandlungsgrundsatz stellt der EuGH den Mitgliedstaaten frei. Sofern die Maßnahme hinreichend wirksam ist, kommt als Sanktion für einen Verstoß ge-

761 Vgl EuGH C-407/14, (Arjona Camacho), EU:C:2015:831 Rn 34 ff; *Loosschelders*, GPR 2016, 179.

762 Zuletzt vgl EuGH C-81/12 (Asociația Accept), EU:C:2013:275 Rn 61.

763 EuGH Rs C-79/83 (Harz), EU:C:1984:155 Rn 17 ff.

gen den Gleichbehandlungsgrundsatz sowohl eine Verpflichtung des Arbeitgebers, den diskriminierten Bewerber einzustellen, als auch eine angemessene Schadenersatzverpflichtung, die gegebenenfalls durch eine Bußgeldregelung verstärkt werden kann, in Betracht. Entscheidet sich ein Mitgliedstaat für eine Schadensersatzregelung, so muss diese in einem angemessenen Verhältnis zum erlittenen Schaden stehen und eine wirklich abschreckende Wirkung, die über eine rein symbolische Entschädigung hinausgeht, gegenüber dem Arbeitgeber haben.[764]

EuGH, Rs C-180/95 (Draehmpaehl):[765] Der EuGH differenziert jedoch bei der Frage, welche Entschädigung angemessen ist, danach, ob der diskriminierte Bewerber bei einer diskriminierungsfreien Auswahl die zu besetzende Stelle erhalten hätte oder ob aufgrund der besseren Qualifikation des eingestellten Bewerbers der diskriminierte Bewerber die Stelle auch bei diskriminierungsfreier Auswahl nicht erhalten hätte. Hätte der Bewerber bei diskriminierungsfreier Auswahl die Stelle nicht erhalten, so ist dies bei der Beurteilung der Angemessenheit des Schadensersatzanspruches zu berücksichtigen. Es stehe außer Frage, dass der Schaden dieses Bewerbers, der allein im Ausschluss vom Einstellungsverfahren bestehe, geringer ist als der von Bewerbern, die die Stelle bei diskriminierungsfreier Auswahl erhalten hätten. Der EuGH sah es daher als gerechtfertigt an, dass eine nationale Regelung – hier der damalige § 611a BGB[766] – abweichend von sonstigen innerstaatlichen Regelungen den Schadensersatz für diese Fälle auf höchstens drei Monatsgehälter beschränkte. Jedoch sei es Sache des Arbeitgebers zu beweisen, dass der Bewerber aufgrund der besseren Qualifikation des tatsächlich eingestellten Bewerbers nicht eingestellt wurde. Hingegen wurde die Beschränkung des Schadenersatzes auf drei Monatsgehälter für Bewerber, die aufgrund ihrer Qualifikation bei diskriminierungsfreier Auswahl die Stelle hätten erhalten müssen, als unverhältnismäßig zum erlittenen Schaden angesehen, zumal das nationale Recht ansonsten keine Höchstgrenzen für Schadensersatzansprüche vorsah. Ebenso sah der EuGH eine Regelung,[767] die bei mehreren diskriminierten Bewerbern eine Höchstgrenze des Schadensersatzes von kumulativ sechs Monatsgehältern vorsah, als einen ungeeigneten Rechtsschutz vor Diskriminierungen an, da durch eine derart geringe Entschädigung die Diskriminierten offensichtlich davon abgehalten werden könnten, ihre Rechte geltend zu machen.

Der Schadenersatzanspruch ist von einem Verschulden des Arbeitgebers an der Diskriminierung aufgrund des Geschlechts unabhängig.

EuGH, Rs C-196/02 (Nikoloudi):[768] „Macht ein Arbeitnehmer geltend, dass der Gleichbehandlungsgrundsatz zu seinen Lasten verletzt worden sei, und legt er

764 EuGH Rs C-14/83 (von Colson und Kamann), EU:C:1984:153 Rn 23 f; EuGH Rs C-180/95 (Draehmpaehl), EU:C:1997:208 Rn 25.
765 EuGH Rs C-180/95 (Draehmpaehl), EU:C:1997:208 Rn 30 ff.
766 § 611a BGB wurde mittlerweile den Vorgaben der Entscheidung Draehmpaehl angepasst.
767 Der früher geltende § 61b Abs 2 ArbGG.
768 EuGH Rs C-196/02 (Nikoloudi), EU:C:2005:141.

Tatsachen dar, die das Vorliegen einer unmittelbaren oder mittelbaren Diskriminierung vermuten lassen, so ist das Gemeinschaftsrecht, insbesondere die RL 97/80/EG des Rates vom 15. Dezember 1997 über die Beweislast bei Diskriminierung aufgrund des Geschlechts [nun im Art 19 RL 2006/54/EG], dahin auszulegen, dass die beklagte Partei zu beweisen hat, dass keine Verletzung des Gleichbehandlungsgrundsatzes vorgelegen hat."

Liegt eine Diskriminierung hinsichtlich der Entlassungsbedingungen vor, hat der EuGH jedoch bestimmte Leitlinien vorgezeichnet.

EuGH, Rs C-271/91 (Marshall II):[769] Frau *Marshall* begehrte vor dem nationalen Gericht in einem zweiten Prozess Schadenersatz, da sie unter Verstoß gegen Art 5 RL 76/207/EWG [jetzt Art 14 Abs 1 lit c RL 2006/54/EG] entlassen worden war.[770] Das nationale Recht sah jedoch eine Obergrenze in Höhe von 6250 englischen Pfund für Schadenersatzansprüche wegen Diskriminierungen aufgrund des Geschlechts vor, zudem konnten keine Zinsen zugesprochen werden. Diesen Betrag überstieg der aufgrund der vorzeitigen Entlassung erlittene Einkommensverlust erheblich.

Der EuGH stellte fest, dass die Mitgliedstaaten nur die Wahl zwischen den aufgrund der jeweiligen Sachverhaltskonstellation denkbaren Sanktionen hätten, die zur Verwirklichung des Ziels der Richtlinie geeignet sind.

„Deren Ziel ist jedoch die Schaffung tatsächlicher Chancengleichheit; es würde nicht erreicht, wenn Maßnahmen fehlten, durch die diese Gleichheit wiederhergestellt werden kann, falls sie nicht gewahrt ist [...] Im Falle einer diskriminierenden, gegen Art 5 Abs 1 der RL [jetzt Art 14 Abs 1 RL 2006/54/EG] verstoßenden Entlassung kann jedoch die Gleichheit ohne Wiedereinstellung der diskriminierten Person oder aber finanzielle Wiedergutmachung des ihr entstandenen Schadens nicht wiederhergestellt werden. Wird als Maßnahme zur Erreichung des vorstehend beschriebenen Ziels die finanzielle Wiedergutmachung gewählt, so muss diese angemessen in dem Sinne sein, dass sie es erlaubt, die durch die diskriminierende Entlassung tatsächlich entstandenen Schäden gem der anwendbaren staatlichen Regeln in vollem Umfang auszugleichen." Der EuGH sah daher in einer Obergrenze des Schadensersatzanspruches ebenso wie im Ausschluss der Verzinsung des Anspruches einen Verstoß gegen Art 17 RL 2006/54/EG.

Die einzig zulässige Sanktion bei einer aufgrund des Geschlechts diskriminierenden Entlassung kann daher nur die Wiedereinstellung der diskriminierten Person sein, wobei ihre vorübergehende Nichtbeschäftigung zu keinem finanziellen Verlust führen darf, oder der Ersatz des tatsächlich durch die diskriminierende Entlassung entstandenen Schadens.

Um einen effektiven Rechtsschutz im Sinne des Art 17 RL 2006/54/EG bei Diskriminierungen zu gewährleisten, kann es im Einzelfall durchaus auch erforderlich sein, dass die Mitgliedstaaten Regelungen treffen, die ein

769 EuGH Rs C-271/91 (Marshall II), EU:C:1993:335.
770 Vgl die Sachverhaltsdarstellung oben 2. Teil, II.B.1e)bb).

Verhalten des Arbeitgebers sanktionieren, das erst nach Beendigung des Arbeitsverhältnisses aufgetreten ist. So verpflichtet Art 17 RL 2006/54/EG bspw die Mitgliedstaaten, Vorschriften zu treffen, die verhindern, dass sich der Arbeitgeber als Reaktion auf die Erhebung einer Klage auf Einhaltung des Grundsatzes der Gleichbehandlung nach Beendigung des Arbeitsverhältnisses weigert, Arbeitszeugnisse zu erteilen.[771]

Durch Art 20 RL 2006/54/EG hat jeder Mitgliedstaat eine oder mehrere Stellen zu bezeichnen, deren Aufgabe darin besteht, die Verwirklichung der Gleichbehandlung aller Personen ohne Diskriminierung aufgrund des Geschlechts zu fördern, zu analysieren, zu beobachten und zu unterstützen. Diesen obliegt es auch, Opfer von Diskriminierungen zu unterstützen und deren Beschwerde nachzugehen, unabhängige Untersuchungen zum Thema der Diskriminierung durchzuführen sowie unabhängige Berichte zu veröffentlichen und Empfehlungen zu allen Aspekten vorzulegen, die mit diesen Diskriminierungen in Zusammenhang stehen.

g) Beweislast der Diskriminierung aufgrund des Geschlechts

Die Beweislast bei Diskriminierungen aufgrund des Geschlechts war durch die RL 97/80/EG (Beweislastrichtlinie) unabhängig davon, ob eine Diskriminierung hinsichtlich des Zugangs zur Beschäftigung, hinsichtlich des Entgelts oder hinsichtlich sonstiger Arbeitsbedingungen vorliegt (vgl Art 3 Abs 1 RL 97/80/EG), einheitlich geregelt. Nun wurde sie in die RL 2006/54/EG in Art 19 unter der Überschrift „Beweislast" eingegliedert. Die Beweislastrichtlinie orientiert sich dabei hauptsächlich an der bisher zu dieser Problematik ergangenen EuGH-Rechtsprechung und bezweckt, die wirksamere Durchführung der von den Mitgliedstaaten auf dem Gebiet der Gleichbehandlung getroffenen Maßnahmen zu gewährleisten.

Zwar verpflichtet die Beweislastrichtlinie die Mitgliedstaaten nicht, bei von Arbeitnehmern behaupteten Verletzungen des Gleichbehandlungsgrundsatzes eine Beweislastumkehr vorzunehmen, mit der Folge, dass es dem Arbeitgeber von vornherein obliegen würde zu beweisen, dass er nicht aufgrund des Geschlechts die diskriminierende Maßnahme getroffen habe. Jedoch legt Art 19 Abs 1 RL 2006/54/EG fest, dass Personen, die sich durch die Verletzung des Gleichbehandlungsgrundsatzes beschwert fühlen und dies gerichtlich geltend machen, lediglich Tatsachen glaubhaft machen müssen, die das Vorliegen einer unmittelbaren oder mittelbaren Diskriminierung vermuten lassen. Dem Beklagten obliegt es dann zu beweisen, dass keine Verletzung des Gleichbehandlungsgrundsatzes vorgelegen hat. Wäh-

771 EuGH Rs C-185/97 (Coote), EU:C:1998:424.

rend es demnach für die klagende Partei genügt, Tatsachen vorzubringen, die für das Vorliegen einer unzulässigen Diskriminierung sprechen, muss die beklagte Partei den strengeren Beweis nach den allgemeinen Beweislastregeln führen, dass kein Verstoß gegen den Gleichbehandlungsgrundsatz vorliegt.

Sowohl der deutsche als auch der österreichische Gesetzgeber hat in § 611a Abs 1 Satz 3 BGB aF (nunmehr § 22 AGG[772]) bzw § 12 Abs 12 GleichbG diese Beweiserleichterung übernommen. Grundsätzlich erlaubt die Richtlinie jedoch gem Art 19 Abs 2 auch, für die klagende Partei noch günstigere Beweisregelungen zu treffen.

Bereits vor Inkrafttreten der RL 97/80/EG war der EuGH bei Diskriminierungen aufgrund des Geschlechts in vergleichbarer Weise von den allgemeinen Beweislastregeln, nach denen die klagende Partei den vollen Beweis für den geltend gemachten Anspruch erbringen müsste, abgewichen.[773]

> EuGH, Rs C-127/92 (Enderby):[774] „Nach der Rechtsprechung des Gerichtshofes kehrt sich die Beweislast jedoch um, wenn Arbeitnehmer, die dem ersten Anschein nach diskriminiert sind, sonst kein wirksames Mittel hätten, um die Einhaltung des Grundsatzes des gleichen Entgeltes durchzusetzen. Wenn eine Maßnahme, die zwischen den Beschäftigten nach ihrer Arbeitszeit unterscheidet, tatsächlich mehr Personen des einen oder anderen Geschlechts benachteiligt, ist diese Maßnahme daher als ein Verstoß gegen das von Art 141 EG [Art 157 AEUV] verfolgte Ziel anzusehen, sofern der Arbeitgeber sie nicht durch objektive Faktoren rechtfertigen kann, die nichts mit einer Diskriminierung aufgrund des Geschlechts zu tun haben.[775] Ebenso obliegt dem Arbeitgeber dann, wenn in einem Unternehmen ein Entlohnungssystem angewandt wird, dem jede Durchschaubarkeit fehlt, der Nachweis, dass seine Lohnpolitik nicht diskriminierend ist, sofern ein weiblicher Arbeitnehmer auf der Grundlage einer relativ großen Zahl von Arbeitnehmern belegt, dass das durchschnittliche Entgelt der weiblichen Arbeitnehmer niedriger ist als das der männlichen Arbeitnehmer."[776]

In der Entscheidung Kelly[777], in welcher es um die Frage ging, ob ein Bewerber, dem unter Verletzung des Gleichbehandlungsgrundsatzes der Zugang zu einer Berufsausbildung verwehrt wurde, Anspruch auf Informationen

772 *Schlachter* in: ErfK, 17. Aufl 2017, AGG § 22 Rn 1.

773 Zur Beweislast im Zusammenhang mit der Problematik der Entschädigungshöchstgrenze bei Diskriminierungen beim Zugang zur Beschäftigung siehe oben unter II B 1 f zur Rechtssache EuGH Rs C-180/95 (Draehmpaehl), EU:C:1997:208.

774 EuGH Rs C-127/92 (Enderby), EU:C:1993:859 Rn 14 ff.

775 Vgl auch EuGH Rs C-170/84 (Bilka), EU:C:1986:204 Rn 31; EuGH Rs C-33/89 (Kowalska), EU:C:1990:265 Rn 16; EuGH Rs C-184/89 (Nimz), EU:C:1991:50 Rn 15.

776 Vgl auch EuGH Rs C-109/88 (Danfoss), EU:C:1989:383 Rn 16.

777 EuGH Rs C-104/10 (Kelly), EU:C:2011:506; idS auch EuGH Rs C-415/10 (Meister), EU:C:2012:217.

über die Bewerber hat, denen der Zugang zu der Berufsausbildung nicht verwehrt worden ist, damit er Tatsachen glaubhaft machen kann, die das Vorliegen einer unmittelbaren oder mittelbaren Diskriminierung vermuten lassen, befasste sich der EuGH im Rahmen eines Vorabentscheidungsverfahren mit der Auslegung des Art 4 Abs 1 der Richtlinie 97/80/EG.

Der Gerichtshof hielt fest, dass

> „Art 4 Abs 1 der Richtlinie 97/80 dahin auszulegen ist, dass er einem Bewerber für eine Berufsausbildung, der meint, dass ihm der Zugang zu dieser Ausbildung wegen Verletzung des Gleichbehandlungsgrundsatzes verwehrt worden ist, keinen Anspruch auf im Besitz des Veranstalters dieser Ausbildung befindliche Informationen über die Qualifikationen der anderen Bewerber für diese Ausbildung verleiht, um ihn in die Lage zu versetzen, gemäß dieser Bestimmung ‚Tatsachen glaubhaft [zu] machen, die das Vorliegen einer unmittelbaren oder mittelbaren Diskriminierung vermuten lassen'. [...] Es kann jedoch nicht ausgeschlossen werden, dass eine Verweigerung von Informationen durch einen Beklagten im Rahmen des Nachweises solcher Tatsachen die Verwirklichung des mit dieser Richtlinie verfolgten Ziels beeinträchtigen und auf diese Weise insbesondere deren Art 4 Abs 1 die praktische Wirksamkeit nehmen kann."

Allerdings kann die Vorenthaltung von Informationen Indizwirkung für das Vorliegen einer Diskriminierung entfalten, wie dies der EuGH in der Rs Meister[778] feststellte.

Die Beweislastregeln finden gem Art 19 Abs 4 RL 2006/54/EG ebenso auf Art 157 AEUV in Bezug auf das Entgelt Anwendung, vorausgesetzt es handelt sich um gleichwertige Tätigkeiten.[779] Sie kommen auch die Mutterschutzrichtlinie (92/85/EWG) zur Anwendung. In der Rs Otero Ramos wurde der Arbeitnehmerin die Risikobescheinigung iSd Art 4 der Mutterschutzrichtlinie nicht erteilt. Da in diesem Fall auch eine ungünstige Behandlung einer Frau im Zusammenhang mit ihrer Schwangerschaft vorlag (Art 2 Abs 2 lit c RL 2006/54/EG), sei auch in diesem Fall die Beweislastumkehr des Art 19 der Antidiskriminierungsrichtlinie anzuwenden.[780]

h) Fördermaßnahmen (positive Diskriminierung)

Mit der Einfügung des Art 141 Abs 4 EG durch den Vertrag von Amsterdam, der seit dem Vertrag von Lissabon Art 157 Abs 4 AEUV entspricht, wurde die sog positive Diskriminierung einer primärrechtlichen Regelung zugeführt. Danach steht es den Mitgliedstaaten „im Hinblick auf die effektive Gewährleistung der Gleichstellung von Männern und Frauen" frei, „zur Verhinderung bzw zum Ausgleich von Benachteiligungen in der beruf-

778 EuGH Rs C-415/10 (Meister), EU:C:2012:217.
779 EuGH Rs C-427/11 (Kenny), EU:C:2013:122, NZA 2013, 315.
780 EuGH C-531/15 (Otero Ramos) ECLI:EU:C:2017:789.

lichen Laufbahn spezifische Vergünstigungen beizubehalten oder zu beschließen", ohne dass diesen der Gleichbehandlungsgrundsatz entgegenstünde. Art 157 Abs 4 AEUV bezweckt dabei in erster Linie eine Verbesserung der Lage der Frau auf dem Arbeitsmarkt.[781] Als Ausnahme zu den grundlegenden Prinzipien des Europarechts ist Art 157 Abs 4 AEUV aber eng auszulegen.

Art 157 Abs 4 AEUV zielt nicht mehr allein auf eine Gleichbehandlung ab, sondern fördert eine Gleichstellung der Frau im Arbeitsleben. Art 157 Abs 4 AEUV erlaubt somit auch die Verwendung von geschlechtsneutral formulierten Differenzierungskriterien wie der Unerheblichkeit des Einkommens des Partners oder der Partnerin, der Unerheblichkeit von Beurlaubungen und Verzögerungen beim Abschluss der Ausbildung aufgrund der Betreuung von Kindern oder der Teilzeitarbeit, auch wenn diese Kriterien im Allgemeinen Frauen begünstigen, sofern sie eine Gleichstellung der Frau im Arbeitsleben bezwecken und hierfür geeignet sind.

EuGH, Rs C-407/98 (Abrahamsson und Anderson):[782] „Solche Kriterien sollen nämlich offenkundig eine materielle und nicht nur formale Gleichheit herbeiführen, indem sie in der sozialen Wirklichkeit auftretende faktische Ungleichheiten verringern, und so im Einklang mit Art 141 Abs 4 EG [Art 157 Abs 4 AEUV] Benachteiligungen in der beruflichen Laufbahn von Personen des unterrepräsentierten Geschlechts verhindern oder ausgleichen". Jedoch müssen diese Kriterien in „transparenter und nachprüfbarer Weise angewendet werden, um jede willkürliche Beurteilung der Qualifikation der Bewerber auszuschließen".

Art 157 Abs 4 AEUV ist aber nicht dahingehend zu verstehen, dass die Mitgliedstaaten jede Form der Vergünstigung zur Verhinderung oder zum Ausgleich von Benachteiligungen in der beruflichen Laufbahn aufrechterhalten oder beschließen können. Vielmehr muss die das unterrepräsentierte Geschlecht fördernde Maßnahme stets im Verhältnis zum verfolgten Ziel stehen, was vom Mitgliedstaat begründet werden muss und vom EuGH überprüfbar ist.[783] Eine Bevorzugung des unterrepräsentierten Geschlechts um jeden Preis, die eine sachgerechte Entscheidung vermissen lässt, ist daher nicht zu rechtfertigen. Insbesondere deckt Art 157 Abs 4 AEUV keine Bevorzugung von im Vergleich zum „Konkurrenten" minderqualifizierten Arbeitnehmern des unterrepräsentierten Geschlechts.[784]

Einen subjektiven Anspruch auf den Erlass entsprechender Vergünstigungen gegen die jeweiligen Mitgliedstaaten gewährt Art 157 Abs 4 AEUV

781 Vgl die dem Amsterdamer Vertrag beigefügte Erklärung Nr 28 zu Art 141 Abs 4 EG.
782 EuGH Rs C-407/98 (Abrahamsson und Anderson), EU:C:2000:367.
783 *Krebber* in: *Calliess/Ruffert* (Hg), Art 157 AEUV Rn 76.
784 EuGH Rs C-407/98 (Abrahamsson und Anderson), EU:C:2000:367.

jedoch nicht. Er kann vielmehr nur zur Rechtfertigung diskriminierender Maßnahmen herangezogen werden. Art 157 Abs 4 AEUV richtet sich ausdrücklich nur an die Mitgliedstaaten, nicht aber an die EU.[785] Somit sind begünstigende Maßnahmen in Tarifverträgen, Betriebsvereinbarungen oder Einzelverträgen nicht durch Art 157 Abs 4 AEUV gedeckt. In Grenzen muss es jedoch dem nationalen Gesetzgeber gestattet sein, Öffnungsklauseln über Vergünstigungen des unterrepräsentierten Geschlechts auch in tarifvertragsrechtlichen und betriebsverfassungsrechtlichen Gesetzen zu treffen, da anderenfalls weite Bereiche des Arbeitsrechts, die traditionell auf tarifvertraglicher oder betriebsverfassungsrechtlicher Ebene geregelt werden, der Frauenförderung entzogen wären.[786]

Zuletzt rechtfertigen gem Art 3 RL 2006/54/EG auch Maßnahmen zur Förderung der Chancengleichheit für Männer und Frauen, insbesondere durch Beseitigung der tatsächlich bestehenden Ungleichheiten, die die Chancen der Frauen beeinträchtigen, eine Ungleichbehandlung der Geschlechter.

Als sachlich gerechtfertigt wurde daher bspw die Berücksichtigung des abgeleisteten Wehr- oder Ersatzdienstes bei der vorrangigen Einstellung in den juristischen Vorbereitungsdienst angesehen, da diese mittelbare Bevorzugung von Männern allein dazu diene, die Verzögerung in der Ausbildung der Bewerber, die der Wehr- oder Ersatzdienstpflicht unterlagen, auszugleichen.[787] In diesem Zusammenhang ist auch auf die Rechtsprechung des EuGH hinzuweisen, nach der das Gemeinschaftsrecht einer Wehrpflicht nur für Männer nicht entgegensteht.[788]

Als problematisch erweist sich in diesem Zusammenhang die Frage, inwieweit – insbesondere im öffentlichen Dienst – Quotenregelungen, nach denen Frauen in Tätigkeitsbereichen, in denen sie unterrepräsentiert sind, bei gleicher Qualifikation vorrangig einzustellen sind, zulässig sind. Als Ausgangspunkt der Entwicklung der Rechtsprechung zu dieser in der Literatur heftig umstrittenen Frage, die teils den Zugang zu und teils die Beförderungen innerhalb einer Beschäftigung betraf, ist die Entscheidung des EuGH in der Rs Kalanke anzusehen:

> EuGH, Rs C-450/93 (Kalanke):[789] Gegenstand dieses Verfahrens war der Sachverhalt, dass Herr *Kalanke* in der letzten Phase eines Einstellungsverfahrens zur Besetzung der Stelle eines Sachgebietsleiters beim Gartenbauamt der Stadt Bremen nicht berücksichtigt und an seiner Stelle eine Frau eingestellt wurde, die nach Fest-

785 *Krebber* in: *Calliess/Ruffert* (Hg), Art 157 AEUV Rn 78.
786 Ausführlich dazu *Krebber* in: *Calliess/Ruffert* (Hg), Art 157 AEUV Rn 78.
787 EuGH Rs C-79/99 (Schnorbus), EU:C:2000:676 Rn 44 ff.
788 EuGH Rs C-186/01 (Dory), EU:C:2003:146 mwN.
789 EuGH Rs C-450/93 (Kalanke), EU:C:1995:322.

stellung des vorlegenden deutschen Bundesarbeitsgerichtes die gleiche Qualifikation besaß. Begründet wurde diese Entscheidung allein mit § 4 des einschlägigen Landesgleichstellungsgesetzes, wonach bei gleicher Qualifikation Frauen bei der Einstellung vorrangig zu berücksichtigen sind, wenn sie unterrepräsentiert sind. Gleiches galt auch bei der Beförderung oder der Übertragung einer Tätigkeit in eine höhere Lohn- oder Gehaltsgruppe. Als unterrepräsentiert galten Frauen, wenn sie in der jeweils maßgeblichen Personalgruppe nicht mindestens zur Hälfte vertreten waren.

Der EuGH sah in diesen Vorschriften eine Regelung, die Männer diskriminiere und durch den eng auszulegenden Art 3 RL 2006/54/EG (vormals Art 2 Abs 4 RL 76/207/EWG) nicht zu rechtfertigen sei.

Zwar seien Maßnahmen zulässig, „die die Frauen spezifisch begünstigen und darauf ausgerichtet sind, deren Fähigkeiten zu verbessern, auf dem Arbeitsmarkt mit anderen zu konkurrieren und unter den gleichen Bedingungen wie die Männer eine berufliche Laufbahn zu verwirklichen ... Eine nationale Regelung, die den Frauen bei Ernennung oder Beförderung absolut und unbedingt den Vorrang einräumt“ gehe jedoch über „eine Förderung der Chancengleichheit hinaus und überschreite damit die Grenzen der in Art 2 Abs 4 der RL [Art 3 RL 2006/54/EG] vorgesehenen Ausnahme“. Zudem bezwecke Art 2 Abs 4 lediglich die Chancengleichheit zwischen Mann und Frau beim Zugang zu bestimmten Beschäftigungsbereichen, nicht aber, wie § 4 des Landesgleichstellungsgesetzes, dass innerhalb eines bestimmten Beschäftigungsbereiches im Ergebnis auch tatsächlich gleich viele Frauen wie Männer beschäftigt sind. Dies könne allein die Gleichberechtigung beim Zugang zur Beschäftigung bewirken.

Die relativ knappen Ausführungen des EuGH in der Rs Kalanke wurden vom EuGH in der Rs Marschall präzisiert.

EuGH, Rs C-409/95 (Marschall):[790] Im Unterschied zur Rs Kalanke sah in der Rs Marschall die streitentscheidende Regelung des § 25 Abs 5 des nordrhein-westfälischen Beamtengesetzes jedoch nicht „absolut und unbedingt“ die vorrangige Einstellung und Beförderung von Frauen in von ihnen unterrepräsentierten Bereichen vor. Vielmehr sah diese Regelung eine Öffnungsklausel vor, wonach Frauen bei gleicher Eignung, Befähigung und fachlicher Leistung zwar vorrangig zu befördern waren, aber nur, sofern nicht in der Person eines Mitbewerbers liegende Gründe überwiegen.

Nach Auffassung des EuGH ist eine solche Quotenregelung, die eine Öffnungsklausel zugunsten des anderen Geschlechts enthält, im Gegensatz zu einer automatischen Bevorzugung von Frauen durch Art 3 RL 2006/54/EG gedeckt. Zur Begründung führte der EuGH (hier noch in Berücksichtigung

790 EuGH Rs C-409/95 (Marschall), EU:C:1997:533 Rn 29 ff; zuletzt bestätigt durch EuGH Rs C-158/97 (Badeck), EU:C:2000:163, wobei in letzterer Entscheidung am Maßstab der Entscheidungserwägungen in der Rs Marschall die Zulässigkeit mehrerer unterschiedlicher Frauenquoten geprüft wurde.

des Art 2 Abs 4 RL 76/207/EWG) nach Wiedergabe der in der Entscheidung Kalanke angeführten Gründe wie folgt aus:

> „Es zeigt sich jedoch, […], dass selbst bei gleicher Qualifikation die Tendenz besteht, männliche Bewerber vorrangig vor weiblichen Bewerbern zu befördern; dies hängt vor allem mit einer Reihe von Vorurteilen und stereotypen Vorstellungen über die Rolle und die Fähigkeiten der Frau im Erwerbsleben und zB mit der Befürchtung zusammen, dass Frauen ihre Laufbahn häufiger unterbrechen, dass sie ihre Arbeitszeit aufgrund häuslicher und familiärer Aufgaben weniger flexibel gestalten oder dass sie durch Schwangerschaften, Geburten und Stillzeiten häufiger ausfallen. Aus diesen Gründen bedeutet allein die Tatsache, dass zwei Bewerber unterschiedlichen Geschlechts gleich qualifiziert sind, nicht, dass sie gleiche Chancen haben. Folglich kann unter Art 2 Abs 4 [Art 3 RL 2006/54/EG] eine nationale Regelung fallen, nach der Frauen mit gleicher Qualifikation wie ihre männlichen Mitbewerber bei einer Beförderung in Bereichen, in denen sie unterrepräsentiert sind, vorbehaltlich der Öffnungsklausel bevorzugt behandelt werden, denn eine solche Regelung kann dazu beitragen, ein Gegengewicht zu den nachteiligen Auswirkungen zu schaffen, die sich für die weiblichen Bewerber aus den oben beschriebenen Einstellungen und Verhaltensmustern ergeben, und damit in der sozialen Wirklichkeit bestehende faktische Ungleichheiten zu verringern.“ Ausgeschlossen sei aber ein „absoluter und unbedingter Vorrang“ für Frauen, da dieser die Grenzen des Art 2 Abs 4 überschreite. Diese Grenzen seien jedoch nicht überschritten, wenn die Quotenregelung eine Öffnungsklausel enthalte, die dem männlichen Bewerber in jedem Einzelfall garantiert, „dass die Bewerbungen Gegenstand einer objektiven Beurteilung sind, bei der alle die Person der Bewerber betreffenden Kriterien berücksichtigt werden und der den weiblichen Bewerbern eingeräumte Vorrang entfällt, wenn eines oder mehrere dieser Kriterien zugunsten des männlichen Bewerbers überwiegen. Solche Kriterien dürfen allerdings gegenüber den weiblichen Bewerbern keine diskriminierende Wirkung haben.“[791]

Diese Linie führte der EuGH in den Rs Badeck[792] und Abrahamson/Anderson[793] fort und stellte unter Berufung auf die Vorjudikatur nochmals klar, dass eine Maßnahme, nach der weibliche Bewerber in Bereichen des öffentlichen Dienstes, in denen Frauen unterrepräsentiert sind, vorrangig befördert werden sollen, mit dem Gemeinschaftsrecht vereinbar sind, wenn sie weiblichen Bewerbern, die die gleiche Qualifikation wie ihre männlichen Mitbewerber besitzen, keinen automatischen und unbedingten Vorrang einräumt und wenn die Bewerbungen Gegenstand einer objektiven Beurteilung sind, bei der die besondere persönliche Lage aller Bewerber berück-

791 Generalanwalt *Jacobs*, der sich in den Rn 33 ff seiner Schlussanträge generell gegen eine Beachtlichkeit einer Öffnungsklausel ausgesprochen hatte, hatte darauf hingewiesen, dass eine Öffnungsklausel dazu führe, dass zugunsten von Männern jene Frauen diskriminierenden „Hilfskriterien“ berücksichtigt werden könnten, deren Berücksichtigung durch eine Frauenquote gerade verhindert werden soll.

792 EuGH Rs C-158/97 (Badeck), EU:C:2000:163.

793 EuGH Rs C-407/98 (Abrahamsson/Anderson), EU:C:2000:367.

sichtigt wird. Dasselbe gilt nach dem EuGH für Frauenquoten hinsichtlich befristeter Stellen, Ausbildungsplätzen, Einladungen zu Vorstellungsgesprächen sowie der Besetzung von Vertretungsorganen der Arbeitnehmer.

Unter Bezugnahme auf das Urteil Badeck hat der EuGH in der Rs Lommers[794] nochmals zu Frauenquoten betreffs Ausbildungsplätze im öffentlichen Dienst Stellung genommen:

> „Der Gerichtshof hat insbesondere ausgeführt, dass Artikel 2 Absätze 1 und 4 der RL [Art 3 RL 2006/54/EG] einer nationalen Regelung in Bezug auf den öffentlichen Dienst nicht entgegensteht, mit der in Ausbildungsberufen, in denen Frauen unterrepräsentiert sind und in denen nicht ausschließlich der Staat ausbildet, Frauen mindestens die Hälfte der Ausbildungsplätze zugestanden werden. Nach dem Hinweis darauf, dass eine derartige Regelung Teil eines begrenzten Konzepts zur Verwirklichung der Chancengleichheit ist, da den Frauen keine Arbeitsplätze, sondern Ausbildungsplätze vorbehalten sind, die zur Erlangung einer Qualifikation dienen, welche später den Zugang zu qualifizierten Tätigkeiten im öffentlichen Dienst eröffnen kann, und dass sich die Regelung daher auf die Verbesserung der Chancen weiblicher Bewerber im öffentlichen Sektor beschränkt, hat der Gerichtshof diese Regelung den Maßnahmen zugerechnet, die die Ursachen der geringeren Zugangschancen der Frauen zum Arbeitsmarkt und zur beruflichen Laufbahn beseitigen sollen und die ihnen dazu verhelfen sollen, im Wettbewerb auf dem Arbeitsmarkt besser zu bestehen und unter den gleichen Bedingungen wie Männer eine berufliche Laufbahn zu verfolgen."

Auch unter dem Aspekt einer positiven Diskriminierung geprüft, mit der Richtlinie aber für unvereinbar gehalten wurde eine französische Regelung, die die Befreiung von der Altersgrenze für den Zugang zu einer Beschäftigung im öffentlichen Dienst nicht wiederverheirateten Witwen vorbehält, die darauf angewiesen sind zu arbeiten, und nicht wiederverheiratete Witwer, die sich in der gleichen Situation befinden, davon ausschließt.[795] Der EuGH stellte hierzu fest, dass

> „eine solche Regelung [...] den Bewerbungen bestimmter Kategorien von Frauen, zu denen auch die nicht wiederverheirateten Witwen gehören, die darauf angewiesen sind zu arbeiten, dadurch absoluten und unbedingten Vorrang einräumt, dass sie ihnen den Anspruch auf Befreiung von den Altersgrenzen für den Zugang zu einer Beschäftigung im öffentlichen Dienst vorbehält und nicht wiederverheiratete Witwer davon ausschließt, die sich in der gleichen Situation befinden. Daraus folgt, dass eine solche Regelung, die bestimmte Kategorien von Frauen von der Altersgrenze für den Zugang zu einer Beschäftigung im öffentlichen Dienst befreit, während dies nicht für Männer gilt, die sich in der gleichen Situation befinden, nach Artikel 2 Absatz 4 der RL nicht zulässig ist. Unter diesen Umständen ist zu prüfen, ob eine Regelung wie die im Ausgangsverfahren fragliche dennoch nach Artikel 141 Absatz 4 EG [Art 157 Abs 4 AEUV] zulässig ist. [...] [Diesbezüglich] genügt die Feststellung, dass die letztgenannte Bestimmung nicht zulässt, dass die

794 EuGH Rs C-476/99 (Lommers), EU:C:2002:183.
795 EuGH Rs C-319/03 (Briheche), EU:C:2004:574.

> Mitgliedstaaten Voraussetzungen wie die im Ausgangsverfahren streitigen für den Zugang zu einer Beschäftigung im öffentlichen Dienst festlegen, die jedenfalls zu dem verfolgten Ziel außer Verhältnis stehen."

Zusammenfassend bleibt aus der Rechtsprechung des EuGH festzuhalten, dass Frauenquoten, die zumindest so lange einen vorrangigen Zugang von Frauen zur Beschäftigung bei gleicher Qualifikation ermöglichen sollen, bis im maßgeblichen Beschäftigungsfeld das Verhältnis von Männern und Frauen ausgeglichen ist, nur zulässig sind, wenn sie Öffnungsklauseln enthalten, die unter Berücksichtigung des Einzelfalls bei Hinzutreten besonderer Gründe in der Person des männlichen Bewerbers dessen Einstellung zulassen. Unzulässig sind jedenfalls sämtliche Regelungen, nach denen das unterrepräsentierte Geschlecht allein bei hinreichender Qualifikation vorrangig einzustellen ist, auch wenn ein Bewerber des anderen Geschlechts besser qualifiziert ist.[796]

Ob Art 157 Abs 4 AEUV, der wie oben dargestellt, mehr auf eine Gleichstellung als auf eine Gleichbehandlung abzielt, jetzt auch strengere Frauenquoten ohne Öffnungsklauseln zulässt, erscheint aber zweifelhaft.[797] Jedenfalls erlaubt Art 157 Abs 4 AEUV nicht, dass eine Auswahlmethode angewandt wird, die vorrangig zwar hinreichend, im Vergleich zum männlichen Bewerber aber schlechter qualifizierte Frauen berücksichtigt, da eine solche Methode zu dem verfolgten Ziel außer Verhältnis steht.[798]

i) Förderung des sozialen Dialogs

Schon die 21. Begründungserwägung der RL 2002/73/EG sah vor, dass die Mitgliedstaaten den Dialog zwischen den Sozialpartnern und mit den Nichtregierungsorganisationen fördern sollten, mit dem Ziel, gegen die verschiedenen Formen von Diskriminierung aufgrund des Geschlechts am Arbeitsplatz anzugehen und diese zu bekämpfen. Die 34. Begründungserwägung der RL 2006/54/EG betont dies nochmals, um die Umsetzung des Grundsatzes der Gleichbehandlung zu verstärken.

In Entsprechung dieser Postulate normiert der Art 21 RL 2006/54/EG, dass die Mitgliedstaaten – im Einklang mit ihren nationalen Gepflogenheiten und Verfahren – geeignete Maßnahmen zur Förderung des sozialen Dialogs zwischen den Sozialpartnern treffen. Ziel ist die Verwirklichung der Gleichbehandlung, wobei die Richtlinie diese unter anderem durch Beobachtung der Praktiken am Arbeitsplatz und beim Zugang zur Beschäftigung, zur Berufsbildung und zum beruflichen Aufstieg sowie durch Beobachtung

796 EuGH Rs C-407/98 (Abrahamsson und Anderson), EU:C:2000:367.

797 *Eichinger*, EAS B 4200 Rn 103 mwN.

798 EuGH Rs C-407/98 (Abrahamsson und Anderson), EU:C:2000:367 Rn 55.

der Tarifverträge und durch Verhaltenskodizes, Forschungsarbeiten oder durch einen Austausch von Erfahrungen und bewährten Verfahren zu erreichen hofft. Nach Art 21 Abs 2 RL 2006/54/EG „ersuchen“ die Mitgliedstaaten die Sozialpartner, die Gleichstellung von Männern und Frauen zu fördern und auf geeigneter Ebene Antidiskriminierungsvereinbarungen zu schließen. Ersteres Ersuchen ist auch an die Arbeitgeber zu richten, die zudem angehalten werden sollen, den Arbeitnehmern und/oder Arbeitnehmervertretern Informationen über die Gleichbehandlung von Männern und Frauen in ihrem Betrieb zu geben (Abs 4 leg cit). Nach Art 22 RL 2006/54/EG haben die Mitgliedstaaten in gleicher Weise den Dialog mit entsprechenden Nichtregierungsorganisationen zu fördern.

j) Viktimisierungsverbot

Nach Artikel 24 der Antidiskiriminierungsrichtlinie treffen die Mitgliedstaaten erforderliche Maßnahmen, um die Arbeitnehmer sowie ihre Vertreter (etwa Betriebsratsmitglieder) vor Entlassung oder anderen Benachteiligungen durch den Arbeitgeber zu schützen, die als Reaktion auf eine (allenfalls gerichtliche) Geltendmachung von Ansprüchen aus dieser Richtlinie erfolgen.

Das sog Viktimisierungsverbot erfasst vorrangig die Arbeitnehmer. Dazu zählt aber nicht nur jene, die aufgrund eines geschützten Merkmals ungleichbehandelt wird. Geschützt sind vielmehr auch jene, die bei der Rechtsdurchsetzung „bloß“ untersützend tätig werden.

In der Rs Hakelbracht[799] führte Frau *Vandenbon* als Führungskraft Bewerbungsgespräche durch und informierte die Personalabteilung des Arbeitgebers über ihre Wunschkandidatin. Diese war zum Zeitpunkt des Bewerbungsgesprächs bereits im dritten Monat schwanger, weshalb sich die Personalabteilung entschied diese Bewerberin nicht aufzunehmen. Nachdem auch Frau *Vandenbon* erfuhr, warum die Bewerbung abgelehnt wurde, informierte sie sie die Bewerberin und legte die Gründe des Unternehmens offen. Aus diesem Grund wurde auch das Beschäftigungsverhältnis von Frau *Vandenbon* gelöst. Der EuGH entschied, dass

> „die Arbeitnehmer, auf die sich dieser Artikel bezieht und bei denen es sich nicht um die Person handelt, die aufgrund des Geschlechts diskriminiert wurde, geschützt werden müssen, soweit sie von ihrem Arbeitgeber wegen der Unterstützung, die sie formell oder informell der Person, die auf diese Art diskriminiert wurde, entgegengebracht haben, benachteiligt werden können.“

799 EuGH C-404/18 (Hakelbracht) ECLI:EU:C:2019:523; dazu ausführlich *Sprenger*, EuZA 2020, 48 ff.

2. Gleichbehandlung ohne Unterschied der Rasse oder der ethnischen Herkunft (RL 2000/43/EG)

Literatur: *Althoff,* Die Bekämpfung von Diskriminierungen aus Gründen der Rasse und der ethnischen Herkunft in der Europäischen Gemeinschaft ausgehend von Art 13 EG, 2006; *Bieback*, Schutz vor Diskriminierungen gegenüber Systemen der sozialen Sicherheit: Altes und neues Diskriminierungsrecht der Richtlinie 79/7/EWG und der Richtlinie 2000/43/EG und das deutsche Sozialrecht, in: *Rust* et al. (Hg), Die Gleichbehandlungsrichtlinien der EU und ihre Umsetzung in Deutschland, 2003, 93 ff; *Eichinger*, Belästigung wegen ethnischer Zugehörigkeit nach dem Ende des Arbeitsverhältnisses, DRdA 2013/16; *Egger*, Die neuen Antidiskriminierungsrichtlinien der EU, DRdA 2003, 302 ff; *Göbel-Zimmermann/Marquardt*, Diskriminierung aus Gründen der „Rasse" und wegen der ethnischen Herkunft im Spiegel der Rechtsprechung zum AGG, ZAR 2012, 369; *Grünberger*, § 3 Nichtdiskriminierungsrecht, in *Preis/Sagan* (Hg), Europäisches Arbeitsrecht, 2. Aufl 2019; *Huster/Kießling*, § 6 Sozialrechtliches Antidiskriminierungsrecht, in *Schlachter/Heinig* (Hg), Europäisches Arbeits- und Sozialrecht (EnzEuR Bd 7) 2016; *Kalb/Wakolbinger*, Das Kopftuch am Arbeitsplatz im Lichte der EuGH-Judikatur, JAS 2017, 154 ff; *Karasz*, Diskriminierung aufgrund der ethnischen Zugehörigkeit bei der Gewährung sozialer Vergünstigungen, DRdA 2014/15; *Kocher*, § 5 Arbeitsrechtlicher Diskriminierungsschutz, in *Schlachter/Heinig* (Hg), Europäisches Arbeits- und Sozialrecht (EnzEuR Bd 7) 2016; *Konstatzky/Sporrer*, 15 Jahre Equality Bodies - 27 Jahre Gleichbehandlungsanwaltschaft Österreich, juridikum 2018, 197; *Kovács*, Kopftuchverbot am Arbeitsplatz? – Rechtfertigungsmöglichkeiten im Unionsrecht, ASoK 2016, 440; *dies*, Generelles Neutralitätsgebot versus Kopftuchverbot am Arbeitsplatz, ASoK 2017, 122; *Köhlert*, Die neue Rechtsprechung des BAG zur Anforderung „sehr guter" Deutschkenntnisse in Stellenanzeigen, NZA 2018, 1172; *Marhold-Weinmeier*, Belästigung wegen Rasse und ethnischer Herkunft, ASoK 2014, 40; *Mayr,* Feiertage und Diskriminierung aufgrund der Religion im österreichischen Arbeitsrecht, ecolex 2004, 428 ff; *Mohr*, 510 RL 2000/43/EG, in *Franzen/Gallner/Oetker*, Kommentar zum europäischen Arbeitsrecht[3], 2020; *Radlingmayr*, Customer Preferences und arbeitsrechtliche Diskriminierungsverbote, ZAS 2010, 192 ff; *Rebhahn*, Benachteiligung wegen islamischen Gesichtsschleiers oder Kopftuchs, DRdA 2017/7; *Riesenhuber*, Europäisches Arbeitsrecht, 2009, § 10; *Schulte,* Anwendung der RL 2000/43/EG des Rates vom 29. 6. 2000 zur Anwendung des Gleichbehandlungsgrundsatzes ohne Unterschied der Rasse oder der ethnischen Herkunft, EuroAS 2007, 15 ff; *Thüsing*, Europäisches Arbeitsrecht, 3. Aufl 2017, § 3, Kapitel V; *ders*, Der Fortschritt des Diskriminierungsschutzes im Europäischen Arbeitsrecht – Anmerkungen zu den Richtlinien 2000/43/EG und 2000/78/EG, ZfA 2001, 397 ff; *ders*, Handlungsbedarf im Diskriminierungsrecht, NZA 2001, 1061 ff; *Valentine*, Die einschränkende Auslegung des Diskriminierungsverbots wegen der „ethnischen Herkunft" durch den EuGH, NZA 2019, 364; *WindischGraetz*, § 17 in *Rebhahn* (Hg), Kommentar zum Gleichbehandlungsgesetz, 2005; *dies*, § 17 GlBG in *Neumayr/Reissner* (Hg), Zeller Kommentar zum Arbeitsrecht, 3. Aufl Rn 3 ff.

Gem Art 19 Abs 1 AEUV kann der Rat im Rahmen der durch die Verträge auf die Union übertragenen Zuständigkeiten gemäß einem besonderen Gesetzgebungsverfahren und nach Zustimmung des Europäischen Parlaments einstimmig geeignete Vorkehrungen treffen, um Diskriminierungen aus Gründen des Geschlechts, der Rasse und der ethnischen Herkunft, der Religion oder der Weltanschauung, einer Behinderung, des Alters oder der sexuellen Ausrichtung zu bekämpfen.[800] Auf seiner Tagung in Tampere vom 15. und 16. 10. 1999 ersuchte der Europäische Rat die Kommission, so bald wie möglich Vorschläge zur Durchführung des Art 19 AEUV im Hinblick auf die Bekämpfung von Rassismus und Fremdenfeindlichkeit vorzulegen. In Entsprechung dieses Ersuchens verabschiedete der Rat am 29. 6. 2000 die RL 2000/43/EG zur Anwendung des Gleichbehandlungsgrundsatzes ohne Unterschied der Rasse oder der ethnischen Herkunft.[801] Die Umsetzung der Richtlinie hatte bis zum 19. 7. 2003 zu erfolgen (vgl Art 16 RL 2000/43/EG), jedoch wurde gegen 14 Mitgliedstaaten ein Vertragsverletzungsverfahren durch die Europäische Kommission wegen nicht konformer Umsetzung der Richtlinie eingeleitet.[802] Im Tätigkeitsbericht 2007–2008 der Europäischen Kommission zu den Antidiskriminierungsmaßnahmen der EU wurden als Problemschwerpunkte der nicht ausreichend gewährleistete Schutz vor Diskriminierung am Arbeitsplatz durch die nationale Gesetzgebung, die Abweichung von Definitionsbegriffen, insbesondere der mittelbaren Diskriminierung, sowie die Unstimmigkeiten in Bezug auf Vorschriften zugunsten der Diskriminierungsopfer, festgestellt.[803]

Die Begründungserwägungen der Richtlinie weisen darauf hin, dass Diskriminierungen aus Gründen der Rasse oder der ethnischen Herkunft die Verwirklichung der im EG-Vertrag festgelegten Ziele unterminieren können. Dazu zählen insbesondere die Erreichung eines hohen Beschäftigungsniveaus und eines hohen Maßes an sozialem Schutz, die Hebung des Lebensstandards und der Lebensqualität, der wirtschaftliche und soziale Zusammenhalt sowie die Solidarität. Um die Entwicklung demokratischer und toleranter Gesellschaften zu gewährleisten, die allen Menschen – ohne Unterschied der Rasse oder der ethnischen Herkunft – eine Teilhabe ermöglichen, sollten spezifische Maßnahmen zur Bekämpfung von Diskrimi-

---

800 Siehe in diesem Zusammenhang auch VO 1035/97 des Rates vom 2.6.1997 zur Errichtung einer Europäischen Stelle zur Beobachtung von Rassismus und Fremdenfeindlichkeit, ABlEG 1997 Nr L 151/1. Im Jahr 2007 wurde diese Stelle durch die EU-Agentur für Grundrechte ersetzt. Die dazu erlassene VO 168/2007 des Rates vom 15.2.2007 trat am 1.3.2007 in Kraft, ABlEG 2007 Nr L 53/1.

801 ABlEG 2000 Nr L 180/22.

802 Sowohl Deutschland (EuGH 28.4.2005, Rs C-329/04) als auch Österreich (EuGH 4.5.2005, Rs C-335/04) wurden vom EuGH wegen nicht zeitgerechter Umsetzung der Richtlinie in einem Vertragsverletzungsverfahren verurteilt.

803 Europäische Kommission, Antidiskriminierungsmaßnahmen der EU – Tätigkeitsbericht 2007–2008, 2009, 18.

nierungen aus Gründen der Rasse oder der ethnischen Herkunft über die Gewährleistung des Zugangs zu unselbständiger und selbständiger Erwerbstätigkeit hinausgehen und auch Aspekte wie Bildung, Sozialschutz einschließlich sozialer Sicherheit und der Gesundheitsdienste, soziale Vergünstigungen, Zugang zu und Versorgung mit Gütern und Dienstleistungen umfassen. Mit diesem Ziel will die Richtlinie jede unmittelbare oder mittelbare Diskriminierung aus Gründen der Rasse oder der ethnischen Herkunft in den von der Richtlinie abgedeckten Bereichen – auch hinsichtlich Drittstaatsangehörigen – unionsweit untersagen. Neben dem Schutz natürlicher Personen sollen die Mitgliedstaaten auch den Schutz juristischer Personen verankern, soweit dies angemessen ist und im Einklang mit den jeweiligen nationalen Gepflogenheiten und Verfahren steht. Nach den Begründungserwägungen kann aber „unter sehr begrenzten Bedingungen" ausnahmsweise eine unterschiedliche Behandlung gerechtfertigt sein, wenn ein mit der Rasse oder ethnischen Herkunft zusammenhängendes Merkmal eine wesentliche und entscheidende berufliche Anforderung darstellt, sofern es sich dabei um einen legitimen Zweck und eine angemessene Anforderung handelt.

Art 1 RL 2000/43/EG formuliert seinen Zweck mit der „Schaffung eines Rahmens zur Bekämpfung der Diskriminierung aufgrund der Rasse oder der ethnischen Herkunft im Hinblick auf die Verwirklichung des Grundsatzes der Gleichbehandlung in den Mitgliedstaaten". Der Begriff der ethnischen Herkunft bezieht sich auf gesellschaftliche Gruppen, die insbesondere „durch eine Gemeinsamkeit der Staatsangehörigkeit, Religion, Sprache, kulturelle und traditionelle Herkunft und Lebensumgebung gekennzeichnet sind", wie zB die Gemeinschaft der Roma.[804] Verboten ist etwa die Diskriminierung aufgrund des fremdartigen Äußeren (zB Hautfarbe), eines sprachlichen Akzents, aber auch fremdländischer Sitten und Gebräuche wie etwa das Tragen bestimmter Kleidung, das Abhalten bestimmter Feste uä.[805]

In Art 2 RL 2000/43/EG werden die Begriffe des „Gleichbehandlungsgrundsatzes", der „unmittelbaren" und „mittelbaren Diskriminierung" sowie der „Belästigung" legal definiert. Im Sinne dieser Richtlinie bedeutet „Gleichbehandlungsgrundsatz", dass es keine unmittelbare oder mittelbare Diskriminierung aus Gründen der Rasse oder der ethnischen Herkunft geben darf.

804 EuGH Rs C-83/14 (CHEZ), EU:C:2015:480, Rn 46 mwN auf Art 14 EMRK und die Rechstprechung des EGMR. Vgl auch *Grünberger*, in *Preis/Sagan* (Hg), Europäisches Arbeitsrecht 2. Aufl Rn 62 ff. Zum Kriterium des Geburtslandes siehe EuGH Rs C-668/15 (Jyske Finans), EU:C:2017:278.

805 *Egger*, DRdA 2003, 309.

Von einer „unmittelbaren Diskriminierung“ ist der Richtlinie nach zu sprechen, wenn eine Person aufgrund ihrer Rasse oder ethnischen Herkunft in einer vergleichbaren Situation eine weniger günstige Behandlung als eine andere Person erfährt, erfahren hat oder erfahren würde. Öffentlich getätigte Äußerungen eines Arbeitgebers können etwa eine unmittelbare Diskriminierung darstellen, wenn sie „bestimmte Bewerber ernsthaft davon abhalten [...], ihre Bewerbung einzureichen und damit ihren Zugang zum Arbeitsmarkt behindern“.[806]

Eine mittelbare Diskriminierung soll vorliegen, wenn dem Anschein nach neutrale Vorschriften, Kriterien oder Verfahren Personen, die einer Rasse oder ethnischen Gruppe angehören, in besonderer Weise benachteiligen können, es sei denn, die betreffenden Vorschriften, Kriterien oder Verfahren sind durch ein rechtmäßiges Ziel sachlich gerechtfertigt und die Mittel sind zur Erreichung dieses Ziels angemessen und erforderlich. Der Ausdruck, „in besonderer Weise benachteiligen“, bedeutet, dass eine neutral formulierte Maßnahme insbesondere Personen einer bestimmten ethnischen Herkunft schlechter stellt, verlangt jedoch keine erhebliche, offensichtliche oder schwerwiegende Ungleichheit.[807]

Für unmittelbare und mittelbare Diskriminierung gilt, dass die Begriffe „weniger günstige Behandlung“ und „die in besonderer Weise benachteiligende Maßnahme“ iSv Art 2 Abs 2 a) und b) nicht auf die Beeinträchtigung von Rechten oder legitimen Interessen reduziert werden dürfen, sondern breiter zu verstehen sind.[808]

„Belästigungen“, die nach Art 2 Abs 3 RL 2000/43/EG ausdrücklich als Diskriminierungen gelten, sind unerwünschte Verhaltensweisen, die im Zusammenhang mit der Rasse oder der ethnischen Herkunft einer Person stehen und bezwecken oder bewirken, dass die Würde der betreffenden Person verletzt und ein von Einschüchterungen, Anfeindungen, Erniedrigungen, Entwürdigungen oder Beleidigungen gekennzeichnetes Umfeld geschaffen wird. In diesem Zusammenhang können die Mitgliedstaaten den Begriff „Belästigung“ im Einklang mit den einzelstaatlichen Rechtsvorschriften und Gepflogenheiten definieren.[809]

Durch Art 2 Abs 4 RL 2000/43/EG wird klargestellt, dass auch die Anweisung zur Diskriminierung einer Person aus Gründen der Rasse oder der ethnischen Herkunft als Diskriminierung gilt.

806 EuGH Rs C-54/07 (Feryn NV), EU:C:2008:397.
807 EuGH Rs C-83/14 (CHEZ), EU:C:2015:480 Rn 94 ff.
808 EuGH Rs C-83/14 (CHEZ), EU:C:2015:480 Rn 66 ff.
809 Zur Lage in Österreich siehe *Eichinger*, DRdA 2013/16.

a) Geltungsbereich der RL 2000/43/EG

Gem Art 3 Abs 1 gilt die Richtlinie für alle Personen in öffentlichen und privaten Bereichen, einschließlich öffentlicher Stellen, in Bezug auf:

a) die Bedingungen – einschließlich Auswahlkriterien und Einstellungsbedingungen – für den Zugang zu unselbständiger und selbständiger Erwerbstätigkeit, unabhängig von Tätigkeitsfeld und beruflicher Position, sowie für den beruflichen Aufstieg;
b) den Zugang zu allen Formen und allen Ebenen der Berufsberatung, der Berufsausbildung, der beruflichen Weiterbildung und der Umschulung, einschließlich der praktischen Berufserfahrung;
c) die Beschäftigungs- und Arbeitsbedingungen, einschließlich Entlassungsbedingungen und Arbeitsentgelt;
d) die Mitgliedschaft und Mitwirkung in einer Arbeitnehmer- oder Arbeitgeberorganisation oder einer Organisation, deren Mitglieder einer bestimmten Berufsgruppe angehören, einschließlich der Inanspruchnahme der Leistungen solcher Organisationen;
e) den Sozialschutz, einschließlich der sozialen Sicherheit und der Gesundheitsdienste;
f) die sozialen Vergünstigungen;
g) die Bildung;
h) den Zugang zu und die Versorgung mit Gütern und Dienstleistungen, die der Öffentlichkeit zur Verfügung stehen, einschließlich von Wohnraum.[810]

Zuletzt hält der EuGH[811] fest, dass Art 3 Abs 1 lit g RL 2000/43/EG dahin auszulegen ist, dass die Vergabe von Stipendien, die Forschungs- oder Studienvorhaben im Ausland fördern sollen, durch eine private Stiftung unter den Begriff „Bildung" im Sinne dieser Vorschrift fällt, wenn ein hinreichend enger Zusammenhang zwischen den vergebenen finanziellen Leistungen und der Teilnahme an den Forschungs- oder Studienvorhaben, die selbst unter diesen Bildungsbegriff fallen, besteht. Dies ist vor allem dann der Fall, wenn die finanziellen Leistungen an die Teilnahme potenzieller Bewerber an einem solchen Forschungs- oder Studienvorhaben gebunden sind, ihr Ziel

810 In diesem Zusammenhang stellte der EuGH fest, dass der Geltungsbereich der RL eine nationale Regelung, nach der Vor- und Nachnamen einer Person in Personenstandsurkunden dieses Staates nur in eine den Schreibbregeln der offiziellen Landessprache entsprechende Form umgeschrieben werden dürfen, nicht erfasst; siehe EuGH Rs C-391/09 (Runevič-Vardyn), EU:C:2011:291 Rn 39 ff.

811 EuGH Rs C-457/17 (Maniero) EU:C:2018:912. S dazu *Valentine*, Die einschränkende Auslegung des Diskriminierungsverbots wegen der „ethnischen Herkunft" durch den EuGH, NZA 2019, 364.

darin besteht, potenzielle finanzielle Hindernisse für die Teilnahme ganz oder teilweise zu beseitigen, und sie zur Erreichung dieses Ziels geeignet sind.

Gerade an Art 3 Abs 1 lit h RL 2000/43/EG zeigt sich, dass das Diskriminierungsverbot nicht nur für Arbeitgeber, sondern zB auch für Vermieter, Versicherer[812] und Kreditinstitute[813] Geltung beansprucht. Da die Elektrizitätsversorgung auch eine Dienstleistung iSv Art 3 Abs 1 lit h darstellt, fällt die Anbringung eines Stromzählers beim Endverbraucher in den Anwendungsbereich der RL.[814] In diesem Zusammenhang sei auch auf die RL 2004/113/EG des Rates vom 13. Dezember 2004[815] zur Verwirklichung des Grundsatzes der Gleichbehandlung von Männern und Frauen beim Zugang zu und bei der Versorgung mit Gütern und Dienstleistungen hingewiesen. Die Richtlinie gilt gem Art 3 Abs 1 für alle Personen, die Güter und Dienstleistungen bereitstellen, die der Öffentlichkeit ohne Ansehen der Person zur Verfügung stehen, und zwar in öffentlichen und privaten Bereichen, einschließlich öffentlicher Stellen, und die außerhalb des Bereichs des Privat- und Familienlebens und der in diesem Kontext stattfindenden Transaktionen angeboten werden. Durch die Richtlinie sind die Mitgliedstaaten verpflichtet, spätestens bei den nach dem 21. 12. 2007[816] neu abgeschlossenen Verträgen den Faktor Geschlecht bei der Berechnung von Prämien und Leistungen im Bereich des Versicherungswesens und verwandter Finanzdienstleistungen zu berücksichtigen, damit dieser nicht zu unterschiedlichen Prämien und Leistungen führt. Im Übrigen enthält die Richtlinie viele zur RL 2000/43/EG parallele Regelungen, insbesondere zum Rechtsschutz.

Die RL 2000/43/EG erfasst nicht die unterschiedliche Behandlung aus Gründen der Staatsangehörigkeit (so ausdrücklich Art 3 Abs 2 leg cit).

Art 14 RL 2000/43/EG verpflichtet die Mitgliedstaaten dazu, die erforderlichen Maßnahmen zu treffen um sicherzustellen, dass sämtliche Rechts- und Verwaltungsvorschriften, die dem Gleichbehandlungsgrundsatz zuwiderlaufen, aufgehoben werden und, dass sämtliche mit dem Gleichbehandlungsgrundsatz nicht zu vereinbarenden Bestimmungen in Einzel- oder Kollektivverträgen oder -vereinbarungen, Betriebsordnungen, Statuten von Vereinigungen mit oder ohne Erwerbszweck sowie Statuten der freien Berufe und der Arbeitnehmer- und Arbeitgeberorganisationen für nichtig erklärt werden oder erklärt werden können oder geändert werden.

812 *Thüsing*, NZA 2001, 1061.

813 EuGH Rs C-668/15 (Jyske Finans), EU:C:2017:278.

814 EuGH Rs C-83/14 (CHEZ), EU:C:2015:480 Rn 43.

815 ABlEG 2004 Nr L 373/37.

816 Bis zu diesem Zeitpunkt hatte auch die Umsetzung der RL 2004/113/EG zu erfolgen (vgl Art 17 Abs 1 leg cit).

b) Ausnahmen und Verschärfungen des Diskriminierungsverbots

Nach Art 4 RL 2000/43/EG können die Mitgliedstaaten vorsehen, dass eine Ungleichbehandlung aufgrund eines mit der Rasse oder der ethnischen Herkunft zusammenhängenden Merkmals keine Diskriminierung darstellt, wenn das betreffende Merkmal aufgrund der Art einer bestimmten beruflichen Tätigkeit oder der Rahmenbedingungen ihrer Ausübung eine wesentliche und entscheidende berufliche Voraussetzung darstellt, sofern es sich um einen rechtmäßigen Zweck und eine angemessene Anforderung handelt.

Als Ausnahme vom Diskriminierungsverbot wird Art 4 eng auszulegen sein. Als Beispiele für durch diese Bestimmung rechtfertigbare Diskriminierungen können ein China-Restaurant, das bei der Einstellung seiner Mitarbeiter auf asiatische Kellner bestehen kann, sowie die Besetzung der Rolle eines Farbigen mit einem tatsächlich farbigen Schauspieler genannt werden.[817] Für Musikgruppen soll Entsprechendes gelten.[818]

Die Richtlinie legt ausdrücklich nur Mindestanforderungen an die Gleichbehandlung fest. Gem Art 6 Abs 1 RL 2000/43/EG bleibt es den Mitgliedstaaten unbenommen, Vorschriften einzuführen oder beizubehalten, die im Hinblick auf die Wahrung des Gleichbehandlungsgrundsatzes günstiger als die in der Richtlinie vorgesehenen Vorschriften sind. Keinesfalls darf die Umsetzung der Richtlinie als Rechtfertigung für eine Absenkung des von den Mitgliedstaaten bereits garantierten Schutzniveaus in Bezug auf Diskriminierungen in den von der Richtlinie abgedeckten Bereichen benutzt werden (Art 6 Abs 2 leg cit).

c) Positive Maßnahmen

Wie durch die RL 2006/54/EG des Parlaments und des Rates vom 5. Juli 2006[819] zur Verwirklichung des Grundsatzes der Chancengleichheit und Gleichbehandlung von Männern und Frauen in Arbeits- und Beschäftigungsfragen sind die Mitgliedstaaten auch durch die RL 2000/43/EG nicht daran gehindert, zur Gewährleistung der vollen Gleichstellung in der Praxis spezifische Maßnahmen, mit denen Benachteiligungen aufgrund der Rasse oder ethnischen Herkunft verhindert oder ausgeglichen werden, beizubehalten oder zu beschließen (Art 5 RL 2000/43/EG).

817 *Thüsing*, ZfA 2001, 400 mwN; *Thüsing*, NZA 2001, 1061 f; *Mohr*, in *Franzen/Gallner/Oetker* (Hg), Kommentar zum europäischen Arbeitsrecht[3] Rn 3; aA *Radlingmayr*, ZAS 2010, 195 f.

818 *Egger*, DRdA 2003, 306.

819 ABlEG 2006 Nr L 204/23.

d) Rechtsbehelfe und Rechtsdurchsetzung

Kapitel II der RL 2000/43/EG regelt die Rechtsbehelfe, die im Fall eines Verstoßes gegen das Diskriminierungsverbot zur Verfügung stehen, und zeichnet den Weg der Durchsetzung der aus der Richtlinie erfließenden Rechte vor. Die Sanktionen, die bei einem Verstoß gegen die einzelstaatlichen Vorschriften zur Anwendung der RL 2000/43/EG zu verhängen sind, haben gem Art 15 die Mitgliedstaaten festzulegen, die auch alle geeigneten Maßnahmen für deren Durchsetzung zu treffen verpflichtet sind. Die Richtlinie fordert, dass Sanktionen – die auch Schadenersatzleistungen an die Opfer umfassen können – „wirksam, verhältnismäßig und abschreckend" sein müssen.

Aktuell soll im Rahmen aus schwedischen Vorabentscheidungsersuchens[820] geklärt werden, ob ein Mitgliedstaat in einer Rechtssache betreffend einen Verstoß gegen ein in der Richtlinie 2000/43/EG vorgesehenes Verbot, wenn der Verletzte Schadensersatz wegen Diskriminierung verlangt, auf dessen Antrag hin immer das Vorliegen einer Diskriminierung prüfen muss, unabhängig davon, ob derjenige, dem die Diskriminierung vorgeworfen wird, diese bestätigt hat, damit die in Art 15 vorgesehene Voraussetzung betreffend wirksame, verhältnismäßige und abschreckende Sanktionen als erfüllt angesehen werden kann.

Art 7 Abs 1 RL 2000/43/EG verpflichtet die Mitgliedstaaten sicherzustellen, dass alle Personen, die sich durch die Nichtanwendung des Gleichbehandlungsgrundsatzes in ihren Rechten für verletzt halten, ihre Ansprüche aus der Richtlinie auf dem Gerichts- und/oder Verwaltungsweg sowie, wenn die Mitgliedstaaten es für angezeigt halten, in Schlichtungsverfahren geltend machen können, selbst wenn das Verhältnis, währenddessen die Diskriminierung vorgekommen sein soll, bereits beendet ist. Jene Verbände, Organisationen und anderen juristischen Personen, die nach einschlägigen nationalen Vorschriften ein rechtmäßiges Interesse daran haben, für die Einhaltung der Bestimmungen der RL 2000/43/EG zu sorgen, können sich an den in dieser Richtlinie zur Durchsetzung der Ansprüche vorgesehenen Gerichts- und/oder Verwaltungsverfahren beteiligen (Art 7 Abs 2 RL 2000/43/EG). Dem EuGH zufolge dürfen die Mitgliedstaaten solchen Verbänden auch das Recht einräumen, Gerichts- oder Verwaltungsverfahren zur Durchsetzung der Verpflichtungen aus dieser Richtlinie einzuleiten, auch wenn sie nicht im Namen einer bestimmten beschwerten Person handeln oder sich keine beschwerte Person feststellen lässt.[821] Wird eine unmittelbare Diskriminierung festgestellt, so ist die diskriminierende Bestimmung nicht mehr anzuwenden

820 EuGH Rs C-30/19, eingegangen am 10.1.2019.
821 EuGH Rs C-81/12 (Asociația ACCEPT), EU:C:2013:275 Rn 37.

und es haben die Bestimmungen der bisher nicht diskriminierten Gruppe Anwendung zu finden; dies gilt so lange, als das Diskriminierungsverbot nicht ordnungsgemäß in nationales Recht umgesetzt ist.[822]

Einzelstaatliche Regelungen über Fristen für die Rechtsverfolgung bleiben gem Art 7 Abs 3 RL 2000/43/EG unberührt.

Art 8 RL 2000/43/EG regelt die Beweislastverteilung. Es obliegt dem Beklagten zu beweisen, dass keine Verletzung des Gleichbehandlungsgrundsatzes vorgelegen hat, wenn Personen, die sich durch die Nichtanwendung des Gleichbehandlungsgrundsatzes für verletzt halten und bei einem Gericht oder einer anderen zuständigen Stelle Tatsachen glaubhaft machen, die das Vorliegen einer unmittelbaren oder mittelbaren Diskriminierung vermuten lassen. Für den Kläger günstigere Beweislastregelungen bleiben unberührt. Art 8 RL 2000/43/EG sieht für einen Arbeitnehmer, der schlüssig darlegt, dass er die in einer Stellenausschreibung genannten Voraussetzungen erfüllt, und dessen Bewerbung nicht berücksichtigt wurde, keinen Anspruch auf Auskunft darüber vor, ob der Arbeitgeber am Ende des Einstellungsverfahrens einen anderen Bewerber eingestellt hat. Die Verweigerung des Zugangs zu derartigen Informationen kann jedoch beim Nachweis des Vorliegens einer unmittelbaren oder mittelbaren Diskriminierung ein zu berücksichtigender Faktor sein.[823] Die Beweislastverteilung nach Art 8 Abs 1 RL 2000/43/EG findet im Strafverfahren keine Anwendung (Art 8 Abs 3 leg cit). Im Übrigen wird es den Mitgliedstaaten anheimgestellt, gegebenenfalls davon abzusehen, die Beweislastverteilung des Art 8 Abs 1 RL 2000/43/EG auf Verfahren anzuwenden, in denen die Ermittlung des Sachverhalts dem Gericht oder der zuständigen Stelle obliegt.

Unter dem Titel „Viktimisierung" hält Art 9 RL 2000/43/EG die Mitgliedstaaten dazu an, die erforderlichen Maßnahmen zu treffen, um den Einzelnen vor Benachteiligungen zu schützen, die als Reaktion auf eine Beschwerde oder auf die Einleitung eines Verfahrens zur Durchsetzung des Gleichbehandlungsgrundsatzes erfolgen.

Die Mitgliedstaaten haben nach Art 10 RL 2000/43/EG dafür Sorge zu tragen, dass die gemäß der Richtlinie getroffenen Maßnahmen sowie die bereits geltenden einschlägigen Vorschriften allen Betroffenen in geeigneter Form in ihrem Hoheitsgebiet bekannt gemacht werden.

Art 11 und Art 12 RL 2000/43/EG betreffen den sozialen Dialog zwischen Arbeitnehmern und Arbeitgebern sowie mit Nichtregierungsorganisationen. Demnach haben die Mitgliedstaaten geeignete Maßnahmen zur

---

822 *Mayr*, ecolex 2004, 430.

823 EuGH Rs C-415/10 (Meister), EU:C:2012:217, unter Verweis auf EuGH Rs C-104/10 (Kelly), EU:C:2011:506; zu letzterer E siehe 2. Teil II.B.1.g).

Förderung des sozialen Dialogs zwischen Arbeitgebern und Arbeitnehmern zu treffen, dies mit dem Ziel, die Verwirklichung des Gleichbehandlungsgrundsatzes durch Überwachung der betrieblichen Praxis, durch Tarifverträge, Verhaltenskodizes, Forschungsarbeiten oder durch einen Austausch von Erfahrungen und bewährten Lösungen voranzubringen. Soweit mit den nationalen Gepflogenheiten und Verfahren vereinbar, fordern die Mitgliedstaaten Arbeitgeber und Arbeitnehmer ohne Eingriff in deren Autonomie auf, auf geeigneter Ebene Antidiskriminierungsvereinbarungen zu schließen, welche die in Art 3 RL 2000/43/EG genannten Bereiche betreffen, soweit diese in den Verantwortungsbereich der Tarifparteien fallen. Die Mitgliedstaaten fördern auch den Dialog mit geeigneten Nichtregierungsorganisationen, die gemäß ihren nationalen Rechtsvorschriften und Gepflogenheiten ein rechtmäßiges Interesse daran haben, sich an der Bekämpfung von Diskriminierung aus Gründen der Rasse oder der ethnischen Herkunft zu beteiligen, um den Grundsatz der Gleichbehandlung zu fördern.

e) Mit der Förderung der Gleichbehandlung befasste Stellen

Nach Art 13 Abs 1 RL 2000/43/EG hat jeder Mitgliedstaat eine oder mehrere Stellen zu bezeichnen, deren Aufgabe darin besteht, die Verwirklichung des Grundsatzes der Gleichbehandlung aller Personen ohne Diskriminierung aufgrund der Rasse oder der ethnischen Herkunft zu fördern. Diese Stellen können Teil einer Einrichtung sein, die auf nationaler Ebene für den Schutz der Menschenrechte oder der Rechte des Einzelnen zuständig ist.

Art 13 Abs 2 RL 2000/43/EG befasst sich mit den Zuständigkeiten der nationalen Stellen. Diese haben dafür zuständig zu sein,

- unbeschadet der Rechte der Opfer und der Verbände, der Organisationen oder anderer juristischer Personen nach Art 7 Abs 2 die Opfer von Diskriminierungen auf unabhängige Weise dabei zu unterstützen, ihrer Beschwerde wegen Diskriminierung nachzugehen;
- unabhängige Untersuchungen zum Thema der Diskriminierung durchzuführen;
- unabhängige Berichte zu veröffentlichen und Empfehlungen zu allen Aspekten vorzulegen, die mit diesen Diskriminierungen in Zusammenhang stehen.

3. Verwirklichung der Gleichbehandlung in Beschäftigung und Beruf (RL 2000/78/EG)

Literatur: *Berka*, Religion, Weltanschauung und Arbeitsverhältnis, DRdA 2017, 247 ff; *Bertelsmann*, Altersdiskriminierung im Arbeitsrecht, ZESAR 2005, 242 ff; *Brodil*, Differenzierung nach Behinderungen, in: *Tomandl/Schrammel* (Hg), Arbeitsrechtliche Diskriminierungsverbote, 2005, 63 ff; *Brose*, Die Arbeitgeberpflichten bei der Beschäftigung von Menschen mit Behinderung nach Art. 5 Richtlinie 2000/78/EG, EuZA 2020, 157; *Bruns*, Lebenspartner und die betriebliche Altersversorgung, NZA 2009, 596 ff; *Burger-Ehrnhofer*, Streitfall Karfreitag - EuGH zwingt zum Handeln , ASoK 2019, 82; *Egger*, Die neuen Antidiskriminierungsrichtlinien der EU, DRdA 2003, 302 ff; *Eichinger*, Diskriminierung aufgrund der Weltanschauung: auch eine politische Angelegenheit?, RdW 2009, 768 ff; *Grünberger*, § 3 Nichtdiskriminierungsrecht, in: *Preis/Sagan* (Hg), Europäisches Arbeitsrecht, 2. Aufl 2019; *Glowacka*, ZESAR 2019, 492-502; *dies*, Altersdiskriminierung wegen längerer Vorrückungszeiträume am Beginn der Karriere?, ZESAR 2016, 150 ff; *Haider*, Karfreitag: Für kurze Zeit ein Feiertag für alle, ecolex 2019, 352; *Haider*, Karfreitag - unmittelbare Diskriminierung aufgrund der Religion, JAS 2019, 411; *Hartmann*; Diskriminierung durch Antidiskriminierungsrecht? Möglichkeiten und Grenzen eines postkategorialen Diskriminierungsschutzes in der Europäischen Union, EuZA 2019, 24; *Hießl*, Behinderung als Beendigungsgrund?, ASoK 2013, 21 ff; *Hießl/Boot*, The Application of the EU Framework for Disability Discrimination in 18 EU Countries, European Labour Law Journal 2013, 119 ff; *Joussen*, Die Diskriminierung behinderter Arbeitnehmer, ZESAR 2005, 375 ff; *ders*, Die Entscheidung Rosenbladt des EuGH –Ein Überblick zur europäischen Rechtsprechung zur Altersdiskriminierung durch Altersgrenzen, ZESAR 2011, 201 ff; *Kajtár/Marhold*, The Principle of Equality in the EU Charter of Fundamental Rights and Age Discrimination: Hungarian and Austrian Experiences. European Labour Law Journal 2016, 321 ff; *Kania/Kania*, Auswirkungen der Andersen-Entscheidung des EuGH auf die Sozialplangestaltung in Deutschland, ZESAR 2012, 62 ff; *Karl*, Differenzierung nach persönlichen Lebensumständen, in: *Tomandl/Schrammel* (Hg), Arbeitsrechtliche Diskriminierungsverbote, 2005, 43 ff; *Kocher*, § 5 Arbeitsrechtlicher Diskriminierungsschutz, in: *Schlachter/Heinig* (Hg), Europäisches Arbeits- und Sozialrecht (EnzEuR Bd 7) 2016; *Kohlbacher*, Diskriminierung durch ungleiches Pensionsantrittsalter – wie lange noch?, ZESAR 2015, 210 ff; *Kovács*, Kopftuchverbot am Arbeitsplatz? – Rechtfertigungsmöglichkeiten im Unionsrecht, ASoK 2016, 440 ff; *dies*, Generelles Neutralitätsgebot versus Kopftuchverbot am Arbeitsplatz, ASoK 2017, 122 ff; *Kozak*, Adipositas ist nicht das Ende!, DRdA 2015, 316 ff; *Kulmer*, Maßgeblichkeit von Vordienstzeiten erst ab Erreichen eines bestimmten Alters, RdW 2009, 785 ff; *Löschnigg*, Karfreitagsregelung - Diskriminierung aufgrund der Religion, DRdA 2019/45; *Marhold*, Differenzierung nach dem Alter, in: *Tomandl/Schrammel* (Hg), Arbeitsrechtliche Diskriminierungsverbote, 2005, 83 ff; *Marhold-Weinmeier*, Briefing – Altersdiskriminierung und Ruhestandsregelungen, ASoK 2007, 482 ff; *Mazal*, Kündigung von Frauen zum gesetzlichen Pensionsalter europarechtswidrig!, ecolex 2010, 1221 ff; *Meyer*, Das Kopftuch am Arbeitsplatz und unternehmerische Neutralitätskonzepte: Wie verändert europäisches Gleichbehandlungsrecht den Umgang mit der Religionsfreiheit in Arbeitsverhältnissen zwischen Privaten?EuZA 2020, 206; *Mohr*, 520 RL 2000/78/EG, in: *Franzen/Gallner/Oetker* (Hg), Kommentar zum europäischen Arbeitsrecht[3], 2020; *Mohr*, Zulässigkeit unmittelbarer Altersdiskriminierungen auf Grund unternehmensindividueller Gesichtspunkte, RdA 2017, 35 ff; *Neugebauer/Sura*: Das Verbot religiöser Kleidung und Symbolik am Arbeitsplatz – Unternehmerisches Freiheitsrecht und öffentliches Desiderat einer neutralen Beschäftigungsgestaltung? RdA 2018, 350; *Oppermann*, Europäische Strategien zur Integration behinderter Menschen in den Arbeitsmarkt, ZESAR 2004, 284 ff; *Paèiæ*, Rs Kücükdeveci: Der EuGH an der Grenze zur Willkür, ZAS 2012, 20 ff; *Potz*, Gleichstellung homosexueller Paare bei der Hinterbliebenenversorgung, RdW 2008, 405 ff; *Preis*, Schlangenlinien in der Rechtsprechung des EuGH zur Altersdiskriminierung, NZA 2010, 1323 ff; *Preis*, § 4 Verbot der Altersdiskriminierung, in: *Preis/Sagan* (Hg), Europäisches Arbeitsrecht, 2. Aufl 2019; *Rebhahn*, Altersdiskriminierung in der Judikatur des EuGH, wbl 2011, 173 ff; *Rebhahn/Pfeil/Potacs*, Zur – rückwirkenden – Anrechnung von Vordienstzeiten vor Vollendung des 18. Lebensjahres im öffentlichen Dienst, wbl 2014, 1; *Riesenhuber*, Europäisches Arbeitsrecht, 2009, § 11; *Remy*, Religion und Weltanschauung im Arbeitsleben – eine Betrachtung aus Sicht des französischen Arbeitsrechts, NZA-Beilage 2018, 55; *Risak/Körber-Risak*, Piloten ist nichts verboten, ecolex 2011, 941 ff; *Runggaldier*, Neues zur Altersdiskriminierung, RdW 2006, 512 ff; *ders*, EuGH präzisiert den Diskriminierungstatbestand „Behinderung" gem Art 13 EGV und RL 2000/78/EG, RdW 2006, 578 ff; *ders*, Zwangsversetzung in den Ruhestand: unzulässige Altersdiskriminierung? RdW 2007, 735 ff; *Schlachter*, Benachteiligung wegen besonderer Verbindungen statt Zugehörigkeit zu einer benachteiligten Gruppe, RdA 2010, 104 ff; *dies*, Das Verbot der Altersdiskriminierung und der Gestaltungsspielraum der Tarifvertragsparteien, 2014; *Schulte*, Situation behinderter Menschen in der erweiterten EU: Europäischer Aktionsplan 2006–2007, EuroAS 2008, 147; *Selzer*, Krankheit und Behinderung im Diskriminierungsrecht, EuZA 2014, 95 ff; *Sprenger*, Anforderungen an Verbote des islamischen Kopftuchs und anderer Formen des offenen religiös-weltanschaulichen Bekenntnisses am Arbeitsplatz, EuZA 2017, 352 ff; *Thüsing*, Diskriminierung wegen politischer Überzeugung, Religion und Weltanschauung, in: *Tomandl/Schrammel* (Hg), Arbeitsrechtliche Diskriminierungsverbote, 2005, 1 ff; *ders*, Handlungsbedarf im Diskriminierungsrecht, NZA 2001, 1061 ff: *ders*, Der Fortschritt des Diskriminierungsschutzes im Europäischen Arbeitsrecht – Anmerkungen zu den Richtlinien 2000/43/EG und 2000/78/EG, ZfA 2001, 397 ff; *Wachter*, Das Verbot der Altersdiskriminierung – ein „zahnloser Papiertiger"?, in: *Wachter* (Hg), Jahrbuch Altersdiskriminierung, 2011, 185 ff; *Weber*, Die individuelle und kollektive Religionsfreiheit im europäischen Recht, öarr 2002, 1 ff; *Weinberg*, Ansätze zur Dogmatik der intersektionalen Benachteiligung, EuZA 2020, 60; *Windisch-Graetz*, Das Diskriminierungsverbot aufgrund der sexuellen Orientierung, ZAS 2004, 58 ff; *dies*, (Un-)Zulässigkeit von Altersgrenzen bei Piloten, ecolex 2011, 941 ff; *dies*, Begriff der Behinderung und zumutbare Maßnahmen, DRdA 2014, 30 ff; *Winkler*, Die neuen europäischen Gleichbehandlungsregeln, ZAS 2004, 52 ff.

Zur nationalen Umsetzung in Deutschland:

Bauer/Krieger, 10 Jahre AGG – Tops und Flops, NZA 2016, 1041; *Beck*, Auswahlrichtlinie, Namensliste, Altersgruppenbildung und Altersdiskriminierung, NZA 2009, 577 ff; *König*, Handlungsbedarf bei der Umsetzung des Altersdiskriminierungsverbots?, ZESAR 2005, 218 ff; *Körner*, Diskriminierung von älteren Arbeitnehmern – Abhilfe durch das AGG?, NZA 2008, 497 ff; *Leder*, Das Diskriminierungsverbot wegen einer Behinderung, 2006; *Metz*, Neues zur Strafbarkeit des AGG-Hoppings, NZA 2019, 876; *Mohr/Bourazeri*, GmbH-Fremdgeschäftsführer als Arbeitnehmer im Sinne des AGG, NZA 2019, 870; *Schlachter*, AGG §§ 6–10 AGG, in: Erfurter Kommentar zum Arbeitsrecht, 20. Auflage 2020; *Thüsing*, §§ 6–10 AGG, in: Münchener Kommentar zum BGB, 8. Auflage 2018; *Wiedemann/Thüsing*, Der Schutz älterer Arbeitnehmer und die Umsetzung der Richtlinie 2000/78/EG, NZA 2002, 1234 ff.

Zur Umsetzung in Österreich durch das Gleichbehandlungsgesetz:

Auer-Mayer, Kündigung wegen langer Krankheit - Diskriminierungsverbot und Verpflichtung zu „angemessenen Maßnahmen", DRdA 2015, 110 ff; *Brenn*, Anrechnung von Vordienstzeiten der VB und Beamten in Österreich ist nach wie vor Altersdiskriminierend, ÖJZ 2019, 82; *Egger*, Das Arbeits- und Sozialrecht der EU und die österreichische Rechtsordnung, 2. Aufl 2005, 436 ff; *Eichinger*, Diskriminierung wegen Religion oder Weltanschauung bei der Begründung des Arbeitsverhältnisses, DRdA 2006, 245 ff; *Erler*, Diskriminierende Wirkung des „persönlichen Feiertags" für Kirchgänger?, ecolex 2019, 350; *Gerhartl*, Probleme des Diskriminierungsschutzes behinderter Arbeitnehmer, RdW 2007, 416 ff; *ders*, Diskriminierung aufgrund von Religion oder Weltanschauung, RdW 2007, 676 ff; *Glowacka*, Die neue Karfreitagslösung, ASoK 2019, 122 ff; *dies*, OGH bestätigt Neuregelung der Vordienstzeiten im BundesbahnG, DRdA 2019, 262; *dies*, Vordienstzeiten- und Vorrückungsregelungen - Diskriminierung aufgrund des Alters und/oder des Geschlechts, in: Krömer/Mitschka/Niksova/Pfalz (Hg), Arbeitsrecht und Arbeitswelt im europäischen Wandel, 143 ff; *Hopf*, Religiöse Symbole, ZAS 2018/20; *Kapuy*, Unionswidrigkeit des unterschiedlichen Pensionsantrittsalters von Männern und Frauen?, ZAS 2015, 222 ff; *Karl*, Karfreitag: Zulässiges Feiertagsprivileg oder verbotene Diskriminierung?, RdW 2016, 615 ff; *Mair*, Krankheitsbedingte Auflösung eines Probearbeitsverhältnisses als unzulässige Diskriminierung?, DRdA 2016, 250 ff; *Marhold*, Religiös motivierte Bekleidung und Schadenersatz bei Mehrfachdiskriminierung, ZAS 2017, 42 ff; *Mayr*, Diskriminierungen aufgrund des Alters im österreichischen Arbeitsrecht – Der Inhalt des neuen Diskriminierungsverbotes, ASoK 2003, 289 ff; *ders*, Feiertage und Diskriminierung aufgrund der Religion im österreichischen Arbeitsrecht, ecolex 2004, 428 ff; *Marhold-Weinmeier*, Feiertagsentgelt für Arbeitsleistungen am Karfreitag: Diskriminierung aufgrund der Religion? – Vorabentscheidungsverfahren, ASoK 2017, 236; *Mazal*, Gleichbehandlung: Diskriminierung oder positive Maßnahme – Überlegungen zum „Karfreitagsproblem", ZAS 2016, 272 ff; *Melzer-Azodanloo*, Diskriminierung aufgrund der Weltanschauung, ZAS 2010, 228 ff; *Sprenger*, Kein Schutz des Vertrauens privater Arbeitgeber in die Anwendung altersdiskriminierender Gesetze, EuZA 2016, 460; *Rebhahn*, Diskriminierung wegen Weltanschauung, DRdA 2011, 36 ff; *Windisch-Graetz*, Freistellung bei Entgeltfortzahlung aus religiösen Gründen, ZAS 2017, 147 ff; *Wolf*, Kostenneutrale Sanierung diskriminierender Lohnsysteme?, in *Kozak*, EuGH und Arbeitsrecht (2015).

Ebenso wie RL 2000/43/EG und RL 2006/54/EG dient auch RL 2000/78/EG des Rates vom 27. November 2000 zur Festlegung eines allgemeinen Rahmens für die Verwirklichung der Gleichbehandlung in Beschäftigung und Beruf[824] dem Schutz vor Antidiskriminierung und konkretisiert insoweit ebenfalls den in Art 19 AEUV allgemein formulierten Grundsatz.[825] Art 21 der Charta der Grundrechte der Europäischen Union enthält eine nicht abschließende Aufzählung der verbotenen Diskriminierungsgründe. Demnach sind Diskriminierungen „insbesondere wegen des Geschlechts,

824 ABlEG 2000 Nr L 303/16.
825 Zur Kompetenzgrundlage der Richtlinie vgl *Winkler*, ZAS 2004, 52 ff.

der Rasse, der Hautfarbe, der ethnischen oder sozialen Herkunft, der genetischen Merkmale, der Sprache, der Religion oder der Weltanschauung, der politischen oder sonstigen Anschauung, der Zugehörigkeit zu einer nationalen Minderheit, des Vermögens, der Geburt, einer Behinderung, des Alters oder der sexuellen Ausrichtung“ verboten.

Die Erwägungen, die zur Verabschiedung der letztgenannten Richtlinie geführt haben, sind jenen der RL 2000/43/EG ähnlich. So wird zur RL 2000/78/EG festgehalten, dass Diskriminierungen wegen der Religion oder der Weltanschauung, einer Behinderung, des Alters oder der sexuellen Ausrichtung die Verwirklichung der im EG-Vertrag festgelegten Ziele unterminieren können, insbesondere die Erreichung eines hohen Beschäftigungsniveaus und eines hohen Maßes an sozialem Schutz, die Hebung des Lebensstandards und der Lebensqualität, den wirtschaftlichen und sozialen Zusammenhalt, die Solidarität sowie die Freizügigkeit. Die RL 2000/78/EG schreibt sich dementsprechend auf die Fahnen, jede unmittelbare oder mittelbare Diskriminierung wegen der Religion oder der Weltanschauung, einer Behinderung, des Alters oder der sexuellen Ausrichtung in den von der Richtlinie abgedeckten Bereichen – auch hinsichtlich Drittstaatsangehörigen – unionsweit zu untersagen.

Doch soll die Richtlinie nach den Begründungserwägungen weder auf die Sozialversicherungs- und Sozialschutzsysteme, deren Leistungen nicht einem Arbeitsentgelt in dem Sinne gleichgestellt werden, der diesem Begriff für die Anwendung des Art 157 AEUV gegeben wurde, noch auf Vergütungen jeder Art seitens des Staates, die den Zugang zu einer Beschäftigung oder die Aufrechterhaltung eines Beschäftigungsverhältnisses zum Ziel haben, Anwendung finden. Die einzelstaatlichen Bestimmungen über die Festsetzung der Altersgrenzen für den Eintritt in den Ruhestand (vgl die 14. Begründungserwägung) bleiben ebenso wie die nationalen Rechtsvorschriften über den Familienstand und davon abhängige Leistungen (vgl die 22. Begründungserwägung) unangetastet. Nach der 17. Begründungserwägung wird mit der RL 2000/78/EG – unbeschadet der Verpflichtung, für Menschen mit Behinderung angemessene Vorkehrungen zu treffen – nicht die Einstellung, der berufliche Aufstieg, die Weiterbeschäftigung oder die Teilnahme an Aus- und Weiterbildungsmaßnahmen einer Person vorgeschrieben, wenn diese Person für die Erfüllung der wesentlichen Funktionen des Arbeitsplatzes oder zur Absolvierung einer bestimmten Ausbildung nicht kompetent, fähig oder verfügbar ist. Insbesondere darf mit dieser Richtlinie den Streitkräften sowie der Polizei, den Haftanstalten oder den Notfalldiensten unter Berücksichtigung des rechtmäßigen Ziels, die Einsatzbereitschaft dieser Dienste zu wahren, nicht zur Auflage gemacht werden, Personen einzustellen oder weiter zu beschäftigen, die nicht den jeweiligen Anforderungen entsprechen, um sämtliche Aufgaben zu erfüllen, die ihnen übertragen werden können. Ferner können die Mitgliedstaaten zur Sicherung der Schlagkraft ihrer Streitkräfte sich dafür entscheiden, dass die eine Behinderung und das Alter betreffenden Bestimmungen dieser Richtlinie auf alle Streitkräfte oder einen Teil ihrer Streitkräfte keine Anwendung finden. Die Mitgliedstaaten, die eine derartige Entscheidung treffen, müssen aber den Anwendungsbereich dieser Ausnahmeregelung festlegen (vgl die 18. und 19. Begründungserwägung).

Die Umsetzung der Richtlinie hatte bis zum 2. 12. 2003 zu erfolgen; uU konnte eine Zusatzfrist von drei Jahren in Anspruch genommen werden (vgl Art 18 RL 2000/78/EG). Im Januar 2008 wurden von der Europäischen Kommission an zehn Mitgliedstaaten, die die Bestimmungen der Richtlinie nach wie vor nicht umgesetzt hatten, Stellungnahmen gesendet. Im Tätigkeitsbericht 2007–2008 zu den Antidiskriminierungsmaßnahmen der EU wird bemängelt, dass Mitgliedstaaten einen zu geringen Personenkreis bei der Umsetzung berücksichtigen und es zu Abweichungen bei Definitionsbegriffen kommt. Des Weiteren wurde die Verpflichtung der Arbeitgeber, Arbeitnehmern mit Behinderung einen angemessenen Arbeitsplatz zu bieten, nicht immer korrekt umgesetzt und Unstimmigkeiten in Bezug auf Vorschriften zugunsten von Opfern festgestellt.[826]

Die RL 2000/78/EG hat ihrem Art 1 zufolge den Zweck, einen allgemeinen Rahmen zur Bekämpfung der Diskriminierung wegen der Religion oder der Weltanschauung, einer Behinderung, des Alters oder der sexuellen Ausrichtung in Beschäftigung und Beruf im Hinblick auf die Verwirklichung des Grundsatzes der Gleichbehandlung in den Mitgliedstaaten zu schaffen.

Art 2 RL 2000/78/EG legt fest, wie die Begriffe des „Gleichbehandlungsgrundsatzes“, der „unmittelbaren“ und „mittelbaren Diskriminierung“ und der „Belästigung“ zu definieren sind. Diese Legaldefinitionen sind nahezu wortgleich mit jenen der RL 2000/43/EG. Auch im Sinne der RL 2000/78/EG bedeutet „Gleichbehandlungsgrundsatz“, dass es keine unmittelbare oder mittelbare Diskriminierung wegen eines der in Art 1 genannten Gründe geben darf. Eine „unmittelbare Diskriminierung“ liegt vor, wenn eine Person wegen eines der in Art 1 genannten Gründe in einer vergleichbaren Situation eine weniger günstige Behandlung erfährt, als eine andere Person erfährt, erfahren hat oder erfahren würde.

Von einer „mittelbaren Diskriminierung“ ist zu sprechen, wenn dem Anschein nach neutrale Vorschriften, Kriterien oder Verfahren Personen

826 Europäische Kommission, Antidiskriminierungsmaßnahmen der EU – Tätigkeitsbericht 2007–2008, 2009, 19.

mit einer bestimmten Religion oder Weltanschauung, einer bestimmten Behinderung, einem bestimmten Alter oder mit einer bestimmten sexuellen Ausrichtung gegenüber anderen Personen in besonderer Weise benachteiligen können, es sei denn, (i) diese Vorschriften, Kriterien oder Verfahren sind durch ein rechtmäßiges Ziel sachlich gerechtfertigt und die Mittel sind zur Erreichung dieses Ziels angemessen und erforderlich oder (ii) der Arbeitgeber oder jede Person oder Organisation, auf die diese Richtlinie Anwendung findet, ist im Falle von Personen mit einer bestimmten Behinderung aufgrund des einzelstaatlichen Rechts verpflichtet, geeignete Maßnahmen entsprechend den in Art 5 enthaltenen Grundsätzen vorzusehen, um die sich durch diese Vorschrift, dieses Kriterium oder dieses Verfahren ergebenden Nachteile zu beseitigen. Eine mittelbare Diskriminierung aufgrund der Behinderung liegt beispielsweise vor, wenn Regelungen eines Sozialplans bei der Berechnung der Abfindung auf die Möglichkeit einer vorzeitigen Altersrente wegen einer Behinderung abstellen.[827]

„Belästigungen“, die nach der Richtlinie ebenfalls unter den Begriff der Diskriminierung fallen, sind unerwünschte Verhaltensweisen, die mit einem der Gründe nach Art 1 in Zusammenhang stehen und bezwecken oder bewirken, dass die Würde der betreffenden Person verletzt und ein von Einschüchterungen, Anfeindungen, Erniedrigungen, Entwürdigungen oder Beleidigungen gekennzeichnetes Umfeld geschaffen wird. In diesem Zusammenhang können die Mitgliedstaaten den Begriff „Belästigung“ im Einklang mit den einzelstaatlichen Rechtsvorschriften und Gepflogenheiten definieren. Die Richtlinie per se sieht somit nicht jede Belästigung des Arbeitgebers wegen der verbotenen Diskriminierungsmerkmale als unzulässige Ungleichbehandlung an, sondern nur solche, die das Arbeitsumfeld prägen, was wohl nicht anders verstanden werden kann, als dass nur Belästigungen von gewisser Erheblichkeit erfasst sein sollen.[828] Belästigende Verhaltensweisen können in verschiedenen Formen auftreten, so zB als sprachliche Äußerungen und Gesten oder das Verfassen, Zeigen oder Verbreiten von schriftlichen Äußerungen, Bildern oder sonstigem Material.[829]

Wie die RL 2000/43/EG stellt auch die RL 2000/78/EG klar, dass die Anweisung zur Diskriminierung einer Person wegen eines der Gründe nach Art 1 als Diskriminierung gilt (vgl Art 2 Abs 4 RL 2000/78/EG).

Die RL 2000/78/EG berührt nicht die im einzelstaatlichen Recht vorgesehenen Maßnahmen, die in einer demokratischen Gesellschaft für die Gewährleistung der öffentlichen Sicherheit, die Verteidigung der Ordnung und

827 EuGH Rs C-152/11 (Odar), EU:C:2012:772, NZA 2012, 1435.
828 Dazu *Thüsing*, ZfA 2001, 412 f.
829 *Egger*, DRdA 2003, 306.

die Verhütung von Straftaten, zum Schutz der Gesundheit und zum Schutz der Rechte und Freiheiten anderer notwendig sind.

a) Geltungsbereich der RL 2000/78/EG

Die RL 2000/78/EG gilt gem Art 3 Abs 1 für alle Personen in öffentlichen und privaten Bereichen, einschließlich öffentlicher Stellen, in Bezug auf

a) die Bedingungen – einschließlich Auswahlkriterien und Einstellungsbedingungen – für den Zugang zu unselbständiger und selbständiger Erwerbstätigkeit, unabhängig von Tätigkeitsfeld und beruflicher Position, einschließlich des beruflichen Aufstiegs;
b) den Zugang zu allen Formen und allen Ebenen der Berufsberatung, der Berufsausbildung, der beruflichen Weiterbildung und der Umschulung, einschließlich der praktischen Berufserfahrung;
c) die Beschäftigungs- und Arbeitsbedingungen, einschließlich der Entlassungsbedingungen und des Arbeitsentgelts;
d) die Mitgliedschaft und Mitwirkung in einer Arbeitnehmer- oder Arbeitgeberorganisation oder einer Organisation, deren Mitglieder einer bestimmten Berufsgruppe angehören, einschließlich der Inanspruchnahme der Leistungen solcher Organisationen.

Der EuGH stellte klar, dass die Situation nicht unter den Begriff „Zugang zur Beschäftigung oder zu abhängiger Erwerbstätigkeit“ iSv Art 3 Abs 1 RL fällt, wenn eine Person mit ihrer Stellenbewerbung nicht die betreffende Stelle erhalten, sondern nur den formalen Status als Bewerber erlangen möchte, und zwar mit dem alleinigen Ziel, eine Entschädigung geltend zu machen. Niemand darf sich nämlich in betrügerischer oder missbräuchlicher Weise auf die Rechtsvorschriften der Europäischen Union berufen.[830]

Unterschiedliche Behandlungen aus Gründen der Staatsangehörigkeit werden durch die RL 2000/78/EG nicht erfasst (vgl Art 3 Abs 2 leg cit). Ebenso wenig gilt die Richtlinie für Leistungen jeder Art seitens der staatlichen Systeme oder der damit gleichgestellten Systeme einschließlich der staatlichen Systeme der sozialen Sicherheit oder des sozialen Schutzes (Art 3 Abs 3). Art 3 Abs 4 RL 2000/78/EG stellt es den Mitgliedstaaten frei, vorzusehen, dass diese Richtlinie hinsichtlich Diskriminierungen wegen einer Behinderung und des Alters nicht für die Streitkräfte gilt.

Art 16 RL 2000/78/EG verpflichtet die Mitgliedstaaten dazu, die erforderlichen Maßnahmen zu treffen, um sicherzustellen, dass sämtliche Rechts- und Verwaltungsvorschriften, die dem Gleichbehandlungsgrundsatz zuwi-

830 EuGH Rs C-423/15 (Kratzer), EU:C:2016:604 Rn 35 ff, mit Verweis auf EuGH Rs C-155/13 (SICES ua), EU:C:2014:145 Rn 29.

derlaufen, aufgehoben werden und, dass die mit dem Gleichbehandlungsgrundsatz nicht zu vereinbarenden Bestimmungen in Arbeits- oder Tarifverträgen, Betriebsordnungen und Statuten der freien Berufe und der Arbeitgeber- und Arbeitnehmerorganisationen für nichtig erklärt werden oder erklärt werden können oder geändert werden.

b) Ausnahmen („berufliche Anforderungen") und Verschärfungen des Diskriminierungsverbots

Art 4 RL 2000/78/EG lässt unter dem Titel „berufliche Anforderungen" Ausnahmen vom Diskriminierungsverbot zu. Die Mitgliedstaaten können – ungeachtet des Art 2 Abs 1 und 2 – vorsehen, dass eine Ungleichbehandlung wegen eines Merkmals, das im Zusammenhang mit einem der in Art 1 genannten Diskriminierungsgründe steht, keine Diskriminierung darstellt, wenn das betreffende Merkmal aufgrund der Art einer bestimmten beruflichen Tätigkeit oder der Bedingungen ihrer Ausübung eine wesentliche und entscheidende berufliche Anforderung darstellt, sofern es sich um einen rechtmäßigen Zweck und eine angemessene Anforderung handelt.[831]

Der Gleichbehandlungsgrundsatz hindert die Mitgliedstaaten gem Art 7 Abs 1 RL 2000/78/EG nicht daran, zur Gewährleistung der völligen Gleichstellung im Berufsleben spezifische Maßnahmen beizubehalten oder einzuführen, mit denen Benachteiligungen wegen eines in Art 1 genannten Diskriminierungsgrunds verhindert oder ausgeglichen werden.

Die Richtlinie legt nur Mindestanforderungen fest, weswegen die Mitgliedstaaten durch sie nicht gehindert werden, Vorschriften einzuführen oder beizubehalten, die im Hinblick auf die Wahrung des Gleichbehandlungsgrundsatzes günstiger als die in dieser Richtlinie vorgesehenen Vorschriften sind (vgl Art 8 Abs 1 RL 2000/78/EG). Die Umsetzung dieser Richtlinie darf aber keinesfalls als Rechtfertigung für eine Absenkung des von den Mitgliedstaaten bereits garantierten allgemeinen Schutzniveaus in Bezug auf Diskriminierungen in den von der Richtlinie abgedeckten Bereichen benutzt werden (Art 8 Abs 2 leg cit).

c) Die einzelnen Diskriminierungsgründe

aa) Diskriminierung wegen einer Behinderung

i) Der Begriff der „Behinderung"

Unklarheit besteht hinsichtlich des Behindertenbegriffs, der durch das europäische Recht nicht determiniert ist und dem die nationalen Rechts-

831 Auf die Ausnahmen des Art 4 Abs 2 der Richtlinie bezüglich kirchlicher Organisationen wird unter 2. Teil, II.B.3.c)cc) zurückgekommen.

ordnungen teils ein erheblich unterschiedliches Verständnis zugrunde legen. Einigkeit sollte soweit bestehen, dass der Begriff der „Behinderung" weit auszulegen ist.[832] Der EuGH definiert in der Rs Chacón Navas[833] den Begriff „Behinderung" als eine Einschränkung, die insbesondere auf physische, geistige oder psychische Beeinträchtigungen zurückzuführen ist und die ein Hindernis für die Teilhabe des Betreffenden am Berufsleben bildet. Krankheiten als solche werden dabei nicht als Behinderung gesehen und schließen daher die Anwendung der Richtlinie aus. Nach *Brodil*[834] ist der Begriff der Behinderung als Typusbegriff zu erfassen; welche Elemente im konkreten Fall gegeben sein müssen, hänge daher davon ab, in welchem konkreten Sachbereich der Begriff relevant ist.

Nachdem die Europäische Union das Übereinkommen der Vereinten Nationen über die Rechte von Menschen mit Behinderungen („UN-Behindertenrechtekonvention") ratifiziert hat[835], legt der EuGH nunmehr den Begriff der Behinderung in Übereinstimmung mit diesem Übereinkommen aus.[836] So hielt er in der Rs Kommission/Italien[837] fest, dass der Begriff der Behinderung so zu verstehen ist, dass er eine insbesondere auf langfristige physische, geistige oder psychische Beeinträchtigungen zurückzuführende Einschränkung erfasst, die den Betroffenen in Wechselwirkung mit verschiedenen Barrieren an der vollen und wirksamen Teilhabe am Berufsleben, gleichberechtigt mit den übrigen Arbeitnehmern, hindern kann. Auch heilbare oder unheilbare Krankheiten können unter diesen Behindertenbegriff fallen, wenn sie die beschriebene Einschränkung mit sich bringen.[838] *Selzer*[839] stellt fest, dass der EuGH im Vergleich zu seiner Entscheidung in der Rs Chacón Navas seine Rechtsansicht nicht geändert, allenfalls weiterentwickelt, hat. Der Gerichtshof erklärte, dass Krankheiten und Behinderungen im Falle eines dauerhaften Einflusses auf die Teilhabe am Berufsleben gleichzusetzen sind. Dies hat jedoch keine Veränderung des Behindertenbegriffes zur Folge.

Der EuGH verlangt zur Feststellung einer Behinderung, dass die physische, geistige oder psychische Beeinträchtigung den Betroffenen an der vollen und wirksamen Teilhabe am Berufsleben, gleichberechtigt mit den ande-

832 *Thüsing*, ZfA 2001, 401.
833 EuGH Rs C-13/05 (Chacón Navas), EU:C:2006:456.
834 *Brodil* in: *Tomandl/Schrammel* (Hg), 2005, 75.
835 ABlEG 2010 Nr L 23/35.
836 EuGH Rs C-363/12 (Z gegen A Government department), EU:C:2014:159 Rn 73; EuGH Rs C-395/15 (Daouidi), EU:C:2016:917 Rn 40 f.
837 EuGH Rs C-312/11 (Kommission ./. Italien), EU:C:2013:446.
838 EuGH Rs C-335/11 und C-337/11 (Ring und Skouboe Werge), EU:C:2013:222.
839 *Selzer*, EuZA 2014, 106.

ren Arbeitnehmern, hindert. Eine Fehlbildung, infolge deren eine Frau keine Gebärmutter hat, stellt zwar eine Einschränkung dar, beeinträchtigt jedoch die Frau in der Ausübung ihrer beruflichen Tätigkeit nicht und bildet somit keine Behinderung iSd RL 2000/78/EG.[840] Hingegen kann Adipositas eine Behinderung bedeuten, vorausgesetzt, dass sie eine Einschränkung von langer Dauer mit sich bringt.[841] Dies wäre insbesondere dann der Fall, wenn der Arbeitnehmer aufgrund eingeschränkter Mobilität oder dem Auftreten von Krankheitsbildern, die ihn an der Verrichtung seiner Arbeit hindern oder zu einer Beeinträchtigung der Ausübung seiner beruflichen Tätigkeit führen an der vollen und wirksamen Teilhabe am Berufsleben gehindert wäre. Das Vorliegen einer Behinderung hängt aber nicht davon ab, inwieweit der Betroffene gegebenenfalls zum Auftreten seiner Behinderung beigetragen hat.[842]

Der Begriff der „Langfristigkeit" der Einschränkung ist laut dem EuGH autonom und einheitlich auszulegen, wobei die Teilhabe am Berufsleben über einen langen Zeitraum eingeschränkt werden muss.[843] Zu den Anhaltspunkten für eine langfristige Einschränkung gehören insbesondere die Umstände, dass zum Zeitpunkt des angeblich diskriminierenden Geschehnisses ein kurzfristiges Ende der Arbeitsunfähigkeit des Betroffenen nicht genau absehbar ist oder, dass sich die Arbeitsunfähigkeit bis zur Genesung des Betroffenen noch erheblich hinziehen kann.[844]

Der EuGH bestätigt in der Rs Ruiz Conejero[845], dass Adipositas unter bestimmten Umständen unter den Begriff der Behinderung iSd RL 2000/78 fallen kann. Gleichzeitig wird aber auch klargestellt, dass die Tatsache, dass der Betroffene als Mensch mit Behinderung iSd nationalen Rechts anerkannt ist, nicht bedeutet, dass er an einer Behinderung iSd RL 2000/78 leidet. Im Ergebnis stellt der EuGH fest, dass Art 2 Abs 2 lit b Z i der RL 2000/78 einer nationalen Regelung entgegensteht, nach der ein Arbeitgeber einen Arbeitnehmer aufgrund gerechtfertigter, aber wiederkehrender Abwesenheiten vom Arbeitsplatz auch dann entlassen darf, wenn die Fehlzeiten die Folge von Krankheiten sind, die auf eine Behinderung des Arbeitnehmers zurückzuführen sind, es sei denn, diese Regelung geht unter Verfolgung des legitimen Ziels der Bekämpfung von Absentismus nicht über das zu dessen Erreichung Erforderliche hinaus.

840 EuGH Rs C-363/12 (Z gegen A Government department), EU:C:2014:159 Rn 78 ff.
841 EuGH Rs C 354/13 (Kaltoft), EU:C:2014:2463 Rn 58 ff.
842 EuGH Rs C 354/13 (Kaltoft), EU:C:2014:2463 Rn 56.
843 EuGH Rs C-395/15 (Daouidi), EU:C:2016:917 Rn 51 ff.
844 EuGH Rs C-395/15 (Daouidi), EU:C:2016:917 Rn 56.
845 EuGH Rs C-270/16 (Ruiz Conejero), EU:C:2018:17 Rn 28 ff.

Des Weiteren hat der EuGH[846] zu einem aus Deutschland stammenden Vorabentscheidungsersuchen klargestellt, dass Art 2 Abs 2 RL 2000/78/EG Bestimmungen eines Tarifvertrags entgegensteht, die vorsehen, dass die Zahlung einer Überbrückungsbeihilfe, die mit dem Ziel gewährt wird, einem Arbeitnehmer, der seinen Arbeitsplatz verloren hat, einen angemessenen Lebensunterhalt zu gewährleisten, bis er zum Bezug einer Altersrente aus der gesetzlichen Rentenversicherung berechtigt ist, endet, wenn dieser Arbeitnehmer die Voraussetzungen für den Bezug einer vorgezogenen Altersrente für schwerbehinderte Menschen aus der gesetzlichen Rentenversicherung erfüllt.

Eine solche Regelung beeinträchtigt die berechtigten Interessen schwerbehinderter Arbeitnehmer übermäßig und geht über das hinaus, was zur Erreichung der sozialpolitischen Ziele erforderlich ist, die die deutschen Sozialpartnern mit diesem Tarifvertrag verfolgten. Die Ungleichbehandlung mit nicht behinderten Arbeitnehmern kann nicht nach Art 2 Abs 2 Buchst b Z 1 RL 2000/78/EG gerechtfertigt werden und verstößt somit gegen das Verbot der Diskriminierung wegen einer Behinderung.

> EuGH, Rs Bedi:[847] Zu den Nachteilen, die § 8 Ziff. 1 Buchst. c TV SozSich für die betroffenen Personen bewirken kann, ist darauf hinzuweisen, dass diese Vorschrift [...] für die Beendigung des Anspruchs auf Überbrückungsbeihilfe auf die Entstehung des Anspruchs auf eine vorgezogene Altersrente abstellt, unabhängig davon, ob der Betroffene eine Altersrente tatsächlich bezieht oder beantragt hat. [...] Wie die Generalanwältin in Nr. 54 ihrer Schlussanträge ausgeführt hat, hat ein schwerbehinderter Arbeitnehmer jedoch im Gegensatz zu einem nicht behinderten Arbeitnehmer nicht die Möglichkeit, selbst wenn er dies wünscht, bis zum Bezug einer nicht vorgezogenen Altersrente weiter zu arbeiten und daneben die Überbrückungsbeihilfe zu erhalten. Hinzuzufügen ist, dass schwerbehinderte Personen spezifische Bedürfnisse im Zusammenhang sowohl mit dem Schutz, den ihr Zustand erfordert, als auch mit der Notwendigkeit haben, dessen mögliche Verschlechterung zu berücksichtigen. Daher ist dem Risiko Rechnung zu tragen, dass Schwerbehinderte unabweisbaren finanziellen Aufwendungen im Zusammenhang mit ihrer Behinderung ausgesetzt sind und/oder dass sich ihre finanziellen Aufwendungen mit zunehmendem Alter erhöhen (vgl idS EuGH Odar, C-152/11, Rn 69). [...] So bewirkt § 8 Ziff. 1 Buchst. c TV SozSich, dass die berechtigten Interessen schwerbehinderter Arbeitnehmer übermäßig beeinträchtigt werden, und geht damit über das hinaus, was zur Erreichung der von den deutschen Sozialpartnern verfolgten sozialpolitischen Ziele erforderlich ist.

846 EuGH Rs C-312/17 (Bedi), ECLI:EU:C:2018:734.
847 EuGH Rs C-312/17 (Bedi), ECLI:EU:C:2018:734 Rn 72 ff.

ii) Diskriminierung wegen Assoziation

In der Rs Coleman[848] hat der EuGH festgestellt, dass eine unmittelbare Diskriminierung auch dann vorliegt, wenn ein Arbeitnehmer nicht selbst behindert ist, sondern ein Kind, für welches der Arbeitnehmer im Wesentlichen die Pflegeleistungen erbringt und er dadurch eine weniger günstige Behandlung durch den Arbeitgeber erfährt als ein anderer Arbeitnehmer in einer vergleichbaren Situation („Assoziationsdiskriminierung“).[849] Der EuGH dehnt somit den personellen Anwendungsbereich der Richtlinie auf Dritte mit dem Argument aus, dass der Zweck der Richtlinie die Bekämpfung jeder Form von Diskriminierung aus Gründen einer Behinderung ist und nicht auf eine bestimmte Kategorie von Personen abgestellt werden darf.

iii) Angemessene Vorkehrungen und positive Maßnahmen

Art 5 RL 2000/78/EG verpflichtet zu angemessenen Vorkehrungen für Menschen mit Behinderung, um die Anwendung des Gleichbehandlungsgrundsatzes zu gewährleisten.[850] Der Arbeitgeber hat demnach die geeigneten und im konkreten Fall erforderlichen Maßnahmen zu ergreifen, um dem Menschen mit Behinderung den Zugang zur Beschäftigung, die Ausübung eines Berufes, den beruflichen Aufstieg und die Teilnahme an Aus- und Weiterbildungsmaßnahmen zu ermöglichen, es sei denn, diese Maßnahmen würden den Arbeitgeber unverhältnismäßig belasten. Hier werden nicht nur die Kosten der Maßnahme, die Größe und Finanzkraft des Unternehmens, der Grad der Behinderung und der Einfluss auf andere Arbeitnehmer maßgebend sein, sondern auch etwa Finanzierungsmöglichkeiten von dritter Seite oder steuerliche Vergünstigungen.[851] Eine Belastung gilt nach dem ausdrücklichen Wortlaut der Richtlinie dann nicht als unverhältnismäßig, wenn sie durch geltende Maßnahmen im Rahmen der Behindertenpolitik des Mitgliedstaates ausreichend kompensiert wird. Die Verkürzung der Arbeitszeit kann eine Vorkehrungsmaßnahme im Sinne des Art 5 RL 2000/78/EG darstellen, sofern diese keine unverhältnismäßige Belastung für den Arbeitgeber ist.[852]

---

848 EuGH Rs C-303/06 (Coleman), EU:C:2008:415.

849 Dazu näher *Schlachter*, RdA 2010, 104 ff.

850 S *Brose*, Die Arbeitgeberpflichten bei der Beschäftigung von Menschen mit Behinderung nach Art. 5 Richtlinie 2000/78/EG, EuZA 2020, 157.

851 *Thüsing*, ZfA 2001, 403.

852 EuGH verb Rs C-335/11 und C-337/11 (Ring und Skouboe Werge), EU:C:2013:222.

Die Weigerung eines Arbeitgebers, bestimmte Anpassungen vorzunehmen, um einem Behinderten eine fortgesetzte Tätigkeit in seinem Unternehmen zu ermöglichen, kann einerseits als mittelbare Diskriminierung gem Art 2 Abs 2 lit b angesehen werden (weil die mangelnde Flexibilität des Arbeitgebers zwar für alle Arbeitnehmer gilt, darauf angewiesene Behinderte aber in besonderer Weise benachteiligt), andererseits als Verletzung des Gebots, angemessene Vorkehrungen nach Art 5 zu treffen. Das Verhältnis zwischen diesen beiden Bestimmungen ist europarechtlich noch nicht gänzlich geklärt: In der Literatur wurden bisher mehrfach Stimmen laut, die Art 5 der Richtlinie als Konkretisierung der Gleichbehandlungspflicht im speziellen Fall der Behinderung sehen. Die Unterlassung derartiger angemessener Vorkehrungen stellt somit eine Diskriminierung dar, welche die entsprechenden Rechtsfolgen auslöst.[853] Auch die Europäische Kommission hat derartige Unterlassungen ausdrücklich in die Definition der Diskriminierung des Art 2 Abs 4 ihres Vorschlages einer erweiterten Rahmenrichtlinie[854] (zu Diskriminierungen außerhalb des Arbeitslebens) aufgenommen, welche im Einklang mit der UN-Behindertenrechtekonvention steht.

Im Falle von Menschen mit Behinderung steht der Gleichbehandlungsgrundsatz weder dem Recht der Mitgliedstaaten entgegen, Bestimmungen zum Schutz der Gesundheit und der Sicherheit am Arbeitsplatz beizubehalten oder zu erlassen, noch steht er Maßnahmen entgegen, mit denen Bestimmungen oder Vorkehrungen eingeführt oder beibehalten werden sollen, die einer Eingliederung von Menschen mit Behinderung in die Arbeitswelt dienen oder diese Eingliederung fördern (vgl Art 7 Abs 2 RL 2000/78/EG).

Eine nationale Regelung, die für die Kündigung des Arbeitsverhältnisses eines Arbeitnehmers mit Behinderung die vorherige Zustimmung der Arbeitsinspektion fordert, stellt eine positive Maßnahme iSv Art 7 Abs 2 der RL 2000/78/EG dar.[855] Falls ein solcher spezifischer Schutz lediglich Arbeitnehmern, nicht aber Beamten zusteht, kann diese Unterscheidung einen Verstoß gegen den Gleichbehandlungsgrundsatz iSv Art 20 und 21 der Charta der Grundrechte der EU darstellen. Bei der Prüfung eines Verstoßes muss der Vergleich der Situationen auf einer Abwägung aller maßgeblichen nationalen Rechtsvorschriften zur Regelung der Stellung einerseits der Arbeitnehmer mit einer bestimmten Behinderung und andererseits der Beam-

853 *Hießl*, ASoK 2013, 24 f.

854 Vorschlag der Europäischen Kommission für eine Richtlinie des Rates zur Verwirklichung des Grundsatzes der Gleichbehandlung ungeachtet der Religion oder der Weltanschauung, einer Behinderung, des Alters oder der sexuellen Ausrichtung, KOM (2008) 426.

855 EuGH Rs C-406/15 (Milkova), EU:C:2017:198 Rn 49 f.

ten mit der gleichen Behinderung beruhen, wobei insbesondere das Ziel des Schutzes vor der Kündigung zu berücksichtigen ist.[856]

bb) Diskriminierung wegen des Alters

i) Schutzbereich und Rechtfertigungsgründe

Die RL 2000/78/EG normiert keine Altersgrenzen, weswegen alle Arbeitnehmer unabhängig von einem Mindest- oder Höchstalter geschützt sind.[857]

Einen besonderen Rechtfertigungsgrund für Ungleichbehandlungen wegen des Alters enthält Art 6 RL 2000/78/EG. Nach dessen Abs 1 können die Mitgliedstaaten vorsehen, dass Ungleichbehandlungen wegen des Alters keine Diskriminierung darstellen, sofern sie objektiv und angemessen sind und im Rahmen des nationalen Rechts durch ein legitimes Ziel, worunter insbesondere rechtmäßige Ziele aus den Bereichen Beschäftigungspolitik, Arbeitsmarkt und berufliche Bildung zu verstehen sind, gerechtfertigt sind und die Mittel zur Erreichung dieses Ziels angemessen und erforderlich sind. Die Richtlinie listet im Folgenden auf, was derartige Ungleichbehandlungen insbesondere einschließen können:

a) die Festlegung besonderer Bedingungen für den Zugang zur Beschäftigung und zur beruflichen Bildung sowie besonderer Beschäftigungs- und Arbeitsbedingungen, einschließlich der Bedingungen für Entlassung[858] und Entlohnung, um die berufliche Eingliederung von Jugendlichen, älteren Arbeitnehmern und Personen mit Fürsorgepflichten zu fördern oder ihren Schutz sicherzustellen;
b) die Festlegung von Mindestanforderungen an das Alter, die Berufserfahrung oder das Dienstalter für den Zugang zur Beschäftigung oder für bestimmte mit der Beschäftigung verbundene Vorteile;
c) die Festsetzung eines Höchstalters für die Einstellung aufgrund der spezifischen Ausbildungsanforderungen eines bestimmten Arbeitsplatzes oder aufgrund der Notwendigkeit einer angemessenen Beschäftigungszeit vor dem Eintritt in den Ruhestand.

Wachter weist darauf hin, dass diese Aufzählung lediglich einen Hinweischarakter hat. Im Rahmen ihres Ermessensspielraums können die Mitgliedstaaten bei der Umsetzung der Richtlinie auch andere als in Art 6 genannte

856 EuGH Rs C-406/15 (Milkova), EU:C:2017:198 Rn 58 ff.
857 *Egger*, DRdA 2003, 305.
858 Eine deutsche Regelung steht der Richtlinie jedoch entgegen, wenn diese vorsieht, dass vor Vollendung des 25. Lebensjahrs liegende Beschäftigungszeiten des Arbeitnehmers bei der Berechnung der Kündigungsfrist nicht berücksichtigt werden, EuGH Rs C-555/07 (Kücükdeveci), EU:C:2010:21; *Pačić*, ZAS 2012, 20 ff.

Beispiele von Ungleichbehandlungen und Zielen formulieren.[859] Zur Rechtfertigung einer unmittelbaren Diskriminierung kommen insbesondere auch die Bestimmungen des Art 4 sowie Art 2 Abs 5 der Richtlinie in Betracht.[860]

In der Rs Abercrombie&Fitch Italia[861] hielt der EuGH fest, dass Art 21 GRC sowie Art 2 Abs 1, Art 2 Abs 2 lit a und Art 6 Abs 1 der RL 2000/78 dahin auszulegen sind, dass sie einer Bestimmung nicht entgegenstehen, wonach ein Arbeitgeber mit einem Arbeitnehmer, der noch nicht das 25. Lebensjahr vollendet hat, unabhängig von der Art der zu erbringenden Leistungen einen Gelegenheitsarbeitsvertrag schließen und diesen Arbeitnehmer entlassen kann, sobald er das 25. Lebensjahr vollendet, sofern mit dieser Bestimmung ein legitimes Ziel der Beschäftigungs- und der Arbeitsmarktpolitik verfolgt wird und die zur Erreichung diese Ziels vorgesehenen Mittel angemessen und erforderlich sind. Die fragliche nationale Bestimmung verfolgt laut EuGH ein legitimes Ziel im Sinne von Art 6 Abs 1 der RL 2000/78, da mit ihr der Eintritt jüngerer Menschen in den Arbeitsmarkt gefördert werden soll.

> EuGH, Rs Abercrombie&Fitch Italia[862]: Zur Angemessenheit [...] ist darauf hinzuweisen, dass eine Maßnahme, mit der Arbeitgebern der Abschluss weniger starrer Arbeitsverträge gestattet wird, in Anbetracht des weiten Ermessens der Mitgliedstaaten in diesem Bereich als angemessen angesehen werden kann, um einen Grad von Flexibilität auf dem Arbeitsmarkt zu erreichen. Es kann nämlich davon ausgegangen werden, dass ein Instrument, das weniger belastend und weniger kostspielig als der gewöhnliche Arbeitsvertrag ist, für Unternehmen Anreize schaffen kann, so dass diese eher auf Bewerbungen jüngerer Arbeitnehmer eingehen. Was die Erforderlichkeit [...] angeht, ist, wie von Abercrombie vorgetragen, darauf hinzuweisen, dass die Situation eines Arbeitnehmers, der jünger als 25 Jahre ist und der aufgrund eines flexiblen befristeten Arbeitsvertrags wie des Gelegenheitsarbeitsvertrags Zugang zum Arbeitsmarkt finden kann, im Kontext einer andauernden Wirtschaftskrise und schwachen Wachstums der Situation vorzuziehen ist, in der sich eine Person befindet, die nicht über diese Möglichkeit verfügt und deshalb beschäftigungslos ist. Darüber hinaus hat die italienische Regierung in der mündlichen Verhandlung erläutert, dass diese flexiblen Arbeitsformen erforderlich seien, um die Mobilität der Arbeitnehmer zu fördern und ihre Anpassungsfähigkeit an den Arbeitsmarkt zu erhöhen und um Personen, die von sozialer Ausgrenzung bedroht seien, den Zugang zum Arbeitsmarkt zu erleichtern, bei gleichzeitiger Beseitigung illegaler Arbeitsformen.

Dem EuGH zufolge handelt es sich bei den Besoldungsbedingungen der Beamten um Beschäftigungs- und Arbeitsbedingungen iSd Art 3 Abs 1 lit c)

859 *Wachter*, Jahrbuch Altersdiskriminierung 2011, 190 f.
860 *Rebhahn*, wbl 2011, 174.
861 EuGH Rs C-143/16 (Abercrombie&Fitch Italia), EU:C:2017:566.
862 EuGH Rs C-143/16 (Abercrombie&Fitch Italia), EU:C:2017:566 Rn 41 ff.

RL 2000/78/EG und diese fallen somit in den Anwendungsbereich der RL.[863]

ii) Altersgrenzen

Eine Höchstaltersgrenze für die Aufnahme in den feuerwehrtechnischen Dienst war Gegenstand der Rs Wolf[864], in welcher eine deutsche Regelung die Aufnahme von Feuerwehrmännern lediglich bis zur Erreichung des 30. Lebensjahres vorsah. Der EuGH hat festgehalten, dass die Festlegung dieses Höchstalters bei der Einstellung eine ausreichende Zahl von Personen innerhalb der Mannschaft des mittleren Feuerwehrdienstes sicherstellen solle, die die körperlich besonders anspruchsvollen und belastenden Tätigkeiten des „schweren" Dienstes (zB Eindringen in brennende Objekte, Bergen von Fahrzeugen) erfüllen können. Die wesentliche und entscheidende berufliche Anforderung, die diese unmittelbare Diskriminierung auf Grund des Alters nach Art 4 Abs 1 rechtfertigt, sah der EuGH somit in der körperlichen Eignung der Feuerwehrmänner.[865]

Mehrfach setzte sich der EuGH mit Altersgrenzen bei Polizeibeamten auseinander. Im Urteil Vital Pérez führte er aus, dass bestimmte Aufgaben wie der Schutz von Personen und Sachen, die Festnahme und Ingewahrsamnahme von Straftätern sowie der präventive Streifendienst die Anwendung körperlicher Gewalt und besondere körperliche Fähigkeiten erforderlich machen, die als eine „wesentliche und entscheidende berufliche Anforderungen" angesehen werden können.[866] Allerdings ist die Eignung, über die die Beamten für die Erfüllung dieser Aufgaben verfügen müssen, nicht immer mit der „außergewöhnlich hohen" körperlichen Eignung vergleichbar, die der Feuerwehr insbesondere bei der Brandbekämpfung regelmäßig abverlangt wird. Deswegen schlussfolgerte der EuGH, dass die Festlegung eines Höchstalters von 30 Lebensjahren bei der Einstellung ein unverhältnismäßiges Erfordernis darstellt.[867]

Im Urteil Salaberria Sorondo kam das Gericht bei der Höchstgrenze von 35 Lebensjahren für Polizeibeamte des Baskenlandes zu einem anderen Ergebnis, weil diese ausschließlich Einsatz- oder Vollzugsaufgaben wahrgenommen haben, die die Anwendung körperlicher Gewalt und die Erfüllung der Aufgaben unter schwierigen oder gar extremen Einsatzbedingungen zur

863 EuGH verb Rs C-501/12 bis C-506/12, C-540/12 und C-541/12 (Specht), EU:C:2014:2005 Rn 37.
864 EuGH Rs C-229/08 (Wolf), EU:C:2010:3.
865 *Rebhahn*, wbl 2011, 175.
866 EuGH Rs C 416/13 (Vital Pérez), EU:C:2014:2371 Rn 38 ff.
867 EuGH Rs C 416/13 (Vital Pérez), EU:C:2014:2371 Rn 54 ff.

Folge haben können.[868] Eine solche Höchstaltersgrenze hielt somit der EuGH zum Erreichen des Ziels, die Einsatzbereitschaft und das ordnungsgemäße Funktionieren des betroffenen Polizeidienstes zu gewährleisten, für erforderlich und angemessen.[869]

Mit Regelungen, die das automatische Ende einer Tätigkeit bei Erreichen einer bestimmten Altersgrenze vorsehen (sog Altersklauseln), hat sich der EuGH ebenfalls in einer Reihe von Fällen befasst. So betrachtet er im Urteil Rosenbladt, welches eine in deutschen Tarifverträgen enthaltene Bestimmung betraf, wonach alle Arbeitsverhältnisse automatisch ohne Kündigung mit Ablauf des Monats enden, in dem der Beschäftigte einen Anspruch auf Altersrente hat, spätestens jedoch mit Vollendung des 65. Lebensjahres, eine tariflich vorgesehene Zwangsversetzung in den Ruhestand als legitim, wenn die Arbeitsmarktsituation und Beschäftigungspolitik dies als gerechtfertigt erscheinen lassen.[870] Der Vorrang einer sachgerechten und berechenbaren Personalplanung vor dem Bestandschutzinteresse des Arbeitnehmers, die Begünstigung der Einstellung jüngerer Arbeitnehmer sowie eine ausgewogene Altersstruktur stellen somit mögliche legitime Ziele im Sinne des Art 6 Abs 1 für tarifliche Altersklauseln dar.[871] Für die dauerhafte Herstellung einer ausgewogenen Altersstruktur darf eine Altersgrenze jedoch nicht zu plötzlich und zu erheblich gesenkt werden. Auch eine einmalige Senkung des Pensionsantrittsalters erscheint nicht geeignet.[872] In diesem Sinne ist auch eine bulgarische Regelung, welche vorsieht, dass Universitätsprofessoren spätestens mit Vollendung des 68. Lebensjahres nicht mehr weiterbeschäftigt werden, richtlinienkonform, sofern dies der Schaffung einer hochwertigen Lehre und der optimalen Verteilung der Professorenstellen auf die

868 EuGH Rs C-258/15 (Salaberria Sorondo), ECLI:EU:C:2016:873.

869 EuGH Rs C-258/15 (Salaberria Sorondo), ECLI:EU:C:2016:873 Rn 40 ff.

870 EuGH Rs C-45/09 (Rosenbladt), EU:C:2010:601; vgl auch EuGH Rs C-411/05 (Palacios de la Villa), EU:C:2007:604 sowie Rs C-388/07 (Age Concern England), EU:C:2009:128.

871 *Rebhahn*, wbl 2011, 180; eine vom Arbeitgeber verfolgte Entlassungspolitik, die lediglich auf das Erreichen des Rentenalters abstellt, wobei dieses für Frauen bei 60 Jahren und für Männer bei 65 Jahren angesetzt war, stellt eine unmittelbare Diskriminierung aufgrund des Geschlechts dar. Im Gegensatz zur Altersdiskriminierung kann eine solche nicht durch beschäftigungspolitische Ziele gerechtfertigt werden, EuGH Rs C-356/09 (Kleist), EU:C:2010:703.

872 *Krömer*, ZAS 2013/1, 31; zur automatischen Herabsetzung des Pensionsantrittsalters für Richter, Notare und Staatsanwälte von 70 auf 62 Jahre durch eine ungarische Bestimmung vgl EuGH Rs C-286/12 (Kommission ./. Ungarn), EU:C:2012:687, ZESAR 2013, 276.

Generationen dienen soll.[873] Wird ein legitimes Ziel der Beschäftigungs- und Arbeitsmarktpolitik verfolgt, so hat die Nicht-Berücksichtigung der individuellen Höhe der Altersrente, die ein Arbeitnehmer beanspruchen wird können, bei der zwangsweisen Versetzung in den Ruhestand keinerlei Auswirkung auf die Zulässigkeit einer derartigen Ungleichbehandlung aufgrund des Alters.[874]

Das Urteil Prigge[875] betraf eine in einem deutschen Tarifvertrag enthaltene Klausel, wonach die Altersgrenze, ab der Piloten ihrer beruflichen Tätigkeit nicht mehr nachgehen dürfen, auf 60 Jahre festgelegt wurde, da die von ihnen ausgeübte Tätigkeit bei Überschreitung dieser Altersgrenze zu einer Gefährdung des Lebens und der Gesundheit der Besatzungsmitglieder, der Passagiere und der Bewohner der überflogenen Gebiete führen könne. In Bezug auf das legitime Ziel führte der EuGH treffend aus, dass diese Maßnahme nicht mit den Rechtfertigungsgründen der öffentlichen Sicherheit und des Schutzes der Gesundheit im Sinne des Art 2 Abs 5 gerechtfertigt werden könne, da die nationalen und internationalen Regelungen die Weiterbeschäftigung von Piloten unter bestimmten Beschränkungen bis zur Vollendung des 65. Lebensjahres vorsehen würden, weshalb die Bestimmung gegen die RL 2000/78/EG verstöße.

iii) Dienstalter und Vordienstzeiten

Ebenso können das Schaffen eines Anreizsystems für Betriebstreue und die dienstzeitenbezogene Verlängerung von Kündigungsfristen, Entgeltfortzahlungs- und Urlaubsansprüchen eine Ungleichbehandlung rechtfertigen.[876]

Weil Art 6 Abs 1 lit b RL 2000/78/EG die Berücksichtigung der Berufserfahrung oder des Dienstalters bei der Lohnfestsetzung ausdrücklich gestattet, sind auch Gehaltsschemata mit Biennalsprüngen grundsätzlich zulässig.[877] Die auf einer Durchschnittsbetrachtung aufbauende Berücksichti-

873 EuGH Rs C-250/09 (Georgiev), EU:C:2010:699; zur deutschen Regelung einer Höchstaltersgrenze von 68 Jahren für Vertragszahnärzte, welche die Verteilung der Berufschancen zwischen den Generationen innerhalb dieser Berufsgruppe zum Ziel hat vgl EuGH Rs C-341/08 (Petersen), EU:C:2010:4; zur zwangsweisen Versetzung deutscher Staatsanwälte in den Ruhestand mit Vollendung des 65. Lebensjahres siehe EuGH verb Rs C-159/10 (Fuchs) und C-160/10 (Köhler), EU:C:2011:508.

874 EuGH Rs C-141/11 (Hörnfeldt), EU:C:2012:421.

875 EuGH Rs C-447/09 (Prigge), EU:C:2011:573; vgl *Windisch-Graetz*, ecolex 2011, 941 ff.

876 *Marhold* in: *Tomandl/Schrammel* (Hg), 2005, 89 f.

877 Vgl BAG 26.5.2009, 1 AZR 198/08, wonach Sozialpläne, die eine nach dem Lebensalter oder der Betriebszugehörigkeit gestaffelte Abfindungsregelung vorsehen, gestattet sind; *Mayr*, ASoK 2003, 289 ff.

gung des Erwerbs von Qualifikationen im Zeitverlauf bei der Entgeltbemessung wird demnach keine Diskriminierung darstellen.[878] Eine gesamthafte Betrachtung arbeitsrechtlicher Ansprüche im Verlauf des Arbeitslebens, ist im Falle des Kriteriums des Alters geradezu geboten, weil dieses als ein dynamischer Prozess („Verlaufskriterium") zu begreifen ist.[879]

Altersdiskriminierend war nach Ansicht des EuGH jedoch eine österreichische Regelung, die, um die allgemeine Schulbildung nicht gegenüber der beruflichen Bildung zu benachteiligen und um die Eingliederung jugendlicher Lehrlinge in den Arbeitsmarkt zu fördern, bei der Festlegung der Dienstaltersstufe von Vertragsbediensteten des öffentlichen Dienstes die Berücksichtigung von vor Vollendung des 18. Lebensjahrs liegenden Dienstzeiten ausschließt.[880] Das Reformgesetz, das die unionsrechtwidrige Regelung über die Anrechnung von Vordienstzeiten an die Richtlinie anzupassen bezweckte sah vor, dass der für die Vorrückung in die zweite Gehaltsstufe erforderliche Zeitraum fünf Jahre beträgt, aber alle weiteren Vorrückungszeiträume weiterhin nur zwei Jahre betragen. Das bewirkte, dass Schulzeiten und Zeiten der Berufserfahrung, die vor Vollendung des 18. Lebensjahrs zurückgelegt wurden, zwar berücksichtigt werden, aber für die von dieser Diskriminierung betroffenen Beamten zugleich eine Verlängerung des für die Vorrückung von der jeweils ersten in die jeweils zweite Gehaltsstufe jeder Verwendungs- bzw Entlohnungsgruppe erforderlichen Zeitraums um drei Jahre eingeführt wurde.[881] Der EuGH urteilte in den beiden Rs Schmitzer und Starjakob (einerseits zum Entlohnungssystem der Bundesbediensteten in Österreich, andererseits zum Dienstrecht der Österreichischen Bundesbahnen), dass eine solche Maßnahme nicht geeignet ist, für die vom früheren System benachteiligten Beamten ein diskriminierungsfreies System zu schaffen.[882]

Hiergegen fand der EuGH die österreichische Regelung über die anrechenbaren Ruhegenussvordienstzeiten nicht altersdiskriminierend, obwohl gemäß dieser Vorschrift die Schulzeiten, die vor Vollendung des 18. Lebensjahres zurückgelegt worden sind, nicht als Ruhegenussvordienstzeiten anzusehen sind.[883]

878 *Winkler*, ZAS 2004, 57.

879 *Marhold* in: *Tomandl/Schrammel* (Hg), 2005, 84 f.

880 EuGH Rs C-88/08 (Hütter), EU:C:2009:381; vgl auch EuGH Rs C-555/07 (Kücükdeveci), EU:C:2010:21; vgl auch EuGH Rs C-429/12 (Pohl), EU:C:2014:12.

881 Siehe ausführlich zu der österreichischen Rechtslage und den EuGH-Urteilen *Glowacka*, ZESAR 2016, 150 ff und *Glowacka* in: *Krömer/Mitschka/Niksova/Pfalz* (Hg), 143 ff.

882 EuGH Rs C-530/13 (Schmitzer), EU:C:2014:2359 Rn 44; EuGH Rs C-417/13 (Starjakob), EU:C:2015:38 Rn 32 ff.

883 EuGH Rs C-529/13 (Felber), EU:C:2015:20.

Schließlich bestätigte der EuGH im Lesar-Urteil, dass eine nationale Regelung, die die Anrechnung von Lehr- und Beschäftigungszeiten, die ein Beamter vor Vollendung des 18. Lebensjahrs zurückgelegt hat, für die Gewährung eines Ruhegehaltsanspruchs und die Berechnung der Höhe seines Ruhegehalts ausschließt, mit der RL 2000/78/EG vereinbar ist. Der Ausschluss dieser Zeiten ist unter der Bedingung zulässig, dass er darauf abzielt, bei einem Pensionssystem für Beamte die einheitliche Festsetzung einer Altersgrenze für die Mitgliedschaft und für den Bezug einer Altersrente im Rahmen dieses Systems im Sinne von Art 6 Abs 2 der RL 2000/78/EG zu gewährleisten.[884]

Ebenso verneinte der EuGH das Vorliegen einer Diskriminierung in der Rs Bowman[885]. Die Verlängerung des ersten Vorrückungszeitraums von zwei auf fünf Jahre unter gleichzeitiger Anrechnung von Schulzeiten würden keine alte Diskriminierung perpetuieren. Dass von der Verlängerung der ersten Gehaltsstufe tendenziell mehr junge Arbeitnehmer betroffen seien, lies der EuGH nicht gelten. Auch dem neuerlichen Reparationsversuch für die Bundesbahnen (BGBl I 2015/64) wurde in der Rs Stollwitzer[886] eine Unbedenklichkeitsbescheinigung ausgestellt.[887] Im Gegensatz dazu wurde der Neuregelung der Bundesbediensteten (Besoldungsreform 2015, BGBl I 2015/32; Besoldungsrechtsanpassungsgesetz, BGBl I 2016/104) in den Rs Leitner[888] und ÖGB[889] abermals der Persilschein versagt.[890] Solange der österreichische Gesetzgeber keine Maßnahmen zur Wiederherstellung der Gleichbehandlung in Bezug auf die Anrechnung der vor Vollendung des 18. Lebensjahrs erworbenen Berufserfahrung erlasse, habe die durch das alte System benachteiligten Personen Anspruch auf die gleichen Vorteile wie ihre durch dieses System begünstigten Kollegen und insbesondere auf eine Ausgleichszahlung. Die dadurch notwendig gewordene Reparatur des Entlohnungssystems der Bundesbediensteten passierte bereits im Juli 2019 den Nationalrat (BGBl I 2019/58). Diese sieht eine voll gehaltswirksame Anrechnung der vor dem 18. Lebensjahr erworbenen Vordienstzeiten für alle Beschäftigten vor und begründet auch einen Nachzahlungsanspruch der vom alten System Benachteiligten.[891]

884 EuGH Rs C-159/15 (Lesar), EU:C:2016:451.
885 EuGH Rs C-539/15 (Bowman), EU:C:2016:977.
886 EuGH Rs C-482/16 (Stollwitzer), ECLI:EU:C:2018:180.
887 *Glowacka*, OGH bestätigt Neuregelung der Vordienstzeiten im BundesbahnG, DRdA 2019, 262.
888 EuGH Rs C-396/17 (Leitner), ECLI:EU:C:2019:375.
889 EuGH v 8.5.2019, Rs. C-24/17 (ÖGB), ECLI:EU:C:2019:373.
890 *Glowacka*, ZESAR 2019, 492 ff.
891 *Dies*, DRdA 2019, 262 ff.

Des Weiteren erkannte der EuGH, dass eine in einem deutschen Tarifvertrag vorgesehene Maßnahme, wonach sich die Grundvergütung eines Angestellten im öffentlichen Dienst bei der Einstufung innerhalb einer Vergütungsgruppe bloß nach dem Alter bemisst, der Richtlinie widerspricht.[892] Die bei der Einstufung in kollektivvertragliche Verwendungsgruppen nicht berücksichtigte konzerninterne Berufserfahrung nach der Zusammenlegung zweier Flugunternehmen stellt hingegen keine Altersdiskriminierung im Sinne der RL 2000/78/EG dar, da sie weder unmittelbar noch mittelbar an das Alter der Flugbegleiter anknüpft.[893]

In der Rs Lufthansa ging es um die Frage, ob Arbeitsverträge ohne Vorliegen eines sachlichen Grundes und ohne Angabe der insgesamt zulässigen Dauer der aufeinanderfolgenden Verträge, ab Vollendung eines bestimmten Alters – im vorliegenden Fall dem 55. Lebensjahr – nur noch jährlich befristet werden durften. Rechtlicher Hintergrund war ua § 14 Abs 3 des deutschen Teilzeit- und Befristungsgesetzes (TzBfG) aF nach dem die Befristung eines Arbeitsvertrags keines sachlichen Grundes bedarf, wenn der Arbeitnehmer bei Beginn des befristeten Arbeitsverhältnisses das 58. Lebensjahr vollendet hat. Der EuGH entschied, dass derartige Maßnahmen ein legitimes beschäftigungspolitisches Ziel verfolgen, nämlich die berufliche Eingliederung arbeitsloser älterer Arbeitnehmer zu fördern.[894]

iv) Die Beschäftigungs- und Arbeitsbedingungen

Der Umstand, dass bei der Prüfung der Sozialwidrigkeit einer Kündigung (§ 105 ArbVG) auch Pensionszusagen zu berücksichtigen sind, stellt keine mittelbare Diskriminierung älterer Arbeitnehmer dar; zwar werden typischerweise ältere Arbeitnehmer „Pensionsansprüche" haben, dieses Kriterium ist jedoch zur Verfolgung eines rechtmäßigen Zieles gerechtfertigt, da es sachgerecht ist, wenn der Gesetzgeber die Kündigungsanfechtung für den Fall einschränkt, dass unabhängig vom Arbeitseinkommen eine finanzielle Absicherung vorhanden ist.[895] Freilich ist die Beachtung des Verhältnismäßigkeitsgrundsatzes stets Voraussetzung.[896] Der Wunsch des Arbeitgebers nach einer besonders jungen Belegschaft stellt kein sachliches Kriterium dar,

892 EuGH verb Rs C-297/10 (Hennigs) und C-298/10 (Mai), EU:C:2011:560.
893 EuGH Rs C-132/11 (Tyrolean Airways), EU:C:2012:329.
894 EuGH Rs C-109/09 (Lufthansa), EU:C:2011:129; mit derselben Thematik beschäftigte sich der EuGH in der Rs C-144/04 (Mangold), EU:C:2005:709.
895 OGH 7.8.2003, 8 Ob A 48/03x.
896 *Mayr*, ASoK 2003, 293.

mag auch eine zur Schau gestellte Jugendlichkeit eines Unternehmens die Marktchancen erhöhen.[897]

Das Verbot der Altersdiskriminierung widerspricht einer Regelung in einem Sozialplan nicht, nach der bei der Berechnung der Abfindung bei betriebsbedingter Kündigung anhand des Alters differenziert wird. Es ist daher zulässig, bei Arbeitnehmern, die älter als 54 Jahre sind, die ihnen zustehende Abfindung auf der Grundlage des frühestmöglichen Rentenbeginns zu berechnen, selbst wenn sie einen geringeren als den Betrag erhalten, auf den sie bei niedrigerem Alter Anspruch gehabt hätten.[898] Die Richtlinie steht einer dänischen Regelung jedoch entgegen, nach der Arbeitnehmer, die bereits einen Anspruch auf eine Altersrente haben, alleine aus diesem Grund – unabhängig davon, ob sie die Rente tatsächlich beziehen wollen oder nicht – vom Bezug einer Entlassungsabfindung, die dazu bestimmt ist, die berufliche Wiedereingliederung von Arbeitnehmern zu fördern, ausgeschlossen sind. Der Arbeitnehmer darf nämlich grundsätzlich nicht gegen seinen Willen vorzeitig aus dem Arbeitsmarkt gedrängt werden. Eine derartige Maßnahme kann jedoch gerade rentennahen Arbeitnehmern die weitere Ausübung ihrer Erwerbstätigkeit erschweren, sofern ihnen auf der Suche nach einer Anschlusstätigkeit die nötige finanzielle Überbrückung fehlt.[899]

Nach französischem Recht steht Arbeitnehmern bei Ablauf eines befristeten Arbeitsvertrages ein Abfindungsanspruch in Höhe von 10% der gesamten bisher erhaltenen Bruttovergütung als Ausgleich für ihre unsichere Lage zu. Von diesem Anspruch sind jedoch befristete Verträge von Schülern und Studenten während der Schul- und Semesterferien ausgenommen. Der EuGH hat entschieden, dass eine solche Ausnahmeregelung keine Diskriminierung wegen des Alters iSd RL 2000/78/EG darstellt, weil sich Schüler und Studenten bei Ablauf eines solchen Vertrages nicht in beruflicher Unsicherheit befinden und daher mit der Situation anderer Arbeitnehmergruppen nicht vergleichbar sind.[900]

Ein Besoldungssystem, nach dem sich die Grundgehaltsstufe eines Beamten innerhalb der jeweiligen Besoldungsgruppe bei seiner Einstellung nach seinem Lebensalter richtet, ist mit Art 2 und Art 6 Abs 1 der RL nicht vereinbar.[901] Die Richtlinie lässt jedoch Vorschriften zu, die die Modalitäten der Überleitung von Beamten in ein neues, nach Erfahrungsstufen gestaffel-

897 *Marhold* in: *Tomandl/Schrammel*, 2005, 88.

898 EuGH Rs C-152/11 (Odar), EU:C:2012:772.

899 EuGH Rs C-499/08 (Andersen), EU:C:2010:600; *Kania/Kania*, ZESAR 2012, 64; bestätigt in EuGH Rs C-441/14 (Dansk Industri), EU:C:2016:278.

900 EuGH Rs C-432/14 (O), EU:C:2015:643.

901 EuGH verb Rs C-501/12 bis C-506/12, C-540/12 und C-541/12 (Specht), EU:C:2014:2005 Rn 42 ff, 50.

tes Besoldungssystem festlegen und vorsehen, dass die Besoldungsstufe allein auf der Grundlage des unter dem alten Besoldungssystem erworbenen Grundgehalts ermittelt wird, obgleich dieses alte System auf einer Diskriminierung wegen des Alters des Beamten beruhte.[902] Die Fortsetzung der altersdiskriminierenden Wirkung der früheren Regelung kann durch das legitime Ziel der Besitzstandswahrung der nach dem alten System eingestuften Richter gerechtfertigt werden.[903]

In der Rs Vindel[904] festgestellt, dass weder Art 21 GRC noch Art 2 Abs 1 und Abs 2 lit b der RL 2000/78 einer nationalen Regelung entgegenstehen, mit der im Rahmen allgemeiner Gehaltskürzungsmaßnahmen im Zusammenhang mit Vorgaben zum Abbau eines übermäßigen Haushaltsdefizits unterschiedliche Kürzungsprozentsätze für die Grundbezüge und die Zulagen der Angehörigen der Richterschaft festgesetzt wurden, was sich dahin ausgewirkt hat, dass die Bezüge von Richtern, die zwei Besoldungsgruppen der unteren Richterkategorien angehören, prozentual stärker gekürzt wurden als die Bezüge von Richtern, die einer Besoldungsgruppe einer höheren Richterkategorie angehören, obwohl Erstere im Vergleich zu Letzteren niedrigere Bezüge erhalten, im Allgemeinen jünger sind und in der Regel ein geringeres Dienstalter haben.

Ebenso sei laut EuGH[905] Art 2 Abs 2 lit b der RL 2000/78 dahin auszulegen, dass eine Maßnahme, die vorsieht, dass bei der Einstellung neuer Lehrkräfte ab einem bestimmten Zeitpunkt eine ungünstigere Entgeltskala und Einstufung zur Anwendung kommen als die, die gemäß den vor dieser Maßnahme geltenden Vorschriften bei vor diesem Zeitpunkt eingestellten Lehrkräften zur Anwendung gekommen sind, keine mittelbare Diskriminierung wegen des Alters im Sinne dieser Bestimmung darstellt.

v) Die betrieblichen Systeme der sozialen Sicherheit

Bei den betrieblichen Systemen der sozialen Sicherheit steht es den Mitgliedstaaten gem Art 6 Abs 2 RL 2000/78/EG frei, vorzusehen, dass die Festsetzung von Altersgrenzen als Voraussetzung für die Mitgliedschaft oder den Bezug von Altersrente oder von Leistungen bei Invalidität einschließlich der Festsetzung unterschiedlicher Altersgrenzen im Rahmen dieser Systeme für bestimmte Beschäftigte oder Gruppen bzw Kategorien von Beschäftigten und die Verwendung im Rahmen dieser Systeme von Al-

902 EuGH verb Rs C-501/12 bis C-506/12, C-540/12 und C-541/12 (Specht), EU:C:2014:2005 Rn 53 ff.

903 EuGH Rs C-20/13 (Unland), EU:C:2015:561.

904 EuGH Rs C-49/18 (Vindel), EU:C:2019:116.

905 EuGH Rs C-154/18 (Horgan&Keegan), E U:C:2019:106.

terskriterien für versicherungsmathematische Berechnungen keine Diskriminierung wegen des Alters darstellt, solange dies nicht zu Diskriminierungen wegen des Geschlechts führt. Da Art 6 Abs 2 RL 2000/78/EG eine Ausnahme vom Verbot der Diskriminierung aus Gründen des Alters vorsieht, ist dieser eng auszulegen. Demzufolge gilt Art 6 Abs 2 lediglich für betriebliche Systeme der sozialen Sicherheit, die die Risiken von Alter und Invalidität abdecken.[906]

Eine betriebliche Altersvorsorge, die vorsieht, dass der Arbeitgeber als Teil des Entgelts altersabgestufte Rentenversicherungsbeiträge zahlt, stellt eine Ungleichbehandlung wegen des Alters dar, die nach der RL 2000/78/EG nur gerechtfertigt werden kann, sofern diese zur Erreichung eines legitimen Zieles insbesondere angemessen und erforderlich ist.[907]

Ein betriebliches Versorgungssystem, das den Anspruch überlebender eingetragener Lebenspartner von Mitgliedern des Systems auf eine Hinterbliebenenversorgung an die Voraussetzung knüpft, dass die eingetragene Lebenspartnerschaft geschlossen wurde, bevor das Mitglied das 60. Lebensjahr vollendet hat, obwohl es dem Mitglied nach nationalem Recht nicht möglich war, vor Erreichen dieser Altersgrenze eine eingetragene Lebenspartnerschaft zu schließen, stellt keine Diskriminierung wegen des Alters dar.[908]

cc) Diskriminierung wegen der Religion oder Weltanschauung

Das europäische Recht begnügt sich mit einem Verbot der Unterscheidung wegen der Religion, fordert aber kein Gebot zur Unterscheidung wegen der Religion.[909] Eine Legaldefinition des Begriffs der Religion enthält die Richtlinie nicht. Im Lichte der Ziele der Richtlinie wird er jedenfalls weit auszulegen sein. Religion umfasst demnach jedes religiöse, konfessionelle Bekenntnis sowie die Zugehörigkeit zu einer Kirche oder Glaubensgemeinschaft.[910] Zweifelhaft wird etwa sein, ob Scientology eine Religion darstellt.[911] Zur Unterscheidung zwischen Religion und Weltanschauung wurde festgehalten, dass sich die Religion auf Transzendenz bezieht, Weltanschauung hingegen ein rein diesseitig ausgerichtetes Phänomen ist.[912] Andere deu-

906 EuGH Rs C-546/11 (Dansk Jurist – og Økonomforbund), EU:C:2013:603. S dazu *Sprenger*, Kein Schutz des Vertrauens privater Arbeitgeber in die Anwendung altersdiskriminierender Gesetze, EuZA 2016, 460.

907 EuGH Rs C-476/11 (HK Danmark), EU:C:2013:590.

908 EuGH Rs C-443/15 (Parris), EU:C:2016:897 Rn 63 ff.

909 *Thüsing*, NZA 2001, 1062.

910 *Egger*, DRdA 2003, 304.

911 Dazu *Thüsing*, ZfA 2001, 405.

912 *Thüsing* in: *Tomandl/Schrammel* (Hg), 2005, 38 mwN.

ten Weltanschauung als nichtreligiöse Sinndeutung im Ganzen aus, wobei allerdings zweifelhaft ist, ob der Begriff auch politische oder gewerkschaftliche Gesinnungen umfasst.[913] Es sei aber darauf hingewiesen, dass die Abgrenzungsproblematik angesichts völlig identer Rechtsfolgen wenig praktische Bedeutung hat.

Dem EuGH wurde die Frage gestellt, ob Feiertage, die nur für Angehörige einer bestimmten Religionsgruppe vorgesehen sind, als unmittelbare Diskriminierung aufgrund der Religion zu werten sind.[914] Der österreichische OGH ersucht den EuGH um Klarstellung der Unionsrechtskonformität einer Regelung, wonach der Karfreitag primär nur für die Angehörigen der evangelischen Kirche ein gesetzlicher Feiertag ist. Im Vorabentscheidungsverfahren wurde die Frage gestellt, ob diese Sonderstellung gegenüber Arbeitnehmern, die den genannten Religionen nicht angehören, als unmittelbar diskriminierend wegen der Religion gegen Art 21 Grundrechtecharta verstößt oder als Maßnahme zum Schutz der Freiheit der Religionsausübung gerechtfertigt ist.[915]

Das Tragen von religiösen Symbolen und Kleidungsstücken (zB Kopftücher, Turbane) fällt grundsätzlich in den Schutzbereich der Richtlinie.[916] Der EuGH setzte sich in den Rechtssachen Achbita[917] und Bougnaoui[918] mit der Frage auseinander, ob ein privater Arbeitgeber seiner Arbeitnehmerin verbieten darf, am Arbeitsplatz ein islamisches Kopftuch zu tragen.[919] Der Gerichtshof erklärte, dass ein Arbeitgeber Arbeitnehmerinnen, die Kundenkontakt haben, das Tragen des islamischen Kopftuches verbieten darf, sofern eine unternehmensinterne Regel ein religiöses, philosophisches und politisches Neutralitätsgebot vorschreibt. Hingegen stellt eine Anweisung zum Ablegen des Kopftuchs nach einer Kundenbeschwerde ohne das Vorliegen einer abstrakt-generellen Regelung eine unzulässige Diskriminierung dar. Während im ersten Fall die eventuelle mittelbare Ungleichbehandlung

913 Zum Weltanschauungsbegriff: *Eichinger*, RdW 2009, 768 ff; *Egger*, DRdA 2003, 304; *Melzer-Azodanloo*, ZAS 2010, 228 ff; *Rebhahn*, DRdA 2011, 36 ff; *Pfalz*, DRdA 2016, 344 ff.

914 Bejahend *Mayr*, ecolex 2004, 430; dagegen *Karl*, RdW 2016, 616 und *Mazal*, ZAS 2016, 279.

915 OGH 24.3.2017, 9 ObA 75/16v.

916 *Egger*, DRdA 2003, 304; *Neugebauer/Sura*: Das Verbot religiöser Kleidung und Symbolik am Arbeitsplatz – Unternehmerisches Freiheitsrecht und öffentliches Desiderat einer neutralen Beschäftigungsgestaltung? RdA 2018, 350.

917 EuGH Rs C-157/15 (Achbita/G4S), EU:C:2017:203.

918 EuGH Rs C-188/15 (Bougnaoui/Micropole SA), ECLI:EU:C:2017:204.

919 Zur Behandlung der Schlussanträge siehe *Kovács*, ASoK 2016, 440 ff; zu den Urteilen *Berka*, DRdA 2017, 247 ff; *Kalb/Wakolbinger*, JAS 2017, 154 ff; *Kovács*, ASoK 2017, 122 ff.

durch das Ziel, ein neutrales Unternehmensimage in der Öffentlichkeit zu vermitteln, rechtfertigen ließ,[920] konnte im zweiten Fall die Diskriminierung durch individuelles Verbot nicht rechtfertigt werden, weil der Kundenwunsch nicht als eine wesentliche und entscheidende berufliche Anforderung iSv Art 4 Abs 1 der RL anzusehen ist.[921]

Art 4 Abs 2 RL 2000/78/EG enthält besondere Bestimmungen für Kirchen und andere öffentliche oder private Organisationen, deren Ethos auf religiösen Grundsätzen oder Weltanschauungen beruht. In Bezug auf berufliche Tätigkeiten innerhalb der genannten Institutionen können die Mitgliedstaaten Bestimmungen in ihren zum Zeitpunkt der Annahme dieser Richtlinie geltenden Rechtsvorschriften beibehalten oder in künftigen Rechtsvorschriften Bestimmungen vorsehen, die zum Zeitpunkt der Annahme der RL 2000/78/EG bestehende einzelstaatliche Gepflogenheiten widerspiegeln und nach denen eine Ungleichbehandlung wegen der Religion oder Weltanschauung einer Person keine Diskriminierung darstellt, wenn die Religion oder die Weltanschauung dieser Person nach der Art dieser Tätigkeiten oder der Umstände ihrer Ausübung eine wesentliche, rechtmäßige und gerechtfertigte berufliche Anforderung angesichts des Ethos der Organisation darstellt. Eine solche Ungleichbehandlung muss allerdings die verfassungsrechtlichen Bestimmungen und Grundsätze der Mitgliedstaaten sowie die allgemeinen Grundsätze des Unionsrechts beachten und rechtfertigt keine Diskriminierung aus einem anderen Grund. Sofern die Bestimmungen dieser Richtlinie im Übrigen eingehalten werden, können die Kirchen und anderen öffentlichen oder privaten Organisationen, deren Ethos auf religiösen Grundsätzen oder Weltanschauungen beruht, im Einklang mit den einzelstaatlichen verfassungsrechtlichen Bestimmungen und Rechtsvorschriften von den für sie arbeitenden Personen verlangen, dass sie sich loyal und aufrichtig im Sinne des Ethos der Organisation verhalten. Demnach kann etwa die katholische Kirche von Arbeitnehmern fordern, sich an der Glaubens- und Sittenlehre und an der Rechtsordnung der katholischen Kirche auszurichten; beim Bewerbungsgespräch ist die Frage nach der Religionszugehörigkeit und nach Beziehungen zu Sekten erlaubt.[922]

In der Rs Egenberger[923] hat der EuGH ausgeführt, dass das Erfordernis, dass Bewerber um eine bei der Kirche zu besetzende Stelle einer bestimmten Religion angehören, einer wirksamen gerichtlichen Kontrolle zugänglich sein muss. Dieses Erfordernis muss notwendig und angesichts des Ethos der

920 EuGH Rs C-157/15 (Achbita/G4S), ECLI:EU:C:2017:203 Rn 34 ff.
921 EuGH Rs C-188/15 (Bougnaoui/Micropole SA), ECLI:EU:C:2017:204 Rn 34 ff.
922 *Egger*, DRdA 2003, 307.
923 EuGH Rs C-414/16 (Egenberger), EU:C:2018:257.

Kirche aufgrund der Art der in Rede stehenden beruflichen Tätigkeit oder der Umstände ihrer Ausübung objektiv geboten sein und mit dem Grundsatz der Verhältnismäßigkeit im Einklang stehen. Des Weiteren hielt der EuGH fest, dass das nationale Gericht den Rechtsschutz gewährleisten muss, der dem Einzelnen aus dem Verbot jeder Diskriminierung wegen der Religion oder der Weltanschauung (verankert in Art 21 der Charta, wobei dieses Verbot als allgemeiner Grundsatz des Unionsrechts zwingenden Charakter hat) und dem Recht auf wirksamen gerichtlichen Rechtsschutz (niedergelegt in Art 47 der Charta) erwächst. Sowohl das Diskriminierungsverbot als auch das Recht auf wirksamen gerichtlichen Rechtsschutz verleihen aus sich heraus dem Einzelnen ein Recht, das er in einem Zivilrechtsstreit, der einen vom Unionsrecht erfassten Bereich betrifft, als solches geltend machen kann.

Ebenso gelangte der EuGH in der Rs IR/JQ[924] zu dem Ergebnis, dass die Kündigung eines katholischen Chefarztes durch ein katholisches Krankenhaus wegen erneuter Eheschließung nach Scheidung eine verbotene Diskriminierung wegen der Religion darstellen kann. Die Anforderung an einen katholischen Chefarzt, den heiligen und unauflöslichen Charakter der Ehe nach dem Verständnis der katholischen Kirche zu beachten, erscheine nicht als wesentliche, rechtmäßige und gerechtfertigte berufliche Anforderung. Das deutsche BAG habe jedoch zu prüfen, ob in Anbetracht der Umstände des vorliegenden Falls IR dargetan hat, dass die Gefahr einer Beeinträchtigung ihres Ethos oder ihres Rechts auf Autonomie wahrscheinlich und erheblich ist.

Zu der Problematik, dass eine Unionsrichtlinie grundsätzlich keine unmittelbare Wirkung zwischen Privatpersonen hat, sondern einer Umsetzung in nationales Recht bedarf, weist der EuGH in der Rs IR/JQ darauf hin, dass die nationalen Gerichte das nationale Recht zur Umsetzung der Richtlinie so weit wie möglich richtlinienkonform auszulegen haben. Falls es nicht möglich sein sollte, das anwendbare nationale Recht (hier das deutsche Allgemeine Gleichbehandlungsgesetz, AGG) im Einklang mit der Gleichbehandlungsrichtlinie in der Auslegung des Gerichtshofs auszulegen, habe ein nationales Gericht, bei dem ein Rechtsstreits zwischen Privatpersonen anhängig ist, das nationale Recht unangewendet zu lassen. Der EuGH stellt insoweit fest, dass das nunmehr in der GRC niedergelegte Verbot jeder Art von Diskriminierung wegen der Religion oder der Weltanschauung als allgemeiner Grundsatz des Unionsrechts zwingenden Charakter hat und schon für sich allein dem Einzelnen ein Recht verleiht, das er in einem

924 EuGH Rs C-68/17 (IR/JQ), EU:C:2018:696.

Rechtsstreit, der einen vom Unionsrecht erfassten Bereich betrifft, als solches geltend machen kann.

In dem aus Österreich stammenden Fall Cresco[925] hatte der EuGH die Zulässigkeit des § 7 Abs 3 ARG zu beurteilen, wonach für Angehörige der evangelischen Kirchen AB und HB, der Altkatholischen Kirche und der Evangelisch-methodistischen Kirche der Karfreitag als Feiertag iSd ARG anzusehen war. Im Ergebnis hielt der EuGH fest, dass die Gewährung eines bezahlten Feiertags am Karfreitag allein für diejenigen Arbeitnehmer, die bestimmten Kirchen angehören, eine unionsrechtlich verbotene unmittelbare Diskriminierung wegen der Religion darstelle. Diese Regelung bewirke eine unterschiedliche Behandlung vergleichbarer Situationen nach Maßgabe der Religion. Der Gerichtshof wies dazu insbesondere darauf hin, dass ein Arbeitnehmer, der einer der fraglichen Kirchen angehört, damit ihm am Karfreitag ein Feiertag gewährt wird, an diesem Tag nicht eine bestimmte religiöse Pflicht erfüllen muss, sondern dass er nur formal einer dieser Kirchen angehören muss. Somit stehe es ihm frei, die auf diesen Feiertag entfallende Zeit nach seinem Belieben, zB zu Erholungs- oder Freizeitzwecken, zu nutzen. Eine solche Regelung könne weder mit der Berufung auf zur Wahrung der Rechte und Freiheiten anderer notwendige Maßnahmen noch mit der Berufung auf spezifische Maßnahmen zum Ausgleich von Benachteiligungen wegen der Religion gerechtfertigt werden. Abschließend hielt der EuGH fest, dass solange Österreich seine Rechtsvorschriften nicht zur Wiederherstellung der Gleichbehandlung geändert hat, ein privater Arbeitgeber, der diesen Rechtsvorschriften unterliegt, verpflichtet sei, auch seinen anderen Arbeitnehmern das Recht auf einen Feiertag am Karfreitag zu gewähren, sofern diese zuvor mit dem Anliegen an ihn herangetreten sind, an diesem Tag nicht arbeiten zu müssen. Folglich sei ihnen, wenn der Arbeitgeber das Anliegen abschlägig beschieden hat, das Recht auf ein Zusatzentgelt für die an diesem Tag erbrachte Arbeitsleistung zuzuerkennen. Besonders hervorzuheben ist, dass der EuGH durch die Bindung eines derartigen Anspruches an die Artikulierung des Wunsches nach einem arbeitsfreien Karfreitag gebunden hat; durch diese „Artikulierungspflicht“ wurde im Ergebnis die Rückwirkung beschränkt.[926]

Mit Wirkung zum 21. 3. 2019 wurde § 7 Abs 3 ARG durch BGBl 2019/22 für die Zukunft aufgehoben. Nach dem neu geschaffenen § 7a Abs 1 ARG, der nunmehr den so genannten „persönlichen Feiertag“ regelt, kann der Arbeitnehmer den Zeitpunkt des Antritts eines Tages des ihm zustehenden Urlaubs einmal pro Urlaubsjahr einseitig bestimmen, wobei der Arbeitnehmer

925 EuGH Rs C-193/17 (Cresco), EU:C:2019:43.
926 S dazu OGH 9 Ob A 11/19m EvBl 2019/124 (*Glowacka*).

den Zeitpunkt spätestens drei Monate im Vorhinein schriftlich bekannt zu geben hat.[927] Gem § 33a Abs 28 ARG sind Bestimmungen in Normen der kollektiven Rechtsgestaltung, die nur für Arbeitnehmer, die den evangelischen Kirchen AB und HB, der Altkatholischen Kirche oder der Evangelisch-methodistischen Kirche angehören, Sonderregelungen für den Karfreitag vorsehen, unwirksam und künftig unzulässig.[928]

dd) Diskriminierung wegen der sexuellen Orientierung

Verboten sind unmittelbare und mittelbare Diskriminierungen aufgrund der sexuellen Ausrichtung, es sei denn diese erscheinen sachlich gerechtfertigt und verhältnismäßig. Das Diskriminierungsverbot betrifft auch Belästigungen, also unerwünschte Verhaltensweisen, die die Würde von Betroffenen angreifen und so ein von Einschüchterungen, Anfeindungen, Erniedrigungen oder Beleidigungen gekennzeichnetes Umfeld schaffen (Mobbing).[929] Generell ist der Begriff der „sexuellen Ausrichtung" weit auszulegen; geschützt werden sollen neben Homosexuellen auch Bisexuelle, Transsexuelle und Heterosexuelle in einer homosexuell geprägten Arbeitswelt.[930]

Differenzierungen zwischen hetero- und homosexuellen Partnerschaften werden – sofern sie in den Geltungsbereich der RL fallen – in der Regel diskriminierend und insoweit rechtfertigungsbedürftig sein. So hat der EuGH in der Rs Maruko[931] festgestellt, dass ein überlebender Partner nach dem Ableben seines Lebenspartners entsprechend einem überlebenden Ehegatten einen Anspruch auf eine Hinterbliebenenversorgung hat, wenn das nationale Recht die gleichgeschlechtliche Lebenspartnerschaft in eine Situation versetzt, die in Bezug auf diese Hinterbliebenenversorgung mit der Situation von Ehegatten vergleichbar ist.[932] In der Rs Parris erklärte der EuGH hingegen, dass ein betriebliches Versorgungssystem, welches den Anspruch überlebender eingetragener Lebenspartner von Mitgliedern des Systems auf eine Hinterbliebenenversorgung an die Voraussetzung knüpft, dass die eingetragene Lebenspartnerschaft geschlossen wurde, bevor das Mitglied das

---

927 Weiterführend *Glowacka*, Die neue Karfreitagslösung, ASoK 2019, 122 ff.

928 Krit *Erler*, Diskriminierende Wirkung des „persönlichen Feiertags" für Kirchgänger?, ecolex 2019, 350; *Haider*, Karfreitag: Für kurze Zeit ein Feiertag für alle, ecolex 2019, 352.

929 *Windisch-Graetz*, ZAS 2004, 58.

930 *Egger*, DRdA 2003, 305.

931 EuGH Rs C-267/06 (Maruko), EU:C:2008:179.

932 Ebenso wird ein Arbeitgeber einen Fahrtkostenzuschuss, den er einem andersgeschlechtlichen Lebenspartner eines Arbeitnehmers gewährte, dem gleichgeschlechtlichen Lebenspartner eines weiteren Arbeitnehmers nicht mehr verweigern können, siehe Winkler, ZAS 2004, 56.

60. Lebensjahr vollendet hat, obwohl es dem Mitglied nach nationalem Recht nicht möglich war, vor Erreichen dieser Altersgrenze eine eingetragene Lebenspartnerschaft zu schließen, keine Diskriminierung wegen der sexuellen Ausrichtung darstellt.[933] Ferner bestehen unter der RL 2000/78/EG unstrittig auch Ansprüche des homosexuellen Lebenspartners auf Pflegefreistellung (§ 16 UrlG), Familienhospizkarenz (§ 14a AVRAG) und kollektivvertragliche Leistungen, die an das Bestehen einer Lebensgemeinschaft anknüpfen.[934] Ebenso wird ein Anspruch auf Beihilfe für Krankenbehandlungskosten des Ehegatten in gleicher Weise auch für dessen gleichgeschlechtlichen Lebenspartner gelten müssen, wenn die Finanzierung einer derartigen finanziellen Leistung dem Staat als öffentlichem Arbeitgeber obliegt.[935] Die günstigere Behandlung von heterosexuellen Eheleuten bei den Bezügen aus einer Zusatzversorgung stellt nach Ansicht des Gerichtshofs eine Diskriminierung aus Gründen der sexuellen Ausrichtung dar, da diese nicht im Zusammenhang mit Einkünften, Kindern oder wirtschaftlichen Faktoren stehe, sondern ausschließlich im Familienstand begründet sei[936].

Nach ihrer 22. Begründungserwägung lässt die Richtlinie die „einzelstaatlichen Rechtsvorschriften über den Familienstand und davon abhängige Leistungen unberührt." Daraus folgt, dass es den Mitgliedstaaten freisteht, ob sie für Personen gleichen Geschlechts die Ehe oder eine alternative Form der gesetzlichen Anerkennung ihrer Beziehung vorsehen, sie müssen jedoch den Grundsatz der Nichtdiskriminierung beachten.[937] In der Rs Hay[938], in welcher eine französische tarifvertragliche Regelung lediglich aus Anlass einer Eheschließung und nicht für das Eingehen einer eingetragenen Partnerschaft bestimmte Vergünstigungen – im gegenständlichen Fall Sonderurlaubstage und eine Gehaltsprämie – vorsah, bejahte der EuGH die unmittelbare Diskriminierung aufgrund der sexuellen Orientierung. Ausschlaggebend sei nämlich, ob die Situation von Paaren, die eine Ehe schließen, und gleichgeschlechtlichen Paaren, die eine eingetragene Partnerschaft eingehen, weil sie nach nationalem Recht keine Möglichkeit einer Eheschließung haben, hinsichtlich der Gewährung der Vergünstigungen vergleichbar ist.

933 EuGH Rs C-443/15 (Parris), EU:C:2016:897 Rn 62. Weiterführend *Weinberg*, Ansätze zur Dogmatik der intersektionalen Benachteiligung, EuZA 2020, 60.
934 *Windisch-Graetz*, ZAS 2004, 63 f.
935 EuGH Rs C-124/11, C-125/11 und C-143/11 (Dittrich, Klinke und Müller), EU:C:2012:771.
936 EuGH Rs C-147/08 (Römer), EU:C:2011:286.
937 Dazu EuGH Rs C-443/15 (Parris), EU:C:2016:897 Rn 57 ff.
938 EuGH Rs C-267/12 (Hay), EU:C:2013:823.

Öffentliche Äußerungen eines Geschäftsführers eines Profifußballvereins, denen zufolge die Einstellung eines vermeintlich homosexuellen Fußballspielers ausgeschlossen wird sowie die fehlende Distanzierung des Vereins dazu, legen eine Diskriminierung aufgrund der sexuellen Ausrichtung nahe. Dem Verein obliegt in einem solchen Fall die Beweislast dafür, dass er keine diskriminierende Einstellungspolitik betreibt.[939] Homophobe Äußerungen stellen eine Diskriminierung in Beschäftigung und Beruf dar, wenn sie von einer Person getätigt werden, die einen entscheidenden Einfluss auf die Einstellungspolitik eines Arbeitgebers hat oder die als einen derartigen Einfluss ausübend wahrgenommen werden kann. In einem solchen Fall kann das nationale Recht vorsehen, dass eine Vereinigung das Recht hat, Schadensersatzansprüche gerichtlich geltend zu machen, auch wenn sich kein Geschädigter feststellen lässt. Dies entschied der EuGH[940] in einem Fall, in dem ein Rechtsanwalt bei einem Gespräch im Rahmen einer Radiosendung erklärte, dass er keine homosexuellen Personen in seiner Kanzlei einstellen oder beschäftigen wolle. Eine Vereinigung von Rechtsanwälten, die vor Gericht die Rechte von Lesben, Schwulen, Bisexuellen, Transgendern oder Intersexuellen (LGBTI) verteidigt, war der Auffassung, dass er Äußerungen getätigt habe, die eine Diskriminierung wegen der sexuellen Ausrichtung der Arbeitnehmer darstellten, und verklagte ihn daher auf Schadensersatz. Im Ergebnis hat der EuGH hervorgehoben, dass Äußerungen, die auf eine homophobe Einstellungspolitik hindeuten, unter den Begriff „Bedingungen ... für den Zugang zu [einer] Erwerbstätigkeit" im Sinne von Art 3 Abs 1 lit a RL 2000/78 fallen, auch wenn sie von einer Person stammen, die rechtlich nicht zu Einstellungen befugt ist, sofern zwischen diesen Äußerungen und der Einstellungspolitik des Arbeitgebers eine Verbindung besteht, die nicht hypothetisch ist.

Zuletzt hat der EuGH[941] in einem aus Österreich stammenden Fall festgehalten, dass Art 2 der RL 2000/78 dahin auszulegen ist, dass er nach dem Ablauf der Umsetzungsfrist dieser Richtlinie, dh ab dem 3. Dezember 2003, auf die zukünftigen Wirkungen einer in Rechtskraft erwachsenen Disziplinarentscheidung, die vor dem Inkrafttreten dieser Richtlinie erlassen wurde und mit der die Versetzung eines Beamten in den vorzeitigen Ruhestand unter Kürzung seiner Ruhebezüge angeordnet wurde, anwendbar ist. Die RL 2000/78 ist dahin auszulegen, dass sie in einer solchen Situation das nationale Gericht verpflichtet, für die Zeit ab dem 3. Dezember 2003 zwar nicht die bestandskräftige Disziplinarstrafe, mit der der betreffende Beamte

939 EuGH Rs C-81/12 (Asociaţia ACCEPT), EU:C:2013:275.
940 EuGH Rs C-507/18 (LGBTI), EU:C:2020:289.
941 EuGH Rs C-258/17 (E.B.), ECLI:EU:C:2019:17

in den vorzeitigen Ruhestand versetzt wurde, aber die Kürzung seiner Ruhebezüge zu überprüfen, um den Betrag zu ermitteln, den er erhalten hätte, wenn er nicht aufgrund der sexuellen Orientierung diskriminiert worden wäre.

d) Rechtsbehelfe und Rechtsdurchsetzung

Die Art 9 ff RL 2000/78/EG normieren die gegen eine Diskriminierung zu Gebote stehenden Rechtsbehelfe und den Weg der Rechtsdurchsetzung. Die Mitgliedstaaten haben gem Art 9 Abs 1 sicherzustellen, dass alle Personen, die sich durch die Nichtanwendung des Gleichbehandlungsgrundsatzes in ihren Rechten für verletzt halten, ihre Ansprüche aus dieser Richtlinie auf dem Gerichts- und/oder Verwaltungsweg sowie, wenn die Mitgliedstaaten es für angezeigt halten, in Schlichtungsverfahren geltend machen können, selbst wenn das Verhältnis, während dessen die Diskriminierung vorgekommen sein soll, bereits beendet ist. Verbände, Organisationen oder andere juristische Personen, die gem den in ihrem einzelstaatlichen Recht festgelegten Kriterien ein rechtmäßiges Interesse daran haben, für die Einhaltung der Bestimmungen dieser Richtlinie zu sorgen, müssen sich entweder im Namen der beschwerten Person oder zu deren Unterstützung und mit deren Einwilligung an den in dieser Richtlinie zur Durchsetzung der Ansprüche vorgesehenen Gerichts- und/oder Verwaltungsverfahren beteiligen können (Art 9 Abs 2 leg cit). Einzelstaatliche Regelungen über Fristen für die Rechtsverfolgung bleiben unberührt (Art 9 Abs 3 RL 2000/78/EG).

Wird eine unmittelbare Diskriminierung festgestellt, so ist die diskriminierende Bestimmung nicht mehr anzuwenden und haben die Bestimmungen der bisher nicht diskriminierten Gruppe Anwendung zu finden; dies gilt so lange, als das Diskriminierungsverbot nicht ordnungsgemäß in nationales Recht umgesetzt ist.[942]

Nach Art 17 RL 2000/78/EG legen die Mitgliedstaaten die Sanktionen fest, die bei einem Verstoß gegen die einzelstaatlichen Vorschriften zur Anwendung dieser Richtlinie zu verhängen sind, und treffen alle erforderlichen Maßnahmen, um deren Durchführung zu gewährleisten. Die Richtlinie macht diesbezüglich nur insoweit eine Vorgabe, als die Sanktionen, die auch Schadensersatzleistungen an die Opfer umfassen können, „wirksam, verhältnismäßig und abschreckend" sein müssen. Die entsprechenden Bestimmungen und ihre Änderungen sind der Kommission zur Kenntnis zu bringen.

942 *Mayr*, ecolex 2004, 430.

Wie die RL 2000/43/EG weicht auch die RL 2000/78/EG von den allgemeinen Beweislastregeln zugunsten des Klägers ab: So haben die Mitgliedstaaten zu gewährleisten, dass immer dann, wenn Personen, die sich durch die Nichtanwendung des Gleichbehandlungsgrundsatzes für verletzt halten und bei einem Gericht oder einer anderen zuständigen Stelle Tatsachen glaubhaft machen, die das Vorliegen einer unmittelbaren oder mittelbaren Diskriminierung vermuten lassen, es dem Beklagten obliegt zu beweisen, dass keine Verletzung des Gleichbehandlungsgrundsatzes vorgelegen hat (Art 10 Abs 1 RL 2000/78/EG). Günstigere Beweislastregeln bleiben unberührt. Keinesfalls gilt diese Beweislastverteilung im Strafverfahren (Art 10 Abs 3), in Verfahren, in denen die Ermittlung des Sachverhalts dem Gericht oder der zuständigen Stelle obliegt, hingegen nur dann nicht, wenn die Mitgliedstaaten davon gem Art 10 Abs 5 RL 2000/78/EG absehen.

Die Mitgliedstaaten haben durch entsprechende Regelungen die Arbeitnehmer vor Entlassung oder anderen Benachteiligungen durch den Arbeitgeber zu schützen, die als Reaktion auf eine Beschwerde innerhalb des betreffenden Unternehmens oder auf die Einleitung eines Verfahrens zur Durchsetzung des Gleichbehandlungsgrundsatzes erfolgen (Art 11 RL 2000/78/EG – „Viktimisierung“).

Die gem der RL 2000/78/EG getroffenen Maßnahmen sowie die bereits geltenden einschlägigen Vorschriften sind allen Betroffenen in geeigneter Form, zum Beispiel am Arbeitsplatz, bekannt zu machen (Art 12 RL 2000/78/EG).

Auch in der RL 2000/78/EG findet sich die Verpflichtung der Mitgliedstaaten zur Förderung des sozialen Dialogs wieder. Nach Art 13 RL 2000/78/EG treffen die Mitgliedstaaten im Einklang mit den einzelstaatlichen Gepflogenheiten und Verfahren geeignete Maßnahmen zur Förderung des sozialen Dialogs zwischen Arbeitgebern und Arbeitnehmern mit dem Ziel, die Verwirklichung des Gleichbehandlungsgrundsatzes durch Überwachung der betrieblichen Praxis, durch Tarifverträge, Verhaltenskodizes, Forschungsarbeiten oder durch einen Austausch von Erfahrungen und bewährten Verfahren voranzubringen. Ebenso ist die mitgliedstaatliche Aufforderung der Arbeitgeber und Arbeitnehmer zum Abschluss von Antidiskriminierungsvereinbarungen schon aus der RL 2000/43/EG bekannt. Art 14 RL 2000/78/EG gebietet die Förderung des Dialogs mit Nichtregierungsorganisationen, die gem den einzelstaatlichen Rechtsvorschriften und Gepflogenheiten ein rechtmäßiges Interesse daran haben, sich an der Bekämpfung von Diskriminierung wegen eines der in Art 1 genannten Gründe zu beteiligen, um die Einhaltung des Grundsatzes der Gleichbehandlung zu fördern.

C. Arbeitszeit und Urlaub

Literatur: *Arnold/Zeh*, Der EuGH und das deutsche Urlaubsrecht – schon wieder Neues aus Luxemburg! NZA Jahr 2019, 1; *Auer-Mayer*, Ausgewählte Rechtsprobleme rund um Urlaub und Feiertage, ZAS 2020/22; *dies*, Unionsrechtliche Auswirkungen auf das Urlaubsrecht, ZAS 2018/3; *dies*, (Keine) Verjährung arbeitsrechtlicher Ansprüche? - Analyse der Entscheidung EuGH Rs C-214/16, King, und ihrer möglichen Folgen, DRdA 2018, 299; *Auer-Mayer/Felten/Pfeil*, AZG[4] RL 2003/88/EG; *Bayreuther*, Arbeitszeit, in: *Schlachter/Heinig* (Hg), Europäisches Arbeits- und Sozialrecht, Enzyklopädie Europarecht, Bd 7, 2016, § 11; *Burger-Ehrnhofer/Glowacka*, EuGH zur Arbeitszeiterfassung – Folgen der Entscheidung für Österreich, ASoK 2019, 242; *Franzen*, Überlegungen zur geplanten Revision der Arbeitszeitrichtlinie, ZESAR 2015, 407 ff; *Friedrich*, Bereitschaftsdienst als Arbeitszeit – Das Krankenanstalten-Arbeitszeitgesetz (KA-AZG) und das Arbeitszeitgesetz (AZG) im Lichte der Rechtsprechung des EuGH, ASoK 2001, 237 ff; *Giesen/Junker/Rieble,* Neues Urlaubsrecht, agiles und mobiles Arbeiten (2019); *Giesen/Junker/Rieble,* Arbeitszeitmodelle der Zukunft (2018); *Hamacher*, Von der Kunst, den Urlaubsanspruch zu erfüllen, NZA Jahr 2018, 487; *Heeder*, Teilzeitarbeit, Befristung und Arbeitszeit, in: *Nägele* (Hg), EG-Arbeitsrecht in der deutschen Praxis, 2007, Kapitel 6; *Hilbrandt*, Arbeitsrechtliche Unionsgrundrechte und deren Dogmatik, NZA Jahr 2019, 1168; *Höpfner*, Das deutsche Urlaubsrecht in Europa – Zwischen Vollharmonisierung und Koexistenz, Teil 1, RdA 2013, 16 ff; *ders*, Das deutsche Urlaubsrecht in Europa – Zwischen Vollharmonisierung und Koexistenz, Teil 2, RdA 2013, 167 ff; *Höpfner/Daum*: Die Pflicht des Arbeitgebers zur Erfassung der Arbeitszeit, RdA 2019, 270; *Joussen*, Auswirkungen der Rechtsprechung des EuGH auf das deutsche Arbeitsrecht Diskriminierungsrecht, Befristungsrecht, Urlaubsrecht, RdA 2015, 305 ff; *König*, Die Erarbeitung als Voraussetzung des Urlaubsentgeltanspruchs (2018); *Löschnigg/Melzer-Azodanloo*, Bereitschaftsdienst in öffentlichen Apotheken, DRdA 2002, 211 ff; *Niederfriniger*, ArbeitszeitRL gebietet Arbeitszeitaufzeichnung, JAS 2019, 389; *Peschek/Herrmann-Riedler*, (Keine) Auswirkungen der EuGH-Entscheidung zur Arbeitszeiterfassung für Österreich?, ZAS 2020/6; *Potz*, Urlaub und Krankenstand: Zur Befristung bzw Verjährung von Urlaub in Deutschland und Österreich, RdW 2009, 792 ff; *Risak/Grossinger*, Verjährung des Urlaubsanspruchs bei Scheinselbständigkeit, JAS 2018, 140; *Runggaldier*, Das Recht auf Urlaub aus Sicht des Gemeinschaftsrechts, RdW 2009, 852 ff; *Sagan*, Die Urlaubsabgeltung als Grundrecht, ZAS 2019, 211; *Schliemann*, Bereitschaftsdienst im EG-Recht, NZA 2006, 1009 ff; *Schlottfeldt*, Novellierung der EU-Arbeitszeitrichtlinie – Perspektiven des deutschen Arbeitsrechts, ZESAR 2009, 492 ff; *ders*, „Aktiver Bereitschaftsdienst"? – Der Begriff des Bereitschaftsdienstes in Arbeitszeitgesetz, Tarifrecht und Rechtsprechung, ZESAR 2010, 411 ff; *ders/Kutscher*, Freizeitausgleich für Bereitschaftsdienst: Arbeitsrechtliche Aspekte der Anrechnung von Bereitschaftsdienst auf die Regelarbeitszeit, NZA 2009, 697 ff; *Schuhmacher*, Zur Auslegung der RL über Arbeitszeitgestaltung, WBl 2012, 146 ff; *Schmitt*, Anmerkung zu EuGH v. 13. 12. 2018 - C-385/17, Torsten Hein/Albert Holzkamm GmbH & Co. KG, GPR 2019, 249; *Schubert*, Der Erholungsurlaub zwischen Arbeitsschutz und Entgelt, NZA 2013, 1105; *Standeker*, Gilt ortsgebundener Bereitschaftsdienst als Arbeitszeit?, DRdA 2004, 232 ff; *Stärker*, Kommentar zur EU-Arbeitszeit-Richtlinie, 2006; *Streinz*, Europarecht – Auslegung der EG-Arbeitszeitrichtlinie, EuGH, Urteil vom 5. 10. 2004, C-397/01 und 403/01, – Pfeiffer ua/*DRK*, Jus

2005, 358 ff; *Tomandl,* Arbeitszeit - Wegzeit - sonstige Zeiten, ZAS 2019/13; *Wank,* Die unmittelbare Wirkung von Unionsrecht unter Privaten im Arbeitsrecht, RdA 2020, 1; *Windisch-Graetz,* Verjährung von Urlaub unionsrechtskonform, ecolex 2020/34.

1. Allgemeines

Welch hohen Stellenwert die Gestaltung der Arbeitszeit genießt, zeigt Art 31 Abs 2 GRC. Danach hat jede Arbeitnehmerin und jeder Arbeitnehmer das Recht auf eine Begrenzung der Höchstarbeitszeit, auf tägliche und wöchentliche Ruhezeiten. Das Recht auf faire Arbeitsbedingungen ist nunmehr auch in der Europäischen Säule Sozialer Rechte verankert und sieht vor, dass Arbeitnehmerinnen und Arbeitnehmer das Recht auf ein hohes Gesundheitsschutz- und Sicherheitsniveau bei der Arbeit haben (10. Grundsatz). Erwägungsgrund 4 der RL 2003/88/EG über bestimmte Aspekte der Arbeitszeitgestaltung[943] betont, dass die Verbesserung von Sicherheit, Arbeitshygiene und Gesundheitsschutz der Arbeitnehmer bei der Arbeit Zielsetzungen darstellen, die keinen rein wirtschaftlichen Überlegungen untergeordnet werden dürfen. Dabei wird insbesondere betont, dass die Arbeitszeitgestaltung den Grundsätzen der Internationalen Arbeitsorganisation Rechnung zu tragen hat.

Die RL 2003/88/EG schreibt den Mitgliedstaaten daher vor, allen Arbeitnehmerinnen und Arbeitnehmern folgende Rechte zu gewährleisten: die **Begrenzung der wöchentlichen Arbeitszeit (mit grds 48 Stunden; Art 6), die Einhaltung von Ruhepausen** (bei einer täglichen Arbeitszeit von mehr als 6 Stunden; Art 4) **und täglicher Ruhezeit** (von elf zusammenhängenden Stunden pro 24-Stunden-Zeitraum; Art 3) **sowie wöchentlicher Ruhezeit** (von 24 Stunden zuzüglich der täglichen Ruhezeit von elf Stunden grds pro Siebentageszeitraum; Art 5)**, die Gewährung eines bezahlten Jahresurlaubes und besondere Schutzmaßnahmen für Nachtarbeit (Art 8 bis Art 13). Gemäß Art 16 können die** Mitgliedstaaten zT abweichende Bezugszeiträume vorsehen. Dabei gilt es auch die Abweichungsmöglichkeiten iSd Art 17 ff zu beachten.

Seit vielen Jahren gibt es Bemühungen von Seiten der Kommission, eine Revision der RL 2003/88/EG herbeizuführen. Dabei werden sehr unterschiedliche Ziele verfolgt und unterschiedliche Vorschriften der Richtlinie zum Gegenstand von Reformbestrebungen gemacht.[944] Besonders umstritten sind die Regelung des Bereitschaftsdienstes im Gefolge der SIMAP-Jae-

943 ABlEG Nr L 299/9. Zur Auslegung der RL *Bayreuther,* Arbeitszeit, § 11.
944 Zu einer sehr anschaulichen Gesamtdarstellung der Reformpläne und Reformhindernisse siehe KOM (2010) 801 endg.

ger-Rechtsprechung und die Opt-out-Regelung in Art 22 RL 2003/88/EG.[945]

2. Anwendungsbereich

Art 2 RL 2003/88/EG definiert wichtige Begriffe. Der Begriff des Arbeitnehmers bleibt aber ungeregelt. Deshalb muss hier auch eine autonome Anknüpfung ähnlich wie im Recht der Arbeitnehmerfreizügigkeit erfolgen.[946] Auch Gelegenheits- und Saisonbeschäftigte, welche höchstens 80 Arbeitstage pro Jahr in Ferien- und Freizeitzentren tätig sind, fallen als Arbeitnehmer unter den Anwendungsbereich der RL 2003/88/EG.[947] In der Rs Matzak[948] hält der EuGH des Weiteren fest, dass es für die Frage der AN-Eigenschaft iSd RL 2003/88 ohne Bedeutung ist, ob der Feuerwehrmann nach nationalem Recht den Status eines Berufsfeuerwehrmanns oder eines freiwilligen Feuerwehrmanns hat.

> EuGH, Rs Matzak: [...] Der Arbeitnehmerbegriff für die Zwecke der Anwendung der Richtlinie 2003/88 kann nicht nach Maßgabe der nationalen Rechtsordnungen unterschiedlich ausgelegt werden, sondern hat eine eigenständige unionsrechtliche Bedeutung [...]. Nach einschlägiger ständiger Rechtsprechung ist als ‚Arbeitnehmer' jeder anzusehen, der eine tatsächliche und echte Tätigkeit ausübt, wobei Tätigkeiten außer Betracht bleiben, die einen so geringen Umfang haben, dass sie sich als völlig untergeordnet und unwesentlich darstellen. Das wesentliche Merkmal, das ein Arbeitsverhältnis definiert, bleibt, dass jemand während einer bestimmten Zeit für einen anderen nach dessen Weisung Leistungen erbringt, für die er als Gegenleistung eine Vergütung erhält [...]. Ferner hat der Gerichtshof festgestellt, dass die Rechtsnatur eines Arbeitsverhältnisses nach nationalem Recht keine Bedeutung für die Arbeitnehmereigenschaft im Sinne des Unionsrechts haben kann [...].Von einer besonderen Dynamik war in den vergangenen Jahren der Bereich des gemeinschaftlichen Arbeitszeitrechts geprägt. In einer wegweisenden Entscheidung zur Arbeitszeitgestaltung spanischer Ärzte[949] hatte der EuGH bereits im Jahre 2000 festgestellt, dass Arbeitszeit jede Zeitspanne ist, während der ein Arbeitnehmer arbeitet oder dem Arbeitgeber nur zur Verfügung steht und seine Tätigkeit ausübt oder Aufgaben wahrnimmt. Der Bereitschaftsdienst, welchen spanische Ärzte zur medizinischen Grundversorgung in Form persönlicher Anwesenheit in der Gesundheitseinrichtung leisten, wurde mithin in Gänze als Arbeitszeit (und nicht als Ruhezeit) iSd Art 2 Nr 1 RL 2003/88/EG (bzw ihrer Vorgängerrichtlinie 93/104/EG) angesehen.

945 Vgl zum Ganzen *Franzen*, ZESAR 2015, 407 ff.

946 *Bayreuther*, Arbeitszeit, Rn 5.

947 EuGH Rs C-428/09 (Union syndical Solidaires Isère), EU:C:2010:612.

948 EuGH Rs C-518/15 (Matzak), ECLI:EU:C:2018:82 mwH.

949 EuGH Rs C-303/98 (Simap), EU:C:2000:528.

Die Frage, ob die in der Simap-Entscheidung entwickelten Grundsätze auch für das deutsche[950] und österreichische[951] Arbeitszeitrecht Geltung besitzen sollten, wurde daraufhin kontrovers diskutiert. Zum Teil wurde angenommen, dass die spanische Regelung mit der deutschen nicht vergleichbar sei, da die hiesigen Ärzte im Rahmen ihrer Bereitschaftsdienste im Gegensatz zu ihren spanischen Kollegen nur teilweise zur Wahrnehmung beruflicher Aufgaben herangezogen würden. Dieser Auffassung ist der EuGH jedoch in der Rs Jaeger[952] entgegengetreten. Er bestätigte vielmehr seine bisherige Rechtsprechung, wonach es sich bei einem ärztlichen Bereitschaftsdienst, der an einem vom Arbeitgeber bestimmten Ort geleistet wird, auch dann in vollem Umfange um eine herkömmliche Arbeitszeit handelt, wenn der Arzt in dieser Zeit nicht in Anspruch genommen wird bzw sich an seiner Arbeitsstelle ausruhen darf.

Das BAG hatte bereits kurz zuvor in einem anderen Verfahren gleichlautend klargestellt,[953] dass Bereitschaftsdienste nach dem Simap-Urteil des EuGH in vollem Umfange als Arbeitszeiten zu werten seien, ohne dass es hierbei auf nationale oder berufsspezifische Besonderheiten ankäme, mit dem Ergebnis, dass es bei einer solchen zweifelsfreien Rechtslage einer (erneuten) Anrufung des EuGH nicht bedürfe, das deutsche Arbeitszeitgesetz also den europarechtlichen Anforderungen nicht genüge. Deshalb musste auch der deutsche Gesetzgeber den Bereitschaftsdienst iSd Arbeitszeit-RL neu interpretieren.[954] Dies ist durch Art 4b des Gesetzes zu Reformen am Arbeitsmarkt vom 24. 12. 2003[955] geschehen.

---

950 Das deutsche Arbeitszeitgesetz unterscheidet zwischen den Begriffen „Arbeitsbereitschaft“, „Bereitschaftsdienst“ und „Rufbereitschaft“. Nach der bis zum 31.12.2003 geltenden Fassung galt nur die „Arbeitsbereitschaft“ in vollem Umfang als Arbeitszeit. „Bereitschaftsdienst“ und „Rufbereitschaft“ wurden dagegen als Ruhezeit behandelt, mit Ausnahme des Teils der Dienstzeit, in welcher der Arbeitnehmer tatsächlich tätig wurde (vgl BAG NZA 2004, 927, 929). Zu den Begrifflichkeiten *Schlottfeldt*, ZESAR 2010, 411.

951 Zur Diskussion in Österreich: *Friedrich*, ASoK 2001, 237; *Löschnigg/Melzer-Azodanloo*, DRdA 2002, 211; *Standeker*, DRdA 2004, 232.

952 EuGH Rs C-151/02 (Jaeger), EU:C:2003:437.

953 BAG 1 ABR 2/02 NZA 2003, 742.

954 Vgl dazu *Wank* in: ErfK, 20. Aufl 2020, § 2 ArbZG Rn 27 ff.

955 BGBl I, 3002 ff. Seitdem ist der Bereitschaftsdienst in seiner gesamten Länge der Arbeitszeit des Arbeitnehmers iSd § 3 ArbZG zuzuordnen, die im Grundsatz 48 Wochenstunden nicht überschreiten darf. Allerdings ermöglicht § 7 ArbZG eine Verlängerung der Arbeitszeit durch eine Kollektivvereinbarung (Tarifvertrag, Betriebs- oder Dienstvereinbarung), wenn in erheblichem Umfang Arbeitsbereitschaft oder Bereitschaftsdienst anfallen. Ob das deutsche Recht im Hinblick auf die Übergangsregelung des § 25 ArbZG voll den Erfordernissen der Rspr des

Die in § 7 ArbZG enthaltene Ermächtigung zur weitergehenden Regelung durch Kollektivvereinbarung war Gegenstand einer weiteren grundlegenden Entscheidung des EuGH.

EuGH, Rs Pfeiffer ua:[956] Die Kläger sind sämtlich Rettungsassistenten, die beim Deutschen Roten Kreuz beschäftigt sind oder waren; sie fordern in zwei Fällen die Bezahlung von Überstunden und in den übrigen Fällen die Anerkennung des Rechts darauf, nicht mehr als achtundvierzig Wochenstunden zu arbeiten. Der Beklagte unterhält verschiedene rund um die Uhr besetzte Rettungswachen und eine Rettungswache, die nur tagsüber zwölf Stunden lang besetzt ist. Der Rettungsdienst wird mit Rettungstransportfahrzeugen und Notarzt-Einsatzfahrzeugen durchgeführt, die mit Rettungsassistenten oder Sanitätern besetzt sind. In den Arbeitsverträgen haben die Parteien vereinbart, dass die Regelungen des Tarifvertrags über Arbeitsbedingungen für Angestellte, Arbeiter und Auszubildende des Deutschen Roten Kreuzes Anwendung finden. Nach diesem Tarifvertrag wurde im Betrieb im Bereich des Rettungsdienstes durchschnittlich neunundvierzig Stunden wöchentlich gearbeitet. Die Parteien stimmen darüber überein, dass die tatsächlichen Voraussetzungen für eine Arbeitszeitverlängerung nach § 14 Abs 2 Buchstabe b des Tarifvertrags, die in der Ableistung von mindestens täglich drei Stunden Arbeitsbereitschaft bestehen, gegeben sind.

Der EuGH[957] entschied, dass ein Tarifvertrag, der in Übereinstimmung mit dem nationalen Recht eine Überschreitung der wöchentlichen Höchstarbeitszeit von 48 Stunden nach Art 6 lit b RL 2003/88/EG vorsieht (wie häufig im Bereich der Krankenhäuser und Rettungsdienste üblich), nur bei ausdrücklicher und freier Zustimmung des einzelnen Arbeitnehmers rechtswirksam ist. Es genügt dagegen nicht, wenn der Arbeitsvertrag des Betroffenen lediglich auf einen Tarifvertrag verweist, der eine solche Überschreitung erlaubt oder eine entsprechende, aufgrund eines Tarifvertrags getroffene Betriebsvereinbarung existiert. Der EuGH begründet dies zum einen mit dem Ausnahmecharakter des Art 22 Abs 1 lit a RL 2003/88/EG, durch den der betroffene Arbeitnehmer unmittelbar auf ein durch die Arbeitszeitrichtlinie eingeräumtes soziales Recht verzichtet, zum anderen aus seiner Stellung als schwächere Partei des Arbeitsvertrags, da verhindert werden müsse, dass der Arbeitgeber den Willen des Vertragspartners umgehen oder ihm eine Beschränkung seiner Rechte auferlegen kann, ohne dass dieser dem ausdrücklich zugestimmt hätte.

In der Rs Dellas ua[958] hat der EuGH erneut bekräftigt, dass Bereitschaftsdienste in vollem Umfang als Arbeitszeit zu werten sind. Anlass war die

---

EuGH gerecht wird, ist zweifelhaft (vgl dazu *Schliemann*, NZA 2006, 1009; *Heeder* in: *Nägele* [Hg], 299 f).

956 EuGH Rs C-397/01 bis C-403/01 (Pfeiffer), EU:C:2004:584.

957 EuGH Rs C-397/01 bis C-403/01 (Pfeiffer), EU:C:2004:584.

958 EuGH Rs C-14/04 (Dellas), EU:C:2005:728.

Klage eines französischen Erziehers, der in einem Internat für schwer erziehbare Jugendliche arbeitete. Nächtliche Bereitschaftsdienste, die er leistete, wurden ihm nur nach einer Gleichwertigkeitsformel in einem bestimmten Verhältnis als Arbeitszeit angerechnet. Das entsprechende französische Gesetz wollte damit dem Umstand Rechnung tragen, dass es während des Bereitschaftsdienstes aktive und inaktive Phasen gibt. Der EuGH hebt in seiner Entscheidung hervor, dass das derzeit geltende Recht keine Zwischenkategorie zwischen den Arbeitszeiten und den Ruhezeiten vorsieht und dass zu den wesentlichen Merkmalen des – iSd RL 2003/88/EG (bzw ihrer Vorgängerrichtlinie 93/104/EG) autonom gemeinschaftsrechtlich zu bestimmenden – Arbeitszeitbegriffes nicht die Intensität der vom Arbeitnehmer geleisteten Arbeit oder dessen Leistung gehört. Die französische Regelung zur Arbeitszeitgestaltung hat der EuGH auch nicht als günstigere nationale Bestimmung angesehen (auf die sich Frankreich nach Art 15 RL 2003/88/EG berufen wollte), mit dem Argument, dass die Berechnungsweise der Bereitschaftsdienste nach der in Rede stehenden Gleichwertigkeitsregelung die inaktiven Bereitschaftsdienste zwar nicht per se als Ruhezeiten[959] betrachte, die Anwesenheitszeiten aber nur in einem pauschalen Verhältnis den Arbeitszeiten zurechne, sodass sie potenziell geeignet sei, die wöchentliche Höchstarbeitszeit von 48 Stunden erheblich zu übersteigen.

Mit seinem Urteil in der Rs Tyco[960] stellte der Gerichtshof fest, dass die Fahrzeit, die Arbeitnehmer, die keinen festen oder gewöhnlichen Arbeitsort haben, für die täglichen Fahrten zwischen ihrem Wohnort und dem Standort des ersten und des letzten von ihrem Arbeitgeber bestimmten Kunden aufwenden, Arbeitszeit im Sinne der RL darstellt. Nach Ansicht des Gerichtshofs ist bei Arbeitnehmern, die sich in einer solchen Situation befinden, anzunehmen, dass sie während der gesamten Fahrzeit ihre Tätigkeiten ausüben oder ihre Aufgaben wahrnehmen. Die Fahrten der Arbeitnehmer zu den von ihrem Arbeitgeber bestimmten Kunden sind das notwendige Mittel, um an den Standorten dieser Kunden technische Leistungen zu erbringen. Andernfalls könnte Tyco geltend machen, dass nur die für die Tätigkeit der Installation und Wartung der Sicherheitssysteme aufgewandte Zeit unter den Begriff „Arbeitszeit" falle, was zur Folge hätte, dass dieser Begriff verfälscht und das Ziel des Schutzes der Sicherheit und der Gesundheit der Arbeitnehmer beeinträchtigt würde. Ebenso stehen die Arbeitnehmer nach Ansicht des EuGH während der Fahrzeiten dem Arbeitgeber zur Verfügung. Während dieser Fahrten unterstehen die Arbeitnehmer nämlich

959 Anders die nationalen Regelungen in den EuGH Rs C-303/98 (Simap), EU:C:2000:528 und EuGH Rs C-151/02 (Jaeger), EU:C:2003:437.

960 EuGH Rs C-266/14 (Tyco), ECLI:EU:C:2015:578.

den Anweisungen ihres Arbeitgebers, der die Kundenreihenfolge ändern oder einen Termin streichen oder hinzufügen kann. Während der erforderlichen Fahrzeit, die sich zumeist nicht verkürzen lässt, haben die Arbeitnehmer somit nicht die Möglichkeit, frei über ihre Zeit zu verfügen und ihren eigenen Interessen nachzugehen. Der EuGH ist ferner der Ansicht, dass die Arbeitnehmer während der Fahrten arbeiten. Da die Fahrten nämlich untrennbar zum Wesen eines solchen Arbeitnehmers gehören, kann sein Arbeitsort nicht auf die Orte beschränkt werden, an denen er bei den Kunden des Arbeitgebers physisch tätig wird.

In der Rs Matzak[961] hatte sich der EuGH erneut mit der arbeitszeitrechtlichen Einordnung von Bereitschaftszeiten zu beschäftigen und hielt fest, dass die Zeit, die ein Arbeitnehmer zu Hause verbringt und während deren er der Verpflichtung unterliegt, einem Ruf des Arbeitgebers zum Einsatz innerhalb kurzer Zeit (im konkreten Fall innerhalb von acht Minuten) Folge zu leisten, als „Arbeitszeit“ anzusehen ist. Die Verpflichtung, persönlich an dem vom Arbeitgeber bestimmten Ort anwesend zu sein, sowie die Vorgabe, sich innerhalb kurzer Zeit am Arbeitsplatz einzufinden, schränken die Möglichkeiten eines Arbeitnehmers erheblich ein, sich anderen Tätigkeiten bzw seinen persönlichen und sozialen Interessen zu widmen.

a) Grenzen der Arbeitszeit

Da die Kommission eine Vertragsverletzung Irlands bei der Umsetzung der Arbeitszeitrichtlinie in Bezug auf noch nicht voll ausgebildete Krankenhausärzte nicht nachweisen konnte, wies der EuGH[962] die Vertragsverletzungsklage aus Mangel an Beweisen ab. Die irische Ärztekammer, die alle im irischen Hoheitsgebiet praktizierenden Ärzte vertritt, und der Gesundheitsdienst, eine öffentliche Einrichtung, die die Gesundheitsbehörden vertritt, haben einen Tarifvertrag sowie einen Musterarbeitsvertrag für die noch nicht voll ausgebildeten Krankenhausärzte geschlossen. Das Vorbringen der Kommission, wonach bestimmte Ausbildungszeiten zu Unrecht nicht als „Arbeitszeit“ berücksichtigt würden, beantwortet der Gerichtshof mit dem Hinweis, dass die Kommission nicht dargetan hat, dass die Betroffenen bei diesen Ausbildungen für die medizinische Versorgung der Patienten zur Verfügung stehen und verpflichtet sind, sich an einem vom Arbeitgeber bestimmten Ort aufzuhalten und sich dort zu seiner Verfügung zu halten, um gegebenenfalls sofort ihre Leistungen erbringen zu können. Dahingegen gab der EuGH[963] der Vertragsverletzungsklage der Kommission gegen Griechenland statt. Das

961 EuGH Rs C-518/15 (Matzak), ECLI:EU:C:2018:82.
962 EuGH Rs C-87/14 (Kommission/Irland), ECLI:EU:C:2015:449.
963 EuGH Rs C-180/14 (Kommission/Griechenland), ECLI:EU:C:2015:840.

griechische Recht verstoße gegen Unionsrecht, da es zum einen eine Wochenarbeitszeit ermögliche, die die Grenze von 48 Stunden überschreitet, ohne dass irgendeine eindeutige Bestimmung sicherstellenwürde, dass die von Ärzten im Krankenhaus geleisteten Bereitschaftsstunden nicht zu einer solchen Überschreitung führen. Zum anderen sehe es vor, dass die Ruhezeit von 24 Stunden, die Ärzten nach jeder aktiven Bereitschaft zu gewähren ist, bis um eine Woche nach dem Tag des Bereitschaftsdienstes verschoben werden kann. Im Ergebnis wurde somit die Wochenarbeitszeit nicht auf höchstens 48 Stunden begrenzt und weder eine tägliche Mindestruhezeit noch eine Ausgleichsruhezeit eingeführt. Über eine Überschreitung der gemeinschaftsrechtlich festgelegten durchschnittlichen Wochenarbeitszeit und deren Folgen hatte der EuGH in den Rs Fuß[964] zu urteilen. Der BGH entschied in der Rs Fuß I[965], dass eine unfreiwillige Versetzung eines Arbeitnehmers, der die Einhaltung der in Art 6 lit b RL 2003/88 geregelten Wochenhöchstarbeitszeit von 48 Stunden von einem Arbeitgeber des öffentlichen Sektors forderte und bislang als Feuerwehrmann im Einsatzdienst beschäftigt war, unzulässig ist. Gegenstand des weiteren Verfahrens (Rs Fuß II[966]) war die Geltendmachung eines Ausgleichsanspruches in Form der Gewährung von Freizeit oder Vergütung von Mehrarbeit des im Beamtenverhältnis beschäftigten Feuerwehrmannes gegenüber seinem öffentlichen Arbeitgeber aufgrund Überschreitung der in Art 6 lit b RL 2003/88 geregelten Wochenhöchstarbeitszeit von 48 Stunden in der Vergangenheit. Für die Zukunft verlangte der Kläger die Einhaltung der Höchstarbeitszeit. Der EuGH kam zu dem Ergebnis, dass sich der Kläger zur Auslösung der Behördenhaftung des betreffenden Mitgliedstaates und Erlangung von Schadenersatz, der ihm durch den Verstoß gegen diese Bestimmung entstanden sei, auf das Unionsrecht berufen könne.[967] Der von den Behörden der Mitgliedstaaten zu leistende Ersatz des Schadens, den sie Einzelnen durch Verstöße gegen das Unionsrecht zugefügt haben, müsse dem erlittenen Schaden angemessen sein. In Ermangelung von Unionsvorschriften auf diesem Gebiet sei es Sache des nationalen Rechts des betreffenden Mitgliedstaats – unter Beachtung des Äquivalenz- und des Effektivitätsgrundsatzes – zu bestimmen, in welcher Form und Höhe Schadenersatz zu gewähren sei.[968]

964 EuGH Rs C-243/09 (Fuß I), EU:C:2010:609; EuGH Rs C-429/09 (Fuß II), EU:C:2010:717. Zur Umsetzung des gemeinschaftsrechtlichen Arbeitnehmerschutzes in Form der britischen “Working Time Regulations”, EuGH Rs C-484/04 (Kommission ./. UK), EU:C:2006:526.

965 EuGH Rs C-243/09 (Fuß I), EU:C:2010:609.

966 EuGH Rs C-429/09 (Fuß II), EU:C:2010:717.

967 EuGH Rs C-429/09 (Fuß II), EU:C:2010:717 Rn 63.

968 EuGH Rs C-429/09 (Fuß II), EU:C:2010:717 Rn 98.

Zu einer portugiesischen Vorlagefrage hielt der EuGH[969] fest, dass das Unionsrecht nicht verlangt, dass die wöchentliche Mindestruhezeit spätestens an dem Tag gewährt wird, der auf einen Zeitraum von sechs aufeinanderfolgenden Arbeitstagen folgt, sondern nur, dass sie innerhalb jedes Siebentageszeitraums gewährt wird. Des bedeutete, dass die kontinuierliche wöchentliche Mindestruhezeit von 24 Stunden nicht spätestens am 7. Tag nach sechs aufeinanderfolgenden Arbeitstagen gewährt werden muss; erforderlich ist nur, dass sie innerhalb jedes Siebentageszeitraums gewährt wird. Zwar verfolgt die RL 2003/88 den Zweck die Sicherheit und Gesundheit der Arbeitnehmer wirksam zu schützen. Jedem Arbeitnehmer müssen also angemessene Ruhezeiten zur Verfügung stehen. Allerdings lässt die RL für ihre Umsetzung eine gewisse Flexibilität zu und räumt somit den Mitgliedstaaten in Bezug auf die Festsetzung des Zeitpunkts, zu dem diese Mindestruhezeit zu gewähren ist, ein Ermessen ein. Schließlich betont der Gerichtshof, dass die RL nur Mindestnormen für den Schutz des Arbeitnehmers im Rahmen der Arbeitszeitgestaltung aufstellt.

Auch zum Durchrechnungszeitraum, allerdings im Hinblick auf die Höchstarbeitszeit, stellt der EuGH[970] fest, dass eine nationale Regelung für die Berechnung der durchschnittlichen wöchentlichen Arbeitszeit iSd Art 6 lit b, Art 16 lit b und Art 19 Abs 1 der RL 2003/88/EG Bezugszeiträume mit Beginn und Ende an festen Kalendertagen vorsehen kann. Eine solche Regelung muss jedoch Mechanismen enthalten, die gewährleisten können, dass die durchschnittliche wöchentliche Höchstarbeitszeit von 48 Stunden während jedes auf zwei aufeinanderfolgende feste Bezugszeiträume verteilten Sechsmonatszeitraums eingehalten wird.

Zuletzt hielt der EuGH in der Rs CCOO[971] fest, dass Art 3, 5 und 6 RL 2003/88/EG insb im Licht von Art 31 Abs 2 GRC dahin auszulegen sind, dass sie der Regelung eines Mitgliedstaats entgegenstehen, die die Arbeitgeber nicht verpflichtet, ein System einzurichten, mit dem die von jedem Arbeitnehmer geleistete tägliche Arbeitszeit gemessen werden kann. Anstoß hierzu gab das spanische Recht, welches hinsichtlich der Aufzeichnung der Arbeitszeit bloß eine Verpflichtung zur Erfassung von Überstunden vorsah. Im Anlassrechtsstreit einer spanischen Gewerkschaft gegen die Deutsche Bank wegen der Frage der Verletzung der Ruhezeiten und wegen der Bezahlung von Überstunden wurde die Unionsrechtskonformität dieser Ge-

969 EuGH Rs C-306/16 (da Rosa), ECLI:EU:C:2017:844.

970 EuGH Rs C-254/18 (Syndicat des cadres de la sécurité intérieure), ECLI:C:2019:318.

971 EuGH Rs C-55/18 (CCOO), ECLI:EU:C:2019:402. S dazu *Burger-Ehrnhofer/Glowacka*, EuGH zur Arbeitszeiterfassung – Folgen der Entscheidung für Österreich, ASoK 2019, 242.

setzeslage releviert. Um die praktische Wirksamkeit der von der RL 2003/88 und der GRC verliehenen Rechte zu gewährleisten, müssen die Mitgliedstaaten die Arbeitgeber vielmehr verpflichten, ein objektives, verlässliches und zugängliches System einzurichten, mit dem die von einem jeden Arbeitnehmer geleistete tägliche Arbeitszeit gemessen werden kann. Es obliegt den Mitgliedstaaten, die konkreten Modalitäten zur Umsetzung eines solchen Systems, insbesondere der von ihm anzunehmenden Form, zu bestimmen und dabei gegebenenfalls den Besonderheiten des jeweiligen Tätigkeitsbereichs oder Eigenheiten, sogar der Größe, bestimmter Unternehmen Rechnung zu tragen.

b) Vergütung

Eine weitere wichtige Frage in diesem Zusammenhang betrifft die Vergütung von Bereitschaftsdiensten, da die Gleichwertigkeitsregelung, die das französische Recht im vorliegenden Fall vorsah, nicht nur auf die Arbeitszeit der betreffenden Arbeitnehmer, sondern auch auf die Höhe ihrer Vergütung Einfluss haben kann. Dazu bemerkt der EuGH[972] (wie auch das BAG)[973], dass das gemeinschaftliche Arbeitszeitrecht von seiner Zielsetzung und dem Wortlaut seiner Bestimmungen her keine Anwendung auf die Vergütung der Arbeitnehmer findet. Eine solche Auslegung ergebe sich auch aus Art 153 Abs 5 AEUV, wonach die Ermächtigung zum Erlass von Richtlinien gem Art 153 Abs 2 lit b AEUV nicht für das Arbeitsentgelt gilt. Unter diesen Umständen, fügt der EuGH in der Rs Vorel[974] an, steht die RL 2003/88/EG (bzw ihre Vorgängerrichtlinie 93/104/EG) keiner Regelung entgegen, die bei der Vergütung des Arbeitnehmers für Bereitschaftsdienste an seinem Arbeitsplatz die Zeitspannen, während derer die Arbeitsleistungen tatsächlich erbracht werden, und diejenigen, während derer keine tatsächliche Arbeit erbracht wird, unterschiedlich berücksichtigt, soweit eine solche Regelung uneingeschränkt die praktische Wirksamkeit der den Ar-

972 EuGH Rs C-14/04 (Dellas ua), EU:C:2005:728 Rn 38 f = ZESAR 2006, 72 ff mit Anm *Horn*.

973 Das BAG 5 AZR 530/02 NZA 2004, 656 ff, konnte der Arbeitszeitrichtlinie keine bestimmte Vergütungspflicht für Bereitschaftsdienste entnehmen. Die Frage war daher ausschließlich nach deutschem Recht zu beantworten. Danach ist ein Arbeitgeber nicht verpflichtet, für den Bereitschaftsdienst auch die für eine reguläre Arbeitsstunde geschuldete Vergütung zu zahlen, mit dem Argument, dass Bereitschaftsdienst keine volle Arbeitsleistung, sondern nur eine Aufenthaltsbeschränkung beinhaltet, verbunden mit der Verpflichtung, bei Bedarf tätig zu werden. Nur wenn dem Arbeitnehmer dabei erhebliche Leistungen ohne jegliche Vergütung abverlangt werden, ist ein Verstoß gegen die guten Sitten (§ 138 Abs 1 BGB) oder der Tatbestand des Wuchers (§ 138 Abs 2 BGB) zu bejahen.

974 EuGH Rs C-437/05 (Vorel), EU:C:2007:23.

beitnehmern durch die Richtlinie gewährten Rechte im Hinblick auf einen wirksamen Schutz der Gesundheit und der Sicherheit der Arbeitnehmer gewährleistet. Die vom EuGH gem Art 104 § 3 Abs 1 VerfO gewählte Beschlussform macht dabei deutlich, dass dieser die vorgenannten Grundsätze der RL 2003/88/EG zur Anrechnung von inaktiven Bereitschaftsdiensten auf die Arbeitszeit bzw deren Nichtanwendung im Hinblick auf die Vergütung inzwischen als gefestigte ständige Rechtsprechung ansieht.

Der europäische Gesetzgeber beabsichtigte demgegenüber, inaktive Zeiten während des Bereitschaftsdienstes nicht mehr als Arbeitszeit anzusehen, sofern das nationale Recht, Tarifverträge oder sonstige Vereinbarungen zwischen den Sozialpartnern dies vorsehen. Ein entsprechender Richtlinienentwurf[975] ist jedoch im Jahre 2009 im Vermittlungsausschuss zwischen Rat und Europäischem Parlament (das ua die bisherige Rechtsprechung des EuGH beibehalten wollte) gescheitert. Dass erstmals seit knapp 10 Jahren ein derartiges Vermittlungsverfahren erfolglos blieb, erklärt sich vor dem Hintergrund, dass die durchaus differenzierten Neuregelungen[976] des Richtlinienentwurfes zum Arbeitszeitrecht infolge der Vielzahl von widerstreitenden politischen Interessen und Verbandseinflüssen nicht mehr durchsetzbar waren.

c) Unmittelbare Anwendbarkeit

Eine weitere bedeutsame Problemstellung im Kontext der Arbeitszeitrichtlinie betrifft die Frage ihrer unmittelbaren Anwendbarkeit. Das BAG[977] judizierte, dass sich der Arbeitnehmer gegenüber seinem privatrechtlichen Arbeitgeber, dem Deutschen Roten Kreuz, nicht auf die Wirksamkeit der Arbeitszeitrichtlinie berufen könne. Denn nach ständiger Rechtsprechung des EuGH entfalten nicht oder nicht richtig umgesetzte Richtlinien nur dann Direktwirkung, soweit sie die Rechtsbeziehungen zwischen Mitgliedstaat und Bürger betreffen (Vertikalverhältnis), nicht aber im Verhältnis zwischen Privatpersonen untereinander (Horizontalverhältnis),[978] da nur die Mitgliedstaaten Adressaten der Richtlinie sind. Auch eine richtlinienkonforme Auslegung[979] des (alten) deutschen Arbeitszeitgesetzes kam nicht in Betracht, da dieses vom Wortlaut her der Richtlinie eindeutig widersprach.[980]

---

975 Zuletzt der Gemeinsame Standpunkt (EG) Nr 23/2008 des Rates v 15.9.2008, ABlEU Nr C 254/26 (basierend auf KOM (2004) 607, geändert durch KOM (2005) 246).

976 Ausführlich dazu *Schlottfeld*, ZESAR 2009, 492.

977 BAG 1 ABR 2/02 NZA 2003, 742.

978 Vgl dazu *Streinz*, Europarecht, Rn 486 ff.

979 Vgl dazu *Streinz*, Europarecht, Rn 499 ff.

980 Mithin bestand dem Grunde nach ein Anspruch auf Schadenersatz gegen die Bundesrepublik Deutschland wegen Nicht- bzw Schlechtumsetzung der Richtlinie.

Der EuGH[981] verlangt dagegen, dass – auch bei einem Rechtsstreit zwischen Privaten – bei der Anwendung der Bestimmungen des innerstaatlichen Rechts, die zur Umsetzung der in einer Richtlinie vorgesehenen Verpflichtungen erlassen worden sind, der nationale Richter das gesamte nationale Recht zu berücksichtigen hat und es so weit wie möglich anhand des Wortlauts und des Zweckes im Lichte der Richtlinie auslegen muss, um zu einem Ergebnis zu gelangen, das mit dem von der Richtlinie verfolgten Ziel vereinbar ist. Das vorlegende Gericht muss daher alles tun, was in seiner Zuständigkeit liegt, um eine Überschreitung der wöchentlichen Höchstarbeitszeit von 48 Stunden nach Art 6 lit b RL 2003/88/EG zu verhindern.[982] Der EuGH begründet seine Ansicht wiederum mit der rechtspolitischen Erwägung, dass die Obergrenze von 48 Stunden für die durchschnittliche Wochenarbeitszeit einschließlich der Überstunden eine besonders wichtige Bestimmung des gemeinschaftlichen Arbeitsrechts sei, die jedem Arbeitnehmer ein Mindestmaß an Sicherheit und Gesundheitsschutz am Arbeitsplatz garantiere.

Das Ergebnis des EuGH ist jedoch insoweit zweifelhaft, als es faktisch zu einer unmittelbaren Geltung der Richtlinie auch im Horizontalverhältnis führt.[983] Überdies ist eine richtlinienkonforme Auslegung, wie sie der EuGH in der vorliegenden Entscheidung andeutet, gegen den eindeutigen Wortlaut einer nationalen Rechtsnorm („contra legem") rechtsmethodisch kaum denkbar.[984] Gleichzeitig werden durch die Vorgaben des EuGH für den Auslegungskanon des nationalen Rechts die Grenzen zwischen horizontaler Wirkung und richtlinienkonformer Auslegung weiter verwischt.[985] Andererseits dürfen nationale Rechtsvorschriften, die nicht gemeinschaftskon-

Es dürfte allerdings ein ersatzfähiger Schaden fehlen (vgl BAG 5 AZR 530/02 NZA 2004, 656 ff).

981 EuGH Rs C-397/01 (Pfeiffer), EU:C:2004:584 bis EuGH Rs C-403/01.

982 Inhalt und Ausmaß dieser Anforderungen des EuGH sind durchaus umstritten. Teilweise stellen seine Ausführungen eine Anknüpfung an bisherige Jurisprudenz dar (vgl EuGH Rs C-106/89 (Marleasing), EU:C:1990:395; EuGH Rs C-168/95 (Arcaro), EU:C:1996:363; EuGH Rs C-240/98 (Océano Grupo Editorial und Salvat Editores), EU:C:2000:346 bis EuGH Rs C-244/98); teilweise gehen sie aber auch deutlich über den Wortlaut der bisherigen Rspr hinaus (ausführlich dazu *Thüsing*, ZIP 2004, 2301 ff).

983 *Abig*, ZESAR 2005, 96; *Horn*, Sozialrecht und Praxis 2005, 54; *Streinz*, Jus 2005, 361.

984 Sehr instruktiv dazu *Streinz*, Europarecht, 11. Aufl 2019, Rn 504: Die Pflicht zur richtlinienkonformen Auslegung bedarf stets eines nationalen auslegungsfähigen Regelungsrahmens. Auch eine richtlinienkonforme Reduktion – dh Pflicht zur Außerachtlassung der richtlinienwidrigen nationalen Rechtsvorschrift – ist nur dann möglich, wenn für das nationale Recht ein richtlinienkonformer Anwendungsbereich verbleibt.

985 *Thüsing*, ZIP 2004, 2305.

form sind, nicht weiter angewandt werden. Es wird daher in dieser Rechtsprechung des EuGH auch eine überzeugende Präzisierung der bei der richtlinienkonformen Auslegung zu beachtenden Rechtsgrundsätze gesehen, die für eine EU-weit einheitliche Umsetzung von Richtlinien und einheitliche Auslegung durch die nationalen Gerichte sorge.[986] Widrigenfalls wäre ein schwerwiegender Rückschritt im Verständnis des Vorrangs des Gemeinschaftsrechts zu befürchten.[987]

3. Urlaub

Nach Art 7 Abs 1 RL 2003/88/EG treffen die Mitgliedstaaten die erforderlichen Maßnahmen, damit jeder Arbeitnehmer einen bezahlten Mindestjahresurlaub von vier Wochen nach Maßgabe der Bedingungen für die Inanspruchnahme und die Gewährung erhält, die nach den einzelstaatlichen Rechtsvorschriften oder Gepflogenheiten vorgesehen sind. Der bezahlte Mindestjahresurlaub darf außer bei Beendigung des Arbeitsverhältnisses nicht durch eine finanzielle Vergütung ersetzt werden (Art 7 Abs 2 RL 2003/88/EG). Der EuGH hat nationale Regelungen mit diesen Verpflichtungen für unvereinbar gehalten,

- wenn der Arbeitnehmer einen Anspruch auf bezahlten Jahresurlaub erst dann erwirbt, wenn er eine ununterbrochene Mindestbeschäftigungszeit von dreizehn Wochen bei demselben Arbeitgeber zurückgelegt hat;[988]
- wenn die Tage eines Jahresurlaubs, die nicht in einem bestimmten Jahr genommen werden, durch eine finanzielle Vergütung in einem späteren Jahr ersetzt werden;[989]
- wenn ein Teil des dem Arbeitnehmer für geleistete Arbeit gezahlten Entgelts als Entgelt für Jahresurlaub ausgewiesen wird, ohne dass der Arbeitnehmer eine zusätzliche Zahlung zum Entgelt für geleistete Arbeit erhält (dieses Recht kann nicht durch vertragliche Vereinbarung abbedungen werden) oder das Entgelt für den Mindestjahresurlaub in Teilbeträgen gezahlt wird, die, über das entsprechende Arbeitsjahr verteilt, zusammen mit dem Entgelt für geleistete Arbeit und nicht als Entgelt für einen bestimmten Zeitabschnitt, in dem der Arbeitnehmer tatsächlich Urlaub nimmt, ausgezahlt werden.[990] Ebenso verstößt es gegen Art 7

986 *Abig*, ZESAR 2005, 98.

987 GA *Colomer* in den Schlussanträgen v 27.4.2004 und v 6.5.2003 zu EuGH Rs C-397/01 bis EuGH Rs 403/01 (Pfeiffer), EU:C:2004:584 Rn 36.

988 EuGH Rs C-173/99 (BECTU), EU:C:2001:356.

989 EuGH Rs C-124/05 (Federatie Nederlandse Vakbeweging), EU:C:2006:244.

990 EuGH Rs C-131/04 (Robinson-Steele), EU:C:2006:177 und EuGH Rs C-257/04 (Clarke). Zum gewöhnlichen Entgelt gehören bei einem Linienpiloten neben dem

Abs 1 RL 2003/88/EG, wenn sich das Entgelt eines Arbeitnehmers aus Grundgehalt und Provisionszahlung zusammensetzt und die Provision, welche der Arbeitnehmer während seines Jahresurlaubs verdient hätte, im Rahmen der Entgeltberechnung für den Jahresurlaub nicht berücksichtigt wird[991].

Den europarechtlichen Schutz des Jahresurlaubs und dessen Bedeutung hob der EuGH in der Rs Dominguez[992] hervor. Demnach haben Arbeitnehmer selbst bei krankheitsbedingter Fehlzeit über das ganze Jahr hinweg Anspruch auf einen bezahlten Mindestjahresurlaub von vier Wochen. Arbeitgeber dürfen den Anspruch auf Jahresurlaub nicht von einer bestimmten Mindestarbeitszeit abhängig machen, da der Anspruch auf bezahlten Jahresurlaub ein besonders bedeutsamer Grundsatz des Sozialrechts der EU sei, von dem nicht abgewichen werden dürfe. Zuletzt hat der EuGH[993] klargestellt, dass nationale Regelungen mit Art 7 RL 2003/88/EG vereinbar seien, die die Gewährung von bezahltem Jahresurlaub vorsehen, der über die in dieser Bestimmung vorgesehene Mindestdauer von vier Wochen hinausgeht, im Krankheitsfall aber eine Gutschrift der über diese Mindestdauer hinausgehenden Urlaubstage ausschließen.

In der Rs Merino Gómez[994] entschied der EuGH, dass ein Verstoß gegen das europäische Arbeitszeitrecht vorliegt, wenn der Mutterschaftsurlaub einer Arbeitnehmerin zeitlich mit dem durch eine betriebliche Kollektivvereinbarung allgemein für die gesamte Belegschaft festgelegten Jahresurlaub zusammenfällt, da nicht ein gemeinschaftsrechtlich verbürgter Urlaubsanspruch einen anderen ebenfalls vom Gemeinschaftsrecht gewährten Urlaubsanspruch beeinträchtigen könne.

In der Rs Dicu[995] stellte der EuGH aber fest, dass eine Kürzung des Jahresurlaubsanspruches für den Zeitraum des Elternurlaubes rechtmäßig sei, da insbesondere die gegenseitigen Pflichten aus dem Arbeitsverhältnis für den Zeitraum des Elternurlaubes ruhen. Der Elternurlaub sei nicht mit einer Erkrankung oder dem Mutterschaftsurlaub vergleichbar. Eine Erkrankung stelle ein unvorhersehbares Ereignis dar und der Mutterschaftsurlaub diene dem besonderen Schutz des Verhältnisses zwischen Mutter und Kind vor

Grundgehalt auch Zulagen, die untrennbar mit der Erfüllung der Arbeitsaufgabe verbunden sind, sowie alle Bestandteile, die an die persönliche und berufliche Stellung anknüpfen, siehe EuGH Rs C-155/10 (Williams ua), EU:C:2011:588.

991 EuGH Rs C-539/12 (Lock), EU:C:2014:351.

992 EuGH Rs C-282/10 (Dominguez), EU:C:2012:33; NZA 2012, 139.

993 EuGH Rs C-609/17 und C-610/17 (TSN und AKT), EU:C:2019:981.

994 EuGH Rs C-342/01 (Merino Gómez), EU:C:2004:160.

995 EuGH Rs C-12/17 (Dicu), EU:C:2018:799.

und nach der Geburt. Eine damit einhergehende Kürzung des Jahresurlaubsanspruches scheint auch mit dem deutschen Recht kompatibel.[996]

An dieser Stelle ist auch die aus Österreich stammende Rs Eurothermen[997] zu erwähnen, in der die Regelung des österreichischen UrlG Thema war, wonach Arbeitnehmern eine sechste Urlaubswoche nach 25 Dienstjahren bei demselben Arbeitgeber zusteht. Da Dienstzeiten bei anderen Arbeitgebern dabei nur im Ausmaß von höchstens fünf Jahren angerechnet werden, war fraglich, ob dies der Arbeitnehmerfreizügigkeit widerspricht. Im Ergebnis entschied der EuGH, dass Art 45 AEUV und Art 7 Abs 1 der Verordnung (EU) Nr 492/2011 über die Freizügigkeit der Arbeitnehmer innerhalb der Union einer nationalen Regelung nicht entgegenstehen, wonach bei der Feststellung, ob ein Arbeitnehmer, der insgesamt 25 Jahre Berufstätigkeit aufweist, Anspruch darauf hat, dass sich sein bezahlter Jahresurlaub von fünf auf sechs Wochen erhöht, von den Jahren, die er im Rahmen eines oder mehrerer Arbeitsverhältnisse zurückgelegt hat, die dem Arbeitsverhältnis mit seinem derzeitigen Arbeitgeber vorausgegangen sind, nur höchstens fünf Berufsjahre angerechnet werden, auch wenn ihre tatsächliche Zahl mehr als fünf beträgt. Eine mittelbare Diskriminierung liege nicht vor, die Regelung der beschränkten Anrechnung von Vordienstzeiten sich nicht stärker auf Staatsangehörige aus anderen Mitgliedstaaten als auf inländische Arbeitnehmer auswirke. Die Regelung beschränke auch nicht die Arbeitnehmerfreizügigkeit. Zum einen hätten Arbeitnehmer keinen Anspruch darauf, dass der Wechsel in einen anderen Mitgliedstaat in sozialer Hinsicht neutral ist. Zum anderen sei die Möglichkeit, dass Arbeitnehmer durch die Regelung davon abgehalten werden, in einem anderen Mitgliedstaat zu arbeiten, um danach wieder zu ihrem ersten Arbeitgeber zurückzukehren, zu ungewiss und indirekt. An dieser Stelle verwies der EuGH auf die ebenfalls aus Österreich stammende Rs Graf[998].

a) Zusammenfallen von Jahresurlaub mit Krankheitsurlaub

Zu der Problematik des Zusammenfallens von Jahresurlaub mit Krankheitsurlaub sind in den letzten Jahren eine Reihe von EuGH-Entscheidungen, welche Anstoß zur Rechtsprechungsänderung auf nationaler Ebene gaben, ergangen.[999] Anders als die Ansprüche auf Mutterschaftsurlaub oder auf El-

996 S *Schubert*, Der Erholungsurlaub zwischen Arbeitsschutz und Entgelt, NZA 2013, 1105 (1111).

997 EuGH Rs C-437/17 (Eurothermen), EU:C:2019:193.

998 EuGH Rs C-190/98 (Graf) EU:C:2000:49 Rn 25.

999 *Höpfner*, Das deutsche Urlaubsrecht in Europa – Zwischen Vollharmonisierung und Koexistenz – Teil 1, RdA 2013, 16 ff; Teil 2, RdA 2013, 65 ff.

ternurlaub sind der Anspruch auf Krankheitsurlaub und die Modalitäten für seine Ausübung nicht unmittelbar gemeinschaftsrechtlich geregelt, sondern bedürfen einer näheren Konkretisierung anhand der allgemeinen Regelungen des Arbeitszeitrechts.

EuGH, Rs Schultz-Hoff und Stringer:[1000] Der schwer behinderte deutsche Staatsangehörige *Schultz-Hoff* musste sich wegen eines schweren Bandscheibenleidens seit dem Jahr 1995 insgesamt 16 Operationen unterziehen, in deren Folge sich Zeiten der Arbeitsfähigkeit und solche krankheitsbedingter Arbeitsunfähigkeit immer wieder ablösten. Zuletzt bewilligte der zuständige Rentenversicherungsträger eine unbefristete Rente wegen voller Erwerbsminderung, aufgrund derer das Arbeitsverhältnis beendet wurde. Die Parteien streiten über Ansprüche auf Urlaubsabgeltung, die Herr *Schultz-Hoff* infolge seiner krankheitsbedingten Fehlzeiten nicht mehr nehmen konnte. Das deutsche Arbeitszeitrecht sieht in § 7 Abs 3 Bundesurlaubsgesetz (BUrlG) vor, dass der Urlaub im laufenden Kalenderjahr gewährt und genommen werden muss. Eine Übertragung des Urlaubs auf das nächste Kalenderjahr ist nur dann statthaft, wenn dringende betriebliche oder in der Person des Arbeitnehmers liegende Gründe dies rechtfertigen. Im Fall der Übertragung muss der Urlaub allerdings in den ersten drei Monaten des folgenden Kalenderjahrs gewährt und genommen werden. Deshalb ging das BAG in ständiger Rechtsprechung bislang davon aus, dass ein Arbeitnehmer, der das ganze Kalenderjahr über krank war und bis zum 31. 3. des folgenden Jahres immer noch krank ist, im Falle der Beendigung des Arbeitsverhältnisses auch keinen Urlaubsabgeltungsanspruch hat.[1001]

Demgegenüber entschied der EuGH, dass diese Rechtspraxis im Widerspruch zur RL 2003/88/EG steht. Die Abgeltung des wegen Krankheit nicht genommenen Urlaubs gehöre zu den wesentlichen europäischen Arbeitnehmerrechten. Die betroffenen Arbeitnehmer müssten auch tatsächlich die Möglichkeit erhalten, ihren Urlaub wegen dessen besonderer Erholungsfunktion wahrzunehmen. Art 7 Abs 1 RL 2003/88/EG stehe daher nationalen Regelungen entgegen, die die Inanspruchnahme des bezahlten Jahresurlaubs nach Ablauf des Bezugs- bzw Übertragungszeitraums wegen krankheitsbedingter bis zum Ende des Arbeitsverhältnisses andauernder Arbeitsunfähigkeit ausschließen.[1002] Das gleiche gilt, wenn ein Arbeitnehmer, der sich während des im Urlaubsplan seines Unternehmens vorgesehenen Jahresurlaubs im Krankheitsurlaub befindet, nach Wiedererlangung seiner Arbeitsfähigkeit nicht berechtigt ist, seinen Jahresurlaub in einem anderen als dem ursprünglich festgelegten Zeitraum (auch außerhalb des Bezugszeit-

1000 EuGH Rs C-350/06 (Schultz-Hoff), EU:C:2009:18 und EuGH, C-520/06 (Stringer).

1001 Vgl BAG 9 AZR 253/04 NZA RR 2006, 112; grundlegend BAG 6 AZR 360/80 SAE 1983, 78 ff = BAGE 39, 53.

1002 EuGH Rs C-350/06 (Schultz-Hoff), EU:C:2009:18, und EuGH Rs C-520/06 (Stringer).

raums) in Anspruch zu nehmen.[1003] Der Zeitpunkt des Eintritts der Arbeitsunfähigkeit ist hierbei irrelevant.[1004] Der bezahlte Mindesturlaub darf nach Art 7 Abs 2 RL 2003/88/EG auch nicht durch eine finanzielle Vergütung ersetzt werden. Denn nur wenn ein Arbeitnehmer über eine derartige Ruhezeit wie seinen Jahresurlaub tatsächlich verfügt, kann der Schutz seiner Gesundheit wirksam sichergestellt werden. Etwas anderes gilt nur, wenn ein Arbeitnehmer unmittelbar im Anschluss an eine Erkrankung aus dem Arbeitsverhältnis ausscheidet. Wäre ein Arbeitnehmer also zB über zwei Jahre ununterbrochen krank und endete das Arbeitsverhältnis danach aufgrund Erwerbsunfähigkeit, müsste der Arbeitgeber für den in den zwei Jahren insgesamt nicht genommenen Urlaub wenigstens eine Urlaubsabgeltung zahlen. Demgemäß stellt der EuGH[1005] fest, dass einzelstaatlichen Regelungen, die für nicht genommenen Jahresurlaub am Ende des Arbeitsverhältnisses keine finanzielle Vergütung vorsehen, Art 7 Abs 2 RL 2003/88/EG entgegenstehen, wenn der Arbeitnehmer während des Bezugs- bzw Übertragungszeitraums krankgeschrieben war und deshalb seinen Anspruch auf bezahlten Jahresurlaub nicht ausüben konnte. Für die Berechnung der entsprechenden finanziellen Vergütung ist das gewöhnliche Arbeitsentgelt des Arbeitnehmers, das während der dem bezahlten Jahresurlaub entsprechenden Ruhezeit weiterzuzahlen ist, maßgebend. Die Berechnung der Ansprüche auf bezahlten Jahresurlaub ist nach denselben Grundsätzen vorzunehmen, ganz gleich, ob es sich um die Bestimmung der Ersatzvergütung für bezahlten, nicht genommenen Jahresurlaub in dem Fall, dass das Arbeitsverhältnis beendet wird, oder um die Bestimmung des Restbetrags der Ansprüche auf bezahlten Jahresurlaub im Fall der Aufrechterhaltung des Arbeitsverhältnisses handelt.[1006]

Das deutsche BAG hat auf diese Entscheidungen des EuGH sehr schnell reagiert und seine bisherige Rechtsprechung zum Verfall von Urlaubs(abgeltungs)ansprüchen aufgegeben, soweit sie sich auf Fälle erstreckte, in denen der Urlaub infolge Krankheit nicht innerhalb des Urlaubsjahres oder des Übertragungszeitraumes genommen werden konnte.[1007] Bereits kurze

1003 EuGH Rs C-277/08 (Pereda), EU:C:2009:542. Vgl zur Bewertung von unternehmerischen Interessen auch EuGH Rs C-194/12 (Maestre García), EU:C:2013:102 Rn 23 f.

1004 EuGH Rs C-78/11 (ANGED), EU:C:2012:372; NZA 2012, 851, Rn 21 ff.

1005 EuGH Rs C-350/06 (Schultz-Hoff), EU:C:2009:18 und EuGH Rs C-520/06 (Stringer).

1006 Der EuGH leitet dieses Ergebnis aus § 4 Nr 2 der Rahmenvereinbarung über Teilzeitarbeit im Anhang der RL 97/81/EG und Art 7 RL 2003/88/EG her, vgl EuGH Rs C-219/14 (Greenfield), EU:C:2015:745 Rn 50 ff.

1007 BAG 9 AZR 983/07 SAE 2009, 233 ff mit Anm *Kamanabrou*; zur vollständigen Aufgabe der Surrogatstheorie siehe BAG 9 AZR 652/10 NZA 2012, 1087.

Zeit später modifizierte der EuGH das Ergebnis der Entscheidung Schultz-Hoff und Stringer in der Rs KHS.[1008] Er nahm betreffend den Ansammlungszeitraum des Urlaubs arbeitsunfähiger Arbeitnehmer dahingehend eine Beschränkung vor, dass einzelstaatliche Rechtsvorschriften oder Gepflogenheiten wie etwa Tarifverträge, welche einen Übertragungszeitraum von 15 Monaten vorsehen, nicht gegen Art 7 Abs 1 RL 2003/88/EG verstoßen. Das unbegrenzte Ansammeln von Urlaubsansprüchen, welche während des Zeitraums des Bestehens der Arbeitsunfähigkeit erworben wurden, entspreche nicht dem Urlaubszweck, dem Arbeitnehmer Zeit zur Erholung von seiner Arbeit zu verschaffen. Der europäischen Rechtsprechung entsprechend entschied auch das BAG, dass gesetzliche Urlaubsansprüche eines Arbeitnehmers, welcher aus gesundheitlichen Gründen an seiner Arbeitsleistung gehindert sei, auf Grund unionsrechtskonformer Auslegung des § 7 Abs 3 S 3 BUrlG 15 Monate nach Ablauf des Urlaubsjahres verfallen.[1009]

In der Rs Maschek[1010] bestätigte der EuGH seine bisherige Rsp zur Urlaubsabgeltung in Krankheitsfällen. Anlass zur Entscheidung gab ein Beamter der Stadt Wien, der in den zwei Jahren vor seiner Ruhestandsversetzung teilweise im Krankenstand und teilweise dienstfreigestellt war und dessen Antrag auf Urlaubsersatzleistung für den in diesen Zeitraum entstandenen Urlaub abgelehnt wurde. Der EuGH stellte fest, dass Arbeitnehmer zwar dann Anspruch auf Urlaub bzw finanzielle Abgeltung des Urlaubsanspruchs haben, wenn sie diesen krankheitsbedingt nicht in Anspruch nehmen konnten. Für den Zeitraum der Dienstfreistellung hat der Arbeitnehmer aber keinen Anspruch auf finanzielle Vergütung des nicht in Anspruch genommenen Urlaubs, es sei denn, dieser konnte aus Krankheitsgründen nicht genossen werden.

Eine besondere Problematik entsteht, wenn ein Arbeitnehmer während des Zeitraums, der für ihn beim Arbeitgeber für den Jahresurlaub festgelegt ist, sich in einem nach dem nationalen Recht gewährten Genesungsurlaub befindet, und dem danach das Recht verweigert wird, seinen Jahresurlaub zu einem späteren Zeitraum zu nehmen. In dem von einem polnischen Gericht vorgelegten Fall Sobczyszyn stellte sich die Frage, ob in diesem Fall die vom EuGH entwickelten Grundsätze zur nachträglichen Urlaubsnahme bei vorangegangener Verhinderung durch Krankheit ebenfalls zur Anwendung gelangen konnten.[1011] Nach Auffassung des EuGH kommt es darauf an, ob

1008 EuGH Rs C-214/10 (KHS), EU:C:2011:761; siehe hierzu *Bauer/v. Medem*, NZA 2012, 113.
1009 BAG 9 AZR 353/10 NZA 2012, 1216.
1010 EuGH Rs C-341/15 (Maschek), EU:C:2016:576.
1011 EuGH Rs C-178/15 (Sobczyszyn), EU:C:2016:502.

die Überlagerung des Jahresurlaubs durch den Genesungsurlaub im Hinblick auf die unterschiedlichen Zwecke der beiden fraglichen Urlaubsarten der späteren Urlaubsnahme entgegensteht oder sie ermöglicht. Zu der letztlich vom nationalen Gericht zu entscheidenden Frage gibt der Gerichtshof wesentliche Anhaltspunkte für die Prüfung.[1012] Dabei kommt den vom vorlegenden Gericht mitgeteilten Informationen wesentliche Bedeutung zu, wonach der Genesungsurlaub die Verbesserung des Gesundheitszustands der Arbeitnehmer, denen er verschrieben wird, bezweckt und diesen anders als der in Art 7 Abs 1 RL 2003/88/EG vorgesehene bezahlte Jahresurlaub keinen Zeitraum für Entspannung und Freizeit verschaffen soll, da sie sich einer ärztlich verschriebenen Behandlung unterziehen müssen. Von dieser Zwecksetzung hängt also die Entscheidung ab.

b) Änderung des Beschäftigungsausmaßes

Schwierigkeiten hat in der Vergangenheit die Berechnung des nicht verbrauchten Jahresurlaubs bereitet, wenn der Arbeitnehmer von Vollzeit auf Teilzeit übergegangen war. In der Praxis wurde hierbei häufig von § 4 Nr 2 der Rahmenvereinbarung über Teilzeitarbeit zur RL 97/81/EG das Pro-rata-temporis-Prinzip zur Anwendung gebracht. Dem ist der Gerichtshof entgegengetreten. Vielmehr steht diese Bestimmung nationalen Vorschriften im Wege, nach der bei einer Änderung des Beschäftigungsausmaßes eines Arbeitnehmers das Ausmaß des noch nicht verbrauchten Erholungsurlaubs in der Weise angepasst wird, dass der von einem Arbeitnehmer, der von einer Vollzeit- zu einer Teilzeitbeschäftigung übergeht, in der Zeit der Vollzeitbeschäftigung erworbene Anspruch auf bezahlten Jahresurlaub, dessen Ausübung dem Arbeitnehmer während dieser Zeit nicht möglich war, reduziert wird oder der Arbeitnehmer diesen Urlaub nur mehr mit einem geringeren Urlaubsentgelt verbrauchen kann. Der Gerichtshof wies darauf hin, dass der Pro-rata-temporis-Grundsatz des § 4 Nr 2 zwar auf die Gewährung des Jahresurlaubs für eine Zeit der Teilzeitbeschäftigung anzuwenden ist. Denn für diese Zeit ist die Minderung des Anspruchs auf Jahresurlaub gegenüber dem bei Vollzeitbeschäftigung bestehenden Anspruch aus sachlichen Gründen gerechtfertigt. Der Grundsatz kann aber nicht nachträglich auf einen Anspruch auf Jahresurlaub angewandt werden, der in einer Zeit der Vollzeitbeschäftigung erworben wurde.[1013] Begründung und Ergebnis dieser Entscheidung hat der Gerichtshof in einem späteren Urteil bestätigt.[1014] Im umgekehrten Fall, dass der Arbeitnehmer von Teilzeit auf Voll-

1012 Vgl EuGH Rs C-178/15 (Sobczyszyn), EU:C:2016:502 Rn 28 ff.
1013 Vgl EuGH Rs C-219/14 (Greenfield), EU:C:2015:745 Rn 33.
1014 EuGH Rs C-415/12 (Brandes), EU:C:2013:398.

zeit übergegangen ist oder sich die geleisteten Arbeitsstunden erhöht haben, verlangen § 4 Nr 2 der Rahmenvereinbarung über Teilzeitarbeit im Anhang der RL 97/81/EG und Art 7 RL 2003/88/EG nicht, dass die Ansprüche auf bezahlten Jahresurlaub, der bereits erworben war, und eventuell in Anspruch genommen wurde, nach dem neuen Arbeitsrhythmus rückwirkend nachberechnet werden müssen. Eine Nachberechnung ist jedoch für den Zeitraum erforderlich, in dem sich die Arbeitszeit des Arbeitnehmers erhöht hat.[1015]

c) Kurzarbeit

Die Rechtsprechung des EuGH über die krankheitsbedingt spätere Urlaubsnahme lässt sich nicht auf Fälle von Kurzarbeit übertragen, auch wenn diese auf „Kurzarbeit Null" reduziert wird. Diese Fallgestaltung war Gegenstand der Entscheidung Heimann und Toltschin.[1016] Der Gerichtshof sieht die Situation des arbeitsunfähig Erkrankten, der später seinen Urlaub nehmen will, und des Arbeitnehmers, der von Vollzeit in Kurzarbeit wechselt, aus drei Gründen nicht als vergleichbar an.[1017] Ganz wesentlich ist, dass der betroffene Arbeitnehmer während der Kurzarbeit, die sich aus einem Sozialplan ergibt und für ihn folglich vorhersehbar ist, sich entweder ausruhen oder Freizeittätigkeiten nachgehen kann. Da er unter keinen durch eine Erkrankung hervorgerufenen physischen oder psychischen Beschwerden leidet, befindet er sich in einer anderen Lage, als wenn er aufgrund seines Gesundheitszustands arbeitsunfähig wäre. Die Lage des Kurzarbeiters ist aber mit der eines Teilzeitbeschäftigten vergleichbar. Es können deshalb die Grundsätze der vorbesprochenen Entscheidung in der Rs Land Tirol zur Anwendung gelangen. Darin hat der Gerichtshof ausgeführt, dass § 4 Nr 2 der Rahmenvereinbarung über Teilzeitarbeit im Anhang der RL 97/81/EG in der durch RL 98/23/EG geänderten Fassung zur Anwendung kommen kann, wonach der Pro-rata-temporis-Grundsatz für die Beschäftigungsbedingungen von Teilzeitbeschäftigten gilt, wo dies angemessen ist. Der Gerichtshof hat diesen Grundsatz auf die Gewährung des Jahresurlaubs für eine Zeit der Teilzeitbeschäftigung angewandt, denn für diese Zeit ist die Minderung des Anspruchs auf Jahresurlaub gegenüber dem bei Vollzeitbeschäftigung bestehenden Anspruch aus sachlichen Gründen gerechtfertigt.[1018] Art 7 Abs 1 RL 2003/88/EG und der inhaltlich übereinstimmende

1015 EuGH Rs C-219/14 (Greenfield), EU:C:2015:745 Rn 44.
1016 EuGH Rs C-229/11 (Heimann) und Rs C-230/11 (Toltschin), EU:C:2012:693.
1017 Vgl dazu Rn 28–30 des Urteils.
1018 EuGH Rs C-486/08 (Land Tirol), EU:C:2010:215 Rn 33.

Art 31 Abs 2 GRC stehen also einer Berechnung des Jahresurlaubs eines Kurzarbeiters nach dem Pro-rata-temporis-Prinzip nicht entgegen.[1019]

Zuletzt hatte sich der EuGH abermals mit der Kurzarbeit in der Rs Hein[1020] zu befassen und stellte dabei fest, dass zwar die Dauer des unionsrechtlich garantierten Mindestjahresurlaubs von der tatsächlichen Arbeitsleistung, die im Referenzzeitraum erbracht wurde, abhängt, sodass Kurzarbeitszeiten dazu führen können, dass der Mindesturlaub weniger als vier Wochen beträgt. Während dieses Mindestjahresurlaubs hat ein Arbeitnehmer allerdings ungeachtet früherer Kurzarbeitszeiten Anspruch auf sein normales Arbeitsentgelt. Die Urlaubsvergütung dürfe somit nicht geringer ausfallen als der Durchschnitt des gewöhnlichen Arbeitsentgeltes, das ein Arbeitnehmer in Zeiträumen tatsächlicher Arbeitsleistung erhält. Ausdrücklich eine Absage erteilte der EuGH dem Argument, dass die Tarifvertragsparteien auf eine Reduzierung der zu beanspruchenden Urlaubstage im Fall der zuvor angeordneten Kurzarbeit verzichtet und stattdessen einen Ausgleich bei der Höhe der Urlaubsvergütung getroffen hätten. Im Gegensatz zum GA hält der EuGH fest, dass die günstigere Regelung der Urlaubsdauer die ungünstigere hinsichtlich des Urlaubsentgelts nicht kompensieren könne.[1021] Ob Überstundenvergütung bei der Berechnung des geschuldeten Entgelts Berücksichtigung zu finden hat, hängt davon ab, ob der Arbeitnehmer arbeitsvertraglich verpflichtet ist, Überstunden zu leisten, die weitgehend vorhersehbar und gewöhnlich sind und deren Vergütung einen wesentlichen Teil des gesamten Arbeitsentgelts ausmacht, das er in Ausübung seiner Berufstätigkeit erhält.

d) Verfall bzw Verjährung des Urlaubsanspruches

In der Rs King[1022] ging es im Kern um die Frage, ob der Urlaubsanspruch nach Beendigung des Arbeitsverhältnisses noch in irgendeiner Weise realisiert werden kann, nachdem dem Arbeitnehmer während der 13 Jahre des Bestehens des Arbeitsverhältnisses überhaupt nicht die Möglichkeit eröffnet war, Urlaub zu nehmen. Der aus Großbritannien stammende Kläger war über die gesamte Dauer der Beschäftigung als Scheinselbständiger auf Provisionsbasis tätig und erhielt keinen bezahlten Urlaub. Mit Beendigung der Beschäftigung machte Herr King eine Urlaubsersatzleistung für den gesamten Zeitraum seiner Tätigkeit geltend. Der EuGH hielt fest, dass Art 7 RL 2003/88/EG und das in Art 47 GRC verankerte Recht auf einen wirksamen

1019 Vgl zu dem Urteil auch *Joussen*, RdA 2015, 317 f.
1020 EuGH Rs C-385/17 (Hein), EU:C:2018:1018.
1021 S *Schmitt*, GPR 2019, 249 (250).
1022 EuGH Rs C-214/16 (King), EU:C:2017:914.

Rechtsbehelf dahin auszulegen seien, dass sie es im Fall einer Streitigkeit zwischen einem Arbeitnehmer und seinem Arbeitgeber über die Frage, ob der Arbeitnehmer Anspruch auf bezahlten Jahresurlaub gemäß der erstgenannten Vorschrift hat, verbieten, dass der Arbeitnehmer seinen Urlaub zu nächst nehmen muss, ehe er feststellen kann, ob er für diesen Urlaub Anspruch auf Bezahlung hat. Des Weiteren stehe Art 7 RL 2003/88/EG einzelstaatlichen Rechtsvorschriften oder Gepflogenheiten entgegen, nach denen es einem Arbeitnehmer verwehrt ist, Ansprüche auf bezahlten Jahresurlaub, die in mehreren aufeinanderfolgenden Bezugszeiträumen wegen der Weigerung des Arbeitgebers, diese Urlaubszeiten zu vergüten, nicht ausgeübt worden sind, bis zum Zeitpunkt der Beendigung seines Arbeitsverhältnisses zu übertragen und gegebenenfalls anzusammeln.

EuGH, Rs King: […] ein Arbeitnehmer, der mit Umständen konfrontiert ist, die geeignet sind, während seines Jahresurlaubs Unsicherheit in Bezug auf das ihm geschuldete Entgelt auszulösen, [wäre] nicht in der Lage, diesen Urlaub voll und ganz als Zeitraum für Entspannung und Freizeit gemäß Art 7 der Richtlinie 2003/88 zu genießen. Solche Umstände können den Arbeitnehmer außerdem davon abhalten, seinen Jahresurlaub zu nehmen. Insoweit ist festzustellen, dass auch jede Praxis oder Unterlassung eines Arbeitgebers, die den Arbeitnehmer davon abhalten kann, den Jahresurlaub zu nehmen, gegen das mit dem Recht auf Jahresurlaub verfolgte Ziel verstößt [...]. Unter Umständen, wie den im Ausgangsverfahren in Rede stehenden, erscheint [...] ein Schutz der Interessen des Arbeitgebers nicht zwingend notwendig und vermag daher ein Abweichen vom Anspruch des Arbeitnehmers auf bezahlten Jahresurlaub nicht zu rechtfertigen. Es ist nämlich festzustellen, dass die Beurteilung des Anspruchs eines Arbeitnehmers, wie Herr *King*, auf bezahlten Jahresurlaub nicht mit einer Situation in Zusammenhang steht, in der sein Arbeitgeber mit Abwesenheitszeiten von Herrn *King* konfrontiert gewesen wäre, aus denen sich - wie bei einer Krankschreibung von langer Dauer Schwierigkeiten für die Arbeitsorganisation ergeben hätten. Der Arbeitgeber konnte vielmehr bis zum Eintritt seines Arbeitnehmers in den Ruhestand davon profitieren, dass dieser seine berufliche Tätigkeit bei ihm nicht unterbrochen hat, um bezahlten Jahresurlaub zu nehmen. Zweitens ist der Umstand, dass Sash WW irrtümlich davon ausging, dass Herr *King* keinen Anspruch auf bezahlten Jahresurlaub habe, selbst dann unerheblich, wenn er erwiesen wäre. Es obliegt nämlich dem Arbeitgeber, sich umfassend über seine Verpflichtungen in diesem Bereich zu informieren. [Es] ergibt sich, dass anders als im Fall des Ansammelns von Ansprüchen auf bezahlten Jahresurlaub durch einen Arbeitnehmer, der aus Krankheitsgründen daran gehindert war, diesen Urlaub zu nehmen, der Arbeitgeber, der einen Arbeitnehmer nicht in die Lage versetzt, seinen Anspruch auf bezahlten Jahresurlaub auszuüben, die sich hieraus ergebenden Folgen zu tragen hat.

Der OGH[1023] in Österreich hat aber zuletzt festgehalten, dass im Unterschied zu der besonderen Rechtslage, auf deren Grundlage die Entschei-

1023 OGH 29.8.2019, 8 Ob A 62/18b, ecolex 2020/34 (*Windisch-Graetz*). S insb auch *Auer-Mayer*, (Keine) Verjährung arbeitsrechtlicher Ansprüche? – Analyse der

dung King ergangen ist, nach dem österreichischen Recht ausreichend Möglichkeiten zur Durchsetzung des Urlaubsanspruchs bestehen, sodass – sofern nicht Arglist des Arbeitgebers vorliegt – die Verjährungsregeln des § 4 Abs 5 UrlG daher anzuwenden sind. Danach verjährt der Urlaubsanspruch nach Ablauf von zwei Jahren ab dem Ende des Urlaubsjahres, in dem er entstanden ist. Insgesamt stehen damit drei Jahre zum Verbrauch eines jeden Jahresurlaubs zur Verfügung. Im Gegensatz dazu sieht das deutsche Recht vor, dass der Urlaub gem § 7 BUrlG grundsätzlich im laufenden Kalenderjahr gewährt und genommen werden muss. Eine Übertragung des Urlaubs auf das nächste Kalenderjahr ist nur statthaft, wenn dringende betriebliche oder in der Person des Arbeitnehmers liegende Gründe dies rechtfertigen. Im Fall der Übertragung muss der Urlaub in den ersten drei Monaten des folgenden Kalenderjahres gewährt und genommen werden.

Beiden aus Deutschland stammenden Fällen Kreuziger[1024] und MPG[1025] (auch bekannt als Shimizu) lag die Frage zugrunde, ob Arbeitnehmern bei Beendigung ihres Arbeitsverhältnisses ein Anspruch auf Abgeltung unverbrauchten Urlaubs auch dann zusteht, wenn sie den ihnen zustehenden Urlaub zwar hätten nehmen können, aber nicht genommen haben. Denn die nach Ende der Dienstzeit geltend gemachte Urlaubsersatzleistung wurde ihnen verwehrt, da sie keinen Urlaubsantrag gestellt hatten, obwohl dies möglich gewesen wäre. Im Ergebnis hielt der EuGH fest, dass ein Arbeitnehmer zwar grundsätzlich die ihm gemäß dem Unionsrecht zustehenden Urlaubstage und entsprechend seinen Anspruch auf eine finanzielle Vergütung für den nicht genommenen Urlaub nicht automatisch allein deshalb verliert, weil er vor Beendigung des Arbeitsverhältnisses (oder im Bezugszeitraum) keinen Urlaub beantragt hat. Weist der Arbeitgeber jedoch nach, dass der Arbeitnehmer aus freien Stücken und in voller Kenntnis der Sachlage darauf verzichtet hat, seinen bezahlten Jahresurlaub zu nehmen, nachdem er in die Lage versetzt worden war, seinen Urlaubsanspruch tatsächlich wahrzunehmen, steht das Unionsrecht dem Verlust dieses Anspruchs und – bei Beendigung des Arbeitsverhältnisses – dem entsprechenden Wegfall einer finanziellen Vergütung nicht entgegen.

Der EuGH stellt weiter fest, dass diese Grundsätze unabhängig davon gelten, ob es sich um einen öffentlichen Arbeitgeber (wie das Land Berlin im Fall Kreuziger) oder einen privaten Arbeitgeber (wie die Max-Planck-Gesellschaft) handelt. Zwar könne eine RL nicht selbst Verpflichtungen für

Entscheidung EuGH Rs C-214/16, King, und ihrer möglichen Folgen, DRdA 2018, 299.

1024 EuGH Rs C-619/16 (Kreuziger), EU:C:2018:872.

1025 EuGH Rs C-684/16 (MPG), EU:C:2018:874.

einen Einzelnen begründen, so dass ihm gegenüber eine Berufung auf die RL als solche nicht möglich ist. Folglich kann selbst eine klare, genaue und nicht von Bedingungen abhängige Bestimmung einer RL, mit der dem Einzelnen Rechte gewährt oder Verpflichtungen auferlegt werden sollen, als solche im Rahmen eines Rechtsstreits, in dem sich ausschließlich Private gegenüberstehen (wie dem Rechtsstreit zwischen Herrn *Shimizu* und der Max-Planck-Gesellschaft), keine Anwendung finden. Das Recht jeder Arbeitnehmerin und jedes Arbeitnehmers auf bezahlten Jahresurlaub ist jedoch nicht nur in der RL 2003/88/EG verankert, sondern auch als Grundrecht in Art 31 Abs 2 GRC ausgestaltet.

> EuGH, Rs MPG: Bezüglich der Wirkung, die Art. 31 Abs. 2 der Charta gegenüber privaten Arbeitgebern entfaltet, ist festzustellen, dass die Charta nach ihrem Art. 51 Abs. 1 zwar für die Organe, Einrichtungen und sonstigen Stellen der Union unter Wahrung des Subsidiaritätsprinzips und für die Mitgliedstaaten ausschließlich bei der Durchführung des Unionsrechts gilt. Hingegen trifft Art. 51 Abs. 1 der Charta keine Regelung darüber, ob Privatpersonen gegebenenfalls unmittelbar zur Einhaltung einzelner Bestimmungen der Charta verpflichtet sein können, und kann demnach nicht dahin ausgelegt werden, dass dies kategorisch ausgeschlossen wäre. [...] in Bezug auf Art. 31 Abs. 2 der Charta ist hervorzuheben, dass das Recht jeder Arbeitnehmerin und jedes Arbeitnehmers auf bezahlten Jahresurlaub schon seinem Wesen nach mit einer entsprechenden Pflicht des Arbeitgebers einhergeht, nämlich der Pflicht zur Gewährung bezahlten Jahresurlaubs oder einer Vergütung für den bei Beendigung des Arbeitsverhältnisses nicht genommenen bezahlten Jahresurlaub. In dem Fall, dass eine nationale Regelung wie die in den Ausgangsverfahren fragliche nicht im Einklang mit Art. 7 der Richtlinie 2003/88 und Art. 31 Abs. 2 der Grundrechtecharta ausgelegt werden kann, ergibt sich aus Art. 31 Abs. 2 der Grundrechtecharta, dass das mit einem Rechtsstreit zwischen einem Arbeitnehmer und seinem früheren privaten Arbeitgeber befasste nationale Gericht diese nationale Regelung unangewendet zu lassen und dafür Sorge zu tragen hat, dass der Arbeitnehmer, wenn der Arbeitgeber nicht nachweisen kann, dass er mit aller gebotenen Sorgfalt gehandelt hat, um ihn tatsächlich in die Lage zu versetzen, den ihm nach dem Unionsrecht zustehenden bezahlten Jahresurlaub zu nehmen, weder seine erworbenen Ansprüche auf bezahlten Jahresurlaub noch entsprechend – im Fall der Beendigung des Arbeitsverhältnisses – die finanzielle Vergütung für nicht genommenen Urlaub, deren Zahlung in diesem Fall unmittelbar dem betreffenden Arbeitgeber obliegt, verlieren kann.

In der Lit[1026] stößt dieser unionsrechtliche Durchgriff über das Primärrecht weitgehend auf Kritik. So erklären laut *Sagan*[1027] die normativen Grundlagen des EU-Urlaubsrechts die weitgehende Rsp des EuGH nicht. Immerhin sei der Urlaubsanspruch der Arbeitnehmer sowohl im Primär- als auch im

1026 S nur *Sprenger*, EuZA 2016, 460 mwN; zuletzt *Wank*, Die unmittelbare Wirkung von Unionsrecht unter Privaten im Arbeitsrecht, RdA 2020, 1.

1027 *Sagan*, Die Urlaubsabgeltung als Grundrecht, ZAS 2019, 211 ff.

Sekundärrecht nur fragmentarisch geregelt und nehme in Art 7 RL 2003/88/EG sogar ausdrücklich Bezug auf einzelstaatliche Rechtsvorschriften und Gepflogenheiten.

e) Tod des AN

Ein im Hinblick auf die RL 2003/88/EG umgekehrtes Problem betraf die Frage des rechtlichen Schicksals des Urlaubsanspruchs, wenn das Arbeitsverhältnis durch den Tod des Arbeitnehmers endet. Nach ständiger Rechtsprechung des deutschen BAG entsteht ein Anspruch auf Abgeltung des bis zur Beendigung des Arbeitsverhältnisses nicht genommenen bezahlten Jahresurlaubs im Fall der Beendigung des Arbeitsverhältnisses durch den Tod des Arbeitnehmers nicht. Es war deshalb zu erwarten, dass von einem deutschen Gericht (im konkreten Fall dem LAG Hamm) die Frage der Vereinbarkeit dieser Rechtsauffassung mit der RL 2003/88/EG dem EuGH vorgelegt wurde.[1028] Die Begründung des Gerichtshofs[1029] betont, dass der Anspruch auf Jahresurlaub als einer der wesentlichen Grundsätze des Sozialrechts der Union auch den Anspruch auf Bezahlung umfasst. Der in Art 7 RL 2003/88/EG verwendete Begriff des bezahlten Urlaubs bedeute, dass für die Dauer des Jahresurlaubs im Sinne dieser Vorschrift das Entgelt für den Arbeitnehmer beizubehalten ist. Mit anderen Worten müsse der Arbeitnehmer in dieser Ruhe- und Entspannungszeit das gewöhnliche Entgelt weiter beziehen. Um sicherzustellen, dass dieses im Unionsrecht verankerte grundlegende Arbeitnehmerrecht beachtet wird, darf der Gerichtshof Art 7 Abs 2 RL 2003/88/EG nicht auf Kosten der Rechte, die dem Arbeitnehmer nach dieser Richtlinie zustehen, restriktiv auslegen. Deshalb stellt Art 7 Abs 2 RL 2003/88/EG für die Eröffnung des Anspruchs auf finanzielle Vergütung keine andere Voraussetzung auf als diejenige, dass zum einen das Arbeitsverhältnis beendet ist und das zum andern der Arbeitnehmer nicht den gesamten Jahresurlaub genommen hat, auf den er bis zur Beendigung des Arbeitsverhältnisses Anspruch hatte. Der finanzielle Ausgleich bei Beendigung des Arbeitsverhältnisses durch den Tod des Arbeitnehmers erweise sich als unerlässlich, um die praktische Wirksamkeit des Anspruchs auf bezahlten Jahresurlaub sicherzustellen. Andernfalls würde ein unwägbares, weder vom Arbeitnehmer noch vom Arbeitgeber beherrschbares Vorkommnis rückwirkend zum vollständigen Verlust des Anspruchs auf bezahlten Jahresurlaub führen.[1030]

1028 EuGH Rs C-118/13 (Bollacke), EU:C:2014:1755.

1029 Vgl EuGH Rs C-118/13 (Bollacke), EU:C:2014:1755 Rn 21 ff.

1030 Wie nicht anders zu erwarten hat das Urteil Bollacke zustimmende wie ablehnende Reaktionen hervorgerufen, für erstere vgl die Anm von *Naber*, NJW 2014, 2415, für letztere *Hofmeister*, Anm zu AP RL 2003/58/EG Nr 14.

Mit der Entscheidung in der Rs Bollacke war die europarechtliche Kontroverse aber noch nicht beendet. Den verbundenen Rs Bauer und Willmeroth[1031] lag erneut die Frage zugrunde, ob der Urlaubsanspruch auf die Erben übergeht. Das BAG[1032] stand nämlich auf dem Standpunkt, dass der EuGH mit dem Urteil in der Rs Bollacke nicht die Frage entschieden habe, ob der Anspruch auf finanziellen Ausgleich auch dann Teil der Erbmasse wird, wenn das nationale Erbrecht dies ausschließt. Sollte diese Frage vom Gerichtshof bejaht werden, wurde weiter gefragt, ob dies auch dann gelte, wenn das Arbeitsverhältnis zwischen zwei privaten Personen bestand.[1033] Im Ergebnis bestätigte der EuGH seine bisherige Linie und hielt fest, dass der Anspruch eines Arbeitnehmers auf bezahlten Jahresurlaub nach dem Unionsrecht nicht mit seinem Tod untergeht. Außerdem können die Erben eines verstorbenen Arbeitnehmers eine finanzielle Vergütung für den von ihm nicht genommenen bezahlten Jahresurlaub verlangen. Sofern das nationale Recht eine solche Möglichkeit ausschließt und sich daher als mit dem Unionsrecht unvereinbar erweist, können sich die Erben unmittelbar auf das Unionsrecht berufen, und zwar sowohl gegenüber einem öffentlichen als auch gegenüber einem privaten Arbeitgeber.

D. Arbeitnehmerschutz bei Insolvenz, Massenentlassung und Betriebsübergang

1. Insolvenzrechtlicher Schutz der Arbeitsvergütung (RL 2008/94/EG)

Literatur: *Ehrenberg/Heinrich*, Europäisches Insolvenzarbeitsrecht, in: *Schlachter/Heinig* (Hg), Europäisches Arbeits- und Sozialrecht, 2016, 395 ff; *Davulis*, Employer Insolvency, in: *Schlachter* (Hg), EU Labour Law, 2015, 457 ff; *Froehner*, Das Altersteilzeitverhältnis in der Insolvenz des Arbeitgebers, NZA 2012, 1405 ff; *Graf*, Eigenkapitalersatz und Insolvenzentgeltsicherung – Missbrauch durch Nicht-Austritt aus dem Arbeitsverhältnis bzw Stehenlassen der nicht erfüllten Entgeltforderungen?, ZAS 2004, 113 ff; *Holzer*, Die Richtlinie zur Angleichung der Rechtsvorschriften der Mitgliedstaaten über den Schutz der Arbeitnehmer bei Zahlungsunfähigkeit des Arbeitgebers und das österreichische Recht, in: *Runggaldier* (Hg), Österreichisches Arbeitsrecht und das Recht der EG, 1990, 259 ff; *Kietaibl*, Zwei sozialversicherungsrechtliche Fragen zur Dienstgeberinsolvenz: Meldepflicht über die Zahlungsunfähigkeit und Anfechtbarkeit von Beitragszahlungen, DRdA 2011, 416 ff; *Lagarde* in: *Lenz/Borchardt* (Hg), EU Verträge Kommentar Art 340 AEUV, 6. Aufl 2013; *Riesen-*

1031 EuGH Rs C-569/16 und C-570/16 (Bauer und Willmeroth), EU:C:2018:871.

1032 Vgl BAG 9 AZR 196/16 NZA 2017, 207.

1033 Diese Frage, die das BAG anhand von Art 7 RL 2003/88/EG und Art 31 Abs 2 GRC beantwortet wissen will, zielt auf die Problematik, dass Richtlinien zwischen Privatpersonen grundsätzlich nicht unmittelbar anwendbar sind, wobei hierbei auf die Entscheidung in der Rs Faccini Dori Bezug genommen wird, EuGH Rs C-91/92, EU:C:1994:292.

huber, Europäisches Arbeitsrecht, 2009, § 25; *Runggaldier*, Grundzüge des europäischen Arbeitsrechts und des europäischen Sozialrechts, 2010, 65 ff; Schubert/Schmitt, Durchführung von Massenentlassungen bei einer Mehrzahl von Arbeitnehmervertretungen im Betrieb – offene Fragen des Massenentlassungsrechts, ZESAR 2020, 53; *Zwanziger*, Insolvenzrechtliche Einordnung von Entgeltforderungen – alte Regeln und aktuelle Entwicklungen, AuR 2013, 199 ff; *Weber*, Sicherung des Arbeitsentgelts bei Zahlungsunfähigkeit des Arbeitgebers, EAS B 3300.

Mit der RL 80/987/EWG[1034] (Insolvenzrichtlinie) wurde auf der einen Seite anerkannt, dass ein generelles Schutzbedürfnis der Arbeitnehmer in dem Fall besteht, dass der Arbeitgeber zahlungsunfähig wird. Das vornehmliche Ziel der RL 80/987/EWG war es daher, die Zahlung nicht erfüllter Ansprüche der Arbeitnehmer gegen den zahlungsunfähigen Arbeitgeber unter Berücksichtigung einer ausgewogenen wirtschaftlichen und sozialen Entwicklung der Gemeinschaft zu gewährleisten. Auf der anderen Seite weichen die nationalen Vorschriften der Mitgliedstaaten zur Sicherung der Arbeitnehmeransprüche bei Insolvenz des Arbeitgebers erheblich voneinander ab, was zu Wettbewerbsverzerrungen innerhalb des gemeinsamen Marktes führen könnte. Mit der RL 80/987/EWG sollte daher ein Mindestniveau der Absicherung der Arbeitnehmer im Falle der Zahlungsunfähigkeit des Arbeitgebers auf europäischer Ebene festgelegt werden, indem die Mitgliedstaaten verpflichtet werden, Garantieeinrichtungen zur Sicherung des Arbeitsentgelts im Insolvenzfall zu schaffen. In Deutschland existierte diese Garantie des Entgelts im Falle der Insolvenz des Arbeitgebers durch die Regelungen zur Zahlung von Konkursausfallgeld durch die Bundesanstalt für Arbeit gem §§ 141a ff AFG, welche mit Wirkung vom 1. 1. 1999 durch die Regelungen zum Insolvenzgeld gem §§ 183 ff SGB III ersetzt wurden, so dass zur Umsetzung der Richtlinie kein weiterer gesetzgeberischer Handlungsbedarf bestand.[1035] Auch Österreich hatte bereits zum Zeitpunkt des EU-Beitritts mit dem Insolvenz-Entgeltsicherungsgesetz ein System, das im Wesentlichen den Vorgaben der Insolvenzrichtlinie entsprach.[1036]

Aufgrund von Änderungen des Insolvenzrechts in den Mitgliedstaaten und der Fortentwicklung des Binnenmarkts wurden Anpassungen der Insolvenzrichtlinie notwendig, die durch die RL 2002/74/EG vorgenommen wurden. Die Begründungserwägungen dieser Richtlinie sprechen namentlich von der Notwendigkeit, im Sinne der Rechtssicherheit und -klarheit den Geltungsbereich und einige Begriffsbestimmungen klarer zu fassen, eine der aktuellen Rechtsentwicklung entsprechende Definition der Zah-

1034 ABlEG 1980 Nr L 283/23 idF der RL 2002/74/EG, ABlEG 2002 Nr L 270/10.
1035 Zur Europarechtskonformität der deutschen Regelungen vgl *Weber*, EAS B 3300 Rn 75 ff.
1036 Vgl *Holzer* in: *Runggaldier* (Hg), 259 ff.

lungsunfähigkeit zu finden und Bestimmungen einzuführen, die ausdrücklich festlegen, welche Einrichtungen für die Befriedigung der Ansprüche von in mehreren Mitgliedstaaten tätigen Arbeitnehmern zuständig sind. Angestrebt wurde ua auch eine Zusammenarbeit der zuständigen Verwaltungen der Mitgliedstaaten.

Durch die RL 2008/94/EG[1037] des Europäischen Parlaments und des Rats vom 22. 8. 2008 wurde die RL 80/987/EWG über den Schutz der Arbeitnehmer bei Zahlungsunfähigkeit des Arbeitgebers aus Gründen der Klarheit und der Übersichtlichkeit neu kodifiziert.

a) Anwendungsbereich der Insolvenzrichtlinie

Die Insolvenzrichtlinie gilt gem Art 1 für alle Ansprüche von Arbeitnehmern aus Arbeitsverträgen oder Arbeitsverhältnissen gegen Arbeitgeber, die zahlungsunfähig sind. Im Gegensatz zu Art 45 AEUV, der für die Arbeitnehmerfreizügigkeit von einem europäischen Verständnis des Arbeitnehmerbegriffs ausgeht, verweist Art 2 Abs 2 der Insolvenzrichtlinie bewusst auf die nationalen Bestimmungen des Arbeitnehmer- wie des Arbeitgeberbegriffes, ohne dass jedoch dadurch die Mitgliedstaaten ermächtigt wären, speziell für die Vorschriften zur Umsetzung der Richtlinie einen eigenen Arbeitnehmerbegriff zu prägen. Das heißt, dass vom Schutz der Richtlinie nur erfasst wird, wer nach nationalem Recht als Arbeitnehmer behandelt wird.[1038] In Bezug auf die Vorgängerrichtlinie 80/987/EWG führte der EuGH aus, dass der Arbeitsort des Arbeitnehmers für die Anwendung der Richtlinie unerheblich ist und sich auch nicht im Hoheitsgebiet des Mitgliedsstaats befinden muss.[1039] Wird eine bestimmte Gruppe von Beschäftigten im nationalen Arbeitsrecht allgemein als Arbeitnehmer behandelt, so können die Mitgliedstaaten sie vom Geltungsbereich der Richtlinie nur ausschließen, wenn andere Garantieformen den Betroffenen nachweislich einen Schutz gewährleisten, der dem sich aus der Insolvenzrichtlinie ergebenden Schutz gleichwertig ist (vgl Art 1 Abs 2 RL 2008/94/EG). Die Mitgliedstaaten können vom Anwendungsbereich der Richtlinie weiters Hausangestellte ausnehmen, die von einer natürlichen Person beschäftigt werden, wie auch Fischer, die in Form eines Erlösanteils entlohnt werden (vgl Art 1 Abs 3 RL 2008/94/EG). Art 2 Abs 2 Satz 2 der Insolvenzrichtlinie normiert ausdrücklich, dass die Mitgliedstaaten Teilzeitar-

1037 ABlEG 2008 Nr L 283/36.

1038 Zu Angehörigen siehe EuGH Rs C-441/99 (Riksskatteverket/Gharehveran), EU:C:2001:551; zum Gesellschafter-Arbeitnehmer siehe EuGH Rs C-201/01 (Walcher), EU:C:1996:92.

1039 EuGH Rs C-292/14 (Stroumpoulis ua), EU:C:2016:116 Rn 32, 36, 40 ff.

beitnehmer iSd RL 97/81/EG, Arbeitnehmer mit befristetem Arbeitsvertrag iSd RL 1999/70/EG sowie Arbeitnehmer mit Leiharbeitsverhältnis iSd Art 1 Nr 2 RL 91/383/EWG nicht vom Anwendungsbereich der Richtlinie ausschließen dürfen. Auch Arbeitnehmer, die einen zivilrechtlichen Vergütungsanspruch erhalten, sich aber als Drittstaatsangehörige nicht rechtmäßig in dem betreffenden Mitgliedsstaat aufhalten, fallen in den Anwendungsbereich der RL 2008/94/EG.[1040]

Voraussetzung für die Anwendbarkeit der Richtlinie ist zudem, dass ein Arbeitsverhältnis mit einem zahlungsunfähigen Arbeitgeber vorliegt. Wann ein Arbeitgeber als zahlungsunfähig anzusehen ist, regelt Art 2 Abs 1 RL 2008/94/EG, der sich wieder weitestgehend am nationalen Recht orientiert. Ein Arbeitgeber gilt als zahlungsunfähig, wenn die Eröffnung eines nach den Rechts- und Verwaltungsvorschriften eines Mitgliedstaats vorgeschriebenen Gesamtverfahrens beantragt worden ist, das die Insolvenz des Arbeitgebers voraussetzt und den teilweisen oder vollständigen Vermögensbeschlag gegen diesen Arbeitgeber sowie die Bestellung eines Verwalters oder einer Person, die eine ähnliche Funktion ausübt, zur Folge hat, und wenn die aufgrund der genannten Rechts- und Verwaltungsvorschriften zuständige Behörde (a) die Eröffnung des Verfahrens beschlossen hat oder (b) festgestellt hat, dass das Unternehmen oder der Betrieb des Arbeitgebers endgültig stillgelegt worden ist und die Vermögensmasse nicht ausreicht, um die Eröffnung des Verfahrens zu rechtfertigen. Die Insolvenzrichtlinie stellt somit allein auf ein förmliches Verfahren ab, ohne aber nähere Anforderungen an die Art des Verfahrens zu stellen. Erfasst werden somit alle Formen der Zahlungsunfähigkeit, für die ein Mitgliedstaat ein förmliches Verfahren zur kollektiven Befriedigung der Gläubiger vorsieht.[1041] Sieht das nationale Recht gegen bestimmte Arbeitgeber – bspw Kleinstunternehmen – kein derartiges Insolvenzverfahren vor, so können dessen Arbeitnehmer sich nicht auf den Schutz der Richtlinie berufen. Ebenso genügt auch die faktische Einstellung der Zahlungen durch den Arbeitgeber nicht, damit die Arbeitnehmer den Schutz der Richtlinie erhalten.[1042] Doch sind die Mitgliedstaaten gem Art 2 Abs 4 der Insolvenzrichtlinie nicht gehindert, den Schutz der Arbeitnehmer auf andere Situationen der Zahlungsunfähigkeit – bspw tatsächlich auf Dauer eingestellte Zahlungen –, die nach anderen im einzelstaatlichen Recht vorgesehenen Verfahren als den genannten Verfahren festgestellt worden ist, auszuweiten. Allerdings entstehen den Garantieeinrichtungen anderer Mitgliedstaaten in grenzüberschreitenden Fällen (Kapitel IV) in die-

1040 EuGH Rs C-311/13 (Tümer), EU:C:2014:2337.
1041 EuGH Rs C-479/93 (Francovich II), EU:C:1995:372.
1042 Ausführlich *Weber*, EAS B 3300 Rn 31 ff.

sem Fall keine Verpflichtungen. Nach Art 13 RL 2008/94/EG haben die Mitgliedstaaten der Kommission und den anderen Mitgliedstaaten die Arten von nationalen Insolvenzverfahren, die in den Geltungsbereich der Richtlinie fallen, sowie sämtliche diese Verfahren betreffenden Änderungen mitzuteilen. Diese Informationen veröffentlicht die Kommission im Amtsblatt der Europäischen Union.

Welche Arbeitnehmeransprüche durch die Richtlinie gesichert sind, lässt sich zunächst den Art 3 Abs 1 und 4 Abs 2 der Insolvenzrichtlinie entnehmen. Danach soll durch die zu errichtenden Garantieeinrichtungen die Befriedigung nicht erfüllter Ansprüche aus Arbeitsverträgen und Arbeitsverhältnissen einschließlich – sofern dies nach innerstaatlichem Recht vorgesehen ist – einer Abfindung bei Beendigung des Arbeitsverhältnisses sichergestellt werden. Unter den Ansprüchen, deren Befriedigung die Garantieeinrichtung übernimmt, sind die nicht erfüllten Ansprüche auf Arbeitsentgelt für einen Zeitraum, der vor und/oder gegebenenfalls nach einem von den Mitgliedstaaten festgelegten Zeitpunkt liegt, zu verstehen. Die Mitgliedstaaten dürfen hierbei den Anspruch des Arbeitnehmers auf Schutz nach der Insolvenzrichtlinie nicht von einer Mindestdauer des Arbeitsvertrags oder Arbeitsverhältnisses abhängig machen (Art 2 Abs 3).

Den Begriff des Arbeitsentgelts definiert die Richtlinie nicht näher, sondern verweist stattdessen wieder in Art 2 Abs 2 auf die nationalen Begriffsbestimmungen, wobei der Grundsatz der Gleichheit und der Nichtdiskriminierung gewahrt bleiben muss.[1043] So steht es ihnen frei, eine Verjährungsfrist der nicht erfüllten Ansprüche vorzusehen, sofern die Bestimmung nicht weniger günstig ist als bei gleichartigen innerstaatlichen Anträgen und nicht so ausgestaltet ist, dass sie die Ausübung der Rechte, die die Gemeinschaftsrechtsordnung einräumt, praktisch unmöglich macht oder übermäßig erschwert.[1044]

Da in den Mitgliedstaaten die Leistungen der gesetzlichen oder betrieblichen Altersversorgung nicht einheitlich vom Begriff des Entgelts erfasst werden, enthält die Insolvenzrichtlinie in einem eigenen Kapitel unter dem

1043 So verstieß eine spanische Regelung, die nur gerichtlich festgesetzte Entschädigungen oder Abfindungen zum Arbeitsentgelt rechnete, jedoch nicht einen vor Gericht geschlossenen Vergleich zwischen Arbeitnehmer und Arbeitgeber, gegen den Gleichheitsgrundsatz, EuGH Rs C-81/05 (Cordero Alonso), EU:C:2006:529; ebenso EuGH Rs C-246/06 (Navarro), EU:C:2008:19. Anders entschied der EuGH bei außergerichtlichen Vergleichen, wenn der Ausschluss vom Begriff „Arbeitsentgelt" eine notwendige Maßnahme iSd Art 10 lit a der RL darstellt; EuGH Rs C-498/06 (Robledillo Núñez), EU:C:2008:109.

1044 EuGH Rs C-69/08 (Visciano), EU:C:2009:468.

Stichwort der sozialen Sicherheit in den Art 6 bis 8 speziell für diesen Bereich ausgestaltete Regelungen.[1045]

Es ist somit Sache des nationalen Gerichts festzustellen, welche vermögenswerten Leistungen des Arbeitgebers dem Begriff des „Arbeitsentgelts" unterfallen. Zu Entschädigungen wegen rechtswidriger Kündigung hielt der EuGH fest:

> EuGH, Rs C-520/03 (Valero):[1046] „Es ist Sache des nationalen Gerichts, festzustellen, ob der Begriff Arbeitsentgelt, wie er im nationalen Recht definiert ist, Entschädigungen wegen rechtswidriger Kündigung einschließt. [...] Fallen nach der einschlägigen nationalen Regelung Ansprüche auf eine Entschädigung wegen rechtswidriger Kündigung, die durch ein Urteil oder eine Verwaltungsentscheidung zugesprochen werden, unter den Begriff Arbeitsentgelt, so sind entsprechende Ansprüche, die in einem Güteverfahren wie dem im Ausgangsverfahren festgestellt werden, als das Arbeitsentgelt betreffende Ansprüche von Arbeitnehmern aus Arbeitsverträgen oder Arbeitsverhältnissen im Sinne der RL 80/987 anzusehen. Das nationale Gericht hat eine innerstaatliche Regelung außer Anwendung zu lassen, die diese Ansprüche unter Verstoß gegen den Gleichheitssatz vom Begriff Arbeitsentgelt im Sinne der betreffenden Regelung ausschließt."

Wie in der vorgenannten Entscheidung anklingt, stehen nationale Regelungen aber unter dem Vorbehalt der Gleichheitskonformität:

> EuGH, Rs C-442/00 (Caballero):[1047] „Der allgemeine Grundsatz der Gleichheit und der Nichtdiskriminierung, der zu den Grundrechten gehört, steht einer nationalen Regelung entgegen, wonach die salarios de tramitación, ein Betrag, der dem während des Verfahrens über die Anfechtung der Kündigung geschuldeten Arbeitsentgelt entspricht, auf das die Arbeitnehmer, denen rechtswidrig gekündigt worden ist, Anspruch haben, bei Zahlungsunfähigkeit des Arbeitgebers nicht als Ansprüche im Sinne der Artikel 1 Absatz 1 und 3 Absatz 1 der RL 80/987 [RL 2008/94/EG] zur Angleichung der Rechtsvorschriften der Mitgliedstaaten über den Schutz der Arbeitnehmer bei Zahlungsunfähigkeit des Arbeitgebers betrachtet und von der Garantieeinrichtung nur dann übernommen werden, wenn sie durch eine gerichtliche Entscheidung festgestellt sind, während dies bei in einem Güteverfahren anerkannten Ansprüchen nicht der Fall ist. Dieser Ausschluss kann nicht nach Artikel 10 der RL als zur Vermeidung von Missbräuchen notwendige Maßnahme gerechtfertigt werden, da das Güteverfahren überwacht wird und sich nicht für betrügerische Handlungen eignet. Ist eine gemeinschaftsrechtswidrige Diskriminierung festgestellt worden, so kann, solange keine Maßnahmen zur Wiederherstellung der Gleichbehandlung erlassen worden sind, der Gleichheitssatz

1045 Ein Arbeitnehmer hat bei Zahlungsunfähigkeit seines Arbeitgebers mindestens die Hälfte der Leistungen bei Alter zu erhalten, die sich aus seinen erworbenen Rentenansprüchen ergeben, für die er Beiträge im Rahmen einer betrieblichen Zusatzversorgungseinrichtung entrichtet hat, vgl EuGH Rs C-454/15 (Webb-Sämann), EU:C:2016:891 Rn 35.

1046 EuGH Rs C-520/03 (Valero), EU:C:2004:826.

1047 EuGH Rs C-442/00 (Caballero), EU:C:2002:752.

nur derart gewahrt werden, dass die Vergünstigungen, die die Mitglieder der begünstigten Gruppe erhalten, auf die Mitglieder der benachteiligten Gruppe erstreckt werden. Daher hat das nationale Gericht eine innerstaatliche Regelung außer Anwendung zu lassen, die unter Verstoß gegen den Gleichheitssatz Ansprüche von Arbeitnehmern, denen rechtswidrig gekündigt worden ist, auf Arbeitsentgelt während des Verfahrens über die Anfechtung der Kündigung, die in einem Güteverfahren vor einem Gericht vereinbart und von diesem genehmigt worden sind, vom Begriff Arbeitsentgelt" im Sinne von Artikel 2 Absatz 2 der RL 80/987 des Rates vom 20. Oktober 1980 zur Angleichung der Rechtsvorschriften der Mitgliedstaaten über den Schutz der Arbeitnehmer bei Zahlungsunfähigkeit des Arbeitgebers ausnimmt. Es muss auf die Mitglieder der durch diese diskriminierende Unterscheidung benachteiligten Gruppe die für Beschäftigte im Lohn- oder Gehaltsverhältnis anwendbare Regelung anwenden, deren Ansprüche gleicher Art, die jedoch durch eine gerichtliche Entscheidung zugebilligt worden sind, nach der nationalen Definition des Begriffes Arbeitsentgelt" in den Anwendungsbereich dieser RL fallen."

Der Begriff des „Arbeitsverhältnisses" iSd Art 3 und 4 RL 80/987 ist ein gemeinschaftsrechtlich (einheitlich) auszulegender Begriff. Nach dem EuGH[1048] erfasst er nur Zeiträume, die ihrer Natur nach zu nicht erfüllten Ansprüchen auf Arbeitsentgelt führen können, weswegen jene Zeiträume ausgeschlossen sind, in denen das Arbeitsverhältnis (hier: wegen eines Erziehungsurlaubs) ruht und aus diesem Grund kein Anspruch auf Entgelt besteht.

b) Errichtung einer Garantieeinrichtung

Gem Art 3 Abs 1 RL 2008/94/EG sind die Mitgliedstaaten verpflichtet, die erforderlichen Maßnahmen zu treffen, „damit [...] Garantieeinrichtungen die Befriedigung der nicht erfüllten Ansprüche der Arbeitnehmer aus Arbeitsverträgen und Arbeitsverhältnissen sicherstellen, einschließlich, sofern dies nach ihrem innerstaatlichen Recht vorgesehen ist, einer Abfindung bei Beendigung des Arbeitsverhältnisses". Die Ansprüche, deren Befriedigung die Garantieeinrichtung übernimmt, sind die nicht erfüllten Ansprüche auf Arbeitsentgelt für einen Zeitraum, der vor und/oder gegebenenfalls nach einem von den Mitgliedstaaten festgelegten Zeitpunkt liegt.

Wie diese Garantieeinrichtung konkret auszusehen hat, gibt die Insolvenzrichtlinie nicht vor. Insbesondere können die Mitgliedstaaten die Einzelheiten ihres Aufbaus, der Mittelaufbringung sowie ihrer Arbeitsweise selbst festlegen. Jedoch stellt Art 5 RL 2008/94/EG an die Mitgliedstaaten gewisse Mindestanforderungen, wie sie die Garantieeinrichtungen auszugestalten haben, damit der Schutzzweck der Richtlinie erreicht wird:

1048 EuGH Rs C-160/01 (Mau), EU:C:2003:280 Rn 39, 44.

Zunächst ist die vermögensrechtliche Selbständigkeit der Garantieeinrichtung zur Erreichung ihres Schutzzwecks unumgänglich, damit die Arbeitnehmeransprüche unabhängig von der Insolvenz des Arbeitgebers durchsetzbar bleiben. Daher muss gem Art 5 lit a RL 2008/94/EG das Vermögen der Garantieeinrichtung unabhängig vom Betriebsvermögen des Arbeitgebers sein; im Falle der Insolvenz darf dem Arbeitgeber keine Möglichkeit offenstehen, auf das Vermögen der Garantieeinrichtung Zugriff zu nehmen.

Auch bei der Finanzierung der Garantieeinrichtung ist den Mitgliedstaaten ein weiter Spielraum offengelassen. Art 5 lit b macht lediglich die Vorgabe, dass die Arbeitgeber zur Mittelaufbringung beitragen müssen, es sei denn, dass die Mittel vollständig von der öffentlichen Hand aufgebracht werden. Damit ist es nicht ausgeschlossen, dass die Mitgliedstaaten ein System der Finanzierung der Garantieeinrichtung vorsehen, bei dem neben dem Arbeitgeber auch die Arbeitnehmer zur Aufbringung der Mittel herangezogen werden.[1049]

Damit der Schutzzweck der Richtlinie, den Arbeitnehmern im Falle der Insolvenz ihres Arbeitgebers ihre Ansprüche zu gewährleisten, auf jeden Fall erreicht wird, darf zudem die Zahlungspflicht der Garantieeinrichtung gegenüber den betroffenen Arbeitnehmern gem Art 5 lit c der Insolvenzrichtlinie nicht davon abhängig gemacht werden, dass der Arbeitgeber seiner Finanzierungsverpflichtung an der Garantieeinrichtung tatsächlich nachgekommen ist. Anderenfalls bestände nämlich die Gefahr, dass die Tatsache, dass ein Arbeitgeber insolvent und daher nicht in der Lage ist, seiner Beitragsverpflichtung nachzukommen, dazu führt, dass der Arbeitnehmer als Folge der Insolvenz seine Ansprüche gegen die Garantieeinrichtung verliert, obwohl ihm die Garantieeinrichtung gerade Schutz im Fall der Insolvenz seines Arbeitgebers gewähren soll.

c) Schutzumfang der Garantieeinrichtung

Art 4 der Insolvenzrichtlinie eröffnet den Mitgliedstaaten die Möglichkeit, die Sicherung der Ansprüche durch die Garantieeinrichtung sowohl in zeitlicher Hinsicht als auch der Höhe nach zu beschränken. Dadurch soll zum einen verhindert werden, dass die Garantieeinrichtungen finanziell überbelastet werden, zum anderen aber auch Schutz vor missbräuchlicher Ausnutzung der Garantieeinrichtung gewährt wird.

Die Möglichkeit der zeitlichen Beschränkung des Leistungsanspruches gegen die Garantieeinrichtung basiert auf dem von den Mitgliedstaaten fest-

1049 Vgl *Weber*, EAS B 3300 Rn 36; *Holzer* in: *Runggaldier* (Hg), 279 f.

gelegten Zeitpunkt iSd. Art 3 Satz 2., Ab diesem Zeitpunkt ist der zurückliegende Zeitraum zu berechnen, für den die Garantieeinrichtung die Sicherung des Entgelts gewährleisten muss.

Ist, wie in den meisten Mitgliedstaaten, der Zeitpunkt der Zahlungsunfähigkeit maßgeblich, so muss sichergestellt werden, dass nicht erfüllte Entgeltansprüche für die letzten drei Monate des Arbeitsverhältnisses, die innerhalb eines Zeitraumes von sechs Monaten vor dem Eintritt der Zahlungsunfähigkeit des Arbeitgebers liegen, befriedigt werden. Dabei geht der EuGH davon aus, dass der „Eintritt der Zahlungsunfähigkeit des Arbeitgebers" bereits mit dem Antrag auf Eröffnung des Insolvenzverfahrens und nicht erst mit der Entscheidung über die Eröffnung des Verfahrens vorliegt. Dies gilt auch, wenn die Leistung der Garantieeinrichtung selbst nicht vor der Eröffnung eines solchen Verfahrens oder – bei unzureichender Vermögensmasse – der Feststellung der endgültigen Schließung des Unternehmens gewährt werden kann.[1050] Da die Entgeltsicherung nur im Zeitraum vor dem maßgeblichen Stichtag gewährleistet ist, unterliegen die Arbeitnehmer im Zeitraum zwischen der Antragstellung und der förmlichen Entscheidung über die Verfahrenseröffnung nicht dem Schutz der Richtlinie.

In der Rs Gomes Viana Novo[1051] musste der EuGH die Frage beantworten, ob eine nationale Regelung, die die Ansprüche auf Arbeitsentgelt, die mehr als sechs Monate vor Erhebung einer Klage auf Feststellung der Zahlungsunfähigkeit des Arbeitgebers fällig geworden sind, nicht garantiert, mit der Richtlinie vereinbar ist. Er hat betont, dass die Mitgliedstaaten den Zeitpunkt frei festlegen können, vor und/oder gegebenenfalls nach dem der Zeitraum liegt, für den die Befriedigung der nicht erfüllten Ansprüche auf Arbeitsentgelt von der Garantieeinrichtung übernommen wird. Die RL steht einer nationalen Regelung nicht entgegen,

> „die die Ansprüche auf Arbeitsentgelt, die mehr als sechs Monate vor Erhebung einer Klage auf Feststellung der Zahlungsunfähigkeit des Arbeitgebers fällig geworden sind, nicht garantiert, obwohl die Arbeitnehmer vor Beginn dieses Zeitraums ein gerichtliches Verfahren gegen ihren Arbeitgeber angestrengt haben, um die Festsetzung der Höhe dieser Ansprüche und deren Zwangsbeitreibung zu erlangen."[1052]

Ist der maßgebliche Zeitpunkt die Beendigung des Arbeitsverhältnisses aufgrund der Zahlungsunfähigkeit des Arbeitgebers, so ist von der Garantieeinrichtung die Befriedigung der unbefriedigten Entgeltansprüche für die

---

1050 EuGH Rs C-94/95 und C-95/95 (Bonifaci und Berto), EU:C:1997:348 Rn 44; EuGH Rs C-373/95 (Maso), EU:C:1997:353; EuGH Rs C-160/01 (Mau), EU:C:2003:280.

1051 EuGH Rs C-309/12 (Gomes Viana Novo), EU:C:2013:774.

1052 EuGH Rs C-309/12 (Gomes Viana Novo), EU:C:2013:774 Rn 37.

letzten drei Monate des Arbeitsverhältnisses zu gewährleisten. Die Mitgliedstaaten können vorsehen, dass dieser Mindestzeitraum von drei Monaten innerhalb eines Bezugszeitraums von mindestens sechs Monaten liegen muss. Jene Mitgliedstaaten, die einen Bezugszeitraum von mindestens 18 Monaten vorsehen, können den Zeitraum, für den die Garantieeinrichtung die nicht erfüllten Ansprüche zu befriedigen hat, auf acht Wochen beschränken. In diesem Fall werden für die Berechnung des Mindestzeitraums die für die Arbeitnehmer vorteilhaftesten Zeiträume zugrunde gelegt.

In anderen Staaten ist das Datum der Eintragung des Urteils über die Eröffnung des Insolvenzverfahrens über das Vermögen des Arbeitgebers in das Handelsregister der maßgebliche Zeitpunkt. In diesem Zusammenhang stand eine nationale Regelung auf dem Prüfstand, die Arbeitsentgeltansprüche der Arbeitnehmer, deren Arbeitsverhältnis mehr als drei Monate vor diesem Zeitpunkt beendet wurde, nicht garantierte. Der EuGH sprach aus, dass eine solche Regelung mit der Richtlinie vereinbar ist.[1053]

Die RL 2008/94/EG steht auch der Anwendung einer Ausschlussfrist nicht entgegen, binnen derer ein Arbeitnehmer nach nationalem Recht einen Antrag auf Zahlung von Konkursausfallgeld nach Maßgabe dieser Richtlinie stellen muss. Die betreffende Frist darf jedoch nicht weniger günstig sein, als bei gleichartigen innerstaatlichen Anträgen (Grundsatz der Gleichwertigkeit) und nicht so ausgestaltet werden, dass sie die Ausübung der von der Gemeinschaftsrechtsordnung eingeräumten Rechte praktisch unmöglich macht (Grundsatz der Effektivität).[1054] Dies haben die nationalen Gerichte zu prüfen und gegebenenfalls eine dem Gemeinschaftsrecht widerstrebende nationale Bestimmung unangewendet zu lassen.

Neben der zeitlichen Begrenzung besteht für die Mitgliedstaaten auch die Möglichkeit, die Leistungsverpflichtung der Garantieeinrichtung der Höhe nach zu beschränken. Nach Art 4 Abs 3 RL 2008/94/EG dürfen diese Höchstgrenzen allerdings eine mit der sozialen Zielsetzung dieser Richtlinie zu vereinbarende soziale Schwelle nicht unterschreiten. Die Richtlinie macht jedoch keine weiteren Angaben, ab welcher Höchstgrenze oder aufgrund welcher sonstigen Faktoren die soziale Zweckrichtung der Richtlinie untergraben werden könnte. Den Mitgliedstaaten wird nur die Verpflichtung auferlegt, gegebenenfalls der Kommission die Methoden der Festsetzung der Höchstgrenzen mitzuteilen. Nach dem EuGH[1055] liegt die soziale Zweckbestimmung der Insolvenzrichtlinie darin, allen Arbeitnehmern

1053 EuGH Rs C-338/17 (Guigo), EU:C:2018:605 Rn 37.
1054 EuGH Rs C-125/01 (Pflücke), EU:C:2003:477.
1055 EuGH verb Rs C-19/01 (Instituto nazionale della previdenza sociale/Barsotti), C-50/01 (Castellani) und C-84/01 (Venturi), EU:C:2004:119.

durch Befriedung nicht erfüllter Ansprüche auf Arbeitsentgelt für einen bestimmten Zeitraum einen gemeinschaftlichen Mindestschutz bei Zahlungsunfähigkeit des Arbeitgebers zu sichern. Ob eine bloß existenzsichernde Höchstgrenze richtlinienkonform ist, wird daher zu bezweifeln sein, da der Zweck der Richtlinie auf die Sicherung des Entgelts für eine erbrachte Arbeitsleistung für einen bestimmten Zeitraum gerichtet ist, das Arbeitsentgelt aber regelmäßig über das bloße Existenzminimum hinausgeht.[1056]

Im Urteil van Ardennen hat der EuGH klargestellt, dass Art 4 der RL 80/987/EWG im Einklang mit seiner sozialen Zweckbestimmung eng ausgelegt werden muss. Somit ist eine nationale Regelung, die im Fall der Insolvenz für die vollständige Geltendmachung der Ansprüche die Arbeitnehmer verpflichtet, sich als Arbeitsuchender registrieren zu lassen, mit Art 3 und 4 der RL unvereinbar.[1057]

Den Mitgliedstaaten steht es jedoch gem Art 11 RL 2008/94/EG frei, günstigere Rechts- und Verwaltungsvorschriften anzuwenden oder zu erlassen.[1058] Die Beschränkungen in zeitlicher Hinsicht und der Höhe nach stellen demnach nur das Mindestniveau dar, das nicht unterschritten werden darf. Keinesfalls darf die Durchführung der Richtlinie als Begründung für einen Rückschritt gegenüber der bestehenden Situation in jedem einzelnen Mitgliedstaat und gegenüber dem allgemeinen Niveau des Arbeitnehmerschutzes in dem von ihr abgedeckten Bereich herangezogen werden. Die Richtlinie steht auch nicht der Befugnis der Mitgliedstaaten entgegen, die zur Vermeidung von Missbräuchen notwendigen Maßnahmen zu treffen. Unter Missbräuchen sind zweckwidrige Verhaltensweisen zu verstehen, die zu einer Schädigung der Garantieeinrichtung führen, indem ohne sachlichen Grund Entgeltansprüche geltend gemacht werden, um so zu Unrecht die Zahlungspflicht dieser Einrichtung auszulösen.[1059]

Der EuGH qualifizierte in der Entscheidung Walcher[1060] den Anspruch eines Gesellschafter-Arbeitnehmers (ohne beherrschenden Einfluss auf die

1056 Vgl auch *Weber*, EAS B 3300 Rn 47; aA *Holzer* in: *Runggaldier* (Hg), 276; ausdrücklich EuGH verb Rs C-19/01 (Instituto nazionale della previdenza sociale/Barsotti), C-50/01 (Castellani) und C-84/01 (Venturi), EU:C:2004:119.

1057 EuGH Rs C-435/10 (van Ardennen), EU:C:2011:751.

1058 Siehe hierzu EuGH Rs C-160/01 (Mau), EU:C:2003:280 mwN, wonach günstigere Vorschriften erlassen werden können, um insbesondere die nicht erfüllten Ansprüche im Zusammenhang mit dem Arbeitsentgelt, die einen Zeitraum nach der Einreichung des Antrags auf Eröffnung des Verfahrens zur gemeinschaftlichen Gläubigerbefriedigung betreffen, zu befriedigen.

1059 Zu missbräuchlicher Inanspruchnahme siehe EuGH Rs C-442/00 (Caballero), EU:C:2002:752.

1060 EuGH Rs C-201/01 (Walcher), EU:C:2003:450; zu dieser Entscheidung siehe auch *Graf*, ZAS 2004, 113 ff.

GmbH) als einen nicht erfüllten Anspruch iSd Insolvenzrichtlinie, dessen Geltendmachung nach Abwägung der Umstände des Einzelfalls und ungeachtet der österreichischen Rechtsprechung zu eigenkapitalersetzenden Gesellschafterdarlehen nicht als missbräuchliche Verhaltensweise zulasten der Garantieeinrichtung anzusehen ist.

Im Gegensatz dazu hat der EuGH im Urteil Andersson entschieden, dass Art 12 lit c der RL 2008/94/EG es den Mitgliedstaaten ausdrücklich gestattet, eine nationale Regelung zu erlassen, die einen Arbeitnehmer von der Zahlungsgarantie ausschließt, weil er allein oder zusammen mit engen Verwandten in den letzten sechs Monaten vor Stellung des Antrags auf Eröffnung des Konkurses Inhaber eines wesentlichen Teils dieses Unternehmens war und beträchtlichen Einfluss auf dessen Tätigkeiten hatte.[1061]

d) Vorschriften für grenzüberschreitende Fälle

Kapitel IV der RL 2008/94/EG widmet sich der Problematik der Zahlungsunfähigkeit eines in mehreren Mitgliedstaaten ansässigen Unternehmens.

Vor der Erlassung der RL 2002/74/EG war es umstritten, welcher Mitgliedstaat für die Befriedigung der nicht erfüllten Arbeitnehmeransprüche verantwortlich ist, wenn das Unternehmen in mehreren Mitgliedstaaten tätig ist. In der Rs Mosbaek hat der EuGH klargestellt, dass wenn der Arbeitgeber seinen Sitz in einem anderen Mitgliedstaat als demjenigen hat, in dem der Arbeitnehmer wohnt und seine Tätigkeit ausübt, im Falle der Zahlungsunfähigkeit die Garantieeinrichtung desjenigen Mitgliedstaats zuständig ist, in dem das Insolvenzverfahren durchzuführen ist.[1062] Wenn also ein Unternehmen keinen Betrieb in dem Mitgliedstaat hatte, wo der Arbeitnehmer seine Tätigkeit entrichtete, war somit die Einrichtung des Mitgliedstaats, in dessen Hoheitsgebiet die gerichtliche Liquidation des Arbeitgebers angeordnet worden ist, für die Befriedigung der Ansprüche des Arbeitnehmers zuständig.[1063]

Der Gesetzgeber folgte dieser Rechtsprechung jedoch nicht. Mit der RL 2002/74/EG wurde die Regel eingeführt, dass der gewöhnliche Arbeitsort des Arbeitnehmers für die Bestimmung des Mitgliedstaats der zuständigen Garantieeinrichtung entscheidend ist.

Ist ein Unternehmen, das im Hoheitsgebiet mindestens zweier Mitgliedstaaten tätig ist, zahlungsunfähig, so ist nach Art 9 Abs 1 RL 2008/94/EG für die Befriedigung der nicht erfüllten Arbeitnehmeransprüche die Einrichtung desjenigen Mitgliedstaats zuständig, in dessen Hoheitsgebiet die

1061 EuGH Rs C-30/10 (Andersson), EU:C:2011:66.
1062 EuGH Rs C-117/96 (Mosbæk), EU:C:1997:415.
1063 EuGH Rs C-477/09 (Defossez), EU:C:2011:134.

betreffenden Arbeitnehmer ihre Arbeit gewöhnlich verrichten oder verrichtet haben. Nach Ansicht des EuGH wird hierbei keine Zweigniederlassung oder feste Niederlassung im zweiten Mitgliedstaat verlangt. „Tätig sein" liegt bereits bei einer festen wirtschaftlichen Präsenz im zweiten Mitgliedstaat vor, die durch das Vorhandensein von Personal gekennzeichnet werden kann.[1064] Der Umfang der Rechte der Arbeitnehmer richtet sich nach dem für die zuständige Garantieeinrichtung geltenden Recht (Abs 2 leg cit).

Art 10 der Insolvenzrichtlinie verpflichtet die Mitgliedstaaten, ihren zuständigen Verwaltungen und/oder den Garantieeinrichtungen den Austausch einschlägiger Informationen aufzuerlegen. Ferner sind der Kommission gegenüber genaue Angaben zu den zuständigen Verwaltungen und/oder Garantieeinrichtungen zu machen, die diese der Öffentlichkeit zugänglich macht.

e) Rechtsfolgen der fehlerhaften Umsetzung der Insolvenzrichtlinie

Von besonderer Bedeutung für das gesamte Europarecht ist die im Zusammenhang mit der Insolvenzrichtlinie erstmalig aufgetretene Frage, welche Rechtsfolgen daran geknüpft sind, wenn es die Mitgliedstaaten versäumt haben, eine den oben erläuterten Erfordernissen entsprechende Garantieeinrichtung zu errichten und daher die Richtlinie nicht ordnungsgemäß umgesetzt haben.

EuGH, Rs C-6/90 und 9/90 (Francovich I):[1065] Wie der EuGH bereits in einer vorherigen Entscheidung[1066] festgestellt hatte, war Italien seiner Verpflichtung zur Umsetzung der Insolvenzrichtlinie nicht nachgekommen, da es bis zum 23. 10. 1983, dem Tag, an dem die Umsetzungsfrist der Richtlinie ablief, keine Garantieeinrichtung im Sinne des Art 3 der Insolvenzrichtlinie errichtet hatte. Herr *Francovich*, dessen Arbeitgeber in Konkurs gegangen war und bei dem eine Vollstreckung des noch ausstehenden Lohnes von Herrn *Francovich* erfolglos geblieben war, begehrte nun vom italienischen Staat die in der RL 2008/94/EG vorgesehenen Garantien, hilfsweise Schadensersatz. Damit Herr *Francovich* vom Staat die in der Richtlinie vorgesehenen Garantien hätte erhalten können, wäre erforderlich gewesen, dass diese dem Staat gegenüber unmittelbar anwendbar ist. Hierfür verlangt der EuGH in ständiger Rechtsprechung, dass die Bestimmungen der nicht ordnungsgemäß umgesetzten Richtlinie inhaltlich unbedingt und hinreichend genau sind. Der EuGH sah zwar den durch die Richtlinie begünstigten Personenkreis als hinreichend genau bestimmt an. Auch stand der unmittelbaren Anwendbarkeit der Richtlinie nach Ansicht des EuGH nichts entgegen, dass bezüglich des Inhalts der Garantie den Mitgliedstaaten bestimmte Wahlmöglichkeiten und ein Ermessensspielraum eingeräumt sind. Jedoch scheiterte die unmittelbare Anwend-

1064 EuGH Rs C-310/07 (Holmqvist), EU:C:2008:573.
1065 EuGH verb Rs C-6/90 und 9/90 (Francovich I), EU:C:1991:428.
1066 EuGH Rs C-22/87 (Kommission/Italien), EU:C:1989:45.

barkeit der Richtlinie daran, dass sie den Mitgliedstaaten den Aufbau, die Mittelaufbringung und die Arbeitsweise der Garantieeinrichtung freistellt. Somit kann der Schuldner der Garantieleistung nicht genau bestimmt werden, insbesondere kann der Staat nicht allein deshalb, weil er die Richtlinie nicht umgesetzt hat, als Schuldner angesehen werden.

Stattdessen begründete der EuGH erstmalig einen Staatshaftungsanspruch bei fehlender oder mangelhafter Umsetzung einer Richtlinie:

„Nach ständiger Rechtsprechung müssen die nationalen Gerichte, die im Rahmen ihrer Zuständigkeiten die Bestimmungen des Gemeinschaftsrechts anzuwenden haben, die volle Wirkung dieser Bestimmungen gewährleisten und die Rechte schützen, die das Gemeinschaftsrecht dem Einzelnen verleiht. Die volle Wirksamkeit der gemeinschaftsrechtlichen Bestimmungen wäre beeinträchtigt und der Schutz der durch sie begründeten Rechte gemindert, wenn der Einzelne nicht die Möglichkeit hätte, für den Fall eine Entschädigung zu erlangen, dass seine Rechte durch einen Verstoß gegen das Gemeinschaftsrecht verletzt werden, welcher einem Mitgliedstaat zuzurechnen ist."

Für einen solchen Staatshaftungsanspruch legte der EuGH jedoch drei Voraussetzungen fest:[1067]

„Erstens muss das durch die RL vorgeschriebene Ziel die Verleihung von Rechten an Einzelne beinhalten. Zweitens muss der Inhalt dieser Rechte auf der Grundlage der RL bestimmt werden können. Drittens muss ein Kausalzusammenhang zwischen dem Verstoß gegen die dem Staat auferlegte Verpflichtung und dem den Geschädigten entstandenen Schaden bestehen." Wie der Staatshaftungsanspruch verfahrensrechtlich auszugestalten ist, überlässt der EuGH mangels europäischer Regelungen jedoch dem nationalen Haftungsrecht. Im konkreten Fall wurde Herrn Francovich jedoch kein Schadensersatzanspruch zugestanden, da es am Merkmal der Kausalität der fehlenden Richtlinienumsetzung für den Schaden gefehlt hat. Auch wenn die RL korrekt umgesetzt worden wäre, hätte Herr Francovich keinen Anspruch gegen die Garantieeinrichtung gehabt, da sein Arbeitgeber nach nationalem italienischem Recht keinem Verfahren zur kollektiven Befriedigung der Gläubiger unterlag.[1068]

Setzt ein Mitgliedstaat die Richtlinie nicht oder nicht vollständig um, so muss der Umfang des Schadensersatzanspruchs so angemessen sein, dass er

---

1067 Es ist an dieser Stelle darauf hinzuweisen, dass die Dogmatik des Staatshaftungsanspruchs in der Rechtsprechung des EuGH fortentwickelt worden ist. Namentlich ist dabei die Entscheidung in der Rs C-46/93 und C-48/93 (Brasserie du Pêcheur), EU:C:1996:79, hervorzuheben. Danach sind die anspruchsbegründenden Elemente: a) eine verletzte Norm mit dem Zweck, dem Einzelnen Rechte zu verleihen, b) ein hinreichend qualifizierter Verstoß gegen diese Norm und c) ein unmittelbarer Kausalzusammenhang zwischen diesem Verstoß und dem der geschädigten Person entstandenen Schaden, vgl etwa *Lageard* in: *Lenz/ Borchardt* (Hg), Art 340 AEUV Rn 41 ff. Die Nichtumsetzung oder nicht korrekte Umsetzung einer Richtlinie ist ein typischer Fall eines qualifizierten Rechtsverstoßes.

1068 EuGH Rs C-6/90 und C-9/90 (Francovich I), EU:C:1991:428.

einen effektiven Schutz der Rechte des Bürgers gewährleistet.[1069] Neben dem Inhalt der Gewährleistungen hält der EuGH[1070] auch die Richtlinienbestimmungen über den Kreis der Begünstigten für genau und unbedingt und somit für unmittelbar anwendbar.

Das Prinzip, dass ein Arbeitnehmer bei Zahlungsunfähigkeit seines Arbeitgebers mindestens die Hälfte der Leistungen erhalten muss, die sich aus seinen erworbenen Rentenansprüchen aus einer betrieblichen Zusatzversorgungseinrichtung ergeben, ist dem EuGH zufolge ab dem 25. Januar 2007 (Veröffentlichung des Urteils Robins) klar und präzise. Ein Verstoß gegen dieses Prinzip ist somit hinreichend qualifiziert, um einen Entschädigungsanspruch des Arbeitnehmers gegen einen Mitgliedstaat zu begründen.[1071]

f) Schutz von Ansprüchen der sozialen Sicherheit bei Insolvenz

Ist der Arbeitgeber insolvent, so besteht zumeist die Gefahr, dass er nicht nur die den Arbeitnehmern geschuldeten Gehälter nicht auszahlt, sondern auch seine (und die Arbeitnehmer-)Beiträge an die staatliche Sozialversicherung oder/und an eine betriebliche oder überbetriebliche Zusatzversicherung nicht leistet. Dies hätte zur Folge, dass dem Arbeitnehmer aufgrund der nicht geleisteten Beiträge Einbußen bei Leistungen der Altersversorgung drohen. Auch in dieser Situation soll die RL 2008/94/EG dem Arbeitnehmer Schutz gewähren.

Bei den Beiträgen zu den Systemen der sozialen Sicherheit differenziert der Richtliniengeber danach, ob es sich um nicht entrichtete Arbeitgeber- oder Arbeitnehmeranteile handelt. Handelt es sich um Arbeitnehmerbeiträge, so kann ein Mitgliedstaat gem Art 6 der Insolvenzrichtlinie vorsehen, dass diese nicht von den Art 3 bis 5 der Insolvenzrichtlinie und somit von der Garantie erfasst werden. Diese Vorschrift geht von dem Grundgedanken aus, dass die Arbeitnehmeranteile zwar als Teil des Entgelts grundsätzlich durch die Garantieeinrichtung gesichert werden müssen, eröffnet den Mitgliedstaaten jedoch die Möglichkeit, diesen Teil des Entgelts im Falle der Insolvenz nicht durch die Garantieeinrichtung abzusichern. Macht ein Mitgliedstaat von dieser Ausnahmemöglichkeit jedoch keinen Gebrauch, darf der Umstand, dass der Arbeitgeber die Arbeitnehmeranteile vorenthalten hat, nicht dazu führen, dass die Garantieleistung entsprechend gekürzt wird.

Darüber hinaus – und darin liegt die wesentliche praktische Bedeutung der Vorschriften über die soziale Sicherheit – verpflichtet Art 7 der Insolvenzrichtlinie die Mitgliedstaaten sicherzustellen, dass es keine nachteiligen

1069 EuGH Rs C-94/95 und C-95/95 (Bonifaci und Berto), EU:C:1997:348.
1070 EuGH Rs C-441/99 (Riksskatteverket/Gharvehveran), EU:C:2001:551.
1071 EuGH Rs C-398/11 (Hogan ua), EU:C:2013:272.

Auswirkungen auf die Leistungsansprüche aus den gesetzlichen Sozialversicherungssystemen haben darf, wenn der Arbeitgeber seine vor Eintritt der Zahlungsunfähigkeit geschuldeten Pflichtbeiträge an die Versicherungsträger nicht gezahlt hat, „soweit die Arbeitnehmerbeitragsanteile von den gezahlten Löhnen einbehalten worden sind." Die Wirkung der Insolvenzrichtlinie geht hier demnach über den Schutz des Arbeitnehmers die Ansprüche aus dem Arbeitsverhältnis betreffend hinaus, indem eine unmittelbare Leistungspflicht der Sozialversicherungsträger begründet wird.

Außerhalb der gesetzlichen Systeme der sozialen Sicherheit, also bei betrieblichen oder überbetrieblichen Zusatzversorgungseinrichtungen, haben sich die Mitgliedstaaten gem Art 8 RL 2008/94/EG zu vergewissern, dass die notwendigen Maßnahmen zum Schutz der Interessen der Arbeitnehmer sowie der Personen, die „zum Zeitpunkt des Eintritts der Zahlungsunfähigkeit des Arbeitgebers aus dessen Unternehmen oder Betrieb bereits ausgeschieden sind, hinsichtlich ihrer erworbenen Rechte oder Anwartschaftsrechte auf Leistungen bei Alter, einschließlich Leistungen für Hinterbliebene, [...] getroffen werden", was laut EuGH aber nicht bedeutet, dass die Mitgliedstaaten die Finanzierung selbst übernehmen müssen.[1072]

Der Begriff der „erworbenen Rechte" sowie der Begriff der „Anwartschaftsrechte" ist gem Art 2 Abs 2 RL 2008/94/EG nach nationalem Recht zu bestimmen. Art 8 ist grundsätzlich auch im Zusammenhang mit der betrieblichen Altersversorgung über eine überbetriebliche Einrichtung anwendbar. Dies bestätigte der EuGH in der Rechtssache Bauer, als Leistungen aus einer überbetrieblichen Einrichtung mit Genehmigung der staatlichen Finanzdienstleistungsaufsicht gekürzt wurden und der Arbeitgeber diese Versluste des Arbeitnehmers auf Grund seiner Zahlungsunfähigkeit nicht ausgleichen konnte.[1073]

Der Umfang des Schutzes, der durch Art 8 der Insolvenzrichtlinie gewährt werden soll, lässt sich angesichts des Wortlautes „vergewissern sich, dass die notwendigen Maßnahmen [...] getroffen werden" kaum abschließend bestimmen, zumal Art 8 den Umfang der notwendigen Maßnahmen nicht weiter konkretisiert.[1074] Vom EuGH wurde allerdings festgestellt, dass jeder einzelne Arbeitnehmer im Fall der Zahlungsunfähigkeit seines Arbeitgebers Leistungen bei Alter erhalten muss, die mindestens 50 % des Werts seiner erworbenen Ansprüche aus einer betrieblichen Zusatzversorgungseinrichtung entsprechen.[1075] Erhält der Betroffene mindestens die Hälfte der

1072 EuGH Rs C-278/05 (Robins ua), EU:C:2007:56.
1073 EuGH Rs C-168/18 (Pensions-Sicherungs-Verein), EU:C:2019:1128 Rn 36.
1074 Vgl auch *Weber*, EAS B 3300, Rn 56 f; *Holzer* in: *Runggaldier* (Hg), 272 f.
1075 EuGH Rs C-17/17 (Hampshire), EU:C:2018:674 Rn 52.

Leistungen ist die Kürzung trotzdem unverhältnismäßig, falls der ehemalige Arbeitnehmer wegen der Kürzung der Leistungen unterhalb der von Eurostat ermittelten Armutsgefährdungsschwelle lebt oder leben wird.[1076]

Ebenfalls wird man als Mindestanforderung stellen müssen, dass der Arbeitgeber und seine Gläubiger keine Möglichkeit haben dürfen, auf das aus den Beitragsleistungen vorhandene Kapital zur Deckung der zugesagten Pensionen Zugriff zu nehmen.. Dieses ist also jedenfalls getrennt vom Betriebsvermögen zu verwalten.

Die schlechte Wirtschaftslage eines Mitgliedstaates kann keinen Grund darstellen, um ein geringeres Niveau des Schutzes der Arbeitnehmerinteressen zu rechtfertigen, was die Ansprüche auf Leistungen bei Alter aus einer betrieblichen Zusatzversorgungseinrichtung betrifft.[1077]

Um einen effektiven Schutz der Ansprüche der Arbeitnehmer aus betrieblichen und überbetrieblichen Zusatzversorgungseinrichtungen zu gewährleisten, ist unseres Erachtens zu fordern, dass eine einer Garantieeinrichtung iSd Art 3 ff der Insolvenzrichtlinie vergleichbare Einrichtung – wie in Deutschland der Pensions-Sicherungs-Verein gem §§ 7 ff BetrAVG – die Leistungsanwartschaften und -rechte absichert. Das Schutzniveau des Art 5 der Insolvenzrichtlinie sollte, auch wenn Art 8 RL 2008/94/EG keinen Verweis auf diese Vorschrift enthält, maßgeblich sein.[1078] Auch wenn § 3d IESG im Falle der Insolvenz des Arbeitgebers Leistungen des Insolvenz-Ausfallgeld-Fonds zur Sicherung von Ansprüchen aus der betrieblichen Altersversorgung vorsieht, wird man dieser österreichischen Regelung insoweit keine Europarechtskonformität bescheinigen können, als sie bei direkten Leistungszusagen des Arbeitgebers bloße Abschlagszahlungen in Höhe von 24 bzw 12 Monatsbeträgen als Insolvenzausfallgeld vorsieht. Durch diese höhenmäßige Beschränkung wird kaum ausreichender Schutz für die vom Arbeitnehmer möglicherweise über Jahre erworbenen Leistungsansprüche gewährt.[1079]

2. Schutz bei Massenentlassungen (RL 98/59/EG)

Literatur: *Ascheid/Preis/Schmidt*, Kündigungsrecht, 5. Aufl 2017, KSchG § 17; *Bauer/Powietzka*, Neues zur Nachholbarkeit von Massenentlassungsanzeigen, DB 2001, 383 ff; *Egger*, Das Arbeits- und Sozialrecht der EU und die österreichische Rechtsordnung, 2. Aufl 2006, 490 ff; *Franzen*, Begriff der Entlassung nach der Massenentlassungsrichtlinie, NZA 2016, 26 ff; *Feltl/Fragner*, Unternehmensrecht aktuell!, GesRZ, 2007, 74 ff; *Forst*, Informationspflichten bei der Massenentlassung, NZA 2009, 294 ff;

1076 EuGH Rs C-168/18 (Pensions-Sicherungs-Verein), EU:C:2019:1128 Rn 46.
1077 EuGH Rs C-398/11 (Hogan ua), EU:C:2013:272.
1078 Vgl auch *Weber*, EAS B 3300 Rn 58.
1079 Vgl *Holzer/Reissner/Schwarz*, IESG § 3d Nr 3 mwN.

ders, Neues aus Luxemburg zur Massenentlassung, NZA 2010, 144 ff; *Forst*, GmbH-Fremdgeschäftsführer als Arbeitnehmer im Sinne des Unionsrechts, EuZW 2015, 664 ff; *Grau/Sittard*, Neues zum Verfahren bei Massenentlassungen?, BB 2011, 1845 ff; *Hergenröder* in MünchKommBGB, 8. Aufl 2020, § 17 KSchG; *Leuchten/Lipinski*, Die Anrechnung des Nachteilsausgleichs auf die Sozialplanabfindung nach der Massenentlassungsrichtlinie 98/59/EG, NZA 2003, 1361 ff; *Löschnigg/Standeker*, Einvernehmliche Auflösung und Kündigungsfrühwarnsystem, RdW 2000, 541 ff; *Moll* in *Ascheid/Preis/Schmidt* (Hg), Kündigungsschutzrecht, 5. Aufl 2017, § 17 KSchG; *Naber/Sittard*, Massentlassungsrecht, in: *Preis/Sagan* (Hg), Europäisches Arbeitsrecht, 2. Aufl 2019, § 10, 678 ff; *Nicolai*, Neue Regeln für Massenentlassungen, NZA 2005, 206 ff; *Oetker* in MünchArbR, 4. Aufl 2018 § 10; *Riesenhuber*, Europäisches Arbeitsrecht, 2009, § 23; *ders/Domröse*, Richtlinienkonforme Auslegung der §§ 17, 18 KSchG und Rechtsfolgen fehlerhafter Massenentlassungen, NZA 2005, 568 ff; *Schramm/Kuhnke*, Das Zusammenspiel von Interessenausgleichs- und Massenentlassungsanzeigeverfahren, NZA 2011, 1071 ff; *Świątkowski*, 98/59/EC: Collective Redundancy, in: *Schlachter* (Hg), EU Labour Law, 2015, 345 ff; *Temming*, Offene Fragen im Verhältnis zwischen Konsultationsverfahren und Zeitpunkt der Massenentlassungsanzeige, ZESAR, 2010, 277 ff; *Volkening* in Rolfs/Giesen/Kreikebohm/Udsching (Hg), BeckOK ArbR, 48. Aufl 2018, § 17 KSchG Rn 8; *Wank*, Die personellen Grenzen des Europäischen Arbeitsrechts: Arbeitsrecht für Nicht-Arbeitnehmer?, EuZA 2008, 172 ff; *Ch. Weber*, Massenentlassung, in: *Schlachter/Heinig* (Hg), Europäisches Arbeits- und Sozialrecht, 2016, 415 ff; *Weiß*, Die europarechtliche Regelung der Massenentlassung, RdA 1992, 367 ff; *Wisskirchen/Bissels*, Massenentlassungen in den Mitgliedstaaten der EU, ZESAR 2010, 164 ff; *Thüsing*, Europäisches Arbeitsrecht, 3. Aufl 2017, § 6; *Ziniel*, Massenentlassungen im Recht der Europäischen Gemeinschaft und im österreichischen Recht, in: *Runggaldier* (Hg), Österreichisches Arbeitsrecht und das Recht der EG, 1990, 283 ff.

Neben dem Schutz, den die RL 2006/54/EG unter dem Gesichtspunkt der Gleichbehandlung der Geschlechter hinsichtlich der Entlassungsbedingungen gewährt,[1080] machte das europäische Arbeitsrecht mit der RL 75/129/EWG[1081] (Massenentlassungsrichtlinie), die durch die RL 98/59/EG[1082] neu kodifiziert worden ist, auch Vorgaben, wie die sozialen Folgen von Massenentlassungen zu mindern sind. Da Art 5 der Massenentlassungsrichtlinie den Mitgliedstaaten die Möglichkeit eröffnet, für den Arbeitnehmer günstigere Rechts- und Verwaltungsvorschriften anzuwenden oder zu erlassen oder für die Arbeitnehmer günstigere tarifvertragliche Vereinbarungen zuzulassen oder zu fördern, gewährleistet die Richtlinie nur einen Mindestschutz. Dieser liegt in einer Informations- und Konsultationsverpflichtung des Arbeitgebers, der eine Massenentlassung beabsichtigt, sowie in einem besonderen Verfahren, das bei Massenentlassungen einzuhalten ist und das unter anderem ein zeitlich befristetes Kündigungsverbot beinhaltet. Die

1080 Siehe dazu oben 2. Teil, II.B.1e)bb).
1081 ABlEG 1975 Nr L 48/29.
1082 ABlEG 1998 Nr L 225/16.

Massenentlassungsrichtlinie wurde im Wesentlichen durch § 17 des deutschen Kündigungsschutzgesetzes sowie in § 45a des österreichischen Arbeitsmarktförderungsgesetzes umgesetzt.

a) Begriff der Massenentlassung

Der Begriff der Massenentlassung erhält in Art 1 Abs 1 lit a RL 98/59/EG eine Legaldefinition. Diese sieht verschiedene zeitliche und quantitative Dimensionen vor. Massenentlassungen sind demnach Entlassungen, die ein Arbeitgeber aus einem oder mehreren betrieblichen Gründen, die nicht in der Person der Arbeitnehmer liegen, vornimmt und bei denen – nach Wahl der Mitgliedstaaten – die Zahl der Entlassungen

a) entweder innerhalb eines Zeitraums von 30 Tagen
   - mindestens 10 in Betrieben mit in der Regel mehr als 20 und weniger als 100 Arbeitnehmern,
   - mindestens 10 % der Arbeitnehmer in Betrieben mit in der Regel mindestens 100 und weniger als 300 Arbeitnehmern,
   - mindestens 30 in Betrieben mit in der Regel mindestens 300 Arbeitnehmern,

b) oder innerhalb eines Zeitraums von 90 Tagen mindestens 20, und zwar unabhängig davon, wie viele Arbeitnehmer in der Regel in dem betreffenden Betrieb[1083] beschäftigt sind,

beträgt. Sowohl § 17 Abs 1 des deutschen KSchG als auch § 45a Abs 1 des österreichischen AMFG enthalten im Ergebnis für den Arbeitnehmer sogar noch günstigere Verhältniszahlen und richten sich nach dem Umsetzungsvorbild der lit a.

Keine Anwendung findet die Richtlinie hingegen gem Art 1 Abs 2 lit a auf befristete oder für eine bestimmte Tätigkeit abgeschlossene Arbeitsverhältnisse, es sei denn, die Entlassung erfolgt vor Ablauf der Frist oder vor Erfüllung der bestimmten Tätigkeit. Diese Beendigungsarten erfüllen somit zwar nicht das Tatbestandsmerkmal der Entlassung.[1084] Die betreffenden Arbeitnehmer sind aber auf der anderen Seite zu den „in der Regel" beschäftigten Arbeitnehmern hinzuzählen, da es für die Belegschaftseigenschaft lediglich darauf ankommt, dass ein Arbeitnehmer „für eine bestimmte Zeit

1083 Bei dieser Umsetzungsvariante sind an den Betriebsbegriff trotz der Erwähnung des Betriebs im Singular dieselben Anforderungen wie an die Umsetzungsvariante Art 1 Abs 1 lit a Zif i der Richtlinie zu stellen, wo von „Betrieben" die Rede ist, EuGH Rs C-80/14 (USDAW), EU:C:2015:291 Rn 54 ff.

1084 EuGH Rs C-392/13 (Cañas), EU:C:2015:318 Rn 67.

oder Tätigkeit" im betreffenden Betrieb beschäftigt wird.[1085] Gleiches müsste somit auch für Leiharbeitnehmer gelten.[1086]

Darüber hinaus sind gem Art 1 Abs 2 lit b und c Arbeitnehmer der öffentlichen Verwaltung sowie die Besatzungen von Seeschiffen vom Anwendungsbereich der Richtlinie ausgenommen. Dem EuGH zufolge ist die zivile Belegschaft einer Militärbasis ebenfalls von dieser Ausnahme erfasst, da die Streitkräfte unter die öffentliche Verwaltung oder eine gleichwertige Stelle fallen.[1087] Keine Sonderbehandlung sieht die RL 98/59/EG (anders als bei der Anhörungsrichtlinie 2002/14/EG) für Tendenzunternehmen und Religionsgemeinschaften vor.[1088]

Ob der RL 98/59/EG ein mitgliedsstaatliches Arbeitnehmerverständnis oder ein autonomes zugrundeliegt, ließ der EuGH lange offen.[1089] Art 1 Abs 1 lit b, der bei der Frage der Arbeitnehmervertretereigenschaft auf die Praxis der Mitgliedstaaten verweist, bot einen Anhaltspunkt für den Vorzug des nationalen Verständnisses.[1090] Dem folgte der EuGH nicht. Infolge des Harmonisierungszwecks der Massenentlassungsrichtlinie ist der Richtlinie ein pimärrechtliches Verständnis des Arbeitnehmerbegriffs zu unterstellen.[1091] Auch Praktikanten, die ohne Vergütung durch den Arbeitgeber finanziell gefördert und von der für die Arbeitsförderung zuständigen öffentlichen Stelle anerkannt werden, sind als Arbeitnehmer iSd leg cit zu werten.[1092] Der EuGH hat in diesem Zusammenhang auch bereits festgestellt, dass eine französische Regelung, die eine bestimmte Gruppe von Arbeitnehmern – und sei es zeitweilig – bei der Berechnung der Beschäftigtenzahl nicht berücksichtigt, gegen Art 1 Abs 1 lit a der Massenentlassungsrichtlinie verstößt.[1093] Der Ausschluss von weisungsabhängigen Mitgliedern der Unternehmensleitung (zB Fremdgeschäftsführer) bei der Berechnung der oben genannten Schwellenwerte widerspricht nach dem EuGH der Richtlinie 98/59/EG.[1094] Damit kommt es für die arbeitsrechtliche Einstufung nicht auf die gesellschaftsrechtliche Stellung an. Europarechtlich bedenklich erscheint daher § 17 Abs 5 des deutschen KSchG, der leitende Angestellte,

1085 EuGH Rs C-422/14 (Rivera), EU:C:2015:743 Rn 32.
1086 So *Kiel* in: ErfK, 17. Aufl, KSchG § 17 Rn 11.
1087 EuGH Rs C-583/10 (United States of America), EU:C:2012:638.
1088 Gegen eine analoge Anwendung dieser Vorschriften auf den Fall der Massenentlassung, siehe *Ch. Weber* in: *Schlachter/Heinig* (Hg), § 9 Rn 47.
1089 EuGH Rs C-32/02 (Kommission/Italienische Republik), EU:C:2003:555.
1090 *Naber/Sittard* in Preis/Sagan (Hg), § 10 Rn 16; *Wank*, EuZA 2008, 184.
1091 EuGH Rs C-229/14 (Balkaya), EU:C:2015:455 Rn 33; *Forst*, EuZW 2015, 664.
1092 EuGH Rs C-229/14 (Balkaya), EU:C:2015:455 Rn 49 ff.
1093 EuGH Rs C-385/05 (CGT ua), EU:C:2007:37.
1094 EuGH Rs C-229/14 (Balkaya), EU:C:2015:455 Rn 48.

obwohl sie Arbeitnehmer sind, bei der Berechnung der Arbeitnehmerzahlen zur Massenentlassung ausnimmt, da die Massenentlassungsrichtlinie keine Ausnahme für diese Arbeitnehmergruppe vorsieht.[1095] Nach überwiegender Ansicht ist daher § 17 Abs 5 des deutschen KSchG weiterhin anzuwenden, führt aber zu einem Schadenersatzanspruch gegen den deutschen Gesetzgeber.[1096] In einem ähnlichen Fall stellte der EuGH auf Betreiben der Europäischen Kommission fest, dass Italien Art 1 Abs 1 und 2 der RL 98/59/EG verletzte, weil der italienische Gesetzgeber bei der Umsetzung dieser Richtlinie die Gruppe der leitenden Angestellten vom Anwendungsbereich des von ihm eingeführten Verfahrens zur Information und Konsultation bei Massenentlassungen ausgenommen hat, obwohl diese Personen nach dem italienischen Zivilgesetzbuch unter den Begriff des Arbeitnehmers fielen.[1097]

In Bezug auf den Arbeitgeberbegriff stellte der EuGH klar, dass sich dieser iSd Art 1 Abs 1 lit a RL 98/59/EG nicht auf Erwerbszwecke verfolgende Arbeitgeber beschränkt, sondern die Verfolgung eines Erwerbszwecks für die Anwendung der Massenentlassungsrichtlinie unerheblich ist.[1098]

Der Begriff der „Entlassung“ erfährt in der Richtlinie keine Definition. Nach dem EuGH[1099] ist der Entlassungsbegriff im Rahmen der Richtlinie gemeinschaftsrechtlich autonom und einheitlich dahingehend auszulegen, dass er jede vom Arbeitnehmer nicht gewollte, also ohne seine Zustimmung erfolgte Beendigung des Arbeitsverhältnisses umfasst. Seit der Rs Junk[1100] gilt als gesichert, dass die Erklärung der Vertragsbeendigung und nicht die Vertragsbeendigung selbst den Tatbestand der Entlassung erfüllt. Er verlangt auch nicht, dass die Gründe, auf denen die Beendigung beruht, dem Willen des Arbeitgebers entsprechen. Keine Massenentlassung liegt vor, wenn Arbeitsverträge mit einer natürlichen Person als Arbeitgeber mit dem Tod des Arbeitgebers enden.[1101] Der Begriff der Massenentlassung setzt

1095 *Moll* in: *Ascheid/Preis/Schmidt* (Hg), § 17 KSchG Rn 15; *Kiel* in: ErfK, 17. Aufl, § 17 KSchG Rn 10; *Hergenröder* in: MünchKommBGB, 7. Aufl, § 17 KSchG Rn 20.

1096 *Moll* in: *Ascheid/Preis/Schmidt* (Hg), § 17 KSchG Rn 15 mwN; *Volkening* in: BeckOK ArbR, 44. Aufl, KSchG § 17 Rn 8; zwischen Schadenersatz und richtlinienkonformer Auslegung schwankend *Hergenröder* in: MünchKommBGB, 7. Aufl, § 17 KSchG Rn 20.

1097 EuGH Rs C-596/12 (Europäische Kommission/Italienische Republik), EU:C:2014:77.

1098 EuGH Rs C-32/02 (Kommission/Italienische Republik), EU:C:2003:555.

1099 EuGH Rs C-55/02 (Kommission/Portugiesische Republik), EU:C:2004:605; zuletzt EuGH Rs C-422/14 (Rivera), EU:C:2015:743 Rn 48.

1100 EuGH Rs C-188/03 (Junk), EU:C:2005:59 Rn 31 ff.

1101 EuGH Rs C-323/08 (Rodríguez Mayor ua), EU:C:2009:770. Im konkreten Fall betrieb der Arbeitgeber als natürliche Person das Unternehmen, welches keine

nämlich sowohl die Existenz eines Arbeitgebers als auch eine Handlung desselben voraus. Weiters können im Falle des Ablebens des Arbeitgebers die Hauptziele der RL nicht erreicht werden, nämlich erstens die Beendigung der Arbeitsverträge zu vermeiden, beschränken oder ihre Folgen zu mildern und zweitens vor der Vornahme von Massenentlassungen Arbeitnehmervertreter zu konsultieren sowie die zuständige Behörde zu unterrichten.[1102]

Der Begriff der „Entlassung" darf daher keinesfalls – wie in der österreichischen Diktion – einschränkend als Beendigung aus wichtigem Grund verstanden werden.[1103] Erfasst werden vielmehr alle vom Arbeitgeber aus betrieblichen Gründen veranlassten Beendigungen von Arbeitsverhältnissen. Auch einseitige und zulasten des Arbeitnehmers vorgenommene erhebliche Änderungen der wesentlichen Bestandteile des Arbeitsvertrags sind als Entlassung zu werten.[1104] Somit sind auch Änderungskündigungen, die sich durch die Annahme der neuen Arbeitsbedingungen durch den Arbeitnehmer nicht realisieren, infolge des für die Richtlinie maßgebenden Auflösungsrisikos von der Anzeigepflicht umfasst, falls eine solche wesentliche Änderung der wesentlichen Vertragsbestandteile vorliegt.[1105] Handelt es sich um vom Arbeitgeber veranlasste Beendigungen der Arbeitsverhältnisse, so werden diese gem Art 1 Abs 1 UA 2 RL 98/59/EG Entlassungen gleichgestellt, wenn die Zahl der Entlassungen mindestens 5 beträgt. Durch diese 1992 eingeführte Ergänzung der Richtlinie wird entgegen der früheren Auffassung des EuGH in der Rs Dansk Metalarbejderforbund[1106] auch die vom Arbeitgeber provozierte Eigenkündigung des Arbeitnehmers in den Anwendungsbereich der Massenentlassungsrichtlinie fallen müssen. Nach Ansicht des EuGH muss auch das Erlöschen des Arbeitsvertrages kraft Gesetzes als Entlassung iSd Richtlinie eingestuft werden, da es sich um eine nicht vom Arbeitnehmer gewollte Beendigung des Arbeitsvertrags handelt.[1107] Lehnt ein Arbeitnehmer eine Änderungskündigung ab, ist dies ebenso als

---

eigene Rechtspersönlichkeit hatte. Zudem gab es keine Unternehmensnachfolge, da die gesetzlichen Erben auf die Erbschaft verzichteten.

1102 EuGH Rs C-323/08 (Rodríguez Mayor ua), EU:C:2009:770 Rn 34, 43 f.

1103 *Löschnigg/Standeker*, RdW 2000, 541; vgl zur Problematik des deutschen Begriffsverständnisses von Entlassungen EuGH Rs C-188/03 (Junk), EU:C:2005:59; siehe auch unter 2. Teil, III.B.1.a).

1104 EuGH Rs C-422/14 (Rivera), EU:C:2015:743 Rn 55.

1105 EuGH Rs C-149/16 (Socha ua), EU:C:2017:708 Rn 25 f; *Franzen*, NZA 2016, 27 f; gegen einen nachträglichen Entfall der Anzeigepflicht *Kiel* in ErfK, 17. Aufl, KSchG § 17 Rn 15.

1106 EuGH Rs C-284/83 (Dansk Metalarbejderforbund und Specialarbejderforbundet i Danmark), EU:C:1985:61.

1107 EuGH Rs C-55/02 (Kommission ./. Portugiesische Republik), EU:C:2004:605.

eine Beendigung iSd Art 1 Abs 1 UA 2 zu werten.[1108] Für das Vorliegen einer Massenentlassung iSd Art 1 Abs 1 UA 2 ist im Gegensatz zu Art 1 Abs 1 lit a eine „Entlassung im eigentlichen Sinne“ und damit nicht bloß eine der Entlassung gleichgestellte Vertragsbeendigung erforderlich.[1109] Keine Anwendung fand die Richtlinie gem Art 1 Abs 2 hingegen auf Entlassungen, die der Arbeitgeber ausspricht, wenn aufgrund einer gerichtlichen Entscheidung der Betrieb eingestellt wurde. Diese generelle Ausnahme vom Schutz der Richtlinie gerade für den Fall des Konkurses, bei dem die Arbeitnehmer dringend Schutz benötigen, war sozialpolitisch kaum zu rechtfertigen und wurde durch die RL 92/56/EWG[1110] aufgehoben.[1111] Seit dieser Ausweitung des Anwendungsbereiches der RL sind Art 1 bis 3 der RL 98/59 auch auf Arbeit gebende Betriebe anwendbar, die ihre Tätigkeiten infolge einer gerichtlichen Entscheidung, mit der deren Auflösung und Liquidation wegen Insolvenz angeordnet wird, einstellen müssen; für den Arbeitgeber besteht zudem die Pflicht zur Unterrichtung und Anhörung der Arbeitnehmer.[1112] Jedoch ermächtigt die Massenentlassungsrichtlinie in Art 3 Abs 1 UA 2 sowie in Art 4 Abs 4 die Mitgliedstaaten punktuell für den Fall der Einstellung der Tätigkeit des Betriebs aufgrund einer gerichtlichen Entscheidung weiterhin bestimmte Ausnahmen vorzusehen.[1113] Nicht zulässig ist es hingegen, die Entlassung auf „wirtschaftliche, technische, organisatorische oder produktionsbedingte Gründe“ zu beschränken, da Art 1 Abs 1 UA 1 lit a RL 98/59/EG bloß von Gründen handelt, welche „nicht in der Person des Arbeitnehmers liegen.“[1114] Nicht definiert ist hingegen der Betriebsbegriff der Massenentlassungsrichtlinie, zumal in den verschiedenen sprachlichen Fassungen anstelle des Betriebsbegriffs auch die Begriffe Niederlassung, Unternehmen, Arbeitsmittelpunkt, räumliche Einheit oder Arbeitsort zu finden sind.[1115] Gerade bei der Berechnung der für das Vorliegen einer Massenentlassung maßgeblichen Arbeitnehmerzahl ist jedoch von entscheidender Bedeutung, innerhalb welcher Einheit die erforderliche Zahl an Arbeitnehmern entlassen werden muss. Fraglich ist insofern, ob bei einem Unterneh-

---

1108 EuGH Rs C-149/16 (Socha ua), EU:C:2017:708 Rn 28; EuGH Rs C-429/16 (Ciupa ua), EU:C:2017:711 Rn 31.

1109 EuGH Rs C-422/14 (Rivera), EU:C:2015:743 Rn 46.

1110 ABlEG 1992 Nr L 245/3.

1111 Vgl die Schlussanträge des Generalanwalts *Cosmas* in EuGH Rs C-250/97 (Lauge), EU:C:1998:435 Rn 5 ff.

1112 EuGH Rs C-235/10 bis C-239/10 (David Claes, ua), EU:C:2011:119, Rn 33, 38, 49.

1113 Vgl dazu EuGH Rs C-250/97 (Lauge), EU:C:1998:620; EuGH Rs C-55/02 (Kommission/Portugiesische Republik), EU:C:2004:605.

1114 EuGH Rs C-392/13 (Cañas), EU:C:2015:318 Rn 47, 68 ff.

1115 Siehe dazu EuGH Rs C-182/13 (Valerie Lyttle), EU:C:2015:317.

men mit mehreren Betrieben auf das Unternehmen oder den jeweiligen Betrieb abzustellen ist, bzw ob sich bei einem Konzern mit mehreren Unternehmen die Mindestzahl der Arbeitnehmer auf den Konzern oder das jeweilige Unternehmen oder sogar auf die noch kleinere Einheit der Betriebe innerhalb eines jeden Unternehmens bezieht.

Das Verständnis der in der Massenentlassungsrichtlinie gebrauchten Einheiten ist autonom zu ermitteln.[1116] Inwieweit ein Betrieb von einem Unternehmen abzugrenzen ist, entwickelte der EuGH maßgeblich in der Rs Rockfon (C-449/93):[1117]

> Die Firma Rockfon war eines von vier Unternehmen eines Konzerns, die am gleichen Ort ansässig waren. Rockfon beschäftigte 162 Personen, von denen 24 oder 25 Personen entlassen wurden. Weder wurden die Arbeitnehmer konsultiert noch die zuständige Behörde informiert, da die Konzernleitung davon ausging, dass die Grenzwerte, die in Übereinstimmung mit der Massenentlassungsrichtlinie die Informations- und Konsultationsverpflichtungen auslösen, nicht erreicht seien. Der Konzern hatte nämlich in Dänemark, dem Standort der Firma Rockfon, insgesamt weit über 300 Mitarbeiter. Die einzelnen Unternehmen durften Entlassungen nur nach Zustimmung einer zentralen Konzerneinrichtung aussprechen, damit zuvor auch die Möglichkeit einer konzerninternen Versetzung überprüft werden konnte.

Der EuGH stellte daraufhin fest, dass der Betriebsbegriff der Massenentlassungsrichtlinie gemeinschaftsweit einheitlich anhand der Systematik und dem Zweck der Regelung auszulegen sei.

> „Hiermit sei es jedoch nicht vereinbar, dass Gesellschaften, die zu demselben Konzern gehören, die Anwendung der RL dadurch erschweren, dass sie die Entscheidung über die Entlassung auf eine gesonderte Einrichtung auf Konzernebene übertragen. „Auf diese Weise könnten sie sich der Pflicht zur Einhaltung bestimmter Verfahren zum Schutz der Arbeitnehmer entziehen, und großen Gruppen von Arbeitnehmern könnte das Recht auf Information und Anhörung versagt bleiben, das ihnen normalerweise aufgrund der RL zusteht […] Der Begriff ‚Betrieb' in Artikel 1 Absatz 1 Buchstabe a der RL ist deshalb dahingehend auszulegen, dass er nach Maßgabe der Umstände die Einheit bezeichnet, der die von der Entlassung betroffenen Arbeitnehmer zur Erfüllung ihrer Aufgabe angehören. Ob die fragliche Einheit eine Leitung hat, die selbständig Massenentlassungen vornehmen kann, ist für die Definition des Begriffs ‚Betrieb' nicht entscheidend."[1118]

In einer darauffolgenden Entscheidung, Rs C-270/05 (Athinaïki Chartopoïía AE),[1119] feilte der EuGH an seiner Definition vom „Betrieb". Dabei sei der mit der Richtlinie 98/59 verfolgte Zweck zu berücksichtigen, welcher

1116 EuGH Rs C-422/14 (Rivera), EU:C:2015:743 Rn 31.
1117 EuGH Rs C-449/93 (Rockfon), EU:C:1995:420.
1118 EuGH Rs C-449/93 (Rockfon), EU:C:1995:420 Rn 30, 32.
1119 EuGH Rs C-270/05 (Athinaïki Chartopoïía AE), EU:C:2007:101 Rn 28 ff; *Feltl/Fragner*, GesRZ 2007, 78.

> „insbesondere die sozioökonomischen Auswirkungen betrifft, die Massenentlassungen in einem bestimmten örtlichen Kontext und einer bestimmten sozialen Umgebung hervorrufen können, [sodass] die fragliche Einheit weder rechtliche noch wirtschaftliche, finanzielle, verwaltungsmäßige oder technologische Autonomie besitzen [muss], um als ‚Betrieb' qualifiziert werden zu können".[1120]

Im dazu gegenständlichen Fall war die betreffende Produktionseinheit eine von drei getrennten Produktionseinheiten des Unternehmensträgers, die 420 Arbeitnehmer beschäftigte, und über eine eigene Ausstattung sowie eigenes Fachpersonal verfügte. Im Betrieb hing sie nicht von anderen Einheiten ab und verfügte über einen Produktionsleiter, der die ordnungsgemäße Durchführung der Arbeit und die Kontrolle des Gesamtbetriebs der Einrichtungen der Einheit sowie die Lösung technischer Probleme sicherstellte. Nach der Ansicht des EuGH würden diese Merkmale der Einheit

> „offensichtlich den Charakter eines ‚Betriebs' für den Zweck der Anwendung der Richtlinie 98/59 [verleihen] und bewirken, dass sie unter diesen gemeinschaftsrechtlichen Begriff fällt. Die Tatsache, dass die Entscheidungen über die Betriebsausgaben jeder einzelnen der drei Einheiten, den Materialankauf und die Kalkulation der Produktkosten am Sitz der Gesellschaft getroffen werden, wo es eine gemeinsame Buchhaltung gibt, ist in dieser Hinsicht nicht relevant."[1121]

In der Rs USDAW ging der Europäische Gerichtshof abermals auf die Abgrenzung der Begriffe „Unternehmen" und „Betrieb" ein und nahm dazu systematisch Anleihe an der in Art 2 RL 2002/14/EG ebenfalls getroffenen Unterscheidung zwischen diesen Einheiten.[1122] Dabei legte es der EuGH in die Hand der nationalen Tribunale anhand der zuvor angeführten autonom ausgelegten Betriebsmerkmale zu entscheiden, ob Entlassungen bei zwei Einzelhandelsketten, „die ihre Tätigkeit mittels Ladengeschäften, in denen meist weniger als 20 Arbeitnehmer beschäftigt waren, an verschiedenen Orten im gesamten Gebiet des Mitgliedstaats ausübten", als gesonderte Betriebe zu sehen sind.[1123] Daraus geht hervor, dass dem Betriebsbegriff nach der Massenentlassungsrichtlinie ein anderer normzweckgeleiteter Inhalt als den Betriebsbegriffen des österreichischen ArbVG oder des deutschen BetrVG zu unterstellen ist.[1124] Zuletzt hielt der Gerichtshof in der Entscheidung USDAW fest, dass bei einer Umsetzungslösung nach Art 1 Abs 1 lit a Zif ii der Richtlinie, wonach auf die Entlassung von mindestens 20 Arbeitnehmern innerhalb von 90 Tagen in einem Betrieb abgestellt wird, nicht alle Arbeit-

1120 EuGH Rs C-270/05 (Athinaïki Chartopoïïa AE), EU:C:2007:101 Rn 28.
1121 EuGH Rs C-270/05 (Athinaïki Chartopoïïa AE), EU:C:2007:101 Rn 31 f.
1122 EuGH Rs C-80/14 (USDAW), EU:C:2015:291 Rn 69.
1123 EuGH Rs C-80/14 (USDAW), EU:C:2015:291 Rn 70 f.
1124 EuGH Rs C-188/03 (Junk), EU:C:2005:59.

nehmer eines Unternehmens bei der Berechnung heranzuziehen sind, sondern nur jene des betreffenden Betriebs.[1125]

Ungehindert davon kann ein Mitgliedsstaat zugunsten der Arbeitnehmer günstigere Regeln nach Art 5 der RL 98/59 vorsehen, die auf das gesamte Unternehmen oder eine Mehrzahl von Betrieben abstellen. Damit widerspricht eine spanische Regelung, nach der anstelle des Betriebs stets am Unternehmen angeknüpft wird, nur dann nicht der Richtlinie, wenn die Unternehmensanknüpfung einem hypothetischen Günstigkeitsvergleich mit der Betriebseinheit standhält.[1126] Der Arbeitnehmerschutz kennt jedoch auch Grenzen. Im Zusammenhang mit der RL 98/59 urteilte der EuGH, dass unverhältnismäßige behörderliche Massenentlassungsvorbehalte der Niederlassungsfreiheit nach Art 49 AEUV entgegenstehen.[1127] Ein Mitgliedstaat darf Massenentlassungen mittels behördlicher Entscheidungen untersagen, solange eine solche Regelung der RL nicht ihre praktische Wirkung nimmt. Die einer solchen Regelung zugrunde liegenden Entscheidungskriterien, die den Arbeitnehmerschutz und die Beschäftigung einerseits sowie die unternehmerische Freiheit und Niederlassungsfreiheit andererseits abwägen, dürfen nicht allgemein und ungenau gefasst sein.[1128]

b) Informations- und Konsultationsverpflichtung

Gem Art 2 Abs 1 der Massenentlassungsrichtlinie hat der Arbeitgeber, der eine Massenentlassung vorzunehmen beabsichtigt, die Arbeitnehmervertreter[1129] rechtzeitig vorher zu konsultieren, um zu einer Einigung zu gelangen. Ziel dieser Konsultationen sollte gem Art 2 Abs 2 RL 98/59/EG zumindest sein, über die Möglichkeit zu beraten, wie die Massenentlassungen vermieden oder beschränkt werden können, oder zumindest ihre Folgen durch soziale Begleitmaßnahmen, die insbesondere Hilfen für eine anderweitige Verwendung oder Umschulung der entlassenen Arbeitnehmer zum Ziel haben, gemildert werden können.[1130]

Die Rechtzeitigkeit der Konsultation wirft die Frage auf, wann diese Pflicht entsteht. Gem Art 2 Abs 1 RL 98/59/EG muss die Konsultation dann erfolgen, wenn der Arbeitgeber beabsichtigt Massenentlassungen vor-

1125 EuGH Rs C-80/14 (USDAW), EU:C:2015:291 Rn 54 ff; EuGH Rs C-182/13 (Valerie Lyttle), EU:C:2015:317. Großbritannien entschied sich anders als Deutschland und Österreich für die Richtlinienumsetzung durch die Wahl des längeren 90-tägigen Betrachtungszeitraums innerhalb eines Betriebs.
1126 EuGH Rs C-392/13 (Cañas), Rn 52, 57.
1127 EuGH Rs C-201/15 (AGET Iraklis), EU:C:2016:972 Rn 104.
1128 EuGH Rs C-201/15 (AGET Iraklis), EU:C:2016:972 Rn 90 ff, 99, 102
1129 EuGH Rs C-12/08 (Mono Car Styling), EU:C:2009:466.
1130 Vgl zu den Einzelheiten unten 2. Teil, III.B.1.a).

zunehmen. Diese Formulierung klärt nicht eindeutig, ob die Verpflichtung zu dem Zeitpunkt entsteht, zu dem die Notwendigkeit von Massenentlassungen festgestellt wird, oder zu dem Zeitpunkt, zu dem der Erlass derartiger Entscheidungen oder Änderungen beabsichtigt wird, als deren Folge Massenentlassungen zu erwarten sind.[1131] Die Konsultations- und Anzeigepflichten entstehen jedenfalls noch vor der Entscheidung des Arbeitgebers über die Kündigung von Arbeitsverträgen.[1132] Dem EuGH zufolge löst die Richtlinie die Konsultationspflicht aus, „wenn der Arbeitgeber erwägt, Massenentlassungen vorzunehmen, oder einen Plan für Massenentlassungen aufstellt."[1133] Das Konsultationsverfahren muss somit zu einem Zeitpunkt eröffnet worden sein, zu dem eine strategische oder betriebswirtschaftliche Entscheidung getroffen wurde, die den Arbeitgeber zwingt, „Massenentlassungen ins Auge zu fassen oder zu planen".[1134]

Gemäß Art 2 Abs 4 UA 1 RL 98/59 gelten die in Art 2 Abs 1–3 determinierten Verpflichtungen unabhängig davon, ob die jeweilige Entscheidung zur Massenentlassung vom Arbeitgeber selbst, oder von einem den Arbeitgeber beherrschenden Unternehmen, getroffen wurde. Ein den Arbeitgeber beherrschendes Unternehmen ist jedes Unternehmen, das mit dem Arbeitgeber durch Beteiligungen an dessen Gesellschaftskapital oder durch andere rechtliche Verbindungen verbunden ist, die es ihm ermöglichen, einen bestimmenden Einfluss in den Entscheidungsorganen des Arbeitgebers auszuüben und ihn zu zwingen, Massenentlassungen in Betracht zu ziehen oder vorzunehmen.[1135]

Im Fall eines Konzerns ist die Tochtergesellschaft als Arbeitgeber verpflichtet, die Konsultation rechtzeitig durchzuführen, auch wenn die Entscheidung über die Massenentlassungen nicht von der Tochtergesellschaft getroffen wurde und sogar dann, wenn sie von dieser Entscheidung nicht unverzüglich und ordnungsgemäß informiert wurde.[1136]

Das Informations- und Konsultationsrecht steht grundsätzlich lediglich den Arbeitnehmervertretern zu. Demzufolge ist die belgische Regelung gemeinschaftskonform, die den einzelnen Arbeitnehmern nur dann ermög-

1131 EuGH Rs C-44/08 (Akavan Erityisalojen Keskusliitto AEK ry ua), EU:C:2009:533 Rn 36.

1132 EuGH Rs C-188/03 (Junk), EU:C:2005:59 Rn 36 f.

1133 EuGH Rs C-44/08 (Akavan Erityisalojen Keskusliitto AEK ry ua), EU:C:2009:533 Rn 41.

1134 EuGH Rs C-44/08 (Akavan Erityisalojen Keskusliitto AEK ry ua), EU:C:2009:533 Rn 48.

1135 EuGH verb Rs C-61/17, C-62/17 und C-72/17 (Bichat), EU:C:2018:653 Rn 45.

1136 EuGH Rs C-44/08 (Akavan Erityisalojen Keskusliitto AEK ry ua), EU:C:2009:533 Rn 42 f, 62, 69.

licht, die Nichteinhaltung der Informations- und Konsultationsverpflichtung geltend zu machen, wenn die Arbeitnehmervertretung einen Einspruch gegen diese erhoben hat und der Arbeitnehmer dem Arbeitgeber zuvor mitgeteilt hat, dass er die Nichteinhaltung der Informations- und Konsultationsverpflichtung geltend mache.[1137]

Es stellt sich die Frage, von wem die sich aus den Art 2 und 3 der Richtlinie 98/59/EG ergebenden Verpflichtungen erfüllt werden müssen, wenn die Auflösung und Liquidation eines Betriebs angeordnet wurden. Laut EuGH muss die Leitung diesen Verpflichtungen nachkommen, sofern diese, wenn auch mit beschränkten Befugnissen, fortbesteht. Wenn jedoch die Geschäftsführung des Betriebs vollständig vom Liquidator des Betriebs übernommen wird, muss er dafür sorgen, dass die dem Arbeitgeber obliegenden Verpflichtungen erfüllt werden.[1138]

c) Massenentlassungsverfahren

Art 3 und 4 der Massenentlassungsrichtlinie geben vor, dass ein bestimmtes Verfahren einzuhalten ist, in das staatliche Stellen – die Agentur für Arbeit bzw das Arbeitsmarktservice – mit einzubeziehen sind. Gem Art 3 RL 98/59/EG hat der Arbeitgeber der zuständigen Behörde alle beabsichtigten Massenentlassungen schriftlich anzuzeigen, wobei die Anzeige alle zweckdienlichen Angaben über die beabsichtigte Massenentlassung sowie die Konsultationen der Arbeitnehmervertreter enthalten muss.[1139] Der Inhalt der Anzeige entspricht somit weitestgehend den Informationen, die auch den Arbeitnehmervertretern zu erteilen sind. Den Arbeitnehmervertretern, denen die Anzeige zu übermitteln ist, steht dann ein Recht zur Stellungnahme bei der zuständigen Behörde zu. Die Mitgliedstaaten können jedoch vorsehen, dass der Arbeitgeber der zuständigen Behörde die beabsichtigten Massenentlassungen nur auf deren Verlangen anzuzeigen hat, wenn die geplante Massenentlassung aufgrund einer gerichtlichen Entscheidung über die Einstellung der Tätigkeit des Betriebs erfolgt.

Mit der Anzeige der beabsichtigten Massenentlassungen beginnt gem Art 4 RL 98/59/EG eine mindestens dreißigtägige Frist zu laufen, innerhalb

1137 EuGH Rs C-12/08 (Mono Car Styling), EU:C:2009:466.

1138 EuGH verb Rs C-235/10 bis C-239/10 (David Claes, ua), EU:C:2011:119 Rn 54 ff.

1139 Ungeklärt ist bisweilen, ob vor der Anzeige bei der öffentlichen Behörde der Abschluss des Konsultationsverfahrens abgewartet werden muss oder ob die Ingangsetzung desselben reicht. Zu erster Variante tendiert *Ch. Weber* in: *Schlachter/Heinig* (Hg), § 9 Rn 84 mwN, während *Naber/Sittard* in: *Preis/Sagan* (Hg), § 10 Rn 59 ff, 116, die (erfolglose) Ermöglichung des Konsulationsverfahrens für ausreichend erachten.

derer die Massenentlassungen nicht wirksam werden können. Die jeweiligen Kündigungsfristen des einzelnen Arbeitnehmers werden hierdurch zwar nicht berührt. Dennoch wirkt die Sperrfrist im Ergebnis wie eine Mindestkündigungsfrist. Diese Frist soll die zuständige Behörde dazu nutzen, Lösungen für die mit der Massenentlassung aufgeworfenen Probleme zu suchen. Die Mitgliedstaaten können jedoch der zuständigen Behörde die Möglichkeit einräumen, die Dreißig-Tage-Frist zu verkürzen. Besteht die Gefahr, dass innerhalb der Frist die mit der beabsichtigten Massenentlassung aufgeworfenen Probleme nicht gelöst werden, können die Mitgliedstaaten der zuständigen Behörde in Fällen, in denen die ursprüngliche gesetzliche Frist weniger als sechzig Tage betragen hat, diese Frist auf maximal 60 Tage erhöhen. Darüber hinaus können den zuständigen Behörden auch weitergehende Verlängerungsmöglichkeiten eingeräumt werden. Bei einer Verlängerung der Frist ist dies dem Arbeitgeber vor Ablauf der ursprünglichen Frist mitzuteilen und zu begründen. Die Mitgliedstaaten können jedoch vorsehen, dass die Entlassungsbeschränkungen des Art 4 nicht bei Massenentlassungen gelten, die aufgrund einer gerichtlichen Entscheidung über die Einstellung der Tätigkeit des Betriebs erfolgen.[1140]

Die Massenentlassungsrichtlinie ermächtigt die Mitgliedstaaten lediglich dazu, dass die zuständigen Behörden die Fristen verlängern können. Überdenkenswert erscheint angesichts dessen, dass der österreichische Gesetzgeber in § 45a Abs 2 Satz 2 AMFG auch die Kollektivvertragsparteien berechtigt, die Dreißig-Tage-Frist zu verlängern. Ob das Günstigkeitsprinzip nach Art 5 der Massenentlassungsrichtlinie trotz des klaren Wortlauts des Art 4 RL 98/59/EG dieses Ergebnis zu rechtfertigen vermag, ist zumindest nicht eindeutig geboten. Die Unterrichtungspflichten, die sich aus der RL 2002/14/EG ergeben, bestehen parallel zu den hier angeführten.

In der Rs Junk[1141] hat der EuGH klargestellt, dass der Arbeitgeber Massenentlassungen erst nach Ende des Konsultationsverfahrens iSd Art 2 RL 98/59/EG und nach der Anzeige der beabsichtigten Massenentlassung iSd Art 3 und 4 RL 98/59/EG vornehmen darf.[1142]

3. Übergang von Unternehmen und Betrieben (RL 2001/23/EG)

Literatur: *Ahlborn*, Europäisierung des Arbeitsrechts – Betriebsübergang in Abgrenzung zur bloßen Funktionsnachfolge iSd Rechtsprechung des EuGH und BAG, ZfA 2005, 109 ff; *Altenburg/Leister*, Der Widerspruch des Arbeitnehmers beim umwandlungsbedingten Betriebsübergang und seine Folgen, NZA 2005, 15 ff; *von Alvensle-*

1140 Vgl dazu EuGH Rs C-250/97 (Lauge), EU:C:1998:620.
1141 EuGH Rs C-188/03 (Junk), EU:C:2005:59 Rn 54.
1142 Vgl dazu unten 2. Teil, III.B.1.a).

ben, Die Rechte der Arbeitnehmer bei Betriebsübergang im Europäischen Gemeinschaftsrecht. Eine Studie zu den gemeinschaftsrechtlichen Grundlagen des § 613a BGB, 1992; *Bauer*, Kein Widerspruchsrecht der Arbeitnehmer bei Betriebsübergang, NZA 1990, 881 ff; *ders*, Christel Schmidt lässt grüßen: Neue Hürden des EuGH für Auftragsvergabe, NZA 2004, 14 ff; *Bieder*, Betriebsübergang bei Übertragung funktional unselbständiger wirtschaftlicher Einheiten innerhalb eines Konzerns, EuZA 2014, 494 ff; *ders*, Back- und Insourcing unter der Betriebsübergangsrichtlinie – Der EuGH auf dem Weg zurück zu Christel Schmidt?, EuZA 2017, 67 ff; *Binder*, Die österreichische Betriebsübergangsregelung – eine geglückte Bedachtnahme auf die europarechtlichen Vorgaben?, DRdA 1996, 1 ff; *ders/Mair* in *ders/Burger/Mair* (Hg), 3. Aufl 2016, § 6 AVRAG; *Brameshuber*, Balancing vs. Preservation of Rights under the Acquired Rights Directive, ILJ 2016, 443 ff; *Burgstaller*, Die Novellierung der Betriebsübergangsrichtlinie im Lichte der Rechtsprechung von EuGH und OGH, in *Baudenbacher* (Hg), Aktuelle Probleme des Europäischen und Internationalen Wirtschaftsrechts, Bd 3, 2001, 49 ff; *Commandeur/Kleinebrink*, Läuft das Kündigungsverbot bei einem Betriebsübergang ins Leere? BB 2012, 1857 ff; *Egermann*, Betriebsübergang, Urlaub und Regress, ecolex 2005, 382 ff; *Egger*, Das Arbeits- und Sozialrecht der EU und die österreichische Rechtsordnung, 2. Aufl 2006, 461 ff; *Franzen*, Die Rechtsprechung des Europäischen Gerichtshofs im Arbeitsrecht im Jahr 2014 und im ersten Halbjahr 2015, EuZA 2015, 445 ff; *Feudner*, Ablösung kollektiver Regelungen bei Betriebsübergang, DB 2001, 1250 ff; *Fischer*, Individualrechtliche Probleme des verdeckten bzw (zunächst) unerkannten Betriebsübergangs, DB 2001, 331 ff; *Forst*, Leiharbeitnehmer im Betriebsübergang, RdA 2011, 228 ff; *ders*, Betriebsübergang: Ende der Dynamik einer arbeitsvertraglichen Bezugnahme auf einen Tarifvertrag, DB 2013, 1847 ff; *Forst*, Anmerkung zu EuGH, Rs C-328/13, EuZW 2014, 820; *Friedrich*, Europäisches Arbeitsrecht und Privatisierungen, 2002; *ders*, EuGH entscheidet erstmals über die Anwendbarkeit der RL 77/187/EWG auf Privatisierungen – Privatisierungen als Betriebsübergang, ASoK 2000, 373 ff; *ders/Karl*, Auftrags- und Funktionsnachfolge als Betriebsübergang, ZAS 2003/42; *ders*, Verschlechternder Kollektivvertragswechsel bei Betriebsübergang, ASoK 2013, 344 ff; *Fuchs/Merkes*, Der Begriff des Betriebsübergangs – Analyse und Bestandsaufnahme, ZESAR 2010, 257 ff; *Fuhlrott*, Zwischengeschaltete Transfergesellschaften zur Vermeidung von Betriebsübergängen, NZA 2012, 549 ff; *ders*, Erwerberkonzeptkündigungen als Alternative zum BQG-Modell bei Betriebsübergängen, BB 2013, 2042 ff; *ders*, Die Übernahme von know-how-Trägern ohne Eingehung von Arbeitsverhältnissen als Betriebsübergang, NZA 2013, 183 ff; *Gaul*, Änderung oder Beendigung einer als Inhalt des Arbeitsverhältnisses fortgeltenden Betriebsvereinbarung nach Betriebsübergang, in Baeck/Hauck/Preis/Rieble/Röder/Schunder (Hg), FS Bauer, 2010, 339 ff; *Gaul/Ludwig*, Betriebsübergang: Auswirkungen auf Vereinbarungen über nachvertragliche Wettbewerbsverbote, NZA 2013, 489 ff; *Grau/Hartmann*, Betriebsübergang, in *Preis/Sagan* (Hg), Europäisches Arbeitsrecht, 2. Auflage 2019, 725 ff; *Hartmann*, Der Schutzzweck der Betriebsübergangsrichtlinie in historisch-rechtsvergleichender Perspektive, EuZA 2012, 35 ff; *ders*, Die Betriebsübergangsrichtlinie im Schwabenalter, EuzA 2017, 311 ff; *Heilegger*, Betriebsübergang von im Konzern überlassenen Arbeitnehmern, DRdA 2011, 316 ff; *Hergenröder*, Rechtsgeschäftlicher Betriebsinhaberwechsel, AR-Blattei SD 500.1 Betriebsinhaberwechsel I; *Hesse*, Betriebsübergang – Ausgliederungen – legistische Schlussfolgerungen – Kompetenzrechtliche Konsequenzen, ASoK 2000, 371 ff; *Holzer/Reissner*, AVRAG, 2. Aufl 2006, Erl. § 3; *Jacobs*, Bezugnahmeklauseln als Stolpersteine beim Betriebsübergang, BB 2011, 2037 ff; *Junker*, Rechtsfragen grenzüberschreitender Betriebsverlagerung, NZA-Beilage 2012, 8 ff; *Kamanabrou*, Europarechtliche Bedenken gegen die Klagefrist bei Kündigungen wegen Betriebsübergangs, NZA 2004, 950 ff; *Kainer*, Gerechter Interessenausgleich und unternehmerische Freiheit: Ende der Dynamik von Bezugnahmeklauseln nach Alemo-Herron?, EuZA 2014, 230 ff; *Kietaibl*, Gestaltungsmöglichkeiten im Zusammenhang mit Betriebsübergängen, ZAS 2010, 108 ff; *ders/Reiner*, Das Pensionskassenmodell im Betriebsübergang, ZAS 2012, 345 ff; *ders*, Verschlechterungsverbot bei Kollektivvertragswechsel im Zuge eines Betriebsüberganges? wirtschaftsrechtliche blätter: wbl 2013, 191 ff; *ders*, Missbrauchsfragen bei Betriebsübergang, DRdA 2015, 396 ff; *Kirschbaum*, Zum Begriff des Überganges eines Betriebsteiles, DRdA 1994, 348 ff; *Kittner*, Die Verwirkung des Widerspruchsrechts beim Betriebsübergang, NJW 2012, 1180 ff; *Körber-Risak*, Begriff des Betriebsübergangs, Kündigungsverbot wegen des Betriebsübergangs, in *Reissner/Burger* (Hg), Aktuelle Entwicklungen im Betriebsübergangsrecht, 2016, 2 ff; *Kovács*, Dynamische Verweisungen im Betriebsübergang, ZAS 2014, 88 ff; *Kuras*, Betriebsübergang - Fragen des Rechtsmissbrauches, DRdA 2015, 402 ff; *Krause*, Die tatsächliche Betriebsführung als konstitutives Erfordernis des Betriebsübergangs – Individual- und kollektivrechtliche Aspekte, ZfA 2001, 67 ff; *ders*, Betriebsübergang, in Schlachter/Heinig (Hg), Europäisches Arbeits- und Sozialrecht, 331; *Krejci*, Betriebsübergang, 1996; *ders*, Zur Nachwirkung erloschener Kollektivverträge beim Betriebsübergang, DRdA 2013, 3 ff; *ders*, Betriebsübergang und Rechtsmissbrauch, DRdA 2013, 207 ff; *Krieger/Willemsen*, Der Wiedereinstellungsanspruch nach Betriebsübergang, NZA 2011, 1128 ff; *Lakies*, Die Anwendung von Tarifverträgen nach einem Betriebsübergang, ArbR 2013, 564 ff; *Lobinger*, EuGH zur dynamischen Bezugnahme von Tarifverträgen beim Betriebsübergang, NZA 2013, 945 ff; *Ludvik*, Konkurrenzklausel und Betriebsübergang, ASoK 2016, 451 ff; *Lunk/Möller*, Folgeprobleme nach Widerspruch gegen einen Betriebsübergang, NZA 2004, 9 ff; *Majoros*, Auftragnehmerwechsel bei Großküche als Betriebsübergang, RdA 2004, 189 ff; *Marhold*, Analyse der Rechtsprechung zum Betriebs(teil) übergang, in *Tomandl* (Hg), Aktuelle Tendenzen im Arbeitsrecht auf dem Prüfstand, 1999, 51 ff; *ders*, Betriebsübergang trotz Konkurs, ASoK 2007, 406 ff; *Meyer*, Arbeitsvertragsänderungen bei Betriebsübergang, NZA 2002, 246 ff; *ders*, Neue Fragen einer Kündigung bei Widerspruch gegen „Betriebsübergang“, NZA 2005, 9 ff; *ders*, „Auftragsnachfolge“ und Unterrichtung bei Betriebsübergang, NZA 2012, 1185 ff; *ders*, Aktuelle Gestaltungsfragen beim Betriebsübergang, NZA-RR 2013, 225 ff; *Müller-Bonanni/Mehrens*, Sicherung der kollektiven Tarifgeltung nach Betriebsübergang, NZA 2012, 195 ff; *Mehrens*, Ablösung der tariflichen Vergütungsordnung nach Betriebsübergang auf einen nicht tarifgebundenen Erwerber, NZA 2012, 1194 ff; *Oetker*, Europäisches und Internationales Arbeitsrechtin Kiel/Lunk/Oetker (Hg), Münchner Handbuch zum Arbeitsrecht, 4. Aufl 2018; *Nebeling/Kille*, Verwirkung des Widerspruchsrechts bei fehlerhafter Unterrichtung über den Betriebsübergang, NZA-RR 2013, 1 ff; *Peschek*, Betriebsübergang: Warum soll der Veräußerer aufgrund eines Konzeptes des Erwerbers nicht doch kündigen können?, RdW 2005, 138 ff; *Niksova*, Grenzüberschreitender Betriebsübergang, 2014; *Pils*, Umgehung von § 613a BGB durch Einsatz einer Transfergesellschaft – Erneuter Prüfstand der Transfergesellschaft?, NZA 2013, 125 ff; *Plander*, Die Personalgestellung zum Erwerber beim Betriebsübergang als Reaktion auf den Widerspruch von Arbeitnehmern, NZA 2002, 69 ff; *Prassl*, Freedom of Contract as a General principle of Eu law? transfers of undertakings and the protection of Employer rights in Eu labour law, ILJ 2013, 434 ff; *Preis* in Müller-Glöge/Preis/Schmidt (Hg), Erfurter Kommentar zum Arbeitsrecht, 20. Aufl 2020. § 613a BGB; *Reinecke*, Betriebsübergang: Rettungsanker Verwirkung des Widerspruchsrechts?, DB 2012, 50 ff; *Reinhard*, Die Pflicht zur Unterrichtung über wirtschaftliche Folgen eines Betriebsübergangs – ein weites Feld, NZA 2009, 63 ff; *Reissner*, Neue Betriebsübergangs-Entscheidungen des EuGH zur Reinigungsbranche und zum Betriebspensionsbegriff, DRdA 2002, 436 ff; *ders*, Neues vom Betriebsübergangsbegriff – EuGH zur Neuvergabe von Autobuslinien, OGH-Vorlagebeschluss zur Betrauung von Großküchenunternehmen mit dem Betrieb einer Spitalsküche, ASoK 2002, 77 ff; *ders*, Privatisierung staatlicher Einrichtungen und Betriebsübergangs-Richtlinie – Anmerkung zum Urteil des EuGH vom 14. 9. 2000, C-343/98 (Collino gegen Telecom Italia), RdW 2000/658; *ders*, Zur Arbeitgeberkündigung nach Betriebsübergang – Zugleich eine Besprechung der E OGH 9 Ob A 97/02h, ZAS 2003/43; *Riesenhuber*, Europäisches Arbeitsrecht, 2009, § 24; *Risak*, Probleme der Rechtsgestaltung beim Betriebsübergang, DRdA, 2011, 227 ff; *ders*, Erloschener Kollektivvertrag und Betriebsübergang, ZAS 2012, 157 ff; *Hießl/Runggaldier*, Grundzüge des europäischen Arbeitsrechts und des europäischen Sozialrechts, 4. Aufl 2014, 60 ff; *Rüthers/Bakker*, Arbeitnehmerentsendung und Betriebsinhaberwechsel im Konzern, ZfA 1990, 245 ff; *Sagan*, Die kollektive Fortgeltung von Tarifverträgen und Betriebsvereinbarungen nach § 613 a Abs 1 Sätze 2-4 BGB, RdA 2011, 163 ff; *Salamon*, Der Betriebsteilbegriff des § 613a BGB – Justierungen des BAG im Fall „Klarenberg“, NZA 2012, 482 ff; *ders/Hoppe*, Die Maßgabe der fortbestehenden Organisationsstrukturen für den Betriebsteilübergang nach „Klarenberg“, NZA 2010, 989 ff; *Schaub*, Arbeitsrechts-Handbuch, 18. Aufl 2019, § 117; *Schima*, Umgründungen im Arbeitsrecht, 2004; *Schinz/Eylert*, Dynamische Bezugnahmeklauseln beim Betriebsübergang im Spannungsfeld zwischen nationalen und europäischen Regelungen, RdA 2017, 140 ff; *Schipp*, Der Übergang von Arbeitsverhältnissen im betriebsmittelarmen Betrieb, NZA 2013, 238 ff; *Schneller*, Betriebsübergang, Kollektivvertragswechsel und Vertrauensschutz, DRdA 2011, 3 ff; *Stärker*, Betriebsübergang, auch wenn kein Personal übernommen werden sollte – EuGH zu den Voraussetzungen für das Vorliegen eines Betriebsüberganges bei Auftragnehmerwechsel, ASoK 2004, 52 ff; *Steffan*, Neues vom EuGH zum Betriebsübergang: Was folgt aus „Scattolon“?, NZA 2012, 473 ff; *Sturm*, Betriebsübergangszeitpunkt bei schrittweiser Privatisierung, ecolex 2005, 634 ff; *Sutschet*, Werhof reloaded – Oder: kommt die Gleichstellungsabrede nach England?, RdA 2013, 28 ff; *Tomandl*, Der Betriebs(teil)übergang im Arbeitsrecht, 1995; *Thüsing*, Anmerkung zu EuGH v 3. 7. 2009, ZESAR 2009, 487 f; *ders*, Europäisches Arbeitsrecht, 3. Aufl 2017, § 5; *Waas*, Zur Konsolidierung des Betriebsbegriffs in der Rechtsprechung von EuGH und BAG zum Betriebsübergang, ZfA 2001, 377 ff; *Willemsen*, Erneute Wende im Recht des Betriebsübergangs – ein „Christel Schmidt II“-Urteil des EuGH?, NZA 2009, 289 ff; *ders/Annuß*, Neue Betriebsübergangsrichtlinie – Anpassungsbedarf im deutschen Recht?, NJW 1999, 2073 ff; *dies*, Auftragsnachfolge – jetzt doch ein Betriebsübergang?, DB 2004, 134 ff; *Willemsen*, Aufhebungsverträge bei Betriebsübergang – ein „Erfurter Roulette“?, NZA 2013, 242 ff; *ders/Grau*, Zurück in die Zukunft – Das europäische Aus für dynamische Bezugnahmeklauseln nach Betriebsübergang?, NJW 2014, 12 ff; *ders*, Mehr Klarheit nach „Klarenberg“!, NZA 2014, 1010 ff; *ders* in Henssler/ders/Kalb (Hg), Arbeitsrecht Kommentar (HWK), 8. Aufl 2018, § 613a BGB; *Winter*, Betriebsübergang und Tarifvertragsersetzung – was ergibt sich aus dem Urteil Scattolon?, RdA 2013, 36 ff; *Wißmann/Niklas*, Asklepios –

Der Vorhang zu und neue Fragen offen, NZA 2017, 697 ff; *Wollenschläger/von Harbou*, Arbeitsrechtliche Fragen bei Privatisierungs- und Outsourcing-Maßnahmen in öffentlichen Krankenhäusern, NZA 2005, 1081 ff; *Worzalla*, Neue Spielregeln bei Betriebsübergang – Die Änderungen des § 613a BGB, NZA 2002, 353 ff.

Mit der RL 77/187/EWG[1143] wurde auf europäischer Ebene ein umfassendes Schutzkonzept zur Sicherung der Rechte der Arbeitnehmer entwickelt, deren Arbeitsverhältnisse von einem Übergang eines Unternehmens, Betriebs oder Betriebsteiles betroffen werden. Neben diesem sozialpolitisch motivierten Schutz der Arbeitnehmer fand die RL 77/187/EWG ihre Zielsetzung auch darin, das Funktionieren des Gemeinsamen Marktes zu gewährleisten, da sich ein unterschiedliches Arbeitnehmerschutzniveau bei Unternehmens- oder Betriebsübergängen zwischen den Mitgliedstaaten als Handelshemmnis auswirken kann. Die Betriebsübergangsrichtlinie ist Gegenstand zahlreicher Rechtsprechungen des EuGH. Nicht zuletzt aufgrund der Vielfalt der Urteile des EuGH hat der Richtliniengeber die Betriebsübergangsrichtlinie durch die RL 98/50/EG[1144], die bis zum 17. Juli 2001 umzusetzen war,[1145] erheblich novelliert und den Richtlinientext dieser Rechtsprechung angepasst. Aus Gründen der Klarheit und Wirtschaftlichkeit wurde die RL 77/187/EWG schließlich durch die RL 2001/23/EG[1146] des Rates vom 12. 3. 2001 zur Angleichung der Rechtsvorschriften der Mitgliedstaaten über die Wahrung von Ansprüchen der Arbeitnehmer beim Übergang von Unternehmen, Betrieben oder Unternehmens- oder Betriebsteilen ohne inhaltliche Änderungen neu kodifiziert.[1147]

Der deutsche Gesetzgeber hatte vor allem mit § 613a BGB bereits weit vor Inkrafttreten der ursprünglichen Fassung der Betriebsübergangsrichtlinie eine Vorschrift, die die Rechte der Arbeitnehmer bei Betriebsübergang sicherte. Jedoch hat er diese Vorschrift den europarechtlichen Vorgaben mehrfach anpassen müssen. Mit dem Beitritt Österreichs zur EU wurden die nationalen Regelungen mit Art 3 ff des Arbeitsvertragsrechts-Anpassungsgesetzes (AVRAG) an die Betriebsübergangsrichtlinie angepasst.

1143 ABlEG 1977 Nr L 61/26.
1144 ABlEG 1998 Nr L 201/88.
1145 Das Großherzogtum Luxemburg kam seiner Umsetzungsverpflichtung nicht rechtzeitig nach; vgl EuGH Rs C-333/03 (Kommission/Großherzogtum Luxemburg), EU:C:2004:369.
1146 ABlEG 2001 Nr L 82/16.
1147 Gem Art 12 der RL 2001/23/EG wurde die RL 77/187/EWG aufgehoben.

a) Persönlicher Anwendungsbereich und Begriffsbestimmungen der Betriebsübergangsrichtlinie

Eine Kernregelung der Betriebsübergangsrichtlinie liegt in Art 3. Danach gehen die Rechte und Pflichten des Veräußerers aus einem zum Zeitpunkt des Übergangs bestehenden Arbeitsvertrag oder Arbeitsverhältnis aufgrund des Übergangs auf den Erwerber über.

Die Richtlinie definierte in ihrer ursprünglichen Fassung nicht, wer als Arbeitnehmer in den persönlichen Schutzbereich der Richtlinie fällt. Schon früh zeichnete sich in der Rechtsprechung des EuGH jedoch ab, dass der Arbeitnehmerbegriff der Betriebsübergangsrichtlinie nach nationalem Recht und nicht – wie bspw im Rahmen von Art 45 AEUV – gemeinschaftsrechtlich zu bestimmen sei.

EuGH, Rs 105/84 (Mikkelsen):[1148] Herr *Mikkelsen* war als Produktionsleiter in einer Firma beschäftigt. Diese stellte im September die Zahlungen ein und kündigte Herrn *Mikkelsen* zum Ende des Jahres. Die Firma wurde im Oktober desselben Jahres von einer Gesellschaft übernommen, deren Mitinhaber – mit einem Aktienanteil von 33% und einem Stimmrechtsanteil in der Hauptversammlung von 50% – und Aufsichtsratsvorsitzender Herr *Mikkelsen* war. Auch in der Erwerbergesellschaft war er weiterhin als Produktionsleiter zum gleichen Gehalt beschäftigt. Er meldete gegen die mittlerweile in Konkurs gefallene Veräußererfirma[1149] Schadensersatzforderungen wegen vorzeitiger Beendigung des Arbeitsverhältnisses und Urlaubsgeld zur Konkursmasse an. Das nationale Recht sah jedoch vor, dass Ansprüche wegen ungerechtfertigter Kündigung auf den Erwerber übergehen und der Veräußerer von diesen Verpflichtungen befreit sei.

Der EuGH argumentierte mit dem Schutzzweck der Richtlinie. Diese ziele darauf ab, die Arbeitnehmeransprüche bei einem Arbeitgeberwechsel dadurch zu gewährleisten, dass den Arbeitnehmern ermöglicht wird, beim Erwerber ihre Tätigkeit zu den gleichen Bedingungen wie beim Veräußerer fortzusetzen. Dieses Schutzes bedarf jedoch ein Arbeitnehmer nicht, wenn er aus freien Stücken sein Arbeitsverhältnis mit dem Erwerber nicht fortsetzen will. Maßgeblich war daher, ob Herr *Mikkelsen* trotz seiner Stellung im Erwerberbetrieb als Arbeitnehmer angesehen werden konnte. Entgegen der Auffassung der Kommission, die für eine gemeinschaftsrechtliche an Art 45 AEUV angelehnte Begriffsbestimmung plädierte, verwies der EuGH zur Bestimmung des Arbeitnehmerbegriffs auf das nationale Recht:

Aus Art 3, dem Übergang der Arbeitsverhältnisse, und Art 4, dem Verbot der übergangsbedingten Kündigung, ergebe sich, „dass die RL 77/187/EWG [RL 2001/23/EG] nur eine teilweise Harmonisierung auf dem betreffenden Gebiet vor-

1148 EuGH Rs C-105/84 (Mikkelsen), EU:C:1985:331.

1149 Zur Anwendbarkeit der Betriebsübergangsrichtlinie im Konkurs siehe unter 2. Teil, II.C.3.c).

> nimmt, indem sie hauptsächlich den Arbeitnehmern durch die Rechtsvorschriften der einzelnen Mitgliedstaaten selbst gewährten Schutz auch auf den Fall des Unternehmensübergangs ausdehnt. Sie verfolgt somit das Ziel, soweit wie möglich den Fortbestand des Arbeitsverhältnisses mit dem Erwerber in unveränderter Form sicherzustellen, um zu verhindern, dass die von dem Unternehmensübergang betroffenen Arbeitnehmer allein aufgrund des Übergangs schlechter gestellt werden. Sie will indessen kein für die gesamte Gemeinschaft aufgrund gemeinsamer Kriterien einheitliches Schutzniveau schaffen."[1150]

Der EuGH geht somit davon aus, dass die Betriebsübergangsrichtlinie nur eine Teilharmonisierung bezwecke.[1151] Im Einklang mit dieser mehrfach bestätigten Rechtsprechung wurde mit der RL 98/50/EG der Art 2 Abs 1 lit d in die Betriebsübergangsrichtlinie eingefügt, wonach Arbeitnehmer jede Person ist, „die in dem betreffenden Mitgliedstaat aufgrund des einzelstaatlichen Arbeitsrechts geschützt ist". Ob ein Arbeitsverhältnis zum Betriebsübergangszeitpunkt besteht oder nicht, ist zwar nach dem Recht der jeweiligen Mitgliedstaaten zu beurteilen, aber untersteht dabei dem Vorbehalt, dass der Kündigungsschutz der Betriebsübergangsrichtlinie nicht unterlaufen wird.[1152] Unterhält ein Arbeitnehmer infolge unbezahlten Urlaubs kein aktives Beschäftigungsverhältnis (Karenzierung) zum Veräußerer und ist der Arbeitsvertrag zu ihm infolge dieses Urlaubs nach den nationalen Rechtsvorschriften ausgesetzt, ist der Anwendungsbereich der RL 2001/23 eröffnet, wenn diese Person aufgrund der betreffenden einzelstaatlichen Rechtsvorschriften offenbar arbeitsrechtlich geschützt ist.[1153]

Das Abstellen auf den Arbeitnehmerschutz hat zur Konsequenz, dass öffentlich-rechtliche Bedienstete oder – wie in Deutschland und Österreich – Beamte, sofern sie nicht dem nationalen Arbeitsrecht unterfallen, vom Anwendungsbereich der Richtlinie ausgeschlossen sind, und zwar unabhängig von der Tätigkeit, welche sie tatsächlich ausüben.[1154] Dies ist insofern widersprüchlich, als auf der einen Seite die Richtlinie gem Art 1 Abs 1 lit c auf öffentlich-rechtliche Unternehmen Anwendung finden soll, auf der anderen Seite den Mitgliedstaaten aber durch die nationale Bestimmung des Arbeitnehmerbegriffs die Möglichkeit eingeräumt wird, de facto die Anwendung in öffentlich-rechtlichen Unternehmen auszuschließen, indem Beschäftigungsverhältnisse mit öffentlich-rechtlichen Arbeitgebern nicht dem nationalen Arbeitsrecht zugeordnet werden.[1155] Insbesondere lässt sich unseres

1150 EuGH Rs C-105/84 (Mikkelsen), EU:C:1985:331 Rn 26.
1151 EuGH Rs C-425/02 (Delahaye), EU:C:2004:706 mwN.
1152 EuGH Rs C-386/09 (Briot), EU:C:2010:526 Rn 28.
1153 EuGH Rs C-416/16 (Piscarreta Ricardo), EU:C:2017:574 Rn 47 ff.
1154 EuGH Rs C-343/98 (Collino), EU:C:2000:441.
1155 Vgl ausführlich *Friedrich*, Europäisches Arbeitsrecht und Privatisierungen, 53 ff; *ders*, ASoK 2000, 373 ff; *Marhold* in: *Tomandl* (Hg), 65 ff.

Erachtens auch insgesamt die Bestimmung des Arbeitnehmerbegriffs nach nationalem Recht nicht dadurch begründen, dass die Richtlinie lediglich eine Teilharmonisierung bezwecke.[1156] Die lediglich Teilharmonisierung nach dem Verständnis des EuGH ist darauf zurückzuführen, dass die in den Mitgliedstaaten unterschiedlichen Arbeitnehmerschutzmechanismen im Fall des Betriebsübergangs erhalten bleiben und insofern das unterschiedliche Schutzniveau bestehen bleibt. Ermöglicht man aber den Mitgliedstaaten, durch eine nationale Begriffsbestimmung ganze Gruppen von Beschäftigten dem Schutz der Richtlinie zu entziehen, so hätte dies zur Folge, dass die auch für diese Beschäftigten bestehenden, in den Mitgliedstaaten aber unterschiedlich ausgestalteten Schutzmechanismen nicht notwendigerweise erhalten bleiben müssen, obwohl es auch für diese Beschäftigten bei der Anwendbarkeit der Richtlinie nur zu einer Teilharmonisierung im obigen Sinne kommen würde. Sie würden entgegen den Ausführungen des EuGH dann dennoch allein aufgrund des Übergangs schlechter gestellt.

Den Mitgliedstaaten ist es jedoch gem Art 2 RL 2001/23/EG untersagt, Teilzeitarbeitsverhältnisse, befristete Arbeitsverhältnisse und Leiharbeitsverhältnisse im Sinne der RL 91/383/EWG allein aufgrund der Art des Arbeitsverhältnisses vom Anwendungsbereich der Richtlinie auszunehmen. Ebenso wird es den Mitgliedstaaten untersagt sein, allein für den Anwendungsbereich der Betriebsübergangsrichtlinie einen eigenen Arbeitnehmerbegriff zu kodifizieren, da dies zu einer Umgehung des Schutzzweckes der Richtlinie führen würde.

Ebenfalls ist gem Art 2 Abs 1 lit c RL 2001/23/EG der Begriff der Arbeitnehmervertreter nach den Rechtsvorschriften bzw der Praxis der Mitgliedstaaten zu bestimmen. Insofern sei auf die Ausführungen zur Massenentlassungsrichtlinie verwiesen,[1157] da in der Rechtsprechung des EuGH der Begriff der Arbeitnehmervertreter in beiden Richtlinien gleich behandelt wird.

Als Veräußerer im Sinne der Richtlinie gilt gem Art 2 Abs 1 lit a und b jede natürliche oder juristische Person, die aufgrund eines Übergangs als Inhaber aus dem Unternehmen, Betrieb oder Betriebsteil ausscheidet, als Erwerber, wer aufgrund des Übergangs als Inhaber in das Unternehmen, den Betrieb oder Betriebsteil eintritt.

Die Betriebsübergangsrichtlinie gilt nach ihrem Art 1 Abs 1 lit c für öffentliche und private Unternehmen, die eine wirtschaftliche Tätigkeit ausüben, unabhängig davon, ob sie Erwerbszwecke verfolgen oder nicht.[1158]

1156 Vgl *von Alvensleben*, Arbeitnehmer bei Betriebsübergang, 164 ff; *Willemsen/Annuß*, NJW 1999, 2075.

1157 Siehe oben unter 2. Teil, II.C.2.b).

1158 Siehe dazu auch EuGH Rs C-343/98 (Collino), EU:C:2000:441.

Die Anwendbarkeit der Richtlinie setzt ferner voraus, dass sich das Unternehmen, der Betrieb oder der Unternehmens- oder Betriebsteil, das oder der übergeht, innerhalb des räumlichen Geltungsbereichs des EG-Vertrags befindet (Art 1 Abs 2 RL 2001/23/EG). Für Seeschiffe gilt die Richtlinie nicht (Art 1 Abs 3 leg cit).

b) Der Betriebs(teil)begriff der Richtlinie

Gem Art 1 Abs 1 lit a ist die Richtlinie auf den Übergang von Unternehmen, Betrieben oder Betriebsteilen auf einen anderen Inhaber durch vertragliche Übertragung oder Verschmelzung anwendbar. Die Richtlinie hat in ihrer ursprünglichen Fassung den Begriff des Unternehmens, Betriebs oder Betriebsteils nicht näher definiert. Diese Begriffe waren jedoch Gegenstand zahlreicher Urteile des EuGH, deren wesentliche Kernaussagen der Richtliniengeber mit der RL 98/50/EG in Art 1 der Betriebsübergangsrichtlinie mit aufgenommen hat. Zum besseren Verständnis der neuen Fassung der Betriebsübergangsrichtlinie soll hier jedoch auf die wesentlichen Fragen der Rechtsprechung des EuGH zum Unternehmens-, Betriebs- oder Betriebsteilbegriff auf Grundlage der alten Fassung eingegangen werden. Diese ist nämlich für die Auslegung der novellierten Fassung der Richtlinie ebenso wie für die Auslegung der nationalen Umsetzungsnormen weiterhin maßgeblich.

Vorab ist festzuhalten, dass der für die Anwendbarkeit der Richtlinie einzig wesentliche Begriff der des Betriebsteils ist. Ein Betriebsteil ist nämlich im Vergleich zu Betrieben oder Unternehmen die kleinere Einheit und wird von den beiden letzteren Begriffen stets mit umfasst. Liegt ein Unternehmens- oder Betriebsübergang vor, so gehen zwangsläufig auch Betriebsteile über. Dem entsprechend verfolgt der EuGH auch eine einheitliche Betrachtungsweise, die aber, im Gegensatz zum Arbeitnehmerbegriff, von einem gemeinschaftsrechtlichen Begriffsverständnis ausgeht. Den Betriebsteilbegriff beschreibt der EuGH in der Rs Lorenzo Amatori als jene Einheit, die über eine funktionelle Selbständigkeit beim Veräußerer iSe Autonomie verfügt, die sich „auf die Befugnisse bezieht, die der Leitung der betreffenden Gruppe von Arbeitnehmern eingeräumt sind, um die Arbeit dieser Gruppe relativ frei und unabhängig zu organisieren und insbesondere Weisungen zu erteilen und Aufgaben auf die zu dieser Gruppe gehörenden untergeordneten Arbeitnehmer zu verteilen, ohne dass andere Organisationsstrukturen des Arbeitgebers dabei dazwischengeschaltet sind.“[1159]

1159 EuGH Rs C-458/12 (Lorenzo Amatori), EU:C:2014:124 Rn 32.

aa) Der Übergang einer wirtschaftlichen Einheit unter Wahrung ihrer Identität

Als grundlegende Entscheidung zum Betriebsübergang ist die Entscheidung Spijkers[1160] anzusehen, deren wesentliche Aussagen zum Betriebsbegriff in der späteren Rechtsprechung[1161] stets übernommen wurden. In dieser Entscheidung stellte der EuGH erstmalig fest, dass, damit die Richtlinie Anwendung findet, eine wirtschaftliche Einheit übertragen werden müsse, die ihre Identität trotz des Übergangs bewahrt. Unter einer „wirtschaftlichen Einheit" ist eine organisierte Gesamtheit von Personen und Sachen zur Ausübung einer wirtschaftlichen Tätigkeit mit eigener Zielsetzung zu verstehen[1162]. Die organisatorische Autonomie des übertragenen Betriebs oder Betriebsteils muss nicht zwingend beibehalten werden. Der funktionale Zusammenhang zwischen den verschiedenen übertragenen Produktionsfaktoren, der es dem Erwerber ermöglicht, sie auf Dauer für die gleiche oder eine ähnliche wirtschaftliche Tätigkeit zu verwenden, muss allerdings erhalten bleiben.[1163] Den Begriff einer „die Identität bewahrenden wirtschaftlichen Einheit" hat die RL 98/50/EG in Art 1 Abs 1 lit b der Betriebsübergangsrichtlinie zu Bestimmung des Anwendungsbereiches eingefügt.

> EuGH, Rs 24/85 (Spijkers):[1164] „Aus dem Aufbau der RL 77/187/EWG [RL 2001/23/EG] und dem Wortlaut ihres Art 1 Abs 1 ergibt sich nämlich, dass diese RL bezweckt, die Kontinuität der im Rahmen einer wirtschaftlichen Einheit bestehenden Arbeitsverhältnisse unabhängig von einem Inhaberwechsel zu gewährleisten. Daraus folgt, dass das entscheidende Kriterium für die Beantwortung der Frage, ob es sich um einen Übergang im Sinne dieser RL handelt, darin besteht, ob die fragliche Einheit ihre Identität bewahrt. Somit kann nicht bereits vom Übergang eines Unternehmens, eines Betriebs oder eines Betriebsteils gesprochen werden, wenn nur dessen Aktiva übertragen werden. Vielmehr ist in einem Fall wie dem vorliegenden zu prüfen, ob eine noch bestehende wirtschaftliche Einheit veräußert wurde, was sich unter anderem daraus ergibt, dass ihr Betrieb von dem neuen Inhaber mit derselben oder einer gleichartigen Geschäftstätigkeit tatsächlich weitergeführt oder wiederaufgenommen wird."

Bei der Beurteilung, ob die übertragene Einheit ihre Identität gewahrt hat, berücksichtigt der EuGH eine Vielzahl von Kriterien, ohne jedoch im Regelfall einem dieser Kriterien vorrangige Bedeutung zukommen zu lassen.

1160 EuGH Rs C-24/85 (Spijkers), EU:C:1986:127.

1161 Vgl zB EuGH Rs C-287/86 (Ny Mølle Kro), EU:C:1987:573; EuGH verb Rs C-173/96 und C-247/96 (Hidalgo ua), EU:C:1998:595.

1162 EuGH Rs C-340/01 (Abler), EU:C:2003:629.

1163 EuGH Rs C-664/17 (Ellinika Nafpigeia AE/Panagiotis Anagnostopoulos ua), EU:C:2019:105 Rn 84.

1164 EuGH Rs 24/85 (Spijkers), EU:C:1986:127 Rn 11.

In einer beweglichen Gesamtbetrachtung der einzelnen Aspekte sind danach zu prüfen:

- die Art des betreffenden Unternehmens oder Betriebs,
- der Übergang oder Nichtübergang der materiellen Aktiva wie Gebäude und bewegliche Güter,
- der Wert der immateriellen Aktiva zum Zeitpunkt des Übergangs (Know-how etc),
- die Übernahme oder Nichtübernahme der Hauptbelegschaft durch den neuen Inhaber,
- der Übergang oder Nichtübergang der Kundschaft,
- der Grad der Ähnlichkeit zwischen der vor und der nach dem Übergang verrichteten Tätigkeit sowie
- die Dauer der Unterbrechung dieser Tätigkeit.[1165]

Die Ähnlichkeit der von dem alten und dem neuen Auftragnehmer erbrachten Dienstleistungen allein erlaubt allerdings nicht den Schluss, dass der Übergang einer wirtschaftlichen Einheit vorliegt. Eine solche Einheit darf nämlich nicht mit der von ihr zu verrichtenden Tätigkeit gleichgestellt werden.

Es schadet auch nicht, dass der übertragene Unternehmens- oder Betriebsteil seine organisatorische Selbständigkeit nicht bewahrt, sofern die funktionelle Verknüpfung zwischen den übertragenen Produktionsfaktoren beibehalten wird und sie es dem Erwerber erlaubt, diese Faktoren zu nutzen, um derselben oder einer gleichartigen wirtschaftlichen Tätigkeit nachzugehen.[1166] Des weiteren steht der Umstand an sich, dass eine wirtschaftliche Einheit aufgelöst wird und ihre Tätigkeit auf zwei andere Einheiten übertragen werden, der Anwendung der RL 2001/23 nicht entgegen.[1167] Die Identität der übertragenen Einheit ergibt sich auch aus anderen Merkmalen wie ihrem Personal,[1168] ihren Führungskräften, ihrer Arbeitsorganisation,

1165 Vgl zur Übernahme eines Hotels, das nur während der Saison geöffnet war und Arbeitnehmer beschäftigte, EuGH Rs 287/86 (Ny Mølle Kro), EU:C:1987:573.

1166 EuGH Rs C-466/07 (Klarenberg), EU:C:2009:85; kritisch hierzu *Willemsen*, NZA 2009, 289; siehe auch *Salamon*, NZA 2012, 482; zuletzt EuGH Rs C-160/14 (Ferreira da Silva e Brito ua), EU:C:2015:565 Rn 33 f.

1167 EuGH Rs C-416/16 (Piscarreta Ricardo) EU:C:2017:574.

1168 Zwei Drittel an übernommenen AN reichten bei der Übernahme der personalintensiven Reinigungsarbeiten im Einzelfall nicht aus, um einen Betriebsübergang zu begründen, BAG 8 AZR 676/97 NZA 1999, 421 f. Kein Betriebsübergang wurde bei der Fremdvergabe von Reinigungsarbeiten gesehen, wenn 60% der betroffenen Arbeitnehmer nicht bereit waren, Weiterbeschäftigungsangebote des Übernehmers zu akzeptieren, BAG 8 AZR 737/96 BeckRS 2012, 75323. 57% übernommene Arbeitnehmer reichten dem BAG 2011 im Bewachungsge-

ihren Betriebsmethoden und gegebenenfalls den ihr zur Verfügung stehenden Betriebsmitteln.[1169]Anhand dieser Kriterien überlässt es der Gerichtshof jedoch den Mitgliedstaaten festzustellen, ob ein Betriebsübergang im Sinne der Richtlinie vorliegt. Das nationale Gericht hat bei der Prüfung sämtliche den betreffenden Vorgang kennzeichnenden Tatsachen zu berücksichtigen und eine Gesamtbewertung aller Teilaspekte vorzunehmen.[1170] Auf die Gewinnerzielungsabsicht des Unternehmens soll es nach Rechtsprechung des EuGH[1171] für die Anwendbarkeit der Richtlinie jedoch nicht ankommen. Diese Rechtsprechung wurde mit der RL 98/50/EG in den Text der Betriebsübergangsrichtlinie mit aufgenommen, indem Art 1 Abs 1 lit c jetzt vorsieht, dass die Richtlinie auf Unternehmen, unabhängig davon, ob diese Erwerbszwecke verfolgen, anzuwenden ist.

Nach Meinung des EuGH[1172] kann in bestimmten Branchen, in denen es im Wesentlichen auf die menschliche Arbeitskraft ankommt, uU auch eine Gesamtheit von Arbeitnehmern, die durch eine gemeinsame Tätigkeit dauerhaft miteinander verbunden sind, eine wirtschaftliche Einheit darstellen. Selbst wenn Arbeitnehmer nicht im Betrieb integriert sind, da sie als Leiharbeiter hauptsächlich in anderen Unternehmen tätig sind, kann nach dem EuGH ein Betriebsübergang vorliegen.

EuGH, Rs C-458/05 (Jouini ua/Princess Personal Service GmbH):[1173] Über das Arbeitskräfteüberlassungsunternehmen Mayer & Co GmbH wurde der Konkurs eröffnet. Die Geschäftsführer gründeten ein neues Unternehmen, die Princess Personal Service GmbH (PPS), über welches die neuen Projekte abgewickelt werden sollten. Auch Teile der Arbeitnehmer wurden übernommen. Die Kläger, die von PPS übernommen wurden, begehrten von dieser die Begleichung offener Entgeltansprüche gegenüber Mayer, die Mayer nicht mehr befriedigt hatte, und die Feststellung des Übergangs der Arbeitsverhältnisse auf PPS für die Berechnung ihrer Ansprüche.

Die Frage, mit der sich der EuGH auseinandersetzen musste, war, ob ein Unternehmen, das definitionsgemäß kaum Arbeitnehmer in seinem „eigenen Betrieb“ im Sinne einer organisatorischen Einheit beschäftigt, sondern

---

werbe nicht aus, BAG 8 AZR 197/11 NZA-RR 2013, 179. In BAG 8 AZR 729/96 NZA 1998, 535 reichte dem Gericht die Übernahme von mehr als 85% der Beschäftigten.

1169 EuGH Rs C-175/99 (Mayeur), EU:C:2000:505 mwN; ebenso EuGH Rs C-172/99 (Oy Liikenne), EU:C:2001:59.

1170 EuGH Rs C-175/99 (Mayeur), EU:C:2000:50 mwN.

1171 Vgl ausdrücklich erstmals EuGH Rs C-382/92 (Kommission ./. Vereinigtes Königreich), EU:C:1994:233 Rn 42 ff mwN.

1172 EuGH Rs C-51/00 (Temco Service Industries SA), EU:C:2002:48.

1173 EuGH Rs C-458/05 (Jouini ua/Princess Personal Service GmbH), EU:C:2007:512; *Feltl/Fragner*, GesRZ 2007, 364.

diese Arbeitnehmer eben an einen anderen Arbeitgeber, den entleihenden Unternehmer, überlässt, eine organisatorische Einheit im Sinne eines eigenen „Betriebs" oder „Betriebsteils" darstellt und somit die Richtlinie Anwendung findet. Der EuGH befand, dass

> „die Tätigkeit von Leiharbeitsunternehmen dadurch gekennzeichnet [ist], dass sie entleihenden Unternehmen Arbeitnehmer vorübergehend zur Verfügung stellen, damit diese dort verschiedene Aufgaben entsprechend den Bedürfnissen und nach Anweisung dieser entleihenden Unternehmen wahrnehmen. [...] dass die verliehenen Arbeitnehmer in die Organisationsstruktur des Kunden, dem sie zur Verfügung gestellt wurden, integriert sind, kann als solche der Feststellung des Übergangs einer wirtschaftlichen Einheit nicht entgegenstehen. Diese Arbeitnehmer bleiben nämlich gleichwohl wesentliche Elemente, ohne die es dem Leiharbeitsunternehmen seinem Wesen nach nicht möglich wäre, seine wirtschaftliche Tätigkeit auszuüben. [...] Infolgedessen ist auf die Vorlagefrage zu antworten, dass Art 1 Abs 1 der Richtlinie 2001/23 dahin auszulegen ist, dass diese Richtlinie anwendbar ist [...]."

Im Fall Albron Catering BV[1174] musste der EuGH die Frage beantworten, ob im Rahmen eines Konzerns, in welchem eine der Konzerngesellschaften als zentrale Arbeitgeberin ihre Arbeitnehmer an die verschiedenen Gesellschaften des Konzerns entsendet, der Übergang der Tätigkeiten einer Gesellschaft dieses Konzerns auf eine Gesellschaft, die nicht diesem Konzern angehört, in den Anwendungsbereich der Richtlinie 2001/23 fällt. Im konkreten Fall war das gesamte innerhalb des Konzerns tätige Personal bei einer Personalgesellschaft beschäftigt, die als zentrale Arbeitgeberin fungierte und die die Arbeitnehmer langfristig, gegebenenfalls für mehrere Jahrzehnte zu den verschiedenen Betriebsgesellschaften des Konzerns abstellte. Die Arbeitnehmer hatten einen Arbeitsvertrag mit der Personalgesellschaft, nicht jedoch mit der Gesellschaft, bei welcher sie tatsächlich tätig waren. Der EuGH hat die Bedeutung von vertraglichen und nichtvertraglichen Arbeitgebern für den Übergang folgendermaßen beurteilt:

> „Das gemäß Art 3 Abs 1 der Richtlinie 2001/23 bestehende Erfordernis entweder eines Arbeitsvertrags oder, alternativ und somit gleichwertig, eines Arbeitsverhältnisses zum Zeitpunkt des Übergangs führt zu der Annahme, dass nach dem Willen des Unionsgesetzgebers eine vertragliche Beziehung zum Veräußerer nicht unter allen Umständen dafür erforderlich ist, dass den Arbeitnehmern der durch die Richtlinie 2001/23 gewährte Schutz zugute kommen kann." [...] „Daher setzt ein Übergang eines Unternehmens im Sinne der Richtlinie 2001/23 insbesondere einen Wechsel der juristischen oder persönlichen Person voraus, die für die wirtschaftliche Tätigkeit der übertragenen Einheit verantwortlich ist und die in dieser Eigenschaft als Arbeitgeber der Arbeitnehmer dieser Einheit Arbeitsverhältnisse mit diesen – gegebenenfalls ungeachtet des Fehlens vertraglicher Beziehungen mit

1174 EuGH Rs C-242/09 (Albron Catering BV), EU:C:2010:625; dazu *Thüsing*, ZESAR 2009, 487 f; *Heilegger*, DRdA 2011, 316 ff.

diesen Arbeitnehmern – begründet.“ [...] „Wenn daher in einem Konzern zwei Arbeitgeber nebeneinander bestehen, von denen der eine vertragliche Beziehungen und der andere nichtvertragliche Beziehungen zu den Arbeitnehmern dieses Konzerns unterhält, kann als „Veräußerer“ im Sinne der Richtlinie 2001/23 auch der Arbeitgeber betrachtet werden, der für die wirtschaftliche Tätigkeit der übertragenen Einheit verantwortlich ist und der in dieser Eigenschaft Arbeitsverhältnisse mit den Arbeitnehmern dieser Einheit begründet, und zwar auch bei Fehlen vertraglicher Beziehungen zu diesen Arbeitnehmern.“[1175]

bb) Die Funktions- oder Auftragsnachfolge

Im Bereich der Funktions- bzw Auftragsnachfolge unterscheidet man drei Varianten: die erstmalige Ausgliederung („Outsourcing“), die Weitervergabe der ausgegliederten Tätigkeit sowie die Eingliederung der (zuvor) vergebenen Tätigkeit („Back- bzw Insourcing“). Kaum eine Frage in der Rechtsprechung des EuGH war derart umstritten, wie die gerade in Fällen des Outsourcing entscheidende Frage, inwieweit die so genannte Funktions- oder Auftragsnachfolge vom Anwendungsbereich der Richtlinie erfasst wird.[1176] Ausgangspunkt der heftigen Kontroversen war die Entscheidung des EuGH in der Rs Christel Schmidt.[1177]

EuGH, Rs C-392/92 (Christel Schmidt): Frau *Schmidt* war als Reinigungskraft einer Sparkasse geringfügig beschäftigt. Ihr wurde gekündigt, da nach Umbaumaßnahmen die Reinigung der Filiale, in der Frau *Schmidt* beschäftigt war, an eine Fremdfirma vergeben wurde. Die Fremdfirma bot Frau *Schmidt* zwar ein Arbeitsverhältnis zu einem insgesamt leicht höheren Lohn an, was sie jedoch ablehnte, da sie sich einen geringeren Stundenlohn errechnet hatte. Im Rahmen des Kündigungsschutzprozesses legte das nationale Gericht dem EuGH die Frage vor, ob die vertragliche Übertragung der Reinigungsaufgaben an eine Fremdfirma ein Betriebsteilübergang sei, insbesondere wenn die Reinigungsarbeiten nur durch einen einzigen Arbeitnehmer wahrgenommen werden.

Der EuGH sah die Anwendbarkeit der Richtlinie in diesem Fall als gegeben an, mit der Folge, dass die Kündigung von Frau *Schmidt* gegen das Kündigungsverbot nach Art 4 der Betriebsübergangsrichtlinie verstieß. Unter Berufung auf die oben dargestellten, in der Entscheidung Spijkers gefundenen Kriterien stellte der EuGH fest,

dass allein der Umstand, dass keine materiellen Betriebsmittel übertragen worden sind, der Anwendbarkeit der Richtlinie nicht entgegensteht, da keines der Kriterien allein maßgebliche Bedeutung hat, sondern eine Gesamtbetrachtung vorzunehmen ist. Auch steht der Anwendbarkeit der Richtlinie nicht entgegen, dass der übertragene Tätigkeitsbereich für das Unternehmen von untergeordneter Bedeu-

1175 EuGH Rs C-242/09 (Albron Catering BV), EU:C:2010:625 Rn 24, 28, 31.

1176 Siehe dazu *Friedrich/Karl*, ZAS 2003/42; *Bauer*, NZA 2004, 14; *Willemsen/Annuß*, DB 2004, 134.

1177 EuGH Rs C-392/92 (Christel Schmidt), EU:C:1994:134.

tung ist[1178] bzw nur von einem Arbeitnehmer wahrgenommen wird, da der Schutz der Richtlinie für alle Arbeitnehmer gleich ist. Vielmehr müsse ua auch berücksichtigt werden, ob „dieselbe oder eine gleichartige Geschäftstätigkeit vom neuen Inhaber tatsächlich weitergeführt oder wiederaufgenommen wird“. Da die gleichen Reinigungsarbeiten fortgefuhrt wurden, zudem das Fremdunternehmen Frau *Schmidt* ein Angebot auf Weiterbeschäftigung gemacht hatte, was ein „typisches Merkmal des Vorgangs“ darstellt, „der in den Anwendungsbereich der RL fällt“, nahm der EuGH einen Betriebsteilübergang an.

Aufgrund der massiven Kritik an der Rechtsprechung in der Rs Christel Schmidt, die im Wesentlichen durch die Sorge geprägt war, dass jede Form der Vertrags- bzw Funktionsnachfolge vom Schutz der Betriebsübergangsrichtlinie erfasst würde,[1179] sah sich der EuGH in einem weiteren Vorlageverfahren gezwungen, seine Aussagen in einer Art zu präzisieren, die sich schon in zwei Gutachten des EFTA-Gerichtshofs[1180] angedeutet hatte.

EuGH, Rs C-13/95 (Ayse Süzen):[1181] Frau *Süzen* war ebenfalls als Reinigungskraft beschäftigt. Im Gegensatz zu Frau *Schmidt* war sie aber nicht im zu reinigenden Unternehmen selbst beschäftigt, sondern bei einer Fremdfirma, die die Reinigung vertraglich übernommen hatte. Dieser Fremdfirma wurde der Reinigungsauftrag entzogen und einer anderen Firma übertragen, welche weder Frau Süzen noch deren Kollegen und auch keine materiellen oder immateriellen Betriebsmittel übernahm.

Der EuGH konkretisierte den Begriff der übertragenen wirtschaftlichen Einheit dahingehend,

„dass es um den Übergang einer auf Dauer angelegten wirtschaftlichen Einheit geht, deren Tätigkeit sich nicht auf die Ausführung eines konkreten Vorhabens beschränkt. Der Begriff der wirtschaftlichen Einheit bezieht sich dabei auf eine organisatorische Gesamtheit von Personen und Sachen zur Ausübung einer wirtschaftlichen Tätigkeit mit eigener Zielsetzung.“ Dies bestimmte der EuGH wieder in einer Einzelfallbetrachtung anhand der in der Rechtssache Spijkers angeführten Kriterien, wobei er insbesondere das Kriterium der (Nicht-)Übernahme der Hauptbelegschaft konkretisierte. Zu diesen in der Entscheidung Spijkers aufgestellten Kriterien würden zwar auch die materiellen und immateriellen Betriebsmittel gehören, jedoch schließe ein Fehlen der Übertragung dieser Betriebsmittel das Vorliegen eines Betriebsübergangs nicht aus, da in bestimmten Branchen die relevante Einheit auch ohne wesentliche materielle oder immaterielle Betriebsmittel tätig sein kann. „Soweit in bestimmten Branchen, in denen es im Wesentlichen auf die menschliche Arbeitskraft ankommt, eine Gesamtheit von Arbeitnehmern,

1178 Vgl auch schon EuGH Rs C-209/91 (Watson Rask und Christensen), EU:C:1992:436 Rn 17.

1179 Vgl nur *Waas*, EuZW 1994, 528, 530; *Tinhofer*, RdW 1996, 426 f.

1180 EFTA-Gerichtshof, Rs E-2/95 (Eidesund), EAS Nr 11a zu Art 1 RL 77/187/EWG; EFTA-Gerichtshof, Rs C-2/96 (Ulstein und Røiseng), EAS Nr 12a zu Art 1 RL 77/187/EWG.

1181 EuGH Rs C-13/95 (Ayse Süzen), EU:C:1997:141.

> die durch eine gemeinsame Tätigkeit dauerhaft verbunden sind, eine wirtschaftliche Einheit darstellt, kann eine solche Einheit ihre Identität über ihren Übergang hinaus bewahren, wenn der neue Unternehmensinhaber nicht nur die betreffende Tätigkeit weiterführt, sondern auch einen nach Zahl und Sachkunde wesentlichen Teil des Personals übernimmt, das sein Vorgänger gezielt bei dieser Tätigkeit eingesetzt hat.“

Durch die Entscheidung Süzen wurde somit eindeutig klargestellt, dass der bloße Verlust eines Auftrags und die Neuvergabe an einen Dritten für sich genommen keinen Betriebs(teil)übergang darstellen. Ebenso genügt für die Anwendbarkeit der Richtlinie auch nicht das bloße Fortführen einer Tätigkeit durch ein anderes Unternehmen. Der EuGH hat diesen Grundsatz auch in mehreren Fällen des sogenannten „Insourcing“, in denen ein Unternehmen oder eine Gemeinde den fremdvergebenen Reinigungsauftrag kündigte, um die Reinigung mit eigenen Arbeitnehmern vorzunehmen, bestätigt. Der bloße Umstand, dass die durchgeführten Tätigkeiten zweier Unternehmen einander ähnlich oder sogar identisch sind, lässt nämlich nicht auf die Wahrung der Identität einer wirtschaftlichen Einheit schließen.[1182]

Es darf jedoch nicht übersehen werden, dass sich das in der Entscheidung Christel Schmidt gefundene Ergebnis durchaus auch auf der Grundlage der in der Entscheidung Süzen aufgestellten Erfordernisse begründen ließe, war *Christel Schmidt* doch als einzige Arbeitnehmerin der ganz wesentliche Teil des Personals des mit der Reinigung betrauten Betriebsteils. Insofern kann entgegen anderen Stimmen in der Literatur eine konsequente Linie in den Entscheidungen Spijkers, Schmidt und Süzen gesehen werden.[1183]

Der Richtliniengeber hat mit der RL 98/50/EG die wesentlichen Aussagen der EuGH-Rechtsprechung in die Betriebsübergangsrichtlinie eingefügt. Gem Art 1 Abs 1 lit b RL 2001/23/EG ist ein Übergang im Sinne der Richtlinie „der Übergang einer ihre Identität bewahrenden wirtschaftlichen Einheit im Sinne einer organisierten Zusammenfassung von Ressourcen zur Verfolgung einer wirtschaftlichen Haupt- oder Nebentätigkeit“.

In der Rs Abler[1184] kommt der EuGH zur Problematik der Auftrags- und Funktionsnachfolge wieder zum Ergebnis, dass

> „Art 1 der RL […] so auszulegen [ist], dass diese RL auf eine Situation anwendbar ist, in der ein Auftraggeber, der einen ersten Unternehmer vertraglich mit der gesamten Verpflegung in einem Krankenhaus betraut hatte, diesen Vertrag beendet

1182 EuGH verb Rs C-173/96 und C-247/96 (Hidalgo ua), EU:C:1998:595; sowie EuGH Rs C-463/09 (CLECE SA), EU:C:2011:24 Rn 41.

1183 Vgl auch *Holzer/Reissner*, AVRAG, 125.

1184 EuGH Rs C-340/01 (Abler), EU:C:2003:629; vgl dazu *Majoros*, DRdA 2004, 189; *Stärker*, ASoK 2004, 52. Diese Entscheidung bestätigte der EuGH in der Rs Güney-Görres und Demir, EuGH verb Rs C-232/04 und C-233/04, EU:C:2005:778.

und über dieselbe Leistung einen neuen Vertrag mit einem zweiten Unternehmer abschließt, wenn der zweite Unternehmer zuvor von dem ersten Unternehmer benutzte und beiden nacheinander vom Auftraggeber zur Verfügung gestellte wesentliche materielle Betriebsmittel benutzt, und dies auch dann, wenn der zweite Unternehmer zum Ausdruck gebracht hat, dass er die Arbeitnehmer des ersten Unternehmers nicht übernehmen will."

Nach Meinung des EuGH[1185] ist die Betriebsübergangsrichtlinie auch in einer Situation anwendbar, in der ein Auftraggeber, der die Reinigung seiner Geschäftsräume vertraglich einem ersten Unternehmer anvertraut hat, der die Ausführung dieses Auftrags einem Subunternehmer übertragen hat, diesen Vertrag beendet und zur Durchführung dieser Arbeiten einen neuen Vertrag mit einem zweiten Unternehmer schließt. Voraussetzung dafür ist, dass der neue Unternehmer einen nach Zahl und Sachkunde erheblichen Teil des vom Subunternehmer für die Durchführung des untervergebenen Auftrags verwendeten Personals übernimmt. In der Rs Abler erkannte der Gerichtshof in der betreffenden Krankenhausküche einen durch die Betriebsmittel charakterisierten Unternehmensteil, bei dem das Personal im Gegensatz zum Inventar eine untergeordnete Rolle spielte. Ob er dies bei einem Spitzenrestaurant mit erhöhter gestalterischer Freiheit ebenso sehen würde, ist fraglich.

Unter diesem Aspekt kann man auch das Back- und Insourcing des spanischen öffentlichen Unternehmens ADIF verstehen, da der EuGH gewerbespezifisch auf die Materialintensität, die unveränderte Betriebsfortführung und maßgebliche Übernahme der Betriebsmittelverfügung abstellte. Im Fall Aira Pascual ging mit der Rückverlagerung die Wiederbenutzung des eigenen zuvor ausgeliehenen Materials (Kräne und Räume) einher, wobei das Personal des externen Unternehmens nicht übernommen wurde, was der EuGH als Betriebsübergang wertete.[1186]

Wenn sich der Unternehmens- bzw Betriebsgegenstand infolge eines Inhaberwechsels nicht verändert, ist dies ein Indiz für das Fortführen einer wirtschaftlichen Einheit unter Beibehaltung der Identität. Werden die Struktur und die Ordnung hingegen in substantieller Weise verändert, stellt sich die Frage nach der Fortführung derselben wirtschaftlichen Einheit. Die bloße Übernahme von Aufgaben ohne Weiterführung einer teilbetrieblichen Organisation reicht als reine Funktionsnachfolge für die Annahme eines Teilbetriebsübergangs nicht aus.[1187] Auf der anderen Seite können erhebliche

1185 EuGH Rs C-51/00 (Temco Service Industries SA), EU:C:2002:48; siehe zu dieser Entscheidung *Reissner*, DRdA 2002, 436.

1186 EuGH Rs C-509/14 (Aira Pascual), EU:C:2015:781 Rn 41.

1187 BAG 8 AZR 45/05 NZA 2006, 263. Fälle der Funktionsnachfolge können zu Betriebsübergängen werden, wenn der neue Auftragnehmer einen wesentlichen

Teile eines Unternehmens- oder Betriebs(teils) übergehen, wobei aber wegen der „identitätszerstörenden Eingliederung“[1188] in der neuen Organisationsstruktur kein Betriebsübergang vorliegt.[1189] Der Frage nach der Betriebsidentität wohnt im Kern die Überlegung inne, inwieweit die wirtschaftliche Einheit nach ihrem Übergang als abgrenzbare Einheit bestehen bleiben muss, damit deren Identität gewahrt bleibt. Das deutsche BAG hat die Rs Klarenberg so verstanden, dass der EuGH eine Betrachtung der Identität nicht aufgegeben hat, aber die Prüfung merklich auf die Betriebsveräußererseite fokussiert hat. Ist beim Veräußerer keine identifikationsfähige Einheit nach dem Maßstab der Rs Lorenzo Amatori auszumachen, kann schon kein Betriebsteilübergang in Frage kommen. Auf die gleichbleibende Verschränkung der Betriebs(teil)organisation beim Erwerber komme es nicht so sehr an.[1190] Im Klarenberg-Urteil[1191] äußert der EuGH, dass die beim Veräußerer vorhandenen Strukturen zwar nicht in der gleichen Funktionszusammensetzung auf den Erwerber übertragen werden müssen, aber dennoch in eine solche Beziehung zueinander eingesetzt werden müssen, dass ein weiteres Zusammenwirken der übertragenen Betriebsmittel erfolgt.[1192] Überzeugend kommt der Telos der Betriebsübergangsrichtlinie dann zum Ausdruck, wenn man den Zwangseintritt in die Rechte des Arbeitsvertrags mit der Nutzung der vom Veräußerer geschaffenen, betrieblich identifizierbaren Struktur begründet.[1193] Für die Abgrenzung von der bloßen Funktionsnachfolge ist es dann notwendig, dass im Fall des Betriebsübergangs der Arbeitsplatz in gewisser Weise auch beim Erwerber fortbesteht.[1194] Dieser Ansatz wird dann verkehrt, wenn die in der Rs Spijkers ausgerarbeiteten Kriterien[1195] ohne Zweckdifferenzierung ihrer spezifischen Abgrenzungsmomente unter der Prämisse einer universalen Aussagekraft angewendet werden. Darum ist es notwendig, die funktionalen Unterschiede zwischen tendenziell

Teil des bisherigen Personals übernimmt, *Preis* in: ErfK, 17. Aufl, BGB § 613a Rn 37; *Kirschbaum* DRdA 1994, 351.

1188 *Willemsen*, NZA 2014, 1010.

1189 Vgl die Rsp des BAG 8 AZR 249/04 AP BGB § 613a Nr 303 (Anmerkung von *Melot de Beauregard*).

1190 *Willemsen*, NZA 2014, 1011.

1191 EuGH Rs C-466/07 (Klarenberg), EU:C:2009:85.

1192 Einen ausgleichenden Mittelweg zwischen weitem und engem Verständnis suchend *Salamon/Hoppe*, NZA 2010, 991. Siehe darüber hinaus *Preis* in: ErfK, 17. Aufl, BGB § 613a Rn 37. Siehe dazu auch *Körber-Risak* in: *Reissner/Burger* (Hg), 8.

1193 Vgl *Willemsen* in: *Henssler/Willemsen/Kalb* (Hg), § 613 a BGB Rn 9.

1194 *Preis* in: ErfK, 17. Aufl, BGB § 613a Rn 5, erkennt darin den Lückenschluss im Kündigungsschutzsystem.

1195 EuGH Rs C-24/85 (Spijkers), EU:C:1986:127 Rn 13.

betriebsmittellastigen Produktions- und personalstarken Dienstleistungsunternehmen mit besonderen Augenmerk zu beachten.

Fraglich scheint die Bedeutung, welche der EuGH den Willensäußerungen des Erwerbers und Veräußerers zumisst, da objektive iSv außen erkennbare Prüfkriterien die kontextuelle Einbettung alleine nicht ausreichend beurteilen können.[1196] Liest man die Entscheidung zum Backsourcing (Rs Aira Pascual),[1197] unterscheidet der Gerichtshof in der Anwendung des Kriterienkatalogs nicht zwischen den verschiedenen Betriebsübergangsschicksalen und -situationen. So wäre nämlich die Änderung der verrichteten Tätigkeit und des Kundenkreises vor allem bei der Differenzierung zwischen einem Betriebsübergang und einer Betriebsänderung heranzuziehen und eignet sich demgegenüber weniger zur Unterscheidung zwischen der Auftragsnachfolge und dem Betriebsübergang.[1198] Gleichermaßen sagt die Unterbrechungsdauer der Aktivitäten (abgesehen von der Aussagekraft über eine Betriebsstillegung) alleine noch nichts über das Vorliegen eines Betriebsübergangs oder einer bloßen Auftragsnachfolge aus. Das entscheidende Merkmal des Betriebsübergangs liegt in der Nutzung der vom Veräußerer geschaffenen und betrieblich identifizierbaren Struktur, da dieses Element auf die Existenz eines Betriebs(teils), nämlich der Zusammenfassung personeller, sachlicher und immaterieller Ressourcen, beim Veräußerer hindeutet und erst damit die Grundlage für die Richtlinienanwendung bildet.[1199] Geht im Lauf des Geschehens diese wirtschaftliche Einheit nicht über, ist ein Betriebsübergang zu verneinen und es erübrigt sich eine weitere Prüfung der identitätsbeschreibenden Merkmale, die auf das Weiterbestehen der Arbeitsplätze des Veräußererbetriebs schließen lassen. Ist hingegen eine solche Einheit beim Erwerber auszumachen, ist deren funktionell geprägter Fortbestand durch die Prüfkriterien im Lichte der prägenden Betriebscharakteriska, welche Bezug auf die Intentionen der beteiligten Parteien nehmen, zu beurteilen.

Nicht in den Geltungsbereich der Richtlinie fällt, wenn ein Unternehmen lediglich eine seiner Baustellen einem anderen Unternehmen zwecks Fertigstellung überträgt, wobei sich ersteres darauf beschränkt, dem neuen Unternehmer Arbeitnehmer und Material zur Verfügung zu stellen, die zur Durchführung der fraglichen Arbeiten eingesetzt werden sollen. Der Begriff des „Übergangs von Unternehmen“ setzt nämlich voraus, dass es um

1196 Siehe *Bieder*, EuZA 2014, 494, zur stärker „subjektivierten Betrachtungsweise“.

1197 Vgl EuGH Rs C-509/14 (Aira Pascual), EU:C:2015:781 Rn 41 f.

1198 *Bieder*, EuZA 2017, 74.

1199 *Bieder*, EuZA 2017, 74 ff, moniert, dass der EuGH die Betriebsübergangsvoraussetzungen in der Rs C-509/14 EU:C:2015:781 (Aira Pascual) derogiere.

den Übergang einer auf Dauer angelegten wirtschaftlichen Einheit geht, deren Tätigkeit nicht auf die Ausführung eines einzigen Auftrags beschränkt ist.[1200]

cc) Die Anwendbarkeit der Richtlinie im öffentlichen Dienst

Ebenfalls als Folge der Rechtsprechung – und zwar vor allem in der Rs Henke[1201] – hat der Richtliniengeber mit Art 1 Abs 1 lit c eine Regelung in die Betriebsübergangsrichtlinie eingefügt, die deren Anwendbarkeit im öffentlichen Dienst einschränkt. Zwar legt Art 1 Abs 1 lit c RL 2001/23/EG eindeutig fest, dass die Richtlinie für öffentliche und private Unternehmen, die eine wirtschaftliche Tätigkeit ausüben, unabhängig davon gilt, ob sie Erwerbszwecke verfolgen oder nicht.[1202] „Bei der Übertragung von Aufgaben im Zuge der Umstrukturierung von Verwaltungsbehörden oder der Übertragung von Verwaltungsaufgaben von einer Behörde auf eine andere"[1203] findet die Richtlinie hingegen keine Anwendung, weil sich der Übergang in diesen Fällen auf hoheitliche Tätigkeiten bezieht.[1204] Demgegenüber fällt die Übertragung einer wirtschaftlichen Tätigkeit von einer juristischen Person des Privatrechts auf eine juristische Person des öffentlichen Rechts grundsätzlich in den Anwendungsbereich der Betriebsübergangsrichtlinie.[1205] Wesentliches Kriterium für ihre Anwendbarkeit auf öffentlich-rechtliche Arbeitgeber wird demnach die Frage sein, ob die übertragene Einheit wirtschaftliche oder hoheitliche Aufgaben zu erfüllen hat. Nur im ersten Fall wäre die Anwendbarkeit gegeben. Der EuGH betonte in der Entscheidung Scattolon,[1206] dass

> „der Begriff ‚wirtschaftliche Tätigkeit' […] jede Tätigkeit [umfasst], die darin besteht, Waren oder Dienstleistungen auf einem bestimmten Markt anzubieten […]. Tätigkeiten in Ausübung hoheitlicher Befugnisse sind grundsätzlich nicht als wirtschaftliche Tätigkeiten einzustufen […]. Demgegenüber gelten Dienste als wirtschaftliche Tätigkeiten, die, ohne dass es sich um eine Ausübung hoheitlicher Befugnisse handelte, im allgemeinen Interesse und ohne Erwerbszweck im Wettbe-

---

1200 EuGH Rs C-48/94 (Ole Rygaard), EU:C:1995:290 Rn 20.

1201 EuGH Rs C-298/94 (Henke), EU:C:1996:382.

1202 Siehe dazu auch EuGH Rs C-343/98 (Collino), EU:C:2000:441; EuGH Rs C-509/14 (Aira Pascual), EU:C:2015:781 Rn 24.

1203 So auch der Wortlaut in der Entscheidung Henke; siehe auch EuGH Rs C-175/99 (Mayeur), EU:C:2000:505; ausführlich dazu *Friedrich*, Europäisches Arbeitsrecht und Privatisierungen, 78 ff.

1204 EuGH Rs C-343/98 (Collino), EU:C:2000:441.

1205 EuGH Rs C-175/99 (Mayeur), EU:C:2000:505; ebenso EuGH Rs C-425/02 (Delahaye), EU:C:2004:706.

1206 EuGH Rs C-108/10 (Scattolon), EU:C:2011:542.

werb mit den Diensten von Wirtschaftsteilnehmern erbracht werden, die einen Erwerbszweck verfolgen.“[1207]

Auf Fälle der Privatisierung findet die Richtlinie jedenfalls Anwendung, da mit der Übertragung der Einheit in eine private Rechtsform eindeutig zum Ausdruck kommt, dass die von der privatisierten Einheit erfüllten Aufgaben nicht hoheitlicher Natur sind.[1208] Den Betrieb öffentlicher Fernmeldeanlagen qualifizierte der EuGH[1209] als Unternehmenstätigkeit, und zwar auch dann, wenn diese Aufgaben durch eine Stelle der Verwaltung erfüllt werden.

> EuGH, Rs C-343/98 (Collino):[1210] „Artikel 1 Absatz 1 der RL 77/187 [Art 1 Abs 1 RL 2001/23/EG] […] ist dahin auszulegen, dass die RL auf einen Fall Anwendung finden kann, in dem eine Stelle, die öffentliche Telekommunikationsdienste betreibt und von einer in die staatliche Verwaltung eingegliederten Einrichtung verwaltet wird, aufgrund von Entscheidungen staatlicher Stellen entgeltlich in Form einer Verwaltungskonzession auf eine privatrechtliche Gesellschaft übergeht, die von einer öffentlichen Einrichtung gegründet worden ist, die alle Aktien dieser Gesellschaft hält. Die durch einen solchen Übergang betroffenen Personen müssen jedoch ursprünglich als Arbeitnehmer nach nationalem Arbeitsrecht geschützt gewesen sein.“

Ebenso hat der EuGH den Übergang eines Betriebsteils des britischen staatlichen Gesundheitsdienstes auf eine private Gesellschaft festgestellt, wobei dessen Arbeitnehmer dem staatlichen Arbeitsrecht und somit der Betriebsübergangsrichtlinie unterlagen.[1211]

Eine Gesellschaft mit beschränkter Haftung des Privatrechts, deren Gesellschafter ein öffentlich-rechtlicher Sozialhilfeverband (Gemeindeverband) ist, gehört nach dem EuGH[1212] ebenfalls zu den Einrichtungen, denen die Art 3 Abs 1 und Art 1 Abs 1 lit c Satz 1 RL 2001/23/EG entgegengehalten werden können.

Ebenso stellt jener Fall, dass etwa eine Gemeinde als juristische Person des öffentlichen Rechts Werbe- und Informationstätigkeiten in Bezug auf von ihr der Öffentlichkeit angebotene Leistungen, die bisher im Interesse der Gemeinde von einem Verein ohne Erwerbszweck ausgeübt wurde, nun

1207 EuGH Rs C-108/10 (Scattolon), EU:C:2011:542 Rn 43 f.

1208 Vgl auch die Entscheidung des EuGH Rs C-343/98 (Collino), EU:C:2000:441, in der letztendlich die Anwendbarkeit der Richtlinie jedoch am anhand des nationalen Rechts zu bestimmenden Arbeitnehmerbegriff scheiterte.

1209 EuGH Rs C-343/98 (Collino), EU:C:2000:441 mwN.

1210 EuGH Rs C-343/98 (Collino), EU:C:2000:441; ausführlich zu dieser Entscheidung *Friedrich*, ASoK 2000, 373, sowie *Reissner*, RdW 2000, 658.

1211 EuGH Rs C-164/00 (Beckmann), EU:C:2002:330.

1212 EuGH Rs C-297/03 (Sozialhilfeverband Rohrbach), EU:C:2005:315.

selbst übernimmt, einen Betriebsübergang iSd Richtlinie dar, sofern die übertragene Einheit ihre Identität bewahrt.[1213]

Zur Frage, ob der Betriebsübergang von einer juristischen Person des Privatrechts auf den Staat eine Anpassung der Rechte und Pflichten aus dem Arbeitsverhältnis an die Bestimmungen bezüglich der öffentlichen Angestellten rechtfertigt, entschied der EuGH:

> EuGH, Rs C-425/02 (Delahaye):[1214] „Die RL […] ist dahin auszulegen, dass sie es grundsätzlich nicht ausschließt, dass im Fall des Unternehmensübergangs von einer juristischen Person des Privatrechts auf den Staat dieser als neuer Arbeitgeber eine Kürzung der Vergütung der betroffenen Arbeitnehmer vornimmt, um den geltenden nationalen Vorschriften bezüglich der öffentlichen Angestellten nachzukommen. Die zuständigen Behörden, die diese Vorschriften anzuwenden und auszulegen haben, sind jedoch verpflichtet, dies so weit wie möglich im Licht der Zielsetzung dieser RL zu tun, indem sie insbesondere dem Dienstalter des Arbeitnehmers Rechnung tragen, soweit die nationalen Vorschriften, die die Situation der staatlichen Angestellten regeln, das Dienstalter des staatlichen Angestellten bei der Berechnung seiner Vergütung berücksichtigen. Falls diese Berechnung zu einer wesentlichen Kürzung der Vergütung des Betroffenen führt, stellt eine solche Kürzung eine wesentliche Änderung der Arbeitsbedingungen zum Nachteil der von dem Übergang betroffenen Arbeitnehmer dar, so dass nach Artikel 4 Absatz 2 der RL 77/187 [Art 4 Abs 2 RL 2001/23/EG] davon auszugehen ist, dass die Beendigung ihres Arbeitsvertrags aus diesem Grund durch den Arbeitgeber erfolgt ist."

Was die Vergabe öffentlicher Aufträge anbetrifft, ist ebenfalls von der Anwendbarkeit der Betriebsübergangsrichtlinie auszugehen:

> EuGH, Rs C-172/99 (Oy Liikenne):[1215] „Übernimmt ein Unternehmen nach einem Verfahren zur Vergabe öffentlicher Dienstleistungsaufträge gemäß der RL 92/50 über die Koordinierung der Verfahren zur Vergabe öffentlicher Dienstleistungsaufträge Tätigkeiten des öffentlichen Verkehrs mit Ausnahme des Seeverkehrs – wie den Betrieb regionaler Buslinien –, die bisher von einem anderen Unternehmen verrichtet wurden, so kann dies in den sachlichen Anwendungsbereich der RL 77/187 [RL 2001/23/EG] zur Angleichung der Rechtsvorschriften der Mitgliedstaaten über die Wahrung von Ansprüchen der Arbeitnehmer beim Übergang von Unternehmen, Betrieben oder Betriebsteilen fallen, wie er in deren Artikel 1 Absatz 1 beschrieben ist. Artikel 1 Absatz 1 der RL 77/187 zur Angleichung der Rechtsvorschriften der Mitgliedstaaten über die Wahrung von Ansprüchen der Arbeitnehmer beim Übergang von Unternehmen, Betrieben oder Betriebsteilen ist dahin auszulegen, dass diese RL anwendbar sein kann, wenn zwischen zwei Unternehmen, die von einer Einrichtung des öffentlichen Rechts nach einem Verfahren zur Vergabe öffentlicher Dienstleistungsaufträge gemäß der RL 92/50 über die Koordinierung der Verfahren zur Vergabe öffentlicher Dienstleistungsaufträge

1213 EuGH Rs C-175/99 (Mayeur), EU:C:2000:505.
1214 EuGH Rs C-425/02 (Delahaye), EU:C:2004:706.
1215 EuGH Rs C-172/99 (Oy Liikenne), EU:C:2001:59; siehe dazu *Reissner*, ASoK 2002, 77.

nacheinander mit dem Betrieb eines öffentlichen Verkehrs mit Ausnahme des Seeverkehrs – wie dem Betrieb regionaler Buslinien – beauftragt worden sind, eine unmittelbare vertragliche Beziehung fehlt. Die RL 77/187 ist jedoch nicht anwendbar, wenn keine nennenswerten materiellen Betriebsmittel zwischen den beiden genannten Unternehmen übertragen worden sind."

c) Übergang auf einen anderen Inhaber durch vertragliche Übertragung und Verschmelzung

Art 1 Abs 1 der Betriebsübergangsrichtlinie setzt für ihre Anwendbarkeit voraus, dass die wirtschaftliche Einheit durch vertragliche Übertragung oder Verschmelzung übergeht. Jedoch weichen die unterschiedlichen sprachlichen Fassungen der Richtlinie in ihrer Bedeutung erheblich voneinander ab,[1216] sodass keinesfalls bei der Auslegung der Richtlinie streng am deutschen Wortlaut festgehalten werden kann. So spricht bspw die englische Fassung allein von „legal transfer", was einen im Vergleich zur deutschen Fassung erheblich weiteren Anwendungsbereich nahelegt.

Der EuGH orientiert sich bei der Begriffsbestimmung des Übergangs am Schutzzweck der Richtlinie, der auf die möglichst weitreichende Aufrechterhaltung der Arbeitnehmerrechte bei einem Wechsel des Unternehmensinhabers gerichtet ist. Maßgeblich ist daher allein, dass im Rahmen vertraglicher Übertragungen oder Verschmelzung des Unternehmens die für das Unternehmen verantwortliche natürliche oder juristische Person wechselt. Dabei ist es ohne Bedeutung, ob das Eigentum am Unternehmen übertragen wird, vielmehr ist einzig und allein ausschlaggebend, dass die tatsächliche Leitungsmacht auf einen anderen übergeht. Auch ist es ohne Belang, ob der Wechsel der Leitungsmacht auf einer Einzelrechts- oder Gesamtrechtsnachfolge beruht.[1217] Auch setzt die Anwendbarkeit der Richtlinie nicht voraus, dass zwischen Veräußerer und Erwerber unmittelbar vertragliche Beziehungen bestehen.[1218] Damit kann der Übergang auch unter Einschaltung eines Dritten erfolgen.[1219] Auf Grundlage dieser Überlegungen

1216 Vgl EuGH Rs C-135/83 (Abels), EU:C:1985:55.

1217 Als Konsequenz dessen hat der deutsche Gesetzgeber für den praktisch wichtigsten Fall der Gesamtrechtsnachfolge bei Umwandlungen mit § 324 UmwG eine Regelung eingeführt, dass § 613a Abs 1 und 4 BGB auf Verschmelzungen, Spaltungen und Vermögensübertragungen und somit auf Fälle der Gesamtrechtsnachfolge anwendbar ist. Die Anwendung des § 613a BGB war in der Rechtsprechung und Literatur mit der Begründung abgelehnt worden, dass bei einer Gesamtrechtsnachfolge der Übergang nicht auf einem Rechtsgeschäft, sondern auf Gesetz beruhe.

1218 EuGH Rs C-51/00 (Temco Service Industries SA), EU:C:2002:48.

1219 EuGH Rs C-340/01 (Abler), EU:C:2003:629 mwN.

hat der EuGH bspw folgende Fälle als einen Übergang iSd Richtlinie angesehen:

- Die Verpachtung eines Betriebs bzw Rücknahme und Fortführung des Betriebs vom Pächter durch den Eigentümer;[1220]
- die Neuverpachtung eines Betriebs, der vom neuen Pächter mit denselben Arbeitnehmern fortgeführt wird, obwohl zwischen altem und neuem Pächter keinerlei vertragliche Beziehungen bestehen;[1221]
- die Kündigung eines Mietvertrags über ein Unternehmen, das der Eigentümer zunächst wieder in Besitz nimmt, kurze Zeit später aber verkauft, und der Käufer das Unternehmen mit gut der Hälfte des Personals des früheren Mieters fortführt;[1222]
- die gerichtlich angeordnete Rückübertragung bei einem aufgrund der Zahlungsunfähigkeit des Käufers gescheiterten Mietkauf[1223];
- den Entzug von Subventionen einer Gemeinde an eine Stiftung und Gewährung dieser Subventionen an eine andere Stiftung gleicher Zielsetzung;[1224]
- die Übernahme von Mietverträgen für vier Flugzeuge und deren Weiterbenutzung durch den Hauptaktionär einer Fluglinie[1225] sowie
- die Auflösung eines kommunalen Unternehmens, dessen einziger Anteilseigner eine Gemeinde ist, und Übertragung der Tätigkeiten teilweise unmittelbar auf die Gemeinde selbst und zum Teil auf ein anderes, ebenfalls im Alleinbesitz dieser Gemeinde stehendes kommunales Unternehmen, dessen Satzung zu diesem Zweck geändert wurde, durch Beschluss des Exekutivorgans.[1226]

Die Betriebsübergangsrichtlinie kann auch Anwendung finden, wenn die Übertragung innerhalb eines Konzerns stattfindet. Voraussetzung muss dabei aber ebenfalls sein, dass mit der Übertragung ein Wechsel des Inhabers, also der juristischen oder natürlichen Person mit Leitungsmacht, verbunden ist.[1227] Hingegen findet die Richtlinie keine Anwendung auf die Arbeitnehmer einer Aktiengesellschaft, wenn jemand sämtliche oder einen Großteil der Aktien dieser Gesellschaft aufkauft. Auch wenn aus einer wirtschaftlichen Betrachtungsweise der Eigentümer der Aktiengesellschaft wechselt, so bleibt doch die Aktiengesellschaft als Arbeitgeber unverändert fortbeste-

1220 EuGH Rs C-287/86 (Ny Mølle Kro), EU:C:1987:573.
1221 EuGH Rs C-324/86 (Daddy's Dance Hall), EU:C:1988:72.
1222 EuGH Rs C-101/87 (Bork International), EU:C:1988:308.
1223 EuGH Rs C-144/87 und C-145/87 (Berg und Busschers), EU:C:1988:236.
1224 EuGH Rs C-29/91 (Redmond Stichting), EU:C:1992:220.
1225 EuGH Rs C-160/14 (Ferreira da Silva e Brito ua), EU:C:2015:565 Rn 35.
1226 EuGH Rs C-416/16 (Piscarreta Ricardo),EU:C:2017:574.
1227 EuGH Rs C-234/98 (Allen), EU:C:1999:594.

hen. Mangels eines Arbeitgeberwechsels ist der Schutzbereich der Richtlinie somit nicht eröffnet. Bei der Spaltung einer Aktiengesellschaft findet hingegen gem Art 11 RL 82/891/EWG[1228] die Betriebsübergangsrichtlinie Anwendung.

Als problematisch erweist sich die Frage, inwieweit Fälle, in denen der Übergang auf einer einseitigen staatlichen Entscheidung beruht, von der Richtlinie erfasst werden, spricht doch der deutsche Richtlinienwortlaut allein von einer vertraglichen Übertragung oder Verschmelzung. Streng diesem Wortlaut folgend würden Übertragungen, die allein auf einer gesetzlichen Regelung, einer einseitigen Behördenentscheidung oder einem Gerichtsentscheid beruhen, nicht von der Richtlinie erfasst. Auch wendet die herrschende Meinung[1229] und Rechtsprechung[1230] in Deutschland § 613a BGB aufgrund seines Wortlauts „durch Rechtsgeschäft" nicht auf Fälle an, in denen der Übergang auf Gesetz oder sonstigem Hoheitsakt beruht.[1231]

Eine solche Einschränkung des Anwendungsbereichs der Betriebsübergangsrichtlinie lässt sich jedoch mit deren Schutzzweck nicht vereinbaren. Wie bereits erwähnt, ist der Begriff der „vertraglichen Übertragung" iSv Art 1 Abs 1 der Betriebsübergangsrichtlinie nicht zuletzt aufgrund der Unterschiede in den sprachlichen Fassungen weit auszulegen, damit er dem Zweck der Richtlinie, die Arbeitnehmer in allen Fällen, in denen die für den Betrieb des Unternehmens verantwortliche Person wechselt, zu schützen, gerecht werden kann. Aus der Sicht des Arbeitnehmerschutzes macht es jedoch keinen Unterschied, ob der Wechsel der für den Betrieb des Unternehmens verantwortlichen Person auf einer vertraglichen Beziehung zwischen dem Veräußerer und dem Erwerber, auf einer einseitigen Entscheidung des Veräußerers oder auf einer behördlichen, gerichtlichen oder gesetzgeberischen Entscheidung beruht. Daher ist naheliegend, dass die rechtliche Ausgestaltung der Betriebsnachfolge, die einen Arbeitgeberwechsel zur Folge hat, für die Anwendbarkeit der Betriebsübergangsrichtlinie generell keine Bedeutung hat[1232] und den Begriffen der „vertraglichen Übertragung und Verschmelzung" nur Beispielscharakter zukommt. Im Einklang hiermit hat der EuGH daher die einseitige Entscheidung einer Behörde, einer gemein-

1228 ABlEG 1982 Nr L 378/47.

1229 Vgl nur *Schaub*, Arbeitsrechts-Handbuch, § 117 Rn 30 ff; *Preis* in: ErfK, 17. Aufl, § 613a BGB Rn 58 mwN.

1230 BAG NZA 1996, 426 mwN.

1231 Die österreichische Regelung des § 3 AVRAG verlangt hingegen nur, dass ein Unternehmen, Betrieb oder Betriebsteil übergeht, ohne auf die rechtliche Form des Übergangs abzustellen.

1232 Vgl die Schlussanträge des Generalanwalts *Mancini* in der Rs C-287/86 (Ny Mølle Kro), EU:C:1987:573.

nützigen Einrichtung Subventionen zu entziehen und einer anderen Einrichtung zu übertragen,[1233] ebenso als vom Begriff „vertragliche Übertragung und Verschmelzung“ erfasst angesehen wie die Übertragung einer in die staatliche Verwaltung eingegliederten Einrichtung auf eine privatrechtliche Gesellschaft aufgrund einer Entscheidung staatlicher Stellen, entgeltlich eine Verwaltungskonzession zu erteilen.[1234]

Eine Ausnahme vom Anwendungsbereich der Richtlinie hat der EuGH[1235] jedoch für Betriebsübergänge im Rahmen eines Konkursverfahrens gemacht, wobei er jedoch die Anwendbarkeit der Richtlinie im Konkursfall den Mitgliedstaaten freigestellt hat.[1236] Diese Ausnahmemöglichkeit gilt jedoch nicht für sonstige Verfahren, die nicht auf die Zerschlagung, sondern die Erhaltung der Vermögensmasse ausgerichtet sind.[1237] Dies sieht mittlerweile auch Art 5 der Betriebsübergangsrichtlinie vor, der durch die RL 98/50/EG eingefügt wurde.

d) Der ex-lege-Übergang der Arbeitsverträge und -verhältnisse

Die wesentliche Schutzfunktion der Betriebsübergangsrichtlinie ist darin zu sehen, dass bei einem Betriebsübergang gem Art 3 RL 2001/23/EG sämtli-

---

1233 EuGH Rs C-29/91 (Redmond Stichting), EU:C:1992:220.

1234 EuGH Rs C-343/98 (Collino), EU:C:2000:441.

1235 Grundlegend EuGH Rs C-135/83 (Abels), EU:C:1985:55; zuletzt bestätigt durch EuGH Rs C-399/96 (Europièces SA), EU:C:1998:532 mwN; zuletzt EuGH Rs C-688/13 (Gimnasio Deportivo), EU:C:2015:46.

1236 Der österreichische Gesetzgeber hat von dieser Ausnahmemöglichkeit Gebrauch gemacht und gem § 3 Abs 2 AVRAG die Anwendbarkeit im Konkurs ausgeschlossen. Siehe dazu OGH in 9 ObA 161/07b = JBl 2008, 598 = ASoK 2008, 362. Hingegen hat das deutsche BAG § 613a BGB auf die Veräußerung durch den Konkursverwalter für anwendbar erklärt, was zuvor heftigst umstritten war (vgl BAG 3 AZR 160/79 NJW 1980, 1124 und BAG 2 AZR 477/81 AP Nr 34 zu § 613a BGB (mit Anm *Grunsky*), BAG 8 AZR 459/01NZA 2003, 318; jeweils mwN). Diese Lösung ist mit Art 5 der Betriebsübergangsrichtlinie vereinbar (vgl *Willemsen/Annuß*, NJW 1999, 2076). In Deutschland wurde jedoch aufgrund des Grundsatzes der gleichmäßigen Gläubigerbefriedigung im Konkursverfahren die Haftung des Erwerbers auf für nach dem Übergang entstandene Ansprüche beschränkt, *Preis* in: ErfK, 17. Auf, § 613a BGB Rn 146.

1237 Vgl auch EuGH Rs C-362/89 (d'Urso), EU:C:1991:326; zu einer italienischen Regelung bezüglich der Feststellung des Bestehens einer Unternehmenskrise und der daraus resultierenden Nichtanwendung der Schutzbestimmungen der RL, EuGH Rs C-561/07 (Kommission ./. Italien), EU:C:2009:363. Zur Anwendbarkeit der RL bei einem „Pre-pack“, das im Konkursfall die Übertragung eines Unternehmens(teils) vorsorglich vorbereiten soll, um einen schnellen Neustart bestandsfähiger Einheiten dieses Unternehmens nach der Konkurseröffnung zu ermöglichen, siehe EuGH Rs C-126/16 (Smallsteps), EU:C:2017:489.

che Rechte und Pflichten des Veräußerers aus dem zum Zeitpunkt des Übergangs bestehenden Arbeitsvertrag[1238] auf den Erwerber übergehen. Mit anderen Worten tritt der Erwerber automatisch in die Rechte und Pflichten des Veräußerers aus den Arbeitsverhältnissen vollumfänglich ein, übernimmt also dessen arbeitsvertragliche Stellung. Dies gilt unabhängig vom Willen des Erwerbers. Für diesen ex-lege-Übergang des Arbeitsverhältnisses ist jedoch erforderlich, dass das Arbeitsverhältnis eindeutig dem Betriebsteil zugeordnet werden kann, der tatsächlich auch übertragen wurde. Der Veräußerer scheidet hingegen aus sämtlichen Rechten und Pflichten aus dem Arbeitsverhältnis aus. Den Mitgliedstaaten steht es jedoch gem Art 3 Abs 1 UA 2 RL 2001/23/EG frei festzulegen, dass Erwerber und Veräußerer nach dem Betriebsübergang gesamtschuldnerisch für die Verpflichtungen haften, die vor dem Zeitpunkt des Übergangs durch einen Arbeitsvertrag oder Arbeitsverhältnis entstanden sind, sofern dieser oder dieses zum Zeitpunkt des Übergangs noch bestand. Durch Art 3 Abs 1 RL 2001/23/EG ist somit zum einen sichergestellt, dass die vom Betriebsübergang betroffenen Arbeitnehmer zu den gleichen arbeitsvertraglichen Voraussetzungen ihr Arbeitsverhältnis mit dem Erwerber fortsetzen, wie sie zum Veräußerer bestanden haben. Zum anderen ist der Übergang der Rechte und Pflichten vom Willen des Veräußerers, Erwerbers und Arbeitnehmers grundsätzlich unabhängig.[1239] Die Richtlinie verwehrt dem Erwerber jedoch nicht, die Bedingungen des Arbeitsverhältnisses insoweit zu ändern, als das nationale Recht eine solche Änderung unabhängig vom Fall des Unternehmensübergangs zulässt.[1240]

Bei einem Übergang von Unternehmensteilen auf mehrere Erwerber gehen auch die Rechte und Pflichten aus einem zum Zeitpunkt des Übergangs bestehenden Arbeitsvertrag anteilig auf die Erwerber über. Ist diese Aufteilung jedoch unmöglich, beeinträchtigt sie die Wahrung der Rechte der Arbeitnehmer*innen, oder lehnt die/der Arbeitnehmer*in die Aufteilung seines Arbeitsvertrags ab, so kann dies zu einer Beendigung des Arbeitsverhältnisses führen.[1241]

1238 Der EuGH musste in der Rs C-313/07 (Kirtruna ua), EU:C:2008:574, auf Vorlage eines spanischen Gerichts feststellen, dass mit „sämtlichen Rechten und Pflichten aus einem Arbeitsvertrag oder Arbeitsverhältnis" Gegenstand der RL tatsächlich nur der Arbeitsvertrag oder das Arbeitsverhältnis sein kann, nicht hingegen Mietverträge. Ob das aus dem Arbeitsvertrag verbleibende Konkurrenzklauselverhältnis mitumfasst wird, ist strittig, *Ludvik*, ASoK 2016, 452 ff.

1239 Vgl *Oetker*, EAS B 7200 Rn 36 mwN; EuGH Rs C-51/00 (Temco Service Industries SA), EU:C:2002:48 mwN.

1240 EuGH Rs C-343/98 (Collino), EU:C:2000:441.

1241 EuGH Rs C-344/18 (ISS Facility Services), EU:C:2019:1009 Rn 80.

Bezüglich der Anerkennung des beim Veräußerer erreichten Dienstalters hat der EuGH im Scattolon-Urteil betont, dass der Veräußerer verpflichtet ist, das Dienstalter der übergegangenen Arbeitnehmer zumindest teilweise anzuerkennen, damit der Arbeitnehmer keine erhebliche Kürzungen des Arbeitsentgelts wegen des Übergangs hinnehmen muss.

EuGH, Rs C-108/10 (Scattolon):[1242] „Das beim Veräußerer erreichte Dienstalter [stellt] zwar als solches kein Recht dar, das die übernommenen Arbeitnehmer gegenüber dem Erwerber geltend machen könnten, doch gegebenenfalls dazu dient, bestimmte finanzielle Rechte der Arbeitnehmer zu bestimmen, und [...] diese Rechte [müssen] grundsätzlich vom Erwerber in gleicher Weise, wie sie beim Veräußerer bestanden, aufrechterhalten werden [...].“ [...] Der Gerichtshof hat unter Hinweis darauf, dass der Erwerber in anderen Fällen als dem eines Unternehmensübergangs und im Rahmen des nach dem nationalen Recht Zulässigen die Lohn- und Gehaltsbedingungen der Arbeitnehmer im Sinne einer Verschlechterung ändern kann, entschieden, dass Art 3 Abs 1 der Richtlinie 77/187 dahin auszulegen ist, dass der Erwerber bei der Berechnung finanzieller Rechte alle von dem übergegangenen Personal geleisteten Dienstjahre zu berücksichtigen hat, soweit sich eine solche Verpflichtung aus dem Arbeitsverhältnis zwischen diesem Personal und dem Veräußerer ergibt, und dass er dies gemäß den im Rahmen dieses Verhältnisses vereinbarten Modalitäten tun muss. Da es unter diesen Umständen möglich war, durch eine zumindest teilweise Anerkennung des Dienstalters der übergegangenen Arbeitnehmer zu verhindern, dass diese erhebliche Kürzungen ihres Arbeitsentgelts im Vergleich zu ihrer Lage unmittelbar vor dem Übergang hinnehmen mussten, liefe es dem Ziel der Richtlinie [...] zuwider, wenn das genannte Dienstalter nicht in dem Maße berücksichtigt würde, wie es erforderlich ist, um die Höhe des von diesen Arbeitnehmern bezogenen Arbeitsentgelts in etwa beizubehalten [...][1243]

In die Berücksichtigung der über die Kündigungsfrist entscheidenden Beschäftigungszeiten sind die beim Veräußerer erworbenen Zeiten miteinzubeziehen, wenn der Übernehmer die Arbeitsbedigungen nach über einem Jahr nach dem Betriebsübergang nicht zum Nachteil der Arbeitnehmer verändert.[1244] Unter dem Zeitpunkt des Übergangs iSd Art 3 Abs 1 RL 2001/23/EG ist jener Zeitpunkt zu verstehen, zu dem die Inhaberschaft, mit der die Verantwortung für den Betrieb der übertragenen Einheit verbunden ist, vom Veräußerer auf den Erwerber übergeht. Zu diesem Zeitpunkt sind die Arbeitsverträge und Arbeitsverhältnisse als vom Veräußerer auf den Erwerber übergegangen anzusehen.[1245]

1242 EuGH Rs C-108/10 (Scattolon), EU:C:2011:542 Rn 68 ff.
1243 EuGH Rs C-108/10 (Scattolon), EU:C:2011:542 Rn 69 f, 81.
1244 EuGH Rs C-336/15 (Unionen), EU:C:2017:276.
1245 EuGH Rs C-478/03 (Celtec), EU:C:2005:321 Rn 36.

aa) Verbot der übergangsbedingten Kündigung

Der Schutzzweck der Betriebsübergangsrichtlinie wäre jedoch jeder Bedeutung beraubt, wenn Veräußerer oder Erwerber aufgrund des Betriebsübergangs das Arbeitsverhältnis kündigen und somit den ex-lege-Übergang der Arbeitsverträge verhindern könnten. Daher legt Art 4 Abs 1 RL 2001/23/EG fest, dass der Betriebsübergang als solcher keinen Grund zur Kündigung darstellt. Jedoch bleibt das Recht zur Kündigung aus wirtschaftlichen, technischen oder organisatorischen Gründen, die Änderungen im Bereich der Beschäftigung mit sich bringen, vom Verbot der übergangsbedingten Kündigung unberührt. Da sich das Verbot der übergangsbedingten Kündigung sowohl gegen den Erwerber als auch gegen den Veräußerer richtet, muss umgekehrt das Recht zur Kündigung aus wirtschaftlichen, technischen oder organisatorischen Gründen sowohl dem Erwerber als auch dem Veräußerer zukommen. Diese tragen jedoch die Beweislast dafür, dass solche Gründe, die gerade nicht übergangsbedingt sind, vorliegen. Wird einem Arbeitnehmer in einer mit Art 4 Abs 1 RL 2001/23/EG nicht zu vereinbarenden Weise kurz vor dem Übergang gekündigt, so kann er die Rechtswidrigkeit der Kündigung auch dem Erwerber gegenüber geltend machen.[1246] Wird nämlich eine Kündigung unter Verstoß gegen Art 4 Abs 1 ausgesprochen, gilt der Arbeitnehmer immer noch als bei dem Unternehmen beschäftigt, sodass das Arbeitsverhältnis mit allen Rechten und Pflichten auf den Erwerber übergeht.[1247]

In Bezug auf befristete Leiharbeitsverträge hat der EuGH festgestellt, dass die Nichterneuerung eines befristeten Arbeitsvertrages, der wegen des Endes seiner Laufzeit vor dem Übergang der dem Leiharbeitnehmer zugewiesenen Tätigkeit beendet wurde, nicht gegen das in Art 4 Abs 1 der RL enthaltene Kündigungsverbot verstößt.[1248]

Wird ein Arbeitsverhältnis beendet, da der Übergang eine wesentliche Änderung der Arbeitsbedingungen zum Nachteil der Arbeitnehmer zur Folge hat, so stellt Art 4 Abs 2 RL 2001/23/EG die Fiktion auf, dass die Beendigung des Arbeitsverhältnisses arbeitgeberseitig erfolgt ist.[1249] Der Schutz der Richtlinie wird durch diese Vorschrift auch auf bestimmte Fälle erweitert, in denen der Arbeitnehmer aus Anlass des Betriebsübergangs wegen der Verschlechterung seiner Arbeitsbedingungen durch den Erwerber selbst das Arbeitsverhältnis beendet. Durch die Fiktion der arbeitgeberseitigen Kündigung werden dem Arbeitnehmer sämtliche Vorteile gesichert, die

1246 EuGH Rs C-319/94 (Dethier Equipment), EU:C:1998:99 Rn 33 ff.
1247 EuGH Rs C-101/87 (Bork International), EU:C:1988:308 Rn 18.
1248 EuGH Rs C-386/09 (Briot), EU:C:2010:526 Rn 34 f.
1249 Vgl im österreichischen Recht § 3 Abs 5 AVRAG.

ihm zustehen würden, wäre die Beendigung des Arbeitsvertrags oder des Arbeitsverhältnisses durch den Arbeitgeber erfolgt. Fraglich war aber, ob dem Arbeitnehmer eine Entschädigung zusteht, die einer Entschädigung aufgrund einer rechtswidrigen Beendigung durch den Arbeitgeber entspricht oder ob ihm nur ein Anspruch zusteht, den ein Arbeitnehmer während der Kündigungsfrist wegen einer sachlichen und aus wichtigem Grund ausgesprochenen Kündigung gegen den Arbeitgeber hat. Der EuGH entschied in der Rs Juuri,[1250] dass

> „[…] die Mitgliedstaaten nicht verpflichtet [sind], dem Arbeitnehmer gegen den Erwerber einen Anspruch auf eine finanzielle Entschädigung zu denselben Bedingungen zu garantieren, wie sie für den Anspruch gelten, der dem Arbeitnehmer zusteht, wenn sein Arbeitgeber den Arbeitsvertrag oder das Arbeitsverhältnis rechtswidrig beendet. Das nationale Gericht hat jedoch im Rahmen seiner Zuständigkeiten sicherzustellen, dass der Erwerber in einem solchen Fall zumindest die Folgen trägt, die das anwendbare nationale Recht an die Beendigung des Arbeitsvertrags oder Arbeitsverhältnisses durch den Arbeitgeber knüpft wie die Zahlung des Arbeitslohns und die Gewährung anderer Vergünstigungen während der vom Arbeitgeber einzuhaltenden Kündigungsfrist."

Während in § 613a Abs 4 BGB das Verbot der übergangsbedingten Kündigung in der deutschen nationalen Rechtsordnung kodifiziert ist, hat der Gesetzgeber in Österreich kein derartiges Kündigungsverbot in das AVRAG ausdrücklich aufgenommen. Der OGH[1251] behilft sich damit, dass gem § 16 AVRAG der ex-lege-Übergang gem § 3 AVRAG zwingend ist. Durch eine übergangsbedingte Kündigung würde jedoch der zwingend angeordnete Übergang der Arbeitsverhältnisse umgangen, sodass die Kündigung, die ihre wesentliche Ursache im Betriebsübergang hat, wegen Verstoßes gegen ein gesetzliches Verbot gem § 879 ABGB nichtig ist.

bb) Widerspruchsrecht des Arbeitnehmers

Der EuGH hatte sich mehrfach mit der Frage auseinanderzusetzen, ob der Widerspruch des Arbeitnehmers den Übergang seines Arbeitsverhältnisses auf den Erwerber verhindern kann. Dies war insofern zweifelhaft, als Art 3 RL 2001/23/EG dem Wortlaut nach zwingend den ex-lege-Übergang der Arbeitsverhältnisse vorsieht, ohne dass dies von Willensbekundungen der Beteiligten abhängt. Bei der Beurteilung der Möglichkeit des Arbeitnehmers, durch einen Widerspruch den Übergang seines Arbeitsverhältnisses zu verhindern, ist bezüglich der Fragen zu differenzieren, ob die Betriebsübergangsrichtlinie selbst ein solches Widerspruchsrecht vorgibt bzw ob die

1250 EuGH Rs C-396/07 (Juuri), EU:C:2008:656.

1251 OGH 8 ObA 211/96 DRdA 1996, 516 (mit Anm *Gahleitner*); OGH 9 ObA 77/01s DRdA 1998, 347 (mit Anm *Reissner*).

Richtlinie einer nationalen Regelung, die ein Widerspruchsrecht vorsieht, entgegensteht.

EuGH, verb. Rs C-144 und C-145/87 (Berg und Busschers):[1252] Das holländische nationale Recht sah kein derartiges Widerspruchsrecht vor. Das vorlegende nationale Gericht wollte nun wissen, ob der Veräußerer von seinen Pflichten aus dem Arbeitsverhältnis auch dann befreit ist, wenn der Arbeitnehmer der Befreiung des Veräußerers nicht zustimmt.

Der EuGH kam zu dem Ergebnis, dass bei einem Übergang des Arbeitsverhältnisses der Veräußerer unabhängig von der Zustimmung des Arbeitnehmers von den Rechten und Pflichten aus dem Arbeitsverhältnis befreit wird, sofern keine nationale Vorschrift die gesamtschuldnerische Haftung des Veräußerers und des Erwerbers vorsieht.

Daraus, dass Art 3 Abs 1 UA 2 RL 2001/23/EG erlaube, dass die Mitgliedstaaten die gesamtschuldnerische Haftung von Erwerber und Veräußerer vorsehen können, folge, dass, wenn die Mitgliedstaaten hiervon keinen Gebrauch machen, allein aufgrund des Übergangs der Veräußerer von seinen Pflichten befreit wurde, ohne dass dies von der Zustimmung des Arbeitnehmers abhinge. Dem stünde auch nicht die Zielsetzung der Richtlinie entgegen. Diese solle nämlich „die Aufrechterhaltung der Rechte der Arbeitnehmer bei einem Wechsel des Inhabers des Unternehmens gewährleisten, indem sie den Arbeitnehmern die Möglichkeit einräumt, ihr Beschäftigungsverhältnis mit dem neuen Arbeitgeber zu denselben Bedingungen fortzusetzen, wie sie mit dem Veräußerer vereinbart waren. Sie bezweckt jedoch nicht die Fortsetzung des Arbeitsvertrags oder -verhältnisses mit dem Veräußerer für den Fall, dass die in dem Unternehmen beschäftigten Arbeitnehmer ihre Tätigkeit nicht für den Erwerber fortsetzen wollen." Dem stehe auch nicht der in den Mitgliedstaaten anerkannte Grundsatz entgegen, dass ein Schuldnerwechsel nur mit Zustimmung des Gläubigers erfolgen könne.

In einem weiteren Fall hatte hingegen die Rechtsprechung des deutschen BAG[1253] ein Widerspruchsrecht des Arbeitnehmers gegen den ex-lege-Übergang gem § 613a BGB entgegen dessen eindeutigem Wortlaut anerkannt, da nicht zuletzt aus verfassungsrechtlichen Gründen kein Arbeitnehmer gezwungen werden könne, für einen Arbeitgeber zu arbeiten, den er sich nicht ausgesucht hat.[1254] Als Rechtsfolge der Ausübung des Widerspruchsrechts sah die deutsche Rechtsprechung vor, dass das Arbeitsverhältnis mit dem Veräußerer aufrechterhalten bleibt. Die Anerkennung eines Widerspruchsrechts des Arbeitnehmers durch das BAG stieß nicht zuletzt aufgrund der Ausführungen des EuGH in der Rs Berg und Busschers in der

---

1252 EuGH verb Rs C-144 und C-145/87 (Berg und Busschers), EU:C:1988:236.

1253 Ständige Rechtsprechung, grundlegend BAG 5 AZR 504/73, AP Nr 1 zu § 613a BGB (mit zust Anm *Seiter*) = EzA Nr 1 zu § 613a BGB (mit Anm *Birk*); bestätigt durch BAG 8 AZR 139/97 BAGE 88, 196 = AP Nr 177 zu § 613a BGB.

1254 *Preis* in ErfK, 17. Aufl, BGB § 613a Rn 96 ff.

Literatur[1255] auf teils heftige Kritik, sodass mehrere deutsche Arbeitsgerichte, die mit Fällen eines Widerspruchs des Arbeitnehmers gegen den Übergang seines Arbeitsverhältnisses konfrontiert waren, dem EuGH die Frage vorlegten, inwieweit eine nationale Rechtsordnung ein derartiges Widerspruchsrecht vorsehen dürfe. Der EuGH kam zu dem Ergebnis, dass Art 3 Abs 1 der Betriebsübergangsrichtlinie einem im nationalen Recht verankerten Widerspruchsrecht, auch wenn es durch Richterrecht entstanden ist, nicht entgegensteht. Dabei stützte sich der EuGH jedoch nicht, wie in der deutschen Literatur[1256] vertreten, auf den Günstigkeitsvorbehalt des Art 7 der Betriebsübergangsrichtlinie, sondern begründete dieses Ergebnis vielmehr anhand allgemeiner Überlegungen den Schutzzweck der Richtlinie betreffend:

> EuGH, verb Rs C-138/91 und C-139/91 (Katsikas ua):[1257] „Zwar ermöglicht es die RL, die das fragliche Rechtsgebiet nur teilweise harmonisiert, dem Arbeitnehmer, sein Beschäftigungsverhältnis mit dem neuen Arbeitgeber zu eben den Bedingungen fortzusetzen, die mit dem Veräußerer vereinbart waren, sie verpflichtet den Arbeitnehmer aber nicht, sein Arbeitsverhältnis mit dem Erwerber fortzusetzen. Eine solche Verpflichtung verstieße gegen Grundrechte des Arbeitnehmers, der bei der Wahl seines Arbeitgebers frei sein muss und nicht verpflichtet werden kann, für einen Arbeitgeber zu arbeiten, den er nicht frei gewählt hat." Dabei stehe es den Mitgliedstaaten frei, die Rechtsfolgen der Ausübung des Widerspruchsrechts zu regeln, wobei sie sowohl vorsehen können, dass das Arbeitsverhältnis mit dem Veräußerer fortbesteht, als auch festlegen können, dass ein besonderes Beendigungsrecht für den Arbeitnehmer aus Anlass des Betriebsübergangs besteht. Eine Verpflichtung, das Arbeitsverhältnis mit dem Erwerber fortzusetzen, sehe die RL nämlich nicht vor.[1258]

Der EuGH bestätigte die in der Rs Katsikas gefundene Rechtsmeinung:

> EuGH, Rs C-51/00 (Temco Service Industries SA):[1259] „Auch wenn der Übergang des Arbeitsvertrags also sowohl für den Arbeitgeber als auch für den Arbeitnehmer zwingend ist, hat der Gerichtshof letzterem gleichwohl die Befugnis zuerkannt, dem Übergang seines Arbeitsvertrags auf den Erwerber zu widersprechen [...]. In diesem Fall richtet sich die Situation des Arbeitnehmers nach dem Recht des jeweiligen Mitgliedstaats: Der Vertrag, der den Arbeitnehmer an das veräußernde Unternehmen bindet, kann entweder vom Arbeitgeber oder vom Arbeitnehmer gekündigt werden oder er kann mit diesem Unternehmen bestehen bleiben [...]. [...] Artikel 3 Absatz 1 der RL [ist] so auszulegen, dass er der Fortsetzung des Arbeitsvertrags oder des Arbeitsverhältnisses eines zum Zeitpunkt des Unternehmensübergangs im Sinne des Artikels 1 Absatz 1 der RL vom Veräußerer beschäftigten Arbeitnehmers durch den Erwerber nicht entgegensteht, wenn die-

1255 *Bauer*, NZA 1990, 883; *Rüthers/Bakker*, ZfA 1990, 258.

1256 *Von Alvensleben*, Arbeitnehmer bei Betriebsübergang, 267.

1257 EuGH verb Rs C-138/91 und C-139/91 (Katsikas ua), EU:C:1992:517.

1258 Vgl auch EuGH Rs C-172/94, (Merckx und Neuhuys), EU:C:1996:87.

1259 EuGH Rs C-51/00 (Temco Service Industries SA), EU:C:2002:48.

ser Arbeitnehmer dem Übergang seines Arbeitsvertrags oder Arbeitsverhältnisses auf den Erwerber widerspricht."

Auch wenn mit den Entscheidungen Katsikas und Temco Service Industries SA klargestellt wurde, dass Art 3 Abs 1 der Betriebsübergangsrichtlinie einem in nationalen Rechtsordnungen vorgesehenen Widerspruchsrecht nicht entgegensteht, so bleibt doch die Frage offen, ob die Richtlinie aufgrund eines „europäischen Grundrechts", sich den Arbeitgeber aussuchen zu können, eine Verpflichtung an die Mitgliedstaaten vorsieht, den Arbeitnehmern die Möglichkeit zu schaffen, durch die Ausübung eines einzuräumenden Widerspruchsrechts den Übergang des Arbeitsverhältnisses zu verhindern. Diese Frage wird jedoch zu verneinen sein.[1260] Woher aber der Gerichtshof das Grundrecht der Arbeitnehmer auf freie Wahl des Arbeitgebers ableitet, lässt sich dem Urteil Katsikas nicht entnehmen.[1261] Zwar kennt das europäische Recht nun einen gemeinschaftsweiten einheitlichen Grundrechtekatalog,[1262] doch stünde die Anerkennung eines solchen Grundrechts im Widerspruch zu den in der Entscheidung Berg und Busschers getroffenen Wertungen. Der EuGH sieht jedoch in der Entscheidung Katsikas ausdrücklich aufgrund der unterschiedlichen Sachverhalte keinen Widerspruch zur Rs Berg und Busschers. Will man keinen Widerspruch in der Begründungslinie des EuGH annehmen, so können die Ausführungen zum Grundrechtsschutz in der Rs Katsikas nur dahingehend ausgelegt werden, dass der Betriebsübergangsrichtlinie zwar selbst keine grundrechtliche Verpflichtung zur Einräumung eines Widerspruchsrechts zugrunde liegt, die Richtlinie jedoch einem aufgrund des nationalen Grundrechtsschutzes gebotenen Widerspruchsrecht nicht entgegensteht. Insofern sind der Regelung des § 3 Abs 4 AVRAG, der ein Widerspruchsrecht lediglich für die Fälle vorsieht, dass der kollektivvertragliche Bestandsschutz bzw betriebliche Pensionszusagen nicht übernommen werden, aus dem Blickwinkel der Betriebsübergangsrichtlinie keine Bedenken entgegenzubringen.

Festzuhalten bleibt daher, dass die Betriebsübergangsrichtlinie zwar den ex-lege-Übergang der Arbeitsverhältnisse unabhängig vom Willen des Arbeitnehmers vorgibt. Dies steht aber einer nationalen Regelung nicht entgegen, die den Arbeitnehmern ein Widerspruchsrecht gegen den Übergang ihrer Arbeitsverhältnisse einräumt. Zulässige Rechtsfolge eines nationalen Widerspruchsrechts kann aus der Sicht der Betriebsübergangsrichtlinie so-

---

1260 Vgl dazu ausführlich *Marhold* in: *Tomandl* (Hg), 66 ff; *Friedrich*, Europäisches Arbeitsrecht und Privatisierungen, 141 mwN; krit *Holzer/Reissner*, AVRAG 199 ff; aA *Egger*, 478 f.

1261 *Marhold* in Tomandl (Hg), 66; *Tinhofer*, RdW 1996, 213.

1262 Vgl Art 15 Abs 1 GRC zur Berufsfreiheit.

wohl der Fortbestand des Arbeitsverhältnisses mit dem Veräußerer als auch die Einräumung eines Beendigungsrechts des Arbeitnehmers aus Anlass des Betriebsübergangs sein. Wählt ein Mitgliedstaat den Weg der Fortsetzung des Arbeitsverhältnisses mit dem Veräußerer, so setzt sich der Arbeitnehmer jedoch zumeist der Gefahr aus, dass ihm der Veräußerer aus betriebsbedingten Gründen kündigt, wenn ihm eine Beschäftigungsmöglichkeit aufgrund des Betriebsübergangs fehlt.

cc) Verzichtbarkeit der Rechte

Thematisch eng mit der Frage der Existenz eines Widerspruchsrechts verbunden ist die Problematik, ob der Arbeitnehmer aus freien Stücken auf die Rechte aus der Betriebsübergangsrichtlinie verzichten kann. Bei der Beurteilung der Verzichtbarkeit dieser Rechte ist danach zu differenzieren, ob der Verzicht auf die Beendigung des Arbeitsverhältnisses gerichtet oder die Fortsetzung bzw der Neuabschluss des Arbeitsverhältnisses mit dem Erwerber geplant ist.

Verzichtet der Arbeitnehmer freiwillig auf die Fortsetzung des Arbeitsverhältnisses mit dem Erwerber, so steht dem die Richtlinie nicht entgegen. Der Schutz der Betriebsübergangsrichtlinie ist gegenstandslos, wenn der Arbeitnehmer aufgrund seiner freien Entscheidung das Arbeitsverhältnis nicht fortsetzen will; Art 3 Abs 1 der Betriebsübergangsrichtlinie findet dann keine Anwendung.[1263] Wie bereits im Zusammenhang mit dem Widerspruchsrecht der Arbeitnehmer erwähnt, kann ein Arbeitnehmer nicht in ein Arbeitsverhältnis mit einem Arbeitgeber gedrängt werden, den er sich nicht ausgesucht hat. Der EuGH hat es für mit der Richtlinie als vereinbar angesehen, dass als Rechtsfolge der Ausübung des Widerspruchsrechts die Beendigung des Arbeitsverhältnisses eintritt.

Im Übrigen wird man jedoch die Rechte aus der Betriebsübergangsrichtlinie als unverzichtbar ansehen müssen.[1264] Insbesondere ist Art 4 Abs 1 RL 2001/23/EG zwingend,[1265] der Arbeitnehmer kann nicht im Vorhinein auf den Kündigungsschutz für einen etwaigen Betriebsübergang gegenüber dem Arbeitgeber verzichten. Vor allem kann der Arbeitnehmer aber auch nicht eine Kündigung durch den Veräußerer gegen sich gelten lassen, um dann mit dem Erwerber einen neuen Arbeitsvertrag zu veränderten Bedingungen abzuschließen. Auf diese Art würde der zwingende Schutz des Art 3 der Be-

---

1263 EuGH Rs C-105/84 (Mikkelsen), EU:C:1985:331 Rn 16; EuGH Rs C-138/91 und C-139/91 (Katsikas), EU:C:1992:517.

1264 Zur Unwirksamkeit eines Verzichts auf (günstigere) Vorruhestandsansprüche siehe EuGH Rs C-4/01 (Martin), EU:C:2003:594.

1265 EuGH Rs C-19/83 (Wendelboe), EU:C:1985:54 Rn 16.

triebsübergangsrichtlinie – der ex-lege-Übergang der Arbeitsverhältnisse – umgangen. Dies gilt selbst dann, wenn der Arbeitnehmer zum Ausgleich für die durch den Verzicht erlittenen Nachteile vom Erwerber andere Vorteile erhält, die ihn in einer Gesamtbetrachtung nicht schlechter stellen, als er im Arbeitsverhältnis mit dem Veräußerer stand.[1266] Da die Betriebsübergangsrichtlinie jedoch lediglich den Übergang der nach den nationalen Rechtsvorschriften geschützten Arbeitsverhältnisse anordnet, ist eine Änderung des Arbeitsverhältnisses durch den Erwerber bspw im Wege einer Änderungskündigung insoweit zulässig, als bereits auch der Veräußerer zur Änderung der Arbeitsbedingungen nach nationalem Recht berechtigt gewesen wäre.

e) Übergang kollektivrechtlicher Rechte und Pflichten

Gem Art 3 Abs 3 der Betriebsübergangsrichtlinie muss der Erwerber „die in einem Kollektivvertrag vereinbarten Arbeitsbedingungen bis zur Kündigung oder zum Ablauf des Kollektivvertrags bzw bis zum Inkrafttreten oder bis zur Anwendung eines anderen Kollektivvertrages in dem gleichen Maße“ aufrechterhalten, „wie sie in dem Kollektivvertrag für den Veräußerer vorgesehen waren.“ Den Mitgliedstaaten steht es jedoch frei, die Fortgeltung der kollektivvertraglichen Arbeitsbedingungen zeitlich zu begrenzen, wobei der Zeitraum aber nicht kürzer als ein Jahr sein darf. Damit ist mindestens für die Dauer eines Jahres garantiert, dass durch kollektivvertragliche Regelungen geschützte Arbeitnehmer den Schutz einer kollektivvertraglichen Regelung nicht durch den Übergang verlieren. Die Richtlinie verlangt jedoch nicht notwendigerweise, dass den Arbeitnehmern der Schutz desselben Kollektivvertrags erhalten bleibt. Vielmehr kann bspw aufgrund einer anderen Tarifgebundenheit des Erwerbers, der Betriebsübergang auch zu einem Wechsel des anzuwendenden Kollektivvertrages führen.

Bezüglich der zeitlichen Fortgeltung des Kollektivvertrags bei Betriebsübergang setzte sich der EuGH anlässlich eines österreichischen Vorabentscheidungsersuchens mit dem Thema der Nachwirkung eines Kollektivvertrags auseinander und beantwortete die Frage insoweit, als durch die RL auch solche Arbeitsbedingungen vom Schutz erfasst sind, die in einem Kollektivvertrag festgelegt worden sind und nach nationalem Recht trotz dessen Kündigung unbefristet weiter gelten, solange nicht ein anderer Kollektivvertrag wirksam wird oder die betroffenen Arbeitnehmer neue Einzelvereinbarungen abgeschlossen haben.[1267] Dabei ging der EuGH weniger auf die Frage der Anwendbarkeit eines anderen Kollektivvertrags oder des

1266 EuGH Rs C-324/86 (Daddy's Dance Hall), EU:C:1988:72 Rn 12 ff.

1267 EuGH Rs C-328/13 (Österreichischer Gewerkschaftsbund), EU:C:2014:2197; Siehe dazu *Krejci*, DRdA 2013, 3.

nachwirkenden Erwerberkollektivvertrags ein und suchte stattdessen anhand des Richtlinienzwecks eine billige Lösung zu konstruieren.[1268] Der Begriff des Kollektivvertrags ist – anders als in der österreichischen Rechtssprache – weit zu fassen. Er umfasst nicht nur die verschiedenen Arten von Kollektiv- bzw Tarifverträgen, sondern sämtliche Formen der kollektiven Rechtsgestaltung. Daher sind ebenso die in Betriebsvereinbarungen oder Dienstvereinbarungen geregelten Arbeitsbedingungen aufrechtzuerhalten.[1269] Im Rahmen des Art 3 Abs 3 RL 2001/23/EG kommt es für die Aufrechterhaltung der kollektivvertraglich vereinbarten Arbeitsbedingungen nicht auf den spezifischen Ursprung ihrer Geltung an.[1270] Dies ist insofern einzuschränken, als der für den EuGH nur in voller Wirksamkeit befindliche Kollektivverträge als taugliche Ablösung im Rahmen des Art 3 Abs 3 RL 2001/23 in Frage kommen dürften.[1271]

Der EuGH hat sich in der Rs Ny Mølle Kro[1272] mit der Frage befasst, ob auch gegenüber Arbeitnehmern, die erst nach dem Übergang ein Arbeitsverhältnis mit dem Erwerber eingegangen sind, die in einem Kollektivvertrag enthaltenen Arbeitsbedingungen aufrechterhalten werden müssen. Aus dem Schutzzweck der Richtlinie, der darauf gerichtet ist, soweit wie möglich die Fortsetzung des Arbeitsverhältnisses mit dem Erwerber in unveränderter Form sicherzustellen, schloss der EuGH, dass nur die Arbeitnehmer Ansprüche aus der Richtlinie geltend machen können, deren Arbeitsverhältnis zum Zeitpunkt des Übergangs bestand, sofern die zwingenden Vorschriften des Kündigungsschutzes nach Art 4 RL 2001/23/EG beachtet wurden.

In den letzten Jahren gab es mehrere Urteile des EuGH, die sich mit der Fortgeltung der kollektivvertraglichen Bedingungen beschäftigten. In der Rs Scattolon[1273] ging es um die Frage, inwieweit die Verschlechterung der Arbeitsbedingungen der übernommenen Arbeitnehmer durch einen Kollektivvertrag zulässig ist.[1274] Die Kuriosität des Falles lag vor allem darin, dass obwohl sowohl für den Veräußerer, als auch für den Erwerber ein Kollektivvertrag galt, ausdrücklich aus Anlass des Betriebsüberganges ein drit-

1268 Ausführlich *Brameshuber*, ILJ 2016, 442; *Forst*, EuZW 204, 822.
1269 *von Alvensleben*, Arbeitnehmer bei Betriebsübergang, 241; *Oetker*, EAS B 7200 Rn 55; *Egger*, Arbeits- und Sozialrecht der EG, 483.
1270 EuGH Rs C-328/13 (Österreichischer Gewerkschaftsbund), EU:C:2014:2197 Rn 24.
1271 *Franzen*, EuZA 2015, 464.
1272 EuGH Rs C-287/86 (Ny Mølle Kro), EU:C:1987:573 Rn 23 ff.
1273 EuGH Rs C-108/10 (Scattolon), EU:C:2011:542.
1274 Siehe ausführlicher zur Rs Scattolon, *Steffan*, NZA 2012, 473; *Friedrich*, ASoK 2013, 344; *Kietaibl*, wbl 2013, 191; *Winter*, RdA 2013, 36.

ter Kollektivvertrag abgeschlossen wurde, dessen persönlicher Anwendungsbereich sich auf die übernommenen Arbeitnehmer beschränkte. Das Ziel dieses dritten Kollektivvertrags war, die übergehenden Arbeitnehmer in die Gehaltsstufe einzureihen, wobei dabei das Dienstalter nur eingeschränkt berücksichtigt wurde:

> „Die in Art 1 der vorliegenden Vereinbarung genannten Arbeitnehmer werden auf der Gehaltsskala [...] nach den nachstehenden Modalitäten auf der Gehaltsstufe entsprechend den jeweiligen beruflichen Qualifikationen im Schulsektor eingestuft. Diesen Arbeitnehmern [...]wird die Gehaltsstufe zugewiesen, die ihrem am 31. Dezember 1999 bezogenen Jahresarbeitsentgelt entspricht oder unmittelbar darunter liegt. Das Jahresarbeitsentgelt setzt sich aus dem Gehalt, der individuellen Dienstalterszulage sowie, wenn hierauf Anspruch besteht, [aus den im CCNL der lokalen Gebietskörperschaften vorgesehenen Zulagen] zusammen. Eine etwaige Differenz zwischen dem aufgrund der Einstufung geschuldeten Arbeitsentgelt und dem vom Arbeitnehmer am 31. Dezember 1999 bezogenen Arbeitsentgelt im obigen Sinne wird diesem ad personam ausgezahlt und durch Umrechnung in einen Zeitwert für den Aufstieg in die nächsthöhere Gehaltsstufe berücksichtigt. Das von der vorliegenden Vereinbarung erfasste Personal erhält die besondere Gehaltszulage, die in dem am 31. Dezember 1999 bezogenen Entgelt enthalten ist, wenn diese höher ist als die für eine entsprechende Qualifikation im Schulsektor gewährte Zulage."

Der EuGH hat die Zulässigkeit dieses Kollektivvertrages und dessen Lohnregelung folgendermaßen beurteilt:

> „Die Inanspruchnahme dieser Möglichkeit, die für die übergegangenen Arbeitnehmer nach dem beim Veräußerer geltenden Tarifvertrag vorgesehenen Arbeitsbedingungen mit sofortiger Wirkung durch die zu ersetzen, die nach dem beim Erwerber geltenden Tarifvertrag vorgesehen sind, darf also nicht zum Ziel oder zur Folge haben, dass diesen Arbeitnehmern insgesamt schlechtere Arbeitsbedingungen als die vor dem Übergang geltenden auferlegt werden. Andernfalls könnte die Verwirklichung des mit der Richtlinie [...] verfolgten Ziels in jedem durch Kollektivverträge geregelten Bereich leicht in Frage gestellt werden, was die praktische Wirksamkeit der Richtlinie beeinträchtigen würde. [...]
>
> [...] wenn ein Übergang im Sinne dieser Richtlinie zur sofortigen Anwendung des beim Erwerber geltenden Kollektivvertrags auf die übergegangenen Arbeitnehmer führt und die in diesem Vertrag vorgesehenen Lohn- und Gehaltsbedingungen insbesondere mit dem Dienstalter verknüpft sind, [Art 3 der RL lässt es nicht zu] [...], dass diese Arbeitnehmer erhebliche Kürzungen ihres Arbeitsentgelts im Vergleich zu ihrer Lage unmittelbar vor dem Übergang hinnehmen müssen, weil ihr Dienstalter, das sie beim Veräußerer erreicht haben und das dem Dienstalter entspricht, das beim Erwerber beschäftigte Arbeitnehmer erreicht haben, bei der Bestimmung ihres Anfangsgehalts nicht berücksichtigt worden ist."

In der Rs Werhof[1275] wurde die deutsche Rechtslage über die Fortgeltung der kollektivvertraglichen Arbeitsbedingungen geprüft. Gem § 613a Abs 1

1275 EuGH Rs C-499/04, (Werhof), EU:C:2006:168.

Satz 2 BGB werden Rechte und Pflichten aus Tarifverträgen und Betriebsvereinbarungen im Falle des Betriebsübergangs in einzelvertragliche Ansprüche transformiert.[1276] Eine kollektivrechtliche Fortgeltung von Tarifverträgen kommt nur nach den allgemeinen Bestimmungen der §§ 3 und 4 des Tarifvertragsgesetzes in Betracht, wenn sowohl der Veräußerer als auch der Erwerber aufgrund der Mitgliedschaft zum selben Arbeitgeberverband an denselben Tarifvertrag gebunden sind, an den auch der Arbeitnehmer gebunden ist. Betriebsvereinbarungen wirken nach herrschender Ansicht gem § 77 Abs 4 BetrVG nur kollektivrechtlich fort, wenn der Betrieb trotz des Übergangs seine Identität bewahrt. § 613a Abs 1 Satz 2 BGB ist in beiden Fällen dann nicht anzuwenden.[1277]

Der EuGH musste in der Werhof-Entscheidung[1278] die Frage beantworten, ob die deutsche Regelung mit Art 3 Abs 1 der RL vereinbar ist. Die Hauptfrage lautete, ob eine in einem Individualarbeitsvertrag enthaltene Verweisklausel, die auf einen in einer bestimmten Branche geschlossenen Kollektivvertrag Bezug nimmt, einen zwingend „dynamischen" Charakter haben muss, dh ob der Erwerber verpflichtet ist, die späteren Änderungen des Kollektivvertrags oder einen neu abgeschlossenen Kollektivvertrag zu berücksichtigen. Die Rechtsprechung hat nämlich solche Klauseln als statische Verweisungen ausgelegt, die lediglich auf den im Zeitpunkt des Betriebsübergangs geltenden Kollektivvertrag Bezug nehmen. Der EuGH hat zu dieser Interpretation folgende Aussage getroffen:

> „Was die Auslegung des Artikels 3 Absatz 1 der Richtlinie betrifft, so kann eine Klausel, die auf einen Kollektivvertrag verweist, keine weiter gehende Bedeutung haben als dieser Kollektivvertrag. [...] Aus der Richtlinie ergibt sich somit nicht, dass der Gemeinschaftsgesetzgeber den Erwerber durch andere Kollektivverträge als die zum Zeitpunkt des Übergangs geltenden binden und demnach verpflichten wollte, die Arbeitsbedingungen später durch die Anwendung eines neuen, nach dem Übergang geschlossenen Kollektivvertrags zu ändern. Das entspricht auch dem Ziel dieser Richtlinie, die nur bezweckt, die am Tag des Übergangs bestehenden Rechte und Pflichten der Arbeitnehmer zu wahren. Dagegen wollte die Richtlinie nicht bloße Erwartungen und somit hypothetische Vergünstigungen schüt-

1276 BAG 1 AZR 604/02 NZA 2004, 803; BAG 1 AZR 659/10 NZA 2012, 990; vgl jedoch auch BAG 4 AZR 100/08 NZA 2010, 41; BAG 5 AZR 969/08 NZA 2010, 173; BAG 4 AZR 331/08 NZA 2010, 513. Diese jüngere Rechtsprechung transformiert zwar die Kollektivnormen in das Arbeitsverhältnis, behält jedoch ihren kollektivrechtlichen Charakter. Siehe *Preis* in: ErfK, 17. Aufl, § 613a BGB Rn 112 mwN.

1277 *Preis* in ErfK, 17. Aufl, § 613a BGB Rn 114 ff; *Müller-Glöge* in: MünchKomm, 7. Aufl, § 613a BGB Rn 133 ff.

1278 EuGH Rs C-499/04, (Werhof), EU:C:2006:168.

> zen, die sich aus zukünftigen Entwicklungen der Kollektivverträge ergeben könnten.“[1279]

Schließlich hat der EuGH seine Schlussfolgerung negativ formuliert und festgestellt, dass die umstrittene deutsche Rechtslage mit der statischen Auslegung der Verweisklausel dem Art 3 Abs 1 der RL nicht entgegensteht. Die RL fordert nämlich nicht, dass der Erwerber, der nicht Partei eines den Veräußerer bindenden Kollektivvertrages ist, auf den der Arbeitsvertrag verweist, einen Kollektivvertrag anwendet, der dem zum Zeitpunkt des Betriebsübergangs geltenden nachfolgt.

In der Rs Alemo-Herron[1280] wurde dem EuGH bezüglich der britischen Regelung die umgekehrte Frage gestellt, nämlich ob ein Mitgliedstaat daran gehindert sei, den Arbeitnehmern im Fall eines Betriebsübergangs einen „dynamischen“ Schutz zu gewähren, dh einen Schutz, der den Erwerber nicht nur die zum Zeitpunkt des betreffenden Übergangs geltenden Kollektivverträge, sondern auch die nach dem Übergang geschlossenen Kollektivverträge unterwerfe. Anders formuliert stand dabei die Frage im Mittelpunkt, ob es mit der Richtlinie vereinbar ist, wenn die Klauseln, die dynamisch auch auf die nach dem Zeitpunkt des Übergangs verhandelten und geschlossenen Kollektivverträge verweisen, gegenüber dem Erwerber durchsetzbar sind. Der EUGH stellte diesbezüglich erstens fest, dass die RL

> „nicht nur dem Schutz der Arbeitnehmerinteressen bei einem Unternehmensübergang [dient], sondern sie soll auch einen gerechten Ausgleich zwischen den Interessen der Arbeitnehmer einerseits und denen des Erwerbers andererseits gewährleisten. Insbesondere stellt sie klar, dass der Erwerber in der Lage sein muss, die für die Fortsetzung seiner Tätigkeit erforderlichen Anpassungen vorzunehmen. […]
>
> Zweitens ist festzustellen, dass […] Art 3 der Richtlinie 2001/23 […] auf jeden Fall im Einklang mit Art 16 der Charta zur unternehmerischen Freiheit auszulegen [ist] […]. Dieses Grundrecht umfasst insbesondere die Vertragsfreiheit […]. Im Hinblick auf Art 3 der Richtlinie 2001/23 folgt daraus, dass es dem Erwerber möglich sein muss, im Rahmen eines zum Vertragsabschluss führenden Verfahrens, an dem er beteiligt ist, seine Interessen wirksam geltend zu machen und die die Entwicklung der Arbeitsbedingungen seiner Arbeitnehmer bestimmenden Faktoren mit Blick auf seine künftige wirtschaftliche Tätigkeit auszuhandeln. Dem Erwerber, um den es im Ausgangsverfahren geht, ist es jedoch verwehrt, in dem betreffenden Tarifverhandlungsorgan mitzuwirken. Dieser Erwerber hat daher weder die Möglichkeit, im Rahmen eines zum Vertragsabschluss führenden Verfahrens seine Interessen wirksam geltend zu machen, noch die Möglichkeit, die die Entwicklung der Arbeitsbedingungen seiner Arbeitnehmer bestimmenden Faktoren

1279 EuGH Rs C-499/04, (Werhof), EU:C:2006:168 Rn 27 ff.

1280 EuGH Rs C-426/11 (Alemo-Herron), EU:C:2013:521; siehe dazu *Sutschet*, RdA 2013, 28; *Forst*, DB 2013, 1847; *Willemsen/Grau*, NJW 2014, 12; *Kovács*, ZAS 2014, 89 ff.

mit Blick auf seine künftige wirtschaftliche Tätigkeit auszuhandeln. Unter diesen Umständen ist die Vertragsfreiheit dieses Erwerbers so erheblich reduziert, dass eine solche Einschränkung den Wesensgehalt seines Rechts auf unternehmerische Freiheit beeinträchtigen kann."

Der EuGH hat schließlich entschieden, dass Art 3 der RL es

„einem Mitgliedstaat verwehrt, vorzusehen, dass im Fall eines Unternehmensübergangs die Klauseln, die dynamisch auf nach dem Zeitpunkt des Übergangs ausgehandelte und abgeschlossene Kollektivverträge verweisen, gegenüber dem Erwerber durchsetzbar sind, wenn dieser nicht die Möglichkeit hat, an den Verhandlungen über diese nach dem Übergang geschlossenen Kollektivverträge teilzunehmen."

Der EuGH hat in beiden Urteilen, Werhof und Alemo-Herron, betont, dass eine dynamische Auslegung der vertraglichen Verweisklauseln bedeuten würde, dass künftige Kollektivverträge für jene Erwerber gälten, die dem Kollektivvertrag nicht angehören, was in der Folge deren Grundrecht auf negative Vereinigungsfreiheit beeinträchtigten könnte. Aus dem Grundrecht der unternehmerischen Freiheit (Art 16 GRC) entwickelte der EuGH eine Maximalbeschränkung der Erwerberbelastungen, was angesichts des Mindestangleichungs- (Art 8) und nicht eines (Voll-)Harmonisierungscharakters der Betriebsübergangsrichtlinie verwundert.[1281] Schließlich findet sich in der Betriebsübergangsrichtlinie selbst kein Anhaltspunkt für eine allgemeine Berücksichtigung der Erwerberinteressen.[1282]

Kritik ist an diesen Urteilen insoweit zu üben, dass die Tatbestände, die jeweils der individualarbeitsrechtlich geprägte Art 3 Abs 1 sowie der kollektivbezogene Art 3 Abs 3 der RL behandeln, nicht ausreichend und vor allem explizit getrennt werden.[1283] Die fragliche Behandlung der einzelvertraglichen dynamischen Verweisung auf den Tarif- bzw Kollektivvertrag als einen Anwendungsfall des Abs 3 veranlasste das BAG zu weiteren Vorlagefragen in der Rs Asklepios.[1284] Dabei legte sich der EuGH darauf fest, dass

„[a]us dem Wortlaut der Richtlinie 2001/23 und insbesondere aus ihrem Art. 3 […] nicht hervor[geht], dass der Unionsgesetzgeber von diesem Grundsatz [Anm: Privatautonomie] abweichen wollte. Folglich ist die Richtlinie 2001/23 und insbesondere ihr Art. 3 nicht so zu verstehen, als ob sie darauf abzielt, in jedem Fall zu verhindern, dass eine ‚dynamische' Vertragsklausel ihre Wirkungen entfaltet. Haben der Veräußerer und die Arbeitnehmer eine ‚dynamische' Vertragsklausel frei vereinbart und ist diese zum Zeitpunkt des Übergangs in Kraft, ist daher die Richtlinie 2001/23 und insbesondere ihr Art. 3 so zu verstehen, dass sie grundsätzlich

1281 So *Prassl*, ILJ 2013, 444 f; krit *Kainer*, EuZA 2014, 230.

1282 *Kovács*, ZAS 2014, 91 f.

1283 Siehe *Schinz/Eylert*, RdA 2017, 144 ff; *Brameshuber*, ILJ 2016, 451 ff.

1284 EuGH verb Rs C-680/15 und C-681/15 (Asklepios Kliniken), EU:C:2017:317.

> vorsehen, dass diese sich aus einem Arbeitsvertrag ergebende Pflicht auf den Erwerber übergeht.

Zugleich bestätigte der Europäische Gerichtshof, dass

> „der Erwerber in der Lage sein muss, nach dem Übergang die für die Fortsetzung seiner Tätigkeit erforderlichen Anpassungen vorzunehmen […]. […] Im vorliegenden Fall ergibt sich aus der Vorlageentscheidung und insbesondere aus dem Wortlaut der Vorlagefragen selbst, dass die im Ausgangsverfahren in Rede stehende nationale Regelung sowohl einvernehmliche als auch einseitige Möglichkeiten für den Erwerber vorsieht, die zum Zeitpunkt des Übergangs bestehenden Arbeitsbedingungen nach dem Übergang anzupassen.“[1285]

In der Entscheidung Asklepios entzieht sich der EuGH zwar abermals der Differenzierung zwischen Art 3 Abs 1 und Abs 3, folgt aber in Bezug auf die Verweisungsklausel im Gegensatz zu den Schlussanträgen des GA *Bot* der Judikaturrichtung des BAG.[1286] Demnach gehen einzelvertragliche dynamische Verweisungsvereinbarungen auf einen Kollektivvertrag auf den Erwerber über – es sei denn, einseitige Adaptierungsmöglichkeiten in der Form von Änderungskündigungen gewähren dem Erwerber nicht die vom EuGH stipulierte, notwendige Flexibilität.[1287] In Bezug auf die Erwerberabhilfe durch die Änderungskündigung wird sich zeigen, wie hoch nationale Gerichte mit dem Arbeitnehmerschutz gehen dürfen. Interessant ist dies in Hinblick auf die jüngst vom Gerichtshof angesprochene Einschränkungsmöglichkeit der unternehmerischen Freiheit vor dem Hintergrund „ihrer gesellschaftlichen Funktion“.[1288] Die höheren Kosten durch die dynamische Verweisung, die zukünftige Tarifvertragsadaptierungen berücksichtigt, sind vom Betriebsteilerwerber etwa im Zuge einer Due Diligence einzupreisen.

Ein weiteres Problem im deutschen und österreichischen Recht bereitet die Unvereinbarkeit mit dem Schutzzweck der Richtlinie dahingehend, dass nach hM[1289] nur Inhaltsnormen, die das individuelle Arbeitsverhältnis betreffen, nicht aber betriebliche oder betriebsverfassungsrechtliche Normen oder solche über gemeinsame Einrichtungen aus kollektivrechtlichen Vereinbarungen in den Einzelvertrag transformiert werden können. Die Richtlinie soll gewährleisten, dass die Arbeitnehmer durch den Betriebsübergang

---

1285 EuGH verb Rs C-680/15 und C-681/15 (Asklepios Kliniken), EU:C:2017:317 Rn 22, 24.

1286 Vgl die Schlussanträge des Generalanwalts *Bot* in den verb Rs C-680/15 und C-681/15 (Asklepios Kliniken), EU:C:2017:30 Rn 115; EuGH verb Rs C-680/15 und C-681/15 (Asklepios Kliniken), EU:C:2017:317 EuZW 2017, 512 (*Tiedemann*, 514 f); *Schinz/Eylert*, RdA 2017, 143.

1287 Siehe *Wißmann/Niklas*, NZA 2017, 701.

1288 Siehe EuGH Rs C-201/15 (AGET Iraklis), EU:C:2016:972 Rn 86 ff.

1289 *Müller-Glöge* in MünchKomm, 7. Aufl, § 613a BGB Rn 135; *Preis* in ErfK, 17. Aufl, § 613a BGB Rn 114 ff.

so weit wie möglich keine Nachteile erleiden. Daher sieht die Richtlinie auch vor, dass das kollektivrechtliche Schutzniveau erhalten bleiben soll. Aus der Sicht des Arbeitnehmerschutzes beim Betriebsübergang ist es jedoch ohne Belang, ob die kollektivrechtliche Regelung den Schutz des einzelnen Arbeitnehmers bezweckt oder der Gesamtheit der im Betrieb beschäftigten Arbeitnehmer Vorteile zukommen lassen möchte. Der Begriff der „in einem Kollektivvertrag vereinbarten Arbeitsbedingungen" sollte daher weit verstanden werden, dahingehend, dass jede kollektivrechtliche Regelung für die übernommenen Arbeitnehmer vollständig aufrechtzuerhalten ist, bis sie aufgrund eines der in Art 3 Abs 3 RL 2001/23/EG genannten Fälle zum Erlöschen kommt.[1290]

f) Schutz der betrieblichen und überbetrieblichen Altersversorgung

Die Mitgliedstaaten sind gem Art 3 Abs 4 RL 2001/23/EG nicht verpflichtet, den Schutz der Richtlinie auf Ansprüche der Arbeitnehmer auf Leistungen bei Alter, Invalidität oder für Hinterbliebene aus einer betrieblichen oder überbetrieblichen Zusatzversorgungseinrichtung zu erstrecken. Dies gilt unabhängig davon, ob sie individualrechtlich oder kollektivrechtlich begründet sind. Jedoch hindert die Richtlinie die Mitgliedstaaten auch nicht daran. Gehen jedoch die Verpflichtungen aus dieser Zusatzversorgungseinrichtung nicht auf den Erwerber über, so sind die Mitgliedstaaten verpflichtet, selbst Maßnahmen für einen ausreichenden Schutz der Interessen der aktuellen und ausgeschiedenen Arbeitnehmer zu treffen.[1291]

Der EuGH[1292] hat entschieden, dass Rechte, die bei mit dem Arbeitgeber vereinbartem Eintritt in den Vorruhestand entstehen, allein unter die Definition der Rechte und Pflichten iSd Art 3 Abs 1 RL 2001/23/EG fallen. Leistungen einer vorgezogenen Altersrente und Leistungen zur Verbesserung der Bedingungen des Vorruhestands, die bei zwischen dem Arbeitgeber und dem Arbeitnehmer vereinbartem Eintritt in den Vorruhestand an Arbeitnehmer, die ein bestimmtes Alter erreicht haben, gezahlt werden,

1290 Vgl ausführlich *von Alvensleben*, Arbeitnehmer bei Betriebsübergang; 246; aA *Müller-Glöge* in: MünchKomm, 7. Aufl, § 613a BGB Rn 135; *Oetker*, EAS B 7200 Rn 55 ff.

1291 Vgl ausführlich, den Übergang der Verpflichtung des Veräußerers zur Zahlung von Beiträgen an eine Zusatzrentenversicherung auf den Erwerber verneinend, das Gutachten des EFTA-Gerichtshofes in der Rs E-2/95 (Eidesund), EAS Nr 11a zu Art 1 RL 77/187/EWG. Siehe zur Verpflichtung der Wahrung der AN-Ansprüche EuGH Rs C-561/07 (Kommission/Italien), EU:C:2009:363 Rn 31 f.

1292 EuGH Rs C-4/01 (Martin), EU:C:2003:594; siehe auch EuGH Rs C-164/00 (Beckmann), EU:C:2002:330.

stellen keine Leistungen bei Alter, bei Invalidität oder für Hinterbliebene aus betrieblichen oder überbetrieblichen Zusatzversorgungseinrichtungen im Sinne von Art 3 Abs 4 der Betriebsübergangsrichtlinie dar.

Der EuGH stellte in der zitierten Entscheidung Martin fest, dass

> „Artikel 3 der RL [...] dahin auszulegen [ist], dass Verpflichtungen, die mit der Gewährung eines solchen vorzeitigen Ruhestands zusammenhängen und sich aus einem Arbeitsvertrag, einem Arbeitsverhältnis oder einem für den Veräußerer im Verhältnis zu den betreffenden Arbeitnehmern verbindlichen Kollektivvertrag ergeben, unter den in diesem Artikel festgelegten Voraussetzungen und in den dort gesetzten Grenzen unabhängig davon, ob diese Verpflichtungen auf staatliche Akte zurückgehen oder durch staatliche Akte ausgestaltet worden sind, und unabhängig von den praktischen Modalitäten dieser Ausgestaltung auf den Erwerber übergehen."

Folglich

> „verstößt [es] gegen Artikel 3 der RL [...], wenn der Erwerber den Arbeitnehmern einer übergegangenen Einrichtung Vorruhestandsbedingungen anbietet, die weniger günstig sind als diejenigen, die der Veräußerer auf sie angewandt hat, und diese Arbeitnehmer in diese Bedingungen einwilligen, und wenn diese Bedingungen schlicht und einfach denjenigen Bedingungen angepasst sind, die für die anderen Beschäftigten des Erwerbers im Zeitpunkt des Übergangs galten, es sei denn, dass sich die zuvor vom Veräußerer angewandten günstigeren Bedingungen aus einem Kollektivvertrag ergaben, der unter Berücksichtigung der in Artikel 3 Absatz 2 der RL genannten Voraussetzungen auf die Arbeitnehmer der übergegangenen Einrichtung von Rechts wegen nicht mehr anwendbar ist."

> „[Hat] der Erwerber unter Verstoß gegen zwingende Verpflichtungen aus Artikel 3 der RL Arbeitnehmern der übergegangenen Einrichtung einen Vorruhestand angeboten [...], der weniger günstig als derjenige ist, den sie im Rahmen ihres Arbeitsverhältnisses mit dem Veräußerer hätten in Anspruch nehmen können, und haben diese Arbeitnehmer in einen solchen Vorruhestand eingewilligt, so obliegt es dem Erwerber, den Arbeitnehmern die erforderlichen Ausgleichszahlungen zu gewähren, um die im Rahmen des Arbeitsverhältnisses mit dem Veräußerer geltenden Vorruhestandsbedingungen herzustellen."[1293]

g) Mitwirkung und Kontinuität der Arbeitnehmervertretung

Durch Art 7 RL 2001/23/EG werden sowohl der Veräußerer als auch der Erwerber zur Information und bei geplanten Maßnahmen hinsichtlich der Arbeitnehmer auch zur Konsultation der Vertretung der jeweils betroffenen Arbeitnehmer verpflichtet.[1294] Neben dieser Sicherung von kollektiven Mitwirkungsrechten vor Vollzug des Betriebsübergangs soll Art 6 der Richtli-

1293 EuGH Rs C-4/01 (Martin), EU:C:2003:594 Rn 35, 48, 54.

1294 Vgl ausführlich dazu in Deutschland, *Reinhard*, NZA 2009, 63 ff; *Grau/Hartmann*, Betriebsübergang in: *Preis/Sagan* (Hg), Rn 185 ff; Betriebsübergang in: *Schlachter/Heinig* (Hg), § 7 Rn 103 ff.

nie die Kontinuität der Arbeitnehmervertretung während und nach dem Betriebsübergang gewährleisten.[1295] Die Voraussetzungen für die Aufrechterhaltung der Rechtsstellung der Vertreter oder der Vertretung der vom Übergang betroffenen Arbeitnehmer sind, dass erstens das Unternehmen, der Betrieb oder der Betriebsteil seine Selbständigkeit behält und zweitens die Bedingungen für die Bildung der Arbeitnehmervertretung beim Erwerber erfüllt sind. In der Rs UGT-FSP[1296] musste der EuGH die Frage beantworten,

> „[...] ob eine übertragene wirtschaftliche Einheit ihre Selbständigkeit im Sinne von Art 6 Abs 1 der Richtlinie 2001/23 behält, wenn die Arbeitnehmer, die ihrer Belegschaft angehörten, von einer Gemeinde übernommen und in deren Personal eingegliedert werden und diese Arbeitnehmer auf denselben Arbeitsplätzen weiterbeschäftigt werden und die gleichen Aufgaben wie vor der Ablösung versehen, und zwar an denselben Beschäftigungsstätten unter Weisung derselben unmittelbaren Vorgesetzten, ohne wesentliche Änderungen ihrer Arbeitsbedingungen mit dem einzigen Unterschied, dass gewählte Vertreter die obersten Vorgesetzten der übertragenen Einheit werden."

Der EuGH stellte klar, dass im Interesse der einheitlichen Anwendung des Unionsrechts der Begriff der Selbständigkeit autonom und einheitlich ausgelegt werden muss.

> „[...] nach dem gewöhnlichen Sprachgebrauch [bezeichnet] der Begriff ‚Selbständigkeit' das Recht [...], sich von seinen eigenen Regeln leiten zu lassen. Angewandt auf eine wirtschaftliche Einheit bezeichnet dieser Begriff die den für diese Einheit Verantwortlichen gewährten Befugnisse, die Arbeit innerhalb der genannten Einheit bei der Verfolgung der wirtschaftlichen Tätigkeit, die ihr eigen ist, relativ frei und unabhängig zu organisieren, und insbesondere die Befugnisse, Weisungen und Instruktionen zu erteilen, Aufgaben auf die untergeordneten Arbeitnehmer, die zu der fraglichen Einheit gehören, zu verteilen und über die Verwendung der materiellen Ressourcen, die ihr zur Verfügung stehen, zu entscheiden, und zwar ohne unmittelbares Eingreifen anderer Organisationsstrukturen des Inhabers (im Folgenden: Organisationsbefugnisse).
>
> Daher wird grundsätzlich die Selbständigkeit im Sinne von Art 6 Abs 1 UA 1 der Richtlinie 2001/23 gewahrt, wenn die Organisationsbefugnisse der für die übertragene Einheit Verantwortlichen nach dem Übergang innerhalb der Strukturen des Erwerbers im Vergleich zu der Lage vor dem Übergang im Wesentlichen unverändert bleiben. Somit muss in diesem Fall das Recht der Arbeitnehmer auf Vertretung grundsätzlich unter den gleichen Bedingungen wie vor dem Übergang ausgeübt werden können. [...] Was den Fall einer etwaigen Umverteilung bestimmter Organisationsbefugnisse innerhalb der übertragenen Einheit betrifft, so kann eine solche Umverteilung grundsätzlich deren Selbständigkeit nicht beeinträchtigen. Wichtig ist, dass sämtliche für die übertragene Einheit Verantwortlichen die Organisationsbefugnisse, über die sie bereits vor dem Übergang verfügten, gegenüber

1295 Vgl zu den Einzelheiten unten 2. Teil, III.B.1.b).
1296 EuGH Rs C-151/09 (UGT-FSP), EU:C:2010:452.

anderen Organisationsstrukturen des neuen Inhabers ausüben können. [...] Der bloße Austausch der obersten Dienstvorgesetzten wie im Ausgangsverfahren kann als solcher der Selbständigkeit der übertragenen Einheit keinen Abbruch tun. Allein Befugnisse, die es diesen Dienstvorgesetzten erlauben würden, unmittelbar die Tätigkeit der Arbeitnehmer dieser Einheit zu organisieren und innerhalb dieser Einheit an deren Stelle Entscheidungen zu treffen, könnten die Selbständigkeit der genannten Einheit beeinträchtigen.“[1297]

III. Kollektives Arbeitsrecht

A. Sozialpartnerschaftliche Gestaltung der Arbeitsbeziehungen

Literatur: *Balze*, Die sozialpolitischen Kompetenzen der Europäischen Union, 1994, 271 ff; *Baumann/Laux/Schnepf*, Tarifverhandlungen im europäischen Baugewerbe – Entwicklung zu europäischen Tarifverhandlungen?, WSI-Mitteilungen 1997, 134 ff; *Bödding*, Die europarechtlichen Instrumentarien der Sozialpartner, 1996; *Däubler*, Entwicklung und Perspektiven des europäischen Arbeitsrechts, in: *Platzer* (Hg), Sozialstaatliche Entwicklungen in Europa und die Sozialpolitik der Europäischen Union, 1997, S 115 ff; *Degimbe*, La politique sociale européenne, 1999; *Genosko*, Sozialpartnerschaft in einem vereinten Europa, in: *Kleinhenz* (Hg), Soziale Integration in Europa II, 1996, 105 ff; *Gilles*, Das Zustandekommen und die Durchführung von Sozialpartnervereinbarungen im Rahmen des europäischen Sozialen Dialogs, 1999; *Gollbach/Schulten*, Grenzüberschreitende Tarifpartnerschaften in Europa, WSI-Mitteilungen 1999, 456 ff; *Jacobi*, A Subsidiary-Based European Collective Bargaining System, in: *Hoffmann* ua (Hg), The German Model of Industrial Relations Between Adaptation and Erosion, 1998, 135 ff; *Hornung-Draus*, Internationalisierung der Personalpolitik: Sozialer Dialog als Ordnungsrahmen im Spannungsfeld zwischen Standortwettbewerb und gesetzlicher Regulierung, in: *Frey* (Hg), Bewahren, Verändern, Gestalten – Tarifpolitik und Arbeitsrecht in Zeiten der Globalisierung, FS Goos, 2009, 107 ff; *Konitzer*, Die Rolle der Sozialpartner muss weiter gestärkt werden. Einige Thesen zum „sozialen Dialog“, in: *Schmähl/Rische* (Hg), Europäische Sozialpolitik, 1997, 121 ff; *Kowanz*, Europäische Kollektivvertragsordnung, 1999; *ders*, Europäischer Tarifvertrag, in: *Nägele* (Hg), EG-Arbeitsrecht in der deutschen Praxis, 2007, 492 ff; *Marhold*, Grenzüberschreitende Betriebsvereinbarungen, ZESAR, 2013, 251 ff; *Mosler*, Entwicklungstendenzen im Kollektivvertragsrecht, DRdA 2012, 283; *Nunnin*, Il dialogo sociale Europeo, 2001; *Oetker*, Europarechtliche Grundlagen des Arbeitsrechts, in: *Richardi/Wlotzke/Wißmann/Oetker* (Hg), MünchArbR, Bd 1, 3. Aufl 2009, § 10; *Ricken*, Internationales Recht und Arbeitskampfrecht, in: MünchArbR, Bd 2, 3. Aufl 2009, § 197; *Rieble*, Vom Sozialen Dialog zum europäischen Kollektivvertrag, EuZA 2008, 453 ff; *Rodríguez (coord.)/Ahlberg/Davulis/Fulton/Gyulavári/Humblet/Jaspers/Miranda/Marhold/Valdés dal Ré/Zimmer*, Study on the characteristics and legal effects of agreements between companies and workers' representatives, Draft Final Report, 2011; *Schiek*, Europäische Kollektivvereinbarungen, in: *Däubler* (Hg), Tarifvertragsgesetz, 3. Aufl 2012, Einl, G; *Schildein*, Der Soziale Dialog – Über-

1297 EuGH Rs C-151/09 (UGT-FSP), EU:C:2010:452 Rn 42 ff.

tragbarkeit nationaler Sozialpartnerbeziehungen auf die EU?, 2000; *Schlachter,* Transnational collective bargaining and the institutionalized „social dialogue" at the EU level, in: *Kiss* (Hg), Recent Developments in Labour Law, 2013, 77 ff; *Schroeder/Weinert,* Europäische Tarifpolitik: Ein neues Politikfeld?, in: *Schroeder/Weßels* (Hg), Die Gewerkschaften in Politik und Gesellschaft der Bundesrepublik Deutschland. Ein Handbuch, 2003, 565 ff; *Schwarze,* Sozialer Dialog im Gemeinschaftsrecht, in: *Preis/Oetker* (Hg), EAS B 8100; *Smismans,* The European social dialogue between Constitutional and labour law, ELR 2007, 341 ff; *Weiss,* Social Policy in the Amsterdam Treaty: An Evaluation, in: *Hoffmann* ua (Hg), The German Model of Industrial Relations between Adaptation and Erosion, 1998, 115 ff; *ders,* Transnationale Kollektivvertragsstrukturen in der EG, in: FS für Birk, 2008, 957 ff; *Zimmer,* Entwicklungsperspektiven transnationaler Kollektivverhandlungen in Europa – Schaffung eines rechtlichen Rahmens für transnationale Kollektivverträge in der Europäischen Union, EuZA 2013, 247 ff; *ders,* Kompetenz Europäischer Betriebsräte zum Abschluss europaweiter Kollektivvereinbarungen?, EuZA 2013, 459 ff; *Zwanziger,* Arbeitskampf- und Tarifrecht nach den EuGH-Entscheidungen ‚Laval' und ‚Viking Line', DB 2008, 294 ff.

1. Der soziale Dialog

Über die Entwicklung des Konzepts des sozialen Dialogs und seine Verankerung in Art 118b EWGV wurde bereits oben gesprochen, ebenso über die weitere Stärkung und Verrechtlichung des sozialen Dialogs durch das Protokoll über die Sozialpolitik und das Abkommen über die Sozialpolitik (AüS).[1298] Die Bestimmungen des AüS sind – im Wortlaut fast unverändert – in den Vertrag von Amsterdam und danach in den Vertrag von Lissabon übernommen worden (Art 154 f AEUV). Damit wurde der Grundstein für ein neues Modell der Gestaltung kollektiver Arbeitsbeziehungen und – fast noch bedeutender – ein neues Modell arbeitsrechtlicher Rechtsetzung auf europäischer Ebene geschaffen. Die Grundlagen und die Tragweite dieser Rechtsentwicklung gilt es im Folgenden darzustellen.

2. Anhörungs- und Beteiligungsrechte der europäischen Sozialpartner an der sozialpolitischen Rechtsetzung (Art 154 AEUV)

Mit dem AüS sind die Anhörungsrechte der Sozialpartner im Rahmen des Erlasses von Gemeinschaftsakten rechtsförmig ausgestaltet worden. Es wurde ihnen eine Rechtsposition verschafft, die es ihnen erlaubt, in das Rechtsetzungsverfahren unmittelbar einzugreifen. Der Vertrag von Amsterdam und der Vertrag von Lissabon haben diese verfahrensrechtliche Position der Sozialpartner beibehalten.

Gem Art 154 Abs 2 AEUV hat die Kommission zur Förderung des sozialen Dialogs zwischen den Sozialpartnern diese vor Unterbreitung von Vor-

1298 Siehe dazu oben 1. Teil, VI.A.

schlägen im Bereich der Sozialpolitik zu der Frage anzuhören, wie eine Unionsaktion gegebenenfalls ausgerichtet werden sollte. Sinn dieser Regelung ist es, den Sachverstand der Sozialpartner schon in einer sehr frühen Phase gesetzgeberischer Überlegungen anzufragen. Kommt die Kommission auf der Basis der Anhörung zu der Auffassung, dass eine Gemeinschaftsmaßnahme zweckmäßig ist, so muss gem Art 154 Abs 3 Satz 1 AEUV eine erneute Anhörung der Sozialpartner zum Inhalt des in Aussicht genommenen Vorschlags stattfinden.

Die Sozialpartner können auf zweierlei Weise von diesem Anhörungsrecht Gebrauch machen. Sie können entsprechend Art 154 Abs 3 Satz 2 AEUV der Kommission eine Stellungnahme oder eine Empfehlung zu dem Vorschlag übermitteln. Damit ist sichergestellt, dass die Überlegungen der Sozialpartner in die endgültige Beschlussfassung durch den Rat einfließen können. Die Sozialpartner können aber auch von der Möglichkeit des Art 154 Abs 4 AEUV Gebrauch machen. Sie können nämlich der Kommission auch mitteilen, dass sie das – im Folgenden gleich zu besprechende – Verfahren nach Art 155 AEUV in Gang setzen wollen. Damit bringen sie zum Ausdruck, dass sie selbst die Initiative für eine inhaltliche Gestaltung des Gegenstandes auf dem Wege einer Vereinbarung ergreifen wollen. Die Sozialpartner haben durch Art 154 Abs 4 AEUV die Möglichkeit einer unmittelbaren Intervention in sozialpolitische Gesetzgebungsverfahren erhalten.[1299] Allerdings verlangt Art 154 Abs 4 Satz 2 AEUV in diesem Falle auch, dass das Verfahren in den Händen der Sozialpartner bis zum Abschluss einer Vereinbarung höchstens neun Monate betragen darf, sofern nicht zwischen den Sozialpartnern und der Kommission eine Verlängerung beschlossen wird.

Die vorbesprochenen Rechte kommen nach dem Wortlaut des Art 154 (wie auch des Art 155) AEUV den Sozialpartnern auf Unionsebene zu. Lange Zeit war ungeklärt, welche Eigenschaften eine Organisation erfüllen muss, um in diesen sozialen Dialog einbezogen werden zu müssen. Die Hauptakteure in der europäischen Arena waren auf Arbeitgeberseite die UNICE[1300] sowie der Zusammenschluss öffentlicher Arbeitgeber CEEP[1301]. Auf Seiten der Gewerkschaften war der Europäische Gewerkschaftsbund (EGB)[1302] beteiligt. Diese drei Verbände haben am institutionalisierten sozialen Dialog von Anfang an teilgenommen. Damit war aber nicht das gesam-

1299 *Bödding*, Die europarechtlichen Instrumentarien der Sozialpartner, 1996, 135.
1300 Union des industries de la Communauté Européenne, spätere Bezeichnung BUSINESSEUROPE.
1301 Centre européen des entreprises publiques.
1302 Englische Bezeichnung ETUC = European Trade Union Confederation.

te Spektrum der auf europäischer Ebene angesiedelten oder tätigen Verbände von Arbeitgebern und Arbeitnehmern erfasst. Es stellte sich deshalb die Frage, ob die Ausblendung dieser zusätzlichen Verbände im Einklang mit den Vorschriften über den sozialen Dialog stand. Damit ist das Problem der Repräsentativität von Arbeitgeber- bzw Arbeitnehmerverbänden auf europäischer Ebene aufgeworfen. Die Auffassungen hierzu gingen zwischen Kommission, Europäischem Parlament und den beteiligten Verbänden auseinander.[1303] Im Gegensatz zu den Vorstellungen des Europäischen Parlaments und der vorgenannten drei großen Verbände tendierte die Kommission prinzipiell zu einer Anhörung aller europäischen Organisationen.[1304] Wenn es aber um die Bestimmung der Sozialpartner geht, die in Verhandlungen hinsichtlich eines Vorschlags eintreten oder die nach Art 155 AEUV eine Vereinbarung abschließen wollen, hat die Kommission erklärt, sich nicht in die autonome Festlegung der Sozialpartner einmischen zu wollen.[1305] Da sich zunächst nur EGB, UNICE und CEEP gegenseitig anerkannten, kam es nur zu einer Beteiligung an Verhandlungen und Vereinbarungen dieser drei Organisationen. Dagegen hat sich ein europäischer Verband gewehrt, vgl

> EuGE I Rs T-135/96 (UEAPME):[1306] Die Klägerin (UEAPME[1307]) ist ein Arbeitgeberverband, dessen Mitglieder kleinere und mittlere Unternehmen sind, die von dem Verband auf europäischer Ebene vertreten werden. UEAPME wurde von der Kommission im Rahmen eines geplanten Gemeinschaftsaktes über den Elternurlaub angehört. Im Laufe des Verfahrens haben aber EGB, UNICE und CEEP erklärt, dass sie das Verfahren nach Art 155 AEUV zur Herbeiführung einer Vereinbarung eröffnen wollten. Von da ab wurde die Klägerin nicht mehr von der Kommission am Verfahren beteiligt. Mittels Klage beim EuGE setzte sich die Klägerin hiergegen zur Wehr.

Das EuGE I hatte zunächst einmal die Zulässigkeit der Nichtigkeitsklage im Hinblick auf Art 263 UA 4 AEUV zu prüfen, wonach natürliche oder juristische Personen ja nur dann gegen an sie ergangene Entscheidungen klagen können, wenn sie von ihr unmittelbar und individuell betroffen sind. Damit stellte sich die Frage, ob die UEAPME sich überhaupt auf eigene Rechte berufen konnte. Die Antwort hängt davon ab, ob aus Art 154 AEUV solche Rechte herzuleiten waren. Dies hat das EuGE I verneint. Aus Art 154

1303 Ausführlich zu den Standpunkten *Gilles*, Das Zustandekommen und die Durchführung von Sozialpartnervereinbarungen, 1999, 123 ff.

1304 Vgl KOM (93) 600 endg.

1305 Vgl KOM (98) 322.

1306 EU:T:1998:128. Zu einer eingehenden Analyse des Urteils *Bercusson*, European Labour Law, 563 ff.

1307 Union européenne de l'artisanat et des petites et moyennes entreprises.

AEUV lasse sich keine Berechtigung von Sozialpartnern ableiten, an den geplanten Verhandlungen teilzunehmen (S 2366 ff):

> „Die Initiative für die Verhandlungsphase, die gegebenenfalls während der von der Kommission eingeleiteten Anhörungsphase beginnt, liegt nämlich allein bei den Sozialpartnern, die solche Verhandlungen in Gang setzen möchten. Die an dieser Verhandlungsphase beteiligten Sozialpartner sind mithin diejenigen, die einander ihren Willen bekundet haben, den Prozess nach Art 4 [jetzt Art 155 AEUV] einzuleiten und zu Ende zu führen ... Aus all dem ergibt sich, dass Art 3 Abs 2, 3 und 4 und Art 4 AüS [jetzt Art 154 Abs 2, 3 und 4 und Art 155 AEUV]) keinem Sozialpartner, gleich welche Interessen er zu vertreten behauptet, ein allgemeines Recht auf Teilnahme an allen nach Art 3 Abs 4 AüS [jetzt Art 154 Abs 4 AEUV]) eingeleiteten Verhandlungen verleihen, auch wenn alle nach Art 3 Abs 2 und 3 [jetzt Art 154 Abs 2 und 3 AEUV]) gehörten Sozialpartner befugt sind, solche Verhandlungen einzuleiten".

Besonders aufschlussreich und wichtig ist sodann die vom EuGE I vorgenommene Prüfung über die Repräsentativität der tatsächlich am Abschluss der Vereinbarungen beteiligten Sozialpartner. Sehr ausführlich begründet das Gericht seine Auffassung, weshalb die Kommission verpflichtet ist, die Repräsentativität zu prüfen (S 2371 f):

> „Die Wahrung des demokratischen Prinzips, auf dem die Union beruht, macht es, wenn das Europäische Parlament an einem Gesetzgebungsverfahren nicht beteiligt ist, erforderlich, dass die Beteiligung der Völker an diesem Verfahren auf andere Weise sichergestellt wird, im zu entscheidenden Fall durch Vermittlung der Sozialpartner, die die Vereinbarung geschlossen haben, der der Rat durch einen mit qualifizierter Mehrheit gefassten Beschluss eine legislative Grundlage auf Gemeinschaftsebene verleiht. Um die Einhaltung dieses Erfordernisses zu kontrollieren, haben Kommission und Rat die Repräsentativität der betreffenden Sozialpartner überprüft. Bei dieser Prüfung müssen sie untersuchen, ob die Sozialpartner, die die betreffende Vereinbarung unterzeichnet haben, im Hinblick auf deren Inhalt insgesamt hinreichend repräsentativ sind. Fehlt eine solche Gesamtrepräsentativität, so müssen Kommission und Rat eine Durchführung der geschlossenen Vereinbarung auf Gemeinschaftsebene ablehnen. In diesem Fall haben von der Kommission gem Art 3 Abs 2 und 3 AüS [Art 154 Abs 2 und 3 AEUV] gehörte Sozialpartner, die am Abschluss der betreffenden Vereinbarung nicht beteiligt waren und deren eigene Repräsentativität im Hinblick auf den Inhalt der Vereinbarung zur Herstellung der Gesamtrepräsentativität notwendig ist, direkt das Recht, Kommission und Rat daran zu hindern, die Vereinbarung auf Gemeinschaftsebene durch einen Gesetzgebungsakt durchzuführen. Der gerichtliche Rechtsschutz, der zur Gewährleistung dieses Rechts zur Verfügung stehen muss, verlangt, dass die Sozialpartner, die die Vereinbarung nicht unterzeichnet haben und diese Merkmale erfüllen, bei Erhebung einer Nichtigkeitsklage gegen den Rechtsakt des Rates, mit dem die Vereinbarung auf Gemeinschaftsebene durchgeführt werden soll, als durch diesen unmittelbar und individuell betroffen angesehen werden müssen."[1308]

1308 Das EuGE I ist zu der Auffassung gekommen, dass die Kommission und der Rat ihrer Prüfungspflicht der Gesamtrepräsentativität nachgekommen sind.

UNICE und UEAPME haben sich über eine Kooperation verständigt, die eine vorherige Konsultation der UEAPME durch die UNICE im Rahmen des sozialen Dialogs vorsieht.[1309]

3. Vereinbarungen der Sozialpartner (Art 155 AEUV)

Art 155 Abs 1 AEUV bringt im Gegensatz zu Art 154 Abs 1 AEUV, der den sozialen Dialog noch in einem unverbindlichen Raum ansiedelt, zum Ausdruck, dass der soziale Dialog zu vertraglichen Beziehungen, einschließlich des Abschlusses von Vereinbarungen, führen kann. In der unterschiedlichen Wortwahl (vertragliche Beziehungen, Vereinbarungen) steckt eine sachliche Aussage. Vertragliche Beziehungen meint die Existenz schuldrechtlicher Beziehungen, die ausschließlich die unmittelbar am Vertragsschluss Beteiligten binden.[1310] Demgegenüber ist mit Vereinbarungen eine zusätzliche Rechtsqualität angesprochen. Auch Vereinbarungen beinhalten natürlich eine schuldrechtliche Bindung zwischen den Vertragschließenden. Und nach ganz hM wird zu Recht verneint, dass die Vereinbarung eine Außenwirkung haben könne, da nicht ersichtlich sei, aufgrund welcher Voraussetzungen eine solche Wirkung eintreten könnte.[1311] Die unterschiedliche Rechtsqualität gegenüber bloß vertraglichen Beziehungen ergibt sich jedoch über das in Art 155 Abs 2 AEUV vorgesehene Transformationsverfahren für abgeschlossene Vereinbarungen. In dieser Vorschrift sind drei Varianten der Transformation eröffnet:

a) Verfahren und Gepflogenheiten der Sozialpartner

Gedacht ist an den Weg, dass die auf europäischer Ebene geschlossene Vereinbarung zum Gegenstand von Kollektivvertragsverhandlungen in den einzelnen Mitgliedstaaten wird, um sozusagen den europäischen sozialen Dialog in die einzelstaatlichen Tarifsysteme hineinzutragen.[1312] Oder anders ausgedrückt: Die nationalen Tarifpartner schließen eine der Vereinbarung entsprechende Kollektivvereinbarung, um mit dem Instrumentarium des nationalen Tarifrechts der Vereinbarung auf europäischer Ebene normative Wirkung zu geben.[1313]

1309 Vgl dazu *Bercusson*, European Labour Law, 2. Aufl 2009, 574.

1310 So auch *Schiek* in: *Däubler* (Hg), Einl Rn 756.

1311 Vgl *Kowanz*, Europäische Kollektivvertragsordnung, 117 ff; *Rodière*, Droit social de l'Union européenne, Rn 97.

1312 So die Formulierung von *Kowanz*, Kollektivvertragsordnung, 121, im Anschluss an das Grünbuch über die Europäische Sozialpolitik.

1313 *Balze*, Die sozialpolitischen Kompetenzen der Europäischen Union, 271. *Birk* spricht von Paralleltarifverträgen nationalen Rechts, vgl *Rieble/Klumpp* in: MünchArbR, § 192 Rn 1. Differenzierter *Schiek* in: *Däubler* (Hg), Einl Rn 771 ff.

b) Durchführung durch Mitgliedstaaten

Bei dieser zweiten Variante ist an die regelungstechnisch einfache Fallgestaltung gedacht, dass der nationale Gesetzgeber durch Gesetz oder eine vom nationalen Recht her vorgesehene andere normative Regelungsform den Inhalt der auf europäischer Ebene getroffenen Vereinbarung übernimmt. Beide Varianten zeigen, dass die verbindliche Regelung auf einen zweiaktigen Rechtschöpfungsvorgang angewiesen ist. Die Vereinbarung auf europäischer Ebene beinhaltet zunächst nur eine bloß politische, rechtlich aber unverbindliche Vorgabe mit gleichsam empfehlendem Charakter für die nationalen Umsetzungsorgane.[1314] Die verbindliche Wirkung wird dem Inhalt der Vereinbarung erst durch nationales Recht, sei es durch nationales Kollektivvertragsrecht oder normative Rechtsakte, der zuständigen Gesetzgebungsorgane zuteil.

c) Beschluss des Rates

Erst bei der dritten Variante stoßen wir auf einen gemeinschaftsrechtlichen Akt, haben es also mit einer europarechtlichen Transformation der Vereinbarung der Sozialpartner zu tun. Während wir bei den beiden erstgenannten Varianten im Hinblick auf den Inhalt der Vereinbarung keinerlei Anforderungen zu stellen hatten, ändert sich dies bei der Umsetzung der Vereinbarung durch den Rat. Ausweislich der Vorschrift des Art 155 Abs 2 AEUV ist eine Transformation nur bei Gegenständen von Vereinbarungen möglich, die von Art 153 AEUV erfasst sind. Der Gegenstand der Vereinbarung muss also unter die Tatbestände des Art 153 Abs 1 bis 3 AEUV fallen. Auch ist Art 153 Abs 5 AEUV zu beachten. Vereinbarungen können sich nicht auf das Arbeitsentgelt, das Koalitions-, Streik- oder Aussperrungsrecht beziehen.[1315] Betrifft die Vereinbarung einen Gegenstand im Sinne des Art 155 Abs 3 AEUV, so muss nach Art 155 Abs 2 UA 2 AEUV ein einstimmiger Beschluss des Rates erfolgen. Bei allen übrigen Gegenständen beschließt der Rat mit qualifizierter Mehrheit.

Im Übrigen ist verfahrensrechtlich lediglich der gemeinsame Antrag der Unterzeichnerparteien der Vereinbarung sowie der Vorschlag der Kommission erforderlich. Die bei den übrigen Verfahren vorgesehene Anhörung des Wirtschafts- und Sozialausschusses sowie die Einschaltung des Europäischen Parlaments ist nicht vorgesehen.[1316] Welche Rechtsnatur der Beschluss

1314 *Kowanz*, Kollektivvertragsordnung, 124.

1315 Str wie hier *Bödding*, Die europarechtlichen Instrumentarien der Sozialpartner, 102 f.

1316 Zur Ausklammerung des Parlaments und dem damit verbundenen Legitimationsproblem s unten 5.

im Sinne des Art 155 Abs 2 AEUV haben soll, darüber ist viel diskutiert und geschrieben worden.[1317] Zutreffenderweise wird man dem Rat ein Wahlrecht zuerkennen müssen, dahingehend zu entscheiden, welcher Rechtsakt im Sinne des Art 288 AEUV, meist Richtlinie oder Verordnung, angemessen ist.[1318]

Kürzlich gestand das EuG[1319] erstinstanzlich ein solches Wahlrecht dem Rat, aber auch der Kommission zu und verneinte somit eine aus Art 155 Abs 2 entspringende Pflicht einen entsprechenden Vorschlag bzw Beschluss abzugeben. Es lasse nämlich „der Wortlaut von Art 155 Abs 2 UA 1 AEUV für sich genommen nicht den Schluss zu, dass die Kommission verpflichtet ist, dem Rat einen Vorschlag für einen Beschluss zu unterbreiten, wenn die Unterzeichnerparteien einen entsprechenden gemeinsamen Antrag stellen."

Das Gericht konkretisierte die Aufgabe der Kommission im Verfahren nach Art 155 Abs 2 UA 1 AUEV wie folgt:

> „Somit ist festzustellen, dass zwar die Initiative für die Verhandlungsphase und den Abschluss einer Vereinbarung ausschließlich bei den betreffenden Sozialpartnern liegt, jedoch in der Phase der Durchführung der Vereinbarung der Rat auf Vorschlag der Kommission tätig wird. Aus diesem Grund müssen die Sozialpartner, wenn sie eine Vereinbarung geschlossen haben und gemeinsam deren Durchführung auf Unionsebene beantragen, ihren gemeinsamen Antrag an die Kommission richten. In diesem Fall darf die Kommission wieder eingreifen und übernimmt die Herrschaft über das Verfahren. Sie hat dann zu prüfen, ob es angezeigt ist, dass sie dem Rat einen Vorschlag für einen Beschluss zur Durchführung der Vereinbarung auf Unionsebene unterbreitet (vgl entsprechend Urteil vom 17. Juni 1998, UEAPME/Rat, T-135/96, EU:T:1998:128, Rn 75, 76, 79 und 84). [...] Die Rolle, die der Kommission durch Art. 17 Abs. 1 EUV übertragen wird, bedingt nämlich, dass sie vor der Ausübung ihres Initiativrechts im Hinblick auf die allgemeinen Interessen der Union prüft, ob die erwogene Initiative angebracht ist. Folglich muss die Kommission, wenn sie mit einem Antrag auf Durchführung einer von den Sozialpartnern geschlossenen Vereinbarung auf Unionsebene befasst ist, nicht nur die Rechtmäßigkeit der Bestimmungen der Vereinbarung prüfen, sondern auch beurteilen, ob ihre eventuelle Durchführung auf Unionsebene zweckmäßig ist, was politische, wirtschaftliche und soziale Erwägungen einschließt. Wie darüber hinaus die Kommission geltend macht, kann ihre Rolle, die allgemeinen Interessen der Union zu fördern, nicht stellvertretend allein durch Sozialpartner, die eine Vereinbarung unterzeichnet haben, wahrgenommen werden. Auch wenn die Sozialpartner nämlich hinreichend repräsentativ sind und gemeinsam handeln, vertreten sie nur einen Teil der zahlreichen Interessen, die bei der Gestaltung der Sozialpolitik der Union zu berücksichtigen sind.[1320] [...] Art. 155 AEUV be-

1317 *Schiek* in: *Däubler* (Hg), Einl Rn 785 ff; *Thüsing*, Europäisches Arbeitsrecht, § 1 Rn 75.

1318 So *Konzen*, EuZW 1995, 48.

1319 EuG Rs T-310/18 (EPSU und Goudriaan./.Kommission), EU:T:2019:757 Rn 60 f.

1320 Rs T-310/18 Rn 79 f.

> schränkt […] sich darauf, die Sozialpartner in den Prozess zum Erlass bestimmter Rechtsakte, die keine Gesetzgebungsakte sind, einzubinden, ohne ihnen eine Entscheidungsbefugnis zu verleihen. Die Sozialpartner sind lediglich berechtigt, eine Vereinbarung zu schließen und anschließend zu beantragen, dass die Kommission einen Vorschlag zur Durchführung der Vereinbarung auf Unionsebene unterbreitet. Dagegen sind die Sozialpartner weder befugt, selbst Rechtsakte zu erlassen, die verbindliche Rechtswirkung gegenüber Dritten entfalten, noch direkt dem Rat einen Vorschlag für einen Beschluss zur Durchführung einer Vereinbarung zu unterbreiten.[1321]“

Das EuG anerkennt damit einen weiten Ermessenspielraum der Kommission bei ihrem Vorschlagsrecht. Dagegen hätten die Sozialpartner zwar das Rechtsmittel der Nichtigkeitsklage, das Gericht sei jedoch „auf die Prüfung beschränkt, ob die Verfahrens- und Begründungsvorschriften eingehalten worden sind, ob der Sachverhalt zutreffend festgestellt worden ist und ob kein Rechtsfehler, keine offensichtlich fehlerhafte Würdigung des Sachverhalts und kein Ermessensmissbrauch vorliegen.“[1322] Ein solch weiter Ermessensspielraum und die daraus rührende geringe Überprüfbarkeit würden eine weitere Abschwächung der ohnehin schon schwachen Instrumentarien der europäischen Sozialpartner bedeuten. Der klagende Sozialpartner EGÖD (EPSU) hat gegen das Urteil bereits ein Rechtsmittel[1323] beim EuGH eingelegt, ein letztinstanzliches Urteil bleibt dementsprechend noch abzuwarten.

4. Durchführung von Richtlinien durch die Sozialpartner (Art 153 Abs 3 AEUV)

Nach früherem Recht war streitig, ob Richtlinien im Sinne des Art 288 AEUV auch durch nationale Kollektivverträge umgesetzt werden können.[1324] Entgegen mancher Auffassung hat der EuGH grundsätzlich die Umsetzung durch Kollektivvertrag für zulässig erachtet, allerdings müssten die Mitgliedstaaten sicherstellen, dass das Ziel der Richtlinie tatsächlich erreicht werde.[1325] Diese Rechtsprechung hat Eingang in die Bestimmung des Art 153 AEUV gefunden. Danach kann grundsätzlich ein Mitgliedstaat den Sozialpartnern auf deren gemeinsamen Antrag die Durchführung von Richtlinien übertragen. Nach Abs 3 UA 2 vergewissert sich aber der Mit-

1321 Rn 89 dieses Urteils.

1322 Rn 110 dieses Urteils.

1323 Eingereicht beim EuGH am 19.12.2019, C-928/19 P.

1324 Vgl zum Meinungsstand *Bödding*, Die europarechtlichen Instrumentarien der Sozialpartner, 145 ff.

1325 EuGH Rs 91/81 (Kommission ./. Italien), EU:C:1982:212; EuGH Rs 143/83 (Kommission ./. Dänemark), EU:C:1985:34; EuGH Rs 235/84 (Kommission ./. Italien), EU:C:1986:303.

gliedstaat in diesem Fall, dass die Sozialpartner spätestens zu dem Zeitpunkt, zu dem eine Richtlinie nach Art 340 AEUV umgesetzt sein muss, im Wege einer Vereinbarung die erforderlichen Vorkehrungen getroffen haben. Notfalls muss der Mitgliedstaat tätig werden, um das Ziel der Richtlinie zu erreichen.[1326] Dabei sollen die nationalen Akteure gemäß Abs 4 zweiter Gedankenstrich nicht daran gehindert werden, über die von der jeweiligen Richtlinien vorgesehenen Mindeststandards hinausgehenden Schutz zu gewähren.[1327]

5. Europäische Kollektivverträge (Tarifverträge, Betriebsvereinbarungen)

Über die Zulässigkeit und Notwendigkeit europäischer Kollektivverträge oder – in der Terminologie der Bundesrepublik Deutschland – Tarifverträge wird seit vielen Jahren eine rege Diskussion geführt. Die Literatur ist kaum überschaubar.[1328] Dass es bis heute keine europaweiten oder auch nur Länder übergreifenden Kollektivverträge gibt, hat vor allem zwei Gründe. Diejenigen nationalen und internationalen Organisationen, die solche Tarifverträge abschließen könnten, sind dazu nicht gewillt. Weder die Arbeitgeber- noch die Arbeitnehmerverbände und -organisationen haben bisher die Bereitschaft erkennen lassen, internationale Tarifverträge abzuschließen.[1329] Auch den europäischen Sozialpartnern ist bislang kein Mandat zum Abschluss europäischer Kollektivverträge von den Mitgliedstaaten erteilt worden. Aber auch bei Bestehen einer entsprechenden Bereitschaft ließe sich das Projekt europäischer Kollektivverträge nicht realisieren, da es an einer rechtlichen Grundlage für den Abschluss und die Durchführung solcher Verträge fehlt. Zu einer solchen rechtlichen Infrastruktur gehörten ein Mi-

1326 Zur Funktionsweise einer korrekten Richtlinienumsetzung durch Kollektivvertrag vgl die belgische Praxis, mitgeteilt bei *Blanpain/Schmidt/Schweibert*, Europäisches Arbeitsrecht, 118 f.

1327 Entgegen der vom Generalanwalt vertretenen Meinung verneinte der EuGH bei den über die Mindestanforderungen hinausgehenden nationalen Bestimmungen eine Bindung an Unionsrecht, insb an die umzusetzende Richtlinie. Es sei demnach den Mitgliedstaaten überlassen, ob und wie sie überschießende Bestimmungen regeln: EuGH Rs C-609/17 (TSN ua ./. Hyvinvointialan liitto ry ua), EU:C:2019:981 = BeckRS 2019, 28250 = EuZW 2020, 69 (m Anm Professor Dr *Adam Sagan*).

1328 Zu einer Darstellung des Spektrums der Probleme mit zahlreichen Literaturhinweisen siehe *Schiek* in: *Däubler* (Hg), Einl Rn 706 ff; *Persiani*, Il contratto collettivo di diritto comune nel sistema delle fonti del diritto del lavoro, Dialoghi fra dottrina e giurisprudenza, 29 ff.

1329 Vgl zu den Standpunkten in den einzelnen Verbänden *Kowanz,* Kollektivvertragsordnung, 32 ff.

nimum an in allen Mitgliedstaaten verbindlichen Regelungen über Kollektivvertragsfähigkeit (Tariffähigkeit), Kollektivvertragsunterworfenheit (Tarifbindung) und Kollektivvertragswirkung (Tarifwirkung).

Vor diesem Hintergrund überrascht es nicht, dass hinsichtlich der Zukunft europäischer Kollektivverträge eher Skepsis zum Ausdruck gebracht wird. Trotz zahlreicher pessimistischer Befunde darf nicht übersehen werden, dass sich die Stimmen mehren, die für die Entwicklung einer europäischen Tarifpolitik plädieren.[1330] Die internationale Organisation von Unternehmen und die europäische Wirtschafts- und Währungsunion haben den Druck in Richtung einer internationalen Tarifpolitik verstärkt. Deshalb werden zunehmend Modelle einer transnationalen Tarifpolitik diskutiert.[1331] Innerhalb der Gewerkschaften konzentrieren sich gegenwärtig die Anstrengungen in Richtung einer Tarifkoordinierung auf europäischer Ebene.[1332]

Darüber hinaus wird auch in der Rechtswissenschaft über die Möglichkeit nachgedacht, das oben beklagte Fehlen einer rechtlichen Fixierung der Voraussetzungen eines Kollektivvertragsystems zu überwinden. De lege ferenda wird eine europäische Kollektivvertragsordnung vorgeschlagen, in der grundlegende Elemente eines Kollektivvertragsystems festgelegt sind.[1333] Auch die Kommission sah in der Frage Handlungsbedarf. In ihrer Mitteilung zur sozialpolitischen Agenda, die den Zeitraum bis 2010 abdeckt,[1334] spricht sich die Kommission im Rahmen ihrer Bemühungen, unmittelbare und mittelbare Hemmnisse für die Schaffung eines echten europäischen Arbeitsmarktes zu beseitigen, für einen optionalen europäischen Rahmen für transnationale Kollektivverhandlungen aus:[1335]

> „Die Bereitstellung eines optionalen Rahmens für transnationale Kollektivverhandlungen auf Unternehmens- oder auf Branchenebene könnte den Unterneh-

1330 Vgl etwa *Langenbrinck*, DB 1998, 1086; *Mosler*, Entwicklungstendenzen im Kollektivvertragsrecht, DRdA 2012, 283.

1331 Vgl etwa *Jacobi* in: *Hoffmann* ua (Hg), 135 ff. Der Autor plädiert für ein gestuftes System von Kollektivverhandlungen, das sich von der Betriebsebene über sektorale und nationale Ebenen bis zur europäischen Ebene fortsetzt, wobei die unterschiedlichen Ebenen vom Prinzip der Subsidiarität bestimmt sein sollen. Vgl auch den Beitrag von *Baumann/Laux/Schnepf*, WSI-Mitteilungen 1997, 134 ff und *Gollbach/Schulten*, WSI-Mitteilungen 1999, 456 ff.

1332 Vgl zur Diskussion *Schroeder/Weinert* in: *Schroeder/Weßels* (Hg), 568 ff.

1333 Vgl dazu die schon mehrfach zitierte Arbeit von *Kowanz*, Kollektivvertragsordnung, 186 ff, die einen Vorschlag zur Schaffung eines „Europäischen Kollektivvertragsgesetzes" enthält. Ferner die umfassende Monographie von *Even*, Transnational collective bargaining in Europe. A proposal for a European regulation on transnational collective bargaining, 2009.

1334 Vgl Mitteilung der Kommission. Sozialpolitische Agenda, KOM (2005) 33 endg.

1335 S 9 der Mitteilung.

men und Branchen bei der Bewältigung von Problemen in den Bereichen Arbeitsorganisation, Beschäftigung, Arbeitsbedingungen oder Fortbildung helfen. Dieser wird den Sozialpartnern eine Grundlage für den Ausbau ihrer Handlungsfähigkeit auf transnationaler Ebene bieten. Damit wird ihnen ein innovatives Instrument an die Hand gegeben, das ihnen die Anpassung an gewandelte Umstände und die Konzeption kostenwirksamer transnationaler Lösungen ermöglicht. Dieser Ansatz ist in der Priorität ‚Partnerschaft für den Wandel' der Lissaboner Strategie fest verankert. Die Kommission plant die Annahme eines Vorschlags, der darauf abzielt, den Sozialpartnern ein Instrument an die Hand zu geben, das es ihnen ermöglicht, grenzübergreifend Kollektivverhandlungen zu führen und die dabei erzielten Ergebnisse zu formalisieren. Es ist wichtig, dass ein solches Instrument existiert, wenngleich es den Sozialpartnern überlassen bleiben wird, ob sie es nutzen wollen."

Eine interessante Studie zur Verwirklichung und Schaffung eines rechtlichen Rahmens für transnationale Kollektivverhandlungen beinhaltet der nach seinem Koordinator benannte Ales-Report.[1336] Die Analyse des Reports beginnt mit einer Untersuchung bisheriger Anstrengungen und Versuche, auf transnationaler Ebene bestimmte Fragen und Probleme zu regeln. Hierher gehören Vereinbarungen oder Empfehlungen, die von verschiedenen Organisationen auf sektoraler oder sektorübergreifender Ebene geschlossen oder abgegeben wurden. Dazu rechnen insbesondere auch Vereinbarungen, die von europäischen Betriebsräten abgeschlossen wurden. Kennzeichnend für all diese Arrangements ist das Fehlen einer Rechtsgrundlage auf europäischer, aber auch nationaler Ebene (der Bericht nennt sie deshalb nur transnational tools). Die Analyse mündet deshalb in die Feststellung des Fehlens eines spezifischen und umfassenden rechtlichen Rahmens für transnationale Kollektivverhandlungen. Ein solcher Rahmen müsste sich auf das Verfahren, die Verhandlungsakteure und die Bedingungen, um eine zwingende Wirkung der abgeschlossenen Vereinbarungen herbeizuführen, erstrecken.[1337]

Die Grundidee bei der Verwirklichung eines optionalen rechtlichen Rahmens für transnationale Kollektivverhandlungen ist die Schaffung gemeinsamer Verhandlungsgremien, innerhalb derer Kollektivvereinbarungen abgeschlossen werden können. Diese haben nicht aus sich selbst heraus rechtliche Verbindlichkeit, sondern erlangen diese indirekt durch ihre Implementierung durch Entscheidungen des Managements aller nationalen Gesellschaften in dem betreffenden Sektor. Diese Entscheidungen des Ma-

1336 Vgl *Ales/Engblom/Jaspers/Laulom/Sciarra/Sobczak/Valdés Dal-Ré,* Transnational Collective Bargaining: Past, Present and Future, Final Report, 2006.

1337 Ales-Report, 33. *Ales/Engblom/Jaspers/Laulom/Sciarra/Sobczak/Valdés Dal-Ré,* Transnational Collective Bargaining: Past, Present and Future, Final Report, 2006, 33.

nagements sollten einem bilateralen Monitoringsystem auf Sektorlevel unterworfen werden und als rechtlich verbindlich in jedem EU-Mitgliedstaat gem dem dort geltenden Recht und den dortigen Praktiken anerkannt werden. Der optionale rechtliche Rahmen für ein EU-weites transnationales Kollektivvertragssystem sollte dem Subsidiaritätsprinzip folgend durch eine Richtlinie des Rates erfolgen. Die rechtliche Basis wäre Art 115 AEUV. Der Bericht hebt zwei Grundvoraussetzungen für ein effektives Funktionieren des zu schaffenden Systems hervor. Transnationale Kollektivverhandlungen müssen sich als komplementär zu den nationalen Systemen verstehen. Sie dürfen nicht in diese eingreifen. Ferner muss die Richtlinie die Verhandlungsakteure, die sich des optionalen Rechtsrahmens bedienen können, bezeichnen. Der Bericht zeigt mögliche Akteure auf.[1338]

Die Arbeitsgruppe, die den Bericht erstellt hat, hat die europäischen Sozialpartner UNICE und EGB hinsichtlich ihrer Einstellung zu einem solchen europäischen Rechtsrahmen für transnationale Kollektivverhandlungen befragt.[1339] Während der EGB seine transnationalen Aktivitäten der letzten zehn Jahre gegenüber der Arbeitsgruppe dokumentierte und auf die Bemühungen um Koordination verwies, zeigte sich UNICE dezidiert abweisend gegenüber einem auch nur optionalen rechtlichen Rahmen auf europäischer Ebene. Damit scheint vorerst die Realisierung des Vorschlags vom Tisch zu sein.

In einer Mitteilung aus dem Jahr 2007 hat die Kommission zu erkennen gegeben, dass nicht die Absicht besteht, eine Regelung zu unternehmen.[1340] Die Haltung der Kommission erklärt sich sicherlich aus der geringen Neigung der Sozialpartner auf nationaler Ebene. Weder die Arbeitgeber noch die Arbeitnehmerorganisationen haben ein spürbares Interesse an einer so verstandenen transnationalen Tarifpolitik. Sie befürchten, dass die nationale Tarifautonomie angetastet werden könnte, und es besteht die Angst, dass auf die Wünsche der Mitgliedschaft nicht mehr unmittelbar und unbeeinflusst von supranationalen Kollektivstrukturen reagiert werden kann. Deshalb wird gefolgert, dass die nationalen Gewerkschaften und Arbeitgeberverbände noch lange nicht so weit sind, den europäischen Akteuren ein so umfassendes Mandat zur verbindlichen Regelung der Arbeitsbedingungen zu geben.[1341]

1338 *Ales/Engblom/Jaspers/Laulom/Sciarra/Sobczak/Valdés Dal-Ré,* Transnational Collective Bargaining: Past, Present and Future, Final Report, 2006, 37.

1339 *Ales/Engblom/Jaspers/Laulom/Sciarra/Sobczak/Valdés Dal-Ré,* Transnational Collective Bargaining: Past, Present and Future, Final Report, 2006, 6 f.

1340 Vgl *Bercusson*, European Labour Law, 2. Aufl 2009, 561.

1341 *Weiss* in: FS für Birk, 973 f.

Etwas anders liegen die Voraussetzungen für europäische Betriebsvereinbarungen. Tatsächlich scheint es ein Bedürfnis nach grenzüberschreitenden Betriebsvereinbarungen in der EU zu geben. Angesichts von etwa 180 Dokumenten, die von multinational agierenden Konzernen, Gewerkschaften oder europäischen Betriebsräten bei der europäischen Kommission hinterlegt wurden, scheint ein hoher praktischer Bedarf an einer europarechtlich zumindest koordinierten Rechtsquelle zu bestehen.[1342] Dabei herrscht eine erhebliche Vielfalt vor. Europäische Betriebsvereinbarungen werden auf der einen Seite von herrschenden Unternehmen europaweit agierender Unternehmensgruppen und auf der anderen Seite von Gewerkschaften, nationalen Betriebsräten auf Unternehmensebene, bzw den Euro-Betriebsräten abgeschlossen. Weil es sich dabei um als verbindlich gedachte Vereinbarungen handelt, sind die nationalen Gerichte vor die Frage gestellt, ob und inwieweit sie derartigen Regelungswerken im nationalen Recht Durchsetzbarkeit verleihen können. Wie im Fall der europäischen Kollektivverträge hat auch hier die Kommission mehrere Studien in Auftrag gegeben, in denen die nationalen Rechtsordnungen und deren Betriebsvereinbarungssysteme im Hinblick auf eine Europäisierung durchforscht werden sollten.[1343] Die Unterschiede in den einzelnen Rechtsordnungen sind erheblich.[1344] Diese Unterschiede betreffen sowohl die Abschlusspartner auf Arbeitgeberseite vielmehr aber noch die Abschlusspartner auf Arbeitnehmerseite (Gewerkschaften, nationale Betriebsräte oder Euro-Betriebsrat). Darüber hinaus haben Betriebsvereinbarungen in den Mitgliedstaaten völlig unterschiedliche Wirkungen. Die normative Wirkung ist ebenso wenig durchgängig bekannt wie die zwingende Kompetenzverteilung zwischen Betriebsvereinbarung und Kollektivvertrag. Auch Detailfragen wie etwa die Nachwirkung weisen eine große Variationsbreite auf.[1345] Als Lösungsmöglichkeit bietet sich beispielsweise die Delegation von Regelungsbefugnissen der nationalen Betriebsratsorganisationen auf den Euro-Betriebsrat an, sodass dieser mit der zentralen Unternehmensleitung wirksame Vereinbarungen treffen kann, die

1342 Siehe die Datenbank (Database on transnational company agreements): http://ec.europa.eu/social/main.jsp?catId=978.

1343 European Commission, SEC (2008) 2155, Commission Staff Working Document, The role of transnational company agreements in the context of increasing international integration, COM (2008) 419 final, 2008 und SWD (2012) 264 final, Commission Staff Working Document, Transnational company agreements: realising the potential of social dialogue, 2012.

1344 *Rodríguez* (coord)/*Ahlberg/Davulis/Fulton/Gyulavári/Humblet/Jaspers/Miranda/Marhold/Valdés dal Ré/Zimmer,* Study on the characteristics and legal effects of agreements between companies and workers' representatives, Draft Final Report, 2011.

1345 Dazu *Marhold,* ZESAR 2013, 251 ff.

für die gesamte europaweit agierende Unternehmensgruppe wirksam werden können. Auch diese Initiative ist allerdings noch weit von einer Realisierung entfernt.[1346]

B. Beteiligung der Arbeitnehmer an unternehmerischen Entscheidungen

Literatur: *Alaimo*, Il coinvolgimento dei lavoratori nell' impresa: informazione, consultazione e partecipazione, in: *Sciarra/Caruso* (Hg), Il lavoro subordinato, in: *Ajani/Benacchio*, Trattato di diritto privato dell'Unione europea, Bd V, 2009, 641 ff; *von Alvensleben*, Die Rechte der Arbeitnehmer bei Betriebsübergang im Europäischen Gemeinschaftsrecht, 1992; *Blanpain*, Involvement of Employees in the European Union, 2002; *ders*; Representation of employees at the level of the enterprise and the EEC, RdA 1992, 127 ff; *Brandes*, System des europäischen Arbeitsschutzrechts, 1999; *Brors*, Das System der Arbeitnehmer-Beteiligungs-Richtlinien, 2005; *Colneric*, Gemeinschaftsrechtliche Informations- und Konsultationspflichten beim Betriebsübergang, in: FS Steindorff, 1990, 1129 ff; *Forst*, Zum Begriff des den Arbeitgeber beherrschenden Unternehmens i. S. d. Massenentlassungs-RL („Bichat") EWiR 2018, 631; *Friedrich*, Europäisches Arbeitsrecht und Privatisierungen, 2002; *Goos*, Ansätze zur Mitbestimmung der Arbeitnehmer in der europäischen Rechtssetzung, in: *Oetker/Preis/Rieble* (Hg), FS 50 Jahre BAG, 2004, 1179 ff; *Gragert*, Übers Ziel hinaus? – Das Übergangsmandat nach § 21a BetrVG, NZA 2004, 289 ff; *Habersack*, Europäisches Gesellschaftsrecht im Wandel – Bemerkungen zum Aktionsplan der EG-Kommission betreffend die Modernisierung des Gesellschaftsrechts und die Verbesserung der Corporate Governance in der Europäischen Union, NZG 2004, 1; Holler, Konturierung des Begriffs der „Entlassung" nach dem § 17 KSchG, NZA 2019, 29; *Höland*, Mitbestimmung in Europa, 2000; *Kohte*, Auf dem Weg zur betrieblichen Informationsverfassung, in: *Oetker/Preis/Rieble* (Hg), FS 50 Jahre BAG, 2004, 1218 ff; *Kindler/Horstmann*, Die EU-Übernahmerichtlinie – Ein „europäischer" Kompromiss, DStR 2004, 866 ff; *Lutter*, Europäisches Gesellschaftsrecht, 2. Aufl 1984, 315 ff; *Krause*, Das Übergangsmandat des Betriebsrats im Lichte der novellierten Betriebsübergangsrichtlinie, NZA 1998, 1201 ff; *Mentzel/Sura.* Auslegung des Begriffs des den Arbeitgeber beherrschenden Unternehmens, *EuZW 2018, 953; Oetker/Schubert*, Europäisches Betriebsverfassungsrecht, in: *Oetker/Preis* (Hg), EAS B 8300; *Rieble*, Das Übergangsmandat nach § 21a BetrVG, NZA 2002, 233 ff; *Oetker*, Die Vorgaben der Betriebsübergangsrichtlinie für die Beteiligungsrechte des Betriebsrats, NZA 1998, 1193 ff; *Thüsing*, Das Übergangsmandat und das Restmandat des Betriebsrats nach § 21a und § 21b BetrVG, DB 2002, 738 ff; *Weber*, Arbeitnehmermitbestimmung im Europäischen Rechtsraum, in: *Dreier/Forkel/Laubenthal*, Raum und Recht – FS 600 Jahre Würzburger Juristenfakultät, 2002, 189 ff; *Weber*, Information und Konsultation im europäischen und deutschen Mitbestimmungsrecht, in: *Dauner-Lieb/Hommelhoff/Jacobs/Kaiser/Weber* (Hg), FS Konzen, 2005, 921 ff; *Weiss*, Arbeitnehmermitwirkung in Europa, NZA 2003, 177 ff; *ders,* Worker's Participation in the European Union, in: *Davies* ua (Hg), European Community Labour Law: Principles and Perspectives, Liber amicorum Lord Wedderburn of Charlton 1996, 213 ff.

1346 *Schlachter* in: *Kiss* (Hg), 77 ff.

Grundsätzlich kann man zwei institutionelle Möglichkeiten unterscheiden, Arbeitnehmer an unternehmerischen Entscheidungen zu beteiligen: Unterrichtung und Anhörung der Arbeitnehmer bzw einer von diesen gewählten Arbeitnehmervertretung vor der unternehmerischen Entscheidung über eine beabsichtigte Maßnahme sowie Mitbestimmung durch Arbeitnehmervertreter in den Gesellschaftsorganen. Vor dem Hintergrund unterschiedlicher kultureller und sozialpolitischer Traditionen gibt jeder Mitgliedstaat in seiner Rechtsordnung eine andere Antwort auf die Frage, in welcher Form und Intensität Arbeitnehmer an unternehmerischen Entscheidungen beteiligt werden sollen.[1347] Der Vergleich der mitgliedstaatlichen Beteiligungskonzepte wird von vornherein dadurch erschwert, dass sich deren Stellenwert nur im Rahmen einer Gesamtbetrachtung aller ineinander greifenden Elemente der jeweiligen Arbeitsrechtsordnung, insbesondere auch der den Gewerkschaften zugedachten Rolle, erschließt.[1348] Hinsichtlich der Mitbestimmung der Arbeitnehmer in Gesellschaftsorganen bestand außerdem von Anfang an das Problem, dass in Europa zwei grundlegend verschiedene Organisationsmodelle von Aktiengesellschaften vertreten sind. Während das monistische Modell nur ein zentrales Leitungsorgan kennt, den Verwaltungsrat, zeichnet sich das dualistische System durch die Existenz von Leitungsorgan (Vorstand) und Kontrollorgan (Aufsichtsrat) aus.[1349]

Ein Regelungsinteresse auf europäischer Ebene besteht in Anbetracht der mitgliedstaatlichen Vielfalt in zweierlei Hinsicht.[1350] Zum einen geht es darum, im Wege der Rechtsangleichung Wettbewerbsverzerrungen zu minimieren und in einem zunehmend auch sozialen Zielen verpflichteten Europa den Arbeitnehmern jedenfalls ein einheitliches Mindestmaß an Beteiligungsrechten in den Mitgliedstaaten zu sichern. Zum anderen besteht ein Bedürfnis nach Koordinierung mitgliedstaatlicher Beteiligungssysteme, damit diese grenzüberschreitenden Umstrukturierungsprozesse von Unternehmen nicht entgegenstehen und sich im Sinne einer gesteigerten Beteiligungseffizienz transnationalen Unternehmensstrukturen anpassen können.

Die Bemühungen der Kommission im Bereich der Arbeitnehmerbeteiligung reichen zurück in die siebziger Jahre des vergangenen Jahrhunderts. Es ging ihr erstens um eine einheitliche Regelung der Arbeitnehmerbeteiligung in der geplanten supranationalen Gesellschaftsform der Europäischen Aktiengesellschaft,[1351] zweitens um die Schaffung einer einheitlichen (dua-

1347 Dazu oben 1. Teil, IV.B.

1348 *Weiss*, NZA 2003, 177 ff.

1349 Ausführlich dazu *Barnard*, EU Employment Law, 674.

1350 Dazu oben 1. Teil, IV.B.

1351 Verordnungsentwurf der Kommission vom 10.10.1970, ABlEG 1970 Nr C 124/1.

listischen) Gesellschaftsstruktur für Aktiengesellschaften in den Mitgliedstaaten mit Beteiligung der Arbeitnehmer im Aufsichtsrat,[1352] drittens um die Ermöglichung grenzüberschreitender Fusionen durch Koordinierung ihrer Auswirkungen auf bestehende Beteiligungsrechte der Arbeitnehmer[1353] und viertens um Informations- und Konsultationsrechte der Arbeitnehmer bei besonders arbeitnehmerrelevanten Unternehmensentscheidungen wie Massenentlassungen[1354] und dem Übergang von Unternehmen, Betrieben oder Betriebsteilen.[1355]

Fasst man die Ergebnisse dieser Entwicklung zusammen, so ergibt sich folgendes Bild:[1356]

Mit der Massenentlassungsrichtlinie[1357] von 1975 und der Richtlinie über die Wahrung von Ansprüchen der Arbeitnehmer beim Übergang von Unternehmen, Betrieben oder Betriebsteilen[1358] von 1977 gelang es erstmals, gemeinschaftsweit einheitliche Vorgaben für Beteiligungsrechte der Arbeitnehmer festzulegen. Es folgten weitere, auf konkrete Unternehmensentscheidungen begrenzte Informations- und teilweise auch Konsultationsrechte durch Richtlinien in den Bereichen Sicherheit und Gesundheitsschutz, Teilzeitarbeit, befristete Arbeitsverhältnisse und Unternehmensübernahmen (dazu unten 1.).

Mit der RL 2002/14/EG konnten sich die Mitgliedstaaten darüber hinaus auf einen allgemeinen Rahmen für die Unterrichtung und Anhörung der Arbeitnehmer einigen, durch den über die gegenstandsbezogenen Beteiligungsrechte hinaus generell verhindert werden soll, dass für Arbeitnehmer schwerwiegende Entscheidungen getroffen werden, ohne dass zuvor angemessene Informations- und Anhörungsverfahren durchgeführt werden (dazu unten 2.).

Der Problematik, dass die mitgliedstaatlichen Unterrichtungs- und Anhörungsverfahren häufig nicht an die länderübergreifende Struktur von Unternehmen angepasst sind, hat sich der Gemeinschaftsgesetzgeber mit der RL 94/45/EG (heutige Fassung: RL 2009/38/EG) über die Einsetzung eines Eu-

1352 Richtlinienentwurf der Kommission vom 9.11.1972, ABlEG 1972 Nr C 131/49.

1353 Entwurf eines Übereinkommens über die internationale Verschmelzung von Aktiengesellschaften und Bericht zu diesem Entwurf, abgedruckt bei *Lutter*, Europäisches Gesellschaftsrecht, 315 ff.

1354 Richtlinienentwurf der Kommission vom 8.11.1972, KOM (1972), 1400 endg.

1355 Richtlinienentwurf der Kommission vom 29.5.1974, ABlEG 1974 Nr C 104/1.

1356 Vgl auch *Kohte*, Auf dem Weg zur betrieblichen Informationsverfassung in: FS 50 Jahre BAG, 1218 ff, der die „Bausteine für ein Europäisches Betriebsverfassungsrecht" untersucht und diese mit den Bemühungen in Deutschland, insbes der Rspr des BAG, verbindet.

1357 ABlEG 1975 Nr L 48/29.

1358 ABlEG 1977 Nr L 61/26.

ropäischen Betriebsrats oder der Schaffung eines Verfahrens zur Unterrichtung und Anhörung der Arbeitnehmer in gemeinschaftsweit operierenden Unternehmen oder Unternehmensgruppen angenommen (dazu unten 3.).

Das in diese Richtlinie aufgenommene neue Prinzip, keine starren Beteiligungsregeln vorzugeben, sondern es vorrangig der Verhandlung zwischen Unternehmens- bzw Konzernleitung und einem von den Arbeitnehmern gebildeten Verhandlungsgremium zu überlassen, eine geeignete Regelung zu finden, konnte letztlich auch der ersten supranationalen Gesellschaftsform der Europäischen Aktiengesellschaft, die immer wieder an der Frage der Arbeitnehmerbeteiligung gescheitert war, zum Erfolg verhelfen (dazu unten 4.). Auf gleicher Grundlage wurde kurze Zeit später auch die Beteiligung der Arbeitnehmer in der Europäischen Genossenschaft als zweiter supranationaler Gesellschaftsform geregelt (dazu unten 5.).

Am 16. 12. 2005 ist schließlich die RL 2005/56/EG über die Verschmelzung von Kapitalgesellschaften aus verschiedenen Mitgliedstaaten[1359] in Kraft getreten, die insbesondere auch die Folgen grenzüberschreitender Verschmelzungsvorgänge auf bestehende Beteiligungsrechte der Arbeitnehmer in den von der Verschmelzung betroffenen Unternehmen zum Gegenstand hatte. Die RL 2005/56/EG wurde 2017 aufgehoben und ihre Bestimmungen wurden beinahe unverändert in die Richtlinie (EU) 2017/1132 des Europäischen Parlaments und des Rates über bestimmte Aspekte des Gesellschaftsrechts übernommen. Letztlich wurde diese wiederum durch die Richtlinie (EU) 2019/2121 ergänzt, die erstens die existierenden Vorschriften über grenzüberschreitende Verschmelzungen (Art 118 ff) modifizierte und zweitens harmonisierte Regelungen über die grenzüberschreitenden Umwandlungen (Art 86a ff) und Spaltungen (Art 160a ff) in die Richtlinie 2017/1132 einfügte. (dazu unten 6. und 7.).

Zurückblickend auf die vorerwähnten ersten Vorschläge der Kommission in den siebziger Jahren ist damit allein der Versuch erfolglos geblieben, im Zuge einer strukturellen Angleichung der Aktiengesellschaften in den Mitgliedstaaten gemeinschaftsweite Beteiligungsrechte der Arbeitnehmer in den Organen nationaler Gesellschaftsformen zu verankern. Es gab zudem einen Versuch, die sog. Europäische Privatgesellschaft (Societas Privata Europaea, SPE, auch Europa-GmbH genannt) zu etablieren. Das Ziel dieser Gesellschaftsform war, eine hinsichtlich der Gründungskosten europaweit einheitlich günstige Alternative zu den nationalen Gesellschaftsformen zu schaffen. Die politische Einigung ist aber nicht gelungen und seit 2011 gilt dieses Vorhaben als gescheitert. Ähnlich verhielt es sich mit dem Harmonisierungsversuch von nationalen Vorschriften zu geschlossenen Kapitalge-

1359 ABlEG 2005 Nr L 310/1.

sellschaften mit einem Alleingesellschafter. Die Kommission legte 2014 einen Richtlinienvorschlag über Gesellschaften mit beschränkter Haftung mit einem einzigen Gesellschafter (Societas Unius Personae – SUP) vor. Nach dem Scheitern mehrerer Kompromissentwürfe zog die Kommission letztlich 2018 ihren Vorschlag offiziell zurück (dazu unten 8.). Art 27 der Charta der Grundrechte der EU erhebt das Recht auf Unterrichtung und Anhörung der Arbeitnehmer in den Rang eines sozialen Grundrechts. Mit dem Inkrafttreten des Vertrages von Lissabon zum 1. 12. 2009 wurde damit die rechtliche Unverbindlichkeit, wie sie etwa im Hinblick auf die Verankerung der Rechte in Nr 17 der Gemeinschaftscharta der sozialen Grundrechte der Arbeitnehmer beklagt wurde, beendet.

1. Information und Konsultation der Arbeitnehmer bei bestimmten Entscheidungen

Wie bereits ausgeführt ist es dem europäischen Gesetzgeber mit der Massenentlassungsrichtlinie 1975 und mit der Richtlinie über die Wahrung von Ansprüchen der Arbeitnehmer beim Übergang von Unternehmen, Betrieben oder Betriebsteilen 1977 zunächst gelungen, die Beteiligungsrechte von Arbeitnehmervertretern in einzelnen Bereichen zur Geltung zu bringen, die für die Arbeitnehmer von besonderer Bedeutung sind. Der mit der RL 2002/14/EG zwischenzeitlich festgelegte allgemeine Rahmen zur Unterrichtung und Anhörung der Arbeitnehmer lässt diese spezifischen Informations- und Konsultationsverfahren unberührt (vgl Art 9 RL 2002/14/EG).

a) Massenentlassungen

Es kommt nicht von ungefähr, dass der europäische Gesetzgeber gerade den Bereich der Massenentlassungen als ein Feld betrachtet hat, auf dem kollektive Interessen besonders greifbar sind und deshalb die Einschaltung von Arbeitnehmervertretungen nahe liegt. Vor diesem Hintergrund versteht sich die RL 75/129/EWG zur Angleichung der Rechtsvorschriften der Mitgliedstaaten über Massenentlassungen.[1360] Der Richtliniengeber betrachtete die (teilweise)[1361] Harmonisierung als Notwendigkeit zur Beseitigung eines Wettbewerbsproblems, sodass er sich auf die Ermächtigungsgrundlage in Art 100 EWGV [jetzt Art 115 AEUV] gestützt hat. Die RL 75/129/EWG wurde 1992 durch die RL 92/56/EG[1362] novelliert und liegt jetzt in konsolidierter Fassung in Form der RL 98/59/EG[1363] vor.

1360 ABlEG 1975 Nr L 48/29. Zu dieser Richtlinie s auch 2. Teil, II.C.2.
1361 EuGH Rs C-201/15 (AGET Iraklis), EU:C:2016:972 Rn 29 f.
1362 ABlEG 1992 Nr L 245/3.
1363 ABlEG 1998 Nr L 225/16.

Art 2 RL 98/59/EG sieht ein Verfahren der Information und Konsultation vor. Abs 1 der Bestimmung verpflichtet den Arbeitgeber, der beabsichtigt, Massenentlassungen vorzunehmen, die Arbeitnehmervertreter rechtzeitig zu konsultieren, um zu einer Einigung zu gelangen. Gem Abs 2 der Bestimmung zielt die Konsultation darauf, Massenentlassungen zu vermeiden oder zu beschränken, aber auch Möglichkeiten ihrer Milderung durch soziale Begleitmaßnahmen (einschließlich Umschulung) ins Auge zu fassen. Um den Arbeitnehmervertretern die Möglichkeit zu geben, konstruktive Vorschläge zu unterbreiten, verlangt Art 2 Abs 3 RL 98/59/EG, dass der Arbeitgeber rechtzeitig den Arbeitnehmervertretern die zweckdienlichen Auskünfte erteilt, die im Einzelnen genau spezifizierte Informationen enthalten müssen, namentlich:

- die Gründe der geplanten Entlassung,
- die Zahl und die Kategorien der zu entlassenden Arbeitnehmer,
- die Zahl und die Kategorien der in der Regel beschäftigten Arbeitnehmer,
- den Zeitraum, in dem die Entlassungen vorgenommen werden sollen,
- die vorgesehenen Kriterien für die Auswahl der zu entlassenden Arbeitnehmer, soweit die innerstaatlichen Rechtsvorschriften und/oder Praktiken dem Arbeitgeber die Zuständigkeit dafür zuerkennen, sowie
- die vorgesehene Methode für die Berechnung etwaiger Abfindungen, soweit sie sich nicht aus den innerstaatlichen Rechtsvorschriften und/oder Praktiken ergeben.

Das Wort „schriftlich“ in Art 2 Abs 3 b) RL 98/59/EG ist nicht notwendig gleichzusetzen mit dem Erfordernis der Schriftform nach den Vorschriften des Bürgerlichen Gesetzbuchs.[1364] Das BAG versteht den Begriff unter Berufung auf die Rechtsprechung des EuGH[1365] in Bezug auf die Zwecke der betreffenden Vorschrift und lässt die Übersendung eines Schriftstücks per Telefax ausreichen, wenn es vorrangig um eine verkörperte Dokumentation für den Empfänger geht.[1366]

Die in Art 2 RL 98/59/EG normierten Verpflichtungen sind zwingende Mindestvorschriften. Nationale Umsetzungsregelungen dürfen hinter diesen auferlegten Verpflichtungen nicht zurückbleiben.[1367] Verstößt die nationale Regelung gegen Art 2 RL 98/59/EG, so kann sich der Arbeitnehmer dem Arbeitgeber gegenüber nicht darauf berufen, dass ihm Art 2 RL 98/59/EG weitergehende Rechte einräumt. Dies entspricht der st Rspr des EuGH,

1364 ZB für das deutsche BGB § 126.
1365 EuGH Rs C-170/00 (Finnland ./. Kommission), EU:C:2002:51 Rn 29 und 34.
1366 BAG NZA 2017, 175 Rn 47.
1367 EuGH Rs C-12/08 (Mono Car Styling), EU:C:2009:466 Rn 56.

wonach eine Richtlinie nicht selbst Verpflichtungen für den Einzelnen begründen kann, sodass ihm gegenüber eine Berufung auf die Richtlinie als solche nicht möglich ist und sogar eine klare, genaue und unbedingte Richtlinienbestimmung, mit der dem Einzelnen Rechte gewährt oder Verpflichtungen auferlegt werden sollen, im Rahmen eines Rechtsstreits, in dem sich ausschließlich Private gegenüber stehen, nicht als solche Anwendung finden kann.[1368] Allerdings gilt das Gebot der gemeinschaftskonformen Auslegung, das ein nationales Gericht verpflichtet, das nationale Recht anhand des Wortlauts und des Zweckes der betreffenden Richtlinie auszulegen, um das in der Richtlinie festgelegte Ergebnis zu erreichen und so Art 288 Abs 3 AEUV nachzukommen.[1369] Deshalb muss das nationale Gericht im Rahmen seiner Zuständigkeit unter Berücksichtigung aller Regelungen des nationalen Rechts die praktische Wirksamkeit der RL 98/59/EG gewährleisten, um zu verhindern, dass die Verpflichtungen des Arbeitgebers, der Massenentlassungen vornehmen möchte, gegenüber den Verpflichtungen nach Art 2 RL 98/59/EG verringert werden.[1370]

Art 5 RL 98/59/EG eröffnet die Möglichkeit, dass Mitgliedstaaten für die Arbeitnehmer günstigere Vorschriften anwenden oder erlassen. Der EuGH hat es als zulässig angesehen, dass ein Mitgliedstaat die Massenentlassung des Arbeitgebers an eine Genehmigung bindet. Der Gerichtshof leitet aus Art 1 und 5 RL 98/59/EG ab, dass die Richtlinie nur eine Teilharmonisierung vorgenommen habe und die materiell-rechtlichen Voraussetzungen für Massenentlassungen grundsätzlich nicht in den Bereich der RL 98/59/EG fallen und daher im Zuständigkeitsbereich der Mitgliedstaaten verbleiben. Allerdings darf ein Mitgliedstaat keine nationale Maßnahme erlassen, die, auch wenn sie einen verstärkten Schutz für die betroffenen Arbeitnehmer gewährleistet, den Art 2 bis 4 der Richtlinie ihre praktische Wirksamkeit nehmen würde. Das wäre etwa bei einer nationalen Regelung der Fall, nach der Massenentlassungen von der vorherigen Zustimmung einer Behörde abhingen, wenn die Kriterien hierzu so gestaltet sind, dass sie dem Arbeitgeber jede Möglichkeit nehmen, Massenentlassungen durchzuführen.[1371]

Im Zuge einer verstärkten grenzübergreifenden Umstrukturierung von Unternehmen hat sich bei der Anwendung der Richtlinie häufig das Problem gestellt, dass Arbeitgeber sich auf die Unmöglichkeit zur Auskunftser-

1368 EuGH Rs C-397/01 bis C-403/01 (Pfeiffer ua), EU:C:2004:584 Rn 108 f.

1369 EuGH Rs C-397/01 bis C-403/01 (Pfeiffer ua), EU:C:2004:584 Rn 113.

1370 EuGH Rs C-12/08 (Mono Car Styling), EU:C:2009:466 Rn 64.

1371 EuGH Rs C-201/15 (AGET Iraklis), EU:C:2016:972 Rn 29 ff. Siehe dort auch zur Frage der Vereinbarung einer Genehmigung mit Art 49 und 63 AEUV.

teilung berufen haben, weil die Entscheidung über Massenentlassungen von der Muttergesellschaft ausgegangen sei. Diese Einwendung wurde mit der Novellierung der Richtlinie im Jahre 1992 abgeschnitten. Gem Art 2 Abs 4 RL 98/59/EG gelten die Konsultationsverpflichtungen unabhängig davon, ob die Entscheidung über die Massenentlassungen von dem Arbeitgeber oder von einem den Arbeitgeber beherrschenden Unternehmen getroffen wurde. Konsequenterweise ordnet UA 2 dieser Bestimmung an, dass hinsichtlich angeblicher Verstöße gegen die in dieser Richtlinie enthaltenen Informations-, Konsultations- und Meldepflichten der Einwand des Arbeitgebers keine Berücksichtigung findet, das für die Massenentlassungen verantwortliche Unternehmen habe ihm die notwendigen Informationen nicht übermittelt.

Der Begriff des „beherrschenden Unternehmens" ist lt EuGH[1372] – wie schon der Begriff „Betrieb" – autonom auszulegen. Auch unter Verweis auf die Rs *Akavan Erityisalojen Keskusliitto ua*[1373] und *AGET Iraklis*[1374] hält er dazu Folgendes fest:

> EuGH verb Rs C-61/17, C-62/17, C-72/17 (Bichat ua): [1375] Art 2 Abs IV UA 1 der RL 98/59 sei dahin auszulegen, „dass unter einem ‚den Arbeitgeber beherrschenden Unternehmen' jedes Unternehmen zu verstehen ist, das mit dem Arbeitgeber durch Beteiligungen an dessen Gesellschaftskapital oder durch andere rechtliche Verbindungen verbunden ist, die es ihm ermöglichen, einen bestimmenden Einfluss in den Entscheidungsorganen des Arbeitgebers auszuüben und ihn zu zwingen, Massenentlassungen in Betracht zu ziehen oder vorzunehmen." Eine rein faktische Abhängigkeit), wie sie im Ausgangsfall bestand (hier: gemeinsames Vermögensinteresse von Unternehmen und Arbeitgeber), falle demnach nicht unter den Begriff; dies gelte auch in Fällen, in denen eine solche faktische Abhängigkeit einen beherrschenden Charakter annehme. Sein Ergebnis begründet der EuGH va mit dem Bedürfnis nach Rechtssicherheit. Bereits die Recherche, die ein Gericht zur Feststellung einer solchen Abhängigkeit anzustellen hätte würde diesem Bedürfnis zuwiderlaufen.

Probleme kann zudem die Frage aufwerfen, welchen Arbeitnehmervertretern gegenüber die Pflichten nach Art 2 RL 98/59/EG zu erfüllen sind. Art 1 Abs 1 lit b RL 98/59/EG besagt zwar, dass die Arbeitnehmervertre-

---

1372 Zur Frage des „beherrschenden Unternehmens": EuGH verb Rs C-61/17, C-62/17, C-72/17 (Bichat ua/Aviation Passage Service Berlin), ECLI:EU:C:2018:653 = *Forst*, Zum Begriff des den Arbeitgeber beherrschenden Unternehmens iSd Massenentlassungs-RL („Bichat") EWiR 2018, 631.

1373 EuGH Rs 44/08 (Akavan Erityisalojen Keskusliitto), EU:C:2009:533 Rn 62.

1374 EuGH Rs C-201/15 (AGET Iraklis), EU:C:2016:972 Rn 27f.

1375 EuGH verb Rs C-61/17, C-62/17, C-72/17 (Bichat ua / Aviation Passage Service Berlin), ECLI:EU:C:2018:653 Rn 45 = NJW-Spezial 2018, 595 = IWRZ 2018, 266 (*Imping*) = EuZW 2018, 953 (mit Anm *Mentzel, Sura*) = ZAS-Judikatur 2018/104, 290.

ter nach den Rechtsvorschriften oder der Praxis der Mitgliedstaaten zu bestimmen sind. Diese Definition kann aber in solchen Ländern Probleme aufwerfen, in denen es keine rechtliche Fixierung von Arbeitnehmervertretungen gibt, vgl

EuGH, Rs C-383/92 (Kommission ./. UK):[1376] In dem von der Kommission gegen das Vereinigte Königreich angestrebten Verfahren berief sich dieses darauf, dass im Vereinigten Königreich die Vertretung der Arbeitnehmer in einem Unternehmen herkömmlicherweise von der freiwilligen Anerkennung der Gewerkschaften durch den Arbeitgeber abhänge. Daher träfen den Arbeitgeber, der keine Gewerkschaft anerkenne, keine Informations- und Konsultationspflichten gem der Richtlinie. Der EuGH hat die Auffassung der britischen Regierung abgelehnt.

Das Gericht betont, dass es nicht – wie nach der vom Vereinten Königreich vertretenen Auffassung – die Mitgliedstaaten in den Händen hätten dürfen, in welchen Fällen Arbeitnehmervertreter beteiligt werden müssten. Diese Auslegung gebe den Mitgliedstaaten die Möglichkeit, den Art 2 und 3 RL 98/59/EG ihre volle Wirkung zu nehmen. Hingegen verlangt der EuGH, dass die Mitgliedstaaten dafür sorgen müssen, dass durch die Bestellung von Arbeitnehmervertretern die Erfüllung der Verpflichtungen aus den Art 2 und 3 RL 98/59/EG möglich ist.

Herrscht sohin Sicherheit aufgrund welcher Entscheidungen und gegenüber wem die Konsultation stattzufinden hat, stellt sich für betroffene Unternehmen noch die Frage bzgl des genauen Zeitpunkts der Durchführung des Konsultationsverfahrens. Art 2 RL 98/59/EG schreibt nur vor, dass der Arbeitgeber die Arbeitnehmervertreter „rechtzeitig“ zu konsultieren hat (Abs 1) und dass ihnen bestimmte Informationen, ebenfalls „rechtzeitig“, zu übermitteln sind (Abs 3). Bezugspunkt dieser Rechtzeitigkeit sind zweifelsohne die bevorstehenden Massenentlassungen. Allerdings war vorerst unklar, ob unter „Entlassung“ in diesem Sinne die Kündigung als der erste Akt zur Beendigung des Arbeitsverhältnisses zu verstehen ist oder die tatsächliche Beendigung des Arbeitsverhältnisses mit dem Ablauf der Kündigungsfrist, vgl

EuGH, Rs C-188/03 (Junk):[1377] Im deutschen Rechtssystem bezog sich der auch in der Richtlinie verwendete Begriff „Entlassung“ in klarer Abgrenzung zum Begriff „Kündigung“ auf den Zeitpunkt, in dem das Arbeitsverhältnis endet, also die Wirkung der vorherigen Kündigung eintritt. Konsequenterweise konnte der Arbeitgeber den Betriebsrat als Arbeitnehmervertretung auch erst nach Ausspruch der individuellen Kündigungen informieren und konsultieren, solange dies rechtzeitig vor der Beendigung der Arbeitsverhältnisse geschah.

1376 EuGH Rs C-383/92 (Kommission ./. UK), EU:C:1994:234.
1377 EuGH Rs 188/03 (Junk), EU:C:2005:59; vgl dazu auch oben 2. Teil, II.C.2.

Dieser terminologischen Differenzierung ist der EuGH trotz des Einwands der Regierung des Vereinigten Königreichs,[1378] dass in Art 4 Abs 1 RL 98/59/EG ausdrücklich zwischen den Begriffen „Entlassung" und „Kündigung" unterschieden werde, entgegengetreten. Das Tatbestandsmerkmal in Art 2 Abs 1 RL 98/59/EG, dass ein Arbeitgeber Massenentlassungen beabsichtige, entspreche einem Fall, so der EuGH, in dem noch keine Entscheidung getroffen worden sei. Dagegen sei die Mitteilung der Kündigung des Arbeitsvertrags Ausdruck einer Entscheidung, das Arbeitsverhältnis zu beenden, und dessen tatsächliche Beendigung mit dem Ablauf der Kündigungsfrist stelle nur die Wirkung dieser Entscheidung dar. Dies bestätige auch das in Art 2 Abs 2 RL 98/59/EG vorgegebene Ziel, Kündigungen zu vermeiden oder ihre Zahl zu beschränken. Dieses Ziel ließe sich nicht erreichen, wenn die Konsultation der Arbeitnehmervertreter nach der Entscheidung des Arbeitgebers stattfände.[1379] Folglich dürfe die Kündigung des Arbeitsvertrags auch erst nach Ende des Konsultationsverfahrens ausgesprochen werden. Die praktische Wirksamkeit der Anhörungsverpflichtung wäre beeinträchtigt, wenn der Arbeitgeber die Arbeitsverträge während oder sogar schon zu Beginn des Verfahrens kündigen dürfte. Für die Arbeitnehmervertreter wäre es erheblich schwieriger, die Rücknahme einer bereits getroffenen Entscheidung zu erreichen als den Verzicht auf eine beabsichtigte Entscheidung.[1380]

In Deutschland entspricht die bisherige Auslegung des Begriffs „Entlassung" der in Umsetzung von Art 2 RL 98/59/EG in Deutschland erlassenen §§ 17, 18 KSchG insoweit zwar nicht den vom EuGH aufgestellten Erfordernissen der Richtlinie, dem Schutzzweck wird in der Regel dennoch ausreichend Rechnung getragen. Denn in den meisten Fällen einer Massenentlassung liegt eine Betriebsänderung nach § 111 BetrVG vor, die Verhandlungspflichten des Arbeitgebers mit der Arbeitnehmervertretung über einen Interessenausgleich bzw einen Sozialplan vor Ausspruch von Kündigungen auslöst.[1381] Umstritten sind in der deutschen Rechtsprechung und Literatur aber die Auswirkungen der EuGH-Entscheidung in der Rs Junk im Hinblick auf die nach Auffassung des EuGH ebenfalls bereits vor Kündigung erforderliche Anzeige der Massenentlassung bei der zuständigen Behörde.[1382] Eine vergleichbare Rechtsunsicherheit besteht in Österreich nicht. Sowohl die Massenentlassungsanzeige gem § 45a AMFG als auch die Kon-

1378 Vgl dazu die Schlussanträge des GA Tizzano vom 30.9.2004 zu EuGH Rs C-188/03 (Junk), EU:C:2005:59 Rn 34.

1379 Rn 36 ff des Urteils.

1380 Rn 44 f des Urteils.

1381 Vgl dazu *Reichold*, ZESAR 2005, 475 mwN.

1382 Vgl zum Streitstand *Reichold*, ZESAR 2005, 474 ff; *Holler*, Konturierung des Begriffs der „Entlassung" nach dem § 17 KSchG, NZA 2019, 29.

sultation des Betriebsrats gem § 109 ArbVG müssen vor Ausspruch der Kündigung erfolgen.

Das in Art 2 Abs 2 RL 98/59/EG festgelegte Ziel, Kündigungen zu vermeiden oder ihre Zahl zu beschränken, bestimmt auch den Verlauf des Konsultationsverfahrens. So konnte die vom Vereinigten Königreich Großbritannien und Nordirland zur Umsetzung von Art 2 Abs 2 RL 75/129/EWG (nunmehr RL 98/59/EG) festgelegte Verpflichtung des Arbeitgebers, die Gewerkschaftsvertreter (als zuständige Arbeitnehmervertreter) wegen beabsichtigter Massenentlassungen zu konsultieren, deren Vorbringen „zu berücksichtigen", dazu Stellung zu nehmen und im Falle der Ablehnung „dies zu begründen", nicht den Anforderungen der Richtlinie genügen.[1383]

Eine weiter Schwierigkeit ergibt sich dahingehend auch durch die bereits erwähnten Entscheidungsträger in verschiedenen Ebenen eines oder mehrerer Unternehmen vgl dazu:

EuGH, Rs C-44/08 (Akavan Erityisalojen Keskusliitto ua):[1384] Im Ausgangsverfahren klagten verschiedene finnische Gewerkschaften gegen die Fujitsu Siemens Computers Oy (im Folgenden: FSC). Anlass des Verfahrens waren die zur Rechtsverfolgung abgetretenen Abfindungsansprüche entlassener Arbeitnehmer, die nach finnischem Recht bestünden, wenn Konsultationen mit den Arbeitnehmervertretern über die geplante Massenentlassung nicht rechtzeitig stattgefunden hätten. Die Beklagte ist eine Tochtergesellschaft der in den Niederlanden ansässigen Fujitsu Siemens Computers (Holding) BV (im Folgenden: Muttergesellschaft). Der Konzern unterhielt Produktionsstätten in Kilo, einem Stadtteil von Espoo (Finnland) sowie in Augsburg, Paderborn und Sömmerda (Deutschland). Am 7. Dezember 1999 beschloss der aus den geschäftsführenden Mitgliedern des Aufsichtsrats bestehende Vorstand der Muttergesellschaft, diesem Aufsichtsrat vorzuschlagen, sich vom Werk in Kilo zu trennen. Ohne eine konkrete Entscheidung über dieses Werk zu treffen, wurde in der Aufsichtsratssitzung vom 14. Dezember 1999 entschieden, dem Vorschlag des Vorstands zu folgen. Am selben Tag schlug FSC Konsultationen vor, die zwischen dem 20. Dezember 1999 und 31. Januar 2000 stattfanden. Der Aufsichtsrat von FSC, zu dem hauptsächlich die Geschäftsführer des Konzerns und der als Aufsichtsratsvorsitzender amtierende stellvertretende Aufsichtsratsvorsitzende der Muttergesellschaft des Konzerns gehörten, beschloss am 1. Februar 2000, die Tätigkeiten der Gesellschaft mit Ausnahme des Vertriebs von Computern in Finnland einzustellen, weshalb FSC am 8. Februar 2000 mit der Entlassung von etwa 450 ihrer 490 Arbeitnehmer begann. Anlässlich des sich hieraus ergebenden Zivilrechtsstreits hat der Oberste Gerichtshof (Korkein Oikeus) nach klageabweisenden Entscheidungen in erster und zweiter Instanz Fragen danach, ab wann bei Vorhaben oder Entscheidungen bezüglich der Veränderung der Tätigkeiten einer Tochtergesellschaft innerhalb von Konzernstrukturen die Konsultationspflicht der Richtlinie 98/59 besteht, dem EuGH zur Vorabentscheidung vorgelegt.

1383 EuGH Rs C-383/92 (Kommission ./. UK), EU:C:1994:234 Rn 34 ff.
1384 EuGH Rs 44/08 (Akavan Erityisalojen Keskusliitto), EU:C:2009:533.

Diese Fragen beantwortete der EuGH wie folgt:

> Der Erlass von strategischen Entscheidungen oder Änderungen der Geschäftstätigkeit innerhalb eines Konzerns, die den Arbeitgeber zwingen, Massenentlassungen ins Auge zu fassen oder zu planen, lässt bei diesem Arbeitgeber die Pflicht zur Konsultation der Arbeitnehmervertreter entstehen. Das Entstehen dieser Verpflichtung setzt nicht voraus, dass der Arbeitgeber bereits in der Lage ist, den Arbeitnehmervertretern alle Auskünfte nach Maßgabe von Art 2 Abs 3 Unterabs. 1 Buchst. b) der Richtlinie 98/59 zu gewähren. Im Fall eines aus einer Muttergesellschaft und einer oder mehreren Tochtergesellschaften bestehenden Konzerns entsteht die Pflicht zur Konsultation der Arbeitnehmervertreter für die Tochtergesellschaft, die die Arbeitgebereigenschaft hat, wenn diese Tochtergesellschaft, bei der es zu Massenentlassungen kommen könnte, benannt worden ist. Im Fall eines Konzerns muss das Konsultationsverfahren von der durch Massenentlassungen betroffenen Tochtergesellschaft abgeschlossen worden sein, bevor diese, gegebenenfalls auf unmittelbare Anweisung ihrer Muttergesellschaft, die Verträge der von diesen Massenentlassungen betroffenen Arbeitnehmer kündigt.

Bei der Entwicklung und Begründung seines Ergebnisses lässt sich der EuGH von den Zielen der RL 98/59/EG leiten, die gem dem Wortlaut von Art 2 Abs 2 RL 98/59/EG darin bestehen, Massenentlassungen zu vermeiden oder zumindest zu beschränken oder deren Folgen zu mildern. Der Sinn und Zweck sowie die Effizienz der Konsultationen mit den Arbeitnehmervertretern setze voraus, dass Kriterien festgelegt werden, die im Zuge dieser Konsultationen zu berücksichtigen sind, denn es sei nicht möglich, Konsultationen in angemessener Weise und im Einklang mit ihren Zielen durchzuführen, wenn es an einschlägigen Kriterien für beabsichtigte Massenentlassungen fehlt.[1385] Ist eine Entscheidung, von der angenommen wird, dass sie zu Massenentlassungen führen wird, nur beabsichtigt und sind diese daher nur wahrscheinlich und die einschlägigen Faktoren für Konsultationen nicht bekannt, so könnten diese Ziele nicht erreicht werden. Würde das Entstehen der in Art 2 RL 98/59/EG vorgesehenen Konsultationspflicht vom Erlass einer strategischen oder betriebswirtschaftlichen Entscheidung abhängig gemacht, die Massenentlassungen erforderlich macht, so würde dieser Pflicht dadurch teilweise ihre praktische Wirksamkeit genommen.[1386] Deshalb ist Art 2 Abs 1 RL 98/59/EG dahin auszulegen, dass innerhalb eines Konzerns der Erlass von strategischen Entscheidungen oder Änderungen der Geschäftstätigkeit, die den Arbeitgeber zwingen, Massenentlassungen ins Auge zu fassen oder zu planen, bei diesem Arbeitgeber die Pflicht zur Konsultation der Arbeitnehmer entstehen lässt. Der EuGH weist darauf hin, dass Art 2 Abs 4 RL 98/59/EG den Arbeitgeber selbst dann zur Einhaltung der sich aus der RL ergebenden Informations- und Konsultations-

1385 Rn 46 des Urteils.
1386 Rn 47 des Urteils.

pflichten verpflichtet, wenn die Entscheidung über die Massenentlassungen nicht vom Arbeitgeber, sondern von einem diesen beherrschenden Unternehmen getroffen wurde, und zwar auch dann, wenn er von dieser Entscheidung nicht unverzüglich und ordnungsgemäß in Kenntnis gesetzt wurde.[1387] Vor dem Hintergrund dieser in der RL angelegten Grundsätze folge, dass eine Entscheidung der Muttergesellschaft, die eine ihrer Tochtergesellschaften unmittelbar zwingt, die Verträge der von Massenentlassungen betroffenen Arbeitnehmer zu kündigen, erst getroffen werden könne, wenn das Konsultationsverfahren innerhalb dieser Tochtergesellschaft abgeschlossen ist; andernfalls müsste diese als Arbeitgeber die Folgen der Nichteinhaltung dieses Verfahrens tragen.[1388]

Das deutsche BAG leitet aus diesem Urteil ab, dass in der Regel das Konsultationsverfahren nicht mit der vollständigen Unterrichtung des Betriebsrats als abgeschlossen betrachtet werden kann. Vielmehr muss der Arbeitgeber eine Reaktion des Betriebsrats auf die abschließende Unterrichtung erbitten und abwarten. Im Rahmen der ihm zukommenden Beurteilungskompetenz darf er den Beratungsanspruch des Betriebsrats erst dann als erfüllt ansehen, wenn entweder die Reaktion, die auf die den Willen zu möglichen weiteren Verhandlungen erkennen lassende Unterrichtung erbeten worden war, nicht binnen zumutbarer Frist erfolgt oder sie aus seiner Sicht keinen Ansatz für weitere, zielführende Verhandlungen bietet.[1389]

Die RL 98/59/EG trifft keine Aussagen über die Folgen der Verletzung der Informations- und Konsultationspflichten. Dies ist immer wieder beklagt worden.[1390] Nach der Rechtsprechung des EuGH sind die Mitgliedstaaten, sofern eine gemeinschaftsrechtliche Richtlinie keine besondere Sanktion für den Fall eines Verstoßes gegen ihre Vorschriften enthält, aber nach Art 4 Abs 3 EUV verpflichtet, alle geeigneten Maßnahmen zu treffen, um die Geltung und die Wirksamkeit des Gemeinschaftsrechts zu gewährleisten. Dabei müssen die Mitgliedstaaten, denen die Wahl der Sanktionen verbleibt, darauf achten, dass die Verstöße gegen das Gemeinschaftsrecht nach sachlichen und verfahrensrechtlichen Regeln geahndet werden, die denjenigen entsprechen, die für nach Art und Schwere gleichartige Verstöße gegen nationales Recht gelten, wobei die Sanktion jedenfalls wirksam, verhältnismäßig und abschreckend sein muss.[1391]

1387 Rn 43 des Urteils.

1388 Rn 71 des Urteils.

1389 BAG 2 AZR 955/13 ZIP 2015, 1307 Rn 28 f.

1390 Vgl *Weiss*, RdA 1992, 370 f.

1391 So der EuGH zur Umsetzung der Massenentlassungsrichtlinie im Vereinigten Königreich in der EuGH Rs C-383/92 (Kommission ./. UK), EU:C:1994:234

b) Übergang von Unternehmen, Betrieben oder Betriebsteilen

Von der unter a) vorgestellten Massenentlassungsrichtlinie hat ein englischer Autor gesagt, dass sie eine Politik der Kollektivierung der Entscheidungsprozesse bei Kündigungen herbeiführe.[1392] Ähnliches lässt sich von der im Folgenden zu besprechenden Betriebsübergangsrichtlinie 77/187/EWG behaupten, wenn es um den Übergang von Unternehmen, Betrieben oder Betriebsteilen vom bisherigen Inhaber auf einen Erwerber geht. Und so ist es nicht übertrieben, wenn gesagt worden ist, dass beide Richtlinien erste Ansätze einer europarechtlich begründeten Betriebsverfassung darstellten.[1393]

Die Richtlinie zur Angleichung der Rechtsvorschriften der Mitgliedstaaten über die Wahrung von Ansprüchen der Arbeitnehmer beim Übergang von Unternehmen, Betrieben oder Betriebsteilen (77/187/EWG) vom 14. Februar 1977[1394] wurde wie schon die Massenentlassungsrichtlinie auf die Ermächtigungsgrundlage in Art 100 EWGV (Art 115 AEUV) gestützt. Sie verfolgt zwei Ziele, „nämlich dem Schutz der Arbeitnehmer bei einem Unternehmens- oder Betriebswechsel und der Verwirklichung des Binnenmarktes."[1395] Individualarbeitsrechtlich geht es beim angesprochenen Arbeitnehmerschutz darum, Rechtsfolgen für Bestand und Inhalt der Arbeitsverhältnisse beim Übergang von Betrieben oder Unternehmen zu regeln.[1396] Zum anderen betrifft die Richtlinier die Stellung und die Rechte der Arbeitnehmervertretungen. Da von einem Betriebsübergang in der Regel eine Vielzahl von Arbeitsverhältnissen betroffen ist, liegt es nahe, einen solchen Vorgang auch als kollektives Anliegen zu betrachten. Dieser kollektive Aspekt wurde oft von den zahlreichen Problemen individualrechtlicher Natur und der hierzu ergangenen Rechtsprechung des EuGH verdrängt.[1397] So sieht der EuGH im Schutz vor ungerechtfertigten Kündigungen im Fall von Unternehmensübergängen das Hauptziel der Richtlinie.[1398]

Rn 40. Ausführlich dazu *Schlachter* in: Liber Amicorum Asscher-Vonk, 2009, 284 ff.

1392 *Bercusson*, European Labour Law, 312.

1393 So *Birk* in: MünchArbR, Bd 1, 2. Aufl 2000, § 19, Rn 251.

1394 ABlEG 1977 Nr L 61/26.

1395 EuGH Rs C 232/04 (Güney-Görres) ECLI:EU:C:2005:778; zuletzt zum Arbeitnehmerschutz auch in EuGH Rs C-60/17 (Somoza Hermo und Ilunión Seguridad) ECLI:EU:C:2018:559 Rn 26.

1396 Zu diesem Bereich der Richtlinie siehe oben 2. Teil, II.C.3.

1397 Vgl zur Bedeutung der Richtlinie und zur Rechtsprechung des EuGH Memorandum der Kommission zu den erworbenen Ansprüchen der Arbeitnehmer beim Übergang von Unternehmen, NZA 1997, 697 ff.

1398 EuGH Rs C-509/17 (Plessers /Prefaco NV ua) ECLI:EU:C:2019:424 Rn 59.

Im Jahr 1998 erfolgte eine partielle Novellierung der Richtlinie durch die Änderungsrichtlinie 98/50/EG.[1399] Ausweislich der Erwägungsgründe (Nr 9, 10 und 12) sah es der Richtliniengeber als klärungsbedürftig an, unter welchen Umständen Funktion und Rechtsstellung der Vertreter der Arbeitnehmer zu wahren sind, wie die Beteiligungsrechte gehandhabt werden, wenn die Entscheidung über den Betriebsübergang von einem beherrschenden Unternehmen ausgeht und unter welchen Umständen Arbeitnehmer zu informieren sind, wenn es keine Arbeitnehmervertreter gibt. Seit 2001 liegt die Richtlinie nunmehr in konsolidierter Fassung in Form der RL 2001/23/EG[1400] vor.

Die Frage der rechtlichen Existenz von Arbeitnehmervertretungen beim Übergang von Unternehmen, Betrieben oder Betriebsteilen wird in Art 6 RL 2001/23/EG geregelt. Dabei gilt nach Abs 1 UA 1 der Vorschrift der Grundsatz, dass Rechtsstellung und Funktion der Arbeitnehmervertretung unter den gleichen Bedingungen erhalten bleiben, wie sie vor dem Zeitpunkt des Übergangs bestanden haben, wenn das Unternehmen oder der Betrieb bzw der Betriebsteil seine Selbständigkeit behält. Dieses Prinzip des Fortbestands steht aber einer Neubestellung der Arbeitnehmervertreter bzw Neubildung der Arbeitnehmervertretung nicht entgegen, wenn gem den Vorschriften oder der Praxis der Mitgliedstaaten bzw einer Vereinbarung mit den betroffenen Arbeitnehmern die Bedingungen für eine Neubildung erfüllt sind (Art 6 Abs 1 UA 2 RL 2001/23/EG).

Wenn die Selbständigkeit des übergehenden Unternehmens, Betriebs bzw Unternehmens- oder Betriebsteils verloren geht, bestimmt der 1998 eingefügte Abs 1 UA 4 des Art 6 RL 2001/23/EG, dass die Mitgliedstaaten die erforderlichen Maßnahmen zu treffen haben, damit die vom Übergang betroffenen Arbeitnehmer während des Zeitraums der Neubildung oder Neubenennung der Arbeitnehmervertretung weiterhin angemessen vertreten werden. Der in Umsetzung dieser Regelung in der Bundesrepublik Deutschland im Jahr 2001 geschaffene § 21a BetrVG[1401] beseitigt die zuvor bestehende Problematik, dass ein Übergangsmandat nur vereinzelt spezialgesetzlich normiert,[1402] im Übrigen aber umstritten war[1403] und vom Bundesarbeitsgericht schließlich im Wege richterlicher Rechtsfortbildung be-

1399 ABlEG 1998 Nr L 201/88.

1400 ABlEG 2001 Nr L 225/16.

1401 Vgl dazu *Rieble*, NZA 2002, 233 ff; *Thüsing*, DB 2002, 738 ff; *Gragert*, NZA 2004, 289 ff.

1402 § 312 UmwG, § 13 SpTrUG, § 6b IX VermG, §§ 15, 20 DBGrG, § 8 ENeuOG, § 25 I PostPersG, § 24 BAPostG.

1403 Vgl zum damaligen Streitstand *Krause*, NZA 1998, 1201 ff. *Friedrich*, Europäisches Arbeitsrecht und Privatisierungen, 2002, 213 ff.

gründet wurde.[1404] Der österreichische Gesetzgeber hat die Regelung durch § 62b ArbVG umgesetzt.

Art 6 Abs 2 RL 2001/23/EG stellt sicher, dass die infolge einer Neubestellung der Arbeitnehmervertreter bzw Neubildung der Arbeitnehmervertretung ausscheidenden bisherigen Arbeitnehmervertreter weiterhin unter die nach nationalem Recht oder nach Praxis der Mitgliedstaaten bestehenden Schutzmaßnahmen fallen.

Informations- und Konsultationspflichten bzw -rechte ergeben sich aus Art 7 RL 2001/23/EG.[1405] Nach Abs 1 dieser Bestimmung haben Veräußerer und Erwerber den Vertretern ihrer jeweiligen vom Betriebsübergang betroffenen Arbeitnehmer folgende Informationen zur erteilen:

- den Zeitpunkt bzw geplanten Zeitpunkt des Übergangs,
- den Grund für den Übergang,
- die rechtlichen, wirtschaftlichen und sozialen Folgen des Übergangs für die Arbeitnehmer sowie
- die hinsichtlich der Arbeitnehmer in Aussicht genommenen Maßnahmen.

Bezüglich des Zeitpunkts der Informationsübermittlung unterscheidet Art 7 Abs 1 UA 2 und 3 RL 2001/23/EG zwischen dem Veräußerer (rechtzeitig vor Vollzug des Übergangs) und dem Erwerber (jedenfalls rechtzeitig bevor die Arbeitnehmer von dem Übergang hinsichtlich ihrer Beschäftigungs- und Arbeitsbedingungen unmittelbar betroffen werden).[1406] Ähnlich wie bei der Massenentlassungsrichtlinie (vgl Art 2 Abs 4 RL 98/59/EG) bestimmt auch Art 7 Abs 4 RL 2001/23/EG, dass die Informations- und Konsultationspflichten bei Betriebsübergängen unabhängig davon gelten, ob die zum Übergang führende Entscheidung vom Arbeitgeber oder von einem den Arbeitgeber beherrschenden Unternehmen getroffen wird. Bei Verstößen gegen die Richtlinie findet dieser Einwand keine Berücksichtigung.

Wer Arbeitnehmervertretung im Sinne der Vorschriften der Richtlinie ist, bestimmt sich gem Art 2 lit c RL 2001/23/EG nach dem Recht der Mitgliedstaaten. Die Frage, ob man – in Anlehnung an die Rechtsprechung zur Massenentlassungsrichtlinie[1407] – eine Pflicht zur Einführung solcher Vertretungen annehmen soll, muss bejaht werden.[1408] Solange dies aber nicht ge-

---

1404 BAG 7 ABR 78/98 NZA 2000, 1350 ff.

1405 Vgl zu den Einzelheiten *von Alvensleben*, Betriebsübergang, 119 ff und 329 ff; *Colneric* in: FS Steindorff, 1990, 1129 ff; *Oetker* in: *Preis/Oetker* (Hg), EAS B 8300 Rn 466 ff.

1406 Zu Einzelheiten siehe *Oetker*, NZA 1998, 1194.

1407 Vgl dazu oben a).

1408 Ebenso *Birk* in: MünchArbR, Bd 1, 2. Aufl 2000, § 19 Rn 266.

schehen ist, gilt Art 7 Abs 6 RL 2001/23/EG. Danach müssen die Mitgliedstaaten vorsehen, dass die betreffenden Arbeitnehmer für den Fall, dass keine Arbeitnehmervertretung in dem Betrieb oder Unternehmen existiert, Auskunft über die im Zusammenhang mit dem geplanten Betriebsübergang beabsichtigten Maßnahmen und Folgen erhalten. Art 7 Abs 5 RL 2001/23/EG eröffnet den Mitgliedstaaten die Möglichkeit, die Informations- und Konsultationspflichten auf Unternehmen bzw Betriebe zu beschränken, die hinsichtlich der Zahl der beschäftigten Arbeitnehmer die Voraussetzungen für die Wahl oder Bestellung einer Arbeitnehmervertretung erfüllen. Kleinbetriebe können also trotz bestehender Arbeitnehmervertretung von der Informations- und Anhörungsverpflichtung befreit werden.

Wenn Veräußerer oder Erwerber Maßnahmen in Betracht ziehen, die sich auf die Arbeitnehmer auswirken, so sind sie verpflichtet, die Vertreter der Arbeitnehmer rechtzeitig zu diesen Maßnahmen zu konsultieren, um eine Übereinkunft anzustreben (Art 7 Abs 2 RL 2001/23/EG). Ein Zwang zur Einigung besteht indes nicht. Die Pflicht zur Information und Konsultation nach den Absätzen 1 und 2 kann sogar nach Abs 3 eingeschränkt werden, wenn nach dem Recht eines Mitgliedstaats die Vertreter der Arbeitnehmer eine Schiedsstelle anrufen können, um eine Entscheidung über hinsichtlich der Arbeitnehmer zu treffende Maßnahmen zu erhalten. In einem solchen Fall sind die Informations- und Konsultationsrechte auf den Fall beschränkt, dass der vollzogene Übergang eine Betriebsänderung hervorruft, die wesentliche Nachteile für einen erheblichen Teil der Arbeitnehmer zur Folge hat. Durch diese Regelung wurde eine Beibehaltung der deutschen Vorschriften zur Betriebsänderung (§§ 111 f BetrVG) ermöglicht, wovon Deutschland seine Zustimmung zum Richtlinientext abhängig gemacht hatte.[1409]

Die RL 2001/23/EG enthält – wie auch die Massenentlassungsrichtlinie – keine Vorschriften über Sanktionen bei Nichterfüllung der Informations- und Konsultationspflichten. Aber auch hier gilt der bereits oben unter a) beschriebene vom EuGH ursprünglich aus Art 4 Abs 3 EUV hergeleitete Grundsatz, dass die Mitgliedstaaten verpflichtet sind, Sanktionen vorzusehen, damit die Richtlinie auch tatsächlich eingehalten wird.[1410]

1409 *Von Alvensleben*, Betriebsübergang, 122 f; *Colneric* in: FS Steindorff, 1990, 1129, 1133 ff; *Oetker* in: *Preis/Oetker* (Hg), EAS B 8300 Rn 483; *Friedrich*, Europäisches Arbeitsrecht und Privatisierungen, 237.

1410 So der EuGH zur Umsetzung der Betriebsübergangsrichtlinie im Vereinigten Königreich in der Rs C-383/92 (Kommission ./. UK), EU:C:1994:234 Rn 55; in diesem Sinne *Birk* in: MünchArbR, Bd 1, § 19 Rn 267; *Oetker*, NZA 1998, 1196.

c) Sicherheit und Gesundheitsschutz der Arbeitnehmer

Die Strategie der Kommission, die Arbeitnehmervertreter an grundlegenden Fragen, die den Arbeitsplatz betreffen, zu beteiligen, hat sichtbaren Ausdruck auch in den Regelungen über den Arbeitsschutz gefunden. Der Grundstein wurde mit der auf Art 118a EWGV (jetzt Art 153 AEUV) gestützten RL 89/391/EWG über die Durchführung von Maßnahmen zur Verbesserung der Sicherheit und des Gesundheitsschutzes der Arbeitnehmer bei der Arbeit vom 12. Juni 1989[1411] gelegt. Motiv und Zielrichtung werden in der Präambel dargelegt:

> „Um einen besseren Schutz zu gewährleisten, ist es erforderlich, dass die Arbeitnehmer bzw ihre Vertreter über die Gefahren für ihre Sicherheit und Gesundheit und die erforderlichen Maßnahmen zur Verringerung oder Ausschaltung dieser Gefahren informiert werden. Es ist ferner unerlässlich, dass sie in die Lage versetzt werden, durch eine angemessene Mitwirkung entsprechend den nationalen Rechtsvorschriften bzw Praktiken zu überprüfen und zu gewährleisten, dass die erforderlichen Schutzmaßnahmen getroffen werden. Es ist erforderlich, die Unterrichtung, den Dialog und die ausgewogene Zusammenarbeit im Bereich der Sicherheit und des Gesundheitsschutzes am Arbeitsplatz zwischen den Arbeitgebern und den Arbeitnehmern bzw ihren Vertretern durch geeignete Verfahren und Instrumente entsprechend der nationalen Rechtsvorschriften bzw Praktiken auszuweiten“.

Art 10 RL 89/391/EWG statuiert eine Unterrichtungspflicht des Arbeitgebers gegenüber den Arbeitnehmern bzw Arbeitnehmervertretern. Abs 1 der Vorschrift verpflichtet ihn, die geeigneten Maßnahmen zu treffen, damit die Arbeitnehmer bzw deren Vertreter im Unternehmen bzw Betrieb gem den nationalen Rechtsvorschriften bzw Praktiken, die insbesondere der Unternehmens- bzw der Betriebsgröße Rechnung tragen können, alle erforderlichen Informationen, die für die Sicherheit und Gesundheit am Arbeitsplatz relevant sind, erhalten. Gem Abs 3 der Vorschrift müssen die Arbeitgeber ferner geeignete Maßnahmen treffen, damit die Arbeitnehmer oder Arbeitnehmervertreter mit einer besonderen Funktion bei der Sicherheit und beim Gesundheitsschutz der Arbeitnehmer zur Ausübung ihrer jeweiligen Tätigkeiten gem den nationalen Rechtsvorschriften bzw Praktiken Zugang haben zu Informationen, Dokumenten etc.

Art 11 RL 89/391/EWG räumt den Arbeitnehmern bzw deren Vertretern ein Anhörungs- und Beteiligungsrecht bei allen Fragen betreffend die Sicherheit und die Gesundheit am Arbeitsplatz ein. Nach Abs 1 der Vorschrift beinhaltet das Beteiligungsrecht die Anhörung der Arbeitnehmer, das Recht der Arbeitnehmer bzw ihrer Vertreter, Vorschläge zu unterbreiten, sowie eine ausgewogene Beteiligung nach den nationalen Rechtsvor-

1411 ABlEG 1989 Nr L 183/1. Ausführlich zu dieser Richtlinie siehe 2. Teil, IV.B.2.

schriften bzw Praktiken. Was dies im Einzelnen bedeutet, ist streitig. Hintergrund der eher vagen Fassung der Bestimmung ist die Tatsache, dass es an einer erforderlichen Angleichung der Betriebsverfassungen fehlt.[1412]

Den Arbeitnehmern bzw ihren Vertretern ist in Art 11 Abs 6 RL 89/391/EWG das Recht eingeräumt, sich gem den nationalen Rechtsvorschriften bzw Praktiken an die für die Sicherheit und den Gesundheitsschutz am Arbeitsplatz zuständige Behörde zu wenden, wenn sie der Auffassung sind, dass die vom Arbeitgeber getroffenen Maßnahmen und bereitgestellten Mittel nicht ausreichen, um die Sicherheit und den Gesundheitsschutz am Arbeitsplatz sicherzustellen. Außerdem müssen die Vertreter der Arbeitnehmer die Möglichkeit haben, bei Besuchen und Kontrollen der zuständigen Behörde ihre Bemerkungen vorzubringen.

Damit die Arbeitnehmer bzw ihre Vertreter ihre Beteiligungsrechte ungehindert wahrnehmen können, hat der Richtliniengeber in Art 11 Abs 4 der RL 89/391/EWG ein Benachteiligungsverbot verankert. Danach dürfen den Arbeitnehmern und ihren Vertretern aufgrund ihrer arbeitsschutzrechtlichen Aktivitäten keinerlei Nachteile entstehen.

Beteiligungsrechte im Bereich Sicherheit und Gesundheitsschutz sieht, wenn auch nur für einen Übergangszeitraum, des Weiteren die RL 2003/88/EG vom 4. November 2003 über bestimmte Aspekte der Arbeitszeitgestaltung[1413] vor. Durch Art 6 RL 2003/88/EG sind die Mitgliedstaaten verpflichtet, die wöchentliche Arbeitszeit durch innerstaatliche Rechts- und Verwaltungsvorschriften oder in Tarifverträgen oder Vereinbarungen zwischen den Sozialpartnern festzulegen und die durchschnittliche Arbeitszeit pro Siebentageszeitraum auf 48 Stunden einschließlich Überstunden zu begrenzen. Nach Art 16 lit b der Richtlinie können die Mitgliedstaaten für die Anwendung des Art 6 RL 2003/88/EG einen Bezugszeitraum von bis zu vier Monaten wählen. Bei Ärzten in der Ausbildung lässt Art 17 Abs 2 iVm Abs 5 RL 2003/88/EG mit bestimmter Maßgabe für einen in der Richtlinie näher festgelegten Übergangszeitraum eine Abweichung von diesen Bestimmungen zu. Nach Art 17 UA 6 RL 2003/88/EG soll der Arbeitgeber die Arbeitnehmervertreter rechtzeitig konsultieren, um – soweit möglich – eine Vereinbarung über die Regelungen zu erreichen, die während dieser Übergangszeit

1412 Vgl dazu *Brandes*, System des europäischen Arbeitsschutzrechts, 116. Üblicherweise werden drei Systeme der arbeitsschutzrechtlichen Beteiligung von Arbeitnehmern in den einzelnen Mitgliedstaaten unterschieden (vgl *Barnard*, EU Employment Law, 519): a) die arbeitsschutzrechtliche Beteiligung wird vor allem über betriebsverfassungsrechtliche Institutionen, zB Betriebsräte, gesichert; b) vorgeschrieben werden Ausschüsse für Arbeitssicherheit; c) es müssen Arbeitnehmervertreter für Sicherheitsfragen gewählt werden.

1413 ABlEG 2003 Nr L 299/9.

anzuwenden sind. Im Zusammenhang mit dieser Richtlinie streicht auch der EuGH[1414] die „besondere Funktion“ der Arbeitnehmervertreter heraus.

Vgl dazu EuGH Rs C-55/18 (CCOO/Deutsche Bank): Im Ausgangsfall brachte eine Arbeitnehmervereinigung eine Verbandsklage zur Feststellung der Verpflichtung der Arbeitgeberin (Deutsche Bank), ein System zur Erfassung der von ihren Mitarbeitern geleisteten täglichen Arbeitszeit einzurichten, mit dem die Einhaltung der Höchstgrenzen überprüft werden könne. Der EuGH schloss sich dieser Auffassung an und strich zur Stellung der Arbeitnehmervertreter folgendes heraus: „Auch wenn die Verantwortlichkeit des Arbeitgebers für die Beachtung der durch die Richtlinie 2003/88 verliehenen Rechte nicht unbeschränkt sein kann, kann die Regelung eines Mitgliedstaats, die nach ihrer Auslegung durch die nationalen Gerichte keine Pflicht des Arbeitgebers zur Messung der geleisteten Arbeitszeit begründet, die in den Art. 3 und 5 sowie in Art. 6 Buchst. b dieser Richtlinie verankerten Rechte aushöhlen, indem sie den Arbeitnehmern nicht die tatsächliche Beachtung des Rechts auf eine Begrenzung der Höchstarbeitszeit und auf Mindestruhezeiten gewährleistet und daher nicht mit dem Ziel dieser Richtlinie vereinbar ist, die diese Mindestvorschriften als unerlässlich für den Schutz der Sicherheit und der Gesundheit der Arbeitnehmer betrachtet (vgl entsprechend Urteil vom 7. September 2006, Kommission/Vereinigtes Königreich, C-484/04, EU:C:2006:526, Rn 43 und 44).“[1415]

d) Teilzeitarbeit und befristete Arbeitsverhältnisse

Ein – wenn auch nur schwaches – Beteiligungsrecht räumt die RL 97/81/EG vom 15. Dezember 1997 über Teilzeitarbeit[1416] den Arbeitnehmervertretungen ein.

§ 5 Nr 3 lit e der von der RL 97/81/EG übernommenen Rahmenvereinbarung der europäischen Sozialpartner besagt, dass die Arbeitgeber, soweit möglich, bemüht sein sollen, den bestehenden Arbeitnehmervertretungsgremien geeignete Informationen über die Teilzeitarbeit in dem Unternehmen zur Verfügung zu stellen.

Ähnlich zurückhaltend formuliert ist das Beteiligungsrecht, das die RL 99/70/EG vom 28. Juni 1999 über befristete Arbeitsverträge[1417] den Arbeitnehmervertretungen einräumt. In der Rahmenvereinbarung, die durch die RL 99/70/EG übernommen wurde, heißt es (§ 6 Nr 3): „Die Arbeitgeber ziehen, soweit dies möglich ist, eine angemessene Information der vorhandenen Arbeitnehmervertretungsgremien über befristete Arbeitsverhältnisse im Unternehmen in Erwägung“.

1414 EuGH Rs C-55/18 (CCOO/Deutsche Bank) ECLI:EU:C:2019:402.
1415 Rn 59 dieses Urteils.
1416 ABlEG 1998 Nr L 14/9.
1417 ABlEG 1999 Nr L 175/43.

e) Angebote zur Übernahme einer Gesellschaft

Im Jahre 2004 hat der Rat die RL 2004/25/EG betreffend Übernahmeangebote erlassen.[1418] Die Richtlinie will vor allem die Interessen der Inhaber von Wertpapieren der zur Übernahme anstehenden Gesellschaften schützen. Da die Übernahme von Gesellschaften aber auch Arbeitnehmerinteressen berührt, hat der Rat es als notwendig angesehen, Informations- und Konsultationsrechte der Arbeitnehmer zu verankern.[1419] Gem Art 8 RL 2004/25/EG müssen die Mitgliedstaaten sicherstellen, dass alle erforderlichen Informationen und Unterlagen, die im Art 6 RL 2004/25/EG genau spezifiziert sind, nicht nur den Wertpapierinhabern, sondern auch den Arbeitnehmervertretern der Zielgesellschaft oder des Bieters bzw in Ermangelung solcher Vertreter den Arbeitnehmern selbst zur Verfügung gestellt werden. Außerdem verlangt Art 9 Abs 5 RL 2004/25/EG, dass das Leitungs- bzw Verwaltungsorgan der Zielgesellschaft eine zu dem Angebot mit Gründen versehene Stellungnahme erstellt und veröffentlicht, die ua auf die Auswirkungen des Angebots auf die Interessen der Gesellschaft, insbesondere die Beschäftigung, und auch die strategische Planung des Bieters für die Zielgesellschaft sowie die voraussichtlichen Auswirkungen auf Arbeitsplätze und Standorte eingeht. Das Leitungs- bzw Verwaltungsorgan der Zielgesellschaft übermittelt diese Stellungnahme gleichzeitig den Arbeitnehmervertretern der Gesellschaft oder – in Ermangelung solcher Vertreter – den Arbeitnehmern selbst. Gem Art 14 RL 2004/25/EG sind diese Unterrichtungs- und Anhörungspflichten unabhängig von Informations- und Anhörungspflichten nach anderen Richtlinien.[1420]

2. Festlegung eines allgemeinen Rahmens zur Unterrichtung und Anhörung der Arbeitnehmer in der Europäischen Union

Literatur: *Deinert*, Vorschlag für eine europäische Mitbestimmungsrichtlinie und Umsetzungsbedarf im Betriebsverfassungsgesetz, NZA 1999, 800 ff; *Franzen*, Europarecht und betriebliche Mitbestimmung – Überlegungen zur Umsetzung der Rahmenrichtlinie 2002/14/EG über die Unterrichtung und Anhörung der Arbeitnehmer in Deutschland, in FS Birk, 2008, 97 ff; *Giesen*, EU-Richtlinienvorschlag zur Information und Anhörung der Arbeitnehmer, RdA 2000, 298 ff; *Hall*, Assessing the information and consultation of employees regulations, ILJ 2005, 103 ff; *Kohte*, Auf dem Weg zur betrieblichen Informationsverfassung, in: FS 50 Jahre BAG, 2004, 1219 ff; *Reichold*, Durchbruch zu einer europäischen Betriebsverfassung – Die Rahmen-Richtlinie 2002/14/EG zur Unterrichtung und Anhörung der Arbeitnehmer, NZA

1418 ABlEG 2004 Nr L 142/12.

1419 Vgl Nr 13 und 23 der Präambel der RL 2004/25/EG.

1420 Vgl zu den arbeitnehmerschutzrechtlichen Vorschriften der RL 2004/25/EG *Kindler/Horstmann*, DStR 2004, 869 f.

2003, 289 ff; *Schäfer*, Der Europäische Rahmen für Arbeitnehmermitwirkung, 2005; *Schlachter*, Die europäische Dimension betrieblicher Arbeitnehmerbeteiligung, EuZA 2015, 149 ff; *Spreer*, Die Richtlinie 2002/14/EG zur Festlegung eines allgemeinen Rahmens für die Unterrichtung und Anhörung der Arbeitnehmer in der Europäischen Gemeinschaft, 2005.

Das Recht auf Unterrichtung und Anhörung der Arbeitnehmer ist in der Gemeinschaftscharta der Sozialen Grundrechte der Arbeitnehmer vom 9. 12. 1989 ebenso verankert wie in der im Jahre 2000 verkündeten Charta der Grundrechte der Europäischen Union. Initialzündung für die sekundärrechtliche Festlegung eines allgemeinen Rahmens zur Unterrichtung und Anhörung der Arbeitnehmer waren 1997 die Massenentlassungen des französischen Automobilherstellers Renault im Brüsseler Vorort Vilvoorde. Diese sollten ohne jegliche Information und Anhörung sowohl der Belegschaft des betroffenen Werks als auch des Europa-Unternehmensausschusses durchgesetzt werden.[1421] Die Kommission nahm den Fall zum Anlass, einen Vorschlag für eine Richtlinie zur Festlegung eines allgemeinen Rahmens für die Information und Anhörung der Arbeitnehmer in der Europäischen Gemeinschaft zu erarbeiten, und übermittelte diesen Ende 1998 Parlament und Rat.[1422] Der Vorschlag war noch auf die Bestimmungen des AüS gestützt. Er fand jedoch keine Mehrheit. Im Jahr 2001 unterbreitete die Kommission einen neuen Vorschlag,[1423] der nach zahlreichen vom Europäischen Parlament verlangten Änderungen zu einem erfolgreichen Abschluss gebracht werden konnte. Am 11. 3. 2002 wurde die RL 2002/14/EG zur Festlegung eines allgemeinen Rahmens für die Unterrichtung und Anhörung der Arbeitnehmer in der Europäischen Gemeinschaft ausgefertigt.[1424]

Anliegen und Zielrichtung der Richtlinie sind in der Präambel sehr eingehend dargetan. Dabei wird zunächst allgemein auf das in Art 151 AEUV festgelegte Ziel der Förderung des sozialen Dialogs zwischen den Sozialpartnern verwiesen und auf die in Nr 17 der Gemeinschaftscharta der sozialen Grundrechte niedergelegte Intention der Weiterentwicklung von

1421 Vgl *Reichold*, NZA 2003, 289 ff.

1422 Vgl KOM (1998) 612 endg, ABlEG 1999 Nr C 2/3; siehe dazu *Deinert*, NZA 1999, 800 ff; *Giesen*, RdA 2000, 298 ff. Zur Vorgeschichte des Vorschlags *Blanpain*, Involvement of Employees in the European Union, 219 f.

1423 KOM (2001) 296 endg.

1424 ABlEG 2002 Nr L 80/29. Eingehend zur RL 2002/14/EG *Reichold*, NZA 2003, 289 ff; *Kohte* in: FS 50 Jahre BAG, 2004, 1219, 1227 ff. *Kohte* ist Recht zu geben, wenn er vermerkt (S 1228), dass die deutsche Wortwahl „Anhörung“ den kommunikativen Wert der französischen und englischen Begrifflichkeit („consultation“) nicht hinreichend erfasst. Vom europäischen Gesetzgeber gewollt ist das Element der Beratung. Monographisch zur RL 2002/14/EG *Schäfer*, Der Europäische Rahmen für Arbeitnehmermitwirkung.

Unterrichtung, Anhörung und Mitwirkung der Arbeitnehmer. Hinsichtlich der konkreten Umsetzung dieser Ziele durch die Richtlinie ist Ausgangspunkt der Überlegung die Annahme, dass eine rechtzeitige Unterrichtung und Anhörung der Arbeitnehmer eine Vorbedingung für die erfolgreiche Bewältigung der Umstrukturierungsprozesse und für eine erfolgreiche Anpassung der Unternehmen an die im Zuge der Globalisierung der Wirtschaft – insbesondere auch durch die Entstehung neuer Formen der Arbeitsorganisation – geschaffenen neuen Bedingungen ist (vgl Begründungserwägung Nr 9). Der bisherige rechtliche Rahmen auf Gemeinschaftsebene wie auf nationaler Ebene habe nicht sicherstellen können, dass Arbeitnehmer betreffende, schwerwiegende Entscheidungen getroffen wurden, ohne dass zuvor angemessene Informations- und Anhörungsverfahren durchgeführt worden waren (vgl Begründungserwägung Nr 6). Der rechtliche Rahmen sei häufig allzu sehr darauf ausgerichtet, Wandlungsprozesse im Nachhinein zu verarbeiten, vernachlässige dabei die wirtschaftlichen Implikationen von Entscheidungen und stelle nicht wirklich auf eine „Antizipation“ der Beschäftigungsentwicklung im Unternehmen und eine Prävention von Risiken ab (vgl Begründungserwägung Nr 13). Im Hinblick auf die Bewältigung von Umstrukturierungsprozessen soll durch die von der Richtlinie intendierte Stärkung des sozialen Dialogs, die Schaffung eines Klimas des Vertrauens im Unternehmen und insbesondere durch die Unterrichtung und Anhörung zur Beschäftigungssituation und potenziellen Bedrohung der Beschäftigung im Unternehmen vor allem zwei Anliegen Rechnung getragen werden: zum einen geht es darum Risiken frühzeitig zu erkennen, bei gleichzeitiger Absicherung der Arbeitnehmer, die Arbeitsorganisation flexibler zu gestalten, die Arbeitnehmer für die Erfordernisse von Anpassungen zu sensibilisieren, die Arbeitnehmer stärker in die Unternehmensabläufe und in die Gestaltung der Zukunft des Unternehmens einzubeziehen und die Wettbewerbsfähigkeit zu stärken. Zum anderen soll der Zugang der Arbeitnehmer zur Fortbildung im Unternehmen gefördert und die Bereitschaft der Arbeitnehmer zur Teilnahme an Maßnahmen und Aktionen zur Verbesserung ihrer Beschäftigungsfähigkeit erhöht werden, um insbesondere mögliche negative Auswirkungen beschäftigungsrelevanter Entscheidungen zu vermeiden oder ihre Konsequenzen abzumildern (vgl Begründungserwägungen Nr 7 und 8). Die Beteiligungskonzepte der Richtlinie sind dabei als Teil einer Gesamtbeschäftigungsstrategie der Gemeinschaft zu sehen, damit bei der Förderung des Wandels das übergeordnete Ziel der Beschäftigungssicherung im Auge behalten wird (vgl Begründungserwägung Nr 10). Im Kern soll demnach einerseits die Wettbewerbsfähigkeit der Unternehmen gesteigert, andererseits aber auch eine soziale Abfederung von Problemen, die gerade durch die dritte Phase der Wirtschafts- und Währungsunion europaweit aufgrund des wachsenden Wettbewerbsdrucks entstehen, sichergestellt werden.[1425]

a) Anwendungsbereich der Richtlinie

Gem Art 3 Abs 1 RL 2002/14/EG ist ihr Anwendungsbereich je nach Entscheidung des die Richtlinie umsetzenden Mitgliedstaats auf Unternehmen mit mindestens 50 Arbeitnehmern im Mitgliedstaat oder auf Betriebe mit mindestens 20 Arbeitnehmern im Mitgliedstaat begrenzt. Art 3 Abs 1 Satz 2 RL 2002/14/EG gestattet den Mitgliedstaaten jedoch die Bestimmung, nach welcher Methode die Schwellenwerte für die Beschäftigtenzahl errechnet werden. Diese zahlenmäßige Begrenzung erschien dem EG-Gesetzgeber im Hinblick auf die Gründung und Entwicklung kleiner und mittlerer Unternehmen notwendig, die von administrativen, finanziellen und rechtlichen Auflagen entlastet werden sollten.[1426]

Zur Frage, welche Gestaltungsmöglichkeiten dem nationalen Gesetzgeber aufgrund von Art 3 Abs 1 RL 2002/14/EG zur Verfügung stehen, sind zwei bedeutsame Entscheidungen des Gerichtshofs zum französischen Recht ergangen, vgl

> EuGH, Rs C-385/05 (CGT ua):[1427] Das französische Arbeitsrecht verpflichtet zur Bestellung von Arbeitnehmervertretern alle Betriebe mit mindestens elf Arbeitnehmern. Als sich die Beschäftigungssituation in Frankreich drastisch verschlechterte, erging eine Ordonnance, der zufolge Arbeitnehmer, die nach einem Stichtagsdatum eingestellt worden waren und das 26. Lebensjahr noch nicht vollendet hatten, erst mit Erreichen dieses Lebensjahrs für diesen Schwellenwert berücksichtigt werden. Dagegen haben verschiedene Gewerkschaften geklagt.

Mit diesem Sachverhalt war die Frage aufgeworfen, ob Art 3 Abs 1 RL 2002/14/EG den Ausschluss einer bestimmten Gruppe von Arbeitnehmern bei der Berechnung der Beschäftigtenzahl ermöglicht. Hierzu verweist der Gerichtshof zunächst auf Art 2 lit d) RL 2002/14/EG, wonach Arbeitnehmer eine Person ist, die in dem betreffenden Mitgliedstaat als Arbeitnehmer aufgrund des einzelstaatlichen Arbeitsrechts und entsprechend den einzelstaatlichen Gepflogenheiten geschützt ist. Damit stand fest, dass auch die Arbeitnehmer unter 26 Jahren in den Schutz der Richtlinie einbezogen sind. Art 3 Abs 1 Satz 2 RL 2002/14/EG eröffnet den Mitgliedstaaten zwar Spiel-

---

1425 *Reichold*, NZA 2003, 289, 291 bemerkt zutreffend, dass dieses Bemühen „als Ausfluss jener europäischen Beschäftigungsstrategie verstanden werden [darf], die Wettbewerbsfähigkeit, wirtschaftliches Wachstum und soziale Sicherheit nicht antithetisch gegeneinander auszuspielen, sondern synthetisch miteinander zu vereinbaren sucht".

1426 Vgl Nr 19 der Präambel.

1427 EuGH Rs C-385/05 (Confédération Générale du Travail, CGT), EU:C:2007:37.

räume für die Berechnungsmethode bei der Festlegung der Schwellenwerte, nicht aber bei der Definition des Arbeitnehmerbegriffs. Demzufolge dürfen die Mitgliedstaaten nicht eine bestimmte Gruppe von Personen bei dieser Berechnung unberücksichtigt lassen. Die Richtlinie schreibe den Mitgliedstaaten zwar nicht vor, auf welche Weise sie die in ihren Anwendungsbereich fallenden Arbeitnehmer bei der Berechnung der Schwellenwerte für die Beschäftigtenzahl berücksichtigen müssen, wohl aber, dass sie sie berücksichtigen müssen. Die Notwendigkeit hierzu unterstreicht der EuGH auch noch mit dem Hinweis auf ein früher ergangenes Urteil,[1428] wonach die Mitgliedstaaten, wenn eine gemeinschaftsrechtliche Vorschrift auf einzelstaatliche Rechtsvorschriften und Gepflogenheiten verweist, keine Maßnahmen erlassen dürfen, die geeignet sind, die praktische Wirksamkeit der gemeinschaftsrechtlichen Regelung, in die sich die Vorschrift einfügt, zu beeinträchtigen.

Die französische Regierung hatte gehofft, ihre Neuregelung in der Ordonnance damit rechtfertigen zu können, dass sie der Förderung der Beschäftigung von Jugendlichen diene und deshalb im Allgemeininteresse liege und auch verhältnismäßig sei. Mit dieser Argumentation wollte man sich offensichtlich die Rechtsprechung des EuGH zur Einschränkung von Grundfreiheiten zunutze machen. Der Gerichtshof tritt dieser Auffassung indes entgegen, weil Art 11 Abs 1 RL 2002/14/EG vorsieht, dass die Mitgliedstaaten alle notwendigen Maßnahmen zu treffen haben, um jederzeit gewährleisten zu können, dass die in der Richtlinie vorgeschriebenen Ergebnisse erreicht werden.

Der EuGH hat die vorbesprochene Entscheidung in einem weiteren Urteil bestätigt, die aber eine wichtige Besonderheit aufwies, vgl

> EuGH, Rs C-176/12 (AMS):[1429] AMS ist eine privatrechtliche Vereinigung, die Maßnahmen der sozialen Mediation und der Kriminalitätsprävention in der Stadt Marseille durchführt. Eine weitere Aufgabe ist die berufliche Wiedereingliederung von Arbeitslosen oder Personen, die aus sozialen oder beruflichen Gründen Schwierigkeiten haben, einen Arbeitsplatz zu finden. Die Gewerkschaft CGT ernannte Herrn L. zum Vertreter der innerhalb der AMS geschaffenen Gewerkschaftssektion. Die AMS widersprach dieser Ernennung, weil sie der Ansicht war, dass die Zahl von 50 Beschäftigten, die nach französischem Arbeitsrecht maßgeblich ist, damit die Gewerkschaftsorganisationen überhaupt Gewerkschaftsvertreter ernennen können, nicht erreicht werde. Hierbei berief sich AMS auf eine Bestimmung des Arbeitsgesetzbuches, wonach bei der Berechnung der Beschäftigtenzahl des Unternehmens Lehrlinge und Arbeitnehmer, die im Rahmen eines bezuschussten Vertrags beschäftigt sind, unberücksichtigt bleiben. Hiergegen richtet sich die Klage der CGT.

1428 EuGH Rs C-151/02 (Jaeger), EU:C:2003:437 Rn 59.

1429 EuGH Rs C-176/12 (AMS), EU:C:2014:2; NZA 2014, 193.

Im Prinzip ging es hier um die gleiche Rechtsfrage wie in der zuvor besprochenen Rs CGT. Die Besonderheit in der neuen Entscheidung bestand jedoch darin, dass es sich hier um einen Rechtsstreit zwischen Privaten handelte. Diesen Umstand hob das vorlegende französische Gericht auch besonders hervor und fragte, ob Art 27 der Charta der Grundrechte der EU in Verbindung mit den Bestimmungen der RL 2002/14/EG dahin auszulegen ist, dass die Unvereinbarkeit einer nationalen Bestimmung mit dem Unionsrecht auch in einem Rechtsstreit zwischen Privaten geltend gemacht werden kann. Die fragliche Bestimmung nahm Arbeitnehmer, die im Rahmen eines bezuschussten Vertrags beschäftigt waren, aus dem Anwendungsbereich der RL aus. Der Gerichtshof bewertete diese Regelung als Verstoß gegen die RL 2002/14/EG, wobei er sich ausschließlich auf die in der Rs CGT entwickelten Grundsätze bezog. Das Hauptaugenmerk der Entscheidung lag deshalb auf der Frage, ob Art 3 Abs 1 RL 2002/14/EG unmittelbare Wirkung entfalte, so dass sich die klagende Gewerkschaft darauf berufen kann. Nach den allgemeinen Grundsätzen setzt dies voraus, dass die Bestimmung inhaltlich unbedingt und hinreichend genau ist.[1430] Der EuGH führt aus, dass Art 3 Abs 1 RL 2002/14/EG den Mitgliedstaaten zwar einen bestimmten Gestaltungsspielraum für die Umsetzung der Richtlinie einräume, doch beeinträchtige dies nicht die Genauigkeit und Unbedingtheit der in diesem Artikel vorgesehenen Verpflichtung, alle Arbeitnehmer zu berücksichtigen. Unter Berufung auf die Rs CGT konnte der Gerichtshof die zwingende Berücksichtigung von Arbeitnehmern judizieren und damit die Voraussetzungen für eine unmittelbare Wirkung bejahen.

Allerdings hatte der Gerichtshof in mehreren vorausgegangenen Entscheidungen[1431] ausgeführt, dass sogar eine klare, genaue und unbedingte Richtlinienbestimmung, mit der dem Einzelnen Rechte gewährt oder Verpflichtungen auferlegt werden sollen, im Rahmen eines Rechtsstreits, in dem sich ausschließlich Private gegenüberstehen, nicht als solche Anwendung finden kann. Auf diese ständige Rechtsprechung bezieht sich der Gerichtshof auch in diesem Fall. Demnach war auch im vorliegenden Fall der Gewerkschaft eine unmittelbare Berufung auf Art 3 RL 2002/14/EG gegenüber der privaten Vereinigung AMS nicht möglich.

In den vorbezeichneten Entscheidungen hatte der Gerichtshof allerdings auch betont, dass bei Anwendung der Bestimmungen des innerstaatlichen

1430 Diese allgemein für die unmittelbare Wirkung von Richtlinien geltenden Grundsätze hat der EuGH auch stets für arbeitsrechtliche Vorschriften betont, vgl EuGH Rs C-397/01 bis C-403/01 (Pfeiffer ua), EU:C:2004:584 Rn 103.

1431 Vgl EuGH Rs C-397/01 bis C-403/01 (Pfeiffer ua), EU:C:2004:584 Rn 109; EuGH Rs C-555/07 (Kücükdeveci), EU:C:2010:21 Rn 46; EuGH Rs C-282/10 (Dominguez), EU:C:2012:33, NZA 2012, 139.

Rechts, die zur Umsetzung der in einer Richtlinie vorgesehenen Verpflichtungen erlassen worden sind, das gesamte nationale Recht zu berücksichtigen ist und es so weit wie möglich anhand des Wortlauts und des Zwecks der Richtlinie ausgelegt werden muss, um zu einem Ergebnis zu gelangen, das mit dem von der Richtlinie verfolgten Ziel vereinbar ist. Der Grundsatz der unionsrechtskonformen Auslegung des nationalen Rechts findet allerdings seine Schranken in den allgemeinen Rechtsgrundsätzen und darf nicht als Grundlage für eine Auslegung des nationalen Rechts contra legem dienen. Damit konzentriert sich die Untersuchung des Gerichtshofs auf die Frage, ob Art 27 der Charta der Grundrechte – eine Bestimmung, die auf den vorliegenden Fall grundsätzlich anzuwenden ist – der Klagepartei ein subjektives Recht der geltend gemachten Art gibt. Dies verneint der Gerichtshof, weil Art 27 der Charta der Grundrechte auf weitere Bestimmungen des Unionsrechts oder des nationalen Rechts angewiesen ist. Der Gerichtshof betont den Unterschied zu dem Ergebnis in der Rs Kücükdeveci, bei dem Art 21 der Charta der Grundrechte und das dort niedergelegte Verbot der Diskriminierung wegen des Alters dem Kläger ein subjektives Recht verlieh. Damit verneint der Gerichtshof die Möglichkeit der klagenden Gewerkschaft, sich gegenüber AMS auf die Unwirksamkeit der nationalen Bestimmung des französischen Arbeitsrechts zu berufen.[1432]

Für Mitgliedstaaten, in denen im Zeitpunkt des Inkrafttretens der RL 2002/14/EG noch keine allgemeine und unbefristete gesetzliche Regelung über die Unterrichtung und Anhörung von Arbeitnehmern bzw Arbeitnehmervertretern bestand, schuf Art 10 RL 2002/14/EG Übergangsbestimmungen, die es ermöglichten, für einen gewissen Zeitraum höhere Schwellenwerte für die Beschäftigtenzahl festzulegen. So konnten die erfassten Mitgliedstaaten zunächst bis zum 23. 3. 2007 den Anwendungsbereich auf Unternehmen mit mindestens 150 Arbeitnehmern oder Betriebe mit mindestens 100 Arbeitnehmern beschränken und für das darauffolgende Jahr Schwellenwerte von mindestens 100 Arbeitnehmern bei Unternehmen und 50 Arbeitnehmern bei Betrieben vorsehen.

Art 3 Abs 2 RL 2002/14/EG gibt den Mitgliedstaaten die Möglichkeit, spezifische Bestimmungen für Unternehmen oder Betriebe vorzusehen, die unmittelbar und überwiegend politischen, koalitionspolitischen, konfessionellen, karitativen, erzieherischen, wissenschaftlichen oder künstlerischen Bestimmungen oder Zwecken der Berichterstattung oder Meinungsäuße-

1432 Der Gerichtshof verweist die Kläger auf seine Rechtsprechung in der Rs Francovich I (EuGH Rs C-6/90 (Frankovich), EU:C:1991:428 und EuGH Rs C-9/90), der zufolge die Geltendmachung eines Schadensersatzanspruches gegen den Mitgliedstaat möglich ist, vgl Rn 50 des Urteils AMS.

rung dienen, vorausgesetzt, dass das innerstaatliche Recht Bestimmungen dieser Art zum Zeitpunkt des Inkrafttretens dieser Richtlinie (23. 3. 2002) bereits enthält. Mit dieser Spezialregelung für sog Tendenzbetriebe wollte der Gesetzgeber denjenigen Mitgliedstaaten entgegenkommen, die in ihren Vorschriften des kollektiven Arbeitsrechts einen Tendenzschutz kennen.[1433]

b) Modalitäten und Gegenstände der Unterrichtung und Anhörung

Gem Art 1 Abs 2 RL 2002/14/EG sollen die Modalitäten der Unterrichtung und Anhörung gem den einzelstaatlichen Rechtsvorschriften und den dort geltenden Praktiken im Bereich der Arbeitsbeziehungen so gestaltet und angewandt werden, dass ihre Wirksamkeit gewährleistet ist.[1434] Art 1 Abs 3 RL 2002/14/EG enthält ein Kooperationsgebot, das Arbeitgeber- und Arbeitnehmervertretern die Gestaltung von Unterrichtung und Anhörung im Geiste der Zusammenarbeit unter gebührender Beachtung ihrer jeweiligen Rechte und gegenseitigen Verpflichtungen abverlangt. Im Hinblick auf diese Bestimmung ist die Frage aufgeworfen worden, ob dadurch die Möglichkeit des Streiks und der Aussperrung als Mittel der Konfliktlösung ausgeschlossen sind.[1435]

Die Gegenstände, auf die sich Unterrichtung und Anhörung[1436] beziehen, sind in Art 4 Abs 2 RL 2002/14/EG aufgelistet. Es geht um die Information über die wirtschaftliche Situation des Unternehmens und ihre Auswirkungen auf die Beschäftigungssituation,[1437] einschließlich antizipativer Maßnahmen im Hinblick auf die Bedrohung für Arbeitsplätze sowie um Fragen der Veränderung der Arbeitsorganisation. Hier sind klare Parallelen in der Formulierung der Gegenstände zu früher ergangenen Richtlinien, wie der Richtlinie über den Europäischen Betriebsrat (s dazu nachfolgend 3.), erkennbar.

1433 Vgl für die Bundesrepublik Deutschland § 118 BetrVG; für Österreich insb § 132 ArbVG.

1434 Insofern erweist sich die RL 2002/14/EG als Prototyp einer Richtlinie, wie ihn sich Art 288 AEUV vorstellt. Die Richtlinie soll das zu erreichende Ziel verbindlich vorschreiben (vgl Art 1 Abs 1 RL 2002/14/EG), den innerstaatlichen Stellen aber die Wahl der Form und der Mittel überlassen.

1435 Siehe *Weiss*, NZA 2003, 177, 183, der meint, dass ein auf Art 137 EG (= Art 153 AEUV) gestützter Rechtsakt das Streik- und Aussperrungsrecht im nationalen Kontext nicht tangieren kann, weil dem europäischen Gesetzgeber gem Art 137 Abs 5 EG (= Art 153 Abs 5 AEUV) die Kompetenz hierzu fehlt.

1436 Zur Definition der Begriffe s Art 2 lit f und g RL 2002/14/EG.

1437 Vgl zur Umsetzung in Deutschland *Franzen* in: FS Birk, 2008, 97, 102 ff, ferner *Riesenhuber*, European Employment Law, 666 f, der die nicht korrekte Umsetzung des Art 4 Abs 2 lit a) im Hinblick auf die Vorschriften über § 106 ff BetrVG in Deutschland moniert.

Was den Zeitpunkt und die Art und Weise der Unterrichtung anbelangt, verlangt Art 4 Abs 3 RL 2002/14/EG die Orientierung am Zweck der Unterrichtung. Es muss den Arbeitnehmervertretern insbesondere möglich sein, die Informationen angemessen zu prüfen und ggf die Anhörung vorzubereiten. Eine entsprechende Zweckorientierung regelt Art 4 Abs 4 RL 2002/14/EG auch hinsichtlich des Zeitpunkts, des Ablaufs und der Ausgestaltung der Anhörung. Diese hat auf der je nach behandeltem Thema relevanten Leitungs- und Vertretungsebene mit dem Ziel stattzufinden, eine Vereinbarung zu erreichen.

Art 5 RL 2002/14/EG eröffnet den Mitgliedstaaten die Möglichkeit, es den Sozialpartnern zu überlassen, auf geeigneter Ebene (einschließlich der Unternehmens- oder Betriebsebene) im Wege einer ausgehandelten Vereinbarung selbst die Modalitäten für die Unterrichtung und Anhörung festzulegen und insoweit von den Vorgaben des Art 4 RL 2002/14/EG abzuweichen. Diese Möglichkeit ist Ausdruck der prozeduralen Regelungstechnik, wie sie auch früheren vergleichbaren Richtlinien (zB der Richtlinie über Europäische Betriebsräte, s dazu unten 3.) eigen ist.[1438]

Das mit einem Unterrichtungs- und Anhörungsverfahren zwangsläufig verbundene Problem der Vertraulichkeit bestimmter Informationen greift Art 6 RL 2002/14/EG auf. Die Mitgliedstaaten werden verpflichtet, entsprechend den in den einzelstaatlichen Rechtsvorschriften festgelegten Bedingungen und Beschränkungen Regelungen über die Weitergabe vertraulicher Informationen und Fälle eines Vorrangs der Geheimhaltung gegenüber einer Unterrichtung und Anhörung zu treffen.

c) Durchsetzung der Beteiligungsrechte und Schutz der Arbeitnehmervertreter

Mit der Durchsetzung der Rechte aus der RL 2002/14/EG beschäftigt sich Art 8 RL 2002/14/EG. Es muss auf nationaler Ebene ausreichende Rechtsschutzvorkehrungen geben, um die Erfüllung der sich aus der RL 2002/14/EG ergebenden Verpflichtungen garantieren zu können. Außerdem müssen

1438 Dies vermerkt zu Recht *Schiek*, Europäisches Arbeitsrecht, 317; vgl auch *Kohte* in: FS 50 Jahre BAG, S 1219, 1229 f, der die Pflicht zur rechtzeitigen Information und zur offenen und konstruktiven Konsultation durch eine Kombination von vier Traditionslinien geprägt sieht: einer arbeitsrechtlichen Linie (Schutzzweck der Suche alternativer Möglichkeiten auf dem Arbeitsmarkt), einer sozialrechtlichen Linie (Vermeidung der Belastung sozialversicherungsrechtlicher Kassen), einer prozeduralen Linie (rechtzeitige Information, faire Verhandlungen) und schließlich einer wirtschaftsrechtlichen Linie (frühzeitige Beteiligung der Arbeitnehmer als notwendige Voraussetzung der Bewältigung von Umstrukturierungsmaßnahmen).

gem Art 8 Abs 2 RL 2002/14/EG angemessene Sanktionen vorgesehen werden, die im Falle eines Verstoßes gegen die RL 2002/14/EG seitens des Arbeitgebers oder aber auch der Arbeitnehmervertreter wirksam, angemessen und abschreckend sind. In dem ursprünglichen Richtlinienentwurf war vorgesehen, dass das mitgliedstaatliche Recht vorzusehen hat, dass im Falle eines schwerwiegenden Verstoßes des Arbeitgebers gegen die Informations- und Anhörungspflicht Entscheidungen, die negative Auswirkungen für die Betroffenen haben, keinerlei Rechtswirkung im Hinblick auf den Arbeitsvertrag und das Arbeitsverhältnis der betroffenen Arbeitnehmer haben können.[1439] Diese Entwurfsbestimmung ist aber nicht Bestandteil der RL 2002/14/EG geworden.

Arbeitnehmer, die Funktionen bekleiden, um die Ausübung der in der RL 2002/14/EG vorgesehenen Rechte zu erfüllen, müssen hinreichend geschützt werden. Deshalb müssen die Mitgliedstaaten Vorkehrungen treffen, um diesen Schutz zu gewährleisten (Art 7 RL 2002/14/EG). In der Rs Holst hat ein dänisches Gericht dem EuGH die Frage vorgelegt, ob Art 7 RL 2002/14/EG für Arbeitnehmervertreter einen verstärkten Kündigungsschutz nach nationalem Recht verlangt.[1440] Im Grundsatz hat der EuGH festgehalten, dass sich weder dem Wortlaut noch Sinn und Zweck der Vorschrift entnehmen lasse, dass zwingend ein verstärkter Kündigungsschutz gewährt werden müsse. Art 7 RL 2002/14/EG räume den Mitgliedstaaten hinsichtlich der zum Schutze der Arbeitnehmervertreter zu treffenden Maßnahmen und zu bietenden Sicherheiten ein weites Ermessen ein. Unterschiede zwischen den Mitgliedstaaten und selbst innerhalb eines Mitgliedstaates seien daher nicht auszuschließen. Es müsse aber der in Art 7 RL 2002/14/EG vorgesehene Mindestschutz gewahrt werden.[1441] Unvereinbar mit Art 7 RL 2002/14/EG sei eine Kündigung eines Arbeitnehmervertreters, die mit dessen Eigenschaft als Vertreter oder mit der von ihm in dieser Eigenschaft ausgeübten Funktion begründet wird. Der von einer Kündigung betroffene Arbeitnehmervertreter müsse im Rahmen geeigneter Verwaltungs- oder Gerichtsverfahren auch überprüfen lassen können, ob der Kündigungsgrund nicht in seiner Eigenschaft oder der Ausübung seiner Funktion als Vertreter liegt. Außerdem müssten angemessene Sanktionen für den Fall greifen, dass tatsächlich ein Zusammenhang zwischen der Vertretereigenschaft bzw Wahrnehmung der Interessenvertretung und der

1439 Vgl Art 7 Abs 3 des Richtlinienentwurfs der Kommission vom 17.11.1998, KOM (1998) 612 endg, ABlEG 1999 Nr C 2/3.

1440 EuGH Rs C-405/08 (Holst), EU:C:2010:69 = NZA 2010, 286 = EuZW 2010, 258.

1441 EuGH Rs C-405/08 (Holst), EU:C:2010:69 Rn 50 ff; vgl Schlussanträge GA *Bot* Rn 46 ff.

Kündigung bestehe.[1442] Der EuGH hat weiterhin klargestellt, dass ein Tarifvertrag keinen geringeren Schutz der Arbeitnehmervertreter vorsehen könne als denjenigen, den der nationale Gesetzgeber in seinem Umsetzungsgesetz als erforderlich angesehen habe. Ob das tarifvertraglich gewährte Schutzniveau geringer sei, müsse unter Berücksichtigung aller einschlägigen Regelungen des nationalen Rechts geprüft werden.[1443]

d) Verhältnis der Richtlinie zu anderen Bestimmungen und Umsetzung

Art 9 RL 2002/14/EG regelt das Verhältnis der Informations- und Anhörungsrechte im Verhältnis zu ähnlichen Rechten aus gemeinschaftsrechtlichen und einzelstaatlichen Bestimmungen. Unberührt bleiben danach die spezifischen Informations- und Konsultationsrechte der RL 98/59/EG (Massenentlassungen) und RL 2001/23/EG (Unternehmens- und Betriebsübergang), die Unterrichtungs- und Anhörungsrechte nach der Richtlinie über Europäische Betriebsräte (RL 94/45/EG), ebenso wie im einzelstaatlichen Recht vorgesehene Unterrichtungs-, Anhörungs- und Mitbestimmungsrechte.

Darüber hinaus hält Art 9 Abs 4 RL 2002/14/EG ausdrücklich fest, dass die Durchführung der Richtlinie nicht als Rechtfertigungsgrund dafür dienen dürfe, den in den einzelnen Mitgliedstaaten erreichten Stand des allgemeinen Niveaus des Arbeitnehmerschutzes nachträglich in den von der Richtlinie abgedeckten Bereichen nunmehr nach unten zu korrigieren.

Im Jahr 2008 hat die Kommission eine Mitteilung über die Überprüfung der Anwendung der RL 2002/14/EG in der EU bekannt gemacht.[1444] Daraus geht hervor, dass einige Länder, insbesondere Deutschland und Österreich, mit der Implementierung der Richtlinie schon deshalb keine Probleme hatten, weil bereits das bestehende Recht den Anforderungen der Richtlinie entsprach. Es wurde jedoch zu Recht darauf hingewiesen, dass das deutsche BetrVG Umsetzungsdefizite aufweist, insbesondere was die Einhaltung der von der Richtlinie geforderten Schwellenwerte betrifft.[1445] Viele andere Länder hatten aber offensichtlich Schwierigkeiten, was sich auch in der Vielzahl von Vertragsverletzungsverfahren gegen einzelne Länder ausdrückt. Die Mehrheit der Mitgliedstaaten hat die Richtlinie nicht fristgemäß umgesetzt.

1442 EuGH Rs C-405/08 (Holst), EU:C:2010:69 Rn 59.

1443 EuGH Rs C-405/08 (Holst), EU:C:2010:69 Rn 62.

1444 KOM (2008) 146 endg. Zu der von der Kommission in Vorbereitung der Mitteilung in Auftrag gegebenen Studie vgl LABOUR asociados (*Ales*), Synthesis Report, Oktober 2007.

1445 *Schlachter*, EuZA 2015, 149 ff.

Die Schwierigkeiten spiegeln sich auch darin wider, dass etliche Länder von der in Art 10 RL 2002/14/EG übergangsweise eingeräumten Möglichkeit erhöhter Schwellenwerte Gebrauch gemacht haben. Darüber hinaus wurden bedenkliche Versuche unternommen, einzelne Arbeitnehmer (junge Arbeitnehmer oder Arbeitnehmer mit befristeten Arbeitsverträgen) aus dem Anwendungsbereich auszuschließen. Alle Mitgliedstaaten halten dennoch die Richtlinie für ausreichend flexibel und angemessen. Was die europäischen Sozialpartner betrifft, beklagen einzelne Arbeitgeberverbände die Gefahr, dass einigen Mitgliedstaaten durch die Richtlinie ein Einheitsmodell aufgezwungen werde und dies zu Bürokratisierung und sozialen Spannungen führen könne. Die Kommission sieht gegenwärtig keinen Anlass zu einer Änderung der bestehenden Richtlinie.

3. Beteiligung der Arbeitnehmer in gemeinschaftsweit operierenden Unternehmen und Unternehmensgruppen (Europäische Betriebsräte)

Literatur: *Alaimo*, Il coinvolgimento dei lavoratori nell'impresa in: *Sciarra/Caruso* (Hg), Il lavoro subordinato, in: *Ajani/Benacchio* (Hg), Trattato di diritto privato dell'Unione europea, Bd V, 2009, 663 ff; *Annuß/Kühn/Rudolph/Rupp*, Europäisches Betriebsräte-Gesetz: EBRG, 2014; *Beauregard/Buchmann*, Die neue Richtlinie über Europäische Betriebsräte, BB 2009, 1417 ff; *Blanpain*, Representation of employees at the level of the enterprise and the EEG, RdA 1992, 127; *Blanke/Hayen/Kunz/Carlson*, Europäische Betriebsräte-Gesetz, 3. Aufl. 2019; *ders,* Die neue EBR-Richtlinie 2009/38/EG, ArbuR 2009, 242 ff; *Eckhoff*, Der Europäische Betriebsrat, 2004; *Forst*, Die Beteiligungsvereinbarung nach der neuen EBR-Richtlinie, ZESAR 2009, 469 ff; *Franzen*, Die EU-Richtlinie 2009/38/EG über Europäische Betriebsräte, EuZA 2010, 180; *Funke*, Die neue EU-Richtlinie über den Europäischen Betriebsrat, DB 2009, 564 ff; *Freckmann/Blanke*, Der Europäische Betriebsrat – ein unbekanntes Wesen?, Beilage zu BB 2005 (Heft 34), 17 ff; *Friedrich*, Neuerungen in der europäischen Betriebsverfassung – Die Änderungen durch BGBl I 2010/101, ZAS 2012, 68; *Gaul*, Das neue Gesetz über die Europäischen Betriebsräte, NJW 1996, 3378 ff; *Grau*, Viertes Kapitel: Europäische Betriebsverfassung, § 355-356, in: *Kiel/Lunk/Oetker* (Hg), Münchener Handbuch zum Arbeitsrecht, Bd 4: Kollektives Arbeitsrecht II, 4. Aufl. 2018; *Hennecken*, Richtlinie 1994/45/EG vom 22. 9. 1994 bzw Richtlinie 2009/38/EG vom 6. 5. 2009 über die Einsetzung eines Europäischen Betriebsrats oder die Schaffung eines Verfahrens zur Unterrichtung und Anhörung der Arbeitnehmer in „gemeinschaftsweit" operierenden Unternehmen und Unternehmensgruppen, in: *Schlachter/Heinig* (Hg), Europäisches Arbeits- und Sozialrecht, 2016, § 21, 821; *Heime*, Der europäische Betriebsrat in Österreich und Deutschland, in: FS Tomandl, 1998, 139 ff; *Heinze*, Der europäische Betriebsrat, AG 1995, 385 ff; *Hromadka*, Rechtsfragen zum Eurobetriebsrat, DB 1995, 1125 ff; ; *Klemm/Siebens*, Erfolgreiche Bildung eines Europäischen Betriebsrats am Beispiel der Unternehmensgruppe der Deutschen Telekom, AIB 2004, 355 ff; *Köck*, Zur neuen „europäischen Betriebsverfassung", in: FS Tomandl, 1998, 213 ff; *Kotthoff*, Lehrjahre des Europäischen Betriebsrats, 2006; *Krause*, Der Europäische Betriebsrat im Visier neuer Regulierungsvorhaben, in: *Frey* (Hg), Bewahren, Verändern, Gestalten – Tarifpolitik und Arbeitsrecht in Zeiten der Globalisierung, FS Goos, 2009, 141 ff; *Lecher/Platzer*, Europäische Betriebsräte, in: *Schroeder/Weßels* (Hg), Die Gewerkschaften in Politik und Gesellschaft der Bundesrepublik Deutschland. Ein Handbuch, 2003; *Lecher/Platzer/Rüb/Weiner*, Europäische Betriebsräte Perspektiven ihrer Entwicklung und Vernetzung, 1999; *Lerche*, Der Europäische Betriebsrat und der deutsche Wirtschaftsausschuss, 1997; *Marginson/Gilman/Jacobi/Krieger*, Negotiating European Works Councils. An Analysis of Agreements under Art 13, 1998; *Marhold/Friedrich*, Österreichisches Arbeitsrecht, 3. Aufl 2016; *Melot de Beauregard/Buchmann*, Die neue Richtlinie über europäische Betriebsräte, BB 2009, 1417 ff; *Müller-Bonanni/Witschen*, § 17 Europäisches Betriebsverfassungsrecht, in: *Preis/Sagan* (Hg), Europäisches Arbeitsrecht, 2019 863; *Neßler*, Ein Lernprozess auf europäischer Ebene – Von der Vredeling-Richtlinie zum Europäischen Betriebsrat, ZfRV 1996, 229 ff; *Oetker*, Anm zu LAG Stuttgart 9 TaBV 2/15, EWiR 2016, 187 f; *Oetker*, RL 2009/38/EG, in: *Franzen/Gallner/Oetker*, Kommentar zum europäischen Arbeitsrecht, 3. Aufl. 2020; *Rademacher*, Der Europäische Betriebsrat, 1996; *Sadowski/Kühne*, Der Europäische Betriebsrat – weder europäisch noch Betriebsrat?, in: FS Birk, 2008, 771 ff; *Sandmann*, Die Euro-Betriebsrats-Richtlinie 94/45/EG, 1996; *Schmidt*, Der Europäische Betriebsrat, NZA 1997, 180 ff; *Thüsing/Forst*, Europäische Betriebsräte-Richtlinie: Neuerungen und Umsetzungserfordernisse, NZA 2009, 408 ff; *Weiss*, Die Arbeitnehmermitwirkung in Europa, NZA 2003, 177; *ders*, Worker's Participation in the European Union, in: *Davis/Lyon-Caen/Sciarra/Simitis* (Hg), European Community Labour Law: Principles and Perspectives, Liber amicorum Lord Wedderburn of Carlton, 1996, 224 ff; *Wolff*, Europäische Betriebsräte nach dem Brexit, BB 2016, 1784; *Zügel*, Mitwirkung der Arbeitnehmer nach der EU-Richtlinie über die Einsetzung eines Europäischen Betriebsrats, 1995.

Auf europäischer Ebene wurde schon frühzeitig erkannt, dass die mitgliedstaatlichen Verfahren zur Unterrichtung und Anhörung der Arbeitnehmer, soweit solche bestanden, nicht an länderübergreifende Unternehmensstrukturen angepasst waren. Entscheidungen wurden in transnational strukturierten Unternehmen oder Konzernen oft auf einer Ebene getroffen, an die die nationalen Arbeitnehmerbeteiligungssysteme nicht mehr hinreichten.[1446] Bereits der Kommissionsentwurf für das Statut einer Europäischen Aktiengesellschaft vom 30. 6. 1970 enthielt die Idee der Schaffung eines speziellen Gremiums zur Beteiligung der Arbeitnehmer in Angelegenheiten von grenzübergreifender Dimension (Europäischer Betriebsrat).[1447] Im Jahr 1980 wurde die Thematik der Arbeitnehmerbeteiligung bei transnationalen Unternehmensstrukturen von der alleinigen Betrachtung der Europäischen Aktiengesellschaft gelöst und Gegenstand eines gesonderten Regelungsvorschlags der Kommission.[1448] Der Richtlinienentwurf wurde im Schrifttum im Hinblick auf den damals zuständigen Kommissar für soziale Angelegenheiten, Henk Vredeling, unter dem Namen Vredeling-Richtlinie diskutiert.

1446 *Weiss*, NZA 2003, 177, 179.
1447 ABlEG 1970 Nr C 124/1.
1448 ABlEG 1980 Nr C 297/3.

Die Richtlinie war auf Art 100 EWGV [Art 115 AEUV] gestützt und betrachtete die sehr unterschiedlichen mitgliedstaatlichen Vorschriften insoweit als wettbewerbsverzerrend, was es im Interesse des Gemeinsamen Marktes zu beseitigen galt. Anders als im ersten Kommissionsentwurf für das Statut der Europäischen Aktiengesellschaft sollte kein eigenes Beteiligungsgremium geschaffen, sondern ein Informations- und Konsultationsverfahren im Rahmen der nach mitgliedstaatlichem Recht bestehenden Arbeitnehmervertretungsstrukturen eingerichtet und der gegebenenfalls in einem anderen Mitgliedstaat ansässige Entscheidungsträger zur Erteilung der für die Unterrichtung und Anhörung erforderlichen Informationen verpflichtet werden. Der erste Entwurf des Vredeling-Vorschlags stieß auf erheblichen Widerstand, so dass im Jahre 1983 eine geänderte Fassung vorgelegt wurde.[1449] Alle Versuche scheiterten jedoch, insbesondere auch aufgrund der Widerstände aus den Reihen der Unternehmerverbände und starker Einwände von US- und japanischen Unternehmen, deren Filialen von der Regelung ebenfalls betroffen gewesen wären.[1450] Durch Beschluss des Rates von 1986 wurden die Beratungen vorläufig eingestellt.[1451]

Die Thematik erhielt neuen Auftrieb durch die Gemeinschaftscharta der sozialen Grundrechte der Arbeitnehmer vom 9. Dezember 1989. Der Text der Charta beinhaltet einen eigenen Abschnitt Unterrichtung, Anhörung und Mitwirkung der Arbeitnehmer. Unter Nr 17 ist verankert, dass Unterrichtung, Anhörung und Mitwirkung der Arbeitnehmer in geeigneter Weise unter Berücksichtigung der in den verschiedenen Mitgliedstaaten herrschenden Gepflogenheiten weiterentwickelt werden müssen. Dies gelte insbesondere für Unternehmen und Unternehmenszusammenschlüsse mit Betriebsstätten bzw Unternehmen in mehreren Mitgliedstaaten der Europäischen Gemeinschaft.

Die Europäische Kommission legte 1991 einen ersten Entwurf vor,[1452] der dann mehrfach geändert wurde. Die wegen Art 100 EWGV [Art 115 AEUV] geforderte Einstimmigkeit konnte aber nicht erreicht werden. Eine Lösung kam deshalb nur über das Verfahren nach dem AüS in Betracht. Ende 1993 leitete die Kommission die Anhörung der Sozialpartner auf europäischer Ebene gem Art 3 Abs 2 AüS ein. Nach Eingang der Stellungnahmen der Arbeitgeberverbände und Gewerkschaften erstellte die Kommission einen Vorschlag und leitete ihn gem Art 3 Abs 3 AüS den Sozialpartnern

1449 ABlEG 1983 Nr C 217/3; vgl zu den unterschiedlichen Entwürfen *Lerche*, Der Europäische Betriebsrat, 91 ff.

1450 Vgl dazu *Weiss*, Europäische Betriebsräte, ZRP 1992, 422, 424; *ders* in: *Davis/Lyon-Caen/Sciarra/Simitis* (Hg), 224 ff.

1451 ABlEG 1986 Nr C 203/1.

1452 ABlEG 1991 Nr C 39/10; dazu *Blanpain*, RdA 1992, 127, 129 ff.

in der Erwartung zu, dass sie zu einer Vereinbarung nach Art 4 AüS gelangen würden. Diese Erwartung erfüllte sich allerdings nicht. Die Kommission entschied sich deshalb, den Entwurf dem Rat gem Art 2 Abs 2 AüS zur Beschlussfassung zuzuleiten.[1453] Im Gegensatz zu den früheren Vredeling-Entwürfen, die als zu rigide und bürokratisch kritisiert und deshalb letztlich abgelehnt worden waren,[1454] ging es nunmehr darum, weitgehend die Autonomie der Betriebspartner bei der Gestaltung der Beteiligungsformen zu respektieren und von inhaltlichen Festlegungen möglichst Abstand zu nehmen. Schließlich bestanden in zahlreichen gemeinschaftsweit operierenden Unternehmen bereits Vereinbarungen auf freiwilliger Basis über die Information von Beschäftigten hinsichtlich wichtiger Unternehmensfragen, Finanzierung und Beschäftigung.[1455] Nur für den Fall des Scheiterns der Verhandlungen zwischen den Betriebspartnern sah der Entwurf eine Auffanglösung vor, der zufolge ein Europäischer Betriebsrat als zentrales Anhörungsgremium in grenzüberschreitenden Angelegenheiten zu errichten sei.

Die auf dieser Grundlage schließlich verabschiedete RL 94/45/EG über die Einsetzung eines Europäischen Betriebsrats oder die Schaffung eines Verfahrens zur Unterrichtung und Anhörung der Arbeitnehmer in gemeinschaftsweit operierenden Unternehmen und Unternehmensgruppen vom 22. September 1994[1456] verlangte von den Mitgliedstaaten die Umsetzung bis spätestens 22. September 1996 (vgl Art 14 RL 94/45/EG).

Das Vereinigte Königreich, an dessen Widerstand zu Beginn der neunziger Jahre des vergangenen Jahrhunderts eine einstimmige Verabschiedung der Richtlinie auf der Basis des Art 100 EWGV gescheitert war,[1457] hat sich nach dem Regierungswechsel 1997 für eine Übernahme der Richtlinie entschieden. Sie gilt durch RL 97/74/EG seit dem 15. Dezember 1999 auch für das Vereinigte Königreich.[1458]

Im Rahmen ihrer Mitteilung über Umstrukturierung und Beschäftigung[1459] hat die Kommission im Jahr 2005 die europäischen Sozialpartner aufgefordert, über eine Fortentwicklung des bestehenden Systems Europäischer Betriebsräte in Verhandlungen einzutreten mit dem Ziel, zu einer Ver-

1453 ABlEG 1994 Nr C135/8.
1454 Vgl dazu *Barnard*, EU Employment Law, 685.
1455 Vgl zu einem Überblick über die damals bestehenden Regelungen *Zügel*, Mitwirkung der Arbeitnehmer, 366 ff.
1456 ABlEG 1994 Nr L 254/64.
1457 Zu den Argumenten der britischen Regierung vgl *Barnard*, EU Employment Law, 664.
1458 Vgl ABlEG 1998 Nr L 10/22.
1459 KOM (2005) 120 endg.

einbarung über Mittel und Wege zu gelangen, die es ermöglichen, bewährte Verfahren für die Arbeitsweise der Europäischen Betriebsräte zu fördern, um ihre Wirksamkeit, vor allem bei der Wahrnehmung ihrer Rolle als Akteure des Wandels, zu verbessern. Eine solche Vereinbarung konnte aber nicht erreicht werden.[1460] Deshalb hat die Kommission selbst einen Vorschlag zur Änderung der RL 94/45/EG vorgelegt.[1461] Daraufhin kam es zu einer Neufassung durch die RL 2009/38/EG.[1462]

Den Reformbedarf stellte die Kommission wie folgt dar:[1463] Das Recht auf Unterrichtung und Anhörung ist – wie sich insbesondere auch aus den dem EuGH vorgelegten Rechtssachen ergibt – unzureichend. Ferner wurde die Notwendigkeit einer exakteren Festlegung des länderübergreifenden Zuständigkeitsbereichs des Europäischen Betriebsrates, eine Anpassung der subsidiären Vorschriften, die Fortbildung der Arbeitnehmervertreter und die Rolle der Gewerkschaften als notwendig angesehen.

Der Zeitpunkt der Umsetzung für die Mitgliedstaaten ergibt sich aus Art 16 RL 2009/38/EG. Die bisherige RL 94/45/EG wurde mit Wirkung vom 6. Juni 2011 aufgehoben (Art 17 RL 2009/38/EG).

a) Geltungsbereich der Richtlinie

Die Richtlinie ist gem Art 1 Abs 2 RL 2009/38/EG an alle gemeinschaftsweit operierenden Unternehmen und Unternehmensgruppen adressiert. Diese beiden Begriffe sind in Art 2 RL 2009/38/EG legal definiert. Unter einem gemeinschaftsweit operierenden Unternehmen ist nach Art 2 Abs 1 lit a) RL 2009/38/EG ein Unternehmen mit mindestens 1000 Arbeitnehmern in den Mitgliedstaaten und mit jeweils mindestens 150 Arbeitnehmern in mindestens zwei Mitgliedstaaten zu verstehen. Mit diesen Schwellenwerten sollte einmal verhindert werden, dass zu kleine Unternehmen mit nicht ganz unerheblichen Kosten belastet werden. Außerdem sollte durch das Abstellen auf zwei Mitgliedstaaten vermieden werden, dass die europäische Richtlinie ein rein national operierendes Unternehmen betrifft.

Der Begriff des Arbeitnehmers wird in der Richtlinie nicht definiert, sodass seine inhaltliche Bestimmung dem nationalen Arbeitsrecht überlassen ist,[1464] wobei Art 2 Abs 2 RL 2009/38/EG auch die Berücksichtigung der

1460 Vgl zu den unterschiedlichen Positionen der europäischen Sozialpartner *Blanke*, ArbuR 2009, 242, 245 f.

1461 KOM (2008) 419 endg.

1462 ABlEU 2009 Nr L 122/28.

1463 Vgl KOM (2008) 419 endg, 2 f.

1464 Bei der Bestimmung des Arbeitnehmerbegriffs haben sich Deutschland und Österreich für eine Orientierung am Betriebsverfassungsrecht entschieden (vgl

Teilzeitbeschäftigten verlangt. Nach dieser Vorschrift kommt es für die Berechnung auf die Zahl der im Durchschnitt während der letzten zwei Jahre beschäftigten Arbeitnehmer an.

In Art 2 Abs 1 lit b und c RL 2009/38/EG ist die gemeinschaftsweit operierende Unternehmensgruppe definiert. Die Richtlinie versteht unter Unternehmensgruppe eine Gruppe, die aus einem herrschenden Unternehmen und den von diesem abhängigen Unternehmen besteht (lit b). Die Unternehmensgruppe im Sinne der Richtlinie ist damit als ein hierarchisch strukturierter Unternehmensverbund gekennzeichnet.[1465] Eine umfassende Bestimmung zur Definition des Begriffs „herrschendes Unternehmen" enthält Art 3 RL 2009/38/EG. Danach ist ein Unternehmen als herrschendes Unternehmen anzusehen, wenn es unmittelbar oder mittelbar einen beherrschenden Einfluss auf ein anderes Unternehmen ausüben kann. Die Fähigkeit, einen beherrschenden Einfluss auszuüben, wird durch die RL 2009/38/EG in drei Fällen widerleglich vermutet. Dies betrifft insbesondere den Fall, dass ein Unternehmen die Mehrheit des gezeichneten Kapitals eines anderen Unternehmens besitzt. In welcher Rechtsform das herrschende Unternehmen betrieben wird, ist im Hinblick auf den Zweck der RL 2009/38/EG unerheblich. Herrschendes Unternehmen kann daher sowohl eine Kapital- oder Personengesellschaft als auch eine natürliche Person oder eine Erbengemeinschaft sein.[1466] Nicht erforderlich ist, dass das herrschende Unternehmen Arbeitnehmer beschäftigt oder einen eigenen Geschäftsbetrieb hat, da davon die Fähigkeit beherrschender Einflussnahme nicht abhängt.[1467]

Liegt eine Unternehmensgruppe in diesem Sinne vor, erfüllt sie den für die Anwendung der RL 2009/38/EG entscheidenden Begriff der gemeinschaftsweit operierenden Unternehmensgruppe, wenn sie die in Art 2 Abs 1 lit c RL 2009/38/EG normierten Schwellenwerte erreicht. Die vorgenannten Bestimmungen sind so konzipiert, dass vom Anwendungsbereich der RL 2009/38/EG auch Unternehmen bzw Unternehmensgruppen erfasst werden, deren zentrale Leitung[1468] sich nicht in einem Mitgliedstaat der EU

§ 4 EBRG; § 171 ArbVG). Leitende Angestellte werden deshalb bei der Ermittlung der Arbeitnehmerzahl nicht berücksichtigt.

1465 *Sandmann*, Die Euro-Betriebsrats-Richtlinie 94/45/EG, 1999, 144 f.

1466 Vgl *Hromadka*, DB 1995, 1126; *Heinze*, Der europäische Betriebsrat, AG 1995, 385, 388; *Rademacher*, Der Europäische Betriebsrat, 87.

1467 *Hromadka*, DB 1995, 1126; *Heinze*, Der europäische Betriebsrat, AG 1995, 388 (dort auch zu einem Lösungsvorschlag für den Fall, dass das herrschende Unternehmen durch eine Holding gebildet wird, die gegenüber den abhängigen Unternehmen keine Personalverantwortung trägt).

1468 Vgl Legaldefinition Art 2 Abs 1 lit e RL 94/45/EG.

befindet. Darauf wird bereits in der Präambel der Richtlinie hingewiesen.[1469] In Unternehmen oder herrschenden Unternehmen im Fall einer Unternehmensgruppe, deren zentrale Leitung sich außerhalb der Gemeinschaft befindet, sind die in dieser Richtlinie festgelegten Bestimmungen über die Unterrichtung und Anhörung der Arbeitnehmer von dem gegebenenfalls benannten Vertreter des Unternehmens in der Gemeinschaft oder, in Ermangelung eines solchen, von dem Betrieb oder dem kontrollierten Unternehmen mit der größten Anzahl von Arbeitnehmern in der Gemeinschaft durchzuführen. Dieses Anliegen des Richtliniengebers ist in Art 4 Abs 2 RL 2009/38/EG verankert worden.

b) Auskunftsanspruch über das Vorliegen der Beteiligungsvoraussetzungen

Um prüfen zu können, ob die Voraussetzungen für eine grenzüberschreitende Mitwirkung der Arbeitnehmer gegeben sind, sind die Arbeitnehmervertretungen auf Informationen durch die zentrale Leitung angewiesen. Die bisherige RL 94/45/EG bestimmte hierzu in Art 11 Abs 2, dass die Mitgliedstaaten sicherstellen, dass die Angaben zu der in Art 2 Abs 1 lit a und c erwähnten Beschäftigtenzahl auf Anfrage der Parteien, auf die die Richtlinie Anwendung findet, von den Unternehmen vorgelegt werden. In Umsetzung dieser Bestimmung der Richtlinie sind in den nationalen Gesetzen Auskunftsansprüche verankert.[1470] Es hat sich jedoch gezeigt, dass trotz mancher weitergehender Informationspflichten, wie etwa nach § 5 EBRG, Inhalt und Umfang von Auskunftsansprüchen ungeklärt waren. Das hat zu drei bedeutsamen Vorlageverfahren beim EuGH geführt.[1471]

Um die Neuregelung durch die RL 2009/38/EG zu verstehen, ist es notwendig, kurz auf diese Verfahren zur RL 94/45/EG einzugehen. In der durch das LAG Düsseldorf eingeleiteten Rs Bofrost[1472] war ungewiss, ob ein Auskunftsanspruch schon dann besteht, wenn noch nicht feststeht, ob es in der Unternehmensgruppe ein herrschendes Unternehmen iSv Art 3 RL 94/45/EG gibt. Weitergehend stellten sich die Fragen, ob der Auskunftsanspruch ggf Angaben durch das befragte Unternehmen erfasst, die die Vermutungswirkung des Art 3 Abs 2 RL 94/45/EG auslösen, und ob ein Anspruch auf Aushändigung von Unterlagen zur Präzisierung und Erläute-

1469 Vgl Erwägungsgrund Nr 18.

1470 Vgl für das deutsche Recht § 5 EBRG; für das österreichische Recht § 177 Abs 3 ArbVG.

1471 Vgl ausführlich zu Sachverhalt und Entscheidungsgründen die zweite Auflage dieses Lehrbuchs, 232 ff.

1472 EuGH Rs C-62/99 (Bofrost), EU:C:2001:188.

rung der Auskunft besteht. In dem Bemühen, Art 11 RL 94/45/EG praktische Wirksamkeit zu verleihen, hat der EuGH die Fragen positiv beantwortet.

In der Rs Kühne & Nagel[1473] hatte der Gesamtbetriebsrat zur Vorbereitung der Einsetzung eines Europäischen Betriebsrats von dem Unternehmen Auskunft über die durchschnittliche Gesamtzahl der Arbeitnehmer und ihre Verteilung auf die Mitgliedstaaten, die Unternehmen und Betriebe sowie über die Struktur der Unternehmensgruppe verlangt. Das Unternehmen verweigerte die Auskunft mit der Begründung, dass der Anspruch auf eine unmögliche Leistung gerichtet sei. Die zentrale Leitung der Gruppe befinde sich nämlich in der Schweiz und deshalb unterliege sie nicht dem Gemeinschaftsrecht. Der EuGH hat diese Vorlagefrage zum Anlass genommen, das Anliegen und die Funktionsweise der RL über Europäische Betriebsräte zu untersuchen. Danach stelle das Recht auf die begehrte Unterrichtung eine notwendige Voraussetzung für die Feststellung des Bestehens eines gemeinschaftsweit operierenden Unternehmens oder einer gemeinschaftsweit operierenden Unternehmensgruppe dar. Weigert sich die zentrale Leitung, die Informationen zu geben, und verfügt die im konkreten Falle in Anspruch genommene sog fingierte zentrale Leitung (vgl Art 4 Abs 2 UA 2 RL 2009/38/EG) nicht über die betreffenden Angaben, so ist die fingierte zentrale Leitung gehalten, von den anderen in der Gemeinschaft ansässigen Unternehmen der Gruppe die Auskünfte zu verlangen, die zur Aufnahme der Verhandlungen zur Einrichtung eines solchen Organs unerlässlich sind, und hat einen Anspruch darauf, diese Auskünfte von ihnen zu erhalten. Die Leitungen der anderen in der Gemeinschaft ansässigen Unternehmen der Gruppe sind verpflichtet, der fingierten zentralen Leitung die betreffenden Informationen zur Verfügung zu stellen, soweit sie über sie verfügen oder sie sich beschaffen können.[1474]

In dem dritten vom EuGH entschiedenen Fall ADS Anker[1475] hatte der Betriebsrat von der ADS Anker GmbH, einem Unternehmen mit Sitz in Deutschland, bestimmte Auskünfte im Hinblick auf die Einsetzung eines Europäischen Betriebsrats verlangt. Diese verweigerte die Auskünfte, weil weder die in den Niederlanden ansässige Muttergesellschaft Anker BV noch deren Schweizer Konzernmutter bereit war, ihr die dafür erforderlichen Auskünfte zu erteilen. Nach deutschem Recht (Art 5 Abs 2 EBRG) kann ein

1473 EuGH Rs C-440/00 (Kühne & Nagel), EU:C:2004:16; vgl dazu auch *Riesenhuber*, Europäisches Arbeitsrecht, 2009, § 28, 513.

1474 Vgl zur Umsetzung des Urteils des EuGH die Entscheidung des Ersten Senats des BAG 1 ABR 32/99, der den EuGH im Wege des Vorabentscheidungsverfahrens angerufen hatte, NZA 2005, 118 ff.

1475 EuGH Rs C-349/01 (ADS Anker), EU:C:2004:440.

Betriebsrat die erforderlichen Auskünfte aber auch von der örtlichen Unternehmensleitung verlangen, die dann verpflichtet ist, die erforderlichen Informationen bei der zentralen Leitung einzuholen. Die fingierte zentrale Leitung befand sich im Vereinigten Königreich. Das vorlegende Arbeitsgericht Bielefeld sah sich zur Anrufung des EuGH wegen des Problems verpflichtet, das darin bestand, dass das EBRG als nationales Gesetz nicht die dem Auskunftsanspruch korrespondierende Pflicht eines nicht in Deutschland ansässigen Unternehmens begründen könne, entsprechende Auskünfte auch zu erteilen. Der EuGH bejahte dennoch den Auskunftsanspruch der örtlichen Unternehmensleitung.

Vor diesem Hintergrund ist es zu verstehen, dass bei der Neufassung der RL Inhalt und Umfang des Informationsanspruches besondere Bedeutung beigemessen wurde. Statt der bisherigen Vorschrift des Art 11 Abs 2 RL 94/45/EG wurde eine spezifische Bestimmung in Art 4 Abs 4 RL 2009/38/EG geschaffen, die insbesondere den Anforderungen Rechnung trägt, die durch die Rechtsprechung des EuGH postuliert worden waren. Demnach ist jede Leitung eines zu einer gemeinschaftsweit operierenden Unternehmensgruppe gehörenden Unternehmens sowie die zentrale Leitung oder die fingierte zentrale Leitung iSv Abs 2 UA 2 des gemeinschaftsweit operierenden Unternehmens oder der gemeinschaftsweit operierenden Unternehmensgruppe dafür verantwortlich, die für die Aufnahme von Verhandlungen gem Art 5 RL 2009/38/EG erforderlichen Informationen zu erheben und an die Parteien, auf die die Richtlinie Anwendung findet, weiterzuleiten. Beispielhaft nennt die Bestimmung die Informationen in Bezug auf die Struktur des Unternehmens oder der Gruppe und die Belegschaft, wobei gem Abs 4 Satz 2 diese Verpflichtung insbesondere die Angaben zu der in Art 2 Abs 1 lit a und c erwähnten Beschäftigtenzahl betrifft.

c) Vorrang der Verhandlungslösung

Wie bereits oben angesprochen, lag die gegenüber dem Vredeling-Entwurf konsensfähige Neuerung der bisherigen RL 94/45/EG insbesondere darin, dass nicht mehr primär ein bestimmtes Modell der Beteiligung der Arbeitnehmer vorgeschrieben, sondern einer Verhandlungslösung der Vorzug eingeräumt wurde, die die Betriebspartner einvernehmlich erzielen.[1476] Das von der Richtlinie favorisierte Verhandlungsmodell vertraut deshalb vorrangig auf die Initiative der Betriebspartner.[1477] Verankert ist das Grundprinzip des

1476 Siehe etwa *Rademacher*, Der Europäische Betriebsrat, 82, 105 f.

1477 Zum praktischen Ablauf des Verhandlungsverfahrens und zum Inhalt einer Vereinbarung über die Einrichtung eines Europäischen Betriebsrats am Beispiel der Unternehmensgruppe der Deutschen Telekom *Klemm/Siebens*, AIB 2004, 355 ff.

Verhandlungsvorrangs insbesondere in den Vorschriften der Art 14 und 7 RL 2009/38/EG.

Art 14 RL 2009/38/EG bestimmt, dass solche gemeinschaftsweit operierenden Unternehmen und gemeinschaftsweit operierende Unternehmensgruppen nicht von der RL erfasst werden, wenn in ihnen Vereinbarungen über eine länderübergreifende Unterrichtung und Anhörung der Arbeitnehmer bestehen, die gem der Vorläufer-RL 94/45/EG abgeschlossen wurden oder zwischen dem 5. Juni 2009 und dem 5. Juni 2011 unterzeichnet oder überarbeitet werden. Auch Vereinbarungen nach Art 3 Abs 1 RL 97/74/EG führen zum Ausschluss der Geltung der RL 2009/38/EG (Art 14 Abs 1 lit a und b RL 2009/38/EG). Laufen die vorgenannten Vereinbarungen aus, so können die betreffenden Parteien gemeinsam beschließen, sie weiter anzuwenden oder zu überarbeiten. Ist dies nicht der Fall, so findet die RL 2009/38/EG Anwendung (Art 14 Abs 2 RL 2009/38/EG).

Besteht noch keine Vereinbarung im obigen Sinne, so stellt Art 7 RL 2009/38/EG sicher, dass die Regelungskompetenz zunächst bei den Betriebspartnern liegt und die im Anhang der RL 2009/38/EG niedergelegte gesetzliche Errichtung eines Europäischen Betriebsrats nur zum Tragen kommt, wenn eine der drei folgenden Alternativen erfüllt ist:

- die Betriebspartner beschließen selbst die Anwendung der subsidiären Vorschriften des Anhangs der RL 2009/38/EG;
- die zentrale Unternehmensleitung des gemeinschaftsweit operierenden Unternehmens bzw die zentrale Unternehmensleitung des herrschenden Unternehmens einer gemeinschaftsweit operierenden Unternehmensgruppe verweigert die Aufnahme von Verhandlungen binnen sechs Monaten nach dem ersten Antrag der Arbeitnehmer;
- binnen drei Jahren nach dem Antrag der Arbeitnehmer kommt keine Vereinbarung zustande, und die Arbeitnehmer haben zuvor nicht beschlossen, das Verfahren zum Abschluss einer Vereinbarung gar nicht erst aufzunehmen oder wieder zu beenden und damit auf die Anwendung der subsidiären Vorschriften zu verzichten.

Zu einer Aufnahme von Verhandlungen kommt es nach Art 5 Abs 1 RL 2009/38/EG entweder aufgrund eigener Initiative der zentralen Leitung[1478] oder auf schriftlichen Antrag von mindestens 100 Arbeitnehmern oder ihrer Vertreter aus mindestens zwei Betrieben oder Unternehmen in mindestens zwei Mitgliedstaaten.

Zur Führung von Verhandlungen schreibt Art 5 Abs 2 RL 2009/38/EG auf Arbeitnehmerseite die Bildung eines besonderen Verhandlungsgremi-

1478 Definition der zentralen Leitung in Art 2 Abs 1 lit e RL 94/45/EG.

ums vor. Das Verfahren für die Wahl oder die Benennung der Mitglieder des besonderen Verhandlungsgremiums wird vom jeweiligen Mitgliedstaat festgelegt, in dessen Hoheitsgebiet diese zu wählen oder zu benennen sind (lit a). Gegenüber dem bisherigen Recht wurde die Zusammensetzung des besonderen Verhandlungsgremiums grundlegend geändert. Art 5 Abs 2 lit c RL 94/45/EG sah die Vertretung durch zunächst ein Mitglied für jeden Mitgliedstaat vor, in dem sich ein oder mehrere Betriebe des gemeinschaftsweit operierenden Unternehmens oder das herrschende Unternehmen oder ein oder mehrere abhängige Unternehmen der gemeinschaftsweit operierenden Unternehmensgruppe befinden. Die restlichen Mitglieder wurden im Verhältnis zur Zahl der in den Betrieben, dem herrschenden Unternehmen oder dem abhängigen Unternehmen beschäftigten Arbeitnehmer nach den Rechtsvorschriften des Landes, in dem die zentrale Leitung ansässig ist, ermittelt. Dieser Vorrang des Repräsentativprinzips vor dem Proportionalitätsprinzip wurde in der Vergangenheit immer wieder kritisiert, weil die Möglichkeit bestand, dass Unternehmen mit der überwiegenden Zahl von Beschäftigten unterrepräsentiert waren.[1479]

Gem Art 5 Abs 2 lit b RL 2009/38/EG werden nunmehr die Mitglieder des besonderen Verhandlungsgremiums entsprechend der Zahl der in jedem Mitgliedstaat beschäftigten Arbeitnehmer des gemeinschaftsweit operierenden Unternehmens oder der gemeinschaftsweit operierenden Unternehmensgruppe gewählt oder bestellt, sodass pro Mitgliedstaat für jeden Anteil der in diesem Mitgliedstaat beschäftigten Arbeitnehmer, der zehn Prozent der Gesamtzahl der in allen Mitgliedstaaten beschäftigten Arbeitnehmer entspricht, oder für einen Bruchteil dieser Tranche Anspruch auf einen Sitz besteht.

Aufgabe des besonderen Verhandlungsgremiums ist es, mit der zentralen Leitung zu einer schriftlichen Vereinbarung über die Beteiligung der Arbeitnehmer in grenzüberschreitenden Angelegenheiten zu kommen.[1480] Die RL 2009/38/EG sieht diesbezüglich zwei alternative Vereinbarungsvarianten vor. Entweder einigen sich die Verhandlungspartner auf die Einsetzung eines Europäischen Betriebsrats und legen dessen Tätigkeitsbereich, Zusammensetzung, Befugnisse und Mandatsdauer (Art 5 Abs 3 RL 2009/38/EG) fest, oder sie beschließen die Durchführungsmodalitäten eines oder auch mehrerer Verfahren zur Unterrichtung und Anhörung der Arbeitnehmer (Art 5 Abs 3, 6 Abs 2 RL 2009/38/EG).

1479 Vgl dazu *Melot de Beauregard/Buchmann*, 1420.

1480 Ausführlich zur Beteiligungsvereinigung *Forst*, ZESAR 2009, 469 ff, insb zur Rechtsnatur der Vereinbarung, 472 f.

Die Regelungsgegenstände der Vereinbarung werden in Art 6 Abs 2 RL 2009/38/EG näher spezifiziert. Dabei haben sich wenig Änderungen zum bisherigen Recht ergeben. Hinzugekommen ist in lit b das Erfordernis einer ausgewogenen Vertretung der Arbeitnehmer nach Tätigkeit, Arbeitnehmerkategorien und Geschlecht. In lit e ist die Möglichkeit der Einsetzung eines Ausschusses vorgesehen.

Sowohl für den Abschluss der Vereinbarungen über die Einrichtung eines Europäischen Betriebsrats wie auch für die Vereinbarung über Unterrichtungs- und Anhörungsverfahren ist die Mehrheit der Stimmen der Mitglieder des besonderen Verhandlungsgremiums erforderlich (Art 6 Abs 5 RL 2009/38/EG).

Die grundsätzliche Entscheidung der RL 2009/38/EG zugunsten eines Verhandlungsmodells impliziert auch die Entscheidung des besonderen Verhandlungsgremiums, keine Verhandlungen mit dem Ziel der Einsetzung eines Europäischen Betriebsrats oder der Festlegung eines Verfahrens zur Unterrichtung und Anhörung der Arbeitnehmer aufzunehmen bzw bereits eröffnete Verhandlungen wieder zu beenden. Durch einen solchen Beschluss wird das Verhandlungsverfahren gem Art 5 Abs 5 UA 2 RL 2009/38/EG eingestellt, die subsidiären Bestimmungen des Anhangs der Richtlinie finden keine Anwendung, und ein erneuter Antrag auf Einberufung des besonderen Verhandlungsgremiums ist erst nach Ablauf von zwei Jahren möglich, soweit die Verhandlungspartner nicht eine kürzere Frist vereinbaren. Wegen dieser nicht unerheblichen Verzichtswirkung auf die Beteiligungsmechanismen der RL 2009/38/EG ist der Beschluss gem Art 5 Abs 5 RL 2009/38/EG an eine Zweidrittelmehrheit im Verhandlungsgremium gebunden.

Angesichts zahlreicher und rasch erfolgender Umstrukturierungen insbesondere internationaler Unternehmen war es notwendig, eine Regelung zu treffen, wie im Hinblick auf das Bestehen eines Europäischen Betriebsrates oder eines Verfahrens zur Unterrichtung und Anhörung der Arbeitnehmer Anpassungen vorzunehmen sind. Diese Aufgabe erfüllt der neu geschaffene Art 13 RL 2009/38/EG. Ändert sich die Struktur des gemeinschaftsweit operierenden Unternehmens oder der gemeinschaftsweit operierenden Unternehmensgruppe wesentlich und wird das Problem einer Anpassung in den geltenden Vereinbarungen nicht behandelt bzw bestehen Konflikte zwischen den Bestimmungen von zwei oder mehr geltenden Vereinbarungen, so nimmt entweder die zentrale Leitung von sich aus oder auf schriftlichen Antrag von mindestens hundert Arbeitnehmern in mindestens zwei Unternehmen oder Betrieben in mindestens zwei verschiedenen Mitgliedstaaten die Verhandlungen gem Art 5 RL 2009/38/EG auf. An diesen Verhandlungen sind die in UA 2 bezeichneten Mitglieder des bestehenden Europäischen Betriebsrats (der Europäischen Betriebsräte) zu beteiligen.

Um die Unterrichtung und Anhörung der Arbeitnehmer in der Phase der Strukturänderung zu ermöglichen, erfolgt die Aufgabenwahrnehmung durch den bestehenden Europäischen Betriebsrat (bzw die Europäischen Betriebsräte) entsprechend den in einer Vereinbarung zwischen diesem/diesen und der zentralen Leitung festgelegten etwaigen Absprachen (UA 3). Mit der Unterzeichnung einer neuen Vereinbarung müssen die bisherigen Betriebsräte aufgelöst und die Vereinbarungen über ihre Einrichtung beendet werden.[1481]

d) Einrichtung eines Europäischen Betriebsrats kraft Gesetzes

Nach dem Prinzip des Verhandlungsvorrangs kommt die im Anhang I der RL 2009/38/EG niedergelegte gesetzliche Errichtung eines Europäischen Betriebsrats nur zum Tragen, wenn eine der bereits oben unter c) erläuterten Alternativen des Art 7 RL 2009/38/EG vorliegt.

Beispiel (nach ArbG Berlin[1482]): Ein Betriebsrat verlangt Feststellung, dass die Errichtung eines EBR kraft Gesetzes im Unternehmen der Arbeitgeberin wirksam ist, ferner die Arbeitgeberin zu verpflichten ist, unverzüglich eine konstituierende Sitzung ihres EBR einzuberufen. Die Arbeitgeberin ist ein in Deutschland ansässiges Tochterunternehmen des G-Konzerns. Der Betriebsrat hatte bei einem Schreiben gegenüber der Arbeitgeberin gefordert, ein Besonderes Verhandlungsgremium zur Bildung eines EBR zu errichten. Die Arbeitgeberin bestätigte den Empfang des Antrags und teilte mit, innerhalb einer sechsmonatigen Frist mit den Verhandlungen zur Gründung eines EBR zu beginnen oder ein Informations- und Konsultationsverfahren einzuleiten. Nachdem in den folgenden Monaten keine konkreten Maßnahmen bzw Verhandlungen der Arbeitgeberin erkennbar waren, wies der Betriebsrat darauf hin, dass nach Ablauf von sechs Monaten ein EBR kraft Gesetzes zu errichten sei. Und er forderte die Arbeitgeberin auf, unverzüglich eine konstituierende Sitzung einzuberufen.

Entgegen der Auffassung der Arbeitgeberin, dass die Wirkung erst nach drei Jahren nach dem entsprechenden Antrag eintrete, gab das ArbG dem Feststellungsantrag des Betriebsrats Recht und judizierte die Wirkung nach Ablauf von sechs Monaten, in denen die Aufnahme von Verhandlungen verweigert worden war. Die Begründung wurde auf § 21 EBRG, des deutschen Umsetzungsgesetzes, gestützt, eine Vorschrift, die Art 7 Abs 1 2. Spiegelstrich RL 2009/38/EG entspricht. Die Arbeitgeberin hatte zwar die Verhandlungen nicht explizit verweigert. Nach Auffassung des ArbG ist die Verweigerung aber konkludent erfolgt.[1483] Das ArbG hat es auch abgelehnt, dem Argument der Arbeitgeberin zu folgen, dass eine gerichtliche Durch-

1481 Vgl Erwägungsgrund Nr 40 der Präambel.
1482 Vom 15.7.2016 – 26 BV 4223/16, BeckRS 2016, 114386.
1483 Unter Berufung auf BAG 9 AZR 319/03 NZA 2005, 108.

setzung des Auskunftsanspruchs gegenüber der Errichtung des EBR kraft Gesetzes vorrangig sei.

Angesichts der Tatsache, dass die jeweiligen nationalen Vorschriften sehr heterogener Natur sind, hat der Richtliniengeber darauf Wert gelegt, dass die nationalen Vorschriften einen bestimmten Mindeststandard hinsichtlich der Gewährung von Beteiligungsrechten vorsehen müssen. Dementsprechend verlangt Art 7 Abs 2 RL 2009/38/EG, dass die subsidiären Vorschriften der Mitgliedstaaten den im Anhang niedergelegten Bestimmungen genügen müssen.

Der Anhang der RL 2009/38/EG sieht die obligatorische Einrichtung eines Europäischen Betriebsrats in den Fällen von Art 7 Abs 1 RL 2009/38/EG vor. Eine bedeutsame Änderung gegenüber dem bisherigen Recht betrifft die Zusammensetzung des subsidiär vorgesehenen Europäischen Betriebsrats in Nr 1 lit c des Anhangs I. Entsprechend der Neuregelung in Art 5 Abs 2 lit c RL 2009/38/EG über die Zusammensetzung des besonderen Verhandlungsgremiums wird auch für die Zusammensetzung des subsidiär vorgesehenen Europäischen Betriebsrats das Proportionalitätsprinzip festgeschrieben. Danach werden die Mitglieder entsprechend der Zahl der in jedem Mitgliedstaat beschäftigten Arbeitnehmer des gemeinschaftsweit operierenden Unternehmens oder der gemeinschaftsweit operierenden Unternehmensgruppe gewählt oder bestellt, sodass pro Mitgliedstaat für jeden Anteil der in diesem Mitgliedstaat beschäftigten Arbeitnehmer, der zehn Prozent der Gesamtzahl der in allen Mitgliedstaaten beschäftigten Arbeitnehmer entspricht, oder für einen Bruchteil dieser Tranche Anspruch auf einen Sitz besteht.

Die Zuständigkeit des Europäischen Betriebsrats ist jetzt sehr viel präziser und detaillierter als im bisherigen Recht in Nr 1 lit a des Anhangs I festgelegt. Die Vorschrift weist viele Parallelen zu § 111 BetrVG auf. Die in Nr 1 lit a des Anhangs I genannten Unterrichtungsgegenstände sind nicht abschließender Natur („insbesondere“).

Nr 2 und 3 des Anhangs beschäftigen sich vornehmlich mit Notwendigkeit und Häufigkeit von Sitzungen mit der zentralen Leitung. Das Minimum ist eine einmalige jährliche Zusammenkunft zwischen dem Europäischen Betriebsrat und der zentralen Leitung, um Informationen zu den in Nr 2 genannten Bereichen entgegenzunehmen. Bei außergewöhnlichen Umständen iSv Nr 3 sind weitere Unterrichtungs- und Anhörungsrechte vorgesehen. Unter Nr 3 des Anhangs I ist bestimmt, dass die Vorrechte der zentralen Leitung durch die Beteiligungsrechte der Arbeitnehmer unberührt bleiben. Diese Bestimmung ist ein Kompromiss zwischen den Arbeitgebervereinigungen und der Europäischen Kommission. Erstere befürchteten, dass durch zu viele Konsultationsverpflichtungen die Arbeitgeber über Gebühr belastet würden, während die Kommission bei wichtigen die Arbeitnehmer betreffenden Fragen auf Anhörungsrechten bestehen wollte.[1484]

Gemäß Art 11 Abs 1 RL 2009/38/EG muss jeder Mitgliedstaat gewährleisten, dass die Leitung der in seinem Hoheitsgebiet befindlichen Betriebe eines gemeinschaftsweit operierenden Unternehmens und die Leitung eines Unternehmens, das Mitglied einer gemeinschaftsweit operierenden Unternehmensgruppe ist, den in der RL festgelegten Verpflichtungen nachkommen, unabhängig davon, ob die zentrale Leitung sich in seinem Hoheitsgebiet befindet. Für den Fall der Nichteinhaltung dieser Richtlinie sehen die Mitgliedstaaten geeignete Maßnahmen vor und gewährleisten insbesondere, dass Verwaltungs- oder Gerichtsverfahren vorhanden sind, mit deren Hilfe die Erfüllung der sich aus dieser Richtlinie ergebenden Verpflichtungen durchgesetzt werden kann (Art 11 Abs 2 RL 2009/38/EG).

Die konkreten Sanktionen ergeben sich demnach aus dem nationalen Recht. So hat zB das deutsche Umsetzungsgesetz, das EBRG, in den §§ 42 ff EBRG besondere Vorschriften, einschließlich Straf- und Bußgeldvorschriften vorgesehen. Die Reichweite dieser Bestimmungen ist umstritten, vgl dazu folgenden Fall:

> LAG Baden-Württemberg, NZA-RR 2016, 358 (Sachverhalt vereinfacht): Im gerichtlichen Beschlussverfahren verlangt der Beteiligte für die A-Unternehmensgruppe gebildete EBR von den beteiligten Konzerngesellschaften, zu unterlassen, Arbeitnehmern betriebsbedingte Kündigungen auszusprechen, solange der EBR nicht ordnungsgemäß unterrichtet worden ist. Der EBR beruft sich dabei auf eine EBR-Vereinbarung, wonach die Unternehmensleitung vor der Stilllegung von Unternehmen und Betrieben/Betriebsteilen zu unterrichten ist. Ferner wird für jeden Fall der Zuwiderhandlung die Verhängung eines Ordnungsgeldes verlangt.

Der EBR beruft sich für seinen Anspruch auf die Verletzung der Unterrichtungspflicht aus der Vereinbarung.[1485] Eine Verpflichtung zur Unterrichtung ergibt sich auch aus dem deutschen Umsetzungsgesetz in § 30 EBRG. Für die Nichterfüllung dieser Verpflichtung sieht § 45 Abs 1 Nr 2 EBRG ein Bußgeld vor. Ein Unterlassungsanspruch, wie er von dem EBR geltend gemacht wurde, ist jedoch nicht vorgesehen. Eine dem § 23 Abs 2 BetrVG entsprechende Vorschrift, die wie dieser einen Unterlassungsanspruch enthält, fehlt im EBRG. Ob ein solcher Unterlassungsanspruch besteht, ist strittig.[1486] Das LAG hat die Herleitung aus einer richtlinienkonformen

1484 Vgl *Barnard*, EU Employment Law, 669.

1485 Eine Pflicht zur Unterrichtung in diesem Fall würde sich auch aus Anhang I (3) RL 2009/38/EG ergeben.

1486 *Müller-Bonanni/Witschen* in: *Preis/Sagan*, § 17 Rn 17.136.

Auslegung des Art 11 RL 2009/38/EG ebenso abgelehnt wie die des § 30 EBRG.[1487]

e) Die Arbeitsweise des Europäischen Betriebsrats

Entsprechend der Gesamtkonzeption der Richtlinie, die durch eine sehr starke Zurückhaltung bei der Festlegung inhaltlicher Regelungen gekennzeichnet ist, hält sich der Richtliniengeber auch bei den Vorschriften über die Arbeitsweise des Europäischen Betriebsrats bzw die Funktionsweise des Verfahrens zur Unterrichtung und Anhörung der Arbeitnehmer sehr zurück. Diese Vorschriften sind in den Art 8 bis 10 RL 2009/38/EG enthalten.

Art 8 RL 2009/38/EG unterstreicht die Bedeutung des vertraulichen Umgangs mit Informationen durch die Mitglieder des besonderen Verhandlungsgremiums und des Europäischen Betriebsrats bzw der Arbeitnehmervertreter im Rahmen eines Unterrichtungs- und Anhörungsverfahrens.

Art 9 RL 2009/38/EG statuiert den Grundsatz kooperativen Verhaltens von zentraler Leitung und Europäischem Betriebsrat (bzw Arbeitnehmervertretern im Rahmen eines Verfahrens zur Unterrichtung und Anhörung der Arbeitnehmer). Beide Seiten sind aufgerufen, mit dem Willen zur Verständigung unter Beachtung ihrer jeweiligen Rechte und gegenseitigen Verpflichtungen zusammenzuarbeiten.

Art 10 RL 2009/38/EG beinhaltet wichtige Vorschriften über Rolle und Schutz der Arbeitnehmervertreter. Gem Abs 1 verfügen die Mitglieder des Europäischen Betriebsrats über die Mittel, die erforderlich sind, um die Rechte auszuüben, die sich aus der kollektiven Interessenvertretung der Arbeitnehmer des gemeinschaftsweit operierenden Unternehmens bzw der Unternehmensgruppe ergeben. Über die Reichweite dieser Vorschrift besteht noch Ungewissheit.[1488] Nr 6 des Anhangs I bestimmt, dass die Verwaltungsausgaben des Europäischen Betriebsrats zu Lasten der zentralen Leitung gehen, die in den einzelnen Unterabschnitten näher konkretisiert werden. Offen bleibt deshalb, ob Art 10 Abs 1 RL 2009/38/EG weitergehende Kosten, etwa für gerichtliche Verfahren zur Durchsetzung der Ansprüche des Europäischen Betriebsrats, abdecken will.

Damit die Arbeitnehmer selbst von Inhalt und Ergebnissen der gem der Richtlinie durchgeführten Unterrichtung und Anhörung der europäischen Interessenvertretung Kenntnis haben, müssen die Mitglieder des Europäischen Betriebsrats die Arbeitnehmervertreter der Betriebe oder der zur ge-

1487 LAG, 9 TaBV 2/15 NZA-RR 2016, 358 (360 f) mit zustimmender Anmerkung *Monz/Sittard* und *Oetker*, EWiR 2016, 187.

1488 Vgl *Blanke*, ArbuR 2009, 242, 248 f; *Melot de Beauregard/Buchmann*, BB 2009, 1420 f.

meinschaftsweit operierenden Unternehmensgruppe gehörenden Unternehmen oder in Ermangelung solcher Vertreter die Belegschaft selbst informieren (Art 10 Abs 2 RL 2009/38/EG).

Der neue Art 10 Abs 4 RL 2009/38/EG führt ein Recht auf Weiterbildung der Mitglieder des besonderen Verhandlungsgremiums und des Europäischen Betriebsrats ein. Die Vorschrift erinnert an § 37 Abs 6 und 7 BetrVG. Soweit es zur Wahrnehmung ihrer Vertretungsaufgaben in einem internationalen Umfeld erforderlich ist, müssen die Mitglieder des besonderen Verhandlungsgremiums und des Europäischen Betriebsrats Schulungen erhalten, ohne dabei Lohn- bzw Gehaltseinbußen zu erleiden. Von der Vermittlung juristischen und wirtschaftlichen Grundwissens und der damit einhergehenden Steigerung der fachlichen Qualifikation der Mitglieder der Gremien wird erwartet, dass dies zu einer häufigeren und intensiveren Kommunikation über nationale Grenzen hinaus und zu einer Förderung des Zusammengehörigkeitsgefühls der Gremiumsmitglieder führen wird.[1489] Art 10 Abs 4 RL 2009/38/EG enthält keine explizite Regelung darüber, wer die Kosten der Schulungen zu tragen hat. Für Deutschland wird die analoge Anwendung des § 37 Abs 6 BetrVG, welche die Kosten dem Arbeitgeber auferlegt, vorgeschlagen[1490].

Art 10 Abs 3 RL 2009/38/EG übernimmt die früher in Art 10 RL 94/45/EG enthaltene Regelung über den Schutz der Arbeitnehmervertreter bei der Wahrnehmung ihrer Aufgaben. In den meisten nationalen Rechtsordnungen genießen Arbeitnehmervertreter besondere Schutzrechte. Art 10 Abs 3 RL 2009/38/EG gewährleistet den näher bezeichneten Gremienmitgliedern bei der Wahrnehmung ihrer Aufgaben den gleichen Schutz und gleichartige Sicherheiten wie den Arbeitnehmervertretern nach den innerstaatlichen Rechtsvorschriften und/oder Gepflogenheiten des Landes, in dem sie beschäftigt sind. Der europäische Gesetzgeber hat dabei insbesondere an das Verbot der Diskriminierung und an einen angemessenen Schutz gegen Entlassung ua Sanktionen gedacht.[1491]

f) Verhältnis zu anderen Richtlinien

Da auch in anderen Richtlinien Unterrichtungs- und Anhörungsrechte vorgesehen sind, musste die RL 2009/38/EG das Verhältnis zu diesen bestimmen. Art 12 Abs 4 RL 2009/38/EG folgt dem Grundsatz, dass die in anderen Richtlinien vorgesehenen Unterrichtungs- und Anhörungsverfahren Vorrang haben. Dies gilt für die Richtlinie über Massenentlassungen (RL

1489 *Melot de Beauregard/Buchmann*, BB 2009, 1421.
1490 *Funke*, DB 2009, 566.
1491 Vgl Erwägungsgrund 34 der Präambel.

98/59/EG), die spezifischen Verfahren in Art 7 RL 2001/23/EG (Betriebsübergangsrichtlinie) sowie die Richtlinie über die Festlegung eines allgemeinen Rahmens zur Unterrichtung und Anhörung der Arbeitnehmer in der Europäischen Gemeinschaft (RL 2002/14/EG).

Im Gegensatz zum früheren Recht (vgl Art 12 Abs 2 RL 94/45/EG) bestimmt Art 12 Abs 1 bis 3 RL 2009/38/EG das Verhältnis zu den nationalen Arbeitnehmervertretungen konkreter. Abs 1 dieser Bestimmung verlangt eine Abstimmung der jeweiligen Zuständigkeiten und Aktionsbereiche. Abs 2 erwartet die Regelung über die Modalitäten für die Abstimmung zwischen der Unterrichtung und Anhörung des Europäischen Betriebsrats und der einzelstaatlichen Arbeitnehmervertretungen in der Vereinbarung gem Art 6 RL 2009/38/EG. Eine solche Vereinbarung kann aber nicht im Widerspruch zu den einzelstaatlichen Rechtsvorschriften und/oder Gepflogenheiten über Unterrichtung und Anhörung der Arbeitnehmer stehen (Satz 2). Kommt es nicht zu einer solchen Vereinbarung, müssen die Mitgliedstaaten regeln, wie der Prozess der Unterrichtung und Anhörung sowohl im Europäischen Betriebsrat als auch in den einzelstaatlichen Vertretungsgremien der Arbeitnehmer stattfindet, wenn Entscheidungen geplant sind, die wesentliche Veränderungen der Arbeitsorganisation oder der Arbeitsverträge mit sich bringen können (Abs 3).[1492]

g) Umsetzung der RL 94/45/EG, bisherige Erfahrungen mit dem Europäischen Betriebsrat und Entwicklungsperspektiven

In Deutschland wurde die Vorläufer-RL 94/45/EG zur RL 2009/38/EG durch das Gesetz über Europäische Betriebsräte vom 28. 10. 1996,[1493] in Österreich durch das Bundesgesetz, mit dem das Arbeitsverfassungsgesetz (ArbVG), das Arbeits- und Sozialgerichtsgesetz und das Bundesgesetz über die Post-Betriebsverfassung geändert wurden, umgesetzt[1494] und als V. Teil in das ArbVG eingefügt (§§ 171 ff ArbVG).[1495]

1492 Vgl zu den Abstimmungsnotwendigkeiten auch Erwägungsgrund Nr 37 der Präambel.

1493 BGBl I, S 1548 und Berichtigung S 2022. Zu einer knappen Darstellung des Gesetzes siehe *Gaul*, NJW 1996, 3378 ff; *Schmidt*, NZA 1997, 180 ff; *Freckmann/Blanke*, Beilage zu BB 2005 (Heft 34), 17 ff. Zu einer Kommentierung des Gesetzes vgl *Blanke/Hayen/Kunz/Carlson*, Europäische Betriebsräte-Gesetz. Monographisch zur Richtlinie und zum EBRG *Eckhoff*, Der Europäische Betriebsrat.

1494 BGBl 601/1996.

1495 Vgl zu einer Darstellung der österreichischen Regelung *Marhold/Friedrich*, Österreichisches Arbeitsrecht, 619 ff; *Neßler*, ZfRV 1996, 229 ff; *Köck* in: FS Tomandl, 1998, 213 ff. Zu einem deutsch-österreichischen Rechtsvergleich bei der Umsetzung der Richtlinie siehe *Heime* in: FS Tomandl, 1998, 139 ff.

Die ersten sozialwissenschaftlichen Untersuchungen der Auswirkungen der RL 94/45/EG waren nicht besonders ermutigend. Dies gilt sowohl für die Auswertung von Vereinbarungen im Sinne des Art 13 RL 94/45/EG [Art 14 Abs 1 lit a RL 2009/38/EG] als auch für bestehende Europäische Betriebsräte. Für den Bereich der Vereinbarungen zeigte eine Studie von Marginson ua, in der 386 Vereinbarungen ausgewertet wurden, dass überwiegend nur formale oder symbolische Unterrichtungsstrukturen vorherrschten, „aktive" Konsultations- und Vereinbarungsmodelle eher die Ausnahme waren.[1496]

Auch eine vergleichende Fallanalyse von jeweils fünf Europäischen Betriebsräten in den Branchen Banken, Versicherungen und Lebensmittelindustrie[1497] gab nur zu gedämpftem Optimismus Anlass. Die Verfasser dieser Studie unterscheiden vier Typen von Europäischen Betriebsräten: symbolischer, dienstleistender, projektorientierter und beteiligungsorientierter Europäischer Betriebsrat.[1498] Mit dieser Differenzierung werden Formen und Inhalt von Aktivitäten einzelner Europäischer Betriebsräte bezeichnet. Der symbolische Europäische Betriebsrat ist ein nur formal gegründetes, faktisch nicht arbeitendes Gremium, dessen Tätigkeit sich in meist nur einmal im Jahr stattfindenden Sitzungen mit der Konzernleitung erschöpft.[1499] Unter diese Kategorie ordneten die Verfasser der Studie immerhin fast die Hälfte der Europäischen Betriebsräte ein.[1500] Der dienstleistende Europäische Betriebsrat dient – der Studie zufolge – als Informationsdrehscheibe, sodass ihm ein „europäischer Mehrwert" bescheinigt werden kann, da er eine Informations- und Konsultationsebene herstellt, die ohne seine Existenz nicht verfügbar wäre.[1501] Wie schon der Name sagt, konzentriert sich der dritte Typ auf die Initiierung von Projekten, die Ausgangspunkt für potenzielle Verhandlungsgegenstände mit dem Konzernmanagement darstellen kön-

1496 Vgl *Marginson/Gilman/Jacobi/Krieger*, Negotiating European Works Councils. An Analysis of Agreements under Art 13, 1998.

1497 Vgl *Lecher/Platzer/Rüb/Weiner*, Europäische Betriebsräte; vgl ergänzend zu dieser Studie und neueren Entwicklungen *Lecher/Platzer* in: *Schroeder/Weßels* (Hg), 588 ff.

1498 *Lecher/Platzer/Rüb/Weiner*, Europäische Betriebsräte, 64 ff.

1499 Im Hinblick auf diese Form des Europäischen Betriebsrats ist in der Studie gesagt (S 111), dass sie die in dem Institut des Europäischen Betriebsrats liegenden Potenziale noch nicht entfaltet habe, manche sie auf Dauer auch nicht entfalten könne. Ihre Existenz sei und bleibe vornehmlich rein symbolischer Natur. Sie habe damit keine konkrete praktische Relevanz für die Interessenvertretung der Beschäftigten.

1500 *Lecher/Platzer/Rüb/Weiner*, Europäische Betriebsräte, 102.

1501 *Lecher/Platzer/Rüb/Weiner*, Europäische Betriebsräte, 67.

nen.[1502] Damit kann dieser Typus Übergänge zum beteiligungsorientierten Europäischen Betriebsrat schaffen, der aufgrund seiner Aktivität sich als Gremium der Interessenartikulation und -durchsetzung, der Konsultation und Verhandlung begreift und als solches arbeitet.[1503]

Die Kommission untersuchte in einem Bericht 2000, ob die Richtlinie in den Mitgliedstaaten korrekt umgesetzt wurde.[1504] Der Bericht kommt zu dem Ergebnis, dass die Qualität der Umsetzung insgesamt positiv zu beurteilen ist. Allerdings seien einige Staaten wie Italien, Portugal und Luxemburg ihrer Umsetzungsverpflichtung noch nicht oder noch nicht hinreichend nachgekommen.[1505] Der Bericht zeigt, dass sich die meisten Mitgliedstaaten bei der Umsetzung stark an die Richtlinie angelehnt haben. Allerdings sind einige Länder auch interessante Wege gegangen, die in dem Bericht ausdrücklich hervorgehoben werden. Für Deutschland und Österreich wird vermerkt, dass die der zentralen Leitung auferlegten Pflichten umfassender definiert werden, was die Unterrichtung der örtlichen Unternehmensleitungen und der Gewerkschaftsorganisationen betrifft.[1506] Für Österreich heißt es wörtlich in dem Bericht (vgl S 10 f):

> „In Österreich können die Antragsteller von der zentralen bzw der örtlichen Leitung Auskunft über die Zahl der Beschäftigten des Unternehmens bzw des Betriebs verlangen. Diese Präzisierungen sind sehr interessant insofern, als vorgesehen ist, dass Informationen im Zusammenhang mit der Einsetzung eines besonderen Verhandlungsgremiums an sämtliche Beteiligte in der gemeinschaftsweit operierenden Unternehmensgruppe weitergegeben werden".

Zu den Fortschritten bei der Anwendung der Richtlinie und den mittlerweile veränderten Rahmenbedingungen nahm die Kommission im April 2004 in einem kurzen Bericht Stellung.[1507]

Zur inhaltlichen Ausgestaltung der auf der Grundlage der RL 94/45/EG ergangenen Vereinbarungen stellt die Kommission fest, dass auslaufende Vereinbarungen anlässlich ihrer Verlängerung offenbar weiter reichend ausgestaltet würden. Die Ausdehnung des Geltungsbereichs von Vereinbarungen über Europäische Betriebsräte zeige sich in der Erweiterung der Themen, mit denen sich die Europäischen Betriebsräte befassten. In vielen Vereinbarungen sei der Katalog der im Anhang der Richtlinie aufgeführten

1502 *Lecher/Platzer/Rüb/Weiner*, Europäische Betriebsräte, 68 f.

1503 *Lecher/Platzer/Rüb/Weiner*, Europäische Betriebsräte, 70 f.

1504 KOM (2000) 188 endg.

1505 Vgl S 3 des Berichts; zum Vertragsverletzungsverfahren gegen Luxemburg vgl EuGH Rs C-430/98 (Kommission ./. Luxemburg), EU:C:1999:520.

1506 Vgl für Deutschland § 5 EBRG, für Österreich § 177 Abs 3 ArbVG.

1507 Einleitender Bericht der Kommission zur ersten Anhörungsrunde der Sozialpartner zur Überprüfung der RL 94/45/EG.

„Haupt"-Themen erheblich ausgedehnt worden. Fragenkreise mit starker europäischer Dimension, wie zB Arbeitsschutz, Chancengleichheit, Fortbildung und Mobilität sowie Umweltschutz, seien nun Gegenstand von Konsultationen zwischen der Belegschaft und der Unternehmensleitung. In vielen Fällen fänden neue Themen ihren Weg auf die Tagesordnung Europäischer Betriebsräte nicht durch eine formelle Ausdehnung des Zuständigkeitsbereichs in den entsprechenden Vereinbarungen, sondern durch die Praxis. So seien Vereinbarungen geschlossen worden, die weit über die grundlegenden Anforderungen der Richtlinie in Bezug auf Unterrichtung und Anhörung hinausgingen. In diesen Vereinbarungen gehe es nicht nur um die oben genannten Sachgebiete, sondern ua um die Folgen von Umstrukturierungen, die Rechte von Gewerkschaften oder grundlegende soziale Rechte. In einigen Umstrukturierungsfällen habe sich der Europäische Betriebsrat als geeignetes Forum erwiesen, in dem sich die Unternehmensleitung und die Belegschaft über die Durchführung dieser Umstrukturierungen in den europäischen Betrieben einigen konnten.[1508]

Was die Zahl auf der Grundlage der RL 94/45/EG geschlossener Vereinbarungen über Europäische Betriebsräte anbelangt,[1509] räumt die Kommission 2004 ein, dass die Stagnation bei der Einrichtung neuer Europäischer Betriebsräte und der Gesamtzahl der bestehenden Vereinbarungen ein Problem darstelle. In etwa 650 transnationalen Unternehmen oder Konzernen seien Vereinbarungen geschlossen worden. Ein Großteil dieser Vereinbarungen (insgesamt ca 400) stamme aber noch aus der Zeit vor Ablauf der Frist zur Umsetzung der Richtlinie im Jahr 1996. Seitdem habe sich das Tempo des Abschlusses neuer Vereinbarungen verlangsamt, wobei sich für den beobachteten Zeitraum ein Durchschnitt von 40 bis 50 neu geschaffenen Europäischen Betriebsräten ergebe. Der anfängliche rasante Anstieg bei der Zahl der geschlossenen Vereinbarungen lasse sich auf das Bestreben zurückführen, von Art 13 RL 94/45/EG Gebrauch zu machen. Das spätere Abebben dieses Trends habe dazu geführt, dass weniger als 40% der ungefähr 1800 Unternehmen oder Konzerne, die schätzungsweise in den Geltungsbereich der Richtlinie fallen, eine Vereinbarung abgeschlossen haben. Bei den Arbeitnehmern, für die eine Vereinbarung gelte, falle der Prozentsatz höher aus; 11 Millionen – also etwa 65% – der schätzungsweise 17 Millionen Arbeitnehmer, deren Unternehmen unter die Richtlinie fallen, seien bei Unternehmen beschäftigt, für die eine Vereinbarung gelte. Für den Umstand, dass

1508 Vgl S 7 des Berichts.

1509 Eine umfangreiche Sammlung von geschlossenen Vereinbarungen auf CD-ROM bieten *Kerckhofs/Pas* (Hg), EWC Database 2004, Inventory of Multinationals affected by the EWC Directive.

in nur 40% der Fälle, in denen die Einrichtung eines Europäischen Betriebsrats möglich gewesen wäre, ein solcher auch eingerichtet wurde, gebe es mehrere Erklärungsversuche. Die Größe des Unternehmens spiele eine Rolle, denn in den größeren Unternehmen und Konzernen seien mehr Europäische Betriebsräte eingerichtet worden. Diesbezüglich werde die Ansicht vertreten, kleinere Unternehmen seien möglicherweise seltener und in geringerem Umfang grenzübergreifend und stattdessen vorwiegend in einem Mitgliedstaat tätig, sodass die Arbeitnehmer an einem Europäischen Betriebsrat weniger interessiert seien. Ferner bestehe die Vermutung, dass die Schwierigkeiten, die für die Arbeitnehmervertreter mit der Einleitung des in der Richtlinie vorgesehenen Verfahrens verbunden seien, ein Grund dafür sein könnten, dass nicht mehr Europäische Betriebsräte eingerichtet wurden.[1510]

Eine sehr lesenswerte und aussagekräftige Studie, die viele Facetten beleuchtet, hat *Kotthoff* vorgelegt.[1511] Aufgrund empirischer Erhebungen unterscheidet der Autor fünf Typen von Europäischen Betriebsräten:[1512]

(1) Europäischer Betriebsrat als mitgestaltendes Arbeitsgremium

Er geht über den Rahmen hinaus, den die Richtlinie vorgezeichnet hat, und zwar bis hin zur Aushandlung von Vereinbarungen (Quasi-Verträgen, Verhaltenskodizes).[1513]

(2) Europäischer Betriebsrat mit deutschem Betriebsratsvorsitzenden als Fürsprecher

Kennzeichnend für diesen Typ ist der Umgang mit „heißen Themen“ (Folgen von Restrukturierungen, Schließung von Standorten bzw Produktionsverlagerungen). Im Gegensatz zum Typ (1), der die Probleme durch Verhandlungen mit dem Management in den Griff zu bekommen versucht, ist Typ (2) eine solche Handlungsweise fremd. Lösungen werden über den deutschen Vorsitzenden erwartet, der zugleich Konzernbetriebsratsvorsitzender und Aufsichtsratsmitglied ist und dessen Rolle als die eines Fürsprechers und „Schutzengels“ der ausländischen Niederlassungen in der Konzernzentrale gesehen wird.[1514]

(3) Europäischer Betriebsrat als Informationsanalytiker

Es ist – wie der Autor schreibt – ein methodologisch gesehen konstruierter und vermuteter Typ, denn aus dem Kreis der untersuchten Konzerne gibt es nur ein konkretes Beispiel.[1515] Prägend für ihn ist das formelle und

1510 Vgl S 8 des Berichts.
1511 *Kotthoff*, Lehrjahre des Europäischen Betriebsrats.
1512 *Kotthoff*, Lehrjahre des Europäischen Betriebsrats, 43 ff.
1513 *Kotthoff*, Lehrjahre des Europäischen Betriebsrats, 61.
1514 *Kotthoff*, Lehrjahre des Europäischen Betriebsrats, 68.
1515 *Kotthoff*, Lehrjahre des Europäischen Betriebsrats, 76.

distanzierte Verhältnis zwischen dem Betriebsrat und dem Konzernmanagement. Beide agieren nach dem Leitbild eines Gegnermodells. Der Europäische Betriebsrat konzentriert sich deshalb auf die Beschaffung und Analyse von Informationen über die europäische Geschäftspolitik, die er zu einem Puzzle zusammensetzt, und auf die Erarbeitung von Stellungnahmen zu einzelnen Problemfeldern. Eine mitgestaltende Rolle hat er nicht. Dies verhindert das Management.[1516]

(4) Der Europäische Betriebsrat im Leerlauf

Obwohl es ihm nicht an Ressourcen und Arbeitsmöglichkeiten fehlt, besteht sein Hauptcharakteristikum darin, dass das reale Geschehen des Konzerns an ihm vorbeiläuft. Er beschäftigt sich nicht mit interessenpolitischen Themen, sondern mit sich selbst. Inhalt seiner Beschäftigung sind Vorträge und Workshops über allgemeine europabezogene Themen ohne direkten Bezug zu drängenden Problemen des Konzerns.[1517]

(5) Der marginalisierte Europäische Betriebsrat

Dieser Typus weist viele Parallelen zum Typus (4) auf. Er mischt sich nicht in heiße Themen ein, findet keine funktionsfähige interne Organisationsform und gewinnt wenig interne Kohäsion. Der Europäische Betriebsrat dieses Typs ist in der Startphase stecken geblieben und hat sich nicht weiter entwickelt.[1518]

Als Bedingungen und Hintergründe für die Typendifferenz, also für die Beantwortung der Frage, wer was darüber entscheidet, zu welchem Typ sich ein Europäischer Betriebsrat entwickelt, sieht Kotthoff drei Hauptfaktoren:[1519]

- Produktions- und Managementstruktur und Internationalisierungsgrad des Konzerns;
- Kultur und Geschichte der Arbeitnehmervertretung im Konzern;
- die Rolle der handelnden Personen.

Ein Hauptergebnis der Studie ist, dass, von zwei Konzernen abgesehen (wo die französischen Delegierten stilbildend wirken), sich das sozialpartnerschaftlich-kooperative Muster von Arbeitnehmervertretung, das in Ländern wie Deutschland, Österreich, den Niederlanden und den skandinavischen Ländern gepflegt wird, durchgesetzt hat, und zwar auch in Konzernen, die in den USA oder Großbritannien ihren Hauptsitz haben.[1520] Dieses auch vom Autor als bemerkenswert und unerwartet bezeichnete Ergebnis gibt

1516 *Kotthoff*, Lehrjahre des Europäischen Betriebsrats, 83 f.
1517 *Kotthoff*, Lehrjahre des Europäischen Betriebsrats, 94.
1518 *Kotthoff*, Lehrjahre des Europäischen Betriebsrats, 100.
1519 *Kotthoff*, Lehrjahre des Europäischen Betriebsrats, 174 ff.
1520 *Kotthoff*, Lehrjahre des Europäischen Betriebsrats, 173.

ihm Anlass zu der Frage, ob die südeuropäischen und angelsächsischen Delegierten „bekehrt" wurden, nur vorübergehend abgetaucht sind oder einen „Deal" mit den partnerschaftlichen Promotoren gemacht haben und deshalb stillhalten. Ein Hinweis auf die Beantwortung könnte darin liegen, dass die Delegierten aus den partnerschaftlich orientierten Ländern einen Vorsprung an Ressourcen, Professionalität und Erfahrung haben, der sie für eine Schrittmacherrolle in Europäischen Betriebsräten prädestiniert.

Als ein Hemmschuh zur Wahrnehmung der einen oder anderen Funktion und damit als Gefahr eines möglichen Scheiterns der Institution Europäischer Betriebsräte wird die konzerninterne Konkurrenz um die Sicherung von Standorten betrachtet. *Sadowski/Kühne* betrachten den konzerninternen Standortwettbewerb als die Existenz eines Gefangenendilemmas im Sinne der Spieltheorie.[1521] Ihre Untersuchung mündet in die Annahme, dass der Europäische Betriebsrat zur Kooperation von Arbeitnehmern im Standortwettbewerb grundsätzlich beitragen kann.[1522] Da Kommunikation zu den konstitutiven Merkmalen zwischen den Delegierten gehöre, erleichtere der Europäische Betriebsrat die Koordination auf ein Gleichgewicht und mache soziale Effizienz wahrscheinlicher. Die Begegnung der Arbeitnehmervertreter untereinander trage zum Aufbau von Beziehungen bei, die wiederum einen Transfer von Vertrauen und dadurch das Zustandekommen von Kooperation im Standortwettbewerb fördere. Gleichzeitig werde ein Anreiz für den Aufbau von Reputation der Arbeitnehmervertreter geschaffen, da der Europäische Betriebsrat als Informationsforum das Verhalten von Arbeitnehmervertretern innerhalb des Konzerns bekannt mache.

Die Europäische Kommission veröffentlichte 2018 einen Bericht[1523] über die Durchführung der Richtlinie 2009/38/EG. Die Untersuchung fokussier te insbesondere auf die Frage, wie die Neufassung der EBR-Richtlinie in den Mitgliedstaaten umgesetzt wurde. Die Analyse stellte fest, dass die Richtlinie grundsätzlich ordnungsgemäß in nationales Recht umgesetzt wurde, aber in einigen Gebieten gibt es noch Schwierigkeiten. So ist die Zahl neuer Europäischer Betriebsräte in den letzten Jahren niedrig geblieben. Seit Durchführung der Richtlinie 2009/38/EG wurden pro Jahr etwa 20 Europä-

---

1521 *Sadowski/Kühne* in: FS Birk, 772 f.

1522 Vgl *Sadowski/Kühne* in: FS Birk, 786 f.

1523 Bericht der Kommission an das Europäische Parlament, den Rat und den Europäischen Wirtschafts- und Sozialausschuss – Bericht über die Durchführung der Richtlinie 2009/38/EG über die Einsetzung eines Europäischen Betriebsrats oder die Schaffung eines Verfahrens zur Unterrichtung und Anhörung der Arbeitnehmer in gemeinschaftsweit operierenden Unternehmen und Unternehmensgruppen (Neufassung) durch die Mitgliedstaaten, Brüssel, 14.5.2018, COM(2018) 292 final.

ische Betriebsräte gegründet, vor allem in Unternehmen mit Hauptsitz in Frankreich, Schweden und den USA. Der Bericht betont, dass hier noch durchaus weiteres Potenzial besteht, die Einrichtung von Europäischen Betriebsräten zu fördern, denn ungefähr die Hälfte der dafür infrage kommenden Unternehmen hat dies noch nicht getan.[1524] Eine weitere wichtige Feststellung des Berichts ist, dass das Anhörungsverfahren immer noch nicht effektiv genug ist. Die Neufassung der EBR-Richtlinie hat die Unterrichtung der Arbeitnehmer in puncto Qualität und Umfang verbessert; das Gleiche kann man über das Anhörungsrecht nicht behaupten. Die Mitglieder Europäischer Betriebsräte scheinen trotz ihres Stellungnahmerechts wenig Einfluss auf den Entscheidungsprozess in ihren Unternehmen zu haben, insbesondere im Fall von Umstrukturierungen. Als dritte Schwachstelle wurden die verschiedenen gerichtlichen Durchsetzungsmöglichkeiten der Europäischen Betriebsräte identifiziert, wobei zwischen den Staaten erhebliche Unterschiede bei der Art und Schärfe der Sanktionen gibt.[1525]

4. Beteiligung der Arbeitnehmer in der Europäischen Gesellschaft (Societas Europaea, SE)

Literatur: *Arbeitskreis „Unternehmerische Mitbestimmung“*, Entwurf einer Regelung zur Mitbestimmungsvereinbarung sowie zur Größe des mitbestimmten Aufsichtsrats, ZIP 2009, 885 ff; *Aburumieh/Wurzer*, Entsendung von Arbeitnehmern in das besondere Verhandlungsgremium bei SE-Gründung bzw Verschmelzung nach dem EU-VerschG, RdW 2009, 214 ff; *Blanke*, Europäische Betriebsräte-Gesetz/Europäische Mitbestimmung-SE, 2. Aufl 2006; *Blanpain*, Involvement of Employees in the European Union, 2002; *Bock*, Mitbestimmung und Niederlassungsfreiheit – Folgen der Einführung der Societas Europaea für die Vereinbarkeit paritätischer Unternehmensmitbestimmung mit Europäischem Recht, 2008; *Breit*, Societas Europaea (SE) und Societas Cooperativa Europaea (SCE), 2010; *Calle Lambach*, Das Gesetz zur Beteiligung der Arbeitnehmer in der Europäischen Gesellschaft (SE-Beteiligungsgesetz – SEBG), RIW 2005, 161 ff; *dies*, Europäische Gesellschaft, AiB 2010, 192 ff; *von Caemmerer*, Europäische Aktiengesellschaft, in: Festgabe Kronstein, 1967; *Cannistra*, Das Verhandlungsverfahren zur Regelung der Mitbestimmung der Arbeitnehmer bei Gründung einer Societas Europaea und bei Durchführung einer grenzüberschreitenden Verschmelzung, 2013; *Deilmann/Häferer*, Kein Schutz des Status quo bei der Gründung der dualistischen SE durch Umwandlung, NZA 2017, 607 ff; *Drinhausen/Keinath*, Verwendung der SE zur Vermeidung von Arbeitnehmermitbestimmung – Abgrenzung zulässiger Gestaltungen vom Missbrauch gemäß § 43 SEBG, BB 2011, 2699 ff; *Eidenmüller/Engert/Hornuf*, Die Societas Europaea – Empirische Bestandsaufnahme und Entwicklungslinien einer neuen Rechtsform, AG 2008, 721 ff; *Enke*,

1524 Bericht der Kommission an das Europäische Parlament, den Rat und den Europäischen Wirtschafts- und Sozialausschuss, 7 f.

1525 Bericht der Kommission an das Europäische Parlament, den Rat und den Europäischen Wirtschafts- und Sozialausschuss, 8.

Beteiligungsvereinbarungen nach § 21 SEBG, 2015; *Figge*, Mitbestimmung auf Unternehmensebene in Vorschlägen der Europäischen Gemeinschaften, 1992; *Forst,* Die Beteiligungsvereinbarung nach § 21 SEBG, 2010; *ders,* Folgen der Beendigung einer SE-Beteiligungsvereinbarung, EuZW 2011, 333 ff; *ders,* Unternehmensmitbestimmung im Konzern, Der Konzern 2010, 151 ff; *Forst*, Mitbestimmung à la Bruxelles – SE, SPE und grenzüberschreitende Verschmelzung, ZESAR 2014, 383; *Funke*, Die Arbeitnehmerbeteiligung im Rahmen der Gründung einer SE – Praktische Tipps zu Planungsschritten und anzustellenden Überlegungen im Vorfeld, NZA 2009, 412 ff; *Giedinghagen/Rubner*, Zur Eintragung einer arbeitnehmerlosen Societas Europaea, EWiR 2009, 489 f; *Grambow*, Arbeits- und gesellschaftsrechtliche Fragen bei grenzüberschreitenden Verschmelzungen unter Beteiligung einer Europäischen Gesellschaft (Societas Europaea – SE), Der Konzern 2009, 97 ff; *ders,* Auslegung der Auffangregelungen zur Mitbestimmung bei Gründung einer Societas Europaea, BB 2012, 902 ff; *Grobys*, SE-Betriebsrat und Mitbestimmung in der Europäischen Gesellschaft, NZA 2005, 84 ff; *Gruber/Weller*, Societas Europaea: Mitbestimmung ohne Aufsichtsrat? – Ideen für die Leitungsverfassung der monistischen Europäischen Aktiengesellschaft in Deutschland, NZG 2003, 297 ff; *Güntzel*, Die Richtlinie über die Arbeitnehmerbeteiligung in der Europäischen Aktiengesellschaft (SE) und ihre Umsetzung in das deutsche Recht, 2006; *Habersack*, Konzernrechtliche Aspekte der Mitbestimmung in der Societas Europaea, Der Konzern 2006, 105 ff; *ders,* Grundsatzfragen der Mitbestimmung in SE und SCE sowie bei grenzüberschreitender Verschmelzung, ZHR 2007, 613 ff; *ders,* Staatliche und halbstaatliche Eingriffe in die Unternehmensführung, Verhandlungen des 69. DJT, München 2012, Band I: Gutachten/Teil E; *ders,* Das Mitbestimmungsstatut der SE: „Ist" oder „Soll"?, AG 2018, 823; *Habersack/Drinhausen* (Hg.), SE-Recht mit grenzüberschreitender Verschmelzung, 2. Aufl. 2016; *Heinze/Seifert/Teichmann*, Verhandlungssache – Arbeitnehmerbeteiligung in der SE, BB 2005, 2526 ff; *Hellwig/Behme,* Gemeinschaftsrechtliche Probleme der deutschen Unternehmensmitbestimmung, AG 2009, 261 ff; *dies*, Die deutsche Unternehmensmitbestimmung im Visier von Brüssel?, AG 2011, 740 ff; *Hemeling*, Die Societas Europaea (SE) in der praktischen Anwendung, 2008; *Henssler/Sittard,* Die Gesellschaftsform der SE als Gestaltungsinstrument zur Verkleinerung des Aufsichtsrats, KSzW 2011, 359 ff; *Höland*, Mitbestimmung in Europa, 2000; *Hommelhoff,* Mitbestimmungsvereinbarungen zur Modernisierung der deutschen Unternehmensmitbestimmung, ZGR 2010, 48 ff; *Hopt,* Europäisches Gesellschaftsrecht im Lichte des Aktionsplans der Europäischen Kommission vom Dezember 2012, ZGR 2013, 165 ff; *Kalss/Hügel*, Europäische Aktiengesellschaft – SE-Kommentar, 2004; *Kalss* in *Kalss/Nowotny/Schauer*, Österreichisches Gesellschaftsrecht, 2. Aufl. 2017, Rz 3/1256 ff; *Keller/Werner*, Arbeitnehmerbeteiligung in der Europäischen Aktiengesellschaft (SE) – Empirische Befunde und (un-)erwartete Konsequenzen, WSI-Mitteilungen 2009, 416 ff; *Kleinhenz/Leyendecker-Langner,* Ämterkontinuität bei der Umwandlung in eine dualistisch verfasste SE, AG 2013, 507 ff; *Kepper,* Die mitbestimmte monistische SE deutschen Rechts, 2010; *Kisker*, Unternehmerische Mitbestimmung in der Europäischen Gesellschaft, der Europäischen Genossenschaft und bei grenzüberschreitender Verschmelzung im Vergleich, RdA 2006, 206 ff; *Knapp*, Am Vorabend zur Anerkennung grenzüberschreitender Umwandlungen, DNotZ 2005, 723 ff; *Koch,* Die Beteiligung von Arbeitnehmervertretern an Aufsichtsrats- und Verwaltungsratsausschüssen einer Europäischen Aktiengesellschaft, 2010; *Köklü*, Die Beteiligung der Arbeitnehmer und die Corporate Governance in der Europäischen Aktiengesellschaft

(„Societas Europaea") mit Sitz in Deutschland, 2006; *Kolvenbach*, Scheitert die Europa AG an der Mitbestimmung?, NZA 1998, 1326 ff; *Komo/Villiers*, Are trends in European company law threatening industrial democracy? ELRev 2009, 175 ff; *Krause*, Die Mitbestimmung der Arbeitnehmer in der Europäischen Gesellschaft (SE), BB 2005, 1221 ff; *ders*, Zur Bedeutung des Unionsrechts für die unternehmerische Mitbestimmung, AG 2012, 485 ff; *Köstler/Pütz,* Neueste Fakten zur SE und zur grenzüberschreitenden Verschmelzung, AG 2013, 181 ff; *Kovács,* Die Auswirkungen grenzüberschreitender Verschmelzungen auf die AN-Mitbestimmung, ZAS 2019/1, 22 ff (Teil I) und ZAS 2019/3, 165 ff (Teil II); *Kübler*, The Long Good-bye. Überlegungen zur Zukunft der Mitbestimmung der Arbeitnehmer im europäischen Gesellschaftsrecht, FS Manfred Weiss, 2005, 235 ff; *Löhr/Stolzenberg*, Arbeitnehmerbeteiligungsverfahren bei der SE-Gründung – Potentielle Fehler und praktische Folgen, NZA 2016, 1489 ff; *Luke,* Vorrats-SE ohne Arbeitnehmerbeteiligung?, NZA 2013, 941 ff; *Lutter/Hommelhoff/Teichmann* (Hg.), SE-Kommentar, 2. Aufl. 2015; *Maack,* Rechtsschutz im Arbeitnehmerbeteiligungsverfahren der „deutschen" Societas Europaea, 2012; *Manz/Mayer/Schröder* (Hg), Europäische Aktiengesellschaft SE, 3. Aufl. 2019; *Mävers*, Die Mitbestimmung der Arbeitnehmer in der Europäischen Aktiengesellschaft, 2002; *Meißner,* Mitbestimmung kraft Gesetzes – die Größe des Aufsichtsrates einer Europäischen Aktiengesellschaft bei der Gründung durch Umwandlung, ArbuR 2012, 61 ff; *Merkt*, Die monistische Unternehmensverfassung für die Europäische Aktiengesellschaft aus deutscher Sicht, ZGR 2003, 650 ff; *Müller-Bonnani/Melot de Beauregard*, Mitbestimmung in der Societas Europaea, GmbHR 2005, 195 ff; *Müller-Bonani/Müntefering*, Arbeitnehmerbeteiligung bei SE-Gründung und grenzüberschreitender Verschmelzung im Vergleich, BB 2009, 1699 ff; *Nagel*, Strukturelle Änderungen in der SE und Benachteiligungsvereinbarung, ZIP 2011, 2047 ff; *ders/Freis/Kleinsorge,* SEBG, SCEBG, MgVG – Beteiligung der Arbeitnehmer im Unternehmen auf der Grundlage Europäischen Rechts, 3. Aufl 2018; *ders/Köklü*, „Societas Europaea" und Mitbestimmung, ZESAR 2004, 175 ff; *Neye*, Kein neuer Stolperstein für die Europäische Aktiengesellschaft, ZGR 2002, 377 ff; *Nikoleyczik/Führ*, Mitbestimmungsgestaltung im grenzüberschreitenden Konzern unter besonderer Berücksichtigung der SE und grenzüberschreitender Verschmelzungen, DStR 2010, 1743 ff; *Oechsler*, Der praktische Weg zur Societas Europaea (SE) – Gestaltungsspielraum und Typenzwang, NZG 2005, 697 ff; *Oetker*, Beteiligung der Arbeitnehmer in der Europäischen Aktiengesellschaft (SE) im Überblick, ZESAR 2005, 3 ff; *ders,* Unternehmerische Mitbestimmung kraft Vereinbarung in der Europäischen Gesellschaft (SE), in: *Dauner-Lieb/Hommelhoff/Jacobs/Kaiser/Weber* (Hg), FS Konzen, 2006, 635 ff; *ders*; Mitbestimmungssicherung bei Errichtung einer Europäischen Gesellschaft (SE) durch formwechselnde Umwandlung einer Aktiengesellschaft mit Sitz in Deutschland, in: *Konzen/Krebber/Raab/Veit/Waas* (Hg), FS Birk, 2008, 557 ff; *Ramcke*, Die Konkretisierung des Missbrauchsverbots der SE zum Schutz von Beteiligungsrechten der Arbeitnehmer, 2015; *Reichert*, in: *Hutter/Baums* (Hg), Gedächtnisschrift Gruson, 2009, 321 ff; *Rieble/Junker*, Vereinbarte Mitbestimmung in der SE – 5. ZAAR-Kongress, 2008; *Ringe*, Mitbestimmungsrechtliche Folgen einer SE-Sitzverlegung, NZG 2006, 931 ff; *Risak*, Die Arbeitnehmermitwirkung in der Societas Europaea, ecolex 2004, 767 ff; *Rosenbohm*, Verhandelte Mitbestimmung. Die Arbeitnehmerbeteiligung in der Europäischen AG, 2014; *Roth*, Die unternehmerische Mitbestimmung in der monistischen SE, ZfA 2004, 431 ff; *Sammet/Koops*, Die Arbeitnehmermitbestimmung auf Unternehmensebene in der Societas Europaea (SE) in Deutschland und Spanien, informaciones 2009, 88 ff; *Scheibe*, Die Mitbestimmung der Arbeitnehmer in der SE unter besonderer Berücksichtigung des monistischen Systems, 2007; *Schmaus/Bangen*, Die Vorrats-SE – eine Gestaltungsvariante im Bereich der unternehmerischen Mitbestimmung, ZIP 2019, 1360 ff; *Schmid*, Mitbestimmung in der Europäischen Aktiengesellschaft (SE), 2010; *Schreiner*, Zulässigkeit und wirtschaftliche Neugründung einer Vorrats-SE, 2009; *Schubert*, Die Arbeitnehmerbeteiligung bei der Gründung einer SE durch Verschmelzung unter Beteiligung arbeitnehmerloser Aktiengesellschaften, RdA 2012, 146 ff; *Schwarz*, Zum Statut der Europäischen Aktiengesellschaft, ZIP 2001, 1847 ff; *Seyboth*, Mitbestimmung als Teil des demokratischen Prinzips in Europa, ArbuR 2012, 338 ff; *Teichmann*, Bestandsschutz für die Mitbestimmung bei Umwandlung in eine SE, ZIP 2014, 1049 ff; *Thiergart/Olbertz*, Börsengang leicht gemacht? – Übernahme und Verschmelzung eines Zielunternehmens auf die SPAC in der Rechtsform der SE, BB 2010, 1547 ff; *von der Heyde*, Die Beteiligung der Arbeitnehmer in der Societas Europaea (SE), 2007; *Wagner*, Praktische Erfahrungen mit der Europäischen Aktiengesellschaft, EWS 2005, 546 ff; *Walden/Meyer-Landrut*, Die grenzüberschreitende Verschmelzung zu einer Europäischen Gesellschaft: Planung und Vorbereitung, DB 2005, 2119 ff; *Weber*, Arbeitnehmermitbestimmung im Europäischen Sozialraum, in: FS 600 Jahre Würzburger Juristenfakultät, 2002; *Weiss*, Arbeitnehmermitwirkung in Europa, NZA 2003, 181 ff; *ders/Wöhlert*, Societas Europaea – Der Siegeszug des deutschen Mitbestimmungsrechts in Europa, NZG 2006, 121 ff; *Wißmann*, „Deutsche" Europäische Aktiengesellschaft und Mitbestimmung, in: *Wank/Hirte/Frey/Fleischer/Thüsing* (Hg), FS Wiedemann, 2002, 685 ff; *ders*, Die Arbeitnehmerbeteiligung in der „deutschen" SE vor Gericht, in: *Annuß/Picker/Wißmann* (Hg), FS Richardi, 2007, 841 ff; *Wisskirchen/Bissels/Dannhorn*, Vermeidung der unternehmerischen Mitbestimmung aus arbeitsrechtlicher Sicht, DB 2007, 2258 ff; *Witschen*, Neuverhandlung der Arbeitnehmerbeteiligung nach Gründung einer SE, ZGR 2016, 644 ff; *Ziegler/Gey*, Arbeitnehmermitbestimmung im Aufsichtsrat der Europäischen Gesellschaft (SE) im Vergleich zum Mitbestimmungsgesetz, BB 2009, 1750 ff.

Seit dem 8. 10. 2004 besteht für Unternehmen die Möglichkeit, grenzüberschreitende Konzentrations- und Fusionsmaßnahmen innerhalb der Europäischen Gemeinschaft im Wege der Gründung einer Europäischen Gesellschaft (Societas Europaea, SE) zu verwirklichen. Vorausgegangen war ein über dreißigjähriger Einigungsprozess, an dessen Anfang die Ambition bestand, eine supranationale Gesellschaftsform auf der Grundlage eines umfassenden europäischen Regelungswerks mit einheitlichen Vorschriften zur Gesellschaftsstruktur, zum Steuerrecht und insbesondere auch zur Beteiligung der Arbeitnehmer zu schaffen, und an dessen Ende sich ein nur schwer durchschaubarer Variantenreichtum ergibt aus der Kombination von europäischem Recht, mitgliedstaatlichen Vorschriften, Wahlmöglichkeiten der Gesellschafter im Rahmen der Satzung und gesonderten Vereinbarungen über die Arbeitnehmerbeteiligung.[1526] In Abhängigkeit des Gesellschaftssitzes scheint es daher gerechtfertigt, von einer deutschen, englischen, franzö-

1526 *Weber* in: FS 600 Jahre Würzburger Juristenfakultät, 207 ff.

sischen, österreichischen usw SE zu sprechen.[1527] Die Ursachen dieses fundamentalen Wandels in der Konzeption der SE werden verständlich, wenn man die wichtigsten Stationen zur Befriedung der mitunter als „dreißigjährigen Krieg“[1528] bezeichneten Auseinandersetzung der Mitgliedstaaten um ein Statut für eine Europäische Gesellschaft nachvollzieht.

a) Historische Entwicklung der Societas Europaea

Im Jahr 1970 legte die Kommission den ersten Vorschlag eines Statuts für europäische Aktiengesellschaften[1529] vor, der weitestgehend an einen von der Arbeitsgruppe unter Vorsitz von Pieter Sanders entwickelten Vorentwurf[1530] angelehnt war. Dem Kommissionsvorschlag lag die Überlegung zugrunde, dass nur ein vollständiges und abschließendes europäisches Regelungswerk dem Ziel gerecht werde, im europäischen Raum agieren wollenden Gesellschaften eine Gesellschaftsform zur Verfügung zu stellen, die sie von nationalen Beschränkungen befreit.[1531] Art 7 des Entwurfs schloss dementsprechend sogar eine ergänzende Anwendung nationalen Rechts aus und verwies für offene Rechtsfragen auf die allgemeinen Grundsätze des Statuts und erforderlichenfalls subsidiär auf die gemeinsamen Grundsätze des Rechts der Mitgliedstaaten. Die Organstruktur der geplanten SE folgte allein dem dualistischen Modell mit Vorstand und Aufsichtsrat. Eine Beteiligung der Arbeitnehmer war auf drei Ebenen vorgesehen: erstens durch einen Europäischen Betriebsrat mit Beteiligungsrechten bei länderübergreifenden sozialen Angelegenheiten, zweitens durch Bestellung eines Drittels der Mitglieder des Aufsichtsrats und drittens durch die Möglichkeit, der in den Betrieben bzw Unternehmen der SE vertretenen Gewerkschaften Arbeitsbedingungen auf der Grundlage von Tarifverträgen mit der SE aushandeln zu können.

Dieser insbesondere im Hinblick auf die Organstruktur und Mitbestimmung stark am Vorbild der deutschen Aktiengesellschaft und dem BetrVG 1952 orientierte Kommissionsentwurf hatte vor dem Hintergrund der im Übrigen völlig unterschiedlichen Traditionen der Mitgliedstaaten keine Verwirklichungschance. Ähnliches galt für den leicht veränderten zweiten Vorschlag der Kommission aus dem Jahr 1975. Dessen Beratungen wurden im Ministerrat im Jahre 1982 schließlich offiziell ausgesetzt, wohl aber nicht zuletzt auch deswegen, weil man den Harmonisierungsbemü-

1527 *Wißmann* in: FS Wiedemann, 688.
1528 *Schwarz*, ZIP 2001, 1847.
1529 ABlEG 1970 Nr 124/1.
1530 Vgl zu diesem Vorentwurf *von Caemmerer* in: Festgabe Kronstein, 171 ff.
1531 Vgl dazu die Erwägungsgründe Nr 5, 6, 10 und 13 des Kommissionsentwurfs.

hungen, insbesondere durch die Vorschläge einer Richtlinie zur Angleichung der Struktur von Aktiengesellschaften in den Mitgliedstaaten, Vorrang einräumte.[1532]

Als diese Bemühungen um eine strukturelle Angleichung der mitgliedstaatlichen Unternehmensverfassungen sich als jedenfalls nicht zeitnah realisierbar herausstellten, belebte die Kommission mit dem Memorandum zum Statut einer Europäischen Aktiengesellschaft von 1988 erneut die Diskussion über die Schaffung einer gemeinschaftsweiten Gesellschaftsform. In der Frage der Mitbestimmung legte sie darin die offensichtlich unvereinbaren Positionen der Mitgliedstaaten offen: „Jeder Vorstoß in Richtung auf ein gesetzliches Mitspracherecht der Arbeitnehmer im Gesellschaftsrecht hieße für die einen, einen gefährlichen Präzedenzfall schaffen, während nach Ansicht der anderen jedes neue System, das qualitativ nicht dem in ihrem Land bestehenden Mitbestimmungssystem entspricht, ihre eigenen Unternehmen veranlassen könnte, Zuflucht zu diesen neuzugänglichen Modellen zu nehmen, die als kostengünstiger gelten“[1533]. Vor diesem Hintergrund veränderte die Kommission die Regelungskonzeption vor allem in drei Punkten.[1534] Sie gab einmal das Ziel eines vollständigen und abschließenden europäischen Regelungswerks auf, klammerte bestimmte Regelungsbereiche wie das Steuerrecht völlig aus und regelte andere durch Verweisung auf das Recht des jeweiligen Sitzstaates der Europäischen Aktiengesellschaft. Sie eröffnete zweitens hinsichtlich der Organverfassung die Wahlmöglichkeit zwischen dualistischem und monistischem Modell. Und sie lagerte drittens den Regelungsbereich der Arbeitnehmerbeteiligung in eine eigene Richtlinie aus und bot darin unterschiedliche, ihrer Auffassung nach gleichwertige aus den mitgliedstaatlichen Mitbestimmungstraditionen entwickelte Mitbestimmungsvarianten zur Wahl an (ein deutsches, ein niederländisches, ein französisches und ein skandinavisches Modell).[1535]

Das Mitbestimmungsproblem war damit aber nicht gelöst, die Auseinandersetzung verlagerte sich vielmehr auf die Frage der Gleichwertigkeit der zur Wahl gestellten Mitbestimmungsmodelle. Es blieb bei den offensichtlich unvereinbaren Positionen, zum einen die Mitbestimmung der Arbeitnehmer verhindern zu wollen (insbesondere vertreten von Großbritannien) und zum anderen der Angst vor der Aufweichung gefestigter Mitbestimmungstraditionen (insbesondere Deutschlands). Die Suche nach einem Kompromiss kam vor diesem Hintergrund der Quadratur des Kreises

1532 Vgl *Figge*, Mitbestimmung, 192.
1533 KOM (88) 320 endg, 4.
1534 Vgl dazu *Höland*, Mitbestimmung in Europa, 37.
1535 Vgl dazu *Mävers*, Die Mitbestimmung der Arbeitnehmer, 213 ff.

gleich[1536] und bedurfte nicht weniger als eines Wunders, dem sog „Wunder von Nizza".

Wegbereiter dieses Wunders war zunächst die Verabschiedung der RL 94/45/EG über die Einsetzung eines Europäischen Betriebsrats,[1537] welche mit dem in ihr angelegten Prinzip eines Vorrangs von Verhandlungslösungen eine neue Perspektive auch für die Mitbestimmungsfrage bei der Europäischen Gesellschaft eröffnete. Hinzu kam die Veröffentlichung des Abschlussberichts der Sachverständigengruppe „European Systems of Worker Involvement", der in der späteren Diskussion nach dessen Vorsitzendem und damaligen Vizepräsidenten der Kommission, *Étienne Davignon*, benannt wurde.[1538] Der Davignon-Bericht griff die Verhandlungslösung der RL 94/45/EG auf und übertrug diese auch auf die in der SE angelegte Mitbestimmung der Arbeitnehmer in Gesellschaftsorganen. Die Auffangregelung sah für den Fall des Scheiterns von Verhandlungen in mitbestimmungsrechtlicher Hinsicht das Recht der Arbeitnehmer vor, ein Fünftel der Mitglieder des Verwaltungs- bzw Aufsichtsorgans der SE zu wählen oder zu entsenden und zwar mindestens zwei Mitglieder. Auf dieser Grundlage wurden auf Ratsebene unter der Präsidentschaft von zunächst Luxemburg und nachfolgend Großbritannien, Österreich und Deutschland jeweils überarbeitete Kompromissvorschläge zur Arbeitnehmerbeteiligung diskutiert. Erwähnenswert ist insbesondere die im britischen Vorschlag erstmals enthaltene Abkehr von der starren Auffanglösung des Davignon-Berichts hin zum sog Vorher-Nachher-Prinzip, das das Bestehen und den Umfang von Mitbestimmungsrechten davon abhängig macht, ob und inwieweit solche bisher in den Gesellschaften bestanden, die an der SE-Gründung beteiligt sind.[1539] Die von Großbritannien erstrebte Möglichkeit einer „Null-Lösung" war damit ebenso denkbar wie die Verwirklichung der von Deutschland geforderten Bestandsgarantie.[1540]

Die endgültige politische Einigung gelang auf dem Gipfel in Nizza unter französischer Ratspräsidentschaft. Ausschlaggebend waren weitere Kompromisse im Bereich der genaueren Ausgestaltung der Mitbestimmungsregelungen in Abhängigkeit von der jeweiligen Gründungsform der SE, insbesondere einer speziellen Ausschlussoption der Auffangregelung für eine

1536 So *Wißmann* in: FS für Wiedemann, 2002, 687.

1537 Siehe dazu oben 3.

1538 Abschlussbericht der Sachverständigengruppe „European Systems of Worker Involvement (with regard to the European Company Statute and the other pending proposals)", 1997.

1539 Vgl *Kolvenbach*, NZA 1998, 1326 ff.

1540 Vgl *Weiss*, NZA 2003, 181 ff.

bestimmte Verschmelzungskonstellation als Zugeständnis an Spanien.[1541] Am 8. 10. 2001 wurden die endgültige Fassung der SE-VO über das Statut einer Europäischen Gesellschaft[1542] und der SE-RL zur Ergänzung des Statuts der Europäischen Gesellschaft hinsichtlich der Beteiligung der Arbeitnehmer[1543] formal verabschiedet.

Abschließend soll nicht unerwähnt bleiben, dass das Europäische Parlament eine Nichtigkeitsklage gegen die beiden Rechtsakte vor dem EuGH erwog. Nach Ausgliederung der Arbeitnehmerbeteiligungsfragen in eine eigene Richtlinie, was als solches schon zu heftiger Kritik Anlass gab,[1544] hatte der Rat die Rechtsakte einheitlich auf Art 308 EG [aufgegangen in Art 352 AEUV][1545] gestützt und leitete die nach dem Nizza-Kompromiss gefertigten Entwürfe dementsprechend dem Parlament nur zum Zwecke der Konsultation zu. Das Parlament hatte damit zwar die Möglichkeit, eine Stellungnahme abzugeben und Änderungsvorschläge zu unterbreiten. Diese waren für den Rat aber unverbindlich. Nach Auffassung des Parlaments hätte es nach dem damaligen Mitentscheidungsverfahren gem Art 251 EG [nunmehr „ordentliches Gesetzgebungsverfahren", Art 294 AEUV] beteiligt werden müssen. Das Parlament behandelte die Entwürfe auch weiterhin nach den Regularien des Mitentscheidungsverfahrens. Es stimmte dem Entwurf der Verordnung und der Richtlinie zwar zu, behielt sich aber zugleich eine Nichtigkeitsklage vor dem EuGH vor und unterbreitete Änderungsvorschläge. Die Änderungsvorschläge des Parlaments wurden vom Rat verworfen. Der damalige Parlamentspräsident *Pat Cox* entschied dennoch, entgegen einer Empfehlung des Ausschusses für Recht und Binnenmarkt, es nicht zu einem Rechtsstreit vor dem EuGH kommen und die Frist für eine Nichtigkeitsklage verstreichen zu lassen, um den nach so langer Zeit erreichten Kompromiss nicht wieder zu gefährden.[1546]

1541 Vgl Art 7 Abs 3 RL 2001/86/EG; vgl zur „Spanischen Klausel" *Nagel/Köklü*, ZESAR 2004, 180 ff.

1542 ABlEG 2001 Nr L 294/1.

1543 ABlEG 2001 Nr L 294/22.

1544 Vgl dazu den Überblick bei *Mävers*, Die Mitbestimmung der Arbeitnehmer, 243.

1545 Der Rat war sich im Klaren, dass der EG nicht die erforderlichen Befugnisse für die Annahme der vorgeschlagenen Richtlinie durch die Gemeinschaft enthielt. Jedoch wurde ein Tätigwerden der Gemeinschaft für erforderlich gehalten, damit im Rahmen des Binnenmarktes eines der Ziele der Gemeinschaft – die Förderung sozialer Ziele der Gemeinschaft – erreicht werden kann, vgl Erwägungsgrund Nr 16 der Präambel.

1546 Vgl dazu *Neye*, ZGR 2002, 377 f.

b) Regelungssystematik und gesellschaftsrechtliche Grundzüge

Der rechtliche Rahmen der SE wird durch die unmittelbar anwendbare VO (EG) Nr 2157/2001 des Rates vom 8. 10. 2001 über das Statut der Europäischen Gesellschaft (SE-VO) und die in innerstaatliches Recht umzusetzende RL 2001/86/EG vom 8. 10. 2001 zur Ergänzung des Statuts der Europäischen Gesellschaft hinsichtlich der Beteiligung der Arbeitnehmer (SE-RL) vorgegeben. Die Verordnung trat gem Art 70 SE-VO am 8. 10. 2004 in Kraft. Gleichzeitig lief die Umsetzungsfrist der Richtlinie ab (Art 14 SE-RL). Erwägungsgrund Nr 19 der Präambel der SE-VO hält hinsichtlich des Verhältnisses der beiden Rechtsakte zueinander fest, dass es sich bei der SE-RL um eine untrennbare Ergänzung der SE-VO handelt.

Die bereits oben erläuterte Abkehr von der Idee eines einheitlichen und umfassenden Regelungswerks kommt in Erwägungsgrund Nr 20 der Präambel der SE-VO zum Ausdruck. Danach werden einige Rechtsbereiche, die in früheren Entwürfen teilweise noch Gegenstand der Verordnung waren, von dieser nun nicht mehr erfasst, wie zB das Steuerrecht.[1547] Hinsichtlich dieser Rechtsbereiche wird allgemein auf die Rechtsvorschriften der Mitgliedstaaten und das Unionsrecht verwiesen.

Das Rangverhältnis der auf die SE anzuwendenden gesellschaftsrechtlichen Bestimmungen ergibt sich aus Art 9 SE-VO. Nach Abs 1 der Vorschrift unterliegt die SE primär den Bestimmungen der Verordnung sowie in den von der Verordnung ausdrücklich geregelten Fällen den Bestimmungen der SE-Satzung. In den übrigen nicht von der SE-VO erfassten Bereichen gelten zunächst die von den Mitgliedstaaten speziell für die SE erlassenen Vorschriften, dann das Aktienrecht des Sitzstaates der SE und schließlich die Satzungsbestimmungen unter den gleichen Voraussetzungen wie im Falle einer nach dem Recht des Sitzstaates gegründeten Aktiengesellschaft.

Die Möglichkeiten zur Gründung einer SE werden auf einen numerus clausus von vier primären Gründungsformen und einer sekundären begrenzt, wobei für die primären Gründungsformen als einheitliche Grundvoraussetzung ein mehrstaatlicher Bezug prägend ist.[1548] Es sind folgende Gründungsformen zu unterscheiden:

1547 Gemeinschaftliche Regelungen bestehen durch die RL 2009/133/EG über das gemeinsame Steuersystem für Fusionen, Spaltungen, Abspaltungen, die Einbringung von Unternehmensteilen und den Austausch von Anteilen, die Gesellschaften verschiedener Mitgliedstaaten betreffen, sowie für die Verlegung des Sitzes einer Europäischen Gesellschaft oder einer Europäischen Genossenschaft von einem Mitgliedstaat in einen anderen Mitgliedstaat, ABlEU 2009 Nr L 310/34.

1548 Zum Gestaltungsspielraum und Typenzwang *Oechsler*, NZG 2005, 697 ff. Grundlegende Planungsschritte im Vorfeld der Gründung einer SE benennt *Funke*, NZA 2009, 412 ff.

- Gründung durch Verschmelzung von Aktiengesellschaften verschiedener Mitgliedstaaten zu einer SE (Art 2 Abs 1 iVm Art 17 ff SE-VO);[1549]
- Gründung einer Holding-SE durch Aktiengesellschaften oder Gesellschaften mit beschränkter Haftung, sofern mindestens zwei von ihnen entweder dem Recht verschiedener Mitgliedstaaten unterliegen oder seit mindestens zwei Jahren eine Tochtergesellschaft oder Zweigniederlassung in einem anderen Mitgliedstaat haben (Art 2 Abs 2 iVm Art 32 ff SE-VO);
- Gründung einer gemeinsamen Tochter-SE durch mindestens zwei Gesellschaften iSd Art 54 Abs 2 AEUV, wenn diese entweder dem Recht verschiedener Mitgliedstaaten unterliegen oder seit mindestens zwei Jahren eine Tochtergesellschaft oder Zweigniederlassung in einem anderen Mitgliedstaat haben (Art 2 Abs 3 iVm Art 35 f SE-VO);
- Gründung einer SE im Wege der Umwandlung einer nach dem Recht eines Mitgliedsstaats gegründeten Aktiengesellschaft mit Satzungs- und Verwaltungssitz in der Gemeinschaft, wenn diese seit mindestens zwei Jahren eine Tochtergesellschaft in einem anderen Mitgliedstaat hat (Art 2 Abs 4 iVm Art 37 SE-VO);[1550]
- Gründung einer Tochter-SE durch eine wirksam gegründete SE (Art 3 Abs 2 SE-VO).

Die Organstruktur der SE wird durch Art 38 SE-VO geregelt. Die SE verfügt danach über eine Hauptversammlung der Aktionäre und je nach Satzungsfestlegung entweder über ein Aufsichts- und ein Leitungsorgan (dualistisches System; vgl Art 39 ff SE-VO) oder ein einheitliches Verwaltungsorgan (monistisches System; vgl Art 43 ff SE-VO).[1551] Das Recht der Arbeitnehmer bzw Arbeitnehmervertreter, einen Teil der Mitglieder des Aufsichtsbzw des Verwaltungsorgans zu wählen oder zu bestellen, ergibt sich grundsätzlich nach Maßgabe der SE-RL. Die SE-VO trifft dazu nur einige ergänzende Bestimmungen. So regelt bspw Art 43 Abs 2 UA 2 SE-VO, dass ein nach der SE-RL mitbestimmtes Verwaltungsorgan aus mindestens drei Mitgliedern bestehen muss. Weiterhin legen Art 42 SE-VO für das Aufsichtsorgan und Art 45 SE-VO für das Verwaltungsorgan fest, dass nur ein von der Hauptversammlung der Aktionäre bestelltes Mitglied zum Vorsitzenden gewählt werden kann, wenn die Hälfte der Mitglieder des Aufsichts- bzw

1549 Vgl dazu *Walden/Meyer-Landrut*, DB 2005, 2119 ff.

1550 Die Mitgliedstaaten haben gem Art 37 Abs 8 SE-VO die Möglichkeit die Umwandlung davon abhängig zu machen, dass das Organ der umzuwandelnden Gesellschaft, in dem die Mitbestimmung der Arbeitnehmer vorgesehen ist, der Umwandlung mit qualifizierter Mehrheit oder einstimmig zustimmt; zur grenzüberschreitenden Umwandlung *Knapp*, DNotZ 2005, 723 ff.

1551 Vgl zu den Besonderheiten der Mitbestimmung in der monistischen SE *Gruber/Weller*, NZG 2003, 297 ff; *Roth*, ZfA 2004, 431 ff; *Merkt*, ZGR 2003, 650 ff.

Verwaltungsorgans von den Arbeitnehmern bestellt werden. Hintergrund dieser Regelung ist Art 50 Abs 2 SE-VO, wonach die Stimme des Vorsitzenden bei Stimmengleichheit den Ausschlag gibt und eine davon abweichende Satzungsbestimmung nicht möglich ist, wenn sich das Aufsichtsorgan zur Hälfte aus Arbeitnehmervertretern zusammensetzt.

Die gesellschaftsrechtliche Gewähr für die Berücksichtigung der zur Beteiligung der Arbeitnehmer ergänzend ergangenen Regelungen der SE-RL bietet Art 12 Abs 2 SE-VO. Danach wird die konstitutive Eintragung der SE davon abhängig gemacht, dass entweder eine Vereinbarung über die Beteiligung der Arbeitnehmer gem Art 4 SE-RL geschlossen wurde, die Arbeitnehmer nach Maßgabe des Art 3 Abs 6 SE-RL auf eine Beteiligung verzichtet haben oder wegen Ablaufs der Verhandlungsfrist nach Art 5 iVm Art 7 Abs 1 lit b SE-RL die Auffangregelung des Anhangs der SE-RL zur Anwendung kommt. Hat ein Mitgliedstaat für den Fall der Gründung einer SE im Wege der Verschmelzung die Geltung der Auffanglösung gem Art 7 Abs 3 SE-RL ausgeschlossen, so kann eine Registrierung der SE nur erfolgen, wenn gem Art 4 SE-RL eine Vereinbarung über die Beteiligung der Arbeitnehmer (einschließlich der Mitbestimmung) geschlossen wurde oder in keiner der zu verschmelzenden Gesellschaften vor der Registrierung Mitbestimmungsvorschriften galten (Art 12 Abs 3 SE-VO). Bei der Gründung einer SE im Wege der Verschmelzung wie auch bei der Gründung einer Holding-SE hat die Hauptversammlung jeder der an der Gründung beteiligten Gesellschaften die Möglichkeit, sich das Recht vorzubehalten, die Eintragung der SE davon abhängig zu machen, dass eine geschlossene Vereinbarung zur Beteiligung der Arbeitnehmer iSd Art 4 SE-RL von ihr ausdrücklich genehmigt wird (Art 23 Abs 2 bzw Art 32 Abs 6 UA 2 SE-VO).

Nach Art 8 Abs 1 SE-VO kann die SE ihren Sitz in einen anderen Mitgliedstaat verlegen, ohne dass es dazu einer Auflösung oder Neugründung bedarf. Im Verlegungsplan sind gem Art 8 Abs 2 lit c SE-VO die etwaigen Folgen der Verlegung für die Beteiligung der Arbeitnehmer festzuhalten. Nach Art 66 Abs 1 SE-VO ist auch eine Umwandlung der SE in eine dem Recht ihres Sitzstaates unterliegende Aktiengesellschaft möglich, allerdings kann ein entsprechender Umwandlungsbeschluss frühestens zwei Jahre nach Eintragung der SE oder Genehmigung der ersten beiden Jahresabschlüsse gefasst werden.

c) Grundprinzipien der RL 2001/86/EG zur Beteiligung der Arbeitnehmer in der SE

Zum besseren Verständnis des Verfahrens zur Festlegung der Beteiligungsrechte der Arbeitnehmer sei vorab auf einige zentrale Aspekte aufmerksam gemacht, die den Erwägungsgründen der Präambel zur Richtlinie zu entnehmen sind und die die Grundprinzipien des Verfahrens zur Festlegung der Beteiligungsrechte aufzeigen.

Als Ausgangssituation kann zunächst nochmals festgehalten werden, dass angesichts der in den Mitgliedstaaten bestehenden Vielfalt an Regelungen und Gepflogenheiten der Arbeitnehmerbeteiligung sich ein einheitliches europäisches Modell nicht durchsetzen konnte.[1552] Zur Förderung der Ziele der Gemeinschaft im sozialen Bereich – insbesondere auf dem Gebiet der Beteiligung der Arbeitnehmer – soll aber gewährleistet werden, dass die Gründung einer SE nicht zur Beseitigung oder zur Einschränkung der Gepflogenheiten[1553] der Arbeitnehmerbeteiligung führt, die in den an der Gründung einer SE beteiligten Gesellschaften herrschen (Erwägungsgrund Nr 3). Sofern und soweit es in einer der an der Gründung beteiligten Gesellschaften Mitbestimmungsrechte gibt, sollen diese durch Übertragung an die SE nach deren Gründung erhalten bleiben, wenn die Parteien nichts anderes beschließen (vgl Erwägungsgrund Nr 7). Die Sicherung erworbener Rechte der Arbeitnehmer wird also zum „fundamentalen Grundsatz" und erklärten Ziel der Richtlinie. Die erworbenen Rechte sollen daher den Ausgangspunkt für die Gestaltung der Beteiligungsrechte in der SE bilden, sog Vorher-Nachher-Prinzip (vgl Erwägungsgrund Nr 18). Die Gestaltung der Beteiligungsrechte erfolgt vorrangig durch Vereinbarung zwischen den betroffenen Parteien und nur bei Misslingen einer Vereinbarung können eine Reihe von subsidiären Regeln zum Tragen kommen (vgl Erwägungsgrund Nr 8). In den Verhandlungen über die Beteiligungsrechte wird das Vorher-Nachher-Prinzip dadurch abgesichert, dass die Abstimmungsregeln in dem Gremium, das die Arbeitnehmer zu Verhandlungszwecken vertritt, in einem angemessenen Verhältnis zur Gefahr der Beseitigung oder der Einschränkung der bestehenden Mitbestimmungssysteme und -praktiken stehen sollen (Erwägungsgrund Nr 10). Mit anderen Worten soll eine Mitbestimmungsreduzierung an qualifizierte Mehrheiten im Verhandlungsgremium geknüpft werden.

Die Anwendung des Vorher-Nachher-Prinzips beschränkt sich nicht auf die Neugründung einer SE, sondern gilt grundsätzlich auch für strukturelle

---

1552 Vgl dazu Erwägungsgrund Nr 5, der davon spricht, dass ein einheitliches europäisches Modell nicht „ratsam" sei, aber wohl eher meint, dass nach den Erfahrungen der Vergangenheit die weitere Suche nach einem solchen Modell nicht ratsam erscheint.

1553 Eine nähere Umschreibung des Begriffs „Gepflogenheit" ist Erwägungsgrund Nr 20 zu entnehmen. Danach ist Gepflogenheit im Zusammenhang mit der Regelung der Arbeitnehmerbeteiligung in der Weise zu verstehen, dass sie auch Tarifverträge auf verschiedenen Ebenen – national, sektoral oder unternehmensbezogen – umfasst.

Veränderungen einer SE und für die von den strukturellen Änderungsprozessen betroffenen Gesellschaften (vgl Erwägungsgrund Nr 18).

d) Vorrangiges Verhandlungsverfahren zur Festlegung der Beteiligungsrechte der Arbeitnehmer

Planen Gesellschaften die Gründung einer SE, so sind ihre Leitungs- bzw Verwaltungsorgane nach Art 3 Abs 1 SE-RL verpflichtet, nach Offenlegung des je nach Gründungsform vorgeschriebenen gesellschaftsrechtlichen Plans so rasch wie möglich die erforderlichen Schritte für die Aufnahme von Verhandlungen mit den Arbeitnehmervertretern der Gesellschaften über die Vereinbarung betreffend die Beteiligung der Arbeitnehmer in der SE einzuleiten.[1554] Zu diesem Zweck haben sie die Arbeitnehmervertreter insbesondere über die Identität der beteiligten Gesellschaften, der betroffenen Tochtergesellschaften oder Betriebe sowie die Zahl der dort Beschäftigten zu unterrichten (Art 3 Abs 1 SE-RL).

Gem Art 3 Abs 2 SE-RL wird zum Zwecke der Verhandlung auf Seiten der Arbeitnehmer ein besonderes Verhandlungsgremium gebildet. Mitgliederzahl und Sitzverteilung ergeben sich aus der Grundregel, dass jeder Mitgliedstaat für jeden vollen oder im Übrigen angefangenen Anteil von 10 Prozent der in seinem Hoheitsgebiet betroffenen Arbeitnehmer an der Gesamtzahl betroffener Arbeitnehmer einen Sitz im besonderen Verhandlungsgremium beanspruchen kann (Art 3 Abs 2 lit a SE-RL). Das Verfahren für die Wahl oder Bestellung der auf einen Mitgliedstaat entfallenden Mitglieder des besonderen Verhandlungsgremiums wird gem Art 3 Abs 2 lit b SE-RL durch das nationale Recht festgelegt. Dabei soll sichergestellt werden, dass nach Möglichkeit jede der beteiligten Gesellschaften im Mitgliedsstaat durch mindestens ein Mitglied vertreten wird. Bei einer SE-Gründung durch Verschmelzung darf dazu nach Art 3 Abs 2 lit a ii SE-RL innerhalb bestimmter Grenzen ausnahmsweise die sich aus obiger Grundregel ergebende Gesamtmitgliederzahl erhöht werden, um zu gewährleisten, dass Arbeitnehmer von Gesellschaften, die durch die SE-Gründung ihre Rechtspersönlichkeit verlieren, zumindest durch ein Mitglied im besonderen Verhandlungsgremium unmittelbar vertreten sind. Die Mitgliedstaaten können vorsehen, dass dem Gremium Gewerkschaftsvertreter auch dann angehören können, wenn sie nicht Arbeitnehmer einer beteiligten Gesellschaft sind (Art 3 Abs 2 lit b SE-RL).[1555]

1554 Einen kurzen Abriss des Ablaufs einer SE-Gründung unter Berücksichtigung des Verhandlungsverfahrens gibt *Calle Lambach,* AiB 2010, 192 ff.

1555 Vgl auch Erwägungsgrund Nr 19 der Präambel.

Die Aufgabe des besonderen Verhandlungsgremiums besteht gem Art 3 Abs 3 SE-RL darin, mit dem jeweils zuständigen Organ der beteiligten Gesellschaften eine Vereinbarung über die Beteiligung der Arbeitnehmer zu treffen.[1556] Bei der inhaltlichen Fassung der Vereinbarung sind die Parteien grundsätzlich frei. Art 4 Abs 2 SE-RL sieht allerdings einen gewissen Mindestinhalt vor. Neben den allgemeinen Rahmenbedingungen der Vereinbarung wie Geltungsbereich, Zeitpunkt des Inkrafttretens und Laufzeit[1557] sowie Gründe für eine Neuaushandlung und das dafür einschlägige Verfahren, werden drei denkbare Beteiligungsregelungen benannt. Hinsichtlich der Beteiligung der Arbeitnehmer durch Unterrichtung und Anhörung sind dies zunächst die beiden aus der Europäischen Betriebsratsrichtlinie bereits bekannten Alternativen, entweder ein eigenes Vertretungsorgan der Arbeitnehmer zu schaffen und diesem bestimmte Befugnisse einzuräumen (Art 4 Abs 2 lit b bis e SE-RL) oder Durchführungsmodalitäten für ein oder mehrere Verfahren zur Unterrichtung und Anhörung festzulegen (Art 4 Abs 2 lit f SE-RL).[1558] Entscheiden sich die Parteien darüber hinaus dafür, eine Mitbestimmung der Arbeitnehmer in Gesellschaftsorganen vorzusehen, so haben sie nach Art 4 Abs 2 lit g SE-RL festzulegen, wie viele Mitglieder des Verwaltungs- bzw des Aufsichtsorgans die Arbeitnehmer wählen oder bestellen bzw von wie vielen sie die Bestellung empfehlen oder ablehnen können, welches Verfahren dazu einzuhalten ist und welche Rechte diesen Mitgliedern im Verwaltungs- bzw Aufsichtsorgan zustehen.[1559] Will eine Gewerkschaft wegen mangelnder Beteiligung eine gerichtliche Feststellung der Unwirksamkeit einer Mitbestimmungsvereinbarung herbeiführen, so fehlt ihr für einen solchen Antrag das Rechtsschutzbedürfnis. Voraussetzung hierfür wäre (§ 256 ZPO) ein Streit über ein Rechtsverhältnis und ein Feststellungsinteresse. Der Feststellungsantrag bezieht sich auf eine Vorfrage hinsichtlich des von der Gewerkschaft angestrebten Ziels der Errichtung

1556 Vgl zur Rechtsnatur und zu möglichen Inhalten der Beteiligungsvereinbarung *Enke*, Beteiligungsvereinbarungen, insbesondere § 2 A und § 5.

1557 Mit den Folgen der Beendigung (zB Ende der vereinbarten Laufzeit) einer SE-Beteiligungsvereinbarung befasst sich *Forst*, EuZW 2011, 333 ff.

1558 Den Vorschlag einer Mustervereinbarung formulieren *Heinze/Seifert/Teichmann*, VBB 2005, 2526 ff. Einen Einblick in das SE-Gründungsverfahren der Allianz einschließlich Arbeitnehmerbeteiligung gibt *Hemeling*, Die Societas Europaea (SE) in der praktischen Anwendung. Mit den Möglichkeiten der vereinbarten Mitbestimmung in der SE befasste sich auch der 5. ZAAR-Kongress, vgl dazu *Rieble/Junker* (Hg), Vereinbarte Mitbestimmung in der SE.

1559 Zu einer ersten, bereits vor Erlass der RL 2001/86/EG den Gedanken der Verhandlungslösung aufgreifenden Mitbestimmungsvereinbarung bei Aventis *Blanpain*, Involvement of Employees in the European Union, 113.

eines SE-Betriebsrats kraft Gesetzes.[1560] Wollen die Parteien Regelungen aus den subsidiären Bestimmungen des Anhangs der Richtlinie zur Anwendung bringen, so müssen sie dies ausdrücklich vereinbaren (Art 4 Abs 3 SE-RL).

Art 12 Abs 4 SE-VO stellt klar, dass die Regelungsautonomie der Parteien der Satzungsautonomie der Gesellschafter vorgeht. Ergibt sich ein Widerspruch zwischen Beteiligungsvereinbarung und Satzung erst nachträglich durch Abschluss einer neuen Beteiligungsvereinbarung, so ist die Satzung im erforderlichen Umfang anzupassen. Umstritten ist, ob sich aus Art 12 Abs 4 SE-VO das Recht ergibt, in der Beteiligungsvereinbarung auch die Größe des mitbestimmten Organs festzulegen[1561] oder ob diese gesellschaftsstrukturelle Festlegung durch Art 43 SE-VO von vornherein der Satzungsautonomie vorbehalten ist.[1562]

Eine Einschränkung erfährt die Regelungsautonomie der Parteien durch das sog Vorher-Nachher-Prinzip.[1563] In seiner strengsten Form gilt es für die SE-Gründung durch Umwandlung.[1564] Nach Art 4 Abs 4 SE-RL muss in der Beteiligungsvereinbarung in Bezug auf alle Komponenten der Arbeitnehmerbeteiligung zumindest das gleiche Ausmaß gewährleistet werden, das in der Gesellschaft besteht, die in eine SE umgewandelt werden soll. Die Umwandlung der Gesellschaft darf also nicht zu einer Verschlechterung der Beteiligungsrechte der Arbeitnehmer führen.[1565] Allerdings ist strittig, welche Rechtsfolgen daraus im Einzelnen abzuleiten sind.[1566] Bei den übrigen Gründungsformen der SE findet das Vorher-Nachher-Prinzip nur für die Beteiligungsform der Mitbestimmung in Gesellschaftsorganen Anwendung. Verwirklicht wird es dadurch, dass die Mehrheitserfordernisse bei der Beschlussfassung im besonderen Verhandlungsgremium von dem je nach Gründungsform unterschiedlichen Risiko der Beseitigung oder Einschränkung bestehender Mitbestimmungssysteme oder -praktiken abhängig gemacht werden (vgl Erwägungsgrund Nr 10 der Präambel). Führt die Beteiligungsvereinbarung zu einer Minderung der Mitbestimmungsrechte, so

1560 LAG Berlin-Brandenburg 10.2.2017 – 6 TaBV 1585/16.

1561 So LG Nürnberg-Fürth, 1 HKO 8471/09 AG 2010, 384; zustimmend *Meißner*, ArbuR 2012, 63.

1562 So *Forst,* AG 2010, 350 ff; *Henssler/Sittard*, KSzW 2011, 360 ff, jeweils mwN.

1563 Vgl dazu bereits oben c).

1564 Zur Mitbestimmungssicherung bei Errichtung einer Europäischen Gesellschaft (SE) durch formwechselnde Umwandlung einer Aktiengesellschaft mit Sitz in Deutschland *Oetker* in: FS Birk, 2008, 557 ff.

1565 Zu den Schwierigkeiten eines Vergleichs insb der Mitbestimmungsqualität bei Wechsel der Organisationsstruktur von dualistischem zum monistischen System oder umgekehrt: *Nagel/Freis/Kleinsorge*, Beteiligung der Arbeitnehmer im Unternehmen auf Grundlage des europäischen Rechts, § 21 SEBG Rn 34 ff.

1566 Vgl zum Meinungsspektrum *Deilmann/Häferer*, NZA 2017, 607 ff.

bedarf der Beschluss in zwei Fällen einer Zwei-Drittel-Mehrheit der Mitglieder des besonderen Verhandlungsgremiums, die auch zwei Drittel der Arbeitnehmer vertreten, welche wiederum aus mindestens zwei Mitgliedstaaten stammen müssen. Diese qualifizierte Mehrheit gilt zum einen bei der Gründung durch Verschmelzung, wenn die Mitbestimmung sich bislang auf mindestens 25 Prozent der Gesamtzahl der Arbeitnehmer aller beteiligten Gründungsgesellschaften erstreckte und zum anderen bei Gründung einer Holding-SE oder einer Tochter-SE, wenn mindestens 50 Prozent der Gesamtzahl der Arbeitnehmer aller beteiligten Gründungsgesellschaften bislang unter eine Mitbestimmungsregelung fielen (Art 3 Abs 4 Satz 2 SE-RL). Im Übrigen beschließt das besondere Verhandlungsgremium über die Geltung einer ausgehandelten Vereinbarung mit der absoluten Mehrheit seiner Mitglieder, die auch die absolute Mehrheit der Arbeitnehmer vertreten (Art 3 Abs 4 Satz 1 SE-RL).

Was unter Minderung der Mitbestimmungsrechte zu verstehen ist, erläutert Art 3 Abs 4 Satz 3 SE-RL. In einer rein quantitativen Betrachtung ist festzustellen, ob der Anteil der Mitglieder des Verwaltungs- bzw des Aufsichtsorgans, die die Arbeitnehmer wählen oder bestellen bzw deren Bestellung sie empfehlen oder ablehnen können, geringer ist als der höchste in den beteiligten Gesellschaften geltende Anteil.[1567]

Die SE-RL eröffnet für das besondere Verhandlungsgremium auch die Alternative, den Beschluss zu fassen, keine Verhandlungen zur Herbeiführung einer Vereinbarung aufzunehmen oder aufgenommene Verhandlungen abzubrechen und statt dessen die Vorschriften für die Unterrichtung und Anhörung der Arbeitnehmer zur Anwendung gelangen zu lassen, die in den Mitgliedstaaten gelten, in denen die SE Arbeitnehmer beschäftigt (Art 3 Abs 6 SE-RL). Ein solcher Beschluss hat erhebliche Tragweite, denn die – ansonsten beim Scheitern subsidiär geltenden – Bestimmungen des Anhangs der SE-RL finden keine Anwendung (Art 3 Abs 6 UA 1 Satz 3 SE-RL), eine Wiederaufnahme der Verhandlungen ist – vorbehaltlich anderer Vereinbarung – frühestens nach zwei Jahren möglich (Art 3 Abs 6 UA 4 Satz 1 SE-RL) und, führt die spätere Wiederaufnahme zu keiner Einigung, so kommen die subsidiären Bestimmungen des Anhangs auch weiterhin nicht zur Geltung (Art 3 Abs 6 UA 4 Satz 2 SE-RL). Wegen dieser weitreichenden Konsequenzen bedarf ein solcher Beschluss einer Zwei-Drittel-Mehrheit der Stimmen der Mitglieder, die mindestens zwei Drittel der Arbeitnehmer vertreten, mit der Maßgabe, dass diese Mitglieder Arbeitnehmer in mindestens zwei Mitgliedstaaten vertreten müssen (Art 3 Abs 6 UA 2 SE-RL).

1567 AA *Deilmann/Häferer*, NZA 2017, 608 f.

Im Falle der Gründung einer SE durch Umwandlung ist der Beschluss, die Verhandlungen nicht aufzunehmen oder sie abzubrechen, nicht möglich, wenn in der umzuwandelnden Gesellschaft Mitbestimmung besteht (Art 3 Abs 6 UA 3 SE-RL). Andernfalls könnte durch einen solchen Beschluss – wegen Unanwendbarkeit der subsidiären Regeln des Anhangs – die bestehende Mitbestimmung in der umzuwandelnden Gesellschaft beseitigt werden.[1568]

Art 11 SE-RL enthält ein Verbot des Verfahrensmissbrauchs. Danach müssen die Mitgliedstaaten geeignete Maßnahmen treffen, um zu verhindern, dass eine SE dazu missbraucht wird, Arbeitnehmerbeteiligungsrechte zu entziehen oder vorzuenthalten.

e) Subsidiäre gesetzliche Regelung der Beteiligung der Arbeitnehmer

Nach Art 7 Abs 1 SE-RL ist jeder Mitgliedstaat verpflichtet, Auffangregelungen zur Beteiligung der Arbeitnehmer einzuführen, die den im Anhang der SE-RL niedergelegten Vorschriften genügen müssen. Der Inhalt dieser Bestimmungen des Anhangs soll im Folgenden kurz vorgestellt werden, bevor die Frage geklärt wird, unter welchen Voraussetzungen die dort vorgesehenen unterschiedlichen Beteiligungsrechte der Arbeitnehmer überhaupt zur Anwendung kommen. Die Auffangregelung sieht in ihren ersten beiden Teilen eine Beteiligung der Arbeitnehmer durch Unterrichtung und Anhörung eines eigens einzurichtenden Vertretungsorgans der Arbeitnehmer (sog SE-Betriebsrat)[1569] vor. Der dritte Teil widmet sich der Mitbestimmung, also dem Recht der Arbeitnehmer, Mitglieder des Verwaltungs- bzw Aufsichtsorgans zu wählen oder zu bestellen bzw deren Bestellung zu empfehlen oder abzulehnen.

- Teil 1 des Anhangs regelt die Zusammensetzung des SE-Betriebsrats. Diesem gehören Arbeitnehmer der SE, ihrer Tochtergesellschaften und ihrer Betriebe an, die von den Arbeitnehmervertretern aus deren Mitte oder, in Ermangelung solcher Vertreter, von der Gesamtheit der Arbeitnehmer gewählt oder bestellt werden (lit a). Die Bestimmung der Mitgliederzahl und die Verteilung auf die beteiligten Gesellschaften und betroffenen Tochtergesellschaften und Betriebe ist ähnlich geregelt wie bei der Besetzung des besonderen Verhandlungsgremiums (vgl lit e). Wahl

1568 Zur Frage, ob bzw wie bei der Gründung einer dualistisch verfassten SE im Wege der Umwandlung Ämterkontinuität im Aufsichtsorgan verwirklicht werden kann *Kleinhenz/Leyendecker-Langner*, AG 2013, 507 ff. Siehe auch *Deilmann/Häferer*, NZA 2017, 607 ff.

1569 So die Terminologie in der deutschen und auch in der österreichischen Umsetzung der RL 2001/86/EG, siehe dazu unten h).

oder Bestellung erfolgen wiederum nach den mitgliedstaatlichen Rechtsvorschriften. Die Mitgliedstaaten müssen ergänzend Regelungen zur Anpassung der Mitgliederzahl und der Sitzverteilung im SE-Betriebsrat vorsehen, um späteren Änderungen innerhalb der SE, ihrer Tochtergesellschaften oder Betriebe Rechnung zu tragen (lit b). Vier Jahre nach der Einsetzung des SE-Betriebsrats prüft dieser, ob Verhandlungen über eine Beteiligungsvereinbarung aufgenommen werden sollen, die er dann an Stelle eines besonderen Verhandlungsgremiums selbst führt (lit g).

- Teil 2 des Anhangs normiert die Unterrichtungs- und Anhörungsrechte des SE-Betriebsrats. Grundprinzip ist dabei, dass sich die Zuständigkeiten auf Angelegenheiten beschränken, die über die Ebene des einzelnen Mitgliedstaats hinausgehen. Dies ist zunächst dann der Fall, wenn die SE in ihrer Gesamtheit betroffen ist, aber auch dann, wenn die Angelegenheit eine in einem anderen Mitgliedstaat gelegene Tochtergesellschaft oder einen in einem anderen Mitgliedsstaat gelegenen Betrieb betrifft oder über die Befugnisse der Entscheidungsorgane auf Ebene des einzelnen Mitgliedstaats hinausgeht (lit a). Eine kontinuierliche Unterrichtung des SE-Betriebsrats wird dadurch sichergestellt, dass regelmäßige Berichte über die Geschäftsentwicklung und Perspektiven der SE zumindest einmal jährlich bei einem Zusammentreffen des SE-Betriebsrats mit dem zuständigen Organ der SE erörtert werden müssen und das zuständige Organ der SE auch verpflichtet ist, dem SE-Betriebsrat die Tagesordnung sämtlicher Sitzungen des Verwaltungs- bzw Leitungs- und Aufsichtsorgans sowie Kopien aller Unterlagen, die der Hauptversammlung der Aktionäre unterbreitet werden, zukommen zu lassen (lit b). Beim Eintritt außergewöhnlicher Umstände, die erhebliche Auswirkungen auf die Interessen der Arbeitnehmer haben, insbesondere bei Verlegungen, Verlagerungen, Betriebs- oder Unternehmensschließungen oder Massenentlassungen, hat das Vertretungsorgan darüber hinaus das Recht, davon unterrichtet zu werden. Der Zielsetzung, Einigungen zwischen dem SE-Betriebsrat und dem zuständigen SE-Organ herbeizuführen, wird insbesondere dadurch Nachdruck verliehen, dass der Beschluss des zuständigen SE-Organs, entgegen einer vom Vertretungsorgan im Rahmen der Anhörung abgegebenen Stellungnahme handeln zu wollen, zu dem Recht des SE-Betriebsrats führt, zuvor ein weiteres Mal mit dem zuständigen SE-Organ zusammenzutreffen, um eine Einigung herbeizuführen (Teil 2 lit c).
- Teil 3 des Anhangs regelt schließlich die Auffangregelung hinsichtlich der Mitbestimmung der Arbeitnehmer in Gesellschaftsorganen auf der Grundlage des Vorher-Nachher-Prinzips. In seiner strengsten Form gilt es wiederum für die durch Umwandlung gegründete SE. Alle Formen

der vor Eintragung der SE bestehenden Mitbestimmung finden auch nach Eintragung weiterhin Anwendung (lit a).[1570] In den übrigen Fällen der SE-Gründung wird das Vorher-Nachher-Prinzip in der Weise verwirklicht, dass sich die Zahl der Arbeitnehmervertreter im Verwaltungs- bzw Aufsichtsorgan nach dem höchsten Anteil an Arbeitnehmervertretern in einem Organ der Gründungsgesellschaften bemisst (lit b). Konsequenterweise besteht nur dann keine Pflicht, eine Mitbestimmung der Arbeitnehmer in der SE vorzusehen, wenn vor der Eintragung der SE in keiner der Gründungsgesellschaften eine Mitbestimmung bestand (lit b UA 2). Das Verfahren zur Festlegung der Arbeitnehmervertreter ist in lit b UA 3 näher geregelt. Nach lit b UA 4 werden die von den Arbeitnehmern bzw deren Vertretungen gewählten, bestellten oder empfohlenen Mitglieder in ihren Rechten und Pflichten den Vertretern der Anteilseigner gleichgestellt.

Wann die erläuterten Bestimmungen der Auffangregelung zum Tragen kommen, legt Art 7 SE-RL fest. Um dem Grundsatz des Verhandlungsvorrangs Geltung zu verleihen, kommt die Auffangregelung nur in zwei Alternativen zur Anwendung (Art 7 Abs 1 UA 2 SE-RL): Zum einen wenn die Parteien beschließen, die Auffangregelungen zur Anwendung zu bringen und zum anderen, wenn binnen sechs Monaten (bzw fakultativ binnen maximal eines Jahres) nach Einsetzung des besonderen Verhandlungsgremiums keine Beteiligungsvereinbarung zustande gekommen ist und auf Seiten der an der SE-Gründung beteiligten Gesellschaften das jeweils zuständige Organ der Anwendung der Auffangregelung auf die SE und damit der Fortsetzung des Verfahrens zur Eintragung der SE zustimmt und auf Seiten der Arbeitnehmer das besondere Verhandlungsgremium nicht beschlossen hat, keine Verhandlungen aufzunehmen oder bereits aufgenommene wieder abzubrechen.

Durch die Art 7 Abs 2 und 3 SE-RL wird speziell der Anwendungsbereich des Teil 3 der Auffangregelung (die Mitbestimmung) nach Maßgabe des Vorher-Nachher-Prinzips in Abhängigkeit der SE-Gründungsform eingeschränkt:

- Bei Gründung der SE durch Umwandlung kommt die Auffangregelung zur Geltung, wenn in der Gesellschaft vor der Umwandlung Bestimmungen über die Mitbestimmung der Arbeitnehmer im Verwaltungs- oder Aufsichtsorgan galten (Art 7 Abs 2 lit a SE-RL).

1570 Entscheidend ist, jedenfalls im Fall der Umwandlung, welche Beteiligungsrechte von Gesetzes wegen hätten bestehen müssen, auch wenn diese von den Arbeitnehmern (bislang) nicht durchgesetzt wurden, vgl dazu *Grambow*, BB 2012, 902 ff.

- Im Falle einer durch Verschmelzung gegründeten SE kommt die Auffangregelung über die Mitbestimmung zum Tragen, wenn vor der Eintragung der SE in einer oder mehreren der beteiligten Gesellschaften Formen der Mitbestimmung bestanden und sich diese entweder auf mindestens 25 Prozent der Gesamtzahl der Arbeitnehmer aller beteiligten Gesellschaften erstreckten oder zwar weniger als die geforderten 25 Prozent erfasst wurden, dafür aber das besondere Verhandlungsgremium die Anwendung der subsidiären Mitbestimmungsvorschriften beschließt (Art 7 Abs 2 lit b SE-RL). Die zuletzt genannte Alternative der Anwendung der Mitbestimmungsregelungen kann nach Art 7 Abs 3 SE-RL durch die Mitgliedstaaten ausgeschlossen werden.[1571]
- Bei Gründung einer Holding-SE oder einer gemeinsamen Tochter-SE kommt die Auffangregelung über die Mitbestimmung zur Geltung, wenn vor der Eintragung der SE in einer oder mehreren der beteiligten Gesellschaften Formen der Mitbestimmung bestanden und sich diese entweder auf mindestens 50 Prozent der Gesamtzahl der Arbeitnehmer aller beteiligten Gesellschaften erstreckten oder zwar weniger als die geforderten 50 Prozent erfasst wurden, dafür aber das besondere Verhandlungsgremium die Anwendung der subsidiären Mitbestimmungsvorschriften beschließt (Art 7 Abs 2 lit c SE-RL).

f) Verhältnis der SE-RL zu anderen Bestimmungen

Das Verhältnis der SE-RL zu anderen die Arbeitnehmerbeteiligung betreffenden Bestimmungen wird durch Art 13 SE-RL festgelegt. Von besonderer Bedeutung ist dessen Abs 1. Danach kommt die RL 94/45/EG über den Europäischen Betriebsrat [jetzt: RL 2009/38/EG] nicht zur Geltung, wenn die SE-RL Anwendung findet. Dies gilt ausnahmsweise dann nicht, wenn vom besonderen Verhandlungsgremium nach Art 3 Abs 6 SE-RL der Beschluss gefasst wurde, keine Verhandlungen aufzunehmen oder bereits aufgenommene Verhandlungen abzubrechen (Art 13 Abs 1 UA 2 SE-RL).

Nach Art 13 Abs 2 SE-RL finden die mitgliedstaatlichen Vorschriften und Gepflogenheiten zur Beteiligung der Arbeitnehmer in Unternehmensorganen, die nicht der Umsetzung der Richtlinie dienen, auf die nach der SE-VO gegründeten und von der SE-RL erfassten Gesellschaften keine Anwendung. Die sonstigen nach einzelstaatlichen Rechtsvorschriften bestehenden Beteiligungsrechte, die für die Arbeitnehmer der SE, ihrer Tochtergesellschaften oder Betriebe gelten, bleiben hingegen ebenso unberührt, wie

1571 Erst durch diese Regelung konnte Spanien auf dem EU-Gipfel von Nizza im Dezember 2000 bewogen werden, den im Übrigen gefundenen Kompromiss mitzutragen.

Bestimmungen über die Mitbestimmung in Gesellschaftsorganen betreffend die Tochtergesellschaften der SE (Art 13 Abs 3 SE-RL).

g) Arbeitsweise des Vertretungsorgans der Arbeitnehmer

Im Teil III (Art 8 ff) enthält die SE-RL eine Reihe von Bestimmungen, die einige generelle Rahmenbedingungen der Arbeitnehmerbeteiligung regeln und jenen der RL 2009/38/EG über den Europäischen Betriebsrat entsprechen. So sind Bestimmungen getroffen über Verschwiegenheit und Geheimhaltung (Art 8) und über die Arbeitsweise des Vertretungsorgans (Art 9), insbesondere die Verankerung des Grundsatzes, dass das zuständige Organ der SE und das Vertretungsorgan mit dem Willen zur Verständigung zusammenarbeiten, den Schutz der Arbeitnehmervertreter im Rahmen der innerstaatlichen Rechtsvorschriften (Art 10).

h) Mitgliedstaatliche Umsetzung der SE-RL

Nur sechs Mitgliedstaaten setzten die Richtlinie innerhalb der durch Art 14 SE-RL vorgeschriebenen Frist bis zum 8. 10. 2004 in mitgliedstaatliches Recht um.[1572] Auch in Deutschland wurden mit dem Gesetz zur Einführung der Europäischen Gesellschaft (SEEG)[1573] vom 22. 12. 2004 die Voraussetzungen für die Gründung einer SE unter Beteiligung deutscher Gesellschaften erst verspätet geschaffen. Das SEEG enthält zum einen das Gesetz zur Ausführung der SE-Verordnung (SE-Ausführungsgesetz – SEAG) und zum anderen das Gesetz über die Beteiligung der Arbeitnehmer in der Europäischen Gesellschaft (SE-Beteiligungsgesetz – SEBG).[1574] Beide Gesetze sind am 29. 12. 2004 in Kraft getreten.[1575]

Verfassungsrechtliche Bedenken hat die deutsche Umsetzung der Mitbestimmung im Verwaltungsrat der monistisch verfassten SE hervorgerufen.[1576] Allerdings scheint die Wahl der monistischen Organstruktur, jedenfalls wenn eine Mitbestimmung der Arbeitnehmer im Raum steht, wenig Praxisrelevanz

1572 Vgl Mitteilung der Kommission zur Überprüfung der Richtlinie 2001/86/EG, KOM (2008) 591 endg, 1.

1573 BGBl I 2004, 3675 ff.

1574 Zum SEBG vgl *Krause*, BB 2005, 1221 ff; *Oetker*, ZESAR 2005, 3 ff; *Grobys*, NZA 2005, 84 ff; *Müller-Bonnani/Melot de Beauregard*, GmbHR 2005, 195 ff; *Calle Lambach*, RIW 2005, 161 ff; *Güntzel*, Die Richtlinie über die Arbeitnehmerbeteiligung in der Europäischen Aktiengesellschaft (SE) und ihre Umsetzung in das deutsche Recht.

1575 Zu den Erfahrungen mit der SE in Deutschland *Reichert* in: *Hutter/Baums* (Hg), 321 ff.

1576 Vgl dazu etwa *Jacobs*, MünchKomm AktG, 3. Aufl 2012, § 35 SEBG Rn 17 ff.

zu besitzen.[1577] In Deutschland war bis zum 31. Dezember 2016 lediglich eine SE mit Mitbestimmungsregelungen monistisch strukturiert.[1578]

Österreich hat zur Ausführung der SE-Verordnung das Gesetz über das Statut der Europäischen Gesellschaft (SE-Gesetz – SEG)[1579] erlassen. Zur Umsetzung der SE-RL wurde dem ArbVG ein VI. Teil (Beteiligung der Arbeitnehmer in der Europäischen Gesellschaft) eingefügt.[1580]

Neben der Umsetzungspflicht enthält Art 12 SE-RL auch eine spezielle Durchsetzungspflicht. Danach haben die Mitgliedstaaten sicherzustellen, dass die Leitung der Betriebe einer SE sowie die Aufsichts- oder die Verwaltungsorgane der Tochtergesellschaften und der beteiligten Gesellschaften, die sich im Hoheitsgebiet befinden, ebenso wie die Arbeitnehmervertreter oder gegebenenfalls Arbeitnehmer, unabhängig davon, ob die SE ihren Sitz im Hoheitsgebiet hat, ihren Verpflichtungen aus der Richtlinie jeweils nachkommen.

i) Erfahrungen in der Anwendung der SE-VO und der SE-RL

Im Zeitpunkt der Überprüfung der SE-RL nach Art 15 SE-RL vertraten die Mitgliedstaaten und die europäischen Sozialpartner mehrheitlich die Auffassung, dass eine Änderung oder Klarstellung der Richtlinie (noch) nicht erforderlich sei.[1581] Die Kommission schloss sich dieser Einschätzung an. Angesichts der damals mangelnden praktischen Erfahrungen hielt sie eine Überprüfung der Richtlinie für verfrüht. Zu dieser Zeit (Mitte 2008) waren auf 13 Staaten verteilt 146 SE eingetragen, wobei nur in Deutschland und Tschechien mehr als zehn SE-Gründungen vorlagen.[1582]

Im November 2010 veröffentlichte die Kommission auf der Grundlage einer in Auftrag gegebenen Studie[1583] und einer begleitend durchgeführten

1577 *Ernst & Young*, Study on the operation and the impacts of the Statute for a European Company (SE), Dezember 2009, 275, http://ec.europa.eu/internal_market/consultations/docs/2010/se/study_SE_9122009_en.pdf.

1578 Vgl *Hans Böckler Stiftung*, SE-Datenblatt, https://www.boeckler.de.pdf/pb_mitbestimmung_se_2016_12.pdf.

1579 BGBl I Nr 67/2004. Vgl dazu ausführlich *Gahleitner* in: *Kalss/Hügel* (Hg), Europäische Aktiengesellschaft – SE-Kommentar, 715 ff.

1580 82. Bundesgesetz zur Änderung des Arbeitsverfassungsgesetzes, des Bundesgesetzes über die Postbetriebsverfassung und des Arbeits- und Sozialgerichtsgesetzes, BGBl I Nr 82/2004; dazu: *Risak*, Die Arbeitnehmermitwirkung in der Societas Europaea, ecolex 2004, 767 ff mwN.

1581 Vgl KOM (2008) 591 endg, 7.

1582 Vgl KOM (2008) 591 endg, 9.

1583 *Ernst & Young*, Study on the operation and the impacts of the Statute for a European Company (SE), Dezember 2009, 249; http://ec.europa.eu/internal_market/consultations/docs/2010/se/study_SE_9122009_en.pdf.

Konferenz[1584] nach Art 69 SE-VO ihren Bericht über die Anwendung der SE-VO.[1585] Fasst man die anlässlich der Überprüfung der SE-RL und der SE-VO gesammelten Erkenntnisse zusammen, so ergeben sich im Wesentlichen folgende Problemkreise und Kritikpunkte:

- Gerügt werden die Komplexität und Zeitintensität des Verfahrens für die Beteiligung der Arbeitnehmer. Dies gelte insbesondere für Mitgliedstaaten, deren nationales Recht kein Arbeitnehmerbeteiligungssystem vorsehe sowie für jene Fälle, in denen nur wenige Beschäftigte betroffen sind.[1586] Teilweise wird vorgeschlagen, das Verhandlungsverfahren an das Erreichen einer Mindestbeschäftigtenzahl zu koppeln, wobei bei dessen Festlegung die Schwellenwerte der Richtlinien zur grenzüberschreitenden Verschmelzung[1587] und zur SCE[1588] sowie die anhaltende Diskussion zur Arbeitnehmerbeteiligung bei der geplanten SPE[1589] in die Überlegungen einbezogen werden sollten.[1590] Zur Diskussion wird außerdem gestellt, ob nicht – wie bei der grenzüberschreitenden Verschmelzung – die Möglichkeit für die zuständigen Gesellschaftsorgane bestehen soll, sich direkt für die Anwendung der Auffangregelung entscheiden zu können.[1591]
- Beklagt wird teilweise, dass die Eintragung der SE von den Verhandlungen über die Arbeitnehmerbeteiligung abhängig ist (Art 12 Abs 2 SE-VO). Negativ erweise sich dies vor allem bei börsennotierten Gesellschaften, die sich auf Verfahrenssicherheit und den Zeitrahmen für die Registrierung verlassen müssten.[1592]
- Die hohe Zahl an Gründungen von Mantel- bzw Vorratsgesellschaften, die kein operatives Geschäft betreiben, wird kontrovers beurteilt. Dass mittlerweile mehr als 2.000 SE-Gründungen vorliegen,[1593] ist vor allem

1584 Dazu *Forst*, AG 2010, R288 ff.
1585 KOM (2010) 676 endg.
1586 KOM (2010) 676 endg, 5.
1587 Dazu unten 6.
1588 Dazu unten 5.
1589 Dazu unten 8.
1590 *Ernst & Young*, Study on the operation and the impacts of the Statute for a European Company (SE), Dezember 2009, 258 und 281 (zu Art 12 SE-VO); http://ec.europa.eu/internal_market/consultations/docs/2010/se/study_SE_9122009_en.pdf.
1591 *Ernst & Young*, Study on the operation and the impacts of the Statute for a European Company (SE), Dezember 2009, 281 (zu Art 12 SE-VO); http://ec.europa.eu/internal_market/consultations/docs/2010/se/study_SE_9122009_en.pdf.
1592 KOM (2010) 676 endg, 5.
1593 Aktuelle Zahlen und Entwicklungen zu SE-Gründungen sind in einer Datenbank des Europäischen Gewerkschaftsbunds verfügbar; http://ecdb.worker-participation.eu.

auf die große Zahl an solchen Vorratsgesellschaften zurückzuführen. Diese Gründungen seien, so der Bericht der Kommission zur SE-VO, insbesondere in Deutschland und Tschechien häufig, weil dort der Vertrieb von Vorratsgesellschaften ein gängiges Geschäftsmodell sei, um Interessenten Zeit, Kosten und Unsicherheiten im Verfahren der Unternehmensgründung zu sparen. Beklagt wird in diesem Zusammenhang, dass eine klare Regelung fehlt, ob eine SE-Mantelgesellschaft überhaupt eingetragen werden kann, wenn keine Verhandlungen über die Arbeitnehmerbeteiligung stattfanden bzw von vornherein nicht stattfinden können, weil weder die SE noch die beteiligten Unternehmen bei der SE-Gründung Beschäftigte haben. Bemängelt wird – die Zulässigkeit der Eintragung vorausgesetzt[1594] – das Fehlen einer klaren Bestimmung über die Arbeitnehmerbeteiligung im Falle der späteren Geschäftsaufnahme und Beschäftigung von Mitarbeitern.[1595] So ist sogar umstritten, ob eine Vorrats-SE, die nach der „Aktivierung“ Arbeitnehmer nur in einem Mitgliedstaat beschäftigt, bei der die Mehrstaatlichkeit als Gründungsvoraussetzung im operativen Geschäft also keinen Niederschlag mehr findet, mangels grenzüberschreitender Angelegenheiten schon überhaupt einen SE-Betriebsrat braucht.[1596]

– Eine ähnliche Problematik wie bei der späteren „Aktivierung“ einer Vorrats-SE, wird auch hinsichtlich der nach Gründung sonst eintretenden Änderungen einer SE erkannt. Auch hier drohen Bestimmungen über die Arbeitnehmerbeteiligung umgangen zu werden.[1597] Von Deutschland und dem Europäischen Gewerkschaftsbund wurde bereits bei Prüfung der SE-RL auf die Gefahr eines nachträglichen Entzugs oder jedenfalls einer nachträglichen Minderung der Rechte auf Arbeitnehmermitbestimmung hingewiesen, wenn eine mitbestimmte SE in eine nationale Aktiengesellschaft umgewandelt wird, was Art 66 SE-VO erlaube. Die Kommission hatte hinsichtlich der Auswirkungen nachträglicher struk-

1594 Das OLG Düsseldorf, 3 Wx 248/08 ZIP 2009, 918 ff, sah kein Eintragungshindernis bei der Gründung einer SE im Wege der Verschmelzung einer GmbH mit einer britischen Ltd., wenn die maßgeblichen Beteiligten an der Gründung erklären, weder Arbeitnehmer zu haben noch solche jemals beschäftigen zu wollen.

1595 Vgl KOM (2010) 676 endg, 6 f. Nach Auffassung des OLG Düsseldorf, 3 Wx 248/08 ZIP 2009, 918 ff, ist bei „Aktivierung“ der Vorratsgesellschaft, sobald also die Vorrats-SE wirtschaftlich neu gegründet, namentlich mit einem Unternehmen ausgestattet wird und infolgedessen über Arbeitnehmer verfügt, das Beteiligungsverfahren nachzuholen; zustimmend *Forst,* RdA 2010, 55 ff; zur Nachholung auch *Thiergart/Olbertz*, BB 2010, 1551 f.

1596 Verneinend *Schubert,* RdA 2013, 941 ff; bejahend *Luke*, NZA 2013, 941 ff.

1597 KOM (2010) 676 endg, 9.

tureller Veränderungen der SE die bestehenden Regelungen bzw Rechtssetzungsmöglichkeiten der Mitgliedstaaten auf der Grundlage der SE-RL aufgezeigt (insbesondere Erwägungsgrund Nr 18 der Präambel und Teil 1 lit b des Anhangs der SE-RL) und weiterhin auf die Lösungsansätze hinsichtlich der teilweise ähnlichen Probleme in der Verschmelzungsrichtlinie hingewiesen (Art 16 Abs 6 und 7 RL 2005/56/EG).[1598] Es wird insoweit allerdings darauf hingewiesen, dass eine klarstellende (europäische) Definition für den Begriff der „strukturellen Veränderungen" angezeigt sei.[1599] Deutschland hat den Begriff in § 18 Abs 3 S 1 SEBG folgenorientiert dahingehend konkretisiert, dass die strukturelle Veränderung geeignet sein muss, Beteiligungsrechte der Arbeitnehmer zu mindern. Österreich hat sich mit § 228 Abs 2 ArbVG entschieden dem Begriff Regelbeispiele zuzuordnen.[1600] Danach gelten als wesentliche Änderungen der Struktur insbesondere die Verlegung des Sitzes, der Wechsel des Verwaltungssystems, die Stilllegung, Einschränkung oder Verlegung von Unternehmen oder Betrieben der SE, der Zusammenschluss von Betrieben oder Unternehmen der SE sowie der Erwerb wesentlicher Beteiligungen an anderen Unternehmen durch die SE, sofern diese erheblichen Einfluss auf die Gesamtstruktur der SE haben, sowie erhebliche Änderungen der Zahl der in der SE und ihren Tochtergesellschaften Beschäftigten.[1601]

– Einige Mitgliedstaaten und der Europäische Gewerkschaftsbund haben eine Klarstellung der Richtlinie hinsichtlich der Mitbestimmung der Arbeitnehmer auf Konzernebene[1602] gefordert. Hintergrund dieser Forderung ist die Gefahr, dass bei wörtlicher Auslegung der Richtlinie die nach nationalem Recht bestehenden Rechte der Arbeitnehmer einer Tochtergesellschaft zur Mitbestimmung in der Holding bei Anwendung des Vorher-Nachher-Prinzips unberücksichtigt bleiben und dadurch

1598 Vgl KOM (2008) 591 endg, 8; zur strittigen und von der hM verneinten Frage, ob eine „strukturelle Veränderung" bei einer SE bei Überschreiten der für nationale Gesellschaftsformen geltenden Schwellenwerte gegeben ist etwa *Forst*, Der Konzern 2010, 153 mwN.

1599 Vgl *Ernst & Young*, Study on the operation and the impacts of the Statute for a European Company (SE), Dezember 2009, 265; http://ec.europa.eu/internal_market/consultations/docs/2010/se/study_SE_9122009_en.pdf.

1600 Siehe dazu *Kovács*, Die Auswirkungen grenzüberschreitender Verschmelzungen auf die AN-Mitbestimmung (Teil II) ZAS 2019, 168 f.

1601 Zur Frage, wann strukturelle Änderungen einer SE vorliegen, die eine erneute Verhandlung der Beteiligungsvereinbarung bedingen *Nagel*, ZIP 2011, 2047 ff.

1602 Zur Unternehmensmitbestimmung im Konzern unter Beteiligung einer SE *Forst*, Der Konzern 2010, 151 ff; *Nikoleyczik/Führ*, DStR 2010, 1743 ff.

entzogen werden können, wenn die Holding sich an einer SE-Gründung beteiligt.[1603]

- Unsicherheit bereitet das Spannungsverhältnis, in dem sich die Flexibilität des Verhandlungsverfahrens zum Missbrauchsverbot des Art 11 SE-RL bewegt. Denn als eine Art Generalklausel zum Schutz vor einer Flucht aus der Mitbestimmung verpflichtet Art 11 SE-RL die Mitgliedstaaten, geeignete Maßnahmen zu treffen, um zu verhindern, dass eine SE dazu missbraucht wird, Arbeitnehmern Beteiligungsrechte zu entziehen oder vorzuenthalten. Die deutsche Regelung zur Umsetzung dieser Vorgabe (§ 43 SEBG) stellt konkretisierend die Vermutung des Vorliegens eines Missbrauchs für den Fall auf, dass ohne Durchführung eines (erneuten) Verhandlungsverfahrens innerhalb eines Jahres nach Gründung der SE strukturelle Änderungen stattfinden, die bewirken, dass den Arbeitnehmern Beteiligungsrechte vorenthalten oder entzogen werden. Andere Staaten haben, wie die Kommission kritisiert, teilweise keine besonderen Regelungen zur Verwirklichung des Missbrauchsverbots vorgesehen.[1604] Auch in der deutschen Gesetzgebung war die ausdrückliche Übernahme des Missbrauchsverbots nicht unumstritten und für die Praxis schwierig zu beantworten bleibt die Frage, wo die erlaubte Nutzung flexibler Gestaltungsmöglichkeiten endet und der unzulässige Missbrauch beginnt, der nach § 45 SEBG mit einer Geldstrafe oder einer Freiheitsstrafe von bis zu zwei Jahren geahndet wird.[1605]

Trotz der aufgeworfenen Rechtsfragen und benannten Regelungslücken hat die Kommission im Rahmen ihres Aktionsplans zum Europäischen Gesellschaftsrecht bekannt gegeben, kurzfristig keine Revision ins Auge zu fassen. Die erwarteten Vorteile einer Überarbeitung im Sinne einer Vereinfachung und Verbesserung könnten die potenziellen Herausforderungen bei einer Neueröffnung der Diskussion nicht aufwiegen. Stattdessen solle eine Informationskampagne zur Stärkung der Kenntnisse über das Statut der Europä-

1603 KOM (2008) 591 endg, 7. Zum Erfordernis der Schließung von Umgehungslükken in der Konzernmitbestimmung durch deutsche Gesetzesänderungen *Köstler/Pütz*, AG 2013, 181 f.

1604 KOM (2008) 591 endg, 6.

1605 Zu dieser Abgrenzungsfrage *Sagan,* Missbrauch der Europäischen Aktiengesellschaft in: *Bieder/Hartmann* (Hg), Individuelle Freiheit und kollektive Interessenwahrnehmung im deutschen und europäischen Arbeitsrecht, 2012, 171 ff; *Drinhausen/Keinath*, Verwendung der SE zur Vermeidung von Arbeitnehmermitbestimmung – Abgrenzung zulässiger Gestaltungen vom Missbrauch gemäß § 43 SEBG, BB 2011, 2699 ff.

ischen Aktiengesellschaft (SE) beitragen.[1606] Konkrete Änderungsvorschläge sowohl für den europäischen als auch für den deutschen Gesetzgeber hat auf der Grundlage der bestehenden Erfahrungen der Arbeitskreis Aktien- und Kapitalmarktrecht formuliert.[1607]

j) Impulse der SE für die Entwicklung des nationalen Mitbestimmungsrechts

Positive Resonanz bei der für die SE ersonnenen Systematik der Arbeitnehmerbeteiligung hat vor allem die Möglichkeit erfahren, ein unternehmensspezifisches Arbeitnehmerbeteiligungsmodell aushandeln zu können, was gegenüber den starren Gesetzesvorgaben zur Mitbestimmung mancher Mitgliedstaaten neue Flexibilität bietet.[1608] Die Nutzung dieser Flexibilität belegen Zahlen aus Deutschland. Von den zum 31. Dezember 2016 451 operativ tätigen SE mit mindestens fünf Arbeitnehmern in der EU waren mehr als die Hälfte (230) in Deutschland registriert. Von den 150 SE mit dualistischer Struktur haben 19 paritätische Mitbestimmung im Aufsichtsrat (15 davon unterlagen zuvor dem deutschen MitbestG). Weitere 35 dieser 150 SE haben (mindestens) Drittelbeteiligung.[1609] Ob allgemein ein signifikanter Zusammenhang zwischen der Zahl der SE-Gründungen in einem Mitgliedstaat und der dort vorgesehenen Intensität der Mitbestimmungsregelungen besteht, wird kontrovers beurteilt.[1610]

Der Umstand, dass mittlerweile einige deutsche Unternehmen sich wegen der mitbestimmungsrechtlichen Gestaltungsoptionen[1611] entschieden

---

1606 KOM (2012) 740/2, 16; umfassend zum Aktionsplan der Kommission *Hopt*, ZGR 2013, 165 ff.

1607 Änderungsvorschläge zur SE-VO abgedruckt in ZIP 2009, 698 ff; Änderungsvorschläge zum SEBG abgedruckt in ZIP 2010, 222 ff und in ergänzter Form in ZIP 2011, 1841 ff.

1608 Vgl KOM (2010) 676 endg, 4 f.

1609 *Hans Böckler Stiftung*, SE-Datenblatt, https://www.boeckler.de/pdf/pb_mitbestimmung_se_2016_12.pdf.

1610 Vgl dazu KOM (2010) 676 endg, 6 mwN. Zu solchen Tendenzen in Deutschland *Köstler/Pütz*, Neueste Fakten zur SE und zur grenzüberschreitenden Verschmelzung, AG 2013, R180 f. Zur zunehmenden Zahl an Kommanditgesellschaften in Deutschland, die die Komplementär-GmbH durch eine SE ersetzten, *Hans Böckler Stiftung*, SE-Datenblatthttps://www.boeckler.de/pdf/pb_mitbestimmung_se_2016_12.pdf.

1611 Vgl insb zu den Möglichkeiten der Mitbestimmungsvermeidung *Rieble*, Schutz vor paritätischer Mitbestimmung, BB 2006, 2019 ff; *ders*, Unternehmensmitbestimmung vor dem Hintergrund europarechtlicher Entwicklungen, NJW 2006, 2216 ff; *Wisskirchen/Bissels/Dannhorn,* Vermeidung der unternehmerischen Mitbestimmung aus arbeitsrechtlicher Sicht, DB 2007, 2258 ff; *Götze/Winzer/*

haben die Rechtsform einer SE „anzunehmen“,[1612] hat den aus sieben Hochschullehrern bestehenden Arbeitskreis „Unternehmerische Mitbestimmung“ dazu bewogen einen Gesetzesvorschlag vorzulegen, der auch für die AG und die GmbH eine Verhandlungslösung zulässt.[1613]

Noch ein zweiter bei der SE positiv bewerteter Aspekt hat zu einer Diskussion über den Anpassungsbedarf der deutschen Regelungen über die Mitbestimmung geführt. So hatte der Kommissionbericht zur SE-VO hervorgehoben, dass die Beteiligung von Vertretern unterschiedlicher Mitgliedstaaten bei der Mitbestimmung der SE zum Aufbau eines europäischen Bewusstseins unter den Arbeitnehmern beitragen und für europaweit tätige Gruppen von Vorteil sein könne.[1614]

5. Beteiligung der Arbeitnehmer in der Europäischen Genossenschaft (Societas Cooperativa Europaea, SCE)

Literatur: *Beuthien/Dierkes/Wehrheim*, Die Genossenschaft, 2008; *Breit,* Societas Europaea (SE) und Societas Cooperativa Europaea (SCE), 2010; *Düwell*, Das Gesetz zur Einführung der Europäischen Genossenschaft und zur Änderung des Genossenschaftsrechts, FA 2006, 330 ff; *El Mahi*, Die Europäische Genossenschaft, DB 2004, 967 ff; *Habersack*, Grundsatzfragen der Mitbestimmung in SE und SCE sowie bei grenzüberschreitender Verschmelzung, ZHR 2007, 613 ff; *Kisker*, Unternehmerische Mitbestimmung in der Europäischen Gesellschaft, der Europäischen Genossenschaft und bei grenzüberschreitender Verschmelzung im Vergleich, RdA 2006, 206 ff; *Krebs,* Gründung der Europäischen Genossenschaft (SCE) durch Rechtsformwechsel, EWS 2012, 407 ff; *Krimphove,* Die Europäische Genossenschaft (SCE) auf dem Prüfstand, ZfgG 2011, 45 ff; *Miriburg*, Die Struktur der SCE und ihre Anwendungsmöglichkeiten im italienischen und österreichischen Recht, ZfgG 2007, 270 ff; *Nagel/Freis/Kleinsorge*, SEBG, SCEBG, MgVG – Beteiligung der Arbeitnehmer im Unternehmen auf der Grundlage Europäischen Rechts, 3. Aufl 2018; *Schulze/Wiese*, Die SCE mit Sitz in Deutschland und die Reform des deutschen Genossenschaftsrechts, ZfgG 2006, 108 ff; *Zeller,* Das Generalversammlungsmodell. Die Europäische Genossenschaft (SCE) als

---

Arnold, Unternehmerische Mitbestimmung – Gestaltungsoptionen und Vermeidungsstrategien, ZIP 2009, 250 ff. Als Praxisbeispiel schildern *Köstler/Werner* den Fall der Gründung der Conrad Electronic SE, vgl dazu Magazin Mitbestimmung (der Hans-Böckler-Stiftung) 12/2007, 48. Zu weiteren Beispielen und der kontrovers diskutierten Frage, ob die Größe des mitbestimmten Organs nur durch die Satzung oder auch durch die Beteiligungsvereinbarung getroffen werden kann *Forst*, Mitbestimmung à la Bruxelles – SE, SPE und grenzüberschreitende Verschmelzung, ZESAR 2014, 384 ff.

1612 Die in Deutschland gegründeten operativen SE sind im Wege der Umwandlung entstanden, vgl dazu *Meißner*, ArbuR 2012, 64.

1613 Der Vorschlag ist abgedruckt in ZIP 2009, 885 ff; dazu *Hommelhoff*, ZGR 2010, 48 ff.

1614 KOM (2010) 676 endg, 4 f.

Ideengeber für kreative Prozeduralisierung in der deutschen Unternehmensmitbestimmung, 2013.

Anfang der 1990er Jahre legte die Kommission im Zuge der damals wiederbelebten Diskussion um die Verwirklichung der Europäischen Aktiengesellschaft auch Verordnungsvorschläge für drei weitere Gesellschaftsformen vor: für einen Europäischen Verein, eine Europäische Gegenseitigkeitsgesellschaft und eine Europäische Genossenschaft.[1615] Die Vorschläge folgten der damals neuen Grundkonzeption der Europäischen Aktiengesellschaft und wurden insoweit jeweils durch einen Richtlinienentwurf ergänzt, der die Arbeitnehmerbeteiligung zum Gegenstand hatte.[1616] Die Kommission begründete ihren Vorstoß damit, dass die vorgeschlagenen, insbesondere für spezifische soziale Bedürfnisse entwickelten Rechtsformen in den Mitgliedstaaten sehr unterschiedlich ausgestaltet seien und insoweit ein Bedürfnis bestehe, durch europäische Regelungen eine grenzüberschreitende Tätigkeit zu ermöglichen bzw zu erleichtern. Bislang hat nur die Europäische Genossenschaft (Societas Cooperativa Europaea, SCE) den Weg durch das europäische Gesetzgebungsverfahren gefunden. Am 22. 7. 2003 verabschiedete der Rat auf der Grundlage des Art 308 EG[1617] [aufgegangen in Art 352 AEUV] die VO (EG) Nr 1435/2003 über das Statut der Europäischen Genossenschaft (SCE-VO)[1618] und die RL 2003/72/EG zur Ergänzung des Statuts der Europäischen Genossenschaft hinsichtlich der Beteiligung der Arbeitnehmer (SCE-RL).[1619] In Kraft getreten sind beide Rechtsakte mit ihrer Veröffentlichung im Amtsblatt am 21. 8. 2003 (vgl Art 80 SCE-VO und Art 18 SCE-RL). Die SCE-RL war bis zum 18. 8. 2006 in mitgliedstaatliches

---

1615 Vorschlag für eine VO (EWG) über das Statut des Europäischen Vereins, KOM (1991) 273–1 endg; Vorschlag für eine VO (EWG) über das Statut der Europäischen Genossenschaft, KOM (1991) 273–3 endg; Vorschlag für eine VO (EWG) über das Statut der Europäischen Gegenseitigkeitsgesellschaft, KOM (1991) 273–5 endg.

1616 Vorschlag für eine Richtlinie zur Ergänzung des Statuts des Europäischen Vereins hinsichtlich der Rolle der Arbeitnehmer, KOM (1991) 273–2 endg; Vorschlag für eine Richtlinie zur Ergänzung des Statuts der Europäischen Genossenschaft hinsichtlich der Rolle der Arbeitnehmer, KOM (1991) 273–4 endg; Vorschlag für eine Richtlinie zur Ergänzung des Statuts der Europäischen Gegenseitigkeitsgesellschaft hinsichtlich der Rolle der Arbeitnehmer, KOM (1991) 273–6 endg.

1617 Zur erfolglosen Nichtigkeitsklage des Europäischen Parlaments, das geltend machte, Art 308 EG sei fehlerhaft als Rechtsgrundlage gewählt worden, vgl EuGH Rs C-436/03 (Parlament ./. Rat), EU:C:2006:277.

1618 ABlEG 2003 Nr L 207/1.

1619 ABlEG 2003 Nr L 207/25.

Recht umzusetzen (Art 16 Abs 1 SCE-RL). Ab diesem Zeitpunkt kommt gem Art 80 SCE-VO auch die Verordnung zur Anwendung.

Die Ursache, warum die beiden Rechtsakte das Gesetzgebungsverfahren zügig passieren konnten, lag darin, dass weitestgehend auf die im Zuge der SE-Verabschiedung gefundenen Kompromisse zurückgegriffen werden konnte und viele Passagen der beiden Rechtsakte zur SCE inhaltsgleich aus den Rechtsakten zur SE übernommen wurden. Dies erlaubt es, sich im Folgenden auf die Erläuterung einiger Besonderheiten zu beschränken.

a) Gesellschaftsrechtliche Grundlagen

Wie bei der SE setzt auch die Gründung einer SCE einen mehrstaatlichen Bezug voraus. Neu ist aber zum einen die Möglichkeit der Gründung unter Beteiligung natürlicher Personen und zum anderen, dass zur Gründung durch Umwandlung die umzuwandelnde Gesellschaft nicht zwingend seit zwei Jahren eine dem Recht eines anderen Mitgliedstaats unterliegende Tochtergesellschaft haben muss, sondern vielmehr auch eine seit zwei Jahren bestehende Niederlassung der geforderten Mehrstaatlichkeit genügt.[1620]

Strukturell ist die SCE wie die SE aufgebaut. Nach Art 36 SCE-VO treten neben die Generalversammlung je nach Satzungsfestlegung entweder ein Leitungs- und Aufsichtsorgan (dualistisches System) oder ein einheitlicher Verwaltungsrat (monistisches System). Die Beteiligungsrechte der Arbeitnehmer im Aufsichts- bzw Verwaltungsorgan sind wie bei der SE Gegenstand der ergänzenden Richtlinie. Eine in beteiligungsrechtlicher Hinsicht interessante Regelung trifft Art 59 Abs 4 SCE-VO. Danach kann die Satzung der SCE die stimmberechtigte Teilnahme der Arbeitnehmervertreter an der Generalversammlung bzw an den Sektor- oder Sektionsversammlungen vorsehen, sofern das Recht des Sitzstaates der SCE bei Inkrafttreten der Verordnung eine solche Regelung erlaubt und die Arbeitnehmervertreter in jeder Versammlung zusammen nicht mehr als 15 Prozent der gesamten Stimmrechte auf sich vereinigen. Dieses Beteiligungsrecht erlischt, wenn die SCE ihren Sitz in einen Mitgliedstaat verlegt, dessen Recht eine derartige Teilnahmemöglichkeit nicht vorsieht.

b) Die Beteiligungsrechte der Arbeitnehmer

Die Regelungen der Arbeitnehmerbeteiligung sind bis auf zwei Besonderheiten weitestgehend inhaltsgleich mit jenen der SE-RL. Der erste wesentliche Unterschied zur SE ergibt sich daraus, dass die SCE-Gründung auch unter Beteiligung natürlicher Personen möglich ist und es insoweit wegen ihrer Größe – gemessen an der Zahl der Beschäftigten – gerechtfertigt sein

1620 Vgl zu den einzelnen Gründungsalternativen Art 2 Abs 1 SCE-VO.

kann, die in der SCE-RL festgelegten Beteiligungsverfahren anzupassen (vgl Erwägungsgrund Nr 6) bzw diese gar nicht anzuwenden und die SCE, ihre Tochtergesellschaften und Betriebe nationalen Vorschriften zur Arbeitnehmerbeteiligung zu unterstellen (vgl Erwägungsgrund Nr 12). Dieser Besonderheit trägt Art 8 SCE-RL Rechnung. Für den Fall einer SCE-Gründung ausschließlich durch natürliche Personen oder durch nur eine juristische Person und im Übrigen natürliche Personen macht Art 8 die Anwendung der den SE-Bestimmungen entsprechenden Beteiligungsregelungen (Art 3 bis 7 SCE-RL) vom Überschreiten eines bestimmten Schwellenwertes bezüglich der in der SCE beschäftigten Arbeitnehmer oder von einem an gewisse Mehrheiten geknüpften Antrag der Arbeitnehmer abhängig. So kommen die Beteiligungsregelungen der Art 3 bis 7 SCE-RL in obiger Gründungskonstellation obligatorisch nur dann zur Anwendung, wenn in mindestens zwei Mitgliedstaaten insgesamt mindestens 50 Arbeitnehmer beschäftigt sind (vgl Art 8 Abs 1 SCE-RL). In den übrigen Fällen ist die Arbeitnehmerbeteiligung grundsätzlich dahingehend geregelt, dass in der SCE die für andere Rechtspersönlichkeiten desselben Typs geltenden Bestimmungen des Sitzstaates zur Anwendung kommen und dass in den Tochtergesellschaften und Betrieben die deren Typ entsprechenden Vorschriften des jeweiligen Sitzstaats gelten (Art 8 Abs 2 SCE-RL). Die Beteiligungsvorschriften der Art 3 bis 7 SCE-RL kommen aber dann zur Anwendung, wenn nach Eintragung der SCE mindestens ein Drittel der Gesamtzahl der Arbeitnehmer der SCE, ihrer Tochtergesellschaften und Betriebe in mindestens zwei verschiedenen Mitgliedstaaten einen entsprechenden Antrag stellen oder nachträglich der Schwellenwert für die obligatorische Anwendung nach Art 8 Abs 1 SCE-RL überschritten wird (Art 8 Abs 3 SCE-RL).

Die zweite Besonderheit gegenüber den SE-Regelungen ergibt sich aus der oben bereits angesprochenen Möglichkeit, nach Maßgabe des Art 59 Abs 4 SCE-VO eine stimmberechtigte Teilnahme der Arbeitnehmer an der Generalversammlung vorzusehen. Nach Erwägungsgrund Nr 13 SCE-RL sollen dafür besondere Bestimmungen gelten, die die Anwendung anderer Beteiligungsformen der SCE-RL nicht ausschließen. Diese besonderen Bestimmungen trifft Art 9 SCE-RL. Danach kommt es zu einer Beteiligung der Arbeitnehmer an der Generalversammlung (vorbehaltlich der Beschränkungen des Art 59 Abs 4 SCE-VO) in folgenden drei Fällen:

- das besondere Verhandlungsgremium und das jeweils zuständige Organ der beteiligten juristischen Gesellschaften[1621] vereinbaren diese Beteiligung (vgl Art 4 Abs 5 SCE-RL),

1621 Zu den terminologischen Anpassungen bei Anwendung der Beteiligungsvorschriften auf eine Gründung unter Beteiligung natürlicher Personen vgl Art 8 Abs 3 Satz 2 RL 2003/72/EG.

- in der in eine SCE umgewandelten Genossenschaft galt bislang eine solche Beteiligung,
- im Falle einer in anderer Weise als durch Umwandlung gegründeten SCE galt diese Beteiligungsform in einer der Gründungsgenossenschaften, die Parteien treffen innerhalb der vorgesehenen Frist keine Beteiligungsvereinbarung, die subsidiären Mitbestimmungsvorschriften des Anhangs finden Anwendung und die Genossenschaft, die eine Beteiligung an der Generalversammlung vorsieht, hat im Vergleich zu den anderen von der Gründung betroffenen Genossenschaften den höchsten Grad an Mitbestimmung.

c) Mitgliedstaatliche Umsetzung der SCE und Praxiserfahrung

Die SCE-RL war bis zum 18. 8. 2006 in mitgliedstaatliches Recht umzusetzen (Art 16 Abs 1 SCE-RL). Seit diesem Zeitpunkt gilt gem Art 80 SCE-VO auch die Verordnung über das Statut der Europäischen Genossenschaft.

In Deutschland wurde zur Umsetzung der SCE das Gesetz zur Einführung der Europäischen Genossenschaft und zur Änderung des Genossenschaftsrechts (EGSCE)[1622] vom 14. 8. 2006 erlassen. Es umfasst das SCE-Ausführungsgesetz (SCEAG) und das SCE-Beteiligungsgesetz (SCEBG), die beide am 18. 8. 2006 in Kraft getreten sind.

Der österreichische Gesetzgeber hat die erforderlichen nationalen Regelungen im Rahmen des Genossenschaftsrechtsänderungsgesetzes 2006 (GenRÄG 2006)[1623] erlassen. Enthalten sind das Gesetz über das Statut der Europäischen Genossenschaft (SCE-Gesetz – SCEG) sowie die zur Umsetzung der SCE-RL erforderliche Änderung des Arbeitsverfassungsgesetzes (ArbVG) durch Einfügung eines VII. Teils (Beteiligung der Arbeitnehmer in der Europäischen Genossenschaft).

Am 16. 9. 2010 legte die Kommission zunächst nach Art 17 SCE-RL ihren Bericht zur Überprüfung der Anwendung der SCE-Richtlinie vor[1624] und dann am 23. 2. 2012 den nach Art 79 SCE-VO zu erstattenden Bericht zur Überprüfung der Anwendung der SCE-VO.[1625] Deutlich wird vor allem, dass die SCE – anders als die SE – kaum Praxisrelevanz gewonnen hat. Als Gründe für den „verhältnismäßig geringen Erfolg“ der SCE nennt der Bericht zur SCE-VO die mangelnde Bekanntheit der SCE, die Gründungskosten, die komplexen Verfahren, die eingehalten werden müssen (wegen

1622 BGBl I 2006, 1911.
1623 BGBl I Nr 104/2006
1624 KOM (2010) 481 endg.
1625 KOM (2012) 72 endg.

der zahlreichen Verweise auf nationale Rechtsvorschriften) sowie die Rechtsunsicherheit aufgrund der Frage, welches Recht im jeweiligen Fall gilt. Von einigen Teilnehmern der in Vorbereitung des Berichts durchgeführten Konsultation wurden auch die Regeln zur Beteiligung der Arbeitnehmer wegen ihrer Umständlichkeit und Komplexität als Hinderungsgrund zur Gründung einer SCE genannt. Hinzu komme aber auch, dass die rechtlichen Grundlagen für SCE-Gründungen in vielen Staaten erst verspätet geschaffen wurden.[1626] Im November 2011 waren in den 30 EU/EWR-Mitgliedstaaten gerade einmal 24 SCE eingetragen.[1627] Zum Zeitpunkt des Berichts der Kommission über die Anwendung der SCE-RL waren es nur 17 mit insgesamt 32 Arbeitnehmern.[1628] Hinsichtlich der Erkenntnisse betreffend die Arbeitnehmerbeteiligung wird insoweit vor allem auf die Erfahrungen mit der SE-RL verwiesen.[1629]

In seiner Entschließung vom 13. 3. 2012 zu dem Statut der Europäischen Genossenschaft hinsichtlich der Beteiligung der Arbeitnehmer hat das Europäische Parlament einige Forderungen und Empfehlungen an die Kommission adressiert, darunter insbesondere:

- die Umsetzung der Richtlinie zu überwachen, um deren Missbrauch zur Verkürzung von Arbeitnehmerrechten zu verhindern,[1630]
- zu erwägen, ob die Vorschriften über die Arbeitnehmerbeteiligung nicht besser in die Verordnung integriert werden sollten,
- eine spezifischere Ausgestaltung im Hinblick auf die besonderen Eigenschaften einer Genossenschaft vorzunehmen (etwa hinsichtlich des Bedürfnisses von Arbeitnehmern sowohl Miteigentümer als auch Arbeitnehmer desselben Unternehmens zu sein),
- die Bedeutung der Gesellschaftsform durch eine Überarbeitung der Verordnung zu stärken.[1631]

Im Aktionsplan zum Europäischen Gesellschaftsrecht hatte die Kommission 2012 zumindest schon einmal in Aussicht gestellt mit einer Informationskampagne einen besseren Kenntnisstand zur SCE vermitteln zu wollen.[1632]

1626 KOM (2012) 72 endg, 7 f.

1627 KOM (2012) 72 endg, 6.

1628 KOM (2010) 481 endg, 9.

1629 KOM (2010) 481 endg, 2 f, 11 f.

1630 In Deutschland wird als Vorteil der SCE die Möglichkeit des „Einfrierens“ bzw „strategischen Konservierens“ von Mitbestimmungsstandards gesehen, so etwa *Krimphove*, ZfgG 2011, 58; *Krebs*, EWS 2012, 408.

1631 ABlEU 2013 Nr C 251E/18.

1632 KOM (2012) 740/2, 16.

6. Auswirkungen der grenzüberschreitenden Umwandlungen, Verschmelzungen und Spaltungen auf die Mitbestimmungsrechte der Arbeitnehmer

Literatur: *Aburumieh/Wurzer*, Entsendung von Arbeitnehmern in das besondere Verhandlungsgremium bei SE-Gründung bzw Verschmelzung nach dem EU-VerschG, RdW 2009, 214 ff; *Audretsch*, Die grenzüberschreitende Verschmelzung von Personengesellschaften – Regelungsvorschläge unter Berücksichtigung der Interessen der Gesellschafter, Gläubiger und Arbeitnehmer, 2008; *Bauckhage-Hoffer/Rupietta*, Implementierung von Mitbestimmungssystemen bei grenzüberschreitenden Verschmelzungen, EWS 2012, 417 ff; *Brandes*, Mitbestimmungsvermeidung mittels grenzüberschreitender Verschmelzungen, ZIP 2008, 2193 ff; *Bayer*, Die EuGH-Entscheidung Inspire Art und die deutsche GmbH im Wettbewerb der europäischen Rechtsordnungen, BB 2003, 2358 ff; *ders/Schmidt*, Der Schutz der grenzüberschreitenden Verschmelzung durch die Niederlassungsfreiheit, ZIP 2006, 210 ff; *Behrens*, Die grenzüberschreitende Verschmelzung nach der Richtlinie 2005/56/EG, 2007; *Cannistra*, Das Verhandlungsverfahren zur Regelung der Mitbestimmung der Arbeitnehmer bei Gründung einer Societas Europaea und bei Durchführung einer grenzüberschreitenden Verschmelzung, 2013; *Drinhausen/Keinath*, Mitbestimmung bei grenzüberschreitender Verschmelzung mitbestimmungsfreier Gesellschaften, AG 2010, 398 ff; *Drygala*, Anm zu EuGH C-411/03 – SEVIC Systems AG, EWiR 2006, 25 ff; *ders/von Bressensdorf*, Gegenwart und Zukunft grenzüberschreitender Verschmelzungen und Spaltungen, NZG 2016, 1163 ff; *Dzida/Schramm*, Arbeitsrechtliche Pflichtangaben bei innerstaatlichen und grenzüberschreitenden Verschmelzungen, NZG 2008, 521 ff; *Eckert/Schimka*, Die Arbeitnehmermitbestimmung bei grenzüberschreitenden Verschmelzungen nach dem EUVerschG, wbl 2008, 201; *Flener*, Grenzüberschreitende Verschmelzung, 2008; *Frenzel*, Grenzüberschreitende Verschmelzung von Kapitalgesellschaften, 2008; *Forst*, Neues aus Luxemburg zur Arbeitnehmerbeteiligung bei der grenzüberschreitenden Verschmelzung von Gesellschaften, AG 2013, 588 ff; *ders*, Mitbestimmung à la Bruxelles – SE, SPE und grenzüberschreitende Verschmelzung, ZESAR 2014, 385 ff; *Forst*, § 5 Mitbestimmung bei der grenzüberschreitenden Verschmelzung, in *Gaul/Ludwig/Forst*, Europäisches Mitbestimmungsrecht, 2015; *Goldmann*, La fusion des sociétés de capitaux relevant de législations nationales différentes, in: *Carstens/Börner* (Hg), Angleichung des Rechts in Europa – Kölner Schriften zum Europarecht Bd 11, 1971, 308 ff; *Grambow*, Arbeits- und gesellschaftsrechtliche Fragen der grenzüberschreitenden Verschmelzung unter Beteiligung einer Europäischen Gesellschaft (Societas Europaea – SE), Der Konzern 2009, 97 ff; *ders/Stadler*, Grenzüberschreitende Verschmelzungen unter Beteiligung einer Europäischen Gesellschaft (Societas Europaea - SE), BB 2010, 977 ff; *Habersack*, Grundsatzfragen der Mitbestimmung in SE und SCE sowie bei grenzüberschreitender Verschmelzung, ZHR 2007, 613 ff; *Figge*, Mitbestimmung auf Unternehmensebene in Vorschlägen der Europäischen Gemeinschaften, 1992; *Kallmeyer/Kappes*, Grenzüberschreitende Verschmelzungen und Spaltungen nach SEVIC Systems und der EU-Verschmelzungsrichtlinie, AG 2006, 224 ff; *Kisker*, Unternehmerische Mitbestimmung in der Europäischen Gesellschaft, der Europäischen Genossenschaft und bei grenzüberschreitender Verschmelzung im Vergleich, RdA 2006, 206 ff; *Kleinhenz*, Die grenzüberschreitende Verschmelzung unter Beteiligung deutscher Unternehmen nach Umsetzung der Richtlinie 2005/56/EG, 2008; *Kober-*

ski, Fusionsrichtlinie und Arbeitnehmerbeteiligung, in: *Kohte/Dörner/Anzinger* (Hg), FS Wißmann, 2002, 474 ff; *Kolb/Rothenfußer*, Festschreibung des Mitbestimmungsniveaus durch grenzüberschreitende Verschmelzung von Kapitalgesellschaften aus Deutschland und dem Vereinigten Königreich, GmbHR 2014, 130 ff; *Kovács,* Die Auswirkungen grenzüberschreitender Verschmelzungen auf die AN-Mitbestimmung, ZAS 2019/1, 22 ff (Teil I) und ZAS 2019/3, 165 ff (Teil II); *dies,* Employee Participation in Cross-Border Mergers – European Rules, Risks and Loopholes, in: *Kovács/Winner*, Stakeholder Protection in Restructuring – Selected Company and Labour Law Issues, 2019, 159 ff; *Krause/Janko*, Grenzüberschreitende Verschmelzungen und Arbeitnehmermitbestimmung, BB 2007, 2194 ff; *Kraushaar*, Ist die europäische Verhandlungslösung zur Regelung der Mitbestimmung bei grenzüberschreitenden Umstrukturierungen bereits ein ausgereiftes System?, in: *Jürgens/Sadowski/Schuppert/Weiss* (Hg), Perspektiven der Corporate Governance, 2007, 305 ff; *Kulenkamp*, Die grenzüberschreitende Verschmelzung von Kapitalgesellschaften in der EU, 2009; *Kühteubl/Wasinger* in *Talos/Winner* (Hrsg), EU-Verschmelzungsgesetz, 2. Aufl 2016 §§ 258 ArbVG; *Louven/Weng*, Das Stichentscheidrecht des Aufsichtsratsvorsitzenden nach grenzüberschreitenden Verschmelzungen, BB 2008, 797 ff; *Lunk/Hinrichs*, Die Mitbestimmung der Arbeitnehmer bei grenzüberschreitenden Verschmelzungen nach dem MgVG, NZA 2007, 773 ff; *Maul/Teichmann/Wenz*, Der Richtlinienvorschlag zur grenzüberschreitenden Verschmelzung von Kapitalgesellschaften, BB 2003, 2633 ff; *Müller-Bonani/Müntefering*, Arbeitnehmerbeteiligung bei SE-Gründung und grenzüberschreitender Verschmelzung im Vergleich, BB 2009, 1699 ff; *dies*, Grenzüberschreitende Verschmelzung ohne Arbeitnehmerbeteiligung?, NJW 2009, 2347 ff; *Nagel*, Das Gesetz über die Mitbestimmung der Arbeitnehmer bei grenzüberschreitenden Verschmelzungen (MgVG), NZG 2007, 57 ff; *ders/Freis/Kleinsorge,* SEBG, SCEBG, MgVG – Beteiligung der Arbeitnehmer im Unternehmen auf der Grundlage Europäischen Rechts, 3. Aufl 2018; *Neye*, Die neue Richtlinie zur grenzüberschreitenden Verschmelzung von Kapitalgesellschaften, ZIP 2005, 1893 ff; *Röpke*, Zur Arbeitnehmer-Mitbestimmung in der neuen EU-Verschmelzungsrichtlinie, DRdA 2006, 68 ff; *Schmidt*, Cross-border mergers and divisions, transfers of seat: Is there a need to legislate? Study for the Juri Committee, 2016; *Schott*, Grenzüberschreitende Verschmelzung von Kapitalgesellschaften, 2008; *Schubert*, Die Mitbestimmung der Arbeitnehmer bei grenzüberschreitender Verschmelzung, RdA 2007, 9 ff; *dies*, Die Bestellung der Arbeitnehmervertreter im Aufsichts- und Verwaltungsorgan bei grenzüberschreitenden Verschmelzungen, ZIP 2009, 791 ff; *Seifert*, Employee Participation in the Boards and Corporate Restructuring – The Perspective of EU Law, in *Kovács/Winner*, Stakeholder Protection in Restructuring – Selected Company and Labour Law Issues, 2019, 13 ff; *Simon/Hinrichs*, Unterrichtung der Arbeitnehmer und ihrer Vertretungen bei grenzüberschreitenden Verschmelzungen, NZA 2008, 391 ff; *Stiegler*, Zehn Jahre Internationale Verschmelzungsrichtlinie – Erreichtes, Stand und Perspektiven, GmbHR 2016, 406 ff; *von der Linden*, Umstrukturierung von mitbestimmten Unternehmen nach deutschem Umwandlungsrecht und durch grenzüberschreitende Sitzverlegung, 2007; *Unterrieder/Fazekas,* Immer mitbestimmter Aufsichtsrat bei grenzüberschreitenden Verschmelzungen? RdW 2010, 227 ff; *Thüsing/Forst* in *Habersack/Drinhausen*, SE-Recht, MgVG, 2. Aufl 2016; *Wenglorz*, Die grenzüberschreitende ‚Heraus'-Verschmelzung einer deutschen Kapitalgesellschaft: Und es geht doch!, BB 2004, 106 ff, *Wiesner*, Die grenzüberschreitende Verschmelzung und der neue Mitbestimmungskompromiss, DB 2005, 91 ff; *Winner*, Unternehmerische Mitbestimmung bei grenzüberschreitenden Umgründungen in: *Brameshuber/Friedrich/Karl* (Hrsg), FS Marhold, 2020, 753.

Zur Verwirklichung des Binnenmarktes und zur Stärkung der Wettbewerbsfähigkeit europäischer Unternehmen gab es schon frühzeitig Bestrebungen, Unternehmenszusammenschlüsse innerhalb der Gemeinschaft zu erleichtern. Der erste Entwurf der Kommission eines Übereinkommens über die internationale Verschmelzung von Aktiengesellschaften auf der Grundlage des damaligen Art 220 EWGV stammte aus dem Jahre 1972.[1633] Als problematisch erwies sich auch in diesem Bereich von Anfang an die Frage, wie unterschiedliche mitgliedstaatliche Mitbestimmungsniveaus der an einer Verschmelzung beteiligten Unternehmen im nach der Verschmelzung bestehenden Unternehmen in Einklang gebracht werden können. Der ursprüngliche Ansatz bestand darin, dass die Mitbestimmung sich nach dem Recht des Sitzstaates der aus der Verschmelzung hervorgehenden Gesellschaft richtet und ein dadurch eventuell verursachter Mitbestimmungsverlust in den an der Verschmelzung beteiligten Gesellschaften durch ersatzweise Informations-, Kontroll- und Anhörungsrechte der einzelnen Betriebsräte auf Betriebsebene kompensiert werden sollte.[1634] Dieser Vorschlag scheiterte ebenso wie die ihm nachfolgenden an den aus der Vorgeschichte zur SE bereits bekannten unvereinbaren Positionen der Gegner und Befürworter der Mitbestimmung.[1635] Nachdem auch ein von der Kommission Anfang 1985 vorgelegter Richtlinienentwurf[1636] erfolglos geblieben war, kam der politische Durchbruch erst mit der Einigung hinsichtlich der Mitbestimmungsfrage bei der Europäischen Aktiengesellschaft.[1637] Auf der Grundlage des gefundenen SE-Kompromisses legte die Kommission am 18. 11. 2003 gestützt auf Art 44 Abs 1 EG [Art 50 Abs 1 AEUV] einen neuen Richtlinienvorschlag vor,[1638] der die Mitbestimmungsfrage durch weitestgehende Verweisungen auf die Bestimmungen der SE-RL zu lösen suchte. Der politische Kompromiss, auf den sich der Rat am 25. 11. 2004 einigen konnte, hielt hinsichtlich der Mitbestimmung zwar am Grundprinzip der Verweisung auf die SE-Regeln fest, sah aber wesentliche Modifikationen vor. Die Änderungsvorschläge der vom Europäischen Parlament in erster Lesung am 10. 5. 2005 verabschiedeten Stellungnahme wurden vom Rat am 19. 9. 2005 ange-

1633 Zur Vorgeschichte *Figge*, Mitbestimmung auf Unternehmensebene, 154 ff.
1634 Vgl EG-Bulletin 1973 Nr 13.
1635 Vgl dazu oben 4.a).
1636 ABlEG 1985 Nr C 23/11.
1637 Dazu ausführlich oben 4.
1638 ABlEG 2004 Nr C 96/29; dazu *Koberski* in: FS Wißmann, 2002, 474 ff; *Maul/Teichmann/Wenz*, BB 2003, 2633 ff.

nommen. Die RL 2005/56/EG vom 26. 10. 2005 über die Verschmelzung von Kapitalgesellschaften aus verschiedenen Mitgliedstaaten ist am 16. 12. 2005 in Kraft getreten und war gem Art 19 RL 2005/56/EG bis zum 15. 12. 2007 in mitgliedstaatliches Recht umzusetzen.

In Vorbereitung der nach Art 18 RL 2005/56/EG von der Kommission fünf Jahre nach Ablauf der Umsetzungsfrist durchzuführenden Überprüfung der Anwendung der RL 2005/56/EG hat die Kommission eine umfangreiche Studie in Auftrag gegeben.[1639] Auf mehr als 1.000 Seiten (einschließlich Anhängen) wurden nicht nur die wichtigsten Entwicklungen aufgezeigt, sondern auch die Umsetzung in den einzelnen Mitgliedstaaten ausführlich beleuchtet. Als Gesamtergebnis wurde einerseits festgehalten, dass mit der RL 2005/56/EG ein neues Zeitalter bei grenzüberschreitenden Verschmelzungen eingeläutet worden sei und sie einen wichtigen Schritt hin zu dynamischeren und stabileren Marktbedingungen in der EU und im EWR darstelle. In den Jahren nach der Umsetzung der Verschmelzungsrichtlinie ist die Zahl an grenzüberschreitenden Verschmelzungen zwischen 2008 und 2012 um 173 Prozent gestiegen, von 132 im Jahr 2008 auf 361 im Jahr 2012.[1640] In der Studie wurden andererseits Harmonisierungsdefizite, fehlende klare Kommunikationsverfahren zwischen den Behörden und teilweise problematische Schutzmechanismen für Stakeholder, insbesondere auch die Arbeitnehmer, als zu Tage getretene Schwierigkeiten der Richtlinie benannt.[1641] Es wurde aber zugleich relativierend darauf hingewiesen, dass es sich bei den Bestimmungen zur Arbeitnehmerbeteiligung eben um einen politischen Kompromiss gehandelt habe, der der Richtlinie erst zum Durchbruch verholfen habe.[1642] Hinsichtlich der Arbeitnehmerbeteiligung hätten sich teilweise Regelungslücken bzw klärungsbedürftige Auslegungsfragen ergeben, wie zB:[1643]

- Mehrdeutigkeit der in Art 16 RL 2005/56/EG genannten Ausnahmen (zur Illustration der Schwierigkeiten wird eigens auf Erfahrungen in Österreich Bezug genommen),[1644]

1639 *Lexidale/Bech-Bruun*, Study on the Application of the Cross-Border Mergers Directive, September 2013, http://ec.europa.eu/internal_market/company/docs/mergers/131007_study-cross-border-merger-directive_en.pdf.

1640 Study on the Application of the Cross-Border Mergers Directive, aaO, 4 f. Zur Entwicklung grenzüberschreitender Verschmelzungen unter Beteiligung deutscher Unternehmen vgl *Köstler/Pütz*, AG 2013, R181 f.

1641 Study on the Application of the Cross-Border Mergers Directive, aaO, 4 f, 11 f.

1642 Study on the Application of the Cross-Border Mergers Directive, aaO, 12.

1643 Study on the Application of the Cross-Border Mergers Directive, aaO, 72 ff.

1644 Study on the Application of the Cross-Border Mergers Directive, aaO, 73 f.

- Unklarheit, ob die Möglichkeit für die betreffenden Organe der an der Verschmelzung beteiligten Gesellschaften, sich für die Anwendung der Auffangregelung nach Art 16 Abs 4 lit a RL 2005/56/EG zu entscheiden, auch im Kontext mit den in Art 16 Abs 2 RL 2005/56/EG geregelten Ausnahmen uneingeschränkt besteht,
- Unbestimmtheit der Kontrollpflichten der zuständigen öffentlichen Stelle des Mitgliedstaats im Hinblick auf eine getroffene Vereinbarung über die Mitbestimmung der Arbeitnehmer (Art 11 RL 2005/56/EG),
- Fehlende Koordinierung zwischen etwaiger Verhandlung über die Mitbestimmung einerseits und die sich aus der Betriebsrats-RL ergebenden Informations- und Anhörungsrechte andererseits,
- Fehlende ausdrückliche Koordinierung des Anwendungsbereichs der RL 2005/56/EG mit jenem der RL 2001/23/EG zu den Arbeitnehmerrechten beim Betriebsübergang.[1645]

Die Studie zeigte auch eine Vielzahl von Defiziten bei der Umsetzung der Bestimmungen zur Arbeitnehmerbeteiligung in den Mitgliedstaaten auf und die Fälle, in denen über die Richtlinie hinausgehende Regelungen getroffen wurden.[1646]

Dass die Kommission Umsetzungsdefizite ernst nimmt, zeigte das Vertragsverletzungsverfahren gegen die Niederlande,[1647] das die Umsetzung des Art 16 RL 2005/56/EG betraf. Die Niederlande hatten bei der Umsetzung der RL 2005/56/EG die in Art 16 Abs 2 lit b enthaltene Regelung nicht übernommen.[1648] Sie vertraten die Auffassung, dass es für die Umsetzung des Art 16 Abs 2 genüge, entweder den nach Art 16 Abs 2 lit a oder den nach Art 16 Abs 2 lit b genannten Fall zu berücksichtigen. Dem ist die Kommission und ihr folgend auch der EuGH entgegengetreten. Gegen die Annahme der Niederlande spreche nicht nur der Wortlaut, sondern auch das Ziel der Richtlinie. Es komme bei der nationalen Regelung nicht nur darauf an, die Mitbestimmung der Arbeitnehmer in den von der Verschmelzung betroffenen Gesellschaften nach Art 16 Abs 2 lit a) aufrechtzuerhalten, sondern auch darauf, die Rechte, auf die die im Sitzstaat der aus der Verschmelzung hervorgehenden Gesellschaft beschäftigten Arbeitnehmer Anspruch haben, nach Art 16 Abs 2 lit b) dieser Richtlinie auf andere von der Verschmelzung

1645 Vgl zu dieser Frage: Study on the Application of the Cross-Border Mergers Directive, aaO, 88.

1646 Study on the Application of the Cross-Border Mergers Directive, aaO, 113 ff und 165 ff.

1647 EuGH Rs C-635/11 (Kommission ./. Niederlande), EU:C:2013:408.

1648 Nachbesserungsbedarf bei Art 16 RL 2005/56/EG sehen *Drygala/von Bressensdorf*, NZG 2016, 1163 und 1167.

betroffene und in anderen Mitgliedstaaten beschäftigte Arbeitnehmer auszudehnen. Im Ergebnis kann eine etwaige Regelung der Arbeitnehmermitbestimmung, die in dem Mitgliedstaat gilt, in dem die aus der Verschmelzung hervorgehende Gesellschaft ihren Sitz hat, nicht zur Anwendung kommen, wenn das für diese Gesellschaft maßgebliche innerstaatliche Recht nicht die beiden in den lit a) und lit b) des Art 16 Abs 2 genannten Fälle kumulativ vorsehe.[1649]

In einem im Jahr 2015 abgeschlossenen Konsultationsverfahren der Kommission haben sich 42 Prozent der Teilnehmer für Änderungen an der Regelung zur Mitbestimmung der Arbeitnehmer ausgesprochen, 28 Prozent sahen keinen Änderungsbedarf, 31 Prozent der Teilnehmer äußerten sich dazu nicht. Die von der Kommission in ihrer Zusammenfassung der Konsultationsergebnisse beispielhaft aufgegriffenen Gründe für Änderungsforderungen spiegeln in gewissem Maß die schon im Enstehungsprozess der RL 2005/56/EG kontrovers geführte Diskussion um die Mitbestimmungsregeln wider. So wird einerseits die Gefahr der Flucht aus der Mitbestimmung thematisiert,[1650] andererseits gefordert, die Anforderungen des Art 16 Abs 2 RL 2005/56/EG zu senken und allgemein das Verhandlungsverfahren zu vereinfachen.[1651]

Die Richtlinie 2005/56/EG wurde 2017 aufgehoben und ihre Bestimmungen wurden beinahe unverändert in die Richtlinie (EU) 2017/1132 des Europäischen Parlaments und des Rates über bestimmte Aspekte des Gesellschaftsrechts[1652] übernommen. Das Ziel der neuen Richtlinie war, alle unionsrechtlichen Vorschriften über Kapitalgesellschaften in ein einheitliches Dokument aufzunehmen und somit für eine geplante Veränderung zugänglicher zu machen. Die Richtlinie (EU) 2017/1132 enthielt ursprünglich lediglich Vorschriften für inländische Spaltungen und Verschmelzungen von

---

1649 EuGH Rs C-635/11 (Kommission ./. Niederlande), EU:C:2013:408 Rn 34 f. Ablehnend *Forst*, AG 2013, 588 ff.

1650 Umfassend zu diesen Gefahren *Fähndrich*, Missbrauch einer grenzüberschreitenden Verschmelzung von Gesellschaften zur Flucht aus deutscher Unternehmensmitbestimmung.

1651 European Commission, FEEDBACK STATEMENT - SUMMARY OF RESPONSES TO THE PUBLIC CONSULTATION ON CROSS BORDER MERGERS AND DIVISIONS, Oktober 2015, 17 f (http://ec.europa.eu/internal_market/consultations/2014/cross-border-mergers-divisions/docs/summary-of-responses_en.pdf).

1652 Richtlinie (EU) 2017/1132 des Europäischen Parlaments und des Rates vom 14. Juni 2017 über bestimmte Aspekte des Gesellschaftsrechts (ABl L 169 vom 30.6.2017, 46). Zur kritischen Auseinandersetzung mit dem Konzept der Arbeitnehmermitbestimmung in dieser Richtlinie siehe *Kovács*, Employee Participation in Cross-Border Mergers – European Rules, Risks and Loopholes, 159 ff.

Aktiengesellschaften sowie für grenzüberschreitende Verschmelzungen von Kapitalgesellschaften. Die Europäische Kommission erarbeitete ein gesellschaftsrechtliches Paket mit dem Ziel, die Mobilität der Gesellschaften in der EU weiter zu fördern und die Interessen der betroffenen Gesellschafter, Gläubiger und Arbeitnehmer dabei zu schützen. Das am 25. 4. 2018 veröffentlichte Paket enthielt ua einen Richtlinienvorschlag[1653] für die Änderung der RL 2017/1132.[1654] Um die Ausübung der Niederlassungsfreiheit weiter zu fördern und die Rechtszersplitterung sowie Rechtsunsicherheit bei grenzüberschreitenden Umwandlungen und Spaltungen zu beseitigen, wurde die Richtlinie (EU) 2019/2121[1655] erlassen. Diese Richtlinie modifizierte die existierenden Vorschriften über grenzüberschreitende Verschmelzungen (Art 118 ff) und fügte harmonisierte Regelungen zu grenzüberschreitenden Umwandlungen (Art 86a ff) und Spaltungen (Art 160a ff) in die Richtlinie 2017/1132 ein. Das bisherige Konzept der Arbeitnehmermitbestimmung mit dem Verhandlungsprinzip samt Auffanglösung wurde im Wesentlichen beibehalten und auf grenzüberschreitende Umwandlung und Spaltung übertragen. Diese Richtlinie ist bis zum 31. 1. 2023 umzusetzen. Im Folgenden werden die für die Arbeitnehmer relevantesten Vorschriften der Richtlinie 2017/1132 bereits mit den Veränderungen der Richtlinie 2019/2121 dargestellt.

a) Gesellschaftsrechtliche Grundlagen

Die Richtlinie 2017/1132 enthält Regelungen über die Gründung und Funktionsweise von Kapitalgesellschaften, über die innerstaatliche Spaltung und Verschmelzung von Aktiengesellschaften sowie über grenzüberschreitende Umwandlungen, Verschmelzungen und Spaltungen (zusammen: grenzüberschreitende Vorhaben) von Kapitalgesellschaften. Für die Arbeitnehmermitbestimmung relevant sind die grenzüberschreitenden Vorhaben.

Der Ausdruck „grenzüberschreitende Umwandlung“ bezeichnet einen Vorgang, durch den eine Gesellschaft ohne Auflösung, Abwicklung oder

1653 Vorschlag für eine Richtlinie des Europäischen Parlaments und des Rates zur Änderung der Richtlinie (EU) 2017/1132 in Bezug auf grenzüberschreitende Umwandlungen, Verschmelzungen und Spaltungen, Brüssel, 25.4.2018, COM(2018) 241 final.

1654 Zur Analyse des Richtlinienvorschlags im Lichte der bestehenden österreichischen Vorschriften siehe *Kovács,* Die Auswirkungen grenzüberschreitender Verschmelzungen auf die AN-Mitbestimmung, ZAS 2019/1, 22 ff (Teil I) und ZAS 2019/3, 165 ff (Teil II).

1655 Richtlinie (EU) 2019/2121 des Europäischen Parlaments und des Rates vom 27. November 2019 zur Änderung der Richtlinie (EU) 2017/1132 in Bezug auf grenzüberschreitende Umwandlungen, Verschmelzungen und Spaltungen.

Liquidation die Rechtsform, in der sie im Wegzugsmitgliedstaat eingetragen ist, in eine in Anhang II genannte Rechtsform des Zuzugsmitgliedstaats umwandelt und mindestens ihren satzungsmäßigen Sitz unter Beibehaltung ihrer Rechtspersönlichkeit in den Zuzugsmitgliedstaat verlegt (Art 86b Z 2).

Grenzüberschreitende Spaltungen sind die länderübergreifenden Spaltungen von Kapitalgesellschaften, die nach dem Recht eines Mitgliedstaats gegründet worden sind und ihren satzungsmäßigen Sitz, ihre Hauptverwaltung oder ihre Hauptniederlassung in der Union haben, sofern mindestens zwei der an der Spaltung beteiligten Kapitalgesellschaften dem Recht verschiedener Mitgliedstaaten unterliegen (Art 160a Abs 1). Eine „Gesellschaft, die die Spaltung vornimmt" ist eine Gesellschaft, die im Rahmen einer grenzüberschreitenden Spaltung im Falle einer Aufspaltung ihr gesamtes Aktiv- und Passivvermögen auf zwei oder mehr Gesellschaften überträgt oder im Falle einer Abspaltung oder Ausgliederung einen Teil ihres Aktiv- und Passivvermögens auf eine oder mehrere Gesellschaften überträgt (Art 160b Z 2).

Die Richtlinie gilt gemäß Art 118 für Verschmelzungen von Kapitalgesellschaften, die nach dem Recht eines Mitgliedstaats gegründet worden sind und ihren Satzungssitz, ihre Hauptverwaltung oder ihre Hauptniederlassung in der Union haben, sofern mindestens zwei der an der Verschmelzung beteiligten Gesellschaften dem Recht unterschiedlicher Mitgliedstaaten unterliegen. Die Richtlinie kennt drei Varianten von Verschmelzungen (Art 119 Z 2):

- Übernahme des gesamten Aktiv- und Passivvermögens einer oder mehrerer Gesellschaften durch eine bereits bestehende Gesellschaft gegen Gewährung von Aktien oder sonstigen Anteilen (lit a),
- Übertragung des gesamten Aktiv- und Passivvermögens zweier oder mehrerer Gesellschaften auf eine von ihnen neu gegründete Gesellschaft gegen Gewährung von Aktien oder sonstigen Anteilen (lit b),
- Übertragung des gesamten Aktiv- und Passivvermögens einer Gesellschaft zum Zeitpunkt der Auflösung ohne Abwicklung auf die Muttergesellschaft, die sämtliche Aktien oder sonstigen Anteile der übertragenden Gesellschaft hält (lit c).

Die Richtlinie erfasst nicht nur die Umwandlung, Verschmelzung und Spaltung von Aktiengesellschaften, sondern allgemein von Kapitalgesellschaften.[1656] Die Gesellschaften, die eine grenzübergreifende Umwandlung, Verschmelzung oder Spaltung vollziehen, müssen aber in der Regel eine im

---

1656 Zur grenzüberschreitenden Verschmelzung unter Beteiligung einer SE *Grambow/Stadler*, BB 2010, 977 ff.

Anhang II genannte Rechtsform haben (Art 86b Z 1, Art 119 Z 1, Art 160b Z 1).

b) Folgen der grenzüberschreitenden Umwandlung, Spaltung und Verschmelzung für die Arbeitnehmermitbestimmung

Die Mitbestimmungsrechte der Arbeitnehmer verfolgen bei allen drei grenzüberschreitenden Vorhaben im Wesentlichen das gleiche Konzept. Die Mitbestimmung bei grenzüberschreitender Umwandlung wird in Art 86l, bei grenzüberschreitender Verschmelzung in Art 133 und bei grenzüberschreitender Spaltung in Art 160l geregelt. Für die Mitbestimmung ist gemäß Art 86l/133/160l Abs 1 RL 2017/1132 grundsätzlich das Recht des Mitgliedstaates maßgeblich, in dem die relevante Gesellschaft nach der Verschmelzung/Spaltung/Umwandlung ihren Sitz hat (Sitzstaatsprinzip). Um zu gewährleisten, dass die Mitbestimmungsrechte der Arbeitnehmer und die bereits bestehenden Mitbestimmungskonzepte durch das grenzüberschreitende Vorhaben nicht völlig beseitigt oder wesentlich vermindert werden, nennen die Abs 2 der jeweiligen Vorschriften drei[1657] Ausnahmen vom Sitzstaatsprinzip:

- Mindestens eine der Gesellschaften, die die grenzüberschreitende Umwandlung/Spaltung/Verschmelzung vornimmt, beschäftigt in den sechs Monaten vor der Offenlegung des gemeinsamen Plans für dieses Vorhaben eine durchschnittliche Zahl von Arbeitnehmern, die vier Fünfteln des Schwellenwerts entspricht, der im Recht des Mitgliedstaats der Gesellschaft, die die Umwandlung/Spaltung/Verschmelzung vornimmt, festgelegt ist und der die Mitbestimmung der Arbeitnehmer im Sinne des Art 2 lit k der Richtlinie 2001/86/EG auslöst (Satz 1).[1658]
- Das nach der Umwandlung/Spaltung/Verschmelzung gemäß dem Sitzstaatsprinzip für die Gesellschaft maßgebliche Recht sieht nicht mindestens den gleichen Umfang an Mitbestimmung der Arbeitnehmer vor, wie er in den jeweiligen beteiligten Gesellschaften vor der Umwandlung/Spaltung/Verschmelzung bestand. Der Umfang wird als der Anteil der Arbeitnehmervertreter im Verwaltungs- bzw Aufsichtsorgan, ihrer Ausschüsse oder des Leitungsgremiums, das für die Ergebniseinheiten der Gesellschaft zuständig ist, ausgedrückt (lit a).[1659]

1657 Der EuGH stellte in der Rs C-635/11, (Kommission ./. Niederlande) EU:C:2013:408 klar, dass es sich hier um drei und nicht nur um zwei Alternativen handelt, siehe dazu unten c = EuZW 2013, 662 f.

1658 Zur kritischen Bewertung dieser neuen Vorschrift siehe: *Winner*, Unternehmerische Mitbestimmung bei grenzüberschreitenden Umgründungen, 756 ff.

1659 Neu gegenüber der SE-RL ist nicht nur die Einbeziehung von Ausschüssen des Verwaltungs- bzw Aufsichtsorgans in die Vergleichsbetrachtung, sondern ins-

– Das für die Gesellschaft nach der Umwandlung/Spaltung/Verschmelzung maßgebliche Recht gewährt den Arbeitnehmern in Betrieben, die sich in anderen Mitgliedstaaten befinden, nicht den gleichen Anspruch auf Ausübung von Mitbestimmungsrechten, wie es ihn für Arbeitnehmer inländischer Betriebe vorsieht (lit b).[1660]

In diesen drei Ausnahmefällen klingt das aus der SE-RL bekannte Vorher-Nachher-Prinzip insoweit an, als das „Vorher" jedenfalls bereits negativ festlegt, wie das „Nachher" nicht aussehen soll: Es darf nicht einfach nur das Mitbestimmungsrecht des Sitzstaates der aus der Umwandlung/Spaltung/Verschmelzung hervorgehenden Gesellschaft zur Anwendung kommen. Die zwei letzten Ausnahmen in lit a) und b) wurden vom Art 16 der Richtlinie 2005/56/EG im Wesentlichen unverändert übernommen. Die erste Ausnahme im Satz 1 ist aber eine Neuheit, die erst durch die Richtlinie 2019/2121 in den Text eingefügt wurde. Das Ziel der Neufassung der ersten Ausnahme war, diejenigen Umstrukturierungen zu unterbinden, die bei einer im Personal wachsenden Gesellschaft in erster Linie darauf abzielen, das Mitbestimmungssystem durch eine grenzüberschreitende Umwandlung, Spaltung oder Verschmelzung zu umgehen.[1661] Diese sog „Flucht aus der Mitbestimmung" soll durch die erste Ausnahmebestimmung verhindert werden.

Die für die SE geltenden Grundsätze und Verfahren der SE-VO und der SE-RL kommen hier auch zur Anwendung, jedoch mit den Änderungen, die bei einer Umwandlung/Verschmelzung/Spaltung für notwendig erachtet werden. Die Abs 3 der Parallelnormen Art 86l/133/160l der Richtlinie 2017/1132 enthalten zunächst einen Katalog von entsprechend anzuwendenden Vorschriften der SE-VO und insbesondere der SE-RL.[1662] So kommen insbesondere die Vorschriften der SE-RL über die Einsetzung eines besonderen Verhandlungsgremiums, den Inhalt der Vereinbarung, die Dauer der Verhandlungen, das für das Verhandlungsverfahren maßgebliche Recht, die Auffangregelung, die Verschwiegenheits- und Geheimhaltungs-

besondere auch die Berücksichtigung von etwaigen Mitbestimmungsrechten innerhalb von Unternehmenssparten.

1660 Weitet dagegen ein Mitgliedstaat die Mitbestimmungsrechte auf in anderen Mitgliedstaaten beschäftigte Arbeitnehmer der nach der Umwandlung/Spaltung/Verschmelzung bestehenden Gesellschaft gem Abs 2 lit b aus, so ist er nicht dazu verpflichtet, diese Arbeitnehmer auch bei der Berechnung der Schwellenwerte für die Beschäftigtenzahl zu berücksichtigen, bei deren Überschreitung Mitbestimmungsrechte nach innerstaatlichem Recht gelten (Art 86l/133/160l Abs 5 RL 2017/1132/EG).

1661 Dazu *Kovács*, Employee Participation in Cross-Border Mergers, 163 f.

1662 Diesbezüglich sei auf die Ausführungen oben 4. verwiesen.

pflichten, den Schutz der Arbeitnehmervertreter, den Verfahrensmissbrauch sowie die Einhaltung der Richtlinie auf alle drei Umstrukturierungsformen zur Anwendung.

Es gibt auch einige Änderungen hinsichtlich des aus der SE bekannten Verfahrens[1663] zur Festlegung der Beteiligungsrechte (Art 86l/133/160l Abs 4). Während die Vorschriften für grenzüberschreitende Spaltung und Umwandlung in den Abs 4 bis 8 weitestgehend gleichlautend sind, weichen die Normen für grenzüberschreitende Verschmelzung von diesen geringfügig ab. Das besondere Verhandlungsgremium soll bei allen drei Umstrukturierungsformen das Recht haben, mit der Mehrheit von zwei Dritteln seiner mindestens zwei Drittel der Arbeitnehmer vertretenden Mitglieder zu beschließen, dass keine Verhandlungen eröffnet oder bereits eröffnete Verhandlungen beendet werden und die Mitbestimmungsregelung angewendet wird, die für die Gesellschaft nach der Spaltung/Umwandlung/Verschmelzung gilt. Bei grenzüberschreitenden Verschmelzungen müssen diese Mitglieder zusätzlich Arbeitnehmer in mindestens zwei verschiedenen Mitgliedstaaten vertreten. Ebenso gilt für alle drei Umstrukturierungen, dass die Mitgliedstaaten in dem Fall, dass nach vorherigen Verhandlungen die Auffangregelung für die Mitbestimmung gilt, den Anteil der Arbeitnehmervertreter im Verwaltungsorgan der Gesellschaft nach der Spaltung/Umwandlung/Verschmelzung begrenzen können. Bestand jedoch das Verwaltungs- oder Aufsichtsorgan der Gesellschaft zu mindestens einem Drittel aus Arbeitnehmervertretern, so darf die Begrenzung auch höchstens bei einem Drittel liegen.

Bei grenzüberschreitenden Verschmelzungen haben ferner die betreffenden Organe der sich verschmelzenden Gesellschaften die Möglichkeit, sich dafür zu entscheiden, die Auffangregelung ohne jede vorhergehende Verhandlung unmittelbar anzuwenden. Voraussetzung dafür ist, dass für mindestens eine der sich verschmelzenden Gesellschaften ein System der Arbeitnehmermitbestimmung im Sinne des Art 2 lit k der SE-RL gilt. Weiters stellen die Mitgliedstaaten bei einer Spaltung oder Umwandlung sicher, dass die Regelung für die Arbeitnehmermitbestimmung, die vor der grenzüberschreitenden Umwandlung/Spaltung galt, bis zum Geltungsbeginn einer danach vereinbarten Regelung bzw in Ermangelung einer vereinbarten Regelung bis zur Anwendung der Auffangregelung weitergilt.

Wichtig ist noch die Vorschrift über die Konservierung der Mitbestimmungsrechte für einen gewissen Zeitraum. Der frühere Art 16 Abs 7 RL 2005/56/EG, der auf Wunsch der deutschen Bundesregierung eingeführt

1663 Zur Implementierung von Mitbestimmungssystemen bei grenzüberschreitenden Verschmelzungen *Bauckhage-Hoffer/Rupietta*, EWS 2012, 417 ff.

wurde, schrieb die zwingende Beibehaltung einer für die aus der Verschmelzung hervorgehenden Gesellschaft gefundenen Mitbestimmungslösung für nachfolgende innerstaatliche Verschmelzungsvorgänge für einen Zeitraum von drei Jahren vor.[1664] Die Richtlinie 2017/1132 übernahm zwar noch unverändert diese Norm, die Richtlinie 2019/2121 änderte aber diese sowohl bezüglich der relevanten Umstrukturierungsformen als auch hinsichtlich der Dauer der Konservierungspflicht. Nunmehr gilt einheitlich für grenzüberschreitende Verschmelzungen, Spaltungen und Umwandlungen die Regel, dass das System der Arbeitnehmermitbestimmung nach einem solchen grenzüberschreitenden Vorhaben vier Jahre lang geschützt werden soll, dh in diesem Zeitraum durch nachfolgende innerstaatliche oder grenzüberschreitende Umwandlungen, Spaltungen oder Verschmelzungen nur nach den Vorschriften der RL geändert werden darf.

Letztlich sei auf den Erwägungsgrund 65 zu verweisen, nach dem die Rechte der Arbeitnehmer mit Ausnahme der Mitbestimmungsrechte weiterhin den Vorschriften der Mitgliedstaaten unterliegen sollen, die in der RL 98/59/EG (Massenentlassungen), der RL 2001/23/EG (Betriebsübergang), der RL 2002/14/EG (Allgemeiner Rahmen für die Unterrichtung und Anhörung) und der RL 2009/38/EG (Europäische Betriebsräte) genannt sind.

c) Mitgliedstaatliche Umsetzung

Die Verschmelzungsrichtlinie 2005/56/EG war bis 15. 12. 2007 in mitgliedstaatliches Recht umzusetzen. Die davor ergangene Entscheidung des EuGH in der Rs SEVIC[1665] hatte gezeigt, dass die Zulässigkeit einer grenzüberschreitenden Verschmelzung nicht zwangsläufig von einer Harmonisierung des Verschmelzungsrechts abhängen muss. Nach Auffassung des EuGH gehört eine grenzüberschreitende Verschmelzung zu den wirtschaftlichen Tätigkeiten, hinsichtlich derer die Mitgliedstaaten die Niederlassungsfreiheit beachten müssen. Die gemeinschaftliche Harmonisierung durch die Verschmelzungsrichtlinie möge zwar zur Erleichterung grenzüberschreitender Verschmelzungen hilfreich sein, sei aber keine Vorbedingung für die Durchführung der primärrechtlich verankerten Niederlassungsfreiheit. Manche Registergerichte hatten auch schon vor der Entscheidung in der Rs SEVIC die Rechtsprechung des EuGH zur Niederlassungs-

1664 Vgl zum Mitbestimmungskompromiss der RL 2005/56/EG insgesamt auch *Wiesner*, Die grenzüberschreitende Verschmelzung und der neue Mitbestimmungskompromiss, DB 2005, 91 ff.

1665 EuGH Rs C-411/03 (SEVIC), EU:C:2005:762; vgl dazu die Anm von *Drygala*, EWiR 2006, 25 f; *Bayer/Schmidt*, ZIP 2006, 210 ff.

freiheit zum Anlass genommen, zumindest unkomplizierte grenzüberschreitende Verschmelzungsfälle ins Register einzutragen.[1666]

Der deutsche Gesetzgeber hat die gesellschaftsrechtlichen Vorgaben der Verschmelzungsrichtlinie durch das am 25. 4. 2007 in Kraft getretene Zweite Gesetz zur Änderung des Umwandlungsgesetzes[1667] umgesetzt. Die mitbestimmungsrechtlichen Vorgaben wurden gesondert im Gesetz über die Mitbestimmung der Arbeitnehmer bei einer grenzüberschreitenden Verschmelzung (MgVG)[1668] geregelt, welches bereits am 29. 12. 2006 in Kraft trat.[1669] In Österreich ist in Umsetzung der Verschmelzungsrichtlinie am 15. 12. 2007 das Bundesgesetz über die grenzüberschreitende Verschmelzung von Kapitalgesellschaften in der Europäischen Union (EU-Verschmelzungsgesetz – EU-VerschG)[1670] in Kraft getreten. Die Arbeitnehmermitbestimmung bei grenzüberschreitender Verschmelzung von Kapitalgesellschaften ist im VIII. Teil des ArbVG (§§ 258–263 ArbVG) geregelt.[1671]

Die Umsetzung der Neuregelungen der Richtlinie 2019/2121 wird die Veränderungen der deutschen und österreichischen Regelungen verlangen. Die Umsetzungsfrist bis zum 31. 1. 2023 bietet beiden Staaten genügend Zeitraum, die notwendigen Anpassungen vorzunehmen.

7. Auswirkungen der Sitzverlegung in einen anderen Mitgliedsstaat auf die Beteiligungsrechte der Arbeitnehmer

Literatur: *Bartsch*, Mitbestimmung und Niederlassungsfreiheit, 2006; *Behme/Nohlen*, EuGH: Cartesio – EuGH lehnt freie Verwaltungsitzverlegung ab, BB 2009, 11 ff; *Bock*, Mitbestimmung und Niederlassungsfreiheit, 2008; *Borsutzky*, Die international-privatrechtliche Anknüpfung des Rechts der Unternehmensmitbestimmung, EuZA 2014, 437 ff; *Braun*, Die Sicherung der Unternehmensmitbestimmung im Lichte des europäischen Rechts, 2005; *Däubler/Heuschmid*, Cartesio und MoMiG – Sitzverlagerung ins Ausland und Unternehmensmitbestimmung, NZG 2009, 493 ff; *Fähndrich*, Missbrauch einer grenzüberschreitenden Verschmelzung von Gesellschaften zur Flucht aus deutscher Unternehmensmitbestimmung, 2016; *Franzen*, Nieder-

1666 Zum Fall der Verschmelzung einer deutschen GmbH auf eine österreichische GmbH *Wenglorz*, BB 2004, 106 ff.

1667 BGBl I 2007, 542.

1668 BGBl I 2006, 3332.

1669 Zur Geschlechterquote gemäß § 96 Abs 3 AktG, sofern die aus der grenzüberschreitenden Verschmelzung hervorgehende Gesellschaft börsennotiert und paritätisch mitbestimmt ist *Drygala/von Bressensdorf*, NZG 2016, 1163 f.

1670 BGBl I Nr 72/2007.

1671 Zur österreichischen Regelung der AN-Mitbestimmung bei grenzüberschreitenden Verschmelzungen sowie zur Umsetzung der RL 2017/1132 in das österreichische Arbeitsrecht siehe: *Kovács,* Die Auswirkungen grenzüberschreitender Verschmelzungen auf die AN-Mitbestimmung, (Teil I) ZAS 2019/1, 22 ff und (Teil II) ZAS 2019/3, 165 ff.

lassungsfreiheit, internationales Gesellschaftsrecht und Unternehmensmitbestimmung, RdA 2004, 257 ff; *Frenzel*, Mobilität von Unternehmen im Europäischen Binnenmarkt, NotBZ 2012, 249 ff; *Funk*, Mitbestimmung in EU-Auslandsgesellschaften nach „Inspire Art", 2007; *Heckschen*, Grenzüberschreitender Formwechsel, ZIP 2015, 2060 ff; *Hellwig/Behme*, Die deutsche Unternehmensmitbestimmung im Visier von Brüssel?, AG 2011, 740 ff; *Hommelhoff*, Die vereinfachte Einmann-Gesellschaft (SMC): Eine Alternative zur SPE?, AG 2013, 211 ff; *Hushahn*, Grenzüberschreitende Formwechsel im EU/EWR-Raum, RNotZ 2014, 143 ff; *Hübner*, Der grenzüberschreitende Formwechsel nach Vale – zur Satzungssitzverlegung von Luxemburg nach Deutschland, IPRax 2015, 134 ff; *Jestädt*, Niederlassungsfreiheit und Gesellschaftskollisionsrecht, 2005; *Junker*, Sechsundsiebzig verweht – Die deutsche Mitbestimmung endet in Europa, NJW 2004, 728 ff; *Kamp*, Die Unternehmerische Mitbestimmung nach „Überseering" und „Inspire Art", BB 2004, 1496 ff; *Kiem*, Erwartungen der Praxis an eine künftige EU-Sitzverlegungsrichtlinie, ZHR 2016, 297 ff; *Kierstein*, Niederlassungsfreiheit contra Unternehmensmitbestimmung – Zur Möglichkeit der Anwendung nationaler Regeln der Unternehmensmitbestimmung auf Auslandsgesellschaften mit Verwaltungssitz in Deutschland, 2006; *Kisker*, Unternehmensmitbestimmung bei Auslandsgesellschaften mit Verwaltungssitz in Deutschland, 2007; *Komo/Villiers*, Are trends in European company law threatening industrial democracy?, EL-Rev 2009, 175 ff; *Köster*, Unternehmensmitbestimmung in EG-Auslandsgesellschaften mit Verwaltungssitz in Deutschland, 2007; *Köstler/Pütz*, Neueste Fakten zur SE und zur grenzüberschreitenden Verschmelzung, AG 2013, R181; *Leible/Hoffmann*, Cartesio – fortgeltende Sitztheorie, grenzüberschreitender Formwechsel und Verbot materiellrechtlicher Wegzugsbeschränkungen, BB 2009, 58 ff; *Lieder/Kliebisch*, Nichts Neues im Internationalen Gesellschaftsrecht: Anwendbarkeit der Sitztheorie auf Gesellschaften aus Drittstaaten?, BB 2009, 338 ff; *Lubitz*, Sicherung und Modernisierung der Unternehmensmitbestimmung, 2005, 109 ff; *Meilicke*, Zur Wegzugsfreiheit von Gesellschaften, GmbHR 2009, 94 ff; *Merkt*, Unternehmensmitbestimmung für ausländische Gesellschaften?, ZIP 2011, 1237 ff; *Müller-Bonanni*, Unternehmensmitbestimmung nach „Überseering" und „Inspire Art", GmbHR 2003, 1236 ff; *ders*, § 13 Mitbestimmung, in: *Hirte/Bücker* (Hg), Grenzüberschreitende Gesellschaften, 2005; *Paefgen*, Auslandsgesellschaften und Durchsetzung deutscher Schutzinteressen nach „Überseering", DB 2003, 487 ff; *Schockenhoff*, Rechtspolitische Initiativen zur Erweiterung der unternehmerischen Mitbestimmung, AG 2012, 185 ff; *Schwark*, Globalisierung, Europarecht und Unternehmensmitbestimmung im Konflikt, AG 2004, 173 ff; *Sick*, Unternehmensmitbestimmung für ausländische Gesellschaften – Inkonsistenzen beheben!, GmbHR 2011, 1196 ff; *Schön*, Das System der gesellschaftsrechtlichen Niederlassungsfreiheit nach VALE, ZGR 2013, 363 ff; *Steinrötter*, Einheitliche Anknüpfung an den Gründungsort im Internationalen Gesellschaftsrecht, GPR 2012, 119 ff; *Stiegler*, Grenzüberschreitender Formwechsel: Zulässigkeit eines Herausformwechsels - Die Polbud-Entscheidung und ihre Konsequenzen, AG 2017, 846; *Thüsing*, Europäische Perspektiven der deutschen Unternehmensmitbestimmung, in: *Rieble* (Hg), Zukunft der Unternehmensmitbestimmung, 2004, 95 ff; *Teichmann*, Gesellschaftsrecht im System der Europäischen Niederlassungsfreiheit, ZGR 2011, 639 ff; *Trautrims*, Geschichte und Bedeutung von Sitz- und Gründungstheorie im deutschen Recht, ZHR 2012, 435 ff; *Veit/Wichert*, Unternehmerische Mitbestimmung bei europäischen Kapitalgesellschaften mit Verwaltungssitz in Deutschland nach „Überseering" und „Inspire Art", AG 2004, 14 ff; *von der Linden*, Umstrukturierung von mitbestimmten Unternehmen nach deutschem Umwandlungsrecht und durch grenzüberschreitende Sitzverlegung, 2007; *Weidmann*, Die Anwendung des Mitbestimmungsgesetzes 1976 in Fällen mit Auslandsbezug, 2007; *Wicke*, Mobilität europäischer Kapitalgesellschaften am Vorabend der 14. gesellschaftsrechtlichen Richtlinie über die grenzüberschreitende Sitzverlegung, GPR 2010, 238 ff.

a) Rechtssetzungspläne der Kommission zur Sitzverlegung

Die Kommission verfolgte ursprünglich das Ziel, auch die gesellschaftsrechtlichen Probleme der grenzüberschreitenden Sitzverlegung (einschließlich der Mitbestimmung) im Rahmen einer Richtlinie zu regeln. Im Jahre 1997 führte sie dazu ein Konsultationsverfahren durch und stellte einen Vorentwurf vor. Nach einem nochmaligen Konsultationsverfahren kam sie dann im Jahr 2004 zum Ergebnis, ihre Rechtsetzungspläne hinsichtlich der Verwaltungssitzverlegung vorerst nicht weiter zu verfolgen, weil sich nach ihrer Auffassung die sich am häufigsten stellenden Probleme mit Hilfe der vom EuGH zwischenzeitlich zugunsten der Niederlassungsfreiheit entwickelten Rechtsprechung[1672] lösen ließen.

Den Erlaß einer Richtlinie zur Satzungssitzverlegung beließ die Kommission zunächst auf ihrer Agenda. Im Ergebnis sollte sich nach Auffassung der Kommission die Satzungssitzverlegung durch eine grenzüberschreitende Umwandlung vollziehen: Die Gesellschaft nimmt eine im Aufnahmestaat anerkannte Rechtsform an und verliert im Zuge der Eintragung in das dortige Register ihre bisherige Rechtspersönlichkeit im Herkunftsstaat und wird dort gelöscht, ohne dass es dazwischen zu einer Auflösung kommt. Mitbestimmungsrechtlich stellen sich bei dieser Form der Grenzüberschreitung ähnliche Probleme wie bei der Umwandlung einer nationalen Gesellschaft in eine SE (vgl dazu oben 4.). Es besteht die Gefahr der Beseitigung oder Beschränkung bestehender Mitbestimmungsrechte auf Unternehmensebene. Unverändert bleiben bei einer Sitzverlegung, unabhängig davon, ob der Satzungs- oder der Verwaltungssitz verlegt wird, die Beteiligungsrechte der Arbeitnehmer auf Betriebsebene. Denn die Belegenheit der rein arbeitsorganisatorischen Einheit „Betrieb“, an die die Anwendbarkeit der vom nationalen Recht gewährten Beteiligungsrechte der Arbeitnehmer anknüpft, bleibt bei der bloßen Verlegung des Satzungs- oder Verwaltungssitzes unberührt.[1673]

Die Kommission hatte zur Lösung der Mitbestimmungsfrage bei grenzüberschreitender Satzungssitzverlegung im Vorfeld eines erneuten Konsultationsverfahrens bereits folgende Grundidee durchblicken lassen:

1672 Vgl dazu unten b).

1673 *Bartsch*, Mitbestimmung und Niederlassungsfreiheit, 87 ff.

„Die Mitbestimmung der Arbeitnehmer würde sich nach dem Recht des Aufnahmemitgliedstaates bestimmen. Bestanden diese Rechte bereits in umfassender Form im Herkunftsmitgliedstaat, würden sie bestehen bleiben oder zwischen den Beteiligten vereinbart werden. Der Herkunftsmitgliedstaat könnte für die Verhandlung zwischen den Beteiligten die von ihm als erforderlich angesehenen innerstaatlichen Vorschriften erlassen."[1674]

Im Dezember 2007 legte die Kommission einen Bericht zur Folgenabschätzung hinsichtlich der Umsetzung der Richtlinie über die grenzüberschreitende Verlegung des Satzungssitzes vor.[1675] Der Bericht wog unterschiedliche Rechtssetzungsalternativen gegen die Folgen der sog „no action"-Option ab, also der Entscheidung, keine weiteren rechtlichen Schritte zu unternehmen. Vor dem Hintergrund der noch nicht absehbaren Wirkungen der Verschmelzungsrichtlinie und der im Zeitpunkt der Vorlage des Berichts noch offenen Entscheidung des EuGH in der Rs Cartesio,[1676] auf die im Folgenden noch einzugehen sein wird, kam der Bericht zu dem Ergebnis, dass diese Entwicklungen vorerst abgewartet werden sollten. Kommissar *McCreevy* beschloss, die Arbeiten an der Richtlinie einzustellen.[1677]

Das Europäische Parlament hatte im März 2009 und im Februar 2012 die Kommission in einer Entschließung[1678] jeweils aufgefordert, einen Legislativvorschlag für eine Richtlinie zur grenzüberschreitenden Verlegung des Satzungssitzes zu unterbreiten. Hinsichtlich der Regelung der Arbeitnehmermitbestimmung sprach das Europäische Parlament im Anhang seiner Entschließung eine Empfehlung aus. Im Grundsatz soll danach für die Mitbestimmung der Arbeitnehmer das Recht des Aufnahmemitgliedstaats gelten. In zwei Ausnahmefällen fänden die Vorschriften des Artikel 16 RL 2005/56/EG (Verschmelzungs-RL) entsprechende Anwendung: Zum einen, wenn der Aufnahmemitgliedstaat nicht zumindest den gleichen Grad an Mitbestimmung vorsieht, wie er im Herkunftsmitgliedstaat in der Gesellschaft praktiziert wurde; zum anderen, wenn die Rechtsvorschriften des Aufnahmemitgliedstaats den Arbeitnehmern von Niederlassungen der Gesellschaft, die in anderen Mitgliedstaaten liegen, nicht den gleichen An-

1674 Vgl Hintergrundbericht zur öffentlichen Konsultation 2004, 3. Abschnitt, Punkt 10.

1675 Commission Staff Working Document – Impact assessment on Directive on the cross-border transfer of registered office vom 12.12.2007, SEC (2007) 1707.

1676 EuGH Rs C-210/06 (Cartesio), EU:C:2008:723 = EuZW 2009, 75 = NJW 2009, 569 ff.

1677 Vgl dazu die Homepage der Kommission, https://ec.europa.eu/commission/index_de.

1678 P6_TA (2009) 86 und ABlEU 2013 Nr C 239E/18.

spruch auf Ausübung von Mitbestimmungsrechten gewähren, wie diese ihn vor der Verlegung besitzen.[1679]

In ihrem Aktionsplan zum Europäischen Gesellschaftsrecht 2012 hatte die Kommission angekündigt, weitere Konsultationen durchführen zu wollen, um dann ihre Folgenabschätzung zu einer eventuellen Initiative auf dem Gebiet der grenzübergreifenden Verlegung des eingetragenen Sitzes zu aktualisieren und danach die Zweckmäßigkeit einer Legislativinitiative zu prüfen.[1680]

Die Europäische Kommission veröffentlichte im April 2018 ein gesellschaftsrechtliches Paket, das sich das Ziel setzte, die Mobilität der Gesellschaften innerhalb der Union zu fördern (daher auch Mobilitäts-Richtlinie genannt) und dabei die Interessen der betroffenen Gesellschafter, Gläubiger und Arbeitnehmer zu schützen. Nachdem sich Kommission, Rat und Parlament im April 2019 einigen konnten, kam der Durchbruch in Form der Richtlinie (EU) 2019/2121[1681] doch überraschend schnell.[1682] Diese Richtlinie fügte harmonisierte Regelungen zu grenzüberschreitenden Umwandlungen (Art 86a ff) in die Richtlinie 2017/1132 ein. Das für die grenzüberschreitende Verschmelzung ausgearbeitete Konzept der Arbeitnehmermitbestimmung mit dem Verhandlungsprinzip wurde im Wesentlichen beibehalten und auf die grenzüberschreitenden Umwandlungen übertragen. Die Definition der grenzüberschreitenden Umwandlung und die wesentlichen Vorschriften zu dieser Umgründungsform sind in dem vorigen Kapitel (unter Punkt 7.) zu finden. Im Folgenden wird die Rechtsprechung des EuGH zur Sitzverlegung skizziert.

b) Die Sitzverlegung in der Rechtsprechung des EuGH

Es ist bisher nicht in allen Details abschließend geklärt, was die Integrierung der Umwandlung in die Richtlinie 2017/1132 für die bisherige EuGH-Judikatur zu Sitzverlegungen bedeutet. Diese wird mit der Neuregelung gewiss nicht völlig obsolet, sondern es gibt zumindest eine Restgruppe von Sitzverlegungen, die durch die Definition der Umwandlung nicht gedeckt ist und

1679 Zu Modifikationen des Verhandlungsverfahrens *Kiem*, ZHR 2016, 320 f (zB Verzicht auf Bildung eines besonderen Verhandlungsgremiums wegen gleichbleibender Belegschaftszusammensetzung, Verhandlung auf Unternehmensseite durch die Anteilseignervertreter im Aufsichtsrat).

1680 KOM (2012) 740/2, 14.

1681 Richtlinie (EU) 2019/2121 des Europäischen Parlaments und des Rates vom 27. November 2019 zur Änderung der Richtlinie (EU) 2017/1132 in Bezug auf grenzüberschreitende Umwandlungen, Verschmelzungen und Spaltungen.

1682 Siehe dazu *Winner*, Unternehmerische Mitbestimmung bei grenzüberschreitenden Umgründungen, in FS Marhold, 753 ff.

auf die weiterhin die Judikatur anwendbar sein wird. Die Richtlinie bezweckt es gar nicht, alles zu erfassen, was der Niederlassungsfreiheit unterliegt, vielmehr soll sie ein Gerüst für die praktisch wichtigsten Fälle bieten. Daher ist die RL bspw auf solche Sitzverlegungen nicht anwendbar, bei denen die Gesellschaft in eine solche Rechtsform des Zuzugsmitgliedstaats umwandelt, die nicht im Anhang genannt wird. Ebenso kommt die Richtlinie nicht auf die Sitzverlegungen von Personengesellschaften zur Anwendung. Solche Fälle könnten weiterhin auf der Grundlage der Niederlassungsfreiheit vollzogen werden. Da die Neuregelung vor allem darauf abzielt, dass Gesellschaften aus einer mitgliedstaatlichen Regelung (und aus einem Mitbestimmungsregime) geregelt hinausoptieren können (Recht auf Wegzug), wird die EuGH-Judikatur zum Zuzugsrecht (insb Centros, Überseering) aller Wahrscheinlichkeit nach weiter gelten, weil diese Sachverhalte von der Neuregelung nicht erfasst sind. Die Rs Cartesio, VALE und Polbud wären dagegen im Wesentlichen nach der neuen Rechtslage gedeckt. Ob aber die Wegzugsrechtsprechung des EuGH durch die Richtlinie komplett umgesetzt ist, lässt sich nicht abschließend sagen. Das kann allenfalls nur bei Kapitalgesellschaften der Fall sein. Wichtig ist weiters, festzuhalten, dass die Umwandlung im Sinne der Richtlinie immer den Rechtsformwechsel verlangt. Folglich gelten die neuen Vorschriften über Umwandlung nicht für Sachverhalte, bei denen nur der Verwaltungssitz oder die Hauptverwaltung oder die (Haupt-)Niederlassung in einen anderen Mitgliedstaat verlegt wird. Somit lässt sich festhalten, dass die EuGH-Judikatur zur Sitzverlegung weiterhin von Relevanz ist.

Das Verständnis der Rechtsprechung des EuGH zur Sitzverlegung bereitet insoweit Schwierigkeiten, als sich das Gesamtbild der Niederlassungsfreiheit von Gesellschaften gleich einem Mosaik erst von Entscheidung zu Entscheidung des EuGH allmählich zusammenfügt und die Meinungen, wie das Bild letztendlich ausschauen mag, nach jeder Entscheidung auseinander gehen. Gegenstand der Entscheidungen war jeweils die Frage, ob bestimmte, eine grenzüberschreitende Sitzverlegung innerhalb der Gemeinschaft einschränkende Vorschriften des Herkunfts- oder des Aufnahmestaates mit der den Gesellschaften durch Art 54 iVm 49 AEUV garantierten Niederlassungsfreiheit vereinbar sind.

aa) Bestimmung des Gesellschaftsstatuts im IPR: Sitz- und Gründungstheorie

Verstehen kann man die Auswirkungen der Rechtsprechung des EuGH nur, wenn man sich vorab vergegenwärtigt, wie sich die rechtlichen Wirkungen einer grenzüberschreitenden Sitzverlegung bestimmen, wenn es an speziellen zwischenstaatlichen bzw supranationalen Regeln fehlt. Über die gesellschaftsrechtlichen Folgen einer Sitzverlegung entscheidet das sog Gesellschaftsstatut. Es legt fest, nach welcher Rechtsordnung gesellschaftsrechtliche Sachverhalte mit Auslandsberührung zu lösen sind. In der Regel bestimmen sich die rechtlichen Verhältnisse einer Gesellschaft einschließlich der Mitbestimmung,[1683] nach nur einer Rechtsordnung, die sich auf die Besetzung der Gesellschaftsorgane auswirken kann. Die Rechtsfolgen der grenzüberschreitenden Sitzverlegung ergeben sich aus einer Zusammenschau der Rechtsordnungen (einschließlich des Internationalen Privatrechts) von Herkunfts- und Aufnahmestaat.[1684] Die Rechtsordnung des Herkunftsstaats entscheidet zunächst über Zulässigkeit und Folgen des Wegzugs einer Gesellschaft, die Rechtsordnung des Aufnahmestaates sodann über Zulässigkeit und Folgen des Zuzugs. Von einer grenzüberschreitenden Sitzverlegung kann nur gesprochen werden, wenn die Gesellschaft den Herkunftsstaat verlassen und sich im Aufnahmestaat unter Beibehaltung ihrer Rechtspersönlichkeit – also ohne Neugründung – niederlassen kann. Hinsichtlich der Anknüpfung des Gesellschaftsstatuts kommen in den Mitgliedstaaten traditionell zwei Ansätze zur Anwendung:

Die Vertreter der aus dem anglo-amerikanischen Rechtskreis stammenden Gründungstheorie knüpfen das Gesellschaftsstatut an den Gründungsort der Gesellschaft. Zur Anwendung kommt also das Recht desjenigen Staates, in dem die Gesellschaft gegründet wurde und sich mit ihrem Satzungssitz registriert hat. Wo die Gesellschaft ihren Verwaltungssitz nimmt und ob dieser später verlegt wird, hat auf das anzuwendende Gesellschaftsrecht keine Auswirkungen, solange der Satzungssitz unverändert bleibt. Den Gründern einer Gesellschaft soll gerade ermöglicht werden, unabhängig vom späteren Verwaltungssitz das auf die Gesellschaft anzuwendende nationale Recht selbst wählen zu können.[1685] Mitbestimmungsrechtlich erweist sich jedenfalls die bloße Verlegung des Verwaltungssitzes daher als unproblematisch, da grundsätzlich das Mitbestimmungsrecht des Satzungssitzstaates weiterhin Anwendung findet.

1683 Für eine sog „gestufte Anknüpfung“ des Unternehmensmitbestimmungsrechts unter Berücksichtigung der Frage, wo nach einer Verlegung des Verwaltungssitzes die Mehrheit der Arbeitnehmer beschäftigt wird, plädiert *Borsutzky*, EuZA 2014, 437 ff.

1684 Vgl *Großfeld* in: *Staudinger* (Hg), Kommentar zum BGB/IPR, IntGesR, 1998, Rn 606.

1685 Hintergrund dieses Wahlrechts ist der noch aus der Kolonialzeit Englands stammende Wunsch, die Anwendung englischen Gesellschaftsrechts auf schwerpunktmäßig in Übersee tätige Gesellschaften zu ermöglichen; vgl *Großfeld* in: *Staudinger* (Hg), Kommentar zum BGB/IPR, IntGesR, 1998, Rn 31.

Die Sitztheorie knüpft das Gesellschaftsstatut nicht an den Gründungsort bzw Satzungssitz, sondern an den Verwaltungssitz der Gesellschaft. Die rechtlichen Verhältnisse der Gesellschaft bestimmen sich bei einer Sitzverlegung mithin nach dem Recht desjenigen Staates, in dem die Gesellschaft ihren Verwaltungssitz hat. Begründet wird die Sitztheorie damit, dass der Verwaltungssitzstaat am stärksten von der wirtschaftlichen Betätigung der Gesellschaft betroffen ist und insoweit dessen rechtliche Schutzmechanismen zum Tragen kommen müssen.[1686] Könnten die Schutzvorschriften dieses Staates allein durch Gesellschaftsgründung in einem Staat mit weniger strengen Regelungen umgangen werden, drohe ein Wettbewerb der Rechtsordnungen, in dem sich gerade die Rechtsordnung durchsetze, die Dritten den schwächsten Schutz biete (sog „race to the bottom").[1687] Nach der Sitztheorie führt eine grenzüberschreitende Verlegung des Verwaltungssitzes zu einem Statutenwechsel, es kommt fortan das Gesellschaftsrecht des neuen Verwaltungssitzstaates zur Anwendung. Mangels Einhaltung der für die Gesellschaftsgründung nach diesem Gesellschaftsrecht vorgeschriebenen Voraussetzungen ist die Gesellschaft nach der Sitztheorie in der Regel zur Neugründung unter Einhaltung des am Verwaltungssitz einschlägigen Gesellschaftsrechts gezwungen. Die Frage der Mitbestimmung wird nach der Sitztheorie also dadurch gelöst, dass wegen der Notwendigkeit der Neugründung im Aufnahmestaat zwangsläufig dessen Mitbestimmungsrecht zur Anwendung kommt.[1688]

bb) Rs Daily Mail als Grundsatzentscheidung zum Recht auf Wegzug

Der EuGH legte den Grundstein seiner Rechtsprechung in der Rs Daily Mail[1689] durch eine einfache Kernaussage: „Im Gegensatz zu natürlichen Personen werden Gesellschaften aufgrund einer Rechtsordnung, beim gegenwärtigen Stand des Gemeinschaftsrechts aufgrund einer nationalen Rechtsordnung, gegründet. Jenseits der jeweiligen nationalen Rechtsordnung, die ihre Gründung und ihre Existenz regelt, haben sie keine Realität." Der (damals noch geltende) EG-Vertrag sehe die unterschiedliche Anknüpfung von Sitz- und Gründungstheorie sowie die sich daraus ergebende Möglichkeit einer Gesellschaft nationalen Rechts, den Verwaltungssitz von einem Mitgliedstaat in einen anderen zu verlegen, ebenso wie die dafür festgelegten Modalitäten als Probleme an, die durch die Bestimmungen über die

1686 Vgl *Bayer*, BB 2003, 2358.
1687 Vgl BGH, VII ZR 370/98 DB 2000, 1115.
1688 Zur Geschichte und Bedeutung von Sitz- und Gründungstheorie im deutschen Recht *Trautrims*, ZHR 2012, 435 ff.
1689 EuGH Rs 81/87 (Daily Mail), EU:C:1988:456.

Niederlassungsfreiheit nicht gelöst seien, sondern einer Lösung im Wege der Rechtssetzung oder des Vertragsschlusses bedürften, die bislang aber fehle.[1690]

Wie erst die nachfolgenden Entscheidungen des EuGH zweifelsfrei verdeutlichten, ging es dem EuGH in der Rs Daily Mail nur darum, die Frage der Zulässigkeit von Wegzugsbeschränkungen im Lichte der Niederlassungsfreiheit zu bewerten, nicht aber eine generelle Aussage über die Vereinbarkeit von Gründungs- und Sitztheorie mit der Niederlassungsfreiheit zu treffen. In den nachfolgenden Entscheidungen des EuGH in den Rs Centros,[1691] Überseering[1692] und Inspire Art[1693] ging es dann nicht mehr um Wegzugsbeschränkungen, sondern um die Zulässigkeit von Zuzugsbeschränkungen durch den Aufnahmestaat unter Zugrundelegung der Sitztheorie.

cc) Rs Centros, Rs Überseering und Rs Inspire Art als Entscheidungstrias zum Recht auf Zuzug

Die Rs Centros betraf zwar die Beschränkung der sekundären Niederlassungsfreiheit, also eine Zweigniederlassungsgründung, ließ aber bereits allgemeine Zweifel an der Vereinbarkeit der Sitztheorie mit der Niederlassungsfreiheit aufkommen. Der EuGH stellte klar, dass es für die Anwendung der Vorschriften über die Niederlassungsfreiheit ohne Bedeutung sei, dass eine Gesellschaft in einem Mitgliedstaat nur errichtet worden sei, um sich in einem zweiten Mitgliedstaat niederzulassen, in dem die Geschäftstätigkeit im Wesentlichen oder ausschließlich ausgeübt werden solle. Die Gründe, aus denen eine Gesellschaft in einem bestimmten Mitgliedstaat errichtet werde, seien, abgesehen vom Fall des Betruges, für die Anwendung der Vorschriften über die Niederlassungsfreiheit irrelevant.[1694] Der EuGH stellte weiterhin fest, dass der Umstand, dass eine Gesellschaft in einem Mitgliedstaat nur gegründet worden sei, um in den Genuss vorteilhafterer Rechtsvorschriften zu kommen, keinen Missbrauch darstelle, und zwar auch dann nicht, wenn die betreffende Gesellschaft ihre Tätigkeiten danach hauptsächlich oder ausschließlich in einem anderen Mitgliedstaat ausübe.[1695]

1690 EuGH Rs 81/87 (Daily Mail), EU:C:1988:456 Rn 20 bis 23; krit zu der in Anlehnung an natürliche Personen entwickelten „Geschöpftheorie" *Steinrötter*, GPR 2012, 119 ff.
1691 EuGH Rs C-212/97 (Centros), EU:C:1999:126.
1692 EuGH Rs C-208/00 (Überseering), EU:C:2002:632.
1693 EuGH Rs C-167/01 (Inspire Art), EU:C:2003:512.
1694 EuGH Rs C-212/97 (Centros), EU:C:1999:126 Rn 17 f.
1695 EuGH Rs C-212/97 (Centros), EU:C:1999:126 Rn 18.

Die Entscheidung führte zu einer intensiven Diskussion über die generelle Vereinbarkeit der Sitztheorie mit der Niederlassungsfreiheit.[1696] Die vom BGH vorgelegte Rs Überseering[1697] bot dem EuGH die Möglichkeit zur weiteren Präzisierung seiner Rechtsprechung. Er stellte hinsichtlich des der Sitztheorie immanenten Schutzgedankens fest, dass zwar nicht auszuschließen sei, dass zwingende Gründe des Gemeinwohls wie auch der Schutz der Interessen der Arbeitnehmer unter bestimmten Umständen und unter Beachtung bestimmter Voraussetzungen Beschränkungen der Niederlassungsfreiheit rechtfertigen könnten. Solche Ziele rechtfertigten es aber keinesfalls, einer Gesellschaft, die in einem anderen Mitgliedstaat ordnungsgemäß gegründet worden sei und dort ihren satzungsmäßigen Sitz habe, in einem anderen Mitgliedstaat auf der Grundlage der Sitztheorie die Rechtsfähigkeit abzusprechen, nur weil der Verwaltungssitz in den Aufnahmemitgliedstaat verlegt wurde. Dies käme der Negierung der Niederlassungsfreiheit gleich.[1698] Die nach dem Recht des Gründungsstaates verliehene Rechtsfähigkeit der Gesellschaft sei daher anzuerkennen.[1699]

Damit stand zunächst einmal fest, dass in Mitgliedstaaten, die der Sitztheorie folgen, das inländische Mitbestimmungsrecht nicht mehr per se auf alle Gesellschaften mit Verwaltungssitz im Inland Anwendung findet. Denn ausländische Gesellschaften waren bei Wahl des Verwaltungssitzes im Inland nicht mehr durch die Sitztheorie gezwungen, im Wege der Neugründung eine inländische Gesellschaftsform anzunehmen. Offen blieb aber, ob nicht zwingende Gründe des Gemeinwohls die Ausweitung des inländischen Mitbestimmungsrechts auf die zuziehenden Gesellschaften rechtfertigen könnten.

Was unter den in der Rs Überseering vom EuGH zur Sprache gebrachten „bestimmten Umstände“ und „zu beachtenden Voraussetzungen“ für eine Beschränkung der Niederlassungsfreiheit wegen zwingender Gründe des Gemeinwohls zu verstehen ist, erläuterte der EuGH, wie bereits zuvor in der Rs Centros, nochmals in der Rs Inspire Art.[1700] Anzuwenden ist eine Formel, die zunächst in der Rs Gebhard[1701] zur Bestimmung der immanenten Grenzen der Freizügigkeit natürlicher Personen angewandt und in der

1696 Das damalige Meinungsspektrum reichte von der Behauptung einer wegweisenden Tendenz des EuGH zur Gründungstheorie bis hin zur Annahme einer völligen Bedeutungslosigkeit der Entscheidung für die Frage des Fortbestands der Sitztheorie, vgl dazu *Bayer*, BB 2003, 2360 mwN.

1697 EuGH Rs C-208/00 (Überseering), EU:C:2002:632.

1698 EuGH Rs C-208/00 (Überseering), EU:C:2002:632 Rn 92 f.

1699 EuGH Rs C-208/00 (Überseering), EU:C:2002:632 Rn 95.

1700 EuGH Rs C-167/01 (Inspire Art), EU:C:2003:512.

1701 EuGH Rs C-55/94 (Gebhard), EU:C:1995:411.

Rs Centros dann auf die Niederlassungsfreiheit juristischer Personen übertragen wurde, aber bereits zuvor bei anderen Grundfreiheiten zur Anwendung kam.[1702] Danach sind nationale Maßnahmen, die die Ausübung der Grundfreiheiten behindern oder weniger attraktiv machen, nur gerechtfertigt, wenn vier Voraussetzungen erfüllt sind: Sie müssen in nicht diskriminierender Weise angewandt werden, aus zwingenden Gründen des Allgemeininteresses gerechtfertigt und zur Erreichung dieses Zieles auch geeignet sein, und sie dürfen nicht über das hinausgehen, was zur Erreichung dieses Zieles erforderlich ist.[1703]

Ob zuziehende Gesellschaften de lege lata der nationalen Mitbestimmung unterliegen oder ob und gegebenenfalls in welcher Form bei Zugrundelegung der vom EuGH aufgestellten Grundsätze zumindest die Möglichkeit besteht, zuziehende Gesellschaften de lege ferenda dem inländischen Mitbestimmungsrecht zu unterstellen, ist insbesondere in Deutschland Gegenstand einer lebhaften Diskussion. Überwiegend wird sowohl die Erfassung ausländischer Gesellschaftsformen durch die geltenden Mitbestimmungsregeln, als auch die Möglichkeit des Gesetzgebers den Geltungsbereich der inländischen Mitbestimmungsregeln auf Auslandsgesellschaften auszuweiten, verneint.[1704]

dd) Rs Cartesio, Rs VALE und Rs Polbud zum Recht auf Wegzug

Mit der Entscheidung des EuGH in der Rs Cartesio[1705] schließt sich insofern zunächst der Kreis, als der EuGH nochmals über eine Wegzugsbeschränkung zu befinden hatte, wie sie bereits Gegenstand seiner ersten Entscheidung in der Rs Daily Mail war. Der EuGH hat an seinem in der Rs Daily Mail eingeschlagenen Kurs im Grundsatz festgehalten. Beim gegenwärtigen Stand des Gemeinschaftsrechts stünden Vorschriften zur Niederlassungs-

1702 Vgl *Thüsing* in: *Rieble* (Hg), 103 mwN.

1703 EuGH Rs C-167/01 (Inspire Art), EU:C:2003:512 Rn 34.

1704 Vgl dazu *Bartsch*, Mitbestimmung und Niederlassungsfreiheit, 132 ff; *Braun*, Die Sicherung der Unternehmensmitbestimmung im Lichte des europäischen Rechts, 173 ff; *Funk*, Mitbestimmung in EU-Auslandsgesellschaften nach „Inspire Art", 105 ff; *Jestädt*, Niederlassungsfreiheit und Gesellschaftskollisionsrecht, 289 ff; *Kisker*, Unternehmensmitbestimmung bei Auslandsgesellschaften mit Verwaltungssitz in Deutschland; *Köster*, Unternehmensmitbestimmung in EG-Auslandsgesellschaften mit Verwaltungssitz in Deutschland, 71 ff; *Lubitz*, Sicherung und Modernisierung der Unternehmensmitbestimmung, 109 ff; *Thüsing* in: *Rieble*, 97 ff; *Müller-Bonanni* in: *Hirte/Bücker* (Hg), 394 ff. Die Mitbestimmung als gerechtfertigte Beschränkung der Niederlassungsfreiheit bejahend: *Kindler* in: MünchKomm, Bd 11 (Internationales Handels- und Gesellschaftsrecht), 5. Aufl 2009, Rn 565 ff.

1705 EuGH Rs C-210/06 (Cartesio), EU:C:2008:723.

freiheit Rechtsvorschriften eines Mitgliedstaats nicht entgegen, die es einer nach dem nationalen Recht dieses Mitgliedstaats gegründeten Gesellschaft verwehren, ihren Sitz in einen anderen Mitgliedstaat zu verlegen und dabei die Rechtsform des Gründungsstaates zu behalten.[1706] Im konkreten Fall dürfen die Rechtsvorschriften Ungarns es also der nach ungarischem Gesellschaftsrecht gegründeten Gesellschaft Cartesio verbieten, den Verwaltungssitz nach Italien zu verlegen, und dennoch eine Kommanditgesellschaft ungarischen Rechts zu bleiben.

Mit der Bestätigung seiner in der Rs Daily Mail begründeten Rechtsprechung hätte sich der EuGH eigentlich begnügen können. Er nahm die Vorlage aber zum Anlass, auf eine wichtige Abgrenzung hinzuweisen. Die grundsätzliche Befugnis eines Mitgliedstaats, inländischen Gesellschaften den rechtsformwahrenden Umzug zu verweigern, rechtfertige nicht zugleich, diese Gesellschaften durch den Zwang zur Auflösung und Liquidation auch daran zu hindern, sich in eine Gesellschaft nach dem nationalen Recht des Aufnahmestaats umzuwandeln, soweit dieser eine solche Umwandlung ermögliche. Ein solches Hemmnis stelle eine Beschränkung der Niederlassungsfreiheit dar, die nur mit zwingenden Gründen des Allgemeininteresses gerechtfertigt werden könne.[1707] Übertragen auf den Sachverhalt des Vorabentscheidungsverfahrens bedeutet dies: Würde Italien den Zuzug ausländischer Gesellschaften durch Umwandlung in eine Gesellschaftsform italienischen Rechts zulassen, dürfte Ungarn Cartesio einen Wegzug nur verbieten, wenn dem zwingende Gründe des Allgemeininteresses entgegenstünden.[1708]

In der Rs VALE[1709] hat der EuGH das Recht auf Statutenwechsel bzw grenzüberschreitende Umwandlung grundlegend bestätigt. Wenn für inländische Gesellschaften die Möglichkeit einer Umwandlung vorgesehen sei, hingegen die Umwandlung einer dem Recht eines anderen Mitgliedstaats unterliegenden Gesellschaft beschränkt werde, so gehe es um einen Fall, der in den Anwendungsbereich der Art 49 AEUV und 54 AEUV falle. Auf die Niederlassungsfreiheit könne sich eine Gesellschaft nur dann nicht berufen, wenn es ihr nicht um eine tatsächliche Ansiedlung und Ausübung einer wirklichen wirtschaftlichen Tätigkeit im Zuzugstaat gehe. Die unterschiedliche Behandlung der grenzüberschreitenden Umwandlung gegenüber der Umwandlung einer inländischen Gesellschaft bedürfe der Rechtfertigung,

1706 Vgl EuGH Rs C-210/06 (Cartesio), EU:C:2008:723 Rn 124.

1707 EuGH Rs C-210/06 (Cartesio), EU:C:2008:723 Rn 113.

1708 Zu den Konsequenzen dieser Entscheidung für die deutsche Mitbestimmung siehe: *Meilicke*, GmbHR 2009, 94; *Behme/Nohlen*, BB 2009, 14; *Däubler/Heuschmid*, NZG 2009, 495.

1709 EuGH Rs C-378/10 (Vale), EU:C:2012:440.

die nicht allein im Fehlen spezieller europäischer Vorschriften gesehen werden könne. Zwingende Gründe des Allgemeininteresses, darunter auch der Schutz der Interessen von Arbeitnehmern, könnten zwar eine die Niederlassungsfreiheit beschränkende Maßnahme rechtfertigen, wenn eine solche Maßnahme zur Erreichung der verfolgten Ziele geeignet sei und nicht über das zu ihrer Erreichung erforderliche Maß hinausgehe. Ein genereller Ausschluss der grenzüberschreitenden Umwandlung sei hingegen nicht zu rechtfertigen.[1710] Im Ergebnis sind auf die grenzüberschreitende Umwandlung nach Auffassung des EuGH die im Lichte der Niederlassungsfreiheit auszulegenden Bestimmungen über nationale Umwandlungen des Weg- und des Zuzugstaats anzuwenden, wobei der Äquivalenz- und der Effektivitätsgrundsatz zu beachten ist.[1711]

Mit der Rs Polbud bat sich dem EuGH die Gelegenheit, die diskutierten Fragen zur grenzüberschreitenden Umwandlung, die er in der Rs VALE teilweise nur in einem obiter dictum aufgegriffen hatte, nun verbindlich zu klären. Es ging um eine GmbH polnischen Rechts, deren Gesellschafter beschlossen haben, den Sitz der Gesellschaft nach Luxemburg zu verlegen, wobei der Ort der tatsächlichen Ausübung der wirtschaftlichen Tätigkeit unverändert in Polen blieb.[1712] Zuerst bejahte der EuGH die Frage, ob die Niederlassungsfreiheit für die Verlegung des satzungsmäßigen Sitzes einer Gesellschaft von einem in einen anderen Mitgliedstaat gilt, wenn der tatsächliche Sitz nicht verlegt wird.[1713] Polbud als Gesellschaft polnischen Rechts soll durch die Niederlassungsfreiheit den Anspruch auf Umwandlung in eine Gesellschaft luxemburgischen Rechts erhalten, soweit sie die nach luxemburgischem Recht für die Gründung einer Gesellschaft geltenden Voraussetzungen und insbesondere das in Luxemburg erforderliche Kriterium für die Verbundenheit einer Gesellschaft mit der luxemburgischen Rechtsordnung erfüllt. Dieser Grundsatz gilt selbst dann, wenn diese Gesellschaft ihre Geschäftstätigkeit im Wesentlichen oder ausschließlich im Wegzugstaat ausüben soll. Allerdings darf ein Mitgliedstaat Maßnahmen ergreifen, um zu verhindern, dass sich einige seiner Staatsangehörigen unter Missbrauch der durch den Vertrag geschaffenen Erleichterungen der Anwendung des nationalen Rechts entziehen. Dennoch darf der Gründungsmitgliedstaat für grenzüberschreitende Umwandlungen keine strengeren

1710 EuGH Rs C-378/10 (Vale), EU:C:2012:440 Rn 27 ff.

1711 Vgl EuGH Rs C-378/10 (Vale), EU:C:2012:440 Rn 43 ff. Zu einem Fall der grenzüberschreitenden Umwandlung einer GmbH luxemburgischen Rechts in eine deutsche GmbH *Frenzel*, NotBZ 2012, 249 ff.

1712 Vgl dazu die Schlussanträge von Generalanwältin *Kokott*, C-106/16 (Polbud), EU:C:2017:351.

1713 EuGH Rs C-106/16 (Polbud), ECLI:EU:C:2017:804, Rz 29 ff.

Voraussetzungen vorschreiben, als sie für innerstaatliche Umwandlungen gelten.

Zweitens prüfte der EuGH die polnische Regelung, die vorsah, dass die Sitzverlegung in einen anderen Mitgliedstaat nur mit der vorherigen Liquidation der Gesellschaft zulässig ist.[1714] Diese nationale Regelung ist laut dem EuGH geeignet, die grenzüberschreitende Umwandlung einer Gesellschaft zu erschweren oder gar zu verhindern, und stellt folglich eine Beschränkung der Niederlassungsfreiheit dar. Eine solche Beschränkung der Niederlassungsfreiheit ist nur statthaft, wenn sie durch zwingende Gründe des Allgemeininteresses gerechtfertigt und verhältnismäßig ist. Der EuGH hob hervor, dass diese Regelung eine allgemeine Verpflichtung zur Liquidation vorsieht, ohne dabei zu berücksichtigen, ob tatsächlich eine Gefahr für Interessen der Gläubiger, der Minderheitsgesellschafter und der Arbeitnehmer besteht, und ohne eine Möglichkeit vorzusehen, weniger einschneidende Maßnahmen zu wählen, durch die diese Interessen ebenso geschützt werden können. Insofern geht die Regelung über das hinaus, was zur Erreichung des Ziels erforderlich ist. Die polnische Regierung argumentierte weiters damit, dass die umstrittene nationale Regelung darauf abzielt, missbräuchliche Verhaltensweisen zu bekämpfen. In diesem Zusammenhang betonte der EuGH, dass es für sich allein keinen Missbrauch darstellt, wenn eine Gesellschaft ihren – satzungsmäßigen oder tatsächlichen – Sitz nach dem Recht eines Mitgliedstaats begründet, um in den Genuss günstigerer Rechtsvorschriften zu kommen. Außerdem kann allein der Umstand, dass eine Gesellschaft ihren Sitz in einen anderen Mitgliedstaat verlegt, nicht die allgemeine Vermutung der Steuerhinterziehung begründen und keine die Wahrnehmung einer vom Vertrag garantierten Grundfreiheit beeinträchtigende Maßnahme rechtfertigen. Die allgemeine Pflicht zur Durchführung eines Liquidationsverfahrens kommt aber einer allgemeinen Missbrauchsvermutung gleich und ist somit unverhältnismäßig.

Den Grundgedanken der EuGH-Judikatur zum Recht auf Wegzug, vor allem die des Polbud-Urteils, hat die Richtlinie 2019/2121 in die Regelung der grenzüberschreitenden Umwandlung eingearbeitet. Demnach darf der Satzungssitz einer Gesellschaft in einen anderen Mitgliedstaat verlegt werden, ohne dass die Gesellschaft gezwungen wäre, auch den Mittelpunkt der Geschäftstätigkeit oder die Zentrale ins Ausland zu verlegen.[1715] Das bedeutet letztlich, dass eine grenzüberschreitende Umwandlung allein durch die Verlegung des formalen Satzungssitzes begründet wird. Beim Erfüllen der

1714 EuGH Rs C-106/16 (Polbud), ECLI:EU:C:2017:804, Rz 45 ff.

1715 Siehe dazu *Winner*, Unternehmerische Mitbestimmung bei grenzüberschreitenden Umgründungen, 754.

Definition der grenzüberschreitenden Umwandlung gemäß Art 86b Z 2 der Richtlinie 2017/1132 kommen dann die entsprechenden Vorschriften der Arbeitnehmermitbestimmung zur Anwendung.

8. Diskussion um die Arbeitnehmerbeteiligung in weiteren geplanten Europäischen Gesellschaftsformen

Literatur: *Bormann/Böttcher*, Vermeidungsstrategien bei der unternehmerischen Mitbestimmung in der SPE auf der Grundlage des ungarischen Kompromissvorschlags, NZG 2011, 411 ff; *Gaul/Ludwig*, § 4 Mitbestimmung in der Europäischen Privatgesellschaft in: *Gaul/Ludwig/Forst*, Europäisches Mitbestimmungsrecht, 2015, 309 ff; *Hommelhoff/Teichmann*, Die SPE vor dem Gipfelsturm, GmbHR 2010, 337; *Hommelhoff/Schubel/Teichmann*, Societas Privata Europaea (SPE) – die europäische Kapitalgesellschaft für mittelständische Unternehmen, 2014; *Jung*, Die „schwedische" Societas Privata Europaea, BB 2010, 1233 ff; *Junker*, Grundfreiheiten, Gesellschaftsrecht und Mitbestimmung – Bleibt die europäische Entwicklung Treiber des Reformbedarfs, EuZA 2013, 224 ff; *Schumacher/Stadtmüller*, Quo vadis, SPE? – Auf dem Weg zu einer europäischen Gesellschaft nationalen Rechts?, GmbHR 2012, 682 ff; *Seifert*, Arbeitnehmerbeteiligung in der Europäischen Stiftung (FE), ArbuR 2013, 150 ff; *Teichmann*, SPE 2.0 – Die inhaltliche Konzeption, GmbHR 2018, 713 ff; *ders/Götz*, Metamorphosen des Europäischen Gesellschaftsrechts: SUP, Company Law Package und SPE 2.0, ZEuP 2019, 260 ff.

Wenn es um die weiteren geplanten Gesellschaftsformen in der EU geht, scheint es opportun, sich der Auffassung von Junker anzuschließen, demzufolge der Aktivismus der EU-Organe im Bereich des Europäischen Gesellschaftsrecht als eine Art „Vollgas im Leerlauf" betrachtet werden kann und von daher nicht jede neue Umdrehung im Einzelnen kommentiert zu werden braucht.[1716]

Bei der Europäischen Privatgesellschaft (Societas Privata Europaea, SPE, auch Europa-GmbH genannt) ist nach vielen Umdrehungen der Motor zwischenzeitlich wohl schon abgewürgt. Der Vorschlag dieser Gesellschaftsform war Teil eines Maßnahmenpakets der Kommission zur Unterstützung kleiner und mittelständischer Unternehmen (sog „Small Business Act").[1717] Mit der SPE sollte diesen Unternehmern eine hinsichtlich der Gründungskosten europaweit einheitlich günstige Alternative zu den unterschiedlich kostspieligen Gründungsmöglichkeiten nationaler Gesellschaftsformen mit gutem europaweitem Image zur Verfügung stehen.[1718]

In der 3. Auflage dieses Lehrbuchs waren auf der Grundlage des Verordnungsentwurfs der Kommission aus dem Jahr 2008[1719] und der Änderungs-

1716 *Junker*, EuZA 2013, 224.
1717 Vgl dazu Single Market news Nr 51, 2008-III, 4 ff.
1718 KOM (2008) 396 endg, 2 und 5.
1719 KOM (2008) 396 endg.

vorschläge des Parlaments aus dem Jahr 2009[1720] die gesellschaftsrechtlichen Grundlagen und die angedachte Lösung der Arbeitnehmerbeteiligung vorgestellt worden.[1721] Die politische Einigung, insbesondere zur Gretchenfrage der Mitbestimmung, ist aber trotz mehrerer Anläufe im Rat[1722] nicht gelungen und darf seit dem letzten Anlauf unter ungarischer Ratspräsidentschaft im Jahr 2011 wohl als gescheitert betrachtet werden.[1723]

Die ständige Suche nach Kompromissen in Sachen Mitbestimmung scheint auch immer mehr zur Belastungsprobe zu werden. So hatte die Reflection Group On the Future of EU Company Law in ihrem Bericht die Option ins Spiel gebracht, die SPE im Wege einer „Verstärkten Zusammenarbeit" nach Art 20 EUV iVm Art 326 ff AEUV zwischen den Staaten zu verwirklichen, die sich in Mitbestimmungsfragen einig sind.[1724] Ein solches Vorgehen hätte allerdings seinerseits den einstimmigen Beschluss des Rates vorausgesetzt das Verfahren der Verstärkten Zusammenarbeit überhaupt einzuleiten (Art 329 Abs 2 UA 2 AEUV).

Die im Vorfeld des Aktionsplans der Kommission zum Europäischen Gesellschaftsrecht durchgeführte Konsultation im Jahr 2012 hatte dann gezeigt, dass in Anbetracht der mangelnden Fortschritte bei der SPE bei den Interessengruppen im Hinblick auf weitere Verhandlungen eher Zurückhaltung besteht, aber Interesse an alternativen Maßnahmen bekundet wurde. Die Kommission hat daher im Aktionsplan Ende 2012 angekündigt weiterhin Maßnahmen zur Verbesserung des administrativen und regulatorischen Rahmens für die grenzüberschreitende Geschäftstätigkeit von kleinen und mittelständischen Unternehmen zu prüfen und am „Follow-up zum SPE-Vorschlag" zu arbeiten.[1725] Wie Daten zur SE belegen, scheint sich aber mittlerweile ohnehin auch der Mittelstand der Gesellschaftsform der SE zu bedienen, weswegen teilweise der Bedarf für die Gesellschaftsform der SPE in Abrede gestellt wird.[1726]

Als denkbares „Follow-up" zur SPE wurde die Harmonisierung von nationalen Vorschriften zu geschlossenen Kapitalgesellschaften mit einem Alleingesellschafter gehandelt, die von der Reflection Group On the Future of EU Company Law vorgeschlagen worden war und die gewisser-

1720 Entschließung des Europäischen Parlaments vom 10.3.2009, P6_TA (2009) 0094.

1721 Vgl ausführlich die dritte Auflage dieses Lehrbuchs, 362 f.

1722 Entwurf unter Schwedischer Ratspräsidentschaft *Jung*, BB 2010, 1233 ff und *Hommelhoff/Teichmann*, GmbHR 2010, 337; Entwurf unter ungarischer Ratspräsidentschaft *Bormann/Böttcher*, NZG 2011, 411 ff.

1723 Zusammenfassend *Schumacher/Stadtmüller*, GmbHR 2012, 682 ff.

1724 Report of the Reflection Group On the Future of EU Company Law.

1725 KOM (2012) 740/2, 15.

1726 *Köstler/Pütz*, AG 2013, R181.

maßen den Weg zu einer besonderen Form der europäischen Privatgesellschaft nationalen Rechts ebnen sollte.[1727] Dazu hat die Kommission im Jahr 2014 einen Richtlinienvorschlag über Gesellschaften mit beschränkter Haftung mit einem einzigen Gesellschafter (Societas Unius Personae – SUP) vorgelegt.[1728] Ziel dieses Vorschlags war es, die effiziente, unionsweite Gründung einer Einpersonengesellschaft mit beschränkter Haftung zu ermöglichen.

Der Europäische Wirtschafts- und Sozialausschuss hat den Vorschlag als nicht ausgereift bezeichnet und schon die gewählte Rechtsgrundlage (Art 50 AEUV) als scheinbaren Versuch eingeordnet, das Einstimmigkeitserfordernis im Rat zu umgehen und ein Scheitern wie bei der SPE zu vermeiden. Kritisiert wurden unter anderem aber auch die fehlenden Mitbestimmungsregeln. Eine Rechtsform, die unionsweit den gleichen Namen trage und unionsweit die gleichen zentralen Eckpunkte aufweise, müsse auch unionsweit je nach Unternehmensgröße einheitliche Mindeststandards in Bezug auf Einrichtung eines Aufsichtsorgans und die Arbeitnehmermitbestimmung aufweisen.[1729]

Auch der Deutsche Bundestag hat den Vorschlag kritisiert und die Bundesregierung aufgefordert, den Richtlinienvorschlag abzulehnen. Das Fehlen mitbestimmungsrechtlicher Vorgaben begründe im Falle der Aufspaltung von Satzungs- und Verwaltungssitz die Gefahr einer weiteren Aushöhlung nationaler Mitbestimmungsregeln (wie schon durch die geschaffene Möglichkeit der Gründung ausländischer Gesellschaftsformen mit Verwaltungssitz in Deutschland). Vorzugswürdig sei der urspünglich mit der SPE verfolgte Ansatz. Die Bundesregierung solle daher auf einen neuen Vorschlag hinwirken, mit dem eine europaweit einheitliche Kapitalgesellschaftsrechtsform insbesondere für kleine und mittlere Unternehmen geschaffen werde und hierbei eine Umgehung der nationalen Vorschriften über die Mitbestimmung ausgeschlossen sei.[1730]

Nachdem mehrere Kompromissentwürfe gescheitert sind, hat die Kommission ihren Vorschlag 2018 offiziell zurückgezogen.[1731]

Zurückgenommen hat die Kommission auch ihren 2012 vorgelegten Entwurf[1732] eines Statuts für eine Europäische Stiftung (Fundatio Europaea

1727 Vgl dazu *Hommelhoff*, AG 2013, 211 ff, der zu bedenken gibt, dass die Mitbestimmungsfrage grundsätzlich keine andere wäre, darüber aber nicht einstimmig sondern mehrheitlich befunden würde.

1728 KOM (2014) 212 endg.

1729 ABlEU 2014 Nr C 458/03.

1730 BT-Drucks 18/4843, 4 f.

1731 ABl. 2018/C 233/05. Dazu *Teichmann/Götz*, ZEuP 2019, 264 ff.

1732 KOM (2012) 35 endg.

– FE).[1733] Die im damaligen Entwurf vorgesehenen Regelungen zur Arbeitnehmerbeteiligung (Art 38 und 39) beschränken sich auf Fragen der Unterrichtung und Anhörung und sahen im Kern vor, unter welchen Voraussetzungen ein Europäischer Betriebsrat als Vertretungsorgan für Arbeitnehmer und – als Besonderheit der FE – für ehrenamtliche Beschäftigte einzurichten ist. Die vollständige Ausklammerung der Mitbestimmung war kritisch gesehen worden.[1734]

C. Koalitions- und Arbeitskampfrecht

Literatur: *Azoulai*, The Courts of Justice and the social market economy: the emergence of an ideal and the conditions for its realization, CMLRev 2008, 1335 ff; *Bercusson*, The trade union movement and the European Union: judgment day, ELJ 2007, 279 ff; *ders*, European Labour Law, 2. Aufl 2009; *Bayreuther*, Inländerdiskriminierung bei Tariftreueerklärungen im Vergaberecht, EuZW 2009, 102 ff; *Birk*, Arbeitskampf und Europarecht, in: FS 50 Jahre BAG, 2004, 1165 ff; *Blanpain* (Hg), The Laval and Viking Cases, 2009; *Bücker*, Die Rosella-Entscheidung des EuGH zu gewerkschaftlichen Maßnahmen gegen Standortverlagerungen: Der Vorhang zu und viele Fragen offen, NZA 2008, 212 ff; *Caruso*, I diritti sociali fondamentali nell'ordinamento costituzionale europeo, in: *Sciarra/Caruso* (Hg), Il lavoro subordinato, in: *Ajani/Benacchio*, Trattato di diritto privato dell'Unione Europea, Bd V, 2009, 746 ff; *Däubler*, Die Koalitionsfreiheit im EG-Recht, in: FS Hanau, 1999, 489 ff; *Davies*, One step forward, two steps back? The Viking and Laval cases in the ECJ, ILJ 2008, 126 ff; *Dorssemont/Jaspers/Van Hoek* (Hg), Cross-border collective actions in Europe: A legal challenge, 2007; *Engels*, Das Gemeinschaftsgrundrecht auf Durchführung kollektiver Maßnahmen – Eine Skizze, ZESAR 2008, 475 ff; *Hänlein*, Das Rüffert-Urteil zum Gebot der „Tariftreue" bei der Vergabe öffentlicher Aufträge, ZESAR 2008, 275 ff; *Hauschild*, Das neue „Frühwarnsystem" für freien Warenverkehr in der EG, EuZW 1999, 236 ff; *Hendrickx*, Trade union rights in a free market area: The EU experience in Laval and Viking, in: *Blanpain* (Hg), The modernisation of labour law and industrial relations in a comparative perspective, 2009, 53 ff; *Jaspers*, The right to collective action in European law, in: *Dorssemont/Jaspers/van Hoek* (Hg), Cross-border collective actions in Europe: A legal challenge, 2007, 23 ff; *Joerges/Rödl*, Informal Politics, Formalised Law and the 'Social Deficit' of European Integration: Reflections after the Judgements of the ECJ in *Viking* an *Laval*, ELJ 2009, 1 ff; *Junker*, Grundfreiheiten und „kollektive Maßnahmen" – Die Urteile des EuGH in Sachen Viking Line und Laval, SAE 2008, 209 ff; *Kocher*, Kollektivverhandlungen und Tarifautonomie – Welche Rolle spielt das europäische Recht?, ArbuR 2008, 13 ff; *Kluth*, Die Bindung privater Wirtschaftsteilnehmer und die Grundfreiheiten des EG-Vertrages, AöR 1997, 227 ff; *Kohlbacher*, Streikrecht und Europarecht, 2014; *Malmberg/Sigeman*, Industrial actions and EU economic freedoms: The autonomous collective bargaining model curtailed by the European Court of Justice, CMLRev 2008, 1115 ff; *Marhold/Friedrich*, Österreichisches Arbeitsrecht, 3. Aufl 2016; *Orlandini*, Sciopero e servizi pubblici essenziali nel processo d'integrazione europea. Uno studio di diritto comparato e comunitario, 2003; *ders*, Libertà di circo-

1733 KOM (2012) 35 endg.

1734 Vgl dazu die kritischen Überlegungen von *Seifert*, ArbuR 2013, 150 ff.

lazione delle merci: un limite „comunitario“ al conflitto sindacale, in: Giornale di diritto del lavoro e di relazioni industriali, 1999, 622 ff; *Rebhahn*, Grundfreiheit vor Arbeitskampf – Der Fall Viking, ZESAR 2008, 109 ff; *Reich*, Gemeinschaftliche Verkehrsfreiheiten versus nationales Arbeitskampfrecht, EuZW 2007, 391 ff; *Rönnmar*, Laval returns to Sweden, ILJ 2010, 280 ff; *Sauter/Schepel*, State and market in European Union law. The public and private spheres of the internal market before the EU courts, 2009; *Schlachter*, Germany (National Report, M.F.), in: *Blanpain* (Hg), The Laval and Viking Cases, 2009, 64 ff; *Schubert*, Europäische Grundfreiheiten und nationales Arbeitskampfrecht im Konflikt, RdA 2008, 289 ff; *Streinz*, Europarecht, 9. Aufl 2012; *Syrpis*, The treaty of Lisbon: Much ado ... but about what?, ILJ 2008, 219 ff; *Temming*, Das „schwedische Modell“ auf dem Prüfstand in Luxemburg – Der Fall Laval, ZESAR 2008, 231 ff; *Thüsing*, Noch einmal: Was folgt aus Rüffert?, NZA 2009, 183 ff; *Valdés Dal-Ré* (Hg), Freedom of association of workers and employers in the countries of the European Union, 2006; *Warneck*, Strike rules in the EU 27 and beyond. A comparative analysis, 2007; *Wedderburn*, The Social Charter in Britain: Labour Law and Labour Courts?, in: MLR 1991, 12 ff; *Weiss*, Social Policy in the Amsterdam Treaty, in: *Hoffmann* ua (Hg), The German Model of Industrial Relations between Adaptation and Erosion, 1998, 114 ff; *Zwanziger*, Arbeitskampf- und Tarifrecht nach den EuGH-Entscheidungen „Laval“ und „Viking“, DB 2008, 294 ff.

1. Koalitionsrecht

Die Frage, ob das europäische Recht ein Recht zur Koalitionsbildung, zum Beitritt zu einer Koalition und zur Betätigung der Koalition anerkennt, war lange Zeit umstritten. Angesichts sehr uneinheitlicher Verhältnisse, vor allem innerhalb der Gewerkschaften in den einzelnen Mitgliedstaaten,[1735] mag dies nicht überraschen. Auch die Rechtslage in den Mitgliedstaaten ist äußerst unterschiedlich.[1736] Über das Bestehen und vor allem die Reichweite eines Koalitionsrechts geben die einzelnen Rechtsordnungen der Mitgliedstaaten sehr unterschiedliche Antworten. Während in Deutschland und Österreich das Koalitionsrecht verfassungsrechtlich abgesichert ist,[1737] sind andere Länder weit von einem solchen Schutz entfernt. Großes Aufsehen haben vor allem in der Zeit der Ära Thatcher massive Eingriffe in Großbritannien gegen Gewerkschaften sowie die Unvereinbarkeitserklärung einer Mitgliedschaft in einer Gewerkschaft und Ausübung bestimmter Tätigkeiten erlangt.[1738]

1735 Vgl zu einer knappen Charakterisierung der Gewerkschaftsbewegung in Europa *Barnard*, EU Employment Law, 708.

1736 Vgl zur Ausgestaltung der Koalitionsfreiheit in den Mitgliedstaaten die Beiträge in dem Sammelband von *Valdés Dal-Ré* (Hg), Freedom of association of workers and employers in the countries of the European Union.

1737 Vgl *Waltermann*, Arbeitsrecht, 16. Aufl 2012, Rn 89; *Marhold/Friedrich*, Österreichisches Arbeitsrecht, 426 ff.

1738 Vgl dazu *Wedderburn* in: MLR 1991, 12 ff.

Was die Anerkennung eines Koalitionsrechts auf Gemeinschaftsebene anbelangt, ist zunächst der Blick auf Art 153 Abs 5 AEUV zu richten. In dieser Bestimmung wird nach hM eine Regelungssperre für die Gemeinschaft bezüglich des Koalitionsrechts gesehen.[1739] Für die Regelung eines Koalitionsrechts sollen allein die Mitgliedstaaten zuständig sein.[1740] Eine ausdrückliche Vorschrift über das Bestehen eines Koalitionsrechts enthielt der EG nicht. Dagegen erkennen Art 5 der Europäischen Sozialcharta, Art 11 der Gemeinschaftscharta der sozialen Grundrechte der Arbeitnehmer und Art 12 der Charta der Grundrechte der EU das Koalitionsrecht an. Die Frage einer primärrechtlichen Anerkennung des Koalitionsrechts wurde deshalb unterschiedlich beantwortet.[1741] Auch aus der Rechtsprechung des EuGH ließ sich die gemeinschaftsrechtliche Anerkennung der Koalitionsfreiheit ableiten.[1742] Mit dem Inkrafttreten des Vertrags von Lissabon vom 1. 12. 2009 steht die gemeinschaftsrechtliche Anerkennung der Koalitionsfreiheit außer Streit. Art 12 der Charta der Grundrechte der EU statuiert das Recht jeder Person, sich insbesondere im politischen, gewerkschaftlichen und zivilgesellschaftlichen Bereich auf allen Ebenen frei und friedlich mit anderen zu versammeln und sich frei mit anderen zusammenzuschließen, was das Recht jeder Person umfasst, zum Schutz ihrer Interessen Gewerkschaften zu gründen und Gewerkschaften beizutreten. Da die Charta gem Art 6 Abs 1 2. Halbs EUV den Verträgen rechtlich gleichrangig ist, ist das Grundrecht der Koalitionsfreiheit nunmehr auch primärrechtlich verankert.

Die Koalitionsfreiheit umfasst auch das Recht, Tarifverträge abzuschließen und dieses Recht wird in Art 28 GRC ausdrücklich normiert.[1743] Der EuGH hat entschieden, dass Tarifverträge nicht den Anforderungen des EU-Wettbewerbsrechts unterliegen.[1744] Ob darüber hinaus andere Bestimmungen des AEUV zB die Niederlassungs- oder Dienstleistungsfreiheit Prüfungsmaßstab für Tarifverträge sein können, ist bislang nicht Gegenstand einer Entscheidung gewesen. Bemerkenswert ist allerdings, dass der

1739 Vgl etwa *Rebhahn/Reiner* in: *Schwarze* (Hg), EU-Kommentar, 3. Aufl 2012, Art 153 AEUV Rn 22.

1740 Vgl *Löwisch/Rieble* in: MünchArbR, 3. Aufl 2009, Bd 2, § 154 Rn 16.

1741 Vgl dazu *Löwisch/Rieble*, Entwicklung und Rechtsquellen der Koalitionsfreiheit in: MünchArbR, 3. Aufl 2009, Bd 2, § 154; *Weiss* in: *Hoffmann* ua (Hg), 114 f; *Däubler* in: FS Hanau, 1999, 489, 494; *Barnard*, EU Employment Law, 705 ff, die das Koalitionsrecht zu den allgemeinen Rechtsgrundsätzen der Gemeinschaft rechnet.

1742 Vgl dazu *Schiek* in: *Däubler* (Hg), Tarifvertragsgesetz, 3. Aufl 2012, Einl, Rn 362 f.

1743 Ausführlich dazu *Schubert* in: EUArbR, 2016, GRC Art 28 Rn 26 ff.

1744 EuGH Rs C-67/96 (Albany), EU:C:1999:430 Rn 54-60.

Gerichtshof eine nach nationalem Recht erteilte Allgemeinverbindlicherklärung an der aus Art 56 AEUV resultierenden Transparenzpflicht gemessen hat.[1745] Gegenstand der Prüfung war eine Klausel eines französischen Tarifvertrags, mit der die Verwaltung eines zusätzlichen Pflichtvorsorgesystems für die Arbeitnehmer einem einzigen, von den Tarifpartnern ausgewählten Wirtschaftspartner übertragen wird, ohne dass die nationale Regelung eine angemessene Öffentlichkeit vorsieht, die es der zuständigen Behörde ermöglicht, mitgeteilte Informationen über das Vorliegen eines günstigeren Angebots in vollem Umfang zu berücksichtigen. Einer solchen Regelung steht die Transparenzpflicht entgegen.[1746]

In dem Umfang, in dem das Koalitionsrecht auch ein individuelles Recht des Beitritts und der Betätigung in einer Koalition nach dem Recht eines Mitgliedstaats darstellt, muss dieses Recht auch ausländischen Arbeitnehmern gewährt werden. Dieses Gleichbehandlungsgebot ist in Art 8 VO (EG) 492/2011 verankert. Die Zugehörigkeit zu einer Gewerkschaft und die Ausübung gewerkschaftlicher Rechte, einschließlich des aktiven Wahlrechts sowie des passiven Wahlrechts zu den Organen der Arbeitnehmervertretungen, ist gewährleistet.

2. Arbeitskampfrecht

a) Streikrecht

Die Behandlung und die Ausgestaltung des Streikrechts ist in den Mitgliedstaaten der EU höchst unterschiedlich.[1747] Auf europäischer Ebene stellt sich auch für das Streikrecht ein ähnliches Problem wie für das Koalitionsrecht. Art 153 Abs 5 AEUV nimmt das Streikrecht ausdrücklich als Gegenstand europäischer Rechtsetzung aus. Richtigerweise wird man Art 153 Abs 5 AEUV dahingehend zu verstehen haben, dass es dem Gemeinschaftsgesetzgeber nicht gestattet sein soll, durch eigene Regelungen die nationalen Konfliktlösungsmodelle abzulösen oder näher auszugestalten.[1748] Geschützt ist das Streikrecht in Art 6 Abs 4 der Europäischen Sozialcharta wie auch in der Gemeinschaftscharta der sozialen Grundrechte der Arbeitnehmer (vgl Art 13). In Anlehnung an die vorbezeichneten Normen sowie Art 11 EMRK schreibt Art 28 der Charta der Grundrechte der EU das Streikrecht fest.

1745 EuGH Rs C-25/14 und C-26/14 (UNIS), EU:C:2015:821.

1746 EuGH Rs C-25/14 und C-26/14 (UNIS), EU:C:2015:821 Rn 46.

1747 Vgl dazu *Warneck*, Strike rules in the EU 27 and beyond. A comparative analysis; *Kohlbacher*, Streikrecht und Europarecht, 169 ff.

1748 *Birk* in: FS 50 Jahre BAG, 1168; ebenso *Coen* in: *Lenz/Borchardt* (Hg), EUV/AEUV/GRCh, 6. Aufl 2012, Art 153 AEUV Rn 47.

Seit dem Inkrafttreten des Vertrags von Lissabon am 1. 12. 2009 ist damit das Streikrecht auch vom Gemeinschaftsrecht positiv-rechtlich anerkannt. Der EuGH hatte in den – im Folgenden zu besprechenden – Rs Laval und Viking das Recht auf kollektive Arbeitskampfmaßnahmen bereits anerkannt. Neben der Anerkennung des Rechts auf kollektive Maßnahmen betrafen diese Entscheidungen schwerpunktmäßig die Frage, in welchem Verhältnis das Recht auf gewerkschaftliche Kampfmaßnahmen zu den Grundfreiheiten (Waren-, Personen-, und Kapitalverkehrsfreiheit) steht,[1749] vgl

EuGH, Rs C-341/05 (Laval):[1750] Laval un Partneri Ltd, eine Gesellschaft lettischen Rechts mit Sitz in Riga, entsandte insbesondere für den Bau einer Schule in Vaxholm (Schweden) Arbeitnehmer auf Baustellen einer Tochtergesellschaft schwedischen Rechts. Nachdem Verhandlungen mit Byggettan, der örtlichen Abteilung der schwedischen Bauarbeitergewerkschaft Byggnads über den Abschluss einer die entsandten Arbeitnehmer betreffenden Beitrittsvereinbarung zum entsprechenden Bautarifvertrag erfolglos geblieben waren, schloss Laval mit der Arbeitnehmergewerkschaft des Baugewerbes in Lettland, der die entsandte Belegschaft überwiegend angehörte, zwei Tarifverträge. Obwohl die von Laval entsandte Belegschaft der schwedischen Gewerkschaft nicht beigetreten war, begann eine gewerkschaftliche Blockade der Baustelle in Vaxholm. Hierbei wurden ua Warenlieferungen auf die Baustelle verhindert, Streikposten aufgestellt sowie den lettischen Arbeitnehmern und Fahrzeugen der Zugang zur Baustelle verwehrt. Ein Ersuchen um den Beistand der Polizei seitens Laval blieb erfolglos, da die kollektive Maßnahme nach nationalem Recht zulässig und es der Polizei daher nicht gestattet war, einzugreifen oder die materiellen Hindernisse für den Zugang zur Baustelle zu beseitigen. Im Zuge der Solidarisierung anderer Gewerkschaften kam es zu einem Boykott sämtlicher Baustellen, auf denen Laval in Schweden tätig war.

Das vorlegende schwedische Gericht wollte in dem Verfahren nach Art 267 AEUV vom EuGH wissen, ob es mit den Vorschriften über die Dienstleistungsfreiheit (Art 56 ff AEUV) sowie mit der Entsenderichtlinie 96/71/EG vereinbar ist, dass gewerkschaftliche Organisationen durch kollektive Maßnahmen in Form einer Blockade versuchen, einen ausländischen Dienstleister dazu zu bringen, einen Tarifvertrag im Gastland über Arbeits- und Beschäftigungsbedingungen – wie einen Bautarifvertrag – zu unterzeichnen, wenn nach der Lage im Gastland die Rechtsvorschriften, die die Umsetzung der genannten Richtlinie zum Ziel haben, keine ausdrücklichen Bestimmungen über die Anwendung von Arbeits- und Beschäftigungsbedingungen in einem Tarifvertrag enthalten.

Die Prüfung der Problematik unter dem Aspekt der RL 96/71/EG brachte den EuGH zu dem Ergebnis, dass Schweden nicht von den in

1749 Vgl zu dieser Problematik *Ricken* in: MünchArbR, 3. Aufl 2009, Bd 2, § 197 Rn 7 ff.

1750 EuGH Rs 341/05 (Laval), EU:C:2007:809.

Art 3 RL 96/71/EG vorgesehenen Möglichkeiten einer Geltung schwedischer Regelungen Gebrauch gemacht hatte, sodass eine Erstreckung der Bedingungen des Bautarifvertrags für die Arbeitnehmer von Laval nicht möglich war.[1751]

Die Prüfung der fraglichen kollektiven Maßnahmen anhand von Art 56 AEUV musste auf folgende Fragen Antworten geben:

(1) Lagen die kollektiven Maßnahmen außerhalb des Anwendungsbereichs von Art 56 AEUV, weil für das Streikrecht der Gemeinschaft die Kompetenz nach Art 153 Abs 5 AEUV entzogen ist?

(2) Entfaltet Art 56 AEUV direkte Wirkung unter Privaten (Problem der horizontalen Geltung)?

(3) Falls ein Eingriff in die Dienstleistungsfreiheit bejaht wird, kann dieser Eingriff objektiv gerechtfertigt sein?

Zu (1)

Der EuGH erkennt das Recht auf Durchführung einer kollektiven Maßnahme als ein Grundrecht an, das er unter Bezugnahme auf verschiedene Rechtsquellen, nämlich die Europäische Sozialcharta, das Übereinkommen 87 der IAO über die Vereinigungsfreiheit und den Schutz des Vereinigungsrechts, die Gemeinschaftscharta der sozialen Grundrechte der Arbeitnehmer und die Charta der Grundrechte der EU ableitet. Der EuGH betrachtet dieses Grundrecht als festen Bestandteil der allgemeinen Grundsätze des Gemeinschaftsrechts.[1752] Ebenso wenig wie Art 153 Abs 5 AEUV der Anwendung des Art 56 AEUV entgegenstehe,[1753] könne auch der Grundrechtscharakter nicht dazu führen, dass der Anwendungsbereich des Art 56 AEUV nicht gegeben sei.

Zu (2)

Da hier das schwierige Problem der horizontalen Geltung des AEUV in Frage stand, also bei Streitigkeiten zwischen zwei Privatpersonen, musste der EuGH diesem Aspekt besondere Aufmerksamkeit widmen, da hier ein Konflikt zwischen einem privaten Unternehmen und einer Gewerkschaft in Frage stand. Hierzu bezieht sich der EuGH auf frühere Urteile[1754] und führt aus,

> „dass Art 49 EG [Art 56 AEUV] auch für Regelwerke nicht öffentlich-rechtlicher Art gilt, die die Erbringung von Dienstleistungen kollektiv regeln sollen. Denn die

1751 Vgl zu den Einzelheiten EuGH Rs 341/05 (Laval), EU:C:2007:809 Rn 62 bis 84.

1752 EuGH Rs 341/05 (Laval), EU:C:2007:809 Rn 90 f.

1753 Vgl EuGH Rs 341/05 (Laval), EU:C:2007:809 Rn 88. Der EuGH stellt dies so fest, ohne sich mit der Bestimmung näher auseinander zu setzen.

1754 EuGH Rs 36/74 (Walrave), EU:C:1974:140 Rn 17 und 18; EuGH Rs C-415/93 (Bosman), EU:C:1995:463 Rn 83 f; EuGH Rs C-309/99 (Wouters ua), EU:C:2002:98 Rn 120.

Beseitigung der Hindernisse für den freien Dienstleistungsverkehr zwischen den Mitgliedstaaten wäre gefährdet, wenn die Abschaffung der Schranken staatlichen Ursprungs durch Hindernisse neutralisiert werden könnte, die nicht dem öffentlichen Recht unterliegende Vereinigungen und Einrichtungen im Rahmen ihrer rechtlichen Autonomie setzen."

Zu (3)

Ist damit eine Beschränkung des freien Dienstleistungsverkehrs bejaht, den der EuGH als einen der fundamentalen Grundsätze der Gemeinschaft hervorhebt, so verlagert sich die Problematik auf die Rechtfertigungsebene. Die Beschränkung ist nur zulässig, wenn mit ihr ein berechtigtes und mit dem Vertrag zu vereinbarendes Ziel verfolgt wird und wenn sie durch zwingende Gründe des Allgemeininteresses gerechtfertigt ist, soweit sie in einem solchen Fall geeignet ist, die Erreichung des verfolgten Ziels zu gewährleisten, und nicht über das hinausgeht, was zur Erreichung dieses Ziels erforderlich ist.[1755] Bei der Prüfung dieser Frage kann der EuGH auf seine langjährige Rechtsprechung verweisen, wonach im Recht auf Durchführung einer kollektiven Maßnahme, die den Schutz der Arbeitnehmer des Aufnahmemitgliedstaats gegen ein etwaiges Sozialdumping zum Ziel hat, ein zwingender Grund des Allgemeininteresses liegen kann, der grundsätzlich eine Beschränkung einer der vom Vertrag gewährleisteten Grundfreiheiten zu rechtfertigen vermag.[1756] Der EuGH verneint die Rechtfertigung, wobei sich der Argumentationskreis dadurch schließt, dass der EuGH auf seine Überlegungen zur RL 96/71/EG zurückgreift und aus dem Fehlen einschlägiger schwedischer Rechtsvorschriften iSd Art 3 RL 96/71/EG ableitet, dass die durchgeführten kollektiven Maßnahmen nicht von Art 56 AEUV gedeckt waren.

Diese Argumentationsstrategie wurde auch in der Rs Rüffert[1757] verfolgt. Gegenstand des Vorlageverfahrens war eine Vorschrift des niedersächsischen Vergabegesetzes, die bestimmte, dass Aufträge für Bauleistungen nur an solche Unternehmen vergeben werden, die sich bei der Angebotsabgabe verpflichten, ihren Beschäftigten das am Ort der Ausführung tarifvertraglich vorgesehene Entgelt zu bezahlen.[1758] Der EuGH bejahte einen Verstoß gegen die Dienstleistungsfreiheit, weil die in Frage stehende Bestimmung nicht von der Entsenderichtlinie gedeckt sei. Das aus der Anwendung der

---

1755 EuGH Rs 341/05 (Laval), EU:C:2007:809 Rn 101. Dies entspricht der st Rspr und Dogmatik zur Beschränkung von Grundfreiheiten; vgl dazu *Borchardt*, Die rechtlichen Grundlagen der Europäischen Union, 5. Aufl 2012, Rn 1092 ff.

1756 EuGH Rs 341/05 (Laval), EU:C:2007:809 Rn 103.

1757 EuGH Rs C-346/06 (Rüffert), EU:C:2008:189.

1758 Vgl zur Problematik der Tariftreueerklärungen *Hänlein*, ZESAR 2008, 275 ff; *Bayreuther*, EuZW 2009, 102 ff; *Thüsing*, NZA 2009, 183 ff.

RL 96/71/EG gewonnene Ergebnis wird ohne weitere Begründung auch als der „Würdigung im Licht des Art 56 AEUV entsprechend" bestätigt.[1759] Der niedersächsische Gesetzgeber hat mittlerweile ein neues Tariftreue- und Vergabegesetz verabschiedet, das auf die ohnehin auch im Falle der Entsendung zu beachtenden Mindestentgelte nach dem AEntG verweist.[1760]

Diese Argumentationslinie hat der EuGH in der Rs Bundesdruckerei[1761] aufrechterhalten. Dieser Fall betraf eine europaweite Ausschreibung der Stadt Dortmund zur Aktendigitalisierung. Nach den Vertragsbedingungen der Vergabeunterlagen musste ein Bieter eine Erklärung unterzeichnen, wonach er seinen Beschäftigten ein Mindeststundenentgelt gemäß dem Tariftreue- und Vergabegesetz des Landes Nordrhein-Westfalen zu zahlen hatte. In einem Schreiben wies die Bundesdruckerei die Stadt Dortmund darauf hin, dass sie im Falle der Auftragserteilung die Arbeiten durch einen Subunternehmer mit Sitz in Polen durchführen lasse. Der Subunternehmer könne sich nicht zur Einhaltung des Gesetzes verpflichten, da ein solches Mindestentgelt nach den polnischen Tarifverträgen und Gesetzen nicht vorgesehen sei. Deshalb verlangte die Bundesdruckerei eine Bestätigung, wonach der polnische Unternehmer der Pflicht des nordrheinwestfälischen Gesetzes nicht unterliege, andernfalls sei diese Verpflichtung vergaberechtswidrig. Der Gerichtshof sah hier zwar einen Unterschied zur Rs Rüffert, da ein Fall der Entsendung nicht vorgelegen habe und deshalb die RL 96/71/EG nicht zur Anwendung gelangen könne. Aber er betonte einen Eingriff in das Recht der Dienstleistungsfreiheit (Art 56 AEUV), der unverhältnismäßig sei.

Dagegen hat der Gerichtshof in der Rs RegioPost keine Bedenken dagegen erhoben, dass bei einer Ausschreibung eines öffentlichen Auftrags über Postdienstleistungen von dem Auftragnehmer verlangt wird, ein Mindestentgelt, das in einem Gesetz des Bundeslandes vorgesehen war, an seine Beschäftigten zu zahlen.[1762] Das vorlegende Oberlandesgericht hatte vom EuGH wissen wollen, ob Art 56 Abs 1 AEUV iVm Art 3 Abs 1 RL 96/71/EG der vorbezeichneten nationalen Regelung entgegensteht, die nur für öffentliche, nicht aber für private Aufträge gelte. Dass der Gerichtshof einen Widerspruch zu den genannten Vorschriften verneinte, lag einmal daran, dass anders als im Fall Rüffert hier ein Mindestlohn explizit in einem Gesetz enthalten war. Die Tatsache, dass dieser sich nur auf öffentliche Aufträge

1759 EuGH Rs C-346/06 (Rüffert), EU:C:2008:189 Rn 36.

1760 § 4 Niedersächsiches Gesetz zur Sicherung von Tariftreue und Wettbewerb bei der Vergabe öffentlicher Aufträge (NTVergG) vom 31.10.2013, Nds GVBl 2013, 259 ff.

1761 Vgl EuGH Rs C-549/13 (Bundesdruckerei), EU:C:2014:2235.

1762 EuGH Rs C-115/14 (RegioPost), EU:C:2015:750.

bezieht, ändere daran nichts, denn diese Beschränkung sei die bloße Folge des Umstands, dass es für diesen Bereich spezielle Regeln des Unionsrechts gebe.[1763] In der Rs Laval hat das zuständige schwedische Arbeitsgericht im Dezember 2009 in Anwendung der vom EuGH entwickelten Grundsätze über Schadensersatz bei Verletzung von Gemeinschaftsrecht der klagenden Firma Laval Schadensersatz zugesprochen.[1764] Bezüglich der Höhe des Schadensersatzes wandte es nationales schwedisches Recht an, konkret das schwedische Mitbestimmungsgesetz. Dieses sieht bei rechtswidrigen Arbeitskampfmaßnahmen Schadensersatz in Form von Vermögensschadenersatz und der Zahlung sog exemplarischen Schadensersatzes (exemplary damages oder – ein im internationalen Sprachgebrauch anderer Ausdruck – punitive damages) vor. Da Laval den Vermögensschadensersatz nicht spezifizieren konnte, verurteilte das Arbeitsgericht zu einer Zahlung von exemplary damages[1765] sowie zur Übernahme der Gerichtskosten und der Kosten der anwaltlichen Vertretung.[1766]

Der Rechtsstreit hat den schwedischen Gesetzgeber dazu veranlasst, Anpassungen im Entsendegesetz und im Mitbestimmungsgesetz vorzunehmen.[1767] Grundsätzlich wird im schwedischen Recht die Regelung von Löhnen und Arbeitsbedingungen den Sozialpartnern überlassen. Um entsprechende Regelungen durchzusetzen, verfügen die Gewerkschaften über umfassende Arbeitskampfmaßnahmen. Gem § 5a Entsendegesetz dürfen Arbeitskampfmaßnahmen zur Durchsetzung von Arbeitsbedingungen für entsandte Arbeitnehmer unter folgenden Bedingungen ergriffen werden: Die erstrebten Arbeitsbedingungen müssen erstens solchen entsprechen, die in einem für diese Branche landesweit geltenden, von Dachverbänden geschlossenen Tarifvertrag vorgesehen sind. Des Weiteren muss es sich um Mindestentgeltsätze oder Mindestarbeitsbedingungen handeln, die in § 5 Entsendegesetz aufgezählt sind (entspricht der Aufzählung in Art 3 Abs 1 RL 96/71/EG). Schließlich müssen die durchzusetzenden Bedingungen für den Arbeitnehmer vorteilhafter sein, als die auf Grund von § 5 Entsendegesetz bereits geltenden Bedingungen. Arbeitskampfmaßnahmen müssen unterbleiben, wenn der Arbeitgeber nachweisen kann, dass er Arbeitsbedin-

1763 Konkret geht es um Art 26 RL 2004/18/EG.

1764 Vgl Urteil No 89/09, Fallno A 268/04. Das sehr lesenswerte Urteil liegt in einer englischen Übersetzung vor: http://www.lex.unict.it/eurolabor/documentazione/sentenze/07/Laval.pdf.

1765 Byggnads zur Zahlung von 200.000 SEK (20.428 EUR) und die beteiligte Elektrikergewerkschaft zur Zahlung von 150.000 SEK (15.321,– EUR).

1766 Insgesamt 2.129.739 SEK (217.531,– EUR).

1767 Ausführlich zu der Umsetzung des Laval-Urteils in Schweden: *Rönnmar*, ILJ 2010, 280 ff.

gungen garantiert, die im Wesentlichen denen entsprechen, die in einem für diese Branche landesweit geltenden, von Dachverbänden geschlossenen Tarifvertrag vorgesehen sind. Das Mitbestimmungsgesetz wurde dahingehend geändert, dass § 42 Abs 3, der vorsieht, dass zur Verdrängung oder Verbesserung eines ausländischen Tarifvertrags Arbeitskampfmaßnahmen ergriffen werden dürfen, im Falle der Entsendung nach dem Entsendegesetz keine Anwendung findet.

Die in der Rs Laval entwickelte Grundposition findet sich auch in der Rs Viking:[1768]

> Viking, eine als Fährunternehmen tätige Gesellschaft finnischen Rechts, betreibt sieben Schiffe, darunter die Rosella, die unter finnischer Flagge auf dem Seeweg zwischen Tallinn (Estland) und Helsinki verkehrte. Die Besatzung der Rosella bestand aus Mitgliedern einer finnischen Gewerkschaft für Seeleute, welche einer in London ansässigen internationalen Föderation von Gewerkschaften für Arbeiter, die im Transportsektor beschäftigt sind (ITF), angeschlossen ist. Ein Hauptanliegen der ITF ist der Kampf gegen Billigflaggen, welcher auch mit Boykott und anderen Solidaritätsmaßnahmen auf Arbeitnehmerebene durchgeführt wird. Da die Rosella infolge der unmittelbaren Konkurrenz estnischer Schiffe, die auf derselben Linie mit geringen Lohnkosten verkehrten, mit Verlust betrieben wurde, plante Viking, das Schiff umzuflaggen und in Estland oder Norwegen registrieren zu lassen, um einen neuen Tarifvertrag mit einer Gewerkschaft eines dieser Staaten abschließen zu können. Die finnische Gewerkschaft forderte unter Androhung von Streik das Beibehalten der finnischen Arbeitsbedingungen. Die ITF flankierte dies, indem sie ihre zahlreichen übrigen Mitgliedsgewerkschaften dazu aufrief, keinerlei Verhandlungen mit Viking zu führen. Nachdem Viking zunächst den Forderungen der Gewerkschaft entsprochen hatte, klagte sie, nachdem die Republik Estland zur EU beigetreten war, gegen ITF, deren Sitz in London war, vor einem britischen Gericht.

Der Rechtsstreit weist deutliche Parallelen zum Fall Laval auf, mit dem Unterschied allerdings, dass es hier um die Beeinträchtigung der Niederlassungsfreiheit (Art 49 AEUV) geht. Die Grundfragestellungen (Anwendungsbereich, horizontale Geltung und Rechtfertigung) waren identisch. Und deshalb waren auch die Antworten weitestgehend identisch. Auf zwei Besonderheiten ist indes aufmerksam zu machen.

Die beklagte Gewerkschaft ITF hatte im Hinblick auf den Anwendungsbereich der Niederlassungsfreiheit auf die in der Rs Albany[1769] entwickelten Grundsätze verwiesen. In dieser Entscheidung hatte der EuGH die Feststellung getroffen, dass mit Tarifverträgen zwischen Organisationen, die die Arbeitgeber und Arbeitnehmer vertreten, zwangsläufig gewisse den Wettbewerb beschränkende Wirkungen verbunden sind, dass aber die Errei-

1768 EuGH Rs C-438/05 (Viking), EU:C:2007:772.
1769 EuGH Rs C-67/96 (Albany), EU:C:1999:430.

chung der mit derartigen Verträgen angestrebten sozialpolitischen Ziele ernsthaft gefährdet wäre, wenn die Sozialpartner bei der gemeinsamen Suche nach Maßnahmen zur Verbesserung der Beschäftigungs- und Arbeitsbedingungen die Vorschriften des EU-Wettbewerbsrechts Art 101 Abs 1 AEUV beachten müssten. Deshalb wurde gefolgert, dass die im Rahmen von Tarifverhandlungen zwischen den Sozialpartnern im Hinblick auf diese Ziele geschlossenen Verträge aufgrund ihrer Art und ihres Gegenstands nicht unter Art 101 AEUV fallen.[1770] In der Rs Viking lehnt der EuGH die Übertragung dieser Gedanken auf den Bereich der Grundfreiheiten ab, ohne zu sagen, weshalb die Idee einer Bereichsausnahme nicht auch hier Platz greifen könnte.[1771]

Damit gelangte der EuGH wieder zum gleichen Ergebnis, dass nämlich eine Beschränkung der Niederlassungsfreiheit durch die durchgeführten kollektiven Maßnahmen gegeben war, die aber gerechtfertigt sein konnte. Im Gegensatz zur Rs Laval konnte der EuGH darauf aber keine abschließende Antwort geben, musste vielmehr die Entscheidung dem nationalen Gericht überlassen. Sollten, wie von den Gewerkschaften behauptet, die fraglichen Arbeitsplätze gefährdet oder ernstlich bedroht gewesen sein, wäre eine Rechtfertigung zu bejahen, im anderen Falle nicht. Aber auch wenn eine Gefährdung der Arbeitsplätze zu bejahen sein sollte, müssten die kollektiven Maßnahmen unter dem Aspekt der Verhältnismäßigkeit geprüft werden.[1772]

Eine Analyse und Bewertung der beiden Entscheidungen hat vor dem Hintergrund denkbarer Lösungsalternativen zu erfolgen.[1773] Die erste Frage geht dahin, ob das Grundrecht auf Durchführung kollektiver Maßnahmen gleichrangig mit den Grundfreiheiten ist oder ob eines der beiden Rechte einen höheren Rang hat. Nimmt man einen Vorrang des kollektiven Streikrechts an, so entziehen sich Maßnahmen der Beurteilung anhand der Grundfreiheiten. Die Zulässigkeit von Arbeitskampfmaßnahmen richtet sich demnach allein nach nationalem Recht. Betont man dagegen den Vorrang der Grundfreiheiten, ist zunächst die Frage aufgeworfen, ob Arbeitskampfmaßnahmen nicht eine Bereichsausnahme darstellen. Verneint man dies, stellt sich die Frage nach der objektiven Rechtfertigung der Beschränkung der Grundfreiheit. Eine weitere Alternative bestünde darin, beide Rechte als gleichrangig zu betrachten und deshalb den Konflikt im Wege einer Abwägung beider Rechte zu lösen.

1770 Vgl EuGH Rs C-438/05 (Viking), EU:C:2007:772 Rn 54 ff.
1771 Vgl EuGH Rs C-438/05 (Viking), EU:C:2007:772 Rn 51 ff.
1772 Vgl EuGH Rs C-438/05 (Viking), EU:C:2007:772 Rn 81 ff.
1773 Ebenso *Jaspers* in: *Dorssemont/Jaspers/van Hoek* (Hg), 65.

Der EuGH hat sich für einen Vorrang der Grundfreiheiten entschieden.[1774] Die Zulässigkeit der kollektiven Maßnahme hätte deshalb nur dann bejaht werden können, wenn der durch sie ausgelöste Eingriff in die Grundfreiheiten objektiv gerechtfertigt gewesen wäre. Diese Auffassung des EuGH ist jedoch abzulehnen, sowohl unter Zugrundelegung des zum Zeitpunkt der Entscheidungen geltenden Rechts, aber erst recht unter Geltung des zum 1. 12. 2009 in Kraft getretenen Vertrags von Lissabon.

(1) Bereichsausnahme

Wie gezeigt, hat der EuGH in der Rs Albany Tarifverträge aus dem Anwendungsbereich des EU-Wettbewerbsrechts ausgenommen. Die Gedanken, die der EuGH seinerzeit im Hinblick auf das Wettbewerbsrecht aufgeboten hat, hätten durchaus bei der Prüfung der Dienstleistungs- und Niederlassungsfreiheit nahe gelegen. Der EuGH hatte die Bereichsausnahme judiziert, ohne sich auf Vorschriften des AEUV berufen zu können. Im Gegensatz dazu existierte für die Rs Laval und Viking ein rechtlicher Rahmen, bestehend aus Vorschriften des AEUV wie des Sekundärrechts, welche eine Bereichsausnahme nahelegten.

An vorderster Stelle ist dabei die auch in der Rs Viking von den beklagten Gewerkschaften in Anspruch genommene Bestimmung des Art 153 Abs 5 AEUV zu nennen. Aufgrund dieser Vorschrift ist der Gemeinschaft für das Arbeitskampfrecht jegliche Kompetenz entzogen, dh die Zulässigkeit von Streiks fällt in die Regelungskompetenz ausschließlich der Mitgliedstaaten. Das hindert den EuGH aber nicht, die Beachtung der Vorschriften über die Grundfreiheiten zu postulieren. Er zieht sich dabei auf seine Position zurück, die er insbesondere im Bereich des Sozialrechts entwickelt hatte.[1775] Der EuGH erkennt die ausschließliche Rechtsetzungskompetenz von Mitgliedstaaten an, bei der Ausübung ihrer Regelungsbefugnis müssten sie aber das Gemeinschaftsrecht, hier konkret die Grundfreiheiten, beachten.[1776]

Wie fragwürdig diese Auffassung des EuGH ist,[1777] sieht man, wenn man einen Blick auf einschlägige Normen des Sekundärrechts wirft. Diesen Weg einer sekundärrechtlichen Betrachtung als Auslegungsinstrument zur Kon-

1774 So schon früher *Birk* in: FS 50 Jahre BAG, 2004, 1173 f.

1775 Vgl dazu insbesondere die Urteile EuGH Rs C-158/96 (Kohll), EU:C:1998:171 und zuletzt EuGH Rs C-350/07 (Kattner Stahlbau), EU:C:2009:127.

1776 EuGH Rs C-341/05 (Laval), EU:C:2007:809 Rn 87.

1777 Ablehnend *Thüsing*, Europäisches Arbeitsrecht, 2. Aufl 2011, § 10 Rn 12: „Das Arbeitskampfrecht ist domaine réservé der Mitgliedstaaten. Das darf nicht über die Tür der Dienstleistungsfreiheit umgangen werden. Wenn Europa sich nicht positiv stützend vor das Arbeitskampfrecht stellen kann, dann ist es auch nicht sinnvoll, dass es hier beschränkend eingreift“.

kretisierung von Grundfreiheiten hat der EuGH selbst in der Rs Laval beschritten, als er Art 56 AEUV unter Heranziehung der RL 96/71/EG interpretierte. Man kann darin das Bemühen um eine systematische Auslegung sehen.

Hierbei ist vornehmlich an gemeinschaftsrechtliche Normen zu erinnern, die als unmittelbare Reaktion auf Eingriffe in Grundfreiheiten durch wirtschaftlich motivierte Kampfmaßnahmen entstanden sind. Auslöser waren ursprünglich gewalttätige Aktionen französischer Landwirte gegen die Einfuhr von Obst und Gemüse aus anderen Mitgliedstaaten.[1778] Im Anschluss an dieses Urteil hat der Gemeinschaftsgesetzgeber zur Bewältigung der Problematik von Übergriffen und Eingriffen in die Warenverkehrsfreiheit mit dem Erlass der VO (EG) Nr 2679/98 vom 7. Dezember 1998 reagiert.[1779] Art 2 dieser Verordnung bestimmt, dass die Verordnung nicht so ausgelegt werden darf, dass sie in irgendeiner Weise die Ausübung der in den Mitgliedstaaten anerkannten Grundrechte, einschließlich des Rechts oder der Freiheit zum Streik beeinträchtigt. Diese Rechte können auch das Recht oder die Freiheit zu anderen Handlungen einschließen, die in den Mitgliedstaaten durch die spezifischen Systeme zur Regelung der Beziehungen zwischen Arbeitnehmern und Arbeitgebern abgedeckt werden. Im ersten Entwurf der Verordnung war eine Bezugnahme auf das Streikrecht nicht enthalten. Deshalb hat es erheblichen Widerstand aus den Reihen der Mitgliedsländer gegeben, insbesondere aus Frankreich.[1780] Auch im Wirtschafts- und Sozialausschuss wurden solche Bedenken angemeldet. Auf Vermittlung der britischen Präsidentschaft ist es gelungen, die Verordnung zu verabschieden, indem eine Bestimmung aufgenommen wurde, die explizit die Respektierung des Streikrechts beinhaltet. Es erstaunt, dass der EuGH in den Rs Laval und Viking mit keinem Wort auf diese Verordnung eingegangen ist. In Zusammenschau mit Art 153 Abs 5 AEUV hätte sich ein systematisches Argument für eine Bereichsausnahme gewinnen lassen.

Ähnliche Überlegungen werden in der Literatur auch im Hinblick auf einschlägige Bestimmungen der Dienstleistungsrichtlinie[1781] angestellt.[1782] Dabei wird insbesondere auf die Bestimmung von Art 1 Abs 7 RL 2006/123/EG hingewiesen. Danach berührt die Richtlinie nicht die Ausübung der in den Mitgliedstaaten und durch das Gemeinschaftsrecht anerkannten Grund-

1778 Vgl dazu EuGH Rs C-265/95 (Kommission ./. Frankreich), EU:C:1997:595.

1779 ABl (EG) Nr L 337/8. Vgl zu dieser VO *Hauschild*, EuZW 1999, 236 ff.

1780 Ausführlich zur Geschichte der Verordnung *Orlandini*, Sciopero e servizi pubblici essenziali nel processo d'integrazione europea, 274 ff.

1781 RL 2006/123/EG, ABl Nr L 376/36.

1782 Vgl *Jaspers* in: *Dorssemont/Jaspers/van Hoek* (Hg), 66; *Bercusson*, European Labour Law, 671.

rechte. Sie berührt auch nicht das Recht, gem nationalem Recht und nationalen Praktiken unter Wahrung des Gemeinschaftsrechts Tarifverträge auszuhandeln, abzuschließen und durchzusetzen sowie Arbeitskampfmaßnahmen zu ergreifen. Die Heranziehung dieser Vorschrift hätte auch in den Rs Laval und Viking nahe gelegen. Denn auch in dieser Vorschrift kommt der Wille des europäischen Gesetzgebers zum Ausdruck, den Bereich des national geregelten Streikrechts nicht anzutasten. Die Formel „unter Wahrung des Gemeinschaftsrechts" kann jedenfalls weder vom Wortlaut noch von der Intention her so verstanden werden, dass – wie es der EuGH tut – einseitig der Vorrang den Grundfreiheiten der Dienstleistungsfreiheit und der Niederlassungsfreiheit eingeräumt wird, für deren Beschränkung sich der nationale Gesetzgeber rechtfertigen muss. Denn das Gemeinschaftsrecht bringt in zahlreichen Rechtsquellen genau das Gegenteil, nämlich den Respekt gegenüber den nationalen Regelungen des Arbeitskampfrechts, zum Ausdruck.

Nicht minder bedeutsam ist die Sichtweise und der Regelungsgehalt der RL 96/71/EG. Der EuGH hat diese RL, konkret Art 3, herangezogen, um sie als Maßstab bei der Prüfung der Zulässigkeit der Arbeitskampfmaßnahme zugrunde zu legen. Dieser Interpretationsweg ist zu Recht auf Ablehnung gestoßen.[1783] Wenn man aber schon auf die Entsenderichtlinie zurückgreift, dann wäre es erforderlich gewesen zu fragen, ob diese auch für die Bewertung von Arbeitskämpfen maßgeblich ist. Ausdrückliche Bestimmungen hierzu enthält die RL 96/71/EG nicht. In der Präambel findet sich indes ein Hinweis, der die Position des Richtliniengebers unmissverständlich zum Ausdruck bringt. Erwägungsgrund Nr 22 lautet: „Diese Richtlinie berührt nicht das Recht der Mitgliedstaaten über kollektive Maßnahmen zur Verteidigung beruflicher Interessen". Hätte der EuGH diese Vorschrift zur Kenntnis genommen, so hätte er merken müssen, dass sich die von ihm gewählte Argumentation und das gewonnene Ergebnis eindeutig im Widerspruch zur Intention der Richtlinie befinden. Nach alledem zeigt sich, dass sowohl Primärrecht (Art 153 Abs 5 AEUV) wie Sekundärrecht (RL 2006/123/EG; RL 96/71/EG) die Gestaltung des Arbeitskampfrechts in die ausschließliche Zuständigkeit der Mitgliedstaaten verweist.

(2) Horizontale Geltung der Grundfreiheiten

Sowohl in der Rs Laval wie in der Rs Viking vertrat der EuGH die Auffassung, dass die in Frage stehenden Aktivitäten der Gewerkschaften, auch wenn es sich bei den Gewerkschaften um private Institutionen handelte, von einer direkten Wirkung des Art 56 AEUV erfasst seien. In der Rs Laval

1783 *Joerges/Rödl*, ELJ 2009, 15 ff.

hieß es dazu,[1784] „dass Art 49 EG [Art 56 AEUV] auch für Regelwerke nicht öffentlich-rechtlicher Art gilt, die die Erbringung von Dienstleistungen kollektiv regeln sollen. Denn die Beseitigung der Hindernisse für den freien Dienstleistungsverkehr zwischen den Mitgliedstaaten wäre gefährdet, wenn die Abschaffung der Schranken staatlichen Ursprungs durch Hindernisse neutralisiert werden könnte, die nicht dem öffentlichen Recht unterliegende Vereinigungen und Einrichtungen im Rahmen ihrer rechtlichen Autonomie setzen." In der Rs Viking findet sich die gleiche Formulierung. Außerdem verweist der EuGH auch auf die Rs Defrenne,[1785] in der er zur seinerzeitigen Vertragsbestimmung über die Lohngleichheit von Mann und Frau (Art 119 EWGV, jetzt Art 157 AEUV) dessen Geltung für alle Verträge judizierte, die die abhängige Erwerbstätigkeit kollektiv regeln sollen.[1786] Die Auffassung des EuGH in beiden Urteilen begegnet durchgreifenden Bedenken. Betrachtet man die vom EuGH in Bezug genommenen Urteile in den Rs Walrave,[1787] Bosman,[1788] und Wouters,[1789] so handelte es sich stets um Rechtsvorschriften, die von einem internationalen Radsportverband, einem internationalen Fußballverband und einer Rechtsanwaltskammer erlassen worden waren. Diese Ausdehnung der direkten Wirkung auf privatautonome Regelungen ist von verschiedenen Seiten als eine unzulässige Verstaatlichung und Eingriff in die Regelungsmechanismen einer Privatrechtsgesellschaft kritisiert worden.[1790] Aber auch wenn man einmal von diesem Axiom in der Rechtsprechung des EuGH ausgeht, ist die Übertragung dieser Gedanken auf die Fallgestaltungen in den Rs Laval und Viking nicht nachvollziehbar. Denn anders als in all den vom EuGH entschiedenen Fällen ging es bei Laval und Viking nicht um einen Eingriff in Grundfreiheiten durch kollektive Regelungswerke, sondern um die Durchführung von Arbeitskampfmaßnahmen. Könnte man eine Gleichstellung von staatlichen Vorschriften und Vorschriften kollektiver Regelung unter dem Aspekt des Eingriffs in Grundfreiheiten noch hinnehmen, so ist eine Gleichstellung von staatlichen Regelungen und Maßnahmen des Arbeitskampfes von privaten Arbeitnehmer- ebenso wie Arbeitgeberinstitutionen aus tatsächlichen und rechtlichen Gründen unzulässig.[1791] Eine einseitige Arbeitskampfmaßnahme kann beim

1784 Vgl EuGH Rs C-341/05 (Laval), EU:C:2007:809 Rn 98.
1785 EuGH Rs 43/75 (Defrenne II), EU:C:1976:56 Rn 31 und 39.
1786 Vgl EuGH Rs C-438/05 (Viking), EU:C:2007:772 Rn 58.
1787 EuGH Rs 36/74 (Walrave), EU:C:1974:140.
1788 EuGH Rs C-415/93 (Bosman), EU:C:1995:463.
1789 EuGH Rs C-309/99 (Wouters), EU:C:2002:98.
1790 Vgl etwa *Kluth*, AöR 1997, 227. Kritisch auch *Streinz*, Europarecht, Rn 850.
1791 Sehr treffend zur fehlenden Äquivalenz von Arbeitskampfmaßnahmen und kollektiven Regelungswerken privater Verbände *Joerges/Rödl*, ELJ 2009, 14.

besten Willen nicht einem kollektiven Regelungswerk gleichgestellt werden, es sei denn, man erblickt den Grund für die Gleichstellung nicht in dem Charakter kollektiver Regelung (wie sie sowohl staatlichen als auch privaten kollektiven Regelungen eigen ist), sondern in der Gleichsetzung von staatlicher Autorität und privater Machtausübung privater Institutionen.[1792] Aber auch diese Auffassung ist abzulehnen.[1793] In rechtlicher Hinsicht verbietet sich die Gleichstellung einmal im Hinblick auf die Herausnahme des Arbeitskampfrechts von der europäischen Regelungskompetenz (Art 153 Abs 5 AEUV). Ein weiteres sehr starkes rechtliches Indiz für die geforderte Abstinenz des europäischen Gesetzgebers auf dem hier in Frage stehenden Gebiet ist Art 4 Abs 7 RL 2006/123/EG. Diese Vorschrift der Dienstleistungsrichtlinie, die ja gerade die Verwirklichung von Rahmenbedingungen für die Dienstleistungsfreiheit sichern soll, enthält eine für die hier zu führende Diskussion sehr aufschlussreiche Begriffsdefinition. Ein wichtiges Anliegen der Dienstleistungsrichtlinie ist ja die Verhinderung von unzulässigen Anforderungen der Mitgliedstaaten an die Aufnahme und Ausübung einer Dienstleistungstätigkeit.[1794] Nach der in Art 4 Abs 7 RL 2006/123/EG enthaltenen Legaldefinition sind Anforderungen alle Auflagen, Verbote, Bedingungen oder Beschränkungen, die in den Rechts- oder Verwaltungsvorschriften der Mitgliedstaaten festgelegt sind oder sich aus der Rechtsprechung, der Verwaltungspraxis, den Regeln von Berufsverbänden oder den kollektiven Regeln, die von Berufsvereinigungen oder sonstigen Berufsorganisationen in Ausübung ihrer Rechtsautonomie erlassen wurden, ergeben. Regeln, die in von den Sozialpartnern ausgehandelten Tarifverträgen festgelegt wurden, sind als solche keine Anforderungen iSd dieser Richtlinie. Diese Bestimmung ist ein evidenter Beleg für die Unzulässigkeit der vom EuGH ausgesprochenen direkten Wirkung der Dienstleistungs- und Niederlassungsfreiheit auf Arbeitskampfmaßnahmen. Mit Art 4 Abs 7 RL 2006/123/EG hat der europäische Gesetzgeber in vollem Umfang der Rechtsprechung des EuGH betreffend kollektive Regeln von Berufsvereinigungen Rechnung getragen. Er hat aber Tarifverträge aus dem Anwendungsbereich der Dienstleistungsfreiheit bewusst ausgenommen. Dies entspricht ganz dem Anliegen, das der EuGH selbst in der Rs Albany zum Ausdruck brachte. Wenn aber Tarifverträge selbst keine Anforderungen und damit Beschränkungen der Dienstleistungsfreiheit darstellen, können erst

1792 In der Literatur wird zT angenommen, dass diese Gleichsetzung letztlich den Hintergrund für die Rspr des EuGH bildet, vgl *Sauter/Schepel*, State and market in European Union law. The public and private spheres of the internal market before the EU courts, 101 f.

1793 Ebenso *Junker*, SAE 2008, 211 f.

1794 Vgl Art 14 RL 2006/123/EG.

recht Arbeitskampfmaßnahmen nicht als Beschränkungen der Dienstleistungsfreiheit angesehen werden, zumal das Arbeitskampfrecht durch Art 153 Abs 5 AEUV ganz der nationalen Regelungsbefugnis anvertraut ist.[1795]

Konnte die Auffassung des EuGH schon *de lege lata* nicht überzeugen, ist die rechtliche Basis der Argumentation des EuGH definitiv durch das Inkrafttreten des AEUV zum 1. 12. 2009 entfallen. Der in den Rs Laval und Viking zum Ausdruck gekommene Vorrang der Grundfreiheiten, der Dienstleistungsfreiheit und der Niederlassungsfreiheit, gegenüber dem Streikrecht kann nicht mehr aufrechterhalten werden. Art 28 der Charta der Grundrechte der EU bestimmt, dass die Arbeitnehmerinnen und Arbeitnehmer sowie die Arbeitgeberinnen und Arbeitgeber oder ihre jeweiligen Organisationen nach dem Unionsrecht und den einzelstaatlichen Rechtsvorschriften und Gepflogenheiten das Recht haben, Tarifverträge auf den geeigneten Ebenen auszuhandeln und zu schließen sowie bei Interessenkonflikten kollektive Maßnahmen zur Verteidigung ihrer Interessen, einschließlich Streiks, zu ergreifen. In seinen Entscheidungen hatte der EuGH bereits auf die Charta als Grundlage für kollektive Maßnahmen verwiesen. Durch den Vertrag von Lissabon hat jedoch die Charta einen höheren Rang und eine höhere rechtliche Verbindlichkeit erhalten. Gem Art 6 Abs 1 EUV erkennt die Union die Rechte, Freiheiten und Grundsätze an, die in der Charta der Grundrechte der EU niedergelegt sind. Und die Charta der Grundrechte und die Verträge sind rechtlich gleichrangig.[1796]

Das argumentative Konzept des EuGH lief auf eine Absolutsetzung der Grundfreiheiten hinaus, dem Grundrecht auf Streik wurde nur eine nachrangige Position eingeräumt. Die bei seiner Ausübung eintretende Beeinträchtigung der Grundfreiheit konnte nur dann den Stempel der EU-Konformität erhalten, wenn sie den Verhältnismäßigkeitstest bestand. So ist zu Recht formuliert worden, dass die Beweislast den Gewerkschaften zufällt.[1797] Oder anders formuliert:[1798] Der Status des ökonomischen Rechts des Arbeitgebers steht außer Frage, während gleichzeitig die Ausübung des sozialen Grundrechts einem Proportionalitätstest unterworfen wird. Diese Entscheidungslogik steht im Widerspruch zu Art 6 Abs 1 EUV. Eine weitere Bestimmung des EUV idF des Vertrags von Lissabon dürfte in Zukunft bei der Beurteilung ähnlicher Konflikte eine weitreichende Rolle spielen. Es geht um die Bestimmungen des Art 6 Abs 2 EUV, wonach die Union der

1795 Ebenso *Bercusson*, European Labour Law, 667 f.
1796 Ausführlich *Kohlbacher*, Streikrecht und Europarecht, 97 ff.
1797 *Davies*, ILJ 2008, 145.
1798 Vgl *Syrpis*, ILJ 2008, 233.

EMRK beitritt. Damit – so wird argumentiert – könnte sich das Prüfungsschema umkehren. Während der EuGH die ökonomischen Freiheiten wie die Personenverkehrsfreiheit als Ausgangspunkt nimmt und deren Beeinträchtigung anhand des Verhältnismäßigkeitsgrundsatzes prüft, würde sich die Prüfung unter Geltung der EMRK umkehren. Der EGMR würde die in der EMRK enthaltenen Rechte als Ausgangspunkt nehmen und deren Einschränkungen unter dem Grundsatz der Verhältnismäßigkeit würdigen.[1799] In Zukunft werden deshalb konfligierende Grundrechte, ökonomische Grundfreiheiten versus soziale Grundrechte, wieder mit jenem methodischen Instrumentarium in Einklang gebracht werden müssen, das aus der Verfassungspraxis der Mitgliedstaaten zur Verfügung steht und im Einzelfall auch bereits vom EuGH eingesetzt wurde. Gemeint ist das, was man in der Diktion der deutschen Grundrechtsdogmatik als das Bemühen um eine praktische Konkordanz von Grundrechten bezeichnet.[1800] Diese Methode des ausgleichenden Abwägens ist auch anderen Verfassungstraditionen geläufig.[1801] Diesen Lösungsweg hatte der EuGH in anderem Zusammenhang in der Rs Schmidberger[1802] gewählt. Gegenstand der Entscheidung war die von österreichischen Behörden einem Verein mit im Wesentlichen umweltpolitischer Zielsetzung stillschweigend erteilte Genehmigung einer Versammlung auf der Brenner-Autobahn, die zu einer nahezu 30-stündigen völligen Verkehrsblockade führte. Schmidberger war der Inhaber einer internationalen Transportfirma, der durch diese Blockade beeinträchtigt wurde. Hier kollidierte das durch den AEUV geschützte Recht des freien Warenverkehrs (Art 34 AEUV) mit den Grundrechten der Demonstranten auf Meinungsäußerungs- und Versammlungsfreiheit, die in der EMRK und der österreichischen Verfassung verankert und durch diese gewährleistet sind. Der Rechtsstreit warf damit die Frage auf – so der EuGH[1803] –, „wie die Erfordernisse des Grundrechtsschutzes in der Gemeinschaft mit den aus einer im Vertrag verankerten Grundfreiheit fließenden Erfordernissen in Einklang gebracht werden können, und insbesondere die Frage, welche Tragweite die durch die in Art 10 und 11 EMRK gewährleistete Meinungsäuße-

1799 So *Syrpis*, ILJ 2008, 234.

1800 Gemeint ist, dass bei konfligierenden Verfassungsnormen versucht werden soll, beide Normen zu jeweils (relativ) optimaler Entfaltung kommen zu lassen; vgl dazu *Jarass/Pieroth*, Grundgesetz für die Bundesrepublik Deutschland, 12. Aufl 2012, Vorbem vor Art 1 Rn 52.

1801 Vgl zur Methode des bilanciamento im italienischen Verfassungsrecht *Caruso* in: *Sciarra/Caruso* (Hg), in: *Ajani/Benacchio*, 746 ff; *Jaspers* in: *Dorssemont/Jaspers/van Hoek* (Hg), 65, der von dem „balance model“ spricht.

1802 EuGH Rs C-112/00 (Schmidberger), EU:C:2003:333.

1803 EuGH Rs C-112/00 (Schmidberger), EU:C:2003:333 Rn 77.

rungs- und Versammlungsfreiheit und der Grundsatz des freien Warenverkehrs jeweils haben, wenn die erstgenannten Freiheiten als Rechtfertigung für eine Beschränkung des letztgenannten Grundsatzes herangezogen werden." Vor diesem Hintergrund zeigt der EuGH auf, dass sowohl die Grundfreiheiten des freien Warenverkehrs wie das Recht auf freie Meinungsäußerung und das Versammlungsrecht Beschränkungen unterliegen können. „Demgemäß sind die bestehenden Interessen abzuwägen, und es ist anhand sämtlicher Umstände des jeweiligen Einzelfalls festzustellen, ob das rechte Gleichgewicht zwischen diesen Interessen gewährt worden ist."[1804]

Diese Art des methodischen, um Konkordanz und Gleichgewicht bemühten Ausgleichs der durch die betroffenen Rechte geschützten Interessen ist jedem Vorrangdenken fremd. Zwar hat der EuGH in den Rs Laval und Viking auch auf das Urteil Schmidberger ebenso wie auf das ähnlich strukturierte Urteil in der Rs Omega[1805] Bezug genommen.[1806] Die in der Rs Schmidberger dominierende Idee eines Gleichgewichts zwischen den Interessen ist jedoch in den Rs Laval und Viking nicht mehr vorhanden. Hier unterstellt der EuGH die Prüfung seinem vertrauten Schema und den Kriterien, die für alle anderen Bereiche gelten, in denen Eingriffe in eine Grundfreiheit zu beurteilen sind. Der Grundrechtsqualität kommt dabei keine besondere Bedeutung zu.[1807] Demgegenüber hat der Generalanwalt in der Rs Kommission ./. Deutschland unter Berufung auf das Urteil Schmidberger trefflich vorgeführt, wie in Abwägung der Interessen einer Grundfreiheit und eines Grundrechts eine Lösung herbeigeführt werden kann.[1808]

Die richtige Lösung der Fälle Laval und Viking hätte darin bestanden, den Vorrang der nationalen Regelungen zum Streikrecht zu akzeptieren, sei es im Hinblick auf Art 153 Abs 5 AEUV oder unter Heranziehung der Grundsätze in der Rs Albany. Damit wäre im Übrigen kein Rechtszustand gegeben, der Gedanken, wie sie der EuGH für die Dienstleistungs- und Niederlassungsfreiheit angestellt hat, völlig fremd wäre. Auch nach den Rechtsordnungen der Mitgliedstaaten ist das Streikrecht nicht unbegrenzt, auch hier müssen die Interessen des Arbeitgebers Berücksichtigung finden. Unabhängig von dieser als richtig erkannten Lösung ist jedenfalls für ein Vorrangdenken, wie es der EuGH in den Rs Laval und Viking zum Ausdruck gebracht hat, kein Raum mehr. Beide Rechte begegnen sich auf Au-

1804 EuGH Rs C-112/00 (Schmidberger), EU:C:2003:333 Rn 81.

1805 Rs C-36/02, EU:C:2004:614.

1806 Vgl EuGH Rs C-341/05 (Laval), EU:C:2007:809 Rn 93 ff; EuGH Rs C-438/05 (Viking), EU:C:2007:772 Rn 77.

1807 Kritisch dazu *Schlachter* in: *Blanpain* (Hg), 67.

1808 Vgl dazu eingehend 1. Teil, II.G.

genhöhe. Ihr Inhalt und Umfang muss bestimmt werden, daran muss sich methodisch der Abwägungsvorgang anschließen.[1809]

b) Aussperrung

In den meisten Ländern der EU ist die Aussperrung als Recht der Arbeitgeber anerkannt, wenngleich in geringerem Maße als das Streikrecht. Ein ausdrückliches Verbot gibt es lediglich in Portugal. In internationalen Rechtsquellen wird die Aussperrung häufig nicht genannt. Art 43 Abs 6 AEUV nimmt das Aussperrungsrecht genauso wie das Streikrecht als Regelungsgegenstand im Sinne dieses Artikels aus. In der Gemeinschaftscharta der sozialen Grundrechte der Arbeitnehmer wird – im Gegensatz zum Streikrecht – das Recht zur Aussperrung nicht erwähnt (vgl Nr 13). Auch in der europäischen Sozialcharta ist das Aussperrungsrecht nicht ausdrücklich erwähnt. Es wird aber vom Europäischen Ausschuss für soziale Rechte als durch Art 6 Nr 4 mitgewährleistet angesehen.[1810] Art 28 der Charta der Grundrechte der EU spricht ebenfalls nur von dem Recht zur Ergreifung kollektiver Maßnahmen zur Verteidigung der Interessen von Arbeitnehmern und Arbeitgebern und ihrer Organisationen, erwähnt ausdrücklich Streiks, nicht aber die Aussperrung. Da Art 28 dem Art 6 der Europäischen Sozialcharta nachgebildet ist, muss insoweit aber das Gleiche gelten.

IV. Arbeitsschutzrecht

Literatur: *Abig*, Anm zu EuGH (5. 10. 2004), ZESAR 2005, 83 ff; *Ales*, Health and Safety at Work, 2013; *Balze*, Überblick zum sozialen Arbeitsschutz in der EU, in: *Preis/Oetker* (Hg), EAS B 5000; *Bauer/v. Medem*, Von Schultz-Hoff zu Schulte – der EuGH erweist sich als lernfähig, NZA 2012, 113 ff; *Blanke*, Fair and just working conditions, in: *Bercusson* (Hg), European Labour Law and the EU Charter of Fundamental Rights, 2006, 71 ff; *Böhm*, Richtlinien zum technischen Arbeitsschutz, in: *Nägele* (Hg), EG-Arbeitsrecht in der deutschen Praxis, 2007, Kapitel 12; *Brandes*, System des europäischen Arbeitsschutzes, 1999; *Bücker*, Europäisches Arbeitsschutzrecht, in: *Schlachter/Heinig* (Hg), Europäisches Arbeits- und Sozialrecht, Enzyklopädie Europarecht, Bd 7, 2016, § 19; *ders/Feldhoff/Kohte*, Vom Arbeitsschutz zur Arbeitsumwelt, 1994; *Bundesministerium für Arbeit und Soziales*, Übersicht über das Arbeits-

1809 Ähnlich *Bücker*, NZA 2008, 215; „Ohne eine eigenständige und systematische Auslegung des Grundrechts auf Koalitionsfreiheit, die im vorliegenden Fall [im Fall Viking, M.F.] unterblieben ist, kann der EuGH nicht die Gegenstandsbereiche der Niederlassungsfreiheit auf der einen Seite und der Koalitionsfreiheit auf der anderen Seite abwägen und Umfang sowie Grenzen der gewährten Freiheiten in der nötigen Allgemeinheit und Differenziertheit bestimmen."

1810 Vgl *Birk* in: MünchArbR, 2. Aufl 2000, Bd 1, § 19 Rn 441.

recht/Arbeitsschutzrecht, 3. Aufl 2009, Kapitel 6 und 7; *Burrows/Mair*, European Social Law, 1996; *Hanau/Steinmeyer/Wank*, Handbuch des Europäischen Arbeits- und Sozialrechts, 2002, § 18; *Horn*, Sozialrecht und Praxis 2005, 42 ff; *Joerges*, Die Verwirklichung des Binnenmarktes und die Europäisierung des Produktsicherheitsrechts, in: FS Steindorff, 1990, 1247 ff; *Joussen*, Auswirkungen der Rechtsprechung des EuGH auf das deutsche Arbeitsrecht Diskriminierungsrecht, Befristungsrecht, Urlaubsrecht, RdA 2015, 305 ff; *Junker*, Die Rechtsprechung des EuGH zum europäischen Arbeitsrecht im Jahr 2010, RIW 2011, 97 ff; *Kohte*, Arbeitsschutzrahmenrichtlinie, in: *Preis/Oetker* (Hg), EAS B 6100; *ders*, Der Beitrag der ESC zum europäischen und deutschen Arbeitsschutz, in: FS Birk, 2008; *ders*, Die Systematik des Europäischen Arbeitsschutzrechts, in: *Kiel/Lunk/Oetker* (Hg), MünchArbR, 4. Aufl 2018, § 173; *Kollmer*, Europäisches Gefahrstoffrecht, in: *Preis/Oetker* (Hg), EAS B 6400; *ders*, Richtlinien der EG zur Geräte- und Anlagensicherheit, in: *Preis/Oetker* (Hg), EAS B 6300; *Kollmer/Vogl*, Arbeitsschutzgesetz und -verordnungen, 3. Aufl 2008; *ders*, Der Beitrag der ESC zum europäischen und deutschen Arbeitsschutz, in: FS für Birk, 2008, 417 ff; *Löschnigg/Melzer-Azodanloo*, Bereitschaftsdienst in öffentlichen Apotheken, DRdA 2002, 211 ff; *Nebe*, Mutterschutz, in: *Schlachter/Heinig* (Hg), Europäisches Arbeits- und Sozialrecht, Enzyklopädie Europarecht, Bd 7, 2016, § 17; *Nielsen/Szyszczak*, The Social Dimension of the European Union, 3. Aufl 1997; *Oppermann*, Europarecht, 5. Aufl 2011; *Kommission der Europäischen Gemeinschaften*, Soziales Europa, 1992, H. 4, 3 ff; *Schliemann*, Bereitschaftsdienst im EG-Recht, NZA 2006, 1009 ff; *Schubert*, Arbeitnehmerschutz für GmbH-Geschäftsführer, ZESAR 2013, 5 ff; *Stiegler*, Erdienung (virtueller) Geschäftsanteilsoptionen in Mutterschutz und Elternzeit, NZA 2019, 1116; *Thüsing*, Zu den Grenzen richtlinienkonformer Auslegung – Irritationen und Hinweise in der Rechtssache Pfeiffer: EuGH v. 5. 10. 2004, ZIP 2004, 2301 ff; *Trapanese*, Salute e sicurezza nei luoghi di lavoro, in: *Sciarra/Caruso* (Hg), Il lavoro subordinato, in: *Ajani/Benacchio* (Hg), Trattato di diritto privato dell'Unione Europea, Bd V, 2009, 77 ff; *Von der Groeben/Schwarze*, Vertrag über die EU und Vertrag zur Gründung der EG, 6. Aufl 2003; *Wank/Börgmann*, Deutsches und europäisches Arbeitsschutzrecht, 1992; *Weiler*, The Constitution of the Common Marketplace: Text and Context in the Evolution of the Free Movement of Goods, in: *Craig/de Búrca* (Hg), The Evolution of EU Law, 1999, 647 ff; *Wlotzke*, Arbeitsschutz und Wettbewerb, BABl 1989, 87 ff; *ders*, EG-Binnenmarkt und Arbeitsrechtsordnung – Eine Orientierung, NZA 1990, 417.

A. Die primärrechtliche Verankerung des Arbeitsschutzes

Wie oben (Erster Teil II.E.) gezeigt, konnte der Arbeitsschutz auf europäischer Ebene ursprünglich nur unter dem Aspekt von Wettbewerbsverzerrungen in Angriff genommen werden, sodass die vertragsrechtliche Basis Art 115 AEUV ist. Eine wichtige Änderung der vertragsrechtlichen Grundlagen des Arbeitsschutzes trat mit der Verabschiedung der Einheitlichen Europäischen Akte von 1986, in Kraft getreten am 1. Juli 1987, ein. Mit Aufnahme der Vorgängerregelung des Art 153 Abs 1 und Abs 2 AEUV hat der Arbeitsschutz eine ausdrückliche Regelung erfahren, die seinen hohen Stellenwert herausgestrichen und gleichzeitig eine Ermächtigungsgrundlage für rechtsangleichende Maßnahmen geschaffen hat.[1811]

Art 151 AEUV verlangt, dass eingedenk der sozialen Grundrechte, die in der Europäischen Sozialcharta und in der Gemeinschaftscharta der sozialen Grundrechteder Arbeitnehmer von 1989 festgelegt sind, das Ziel der Verbesserung der Arbeitsbedingungen verfolgt wird. Nr 19 der Gemeinschaftscharta widmet dem Gesundheitsschutz und der Sicherheit in der Arbeitsumwelt einen eigenen Beitrag. Danach muss jeder Arbeitnehmer in seiner Arbeitsumwelt zufriedenstellende Bedingungen für Gesundheitsschutz und Sicherheit vorfinden. Es sind geeignete Maßnahmen zu ergreifen, um die Harmonisierung der auf diesem Gebiet bestehenden Bedingungen auf dem Wege des Fortschritts weiterzuführen. In der Charta der Grundrechte ist der Arbeitsschutz ausdrücklich verankert. Die Charta verbürgt in Art 31 unter dem Titel „Gerechte und angemessene Arbeitsbedingungen“ das „Recht auf gesunde, sichere und würdige Arbeitsbedingungen.“[1812] Jeder Arbeitnehmer hat außerdem das „Recht auf eine Begrenzung der Höchstarbeitszeit, auf tägliche und wöchentliche Ruhezeiten sowie auf bezahlten Jahresurlaub“. Damit erhalten wesentliche Aspekte der Arbeitsumwelt und des Schutzes der Gesundheit und der Sicherheit der Arbeitnehmer den Status eines Grundrechts.[1813] Art 32 umfasst das Verbot der Kinderarbeit und den Schutz der Jugendlichen am Arbeitsplatz. Diesen Gedanken wird in Art 153 Abs 1 lit a AEUV dadurch entsprochen, dass eine Unterstützung und Ergänzung der Tätigkeit der Mitgliedstaaten durch die Gemeinschaft auf dem Gebiete der Verbesserung der Arbeitsumwelt zum Schutz der Gesundheit und der Sicherheit der Arbeitnehmer normiert ist. Zu diesem Zweck wird dem Rat eine Richtlinienkompetenz zum Erlass von Mindestvorschriften eingeräumt (Art 153 Abs 2 lit b AEUV).

Art 153 Abs 1 lit a AEUV wirft verschiedene Fragen und Probleme auf. Umstritten ist der Begriff der Arbeitsumwelt.[1814] Besonders deutlich geworden ist die Unsicherheit über diesen Begriff nach Verabschiedung der RL 93/104/EWG über bestimmte Aspekte der Arbeitszeitgestaltung (inzwischen ersetzt durch RL 2003/88/EG). Gegen diese Richtlinie hatte es vor allem von Seiten des Vereinigten Königreichs von Großbritannien und Nordirland erheblichen Widerstand gegeben. Die Regierung des Vereinig-

1811 Vgl zu dieser Zweigleisigkeit arbeitsschutzrechtlicher Normsetzung auch *Kohte* in: MünchArbR, 4. Aufl 2018, § 173 Rn 1 f.

1812 *Blanke* in: *Bercusson* (Hg), 71 ff.

1813 *Von der Groeben/Schwarze*, Vertrag über die EU und Vertrag zur Gründung der EG, Art 137 Rn 17.

1814 Vgl dazu *Bücker/Feldhoff/Kohte*, Vom Arbeitsschutz zur Arbeitsumwelt, 1994, Rn 244.

ten Königreichs war der Auffassung, dass die Vorgängerregelung des Art 153 AEUV keine ausreichende Rechtsgrundlage für die Arbeitszeitrichtlinie darstellte. Die entschiedene Abwehrhaltung Großbritanniens war vor dem Hintergrund verständlich, dass die dortige Regierung eine entschiedene Politik der Arbeitszeitflexibilisierung favorisiert hatte (Abschaffung des Verbots der Nachtarbeit für Frauen und Jugendliche, Aufhebung der Restriktionen für Sonntagsarbeit usw). Außerdem hat Großbritannien den höchsten Anteil an Arbeitnehmern, die über 48 Stunden pro Woche arbeiten.[1815] Die britische Regierung hatte deshalb ein Verfahren vor dem EuGH betrieben.

Der EuGH[1816] widersprach der Auffassung des Vereinigten Königreichs und führte aus:

> „Im Wortlaut des Art 118a finden sich keine Anhaltspunkte für die Auffassung, die Begriffe ‚Arbeitsumwelt', ‚Sicherheit' und ‚Gesundheit' im Sinne dieser Bestimmung müssten in Ermangelung anderer Anhaltspunkte eng und nicht dahin ausgelegt werden, dass sie sämtliche körperlichen und sonstigen Faktoren, die die Gesundheit und die Sicherheit der Arbeitnehmer in ihrem Arbeitsumfeld unmittelbar oder mittelbar berührten, insbesondere bestimmte Aspekte der Arbeitszeitgestaltung erfassten. Im Gegenteil spricht der Satzteil, insbesondere der ‚Arbeitsumwelt' für eine weite Auslegung der dem Rat in Art 118a zum Schutz der Sicherheit und der Gesundheit der Arbeitnehmer übertragenen Zuständigkeit."

Der EuGH hat auch die Auffassung der englischen Regierung abgelehnt, wonach nach Art 153 Abs 2 lit b AEUV nur Harmonisierungsvorschriften auf einem für alle Mitgliedstaaten annehmbaren Niveau erlassen werden dürfen, die einen Mindestanhaltspunkt darstellten. Demgegenüber betont der EuGH, dass der Ausdruck „Mindestvorschriften" in Art 153 Abs 2 lit b AEUV bedeute, dass die Mitgliedstaaten weitergehende Maßnahmen treffen können, als sie das Gemeinschaftsrecht vorsieht.

Eine andere Problematik betrifft das Verhältnis des Art 153 Abs 2 lit b AEUV zu Art 114 AEUV. Hierzu wurde in der Literatur die Auffassung vertreten, dass das Ziel des Art 114 AEUV weitergehenden Maßnahmen auf dem Gebiet des Arbeitsschutzes im Wege stehe.[1817] Dieser Auffassung kann nicht gefolgt werden. Bei einem richtigen Verständnis der Funktionen von Art 114 und Art 153 Abs 2 lit b AEUV kann es in Wirklichkeit kein echtes Konkurrenzproblem geben. Auf Art 114 AEUV lassen sich nur solche Richtlinien stützen, die aus Gründen der Verwirklichung des Binnenmarkts (Art 26 AEUV) nötig sind. Solche Richtlinien können auch Maßnahmen zum Gegenstand haben, die sich indirekt auf den Bereich der Arbeitsumwelt auswirken. Liegt der Schwerpunkt einer Richtlinie dagegen auf dem

---

1815 *Burrows/Mair*, European Social Law, 1996, 282.
1816 EuGH Rs C-84/94 (UK ./. Rat), EU:C:1996:431 Rn 15.
1817 *Wlotzke*, BABl 1989, 87.

Arbeitsschutz, bilden also arbeitsschutzrechtliche Erwägungen den Hauptzweck, so ist die richtige Rechtsgrundlage der Richtlinie Art 153 Abs 2 lit b AEUV. Zutreffend stellt deshalb auch der EuGH fest, dass Art 153 AEUV eine Sonderregelung gegenüber Art 115 AEUV und Art 114 AEUV darstelle. Für diese Auslegung spreche der Wortlaut des Art 114 Abs 1 AEUV, wonach dieser nur Anwendung findet, soweit in den Verträgen nichts anderes bestimmt ist.[1818]

Der europäische Gesetzgeber hat beim Arbeitsschutz auch die besondere Situation kleinerer und mittlerer Unternehmen bedenken wollen. Deshalb bestimmt Art 153 Abs 2 lit b Satz 2 AEUV, dass die Richtlinien keine verwaltungsmäßigen, finanziellen oder rechtlichen Auflagen vorschreiben sollen, die der Gründung und Entwicklung von kleinen und mittleren Unternehmen entgegenstehen. Der EuGH hat daraus gefolgert, dass für diese Unternehmen besondere wirtschaftliche Regelungen getroffen werden können.[1819] Die Vorschrift darf als ein Appell an den Richtliniengeber verstanden werden, stets die Situation von Klein- und Mittelbetrieben zu berücksichtigen.[1820] Dem steht aber nicht entgegen, dass auch für solche Betriebe bindende Maßnahmen erlassen werden,[1821] und für das Verständnis der Bestimmung ist auch nicht unwesentlich, was in der Erklärung der Regierungskonferenz zu Art 118a Abs 2 EG aF, die sich in der Schlussakte zur EEA findet, verlautet, wonach nämlich bei der Beratung der Vorschrift Einverständnis darüber bestand, dass die Gemeinschaft nicht beabsichtigt, Arbeitnehmer in Klein- und Mittelbetrieben bei der Festlegung von Mindestvorschriften zum Schutze der Sicherheit und Gesundheit in sachlich nicht begründeter Weise schlechter zu stellen.

Der Arbeitsschutz hat durch Art 31 GRC eine bedeutsame Verstärkung erfahren. Art 31 Abs 1 GRC verbrieft das Recht jeder Arbeitnehmerin und jedes Arbeitnehmers auf gesunde, sichere und würdige Arbeitsbedingungen. Und im Abs 2 dieser Vorschrift wird dieser allgemeine Gedanke spezifisch präzisiert für das Recht auf eine Begrenzung der Höchstarbeitszeit, auf tägliche und wöchentliche Ruhezeiten sowie auf bezahlten Jahresurlaub. Das Verbot der Kinderarbeit und der Schutz der Jugendlichen am Arbeitsplatz erweitert die Sichtweise des Art 31 für diese beiden verwundbaren Gruppen. Vor diesem Hintergrund und den eingetretenen Entwicklungen, insbesondere auch der Rechtsprechung des EuGH zu den verschiedenen

1818 EuGH Rs C-84/94 (UK ./. Rat), EU:C:1996:431 Rn 12.

1819 EuGH Rs C-189/91 (Kirsammer-Hack), EU:C:1993:907 Rn 34.

1820 In diesem Sinne hat der Rat bei der Richtlinie über die Arbeitszeitgestaltung in seiner zweiten Begründungserwägung betont, dass die Entwicklung der Klein- und Mittelbetriebe nicht behindert werden dürfe.

1821 In diesem Sinne EuGH Rs C-84/94 (UK ./. Rat), EU:C:1996:431.

Ausprägungen und Aspekten des Arbeitsschutzes im weitesten Sinne ist zutreffend von einem Paradigmenwechsel des europäischen Arbeitsschutzes gesprochen worden. Denn während in der Frühphase ein technisches Verständnis vorherrschte, wird seit geraumer Zeit Arbeitsschutz als soziales Recht der Beschäftigten begriffen.[1822] Auch wenn man aus Art 31 grds keine horizontale Wirkung zwischen Privaten ableitent,[1823] so lassen sich daraus Folgerungen bei der Auslegung arbeitsschutzrechtlicher Vorschriften ableiten, wovon zahlreiche Urteile des EuGH zeugen, die in den folgenden Abschnitten zur Sprache kommen werden. Zu den Besonderheiten der jüngsten Rsp des EuGH (insb MPG[1824] sowie Bauer und Willmeroth[1825]) im Zusammenhang mit dem Anspruch auf bezahlten Jahresurlaub sei auf 2. Teil, II.C.3. verwiesen.

B. Sekundäres Recht

1. Die Systematik des sekundären Arbeitsschutzrechts

Auf dem Gebiete des Arbeitsschutzrechts sind mittlerweile zahlreiche Richtlinien erlassen worden. Im Rahmen dieses Lehrbuchs kann selbstverständlich nicht auf alle Richtlinien und Einzelheiten eingegangen werden. Es kommt darauf an, dass die wesentlichen Anliegen in den wichtigsten Richtlinien und die inhaltliche Struktur des so geschaffenen Arbeitsschutzrechts erkennbar werden. Es gibt verschiedene Systematisierungsansätze. ZT wird von der Tatsache ausgegangen, dass der europäische Gesetzgeber immer wieder Rahmenrichtlinien erlassen hat, deren Ausfüllung speziellen Einzelrichtlinien vorbehalten war. Folglich wird in manchen Lehrbüchern diese Regelungstechnik zum Ansatz der Darstellung genommen.[1826] Die folgende Darstellung lehnt sich an die Systematisierung von *Wank/Börgmann*[1827] an. Diese Systematisierung stellt auf den Inhalt der einzelnen Richtlinien und damit auf die Regelungsmaterie ab.

2. Organisatorische Sicherstellung des Arbeitsschutzes

Die zentrale Rechtsquelle in diesem Bereich ist die RL 89/391/EWG über die Durchführung von Maßnahmen zur Verbesserung der Sicherheit und des Gesundheitsschutzes der Arbeitnehmer bei der Arbeit vom 12. Juni

1822 So zutreffend *Bücker*, Europäisches Arbeitsschutzrecht, § 19 Rn 64.

1823 Vgl dazu GA Rs C-282/10 (Dominguez), EU:C:2011:559 Rn 54 ff und EuGH Rs C-282/10 (Dominguez), EU:C:2012:33 Rn 22 ff.

1824 EuGH Rs C-684/16 (MPG), EU:C:2018:874.

1825 EuGH Rs C-569/16 und C-570/16 (Bauer und Willmeroth), EU:C:2018:871.

1826 Vgl dazu *Böhm* in: *Nägele* (Hg), 394 ff.

1827 *Wank/Börgmann*, Deutsches und europäisches Arbeitsschutzrecht, 86 ff.

1989.[1828] Sie regelt für alle Tätigkeitsbereiche und alle Beschäftigungsgruppen die grundlegenden Pflichten von Arbeitgebern und Arbeitnehmern im betrieblichen Arbeitsschutz und wird deswegen auch als das „Grundgesetz des betrieblichen Arbeitsschutzes" bezeichnet.[1829] Die Bestimmungen der RL 89/391/EWG stellen Mindestnormen dar. Bereits geltende oder künftige nationale und gemeinschaftsrechtliche Bestimmungen, die für die Sicherheit und den Gesundheitsschutz der Arbeitnehmer am Arbeitsplatz günstiger sind, werden durch die Richtlinie daher nicht berührt.[1830] Besonders lesenswert ist die Begründung in der Präambel der Richtlinie. Sie gibt in knappen Worten eine Übersicht über die bis dahin unternommenen Bemühungen und rechtlichen Maßnahmen auf dem Gebiet des europäischen Arbeitsschutzes. Aus der Begründung geht auch klar hervor, dass die Richtlinie zwei Motive und Ansätze des Arbeitsschutzes verfolgt. Das erste Motiv ist sozialpolitischer Natur. Die Statistik des Jahres 1989, des Jahres, in dem die Richtlinie erlassen wurde, sprach eine deutliche Sprache. Aus den Untersuchungen der Europäischen Kommission ergab sich,[1831] dass sich in diesem Jahr 7617 tödliche Arbeitsunfälle in Europa ereigneten und 10 Millionen von einer Gesamtbeschäftigtenzahl von 138 Millionen Arbeitsunfälle und Berufskrankheiten erlitten. Die Kosten der dadurch notwendig werdenden medizinischen Behandlungen und Geldleistungen beliefen sich auf 20 Milliarden ECU. An der Änderung dieser Situation bestand demnach ein hohes sozialpolitisches, aber auch ökonomisches Interesse. Die am 5. 2. 2004 ergangene Mitteilung der Kommission über die praktische Durchführung der RL über Sicherheit und Gesundheitsschutz am Arbeitsplatz[1832] konstatierte, dass die Durchführung und Anwendung der EU-Vorschriften erheblich zur Senkung der betrieblichen Unfall- und Ausfallzahlen beigetragen habe, stellte aber zugleich fest:

> „Die Tatsache, dass etwa 7% der Arbeitnehmer, die einen Unfall erleiden, nicht an den gleichen Arbeitsplatz zurückkehren können und etwa 4% ihre Arbeitszeit reduzieren müssen oder arbeitsunfähig werden, ist ein großer Rückschlag […] Jedes Jahr werden nahezu 300.000 Arbeitnehmer durch einen Arbeitsunfall oder eine berufsbedingte Erkrankung in unterschiedlichem Grad arbeitsunfähig. Die geschätzten Gesamtkosten für die Wirtschaft belaufen sich auf 2,6% bis 3,8% des Bruttosozialprodukts. Alle diese Daten belegen die hohen ökonomischen Kosten einer unzureichenden Sozialpolitik".

1828 ABlEG Nr L 183/1; Umfassend zu Anliegen und Inhalt der RL *Kohte* in: MünchArbR, 4. Aufl 2018, § 173 Rn 9 ff.

1829 *Wlotzke*, NZA 1990, 419.

1830 *Hanau/Steinmeyer/Wank*, Handbuch des Europäischen Arbeits- und Sozialrechts, § 18 Rn 440 f.

1831 Vgl *Kommission der Europäischen Gemeinschaften*, Soziales Europa, H. 4, 3.

1832 KOM (2004) 62 endg, 4 f.

Hinter den Bemühungen um eine Verbesserung des Arbeitsschutzes stand aber auch ein Wettbewerbsproblem. Dies hat der Rat in der Präambel klar hervorgehoben:

> „Die Rechtsvorschriften der Mitgliedstaaten auf dem Gebiet der Sicherheit und des Gesundheitsschutzes am Arbeitsplatz sind sehr unterschiedlich und sollten verbessert werden. Die einschlägigen einzelstaatlichen Bestimmungen, die weitgehend durch technische Vorschriften bzw freiwillig eingeführte Normen ergänzt werden, können zu einem unterschiedlichen Grad der Sicherheit und des Gesundheitsschutzes führen und eine Konkurrenz entstehen lassen, die zu Lasten der Sicherheit und des Gesundheitsschutzes geht."

Das bedeutet, dass der Rat klar das Problem gesehen hat, dass sich Mitgliedstaaten gegenseitig durch einen geringen Arbeitsschutz unterbieten könnten, um für Arbeitgeber attraktiver zu sein. Dass dies nur eine sehr kurzsichtige Betrachtungsweise ist, bedarf keiner besonderen Begründung.

Entsprechend der Ermächtigungsnorm des Art 153 Abs 2 lit b AEUV versteht sich die Richtlinie nur als ein Kompendium von Mindestvorschriften. Deshalb heißt es in der Präambel auch, dass durch die Richtlinie keine mögliche Einschränkung des bereits in den einzelnen Mitgliedstaaten erzielten Schutzes gerechtfertigt werden kann. Der Gemeinschaftsgesetzgeber verfolgt mit ihr das Ziel, ein gegliedertes und tendenziell vollständiges Modell des Gesundheitsschutzes am Arbeitsplatz zu verwirklichen. Die Philosophie der Richtlinie besteht darin, das bisherige statische Konzept der Prävention von Arbeitsunfällen zu überwinden und zu einem breiteren Prinzip der Programmierung und Planung der Prävention zu gelangen, dh Technik, Arbeitsorganisation, Arbeitsbedingungen, soziale Beziehungen und den Einfluss der Elemente der Arbeitsumgebung in einen Komplex von Normen zu integrieren. Die Programmierung und die Einführung neuer Technologien müssen dabei Gegenstand der Beratung mit den Arbeitnehmern sein, sodass der Präventionsschutz einen hohen Stellenwert erlangt, wobei man vermeidet, dass die Einführung neuer Technologien auf einseitige Weise erfolgt und jede weitere Regelung der Materie beeinflusst. Die Richtlinie unterstreicht dazu in besonderer Weise, dass der Arbeitgeber die Arbeit am Menschen ausrichten muss. Er muss Voraussetzungen für ein System schaffen, das den personalen Charakter des Arbeitnehmers wahrt. Diese Gemeinschaftsmaßnahme ist auf der Ebene der Gestaltung industrieller Beziehungen angesiedelt, dh sie plädiert für eine Rechtspolitik zugunsten partizipativer Strategien bei der Gestaltung der Arbeitssicherheit.[1833]

1833 In diesem Sinne *Trapanese* in: *Sciarra/Caruso* (Hg), in: *Ajani/Benacchio* (Hg), 96 f.

Der sachliche und der persönliche Anwendungsbereich der RL 89/391/EWG ist weit gefasst.[1834] Gem Art 2 Abs 1 RL 89/391/EWG findet die Richtlinie sachlich Anwendung auf alle privaten oder öffentlichen Tätigkeitsbereiche. Wie sich aus Art 2 Abs 2 UA 1 RL 89/391/EWG ergibt, findet die Richtlinie jedoch keine Anwendung, soweit dem Besonderheiten bestimmter spezifischer Tätigkeiten im öffentlichen Dienst, zB bei den Streitkräften oder der Polizei, oder bestimmter spezifischer Tätigkeiten bei den Katastrophenschutzdiensten zwingend entgegenstehen.[1835] Vom Tatbestand dieser eng auszulegenden Ausnahmevorschrift (nur solche Tätigkeiten, die für ein geordnetes Gemeinwesen unabdingbar sind und die öffentliche Sicherheit und Ordnung gewährleisten, fallen darunter[1836]) nicht erfasst werden allerdings die Tätigkeit von Rettungsassistenten[1837] und von Einsatzkräften einer staatlichen Feuerwehr.[1838] Der persönliche Anwendungsbereich der RL 89/391/EWG ist durch den Arbeitnehmer- und Arbeitgeberbegriff nach Art 3 lit a und lit b vorgegeben. Unklar ist allerdings, ob der Arbeitnehmerbegriff der RL 89/391/EWG autonom gemeinschaftsrechtlich zu bestimmen[1839] und in diesem Falle die Begriffsbestimmung des Art 45 AEUV heranzuziehen ist.[1840] Überdies hat die Europäische Sozialcharta des Europarats die Begriffsbildung des Arbeitnehmers in der RL 89/391/EWG mit beeinflusst.[1841] Weitere rahmenhafte Vorgaben lassen sich den zur RL 89/391/EWG ergangenen Einzelrichtlinien entnehmen.[1842] Insgesamt wird man auf dem heutigen Stand wohl sagen können, dass der Arbeitnehmerbegriff iSd RL 89/391/EWG jedenfalls sehr weit zu verstehen ist und sozialpolitische Erwägungen wie solche des Binnenmarkts dafür sprechen, eine enge Anlehnung an die Begriffsbestimmung des Art 45 AEUV vorzunehmen.[1843]

In Verfolgung des Zieles der Richtlinie, nämlich die Durchführung von Maßnahmen zur Verbesserung der Sicherheit und des Gesundheitsschutzes der Arbeitnehmer am Arbeitsplatz zu gewährleisten (vgl Art 1 RL 89/391/EWG), verteilt die Richtlinie die Verantwortlichkeit sowohl auf Arbeitgeber wie Arbeitnehmer. Art 5 RL 89/391/EWG enthält die grundsätzliche

1834 *Kothe* in: *Preis/Oetker* (Hg), EAS B 6100, Rn 30.
1835 S hierzu auch EuGH Rs C-147/17 (Constanta), EU:C:2018:926.
1836 Vgl EuGH Rs C-303/98 (Simap), EU:C:2000:528 Rn 36.
1837 EuGH Rs C-397/01 (Pfeiffer), EU:C:2004:584 bis EuGH Rs C-403/01.
1838 EuGH Rs C-52/04 (Personalrat der Feuerwehr Hamburg), EU:C:2005:467.
1839 Darauf weist der EuGH in der Rs C-116/06 (Kiiski), EU:C:2007:536 Rn 25 hin, allerdings nur in Bezug auf die auf Basis der RL 89/391/EWG ergangene Einzelrichtlinie 92/85/EWG zum Mutterschutz.
1840 Vgl dazu *Riesenhuber*, Europäisches Arbeitsrecht, § 13 Rn 9.
1841 Sehr instruktiv hierzu *Kohte* in: FS für Birk, 419 ff.
1842 Vgl *Riesenhuber*, Europäisches Arbeitsrecht, § 13 Rn 9.
1843 In diesem Sinne auch *Riesenhuber*, Europäisches Arbeitsrecht, § 13 Rn 9.

Aussage, dass der Arbeitgeber verpflichtet ist, für die Sicherheit und den Gesundheitsschutz der Arbeitnehmer in Bezug auf alle Aspekte, die die Arbeit betreffen, zu sorgen. Teil dieser Verantwortlichkeit sind die in Art 6 RL 89/391/EWG statuierten Aufgaben und Maßnahmen, wobei eine besondere Grundlage für jede Arbeitsschutzmaßnahme die Beurteilung und Fixierung der verschiedenen Risiken in dem betreffenden Betrieb oder Unternehmen ist (vgl Art 6 Abs 3 RL 89/391/EWG). Der Arbeitgeber muss diese Risikobeurteilung ebenso wie die dazu notwendigen Schutzmaßnahmen schriftlich festlegen (vgl Art 9 RL 89/391/EWG).

Um einen effektiven Arbeitsschutz auf dieser Basis zu gewährleisten, muss der Arbeitgeber die Arbeitnehmer bzw ihre Vertreter über die Gefahren am Arbeitsplatz und die notwendigen Gegenmaßnahmen informieren (Art 10 RL 89/391/EWG). Art 11 RL 89/391/EWG verstärkt die Position der Arbeitnehmer noch im Hinblick auf Anhörungs- und Beteiligungsrechte im Zusammenhang mit den Arbeitsschutzmaßnahmen.[1844] Ferner wird vom Arbeitgeber eine punktuelle Unterweisung des Arbeitnehmers bei der Einstellung oder Versetzung, aber auch bei der Einführung oder Änderung neuer Technologien verlangt.

Arbeitsschutz, der nur dem Arbeitgeber Verpflichtungen auferlegen würde, wäre sicherlich unvollständig und ineffektiv. Nur im Zusammenspiel mit den Arbeitnehmern kann ein hohes Niveau des Arbeitsschutzes erreicht werden. Deshalb erfasst Art 13 RL 89/391/EWG im Einzelnen die Pflichten des Arbeitnehmers hinsichtlich der Information und Umsetzung der Arbeitsschutzmaßnahmen.

Die RL 89/391/EWG wurde in Deutschland durch das Arbeitsschutzgesetz vom 7. August 1996[1845] umgesetzt, in Österreich durch das ArbeitnehmerInnenschutzgesetz.[1846] Der EuGH rügte hinsichtlich der Umsetzung der RL 89/391/EWG in nationales Recht verschiedene Umsetzungsdefizite. Die Bundesrepublik Deutschland hatte nicht sichergestellt, dass die Pflicht, über eine Evaluierung der am Arbeitsplatz bestehenden Gefahren für die Sicherheit und die Gesundheit zu verfügen, unter allen Umständen auch für Arbeitgeber mit zehn oder weniger Beschäftigten gilt (vgl § 6 ArbSchG).[1847] Die Italienische Republik hatte dem Arbeitgeber nicht vorgeschrieben, dass er alle Gefahren für Gesundheit und Sicherheit am Arbeitsplatz beurteilen muss, sondern ihm freigestellt, ob er außerbetriebliche Dienste zum Schutz und zur Gefahrenverhütung hinzuzieht, wenn die innerbetrieblichen Mög-

1844 S hierzu auch EuGH Rs C-55/18 (CCOO), EU:C:2019:402.
1845 BGBl I, 1246.
1846 BGBl 450/1994.
1847 EuGH Rs C-5/00 (Kommission ./. Deutschland), EU:C:2002:81.

lichkeiten nicht ausreichen. Außerdem hatte die Italienische Republik nicht die Fähigkeiten und die Eignung festgelegt, über welche die Personen verfügen müssen, die für Schutzmaßnahmen und Maßnahmen zur Verhütung berufsbedingter Gefahren für die Gesundheit und Sicherheit der Arbeitnehmer verantwortlich sind.[1848] Das Vereinigte Königreich verstieß dagegen nicht gegen Art 5 Abs 1 und 4 RL 89/391/EWG, als es die Pflicht des Arbeitgebers, für die Sicherheit und den Gesundheitsschutz der Arbeitnehmer zu sorgen, mittels der Klausel „soweit es in der Praxis vertretbar ist" begrenzte. Der EuGH begründet seine Ansicht damit, dass der Ausschluss einer verschuldensunabhängigen Haftung nicht dem Ziel der RL 89/391/EWG (der Durchführung von Maßnahmen zur Verbesserung der Sicherheit und des Gesundheitsschutzes am Arbeitsplatz) entgegen stehe und sich auch nicht im Wege der Auslegung e contrario aus ihrem Wortlaut ableiten lasse. Insbesondere habe die Kommission in dem zugrunde liegenden Verfahren nicht dargetan, inwieweit das Ziel der RL 89/391/EWG nicht mit anderen Mitteln als mit der Einführung einer verschuldensunabhängigen Arbeitgeberhaftung erreicht werden könne.[1849]

Gem der Konzeption der RL 89/391/EWG als Rahmenrichtlinie sieht Art 16 den Erlass von Einzelrichtlinien vor. Zur umfassenden Aktivität des Gesetzgebers in diesem Bereich siehe die nachfolgende, an die Darstellung von Riesenhuber[1850] und Böhm[1851] angelehnte Übersicht, welche die diversen Einzelrichtlinien zum technischen[1852] Arbeitsschutz nach Regelungsbereichen (vgl dazu auch den Anhang der RL 89/391/EWG) zuordnet:

(1) Arbeitsstätten[1853]

(2) Arbeitsmittel (Maschinen, Werkzeuge, Anlagen)[1854]

1848 EuGH Rs C-49/00 (Kommission ./. Italien), EU:C:2001:611.

1849 EuGH Rs C-127/05 (Kommission ./. UK), EU:C:2007:338.

1850 *Riesenhuber*, Europäisches Arbeitsrecht, § 13 Rn 4.

1851 *Böhm* in: *Nägele* (Hg), 394 f.

1852 Nicht in dieser Übersicht enthalten ist daher der soziale Arbeitsschutz (RL 92/85/EWG über die Durchführung von Maßnahmen zur Verbesserung der Sicherheit und des Gesundheitsschutzes von schwangeren Arbeitnehmerinnen, Wöchnerinnen und stillenden Arbeitnehmerinnen am Arbeitsplatz (Zehnte Einzelrichtlinie iSd Art 16 Abs 1 der RL 89/391/EWG), ABlEG Nr L 348/1 (mit weiteren Änderungen).

1853 RL 89/654/EWG des Rates vom 30.11.1989 über Mindestvorschriften für Sicherheit und Gesundheitsschutz in Arbeitsstätten (Erste Einzelrichtlinie iSd Art 16 Abs 1 der RL 89/391/EWG), ABlEG Nr L 393/1 (mit weiteren Änderungen).

1854 RL 2009/104/EG (vormals: RL 89/655/EWG) des Europäischen Parlaments und des Rates vom 16.9.2009 über Mindestvorschriften für Sicherheit und Gesundheitsschutz bei Benutzung von Arbeitsmitteln durch Arbeitnehmer bei der

(3) persönliche Schutzausrüstungen[1855]

(4) manuelle Handhabung von Lasten[1856]

(5) Bildschirmarbeit[1857]

(6) Karzinogene (krebserregende Stoffe) oder Mutagene (erbgutverändernde Faktoren)[1858]

(7) Asbest[1859]

(8) biologische Arbeitsstoffe[1860]

(9) zeitlich begrenzte oder ortsveränderliche Baustellen[1861]

Arbeit (Zweite Einzelrichtlinie iSd Art 16 Abs 1 der RL 89/391/EWG), ABlEU Nr L 260/5; vgl als stärker technische Ergänzung (daher keine Einzelrichtlinie iSd Art 16 Abs 1 der RL 89/391/EWG): RL 2006/42/EG (vormals: RL 98/37/EG bzw RL 89/392/EWG) des Europäischen Parlaments und des Rates vom 17.5.2006 über Maschinen und zur Änderung der RL 95/16/EG (Neufassung), ABlEU Nr L 157/24.

1855 RL 89/656/EWG des Rates vom 30.11.1989 über Mindestvorschriften für Sicherheit und Gesundheitsschutz bei Benutzung persönlicher Schutzausrüstungen durch Arbeitnehmer bei der Arbeit (Dritte Einzelrichtlinie iSd Art 16 Abs 1 RL 89/391/EWG), ABlEG Nr L 393/18 (mit weiteren Änderungen); vgl als stärker technische Ergänzung (daher keine Einzelrichtlinie iSd Art 16 Abs 1 RL 89/391/EWG): RL 89/686/EWG des Rates vom 21.12.1989 zur Angleichung der Rechtsvorschriften der Mitgliedstaaten für persönliche Schutzausrüstungen, ABlEG Nr L 399/18 (mit weiteren Änderungen).

1856 RL 90/269/EWG des Rates vom 29.5.1990 über die Mindestvorschriften bezüglich der Sicherheit und des Gesundheitsschutzes bei der manuellen Handhabung von Lasten, die für die Arbeitnehmer insbesondere eine Gefährdung der Lendenwirbelsäule mit sich bringt (Vierte Einzelrichtlinie iSv Art 16 Abs 1 der RL 89/391/EWG), ABlEG Nr L 156/9 (mit weiteren Änderungen).

1857 RL 90/270/EWG des Rates vom 29.5.1990 über die Mindestvorschriften bezüglich der Sicherheit und des Gesundheitsschutzes bei der Arbeit an Bildschirmgeräten (Fünfte Einzelrichtlinie iSv Art 16 Abs 1 der RL 89/391/EWG), ABlEG Nr L 156/14 (mit weiteren Änderungen).

1858 RL 2004/37/EG (vormals: RL 90/394/EWG) des Europäischen Parlaments und des Rates vom 29.4.2004 über den Schutz der Arbeitnehmer gegen Gefährdung durch Karzinogene oder Mutagene bei der Arbeit (Sechste Einzelrichtlinie iSv Art 16 Abs 1 der RL 89/391/EWG), ABlEU Nr L 158/50.

1859 RL 2009/148/EG des Europäischen Parlaments und des Rates vom 30.11.2009 über den Schutz der Arbeitnehmer gegen Gefährdung durch Asbest am Arbeitsplatz, ABlEU Nr L 330/28.

1860 RL 2000/54/EG (vormals: RL 90/679/EWG) des Europäischen Parlaments und des Rates vom 18.9.2000 über den Schutz der Arbeitnehmer gegen Gefährdung durch biologische Arbeitsstoffe bei der Arbeit (Siebte Einzelrichtlinie iSv Art 16 Abs 1 der RL 89/391/EWG), ABlEG Nr L 262/21.

1861 RL 92/57/EWG des Rates vom 24.6.1992 über die auf zeitlich begrenzte oder ortsveränderliche Baustellen anzuwendenden Mindestvorschriften für Sicherheit und Gesundheitsschutz (Achte Einzelrichtlinie iSv Art 16 Abs 1 der RL 89/391/EWG), ABlEG Nr L 245/6 (mit weiteren Änderungen); siehe hierzu

(10) Sicherheits- und Gesundheitskennzeichnung[1862]
(11) Mineralienbohrungen[1863]
(12) Mineralgewinnung[1864]
(13) Fischereifahrzeuge[1865]
(14) chemische Arbeitsstoffe[1866]
(15) explosionsfähige Atmosphären[1867]
(16) physikalische Einwirkungen (Vibrationen)[1868]

EuGH Rs C-224/09 (Nussbaumer), EU:C:2010:594. Vgl als stärker technische Ergänzung (daher keine Einzelrichtlinie iSd Art 16 Abs 1 der RL 89/391/EWG): RL 89/106/EWG des Rates vom 21.12.1988 zur Angleichung der Rechts- und Verwaltungsvorschriften der Mitgliedstaaten über Bauprodukte, ABlEG Nr L 40/12 (mit weiteren Änderungen).

1862 RL 92/58/EWG des Rates vom 24.6.1992 über Mindestvorschriften für die Sicherheits- und/oder Gesundheitsschutzkennzeichnung am Arbeitsplatz (Neunte Einzelrichtlinie iSv Art 16 Abs 1 der RL 89/391/EWG), ABlEG Nr L 245/23 (mit weiteren Änderungen).

1863 RL 92/91/EWG des Rates vom 3.11.1992 über Mindestvorschriften zur Verbesserung der Sicherheit und des Gesundheitsschutzes in den Betrieben, in denen durch Bohrungen Mineralien gewonnen werden (Elfte Einzelrichtlinie iSv Art 16 Abs 1 der RL 89/391/EWG), ABlEG Nr L 348/9 (mit weiteren Änderungen).

1864 RL 92/104/EWG des Rates vom 3.12.1992 über Mindestvorschriften zur Verbesserung der Sicherheit und des Gesundheitsschutzes der Arbeitnehmer in übertägigen und untertägigen mineralgewinnenden Betrieben (Zwölfte Einzelrichtlinie iSv Art 16 Abs 1 der RL 89/391/EWG), ABlEG Nr L 404/10 (mit weiteren Änderungen).

1865 RL 93/103/EWG des Rates vom 23.11.1993 über die Mindestvorschriften für Sicherheit und Gesundheitsschutz bei der Arbeit an Bord von Fischereifahrzeugen (13. Einzelrichtlinie iSv Art 16 Abs 1 der RL 89/391/EWG), ABlEG Nr L 307/1 (mit weiteren Änderungen).

1866 RL 98/24/EG des Rates vom 7.4.1998 zum Schutz von Gesundheit und Sicherheit der Arbeitnehmer vor der Gefährdung durch chemische Arbeitsstoffe bei der Arbeit (14. Einzelrichtlinie iSv Art 16 Abs 1 der RL 89/391/EWG), ABlEG Nr L 131/11 (mit weiteren Änderungen).

1867 RL 99/92/EG des Europäischen Parlaments und des Rates vom 16.12.1999 über Mindestvorschriften zur Verbesserung des Gesundheitsschutzes und der Sicherheit von Arbeitnehmern, die durch explosionsfähige Atmosphären gefährdet werden können (15. Einzelrichtlinie iSv Art 16 Abs 1 der Richtlinie 89/391/EWG), ABlEG Nr L 23/57 (Berichtigung ABlEG Nr L 131/11 und mit weiteren Änderungen).

1868 RL 2002/44/EG des Europäischen Parlaments und des Rates vom 25.6.2002 über Mindestvorschriften zum Schutz von Sicherheit und Gesundheit der Arbeitnehmer vor der Gefährdung durch physikalische Einwirkungen (Vibrationen) (16. Einzelrichtlinie iSv Art 16 Abs 1 der RL 89/391/EWG), ABlEG Nr L 177/13 (mit weiteren Änderungen).

(17) physikalische Einwirkungen (Lärm)[1869]
(18) physikalische Einwirkungen (elektromagnetische Felder)[1870]
(19) physikalische Einwirkungen (künstliche optische Strahlung).[1871]

Zutreffend kann man mit *Brandes*[1872] bei den Einzelrichtlinien zwischen einem allgemeinen und einem besonderen technischen Arbeitsschutz unterscheiden. Unter die Kategorie des allgemeinen Arbeitsschutzes fallen dabei Regelungen, die grundsätzlich für alle Arbeitnehmer gelten (siehe unter 3. und 4.a)). Demgegenüber bezieht sich die Kategorie des besonderen Arbeitsschutzes auf bestimmte Tätigkeitsbereiche (s unter 5.) oder Personengruppen.

3. Schutz der Arbeitsstätten

Die bedeutsamste rechtliche Grundlage in diesem Bereich ist die RL 89/654/EWG über Mindestvorschriften für Sicherheit und Gesundheitsschutz in Arbeitsstätten vom 30. 11. 1989.[1873] Sie ist die erste Einzelrichtlinie iSd Art 16 Abs 1 RL 89/391/EWG. Ihr liegt der Präambel zufolge der Gedanke zugrunde, dass eine Regelung über Mindestvorschriften in Arbeitsstätten „unabdingbare Voraussetzung für die Gewährleistung der Sicherheit und des Gesundheitsschutzes der Arbeitnehmer“ ist. Während Art 1 und 2 RL 89/654/EWG den Geltungsbereich und den Begriff der Arbeitsstätte bestimmen, sind in Art 6 RL 89/654/EWG die allgemeinen Verpflichtungen des Arbeitgebers im Hinblick auf Arbeitsstätten festgelegt. Die Mindestvorschriften für Sicherheit und Gesundheitsschutz in Arbeitsstätten werden im Einzelnen in den Anhängen I und II zur RL 89/654/EWG näher erläutert. Ihre „Abstammung“ von der Mutter-RL 89/391/EWG zeigt sich in den Be-

1869 RL 2003/10/EG des Europäischen Parlaments und des Rates vom 6.2.2003 über Mindestvorschriften zum Schutz von Sicherheit und Gesundheit der Arbeitnehmer vor der Gefährdung durch physikalische Einwirkungen (Lärm) (17. Einzelrichtlinie iSv Art 16 Abs 1 der RL 89/391/EWG), ABlEG Nr L 42/38 (mit weiteren Änderungen).

1870 RL 2013/35/EU (vormals RL 2004/40/EG) des Europäischen Parlaments und des Rates vom 26.6.2013 über Mindestvorschriften zum Schutz von Sicherheit und Gesundheit der Arbeitnehmer vor der Gefährdung durch physikalische Einwirkungen (elektromagnetische Felder) (20. Einzelrichtlinie iSv Art 16 Abs 1 der RL 89/391/EWG), ABlEU Nr L 179/1.

1871 RL 2006/25/EG des Europäischen Parlaments und des Rates vom 5.4.2006 über Mindestvorschriften zum Schutz von Sicherheit und Gesundheit der Arbeitnehmer vor der Gefährdung durch physikalische Einwirkungen (künstliche optische Strahlung) (19. Einzelrichtlinie iSv Art 16 Abs 1 der RL 89/391/EWG), ABlEU Nr L 114/38 (mit weiteren Änderungen).

1872 *Brandes*, System des europäischen Arbeitsschutzes, 106 ff.

1873 ABlEG Nr L 393/1 (mit weiteren Änderungen).

stimmungen der Art 7 und 8 RL 89/654/EWG, wo Unterrichtungs-, Anhörungs- und Beteiligungspflichten und -rechte der Arbeitnehmer normiert sind. Mittlerweile ist eine Vielzahl von weiteren Einzelrichtlinien ergangen, die entweder spezielle Probleme innerhalb von Arbeitsstätten betreffen oder Arbeitsstättenprobleme in speziellen Sektoren zum Gegenstand haben (s unter 2.).

4. Geräte- und Anlagensicherheit

Hier kann man zwei große Richtlinienkomplexe unterscheiden (zur Zweigleisigkeit des Europäischen Arbeitsschutzes siehe Erster Teil E): zum einen die Einzelrichtlinien iSd Art 16 Abs 1 RL 89/391/EWG über die betriebsbedingten Sicherheits- und Verhaltensanforderungen bei Benutzung von Arbeitsmitteln durch Arbeitnehmer bei der Arbeit, zum anderen die marktbezogenen Richtlinien über die Sicherheit von Produkten, die in Bezug auf ihren Schutzbereich der Geräte- und Anlagensicherheit eher technischer Natur sind, deren Zweck also primär nicht der Schutz von Sicherheit und Gesundheit der Arbeitnehmer ist und die daher keine Einzelrichtlinien iSd Art 16 Abs 1 RL 89/391/EWG darstellen.

a) Richtlinien über Sicherheitsanforderungen an Arbeitsmittel

Hierher gehören insbesondere die RL 2009/104/EG (vormals RL 89/655/EWG) über Mindestvorschriften für Sicherheit und Gesundheitsschutz bei Benutzung von Arbeitsmitteln durch Arbeitnehmer bei der Arbeit vom 16. September 2009[1874] und die RL 89/656/EWG über Mindestvorschriften für Sicherheit und Gesundheitsschutz bei Benutzung persönlicher Schutzausrüstungen durch Arbeitnehmer bei der Arbeit vom 30. November 1989.[1875] Bei diesen beiden Richtlinien handelt es sich um die Zweite und Dritte Einzelrichtlinie iSd Art 16 Abs 1 RL 89/391/EWG.

Die RL 2009/104/EG weist die gleiche rechtliche Struktur auf wie die vorbesprochene RL 89/654/EWG. Nach einer Festlegung des Geltungsbereichs (Art 1) und der wichtigsten Definitionen, insbesondere des Begriffs des Arbeitsmittels (Art 2), werden in Art 3 bis 7 die allgemeinen Pflichten des Arbeitgebers im Hinblick auf Arbeitsmittel und Ergonomie am Arbeitsplatz normiert. Hierzu gehört nach Art 3 RL 2009/104/EG insbesondere die allgemeine Verpflichtung des Arbeitgebers, die erforderlichen Vorkehrungen zu treffen, damit die den Arbeitnehmern zur Verfügung gestellten Arbeitsmittel für die jeweiligen Arbeiten geeignet sind oder zweckentspre-

1874 ABlEU Nr L 260/5.
1875 ABlEG Nr L 393/18 (mit weiteren Änderungen).

chend angepasst werden, sodass bei ihrer Benutzung die Sicherheit und der Gesundheitsschutz der Arbeitnehmer gewährleistet sind. Nähere Einzelheiten über die Mindestvorschriften bei der Benutzung von Arbeitsmitteln sind in den Anhängen I und II zur RL 2009/104/EG festgelegt. Im Übrigen ist auch hier die Unterrichtung, Anhörung und Beteiligung der Arbeitnehmer vorgesehen (vgl Art 8 und 10 RL 2009/104/EG). Gem Art 9 RL 2009/104/EG hat der Arbeitgeber die mit der Benutzung der Arbeitsmittel beauftragten Arbeitnehmer angemessen zu unterweisen.

Die gleiche Konzeption liegt der RL 89/656/EWG über die Benutzung persönlicher Schutzausrüstungen zugrunde. Sie beschäftigt sich mit dem Geltungsbereich und wichtigen Definitionen sowie der Beschreibung allgemeiner Pflichten der Arbeitgeber und der Beteiligungsrechte der Arbeitnehmer. Die Einzelheiten hinsichtlich der Ausgestaltung persönlicher Schutzausrüstungen sind in drei Anhängen niedergelegt. Wichtig ist, dass die Richtlinie einen Vorrang kollektiver technischer Schutzmittel oder arbeitsorganisatorischer Maßnahmen vor dem Einsatz persönlicher Schutzausrüstungen normiert (Art 3 RL 89/655/EWG).

b) Richtlinien über die Sicherheit von Produkten

Richtigerweise wird man unter den Schutzbereich der Geräte- und Anlagensicherheit auch jene Richtlinien rechnen müssen, deren Zweck nicht primär der Schutz von Sicherheit und Gesundheit der Arbeitnehmer ist. Gemeint sind die so genannten Produktrichtlinien, mit denen wichtige Schritte auf dem Gebiete der technischen Harmonisierung unternommen werden sollten. Sie waren letztlich veranlasst durch die Entscheidung des EuGH in der Rs Rewe-Zentral-AG, besser bekannt unter dem Namen Cassis de Dijon.[1876] Mit dieser Entscheidung hat der EuGH einen wesentlichen Beitrag dazu leisten wollen, dass einzelne Länder nicht Produkte, die in anderen Ländern zugelassen sind, aus protektionistischen Gründen vom Markt fernhalten können.[1877]

1876 EuGH Rs 120/78 (Rewe), EU:C:1979:42.

1877 Mit dieser Entscheidung ist die sog „Cassis-Doktrin“ begründet worden, also das Vertrauensprinzip zwischen den Mitgliedstaaten in dem Sinne, dass in einem Mitgliedstaat hergestellte und vermarktete Erzeugnisse grundsätzlich auch in anderen Mitgliedstaaten zuzulassen sind. Ihre Einfuhr darf nicht beschränkt werden, weil im Herstellungsstaat legitime Ziele von Handelsregelungen mit anderen Mitteln verfolgt werden als im Einfuhrstaat, vgl *Oppermann*, Europarecht, § 22 Rn 42 f. Zur überragenden Bedeutung des Cassis de Dijon-Urteils für die Entwicklung des freien Warenverkehrs ferner *Weiler* in: *Craig/de Búrca* (Hg), 674 ff.

Die Kommission war bestrebt, die in dieser Entscheidung des EuGH vorgezeichnete Lösung für den Bereich der Harmonisierung der Produktsicherheit fruchtbar zu machen. Den Grundstein hierfür legte das Weißbuch der Kommission über die sog „Neue Konzeption auf dem Gebiet der technischen Harmonisierung und Normung", das im Jahre 1985 vorgelegt wurde.[1878] Produktsicherheit sollte mit zwei Mechanismen hergestellt werden. Einmal sollten grundlegende Sicherheitsanforderungen normiert werden, die für alle Mitgliedstaaten verbindlich sind. Daneben sollten auf einer zweiten Stufe von den europäischen Normungsorganisationen[1879] technische Spezifikationen ausgearbeitet werden, die keinen rechtlich bindenden Charakter haben.

In Umsetzung dieses strategischen Konzepts ist die RL 89/106/EWG des Rates vom 21. 12. 1988 zur Angleichung der Rechts- und Verwaltungsvorschriften der Mitgliedstaaten über Bauprodukte,[1880] die RL 89/686/EWG vom 21. Dezember 1989 zur Angleichung der Rechtsvorschriften der Mitgliedstaaten über persönliche Schutzausrüstungen[1881] sowie die RL 2006/42/EG des Europäischen Parlaments und des Rates vom 17. 5. 2006 über Maschinen (vormals: RL 98/37/EG bzw RL 89/392/EWG) und zur Änderung der RL 95/16/EG (Neufassung) ergangen.[1882] Da alle vorgenannten Richtlinien sehr detailliert grundlegende Sicherheitsanforderungen in Bezug auf ihren Schutzbereich der Geräte- und Anlagensicherheit aufstellen, jedoch nicht primär dem Schutz von Sicherheit und Gesundheit der Arbeitnehmer dienen, sind sie als ein Projekt der Rechtsangleichung nach Art 115 AEUV ausgestaltet, stellen also keine Einzelrichtlinien iSd Art 16 Abs 1 RL 89/391/EWG dar.

5. Schutz vor Gefahrstoffen

Dass Arbeitnehmer bei Vorhandensein chemischer, physikalischer und biologischer Arbeitsstoffe einem erheblichen Gesundheitsrisiko ausgesetzt sind, bedarf keiner besonderen Begründung. In der Entschließung des Rates vom 29. 6. 1978 über ein Aktionsprogramm der Europäischen Gemeinschaften für Sicherheit und Gesundheitsschutz am Arbeitsplatz war die Harmonisierung der Bestimmungen und Maßnahmen zum Schutz der Ar-

1878 KOM (85) 310, endg. Vgl dazu *Joerges* in: FS Steindorff, 1252 ff.

1879 Zu einer ausführlichen Beschreibung der Aufgaben der europäischen Normungsorganisationen CEN und CENELEC, siehe *Nielsen/Szyszczak*, The Social Dimension of the European Union, 346 ff.

1880 ABlEG Nr L 40/12 (mit weiteren Änderungen).

1881 ABlEG Nr L 399/18.

1882 ABlEU Nr L 157/24.

beitnehmer gegen bestimmte gefährliche Stoffe bereits als wichtiges Ziel formuliert worden. Mit der RL 80/1107/EWG zum Schutz der Arbeitnehmer vor der Gefährdung durch chemische, physikalische und biologische Arbeitsstoffe bei der Arbeit vom 27. 11. 1980[1883] wurde dieses Anliegen verwirklicht, zunächst noch als ein Projekt der Rechtsangleichung, da es zur damaligen Zeit an einer ausdrücklichen Ermächtigungsgrundlage für den Arbeitsschutz fehlte.

Die RL 80/1107/EWG (und die auf ihrer Basis erlassenen Einzelrichtlinien) wurden, nunmehr gestützt auf den Arbeitsschutz nach Art 153 Abs 2 lit b AEUV, durch die RL 98/24/EG vom 7. 4. 1998[1884] zum Schutz von Gesundheit und Sicherheit der Arbeitnehmer vor der Gefährdung durch chemische Arbeitsstoffe bei der Arbeit ersetzt. Die RL 98/24/EG ist die vierzehnte Einzelrichtlinie iSd Art 16 Abs 1 RL 89/391/EWG. Durch sie sollten die Bestimmungen zum Schutz der Arbeitnehmer vor der Gefährdung durch chemische, physikalische und biologische Arbeitsstoffe bei der Arbeit zwecks Vereinheitlichung und Klarstellung sowie aus technischen Gründen überarbeitet und in einer einzigen Richtlinie zusammengefasst werden, die Mindestvorschriften zum Schutz von Gesundheit und Sicherheit der Arbeitnehmer bei Tätigkeiten mit chemischen Arbeitsstoffen festlegt (Erwägungsgrund 7). Art 4 RL 98/24/EG verpflichtet den Arbeitgeber zu umfassenden Maßnahmen, um festzustellen, ob es am Arbeitsplatz gefährliche chemische Arbeitsstoffe gibt. Art 5 RL 98/24/EG listet die allgemeinen Grundsätze für die Verhütung von Risiken im Zusammenhang mit gefährlichen chemischen Arbeitsstoffen und der Anwendung der Richtlinie in Bezug auf die Risikobewertung auf. Besonders deutlich wird in Art 5 RL 98/24/EG auch deren enge Verzahnung mit ihrer Mutterrichtlinie. Dort heißt es wörtlich: „Im Rahmen seiner Verpflichtung, die Gesundheit und die Sicherheit der Arbeitnehmer bei allen Tätigkeiten mit gefährlichen chemischen Arbeitsstoffen sicherzustellen, trifft der Arbeitgeber die erforderlichen Vorbeugungsmaßnahmen nach Art 6 Abs 1 und Abs 2 RL 89/391/EWG und schließt darin die in der vorliegenden Richtlinie genannten Maßnahmen mit ein“. Art 7 RL 98/24/EG trifft Vorkehrungen für das Verhalten bei Unfällen. Mittlerweile sind zahlreiche weitere Einzelrichtlinien zur Verbesserung des Schutzes der Arbeitnehmer im Umgang mit biologischen Arbeitsstoffen und physikalischen Einwirkungen (Vibrationen, Lärm, elektromagnetische Felder, künstliche optische Strahlung) ergangen (s unter 2.).

1883 ABlEG Nr L 327/8.
1884 ABlEG Nr L 131/11.

6. Sozialer Arbeitsschutz

Während man die bisher besprochenen Rechtsquellen unter dem Stichwort des technischen Arbeitsschutzes zusammenfassen kann, geht es im Folgenden um einen Bereich, für den häufig der Begriff des sozialen Arbeitsschutzes verwandt wird.[1885] Sozialer Arbeitsschutz bezieht sich auf den Arbeitszeitschutz und den Schutz besonderer Personengruppen.[1886] Die dazu ergangenen Richtlinien finden ihre Rechtsgrundlage in Art 153 Abs 2 lit b AEUV. Von ihnen werden im Folgenden drei besonders wichtige vorgestellt.

a) RL 92/85/EWG über die Durchführung von Maßnahmen zur Verbesserung der Sicherheit und des Gesundheitsschutzes von schwangeren Arbeitnehmerinnen, Wöchnerinnen und stillenden Arbeitnehmerinnen am Arbeitsplatz

Vor dem Inkrafttreten der RL 92/85/EWG war der Schutz der von ihr erfassten Frauen allein auf die Verhinderung von Diskriminierung wegen des Geschlechts gerichtet (Art 141 EWGV, jetzt Art 157 AEUV sowie die RL 76/27/EWG, jetzt aufgegangen in der RL 2006/54). Die spezifischen Risiken, die mit Schwangerschaft und der Phase nach der Geburt verbunden sind, blieben unberücksichtigt. Ausweislich von Art 1 RL 92/85/EWG setzt sich dieser Rechtsakt genau das Ziel, den Schutzbedürfnissen des in Art 2 RL 92/85/EWG definierten Personenkreises am Arbeitsplatz gerecht zu werden.[1887] Die Richtlinie wird ergänzt durch einen Anhang I und Anhang II, um relevanten Entwicklungen auf dem Gebiet des Mutterschutzes Rechnung tragen zu können. Außerdem sieht Art 3 RL 92/85/EWG Leitlinien für die Beurteilung der chemischen, physikalischen und biologischen Agenzien sowie der industriellen Verfahren, die als Gefahrenquelle für Gesundheit und Sicherheit der Arbeitnehmerinnen gelten, vor.[1888]

Großen Wert legt die RL 92/85/EWG auf die Risikobeurteilung und die Folgerungen aus dieser. Während Art 6 der Rahmen-RL 89/391/EWG Risikobeurteilung und Entwicklung eines Maßnahmenpotenzials für alle Arbeitnehmer vorsieht, legt Art 4 dem Arbeitgeber eine für die Arbeitnehmerinnen im Sinne des Art 2 spezifische Risikobeurteilung auf. Falls erforderlich, muss der Arbeitgeber gemäß Art 5 RL 92/85/EWG die zur Beseiti-

1885 Kritisch zu dieser Systematisierung auf europäischer Ebene *Brandes*, System des europäischen Arbeitsschutzrechts, 68 ff.

1886 Zur Begrifflichkeit siehe *Wank/Börgmann*, Deutsches und europäisches Arbeitsschutzrecht, 13.

1887 Ausführlich zur RL 92/85/EWG Nebe, Mutterschutz, § 17 Rn 1 ff.

1888 Vgl dazu KOM (2000) 466 endg.

gung dieser Gefährdung erforderlichen Maßnahmen ergreifen. Zu diesem Komplex von Schutzvorschriften gehört auch Art 6 RL 92/85/EWG, wonach die Exposition der Arbeitnehmerinnen gegenüber bestimmten Agenzien und Arbeitsbedingungen zu vermeiden ist. Art 7 betrifft die Beschränkung der Nachtarbeit.[1889] Ein klassisches Schutzinstrument ist der in Art 8 verankerte Mutterschutzurlaub im Umfang von mindestens 14 Wochen, dessen Aufteilung für die Zeit vor und/oder nach der Entbindung den Mitgliedstaaten überantwortet ist.

Angesichts der schädlichen Folgen, welche die Gefahr einer Entlassung für die physische und psychische Verfassung von Arbeitnehmerinnen haben könnte, die schwanger oder Wöchnerinnen sind oder stillen, normiert Art 10 RL 92/85/EWG vom 19. 10. 1992[1890] über die Durchführung von Maßnahmen zur Verbesserung der Sicherheit und des Gesundheitsschutzes von schwangeren Arbeitnehmerinnen, Wöchnerinnen und stillenden Arbeitnehmerinnen am Arbeitsplatz (zehnte Einzelrichtlinie iSd Art 16 Abs 1 RL 89/391/EWG) ein Kündigungsverbot für die Zeit vom Beginn der Schwangerschaft bis zum Ende des Mutterschaftsurlaubs.

In erklärter Abweichung von früheren Aussagen in der Entscheidung Larsson[1891] hat der EuGH in der Entscheidung Brown[1892] deshalb festgestellt, dass es das Diskriminierungsverbot gebiete, während der gesamten Schwangerschaft einen Kündigungsschutz zu gewähren.[1893] Werde nämlich eine Arbeitnehmerin während ihrer Schwangerschaft aufgrund von Fehlzeiten entlassen, die sich aus ihrer durch die Schwangerschaft bedingten Arbeitsunfähigkeit ergeben, so hinge diese Entlassung mit den Risiken zusammen, die mit einer Schwangerschaft verbunden sind, sodass die Schwangerschaft als der hauptsächliche Grund für die Entlassung anzusehen sei. Eine solche Entlassung könne nur Frauen treffen und sei daher als eine unmittelbare Diskriminierung aufgrund des Geschlechts anzusehen. Die Mitteilung einer auf der Schwangerschaft und/oder der Geburt eines Kindes beruhenden Kündigungsentscheidung ist nicht nur während der von der Richtlinie vorgesehenen Schutzzeit verboten, sondern auch dann untersagt, wenn vor Ablauf dieser Zeit Maßnahmen in Vorbereitung einer solchen Entscheidung

1889 Art 7 findet auch auf eine Situation Anwendung, in der eine Arbeitnehmerin Schichtarbeit leistet, in deren Rahmen sie ihre Arbeit nur zum Teil während der Nachtzeit verrichtet [EuGH Rs C-41/17 (Gonzales Castro), EU:C:2018:736].

1890 ABlEG Nr L 348/1 (mit weiteren Änderungen).

1891 EuGH Rs C-400/95 (Dansk Handel), EU:C:1997:259 Rn 20 ff.

1892 EuGH Rs C-394/96 (Brown), EU:C:1998:331.

1893 Zu Besonderheiten bei der in-vitro-Befruchtung vgl EuGH Rs C-506/06 (Mayr), EU:C:2008:119.

getroffen werden oder die Kündigungsentscheidung erst nach Ablauf der in Art 10 RL 92/85 vorgesehenen Schutzzeit mitgeteilt wird.[1894]

In der Rs Danosa[1895] kam der EuGH zu dem Ergebnis, dass Art 10 RL 92/85/EG der Abberufung eines schwangeren Vorstandsmitglieds einer Kapitalgesellschaft dann entgegenstehe, wenn die Abberufungsentscheidung im Wesentlichen auf ihrer Schwangerschaft beruhe. Zum Zweck der RL 92/85/EWG handele es sich bei einem Vorstandsmitglied einer Kapitalgesellschaft um einen Arbeitnehmer, wenn dieses seine Tätigkeit für eine bestimmte Zeit nach Weisung oder unter Aufsicht eines anderen Organs dieser Gesellschaft ausübe und als Gegenleistung für die Tätigkeit ein Entgelt erhalte. In jedem Fall könne jedoch die Abberufung eines Vorstandsmitglieds wegen Schwangerschaft nur Frauen treffen und stelle daher eine unmittelbare Diskriminierung aufgrund des Geschlechts dar. Vorbezeichnete Entscheidung ist vor dem Hintergrund des lettischen Rechts, welches die Arbeitnehmereigenschaft auch für Vorstandsmitglieder von Handelsgesellschaften vorsieht, zu sehen; für das deutsche Recht wird diese Entscheidung nur für den seltenen Fall der Bejahung der Arbeitnehmereigenschaft einer GmbH-Geschäftsführerin Bedeutung erlangen.[1896]

Das Entlassungsverbot nach Art 10 RL 92/85/EWG gilt nach der Rs Tele Danmark[1897] auch bei befristeten Arbeitsverträgen, auch wenn die Arbeitnehmerin den Arbeitgeber nicht über ihre Schwangerschaft unterrichtet hatte, obwohl ihr diese bei Abschluss des Arbeitsvertrages bekannt war und feststand, dass sie aufgrund ihrer Schwangerschaft während eines wesentlichen Teils der Vertragszeit nicht würde arbeiten können. Indirekt dehnt der EuGH Art 10 RL 92/85/EWG auch auf die Nichtverlängerung befristeter Arbeitsverhältnisse aus. Zwar betont er, dass die Nichterneuerung eines befristeten Vertrags zum Zeitpunkt seiner regulären Beendigung nicht als eine nach dieser Vorschrift verbotene Kündigung angesehen werden kann, soweit jedoch die Nichterneuerung des befristeten Arbeitsvertrags ihren Grund in der Schwangerschaft der Arbeitnehmerin hat, stellt sie eine unmittelbare Diskriminierung auf Grund des Geschlechts dar.[1898]

Keine unmittelbare Diskriminierung hat der EuGH[1899] dagegen in Entlassungen gesehen, die wegen Krankheiten oder anderer pathologischer Zustände erfolgen, die erst nach Ablauf des Mutterschaftsurlaubs auftreten

1894 EuGH Rs C-460/06 (Paquay), EU:C:2007:601.
1895 EuGH Rs C-232/09 (Danosa), EU:C:2010:674. Siehe hierzu *Schubert*, ZESAR 2013, 5.
1896 *Junker*, RIW 2011, 110.
1897 EuGH Rs C-109/00 (Tele Danmark), EU:C:2001:513.
1898 EuGH Rs C-438/99 (Jiménez Melgar), EU:C:2001:509.
1899 EuGH Rs C-179/88 (Hertz), EU:C:1990:384.

und auf die Schwangerschaft oder Niederkunft zurückzuführen sind. Der Fall betraf eine Frau, die nach ihrer Entbindung die Arbeit wieder aufgenommen hatte und dann entlassen worden war, nachdem sie länger an einer Krankheit litt, die eine Folge ihrer Schwangerschaft und Entbindung war. Der EuGH ist der Auffassung, dass bei Krankheiten, die erst nach dem Mutterschaftsurlaub auftreten, kein Anlass bestehe, zwischen durch Schwangerschaft oder Entbindung verursachten Krankheiten und anderen Krankheiten zu unterscheiden. Solche pathologischen Zustände fielen unter die allgemeine Regelung für Krankheitsfälle. Männliche und weibliche Arbeitnehmer seien in gleichem Maße dem Krankheitsrisiko ausgesetzt. Wenn auch bestimmte Gesundheitsstörungen spezifisch für das eine oder das andere Geschlecht seien, komme es lediglich darauf an, ob eine Frau unter den gleichen Voraussetzungen wie ein Mann aufgrund von Fehlzeiten wegen Krankheiten entlassen wird. Ist dies der Fall, so liege keine unmittelbare Diskriminierung aufgrund des Geschlechts vor.

Ebenso wenig widerspricht laut EuGH[1900] eine Kündigung, die iSv Art 1 Nr 1 lit a MassenentlassungsRL 98/59/EG zulässig ist, Art 10 Nr 1 MutterschutzRL 92/85/EWG. Die Kündigungsgründe der MassenentlassungsRL sind Ausnahmefälle iSd der MutterschutzRL. Art 10 Nr 2 MutterschutzRL steht einer nationalen Regelung nicht entgegen, nach der ein Arbeitgeber einer schwangeren Arbeitnehmerin im Rahmen einer Massenentlassung kündigen kann, ohne ihr weitere Gründe zu nennen als diejenigen, die die Massenentlassung rechtfertigen, solange die sachlichen Kriterien für die Auswahl der zu entlassenden Arbeitnehmer angegeben werden. Nur dann, wenn die Kündigungsgründe wesentlich mit der Schwangerschaft der AN zusammenhängen, ist die Kündigung mit der MutterschutzRL unvereinbar. Art 10 Nr 1 MutterschutzRL steht einer Regelung nicht entgegen, die im Rahmen einer Massenentlassung für schwangere Arbeitnehmerinnen, Wöchnerinnen oder stillende Arbeitnehmerinnen weder einen Vorrang der Weiterbeschäftigung noch einen Vorrang der anderweitigen Verwendung vor dieser Entlassung vorsieht.

Neben einem Schutz vor dem Verlust des Arbeitsplatzes gewährt das Gemeinschaftsrecht innerhalb bestimmter Grenzen einen Schutz des Einkommens der Arbeitnehmerin, die schwanger oder Wöchnerin ist. Dazu hat der EuGH in der Rs Gillespie[1901] ausgeführt, dass sich die Frauen während eines Mutterschaftsurlaubs in einer besonderen Situation befinden, die verlangt, dass ihnen ein besonderer Schutz gewährt wird, die jedoch nicht mit der Situation desjenigen, der tatsächlich an seinem Arbeitsplatz arbeitet,

1900 EuGH Rs C-103/16 (Porras Guisado), EU:C:2018:99.

1901 EuGH Rs C-342/93 (Gillespie), EU:C:1996:46 Rn 17 und 20.

gleichgesetzt werden kann. Er hat ergänzt, dass das Gemeinschaftsrecht nicht verlangt, dass Arbeitnehmerinnen während des Mutterschaftsurlaubs weiter das volle Arbeitsentgelt erhalten, dass die gezahlten Leistungen jedoch nicht so niedrig sein dürfen, dass dadurch der Zweck des Mutterschaftsurlaubs, der Schutz der Arbeitnehmerinnen vor und nach der Niederkunft, gefährdet würde.

In Bezug auf den Mutterschaftsurlaub sieht die RL 92/85/EWG, die auf die Rs Gillespie in zeitlicher Hinsicht noch nicht anwendbar war, in Art 11 Nr 2 lit b vor, dass „die Fortzahlung eines Arbeitsentgelts und/oder der Anspruch auf eine angemessene Sozialleistung für die Arbeitnehmerinnen" gewährleistet sein müssen. Art 11 Nr 3 bestimmt, dass „[d]ie Sozialleistung nach Nummer 2 Buchstabe b) [...] als angemessen [gilt], wenn sie mindestens den Bezügen entspricht, die die betreffende Arbeitnehmerin im Falle einer Unterbrechung ihrer Erwerbstätigkeit aus gesundheitlichen Gründen erhalten würde".

Wenn eine Arbeitnehmerin vor Beginn ihres Mutterschaftsurlaubs nicht ihre volle Vergütung bekommt und ihre Arbeitsunfähigkeit auf einen mit der Schwangerschaft zusammenhängenden krankhaften Zustand zurückzuführen ist, während jeder andere Arbeitnehmer Anspruch auf volle Entgeltfortzahlung bei Arbeitsunfähigkeit hat, ist dies eine unzulässige Diskriminierung.[1902] Ein mit der Schwangerschaft oder der Entbindung zusammenhängender pathologischer Zustand, der erst nach dem Mutterschaftsurlaub aufgetreten ist und zu Fehlzeiten der betreffenden Arbeitnehmerin führt, fällt dagegen unter die allgemeine Regelung für Krankheitsfälle und kann daher unter den gleichen Voraussetzungen wie eine andere Krankheit zu einer Kürzung der Vergütung führen.[1903] Neben der Kürzung der Vergütung ist zB auch die Anrechnung krankheitsbedingter Fehlzeiten auf eine Gesamtzahl bezahlter Krankheitsurlaubstage – soweit diese nicht diskriminierend und angemessen ist – denkbar.[1904]

Aus dem Vorstehenden ergibt sich, dass eine Arbeitnehmerin nach dem Gemeinschaftsrecht

- weder während ihres Mutterschaftsurlaubs wegen ihres Zustands noch vor diesem Urlaub aufgrund einer mit der Schwangerschaft zusammenhängenden Erkrankung entlassen werden kann;
- ggf aufgrund einer mit der Schwangerschaft oder der Entbindung zusammenhängenden Erkrankung nach dem Mutterschaftsurlaub entlassen werden kann;

1902 EuGH Rs C-66/96 (Pedersen), EU:C:1998:549 Rn 33 ff.
1903 EuGH Rs C-394/96 (Brown), EU:C:1998:331.
1904 EuGH Rs C-191/03 (McKenna), EU:C:2005:513.

- ggf während ihres Mutterschaftsurlaubs oder – im Fall einer mit der Schwangerschaft oder der Entbindung zusammenhängenden Erkrankung – nach diesem Urlaub eine Kürzung ihrer Vergütung hinnehmen muss, soweit diese angemessen ist, also das Ziel des Schutzes schwangerer Arbeitnehmerinnen nicht gefährdet und keine diskriminierende Wirkung entfaltet (Maßstab: die Vergütung eines Arbeitnehmers im Falle einer von einer Schwangerschaft unabhängigen Krankheit würde in gleichem Umfang gekürzt).[1905]

Nationale Vorschriften über den Erziehungsurlaub müssen der Arbeitnehmerin außerdem gestatten, auf Antrag eine Änderung des Zeitraums ihres Erziehungsurlaubs in dem Moment zu erwirken, in dem sie ihre Ansprüche auf Mutterschaftsurlaub geltend macht, um die mit dem Mutterschaftsurlaub verbundenen Rechte zu gewährleisten.[1906]

Die im Falle der Schwangerschaft „mit dem Arbeitsvertrag verbundenen Rechte“ (Art 11 RL 92/85/EWG) der Arbeitnehmerin umfassen ua nach Art 5 RL 92/85/EWG die einstweilige Umgestaltung ihrer Arbeitsbedingungen und/oder Arbeitszeiten oder – soweit erforderlich – einen Arbeitsplatzwechsel bzw – als ultima ratio – ihre Beurlaubung. Art 11 Nr 1 RL 92/85/EWG gewährt der Arbeitnehmerin in diesen Fällen den Anspruch auf Fortzahlung eines Arbeitsentgelts und/oder einer angemessenen Sozialleistung. Geht eine schwangere Arbeitnehmerin ihren Aufgaben im Rahmen einer vorübergehenden Verwendung auf einem neuen Arbeitsplatz nach, kann sich die Frage stellen, inwieweit der Arbeitgeber eine Einkommensminderung, welche die Arbeitnehmerin infolge ihrer geänderten Tätigkeit oder ihrer schwangerschaftsbedingten Beurlaubung erleidet, auszugleichen hat. Hierzu hatte der EuGH in zwei Rechtssachen zu entscheiden. In der Rs Parviainen[1907] hatte eine als Kabinenchefin tätige finnische Flugbegleiterin rund 40% ihres Arbeitsentgelts in Form von Zulagen für Vorgesetzte und zusätzliche Nacht- und Sonntagsarbeit dadurch verloren, dass sie infolge ihrer Schwangerschaft wegen der Gefahr der Einwirkung von ionisierenden Strahlungen im Flugverkehr auf den Fötus auf eine Bürotätigkeit am Boden umgesetzt worden war. Der EuGH entschied, dass sich zugunsten der schwangeren Arbeitnehmerin aus Art 11 Nr 1 RL 92/85/EWG kein Anspruch auf Zahlung eines ebenso hohen Arbeitsentgelts wie diese durchschnittlich vor dem betreffenden Arbeitsplatzwechsel bezogen hatte, herleiten lasse.[1908] Jedoch behalte eine schwangere Arbeitnehmerin, die gem Art 5

1905 EuGH Rs C-191/03 (McKenna), EU:C:2005:513 Rn 54.
1906 EuGH Rs C-116/06 (Kiiski), EU:C:2007:536.
1907 EuGH Rs C-471/08 (Parviainen), EU:C:2010:391.
1908 EuGH Rs C-471/08 (Parviainen), EU:C:2010:391 Rn 62.

Abs 2 RL 92/85/EWG vorübergehend auf einem anderen Arbeitsplatz beschäftigt werde, während dieser Beschäftigung über das ihr aus dem Vertrag oder aus dem Beschäftigungsverhältnis zustehende Grundgehalt hinaus den Anspruch auf die Bestandteile ihres Entgelts oder auf die Zulagen, die an ihre berufliche Stellung anknüpfen. Hierunter fallen bspw Zulagen, die an die leitende Position, an die Dauer der Betriebszugehörigkeit und an die beruflichen Qualifikationen der schwangeren Arbeitnehmerin anknüpfen.[1909]

In der Rs Gassmayr[1910] war es einer schwangeren Arbeitnehmerin aufgrund medizinischer Bedenken unter Vorlage eines ärztlichen Attestes untersagt, weiterhin als Assistenzärztin zu arbeiten. Für diese Tätigkeit hatte sie vor Eintritt der Schwangerschaft neben ihrem Grundentgelt für Überstunden eine Journaldienstzulage enthalten. Nach Meinung des EuGH besteht gem Art 5 Abs 2 RL 92/85/EWG keine Zahlungsverpflichtung der Mitgliedstaaten oder Sozialpartner, im Hinblick auf Entgeltbestandteile oder Zulagen, die von deren tatsächlicher Ausübung abhängen. Dies gilt auch für den Fall der Beurlaubung einer schwangeren Arbeitnehmerin nach Art 5 Abs 3 RL/92/85/EWG. Dem entsprechend habe die schwangere Arbeitnehmerin, die aufgrund des während der Schwangerschaft eingetretenen Beschäftigungsverbots die geforderte Überstundentätigkeit nicht erbringen könne, auch keinen Anspruch auf Zahlung des variablen Vergütungsbestandteils einer Journalzulage.

In Bezug auf die Gewährung von hinreichendem gerichtlichen Rechtsschutz legt Art 12 RL 92/85/EWG den Mitgliedstaaten die Verpflichtung auf, diejenigen innerstaatlichen Vorschriften zu erlassen, die notwendig sind, damit jede Arbeitnehmerin, die sich durch die Nichterfüllung der Verpflichtungen aus dieser Richtlinie für beschwert hält, ihre Rechte gerichtlich und/oder entsprechend den innerstaatlichen Rechtsvorschriften und/oder Gebräuchen durch Befassung anderer zuständiger Stellen geltend machen kann. In der Rs Pontin[1911] hat der EuGH diese Verpflichtung der Mitgliedstaaten iSd effet-utile-Grundsatzes der effektiven Durchsetzung der vom Gemeinschaftsgesetzgeber eingeräumten Rechte und als ein umfassendes Diskriminierungsverbot zu entsprechenden innerstaatlichen Klagemöglichkeiten interpretiert. Danach sind die Art 10 und 12 RL 92/85/EWG dahingehend auszulegen, dass sie Rechtsvorschriften eines Mitgliedstaats, die im Hinblick auf das in Art 10 RL 92/85/EWG aufgestellte Verbot der Kündigung von schwangeren Arbeitnehmerinnen, Wöchnerinnen und stillenden

1909 EuGH Rs C-471/08 (Parviainen), EU:C:2010:391 Rn 60.
1910 EuGH Rs C-194/08 (Gassmayr), EU:C:2010:386.
1911 EuGH Rs C-63/08 (Pontin), EU:C:2009:666.

Arbeitnehmerinnen einen spezifischen Rechtsbehelf vorsehen, solange nicht entgegenstehen, wie die nationalen Verfahrensmodalitäten dieses Rechtsbehelfs nicht weniger günstig sind als die für entsprechende innerstaatliche Klagen (Grundsatz der Gleichwertigkeit) und sie nicht so beschaffen sind, dass sie die Ausübung der von der Gemeinschaftsrechtsordnung anerkannten Rechte praktisch unmöglich machen oder übermäßig erschweren (Grundsatz der Effektivität). Dem EuGH zufolge ist eine Ausschlussfrist von fünfzehn Tagen offenbar nicht geeignet, diese Bedingung zu erfüllen. Die entsprechende Prüfung legt er jedoch in die Hände des vorlegenden Gerichts. Nationale Regelungen, die speziell im Hinblick auf den in Art 10 RL 92/85 EWG vorgesehenen Schutz bei Kündigungen erlassen worden sind, schwangeren Arbeitnehmerinnen, denen während ihrer Schwangerschaft gekündigt wird, aber die Möglichkeit vorenthalten, eine Schadensersatzklage bei Gericht zu erheben, obwohl diese Möglichkeit anderen gekündigten Arbeitnehmern offen steht, stehen dem Gemeinschaftsrecht entgegen, sofern eine solche Einschränkung eine ungünstigere Behandlung einer Frau im Zusammenhang mit der Schwangerschaft darstellt. Dies ist insbesondere der Fall, wenn die Verfahrensmodalitäten im Zusammenhang mit der einzigen Klage, die den betroffenen Arbeitnehmerinnen bei einer Kündigung offen steht, den Grundsatz des effektiven gerichtlichen Schutzes der den Einzelnen durch das Gemeinschaftsrecht verliehenen Rechte nicht beachten. Die entsprechende Prüfung ist auch hier vom vorlegenden Gericht vorzunehmen.

b) Schutzmaßnahmen für Schwangere und im Mutterschaftsurlaub befindende Frauen nach der RL 2006/54/EG

Der Regelungsschwerpunkt für den Schutz von schwangeren Frauen und Müttern liegt in der RL 92/85/EWG und – betreffend den Elternurlaub – in der am 1. 8. 2019 in Kraft getretenen RL 2019/1158[1912], die die RL 2010/18/EU zur Durchführung der Rahmenvereinbarung über den Elternurlaub unter deren Aufhebung fortführt.

Dennoch hat es RL 2006/54/EG zur Verwirklichung des Grundsatzes der Chancengleichheit und Gleichbehandlung von Männern und Frauen in Arbeits- und Beschäftigungsfragen als notwendig angesehen, ausdrücklich Bestimmungen zum Schutz der Rechte der Frauen im Bereich der Beschäftigung im Falle des Mutterschaftsurlaubs aufzunehmen. Hierzu gehört insbesondere der Anspruch auf Rückkehr an ihren früheren Arbeitsplatz oder

1912 RL zur Vereinbarkeit von Beruf und Privatleben für Eltern und pflegende Angehörige, ABl L 188/79 v 12.7.2019.

einen gleichwertigen Arbeitsplatz ohne Verschlechterung der Arbeitsbedingungen aufgrund dieses Mutterschaftsurlaubs sowie das Recht auf alle Verbesserungen der Arbeitsbedingungen, auf die sie während ihrer Abwesenheit Anspruch gehabt hätten.[1913] Die Verwirklichungen dieser Rechte sind in Art 2 Abs 2 lit c), Art 9 Abs 1 lit g) und Art 15 RL 2006/54/EG enthalten. Des Weiteren gelangen auch die in Art 19 der RL 2006/54 vorgesehenen Regeln zur Beweislastumkehr zur Anwendung. So auch in einer Situation, in der eine Arbeitnehmerin, der die Ausstellung eines ärztlichen Attests über das Vorliegen eines ihrem Arbeitsplatz innewohnenden Risikos für das Stillen versagt und in der Folge die Geldleistung wegen des Risikos während der Stillzeit verwehrt wurde, die Beurteilung der Risiken ihres Arbeitsplatzes vor einem nationalen Gericht oder einer anderen zuständigen Stelle des betreffenden Mitgliedstaats anficht, wenn die Arbeitnehmerin Tatsachen vorbringt, die vermuten lassen, dass diese Beurteilung keine spezifische Prüfung unter Berücksichtigung ihrer individuellen Situation umfasst hat und dass daher eine unmittelbare Diskriminierung aufgrund des Geschlechts im Sinne der Richtlinie 2006/54 vorliegt. Es obliegt dann dem Beklagten, den Beweis dafür beizubringen, dass die Beurteilung der Risiken tatsächlich eine solche konkrete Prüfung umfasst hat und dass daher keine Verletzung des Gleichbehandlungsgrundsatzes vorgelegen hat.[1914]

c) Die Gleichbehandlungs-RL 2010/41/EU zur Verwirklichung des Grundsatzes der Gleichbehandlung von Männern und Frauen, die eine selbständige Erwerbstätigkeit ausüben

Diese Richtlinie zielt vornehmlich auf die Verhinderung von Diskriminierungen selbständig Erwerbstätiger, insbesondere iVm mit der Gründung, Einrichtung oder Erweiterung eines Unternehmens bzw der Aufnahme oder der Ausweitung jeglicher anderen Art von selbständiger Tätigkeit (Art 4 RL 2010/41/EU). Auch hier hat es der Verordnungsgeber als dringlich angesehen, einen gewissen Schutz bei Schwangerschaft und Mutterschaft vorzusehen (Erwägungsgrund 18 der RL 2010/41/EU).[1915] Wenn auch weit weniger detailliert, so verpflichten doch Art 7 und Art 8 RL 2010/41/EU die Mitgliedstaaten einen gewissen Kanon von Schutzvorschriften und Maßnahmen an Mutterschaftsleistungen vorzusehen.

1913 Vgl Erwägungsgrund 25 der RL 2006/54/EG.
1914 EuGH Rs C-41/17 (Gonzales Castro), EU:C:2018:736.
1915 S hierzu auch EuGH Rs C-544/18 (Dakneviciute), EU:C:2019:761.

d) RL 94/33/EG über den Jugendarbeitsschutz[1916]

Die erste den Jugendarbeitsschutz behandelnde Gemeinschaftsmaßnahme erging bereits im Jahre 1967 mit der Empfehlung 67/125/EWG.[1917] Eine weitere Maßnahme in diesem Bereich stellt die Entschließung des EP über die Kinderarbeit aus dem Jahre 1982 dar.[1918] Die besondere Lage der Jugendlichen hat schließlich auch in der Gemeinschaftscharta der sozialen Grundrechte der Arbeitnehmer vom 29. 11. 1989 Berücksichtigung gefunden.[1919] In ihrem Gemeinschaftsprogramm zur Anwendung der Gemeinschaftscharta kündigte die Kommission an, einen Richtlinienvorschlag zur Angleichung der Rechtsvorschriften der Mitgliedstaaten über den Jugendarbeitsschutz vorzulegen.[1920] Mit der am 22. Juni 1994 hierauf durch den Rat verabschiedeten Jugendarbeitsschutzrichtlinie[1921] wird das Ziel verfolgt, die Arbeitsbedingungen für Kinder und Jugendliche in den Mitgliedstaaten zu verbessern. Dieser Zielsetzung der Richtlinie entsprechend handelt es sich bei den Bestimmungen der Jugendarbeitsschutzrichtlinie um Mindestarbeitsbedingungen. Nach der Verschlechterungsklausel[1922] des Art 16 darf die Anwendung dieser Richtlinie nicht dazu führen, dass den Kindern und Jugendlichen ein geringerer Arbeitsschutz zuteil wird, als er in den einzelnen Mitgliedstaaten zum Zeitpunkt der Annahme dieser Richtlinie besteht.

e) RL 2019/1937 zum Schutz von Personen, die Verstöße gegen das Unionsrecht melden (Whistleblower-RL)[1923]

Die Vergangenheit hat gezeigt, dass Hinweisgeber oft eine zentrale Rolle bei der Aufdeckung von Verstößen gegen Europarecht einnehmen.[1924] Anfang 2019 sahen nur 10 Mitgliedstaaten einen umfassenden Schutz für „Whist-

1916 ABlEG Nr L 216/12.
1917 ABlEG 1967, 405.
1918 ABlEG Nr C 190/44.
1919 Ausführlich dazu: *Hanau/Steinmeyer/Wank*, Handbuch des Europäischen Arbeits- und Sozialrechts, § 18 Rn 369.
1920 Vgl BR-Drs 717/89.
1921 Zur vollständigen Umsetzung der Jugendarbeitsschutzrichtlinie in deutsches Recht wurde das zweite Gesetz zur Änderung des Jugendarbeitsschutzes am 27.2.1997 verabschiedet (BGBl I, 311).
1922 *Hanau/Steinmeyer/Wank*, Handbuch des Europäischen Arbeits- und Sozialrechts, § 18 Rn 369 ff.
1923 Richtlinie (EU) 2019/1937 des Europäischen Parlaments und des Rates vom 23. Oktober 2019 zum Schutz von Personen, die Verstöße gegen das Unionsrecht melden, ABl L 305 vom 26.11.2019, S 17–56.
1924 Bspw Skandale bei Luxemburg-Leaks oder Panama-Papers.

leblower“ vor, während in den restlichen Mitgliedstaaten lediglich ein Teilschutz existierte. Es liegt auf der Hand, dass mögliche Hinweisgeber von der Weitergabe von Informationen absehen, falls sie negative Folgen für ihr Berufsleben fürchten.[1925] Um auf diese Missstände zu reagieren, wurde die RL 2019/1937[1926] (Whistleblower-RL) zum Schutz von Personen, die Verstöße gegen das Unionsrecht melden, am 7. 10. 2019 beschlossen. Sie trat am 16. 12. 2019 in Kraft. Als Ziel nennt Art 1 die *„bessere Durchsetzung des Unionsrechts und der Unionspolitik in bestimmten Bereichen durch die Festlegung gemeinsamer Mindeststandards, die ein hohes Schutzniveau für Personen sicherstellen, die Verstöße gegen das Unionsrecht melden“*[1927]. Die Mitgliedstaaten haben nun bis 17. 12. 2021 Zeit, Rechts- und Verwaltungsvorschriften zu schaffen, durch die dieses Ziel erreicht wird.[1928]

Der sachliche Anwendungsbereich bezieht sich nur auf Verstöße gegen in Art 2 explizit genannte unionsrechtliche Bereiche. Wichtig ist, dass unter dem Begriff *„Verstöße“* nicht nur rechtswidrige Handlungen verstanden werden, sondern jegliche Handlung, die dem Ziel oder dem Zweck des Unionsrechts, das in einen der genannten Berieche fällt, entgegensteht. Umfasste Bereiche sind unter anderem öffentliche Auftragsvergaben, Verkehrssicherheit, Umweltschutz, öffentliche Gesundheit oder Verbraucherschutz.[1929] Gleichzeitig animiert die RL die Mitgliedstaaten in ihrem jeweiligen Umsetzungsakt einen weiteren Anwendungsbereich vorzusehen. Es bleibt abzuwarten, ob Österreich und Deutschland dieser Anregung nachkommen.[1930]

Der persönliche Anwendungsbereich bezieht sich auf Hinweisgeber, die im privaten oder öffentlichen Sektor arbeiten und gewisse Informationen über Verstöße gegen Unionsrecht im beruflichen Kontext erlangt haben. Darunter fallen nicht nur Arbeitnehmer im Sinne des Art 45 AEUV, sondern auch Selbstständige, Anteilseigner, Organe von Unternehmen, Freiwillige, Praktikanten und Personen, die unter Aufsicht und Leitung von Auftragnehmern, Unterauftragnehmern und Lieferanten tätig sind. Auch ehemalige Mitarbeiter, Unterstützer des Hinweisgebers oder etwa Journalisten

1925 Pressemitteilung des Europäischen Parlaments vom 16.4.2019 <https://www.europarl.europa.eu/news/de/press-room/20190410IPR37529/whistleblower-neue-vorschriften-fur-eu-weiten-schutz-von-informanten> (2.3.2020).

1926 Richtlinie (EU) 2019/1937 des Europäischen Parlaments und des Rates vom 23. Oktober 2019 zum Schutz von Personen, die Verstöße gegen das Unionsrecht melden.

1927 Art 1 RL 2019/1937.

1928 Art 26 Abs 1 RL 2019/1937.

1929 Art 2 Abs 1 RL 2019/1937.

1930 Art 2 Abs 2 RL 2019/1937.

werden miteinbezogen. Der persönliche Anwendungsbereich ist somit enorm weit gefasst.[1931]

Art 3 Abs 1 RL 2019/1937 determiniert eine subsidiäre Geltung der allgemeinen Regeln (Art 7 ff) im Verhältnis zu den sektorspezifischen Regeln in Teil II des Anhangs. Regeln die Bestimmungen in Anhang II eine Frage nicht verbindlich, kommen die allgemeinen Bestimmungen zur Anwendung.[1932]

Zunächst determiniert die RL, dass interne als auch externe Meldekanäle eingerichtet werden müssen. Die Pflicht zur Einrichtung von internen Meldekanälen gilt für Unternehmen im privaten Sektor mit mehr als 50 Mitarbeitern und alle juristische Personen des öffentlichen Sektors einschließlich Stellen, die im Eigentum oder unter der Kontrolle einer solchen juristischen Person stehen.[1933] Dadurch soll einem potentiellen Hinweisgeber die Möglichkeit gegeben werden, Meldungen via einem Online-System, per Post oder via Telefon anonym einzubringen. In diesem Zusammenhang müssen alle Daten im Einklang mit der DSGVO verarbeitet werden. Innerhalb des Unternehmens soll die am besten geeignete Person zur Informationsverarbeitung zuständig sein. Dafür in Frage kommen etwa der Vorstand beziehungsweise die Geschäftsführung, der Compliance Officer, die Rechts- oder die Personalabteilung. Ebenfalls denkbar ist die Auslagerung an eine außenstehende Person. Betroffene Unternehmen werden verpflichtet, ihre Mitarbeiter über den unternehmensinternen beziehungsweise alternativen Meldeweg an zuständige Behörden zu informieren. Diese Auskünfte müssen verständlich und zugänglich sein. Nach einer erfolgten Meldung muss das Unternehmen dem Hinweisgeber innerhalb von 7 Tage bestätigen, dass seine Meldung eingegangen ist. Das Unternehmen hat daraufhin 3 Monaten Zeit, den Hinweisgeber über ergriffene Maßnahmen, den Stand der internen Ermittlungen und deren Ergebnis zu informieren. Jede Meldung soll aufbewahrt werden, um später als Beweismitteln dienen zu können.[1934] Die Pflicht zur Einrichtung von externen Meldekanäle trifft die Mitgliedstaaten, welche Behörden zu benennen haben, die zur Einrichtung von externen Meldenkanälen zuständig sind. Diese Behörden müssen mit den notwendigen Ressourcen ausgestattet werden.[1935]

Art 6 determiniert, unter welchen Voraussetzungen ein Hineingeber schützenswert ist. Dieser muss bei der Meldung hinreichenden Grund zur

1931 Art 4 Abs 1 RL 2019/1937.
1932 Art 3 Abs 1 RL 2019/1937.
1933 Art 8 RL 2019/1937.
1934 Art 9 RL 2019/1937.
1935 Art 11 RL 2019/1937.

Annahme haben, dass der gemeldete Sachverhalt der Wahrheit entspricht und die Informationen in den Anwendungsbereich der RL fallen. Darüber hinaus muss er ein dreistufiges Meldesystem durchlaufen. Zunächst hat er Meldung über interne Kanäle zu erstatten. Funktionieren diese nicht, muss er die externen Kanäle ausschöpfen, seine Meldung also bei den zuständigen Behörden einbringen. Erst als letztes Mittelt steht ihm die Offenlegung der Informationen iSd Art 15 zu.[1936] Unter diesen Umständen soll der Hinweisgeber vor allen Arten von Repressalien, wie beispielsweise Entlassung, Degradierung, Einschüchterung oder anderen Arten von Angriffen, geschützt werden.[1937]

Unternehmen, die das Melden von Missständen in irgendeiner Weise versuchen zu behindern oder tatsächlich behindern, Repressalien oder mutwillige Gerichtsverfahren gegen in Art 4 genannte Personen ergreifen bzw anstrengend oder die Vertraulichkeit der Identität des Hinweisgebers nicht wahren, müssen mit Sanktionen rechnen. Sanktionen müssen auch Hinweisgebern drohen, welche wissentlich falsche Informationen gemeldet oder offengelegt haben. In diesem Fall muss das nationale Recht die Wiedergutmachung von den daraus entstandenen Schäden gewährleisten. Für die Festlegung der Sanktionen sind die Mitgliedstaaten zuständig. Diese müssen jedenfalls wirksam, angemessen und abschreckend sein.[1938]

1936 Art 6 RL 2019/1937.
1937 Art 19 RL 2019/1937.
1938 Art 23 RL 2019/1937.

Dritter Teil Europäisches Arbeitskollisionsrecht

Das europäische Arbeitskollisionsrecht befasst sich mit der Problematik, welches innerstaatliche Recht anzuwenden und welches nationale Gericht bei Sachverhalten zuständig ist, die einen Bezug zu mehreren Staaten haben, so dass unterschiedliche Rechtsordnungen und Gerichtszuständigkeiten in Betracht kommen könnten. Diese Konflikte wurden für lange Zeit auf europäischer Ebene zum einen durch das Brüsseler Übereinkommen über die gerichtliche Zuständigkeit und die Vollstreckung gerichtlicher Entscheidungen in Zivil- und Handelssachen (EuGVÜ)[1] und zum anderen durch das Römer Übereinkommen über das auf vertragliche Schuldverhältnisse anzuwendende Recht (EVÜ)[2] gelöst. Durch das Luganer Übereinkommen,[3] welches im Jahr 2007 erheblich revidiert wurde,[4] wurde zudem eine Regelung getroffen, die im Wesentlichen inhaltsgleich zum EuGVÜ auch Sachverhalte mit einem Bezug zu den EFTA-Staaten erfasst.[5] Beim EuGVÜ wie beim EVÜ handelte es sich um keine Gemeinschaftsinstrumente, sondern um selbständige völkerrechtliche Abkommen, denen nur Mitgliedstaaten beitreten konnten bzw denen neuen Mitgliedstaaten beitreten mussten. Dies war darauf zurückzuführen, dass es der Europäischen Gemeinschaft an einer Regelungskompetenz für ein einheitliches Internationales Privatrecht fehlte. Erst mit dem Vertrag von Amsterdam wurde mit Art 65 EG (nunmehr Art 81 AEUV) eine entsprechende Kompetenznorm geschaffen.[6]

1 ABlEG 1972 Nr L 299/32.

2 BGBl 1986 II S 810.

3 ABlEG 1988 Nr L 319/9.

4 ABlEU 2007 Nr L 399/3; siehe ausführlich zum Luganer Übereinkommen in der revidierten Fassung *Oetker/Weibel*, Lugano-Übereinkommen, Basel 2011.

5 Vgl *Gottwald* in: MünchKommZPO, 5. Aufl, Vorbem EuGVO Rn 25 ff; *Deinert*, Internationales Arbeitsrecht, § 18 Rn 10; *Braun/Gröne*, Europäisches IPR, in: *Henssler/Braun* (Hg), Arbeitsrecht in Europa, 64 f.

6 Vgl dazu *Riesenhuber*, Europäisches Arbeitsrecht, § 5 Rn 1 ff.

Auf dieser Grundlage wurde zunächst mit der EG-Verordnung 44/2001 (EuGVVO) vom 22. Dezember 2000[7] des Rates über die gerichtliche Zuständigkeit und die Anerkennung und Vollstreckung von Entscheidungen in Zivil- und Handelssachen eine gemeinschaftsrechtliche Regelung getroffen, die das EuGVÜ[8] ersetzte. Die EuGVVO trat mit 1. März 2002 in Kraft, lediglich Dänemark war gem Art 1 Abs 3 EuGVVO zunächst von ihrem Anwendungsbereich ausgenommen. Mittlerweile ist Dänemark jedoch aufgrund eines völkerrechtlichen Vertrages[9] mit wenigen Ausnahmen ebenfalls an die EuGVVO gebunden, wobei jedoch darauf hinzuweisen ist, dass zukünftige Änderungen der EuGVVO nicht automatisch für Dänemark wirksam werden, sondern es hierzu einer neuerlichen völkerrechtlichen Vereinbarung bedarf. Auch wenn mit der EuGVVO in vielen anderen Bereichen massive Änderungen im Vergleich zum EuGVÜ eingetreten sind, wurde mit den Regelungen der Verordnung zur Zuständigkeit in Arbeitsrechtssachen eine Rechtslage geschaffen, die im Wesentlichen mit der bisherigen Rechtslage und Rechtsprechung unter Geltung des EuGVÜ übereinstimmt.[10] Insofern kann hinsichtlich der Gerichtszuständigkeit in Arbeitsrechtssachen auch vielfach auf die Rechtsprechung und Judikatur zum EuGVÜ Bezug genommen werden.

Mit Wirkung zum 10. 1. 2015 ist eine Neufassung der EuGVVO, die Verordnung (EU) 1215/2012 in Kraft getreten,[11] die im Bereich des Arbeitsrechts vor allem zu Erweiterungen des Zuständigkeitsbereichs der Gerichte der Mitgliedstaaten in Bezug auf drittstaatsangehörige Arbeitgeber, vor allem aber auch zu einer Neunummerierung der Artikel geführt hat. In den wesentliche Fragen der Gerichtszuständigkeit im Arbeitsrecht sind inhaltlich jedoch keine Veränderungen eingetreten.[12] Sofern sich die Änderungen in der

7 ABlEG 2001 Nr L 12/1.

8 Brüsseler Übereinkommen über Zuständigkeit und Vollstreckung gerichtlicher Entscheidungen in Zivil- und Handelssachen.

9 ABlEU 2005 Nr L 299/62.

10 Vgl *Garber* in: *Burgstaller ua* (Hg), Internationales Zivilverfahrensrecht, 2015, Art 20 EuGVVO Rn 30; *Geimer* in: *Geimer/Schütze* (Hg), Europäisches Zivilverfahrensrecht, Art 18 A1, Rn 5; *Simotta* in: *Fasching* (Hg), Zivilprozessgesetze, Art 18 EuGVVO Rn 2.

11 Für die Anwendbarkeit der EuGVVO (neu) in Dänemark bedurfte es eines speziellen Abkommens zwischen Dänemark und der EU (vgl *Wagner*, Aktuelle Entwicklungen in der justiziellen Zusammenarbeit in Zivilsachen, NJW 2013, 1653). Mit Schreiben vom 20.12.2012 (ABlEU 2013 L79/4) hat Dänemark der Kommission mitgeteilt, dass es die VO 1215/2012 umsetzen werde, die neue EuGVVO findet somit kraft völkerrechtlichen Vertrages auch auf die Beziehungen zwischen der EU und Dänemark Anwendung.

12 Siehe die Entsprechungstabelle im Anhang III zur VO (EU) 1215/2012.

EuGVVO nur auf die Nummerierungen und nicht auf den Inhalt beziehen, kann auf die Literatur zur Erstfassung der EuGVVO verwiesen werden.

Ebenfalls auf Verordnungsebene wurde das EVÜ durch die VO (EG) 593/2008 über das auf vertragliche Schuldverhältnisse anzuwendende Recht[13] (im Folgenden Rom I-VO) ersetzt. Diese Verordnung findet gem ihres Art 28 auf alle Verträge Anwendung, die nach dem 17. Dezember 2009 abgeschlossen wurden, und soll für die späteren Ausführungen ausschließlich maßgeblich sein. Für Verträge, die vor diesem Zeitpunkt abgeschlossen wurden, sowie für Sachverhalte, an denen Dänemark beteiligt ist,[14] sei auf die Ausführungen zum EVÜ in der Vorauflage dieses Buches verwiesen,[15] wobei jedoch gleich darauf hinzuweisen ist, dass die Rom I-VO im Ergebnis im Bereich des Arbeitskollisionsrechts nur zu wenigen Änderungen geführt hat.[16] Jedoch darf nicht übersehen werden, dass die Rom I-VO unmittelbar anwendbar ist und den nationalen kollisionsrechtlichen Regelungen, so bspw dem deutschen EGBGB,[17] soweit diese von der Verordnung abweichende Regelungen beinhalten, vorgeht bzw diese ersetzt.

Ebenfalls auf Grundlage des Art 65 EG (Art 81 AEUV) wurde die Verordnung (EG) 864/2007 über das auf außervertragliche Schuldverhältnisse anzuwendende Recht (Rom II-VO)[18] erlassen, die mit 11. 1. 2009 in Kraft getreten ist und gem Art 32 auf schadensbegründende Ereignisse Anwendung findet, die nach ihrem Inkrafttreten stattgefunden haben. Sie betrifft lediglich mit den Regelungen des Arbeitskampfdeliktsrechts in Art 9[19] explizit das Arbeitsrecht, wobei die kollisionsrechtliche Bedeutung dieser Vorschrift allein darin liegt, dass die schadensersatzrechtlichen Konsequenzen des Arbeitskampfs sich nach dem Recht des Staates bestimmen, in dem die Arbeitskampfmaßnahmen erfolgt sind oder erfolgen sollen.

Über die Regelungen des Arbeitskampfdeliktsrechts hinaus enthält die Rom II-VO aber keine arbeitsrechtsspezifischen Regelungen, sondern ledig-

13 ABlEU 2008 Nr L 177/6.

14 Dänemark genießt gem Art 69 EGV aufgrund des „Protokolls über die Position Dänemarks" eine Sonderstellung.

15 *Friedrich* in: *Fuchs/Marhold*, Europäisches Arbeitsrecht, 2. Aufl 2006, 308 ff.

16 Statt vieler *Deinert*, Neues Internationales Arbeitsvertragsrecht, RdA 2009, 145.

17 Vgl *Martiny* in: *Reithmann/Martiny* (Hg), Internationales Vertragsrecht, Rn 6.2851; *Oetker* in: MünchArbR, 4. Aufl, § 13 Rn 5; *Deinert*, Neues Internationales Arbeitsvertragsrecht, RdA 2009, 144; vgl allgemein auch *Windisch-Graetz*, Grenzüberschreitende Arbeitsverhältnisse im Spannungsverhältnis von Rom I und Entsenderichtlinie, ZfRV 2015, 192.

18 Dazu *Krebber* in: *Franzen/Gallner/Oetker* (Hg), Kommentar zum Europäischen Arbeitsrecht, 3. Aufl 2020, VO 864/2007/EG, Rn 1 ff; *Hantel*, Europäisches Arbeitsrecht, 311 ff.

19 Siehe dazu unter Zweiter Teil III.C.2.

lich Vorschriften, die das Arbeitsrecht wie andere Schuldverhältnisse nur am Rande tangieren, wie bspw zu unerlaubten Handlungen (Art 4 ff), zur ungerechtfertigten Bereicherung (Art 10), zur Geschäftsführung ohne Auftrag (Art 11) oder zum Verschulden bei Vertragsverhandlungen (Art 12).

Darüber hinaus wurde mit der Richtlinie 96/71/EG[20] (Entsenderichtlinie) eine europäische Regelung für die Entsendung von Arbeitnehmern bei der länderübergreifenden Erbringung von Dienstleistungen getroffen. Zur besseren Kontrolle und Durchsetzung des durch die Entsenderichtlinie bezweckten Schutzes wurde mit Wirkung zum 1. 1. 2015 die Durchsetzungs-Richtlinie 2014/67/EU[21] erlassen. Die Richtlinie 96/71/EG hat durch die Richtlinie 2018/957/EU wesentliche Änderungen erfahren, welche durch die Mitgliedstaaten bis zum 30. Juni 2020 umzusetzen waren.

I. Die Verordnung (EU) 1215/2012 (EuGVVO) über die gerichtliche Zuständigkeit und die Anerkennung und Vollstreckung von Entscheidungen in Zivil- und Handelssachen

Literatur zum EuGVÜ:

Geimer in: *Zöller*, Zivilprozessordnung, 22. Aufl 2001, Anhang I GVÜ; *Gottwald* in: MünchKommZPO, 2. Aufl 2001, Art 1 und 5 EuGVÜ; *Birk* in: MünchArbR, 2. Aufl 2000, § 23; *Kropholler*, Europäisches Zivilprozessrecht, 6. Aufl 2005; *Simotta* in: *Fasching* (Hg), Zivilprozessgesetze, 2. Aufl 2000, § 88 JN Rn 116.

Literatur zur EuGVVO (alt):

Auer in: *Geimer/Schütze*, Internationaler Rechtsverkehr in Zivil- und Handelssachen, 2005, Art 18 ff EuGVVO; *Braun/Gröne*, Europäisches IPR des Arbeitsrechts, in: *Henssler/Braun* (Hg), Arbeitsrecht in Europa, 3. Aufl 2011; *Deinert*, Internationales Arbeitsrecht, 2013; *Garber*, in: *Burgstaller/Neumayr* (Hg), Internationales Zivilverfahrensrecht, 2010; *Geimer/Schütze* (Hg), Europäisches Zivilverfahrensrecht, 3. Aufl 2010; *Geimer* in: *Zöller*, Zivilprozessordnung, 27. Aufl 2009, Anhang I EuGVVO; MünchKommZPO-*Gottwald*, Bd 3, 3. Aufl 2008, EuGVVO; *Junker*, Internationale Zuständigkeit und anwendbares Recht in Arbeitsrechtssachen, NZA 2005, 199; *Kropholler*, Europäisches Zivilprozessrecht, 8. Aufl 2005; *Schlosser*, EU-Zivilprozessrecht, 3. Aufl 2009; *Simons* in: *Simons/Hausmann*, Brüssel I-Verordnung, Art 18–21; *Simotta* in: *Fasching* (Hg), Zivilprozessgesetze Bd 5, 2. Aufl 2008, Art 18 ff EuGVVO.

Literatur zur EuGVVO (neu):

Paulus in: *Geimer/Schütze*, Internationaler Rechtsverkehr in Zivil- und Handelssachen, *Loseblatt Stand Juni 2019, Kapitel B; Baumbach/Lauterbach/Albers/Hartmann,* Zivilprozessordnung, 78. Aufl 2020, EGVVO; *Dörner*, EuGVVO, in: *Saenger* (Hg),

20 ABl 1997 Nr L 18/1.
21 ABl 2004 Nr L 166/1.

ZPO, 8. Aufl 2019; *Geimer* in: *Zöller*, Zivilprozessordnung, 33. Aufl 2020, Anhang I EuGVVO; *Garber/Neumayer*, Europäisches Zivilverfahrensrecht, Jahrbuch Europarecht 2013, 211; *Garber* in: *Burgstaller/Neumayr/Geroldinger/Schmaranzer* (Hg), Internationales Zivilverfahrensrecht, 2015, Kapitel 31; MünchKommZPO-*Gottwald*, Bd 3, 5. Aufl 2017, EuGVVO; *Klauser/Kodek*, JN – ZPO[18] Art 20 ff EuGVVO; *Mayr* in: *Czernich/Kodek/Mayr*, Europäisches Gerichtsstands- und Vollstreckungsrecht, 4. Aufl 2015; Art 20–23; *Garber/Mayr/Neumayr/Wittwer* in: *Mayr* (Hg), Handbuch des europäischen Zivilverfahrensrecht, 2017, Rn 3.492; *Hußtege* in: Thomas/Putzo, ZPO, 41. Aufl 2020, EuGVVO; *Nagel/Gottwald*, Internationales Zivilprozessrecht, 7. Aufl 2013; *Krebber* in: *Franzen/Gallner/Oetker* (Hg), Kommentar zum Europäischen Arbeitsrecht, 3. Aufl 2020, Nr 220; *Nunner-Krautgasser*, Internationale Zuständigkeit in Arbeitsrechtssachen, in: *Kozak* (Hg), Wiener Arbeitsrechtsforum 2017: Globales Arbeiten, Wien 2018, 67; *Rauscher*, Europäisches Zivilprozessrecht, Bd 1, 4. Aufl 2016, Brüssel IA Verordnung; *Stadler* in: *Musielak/Voit*, ZPO, 17. Aufl 2020, EuGVVO.

War das EuGVÜ nach herrschender Ansicht[22] ein normaler völkerrechtlicher Vertrag, durch den einheitliche Regelungen für die internationale Zuständigkeit von Gerichten getroffen werden sollen, anhand derer die nationalen Gerichte ohne Schwierigkeiten über ihre eigene Zuständigkeit entscheiden können, so wird mit der EuGVVO diese Materie jetzt auf Verordnungsebene – also als echte europäische Rechtsquelle – sekundärrechtlich geregelt. Die EuGVVO gilt somit unmittelbar in allen Mitgliedstaaten und genießt gegenüber dem nationalen Recht Anwendungsvorrang. Auf die Vorschriften des materiellen Rechts einschließlich der Bestimmung des nach IPR anzuwendenden Rechts hat die EuGVVO keine Auswirkungen.[23] Die Auslegung der EuGVVO obliegt – ebenso wie die des EuGVÜ – gem Art 267 AEUV (ex-Art 234 EGV) dem EuGH. Dieser bestimmt sämtliche Begriffe stets autonom, da anderenfalls die einheitliche Anwendung und somit die praktische Wirksamkeit der EuGVVO nicht sichergestellt werden kann und es, dem Zweck der EuGVVO widersprechend, zu einer Häufung der Gerichtsstände kommen könnte.[24]

22 Vgl nur *Geimer* in: *Zöller*, Zivilprozessordnung, 22. Aufl, Anhang I Art 1 GVÜ Rn 1c; *Kropholler/von Hein*, Europäisches Zivilprozessrecht, Einleitung Rn 22; *Deinert*, Internationales Arbeitsrecht, § 18 Rn 3; *Egger*, Das Arbeits- und Sozialrecht der EG, 38 mwN.

23 *Geimer* in: *Geimer/Schütze* (Hg), Europäisches Zivilverfahrensrecht, Einl A.1 Rn 116; vgl stellvertretend für die ständige Rechtsprechung zum EuGVÜ, EuGH Rs C-159/97 (Castelletti), EU:C:1999:142 mwN.

24 Zöller/*Geimer*, ZPO, 33. Aufl, Art 1 EuGVVO Rn 5; *Geimer* in: *Geimer/Schütze* (Hg), Europäisches Zivilverfahrensrecht, Einl A.1 Rn 125 ff; *Dörner* in HK-ZPO, Vorbem EuGVVO Rn 14; *A. Staudinger* in: *Rauscher* (Hg), Europäisches Zivilprozessrecht, Einl Brüssel Ia-VO Rn 35 ff; siehe zum EuGVÜ speziell unter Berücksichtigung der Besonderheiten des Arbeitsrechts, EuGH Rs C-125/92

Die EuGVVO findet gem ihres Art 1 Abs 1 auf Zivil- und Handelssachen Anwendung, ohne dass es dabei auf die Art der Gerichtsbarkeit ankommt. Nach einhelliger Ansicht[25] werden Arbeitsrechtsstreitigkeiten sowohl vor den Arbeitsgerichten als auch vor den Zivilgerichten, Verwaltungsgerichten oder Strafgerichten, nicht aber öffentlich-rechtliche Verfahren[26], insbesondere wenn eine Behörde in Ausübung hoheitlicher Befugnisse tätig wird[27], vom Begriff der Zivilsachen erfasst, so dass die EuGVVO im Arbeitsrecht, und zwar auch im kollektiven Arbeitsrecht, generell Anwendung finden kann.

Hingegen findet gem Art 1 Abs 2 lit c die EuGVVO – wie auch schon das EuGVÜ gem Art 1 Abs 2 lit c – keine Anwendung auf dem Gebiet der sozialen Sicherheit. Der ebenfalls autonom zu interpretierende Begriff der sozialen Sicherheit ist wie in Art 40 AEUV und der Verordnung (EG) 533/2004[28] zu verstehen.[29] Eine Leistung ist als eine Leistung der sozialen Sicherheit

(Mulox), EU:C:1993:303 Rn 9 ff; EuGH Rs C-579/17 (Korana), ECLI:EU:C:2019:162 Rn 46 ff.

25 *Garber* in: *Mayr* (Hg), Europäisches Zivilverfahrensrecht, Rn 3.63; Zöller/*Geimer*, ZPO, 33. Aufl, Art 1 EuGVVO Rn 17; Vgl zur in diesem Punkt gleichlautenden EuGVVO (alt) *Geimer* in: *Geimer/Schütze* (Hg), Europäisches Zivilverfahrensrecht, Art 1 A.1 Rn 34; unter Geltung des EuGVÜ vgl EuGH Rs 25/79 (Sanicentral), EU:C:1979:255; EuGH Rs 133/81 (Ivenel), EU:C:1982:199; *Brehm* in: MünchArbR, 2. Aufl, § 389 Rn 85; *Kropholler/von Hein*, Europäisches Zivilprozessrecht, Art 1 Rn 11 ff; *Birk*, RdA 1983, 146 f.

26 *Garber* in: *Mayr* (Hg), Europäisches Zivilverfahrensrecht, Rn 3.68; *Geimer* in: *Geimer/Schütze* (Hg), Europäisches Zivilverfahrensrecht, Art 1 A.1 Rn 34 mwN.

27 In der Entscheidung EuGH Rs C-579/17 (Korana), ECLI:EU:C:2019:162 Rn 46 ff kam der EuGH im Zusammenhang mit einer Klage auf Begleichung einer Forderung einer Körperschaft öffentlichen Rechts (der österreichischen Bauarbeiter-Urlaubs- und Abfertigungs-Kasse [BUAK]) gegen einen Arbeitgeber betreffend Zuschläge für das Urlaubsentgelt aus Anlass der Entsendung von Arbeitnehmern in einen Mitgliedstaat, in dem die Arbeitnehmer keinen gewöhnlichen Arbeitsort haben, aber zu dem Ergebnis, dass dieser Sachverhalt von der EuGVVO erfasst sei. Der EuGH begründete dieses Ergebnis im Wesentlichen damit, dass der Anspruch der entsandten Arbeitnehmer gegenüber der BUAK auf Urlaubsentgelt im Ausmaß jener Anwartschaften, für die der Arbeitgeber die festgesetzten Zuschläge entrichtet, entsteht. Das aus diesen Zuschlägen finanzierte Urlaubsentgelt bilde einen Teil des vom Arbeitgeber nach dem Arbeitsvertrag für die vom Arbeitnehmer geleistete Tätigkeit geschuldeten Entgelts. Die Pflicht des Arbeitgebers zur Entrichtung der Zuschläge sei daher untrennbar mit den zivilrechtlichen Ansprüchen der Arbeitnehmer auf Urlaubsentgelt verknüpft.

28 Die Verordnung (EG) 883/2004 ersetzt iVm der VO 987/2009 seit dem 1.5.2010 die Verordnung (EWG) 1406/71.

29 *Stadler* in: *Musielak/Voit* (Hg), ZPO 17 Aufl 2020, Art 1 EuGVVO Rn 1; *Garber* in: *Mayr* (Hg), Europäisches Zivilverfahrensrecht Rn 3.103 ff; *Geimer* in: *Geimer/*

anzusehen, wenn sie den Begünstigten aufgrund eines gesetzlich umschriebenen Tatbestands ohne eine im Ermessen liegende individuelle Prüfung der persönlichen Bedürftigkeit gewährt wird und wenn sie sich auf eines der in Art 3 Abs 1 der Verordnung Nr 883/2004 ausdrücklich aufgezählten Risiken bezieht[30]. Demnach sind Streitigkeiten über die kassenärztliche Behandlung, das Krankengeld, Leistungen der Mutterschaftsversicherung, die Invalidenversicherung, die Altersversicherung, Leistungen an Hinterbliebene, Leistungen der Versicherung bei Arbeitsunfällen und Berufskrankheiten, Familienbeihilfen und Leistungen für den Fall der Arbeitslosigkeit, nicht aber Streitigkeiten über die betriebliche Altersversorgung vom Anwendungsbereich der Verordnung ausgenommen. Dies kann zu Problemen über die Anwendbarkeit dieser Regelungen führen, wenn Sachverhalte sowohl einen Bezug zum Arbeitsrecht als auch zur sozialen Sicherheit aufweisen. Hier wird danach zu differenzieren sein, worin der Schwerpunkt der Streitigkeiten, die Natur des Streitgegenstandes liegt.[31] Jedenfalls ist von der Anwendbarkeit der EuGVVO ein Sachverhalt nicht ausgeschlossen, bei dessen Beurteilung eine Vorfrage bedeutsam ist, die einem Art 1 Abs 2 zuzuordnenden Rechtsgebiet unterfällt.[32] Auch kann sich ein Sozialversicherungsträger, der Ansprüche gegen Dritte geltend macht, die kraft Gesetzes oder Rechtsgeschäfts auf ihn übergegangen sind, auf das EuGVÜ bzw die EuGVVO berufen, sofern die übergegangenen Ansprüche selbst nicht unter den Ausnahmekatalog des jeweiligen Art 1 Abs 2 fallen.[33]

Art 4 Abs 1 EuGVVO regelt die internationale Zuständigkeit und geht – ebenso wie schon Art 2 Abs 1 EuGVÜ und Art 2 Abs 1 EuGVVO (alt) – von dem Grundgedanken aus, dass Personen, die ihren Wohnsitz im Hoheitsgebiet eines Mitgliedstaates haben, ohne Rücksicht auf ihre Staatsangehörigkeit vor den Gerichten dieses Mitgliedstaates verklagt werden können. Dabei sind gem Abs 2 auf Personen, die nicht dem Staat, in dem sie ihren

---

Schütze (Hg), Europäisches Zivilverfahrensrecht, Art 1 A.1 Rn 138; *Dörner* in: HK-ZPO, Art 1 EuGVVO Rn 12; vgl *Gottwald* in: MünchKommZPO, 5. Aufl, Art 1, EuGVVO Rn 8; *Schlosser*, EU-Zivilprozessrecht, Art 1 EuGVVO Rn 22; EuGH Rs C-271/00 (Baten), EU:C:2002, 656; EuGH Rs C-579/17 (Korana), ECLI:EU:C:2019:162 Rn 67.

30 EuGH Rs C-579/17 (Korana), ECLI:EU:C:2019:162 Rn 68 ff, daher nicht das in Österreich von der BUAK gezahlte Urlaubsentgelt.

31 Vgl auch *Kropholler/von Hein*, Europäisches Zivilprozessrecht, Art 1 Rn 19; *Blanpain/Schmidt/Schweibert*, Europäisches Arbeitsrecht, Nr 297.

32 *Geimer* in: *Zöller* (Hg), Zivilprozessordnung, 27. Aufl, Art 1 EuGVVO Rn 26; *Geimer* in: *Geimer/Schütze* (Hg), Europäisches Zivilverfahrensrecht, Art 1 A.1 Rn 58 ff.

33 *Geimer* in: *Geimer/Schütze* (Hg), Europäisches Zivilverfahrensrecht, Art 1 A.1 Rn 60.

Wohnsitz haben, angehören, die für Inländer maßgeblichen Zuständigkeitsvorschriften anzuwenden. Dies gilt auch für Drittstaatsangehörige.[34] Art 4 Abs 2 EuGVVO bezieht sich dabei alleine auf die örtliche und sachliche Zuständigkeit. Ist nach Art 4 Abs 1 EuGVVO die internationale Zuständigkeit einmal festgestellt, ist jenes nationale Gericht für das Verfahren zuständig, das auch für Inländer örtlich wie sachlich zuständig wäre.[35] Maßgeblich für die internationale Zuständigkeit nach der EuGVVO ist daher vorrangig der Wohnsitz und nicht die Staatsangehörigkeit des Beklagten, der Wohnsitz des Klägers ist hingegen irrelevant. Jedoch regelt die EuGVVO verschiedene besondere Zuständigkeiten.

Anders als das EuGVÜ, bei der die arbeitsrechtlichen Zuständigkeitsregelungen unter den allgemeinen kompetenzrechtlichen Regelungen in Art 5 zu finden waren, widmet die EuGVVO der Gerichtszuständigkeit für individuelle Arbeitsverträge einen eigenen, den allgemeinen Kompetenzregeln ausgegliederten Abschnitt 5 (Art 20 ff). Dieser enthält eine Vielzahl von Sondervorschriften, die den allgemeinen Regelungen der Art 2 ff EuGVVO vorgehen und eine eigenständige Zuständigkeitsordnung für Streitigkeiten aus Individualarbeitsverhältnissen bilden.[36] Diese Regelungen sind im Wesentlichen wortgleich mit den Art 18 ff des Lugano-Übereinkommens, so dass auch auf Literatur und Rechtsprechung hierzu Rückgriff genommen werden kann. Diese Regelungen der EuGVVO entsprechen in wesentlichen Punkten der Rechtslage und Rechtsprechung unter der Geltung von Art 5 EuGVÜ, haben jedoch in einigen Punkten den Anwendungsbereich des europäischen Kompetenzrechts in Arbeitsrechtssachen erweitert, worauf im Folgenden gesondert hingewiesen wird. Ratio dieses Abschnitts 5 ist es, dem typischerweise im Arbeitsverhältnis bestehenden Ungleichgewicht der Vertragsparteien gerecht zu werden und zu diesem Zweck dem Arbeitnehmer als im Vergleich zum Arbeitgeber schwächere Partei einen besonderen zuständigkeitsrechtlichen Schutz zu gewähren.[37]

---

34 Vgl nur *Geimer* in: *Zöller* (Hg), Zivilprozessordnung, 27. Aufl, Art 2 EuGVVO Rn 13; *Dörner* in: HK-ZPO, Art 2 EuGVVO Rn 6.

35 *Wittwer* in: *Mayr* (Hg), Europäisches Zivilverfahrensrecht, Rn 3.170; *Mankowski*, in: *Rauscher* (Hg), Europäisches Zivilprozessrecht, Art 4 Brüssel Ia-VO Rn 17.

36 EuGH Rs C-462/06 (Laboratoires Glaxosmithkline), EU:C:2008:299; *Mankowski*, in: *Rauscher* (Hg), Europäisches Zivilprozessrecht, Art 20 Brüssel Ia-VO Rn 1 ff.

37 *Wittwer* in: *Mayr* (Hg), Europäisches Zivilverfahrensrecht, Rn 3.292; *Garber* in: *Burgstaller ua* (Hg), Internationales Zivilverfahrensrecht, 2015, Art 20 EuGVVO Rn 6, jeweils mwN.

A. Bestimmung des Gerichtsstandes in Arbeitsrechtssachen nach der EuGVVO

Durch die im 5. Abschnitt (Art 20–23) der EuGVVO getroffenen Regeln über die Zuständigkeit für individuelle Arbeitsverträge geben für die von ihm erfassten Verfahren ein geschlossenes System der Zuständigkeiten vor.[38] Dieser 5. Abschnitt der EuGVVO findet unbeschadet der Art 6 und 7 Nr 5 EuGVVO und, sofern die Klage gegen einen Arbeitgeber erhoben wurde, auch unbeschadet des Art 8 Nr 1 EuGVVO gem Art 20 Abs 1 EuGVVO nur auf Verfahren Anwendung, deren Gegenstand ein individueller Arbeitsvertrag oder Ansprüche aus einem individuellen Arbeitsvertrag sind. Durch den Verweis auf Art 6 EuGVVO ist klargestellt, dass die Anwendbarkeit des 5. Abschnitts der EuGVVO grundsätzlich davon abhängt, dass der Beklagte, nicht aber die klagende Partei seinen Wohnsitz in einem Mitgliedstaat haben muss.[39] Jedoch erfährt diese Grundregel mit Art 20 Abs 2 EuGVVO eine Ausnahme. In Fällen, in denen der Arbeitgeber keinen Wohnsitz im Hoheitsgebiet eines Mitgliedstaates hat, er aber in einem Mitgliedstaat über eine Zweigniederlassung, Agentur oder sonstige Niederlassung[40] verfügt, so wird er für individualarbeitsrechtliche Streitigkeiten aus deren Betrieb so behandelt, als wenn er seinen Wohnsitz im Hoheitsgebiet dieses Mitgliedstaates hätte. Dabei ist nicht erforderlich, dass das Arbeitsverhältnis mit dieser Niederlassung abgeschlossen wurde, vielmehr genügt, dass der Arbeitnehmer in einer betrieblichen Beziehung zu dieser steht.[41]

Der Begriff des individuellen Arbeitsvertrages ist – wie alle Begriffe der EuGVVO – autonom auszulegen, wobei bei der Auslegung des Arbeitneh-

38 *Garber* in: *Burgstaller ua* (Hg), Internationales Zivilverfahrensrecht, 2015, Art 20 EuGVVO Rn 8; *Krebber* in: *Franzen/Gallner/Oetker* (Hg), Kommentar zum Europäischen Arbeitsrecht, 2016, Art 20 VO 1215/2012/EG Rn 1; *Mayr* in: *Czernich/Kodek/Mayr* (Hg), Gerichtsstands- und Vollstreckungsrecht, Art 20 Rn 5; *Stadler* in: *Musielak/Voit* (Hg), ZPO 17. Aufl 2020, Art 20 EuGVVO Rn 1.

39 Vgl noch zur EuGVVO (alt) *Simons* in: *Simons/Hausmann* (Hg), Brüssel I-Verordnung, Art 18-21 Rn 11; *Geimer* in: *Geimer/Schütze* (Hg), Europäisches Zivilverfahrensrecht, Art 18 A.1 Rn 1; *Simotta* in: *Fasching* (Hg), Zivilprozessgesetze, Art 18 EuGVVO Rn 32, jeweils mwN.

40 Zur Frage, ob und unter welchen Voraussetzungen die Botschaft eines Drittstaates als Niederlassung angesehen werden kann, siehe EuGH C-154/11 (Mahamdia), EU:C:2012:491.

41 Vgl noch zur EuGVVO (alt) *Simons* in: *Simons/Hausmann* (Hg), Brüssel I-Verordnung, Art 18 Rn 22; *Simotta* in: *Fasching* (Hg), Zivilprozessgesetze, Art 18 EuGVVO Rn 34 mwN.

merbegriffs auf Art 45 AEUV[42] zurückgegriffen werden kann.[43] Als Individualarbeitsvertrag ist dabei jede Vereinbarung anzusehen, in der sich ein Arbeitnehmer gegenüber einem Arbeitgeber zur abhängigen, weisungsgebundenen Tätigkeit verpflichtet. Daher sind auch Formulararbeitsverträge nicht von der Anwendung des 5. Abschnitts der EuGVVO ausgeschlossen.[44] Auch Beamte und Angestellte des öffentlichen Dienstes unterfallen dem Arbeitnehmerbegriff, sofern sie keine genuin hoheitlichen Tätigkeiten ausüben und daher gem Art 1 Abs 1 EuGVVO nicht in den Anwendungsbereich der EuGVVO fallen.[45] Auch ist nicht erforderlich, dass der Anspruch sich aus einem aufrechten Arbeitsverhältnis ergibt, auch Ansprüche aus der Anbahnung eines Arbeitsverhältnisses, aus nichtigen oder aufgelösten, faktischen Arbeitsverhältnissen fallen in den Anwendungsbereich des 5. Abschnittes der EuGVVO.[46] Es werden aber weder Verträge über Dienstleistungen, die wirtschaftlich und sozial Selbständige erbringen, vom 5. Abschnitt der EuGVVO,[47] noch kollektive arbeitsrechtliche Vereinbarungen zwischen Arbeitgebern bzw deren Vertretern und Arbeitnehmervertretern erfasst.[48]

---

42 ex-Art 39 EGV.

43 *Garber* in: *Burgstaller ua* (Hg), Internationales Zivilverfahrensrecht, 2015, Art 20 EuGVVO Rn 30; *Nunner-Krautgasser*, Internationale Zuständigkeit in Arbeitsrechtssachen, 67 (72 f); *Klauser/Kodek*, JN – ZPO[18], Art 20 EuGVVO Rn E 1/1; *Wittwer* in: *Mayr* (Hg), Europäisches Zivilverfahrensrecht, Rn 3.512; *Mayr* in: *Czernich/Kodek/Mayr* (Hg), Gerichtsstands- und Vollstreckungsrecht, Art 20 Rn 12; *Stadler* in: *Musielak/Voit* (Hg), ZPO 17. Aufl 2020, Art 20 EuGVVO Rn 2; *Baumbach/Lauterbach/Albers/Hartmann*, ZPO, Art 20 EuGVVO Rn 2; *Junker*, Die Einflüsse des Europäischen Rechts auf die Reichweite des Arbeitnehmerschutzes, EuZA 2016, 186, jeweils mwN.

44 *Junker*, NZA 2005, 201.

45 Vgl noch zur EuGVVO (alt) *Geimer* in: *Geimer/Schütze* (Hg), Europäisches Zivilverfahrensrecht, Art 1 A.1 Rn 17; Art 18 A.1 Rn 21.

46 *Garber* in: *Burgstaller ua* (Hg), Internationales Zivilverfahrensrecht, 2015, Art 20 EuGVVO Rn 38 ff; *Hüßtege* in: *Thomas/Putzo* (Hg), ZPO, Art 20 EuGVVO Rn 2; *Mayr* in: *Czernich/Kodek/Mayr*, Gerichtsstands- und Vollstreckungsrecht, Art 20 Rn 18 ff vgl noch zur EuGVVO (alt) *Simons* in: *Simons/Hausmann* (Hg), Brüssel I-Verordnung, Art 18 Rn 9; *Geimer* in: *Geimer/Schütze* (Hg), Europäisches Zivilverfahrensrecht, Art 18 A.1 Rn 22.

47 Vgl für den Fall der Honorarklage eines Architekten, EuGH Rs 266/85 (Shenavai), EU:C:1987:11; *Garber* in: *Burgstaller/Neumayr* (Hg), Internationales Zivilverfahrensrecht, Art 18 EuGVO Rn 35.

48 *Garber* in: *Burgstaller ua* (Hg), Internationales Zivilverfahrensrecht, 2015, Art 20 EuGVVO Rn 341 ff; *Wittwer* in: *Mayr* (Hg), Europäisches Zivilverfahrensrecht, Rn 3.170; vgl noch zur EuGVVO (alt) *Simons* in: *Simons/Hausmann* (Hg), Brüssel I-Verordnung, Art 18 Rn 12 ff; *Geimer* in: *Geimer/Schütze* (Hg), Europäisches Zivilverfahrensrecht, Art 18 A.1 Rn 16 ff; *Dörner* in: HK-ZPO/Art, 18 EuGVVO Rn 4 ff; *Simotta* in: *Fasching* (Hg), Zivilprozessgesetze, Art 18 EuGVVO Rn 31.

Auch fallen Vorstandsmitglieder einer Aktiengesellschaft aufgrund ihrer weitreichenden Weisungsfreiheit mangels Arbeitnehmereigenschaft nicht unter die Art 20 ff EuGVVO[49], wohl aber Geschäftsführer, die während einer bestimmten Zeit für die Gesellschaft nach deren Weisung Leistungen erbracht hat.[50] Bestimmt jedoch der Kollektivvertrag den Inhalt individualarbeitsrechtlicher Ansprüche, so ist der Gerichtsstand anhand der Art 20 ff EuGVVO zu bestimmen.

1. Klagen gegen den Arbeitgeber

Für Klagen gegen den Arbeitgeber aus Individualarbeitsverträgen enthält Art 21 der EuGVVO eine ausschließliche Regelung hinsichtlich der internationalen Zuständigkeit. Gem Art 21 Abs 1 lit a EuGVVO kann ein Arbeitgeber, der seinen Wohnsitz im Hoheitsgebiet eines Mitgliedstaates hat, zunächst vor den Gerichten des Mitgliedstaates, in dem er seinen Wohnsitz hat, verklagt werden. Sofern Art 21 Abs 1 lit a EuGVVO auf den Wohnsitz des Arbeitgebers abstellt, entspricht diese Regelung Art 2 EuGVVO und regelt ebenfalls die internationale Zuständigkeit. Der Wohnsitz bestimmt sich bei natürlichen Personen nach Art 62 EuGVVO, bei juristischen Personen nach Art 63 EuGVVO.

Darüber hinaus kann der Arbeitgeber gem Art 21 Abs 1 lit b EuGVVO auch in einem anderen Mitgliedstaat als dem seines Wohnsitzes verklagt werden, und zwar

i) vor dem Gericht des Ortes, an dem der Arbeitnehmer gewöhnlich seine Arbeit verrichtet oder zuletzt verrichtet hat, oder
ii) wenn der Arbeitnehmer seine Arbeit gewöhnlich nicht in ein und demselben Staat verrichtet oder verrichtet hat, vor dem Gericht des Ortes, an dem sich die Niederlassung, die den Arbeitnehmer eingestellt hat, befindet bzw befand,

wobei sich jedoch schon aufgrund des eindeutigen Wortlauts der Vorschrift die Gerichtsstände nach lit i und ii gegenseitig ausschließen, die lit ii ist gegenüber der lit i subsidiär.[51]

Dem Arbeitnehmer wird somit die Möglichkeit eröffnet, zwischen den Gerichtsständen nach Art 21 Abs 1 lit a und Art 21 Abs 1 lit b EuGVVO zu

49 OLG Wien 22.1.2020, 3 R 70/19, ecolex 2020,233.
50 EuGH Rs C-47/14 (Holterman Ferho Exploitatie BV ua), ECLI:EU:C:2015:574.
51 *Garber* in: *Burgstaller ua* (Hg), Internationales Zivilverfahrensrecht, 2015, Art 21 EuGVVO Rn 33; *Garber/Neumayr*, Zur einstellenden Niederlassung im Europäischen Privat- und Zivilverfahrensrecht, FS-Löschnigg 808 (813); *Mankowski* in: *Rauscher* (Hg), Europäisches Zivilprozessrecht, Art 21 Brüssel Ia-VO Rn 3; vgl zur EuGVVO (alt) nur, *Riesenhuber*, Europäisches Arbeitsrecht, § 7 Rn 13.

wählen[52]. Bei Art 21 Abs 1 lit b EuGVVO handelt es sich um eine Regelung, die im Wesentlichen den von der Rechtsprechung entwickelten Grundsätzen zur EuGVÜ entspricht.[53] Sie betrifft sowohl die internationale als auch die örtliche Zuständigkeit.[54] Durch diese Sonderregelungen soll dem sozial schwächeren Arbeitnehmer ein besserer Schutz gewährleistet werden[55], indem er an dem Gericht desjenigen Ortes klagen kann, in welchem er seine Arbeitsleistung gegenüber dem Arbeitgeber zu erbringen hat. Aufgrund der engen Beziehung des Gerichts zum Arbeitsort kann nämlich davon ausgegangen werden, dass dieses Gericht die aus der Sicht des Arbeitnehmerschutzes sachgerechteste Entscheidung treffen kann.[56] Zudem bedeutet der Gerichtsstand am Arbeitsort für den Arbeitnehmer zumeist auch die kostengünstigste Alternative des Rechtsschutzes.[57]

Der Begriff des gewöhnlichen Arbeitsorts wird autonom dahingehend interpretiert, dass für den Gerichtsstand der Ort maßgebend sein soll, an dem bzw von dem aus der Arbeitnehmer den wesentlichen Teil seiner Verpflichtung gegenüber dem Arbeitgeber tatsächlich erfüllt oder erfüllt hat.[58] Selbst wenn vertraglich vereinbart ist, dass ein anderer Ort der gewöhnliche Arbeitsort sein soll, kann auf diese Weise der Gerichtsstand des Ortes, an dem die Arbeitsleistung tatsächlich erbracht wird, nicht ausgeschaltet werden. Dieses Ergebnis verlangt schon der Schutzzweck des Art 21 EuGVVO. So-

---

52 *Garber/Neumayr*, Zur einstellenden Niederlassung im Europäischen Privat- und Zivilverfahrensrecht, FS-Löschnigg 808 (810).

53 *Hüßtege* in: *Thomas/Putzo* (Hg), ZPO Art 2 EuGVVO Rn 5; vgl noch zur EuGVVO (alt) *Geimer* in: *Geimer/Schütze* (Hg), Europäisches Zivilverfahrensrecht, Art 19 A.1 Rn 7; *Dörner* in: HK-ZPO, Art 19 EuGVVO Rn 4; zur Rechtslage unter Geltung der EuGVÜ vgl *Friedrich* in: *Fuchs/Marhold*, Europäisches Arbeitsrecht, 1. Aufl, 304 ff.

54 *Garber* in: *Burgstaller ua* (Hg), Internationales Zivilverfahrensrecht, 2015, Art 21 EuGVVO Rn 7 mwN.

55 *Wittwer* in: *Mayr* (Hg), Europäisches Zivilverfahrensrecht, Rn 3.292; *Garber* in: *Burgstaller ua* (Hg), Internationales Zivilverfahrensrecht, 2015, Art 20 EuGVVO Rn 6; *Mayr* in: *Czernich/Kodek/Mayr* (Hg), Gerichtsstands- und Vollstreckungsrecht, Art 21 Rn 1.

56 Vgl EuGH Rs C-383/95 (Rutten), EU:C:1997:7 Rn 16 mwN aus der EuGH-Rechtsprechung; zum Zweck des Art 21 EuGVVO siehe *Garber* in: *Burgstaller ua* (Hg), Internationales Zivilverfahrensrecht, 2015, Art 21 EuGVVO Rn 9; *Mankowski* in: *Rauscher* (Hg), Europäisches Zivilprozessrecht, Art 21 Brüssel Ia-VO Rn 4; vgl allgemein noch zur EuGVVO (alt) *Geimer* in: *Geimer/Schütze* (Hg), Europäisches Zivilverfahrensrecht, Art 19 A.1 Rn 5; *Simotta* in: *Fasching* (Hg), Zivilprozessgesetze, Art 19 EuGVVO Rn 6; *Kropholler*, Europäisches Zivilprozessrecht, Art 5 Rn 28.

57 EuGH Rs C-125/92 (Mulox), EU:C:1993:303.

58 EuGH Rs C-125/92 (Mulox), EU:C:1993:303 .

fern der Arbeitnehmer fest in eine Betriebsorganisation eingegliedert ist und in diesem Betrieb an einem eindeutig bestimmbaren, fest eingerichteten und dauerhaften Arbeitsplatz tätig ist, liegt dort regelmäßig auch sein gewöhnlicher Arbeitsort. Ist der Arbeitnehmer keinem derartig bestimmbaren, fest eingerichteten Arbeitsplatz zugeordnet, bestimmt sich der gewöhnliche Arbeitsort in erster Linie anhand des Zeitumfangs, wie lange der Arbeitnehmer an welchem Ort seine Arbeitsleistung erbringt bzw erbracht hat.[59] Dabei gilt als Faustregel, dass als gewöhnlicher Arbeitsplatz jener Ort gilt, an dem der Arbeitnehmer mindestens 60% seiner Arbeitszeit verbringt.[60] Jedoch ist diese Faustregel nicht zwingend, vielmehr kann auch als gewöhnlicher Arbeitsort jener Ort gelten, zu dem aufgrund der Umstände des Einzelfalls eine nähere Verbindung besteht.[61] Es ist eine indizienbezogene Auslegung des Begriffs des gewöhnlichen Arbeitsort vorzunehmen[62]. Insbesondere kann als gewöhnlicher Arbeitsort auch der Ort angesehen werden, den der Arbeitnehmer zum tatsächlichen Mittelpunkt seiner Tätigkeit gemacht hat, so bspw der Ort, in dem das Büro gelegen ist, von dem aus der Arbeitnehmer seine Tätigkeit für den Arbeitgeber organisiert und wohin er nach jeder Auslandsreise zurückkehrt,[63] oder jener Ort, der nach dem wirklichen Willen der Vertragsparteien der neue gewöhnliche Arbeitsort sein soll, an dem der Arbeitnehmer jedoch erst kurz seine Arbeitsleistungen erbringt.[64] Jedenfalls kann aber nur ein Arbeitsort der gewöhnliche Arbeitsort sein. Strittig ist die Fra-

59 *Mayr* in: *Czernich/Kodek/Mayr* (Hg), Gerichtstands- und Vollstreckungsrecht, Art 21 Rn 8; vgl noch zur EuGVVO (alt) *Garber* in: *Burgstaller/Neumayr* (Hg), Internationales Zivilverfahrensrecht, Art 19 EuGVO Rn 16; *Riesenhuber*, Europäisches Arbeitsrecht § 7 Rn 12; EuGH Rs C-37/00 (Weber), EU:C:2002:122.

60 *Dörner* in: *Sänger* (Hg), ZPO, 2019, Art 21 EuGVVO Rn 5; *Baumbach/Lauterbach/Albers/Hartmann* (Hg), ZPO, Art 21 EuGVVO Rn 4; *Garber* in: *Burgstaller ua* (Hg), Internationales Zivilverfahrensrecht, 2015, Art 21 EuGVVO Rn 16; *Mayr* in: *Czernich/Kodek/Mayr* (Hg), Gerichtsstands- und Vollstreckungsrecht, Art 21 Rn 8; *Mankowski* in: *Rauscher* (Hg), Europäisches Zivilprozessrecht, Art 21 Brüssel Ia-VO Rn 10 mwN.

61 EuGH Rs C-37/00 (Weber), EU:C2002:122; EuGH Rs C-437/00 (Pugliese), EU:C:2003:219; *Garber* in: *Burgstaller ua* (Hg), Internationales Zivilverfahrensrecht, 2015, Art 21 EuGVVO Rn 18 ff.

62 Vgl unter besonderer Berücksichtigung der Eigenheiten der Mitarbeiter von Fluggesellschaften EuGH C-168/16 und C-169/16 (Nogueira ua), ECLI:EU:C:2017:688 = EuZA 2018, 236 (*Winkler von Mohrenfels*).

63 EuGH Rs C-383/95 (Rutten), EU:C:1997:7; *Garber* in: *Burgstaller ua* (Hg), Internationales Zivilverfahrensrecht, 2015, Art 21 EuGVVO Rn 19 mwN.

64 EuGH Rs C-37/00 (Weber), EU:C:2002:122; zur Problematik mehrerer Beschäftigungsverhältnisse siehe EuGH Rs C-437/00 (Pugliese), EU:C:2003:219, sowie *Garber* in: *Burgstaller ua* (Hg), Internationales Zivilverfahrensrecht, 2015, Art 21 EuGVVO Rn 20 ff.

ge, welcher Gerichtsstand maßgeblich ist, wenn das Arbeitsverhältnis nicht angetreten wurde. Zu Recht wird die Rspr des österreichischen OGH[65] kritisiert, der in diesen Fällen nur den Wohnsitz bzw die Zweigniederlassung des Arbeitgebers, nicht aber den gewöhnlichen Arbeitsort für maßgeblich erachtet. Vielmehr muss vor dem Schutzzweck des Art 21 EuGVVO der beabsichtigte gewöhnliche Arbeitsort für den Gerichtsstand ausschlaggebend sein, da sich anderenfalls der Arbeitgeber durch Vertragsbruch dem Gerichtsstand entziehen könnte.[66] Wird neben dem gewöhnlichen Arbeitsort auch der letzte gewöhnliche Arbeitsort für maßgebend erachtet, so soll dadurch nur klargestellt werden, dass der Arbeitnehmer auch bei Beendigung des Arbeitsverhältnisses am bisherigen Arbeitsort Klage erheben kann.[67]

Lässt sich der gewöhnliche Arbeitsort nicht feststellen, da – wie bspw bei einem Montagearbeiter, Auslandskorrespondenten, Reisebegleiter oder Zirkuspersonal –, die Arbeitsleistung in verschiedene Mitgliedstaaten erbracht wird, so bestimmt sich nach Art 21 Ziff 2 lit b EuGVVO der Gerichtsstand nach dem Ort der Einstellungsniederlassung[68]. Der Begriff der Niederlassung ist dabei weit zu fassen und umfasst unabhängig von der Rechtspersönlichkeit jede wirtschaftliche Einheit wie bspw eine Zweigniederlassung, ein Büro oder eine Agentur, die den Arbeitnehmer eingestellt hat.[69] Da Art 6 EuGVVO durch den 5. Abschnitt der EuGVVO unberührt bleibt, kann darüber hinaus ein Arbeitgeber mit Wohnsitz in einem Mitgliedstaat auch vor dem Gericht des Ortes, an dem sich eine Zweigniederlassung, Agentur oder sonstige Niederlassung befindet, verklagt werden, sofern es sich um eine Streitigkeit aus dem Betrieb dieser Niederlassung handelt.[70]

---

65 OGH 10.12.1998, DRdA 1999/56 (krit *Burgstaller*).

66 Siehe auch noch zur EuGVVO (alt) *Garber* in: *Burgstaller/Neumayr* (Hg), Internationales Zivilverfahrensrecht, Art 19 EuGVO Rn 23.

67 *Riesenhuber*, Europäisches Arbeitsrecht, § 7 Rn 12.

68 Ausführlich dazu *Garber/Neumayr*, Zur einstellenden Niederlassung im Europäischen Privat- und Zivilverfahrensrecht, FS-Löschnigg 808 (817 ff); *Paulus* in: *Geimer/Schütze*, Internationaler Rechtsverkehr in Zivil- und Handelssachen, VO (EU) Nr 1215/2012, Rn 36 ff.

69 Zum Begriff der Niederlassung vgl ausführlich *Garber* in: *Burgstaller ua* (Hg), Internationales Zivilverfahrensrecht, 2015, Art 21 EuGVVO Rn 32 ff; *Wittwer* in: *Mayr* (Hg), Europäisches Zivilverfahrensrecht, Rn 3.538; *Mankowski* in: *Rauscher* (Hg), Europäisches Zivilprozessrecht, Art 21 Brüssel Ia-VO Rn 59; vgl noch zur EuGVVO (alt) *Simons* in: *Simons/Hausmann* (Hg), Brüssel I-Verordnung, Art 19 Rn 30ff; *Geimer* in: *Geimer/Schütze* (Hg), Europäisches Zivilverfahrensrecht, Art 19 A.1 Rn 30 ff, jeweils mwN.

70 Vgl noch zur EuGVVO (alt) *Garber* in: *Burgstaller/Neumayr* (Hg), Internationales Zivilverfahrensrecht, Art 19 EuGVO Rn 43; *Riesenhuber*, Europäisches Arbeitsrecht, § 7 Rn 14.

Durch die Neufassung der EuGVVO wurde der Schutz der Arbeitnehmer in prozessualer Hinsicht auf Fälle erweitert, in denen der Arbeitgeber seinen Sitz in einem Drittstaat hat. Ab dem 10. 1. 2015 kann gem § 21 Abs 2 EuGVVO ein Arbeitgeber, der seinen Wohnort nicht im Hoheitsgebiet eines Mitgliedstaats hat, vor dem Gericht des (letzten) gewöhnlichen Arbeitsortes oder bei gewöhnlicher Arbeit in mehr als einem Staat vor dem Gericht verklagt werden, dass für die einstellende Niederlassung zuständig ist. Meines Erachtens hat dadurch Art 20 Abs 2 EuGVVO an praktischer Relevanz verloren.

Weiters ist dem Arbeitnehmer nach Art 6 der Entsenderichtlinie[71] ein zusätzlicher Gerichtsstand an dem Ort, in den er entsendet wurde, eröffnet. Insofern ergänzt die Entsenderichtlinie die EuGVVO, die Zuständigkeiten nach der Entsendrichtlinie genießen gem Art 67 EuGVVO gegenüber den Zuständigkeitsregeln nach der EuGVVO Vorrang.

2. Klagen gegen den Arbeitnehmer

Eine Klage des Arbeitgebers gegen den Arbeitnehmer kann hingegen gem Art 22 Abs 1 EuGVVO nur vor den Gerichten des Mitgliedstaates erhoben werden, in dem der Arbeitnehmer seinen Wohnsitz hat. Der Arbeitnehmer kann daher nicht am Ort seines gewöhnlichen Arbeitsorts oder dem Ort seiner Einstellungsniederlassung verklagt werden. Art 22 EuGVVO regelt nur die internationale Zuständigkeit, die örtliche Zuständigkeit richtet sich allein nach nationalem Recht.[72] Jedoch kann aus prozessökonomischen Gründen nach Art 22 Abs 2 EuGVVO der Arbeitgeber eine Widerklage vor dem Gericht erheben, vor dem er selbst nach den Vorschriften der EuGVVO verklagt wurde[73].

Besonderheiten sind beim Arbeitskampf zu berücksichtigen. Kommt es in Zusammenhang mit einem Arbeitskampf zu unerlaubten Handlungen, sind also nicht die Auswirkung des Arbeitskampfes auf das Individualarbeitsverhältnis betroffen, so begründet sich der Gerichtsstand nach Art 7 Nr 2 EuGVVO nach dem Ort, an dem die unerlaubte Handlung stattgefunden hat[74].

---

71 Siehe dazu unter III.

72 *Garber* in: *Burgstaller ua* (Hg), Internationales Zivilverfahrensrecht, 2015, Art 22 EuGVVO Rn 3; *Wittwer* in: *Mayr* (Hg), Europäisches Zivilverfahrensrecht, Rn 3.539; Zöller/*Geimer*, ZPO, 33. Aufl, Art 23 EuGVVO Rn 1.

73 Dies gilt auch für Widerklagen, die auf einem abgetretenen Anspruch beruhen; vgl EuGH Rs C-1/17 (Petronas Lubricants Italy SpA), ECLI:EU:C:2018:478.

74 Dazu ausführlich *Krebber* in: *Franzen/Gallner/*Oetker (Hg), Kommentar zum Europäischen Arbeitsrecht, 2016, Art 7 VO 1215/2012/EG Rn 5 ff; *Lurger/Melcher,* Handbuch IPR, Rn 5/88.

3. Gerichtsstandsvereinbarungen und rügelose Einlassung

Durch eine Gerichtsstandsvereinbarung kann von den Vorschriften des 5. Abschnitts der EuGVVO gem Art 23 nur abgewichen werden, wenn die Gerichtsstandsvereinbarung nach Entstehung der Streitigkeit getroffen wurde oder sie dem Arbeitnehmer die Befugnis einräumt, ein anderes als das nach dem 5. Abschnitt zuständige Gericht anzurufen. Art 23 EuGVVO beschränkt somit für Individualarbeitsverträge das Recht der freien Gerichtswahl. Darüber hinaus gilt auch im Bereich des Arbeitsrechts der Gerichtsstand der rügelosen Einlassung nach Art 26 EuGVVO, da das besondere Schutzbedürfnis des Arbeitnehmers aus prozessrechtlicher Sicht in diesen Fällen nicht greift.

II. Die VO (EG) 593/2008 über das auf vertragliche Schuldverhältnisse anzuwendende Recht (Rom I-VO)

Literatur zum EVÜ:

Kegel/Schurig, Internationales Privatrecht, 8. Aufl 2000, 589 ff; *Rudisch* in: *Czernich/Heiss* (Hg), EVÜ, Das Europäische Schuldvertragsübereinkommen, Wien 1999, Art 6; *ders* in: *Koppensteiner* (Hg), Österreichisches und europäisches Wirtschaftsprivatrecht, Teil 7: Internationales Privatrecht, Wien 2000, 154 ff; *Pfeil*, Grenzüberschreitender Einsatz von Arbeitnehmern, DRdA 2008, 3.

Literatur zur Rom I-VO:

Deinert, Neues Internationales Arbeitsvertragsrecht, RdA 2009, 144; *Doehner* in: *Hüßtege/Mansel* (Hg), BGB Band 6, 3. Aufl 2019, Rom I; *Eichenhofer*, Kollisionsnormen im Europäischen Sozial- und Arbeitsrecht, FS-*Marhold*, Wien 2020, 481; *Kindler*, Einführung in das neue IPR des Wirtschaftsverkehrs, 51 ff; MünchKommIPR-*Martiny*, 7. Aufl 2018, Art 8 Rom I-VO; *ders* in: *Reithmann/Martiny* (Hg), Internationales Vertragsrecht, 8. Aufl 2015, Rn 6.2851 ff; *Pfeiffer*, Neues internationales Vertragsrecht – Zur Rom I Verordnung, EuZW 2008, 622; *Oetker* in: MünchArbR 4. Aufl 2018, § 13; *Krebber* in: *Franzen/Gallner/Oetker* (Hg), Kommentar zum Europäischen Arbeitsrecht, 3. Aufl 2020, Nr 240; *Lurger/Melcher*, Handbuch internationales Privatrecht, Wien 2017, Rn 4/145 ff; *Moreno* in: *Mankowski* (Hg), ECPIL, Rome I Regulation, Köln 2017; *Riesenhuber*, Europäisches Arbeitsrecht, § 5; ErfK/*Schlachter*, 20. Aufl 2020, Rom I-VO Art. 3- Art. 9 Rn. 1-34, *A. Staudinger* in: *Ferrari ua* (Hg), Internationales Vertragsrecht, 3. Aufl München 2018, Art 8 Rom I-VO; HK-BGB/*A. Staudinger*, 10. Aufl. 2019, Rom I-VO Art 8 und 9; *Tscherner*, Arbeitsbeziehungen und Europäische Grundfreiheiten, München 2012; *Windisch-Graetz*, Grenzüberschreitende Arbeitsverhältnisse im Spannungsverhältnis von Rom I und Entsenderichtlinie, ZfRV 2015, 192; *Winkler von Mohrenfels/Bock*, Abschluss des Arbeitsvertrages und anwendbares Recht, EAS B 3000; *Wolfsgruber-Ecker* in ZellKomm, 3. Aufl Wien 2018, Art 8 und 9 Rom I-VO.

A. Allgemeines zur Rom I-VO

Mit der EuGVVO sind zwar Regelungen gefunden worden, die bei grenzüberschreitenden Sachverhalten das zuständige Gericht bestimmen. Jedoch enthalten diese Regelungen keine Vorschriften dahingehend, welches materielle Recht auf grenzüberschreitende Sachverhalte anzuwenden ist, wenn der Gerichtsstand einmal festgestellt ist. Für vertragliche Schuldverhältnisse wurde zunächst am 19. 6. 1980 mit dem Römer Übereinkommen über das auf vertragliche Schuldverhältnisse anzuwendende Recht (EVÜ) eine kollisionsrechtliche Regelung getroffen, deren arbeitsrechtliche Vorschriften in wesentlichen Punkten mit dem EuGVÜ vergleichbar waren. Das Abkommen trat in der Mehrheit der Mitgliedstaaten am 1. 4. 1991 in Kraft und galt später in allen EU-Mitgliedstaaten.[75] Wie bereits erwähnt wurde das EVÜ durch die Rom I-VO ersetzt, welche auf Verträge, die nach dem 17. 12. 2009 abgeschlossen wurden, anzuwenden ist. Seitdem ist innerhalb der EU das materielle Arbeitskollisionsrecht nicht mehr durch völkerrechtliche Abkommen, sondern auf Verordnungsebene geregelt. Im Bereich des Arbeitsrechts hat sich die Systematik der kollisionsrechtlichen Regelungen mit dem Wechsel vom EVÜ zur Rom I-VO jedoch im Wesentlichen nicht verändert.[76]

Ebenso wie in der EuGVVO sah Art 18 EVÜ ausdrücklich vor, dass seine Begriffe innerhalb der EU einheitlich autonom auszulegen sind, wobei der EuGH für Rechtsfragen die Auslegung des EVÜ betreffend zuständig war und für vor dem 17. 12. 2009 abgeschlossene Verträge auch noch ist.[77] Eine vergleichbare Regelung findet sich in der Rom I-VO jedoch nicht. Hieraus ist jedoch keinesfalls zu schließen, dass es den Mitgliedstaaten freistehe, eine nationale Begriffsbestimmung der Rom I-VO vorzunehmen. Vielmehr ist davon auszugehen, dass die Rom I-VO den Grundsatz der autonomen und einheitlichen Auslegung als selbstverständlich voraussetzt.[78]

---

75 *Kegel/Schurig*, Internationales Privatrecht, 203; *Rudisch* in: *Koppensteiner* (Hg), aaO 30.

76 Vgl *Pfeiffer*, EuZW 2008, 627.

77 Die Auslegungskompetenz des EuGH wurde durch zwei „Protokolle" vom 19.12.1988, ABlEG. Nr L 48/1 und Nr 48/17 (abgedruckt auch bei *Czernich/Heiss* (Hg), EVÜ Anhang 2 und 3 zu Art 18), die rechtlich als Staatsverträge zu qualifizieren sind, begründet. Die Auslegungskompetenz für das EVÜ besteht aber erst seit dem 1. August 2004 (vgl *Heiderhoff*, Gemeinschaftsprivatrecht, 2005, 196).

78 Vgl auch *Doehner* in: *Hüßtege/Mansel* (Hg), ZPO, Art 8 Rom I Rn 3 und 8; *Lurger/Melcher*, Handbuch IPR, Rn 4/146; *Martiny* in: *Reithmann/Martiny* (Hg), Internationales Vertragsrecht, Rn 6.2852; *Krebber* in: *Franzen/Gallner/Oetker* (Hg), Kommentar zum Europäischen Arbeitsrecht, 3. Auflage 2020, Art 1 VO 593/2008/EG Rn 17 ff; *Riesenhuber*, Europäisches Arbeitsrecht, § 5 Rn 8; *Windisch-Graetz*, ZfRV 2015, 192 mwN.

Die Rom I-VO gilt gem Art 1 Abs 1 für vertragliche Schuldverhältnisse in Zivil- und Handelssachen, die eine Verbindung zum Recht verschiedener Staaten aufweisen. Sie ist somit auch auf Arbeitsverträge anwendbar, sofern diese einen Bezug zu dem Recht mindestens zweier verschiedener Staaten haben. Art 1 Abs 2 der Rom I-VO enthält einen Katalog von Bereichen, auf die sie keine Anwendung findet, der jedoch für die spezifischen Fragen des Arbeitsrechts ohne Bedeutung ist.

Der wesentliche Grundgedanke der Rom I-VO liegt für sämtliche vertraglichen Schuldverhältnisse im Grundsatz der freien Rechtswahl, der gem Art 8 Abs 1 S 1 der Rom I-VO explizit auch für Individualarbeitsverträge gilt. Gem Art 3 Abs 1 der Rom I-VO unterliegt ein Vertrag dem von den Parteien gewählten Recht. Dabei muss die Rechtswahl ausdrücklich erfolgen oder sich eindeutig aus den Bestimmungen des Vertrages oder aus den Umständen des Falles ergeben.[79] Die Rechtswahl kann sich auf den ganzen Vertrag wie auch nur auf Teile des Vertrages beziehen. Nicht erforderlich ist aufgrund von Art 2 der Rom I-VO, dass das gewählte Recht das Recht eines Mitgliedstaates ist, auch die Wahl des Rechts eines Drittstaates führt unter den Voraussetzungen der Rom I-VO zur Anwendung dessen Rechts.[80] Die Vertragsparteien können gem Art 3 Abs 2 der Rom I-VO auch jederzeit den Wechsel des anzuwendenden Rechts vereinbaren. Somit ist auch eine nachträgliche Rechtswahl sogar noch im Prozess möglich.[81] Sind alle anderen Teile des Sachverhalts zum Zeitpunkt der Rechtswahl in einem anderen Staat als dem Staat gelegen, dessen Recht gewählt wurde, so kann gem Art 3 Abs 3 der Rom I-VO durch die Wahl des ausländischen Rechts zwingendes Recht dieses anderen Staates nicht verdrängt werden. Fehlt es an einer Vereinbarung des anzuwendenden Rechts, so trifft Art 4 Abs 1 der Rom I-VO für bestimmte Vertragstypen Regelungen darüber, welches Recht zur Anwendung kommen soll. Eine Regelung bezüglich von Arbeitsverträgen enthält Art 4 Abs 1 der Rom I-VO jedoch nicht. Für den Fall, dass ein Vertragstyp nicht von Art 4 Abs 1 der Rom I-VO erfasst wird, stellt Art 4 Abs 2 der Rom I-VO die Regel auf, dass der Vertrag dem Recht desjenigen Staates unterliegt, in dem die Partei, welche die für den Vertrag charakteristische Leistung zu er-

---

79 Dazu ausführlich *Krebber* in: *Franzen/Gallner/Oetker* (Hg), Kommentar zum Europäischen Arbeitsrecht, 3. Auflage 2020, Art 3 und 8 VO 593/2008/EG Rn 4 ff.

80 Dazu ausführlich *Krebber* in: *Franzen/Gallner/Oetker* (Hg), Kommentar zum Europäischen Arbeitsrecht, 3. Auflage 2020, Art 3 und 8 VO 593/2008/EG Rn 14 ff.

81 *Martiny* in: *Reithmann/Martiny* (Hg), Internationales Vertragsrecht, Rn 6.2860; zum letztmöglichen Zeitpunkt siehe *Krebber* in: *Franzen/Gallner/Oetker* (Hg), Kommentar zum Europäischen Arbeitsrecht, 3. Auflage 2020, Art 3 und 8 VO 593/2008/EG Rn 13.

bringen hat, ihren gewöhnlichen Aufenthalt hat. Ergibt sich jedoch aus der Gesamtheit der Umstände, dass der Vertrag offensichtlich eine engere Verbindung zu einem anderen Staat hat als dem nach Art 4 Abs 1 und 2 der Rom I-VO bestimmten Staat, so ist gem Art 4 Abs 3 der Rom I-VO das Recht dieses anderen Staates anzuwenden. Lässt sich gem Art 4 Abs 1 und 2 der Rom I-VO das anzuwendende Recht nicht bestimmen, so unterliegt der Vertrag dem Recht des Staates, zu dem er die engste Verbindung aufweist.

B. Arbeitsrechtliche Besonderheiten der Rom I-VO

Durch die freie Rechtswahl bestünde jedoch bei Arbeitsverträgen die Gefahr, dass durch die Wahl eines ausländischen Rechts zwingende Arbeitnehmerschutzvorschriften umgangen werden könnten. Daher sieht Art 8 der Rom I-VO für Individualarbeitsverträge Einschränkungen des Grundsatzes der freien Rechtswahl vor, um – ebenso wie die EuGVVO – den sozial und wirtschaftlich schwächeren Arbeitnehmer zu schützen.[82] Art 8 der Rom I-VO entspricht strukturell im Wesentlichen dem früheren Art 30 EGBGB[83], der Art 6 des EVÜ überwiegend wortgleich[84] übernommen hatte.[85] Gem Art 8 Abs 1 der Rom I-VO darf bei Individualarbeitsverhältnissen die Rechtswahl der Parteien nicht dazu führen, dass dem Arbeitnehmer der Schutz entzogen wird, der ihm durch die zwingenden Bestimmungen des Rechts gewährt wird, das nach den Abs 2, 3 und 4 mangels einer Rechtswahl anzuwenden wäre.

Wurde keine Rechtswahl getroffen, bestimmt sich das anzuwendende Recht anhand einer objektiven Anknüpfung. Art 8 Abs 2 der Rom I-VO sieht nämlich vor, dass in Fällen, in denen keine Rechtswahl getroffen wurde, auf Arbeitsverträge das Recht jenes Staates zur Anwendung kommt, in dem oder anderenfalls von dem aus der Arbeitnehmer in Erfüllung des Vertrages gewöhnlich seine Arbeit verrichtet[86]. Dies gilt selbst dann, wenn der Arbeitnehmer vorübergehend seine Arbeit in einen anderen Staat verrichtet,

---

82 *Rudisch* in: *Czernich/Heiss* (Hg), Art 6 EVÜ Rn 1; HK-BGB/*A. Staudinger*, 10. Aufl 2019, Rom I-VO Art. 8 Rn 1; *Wolfsgruber-Ecker* in ZellKomm, 3. Auflage Wien 2018, Art 8 und 9 Rom I-VO Rn 6; *Riesenhuber*, Europäisches Arbeitsrecht, § 5 Rn 10; *Windisch-Graetz*, ZfRV 2015, 193.

83 *Kindler*, Einführung in das neue IPR des Wirtschaftsverkehrs, 51; *Deinert*, RdA 2009, 145.

84 *Windisch-Graetz*, ZfRV 2015, 194.

85 Insofern sei auch auf die einschlägige Kommentarliteratur zum bis zum In-Kraft-Treten der Rom I-VO maßgeblichen EGBGB in allen Kommentaren zum BGB verwiesen.

86 Bei Heimarbeit soll jener Ort ausschlaggebend sein, an dem die Arbeit tatsächlich ausgeführt wird, bei Telearbeit der Ort der tatsächlichen Dateneingabe; vgl *Risak*,

also auch in Fällen der Arbeitnehmerentsendung. Gem Nr 36 der Begründungserwägungen gilt die Erbringung der Arbeitsleistung in einem anderen Staat als vorübergehend, wenn vom Arbeitnehmer erwartet wird, dass er nach seinem Arbeitseinsatz im Ausland seine Arbeit im Herkunftsstaat wieder aufnimmt, wobei der Abschluss eines neuen Arbeitsvertrages mit dem ursprünglichen Arbeitgeber oder einem Arbeitgeber, der zur selben Unternehmensgruppe gehört wie der ursprüngliche Arbeitgeber, die Annahme einer vorübergehenden Beschäftigung nicht ausschließt.[87] Dadurch, dass Art 8 Abs 2 der Rom I-VO bei fehlender Rechtswahl auch das Recht jenes Staates zur Anwendung kommen lässt, von dem aus der Arbeitnehmer seine Arbeit gewöhnlich verrichtet, ist die unter Geltung des EVÜ noch strittige Frage der Zuordnung der Arbeitsverhältnisse des fliegenden Personals einer eigenständigen Regelung zugeführt.[88]

Noch im Anwendungsbereich des EVÜ, aber bereits in Kenntnis der Rom I-VO traf der EuGH im Fall eines Kraftfahrer mit Wohnsitz in Deutschland, der für einen in Luxemburg ansässigen Spediteur Blumen von Dänemark nach Deutschland transportierte, wobei die Fahrten zumeist an seinem Wohnsitz begannen, folgende Feststellungen zum Begriff des gewöhnlichen Arbeitsorts:

> EuGH, Rs C-29/10 (Heiko Koelzsch ./. Großherzogtum Luxemburg):[89] Nach der Rechtsprechung des Gerichtshofes „ist, wenn die Arbeit in mehreren Mitgliedstaaten verrichtet wird, das Kriterium des Staates, in dem die Arbeit gewöhnlich verrichtet wird, weit auszulegen und so aufzufassen, dass es sich auf den Ort bezieht, an dem oder von dem aus der Arbeitnehmer seine berufliche Tätigkeit tatsächlich ausübt, und, in Ermangelung eines Mittelpunkts der Tätigkeit, auf den Ort, an dem er den größten Teil seiner Arbeit ausübt. Diese Auslegung steht auch im Einklang mit dem Wortlaut der neuen Bestimmung über Kollisionsnormen in Bezug auf Individualarbeitsverträge, die mit der Verordnung Nr 593/2008 eingeführt wurde". Im Ergebnis konnten somit durch die Vereinbarung luxemburgischen Rechts das günstigere deutsche Recht nicht umgangen werden.

Kann nach Art 8 Abs 2 der Rom I-VO das anzuwendende Recht nicht bestimmt werden, so unterliegt der Arbeitsvertrag gem Abs 3 leg cit dem Recht des Staates, in dem sich die Niederlassung befindet, die den Arbeitnehmer eingestellt hat. Das Recht der Einstellungsniederlassung kann demnach nur

---

Grenzüberschreitendes Arbeiten im virtuellen Raum - ein Fall für das europäische Arbeitsrecht?, DRdA 2019, 117 (119); *Oetker* in: MünchArbR, 4. Aufl, § 13 Rn 39.

87 Zum Begriff der vorübergehenden Entsendung siehe ausführlich *Deinert*, RdA 2009, 145 f; *Martiny* in: MünchKommIPR, 7. Aufl 2018, Art 8 Rom I-VO Rn 56 ff.

88 *Martiny* in: *Reithmann/Martiny* (Hg), Internationales Vertragsrecht, Rn 6.2911 ff; *Lurger/Melcher*, Handbuch IPR, Rn 4/148; *Pfeiffer*, EuZW 2008, 627; *Riesenhuber*, Europäisches Arbeitsrecht, § 5 Rn 13.

89 EuGH Rs C 29/10 (Koelzsch) EU:C:2011:151.

einschlägig sein, sofern die Voraussetzungen des Art 8 Abs 2 der Rom I-VO nicht erfüllt sind. Art 8 Abs 3 der Rom I-VO wirkt also gegenüber Art 8 Abs 2 der Rom I-VO nur subsidiär. Seine Bedeutung liegt somit vor allem in Fällen, in denen der Arbeitnehmer seine Arbeit gewöhnlich nicht in ein und demselben Staat verrichtet.[90] Zum Begriff des gewöhnlichen Arbeitsortes sowie der Niederlassung, die den Arbeitnehmer angestellt hat, kann im Übrigen auf die Ausführungen zur EuGVVO verwiesen werden.[91]

Eine Ausnahme von diesen Regelungen sieht jedoch die Ausweichklausel des Art 8 Abs 4 der Rom I-VO vor, wenn sich aus der Gesamtheit der Umstände ergibt, dass der Arbeitsvertrag oder das Arbeitsverhältnis engere Verbindungen zu einem anderen Staat als den nach Abs 2 und 3 leg cit bestimmten Staaten aufweist, das Recht dieses Staates maßgeblich ist. Diese Regelung zielt darauf ab, dass auch in ungewöhnlichen Sachverhalten die Anwendung des am engsten mit diesem Sachverhalt verbundene Recht zur Anwendung kommt.[92]

Anders als Art 6 EVÜ, der noch von Arbeitsverträgen und Arbeitsverhältnissen sprach, findet Art 8 der Rom I-VO nur auf Individualarbeitsverträge Anwendung. Aus dem Wortlaut des Art 6 EVÜ wurde geschlossen, dass nicht nur Beschäftigungsverhältnisse aufgrund eines Arbeitsvertrages, sondern auch nichtige bzw unwirksame Verträge, aufgrund derer aber tatsächlich die Arbeitsleistung erbracht wird, sowie sog „faktische Arbeitsverhältnisse" von Art 6 EVÜ erfasst werden. Meines Erachtens ist der Begriff des Individualarbeitsvertrages iSd Art 8 der Rom I-VO entsprechend auszulegen.[93] Hierfür spricht bereits, dass der Arbeitnehmerbegriff der Rom I-VO ebenso wie der Arbeitnehmerbegriff der EuGVVO[94] autonom, unionsweit einheitlich auszulegen ist,[95] wobei im Wesentlichen auf den Ar-

90 Zum Begriff der Einstellungsniederlassung in Bezug auf eine Reederei siehe EuGH Rs C-384/10 (Voogsgeerd), NZA 2012, 227 = ZIP 2012, 143.

91 Siehe oben I.A.1.

92 *Winkler von Mohrenfels/Block*, EAS B 3000, Rn 112; *Krebber* in: *Franzen/Gallner/Oetker* (Hg), Kommentar zum Europäischen Arbeitsrecht, 3. Auflage 2020, Art 1 VO 593/2008/EG Rn 40 mwN.

93 Siehe auch *Doehner* in: *Hüßtege/Mansel* (Hg), ZPO, Art 8 Rom I Rn 7; *Krebber* in: *Franzen/Gallner/Oetker* (Hg), Kommentar zum Europäischen Arbeitsrecht, 3. Auflage 2020, Art 1 VO 593/2008/EG Rn 18; *Oetker* in: MünchArbR, 4. Aufl, § 13 Rn 9; *Martiny* in: MünchKommIPR Art 8 Rom I-VO, 7. Aufl 2018, Rn 19 ff; Wolfsgruber-Ecker in ZellKomm, 3. Auflage Wien 2018, Art 8 und 9 Rom I-VO Rn 8; *Riesenhuber*, Europäisches Arbeitsrecht, § 5 Rn 11, die zur Begründung zudem Art 12 Abs 1 lit e der Rom I-VO anführen.

94 Siehe dazu oben Dritter Teil I.A.

95 EuGH Rs C-47/14 (Holtermann), EU:C:2015:574; EuGH Rs C-154/11 (Mahamdia), EU:C:2012:491.

beitnehmerbegriff, wie er zur Arbeitnehmerfreizügigkeit[96] entwickelt wurde, zurückgegriffen wird. Dieser verlangt lediglich, dass „jemand während einer bestimmten Zeit für einen anderen nach dessen Weisungen Leistungen erbringt, für die er als Gegenleistung eine Vergütung erhält.“[97] Stellt Art 8 der Rom I-VO auf den Individualarbeitsvertrag ab, so ist jedoch klargestellt, dass internationale Kollektivvereinbarungen[98] nicht von ihm erfasst sind.[99] Hingegen fallen trotz dieses Wortlautes Gruppenarbeitsverhältnisse in den Anwendungsbereich von Art 8 der Rom I-VO.[100]

Art 8 der Rom I-VO geht demnach von der grundsätzlichen Prämisse aus, dass auch im Individualarbeitsrecht der Grundsatz der freien Rechtswahl gilt. Insofern ist Art 3 der Rom I-VO anwendbar,[101] die Rechtswahl muss den dort aufgestellten Deutlichkeitserfordernissen entsprechen, auch eine teilweise Rechtswahl in Bezug auf einzelne Punkte des Arbeitsverhältnisses ist möglich. Eine Rechtswahl kann daher gem Art 3 Abs 3 der Rom I-VO auch bei Arbeitsverträgen ohne eine Auslandsberührung getroffen werden, jedoch können durch die Rechtswahl bei solchen reinen Inlandsfällen die zwingenden Vorschriften des Inlands vertraglich nicht ausgeschaltet werden.[102] Abweichend vom Grundsatz des Art 3 der Rom I-VO können jedoch gem Art 8 der Rom I-VO bei bestimmten Fällen mit Auslandsberührung die zwingenden Arbeitnehmerschutzvorschriften des Staates, dessen Recht bei fehlender Rechtswahl anzuwenden gewesen wäre, nicht ausgeschaltet oder umgangen werden. Durch eine Rechtswahl können daher nicht die zwingenden Schutzvorschriften des Staates, an dem oder von dem aus der Arbeitnehmer gewöhnlich seine Arbeit verrichtet, selbst

96 Siehe dazu unter Zweiter Teil, I.B.1.

97 Explizit für die EuGVVO auch EuGH Rs C-47/14 (Holtermann), EU:C:2015:574;

98 Gem Art 9 der Rom-II Verordnung (VO 864/2007/EU) ist für Schadensersatzansprüche als Folge von bevorstehenden oder durchgeführten Arbeitskampfmaßnahmen das Recht jenes Staates anzuwenden, in dem die Arbeitskampfmaßnahme erfolgen soll oder erfolgt ist. Ausführlich dazu *Tscherner*, Arbeitsbeziehungen, 120 ff; *Lurger/Melcher*, Handbuch IPR, Rn 5/88 ff.

99 *Krebber* in: *Franzen/Gallner/Oetker* (Hg), Kommentar zum Europäischen Arbeitsrecht, 3. Auflage 2020, Art 1 VO 593/2008/EG Rn 7; *Oetker* in: MünchArbR, 4. Aufl, § 13 Rn 13; vgl zum EVÜ schon *Kegel/Schurig*, Internationales Privatrecht, 590; *Rudisch* in: *Czernich/Heiss* (Hg), EVÜ Art 6 Rn 7 ff.

100 *Martiny* in: MünchKommIPR, 7. Aufl 2018, Art 8 Rom I-VO Rn 20; HK-BGB/*A. Staudinger*, 10. Aufl 2019, Rom I-VO Art 8 Rn 3 mwN.

101 Siehe dazu unter II A.

102 *Martiny* in: *Reithmann/Martiny* (Hg), Internationales Vertragsrecht, Rn 6.2865; *Birk* in: MünchArbR, 2. Aufl, § 20 Rn 5; *Rudisch* in: *Czernich/Heiss* (Hg), EVÜ Art 6 Rn 26.

wenn er seine Arbeit vorübergehend in einem anderen Staat verrichtet[103], oder, sofern er seine Arbeit gewöhnlich in mehreren Staaten verrichtet, des Staates, in dem sich die Niederlassung befindet, die den Arbeitnehmer eingestellt hat, ausgeschaltet oder umgangen werden, sofern der Arbeitsvertrag oder das Arbeitsverhältnis keine engere Verbindung zu einem anderen Staat aufweist. Dadurch soll vermieden werden, dass trotz objektiver Anknüpfungspunkte an das Rechtssystem eines Staates dessen arbeitsrechtliches Schutzsystem nicht zum Tragen kommt.[104]

Wann ein Arbeitsvertrag aufgrund der Gesamtheit der Umstände eine engere Verbindung zu einem anderen Staat als dem Staat aufweist, dessen Recht nach Art 8 Abs 2 und 3 der Rom I-VO aufgrund des gewöhnlichen Arbeitsortes oder der Einstellungsniederlassung anzuwenden wäre, mit der Folge, dass dann das Recht dieses anderen Staates zur Anwendung kommt, lässt Art 8 Abs 4 der Rom I-VO offen. Jedenfalls soll eine Korrekturmöglichkeit eröffnet sein, wenn aufgrund mehrerer besonderer Umstände eine engere Verbindung zu einem anderen Staat besteht. So kann bessere Einzelfallgerechtigkeit erzielt werden[105]. Hierbei kann den verschiedenartigsten Aspekten Bedeutung zukommen, wobei bei Vorliegen nur eines besonderen Umstandes jedoch die Anwendung der nach Art 8 Abs 2 und 3 der Rom I-VO bestimmten Rechtsordnung regelmäßig nicht verhindert werden kann.[106] Vielmehr muss aufgrund einer Mehrzahl von Einzelumständen, die auf eine bestimmte Rechtsordnung hinweisen, die Verbindung zu dem anderen Staat **deutlich** überwiegen. Als solche Aspekte kommen vor allem die Staatsangehörigkeiten beider Arbeitsvertragsparteien und der Sitz des Arbeitgebers in Betracht. Doch auch der Vertragssprache, der Währung, in der das Gehalt ausgezahlt wird, dem Ort des Vertragsschlusses sowie dem Wohnsitz des Arbeitnehmers wird man zumindest Indizwirkung zukommen lassen müssen.[107]

EuGH Rs C-64/12 (Schlecker)[108]: Nachdem Frau *Boedeker* zunächst für die Firma Schlecker in Deutschland beschäftigt war, schloss sie einen neuen Arbeitsvertrag mit Schlecker als Geschäftsführerin für die Niederlande. 2006 teilte ihr die Firma Schlecker mit, dass ihr Arbeitsplatz ersatzlos weggefallen sei und sie zu unveränderten Bedingungen in Dortmund weiterarbeiten sollte. Frau Boedeker widersprach der einseitigen Entscheidung ihres Arbeitgebers, den Arbeitsort wechseln

103 Zur Entsendungsproblematik siehe unten unter III.

104 *Martiny* in: *Reithmann/Martiny* (Hg), Internationales Vertragsrecht, Rn 6.2868.

105 HK-BGB/*A. Staudinger*, 10. Aufl 2019, Rom I-VO Art 8 Rn 9.

106 *Martiny* in: *Reithmann/Martiny* (Hg), Internationales Vertragsrecht, Rn 6.2903.

107 BAG 29. 10. 1992, AR-Blattei ES 920 Nr 3 (mit Anm *Franzen*) = SAE 1994, 28 (mit Anm *Junker*); *Martiny* in: *Reithmann/Martiny* (Hg), Internationales Vertragsrecht, Rn 6.2903; *Oetker* in: MünchArbR, 4. Aufl, § 13 Rn 47.

108 EuGH Rs C-64/12 (Schlecker), EU:C:2013:551 = NZA 2013, 1163.

> zu müssen, und klagte auf Auflösung des Arbeitsverhältnisses und Abfertigung nach holländischem Recht. Zur Frage, ob trotz des Arbeitsortes in den Niederlanden eine engere Verbindung zu Deutschland besteht, führte der EuGH aus, dass sich die Anwendbarkeit des Rechts primär anhand des tatsächlichen Ortes der Verrichtung der Arbeit bestimmt, und diese Regel nicht „allein deshalb auszuschließen ist, weil abgesehen vom tatsächlichen Arbeitsort die anderen relevanten Umstände aufgrund ihrer großen Zahl auf ein anderes Land hindeuten. Unter den wichtigen Anknüpfungspunkten sind hingegen das Land, in dem der Arbeitnehmer Steuern und Abgaben auf die Einkünfte aus seiner Tätigkeit entrichtet, und das Land, in dem er der Sozialversicherung und den diversen Renten-, Gesundheits- und Erwerbsunfähigkeitsregelungen angeschlossen ist, zu berücksichtigen. Außerdem muss das nationale Gericht auch die gesamten Umstände des Falles wie ua die Parameter, die mit der Bestimmung des Gehalts und der Arbeitsbedingungen zusammenhängen, berücksichtigen."

Welche arbeitsrechtlichen Vorschriften eines Mitgliedstaates zwingend sind, gibt die Rom I-VO nicht vor. Grundvoraussetzung ist zunächst, dass sie nach nationalem Recht vertraglich nicht abdingbar sind, wobei einseitige Dispositivität zugunsten des Arbeitnehmers nicht schadet.[109] Bei der Bestimmung dieser Vorschriften ist zudem aber auch der Zweck des Art 8 der Rom I-VO, den wirtschaftlich und sozial schwächeren Arbeitnehmer zu schützen, zu berücksichtigen, weshalb auch Tarifvertragsnormen vom Begriff des zwingenden Rechts erfasst sein können.[110] Erfasst werden daher nur zwingende Arbeitnehmerschutzvorschriften, nicht jedoch jedes sonstige Recht, über das die Parteien eines Schuldverhältnisses nach nationalem Recht nicht disponieren können.[111] Dies kann im Einzelfall Abgrenzungsschwierigkeiten zu Vorschriften, die allgemeinen wirtschaftlichen, sozialen oder politischen Zwecken dienen, hervorrufen.[112]

Da sich der Zweck des Art 8 der Rom I-VO lediglich auf den Erhalt des bestehenden Arbeitnehmerschutzes beschränkt, ist der Verweis auf eine andere Rechtsordnung trotz bestehender zwingender Arbeitnehmerschutzvorschriften nicht zu beanstanden, wenn die anzuwendende Rechtsordnung im Ergebnis zu einer günstigeren Position des Arbeitnehmers führt. Es gilt also das Günstigkeitsprinzip.[113] Anhand eines Vergleiches der aufgrund der

---

109 *Krebber* in: *Franzen/Gallner/Oetker* (Hg), Kommentar zum Europäischen Arbeitsrecht, 2016, Art 1 VO 593/2008/EG Rn 18; *Oetker* in: MünchArbR, 4. Aufl, § 13 Rn 25; *Martiny* in: *Reithmann/Martiny* (Hg), Internationales Vertragsrecht, Rn 6.2871 ff; vgl auch Nr 35 der Begründungserwägungen.

110 *Doehner* in: *Hüßtege/Mansel*, ZPO, Art 8 Rom I Rn 16.

111 *Oetker* in: MünchArbR, 4. Aufl, § 13 Rn 28.

112 *Martiny* in: *Reithmann/Martiny* (Hg), Internationales Vertragsrecht, Rn 6.2871; *Martiny* in: MünchKommIPR, 7. Aufl 2018, Art 8 Rom I-VO Rn 36.

113 *Krebber* in: *Franzen/Gallner/Oetker* (Hg), Kommentar zum Europäischen Arbeitsrecht, 2016, Art 1 VO 593/2008/EG Rn 17 ff; *Martiny* in: MünchKommIPR,

Rechtswahl in Frage kommenden Normen der verschiedenen Rechtsordnungen, die die anstehenden Sachfragen betreffen, ist zu ermitteln, ob das gewählte Recht zumindest nicht ungünstiger ist. Ein Gesamtvergleich der Rechtsordnungen ist ebenso wie ein Einzelvergleich ausgeschlossen.[114] Da gem Art 8 der Rom I-VO die Arbeitnehmer nur nicht dem Schutz „zwingender Vorschriften" entzogen werden dürfen, bleibt eine Rechtswahl betreffend disponiblen Vorschriften wirksam. Dies kann im Einzelfall zu einem Nebeneinander der Anwendbarkeit verschiedener Rechtsordnungen auf ein Arbeitsverhältnis führen.[115] Das Günstigkeitsprinzip macht die objektive Anknüpfung an den Beschäftigungsort damit zur Regelanknüpfung, von der mittels Rechtswahl (= subjektive Anknüpfung) nur abgewichen werden darf, sofern dadurch die Rechtslage für Arbeitnehmer verbessert wird[116].

C. International zwingende Vorschriften (Eingriffsnormen)

In Art 9 Abs 1 der Rom I-VO wurde erstmals in Anlehnung an die Entscheidung Arblade[117] eine Definition der Eingriffsnorm europarechtlich verankert.[118] Danach ist eine Eingriffsnorm „eine zwingende Vorschrift, deren Einhaltung von einem Staat als so entscheidend für die Wahrung seines öffentlichen Interesses, insbesondere seiner politischen, sozialen oder wirtschaftlichen Organisation, angesehen wird, dass sie ungeachtet des nach Maßgabe" der Rom I-VO „auf den Vertrag anzuwendenden Rechts auf alle Sachverhalte anzuwenden ist, die in ihren Anwendungsbereich fallen". Eingriffsnormen kommt somit international zwingende Wirkung zu, ihnen gebührt sowohl gegenüber einer aufgrund Rechtswahl anzuwendenden Norm als auch gegenüber einer aufgrund objektiver Anknüpfung anzuwendenden Norm Vorrang.[119] Art 9 Abs 1 der Rom I-VO verschafft somit den international zwingenden Normen des Rechts des Gerichtsortes (lex fori) Geltung.

Art 8, 7. Aufl 2018, Rom I-VO Rn 40 ff; *ders* in: *Reithmann/Martiny* (Hg), Internationales Vertragsrecht, Rn 6.2874; *Deinert*, RdA 2009, 145.

114 Vgl auch *Martiny* in: MünchKommIPR, Art 8 Rom I-VO Rn 42; *ders* in: *Reithmann/Martiny* (Hg), Internationales Vertragsrecht, Rn 6.2876; *Doehner* in: *Hüßtege/Mansel* (Hg), ZPO, Art 8 Rom I Rn 19 ff; *Rudisch* in: *Czernich/Heiss* (Hg), EVÜ Art 6 Rn 29; *Riesenhuber*, Europäisches Arbeitsrecht, § 5 Rn 22.

115 *Oetker* in: MünchArbR, 4. Aufl, § 13 Rn 30.

116 *Eichenhofer*, FS-Marhold, 481 (484).

117 EuGH Rs C-369/96 und C-376/96 (Arblade) EU:C:1999:575.

118 *Freitag* in: *Reithmann/Martiny* (Hg), Internationales Vertragsrecht, Rn 5.16; HK-BGB/*A. Staudinger*, 10. Aufl 2019, Rom I-VO Art 9 Rn 2; *Pfeiffer*, EuZW 2008, 628; *Tscherner*, Arbeitsbeziehungen, 46 ff.

119 *Freitag* in: *Reithmann/Martiny* (Hg), Internationales Vertragsrecht, Rn 5.13 fff; *Oetker* in: MünchArbR, 4. Aufl, § 13 Rn 67; ErfK/*Schlachter*, 20. Aufl. 2020,

Wann einer Vorschrift international zwingende Wirkung zukommt, ist eine der im internationalen Privatrecht im Detail umstrittensten Fragen. Jedenfalls lässt sich der Definition des Art 9 Abs 1 der Rom I-VO entnehmen, dass sie für die Vertragsparteien unabdingbar sein muss. Spricht Art 9 Abs 1 der Rom I-VO von der Wahrung des öffentlichen Interesses eines Staates, insbesondere seiner politischen, sozialen oder wirtschaftlichen Interessen, so ist dadurch auch klargestellt, dass es sich zum einen keinesfalls um speziell arbeitsrechtliche Vorschriften handeln muss, zum anderen die Vorschrift aber auch nicht nur auf den Individualschutz des Arbeitnehmers abzielen darf. Vielmehr muss sie unmittelbar und nicht nur reflexartig das Interesse des Gemeinwohls verfolgen.[120] Regelungen zum Individualschutz des Arbeitnehmers können allein auf Grundlage des Art 8 der Rom I-VO durchgesetzt werden.[121] Wann eine arbeitsrechtliche Regelung als international zwingend anzusehen ist, ist durch Auslegung zu ermitteln, wobei ein enger Maßstab anzulegen ist. Unerheblich ist es dabei jedoch, ob es sich um eine privatrechtliche oder öffentlich-rechtliche Zwangsnorm handelt. Als international zwingende Normen des Arbeitsrechts werden bspw Vorschriften über die zulässige Höchstarbeitszeit, zum (technischen) Arbeitsschutz, zum Mutterschutz[122], zur Arbeitnehmerentsendung[123] sowie zur Entgeltfortzahlung, nicht aber der allgemeine Kündigungsschutz oder der im deutschen Recht existierende Anspruch auf Teilzeitbeschäftigung[124] gezählt, da in den letzteren Fällen lediglich die Individualinteressen betroffen sind bzw sich die Förderung öffentlicher Interessen als eine Reflexwirkung darstellt.[125]

Art 9 Abs 1 der Rom I-VO verschafft jedoch nur den Eingriffsnormen der lex fori Geltung. Ob und unter welchen Voraussetzungen auch Eingriffsnormen eines dritten Staates Anwendung finden, der nicht Gerichtsort ist und dessen Recht auch nicht aufgrund der Rechtswahl oder der objektiven Anknüpfung zur Anwendung kommt, regelt Art 9 Abs 3 der Rom I-VO.[126]

Rom I-VO Art. 3- Art. 9 Rn. 21; *Riesenhuber*, Europäisches Arbeitsrecht, § 5 Rn 24; *Windisch-Graetz*, ZfRV 2015, 193.

120 *Freitag* in: *Reithmann/Martiny* (Hg), Internationales Vertragsrecht, Rn 5.5; *Oetker* in: MünchArbR, 4. Aufl, § 13 Rn 69 ff; *Riesenhuber*, Europäisches Arbeitsrecht, § 5 Rn 25.

121 Zum Verhältnis von Art 8 zu Art 9 der Rom I-VO vgl ausführlich *Freitag* in: *Reithmann/Martiny* (Hg), Internationales Vertragsrecht, Rn 5.20 ff; HK-BGB/*A. Staudinger*, 10. Aufl 2019, Rom I-VO Art 8 Rn 2.

122 *Lurger/Melcher*, Handbuch IPR, Rn 4/154.

123 Zum Thema Arbeitnehmerentsendung und Eingriffsnormen siehe auch unter III.

124 BAG 13.11.2007, NZA 2008, 761.

125 *Riesenhuber*, Europäisches Arbeitsrecht, § 5 Rn 25.

126 Art 9 Abs 3 der Rom I-VO hat insbesondere auf die nationale Rechtslage in Deutschland erhebliche praktische Konsequenzen, da Deutschland noch unter

Danach kann auch den Eingriffsnormen des Staates, in dem die durch den Vertrag begründeten Verpflichtungen erfüllt werden sollen, Wirkung verliehen werden, soweit diese Eingriffsnormen die Erfüllung des Vertrages unrechtmäßig werden lassen. Entscheidend ist somit nicht der Ort, in dem der Schwerpunkt des Dienstverhältnisses liegt, sondern der Ort, an dem tatsächlich gearbeitet wird.[127] Bei der Entscheidung, ob den Eingriffsnormen dritter Staaten Wirkung zu verleihen ist, sind Art und Zweck dieser Normen sowie die Folgen zu berücksichtigen, die sich aus ihrer (Nicht-) Anwendung ergeben würden. Den mit der Entscheidung befassten Gerichten wird somit eine Ermessensentscheidung anhand dieser Kriterien vorgegeben.[128] Als Beispiel seien hier die Regelungen zu Höchstarbeitszeiten und Feiertagen des Ortes, an dem tatsächlich die Arbeitsleistung erbracht wird, genannt.[129]

D. Ordre public

Die Anwendung von Vorschriften des nach Art 8 der Rom I-VO bestimmten Rechts kann gem Art 21 der Rom I-VO nur versagt werden, wenn ihre Anwendung mit der öffentlichen Ordnung („ordre public") des Staates des angerufenen Gerichts offensichtlich unvereinbar ist. Bei krassen Verstößen gegen die Grundwerte der lex fori ist somit ebenfalls eine Korrekturmöglichkeit hinsichtlich des anzuwendenden Rechts eröffnet. Angesichts des Regelungsinhalts der Art 8 und 9 der Rom I-VO ist der Anwendungsbereich des ordre-public-Vorbehalts im Bereich des Arbeitsrechts sehr gering.[130]

III. Die Richtlinie 96/71/EG über die Entsendung von Arbeitnehmern im Rahmen der Erbringung von Dienstleistungen (Entsenderichtlinie)

Literatur: *Binder*, Die Arbeitnehmerentsendung aus EU-/EWR-Staaten nach Österreich unter besonderer Berücksichtigung eines möglichen Sozialdumpings, DRdA 1999, 1 ff und 100 ff; *Däubler*, Die Entsende-Richtlinie und ihre Umsetzung in das

Geltung des EVÜ von der Möglichkeit des Art 22 Abs 1 EVÜ Gebrauch gemacht und Art 7 Abs 1 EVÜ – die Vorgängervorschrift zu Art 9 Abs 3 der Rom I-VO – nicht in das nationale Recht übernommen hat, da mit der Anwendung ausländischer Eingriffsnormen auf Grundlage von Art 7 Abs 1 eine erhebliche Rechtsunsicherheit verbunden war. Art 9 Abs 3 der Rom I-VO ist jetzt in Deutschland unmittelbar anzuwendendes Recht. Zu dieser Problematik siehe ausführlich *Pfeiffer*, EuZW 2008, 628.

127 *Martiny* in: *Reithmann/Martiny* (Hg), Internationales Vertragsrecht, Rn 4910.

128 *Riesenhuber*, Europäisches Arbeitsrecht, § 5 Rn 25.

129 *Martiny* in: *Reithmann/Martiny* (Hg), Internationales Vertragsrecht, Rn 4910.

130 *Martiny* in: *Reithmann/Martiny* (Hg), Internationales Vertragsrecht, Rn 4913; *Riesenhuber*, Europäisches Arbeitsrecht, § 5 Rn 27.

deutsche Recht, EuZW 1997, 613; *Deinert*, Arbeitnehmerentsendung im Rahmen der Erbringung von Dienstleistungen innerhalb der Europäischen Union, RdA 1996, 339 ff; *Eichenhofer*, Arbeitsbedingungen bei Entsendung von Arbeitnehmern, ZIAS 1996, 55 ff; *Feuerborn*, Grenzüberschreitender Einsatz von Fremdfirmenpersonal, EAS B 2500; *Forgo*, Aktuelles zur „Entsende-Richtlinie", ecolex 1996, 815 ff; *Franzen*, Arbeitskollisionsrecht und sekundäres Gemeinschaftsrecht: Die EG-Entsende-Richtlinie, ZEuP 1997, 1055 ff; *ders*, Die geänderte Arbeitnehmer-Entsenderichtlinie, EuZA 2019, 2; *Friedrich*, Die Umsetzung der Entsenderichtlinie in Österreich – Zur europarechtskonformen Interpretation des § 7b AVRAG, in: FS-Posch, 161 ff; *Gagawczuk*, Die Änderung der Entsenderichtlinie, DRdA-infas 2018,329; *Görres*, Grenzüberschreitende Arbeitnehmerentsendung in der EU, 2003; *Holzer/Reissner* (Hg), Arbeitsvertragsrechts-Anpassungsgesetz, Nachtrag 1999, §§ 7 bis 7c; *Karl*, Grenzüberschreitende Entsendung, ZAS 2015, 196; *Kellerbauer*, Zur Reform der EU-Entsenderichtlinie: Arbeitnehmerschutz durch gleichen Lohn für gleiche Arbeit?, EuZW 2018, 846; *Kohlbacher*, Streikrecht und Europarecht, 2014; *Kort*, Die Bedeutung der europarechtlichen Grundfreiheiten für die Arbeitnehmerentsendung und die Arbeitnehmerüberlassung, NZA 2002, 1248 ff; *Kozak*, Die Änderung der Entsende-Richtlinie, DRdA 2019, 110; *Krebber*, Die Bedeutung von Entsenderichtlinie und Arbeitnehmer-Entsendegesetz für das Arbeitskollisionsrecht, IPRax 2001, 22 ff; *Rieble/Lessner*, Arbeitnehmer-Entsendegesetz, Nettolohnhaftung und EG-Vertrag, ZfA 2002, 29 ff; *Mayr*, Arbeitsrechtliche Fragestellungen bei der Entsendung von BauarbeiterInnen innerhalb der Europäischen Union an den Beispielen Österreich und Deutschland, in: FS-*Cerny*, 255 ff; *Niksova*, Entsenderichtlinie neu: „Gleiches Entgelt für gleiche Arbeit am gleichen Ort"?, ZAS 2019,152; *Megymorez*, Die Entsenderichtlinie – Europarechtliche Vorgaben für den österreichischen Gesetzgeber, in: *Resch* (Hg), Arbeitnehmerentsendung, 1999; *Rebhahn*, Entsendung von Arbeitnehmern in der EU – arbeitsrechtliche Fragen zum Gemeinschaftsrecht, DRdA 1999, 173 ff; *Rebhahn/Windisch-Graetz* in: *Franzen/Gallner/Oetker* (Hg), Kommentar zum Europäischen Arbeitsrecht, 3. Aufl 2020, Nr 460; *Riesenhuber*, Die Änderungen der arbeitsrechtlichen Entsenderichtlinie, NZA 2018, 1433; *Windisch-Graetz*, Grenzüberschreitende Arbeitsverhältnisse im Spannungsverhältnis von Rom I und Entsenderichtlinie, ZfRV 2015, 192 ff; *dies*., Aktuelle Probleme von Entsendungen, in: *Schrattbauer/Pfeil/Mosler* (Hg), Migration Arbeitsmarkt und Sozialpolitik, Wien 2018, 213; *Windisch-Graetz/Studer*, Änderung der Entsenderichtlinie 2018, ZAS 2019, 147; *Tscherner*, Arbeitsbeziehungen und Europäische Grundfreiheiten, 2012; *Vogelsang* in: *Schaub* (Hg), Arbeitsrechtshandbuch, 18. Aufl 2019, § 162; *Wichmann*, Dienstleistungsfreiheit und grenzüberschreitende Entsendung von Arbeitnehmern, Frankfurt 1998; *Birk* in: MünchArbR, 2. Aufl 2000, § 19 Rn 121 ff; *Winkler von Mohrenfels/Bock*, Abschluss des Arbeitsvertrages und anwendbares Recht, EAS B 3000 Rn 101 ff; *Wolfsgruber*, Die grenzüberschreitende Entsendung von Arbeitnehmern, 2001.

A. Einleitung

Zu kollisionsrechtlichen Problemen im Bereich des Arbeitsrechts[131] kann es auch kommen, wenn ein Unternehmer im Rahmen der Dienstleistungsfrei-

131 Auf dem Gebiet der sozialen Sicherheit wurde mit der Verordnung 1408/71 eine europarechtliche Regelung für Wanderarbeitnehmer und somit auch für entsen-

heit gem Art 56 ff AEUV (ex-Art 49 ff EGV) Dienstleistungen in einem anderen Mitgliedstaat als dem seines Unternehmenssitzes erbringt und zu diesem Zweck vorübergehend Arbeitnehmer in diesem anderen Mitgliedstaat einsetzt. Der EuGH[132] hatte sich mehrfach unter dem Aspekt der Dienstleistungsfreiheit gem Art 49 ff EGV (Art 56 ff AEUV) mit Fällen der Arbeitnehmerentsendung zu befassen, ob diese Vorschriften erlauben, grenzüberschreitend Dienstleistungen zu erbringen und zu diesem Zwecke eigene Arbeitnehmer in einem anderen Mitgliedstaat einzusetzen. In der Rechtssache Vander Elst stellte der EuGH[133] zudem klar, dass die Dienstleistungsfreiheit auch das Recht eines Arbeitgebers umfasst, im Rahmen einer grenzüberschreitenden Dienstleistung nicht nur Unionsbürger, sondern auch Drittstaatsangehörige als Arbeitnehmer einzusetzen, sofern diese legal im Entsendestaat beschäftigt sind. Der Unternehmer soll also vor allem nicht gezwungen sein, neue Arbeitskräfte in dem Staat, in dem er seine Dienstleistung erbringen möchte, anzustellen.

Kern der Dienstleistungsfreiheit ist das Diskriminierungs- und Beschränkungsverbot. Art 57 AEUV (ex-Art 60 EGV) sieht daher vor, dass der Dienstleistungserbringer seine Dienstleistungen in einem anderen Mitgliedstaat „unter den Voraussetzungen, welche dieser Staat für seine eigenen Angehörigen vorschreibt“, erbringen können muss. Ein Mitgliedstaat ist daher daran gehindert, den Einsatz von Personal eines Unternehmers aus einem anderen Mitgliedstaat von einer Arbeitserlaubnis abhängig zu machen oder einem sonstigen komplizierten Verwaltungsverfahren zu unterziehen, das für die eigenen Staatsangehörigen nicht oder nicht so umfassend vorgesehen ist.[134]

Bereits in seiner frühen Rechtsprechung zur Arbeitnehmerentsendung und Dienstleistungsfreiheit stellte der EuGH im Fall Rush Portuguesa[135] – zunächst lediglich als obiter dicta – fest, dass es die Dienstleistungsfreiheit den Mitgliedstaaten nicht verwehre,

> „ihre Rechtsvorschriften und Tarifverträge unabhängig davon, in welchem Land der Arbeitgeber ansässig ist, auf alle Personen auszudehnen, die in ihrem Hoheitsgebiet, und sei es auch nur vorübergehend, eine unselbständige Erwerbstätigkeit ausüben.“

---

dete Arbeitnehmer getroffen. Diese Regelungen finden sich mit 1.5.2010 in der Verordnung (EG) 883/2004 iVm der Verordnung (EG) 987/2009.

132 Vgl nur EuGH Rs 279/80 (Webb), EU:C:1981:314; EuGH Rs 62 und 63/81 (Seco), EU:C:1982:34; EuGH Rs C-113/89 (Rush Portuguesa), EU:C:1990:142; vgl zuletzt EuGH Rs C-341/05 (Laval), EU:C:2007:809 Rn 56.

133 EuGH Rs C-43/93 (Vander Elst), EU:C:1994:310.

134 Vgl aus letzter Zeit nur EuGH Rs C-168/04 (Kommission ./. Österreich), EU:C2006:595;EuGHRsC-490/04(Kommission./.Deutschland),EU:C:2007:430.

135 EuGH Rs C-113/89 (Rush Portuguesa), EU:C:1990:142.

Als Folge dieser Rechtsprechung zur Entsendung von Arbeitnehmern bei grenzüberschreitender Erbringung von Dienstleistungen wurde für diesen besonderen Fall nach anfänglichem Zögern gegen den Widerstand von Portugal und Großbritannien mit der Richtlinie 96/71/EG[136] eine europarechtliche Regelung gefunden, die sich sowohl der materiellrechtlichen als auch der prozessualen Fragen dieses Problembereiches annimmt. Ziel der Richtlinie ist es, das Spannungsverhältnis zwischen Dienstleistungsfreiheit einerseits und der unterschiedlichen Arbeitsgesetzgebung in den Mitgliedstaaten, die zu Wettbewerbsverzerrungen führen können, andererseits zu regeln.

Die Entsenderichtlinie wurde – nicht zuletzt um das Erfordernis der Einstimmigkeit nicht erfüllen zu müssen – auf Art 57 Abs 2 und Art 66 EGV aF gestützt. Danach können im Verfahren des Art 189b EGV aF (jetzt Art 294 AEUV) Richtlinien zur Koordinierung der Rechts- und Verwaltungsvorschriften der Mitgliedstaaten über die Ausübung der Dienstleistungsfreiheit durch Angehörige anderer Mitgliedstaaten erlassen werden. Dies führte in der Literatur[137] teilweise zu heftiger Kritik, da in diesen Vorschriften einerseits keine geeignete Ermächtigungsgrundlage zum Erlass der Richtlinie gesehen wurde, andererseits die Richtlinie auch inhaltlich mit der Dienstleistungsfreiheit nicht zu vereinbaren wäre. Der Hauptvorwurf lag darin, dass durch die Entsenderichtlinie die Ausübung der Dienstleistungsfreiheit nicht geregelt, sondern beschränkt werde. Ob dieser Vorwurf angesichts der auch unter Geltung der Entsenderichtlinie mehrfach bestätigten Rechtsprechung[138] des EuGH zur Dienstleistungsfreiheit gerechtfertigt ist, ist jedoch zu bezweifeln.[139]

---

136 Zur Entwicklungsgeschichte und Zielsetzung der Entsenderichtlinie siehe ausführlich *Franzen*, ZEuP 1997, 1055; *Rieble/Lessner*, ZfA 2002, 36; *Görres*, Arbeitnehmerentsendung, 101; *Feuerborn*, EAS 2500, Rn 109; *Tscherner*, Arbeitsbeziehungen, 58; *Rebhahn/Windisch-Graetz* in: *Franzen/Gallner/Oetker* (Hg), Kommentar zum Europäischen Arbeitsrecht, 2016, Art 1 RL 96/71/EG Rn 1 ff.

137 Vgl nur *Gerken/Löwisch/Rieble*, Der Entwurf eines Arbeitnehmer-Entsendegesetzes in ökonomischer und rechtlicher Sicht, BB 1995, 2373; *Königs*, Rechtsfragen des Arbeitnehmer-Entsendegesetzes und der EG-Entsenderichtlinie, DB 1997, 227; *Rieble/Lessner*, ZfA 2002, 49 ff; *Görres*, Arbeitnehmerentsendung, 223 mwN.

138 Siehe nur EuGH Rs C-49/98, C-50/98, C-53/98 bis 54/98 und C-68/98 bis 71/98 (Finalarte ua), EU:C:2001:564; EuGH C-341/02 (Kommission ./. Deutschland), EU:C:2005:220 = NZA 2005, 573 mwN.

139 Vgl ausführlich *Winkler von Mohrenfels/Bock*, EAS B 3000, Rn 178; *Däubler*, EuZW 1997, 614; *Deinert*, RdA 1996, 350; *Schlachter/Franzen* in: ErfK, 20. Aufl, § 1 AEntG Rn 3; *Hanau*, Das Arbeitnehmer-Entsendegesetz, NJW 1996, 1372 f.; vgl zur Neufassung der Entsenderichtlinie durch die Richtlinie (EU) 2018/957

Die Richtlinie 96/71/EG war bis zum 16. 12. 1999 umzusetzen.[140] Mit dieser Richtlinie wird im Gegensatz zu den bisher dargestellten kollisionsrechtlichen Regelungen jedoch nicht allein der Schutz des wirtschaftlich und sozial schwächeren Arbeitnehmers bezweckt. Sie dient darüber hinaus vielmehr auch dem Schutz der inländischen Unternehmen vor Wettbewerbsverzerrungen durch die Entsendung kostengünstiger Arbeitnehmer aus anderen Mitgliedstaaten mit niedrigem Lohnniveau in Mitgliedstaaten mit hohem Lohnniveau.[141]

Mit der Richtlinie 2014/67/EU zur Durchsetzung der Richtlinie 96/71/EG über die Entsendung von Arbeitnehmern im Rahmen der Erbringung von Dienstleistungen[142] sollen, wie der Name der Richtlinie schon sagt, Rahmenbedingungen insbesondere für die Zusammenarbeit der Verwaltungsbehörden dafür geschaffen werden, dass die von der Entsenderichtlinie bezweckten, einen fairen Wettbewerb garantierenden Ziele im Rahmen der oben erörterten Rechtsprechung vor allem auch durch eine Zusammenarbeit der Verwaltungsbehörden der Mitgliedstaaten erreicht werden. Primäres Ziel der Richtlinie ist die Kontrolle der Einhaltung der Vorgaben der Entsenderichtlinie, wobei in erster Linie eine bessere und einheitlichere

---

Niksova, ZAS 2019, 152 (157 f); *Klein*, Primärrechtskonformität der revidierten Entsende-Richtlinie, EuZW 2019, 673..

140 In Österreich bestanden mit den §§ 7, 7a AVRAG, die auf Grundlage der Rechtsprechung des EuGH zur Dienstleistungsfreiheit entstanden, schon vor Inkrafttreten der Entsenderichtlinie Regelungen zur Arbeitnehmerentsendung, die jedoch nach Inkrafttreten der Entsenderichtlinie in erheblichem Umfang geändert wurden [vgl ausführlich zur neuen Rechtslage die Kommentierungen bei *Holzer/Reissner* (Hg), aaO §§ 7 bis 7c AVRAG; *Binder*, AVRAG §§ 7 bis 7c]. Mit dem Lohn- und Sozialdumping Bekämpfungsgesetz wurden diese Regelungen im Wesentlichen gleich mit Wirkung zum 1.1.2017 einem eigenen Gesetz zugeführt. Auch in Deutschland, wo gerade im Bereich der Bauindustrie große Sorge bestand, dass durch ausländische Anbieter aus Billiglohnländern wie Portugal, Griechenland und Großbritannien das soziale Niveau untergraben werden könnte, hatte man bereits zuvor durch das Arbeitnehmer-Entsendegesetz (AentG) insbesondere auch den Teil der Richtlinie, der sich auf allgemeinverbindliche Tarifverträge im Baugewerbe erstreckt, vorweggenommen.

141 *Krebber*, IPRax 2001, 2223, geht sogar soweit, dass er den Arbeitnehmerschutz angesichts der Arbeitnehmerschutzvorschriften und des Lohnniveaus in den Mitgliedstaaten nur als vorgeschobenes Argument ansieht, da es tatsächlich allein darum ginge, „Wettbewerbsvorteile des Dienstleistungserbringers zu neutralisieren“. Vgl auch *Kort*, NZA 2002, 1251 f.

142 Dazu auch *Rebhahn/Windisch-Graetz* in: *Franzen/Gallner/Oetker* (Hg), Kommentar zum Europäischen Arbeitsrecht, 2016, Art 1 RL 96/71/EG Rn 16 ff; *Krebber* in: *Franzen/Gallner/Oetker*, Kommentar zum Europäischen Arbeitsrecht, 3. Auflage 2020, Art 1 Rl 96/71/EG, Rn 24 ff; *Kocher*, Europäisches Arbeitsrecht, § 7 Rn 37 ff.

Durchführung, Anwendung und Durchsetzung der Entsenderichtlinie erreicht werden und Umgehungsgeschäfte wie Scheinbeschäftigungen[143] im Entsendestaat verhindert werden sollen. Zu diesem Zweck soll vor allem den Verwaltungsbehörden des Aufnahmestaats gegebenenfalls in Zusammenarbeit mit den Verwaltungsbehörden des Niederlassungsstaates die Möglichkeit eingeräumt werden zu prüfen, ob eine Entsendungssituation iSd Entsenderichtlinie tatsächlich gegeben ist.[144] Durch die RL 2014/67/EU wurde der Geltungsbereich der Entsenderichtlinie aber nicht erweitert.

Mit der bis zum 30. Juli 2020[145] umzusetzenden Richtlinie (EU) 2018/957 hat die Entsenderichtlinie erhebliche Änderung erfahren, die im Folgenden bei den Detailfragen erörtert werden.[146] Eine der wesentlichen Zielsetzungen der Neuerungen liegt darin, das richtige Gleichgewicht zwischen der Notwendigkeit der Förderung der Dienstleistungsfreiheit und der Gewährleistung gleicher Wettbewerbsbedingungen einerseits und zum anderen der Notwendigkeit des Schutzes der Rechte entsandter Arbeitnehmer zu sorgen (vgl Art 1 Unterabsatz 1 der Entsendrichtlinie in ihrer Neufassung).

B. Anwendungsbereich der Entsenderichtlinie

1. Persönlicher Anwendungsbereich

Die Richtlinie 96/71/EG in der Fassung der Richtlinie (EU) 2018/957 (im Folgenden Entsenderichtlinie) findet nach Art 2 Abs 1 auf Arbeitnehmer Anwendung, die während eines begrenzten Zeitraums ihre Arbeitsleistungen im Hoheitsgebiet eines anderen Mitgliedstaats als demjenigen erbringen, in dessen Hoheitsgebiet sie normalerweise arbeiten[147]. Eine zeitliche Höchstgrenze der Entsendung kannte die Entsenderichtlinie in der Fassung der Richtlinie 96/71/EG, anders als auf dem Gebiet der sozialen Sicherheit Art 12 der Verordnung (EG) 883/2004,[148] nicht; sie gilt unabhängig von der

143 Vgl Rn 10 der Begründungserwägungen zur RL 2014/67/EU.

144 Vgl Rn 8 der Begründungserwägungen zur RL 2014/67/EU.

145 Im Bereich des internationalen Straßenverkehrs bedarf es allerdings für das In-Kraft-Treten der Neufassung der Entsenderichtlinie noch weiterer Rechtsakte im Zusammenhang mit dem sogenannten Mobilitätspaket (vgl Art 3 Abs 3 der RL 2018/957). Bis dahin gilt für diesen Bereich die Richtlinie 96/71/EG unverändert fort.

146 Zu den Änderungen der Entsenderichtlinie durch die Richtlinie (EU) 2018/957 vgl *Franzen*, EuZA 2019, 3; *Gagawczuk*, DRdA-infas 2018,329; *Kellerbauer*, EuZW 2018, 846; *Niksova*, ZAS 2019,152; *Kozak*, DRdA 2019, 110; *Riesenhuber*, NZA 2018, 14333; *Windisch-Graetz/Studer*, ZAS 2019, 147.

147 Zu den Kontrollmöglichkeiten vgl Art 4 Abs 3 und 5 der RL 2014/67/EU; kritisch zu dieser Regelung *Krebber* in: *Franzen/Gallner/Oetker* (Hg), EuArbR 3. Aufl 2020, RL 96/71/EG, Art 2 Rn 5.

148 Vormals Art 14 VO (EWG) 1408/71.

Dauer der Entsendung,[149] auch Entsendungen über mehrere Jahre, sofern sie zeitlich begrenzt sind, können von ihr erfasst werden.[150] Mit der Neufassung der Entsenderichtlinie durch die Richtlinie (EU) 2018/957 wurde der Schutz der Arbeitnehmer, die für einen längeren Zeitraum als zwölf Monate, bei begründeter Mitteilung des Dienstleistungserbringers von 18 Monaten entsendet werden, erweitert. Auch die Neufassung kennt aber keine zeitliche Höchstgrenze[151]. Hierauf wird im Zusammenhang mit den für die Arbeitnehmer zu gewährleistenden Rechten näher eingegangen.

Will man den Schutzzweck der Entsenderichtlinie, den entsandten Arbeitnehmern zumindest bestimmte Arbeitsbedingungen des Empfangsstaates unabhängig von dem nach internationalem Privatrecht anzuwendenden Recht zu garantieren, nicht ignorieren, so darf es für die Anwendbarkeit der Entsenderichtlinie auch nicht darauf ankommen, dass der Arbeitnehmer vor und/oder nach der Entsendung für das entsendende Unternehmen gearbeitet hat oder arbeiten wird.[152] Selbst nur für ein Projekt im Ausland eingestellte Arbeitnehmer, auf deren Arbeitsverhältnis trotz überwiegender bzw ausschließlicher Tätigkeit im Empfangsstaat gem Art 8 Abs 3 Rom-I VO das Recht des Entsendestaates Anwendung findet, sind die Mindestbedingungen nach Art 3 Abs 1 der Entsenderichtlinie zu garantieren.

Als Arbeitnehmer iSd Richtlinie ist derjenige anzusehen, der nach dem Recht des Staates, in den er entsandt wird, als Arbeitnehmer gilt. Dies kann zur Folge haben, dass jemand nach dem Recht des Entsendestaates zwar als Arbeitnehmer gilt, nicht aber im Empfangsstaat und umgekehrt.[153] Dem kommt besondere Bedeutung zu, wenn sich ein Unternehmen bei der grenz-

149 Vgl Nr 14 der Erwägungsgründe der Richtlinie 96/71/EG. Zur Problematik der kurzfristigen Entsendung im Rahmen der Erbringung grenzüberschreitender Dienstleistungen in grenznahen Regionen vgl ausschließlich aus dem Blickwinkel der Dienstleistungsfreiheit, EuGH Rs C-165/98 (Mazzoleni), EU:C:2001:162.

150 *Binder*, DRdA 1999, 8; krit *Rebhahn/Windisch-Graetz* in: *Franzen/Gallner/Oetker* (Hg), Kommentar zum Europäischen Arbeitsrecht, 2016, Art 2 RL 96/71/EG Rn 8; *Krebber* in: Franzen/Gallner/Oetker (Hg), Kommentar zum Europäischen Arbeitsrecht, 3. Aufl 2020, Art 2 RL 96/71/EG Rn 8; widersprüchlich *Birk* in: MünchArbR, 2. Aufl, § 19 Rn 126 und 134.

151 *Krebber* in: Franzen/Gallner/Oetker (Hg), Kommentar zum Europäischen Arbeitsrecht, 3. Aufl 2020, Art 3 RL 96/71/EG Rn 4.

152 *Rebhahn*, DRdA 1999, 176; *Rebhahn/Windisch-Graetz* in: *Franzen/Gallner/Oetker* (Hg), Kommentar zum Europäischen Arbeitsrecht, 2016, Art 1 RL 96/71/EG Rn 35; *Krebber* in: Franzen/Gallner/Oetker (Hg), Kommentar zum Europäischen Arbeitsrecht, 3. Aufl 2020, Art 2 RL 96/71/EG Rn 10 ff; aA *Birk* in: MünchArbR, 2. Aufl, § 19 Rn 128.

153 *Krebber* in: Franzen/Gallner/Oetker (Hg), Kommentar zum Europäischen Arbeitsrecht, 3. Aufl 2020, Art 2 RL 96/71/EG Rn 1; *Birk* in: MünchArbR, 2. Aufl, § 19 Rn 123; *Görres*, Arbeitnehmerentsendung, 113.

überschreitenden Erbringung von Dienstleistungen sogenannter Einmanngesellschaften bedient, die nach nationalem Recht des Entsendestaates zulässig sind und als Selbständige nicht dem Arbeitnehmerbegriff unterfallen, die im Empfangsstaat jedoch aufgrund der Gefahr der Umgehung zwingenden Arbeitnehmerschutzes als Scheinselbständige vom Arbeitnehmerbegriff erfasst werden.[154] Dadurch, dass nach der Rechtsordnung des Empfängerstaates beurteilt wird, ob jemand als Arbeitnehmer oder Selbständiger anzusehen ist, wird gewährleistet, dass aufgrund der unterschiedlichen Arbeitnehmerbegriffe der Mitgliedstaaten in Entsendungsfällen die Schutznormen des Mitgliedstaates, in dem die Leistung tatsächlich erbracht wird, nicht ausgehöhlt werden können. Nur auf diesem Wege kann die wettbewerbsrechtliche Zielsetzung der Richtlinie sinnvoll erreicht werden.[155]

Auf Arbeitgeberseite gilt die Entsenderichtlinie gem Art 1 Abs 1 für Unternehmen mit Sitz in einem Mitgliedstaat, die im Rahmen der länderübergreifenden Erbringung von Dienstleistungen Arbeitnehmer – auch aus Drittstaaten – in das Hoheitsgebiet eines anderen Mitgliedstaates entsenden. Das entsendende Unternehmen muss also von seinem Recht auf Dienstleistungsfreiheit gem Art 56 AEUV Gebrauch machen.[156] Werden grenzüberschreitende Dienstleistungen erbracht, ohne dass zu diesem Zweck Arbeitnehmer entsandt werden, kommt die Entsenderichtlinie nicht zur Anwendung.[157]

Keinesfalls will jedoch die Entsenderichtlinie die missbräuchliche Ausnutzung der Dienstleistungsfreiheit ermöglichen. Problematisch sind in diesem Zusammenhang vor allen Dingen Schein- oder Briefkastenfirmen, die von inländischen Unternehmen nur zu dem Zweck im Ausland gegründet werden, dem inländischen Arbeits-, Sozial- oder Steuerrecht oder zumindest Teilen derer zu entgehen. Bei derartigen Unternehmen wäre zunächst

154 Ausführlich dazu *Däubler*, EuZW 1997, 618; *Rebhahn*, DRdA 1999, 178.

155 Dem scheint aber Art 4 Abs 3 der Durchsetzungs-Richtlinie 2014/67/EU entgegen zu stehen, wenn die zuständigen Behörden anhand der charakteristischen, tatsächlichen Umstände sowie der Situation des Arbeitnehmers festzustellen haben, ob die betreffenden Arbeitnehmer überwiegend im Ausland (also im Entsendestaat) tätig sind und nur vorübergehend für eine bestimmte Dienstleistung in einem anderen Mitgliedstaat beschäftigt werden. Meines Erachtens soll diese Regelung aber nur bei der Erfassung und Beurteilung des Sachverhalts hilfreich sein, auf den Schutzzweck der Entsenderichtlinie aber keine Auswirkung haben. Schließlich soll gem Art 1 Abs 1 der Geltungsbereich der Entsenderichtlinie nicht durch die Durchsetzungs-Richtlinie 2014/67/EU berührt werden.

156 *Windisch-Graetz* in: *Franzen/Gallner/Oetker* (Hg), EuArbR, RL 96/71/EG, Art 1 Rn 39; *Krebber* in: Franzen/Gallner/Oetker (Hg), Kommentar zum Europäischen Arbeitsrecht, 3. Aufl 2020, Art 1 RL 96/71/EG Rn 31.

157 EuGH Rs C-549/13 (Bundesdruckerei), EU:C:2014:2235.

zu prüfen, wer wirklich Arbeitgeber ist, ob nicht in Wirklichkeit ein Arbeitsvertrag nur im vermeintlichen Empfangsstaat besteht.[158] Diesen Fall behandelt auch die Durchsetzungsrichtlinie 2014/67/EU, die in Art 4 Regelungen zur Feststellung einer tatsächlichen Entsendung zur Verhinderung von Missbrauch und Umgehungen vorsieht. Gem Abs 2 dieser Norm haben die zuständigen Behörden in einer Gesamtbewertung aller Umstände zu prüfen, ob das entsendende Unternehmen tatsächlich wesentliche, charakteristische Tätigkeiten ausübt, die über reine Management- und/oder Verwaltungstätigkeiten hinausgehen.[159]

Jedoch wäre es vor allem mit dem wettbewerbsrechtlichen Schutzzweck der Entsenderichtlinie kaum zu vereinbaren, ihre Anwendung auf Unternehmen der Mitgliedstaaten, nicht aber auf Unternehmen aus (Niedriglohn-)Drittstaaten zu beschränken. Daher legt Art 1 Abs 4 der Richtlinie fest, dass Unternehmen mit Sitz in einem Nicht-Mitgliedstaat keine günstigere Behandlung erfahren dürfen als die entsendenden Unternehmen der Mitgliedstaaten.

Vom Anwendungsbereich der Richtlinie ausgenommen sind jedoch gem Art 1 Abs 2 Schiffsbesatzungen von Unternehmen der Handelsmarine. Zudem ist auch fahrendes oder fliegendes Personal von Transportunternehmen ausgeschlossen, sofern sie ihre Tätigkeit regelmäßig in zwei oder mehreren Mitgliedstaaten ausüben, sowie Mitarbeiter von Presse-, Rundfunk- und Fernsehunternehmen sowie von Veranstaltern im Kultursektor.[160]

2. Sachlicher Anwendungsbereich

Die Entsenderichtlinie knüpft gem Art 1 Abs 3 zur Bestimmung ihres sachlichen Anwendungsbereiches an drei Sachverhaltskonstellationen[161] an, bei denen Unternehmen länderübergreifende Maßnahmen ergreifen:

Der erste Anwendungsfall der Entsenderichtlinie gem Art 1 Abs 3 lit a ist der klassische Fall der Arbeitnehmerentsendung. Die Richtlinie findet danach Anwendung, wenn ein Unternehmen im eigenen Namen und unter eigener Leitung Arbeitnehmer zur Erfüllung eines Dienst- oder Werkver-

---

158 *Rebhahn/Windisch-Graetz* in: *Franzen/Gallner/Oetker* (Hg), Kommentar zum Europäischen Arbeitsrecht, 2016, Art 1 RL 96/71/EG Rn 41 ff.

159 Zu den möglichen Kontrollmaßnahmen, die im Wesentlichen an die bisherige Rechtsprechung des EuGH zu den zulässigen Kontrollmaßnahmen innerhalb der Entsenderichtlinie angelehnt sind, vgl Art 9 RL2014/67/EU.

160 *Rudisch* in: *Czernich/Heiss* (Hg): EVÜ Art 6 Rn 39, 25 mwN.

161 Dazu ausführlich *Görres*, Arbeitnehmerentsendung, 107 ff; *Windisch-Graetz*, ZfRV 2015, 196 f mwN; zu konkreten Sachverhaltskonstellationen im Zusammenhang mit Arbeitskampfmaßnahmen *Kohlbacher*, Streikrecht und Europarecht, 298 ff.

trages mit einem Dienstleistungsempfänger, der in einem anderen Mitgliedstaat[162] tätig ist, in diesen anderen Mitgliedstaat entsendet[163]. Der zweite Anwendungsfall der Entsenderichtlinie nach Art 1 Abs 3 lit b betrifft die Entsendung innerhalb international tätiger Konzerne. Diese liegt vor, wenn ein Arbeitnehmer in eine Niederlassung oder ein der Unternehmensgruppe angehörendes Unternehmen grenzüberschreitend entsandt wird. Der letzte Anwendungsfall gem Art 1 Abs 3 lit c ist der Fall der grenzüberschreitenden Leiharbeit.[164]

Voraussetzung für sämtliche Anwendungsfälle der Entsenderichtlinie ist jedoch, dass das Arbeitsverhältnis zwischen dem entsendenden Unternehmen und dem Arbeitnehmer bestehen bleibt und kein Arbeitsverhältnis zu dem in einem anderen Mitgliedstaat ansässigen Unternehmen begründet wird. Würde nämlich die Arbeitgeberstellung wechseln, läge ein normaler Fall der Arbeitnehmerfreizügigkeit gem Art 45 AEUV vor. Die kollisionsrechtliche Problematik, die die Entsenderichtlinie zu lösen beabsichtigt, wäre zumeist auch nicht mehr gegeben, da sich die wesentlichen arbeitsrechtlichen Bestimmungen schon gem der Vorschriften der Rom I-VO nach dem Recht des Empfängerstaates richten würden.[165] Dementsprechend überprüft der EuGH[166] Fälle der Arbeitnehmerentsendung allein am Maßstab der Dienstleistungsfreiheit.

Der Anwendungsbereich der Entsenderichtlinie wird ebenso wie der Anwendungsbereich der Richtlinie 2014/167/EU zur Durchsetzung der Entsenderichtlinie[167] auch nicht durch die Dienstleistungsrichtlinie 2006/123/EG[168] beschränkt. Zum einen berührt die Dienstleistungsrichtli-

---

162 Zu den Kontrollmöglichkeiten, ob ein Unternehmen tatsächlich im Ausland tätig ist und nur vorübergehend Dienstleistungen in einem anderen Mitgliedstaat erbringt, vgl Art 4 Abs 2 der RL 2014/67/EU.

163 Zu den Besonderheiten des Schienenverkehrs vgl EuGH Rs 16/16 (Dobersberger), ECLI:EU:C:2019:1110. Vgl allgemein zu den Ausnahmen bei grenzüberschreitenden Verkehrsdienstleistungen auch Kellerbauer, EuZW 2018, 846 (848 f); *Krebber* in: *Franzen/Gallner/Oetker* (Hg), Kommentar zum Europäischen Arbeitsrecht, 3. Aufl 2020, Art 1 RL 96/71/EG Rn 40 ff.

164 Zum Begriff der Entsendung bei Arbeitskräfteüberlassung in Abgrenzung zur Arbeitnehmerfreizügigkeit vgl ausführlich EuGH Rs C-307/09 bis C-309/09 (Vicoplus) EU:C:2011:64; EuGH Rs C-586/13 (Martin Meat), EU:C:2015:405.

165 *Birk* in: MünchArbR, 2. Aufl, § 19 Rn 125; *Däubler*, EuZW 1993, 372.

166 Vgl nur EuGH Rs C-49/98, C-50/98, C-53/98 bis 54/98 und C-68/98 bis 71/98 (Finalarte ua), EU:C:2001:564.

167 *Rebhahn/Windisch-Graetz* in: *Franzen/Gallner/Oetker* (Hg), Kommentar zum Europäischen Arbeitsrecht, 2016, Art 1 RL 96/71/EG Rn 21.

168 Richtlinie des Europäischen Rates vom 27.12.2006 über Dienstleistungen im Binnenmarkt, ABl Nr L 376, 36 ff.

nie gem Art 1 Abs 6 generell nicht das Arbeitsrecht, zum anderen geht gem Art 3 Abs 1a der Dienstleistungsrichtlinie die Entsenderichtlinie vor. Auch findet mit Art 16 die zentrale Regelung zur Dienstleistungsfreiheit gem ausdrücklicher Anordnung in Art 17 Nr 2 der Dienstleistungsrichtlinie keine Anwendung auf Sachverhalte, die in den Anwendungsbereich der Entsenderichtlinie fallen.[169]

3. Materiellrechtlicher Inhalt der Entsenderichtlinie

a) Die zu garantierenden Arbeits- und Beschäftigungsbedingungen

Der wesentliche materiellrechtliche Regelungsgehalt der Entsenderichtlinie liegt in Art 3 Abs 1. Danach werden die Mitgliedstaaten verpflichtet, Regelungen zu treffen, dass unabhängig von den auf das jeweilige Arbeitsverhältnis anzuwendende Recht ein Unternehmen dem Arbeitnehmer nicht die Arbeits- und Beschäftigungsbedingungen versagen darf, die am Beschäftigungsort für diese Tätigkeiten gelten, sofern sie durch Rechts- oder Verwaltungsvorschriften festgelegt sind. Für die im Anhang zur Entsenderichtlinie angeführte Tätigkeiten im Baugewerbe waren durch die RL 96/71/EG auch die Beschäftigungsbedingungen des Beschäftigungsortes, die durch für allgemeinverbindlich erklärte Tarifverträge oder Schiedssprüche geregelt sind, zu garantieren. Mit der Neufassung der Entsenderichtlinie ist diese Beschränkung auf das Baugewerbe weggefallen, sodass in allen Wirtschaftszweigen die durch allgemeinverbindlich erklärte Tarifverträge oder Schiedssprüche geregelten Arbeitsbedingungen zu garantieren sind. Der Begriff der allgemeinverbindlichen Tarifverträge wird in Art 3 Abs 8 der Richtlinie entsprechend dem deutschen Begriffsverständnis näher definiert; als allgemeinverbindlich sind demnach Tarifverträge oder Schiedssprüche zu verstehen, die von allen in den jeweiligen geographischen Bereich fallenden und die betreffende Tätigkeit oder das betreffende Gewerbe ausübenden Unternehmen einzuhalten sind. Kennt der betroffene Mitgliedstaat kein System der Allgemeinverbindlichkeitserklärung, so genügte es nach der Stammfassung der Entsenderichtlinie, dass es sich um einen Tarifvertrag handelt, der von der auf nationaler Ebene repräsentativsten Tarifvertragspartei abgeschlossen wurde und innerhalb des gesamten Hoheitsgebietes zur Anwendung

169 Vgl auch *Thüsing*, Europäisches Arbeitsrecht, § 9 Rn 27; *Riesenhuber*, Europäisches Arbeitsrecht, § 3 Rn 72 ff; *Rebhahn/Windisch-Graetz* in: *Franzen/Gallner/Oetker* (Hg), Kommentar zum Europäischen Arbeitsrecht, 2016, Art 1 RL 96/71/EG Rn 19 ff; zur Bedeutung der Dienstleistungsrichtlinie im Arbeitsrecht allgemein siehe *Körner*, EU-Dienstleistungsrichtlinie und Arbeitsrecht, NZA 2007, 233.

kommt.[170] Die Neufassung des Art 3 Abs 8 Entsenderichtlinie sieht nun vor, dass alle Mitgliedstaaten, unabhängig davon, ob sie das Instrument der Allgemeinverbindlicherklärung kennen oder nicht, auch andere Tarifverträge, die nicht für allgemeinverbindlich erklärt worden sind, auf ausländische Arbeitgeber erstrecken können, wenn sie in dem jeweiligen Gebiet allgemein wirksam sind oder von den repräsentativsten Organisationen der Tarifvertragsparteien auf Arbeitgeber- und Arbeitnehmerseite mit Geltung im gesamten Staatsgebiet geschlossen wurden. Nicht erfasst sind Entgeltsysteme, die in Betriebsvereinbarungen geregelt sind oder auf betrieblicher Übung oder freiwilligen Überzahlungen beruhen[171].

Nach Art 3 Abs 10 der Entsenderichtlinie in der Fassung der RL 96/71/EG stand den Mitgliedstaaten optional die Möglichkeit offen, auch die Arbeits- und Beschäftigungsbedingungen in allgemeinverbindlich erklärten Tarifverträgen und Schiedssprüchen außerhalb der Baubranche für verbindlich zu erklären. Von dieser Möglichkeit hat bspw Österreich zunächst mit § 7b Abs 1 AVRAG Gebrauch gemacht,[172] der mit Wirkung zum 1. 1. 2017 durch § 3 Abs 3 des Lohn- und Sozialdumping-Bekämpfungsgesetzes nahezu inhaltsgleich ersetzt wurde.[173] Danach hat jeder Arbeitgeber ohne Sitz in Österreich, der seine Arbeitnehmer zur Erbringung einer fortgesetzten Arbeitsleistung nach Österreich entsendet hat, unter anderem jenes gesetzliche, durch Verordnung festgelegte oder tarifvertragliche Entgelt, das am Arbeitsort vergleichbaren Arbeitnehmern von vergleichbaren Arbeitgebern gebührt, zu zahlen sowie die kollektivvertraglich festgelegten Arbeitszeitregelungen einzuhalten.[174] Auch Deutschland hat mit einer Neufassung des

170 Siehe dazu EuGH Rs C-341/05 (Laval), EU:C:2007:809 Rn 65 ff; EuGH Rs C-346/06 (Rüffert), EU:C:2008:189 Rn 21 ff.

171 *Niksova*, ZAS 2019, 152 (155).

172 Dazu ausführlich *Friedrich* in: FS-Posch, 164 ff.

173 Dazu *Marhold/Friedrich*, Österreichisches Arbeitsrecht, 186 ff und 490 ff; *Rath*, Schaffung eines Lohn- und Sozialdumping-Bekämpfungsgesetz, ASoK 2016, 229; *Wiesinger*, Das neue Lohn- und Sozialdumping-Bekämpfungsgesetz, SWK 2016, 817; aus rechtsstaatlicher Sicht kritisch zum LSD-BG *Serajnik*, Zur Diskussion: Dumping von Rechtsstaatsniveaus durch das LSD-BG, ecolex 2017, 286 mwN.

174 In Österreich werden nach herrschender Ansicht (vgl *Rebhahn*, DRdA 1999, 177; *Holzer/Friedrich*, ASoK 2002, 254 ff; *Friedrich*, 164 ff mwN) nur die Kollektivverträge erfasst, die von der Wirtschaftskammer abgeschlossen wurden, da nur diese Kollektivverträge entsprechend dem Wortlaut des Art 3 Abs 8 Entsenderichtlinie für alle „in die jeweiligen geographischen Bereiche fallende und die betreffende Tätigkeit oder das betreffende Gewerbe ausübenden gleichartigen Unternehmen allgemein wirksam sind.“ Von freiwilligen Berufsvereinigungen abgeschlossen Kollektivverträge können nur dann erfasst sein, wenn sie gem §§ 18 ff ArbVG zur Satzung erklärt wurden, was einer Allgemeinverbindlicherklärung entspricht. § 7b AVRAG ist dementsprechend europarechtskonform auszulegen.

AEntG in § 4 für acht weitere Branchen neben der Baubranche die Möglichkeit geschaffen, für allgemeinverbindlich erklärte Tarifverträge auf entsendete Arbeitnehmer anzuwenden. Angesichts des Umstands, dass die Entsenderichtlinie in ihrer Neufassung generell nicht mehr nach Branchen differenziert und auch in Ländern, die ein System der Allgemeinverbindlicherklärung kennen, die Möglichkeit der Anwendung repräsentativer Tarifverträge auf ausländische Arbeitgeber zulässt, sind diesen Regelungen auch vor dem Hintergrund der geänderten europarechtlichen Vorgaben keine Bedenken entgegenzubringen.

Die unabhängig von dem auf das jeweilige Arbeitsverhältnis anwendbaren Recht zu garantierenden Arbeits- und Beschäftigungsbedingungen sind jedoch auf die in Art 3 Abs 1 taxativ angeführten Regelungen

- die Höchstarbeitszeiten und Mindestruhezeiten;
- den bezahlten Mindestjahresurlaub;
- die Entlohnung[175] einschließlich der Überstundensätze, die zusätzlichen betrieblichen Altersversorgungssysteme ausgeschlossen. Der Begriff der Entlohnung bestimmt sich dabei nach den Rechtsvorschriften bzw Praktiken des Empfangsstaates[176]; gelten gem Art 3 Abs 7 der Entsenderichtlinie als Bestandteil der Entlohnung, sofern sie nicht als Erstattung von infolge der Entsendung tatsächlich entstandenen Kosten wie zB Reise-, Unterbringungs- und Verpflegungskosten gezahlt werden. Legen die für das Arbeitsverhältnis geltenden Arbeits- und Beschäftigungsbedingungen nicht fest, ob und wenn ja welche Bestandteile einer Entsendungszulage als Erstattung von infolge der Entsendung tatsächlich entstandenen Kosten gezahlt werden oder welche Teil der Entlohnung sind, so ist davon auszugehen, dass die gesamte Zulage als Erstattung von infolge der Entsendung entstandenen Kosten gezahlt wird.
- die Bedingungen für die Überlassung von Arbeitskräften, insbesondere durch Leiharbeitsunternehmen;
- die Sicherheit, Gesundheitsschutz und Hygiene am Arbeitsplatz;

175 Die Richtlinie 96/71/EG sprach noch von Mindestlohnsätzen. Mit wesentlichen Änderungen ist aufgrund der Änderung der Wortwahl jedoch nicht zu rechnen, da der EuGH in der Rs C-296/13 (Sähköalojen ammattiliitto), EU:C:2015:86 = ZEuP 2016, 708 (*Krebber/Perner*) bereits festgestellt hatte, dass nicht nur die untersten Lohnsätze, sondern die gesamte verbindliche Lohnstruktur zu berücksichtigen sei. Siehe dazu auch *Niksova*, ZAS 2019,152 (154).

176 Vgl zu vermögenswirksamen Leistungen als Mindestlohn iSd Entsenderichtlinie EuGH Rs C-522/12 (Tevfik Isbir ./. DB Services GmbH), EU:C:2013/711 = EuZW 2014, 102 (*Sittard*); EuGH Rs C-296/13 (Sähköalojen ammattiliitto), EU:C:2015:86 = ZEuP 2016, 708 (*Krebber/Perner*).

- die Schutzmaßnahmen im Zusammenhang mit den Arbeits- und Beschäftigungsbedingungen von Schwangeren und Wöchnerinnen, Kindern und Jugendlichen;
- die Gleichbehandlung von Männern und Frauen sowie andere Nichtdiskriminierungsbestimmungen;
- die Bedingungen für die Unterkünfte der Arbeitnehmer, wenn sie vom Arbeitgeber für Arbeitnehmer, die vom regelmäßigen Arbeitsplatz entfernt sind, zur Verfügung gestellt werden;
- Zulagen oder Kostenerstattungen zur Deckung von Reise-, Unterbringungs- oder Verpflegungskosten für Arbeitnehmer, die aus beruflichen Gründen nicht zu Hause wohnen; dies gilt jedoch nur hinsichtlich der Kosten, die entsandten Arbeitnehmern entstehen, wenn sie zu und von ihrem regelmäßigen Arbeitsplatz in dem Mitgliedstaat, in dessen Hoheitsgebiet sie entsandt wurden, reisen müssen oder von ihrem Arbeitgeber vorübergehend von diesem regelmäßigen Arbeitsplatz an einen anderen Arbeitsplatz gesandt werden. Dies gilt ausschließlich für Reise-, Unterbringungs- und Verpflegungskosten, die entsandten Arbeitnehmern entstehen, wenn sie von ihrem Arbeitsplatz im Empfangsstaat aus an einen anderen Ort reisen müssen[177].

  betreffend beschränkt.[178].

Nach Art 3 Abs 1 der Entsenderichtlinie ist demnach jedem Arbeitnehmer dieser „harte Kern" – so der Erwägungsgrund Nr 14 der Entsenderichtlinie 96/71/EG – der Arbeitsbedingungen des Mitgliedstaates, in dem die Arbeitsleistung tatsächlich erbracht wird, unabhängig von dem nach den allgemeinen kollisionsrechtlichen Regelungen anzuwendenden Recht garantiert. Jedoch gilt gem Art 3 Abs 7 der Richtlinie das Günstigkeitsprinzip, für den Arbeitnehmer aufgrund der Rom I-VO anzuwendende günstigere Arbeits-

177 Vgl Erwägungsgrund 8 der RL (EU) 2018/957.

178 Art 3 der Entsenderichtlinie wurde inhaltsgleich in § 7 der Urfassung des deutschen AEntG übernommen, und in § 2 AentG der seit 2009 geltenden Fassung fortgeführt. Nach herrschender Auffassung (vgl *Schlachter* in: ErfK, 13. Aufl, § 7 AEntG Rn 1; *Görres*, Arbeitnehmerentsendung, 253 mwN) galt § 7 AentG der Altfassung für Rechts- und Verwaltungsvorschriften in allen Wirtschaftsbereichen und war nicht auf die Baubranche beschränkt. Die Beschränkung des AEntG auf den Bausektor, wie sie § 1 AEntG unter der Überschrift „Anwendungsbereich" vorsieht, bezog sich ausschließlich auf in allgemeinverbindlich erklärten Tarifverträgen geregelte Arbeitsbedingungen. Mit der Neufassung der Entsenderichtlinie hat sich dieses Problem aber erübrigt, da sowohl die Beschränkung auf die Baubranche als auch auf allgemeinverbindlich erklärte Tarifverträge weggefallen ist. Der Referentenentwurf der deutschen Bundesregierung vom November 2019 für die Neufassung des § 2 AEntG, der ab 30.7.2020 in Geltung treten soll, übernimmt fast wortgleich die Neufassung des Art 3 Abs 1 der Entsenderichtlinie.

bzw Beschäftigungsbedingungen des Entsendestaates bleiben anwendbar.[179] Als Maßstab des Vergleichs der Entlohnung im Entsende- und im Aufnahmestaat, der im Wege des Gesamtvergleichs durchzuführen ist, ist der Bruttobetrag der Entlohnung heranzuziehen. In der Praxis wird diese Regelung jedoch nur bei einer Entsendung aus einem Hochlohnland in ein Niedriglohnland relevant sein.[180]

In Fällen, in denen die tatsächliche Entsendungsdauer mehr als 12 Monate beträgt, haben nach Art 3 Abs 1a der Entsenderichtline die Mitgliedstaaten dafür zu sorgen, dass unabhängig von dem auf das jeweilige Arbeitsverhältnis anwendbaren Recht die in Artikel 1 Absatz 1 genannten Unternehmen den in ihr Hoheitsgebiet entsandten Arbeitnehmern auf der Grundlage der Gleichbehandlung zusätzlich zu den Arbeits- und Beschäftigungsbedingungen des Art 3 Abs 1 sämtliche anwendbaren Arbeits- und Beschäftigungsbedingungen garantieren, die in dem Mitgliedstaat, in dessen Hoheitsgebiet die Arbeitsleistung erbracht wird,
- durch Rechts- oder Verwaltungsvorschriften und/oder
- durch für allgemein verbindlich erklärte Tarifverträge oder Schiedssprüche, die anderweitig nach Absatz 8 anderweitig Anwendung finden,
  festgelegt sind.

Legt der Dienstleistungserbringer eine mit einer Begründung versehene Mitteilung vor, so verlängert der Mitgliedstaat, in dem die Dienstleistung erbracht wird, den Zeitraum von zwölf auf 18 Monate. Dass dem Arbeitnehmer nach zwölf bzw 18 Monaten der Entsendung zusätzliche Arbeitsbedingungen zu garantieren sind, so dass nahezu alle Arbeits- und Beschäftigungsbedingungen des Gastlandes gelten und eine weitreichende Verpflichtung zur Gleichbehandlung begründet wird[181], begründen die Nrn 9 ff der Erwägungsgründe zur RL (EU) 2018/957 im Wesentlichen damit, dass die Entsenderichtlinie grundsätzlich nur auf vorübergehende Entsendungen ausgerichtet ist, bei längeren Entsendungen die Verbindung des Arbeitnehmers zum Aufnahmemitgliedstaat stärker ausgeprägt sei und dadurch auf der einen Seite eine besserer Arbeitnehmerschutz geboten sei, auf der anderen Seite dadurch der freie Dienstleistungsverkehr auch auf eine fairere Grundlage gestellt wird. Wird der entsandte Arbeitnehmer durch einen anderen entsandten Arbeitnehmer ersetzt, der die gleiche Tätigkeit am glei-

179 Vgl zum Günstigkeitsprinzip EuGH Rs C-346/06 (Rüffert), EU:C:2008:189 Rn 32 ff; EuGH Rs C-341/05 (Laval), EU:C:2007:809.

180 *Rebhahn/Windisch-Graetz* in: *Franzen/Gallner/Oetker* (Hg), Kommentar zum Europäischen Arbeitsrecht, 2016, Art 3 RL 96/71/EG Rn 3.

181 *Vogelsang* in: *Schaub* (Hg), Arbeitsrechtshandbuch, 18. Aufl, § 162 Rn 9; *Schlachter/Franzen* in: ErfK, 20. Aufl, § 1 AEntG Rn 3; *Franzen*, EuZA 2019, 3 (12).

chen Ort ausführt, so gilt als Entsendungsdauer die Gesamtdauer der Entsendezeiten der betreffenden einzelnen entsandten Arbeitnehmer. Damit soll die Umgehung des Schutzzwecks des Art 3 Abs 1a der Entsenderichtlinie durch Kettenentsendungen verhindert werden. Keine Anwendung findet Abs 1a auf Verfahren, Formalitäten und Bedingungen für den Abschluss und Beendigung des Arbeitsvertrags einschließlich von Wettbewerbsverboten sowie auf zusätzliche betriebliche Altersversorgungssysteme.

Erweitert hin in Richtung mehr Gleichbehandlung wurde durch die Änderung der Entsenderichtlinie auch der Schutz bei grenzüberschreitender Arbeitskräfteüberlassung. Für Leiharbeitsunternehmen iSd § 1 Abs 3 lit c sieht Art 3 Abs 1b der Entsenderichtlinie vor, dass den entsandten Arbeitnehmern die Arbeits- und Beschäftigungsbedingungen garantieren, die nach Artikel 5 der Richtlinie 2008/104/EG des Europäischen Parlaments und des Rates für Leiharbeitnehmer gelten, die von im Mitgliedstaat der Leistungserbringung niedergelassenen Leiharbeitsunternehmen zur Verfügung gestellt werden. Somit sind entsandte Leiharbeitnehmer inländischen Leiharbeitnehmern gleichgestellt[182].

In der Gewährleistung bestimmter Arbeitsbedingungen des Empfangsstaates zeigt sich die wirkliche kollisionsrechtliche Bedeutung der Entsenderichtlinie. Sie findet nur Anwendung, wenn nach internationalem Privatrecht eigentlich die Rechtsvorschriften eines anderen Mitgliedstaates anzuwenden wären. Anderenfalls wären sowieso sämtliche Rechtsvorschriften des Staates, in dem die Arbeitsleistung tatsächlich erbracht wird, ohne die Einschränkung des Art 3 Abs 1 RL 96/71/EG anzuwenden, ein Schutzbedürfnis der Arbeitnehmer sowie eine Gefahr von Wettbewerbsverzerrungen bestünde nicht. Würde man Sachverhalte der vorübergehenden Entsendung allein nach der Rom I-VO beurteilen, so käme man zumeist zur Anwendung des Rechts des Staates, in dem das entsendende Unternehmen seinen Sitz hat. Gem Art 8 Abs 2 der Rom I-VO findet auch bei einer vorübergehenden Entsendung das Recht desjenigen Mitgliedstaates Anwendung, in dem der Arbeitnehmer in Erfüllung seines Vertrages gewöhnlich seine Arbeit verrichtet.[183] Erbringt der Arbeitnehmer seine Arbeitsleistung regelmäßig nicht in dem Staat, in dem das entsendende Unternehmen seinen Sitz hat, so ist gem Art 8 Abs 3 der Rom I-VO bei fehlender Rechtswahl das Recht des Staates, in dem die Einstellungsniederlassung ihren Sitz hat, maßgebend. Im Ergebnis gilt somit bei fehlender Rechtswahl nach der Rom

182 Dazu *Kellerbauer*, EuZW 2018, 846 (851); *Riesenhuber*, NZA 2018, 1433 (1234 ff.).

183 *Winkler von Mohrenfels/Block*, EAS B 3000, Rn 162; *Krebber*, IPRax 2001, 23; *Kort*, NZA 2002, 1248; *Mayr* in: FS-*Cerny*, 256 ff.

I-VO das Herkunftslandprinzip. Jedoch kann Art 3 Abs 1 der Entsenderichtlinie, der bestimmte Arbeitsbedingungen des Staates, in dem die Arbeitsleistung tatsächlich erbracht wird, den Arbeitnehmern garantiert, mit den Wertungen und der Systematik des internationalen Privatrechts in Einklang gebracht werden, indem man in den in Art 3 Abs 1 der Entsenderichtlinie angeführten Bestimmungen international zwingende Eingriffsnormen iSv Art 9 der Rom I-VO sieht.[184] Die Bedeutung der Entsenderichtlinie liegt demnach darin, dass sie bspw Bestimmungen bezüglich des Jahresurlaubs als zwingend anzuwenden erklärt, deren international zwingende Wirkung allein unter Geltung des Art 9 der Rom I-VO mehr als strittig ist. Betreffend Höchstarbeitszeiten und technischen Arbeitsschutz am Arbeitsplatz ist eine eigenständige praktische Bedeutung der Entsenderichtlinie hingegen kaum zu sehen, da diese Regelungen die Qualität von Eingriffsnormen haben und ihnen auch bei alleiniger Geltung der Rom I-VO international zwingende Wirkung zukäme.

Damit die Unternehmer aus dem Entsendestaat die notwendigen Kenntnisse über die im Empfangsstaat einzuhaltenden Mindestarbeitsbedingungen erlangen kann, legt die Entsenderichtlinie seit ihrer Neufassung noch größeren Wert auf Transparenz. Gem Art 3 Abs 1 Unterabs 4 bis 6 der Entsenderichtlinie sind die Mitgliedstaaten verpflichtet, die Informationen über die Arbeits- und Beschäftigungsbedingungen nach den nationalen Rechtsvorschriften und/oder nationalen Gepflogenheiten unverzüglich und in transparenter Weise auf der einzigen offiziellen nationalen Website nach Artikels 5 der Richtlinie 2014/67/EU, die auf der Homepage der Kommission abgefragt werden kann, zu veröffentlichen. Diese Verpflichtung umfasst insbesondere die Bekanntgabe der die Entlohnung ausmachenden Bestandteile gem Art 3 Abs 1 Unterabs 1 und alle bei längerfristigen, über zwölf bzw 18 Monate dauernden Entsendungen gem Art 3 Abs 1a der Entsenderichtlinie einzuhaltenden Arbeits- und Beschäftigungsbedingungen. Die Mitgliedstaaten haben dafür zu sorgen, dass die auf der einzigen offiziellen nationalen Website bereitgestellten Informationen korrekt und aktuell sind. Ist den Informationen auf der einzigen offiziellen nationalen Website entgegen den Bestimmungen des Artikels 5 der Richtlinie 2014/67/EU nicht zu entnehmen, welche Arbeits- und Beschäftigungsbedingungen anzuwenden sind, so wird dieser Umstand gem den nationalen Rechtsvorschriften und/oder den nationalen Gepflogenheiten bei der Festlegung der Sanktio-

184 Vgl auch *Eichenhofer*, FS-*Marhold*, 481 (485); *Martiny* in: *Reithmann/Martiny* (Hg), Internationales Vertragsrecht, Rn 4835; *Riesenhuber*, Europäisches Arbeitsrecht, § 6 Rn 16; *Vogelsang* in: *Schaub* (Hg), Arbeitsrechtshandbuch 18. Aufl, § 162 Rn 18; *Windisch-Graetz*, ZfRV 2015, 196.

nen im Falle von Verstößen gegen die gem dieser Richtlinie erlassenen nationalen Vorschriften so weit berücksichtigt, wie es für die Gewährleistung ihrer Verhältnismäßigkeit erforderlich ist.

b) Die Dienstleistungsfreiheit als Grenze der Anwendbarkeit der Rechtsvorschriften des Empfangsstaates

Der Anwendbarkeit der arbeitsrechtlichen Regelungen des Empfangsstaates hat der EuGH jedoch am Maßstab der Dienstleistungsfreiheit Grenzen gesetzt. Die Entsenderichtlinie muss stets im Lichte der Dienstleistungsfreiheit ausgelegt werden.[185] Mit der Dienstleistungsfreiheit gem Art 56 ff AEUV (ex-Art 49 ff EGV) ist es jedoch nicht zu vereinbaren, wenn es durch die Einbeziehung des entsandten Arbeitnehmers unter die Rechtsvorschriften des Empfangsstaates gem Art 3 Abs 1 der Entsenderichtlinie zu einer Doppelbelastung des entsendenden Unternehmens kommt, die durch zwingende Gründe des Allgemeininteresses nicht zu rechtfertigen ist:

EuGH Rs C-369/96 und C-376/96 (Arblade ua):[186] „Zwei Unternehmen des Baugewerbes mit Sitz in Frankreich entsandten Arbeitnehmer vorübergehend nach Belgien. Nach belgischem Recht waren Unternehmen des Baugewerbes unabhängig davon, ob sie in Belgien ansässig waren, durch allgemeinverbindlichen Tarifvertrag unter anderem dazu verpflichtet, Arbeitgeberbeiträge im Rahmen eines Schlechtwetter- und Treuemarkensystems zu entrichten.[187] Die beiden Unternehmen unterlagen jedoch für dieselben Arbeitnehmer für dieselben Beschäftigungszeiten auch in Frankreich Verpflichtungen, die im Hinblick auf ihre Zwecksetzung mit den belgischen Arbeitgeberbeiträgen zum Schlechtwetter- und Treuemarkensystem durchaus vergleichbar waren."

Der EuGH sah in der doppelten Verpflichtung des Arbeitgebers eine mit Art 49 und 50 EGV (nunmehr Art 56 und 57 AEUV) nicht zu vereinbarende Beschränkung der Dienstleistungsfreiheit. Unter Berufung auf seine ständige Rechtsprechung[188] stellte er fest,

dass die Dienstleistungsfreiheit nicht nur ein Verbot der Diskriminierung des Dienstleistenden aufgrund seiner Staatsangehörigkeit beinhalte, sondern auch „die Aufhebung von Beschränkungen – selbst wenn sie unterschiedslos für inländische Dienstleistende wie für solche aus anderen Mitgliedstaaten gelten –," verlange, „sofern sie geeignet sind, die Tätigkeit des Dienstleistenden, der in einem anderen Mitgliedstaat ansässig ist und dort rechtmäßig ähnliche Dienstleistungen erbringt, zu unterbinden, zu behindern oder weniger attraktiv zu machen". Der freie Dienstleistungsverkehr dürfe nur durch Regelungen beschränkt werden, die unabhängig

185 EuGH Rs C-346/06 (Rüffert), EU:C:2008:189.

186 EuGH Rs C-369/96 und C-376/96 (Arblade) EU:C:1999:575.

187 Vgl zur gleichen belgischen Regelung im Verhältnis zu einem luxemburgischen Unternehmen auch schon EuGH Rs C-272/94 (Guiot), EU:C:1996:147 .

188 Vgl die Übersicht unter den Rn 33 und 34 dieses Urteils.

von der Staatsangehörigkeit oder dem Sitz des Unternehmens für alle im Mitgliedstaat tätigen Personen oder Unternehmen gelten und die durch zwingende Gründe des Allgemeininteresses gerechtfertigt seien, „sofern dieses Interesse nicht schon durch Vorschriften geschützt ist, denen der Dienstleistende in dem Mitgliedstaat unterliegt, in dem er ansässig ist." Zwar sei der Schutz der Arbeitnehmer, insbesondere der soziale Schutz der Arbeitnehmer des Baugewerbes, der mit den Schlechtwetter- und Treuemarken bezweckt wird, ein anerkannter zwingender Grund des Allgemeininteresses, der eine Beschränkung der Dienstleistungsfreiheit rechtfertigen könne. Dies könne jedoch nicht gelten, wenn der Arbeitnehmer aufgrund der Arbeitgeberbeiträge, die der Arbeitgeber im Entsendestaat zu entrichten hat, den gleichen oder im Wesentlichen gleichen Schutz genießt.[189] Daher könne ein entsendendes Unternehmen auch nicht verpflichtet werden, den entsandten Arbeitnehmern ein Konto nach den Rechtsvorschriften des Empfangsstaates einzurichten oder ein Personalregister oder Arbeitsunterlagen wie eine Arbeitsordnung nach den Vorschriften des Empfangsstaates zu führen, wenn für das entsendende Unternehmen vergleichbare Verpflichtungen im Entsendestaat bestehen und dadurch der bezweckte Arbeitnehmerschutz in vergleichbarer Weise gewährleistet ist. Jedoch können die entsendenden Unternehmen verpflichtet werden, die nach den vergleichbaren Vorschriften des Herkunftslandes erstellten Personal- und Arbeitsunterlagen am vorübergehenden Arbeitsort im Empfangsstaat bereitzuhalten, da nur so eine effektive Kontrolle der Einhaltung des durch zwingende Gründe des Allgemeininteresses gerechtfertigten Arbeitnehmerschutzes bei Arbeitnehmerentsendungen gewährleistet werden kann.

Auch wenn der Sachverhalt der Entscheidung Arblade vor Ablauf der Umsetzungsfrist der RL 96/71/EG lag, können sich die im Urteil Arblade aufgestellten Grundsätze zur Grundfreiheit der Dienstleistungsfreiheit auch auf Sachverhalte unter Geltung der Entsenderichtlinie übertragen lassen. Dies zeigt ein Blick auf die Rechtsprechung des EuGH zum deutschen AEntG. In mehreren Verfahren, deren Sachverhalte sich teils vor, teils nach Ablauf der Umsetzungsfrist der Entsenderichtlinie abspielten, stellte der EuGH[190] aus dem Verständnis der Dienstleistungsfreiheit als Beschränkungsverbot heraus stets fest, dass

> „die Anwendung nationaler Regelungen des Aufnahmemitgliedstaates grundsätzlich geeignet ist, Dienstleistungen von in anderen Mitgliedstaaten ansässigen Personen oder Unternehmen zu unterbinden, zu behindern oder weniger attraktiv zu machen, sofern sie zusätzliche administrative oder wirtschaftliche Kosten und Belastungen verursacht. Solche Regelungen können jedoch, sofern sie für alle im Mitgliedstaat tätigen Personen und Unternehmen gelten, gerechtfertigt sein, „wenn sie

189 Dasselbe Ergebnis wurde auch schon EuGH Rs C-272/94 (Guiot), EU:C:1996:147 erzielt.

190 Vgl EuGH C-164/99 (Portugaia), EU:C:2002:40; EuGH Rs C-49/98, C-50/98, C-53/98 bis 54/98 und C-68/98 bis 71/98 (Finalarte ua), EU:C:2001:564; EuGH Rs C-60/03 (Wolf & Müller), EU:C:2004:610; vgl auch EuGH Rs C-445/03 (Kommission/Luxemburg), EU:C:2004:655.

auf zwingenden Gründen des Allgemeininteresses beruhen, soweit dieses Interesse nicht bereits durch Vorschriften geschützt wird, denen der Dienstleistende in dem Mitgliedstaat unterliegt, in dem er ansässig ist, und sofern sie geeignet sind, die Verwirklichung des mit ihm verfolgten Zieles zu gewährleisten, ohne über das hinauszugehen, was zur Erreichung des Zieles erforderlich ist.“ Auch hier stellte der EuGH fest, dass der Schutz der Arbeitnehmer zu den zwingenden Gründen des Allgemeininteresses gehört, die eine Beschränkung der Dienstleistungsfreiheit rechtfertigen können. Zugleich setzte er den Rechtfertigungsgründen jedoch auch Schranken, indem er sie am Grundsatz der Verhältnismäßigkeit misst.“[191]

Auf dieser Grundlage kam der EuGH in der Entscheidung Finalarte ua[192] zu dem Ergebnis, dass die Einbeziehung entsandter Arbeitnehmer in das deutsche Urlaubskassenverfahren im Baugewerbe zwar eine Beeinträchtigung der Dienstleistungsfreiheit sei. Sie sei jedoch gerechtfertigt, wenn dies bei einer objektiven Betrachtung den Schutz der entsandten Arbeitnehmer fördert. Das nationale Gericht habe dabei zu prüfen, ob die Regelung den betroffenen Arbeitnehmern einen tatsächlichen Vorteil gegenüber den Regelungen des Heimatlandes verschafft, der deutlich zu ihrem sozialen Schutz beiträgt. Dabei sei auch zu berücksichtigen, ob und unter welchen Voraussetzungen die Arbeitnehmer nach Rückkehr in den Entsendestaat die Ansprüche geltend machen können. Kommt das nationale Gericht zu der Auffassung, dass die Regelung ein im Allgemeininteresse liegendes Ziel verfolgt, so hat es zudem zu prüfen, ob die Regelung im Hinblick auf die Verwirklichung dieses Zieles auch verhältnismäßig ist. Dabei sind die administrativen und wirtschaftlichen Belastungen gegen den zusätzlichen sozialen Schutz der Regelung abzuwägen. Eine nicht mit den Vorschriften zur Dienstleistungsfreiheit zu vereinbarende Ungleichbehandlung sah der EuGH hingegen darin, dass alle in anderen Mitgliedstaaten ansässigen Unternehmen, die Dienstleistungen im Baugewerbe in Deutschland erbringen, der Urlaubskassenregelung hinsichtlich der entsandten Arbeitnehmer unterliegen, während deutsche Unternehmen, die nur einen Teil ihrer Tätigkeit im Baugewerbe ausüben, hinsichtlich der in diesem Gewerbe Beschäftigten diesen Regelungen nicht unterliegen.

Hinsichtlich der Anwendung der nationalen Vorschriften über Mindestlöhne auf Dienstleistende, die in einem anderen Mitgliedstaat ansässig sind, vertrat der EuGH in der Rechtssache Portugaia[193] mit einer vergleichbaren Argumentation die Auffassung, dass der aufnehmende Mitgliedstaat hierdurch im Allgemeininteresse, nämlich zum Schutz der Arbeitnehmer han-

191 Vgl dazu aus jüngerer Zeit auch EuGH Rs C-168/04 (Kommission ./. Österreich), EU:C:2006:595; EuGH Rs C-244/04 (Kommission ./. Deutschland), EU:C:2006:49.

192 EuGH Rs C-49/98, C-50/98, C-53/98 bis 54/98 und C-68/98 bis 71/98 (Finalarte ua), EU:C:2001:564.

193 EuGH Rs C-164/99 (Portugaia), EU:C:2002:40.

dele. Jedoch sei nicht auszuschließen, dass es Umstände geben könne, die die Anwendung der nationalen Vorschriften des Aufnahmestaates über Mindestlöhne auf entsandte Arbeitnehmer mit der Dienstleistungsfreiheit unvereinbar machen.[194] Daher sei von den nationalen Behörden bzw Gerichten zu prüfen, ob die fragliche Regelung bei einer objektiven Betrachtung den Schutz der entsandten Arbeitnehmer gewährleistet und ob sie den betroffenen Arbeitnehmern einen tatsächlichen Vorteil verschafft, der deutlich zu ihrem sozialen Schutz beiträgt. Als nicht mit der Dienstleistungsfreiheit vereinbar sah es der EuGH zu Recht an, dass Arbeitgebern des Aufnahmestaates die Möglichkeit eröffnet ist, durch den Abschluss eines Firmentarifvertrages das in einem allgemeinverbindlich erklärten Tarifvertrag festgelegte Mindestentgelt zu unterschreiten, während Arbeitgebern, die in einem anderen Mitgliedstaat ansässig sind, diese Möglichkeit nicht offen steht.

Als kein geeignetes Mittel zum Schutz der Arbeitnehmer sah es der EuGH[195] zudem an, dass für den Einsatz entsandter Drittstaatsangehöriger in Luxemburg eine Arbeitserlaubnis, deren Erteilung von arbeitsmarktpolitischen Erwägungen abhängig war, erforderlich war bzw eine kollektive Arbeitserlaubnis nur in Ausnahmefällen und nur dann erteilt werden durfte, wenn der betreffende Arbeitnehmer bei Beginn der Entsendung mindestens sechs Monate durch unbefristeten Arbeitsvertrag mit dem entsendenden Unternehmen verbunden war und das entsendende Unternehmen eine Bankbürgschaft erbrachte. Dementsprechend sah der EuGH[196] auch in einer deutschen Regelung, nach der Drittstaatsangehörige eine Aufenthaltserlaubnis nur erhielten, wenn sie seit mindestens einem Jahr bei dem entsendenden Unternehmen beschäftigt waren, einen Verstoß gegen die Bestimmungen zur Dienstleistungsfreiheit. Ebenso sah der EuGH[197] in der in Österreich erforderlichen EU-Entsendebestätigung für Drittstaatsangehörige, die nur erteilt werden durfte, wenn der Arbeitnehmer einen Arbeitsvertrag mit einer Laufzeit von mindestens einem Jahr oder ein unbefristetes Arbeitsverhältnis hatte, kein geeignetes Mittel, um den sozialen Schutz des Arbeitnehmers vor Ausbeutung zu erreichen.

---

194 Vgl auch EuGH Rs C-165/98 (Mazzoleni), EU:C:2001:162, wo bspw auf die Besonderheiten der kurzfristigen Entsendung im grenznahen Bereich besondere Rücksicht genommen wurde.

195 EuGH Rs C-445/03 (Kommission ./. Luxemburg), EU:C:2004:655; zur Unvereinbarkeit des Erfordernisses eines vom Empfängerstaat ausgestellten Berechtigungsausweises für entsandtes Personal von privaten Sicherheitsdiensten mit der Dienstleistungsfreiheit vgl EuGH Rs C-189/03 (Kommission ./. Niederlande), EU:C:2004:597.

196 EuGH Rs C-244/04 (Kommission ./. Deutschland), EU:C:2006:49.

197 EuGH Rs C-168/04 (Kommission ./. Österreich), EU:C:2006:595.

Betrachtet man die bisherige Rechtsprechung des EuGH zum Arbeitnehmerschutz als zwingenden Grund des Allgemeininteresses, so sollte klar sein, dass allein der Umstand, dass durch die nationale Regelung Wettbewerbsverzerrungen durch Anbieter aus Niedriglohnländern verhindert werden sollen, als Ziel rein wirtschaftlicher Art die Beeinträchtigung der Dienstleistungsfreiheit nicht zu rechtfertigen vermag. Von dieser Auffassung ist der EuGH jedoch scheinbar in der Entscheidung Laval[198] abgegangen, wenn er ausführt, dass als zwingender Grund des Allgemeininteresses auch der Schutz der Arbeitnehmer des Empfangsstaates gegen ein etwaiges Sozialdumping anzusehen sei. Zu Recht wurde diese Aussage des EuGH als „fatal" bezeichnet, da auf diese Art und Weise die Protektion heimischer Märkte als Rechtfertigungsgrund zur Beschränkung der Dienstleistungsfreiheit akzeptiert würde.[199] Dies wäre meines Erachtens mit dem Wesen der Dienstleistungsfreiheit, deren Ziel es gerade ist, Protektionismus zu verhindern, nicht zu vereinbaren, so dass zu hoffen bleibt, dass sich ein derartiges Verständnis der zwingenden Gründe des Allgemeininteresses in der EuGH-Rechtsprechung nicht fortsetzen wird.

Eine interessante Entwicklung[200] hat der EuGH in der Rechtssache Laval[201] jedoch dadurch eingeleitet, dass er auch den Grundrechtsschutz als berechtigtes Interesse angesehen hat, das eine Beschränkung der Grundfreiheiten und somit auch der Dienstleistungsfreiheit im Einzelfall zu rechtfertigen vermag. Im konkreten Fall ging es um die Frage, ob das in Schweden wie in den meisten anderen Mitgliedstaaten verfassungsrechtlich verankerte Streikrecht eine Beschränkung der Dienstleistungsfreiheit dadurch, dass durch kollektive Maßnahmen (Boykott) der Arbeitgeber gezwungen werden sollte, einem nicht allgemeinverbindlichen Tarifvertrag beizutreten, zu rechtfertigen vermag.[202] Der EuGH ging dabei scheinbar davon aus, dass es sich beim Streikrecht um ein gemeinschaftsrechtliches Grundrecht handelt, und führte aus,

> „dass im Recht auf Durchführung einer kollektiven Maßnahme, die den Schutz der Arbeitnehmer des Aufnahmemitgliedstaates gegen ein etwaiges Sozialdumping zum Ziel hat, ein zwingender Grund des Allgemeininteresses im Sinne der Rechtsprechung des Gerichtshofes liegen kann, der grundsätzlich eine Beschrän-

198 EuGH Rs C-341/05 (Laval), EU:C:2007:809 Rn 103.

199 *Riesenhuber*, Europäisches Arbeitsrecht, § 3 Rn 66.

200 Krit dazu statt vieler *Junker*, Europäische Grundfreiheiten und Arbeitsrecht, DRdA 2009, 216 ff; *Rebhahn*, Grundfreiheit Versus oder vor Streikrecht, wbl 2008, 63; *Ricken* in: MünchArbR, 3. Aufl, § 197 Rn 7 ff; ausführlich auch *Kohlbacher*, Streikrecht und Europarecht, 352 ff.

201 EuGH Rs C-341/05 (Laval), EU:C:2007:809 Rn 86 ff.

202 Zur Rs Laval und Viking und dem Streikrecht ausführlich Zweiter Teil III.C.2.a).

kung einer der vom Vertrag gewährleisteten Grundfreiheiten zu rechtfertigen vermag." Dieses Ergebnis stärkte der EuGH zudem mit der Begründung, dass Zielsetzung der Gemeinschaft nicht nur die Beseitigung von Hindernissen für die Grundfreiheiten sei, sondern gem Art 2 EG es auch Aufgabe der Gemeinschaft sei, „eine harmonische, ausgewogene und nachhaltige Entwicklung des Wirtschaftslebens sowie ein hohes Beschäftigungsniveau und ein hohes Maß an sozialem Schutz zu fördern."

Wie bei jeder Beschränkung der Dienstleistungsfreiheit unterzog der EuGH die in Frage stehende Regelung einer Verhältnismäßigkeitskontrolle[203] und kam zum Ergebnis, dass die spezifischen Verpflichtungen, die die Gewerkschaft dem ausländischen Unternehmer mit der Arbeitskampfmaßnahme aufzwingen wollte, die Behinderungen der Dienstleistungsfreiheit, die mit der Arbeitskampfmaßnahme einhergehen, nicht rechtfertigen können. Als Folge dieser Entscheidung wurde in der Neufassung der Entsenderichtlinie Art 1 Abs 1 Unterabs 1a eingeführt, wonach die Entsenderichtlinie in keiner Weise die Ausübung der in den Mitgliedstaaten und auf Unionsebene anerkannten Grundrechte, einschließlich des Rechts oder der Freiheit zum Streik oder zur Durchführung anderer Maßnahmen, die im Rahmen der jeweiligen Systeme der Mitgliedstaaten im Bereich der Arbeitsbeziehungen nach ihren nationalen Rechtsvorschriften und/oder ihren nationalen Gepflogenheiten vorgesehen sind, berührt.[204]

4. Ausnahmen

Für bestimmte, kurzfristige Arbeitnehmerentsendungen sieht die Entsenderichtlinie Ausnahmen davon vor, dass gem Art 3 Abs 1 bestimmte Arbeits- und Beschäftigungsbedingungen zu garantieren sind. So sind gem Art 3 Abs 2 der Entsenderichtlinie die Regelungen betreffend den bezahlten Mindesturlaub und die Mindestlohnsätze bei Erstmontage- und/oder Einbauarbeiten, die Bestandteil eines Liefervertrages sind, für die Inbetriebnahme der gelieferten Güter unerlässlich sind und von Facharbeitern und/oder angelernten Arbeitern des Lieferunternehmens ausgeführt werden, nicht anzuwenden, sofern die Entsendung acht Tage nicht übersteigt. Diese Ausnahme ist jedoch auf die im Anhang der Richtlinie genannten Bauarbeiten nicht anwendbar.

Für Entsendungen, deren Dauer einen Monat nicht übersteigt, können die Mitgliedstaaten nach Anhörung der Sozialpartner gem Art 3 Abs 3 der Entsenderichtline zudem beschließen, die Regelungen über die Mindest-

203 Ausführlich dazu *Schubert*, Europäische Grundfreiheiten und nationales Arbeitskampfrecht im Konflikt, RdA 2008, 296 f.

204 Dazu *Kozak*, DRdA 2019, 110 (113); *Kellerbauer*, EuZW 2018, 846 (852).

lohnsätze einschließlich der Überstundensätze nicht anzuwenden. In diesen Fällen ist gem Art 3 Abs 4 Entsenderichtlinie auch ein Abweichen von den Mindestlohnsätzen durch allgemeinverbindliche Tarifverträge zulässig. Dies gilt jedoch nicht für Fälle der grenzüberschreitenden Leiharbeit. Bei der Berechnung der Dauer der Entsendung ist dabei gem Art 3 Abs 6 der Entsenderichtlinie ein Durchrechnungszeitraum von einem Jahr zugrunde zu legen, wobei im Falle der Ersetzung des entsendeten Arbeitnehmers durch einen anderen entsendeten Arbeitnehmer die Zeiten beider entsendeten Arbeitnehmer gemeinsam zu berücksichtigen sind. Dadurch soll vermieden werden, dass durch Kettenentsendungen die Anwendung der nach Art 3 Abs 1 zwingenden Vorschriften umgangen wird.[205] Ein Abweichen von einem Beschluss nach Art 3 Abs 3 sowie ein Abweichen vom Mindestlohn für die Entsendungstatbestände kann – außer in Fällen der grenzüberschreitenden Leiharbeit – gem Art 3 Abs 4 ebenso durch einen allgemeinverbindlichen Tarifvertrag vorgesehen werden, wenn die Entsendung nicht länger als einen Monat dauert.

Ist der Umfang der zu verrichtenden Arbeiten gering, können gem Art 3 Abs 5 – außer in Fällen der grenzüberschreitenden Leiharbeit – für Regelungen über den bezahlten Mindesturlaub sowie die Mindestlohnsätze von den Mitgliedstaaten ebenfalls Ausnahmen vorgesehen werden, wobei die Mitgliedstaaten die Modalitäten festzulegen haben, denen die zu verrichtenden Arbeiten entsprechen müssen, um als geringfügig zu gelten.

Gem Art 3 Abs 10 RL 96/71/EG können die Mitgliedstaaten im Bereich der öffentlichen Ordnung den Regelungskatalog des Art 3 Abs 1 auf andere Arbeits- und Beschäftigungsbedingungen ausweiten. Auch können die Vorschriften über die in allgemeinverbindlichen Tarifverträgen und Schiedssprüchen geregelten Arbeits- und Beschäftigungsbedingungen auf andere Tätigkeiten als die im Anhang angeführten Bauarbeiten ausgedehnt werden.[206] Von dieser Ermächtigung können die Mitgliedstaaten jedoch nicht uneingeschränkt Gebrauch machen, insbesondere haben sie diesbezüglich die Grundfreiheiten sowie die Zwecksetzung der Richtlinie zu berücksichtigen.[207]

5. Überwachung, Kontrolle, Durchsetzung und Strafmaßnahmen

Gem Art 5 der Entsenderichtlinie sind der Mitgliedstaat, in dessen Hoheitsgebiet der Arbeitnehmer entsandt wird, und der Mitgliedstaat, aus dem der

205 *Görres*, Arbeitnehmerentsendung, 119.
206 Siehe oben unter 3.
207 Siehe auch EuGH Rs C-319/06 (Kommission ./. Luxemburg), EU:C:2008:350 Rn 23 ff.

Arbeitnehmer entsandt wird, für die Überwachung, Kontrolle und Durchsetzung der in dieser Richtlinie und der Richtlinie 2014/67/EU festgelegten Verpflichtungen verantwortlich und ergreifen geeignete Maßnahmen für den Fall der Nichteinhaltung dieser Richtlinie[208]. Die Mitgliedstaaten erlassen Vorschriften über Sanktionen, die bei Verstößen gegen die gem dieser Richtlinie erlassenen nationalen Vorschriften zu verhängen sind, und treffen alle für die Anwendung der Sanktionen erforderlichen Maßnahmen. Die vorgesehenen Sanktionen müssen wirksam, verhältnismäßig und abschreckend sein. Zudem sind gem Art 5 der Entsenderichtlinie die Mitgliedstaaten verpflichtet, geeignete Maßnahmen zu treffen, falls die Verpflichtungen aus der Entsenderichtlinie nicht eingehalten werden.[209] Die Mitgliedstaaten haben insbesondere sicherzustellen, dass den Arbeitnehmern oder Arbeitnehmervertretern geeignete Verfahren zur Durchsetzung der sich aus der Richtlinie ergebenden Verpflichtungen zur Verfügung stehen. Sie haben also einen effektiven Rechtsschutz zu gewährleisten. Als zulässige nationale Maßnahme wurde dabei vom EuGH[210] die Regelung des damaligen § 1a des deutschen AEntG (jetzt § 14 AEntG) angesehen, wonach eine selbstschuldnerische Bürgenhaftung des Unternehmers für den Nettolohn aller auch bei Subunternehmen beschäftigten Arbeitnehmer vorgesehen ist.

Als nicht verhältnismäßig sah der EuGH hingegen in zwei Entscheidungen[211] die Strafregelungen des österreichischen Lohn- und Sozialdumping-Bekämpfungsgesetzes (LSD-BG) an.

EuGH Rs C-64/18, C-140/18, C-146/18 und C-148/18 (Maksimov ua/Bezirkshauptmannschaft Murtal): Das österreichische LSD-BG, welches der Umsetzung der Entsenderichtlinie dient, sah für Arbeitgeber, die ihre Verpflichtungen im Zusammenhang mit der Arbeitnehmerentsendung nicht erfüllt haben, empfindliche Geldstrafen vor. Diese betrugen sofern ein bis drei Arbeitnehmer betroffen waren für jeden Arbeitnehmer zwischen .1000,– € und 20.000,– € und im Wiederholungsfall zwischen 2.000,– € und 20.000,– €; waren mehr als drei Arbeitnehmer betroffen, so betrug die Geldstrafe für jeden Arbeitnehmer zwischen 2.000,– € und 20.000,– €, im Wiederholungsfall zwischen 4.000,– € und 50.000,– €. Auf Grundlage dessen wurden im Fall einer grenzüberschreitenden Arbeitskräfteüberlassung der Geschäftsführer des Überlasserunternehmens zu einer Geldstrafe 3.255.000,– €,

208 Kritisch dazu *Rieble/Lessner*, ZfA 2002, 29 ff.

209 Dazu ausführlich *Rebhahn/Windisch-Graetz* in: *Franzen/Gallner/Oetker* (Hg), Kommentar zum Europäischen Arbeitsrecht, 2016, Art 5 RL 96/71/EG Rn 1 ff; zur Neufassung vgl *Krebber* in: Franzen/Gallner/Oetker (Hg), Kommentar zum Europäischen Arbeitsrecht, 3. Aufl 2020, Art 5 RL 96/71/EG Rn 1 ff.

210 EuGH Rs C-60/03 (Wolf & Müller), EU:C:2004:610.

211 EuGH Rs C-64/18, C-140/18, C-146/18 und C-148/18 (Maksimov ua/Bezirkshauptmannschaft Murtal); EuGH Rs C-140/19, C-141/19 und C-492/19 bis C-494/19 (EX ua/Bezirkshauptmannschaft Hartberg-Fürstenfeld) ECLI:EU:C:2019:1103.

die vier Vorstände des Beschäftigerunternehmens jeweils zu Geldstrafen zwischen 2.400.000,– € und 2.604.000,– € verhängt. Im Falle der Uneinbringlichkeit drohten Ersatzfreiheitsstrafen zwischen 1600 und 1736 Tagen. Zudem mussten sie zusätzlich 20% der Strafe als Beitrag für das Verwaltungsstrafverfahren bezahlen. Der EuGH hatte zu klären, ob Art 56 AEUV, die Art 47 und 49 der Charta, die Richtlinie 96/71 sowie die Richtlinie 2014/67 dahin auszulegen sind, dass sie einer nationalen Regelung entgegenstehen, die für den Fall der Nichteinhaltung arbeitsrechtlicher Verpflichtungen in Bezug auf die Einholung verwaltungsbehördlicher Genehmigungen und auf die Bereithaltung von Lohnunterlagen die Verhängung von Geldstrafen vorsieht, die einen im Vorhinein festgelegten Betrag nicht unterschreiten dürfen, die für jeden betreffenden Arbeitnehmer kumulativ und ohne Beschränkung verhängt werden, zu denen im Fall der Abweisung einer gegen den Strafbescheid erhobenen Beschwerde ein Verfahrenskostenbeitrag in Höhe von 20 % der verhängten Strafe hinzutritt und die im Fall der Uneinbringlichkeit in Ersatzfreiheitsstrafen umgewandelt werden.

Der EuGH begründete sein Ergebnis wie folgt:

„Nach ständiger Rechtsprechung des Gerichtshofs sind alle Maßnahmen, die die Ausübung des freien Dienstleistungsverkehrs untersagen, behindern oder weniger attraktiv machen, als Beschränkungen dieser Freiheit zu verstehen. Ferner verleiht Art. 56 AEUV nicht nur dem Erbringer von Dienstleistungen selbst, sondern auch ihrem Empfänger Rechte[212]. Überdies hat der Gerichtshof[213] entschieden, dass eine nationale Regelung, die im Rahmen einer Arbeitnehmerentsendung die Verpflichtung vorsieht, im Aufnahmemitgliedstaat bestimmte Arbeits- und Sozialunterlagen zu erstellen und zu führen, für die in einem anderen Mitgliedstaat ansässigen Unternehmen zusätzliche administrative und wirtschaftliche Kosten und Belastungen verursachen kann und somit eine Beschränkung des freien Dienstleistungsverkehrs darstellt. Zur Entsendung drittstaatsangehöriger Arbeitnehmer durch ein in einem Mitgliedstaat der Union ansässiges Dienstleistungsunternehmen hat der Gerichtshof bereits entschieden, dass eine nationale Regelung, die die Erbringung von Dienstleistungen im Inland durch ein in einem anderen Mitgliedstaat niedergelassenes Unternehmen von der Erteilung einer behördlichen Erlaubnis abhängig macht, eine Beschränkung des freien Dienstleistungsverkehrs im Sinne von Art. 56 AEUV darstellt[214]. Somit ist eine nationale Regelung, die vorsieht, dass im Fall der Nichteinhaltung von Verpflichtungen, die für sich genommen den freien Dienstleistungsverkehr beschränken, sowohl gegen den Erbringer von Dienstleistungen als auch gegen ihren Empfänger Sanktionen verhängt werden, geeignet, die Ausübung dieser Freiheit weniger attraktiv zu machen.

Nach gefestigter Rechtsprechung des Gerichtshofs können nationale Maßnahmen, die geeignet sind, die Ausübung der durch den AEU-Vertrag garantierten Grundfreiheiten zu behindern oder weniger attraktiv zu machen, dennoch zulässig sein,

212 Vgl auch EuGH Rs C-33/17, (Čepelnik) EU:C:2018:896, Rn 37 und 38

213 EuGH Rs C-369/96 und C-376/96 (Arblade) EU:C:1999:575; EuGH Rs C-490/04 (Kommission/Deutschland), EU:C:2007:430, Rn 66 bis 69; EuGH Rs C-515/08 (dos Santos Palhota ua), EU:C:2010:589, Rn 42 bis 44.

214 EuGH Rs C-18/17 (Danieli & C. Officine Meccaniche ua), EU:C:2018:904, Rn 44 mwN.

wenn sie zwingenden Gründen des Allgemeininteresses entsprechen, wenn sie geeignet sind, die Verwirklichung des mit ihnen verfolgten Ziels zu gewährleisten, und wenn sie nicht über das hinausgehen, was zur Erreichung dieses Ziels erforderlich ist[215]. In diesem Zusammenhang ist erstens festzustellen, dass mit einer Regelung wie der in den Ausgangsverfahren fraglichen die Nichteinhaltung arbeitsrechtlicher Vorschriften über die Einholung verwaltungsbehördlicher Genehmigungen sowie die Bereithaltung von Lohnunterlagen geahndet werden soll. Zweitens erscheint eine Regelung, die Sanktionen vorsieht, deren Höhe von der Zahl der von der Nichteinhaltung bestimmter arbeitsrechtlicher Verpflichtungen betroffenen Arbeitnehmer abhängt, für sich genommen nicht unverhältnismäßig[216]. Der hohe Betrag der zur Ahndung der Nichteinhaltung solcher Verpflichtungen vorgesehenen Geldstrafen kann allerdings in Verbindung damit, dass es für sie keine Obergrenze gibt, wenn der Verstoß mehrere Arbeitskräfte betrifft, zur Verhängung beträchtlicher Geldstrafen führen, die sich, wie im vorliegenden Fall, auf mehrere Millionen Euro belaufen können. Zudem kann der Umstand, dass die Geldstrafen einen im Vorhinein festgelegten Mindestbetrag jedenfalls nicht unterschreiten dürfen, dazu führen, dass solche Sanktionen in Fällen verhängt werden, in denen nicht erwiesen ist, dass der beanstandete Sachverhalt von besonderer Schwere ist. Drittens führt das vorlegende Gericht aus, dass nach der in den Ausgangsverfahren anwendbaren innerstaatlichen Regelung im Fall der Abweisung der Beschwerde gegen den Bescheid, mit dem eine solche Sanktion verhängt wird, der Beschwerdeführer einen Verfahrenskostenbeitrag in Höhe von 20 % der Sanktion leisten muss. Viertens ergibt sich aus den Vorlageentscheidungen, dass die in den Ausgangsverfahren fragliche Regelung für den Fall der Uneinbringlichkeit der verhängten Geldstrafe die Verhängung einer Ersatzfreiheitsstrafe vorsieht, die angesichts der daraus resultierenden Folgen für den Betroffenen besonders schwerwiegend ist[217]. In Anbetracht dessen steht eine Regelung wie die in den Ausgangsverfahren fragliche nicht in angemessenem Verhältnis zur Schwere der geahndeten Verstöße, die in der Nichteinhaltung arbeitsrechtlicher Verpflichtungen in Bezug auf die Einholung verwaltungsbehördlicher Genehmigungen und die Bereithaltung von Lohnunterlagen bestehen.

6. Informationseinrichtungen, Zusätzlicher Gerichtsstand

Gem Art 4 der Entsenderichtlinie sind die Mitgliedstaaten verpflichtet, organisatorische Einrichtungen zu errichten, die eine enge Zusammenarbeit der Mitgliedstaaten gerade im Bereich der Arbeits- und Beschäftigungsbedingungen ermöglichen. Diese Regelung wird durch die Durchsetzungs-Richtlinie 2014/67/EU näher konkretisiert[218]. Dadurch soll insbesondere den Gerichten der einzelnen Mitgliedstaaten die Möglichkeit geschaffen

215 Vgl auch EuGH Rs C-33/17, (Čepelnik) EU:C:2018:896, Rn 42 mwN.

216 Vgl EuGH Rs C-255/14 (Chmielewski), EU:C:2015:475, Rn 26.

217 Vgl EuGH Rs C-193/94 (Skanavi und Chryssanthakopoulos), EU:C:1996:70, Rn 36, und EuGH Rs C-195/16 (I), EU:C:2017:815, Rn 77.

218 *Rebhahn/Windisch-Graetz* in: *Franzen/Gallner/Oetker* (Hg), Kommentar zum Europäischen Arbeitsrecht, 2016, Art 4 RL 96/71/EG Rn 1 ff.

werden, die Beschäftigungsbedingungen am jeweiligen Arbeitsort in anderen Mitgliedstaaten in Erfahrung zu bringen. Als solche Einrichtungen sind vor allem Verbindungsbüros oder sonstige Stellen der Amtshilfe gedacht. Diese haben ihre Leistungen unentgeltlich zu erbringen. Über diesen Informationsaustausch hinaus dürfen von den Mitgliedstaaten jedoch keine zusätzlichen Informationsquellen verlangt werden. So hat der EuGH eine Verpflichtung des entsendenden Unternehmens, einen Ad-hoc-Vertreter im Empfangsstaat zu bestellen, als unzulässigen Eingriff in die Dienstleistungsfreiheit gewertet, da die erforderlichen Unterlagen auch vom entsandten Arbeitnehmer bereitgehalten werden können.[219]

Art 6 der Richtlinie eröffnet dem Arbeitnehmer zur Durchsetzung der Rechte aus Art 3 einen zusätzlichen Gerichtsstand in dem Staat, in den der Arbeitnehmer entsandt ist oder war. Dieser Gerichtsstand besteht neben den sich nach der EuGVVO zu bestimmenden Gerichtsständen. Dem steht auch die EuGVVO nicht entgegen, da Art 67 der EuGVVO Regelungen des europäischen Sekundärrechts den Vorrang einräumt.[220]

IV. Multilaterale Verträge

Literatur: *Birk* in: MünchArbR, 2. Aufl 2000, § 17 Rn 103 ff.

Am 21. 5. 1954 wurde in Genf zwischen Deutschland, Belgien, Frankreich, den Niederlanden, und der Schweiz ein multilaterales Abkommen über die Arbeitsbedingungen der Rheinschiffer unterzeichnet,[221] welches am 28. 4. 1957 in Deutschland in Kraft trat.[222] Dieses Abkommen ist mit einigen Ausnahmen auf Arbeitnehmer auf Güterschiffen einer gewissen Größe, die zur Schifffahrt auf dem Rhein zugelassen sind, anzuwenden.[223] Es enthält im Wesentlichen zwischen den Mitgliedstaaten koordinierende Mindestregelungen[224] der Arbeitsbedingungen, die Zusammensetzung der Besatzung[225],

219 EuGH Rs C-319/06 (Kommission ./. Luxemburg), EU:C:2008:350 Rn 85 ff.

220 Zur Möglichkeit, sich vor den Gerichten des Empfangsstaates von der Gewerkschaft des Entsendestaates vertreten zu lassen siehe EuGH Rs C-296/13 (Sähköalojen ammattiliitto), EU:C:2015:86 = ZEuP 2016, 708 (*Krebber/Perner*).

221 Zu den allgemeinen kollisionsrechtlichen Regelungen des Seearbeitsrechts vgl *Martiny* in: *Reithmann/Martiny* (Hg), Internationales Vertragsrecht, Rn 6.2915; *Mankowski*, in: *Rauscher* (Hg), Europäisches Zivilprozessrecht, Art 21 Brüssel Ia-VO, Rn 26 ff.

222 BGBl II 1957, 217.

223 Art 1 bis 4 des Abkommens.

224 Gem Art 5 des Abkommens werden günstigere Arbeitsbedingungen kraft Gesetzes, Gewohnheit oder (kollektivrechtlicher) Vereinbarung durch das Abkommen nicht berührt.

225 Art 6 des Abkommens.

die Nachtruhe während der Fahrt[226], die Arbeitszeit im Hafen und an den Lösch- und Ladestellen[227], die Überstunden[228], die Feiertage[229], die wöchentliche Ruhezeit[230], den bezahlten Jahresurlaub[231] und die Sonderzulagen[232] die Rheinschiffer betreffend. Zudem enthält Art 26 des Abkommens Regelungen über die gerichtliche Zuständigkeit für Streitigkeiten zwischen Rheinschiffern und ihren Arbeitgebern.

Mit dem Europäischen Übereinkommen über die Arbeit des im internationalen Straßenverkehr beschäftigten Fahrpersonals (AETR)[233] wurde am 1. 7. 1970 ein Abkommen geschlossen, mit dem bestimmte Arbeitsbedingungen im internationalen Straßenverkehr nach den Grundsätzen der Internationalen Arbeitsorganisation[234] geregelt und Maßnahmen zur Einhaltung dieser Regelungen gesichert werden sollten.[235] Diesem Abkommen sind mittlerweile die meisten europäischen (auch nicht EU-)Staaten beigetreten. Das AETR wurde 1997 der VO (EWG) Nr 3820/85[236] über die Harmonisierung bestimmter Sozialvorschriften im Straßenverkehr[237] im Wesentlichen angeglichen. Die VO (EWG) Nr 3820/85 wurde mit Wirkung zum 11. 4. 2007 durch die VO (EG) 561/2006[238] ersetzt, was wiederum zu einer Angleichung des AETR führte. Handelt es sich um innergemeinschaftlichen Straßenverkehr oder um Straßenverkehr mit der Schweiz oder EWR-Staaten, so gelten gem Art 2 Abs 1 und 2 der VO (EG) Nr 561/20065 die Vorschriften dieser Verordnung. Liegt hingegen grenzüberschreitender Straßenverkehr von und/oder nach Drittländern vor, die Vertragsparteien des AETR sind,

226 Art 7 und 8 des Abkommens.
227 Art 9 und 10 des Abkommens.
228 Art 11 bis 14 des Abkommens.
229 Art 15 des Abkommens.
230 Art 16 und 17 des Abkommens.
231 Art 18 bis 21 des Abkommens.
232 Art 22 und 23 des Abkommens.
233 Accord Européen sur les Transports Routiers; Deutschland BGBl II 1974, 1475 idF von BGBl II 2011, S 1095; Österreich BGBl Nr 518/1975 idF von BGBl III Nr 69/2010.
234 Zur internationalen Arbeitsorganisation vgl allgemein *Birk* in: MünchArbR, 2. Aufl, § 17 Rn 29 ff; *Egger*, Das Arbeits- und Sozialrecht der EG und die Österreichische Rechtsordnung, 31 ff.
235 Vgl zu diesem Abkommen und den Besonderheiten bei der Umsetzung in das österreichische Recht auch *Egger*, Das Arbeits- und Sozialrecht der EG und die Österreichische Rechtsordnung, 36 mwN.
236 ABlEG 1985 Nr L 370/1.
237 Siehe dazu *Birk* in: MünchArbR, 2. Aufl, § 17 Rn 105; *Egger*, Das Arbeits- und Sozialrecht der EG und die Österreichische Rechtsordnung, 296 ff.
238 ABlEU 2006 Nr L 102/1.

so gilt gem Art 2 Abs 3 der VO (EG) Nr 561/2006 das AETR[239] im Falle von Fahrzeugen, die in der Gemeinschaft oder in Staaten, die Vertragsparteien des AETR sind, zugelassen sind, für die gesamte Fahrstrecke, im Falle von Fahrzeugen, die in einem Drittstaat, der nicht Vertragspartei des AETR ist, zugelassen sind, nur für den Teil der Fahrstrecke, der im Gebiet der Gemeinschaft oder von Staaten liegt, die Vertragsparteien des AETR sind.

Sowohl die VO (EG) Nr 561/2006 als auch das AETR finden auf die Beförderung mit Fahrzeugen, die der gewerblichen oder privaten Personenbeförderung dienen und geeignet und dazu bestimmt sind, mehr als neun Personen inklusive Fahrer zu befördern, sowie auf Fahrzeuge, die der gewerblichen Güterbeförderung dienen und deren höchstzulässiges Gesamtgewicht 3,5 Tonnen übersteigt, Anwendung.[240] Ziel beider Regelungswerke ist es, innerhalb des jeweiligen Geltungsbereichs bestimmte Mindeststandards bei den Arbeitsbedingungen für den internationalen Straßenverkehr durch kollisionsrechtliche Regelungen zu gewährleisten, um dadurch die Sicherheit im Straßenverkehr zu fördern. So finden sich sowohl in der VO (EG) Nr 561/2003 als auch im AETR Regelungen über das Mindestalter, die Qualifikation und Berufsausbildung und -erfahrung des Fahrpersonals[241] sowie über Lenkzeiten[242], Unterbrechungen[243] und Ruhezeiten.[244] Insbesondere um die Einhaltung der letzten drei Regelungspunkte zu gewährleisten, sind Bezahlungen der Fahrer nach Maßgabe der zurückgelegten Strecke oder/und der Menge der beförderten Güter verboten, es sei denn, diese Entgelte sind nicht geeignet, die Sicherheit im Straßenverkehr zu beeinträchtigen.[245] Die Unternehmen werden dazu verpflichtet, den Fahrbetrieb so einzurichten, dass das Fahrpersonal diese Vorschriften einhalten kann, sowie die Einhaltung der Lenk- und Ruhezeiten zB mit Hilfe von Kontrollbüchern zu überwachen.[246] Hingegen obliegt es den Mitgliedstaaten, die zur Durchführung der VO 3820/85 und des AETR notwendigen Rechts- und Verwaltungsvorschriften zu erlassen.

239 Siehe Nr 8 der Begründungserwägungen zu VO (EG) Nr 561/2006.

240 Zu den Ausnahmen des Anwendungsbereichs vgl Art 3 VO (EG) Nr 561/2006 und Art 2 Abs 2 lit b AETR.

241 Art 5 VO (EG) Nr 561/2006und Art 5 AETR

242 Art 6 VO (EG) Nr 561/2006 und Art 6 AETR.

243 Art 7 VO (EG) Nr 561/2006 und Art 7 AETR.

244 Art 8 VO (EG) Nr 561/2006 und Art 8 AETR.

245 Art 10 VO (EG) Nr 561/2006 und Art 11 Abs 3 AETR.

246 Hinsichtlich der Verpflichtung zum Einbau von Kontrollgeräten in Fahrzeuge, die der Personen- und Güterbeförderung dienen, siehe VO (EWG) Nr 3821/85 iVm Art 16 VO (EG) Nr 561/2006 sowie Art 10 AETR.

EuGH Entscheidungsregister

Die fetten Zahlen verweisen auf die Seiten im Buch.

Sachverzeichnis